LOS CELTÍBEROS

Alberto J. Lorrio

UNIVERSIDAD DE ALICANTE

UNIVERSIDAD COMPLUTENSE DE MADRID

ALICANTE, 1997

LORRIO, Alberto José
    Los Celtíberos / Alberto J. Lorrio .— Alicante : Universidad ; Madrid : Universidad Complutense, 1997
    454 p. : il. ; cms.
    Tesis – Universidad de Alicante .— Bibliografía . Índices
    ISBN: 84-7908-335-2
    1. Restos arqueológicos celtibéricos – Tesis Doctorales. 2. Celtíberos – Tesis Doctorales I Universidad de
Alicante, ed. II Universidad Complutense de Madrid, ed. III Título
    904(365)

Portada: Remate de un estandarte de caballería. Necrópolis de Numancia (foto A. Plaza).

Contraportada: Interpretación del «vaso de los guerreros» de Numancia (dibujo C. González García, completado).

I.S.B.N.: 84-7908-335-2
Depósito Legal: MU-1.501-1997

Edición de:
Compobell, S.L. Murcia

ÍNDICE GENERAL

PRESENTACIÓN

*El presente volumen de **Complutum - Serie Monográfica**, dedicado a **Los Celtíberos**, es obra de un joven profesor formado en la Universidad Complutense, Dr. Alberto J. Lorrio, que en la actualidad ejerce una brillante función investigadora y docente en la Universidad de Alicante.*

Queremos resaltar la eficaz colaboración que esta obra supone entre ambas universidades, la Complutense de Madrid y la de Alicante, al servicio de potenciar una labor universitaria tan esencial como es la de difundir la investigación entre los especialistas y facilitar, al mismo tiempo, textos de la mejor calidad que contribuyan a la formación de los estudiantes.

En este sentido, esta obra representa un nuevo paso en la línea iniciada en otras colaboraciones anteriores entre ambas instituciones, como la co-dirección en las importantes excavaciones arqueológicas de la ciudad celtibérico-romana de Segóbriga (Cuenca) o del poblado de la Edad del Hierro de El Molón (Camporrobles, Valencia) o la edición de la obra del Prof. de la Universidad de Alicante, Dr. Juan Manuel Abascal, sobre «Los nombres personales en las inscripciones latinas de Hispania», a la que contribuyó con su aportación la Universidad Complutense.

Estos ejemplos de colaboración universitaria estamos convencidos de que prestigian nuestras instituciones y contribuyen a que su labor sea más eficaz y mejor conocida, creando, al mismo tiempo, un ambiente de trabajo científico y docente compartido que debe considerarse inherente al verdadero espíritu universitario, por lo que es merecedor de todo apoyo al servicio de la Universidad y de la Cultura Española.

Ramón Rodríguez García
Vicerrector de Extensión Universitaria
Universidad Complutense

PRÓLOGO

Complutum, serie que publica la Universidad Complutense de Madrid, se ve enriquecida con este nuevo volumen que tengo aquí el gusto de presentar.

Es obra de Alberto J. Lorrio, arqueólogo joven, aunque ya con más de diez años de experiencia que se ha especializado en el mundo de los Celtas de la Península Ibérica. Formado en el Departamento de Prehistoria de la Universidad Complutense, ha viajado por la mayoría de los países que constituyeron la antigua *Keltiké*, desde Europa Central a Irlanda, ampliando conocimientos en excavaciones, visitas a museos y con la participación en reuniones y congresos especializados. Esta sólida formación, potenciada por su destacada inteligencia y gran tesón en el trabajo, le han permitido adquirir una gran madurez científica que se refleja en sus obras. Por ello, a pesar de su juventud, puede ser ya considerado como un firme valor en el campo de los estudios célticos, en el que representa una nueva generación llena de perspectivas hacia el futuro.

La mejor prueba es esta obra sobre **Los Celtíberos**. Constituye una monografía sin precedentes en el panorama de la arqueología prehistórica española, en la que viene a llenar el amplio vacío largo tiempo existente sobre uno de los campos de estudio más atrayentes de nuestra Prehistoria y nuestra Historia Antigua, así como de los de mayor interés internacional: el estudio de las gentes que los griegos y romanos denominaron «celtíberos».

La obra es fruto de más de cinco años de concienzudo estudio, precedido de trabajos anteriores y de una creciente experiencia en excavaciones y en el análisis de colecciones arqueológicas. Sus resultados, presentados como Tesis Doctoral en la Universidad Complutense de Madrid, supone una visión global totalmente actualizada sobre este pueblo que, según reconocen tanto las antiguas fuentes históricas como la bibliografía actual, debe considerarse como una de las etnias principales de la antigua *Iberia* o *Hispania*. Además, la obra ofrece un imprescindible enfoque interdisciplinar para poder abordar desde las características propias de su cultura material a su organización social o su estructura ideológica. La propia dificultad de estos análisis, que deben enmarcarse en el campo cada vez más complejo y debatido de los estudios célticos, es lo que explica que, hasta esta obra, nunca, en la práctica, se hubiera intentado ofrecer sobre ellos una visión de conjunto.

El libro se basa en la sólida formación y experiencia como arqueólogo de su autor, pero los temas se tratan con gran amplitud de criterios que evidencian su vasta formación interdisciplinar y que representa una de las principales novedades que ofrece esta obra, que aborda con profundidad los distintos aspectos que ofrece la investigación aportando resultados novedosos. Éstos deben considerarse como la mejor síntesis existente de lo que hoy día sabemos sobre este pueblo y su cultura desde que se inició su estudio a fines del siglo XIX. Pero, al mismo tiempo, al plantear nuevas hipótesis y seguir una moderna metodología interdisciplinar abre nuevas perspectivas que, gracias a esta obra, facilitarán en el futuro profundizar en el vasto campo de los estudios célticos de la Península Ibérica, en el que pasa a constituir este libro la obra de referencia básica.

Tras una reflexión historiográfica que sirve para comprender el estado de estos estudios, Alberto J. Lorrio analiza sucesivamente su marco geográfico, que por primera vez queda precisado al poner de acuerdo los datos históricos y lingüísticos con los arqueológicos y culturales; a continuación, trata los poblados y necrópolis, el armamento como el más importante elemento de cultura material al ser esencial en toda sociedad guerrera como la celtibérica, el artesanado y el arte al servicio de la misma, la economía y la organización socio-política, la religión y, finalmente, la lengua. Basta esta enumeración para comprender la clara estructura de la obra y su carácter multidisciplinar. Pero, junto a su evidente valor como síntesis, también hay que resaltar, entre sus principales aportaciones, el estudio dedicado a analizar la articulación cronológica y geográfica de los Celtíberos, aportando por primera vez en la investigación actual un cuadro de referencia válido que es imprescindible para explicar el origen y comprender el desarrollo de toda la Cultura Celtibérica.

No nos queda para terminar, tras encarecer al lector lo que supone haber logrado una síntesis tan valiosa, sino felicitar a su autor por los resultados, seguro de que tanto su obra como su ejemplo serán un gran estímulo para cuantos trabajamos en estos campos tan atrayentes de la Ciencia. Por ello mismo, no quiero terminar sin agradecer la ejemplar colaboración lograda entre los servicios de publicaciones de la Universidad de Alicante y de la Universidad Complutense de Madrid para que esta importante obra haya visto la luz editada con prontitud y esmero. Quede, por ello, nuestro testimonio de admiración y gratitud, como investigador y como estudioso, al Excmo. Sr. Prof. Ramón Rodríguez García, Vicerrector de Extensión Universitaria de la Universidad Complutense de Madrid, y al Excmo. Sr. José Ramón Giner, Director de Publicaciones de la Universidad de Alicante, cuyos nombres quedan unidos a esta importante obra como testimonio de su ejemplar labor en pro de nuestra cultura y nuestra ciencia.

MARTÍN ALMAGRO-GORBEA
de la Real Academia de la Historia

INTRODUCCIÓN

Esta obra se ha planteado como un trabajo de investigación cuyo objetivo principal ha sido ofrecer una síntesis actualizada sobre los Celtíberos, pretendiendo obtener una interpretación global sobre esta cultura, una de las de mayor personalidad de la Céltica hispana y del mundo celta en general. El tema ha despertado tradicionalmente el interés de los investigadores, habiéndose realizado, en diferentes épocas, estudios e intentos de síntesis siempre parciales. La revitalización en los últimos años de los estudios sobre la Edad del Hierro y sobre los Celtíberos y el mundo céltico en general, exigía una puesta al día de acuerdo con los métodos y planteamientos actuales que incorporara los nuevos datos.

La documentación arqueológica ha constituido la base fundamental para este trabajo, aunque presente importantes deficiencias, al estar constituida en una parte importante —y, a veces, esencial— por materiales procedentes de trabajos antiguos, por lo común insuficientemente estudiados e incluso, en ocasiones, inéditos. Se ha pretendido superar estas deficiencias con la revisión de documentación original (diarios inéditos, fotografías, etc.), y con su reinterpretación (tipologías, seriación, etc.), incorporando los trabajos más recientes que han ido viendo la luz en los últimos años. No obstante, faltan aún excavaciones modernas, como lo prueba el hecho de que el urbanismo resulte mal conocido, que aspectos relativos al mundo funerario estén todavía por aclarar, y que, en general, la información sea desigual, con algunas áreas prospectadas intensamente frente a otras apenas conocidas. Igualmente, se echa en falta la existencia de análisis paleoambientales y paleoeconómicos (polínicos, edafológicos, carpológicos, faunísticos,...) y análisis de pastas cerámicas, metalografías, etc., que permitan profundizar en el conocimiento de algunas de las tecnologías desarrolladas por los Celtíberos, como la siderurgia, tan alabada por los historiadores romanos.

En un trabajo de estas características también se hacía necesario contar con las fuentes históricas y geográficas debidas a los autores grecolatinos, a pesar de que las imprecisiones, subjetividades y problemas interpretativos dificultan su uso. Asimismo, se ha incorporado la documentación epigráfica y lingüística, que corresponde a época tardía. Con todo ello, se ha pretendido ofrecer una interpretación general sobre el tema, basada en diversos análisis de carácter interdisciplinar (arqueológicos, históricos, lingüísticos, etc.), para obtener un coherente cuadro de conjunto.

Otro problema no menor ha sido la delimitación geográfica y cronológica. Partiendo de los datos conocidos y de las opiniones más generalizadas, se ha intentado resolverlo con los elementos más objetivos, tanto arqueológicos como históricos o lingüísticos, a fin de ofrecer una base de referencia suficientemente válida. También se ha procedido a delimitar el marco cronológico, que abarca buena parte del primer milenio a.C., desde los siglos VIII/VII al I a.C., y que, básicamente, comprende el proceso general de etnogénesis de los pueblos prerromanos de la Península Ibérica.

La obra se ha estructurado en once capítulos y unas conclusiones finales, tratando inicialmente los aspectos historiográficos y geográficos relativos a los Celtíberos, para pasar a continuación a analizar el hábitat, las necrópolis y la cultura material, cuyo estudio conjunto permite abordar la secuencia cultural del mundo celtibérico; los capítulos sobre la economía, la sociedad, la religión y la lengua permiten completar el panorama. El capítulo I trata de la historia de la investigación y los planteamientos actuales sobre los Celtíberos, enmarcando su estudio en el ámbito genérico de los Celtas hispanos, con especial incidencia en los aspectos arqueológicos, aunque sin olvidar el fundamental aporte ofrecido desde el campo lingüístico. El capítulo II se ocupa de la delimitación geográfica de la Celtiberia en el contexto general de la Hispania céltica a partir de las fuentes literarias, epigráficas, lingüísticas y arqueológicas; todo ello completado con una caracterización del territorio (que, en líneas generales, se extiende por las actuales provincias de Soria, Guadalajara, Cuenca, sector oriental de Segovia, Sur de Burgos y La Rioja y occidental de Zaragoza y Teruel, llegando incluso a integrar la zona noroccidental de Valencia), en la que se han considerado los factores orográfico, hidrográfico y climático, así como los recursos metalogenéticos y principales usos del suelo. En el capítulo III, se analizan las características generales del poblamiento, con especial atención al emplazamiento y al tamaño de los hábitats, a los diversos sistemas defensivos, a la arquitectura doméstica y al urbanismo. El capítulo IV está centrado en las necrópolis, desde su localización topográfica y su vinculación con los lugares de habitación, pasando por su ordenación interna, el ritual, las estructuras funerarias y el estudio de los ajuares funerarios, hasta llegar al análisis sociológico y a la distribución de la «riqueza» en algunas de las principales necrópolis. A la cultura material, con especial atención al armamento, una de las manifestaciones más personales de los Celtíberos, se dedica el capítulo V, analizando seguidamente, de forma global, el resto del artesanado (capítulo VI), con un apartado final dedicado a la expresión artística. El capítulo VII aborda la secuencia cultural y la delimitación arqueológica de la Celtiberia, cambiante a lo largo de su historia, a lo largo de seis centurias, en un amplio territorio que abarca aproximadamente 60.000 km². La economía, la sociedad y la religión se desarrollan, respectivamente, en los capítulos VIII, IX y X, en los que las fuentes literarias ofrecen una información de gran interés, que ha sido completada con los datos derivados de la Arqueología y la Epigrafía. El capítulo XI incluye la epigrafía y la lengua celtibérica, estudiada en el marco general de las lenguas indoeuropeas de la Península Ibérica. Como final, se exponen unas conclusiones generales en las que, junto a una reflexión global sobre el tema tratado, donde se ofrece el estado actual de la investigación sobre la Cultura Celtibérica, se realiza una especial mención a su proceso de etnogénesis.

La estructura de la obra se corresponde con la de nuestra Tesis Doctoral, incorporando las novedades bibliográficas surgidas desde su defensa y suprimiendo uno de los apéndices, dedicado monográficamente a los broches de cinturón. La Tesis Doctoral, dirigida por el Prof. Dr. Martín Almagro Gorbea, fue leída en junio de 1995 en la Universidad Complutense de Madrid, obteniendo la calificación de Apto *cum laude* por unanimidad y Premio Extraordinario. Asimismo, ha obtenido el Premio para Tesis de Doctorado de la Diputación Provincial de Soria.

Por último, nuestro agradecimiento a todos aquellos que, con su ayuda y aliento, han hecho posible la realización de este trabajo. En primer lugar al Prof. Dr. Martín Almagro Gorbea, director de *Complutum* y de la Tesis Doctoral que constituye la base fundamental de esta obra, por sus constantes manifestaciones de apoyo, orientación y valiosas sugerencias. Al Prof. Dr. Gonzalo Ruiz Zapatero, quien nos prestó siempre su amistad y continua ayuda. Al Prof. Dr. Javier de Hoz, que amablemente revisó el capítulo XI. Al Prof. Dr. Juan Manuel Abascal, quien aportó un buen número de sugerencias a la obra. Al Prof. Dr. Alfredo Jimeno, quien en todo momento nos brindó su colaboración y gracias al cual pudimos consultar el Diario inédito de las excavaciones de Blas Taracena en la necrópolis de Almaluez (Soria), así como el tomo III del también inédito Catálogo Monumental de la provincia de Soria, obra de J. Cabré, permitiéndonos además hacer uso de las fotografías de los materiales procedentes de los recientes trabajos de excavación en la necrópolis de Numancia y proporcionándonos otras relativas a la ciudad. Al Dr. José Luis Argente, quien nos facilitó la consulta de su Tesis Doctoral cuando aún se hallaba inédita, además de algunas de las fotografías incluidas en este trabajo —correspondientes a las excavaciones en la necrópolis de Carratiermes y a diferentes materiales depositados en el Museo Numantino de Soria— así como el dibujo a línea reproducido en la contraportada. A los Profs. Dres. Francisco Burillo, Germán Delibes y Fernando Romero —miembros del tribunal que, junto con los Dres. Ruiz Zapatero y Jimeno, juzgó nuestra Tesis Doctoral— por las sugerencias realizadas que, en la medida de lo posible, han sido incorporadas a esta publicación, así como, al primero de ellos, por proporcionarnos algunas de las fotografías reproducidas. Asimismo, a la Prof. Dra. María Luisa Cerdeño, quien nos permitió la consulta de su Tesis Doctoral inédita, a la Dra. Mª Paz García-Bellido, que puso a nuestra disposición la documentación fotográfica relativa a la numismática, y al Prof. Dr. Mauro S. Hernández, por su amistad y apoyo. Una especial mención queremos hacer al Instituto Arqueológico Alemán de Madrid y, principalmente, a sus Directores Dres. Hermandfried Schubart y Tilo Ulbert, así como al Dr. Michael Blech, a quienes agradecemos el habernos facilitado la consulta de los fondos de su Biblioteca y el acceso a su Fototeca. A Dª Mª Magdalena Barril y a la Dra. Alicia Perea, que nos facilitaron el acceso a la documentación fotográfica de los materiales de las necrópolis de Osma y Gormaz (Soria) conservados en el Museo Arqueológico Nacional. A Dª Mª José Crespo, Dª Mª Antonia García y Dª Victoria López, por su inestimable colaboración en lo que se refiere a la elaboración del apartado relativo al marco geográfico y de algunas de las figuras.

Igualmente, deseamos expresar un especial agradecimiento al Vicerrector de Extensión Universitaria de la Universidad Complutense de Madrid, Excmo. Prof. D. Ramón Rodríguez García, y al Consejo de Publicaciones de la Universidad de Alicante, en especial al Ilmo. Sr. D. José Ramón Giner, Director de Publicaciones, por el interés mostrado por este trabajo que ha hecho posible su publicación.

Finalmente, nuestra gratitud por su desinteresado y constante apoyo y dedicación a mi padre, D. Paulino Lorrio Ortega, quien realizó la revisión del texto original.

ALBERTO J. LORRIO
Madrid-Alicante, mayo de 1997

I

HISTORIA DE LA INVESTIGACIÓN

1. LOS PRECEDENTES (SIGLOS XV-XIX)

Los primeros estudios sobre los Celtíberos, enmarcados en la tradición erudita de los siglos XV a XVIII, se centraron en la identificación de las ciudades mencionadas por las fuentes clásicas, entre las que sin duda destaca Numancia. Antonio de Nebrija, en el siglo XV, Ambrosio de Morales, en la segunda mitad del siglo XVI y Mosquera de Barnuevo, en los comienzos del XVII, abogan por su localización en la provincia de Soria, frente a quienes defendían, desde la Edad Media, su ubicación en Zamora. A finales del XVIII, Juan de Loperráez visita las ruinas de las ciudades de *Clunia, Uxama, Termes* y *Numantia*, a la que sitúa en el cerro de La Muela de Garray, presentando, asimismo, los planos de esta histórica ciudad (1788: 282 ss.) (1).

Aunque los primeros trabajos arqueológicos en la ciudad de Numancia se desarrollaron en 1803, dirigidos por J.B. Erro (1806) y con la subvención de la Sociedad Económica de Soria, el punto de arranque de la Arqueología celtibérica puede establecerse a mediados del siglo XIX con la publicación, en 1850, de los resultados de las

excavaciones de Francisco de Padua Nicolau Bofarull en la necrópolis de Hijes (Guadalajara) (2) (*vid.* Cabré 1937: 99 s.), y con el inicio en 1853 de los trabajos de E. Saavedra en Numancia, que tuvieron continuación entre 1861 y 1867, bajo los auspicios de la Real Academia de la Historia, identificando en su Memoria premiada en 1861, ya sin género de dudas, los restos aparecidos en La Muela de Garray con la ciudad celtibérica mencionada por las fuentes clásicas. En 1877 se publicarían los primeros resultados de estos trabajos (Delgado, Olázaga y Fernández Guerra 1877).

En torno a ese mismo año, Fernando Sepúlveda realizó excavaciones en el término de Valderrebollo (Guadalajara), documentando un castro y una posible necrópolis que proporcionaron un interesante material, destacando una importante colección numismática (Abascal 1995d).

También la ciudad de *Termes*, ya visitada igualmente por Ambrosio de Morales y por Loperráez, fue objeto de atención a lo largo de la segunda mitad del siglo XIX. Nicolás Rabal (1888: 451 ss.) publica un informe sobre las ruinas de esta ciudad, que es recogido parcialmente en su obra fechada en 1889 sobre los Monumentos, Artes e Historia de Soria.

El armamento celtibérico, que como se verá ha merecido un especial interés por parte de la investigación arqueológica española a lo largo de todo el siglo XX (Lorrio 1993a: 285 ss.), comenzó a ser valorado desde fecha temprana, principalmente debido a los hallazgos de Hijes, que pasaron a formar parte de las síntesis de E. Cartailhac (1886: 247) y S.P.M. Estacio da Veiga (1891: 270 s., lám. XXIII, 6-24), si bien habrá que buscar las primeras referencias a las armas celtibéricas en la

---

(1) Un análisis clarificador sobre el concepto de «celtas» en la Prehistoria europea y española puede obtenerse en G. Ruiz Zapatero (1993). *Vid.*, asimismo, los trabajos de A. Tovar (1986: 68 ss.), Ph. Kalb (1993), traducción de un trabajo en alemán publicado en 1990, desde unos planteamientos netamente centroeuropeos de lo 'céltico', y el propio Ruiz Zapatero (1985). Para el mundo celtibérico, puede consultarse la reciente aportación de F. Burillo (1995c), o el trabajo previo del mismo autor (1993), aunque éste centrado fundamentalmente en la investigación arqueológica, haciendo hincapié en sus principales hitos que, en buena medida, han sido seguidos en la redacción de este capítulo. También resultan de gran interés los trabajos de G. Ruiz Zapatero (1989) y F. Romero (1991a: 41 ss. y 404 ss.) sobre la historia de la investigación arqueológica en la provincia de Soria, una de las regiones más emblemáticas del mundo celtibérico. En relación con la investigación sobre Celtas y Celtíberos a lo largo del siglo XIX en la Península Ibérica, *vid.* el estudio historiográfico de J.A. Jiménez (1993: 226 ss.). Sobre la figura de Adolf Schulten y su relación con Numancia, *vid.* Blech 1995.

(2) Los hallazgos de Hijes (o Higes, como aparece en las publicaciones de la época) fueron recogidos en obras generales como la *Historia General de España* del Padre J. de Mariana (1852-53, I: 33).

tradición erudita del siglo XVIII, que utiliza algunas espadas de bronce procedentes de la Celtiberia —de las tierras entre Sigüenza (Guadalajara) y Calatayud (Zaragoza)— para ilustrar ciertos pasajes de las fuentes literarias grecolatinas sobre el armamento de los pueblos prerromanos (Infante D. Gabriel de Borbón 1772: 302 s., nota 74; *vid*. Almagro-Gorbea e.p.a).

En 1879 se publica el trabajo de Joaquín Costa «Organización política, civil y religiosa de los Celtíberos», en el que se tratan algunos de los aspectos esenciales de la sociedad y la religión de los Celtas hispanos, temas que van a constituir lugar común en la historiografía céltica peninsular durante todo el siglo XX; dos años antes había publicado su trabajo «La religión de los Celtas españoles», ambos incluidos en su obra *La religión de los Celtíberos y su organización política y civil* (1917). Sin embargo, y a pesar de la brillantez de estos ensayos, todavía se atribuían los monumentos megalíticos a los Celtas históricos, tesis que aún era mantenida por los eruditos e historiadores españoles de la época (*vid*. Ruiz Zapatero 1993: 35 s.).

Ya en el primer cuarto del siglo XIX, W. von Humbolt (1821), impulsor del vascoiberismo, había identificado algunos topónimos celtas en la Península Ibérica procedentes de las fuentes literarias. Durante la segunda mitad del siglo, F. Fita (1878; etc.) y E. Hübner (1893) engrosarían la documentación de tipo onomástico partiendo de la epigrafía. Se realizan ahora los primeros hallazgos no monetales de documentos epigráficos celtibéricos, en escritura ibérica, pero su desciframiento, debido a M. Gómez Moreno, no se produciría hasta los años 20, ya en nuestro siglo, a pesar de los infructuosos intentos que desde el siglo XVI se habían llevado a cabo partiendo de la documentación numismática (*vid*. Caro Baroja 1954: 681 ss.). Cabe destacar el trabajo de A. Fernández Guerra (1877) «Sobre una tésera celtíbera. Datos sobre la ciudades celtíberas de Ergavica, Munda, Cértima y Contrebia», o el de F. Fita (1882) «Lámina celtibérica de bronce, hallada en el término de Luzaga, partido de Sigüenza». Éste, en su trabajo «Restos de la declinación céltica y celtibérica en algunas lápidas españolas» (1878), «examina más de doscientas inscripciones hispano-romanas, en algunas de las cuales se encuentran palabras, flexiones o desinencias propias de la lengua céltica; analiza los nombres de ciudades o personas conservados en libros o monedas; y fija el asiento de los Celtas en la Lusitania, en la Galecia, en la Celtiberia y en algunos puntos de la Bética» (Fita 1879: 234).

El siglo XIX se va a cerrar con las obras de H. d'Arbois de Jubainville (1893 y 1894; *vid*., también, 1904), principal valedor de la tesis ligur según la cual este pueblo indoeuropeo habría colonizado el Occidente con anterioridad a la llegada de los Celtas (*vid*. Almagro Basch 1952: 257 ss.). D'Arbois de Jubainville comienza a valorar los elementos célticos peninsulares a partir principalmente de las fuentes literarias clásicas y la documentación onomástica. Asimismo, debe mencionarse la recopilación de las fuentes clásicas sobre los Celtíberos realizada por A. Holder (1896, I: 959-975).

2. LAS PRIMERAS DÉCADAS DEL SIGLO XX (1900-1939)

Con el inicio del nuevo siglo, la actividad arqueológica en la Celtiberia alcanza un importante desarrollo. Estos trabajos se centran sobre todo en las excavaciones llevadas a cabo, por un lado, en Numancia y en las principales ciudades celtibérico-romanas y, por otro, en las necrópolis de la Edad del Hierro localizadas en las cuencas altas de los ríos Jalón, Tajo y Duero.

En Numancia, entre 1905 y 1912, un equipo alemán subvencionado por el Káiser Guillermo II y dirigido por A. Schulten con la colaboración de C. Könen, realizó algunos sondeos en la parte oriental del cerro sobre el que se asienta la ciudad, aunque sus trabajos se centraron preferentemente en la identificación y excavación de los campamentos romanos que formaban el cerco de Escipión. Los resultados de estas campañas fueron dados a conocer en cuatro volúmenes, aparecidos entre 1914 y 1931, el primero de los cuales constituye la primera síntesis sobre la Celtiberia, donde Schulten aporta una recopilación de las fuentes literarias sobre los Celtíberos (Shulten 1914: 7-11 y 281-290), proponiendo la diferenciación de la Celtiberia en Ulterior, correspondiente al Alto Duero, y Citerior, circunscrita a los valles del Jiloca y del Jalón (Shulten 1914: 119 ss.). En esta obra ofrece, partiendo de las fuentes literarias, una personal reconstrucción del proceso de etnogénesis de los Celtíberos, que constituirá la base de los posteriores estudios de Bosch Gimpera. Según Schulten (1914: 98 s.; *Idem* 1920: 108-111), los Celtas habrían llegado a controlar en su totalidad la Meseta —a la que considera de etnia ligur, de acuerdo con los postulados de la época—, siendo prueba de ello la dispersión geográfica de los topónimos en -*briga*, para posteriormente ser conquistados y absorbidos por los pueblos ibéricos. De esta forma, los Celtíberos serían Iberos establecidos en tierra de Celtas, contradiciendo así la tesis tradicional según la cual el pueblo celtibérico quedaría formado al establecerse los invasores Celtas sobre los Iberos. Una muestra de la mezcla entre ambos pueblos sería la presencia de elementos célticos entre los Celtíberos, lo que se advierte en los nombres que ostenta la nobleza celtibérica (Schulten 1914: 246).

Paralelamente a los trabajos de Schulten en Numancia, entre 1906 y 1923, una Comisión, presidida primero por E. Saavedra y después por J.R. Mélida, pondrá todos sus esfuerzos en la excavación de la ciudad, dejando al descubierto unas 11 ha. de su superficie total. La primera Memoria de estos trabajos apareció en 1912 (VV.AA. 1912), y a ella siguieron siete más, publicadas por la *Junta Superior de Excavaciones y Antigüedades* entre 1916 y 1926 (Mélida 1916 y 1918a; Mélida y Taracena 1920, 1921 y 1923; Mélida *et alii* 1924; González Simancas 1926a). Desde 1913, M. González Simancas (1914; 1926a-b) excavará en la ciudad intentando documentar su sistema defensivo.

Otras ciudades de la Celtiberia merecieron la atención de la Arqueología durante las dos primeras décadas del siglo XX. En *Termes*, trabajan A. de Figueroa y Torres, Conde de Romanones (1910), N. Sentenach (1911a-b) e I. Calvo (1913), a los que cabe añadir el propio Schulten (1913) quien, pese a no realizar trabajos de campo, sí visitó la histórica ciudad. *Arcobriga* fue objeto de excavaciones por E. de Aguilera y Gamboa, XVII Marqués de Cerralbo, localizándola en el verano de 1908 en las ruinas situadas en el Cerro Villar, en Monreal de Ariza (1909: 106 ss.; 1911, V; *vid.* Beltrán Lloris, dir. 1987). *Clunia* lo fue en 1915 y 1916 por I. Calvo (1916), a quien se debe la distinción entre la ciudad romana —de la que era conocida su correcta ubicación desde mediados del siglo XVIII (Flórez 1751: 279; Loperráez 1788: 319 ss.)— y la indígena, cuyos restos trató de hallar infructuosamente. También fueron excavadas durante este período, *Segeda*, aún no identificada como tal (Conde de Samitier 1907), *Uxama* (Morenas de Tejada 1914; *vid.* García Merino 1995: 17 s.), *Bilbilis* (Sentenach 1918), el supuesto solar de la *Nertobriga* celtibérica (Sentenach 1920), *Segobriga* (Sentenach 1921), donde ya se habían llevado a cabo excavaciones a finales del siglo XVIII (*vid.* Almagro Basch 1986: 37) y *Ocilis* (Mélida 1926).

A pesar de que las primeras noticias sobre un cementerio celtibérico se remontan a mediados del siglo XIX, hubo que esperar a los trabajos del Marqués de Cerralbo, iniciados en la segunda mitad de la década inicial del siglo XX y continuados a lo largo de buena parte de la siguiente para poder obtener una visión general de estas necrópolis, señalándose ya por entonces algunos de los elementos esenciales de las mismas (3). Pero los numerosos cementerios excavados por Cerralbo en las cuencas altas del Tajo y del Jalón, a menudo en su totalidad, permanecieron inéditos en su mayor parte, y apenas si ha quedado otra evidencia que un cúmulo de materiales fuera de contexto y algunas referencias de su excavador, excesivamente generales pero de gran utilidad, relacionadas con la forma y la ordenación interna del cementerio, el número de tumbas exhumadas, el ritual o la tipología de los objetos que formaban parte de los ajuares funerarios (4). Idéntica suerte sufrieron las necrópolis de Belmonte (Zaragoza), donde trabajó el Conde de Samitier (1907), la de Haza del Arca (Uclés) —en el territorio de la provincia de Cuenca que en época histórica aparece integrado en la Celtiberia—, cuya excavación se remonta a 1878 (Quintero Atauri 1913; Mélida 1919: 13, lám. V,5-7), y las sorianas de Gormaz, Quintanas de Gormaz y Osma, en el Alto Duero, excavadas entre 1914 y 1916 por R. Morenas de Tejada (Morenas de Tejada 1916a-b; Zapatero 1968) (5).

En cuanto a los ajuares, la falta de una publicación completa de los mismos, junto a las vicisitudes y el esta-

_____

(3) A su trabajo inicial sobre *El Alto Jalón*, en el que se ofrece un breve avance sobre sus excavaciones en la necrópolis soriana de Montuenga (Aguilera 1909: 97-99), seguirá la obra inédita *Páginas de la Historia Patria por mis excavaciones Arqueológicas*, fechada en 1911, por la que le fue concedido el Premio Martorell en 1913, cuyo tomo III dedica a la necrópolis de *Aguilar de Anguita* y el IV a *Diversas necrópolis ibéricas*, concretamente a las de Montuenga, Luzaga y Monreal de Ariza, identificada ésta por Cerralbo como la necrópolis de la ciudad celtibérica de *Arcobriga*. En 1912, presenta un avance de sus excavaciones en Aguilar de Anguita, Luzaga y Arcobriga al *XIV Congrès International d'Anthropologie et d'Archéologie Préhistoriques*, celebrado en Ginebra (Aguilera 1913a), y en 1913 aparece un breve trabajo en el que da a conocer la única estela funeraria decorada, procedente de

Aguilar de Anguita (*vid.* capítulo IV, fig. 50,3), documentada en sus excavaciones (Aguilera 1913b). Sin embargo, su síntesis esencial sobre el conjunto de estas necrópolis no aparecerá hasta 1916, fruto de una conferencia impartida en el Congreso de la Asociación Española para el Progreso de las Ciencias, celebrado en 1915 en Valladolid. Además cabe añadir la conferencia dada con motivo del Congreso organizado por esta misma Asociación en Sevilla en 1917, en el que abordará la clasificación de los elementos tipológicos más significativos aparecidos en sus necrópolis (*vid.* Artíñano 1919: 3; Argente 1977a).

(4) La nómina de necrópolis excavadas por Cerralbo no es del todo conocida, aunque debió superar la veintena de yacimientos, en su mayoría localizados en la provincia de Guadalajara. De ellas, Cerralbo dedicó una mayor atención a las de El Altillo (Aguilar de Anguita, Guadalajara) —aunque próxima a ésta excavara un segundo cementerio, el de La Carretera—, Centenares (Luzaga, Guadalajara), el Molino de Benjamín o Vado de la Lámpara (Montuenga, Soria) y *Arcobriga* (Monreal de Ariza, Zaragoza), todas ellas excavadas o en proceso de excavación en 1911, fecha de redacción de su obra inédita, en la que cita brevemente la necrópolis de Los Majanos (Garbajosa, Guadalajara). Con posterioridad excavaría las necrópolis de Los Arroyuelos (Hijes), Valdenovillos (Alcolea de las Peñas), Tordelrábano, Las Llanas (La Olmeda), Las Horazas (El Atance), El Tesoro (Carabias), Padilla del Ducado, Ruguilla, donde al parecer pudo trabajar en dos necrópolis diferentes (El Plantío y El Almagral), Los Mercadillos y La Cabezada, ambas en La Torresabiñán, Acederales (La Hortezuela de Océn), Turmiel, La Cava (Luzón), Navafría (Clares), Ciruelos, todas en Guadalajara, así como la soriana de Alpanseque. A ellas, cabría añadir las dudosas de Estriégana, Villaverde del Ducado y Renales, también en Guadalajara (Argente 1977a: fig. 1).

(5) Dado el interés de estos hallazgos, algunos de los ajuares de las necrópolis de Osma y Gormaz, excavadas por Morenas de Tejada, fueron adquiridos por el Museo Arqueológico Nacional y por el Museo de Barcelona (*vid.* Apéndice I) (Mélida 1917: 145-159; *Idem* 1918b: 130-141; Cabré 1918; Bosch Gimpera 1921-26), mientras que los materiales de la Colección Cerralbo pasaron en su totalidad al Museo Arqueológico Nacional —una parte importante en 1926 (Cabré 1930: 34 s.; Paris 1936: 31-44) y el resto en 1940 (Barril 1993: nota 1)— sin que su estudio fuera abordado hasta la década de los 70, con resultados desalentadores (*vid. infra*).

do de abandono al que se vieron sometidos los materiales procedentes de estos cementerios, ha llevado a que solamente en algunos casos se haya podido acceder a una mínima parte del total excavado (Álvarez-Sanchís 1990: figs. 4 y 5; Lorrio 1994a: fig. 2; *Idem* 1994b: fig. 1), que en ciertas necrópolis superaba el millar de tumbas (fig. 1) (6).

Al tiempo que se daban a conocer, de forma parcial como se ha señalado, los materiales de estas necrópolis, las piezas más significativas, primordialmente las armas descubiertas por Cerralbo, y en especial las halladas en Aguilar de Anguita (Guadalajara) y *Arcobriga* (Zaragoza), pasaban a formar parte de las grandes síntesis de la época, entre las que destaca, sin duda alguna, la obra de J. Déchelette sobre la arqueología céltica (1913: 686-692; *Idem* 1914: 1101 s.). Déchelette (1912) tuvo la ocasión de estudiar personalmente los hallazgos procedentes de estas necrópolis que, a la sazón, aún permanecían inéditas, y a las que califica como celtibéricas, poniendo de relieve el indudable interés de estos materiales así como su originalidad, e incorporándolos a su visión sobre la Edad del Hierro en Europa (7). La necrópolis de Aguilar de Anguita y los cementerios aquitanos cuyos ajuares considera emparentados, «bien que présentant le facies des produits hallstattiens, paraît appartenir à une époque relativement basse», fechando el grupo principal de tumbas de Aguilar de Anguita hacia el siglo IV a.C., mientras que Luzaga y *Arcobriga* han de llevarse a los siglos siguientes, dada la presencia de objetos de tipo La Tène (Déchelette 1913: 691).

Un papel destacado jugaron también los materiales de las necrópolis excavadas por Cerralbo en la obra de H. Sandars *The Weapons of the Iberians* (1913), que constituye el primer análisis global del armamento protohistórico peninsular. Aun cuando califica estas armas de ibéricas, opina que los Celtas o Galos llegados a la Península Ibérica probablemente en el siglo VI a.C. influyeron en gran medida en el armamento indígena. Estos Celtas «dominaron las razas indígenas, se aliaron con ellas y bajo el nombre de Celtíberos fundaron luego una sola raza distinta» (Sandars 1913: 4). También Schulten (1914: 209-228) incorporó estos hallazgos a su síntesis sobre los Celtíberos.

Por su parte, Cerralbo, que ya en su publicación sobre el Alto Jalón adscribía la necrópolis de Montuenga a época hallstáttica (Aguilera 1909: 99), mantendrá la terminología europea al uso, considerando que la necrópolis

de Aguilar de Anguita, a la que tiene por la de mayor antigüedad, se fecharía a fines del siglo V o inicios del IV a.C., correspondiendo al Hallstatt II, mientras que la de *Arcobriga*, cuyo inicio se sitúa al final de esta fase, continuaría a lo largo del período lateniense, al que se adscribiría también el cementerio, más moderno, de Luzaga (Aguilera 1916: 10) (8).

Los materiales más significativos, ordenados siguiendo los criterios de Cerralbo, quien había realizado una clasificación de los materiales de las necrópolis por él excavadas (Aguilera 1911, III-IV; *Idem* 1916; *Idem* 1917), fueron expuestos con motivo de la celebración en 1917 del Congreso de la Asociación Española para el Progreso de la Ciencias, al que ya en 1915 había presentado su síntesis *Las Necrópolis Ibéricas*. Asimismo, y con planteamientos similares, una selección de los objetos de hierro procedentes de los yacimientos excavados por Cerralbo, a los que se añadió entre otros materiales los de un conjunto de sepulturas de la necrópolis de Quintanas de Gormaz, excavada por Morenas de Tejada, formó parte destacada de la *Exposición de Hierros Antiguos Españoles* celebrada en Madrid en 1919, cuyo catálogo fue publicado por P.M. de Artíñano y Galdácano.

Mucho menor eco tuvieron las excavaciones realizadas en poblados, entre las que pueden destacarse, particularmente, las aportaciones de Cerralbo en el Alto Jalón y el Alto Tajo (*vid.* Argente 1977a: 594, fig. 1). En su mayoría estos trabajos quedaron inéditos, publicándose tan sólo breves avances de los más significativos. En el Alto Jalón, destacan el «Castro o Castillo ciclópeo», en Santa María de Huerta (Soria) (Aguilera 1909: 61-70; *Idem* 1916: 79-83) y el «Castro megalítico» o «Cerro ógmico», en Monreal de Ariza (Zaragoza) (Aguilera 1909: 74-86; *Idem* 1911, II: 60-74). En el Alto Tajo, Cerralbo realizó excavaciones en una serie de poblados que cabría emparentar con algunas de las necrópolis que él había excavado. «Los Castillejos», en Aguilar de Anguita (Aguilera 1911, III: 77), «El Castejón», en Luzaga (Aguilera 1911, IV: 31-32; Artíñano 1919: nos 72 y 123-131), «Los Castillejos», en El Atance (Artíñano 1919: nos 136-138), «El Perical», en Alcolea de las Peñas (Artíñano 1919: nos 116-122), Turmiel (Artíñano 1919:

---

(6) Esto ha sido posible gracias a la publicación de algunos conjuntos aislados o por su identificación a partir de la documentación fotográfica original (Lorrio 1994a: apéndice). *Vid.*, al respecto, Apéndice I.

(7) En este sentido, Déchelette (1913: 687) señala que «Ces découvertes, encore inédites, constituent un ensemble de documents archéologiques du plus haut intérêt pour l'étude de l'âge du fer chez les Celtibères».

(8) Cerralbo, que califica indistintamente estas necrópolis como ibéricas o celtibéricas, ofrece una interpretación del proceso de formación de los Celtíberos que contrasta con el expuesto por Schulten: «los Celtas, que valientes y conquistadores venían arrollando razas, naciones y pueblos, al llegar a nuestro país, tienen que hacer alto en su invasora marcha, porque los hombres de la Iberia ni rinden sus armas, ni desfallecen sus brazos, ni abandonan sus hogares, ni se desnaturalizan de su tierra, y así los Celtas abandonan en las escabrosidades de los Pirineos su rudo carácter, su avaricia de conquistadores, y acogiéndose a la generosísima hospitalidad que caracterizaba a los Iberos, se brindan como amigos para llegar a confundirse en una fraternidad que constituye la heroica raza celtíbera» (Aguilera 1916: 78).

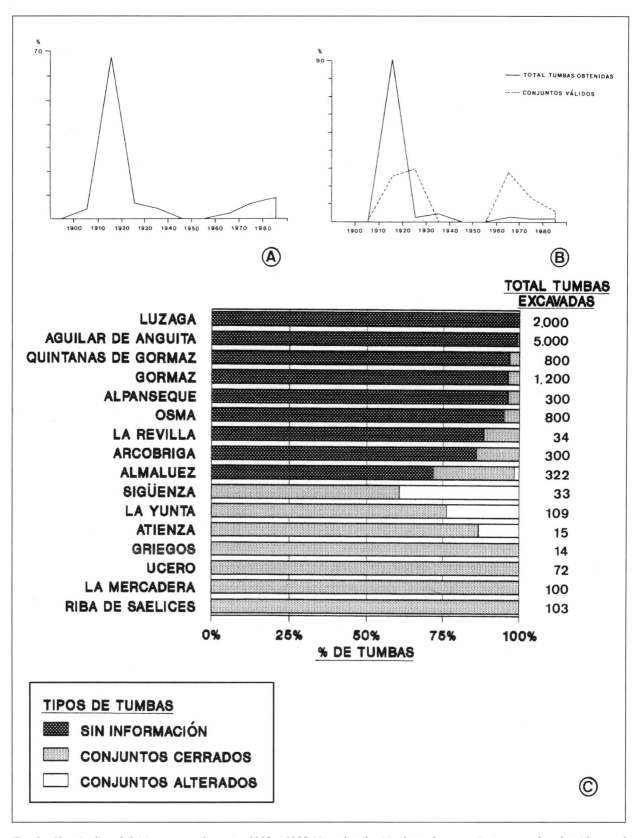

Fig. 1.—*Necrópolis celtibéricas excavadas entre 1905 y 1985 (A) y distribución de tumbas y conjuntos cerrados obtenidos en el mismo período (B). Proporción de conjuntos cerrados respecto al total de tumbas excavadas en algunas de las principales necrópolis celtibéricas (C). (A-B, según Álvarez-Sanchís 1990).*

n° 139), etc., serían algunos de los hábitats en los que trabajó y de los que apenas existe documentación al respecto (*vid.* Artíñano 1919, donde se recogen contados materiales —armas y útiles— procedentes de estos yacimientos). Puede mencionarse, además, la excavación del poblado de La Oruña, en Veruela (Zaragoza), en las proximidades del Moncayo (Mundo 1918).

J. Cabré —buen conocedor de los materiales provenientes de los trabajos de Cerralbo, al haber colaborado con él en algunas de sus excavaciones, ordenando y fotografiando los materiales— va a ser el elegido para la elaboración de los Catálogos Monumentales de las provincias de Teruel (1909-10) y Soria (1917), ambos inéditos, aunque del primero publicara el santuario celtibérico de Peñalba de Villastar (Cabré 1910) y el segundo fuera manejado por B. Taracena en la elaboración de la Carta Arqueológica de Soria. El tomo III del Catálogo de Soria (1917) lo dedica a las *Necrópolis Celtibéricas*, con especial incidencia en las de Osma, Gormaz y Alpanseque, lamentándose de no poder estudiarlas conjuntamente con los yacimientos excavados por Cerralbo en las provincias de Guadalajara y Zaragoza por encontrarse en una misma región y pertenecer «al mismo pueblo», «que hemos dado en llamar ibérico, pero a mi entender su nombre propio es celtíbero, puro y neto». El tomo cuarto de esta obra incluye las ciudades celtibérico-romanas de Numancia, *Uxama*, *Termes* y *Ocilis* (9).

A partir de 1915, P. Bosch Gimpera va a abordar en sucesivos trabajos el estudio de los Celtas en la Península Ibérica, partiendo de las tesis invasionistas de Schulten, fundamentadas en gran medida en los textos clásicos, a las que intentará dotar de base arqueológica (10). Desde un primer momento Bosch Gimpera (1915: 34; *vid.*, asimismo, 1918: 13) considera que las necrópolis conocidas hasta la fecha en la Meseta Oriental «probablemente no son ibéricas, sino célticas», lo que contrasta con lo expuesto por Cerralbo, Déchelette y Schulten, quien, a pesar de sus teorías sobre el proceso de etnogénesis meseteño, seguiría denominando celtibéricos a estos cementerios.

En su trabajo *Los Celtas y la civilización céltica en la Península Ibérica*, publicado en 1921, expone, influido por Kossina, los planteamientos esenciales de su tesis invasionista. De acuerdo con Schulten —siguiendo en esto lo señalado por los textos clásicos— los Celtas habrían entrado en la Península Ibérica a principios del siglo VI (*ca.* 600 a.C.) para, durante la Segunda Edad del Hierro (desde el 500 a.C.), desarrollar una cultura que, por encima de sus diferencias locales, presenta un marcado carácter hallstáttico, a pesar de que los tipos documentados difieran de los centroeuropeos y su cronología no sea obviamente la misma que la comúnmente aceptada para la cultura hallstáttica, a la que considera celta (*vid.* Bosch Gimpera y Kraft 1928: 258 s.; Kalb 1993: 146 ss.). Esta cultura, denominada 'posthallstáttica' al ser posterior a la hallstáttica, se extendería por el Centro y el Occidente peninsular y por el Sur de Francia, equivaliendo cronológicamente a los períodos I y II de La Tène (Bosch Gimpera 1921: 17 s.). Uno de sus grupos principales sería el definido a partir de las necrópolis de la Meseta Oriental, de las que ofrece una clasificación tipológica de sus elementos esenciales (espadas, puñales, fíbulas y broches de cinturón), sistematizando así lo esbozado por Cerralbo en sus trabajos más recientes (Aguilera 1916 y 1917). Sobre esta ordenación, diferencia dos períodos en la evolución de estas necrópolis, que fecha entre el siglo V y la primera mitad del III a.C., predecesores de lo que denomina «Cultura Ibérica de Numancia», que atribuye a los Celtíberos y cuyo final establece en el 133 a.C., fecha de la destrucción de la histórica ciudad (11).

Simultáneamente a los trabajos de Bosch Gimpera, hay que destacar la labor llevada a cabo, especialmente en la provincia de Soria, pero también en la de Logroño, por B. Taracena, colaborador con J.R. Mélida en las excavaciones de Numancia (1920; 1921; 1923 y 1924) y director del Museo Numantino desde 1919 a 1936. A lo largo de este período, la actividad de Taracena se centró en la realización de prospecciones y excavaciones arqueológicas preferentemente en yacimientos de la Edad del Hierro. Sus excavaciones en los poblados sorianos de Ventosa y Arévalo de la Sierra, Taniñe, Calatañazor y Suellacabras (1926a: 3-29), Izana (1927: 3-21), Langa de Duero (1929: 31-52 y 1932: 52-61), Ocenilla (1932: 37-52), el riojano de Canales de la Sierra (1929: 28-31), donde se había localizado tradicionalmente la ciudad de *Segeda*, así como en un buen número de asentamientos castreños del Norte de la provincia de Soria (1929: 3-27), resultan de gran trascendencia, dado el desinterés que hasta la fecha había deparado en la arqueología celtibérica la excavación de los núcleos de habitación de menor entidad, orientada en especial hacia las ciudades y los conjuntos funerarios. A él se debe también la identificación de la ciudad celtibérica de *Contrebia Leukade* en Aguilar del Río Alhama (La Rioja) (Taracena 1926b).

---

(9)   Sobre la obra de J. Cabré y el ambiente científico de su época en relación a la Arqueología céltica meseteña, *vid.* M.E. Cabré y J.A. Morán (1984a); con referencia al *Catálogo Monumental de la provincia de Soria*, *vid.* Ortego (1984).

(10)   *Vid.* las recensiones de Bosch Gimpera (1913-14: 204 ss.) a las obras de Cerralbo (1913a), Sandars (1913) y Schulten (1914).

---

(11)   En esto, Bosch Gimpera sigue las tesis de Schulten, considerando que hacia el siglo III a.C. se produciría la penetración de la cultura ibérica en las tierras del interior de la Península, cuyo fin coincidía con la toma de Numancia (Bosch Gimpera 1920: 180 ss.).

En la Memoria correspondiente a 1928 (Taracena 1929: 3-27), define por vez primera la entidad cultural de uno de los grupos castreños peninsulares de mayor personalidad, el de «los castros sorianos», cuya dispersión geográfica coincide con el territorio en el que las fuentes literarias sitúan a los Pelendones y que representan (Taracena 1929: 25 ss.) «el más viejo grupo de cultura céltica de la meseta central», en el que, si los objetos metálicos permiten emparentarlos con las necrópolis posthallstátticas del Sur de la provincia de Soria, no ocurre igual con las especies cerámicas, interpretadas como «una supervivencia del pueblo que sufrió la invasión céltica», que para Schulten serían Ligures y para Bosch Gimpera supervivientes del Eneolítico. Esta invasión, de acuerdo con Schulten y Bosch Gimpera, quedaba fijada en el Periplo de Avieno (*vid.* capítulo II,1.1), aceptándose una fecha en torno al 600 a.C. Con posterioridad, una supuesta invasión arévaca sustituiría «la ruda cultura de los castros por la típica posthallstáttica, de donde por evolución surge la cultura numantina».

A pesar del especial interés que durante las dos primeras décadas del siglo XX se había demostrado por las necrópolis, la publicación detallada de conjuntos funerarios celtibéricos de cierta entidad no se producirá hasta el comienzo de los años 30, en que vieron la luz las Memorias de Excavación de los cementerios del Altillo de Cerropozo, Atienza (Guadalajara) (Cabré 1930) y La Mercadera (Soria) (Taracena 1932: 5-31, lám. I-XXIII), publicaciones ambas que cabe considerar modélicas (12).

En el trabajo sobre la necrópolis de Atienza, Cabré (1930: 30 ss.) expone sus ideas sobre la periodización en la Meseta Oriental, rechazando los términos Hallstatt y La Tène para referirse a las culturas peninsulares (*vid.* asimismo Cabré 1928: 95 s.) y no aceptando tampoco la propuesta de Bosch Gimpera, por considerarla imprecisa (13). Propone, a modo de ensayo hasta disponer de un mayor número de excavaciones metódicas en otros cementerios de la Meseta Oriental y de haber publicado la

Colección Cerralbo —tarea que le había sido encomendada al propio Cabré—, la diferenciación en dos grandes períodos que denomina provisionalmente «1ª y 2ª Edad del Hierro de Castilla e inmediaciones», caracterizados por los elementos más significativos de la cultura material hallados en las necrópolis, principalmente las espadas y los puñales —sentando las bases de la clasificación actualmente en uso—, las fíbulas, los broches de cinturón y las cerámicas, así como las puntas de lanza y los escudos, arma sobre la que volverá en un estudio monográfico posterior (Cabré 1939-40). Fecha esta necrópolis entre el siglo IV y los inicios del III a.C., momento al que atribuye la mayor parte de las sepulturas, lo que permite la clasificación de este cementerio como celtibérico; así, refiriéndose a las necrópolis del Oriente de la Meseta de características semejantes a la de Atienza, considera que «si no son en absoluto celtibéricas, por lo menos alcanzan los tiempos en que fue consumada la fusión de los Celtas con los Iberos, y marcan una fecha fija, el siglo III a.C.», lo que queda testimoniado por la presencia de cerámica a torno, aporte de los Iberos «en la fusión de la raza celtibérica» (Cabré 1930: 38 s.).

También Taracena (1932: 31), en su ejemplar estudio de La Mercadera, se cuestiona lo inadecuado que resulta la utilización de la terminología centroeuropea para el caso peninsular (14). Taracena ofrece en este trabajo el estado de la cuestión sobre la Edad del Hierro en la provincia de Soria:

«La Edad del Hierro soriana ofrece dos modalidades arqueológicas: la cultura de los castros de las sierras del N. de la provincia (sobre fondo arcaizante) relacionadas con los del bajo Duero y en la que aparece únicamente cerámica morena con decoración unguicular o incisa, coetánea de las necrópolis posthallstátticas del primer grupo formado por Bosch Gimpera y por tanto céltica, y la cultura de tipo de Numancia con cerámica roja torneada y pintada que comienza en Ventosa de la Sierra y étnicamente es celtibérica. Entre los dos grupos se ve el momento de fusión en el castillo de Arévalo de la Sierra y acaso en el de Alpanseque y se aprecia la superposición de las culturas en los de Taniñe y Fuentesaúco. El hecho diferencial es pues la cerámica torneada y pintada, arte en realidad, ya que las restantes tipologías generales son

---

(12) Sin embargo, otras importantes necrópolis del área celtibérica no gozaron de similar fortuna: Monteagudo de las Vicarías tan sólo mereció una breve nota (Taracena 1932: 32-37, láms. XXIV-XXV,I) y Almaluez permaneció inédita, aunque se disponga del diario de su excavador, Blas Taracena. Por su parte, Giménez de Aguilar (1932) publica algunos materiales descontextualizados de la necrópolis conquense de Cañizares, cuyo mayor interés radica en su semejanza con los documentados por Cerralbo en el Alto Tajo (de este yacimiento existe en la Real Academia de la Historia, sección Antigüedades, legajo 9-7953-24, un informe breve sin fecha firmado por H. Obermaier).

(13) También critica Cabré (1930: 36) la periodización de las necrópolis posthallstátticas propuesta por Bosch Gimpera en su obra de 1921, pues «carecía cuando la redactó, y aun ahora, de la documentación necesaria para llevar a cabo un trabajo de sistematización acerca de la Edad del Hierro de la Meseta castellana y de sus inmediaciones, a causa de que permanecen ignorados por él e inéditos muchos descubrimientos arqueológicos, muy fundamentales en este género de estudios».

(14) «Esta necrópolis, como todas las del grupo castellano, ofrece un predominio de tipos hallstátticos sobre los de La Tène y muestra una vez más la falta de sincronismo entre estas etapas peninsulares y las europeas, por lo cual me parece por ahora más eficaz que tratar de encuadrarla en el marco inadecuado de Hallstatt o La Tène o en el muy general de la primera y segunda edad del hierro, partir de la división que marca el hecho histórico de la formación del pueblo celtibérico, que por su extensión geográfica podría ser conveniente para todo el grupo castellano e incluirla en una clasificación étnica solamente».

evolutivas y por tanto inútiles para una diferenciación étnica».

Añade (1932: 31) que «la formación del pueblo
celtibérico parece que tiene lugar hacia el comienzo del
siglo III», por lo que La Mercadera sería una necrópolis
«céltica no sólo por el origen de sus tipos sino también
por la corta densidad de la cerámica roja torneada que
parece corresponder al inicio de su empleo y, por tanto,
al de la influencia cultural ibérica».

El mismo año 1932 se publica la obra de Bosch
Gimpera *Etnologia de la Península Ibèrica*, en la que
estructurará la documentación arqueológica conocida hasta
la fecha, que en el territorio celtibérico seguía restringida
casi en su totalidad a la Colección Cerralbo, para, con la
ayuda de las fuentes clásicas, intentar reconstruir el proceso histórico del Centro y el Occidente peninsular. En
esta obra, se suma a la gran invasión céltica de hacia el
600 a.C., que alcanzaría de lleno la Meseta Oriental, una
primera oleada céltica, vinculada a los Campos de Urnas
procedentes del Rhin y Suiza, con la que relaciona los
topónimos típicamente celtas en *-dunum* y en *-acum*, que
llega a la Península Ibérica en torno al año 1000 a.C.,
aunque en un trabajo anterior hubiera propuesto una fecha entre los siglos XII y XI a.C. (Bosch Gimpera y
Kraft 1928: 260) y que, a partir de obras posteriores, se
situará definitivamente en el 900 a.C. (Bosch Gimpera
1933; 1942; 1944; etc.).

Tras analizar las fuentes literarias relativas a los
Celtíberos, a los que considera como una población básicamente ibérica, aunque dominada y mezclada con elementos celtas (Bosch Gimpera 1932: 541 ss.), se aborda
el estudio de su arqueología (Bosch Gimpera 1932:
568 ss.). Para Bosch Gimpera (1932: 569 ss. y 576 ss.),
los castros estudiados por Taracena en las provincias de
Soria y Logroño y las necrópolis de Guadalajara y Soria
ofrecen características propias, insistiendo en la presencia, junto a los elementos posthallstátticos puestos de
manifiesto en armas y adornos, del elemento ibérico documentado a través de la cerámica a torno, que considera
venida del Valle del Ebro. La cronología propuesta abarca desde el siglo V al III a.C., señalando la ignorancia
que cubre el período posterior. Ofrece una periodización
de las necrópolis posthallstátticas (Bosch Gimpera 1932:
578), coincidente con la propuesta en 1921, incorporando los hallazgos de Cabré (1930) en Atienza (15):

---

(15)   Según Bosch Gimpera (1932: 576), las necrópolis de Osma,
La Requijada, Recuerda, Alpanseque, Valdenovillos, Atienza, Atance,
Carabias e Hijes se localizan en territorio arévaco; la de *Arcobriga*, en
zona bela; y las de Garbajosa, Olmeda, Luzaga, Hortezuela de Océn,
Ciruelos, Molino de Benjamín (Montuenga), Clares, Turmiel y Aguilar
de Anguita, se adscribirían al de los Titos. Por su parte, identifica el
nivel más antiguo de Numancia y los llamados castros sorianos con los
Pelendones (Bosch Gimpera 1932: 580 s.).

Período I (siglos V-IV a.C.)

   a. (Siglo V a.C.). Una parte de Aguilar de Anguita.

   b. (400-350 a.C.). Aguilar de Anguita, Olmeda,
       Clares, Quintanas de Gormaz y tumba 9 de Atienza.

Período II (siglos IV-III a.C.)

   a. (350-300 a.C.). Alpanseque, Atance, Hijes, La
       Requijada de Gormaz, Quintanas de Gormaz, la
       mayor parte de Atienza y tal vez también
       Valdenovillos, Turmiel, Montuenga y Luzaga.

   b. (300-250 a.C.). *Arcobriga*, Osma, la tumba 16 de
       Atienza y quizás Ciruelos.

En los años inmediatamente anteriores a la Guerra
Civil, cabe destacar los trabajos de Schulten sobre *Segeda*
(1933a), proponiendo su identificación en Durón de
Belmonte y localizando en sus proximidades lo que posteriormente se ha interpretado como la ciudad indígena
(lám. I,1) (Burillo 1994a: 102 s.), y *Bilbilis* (1934). En
1933, Schulten publica su *Geschichte von Numantia*, cuya
edición en castellano no aparecerá hasta 1945, que puede
considerarse en cierto sentido como un resumen de su
obra *Numantia* en cuatro volúmenes, manteniendo sin
apenas modificación sus planteamientos invasionistas. A
todo ello hay que unir los trabajos de Taracena (1934)
desarrollados entre 1932 y 1933 en la ciudad de *Termes* o
la publicación de su trabajo monográfico sobre los
Pelendones (Taracena 1933).

3. DE 1940 A 1970

Los años 40 van a constituir un paréntesis en la actividad arqueológica celtibérica, al final del cual se produce
la recapitulación de la situación heredada de la preguerra.
Como ha señalado F. Burillo (1993: 241), pese a las
aportaciones iniciales, las primeras décadas del período
de postguerra constituirán «una ruptura en el proceso
investigador sobre la temática celtibérica, que sorprende
ante la corriente ideológica, existente durante este período, de valoración de 'lo celta'».

Un hito de la Arqueología celtibérica es, sin duda, la
publicación por B. Taracena de la *Carta Arqueológica de
España. Soria* (1941), en la que se recoge toda la documentación, debida en buena medida a la investigación del
propio autor, recopilada hasta la fecha sobre el territorio
soriano. Como ha señalado recientemente Ruiz Zapatero
(1989: 16) «la síntesis introductoria de esta obra es realmente la primera síntesis estructurada de la Arqueología
Soriana, en muchos aspectos con gran visión de futuro y
observaciones vigentes todavía hoy». En 1940, Taracena
(1943a) reanudará las excavaciones en Numancia, centrándose en el espacio donde con posterioridad se levantaría la Casa de la Comisión. Asimismo, da a conocer los

resultados de sus excavaciones en *Contrebia Leukade* (Taracena 1942 y 1945). A todos estos trabajos hay que añadir la publicación de un informe sobre la arqueología del Moncayo (Bordejé 1936-40).

En 1942, M. Almagro Basch publica un avance de sus trabajos desarrollados en 1934 en la necrópolis turolense de Griegos, cuyos materiales resultan semejantes a los recuperados por Cerralbo en las provincias de Soria y Guadalajara, lo que va a permitir vincular la Sierra de Albarracín, donde se localiza Griegos (16), con el núcleo del Alto Tajo-Alto Jalón definido a partir de los trabajos de Cerralbo. Aun considerando la poca superficie excavada, la necrópolis permitió documentar por vez primera en un cementerio celtibérico la presencia de estructuras tumulares, si se exceptúa el caso dudoso de La Mercadera. En este mismo trabajo, Almagro critica las alineaciones de tumbas descritas por Cerralbo, teniéndolas por fantásticas, lo que provocó la reacción de Cabré (1942b), responsable de la documentación fotográfica de las excavaciones de Cerralbo (*vid.* capítulo IV,2).

Son igualmente dignas de mención las publicaciones de J. Cabré sobre «La Caetra y el Scutum en Hispania durante la Segunda Edad del Hierro» (1939-40) o sobre «El *thymaterion* céltico de Calaceite» (1942a), en las que los materiales procedentes de las necrópolis celtibéricas van a ocupar un lugar destacado, incorporando los dibujos, obra de M.E. Cabré, de algunos de los conjuntos cerrados más significativos de estos cementerios, tantas veces repetidos en las publicaciones posteriores.

Bosch Gimpera publica en 1942 *Two Celtic waves in Spain*, texto leído en 1939 y cuya edición en castellano, algo ampliada, *El poblamiento antiguo y la formación de los pueblos de España*, no aparecería hasta 1944. En estas obras mantiene los mismos puntos de vista que en sus publicaciones previas, al seguir basándose en las fuentes literarias y en los datos lingüísticos, aun cuando falte un conocimiento suficiente de los datos arqueológicos. Diferencia dos oleadas. La primera se sitúa hacia el 900 a.C., vinculándola con los Campos de Urnas del Sur de Alemania que penetrarían por Cataluña, donde se produciría una evolución autóctona hasta mediados del siglo VII a.C. Con esta invasión se relacionarían los *Berybraces* del Periplo de Avieno, constituyendo el único elemento de la misma que pudo tener contacto con la Meseta. La segunda oleada, integrada por grupos hallstátticos del Bajo y Medio Rhin, llegará a la Península en varias etapas entre el año 650 y el 570 a.C. a través de los pasos occidentales del Pirineo, afectando de lleno a la Meseta.

Los Belgas serían el último grupo céltico llegado a la Península (hacia el 570 a.C.) —con anterioridad a los primeros objetos latenienses, producto de contactos comerciales—, trayendo consigo los elementos que darán lugar a la llamada Cultura Posthallstáttica, asentándose en el Valle del Ebro y en la Meseta Norte (Bosch Gimpera 1944: 123 ss.). En relación a los Celtíberos, considera que tras la Cultura Posthallstáttica de las necrópolis y castros de Guadalajara y Soria, comenzarían a aparecer elementos ibéricos, primordialmente la cerámica, que a lo largo del siglo II hasta el 133 a.C. darán lugar a una cultura de fuerte sabor ibérico.

Ya desde los años 30, M. Almagro Basch había expresado en diversos artículos (1935; 1939; 1947-48) sus planteamientos encontrados con las tesis de Bosch Gimpera, que serían desarrollados, en extenso, en su trabajo de 1952 *La invasión céltica en España*, incluido en la *Historia de España* dirigida por R. Menéndez Pidal. En esta obra, que renueva los planteamientos sobre la indoeuropeización de la Península Ibérica y en la que realiza un estudio concienzudo de la cultura material, Almagro aboga por una única invasión céltica, lenta y gradual, cuyo inicio sitúa hacia el 800 a.C. Corresponderían al Hallstatt D «los niveles bajos de Numancia y otros castros sorianos» que fecha en su período II (600-400 a.C.), enmarcándolos en el contexto general de la cultura celta de los Campos de Urnas (Almagro Basch 1952: 214-216 y 233).

A estos trabajos habría que añadir la síntesis de J. Martínez Santa Olalla, *Esquema Paletnológico de la Península Hispánica* (1941), en la que diferencia tres invasiones indoeuropeas, sin aportar nada nuevo respecto al panorama reflejado en las tesis de Bosch Gimpera, al que sigue en líneas generales. Además, cabe destacar *Los pueblos de España* de J. Caro Baroja, publicado también en 1946, o los trabajos de L. Pericot *La España primitiva* (1950) y *Las raíces de España* (1952), así como un corto artículo, aparecido en el número inicial de la revista *Celtiberia* (1951), en el que plantea el estado de la investigación sobre los Celtíberos, pasando revista a las tesis sobre su origen y destacando los trabajos llevados a cabo por los lingüistas, sobre todo por A. Tovar, sobre el carácter céltico de la lengua celtibérica (*vid. infra*).

Sin embargo, la aportación fundamental sobre los Celtíberos se debe de nuevo a Taracena, quien se encargará de su estudio en la *Historia de España* de Menéndez Pidal, en la que J. Maluquer de Motes aborda la etnología de los restantes pueblos de la Hispania céltica, señalando el valor de las llamadas «gentilidades» estudiadas por Tovar (1949: 96 ss., mapa 1) para identificar el área céltica peninsular (Maluquer de Motes 1954: 14, fig. 81, nota 32).

---

(16)   Con respecto a las actividades arqueológicas en la Serranía de Albarracín en la primera mitad del siglo, *vid.* los trabajos de N.P. Gómez Serrano (1931 y 1954), así como Collado (1990: 8 y 1995: 410).

A lo largo de un centenar de páginas, Taracena ofrece un completo panorama de la Cultura Celtibérica, desde el 300 a.C. hasta la conquista romana: las fuentes históricas, los diferentes pueblos celtibéricos, sus núcleos de población, las instituciones, el armamento, la religión, el arte, etc., son algunos de los aspectos tratados. Al final, se refiere con brevedad a la formación de la Celtiberia, siguiendo para ello los planteamientos de Bosch Gimpera (Taracena 1954: 295 s.). Acepta la existencia de dos invasiones, siendo los castros célticos sorianos pervivencia de la primera, mientras que la segunda, fechada *ca.* 600 a.C., responsable de arrinconar a sus predecesores los Pelendones, incluiría a los «Vacceos, Arévacos y casi todo el elemento celta de los Celtíberos». Aun aceptando, al igual que Bosch Gimpera, la presencia de un elemento ibérico anterior, a diferencia de éste no lo retrotrae al final del Eneolítico o comienzos de la Edad del Bronce, con la expansión por la Meseta de la Cultura de Almería, sino que lo considera mucho más reciente «aproximadamente sincrónica a su entrada también en el sur de Francia y originada en la misma causa, quizá los movimientos célticos de la Primera Edad del Hierro. Ello podría explicar el arrinconamiento de los Pelendones en la serranía, logrado por los Iberos antes de la segunda invasión céltica» (17). Desde el siglo III a.C., se dejarían sentir los influjos ibéricos en la Celtiberia que, coincidiendo de nuevo con Bosch Gimpera, serían de tipo puramente cultural, sin necesidad de defender, tal como sugería Schulten, aportes étnicos. De esta forma, el complejo celtibérico aparece «formado por un elemento ibero muy poco denso que aun en el siglo VI, bastante después de la entrada de la primera invasión céltica, también muy poco numerosa, sostenía sus características y desapareció absorbido por la nueva llegada de centroeuropeos, que impusieron sus gustos, sus armas, su organización y sus mandos, pero que a su vez y desde el siglo III son conquistados por la cultura superior de los vencidos, cuya influencia llega desde tierras independientes». Por último, se refiere al proceso de expansión de los Celtíberos desde su formación en el siglo III a.C., sin que en ello deba verse una comunidad de origen con las poblaciones sobre las que impone su nombre.

Con respecto a los trabajos de campo, muy escasos durante este período, destacan los desarrollados por T. Ortego (1952) en la serranía turolense y en El Castillo de Soria, así como los llevados a cabo en el territorio celtibérico del Ebro Medio, que se concretan en las prospecciones efectuadas por M. Pellicer (1957 y 1962; Pamplona 1957), que permitieron descubrir los importantes yacimientos celtibéricos de Botorrita y Valdeherrera, actualmente identificados con la ciudad de *Contrebia Belaisca*, cuyos trabajos de excavación no se emprenderían hasta 1969, dirigidos por A. Beltrán, y con la *Bilbilis* celtibérica, respectivamente.

En los inicios de la década de los 60 destaca la figura de F. Wattenberg, a quien se debe la reanudación de las excavaciones en Numancia. En 1959, presenta al *Primer Symposium de Prehistoria de la Península Ibérica* su trabajo «Los problemas de la Cultura Celtibérica», publicado en 1960, en el que analiza el panorama celtibérico desde planteamientos coincidentes con los de Taracena, si bien sugiere la inclusión de los Vacceos entre el colectivo celtibérico, lo que ha tenido un cierto peso en un sector importante de la investigación actual (Martín Valls 1985; Martín Valls y Esparza 1992). En este trabajo se trata la cronología de la cerámica numantina, objeto de estudio por Bosch Gimpera (1915) y Taracena (1924), y la necesidad de revisar las estratigrafías de la histórica ciudad, lo que le llevaría a realizar en 1963 diferentes cortes en Numancia con el objeto de solucionar tales problemas estratigráficos (Wattenberg 1963: 17-25; *Idem* 1965; *Idem* 1983; Beltrán 1964; *Idem* 1972), siendo la plasmación de tales estudios su monografía sobre *Las cerámicas indígenas de Numancia* (Wattenberg 1963).

Como puede comprobarse, a partir de la década de los 40, según ha puesto de manifiesto Ruiz Zapatero (1993: 48 s.), «se produce una cierta atonía en la investigación arqueológica de 'lo celta'. Esto unido a las dificultades de relacionar los materiales hispanos con los del otro lado de los Pirineos, condujo a una renuncia expresa por intentar nuevas síntesis e interpretaciones. En cierto modo hasta los años 80 se han seguido repitiendo los viejos esquemas de Bosch, Almagro y otros, sin apenas puntos de vista nuevos; en otras palabras el tema era complejo y delicado y se optó por una aproximación descriptiva aderezada con la exposición historiográfica del mismo. Sin muchos datos nuevos y sin apenas propuestas teóricas poco más se podía hacer».

Un cambio en esta orientación vendrá marcado, como ha señalado acertadamente el propio Ruiz Zapatero (1993: 49), por la labor de una serie de arqueólogos alemanes que, de acuerdo con los postulados de la investigación céltica centroeuropea, identifica a los celtas históricos con la Cultura de La Tène. El trabajo de E. Sangmeister (1960), en el que intenta aclarar el valor de la aportación céltica en la Península Ibérica, muestra este nuevo rumbo en la investigación. Para Sangmeister, el Hallstatt D representa un nuevo estadio cultural en el Suroeste de Alemania y el Noreste de Francia que recoge

---

(17)   En este sentido, Taracena (1954: 296) valora los restos «de construcciones de gran aparato ciclópeo, en Santa María de Huerta, Vinuesa, Covaleda, Numancia, etcétera, semejantes a las murallas ibéricas de la costa (Tarragona, Olerdola, Sagunto, etc.), anteriores al siglo III», considerando supervivencia de este elemento, mas bien escaso, «el sistema de construcción radial en Arévalo, Ocenilla, Izana y aun Numancia».

elementos supervivientes de los Campos de Urnas, otros resucitados de la Cultura de los Túmulos y otros típicamente hallstátticos, no pudiéndose determinar con claridad con cual de estos componentes llegaría la lengua céltica, único y definitivo argumento, según Sangmeister, para hablar de Celtas en la Península Ibérica. Tras analizar los hallazgos peninsulares, considera que ciertos elementos, como las fíbulas de caballito o las de espirales, las urnas de pie alto calado y las espadas de antenas, evidencian una corriente desde el Norte de Italia y el grupo del Suroeste Alpino posterior a los Campos de Urnas y que no proceden del foco del Hallstatt D Occidental. Con estos elementos se asociarían los nombres de los *Cempsi* y de los *Saefes* del Periplo de Avieno, cuya relación con los Ligures quedaría así explicada. Ciertos modelos de fíbulas, traídos por Celtas de la región gala en la primera mitad del siglo V a.C., podrían explicar los nombres en -*briga* y el nombre céltico de los *Berybraces* del Periplo, aunque pudieron llegar en el movimiento siguiente. Otra invasión se produciría en el siglo IV a.C., durante La Tène B/C, siendo prueba de ello los modelos más tardíos de fíbulas y ciertas armas, como las de los relieves de Osuna.

En el mismo año, W. Schüle (1960) publica un artículo en el que define, dentro de su «Kastilischen Kulturen», la llamada «Cultura del Tajo», estableciendo una periodización, en dos estadios (A y B) y cuatro fases (A1, A2, B1 y B2), basada en la evolución de las espadas. La fecha de las espadas de antenas y de las fíbulas de ballesta en el Sur de Francia impiden considerar que el foco difusor de la Cultura Posthallstáttica peninsular y de sus paralelos sea el Noroeste de los Alpes, documentándose en el circulo del Tajo, del que las necrópolis de Cerralbo constituyen una parte esencial, ciertos elementos que hay que relacionar con los Alpes Orientales, de época anterior al Hallstatt Final-La Tène.

No obstante, la aportación fundamental de Schüle será su síntesis *Die Meseta Kulturen der Iberischen Halbinsel* (1969), en la que los cementerios celtibéricos ocupan un papel destacado, recogiendo los ajuares funerarios ya conocidos a través de dibujos o fotografías, e incorporando igualmente un cierto número de conjuntos inéditos, pese a que no tuviera oportunidad de estudiar los materiales, aún sin publicar, pertenecientes a la Colección Cerralbo. También los materiales de Numancia, sobre todo las fíbulas, merecieron especial atención en esta obra. Schüle pretende estudiar la Cultura de la Meseta en el marco de las culturas coetáneas, formadas, según él, por el influjo de varias corrientes culturales que inciden en la Península seguramente atraídas por sus metales. Si el influjo fenicio se dejó sentir en el Sur, y el griego en el Golfo de León y en el Sureste, grupos nómadas a caballo debieron vagar preferentemente por el Centro y el Su-

roeste, con preferencia a las zonas del Norte, Noroeste y Sureste, regiones que para ellos debieron ser poco atractivas.

Schüle aborda el estudio de las culturas del Tajo y del Duero, centrándose de modo especial en la primera, que se extiende desde el Valle del Jalón, las altas tierras de Guadalajara hasta las estribaciones septentrionales de la Cordillera Central, el Sur de Portugal y Andalucía, y en la que cree ver ciertos elementos arqueológicos procedentes de las estepas euroasiáticas (Schüle 1969: 18 ss.). Propone la diferenciación de la Cultura del Tajo en dos períodos (A y B), subdivididos a su vez en dos subfases, partiendo de la evolución de las armas, en especial de los puñales de antenas. Las grandes necrópolis de la Cultura del Tajo del siglo VI a.C. representarían una forma de vida nómada o seminómada, dado lo frecuente que resultan los atalajes de caballo en las mismas y la desproporción entre el número y el tamaño de los cementerios con el de los lugares de habitación a lo largo de la fase A de esta cultura. Desde comienzos de la fase Tajo B se produce una lenta desaparición de los elementos de origen euroasiático, lo que reflejaría la influencia cada vez más poderosa del mundo ibérico, por una parte, y de la del Duero, por otra. A ello se une una reducción del territorio dominado por la Cultura del Tajo, que ya en la fase B2 se limita a las altas tierras de Guadalajara y a una pequeña franja a ambos lados del Sistema Central. A lo largo del siglo II a.C., la Cultura del Tajo sucumbe bajo la presencia de Roma, que en momentos posteriores será asimismo la causante del fin de la Cultura del Duero (Schüle 1969: 164 ss.).

Cabe aún destacar, entre los intentos de síntesis, la obra de N.H. Savory (1968) sobre la Prehistoria de la Península Ibérica, en la que, siempre dentro de los esquemas invasionistas vigentes, propone su punto de vista según el cual el mayor movimiento de pueblos en la Península ocurre hacia los siglos VI y V a.C., matizando las propuestas de Bosch Gimpera y Sangmeister.

Como punto final de esta década, puede señalarse la celebración en 1967 del *Coloquio Conmemorativo del XXI Centenario de la gesta numantina*, publicado algunos años más tarde (VV.AA. 1972), a pesar de lo cual las investigaciones sobre Numancia no van a tener continuidad, con la excepción de las excavaciones de J. Zozaya (1970 y 1971) centradas en la ocupación medieval de la ciudad o los diversos trabajos de carácter monográfico principalmente sobre las cerámicas numantinas (*vid. infra*).

En relación con la Arqueología funeraria, los últimos años de la década de los 60 suponen la iniciación de una nueva etapa, tras un largo paréntesis de casi treinta años, con la publicación de la necrópolis de Riba de Saelices (Guadalajara) por E. Cuadrado (1968), en la que se documentan las alineaciones descritas por Cerralbo, y la conquense de Las Madrigueras (Almagro-Gorbea 1965 y 1969), localizada en lo que en época histórica constituye el límite meridional de la Celtiberia, donde se estableció la continuidad en el uso de un cementerio a lo largo de un extenso lapso de tiempo, lo que entraba en contradicción con las tesis clásicas, posteriormente documentada en otros cementerios celtibéricos, como Aguilar de Anguita, Ucero, Carratiermes, etc. (*vid.* capítulo VII). A estos trabajos habría que añadir la aportación de J.M. Zapatero (1968) sobre la figura de R. Morenas de Tejada, ofreciendo algunas noticias interesantes acerca de los cementerios de Osma, Gormaz y Quintanas de Gormaz.

Desde el punto de vista de la Lingüística, el período comprendido entre la década de los 40 y la de los 60 resulta fundamental en lo que a los estudios célticos se refiere. Tras el desciframiento de la escritura ibérica, debido a Gómez Moreno (1922; 1925; 1943; 1949), Caro Baroja (1943) identificó elementos célticos en ciertas inscripciones en escritura ibérica procedentes del territorio celtibérico, pudiendo delimitar la Celtiberia respecto de la zona ibérica a partir de ciertas desinencias en las monedas, estableciendo cinco grandes regiones lingüísticas en la Hispania antigua. Sin embargo, será Tovar quien en 1946 describirá algunos rasgos fundamentales de la lengua de los Celtíberos que permitían su inclusión entre las lenguas célticas. A este trabajo inicial, seguirán otros del propio Tovar (1948, 1949, 1950, 1955-56, 1961, etc.), a los que deben sumarse las obras de M. Lejeune (1955) y U. Schmoll (1959), así como las relativas a la onomástica personal indígena, debidas a M. Palomar Lapesa (1957), J. Rubio Alija (1959) y, en especial, a M.L. Albertos (1964; 1965; 1966; 1972a-b; 1976; 1977a; 1979; 1983; etc.). Junto a ellos hay que destacar dos importantes trabajos de J. Untermann (1961 y 1965) sobre la onomástica peninsular, publicados en la primera mitad de la década de los 60.

Para Tovar existirían dos estratos lingüísticos indoeuropeos, uno 'precéltico' documentado en el lusitano, lengua «más arcaica en algunos rasgos que el celta», y que podría ser «un resto evolucionado de las primitivas invasiones indoeuropeas en el Occidente», y otro, el celtibérico, definido como «un dialecto celta de tipo arcaico» (Tovar 1971: 18 s.). Según el mismo Tovar (1971: 20), «el nombre 'celtíberos' no designa una mezcla de pueblos, sino un pueblo que hablaba celta y que había tomado de sus vecinos Iberos la escritura y otros rasgos culturales». Su planteamiento recogería las viejas tesis que defendían la existencia de una primera invasión indoeuropea, inicialmente relacionada con los Ligures y más tarde con los Ilirios, anterior a la protagonizada por los Celtas. En cambio, para Untermann (1961), únicamente habría habido una invasión indoeuropea en la Pe-

nínsula Ibérica, de tipo celta, que sería la responsable de las diferencias que, a nivel dialectal, se observan en el territorio peninsular.

4. EL ÚLTIMO TERCIO DEL SIGLO XX

Durante este período se va a producir un gran desarrollo de la Arqueología en el ámbito celtibérico, si bien, desde el punto de vista teórico, a lo largo de la década de los 70 y los primeros años de los 80, se mantendrá «el concepto amplio, ambiguo y sin una definición arqueológica estricta de celta», que llevará a veces a «visiones simplistas, con atribuciones erróneas de yacimientos y materiales» (Ruiz Zapatero 1993: 49).

Desde mediados de la década de los 80 se asiste a una revitalización de los estudios sobre los Celtas en la Península Ibérica planteados desde perspectivas interdisciplinares, tras un largo período en el que la investigación sobre el tema se circunscribió, prácticamente, a la Lingüística. Prueba de ello son los recientes cursos monográficos de la Universidad Complutense en El Escorial (*Los Celtas*, Agosto 1992) y de la U.I.M.P. en Cuenca (*Los Celtas en la Meseta: Orígenes y nuevas interpretaciones*, Octubre 1993), dirigidos por M. Almagro-Gorbea, la sección dedicada a *Les Celtes et le Sud-Ouest de l'Europe* en el *XVIe Colloque de l'Association Française pour l'Etude de l'Age du Fer* (Agen, Mayo 1992), así como la publicación de trabajos monográficos que, desde planteamientos actuales, ofrecen una visión interdisciplinar sobre el complejo mundo de los Celtas hispanos, en el que los Celtíberos tienen un papel esencial (VV.AA. 1991; Almagro-Gorbea y Ruiz Zapatero, eds. 1993). Deben destacarse, asimismo, los *Simposia sobre los Celtíberos*, que desde 1986 han venido desarrollándose en Daroca (Zaragoza) bajo la coordinación de F. Burillo (*vid. infra*).

Su interés, que ha trascendido de los ambientes puramente académicos, se ha visto acentuado por importantes hallazgos, como los bronces de Botorrita (de Hoz y Michelena 1974; Beltrán y Tovar 1982; Eska 1989; Meid 1993 y 1994: 7 ss.; Beltrán, de Hoz y Untermann 1996), los más largos textos escritos en una lengua céltica de la Antigüedad, o la necrópolis celtibérica de Numancia (Jimeno y Morales 1993 y 1994; Jimeno 1994a: 128 ss.; *Idem* 1994b: 50 ss.; *Idem* 1996), extendiéndose igualmente fuera de nuestras fronteras tanto a nivel científico como de divulgación; de ahí la importancia del espacio dedicado a los Celtas hispanos en la Exposición *I Celti* celebrada en Venecia en 1991 (Moscati, coord. 1991).

En los años 70 y el primer tercio de los 80, se llevó a cabo la revisión de las principales necrópolis de la Colección Cerralbo, cuyos materiales, en gran medida descontextualizados, se hallaban depositados en el Museo Arqueológico Nacional: Aguilar de Anguita (Argente 1971 y 1974, este último trabajo centrado en el estudio de las fíbulas); Valdenovillos (Cerdeño 1976a); Luzaga (Díaz 1976), limitándose solamente al estudio del material cerámico; Carabias (Requejo 1978); El Atance (de Paz 1980); La Olmeda (García Huerta 1980) y Almaluez (Domingo 1982), de la que se analizaron tan sólo los elementos metálicos (18).

Esta investigación se complementó con la reexcavación de la necrópolis de Aguilar de Anguita (Argente 1976 y 1977b) y con los trabajos de campo llevados a cabo en la de Sigüenza (vid. Cerdeño y Pérez de Ynestrosa 1993, donde se reúne toda la bibliografía previa sobre la necrópolis), Carratiermes (Argente y Díaz 1979) y Molina de Aragón (Cerdeño et alii 1981; Cerdeño 1983a). No obstante, las expectativas que crearon estas necrópolis —particularmente tras la decepción que supuso la revisión de la Colección Cerralbo, cuyos materiales, aunque individualizados generalmente por necrópolis, sólo fueron susceptibles de análisis tipológicos— se vieron defraudadas en cierta medida debido al estado de deterioro en que fueron halladas (19).

Fruto del creciente interés por los estudios celtibéricos desde mediados de la década de los 80 ha sido la excavación de importantes conjuntos funerarios, como La Yunta, Aragoncillo, Ucero, Carratiermes y Numancia, y la revisión de otros, como el caso de La Mercadera (Lorrio 1990) (20). A estas necrópolis cabe añadir las identificadas en el Valle del Jiloca, entre las que destacan las de La Umbría, en Daroca (Aranda 1990) y Singra (Vicente y

Escriche 1980), que ofreció escasos materiales. También el territorio conquense ha deparado algunas novedades durante los años 70 y 80, como la necrópolis tumular de Pajaroncillo (Almagro-Gorbea 1973) o los cementerios de La Hinojosa (Galán 1980) y Alconchel de la Estrella (Millán 1990), este último con armas típicamente celtibéricas (21).

En lo que se refiere a los núcleos de habitación, la nómina de poblados que han sido objeto de excavaciones arqueológicas en el territorio celtibérico se ha incrementado de modo notable desde los años 70. Con respecto al núcleo del Alto Tajo-Alto Jalón, definido tradicionalmente por los lugares de enterramiento, se ha trabajado en: Castilviejo (Guijosa) y Los Castillejos (Pelegrina), en el Alto Henares; El Palomar y El Turmielo (Aragoncillo), El Ceremeño (Herrería), Las Arribillas (Prados Redondos) y La Coronilla (Chera), en la cuenca del río Gallo; y Castilmontán (Somaén), en el Alto Jalón. De ellos, sólo La Coronilla (Cerdeño y García Huerta 1992, con la bibliografía anterior) y Castilviejo (Belén et alii 1978) han visto publicada su correspondiente Memoria, estando el resto aún en fase de estudio, si bien existen algunos breves avances (García-Gelabert y Morère 1986; Cerdeño 1989 y 1995; Cerdeño et alii 1995; Arenas et alii 1995) que, por lo común, se centran en uno de los aspectos más atractivos de estos asentamientos: los sistemas defensivos (Arlegui 1992b; Cerdeño y Martín 1995) (22).

En el Alto Duero, las excavaciones en hábitats se han centrado en una serie de yacimientos cuyos primeros trabajos fueron efectuados por Taracena en 1928. Se trata del poblado de El Castillejo (Fuensaúco) (Romero y Misiego 1992 y 1995b) y los castros del Zarranzano (Almarza) (Romero 1984b) y El Castillo (El Royo) (Eiroa 1979a), que han deparado importantes novedades (Eiroa 1979b y 1981; Romero 1989), proporcionando asimismo las primeras fechas de C14 para el Alto Duero (Eiroa 1980a-b y 1984-85; Romero 1991a: 356 ss. y 477 s.).

En la Celtiberia aragonesa cabe destacar las excavaciones en El Alto Chacón (Teruel) (Atrián 1976), el Puntal del Tío Garrillas (Pozondón) (Berges 1981), Los Castellares (Herrera de los Navarros) (Burillo 1983; Burillo y de Sus 1986 y 1988), el Cerro de La Oruña

(18) A ellos habría que unir la reciente publicación del único conjunto cerrado conocido de la necrópolis de Turmiel (Barril 1993).

(19) Algo semejante ocurrió con la necrópolis de Fuentelaraña (Osma), de la que únicamente han podido identificarse materiales fuera de contexto (Campano y Sanz 1990).

(20) De La Yunta (García Huerta y Antona 1992) se puede consultar la detallada Memoria de Excavación que recoge las cuatro primeras campañas (1984-1987), de las que existían algunos avances (García Huerta y Antona 1986, 1987 y 1988; García Huerta 1988), habiéndose publicado asimismo un resumen de las siete campañas llevadas a cabo hasta la fecha (García Huerta y Antona 1995). De Aragoncillo, se cuenta con la noticia preliminar que daba a conocer su hallazgo (Arenas 1990), así como de algún avance de los trabajos de excavación realizados de 1990 a 1992 (Arenas y Cortés e.p.). Por su parte, Ucero, cuya excavación se inició en 1980, y Carratiermes, que tras los sondeos realizados en 1977 ha visto reanudados los trabajos de campo a partir de 1986, se hallan aún en proceso de estudio, aunque se disponga de numerosos avances (vid., respectivamente, García-Soto 1992 y Argente et alii 1992a, como publicaciones más recientes). Junto a ellas, la recientemente descubierta necrópolis de Numancia que, en el mismo año de su descubrimiento, 1993, fue objeto de una breve intervención de urgencia así como de la primera campaña de excavaciones (Jimeno y Morales 1993 y 1994; Jimeno 1994a: 128 ss.; Idem 1994b: 50 ss.), trabajos éstos continuados con posterioridad (Jimeno 1996: 58 ss.), y cuyos resultados vendrán sin duda a potenciar los estudios sobre el mundo funerario celtibérico (Jimeno et alii 1996).

(21) Una síntesis sobre el fenómeno funerario en la provincia de Cuenca puede obtenerse en Mena (1990).

(22) Menos fortuna ha tenido la excavación de hábitats conocidos por trabajos antiguos, como El Perical, la «acrópolis celtibérica de Valdenovillos», cuyas excavaciones llevadas a cabo por Cerdeño (1976b) en 1973-1974 proporcionaron, junto a materiales campaniformes, abundante cerámica a torno. A ellos, habría que añadir la revisión de los materiales procedentes de poblados excavados a principios de siglo, como el Cerro Ógmico (Monreal de Ariza) (de La-Rosa y García-Soto 1989 y 1995) o La Oruña (Veruela) (Bona et alii 1983), yacimiento éste objeto de recientes trabajos de excavación (Bienes y García 1995b).

(Bienes y García 1995b) y el Montón de Tierra (Griegos) (Collado *et alii* 1991-92a). En cuanto al territorio conquense pueden señalarse las excavaciones en Fuente de la Mota (Barchín del Hoyo) (Sierra 1981), Reillo (Maderuelo y Pastor 1981), Cabeza Moya (Enguídanos) (Navarro y Sandoval 1984), El Cerro de los Encaños (Villar del Horno) (Gómez 1986), Moya (Sánchez-Capilla 1989) y Hoyas del Castillo (Pajaroncillo) (Ulreich *et alii* 1993 y 1994). Con ellos cabe relacionar el hallazgo de materiales de clara filiación celtibérica en las comarcas de La Plana de Utiel y Los Serranos, en la zona noroccidental de Valencia limítrofe con las provincias de Cuenca y Teruel (de la Pinta *et alii* 1987-88; Martínez García 1990; Almagro-Gorbea *et alii* 1996).

Una mención especial cabe hacer respecto a los trabajos de excavación en ciudades celtibérico-romanas, por más que, como ha apuntado recientemente F. Burillo (1993: 244 s.), «debido a su continuidad en época imperial romana o la no correspondencia de la ciudad romana con la ciudad celtibérica que le precedió, da lugar a que los abundantes restos arqueológicos dominantes sean de época romana». Éste es el caso de *Termes*, en la que los trabajos de excavación se reanudaron de manera continuada en 1975 (*vid.* Argente, coord. 1990a), *Uxama* (García Merino 1984, 1989 y 1995), *Ocilis* (Borobio *et alii* 1992), *Clunia* (Palol *et alii* 1991), *Bilbilis* (Martín Bueno 1975a), *Turiaso* (Bona 1982), *Ercauica* (Osuna 1976), *Valeria* (Osuna *et alii* 1978) y *Segobriga*, cuyas excavaciones fueron retomadas en 1963 (Almagro Basch 1983, 1984 y 1986; Almagro-Gorbea y Lorrio 1989). A éstas hay que añadir los trabajos desarrollados en las ciudades de *Contrebia Belaisca*, identificada en el Cabezo de las Minas de Botorrita (Beltrán 1982; *Idem* 1983a; *Idem* 1988; *Idem* 1992, con la bibliografía anterior), *Contrebia Leukade*, en Inestrillas (Hernández Vera 1982; Hernández Vera y Núñez 1988), continuando de esta forma los trabajos iniciados por Taracena, así como en La Caridad de Caminreal (Vicente *et alii* 1986 y 1991; Vicente 1988) y Numancia, esta última objeto de una intensa revisión (Jimeno 1996; Jimeno y Tabernero 1996). El tema de las ciudades se valorará, según Burillo (1993: 245 s.), «como verdadero dinamizador del proceso histórico que se desarrolla especialmente durante el período celtíbero-romano, para lo cual será determinante tanto el análisis de las fuentes escritas (Rodríguez Blanco 1977; Fatás 1981), como la prospección y la aplicación de los planteamientos de la Arqueología Espacial (Burillo 1979 y 1982)».

A la vez que los trabajos de excavación, se ha producido una importante labor prospectora en diferentes zonas del territorio celtibérico. En Soria, la labor iniciada por Taracena ha visto su continuidad en la nueva Carta Arqueológica provincial, de la que ya han sido publicados

los cuatro primeros volúmenes, centrados en el *Campo de Gómara* (Borobio 1985), la *Tierra de Almazán* (Revilla 1985), la *Zona Centro* (Pascual 1991) y *La Altiplanicie Soriana* (Morales 1995). Estos trabajos han permitido reconocer una serie de asentamientos, contemporáneos en parte a los castros de la serranía soriana, rompiendo así la dicotomía que desde tiempos de Taracena se había establecido entre los hábitats castreños, al Norte, y las necrópolis, al Sur (Revilla y Jimeno 1986-87; García-Soto y de La-Rosa 1995) (23). En lo que se refiere a La Rioja, cabe destacar la Carta Arqueológica del río Cidacos (Pascual y Pascual 1984; García Heras y López Corral 1995), que incluye los yacimientos sorianos situados en su cuenca alta. A este trabajo debe sumarse una recopilación bibliográfica de ámbito provincial (Espinosa 1981).

En Guadalajara, sólo se ha publicado la Carta Arqueológica del Partido Judicial de Sigüenza (Fernández-Galiano 1979; Morère 1983) y la correspondiente al río Tajuña (Abascal 1982), habiéndose llevado a cabo una importante actividad prospectora de tipo selectivo, principalmente por J. Valiente y su equipo (Valiente 1982 y 1992; Valiente y Velasco 1986 y 1988), que ha permitido documentar importantes asentamientos en diferentes zonas de la provincia, cuyo estudio ha sido de gran interés para definir el horizonte inicial de la Cultura Celtibérica. Hay que señalar, además, los trabajos de prospección centrados en la comarca de Molina de Aragón, de P.J. Jiménez (1988), M.R. García Huerta (1989), J.L. Cebolla (1992-93) y J.A. Arenas (1993). Junto a ellos, debe mencionarse la publicación de diversos materiales de superficie procedentes de hábitats de la Edad del Hierro (García-Gelabert 1984; Arenas 1987-88; Iglesias *et alii* 1989; Barroso y Díez 1991).

En la Celtiberia aragonesa destacan las prospecciones sistemáticas habidas en el Bajo Jalón (Pérez Casas 1990b), los valles de la Huerva y del Jiloca Medio (Burillo 1980; Aranda 1986 y 1987), comarcas de Calamocha (Burillo, dir. 1991) y Daroca (Burillo, dir. 1993), zona del Moncayo (Bona *et alii* 1989; Bienes y García 1995a), Sierra de Albarracín (Collado 1990), así como la elaboración de la Carta Arqueológica de la provincia de Teruel (Atrián *et alii* 1980) o la síntesis general sobre la Carta Arqueológica de Aragón (Burillo, dir. 1992).

Al tiempo que se han incrementado los trabajos de campo, desde la década de los 70 se han potenciado los estudios de carácter tipológico, especialmente interesados en los objetos metálicos, fíbulas, broches de cintu-

---

(23)   La nómina de asentamientos castreños se ha visto también incrementada en los últimos años (Ruiz *et alii* 1985; San Miguel 1987).

rón, pectorales y armas (24), en su mayoría hallados en los lugares de enterramiento. Estos estudios han resultado de gran trascendencia, pues, a partir de las asociaciones de objetos documentadas en las sepulturas, se ha podido establecer una seriación de los mismos, lo que ha permitido definir la secuencia cultural del mundo celtibérico (Lorrio 1994a-b).

Peor fortuna ha tenido la producción cerámica procedente de las necrópolis excavadas a principios de siglo que, salvo alguna excepción (Díaz 1976), ha quedado claramente marginada de estos estudios, aun cuando la publicación de nuevos cementerios haya venido a compensar en parte esta situación. Mucho mejor conocidas resultan las cerámicas procedentes de los lugares de habitación, sobre todo por lo que respecta a las fases iniciales del mundo celtibérico, gracias en gran medida a su sistematización en el ámbito castreño soriano, debida a F. Romero (1991a: 239 ss. y 447 ss.; vid., asimismo, Bachiller 1987a: 17 ss., entre otros trabajos de este autor), así como al cada vez más abundante material que están deparando los trabajos de prospección y excavación desarrollados en territorio celtibérico, aunque las altas cronologías defendidas en ocasiones para estos materiales hayan dificultado su correcta valoración. También los conjuntos cerámicos celtibéricos de cronología más avanzada han atraído la atención de un modo especial, destacando sin duda las producciones pintadas numantinas (Jimeno, ed. 1992), tanto polícromas (Romero 1976a-b; Olmos 1986) como monocromas (Arlegui 1986 y 1992c), pudiéndose mencionar, asimismo, el trabajo de J.M. Abascal (1986) sobre la cerámica pintada romana de tradición indígena, con particular incidencia en los talleres del ámbito celtibérico. En relación con esta producción, puede citarse el estudio sobre un conjunto de cerámica «celtibérica» de época romana (Lorrio 1989), procedente de las recientes excavaciones en la ciudad de Segobriga (Almagro-Gorbea y Lorrio 1989).

La revitalización de los estudios sobre el ámbito celtibérico que se produce desde mediados de los años 80 se ha plasmado en la aparición de diversos trabajos de síntesis, entre los que destacan los relativos a la Edad del Hierro en la provincia de Soria (Romero 1984a; Jimeno 1985; Romero y Ruiz Zapatero 1992), con especial dedicación a los castros de la serranía soriana (25). A ellos habría que añadir la Tesis Doctoral de M.R. García Huerta (1990) sobre la Edad del Hierro en el Alto Tajo-Alto Jalón, en la que se hallan incluidas las memorias de excavación de dos importantes yacimientos de la zona, la necrópolis de La Yunta y el castro de La Coronilla, ambas de reciente publicación (García Huerta y Antona 1992; Cerdeño y García Huerta 1992). Sobre el Alto Jalón, Arlegui (1990a) ofrece una visión general que incluye un avance de sus excavaciones en el castro de Castilmontán. Para la Celtiberia aragonesa puede consultarse la obra colectiva Los Celtas en el valle medio del Ebro (VV.AA. 1989a), así como el trabajo de Asensio (1995) La Ciudad en el mundo prerromano en Aragón, en el que los núcleos urbanos celtibéricos merecen una especial atención (vid., también, Burillo 1994b). Existen además algunos intentos de síntesis relativos al período formativo del mundo celtibérico, entre los que cabe mencionar los trabajos de Almagro-Gorbea (1986-87; 1987a; 1992a y 1993), Burillo (1987), Ruiz Zapatero y Lorrio (1988); Lorrio (1993b y 1995a: 95 ss.) y Romero y Misiego (1995a). Por último, se cuenta con otras síntesis globales debidas a F. Burillo (1991b y 1993), así como la obra colectiva Celtíberos (Burillo et alii, coords. 1988), publicada con ocasión de la exposición celebrada en 1988 en Zaragoza, en las que partiendo de las evidencias arqueológicas se ha intentado ofrecer un completo panorama sobre esta cultura.

En el transcurso de la década de los 80 se han celebrado diversos Congresos en los que la temática celtibérica ha ocupado un papel destacado. Entre ellos cabe mencionar las reuniones centradas en el estado de la investigación en Aragón, celebradas en 1978 y 1986, los Symposia de Arqueología Soriana, que tuvieron lugar en Soria en 1982 (1984) y 1989 (1992), el Coloquio Internacional sobre la Edad del Hierro en la Meseta Norte (1990), celebrado en Salamanca en 1984, y el I Congreso de Historia de Castilla-La Mancha (1988), que se desarrolló en Ciudad Real en 1985. No obstante, puede considerarse al I Simposium sobre los Celtíberos (VV.AA. 1987a), celebrado en Daroca en 1986, como punto de arranque de esta nueva etapa. A él siguió en 1988 el II Simposio sobre los Celtíberos, dedicado monográficamente a las necró-

---

(24)   Para las fíbulas vid. Argente (1990 y, sobre todo, 1994), que recoge la abundante bibliografía sobre el tema, entre la que destacan especialmente los trabajos de E. Cabré y J.A. Morán (vid. capítulo VI, 2.1). Por lo que se refiere a los broches de cinturón ha de consultarse Cerdeño (1977 y 1978), mientras que los pectorales han sido estudiados a partir de los hallazgos de Carratiermes por Argente, Díaz y Bescós (1992b). Para el armamento, uno de los temas de mayor interés en la investigación arqueológica española a lo largo de este siglo, han de consultarse las recientes aportaciones de Cabré (1990), Quesada (1991), Lorrio (1993a, 1994a-b), con toda la bibliografía anterior, y Stary (1994). También los útiles de hierro, generalmente procedentes de hábitats (Manrique 1980; Barril 1992) y documentados ocasionalmente en necrópolis (Barril 1993), han sido objeto de estudio.

(25)   Además de los trabajos de F. Romero (1984c y 1991a) hay que destacar las diversas publicaciones sobre el tema de J.A. Bachiller (1986; 1987a-b; 1992; 1992-93; Bachiller y Ramírez 1993), realizados desde planteamientos que siguen los de Romero. No hay que olvidar, asimismo, el intento de síntesis de Fernández-Miranda (1972) o el estudio de las fortificaciones de uno de los castros más emblemáticos, El Castillo de las Espinillas de Valdeavellano de Tera (Ruiz Zapatero 1977).

polis (Burillo, coord. 1990), en lo que constituye el primer intento de síntesis general sobre el tema, aunque enfocado desde una perspectiva amplia, al incluir áreas no celtibéricas en sentido estricto. El *III Simposio*, celebrado en 1991 (Burillo, coord. 1995), estuvo dedicado al poblamiento celtibérico, manteniendo una estructura semejante al anterior. Por su parte el *IV Congreso* (septiembre de 1997) ha versado sobre la economía.

La revitalización de la Arqueología celtibérica ha avanzado pareja a la de otras disciplinas, habiéndose insistido en la necesidad de su integración, permitiendo así obtener una visión global lo más completa posible del mundo celtibérico. En este sentido merecen destacarse los *Coloquios sobre Lenguas y Culturas Paleohispánicas*, de los que hasta la fecha se han realizado siete (de 1974 a 1997), o el I Encuentro Peninsular de Numismática Antigua (García-Bellido y Sobral Centeno, eds. 1995), en los que la temática celtibérica ha jugado un papel destacado. A ellos hay que añadir el IIIer. Encuentro de Estudios Numismáticos (1987) dedicado a la *Numismática en la Celtiberia*. Entre las obras de síntesis sobre los Celtíberos de época histórica, trabajos basados de forma primordial en las fuentes literarias, hay que citar el estudio monográfico de Salinas (1986) *Conquista y Romanización de Celtiberia* o las aportaciones de Fatás (1989) y el propio Salinas (1989a) a la *Historia de España*, dirigida por A. Montenegro. Asimismo, destacan los trabajos relativos a la sociedad (Prieto 1977; Rodríguez Blanco 1977; Ruiz-Gálvez 1985-86; Burillo 1988f; García-Gelabert 1990-91 y 1992; Ciprés 1990 y 1993a; García Moreno 1993; etc.), con particular incidencia en las organizaciones de carácter suprafamiliar (Albertos 1975; González 1986; Beltrán Lloris 1988a) y en instituciones como la hospitalidad y la clientela (Salinas 1983a; Dopico 1989), tema ya tratado por Ramos Loscertales (1942), el mercenariado (Santos Yanguas 1980 y 1981; Santos Yanguas y Montero 1982; Ruiz-Gálvez 1988; Barceló 1991), la economía (Blasco 1987: 314 ss.; Beltrán Lloris 1987b: 287 s.; Pérez Casas 1988d; Ruiz-Gálvez 1991; Álvarez-Sanchís 1991), la religión (Salinas 1984-85; Marco 1986; *Idem* 1987; *Idem* 1988; *Idem* 1989; Sopeña 1987 y 1995), la numismática (Untermann 1974 y 1975; Villaronga 1979 y 1994; Domínguez 1979 y 1988; Blanco 1987 y 1991; García Garrido y Villaronga 1987; Burillo 1995b; Villar 1995d; etc.), la onomástica personal (*vid*. Albertos 1979 y 1983, entre otros trabajos de la autora, y Abascal 1994), así como la epigrafía y la lingüística (Untermann 1983 y 1995b; de Hoz 1986a; *Idem* 1988a-b; *Idem* 1991b; *Idem* 1995a; Gorrochategui 1991; Maid 1994 y 1996; Villar 1995a, 1995e y 1996a; etc.), quizás el ámbito de estudio en el que se han producido las mayores novedades, en buena medida debidas al descubrimiento de los bronces de Botorrita (*vid*. capítulo

XI,3) (de Hoz y Michelena 1974; Beltrán y Tovar 1982; Eska 1989; Meid 1993 y 1994: 7 ss.; Beltrán, de Hoz y Untermann 1996) (26).

Otro tema de renovada actualidad es el de la Celtiberia, los Celtíberos y sus etnias (Alonso 1969; Koch 1979; Alonso-Núñez 1985; Burillo 1986; *Idem* 1995c; Salinas 1986: 78 ss.; *Idem* 1988; *Idem* 1991; Tovar 1989: 75 y 78 ss.; Solana 1989; Santos Yanguas 1991; Ciprés 1993b; Domínguez Monedero 1994; etc.), sobre todo con la publicación de la obra de A. Capalvo (1996) *Celtiberia*. En esta obra, el autor propone la revisión de las ediciones críticas en uso sobre las fuentes clásicas, lo que le permite ofrecer un nuevo concepto territorial de la Celtiberia.

El mayor conocimiento de la cultura material celtibérica, y la acumulación de información procedente de las necrópolis y poblados excavados en los últimos años, han permitido avanzar en la interpretación sobre el origen de esta cultura, enmarcándolo en el de la celtización de la Península Ibérica. Con la excepción de los encomiables intentos de Sangmeister y Schüle, este tema no se había vuelto a revisar desde los trabajos de Bosch Gimpera y Almagro Basch, debido al estancamiento producido en la investigación tras estas grandes síntesis, las cuales, como ha destacado Ph. Kalb (1993: 150), no se habían ocupado de reunir pruebas relativas a la 'celticidad' de los hallazgos. Un intento de interpretación, siguiendo la tradición centroeuropea de la investigación céltica, ya presente en el trabajo de Sangmeister, ha sido el protagonizado por Stary (1982) y Lenerz-de Wilde (1981) quienes intentan demostrar que los Celtas peninsulares son Celtas de La Tène, a pesar de que la distribución de los hallazgos de elementos latenienses en la Península Ibérica no coincida con el territorio lingüístico indoeuropeo. Recientemente, Lenerz-de Wilde (1991 y 1995) ha planteado sus tesis invasionistas. Para esta autora, desde el siglo VI a.C. estarían documentados los contactos entre la Península Ibérica y la Cultura de Hallstatt reciente. Con posterioridad, grupos célticos llegarían al territorio peninsular a lo largo de rutas ya establecidas a partir de los contactos comerciales previos: a través del río Ebro hasta la Meseta. Esto explicaría cómo desde el siglo V a.C. se producen hallazgos en el territorio meseteño que ponen de manifiesto su relación con las culturas de Hallstatt y La Tène en Europa central: determinados tipos de fíbulas, espadas de tipo lateniense y sus características vainas, objetos éstos que hacen su aparición durante el siglo IV a.C., o algún raro broche de cinturón calado, sin duda fabricado en el área de la Cultura de La Tène, etc. (Lenerz-de Wilde 1995: 538 ss.). Sin embargo,

---

(26)   Un panorama general de las principales novedades en el campo de la epigrafía y la lingüística paleohispánicas puede obtenerse en J. de Hoz (1991a).

Ph. Kalb (1979), en su estudio sobre los Celtas en Portugal, piensa que los hallazgos de tipo La Tène documentados en territorio portugués no permiten demostrar arqueológicamente una cultura celta, considerando (1993: 155) que este «término no es el adecuado para describir de manera inequívoca un contexto arqueológico». Pero, como ha señalado Untermann (1995a: 20), los hallazgos de objetos latenienses no tienen nada que ver con la celtización lingüística de la Península Ibérica ya que, «la Lingüística exige una fecha considerablemente anterior para el primer asentamiento de hablantes de idiomas celtas».

Serán los trabajos de M. Almagro-Gorbea, desarrollados desde 1985 (Almagro-Gorbea 1986-87; *Idem* 1987a; *Idem* 1991b-c; *Idem* 1992a; *Idem* 1993; Almagro-Gorbea y Lorrio 1987a), los que den una nueva dimensión al tema. Como punto de partida, considera difícil de mantener que el origen de los Celtas peninsulares pueda ponerse en relación con la Cultura de los Campos de Urnas, pues su revisión, desde los años 70, ha permitido precisar, junto a un origen extrapirenaico, su dispersión por el cuadrante Nororiental de la Península, zona que no coincide con la que ocuparían los Celtas históricos ni con la de los testimonios lingüísticos de tipo céltico (Ruiz Zapatero 1985). Además, los Campos de Urnas del Noreste dan paso sin solución de continuidad a la Cultura Ibérica, cuyos hallazgos epigráficos corresponden a una lengua —el ibérico— no céltica y ni siquiera indoeuropea (*vid.* Untermann 1990a; de Hoz 1993b; etc.).

En consecuencia, Almagro-Gorbea (1987a; 1992a; 1993 y 1994b) busca una nueva interpretación que pretende determinar el origen de los Celtas documentados por las fuentes escritas a base de rastrear su cultura material, su estructura socioeconómica y su ideología en la Península Ibérica como partes interaccionadas de un mismo sistema cultural. Habría que buscar las raíces del mundo celta peninsular en su substrato «protocelta» (Almagro-Gorbea 1992a y 1993) —conservado en las regiones del Occidente peninsular, aunque en la transición del Bronce Final a la Edad del Hierro se extendería desde el Atlántico a la Meseta— que se documenta por la existencia de elementos ideológicos (tales como ritos de iniciación de cofradías de guerreros, divinidades de tipo arcaico, etc.), lingüísticos (el «Lusitano» y los antropónimos y topónimos en *P-*) y arqueológicos comunes (hallazgos de armas en las aguas, casas redondas, ausencia de «castros», etc.), así como por una primitiva organización social, que parecen asociarse al Bronce Final Atlántico, pero cuyas características afines a los Celtas históricos permiten relacionarlo con ellos. De esta forma, aunque no se excluyan movimientos étnicos, la formación de los Celtas peninsulares se habría producido por la evolución *in situ* de dicho substrato cultural, en donde los procesos de aculturación, sobre todo desde el mundo tartésico e ibérico, habrían jugado un papel determinante, hasta el punto de constituir un elemento clave para comprender la personalidad de los Celtas peninsulares.

Según Almagro-Gorbea (1993: 146 ss.), la Cultura Celtibérica surgiría del substrato protocéltico, lo que explicaría las similitudes de tipo cultural, socio-económico, lingüístico e ideológico entre ambos, así como la progresiva asimilación de dicho substrato por parte de aquélla. Este proceso de celtización permitiría comprender la heterogeneidad y la evidente personalidad de la Hispania céltica dentro del mundo celta.

La máxima dificultad que presenta esta hipótesis, como habrá ocasión de comprobar, estriba en la falta de continuidad en la Celtiberia entre el final de la Edad del Bronce y la fase inicial del mundo celtibérico, adscribible ya al Primer Hierro.

Tras la revisión de los trabajos más significativos sobre la investigación en torno al mundo celtibérico, cuyo estudio resulta de gran actualidad y en gran medida abierto, es oportuno señalar, a modo de reflexión final, algunos de los problemas que afectan a la Arqueología celtibérica. Parece claro el carácter fragmentado del registro arqueológico, en gran medida mal documentado, que hace necesario la intensificación de los trabajos de prospección y excavación, sin olvidar la revisión de materiales procedentes de excavaciones antiguas susceptibles todavía de ofrecer datos de gran interés. Se hace igualmente necesario un riguroso estudio secuencial de la Cultura Celtibérica, así como enmarcar su análisis en una visión holística que tenga en consideración, además, la información lingüística, histórica, sociopolítica, religiosa, etnográfica, etcétera.

II

GEOGRAFÍA DE LA CELTIBERIA

1. DELIMITACIÓN DE LA CELTIBERIA EN LA HISPANIA CÉLTICA

Para intentar definir el concepto de Celtiberia y abordar su delimitación geográfica resulta indispensable llevar a cabo su análisis de manera conjunta con el resto de la Céltica hispana, en cuyo desarrollo los Celtíberos jugaron un papel esencial.

Se trata de un tema sin duda geográfico, pero sobre todo etno-cultural, por lo que resulta más complejo. Básicamente, las fuentes que permiten aproximarse al mismo son los textos clásicos, las evidencias lingüísticas y epigráficas y la Arqueología, a los que habría que añadir el Folclore, en el que se evidencia la perduración de ciertas tradiciones de supuesto origen céltico, aunque su valor para los estudios celtas esté aún por determinar.

1) En primer lugar, se analizan las noticias proporcionadas por los autores clásicos grecolatinos, que enfocaron la descripción de la Península Ibérica desde distintas perspectivas y en función de intereses diversos. De ellas, tan sólo un número reducido hacen referencia a la presencia de Celtas, mostrando una panorámica del mundo céltico «desde fuera», en la que los errores, los intereses particulares y la manipulación de los datos no están ausentes por completo (Champion 1985: 14 ss.). Su análisis, al igual que el de las restantes evidencias, debe encuadrarse en su contexto cultural y cronológico, evitando en lo posible las generalizaciones que pueden llevar a visiones excesivamente simplistas.

2) A estas noticias hay que añadir las evidencias de tipo lingüístico, que incluyen tanto la epigrafía en lengua indígena como la onomástica, conocida mayoritariamente a través de las inscripciones latinas. El hallazgo de inscripciones en lengua indígena en la Península, así como la abundante documentación de tipo onomástico conservada, permiten definir con cierta claridad la existencia de dos grandes áreas lingüísticas: una

Hispania no indoeuropea en el Mediodía y en el Levante y una Hispania indoeuropea ocupando las tierras del Centro, Norte y Occidente de la Península.

3) Por último, el registro arqueológico, que presenta la dificultad de su correlación con las fuentes anteriormente citadas, lo que ha llevado al divorcio de hecho entre la Arqueología y la Lingüística, y que debe de funcionar de forma autónoma, principalmente en lo relativo al difícil tema de la formación del mundo céltico peninsular, sobre el que las evidencias literarias, así como las lingüísticas y onomásticas, a pesar de su indudable valor, presentan una importante limitación debido a la imposibilidad de determinar la profundidad temporal de tales fenómenos.

1.1. *Las fuentes literarias grecolatinas* (1)

Las fuentes clásicas más antiguas resultan, casi siempre, excesivamente vagas en lo relativo a la localización geográfica de los Celtas, limitándose en la mayoría de los casos a señalar su presencia de forma bastante inconcreta, situándolos a veces en la vecindad de ciudades o de otros grupos humanos presumiblemente no célticos y vinculándolos en ocasiones con accidentes geográficos. Esto es debido a que las fuentes de los siglos VI-IV a.C. se limitaban a describir las zonas costeras de la Península conocidas de forma directa, especialmente la meridional y la levantina, siendo las referencias al interior mucho más generales y a menudo imprecisas (2).

---

(1) Para los textos clásicos se han seguido las traducciones publicadas en la serie *Fontes Hispania Antiquae*, tomos I ss. (1925-1987), salvo en los casos en los que se haga constar lo contrario, como en Str. 3, 4, 13.

(2) En relación a las noticias de los autores griegos y romanos sobre los Celtas hispanos, *vid*. Tovar 1977 y Koch 1979. Una visión general de las fuentes literarias sobre los Celtas puede verse en Rankin 1987 y 1995 y Dobesch 1991. Sobre la relación de Roma con los Celtas peninsulares sirva como introducción el trabajo de Beltrán Lloris (1991).

Tradicionalmente, se considera que una de las fuentes de mayor antigüedad sobre la Península Ibérica se hallaría recogida en un poema latino, la *Ora maritima*, escrito a finales del siglo IV d.C. por Rufo Festo Avieno. Esta obra, según Schulten (1955: 55 ss.) siguiendo a otros investigadores, contenía un periplo massaliota del siglo VI a.C. (3), con algunas interpolaciones posteriores. No obstante, debido a la falta de bases sólidas de tipo filológico, histórico o arqueológico, parece aventurado atribuir, sin más, determinados pasajes de la *Ora maritima* a este supuesto periplo de gran antigüedad (Villalba 1985; de Hoz 1989a: 42 s.) que en ningún caso aparece mencionado en el poema, a pesar del reconocimiento explícito por parte de Avieno de las fuentes utilizadas en su redacción.

La *Ora maritima* describía las costas de Europa desde la Bretaña hasta el Mar Negro, habiéndose conservado únicamente la primera parte de la obra (más de 700 versos) que, incluyendo la Península Ibérica, citada bajo el nombre de *Ophiussa*, tiene su punto de destino en Marsella. Cierto pasaje del Periplo (vv. 129-145), por otro lado excesivamente oscuro, y las menciones a una serie de pueblos de difícil filiación (vv. 195 y 485), han sido interpretados como las noticias más antiguas conocidas sobre los Celtas (Schulten 1955: 36 s.; Rankin 1987: 2 ss.; etc.). Avieno sitúa a los Celtas, *Celtae*, más allá de la islas Oestrímnicas, cuya identificación no es segura (*vid.* Monteagudo 1953 para su localización en Galicia), de donde habrían expulsado a los Ligures (vv. 133 s.). La ubicación de estos territorios resulta controvertida. Así, aun cuando parece admitido que el autor del Periplo se estaría refiriendo a las costas del Mar del Norte (*vid.*, entre otros, Schulten 1955: 36 y 97-98; Tierney 1964: 23; Rankin 1987: 6), no faltan quienes incluso hayan pretendido situarlos en Galicia (*vid.* Tovar 1977: nota 6). En cualquier caso, y con independencia de la interpretación dada a este pasaje, cabe pensar, de acuerdo con Tovar (1977: nota 6), que tal vez se trate de una interpolación posterior a la supuesta redacción original del Periplo, al igual que ocurre con el v. 638 (Tovar 1977: nota 14) referido a los campos de Galia, *Gallici soli*, pese a que para Schulten (1955: 145 s.) ésta constituya la primera mención del nombre de los Galos.

Con la excepción de este controvertido pasaje, Avieno no vuelve a hacer ninguna referencia directa a los Celtas, aunque Schulten (1955: 36-38, 104 s. y 133) consideró como tales una serie de pueblos asentados en las regiones del interior de la Península: hacia el Occidente, los *Cempsi* y los *Saefes*, localizados «en las altas colinas de Ofiusa» (vv. 195 s.), si bien unos y otros debieron llegar hasta el Atlántico dada su vinculación con diferentes accidentes geográficos situados en la costa (vv. 182 y 199); hacia el Oriente se hallarían los *Berybraces* (v. 485), citados al describir la costa levantina a la altura de la actual ciudad de Valencia. Al parecer, los Cempsos habrían poseído tiempo atrás la isla de Cartare (*vid.* TIR, J-29: s.v.), que Schulten sitúa en la desembocadura del río Guadalquivir, en pleno reino de Tartessos, habiendo sido expulsados de allí por sus vecinos (vv. 255-259). Para Schulten (1955: 104 s. y 133), Cempsos y Sefes ocuparían el Occidente de la Meseta, asentándose los primeros en el valle del Guadiana, mientras que los segundos lo harían en los del Tajo y Duero; por el contrario, los Beribraces se localizarían en la Meseta Oriental, teniéndolos como antecesores de los Celtíberos históricos. De todos estos pueblos solamente el de los Beribraces es citado de nuevo por las fuentes (*vid.* Tovar 1989: 64). Así, el Pseudo-Escimno (vv. 196 ss.), autor del siglo II a.C. basado en Éforo, los denomina *Bébryces*, situándolos más arriba de las tierras ocupadas por los Tartesios e Iberos.

La consideración de todos estos pueblos como Celtas se basaba en la distinción de Cempsos y Sefes respecto de los Ligures, supuestamente situados más al Norte (4), e Iberos, en la creencia de que en la fecha de la realización del Periplo éstos no ocuparían aún la costa occidental de la Península. Respecto a los Beribraces, las razones, como en el caso anterior se deben a su diferenciación de los pueblos situados en su vecindad, es decir de los Iberos. A pesar de que las tesis de Schulten que consideraban a Cempsos, Sefes y Beribraces como pueblos Celtas han influido en la historiografía más reciente, lo cierto es que a partir de la información proporcionada por el Periplo todo lo más que se puede señalar, como ha indicado Tovar (1987: 22), es el carácter menos civilizado de los pueblos asentados en las regiones montañosas del interior, claramente expresado en la descripción de los Beribraces como *gens agrestis et ferox*, posiblemente como expresión del carácter «bárbaro» de los mismos. Sus nombres no son determinantes desde el punto de vista lingüístico en lo que a su filiación céltica se refiere (Tovar 1986: 80; Untermann 1995a: nota 47), pudiendo

(3) Para Schulten (1955: 15-16), la redacción del Periplo sería posterior a la batalla de Alalia (*ca.* 535 a.C.), debiéndose situar en torno al 520 a.C., fecha aceptada por otros investigadores que han abordado este tema más recientemente (Lomas 1980: 53s.; Tovar 1987: 16; etc.). Sin embargo, no faltan aquellos que consideran factible una fecha anterior a dicha batalla para la fuente de mayor antigüedad (Tierney 1964: 23; Savory 1968: 239), ni quienes plantean que la información básica usada por Avieno correspondería a un momento posterior al propuesto por Schulten (Koch 1979).

(4) El autor del Periplo señala que cerca de Cempsos y Sefes, ocupando las tierras situadas al Norte de ellos, se encuentra el *pernix lucis* y la prole de los Draganos (vv. 196-198). Según Schulten (1955: 105), quien propone la corrección del *lucis* de la edición príncipe por *Ligus*, los Draganos serían Ligures asentados en la zona septentrional de la Península. Sobre la consideración de *lucis* o del incorrecto *Lusis* (Shulten 1955: 105; Tovar 1976: 200) como la más antigua mención de los Lusitanos, *vid.* Bosch Gimpera (1932: 600).

plantearse que se tratara de grupos indoeuropeos (Tovar 1987: 22), más evidente en el caso de los Beribraces cuya vinculación con actividades de pastoreo es señalada en el Periplo. Esto permitiría vincular el pasaje que señala la presencia de los Cempsos en la Isla de Cartare con el hipotético control céltico del reino de Tartessos (5) (Tovar 1963: 359 s.; *Idem* 1977: 166 s.), puesto en evidencia además por el nombre del rey tartésico *Arganthonios* (Herodoto 1, 163 y 165) que, como se ha señalado repetidamente (Palomar Lapesa 1957: 40; Tovar 1962: 360; *Idem* 1974: 36, n. 46; *Idem* 1977: nota 11; *Idem* 1986: 80; *Idem* 1987: 17; etc.), parece ser claramente celta, lo que, de acuerdo con Untermann (1985a: 17 s.; 1989: 437-439), no está suficientemente probado.

Dejando de lado la controvertida *Ora maritima*, la primera mención de la Céltica, *Keltiké*, se debe a Hecateo de Mileto (*ca.* 500 a.C.), de cuya obra tan sólo se conservan algunos fragmentos recogidos por un lexicógrafo del siglo VI d.C., Esteban de Bizancio. Hecateo se refiere a *Narbona* como una ciudad céltica, lo mismo que *Nirax*, de localización incierta, y ubica a la colonia griega de *Massalia*, fundada en la tierra de los Ligures, cerca de la Céltica (6).

Será Herodoto (2, 33 y 4, 49) quien, en pleno siglo V a.C., proporcione la primera referencia segura respecto a la presencia de Celtas en la Península Ibérica, al señalar que el *Istro* (luego *Ister*), actual Danubio, nacía en el país de los Celtas, cuyo territorio se extendía más allá de las Columnas de Hércules, siendo vecinos de los Kynesios (o Kynetes), pueblo que era considerado como el más occidental de Europa (7). Así pues, los referidos

pasajes de Herodoto pueden considerarse como la más antigua evidencia de la utilización del etnónimo *Keltoi* en la Península Ibérica.

Aun con el error en la identificación de las fuentes del Danubio, que son situadas en las proximidades de la ciudad de *Pyrene* (2, 33), localizable en el extremo oriental de la Cordillera Pirenaica, y de la que se hace mención en el Periplo de Avieno (vv. 559-561) como frecuentada por los massaliotas, la veracidad del texto de Herodoto es aceptada de forma generalizada (*vid.*, entre otros, Powell 1958: 13 s.; Fisher 1972: 109 s.; Rankin 1987: 8 s.; etc.), no faltando quienes consideran estas noticias como poco fiables, debido a su falta de detalle y a su carácter excesivamente genérico, al estar referidas a los pueblos bárbaros del Occidente, que en el siglo V a.C. se englobarían con los Celtas (Koch 1979: 389; Untermann 1995a: nota 47).

Con posterioridad a estas primeras noticias, la presencia de Celtas en la Península Ibérica es señalada repetidamente. Así Éforo (en Str., 4, 4, 6), *ca.* 405-340 a.C., consideraba que la Céltica, *Keltiké*, ocuparía la mayor parte de Iberia, llegando hasta *Gades* (8). Las referencias a Celtas en la Península se ve reflejada en otro pasaje del Pseudo-Scimno (vv. 162 ss.) atribuido a Éforo, para el que el río *Tartesos*, el actual Guadalquivir, procedía de la Céltica. Con independencia de la interpretación que se dé a este pasaje (*vid. infra*), el desconocimiento de las fuentes del Guadalquivir se pone de manifiesto en la obra de Aristóteles (384-312 a.C.), para quien «Del Pirineo (monte sito hacia el occidente equinoccial en el país de los Celtas) descienden el *Istro* y el *Tartesos*. Éste más allá de las Columnas...» (*Meteor.* 350b,2; *vid.* Schulten 1925: 216). Según Schulten (1925: 56), la Céltica mencionada por el Pseudo-Scimno quedaría circunscrita a la Meseta habitada por Celtas (*vid.*, en contra, Capalvo 1996: 117 ss., para quien la Céltica de Éforo podría haber estado en el Mediterráneo y no en el Atlántico), esto es, la Celtiberia, coincidiendo así con lo referido por Polibio (en Str., 3, 2, 11), quien consideraba que el *Anas* y el *Baetis*, esto es, el Guadiana y el Guadalquivir, nacían en la Celtiberia (*vid. infra*).

Más difíciles de interpretar resultan una serie de pasajes, cuya vinculación con la Península Ibérica cabe calificar de dudosa. Así, Aristóteles (*De animal. gen.* 748a, 22) menciona el frío país de los Celtas «que están sobre la Iberia», que podría estar referido, como señala Schulten (1925: 76), tanto a la Galia como a la Meseta hispánica, o bien a los Celtas del Océano (*Eth.* 2,7), que para Pérez Vilatela (1990b: 138) serían los del Suroeste peninsular.

---

(5)   Para Tovar (1963: 359-360), en contra de Schulten (1952: 192), esto quedaría confirmado gracias a Polibio (en Str., 3, 2, 15), para el que los Turdetanos, los antiguos Tartesios, eran parientes de los célticos del Sudoeste.

(6)   Tovar (1977: nota 5) considera dudosos los escasos fragmentos de Esteban de Bizancio atribuidos a Hecateo, entre los que Schulten (1955: 187, n° 6; Tovar 1963: 362) incluye el pasaje que considera a *Make* y *Mainake*, en la costa andaluza, como ciudades célticas.

(7)   No cabe duda que los Kynesios o Kynetes citados por Herodoto son los mismos *Cynetes* que el Periplo de Avieno situaba en vecindad de los Cempsos, ocupando el actual territorio del Algarve (Tovar 1976: 193-194). El hecho de que ambas fuentes coincidieran en situar en el Suroeste de la Península a los *Cynetes*, y el que Herodoto localizara en su vecindad a los Celtas, mientras Avieno lo hacía con los Cempsos, fue interpretado por Schulten como una confirmación del carácter céltico de estos últimos, aunque, como señala Tovar (1977: 170), Sefes y Cempsos, aun siendo Celtas, no se reconocerían como tales, o al menos no fueron identificados en ese sentido por el autor del Periplo. A este respecto, Maia (1985: 174), para el que ni Cempsos ni Sefes serían Celtas, considera la *Ora Maritima* y Herodoto, respectivamente, como *terminus post* y *ante quem* para determinar el momento de asentamiento de los pueblos célticos en esta zona. Desafortunadamente, estas noticias son excesivamente vagas como para permitir realizar una afirmación de este tipo, ya que, como se ha señalado, ni está clara la filiación cultural y étnica de Cempsos y Sefes, ni existe la certeza, aun en el caso de que realmente no se tratara de grupos célticos, de que éstos no estuvieran ya asentados en la época del Periplo en las remotas tierras del interior de la Península.

(8)   Relacionado con la identificación de los Celtas como pueblo del Oeste en Éforo, *vid.* Pérez Vilatela 1992: 397.

Algo similar cabe decir de un pasaje de Plutarco (*De plac. philos.* 897,C) que recoge la opinión de Timeo, 340-250 a.C., sobre la causa de la marea, que ha de ponerse en relación con los ríos de la cuenca atlántica «que se precipitan a través de la Céltica montañosa». De nuevo Schulten (1925: 105) propone la ecuación Céltica = Meseta, al considerar que en tiempos de Timeo el concepto del Océano Atlántico aún no incluía la Galia (*vid.* Pérez Vilatela 1990b: 138; *Idem* 1992: 398; *Idem* 1993: 421).

Que los Celtas alcanzaran la región de Cádiz parece confirmarlo Eratóstenes (en Str., 2, 4, 4), *ca.* 280-195 a.C., para quien la periferia de Iberia estaba habitada hasta *Gades* por *Galatae*. La falta de referencias a estos Galos o Galatas, término utilizado sin duda como sinónimo de Celtas en su descripción de Iberia, llevó a Polibio, y de acuerdo con él a Estrabón, a dudar de los conocimientos de Eratóstenes sobre la Península. Pero, como defienden Schulten (1952: 35) y Tovar (1963: 356; 1977: nota 24), no existe tal contradicción en Eratóstenes, pues, para él, el término Iberia, tomado en un sentido fundamentalmente étnico, se circunscribe a las costas del Este y del Sur peninsulares, mientras que tanto Polibio, en sus últimos libros, como Estrabón identifican Iberia, como concepto geográfico, con la totalidad de la Península (9). La presencia de Celtas en el Mediodía peninsular es confirmada por Diodoro (25, 10), quien señala que Amílcar, a su llegada a la Península en el 237 a.C., hubo de enfrentarse con Tartesios e Iberos que luchaban junto a los Celtas de Istolacio.

No será hasta finales del siglo III a.C., y en mayor medida durante las dos centurias siguientes, cuando el creciente interés estratégico de la Península para los intereses de Roma haga que la información sobre la misma se multiplique con noticias no sólo de tipo geográfico sino también de orden económico, social, religioso, etc., lo que permite obtener una idea mucho más completa sobre los Celtas peninsulares, permitiendo delimitar con mayor claridad las áreas donde se asentaron e incluso poder identificar verdaderas migraciones interiores (Almagro-Gorbea 1995d). El concepto de Céltica, tal como aparecía en la obra de Herodoto, Éforo o Eratóstenes, va a ver modificado su contenido en las fuentes contemporáneas o posteriores a las guerras con Roma, aplicándose desde ahora a las tierras situadas al Norte de los Pirineos.

La modificación conceptual del término *Keltiké*, opuesto al de Iberia, no impide, sin embargo, que los autores de los siglos II a.C. en adelante mencionen expresamente la existencia de pueblos de filiación celta en el Centro y

Occidente de la Península, aunque mostrando un panorama más complejo que el de las fuentes más antiguas, caracterizado por una aparente uniformidad, lo que ha de verse como resultado del mejor conocimiento de la Península por parte de Roma, en buena medida debido a las frecuentes guerras, sobre todo contra Celtíberos y Lusitanos (10).

El análisis conjunto de las obras de Polibio, Posidonio, Estrabón, Diodoro Sículo, Pomponio Mela, Plinio el Viejo y Claudio Ptolomeo, entre otros, permite individualizar con claridad tres zonas donde se señala, de forma explícita, la presencia de pueblos de raigambre celta, lo que, obviamente, no excluye que hubiera otros que, aun siéndolo, no aparecieran mencionados como tales por las fuentes, quizás por presentar un carácter más arcaico. Éste sería el caso de los Lusitanos del Norte del Tajo, que las fuentes diferencian claramente de los Celtas hispanos —entre los cuales los Celtíberos serían los mejor definidos— y cuya lengua, de tipo indoeuropeo arcaico, tiene algunos elementos comunes con la subfamilia celta (*vid.* capítulo XI,2).

a) La primera de estas zonas corresponde a las regiones interiores de la Península Ibérica, donde se localizarían los Celtíberos (11), considerados expresamente por diversos autores como Celtas. Posidonio (en Diod., 5, 33) da una particular interpretación de su proceso de formación: «Estos dos pueblos, los Iberos y los Celtas, en otros tiempos habían peleado entre sí por causa del territorio, pero, hecha la paz, habitaron en común la misma tierra; después por medio de matrimonios mixtos se estableció afinidad entre ellos y por esto recibieron un nombre común». Una interpretación similar es sugerida por Apiano (*Iber.* 2): los Celtas tras atravesar los Pirineos se fusiona-

(9) Sobre el concepto de Iberia en las fuentes grecolatinas, vid. Domínguez Monedero 1983 y Pérez Vilatela 1992.

(10) El carácter fronterizo de los Pirineos, como barrera que separa la Céltica de la Iberia, puede verse en Polibio, 3, 37, 9-11 y 3, 39, 2, así como en Estrabón (3, 1, 3; 3, 2, 11; 3, 4, 8; 3, 4, 10; 3, 4, 11), quien hace uso del término Iberia referido a toda la Península, siguiendo en esto al propio Polibio, el cual, en sus últimos libros, escritos a partir de mediados del siglo II a.C., extenderá el concepto de Iberia, ahora entendida en sentido puramente geográfico, a la totalidad del territorio peninsular (Schulten 1952: 127s.). Para Posidonio (en Diod., 5, 35), los Pirineos separan Galia de Celtiberia e Iberia, entendida ésta todavía en un sentido más etnológico que geográfico, circunscrito a las costas peninsulares del Sur y Levante. El mismo carácter se mantiene en época romana, como prueba la ubicación de los trofeos de Pompeyo (Rodá 1994).

(11) En cuanto a la delimitación de la Celtiberia y de las etnias celtibéricas a partir de las fuentes literarias, vid. Schulten 1914: 7-11 y 281-290; Taracena 1933; *Idem* 1954: 197 ss.; Alonso 1969; Koch 1979; Alonso-Núñez 1985; Burillo 1986; Salinas 1986: 78 ss.; *Idem* 1988; *Idem* 1991; Tovar 1989: 75 y 78 ss.; Pérez Vilatela 1990a: 103 ss.; Santos Yanguas 1991; Bachiller y Ramírez 1993; Ciprés 1993b: 275 ss.; Ocejo 1995; Capalvo 1996; etc. Sobre el concepto de «celtíbero» y «Celtiberia», *vid.* Koch 1979; Untermann 1984; Burillo 1993: 224 ss. y Capalvo 1996.

rían con los nativos, lo que explicaría el nombre de los Celtíberos (12).

Estrabón (3, 4, 5) no duda en considerar a estos pueblos como Celtas, y así señala —refiriéndose a los Iberos— «si hubiesen querido ayudarse unos a otros, no habría sido posible a los cartagineses el conquistar la mayor parte de su país con su fuerza superior; y antes a los Tirios y después a los Celtas, que hoy se llaman Celtíberos y Berones...». La llegada de los Celtas a Hispania —a la que se refieren otros autores como Marco Varrón (en Plin., 3, 7-17)— es apuntada en otro pasaje de Estrabón (3, 4, 12): «Al Norte de los Celtíberos, están los Berones, que son vecinos de los Cántabros Coniscos, y tomaron parte en la inmigración céltica».

La doble raíz cultural aludida en el texto de Diodoro (5, 33) es asumida por el poeta Marcial, natural de *Bilbilis*, cuando dice (4, 55): «Nosotros, hijos de los Celtas y de los Iberos, no nos avergonzamos de celebrar con versos de agradecimiento los nombres un tanto duros de nuestra tierra». A su vez, San Isidoro (*Ethym.* 9, 2, 114) establece el origen de los Celtíberos en los Galos llegados desde el Ebro (13).

De acuerdo con lo visto, el término *celtiberi* estaría referido a una población considerada como un grupo mixto (Untermann 1983 y 1984), y así aparece recogido en Diodoro, Apiano y Marcial para quienes los Celtíberos serían Celtas mezclados con Iberos, si bien para otros autores, como Estrabón, prevalecería el primero de estos componentes.

Aun cuando algunos autores (Koch 1979: 389) consideran que el concepto «celtíbero» no remite a una unidad étnica, al menos para la historiografía antigua, deberían valorarse, de acuerdo con Burillo (1988a: 8), aquellos aspectos que de los indígenas pudieron trascender a los visitantes, como las costumbres y la lengua, pues pudieron ser la base de la identidad mostrada. Siendo así, no está de más recordar que en la Antigüedad, como ha señalado Untermann (1992a: 16), «los *Celtae* representaban un grupo etnográfico (en el sentido de los *Germani* de Tácito) definido por sus costumbres, su religión, su aspecto físico y otros rasgos exteriores» (*vid.*, sobre ello, Pereira 1992).

Según esto, de acuerdo con Burillo (1993: 226; 1995c: 21), los Celtíberos podrían ser considerados como un grupo étnico, tanto en cuanto incorpora entidades étnicas de menor categoría, semejante a los Galos o Iberos, pero de una amplitud menor, sin que pueda plantearse la existencia de un poder centralizado ni aun de una unidad política, que de producirse lo fue sólo de forma ocasional, como demuestran con claridad los acontecimientos militares del siglo II a.C. (*vid.* capítulo IX,4).

Respecto a la voz «Celtiberia», dificulta su valoración el que se trate de un término no indígena y las frecuentes contradicciones —a veces explicables por razones cronológicas— que las fuentes literarias ponen de manifiesto en su uso (*vid.* los casos significativos de Estrabón, Plinio o Ptolomeo). La Celtiberia se muestra así como un territorio cambiante a lo largo del período de tiempo que abarca las guerras de Conquista y el posterior proceso romanizador (*vid. infra*). En suma, se desconoce el verdadero significado con el que estos términos —«celtíbero» y «Celtiberia»— son utilizados en los diferentes contextos en los que aparece, si bien, probablemente, además de estar dotados de un contenido étnico serían utilizados con un sentido puramente geográfico (14). Posiblemente el término «celtíbero» habría sido creado por los escritores clásicos para referirse a un conjunto de pueblos que manifiestan su naturaleza hostil contra Roma.

La primera referencia a la Celtiberia se enmarca en el contexto de la II Guerra Púnica al narrar Polibio (3, 17, 2) los prolegómenos del asedio de Sagunto. Desde esta fecha, las noticias sobre los Celtíberos y la Celtiberia son abundantes y variadas, al ser uno de los protagonistas principales de los acontecimientos bélicos del siglo II a.C., que culminarán con la destrucción de Numancia el 133 a.C. De acuerdo con Capalvo (1996: 19 ss.), parece que el término «celtíbero» surgió durante la II Guerra Púnica, siendo posiblemente utilizado sólo por los historiadores del bando romano, habiendo de buscar su origen literario en la obra de Fabio Pictor, observación que, sin mucha fortuna, había sido formulada a finales del siglo XIX por d'Arbois de Jubainville (1893: 382) (15).

Existe una evolución del concepto territorial de Celtiberia desde su aparición en los textos que parte de un contenido genérico, patente en los testimonios literarios más antiguos, no exento de imprecisiones cuando no de errores manifiestos. En el 207 a.C., aparece como la «región situada entre los dos mares» (Liv., 28, 1, 2); para Polibio (en Str., 3, 2, 11), el *Anas* y el Betis vienen de la Celtiberia —así como el Limia (Str., 3, 3, 4)—, aunque esto sería «porque los Celtíberos extendiendo su territo-

---

(12) Acerca de la etnogénesis de los Celtíberos según las fuentes literarias, *vid.* Pérez Vilatela 1994.

(13) *Celtiberi ex Gallis Celticis fuerunt, quorum ex nomine appelata est regio Celtiberica. Nam ex flumine Hispaniae Ibero, ubi considerunt, et ex Gallis, qui Celtici dicebatur, mixto utroque vocablo Celtiberi nuncapati sunt.*

(14) Se ha sugerido que el término «celtíbero» pudiera estar haciendo referencia a los «Celtas de Iberia» (Tovar 1989: 83), aun cuando, como se ha dicho, los Celtíberos no fueron los únicos Celtas de la Península. Es posible que este término no hiciera sino resaltar la personalidad de este pueblo en el mundo céltico (Ciprés 1993: 57).

(15) Sobre el origen del concepto «celtíbero» en Timeo o Éforo, *vid.* Pérez Vilatela 1994: 372 s.

rio han extendido también su nombre a toda la región lindante» (*vid.* Capalvo 1996: 120 s.); para Posidonio, los Pirineos separarían Galia de Iberia y Celtiberia (en Diod., 5, 35), región por la que discurre el *Anas* y el *Tagus* (en Str., 3, 4, 12). Artemidoro (en St. Byz. s.v., *vid.* Schulten 1925: 157, nº 16) considera a Hemeroscopeion «ciudad de la Celtiberia», y Plutarco (*Sert.* 3) se refiere a Cástulo como «ciudad de los Celtíberos». Para Plinio (4, 119), las islas Casitérides se hallarían enfrente de la Celtiberia, mientras que según Mela (3, 47) se localizarían entre los Célticos.

Para Capalvo (1996: 13 s.), en esta primera etapa el término «celtíbero» englobaría a numerosos pueblos hispanos, tal vez a todos los que hablasen una lengua celta, proponiendo como probable la inclusión de Oretanos, Bastetanos, Bástulos, Célticos o Vacceos.

Junto a este concepto amplio de Celtiberia, existe otro más restringido, que se ubica en la Meseta Oriental y el Valle Medio del Ebro, a caballo del Sistema Ibérico, en buena medida determinado por el mayor conocimiento de la complejidad étnica peninsular. Sus límites, que en absoluto cabe considerar como estables, pueden determinarse a partir del análisis de las etnias pertenecientes al colectivo celtibérico, a su vez delimitadas por la localización de las ciudades a ellas adscritas (Taracena 1954: 199) (16). Un indicio de su extensión vendría dado por la utilización de apelativos que hacen referencia al carácter limítrofe de ciertas ciudades, como *Clunia, Celtiberiae finis* (Plin., 3, 27), *Segobriga, caput Celtiberiae* (Plin., 3, 25) (*vid. infra*) o *Contrebia, caput eius gentis* —referido a los Celtíberos— (Val. Max., 7, 4, 5).

Estrabón (3, 4, 12), que escribió en torno al cambio de era, hace una descripción en el libro tercero de su *Geografía* partiendo sobre todo de las noticias proporcionadas por Polibio y Posidonio (fig. 2):

«Pasando la *Idubeda* se llega en seguida a la Celtiberia, que es grande y desigual, siendo su mayor parte áspera y bañada por ríos, ya que por esta región va el *Anas* (17) y el *Tagus* (18) y los ríos que siguen (19), de los cuales la mayor parte

baja hacia el Mar Occidental teniendo su origen en la [Celt]iberia. De ellos el *Durius* corre por Numancia y *Serguntia* (20). En cambio el Betis tiene su origen en la *Orospeda*, y corre por la Oretania hacia la Bética. Al Norte de los Celtíberos están los Berones (...) Lindan (los Celtíberos) también con los Bardyetas, que hoy se llaman Bárdulos. Por el oeste (de los Celtíberos) están algunos de los Astures y de los Callaicos y de los Vacceos y también de los Vettones y Carpetanos (21). Por el Sur hay los Oretanos y los demás habitantes de la *Orospeda*, los Bastetanos y Edetanos (22). Por el este (de la Celtiberia), está la *Idubeda*» (23).

El resultado es un concepto lato de la Celtiberia (24), donde nacerían buena parte de los ríos más caudalosos de la cuenca atlántica, como el Duero (Str., 3, 3, 4), el Tajo (Str., 3, 3, 1; 3, 4, 12), el Guadiana e incluso el Guadalquivir (Str., 3, 2, 11), así como el Limia y el Miño, aun cuando para Posidonio este último venga de territorio cántabro (Str., 3, 4, 4). A pesar de situar la *Idubeda* —esto es, el Sistema Ibérico—, al Oriente de la Celtiberia, el propio Estrabón considera a *Segeda* y *Bilbilis*, localizadas al Este del mismo, ya en el Valle del Ebro, como ciudades celtibéricas, al igual que *Numantia* o *Segobriga* (Str., 3, 4, 13), señalando que *Caesaraugusta* (Str., 3, 2, 15) estaría al lado de los Celtíberos (Salinas 1988: 109, nota 11).

Según Estrabón (3, 4, 13), la Celtiberia —a la que considera «un país pobre»— estaría dividida en cuatro partes, lo que resulta común a otros pueblos célticos, como los Gálatas (Str., 12, 5, 1) y cuyo mejor ejemplo está en la división de la Irlanda céltica en cuatro grandes provincias (*vid.* García Quintela 1995). De ellas, según proponen los editores modernos de Estrabón, tan sólo se refiere a las habitadas por Arévacos y Lusones, aunque

---

(16)   En relación a la discusión sobre la localización de las ciudades celtibéricas *vid.* TIR, K-30 y J-30 (e.p.) y Capalvo 1996: 71 ss. y 100 ss.), así como, los trabajos de Burillo (1986), Beltrán Lloris (1987a), Aguilera (1995: 222 ss.), Burillo *et alii* (1995: 252 ss.) y Asensio (1995: 53 ss.), para el Valle Medio del Ebro, o los de González-Conde (1992: 306 s.) y Sánchez-Lafuente (1995), para la Meseta Sur.

(17)   Que el *Anas* viene de la Celtiberia está tomado de Polibio (en Str., 3, 2, 11), al igual que ocurre con el Betis.

(18)   Al origen del Tajo entre los Celtíberos se refiere Estrabón en 3, 3, 1.

(19)   «Después hay otros ríos y después de éstos el *Lethes*, que unos llaman *Limaias* y otros *Belión*. También este río viene del país de los Celtíberos y Vacceos, y el *Bainis* después de éste, que otros llaman *Minios*. Éste es el río más grande de los ríos de Lusitania... Pero Posidonio dice que este río viene de los Cántabros» (Str., 3, 3, 4).

(20)   En otro pasaje, Estrabón (3, 3, 4) señala: «Después de éstos, el Duero, que, viniendo de lejos, corre por Numancia y otros muchos pueblos de los Celtíberos y Vacceos...».

(21)   Esto mismo es expresado en 3, 3, 3: «Los Callaicos por el Este son vecinos de los Astures y de los Celtíberos, los demás (Carpetanos, Vettones y Vacceos) de los Celtíberos».

(22)   Así, también, en 3, 4, 14, Estrabón escribe: «Al Sur de los Celtíberos están los habitantes de la *Orospeda* y del país alrededor del *Sucro*: los Sedetanos hasta Cartago Nova y los Bastetanos y Oretanos, llegando casi hasta *Malaca*».

(23)   *Vid.*, acerca de este pasaje, Capalvo 1996: 47 ss., quien propone una restitución del texto trasmitido por los manuscritos, desechando en cambio las correcciones actualmente admitidas por los editores de Estrabón.

(24)   Para Pérez Vilatela (1989-90 = 1991; 1990a), la Celtiberia descrita por Estrabón corresponde al límite interno de la Hispania Citerior. De esta forma, sugiere Pérez Vilatela, cuando Estrabón (3, 3, 3) señala la vecindad de Galaicos y Celtíberos se estaría refiriendo a los Vacceos de la Citerior, que no denomina Vacceos, ya que este etnónimo lo reservaría para los de la Ulterior Lusitania.

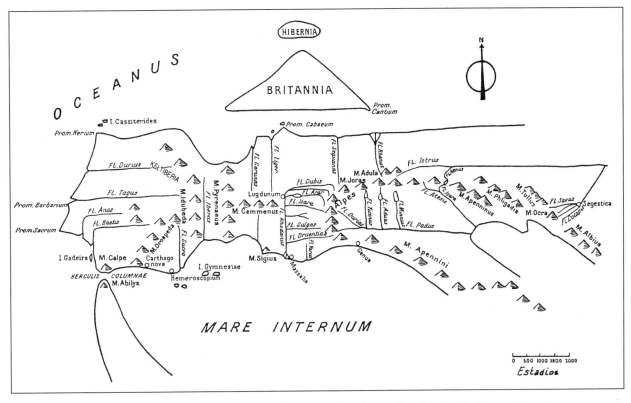

Fig. 2.—Localización de la Celtiberia en la Europa descrita por Estrabón (según Lasserre 1966).

para Capalvo (1995: 464 ss.; 1996: 55 ss.) habría que respetar la tradición manuscrita en la que se mencionarían realmente las cuatro partes en las que se dividían a los Celtíberos: «los más poderosos», situados al Este y al Sur, «los de la parte posterior», que lindan con los Carpetanos y las fuentes del Tajo, y cuya ciudad más célebre es Numancia, los Lusones, situados hacia el Este y llegando también a las fuentes del Tajo (fig. 3), y los Arévacos, a los que se atribuye las ciudades de *Segeda* y *Pallantia*. Tradicionalmente, se ha identificado a las dos primeras con los Arévacos, aunque la localización propuesta entre en contradicción con las evidencias disponibles y la adscripción de *Numantia* a los Arévacos esté lejos de ser comúnmente aceptada por los propios autores clásicos.

Tanto si Estrabón menciona dos de las cuatro partes como si se refiere a la totalidad, resulta complejo identificar cuáles son los dos pueblos que acompañarían a Lusones y Arévacos, e incluso la localización geográfica de todos ellos. Los Lusones, que según Apiano —al referirse a los acontecimientos del 181 a.C. en la ciudad de *Complega*— habitan cerca del Ebro (App., *Iber.* 42) y —al narrar las campañas de los años 139-138 a.C.— son vecinos de los numantinos (App., *Iber.* 79), aparecen en Estrabón (3, 4, 13), como se ha indicado, al Este de la Celtiberia, llegando hasta las fuentes del Tajo (fig. 3).

Para la localización de los Arévacos se cuenta con las noticias aportadas por Plinio y Ptolomeo, autor éste que les atribuye la ciudad de *Numantia* (*vid. infra*). Por Polibio (35, 2) y Apiano (*Iber.* 44; 48-49; 50; 61-63 y 66) se sabe que Belos y Titos eran pueblos celtibéricos. Los Belos, a los que pertenecería la ciudad de *Segeda* (fig. 3), y los Titos son citados por las fuentes literarias de forma conjunta, señalándose su vecindad (App., *Iber.* 44). Protagonizan los acontecimientos de los años 154-152 a.C. en la Celtiberia, siendo mencionados también en las Guerras Lusitanas los años 147-146 y 143 a.C. Si del episodio de *Segeda* del año 154 a.C. se deduce la situación de dependencia de los segundos respecto a los primeros (App., *Iber.* 44), en los restantes casos aparecen citados en un plano de igualdad, a menudo junto con los Arévacos. También los Pelendones, que a decir de Plinio (3, 26) eran Celtíberos (25), adjudicándoles la ciudad de *Numantia*, deberían incluirse en esta nómina.

(25) La primera mención de este pueblo podría hallarse en la cita de Livio (frag. XCI) relacionada con las Guerras Sertorianas el 76 a.C. al referirse a unos *Cerindones* que cita junto con los Arévacos. Para Taracena (1954: 200), Apiano podría estar haciendo mención de este pueblo cuando se refiere a los numantinos y Arévacos como gentes emparentadas pero distintas: al narrar los acontecimientos del 134-133 a.C. Apiano (*Iber.* 93) describe cómo Retógenes y un grupo de clientes se dirige en busca de ayuda «hacia las ciudades de los Arévacos... pidiéndoles que enviasen auxilio a sus hermanos los numantinos».

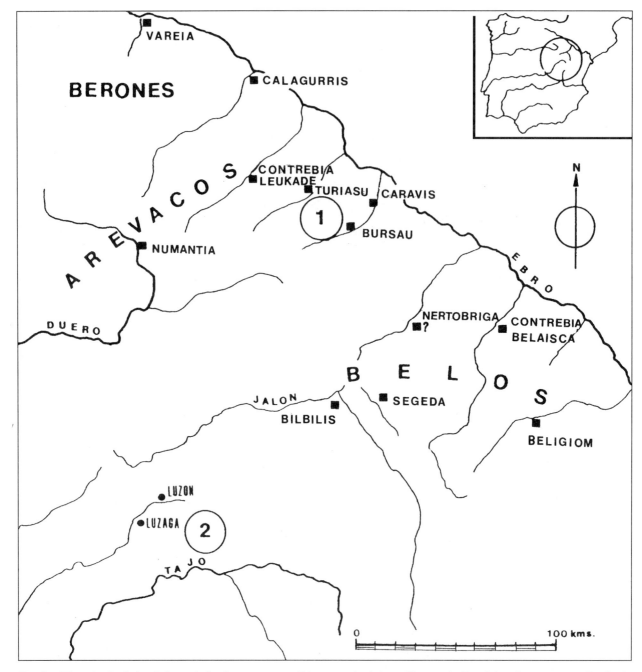

Fig. 3.—*El territorio de los Belos y de los Lusones, estos últimos, según Apiano (1) y según Estrabón y la toponimia (2). (Según Burillo 1986).*

Volviendo a Estrabón (3, 4, 13), *Segobriga* y *Bilbilis* son consideradas ciudades celtibéricas, aunque sin adscribirlas a una etnia en concreto. Más adelante, en un pasaje que, a pesar de su ambigüedad, se ha interpretado como referido a la Celtiberia (Schulten 1952: 263), aun cuando no se mencione expresamente, Estrabón (3, 4, 19) señala: «Dicen algunos que este país (la Celtiberia) está dividido en cuatro partes, como hemos dicho, mientras que otros sostienen que son cinco las partes». A partir de

este pasaje, Schulten (1952: 263) consideró a los Vacceos como los candidatos más idóneos para ser ese quinto pueblo (26), aunque en otras ocasiones se haya preferido

_____

(26)   Apiano, al narrar los acontecimientos del 151 a.C., se refiere a los Vacceos como pueblo celtíbero vecino de los Arévacos (*Iber.* 51) y llama Celtíberos a los de Intercatia (*Iber.* 54). Sin embargo, Celtíberos y Vacceos, por lo común, aparecen diferenciados. Sobre la relación de Celtíberos y Vacceos en las obras de Polibio y Estrabón, *vid.* Pérez Vilatela 1989-90: 211 ss. = 1991: 464 ss.; *Idem* 1990a: 104 ss.

optar por otros, como los Pelendones (Taracena 1954: 195 ss.). Recientemente, Capalvo (1995: 468 ss.; *Idem* 1996: 59 ss.) se ha cuestionado las correcciones de los editores de Estrabón, prefiriendo mantener el texto atestiguado en los manuscritos, que citan dos partes y no cuatro, partes que según Capalvo estarían referidas a Iberia, entendida como la Península Ibérica en su conjunto. No obstante, para García Quintela (1995) el territorio celtibérico «estaba ciertamente dividido en cuatro partes de acuerdo con 3, 4, 13, sin perjuicio de que en el plano ideológico, o mítico si se prefiere, se pensase que este mismo territorio se dividía en cinco partes», como vienen a confirmar ciertos paralelos con el mundo céltico en general y preferentemente con el irlandés. En este sentido, en la Celtiberia, como en la Galia o Irlanda, existiría «un punto 'central' más o menos geográfico, más o menos político, más o menos religioso, que pudo dar lugar a pensar su territorio como dividido en cinco partes, como en Irlanda» (García Quintela 1995: 473). Para García Quintela (1995: 473 s.) este centro «cosmológico» no sería otro que el *Mediolon* citado por Ptolomeo (2, 6, 57).

Plinio, reflejando la situación administrativa de Hispania tras las reformas de Augusto, sólo se refiere a Arévacos y Pelendones como Celtíberos en su descripción de la Hispania Citerior. Para él (3, 26), los Pelendones eran del grupo de los Celtíberos, adscribiéndoles al convento Cluniense con cuatro pueblos (*populi*) «de los que fueron ilustres los numantinos» (*vid.*, al respecto, Capalvo 1996: 67 ss.). Entre ellos nacía el Duero que, pasando junto a *Numantia*, corre luego entre los Arévacos (4, 112). Siguiendo con la descripción del convento Cluniense, en 3, 27 habla de los Arévacos, que como ha indicado en un pasaje anterior (3, 19) serían Celtíberos, a los que «ha dado nombre el río Areva», adscribiéndoles seis *oppida*: «*Secontia* y *Uxama*, nombres que a menudo se usan en otros lugares (27), y además *Segovia*, y *Nova Augusta*, *Termes* y la misma *Clunia*, límite de la Celtiberia (*celtiberiae finis*)». Asimismo, en el convento *Carthaginensis*, Plinio (3, 25) incluye a los *caput Celtiberiae Segobrigenses* (28).

Por el contrario, ya en el siglo II d.C., Ptolomeo (fig. 4), al describir la provincia Tarraconense (*vid.* Capalvo 1996: 77 ss.), trata de forma independiente a los Arévacos (2, 6, 55) y Pelendones (2, 6, 53) de los Celtíberos (2, 6, 57). Entre los Arévacos, situados bajo los Pelendones y los Berones, incluye las ciudades (*poleis*) de *Confloenta, Clunia, Termes, Uxama Argaila, Segortia Lanca, Veluca, Tucris, Numantia, Segovia* y *Nova Augusta*, todas ellas situadas en la Meseta Oriental, al Norte del Sistema Central. A los Pelendones, por debajo de los Murbogos (o Turmogos), les atribuye *Visontium, Augustobriga* y *Savia*. Entre los Celtíberos, que considera más orientales que los Carpetanos —a su vez más meridionales que Vacceos y Arévacos— y sin señalar subdivisiones internas, sitúa una serie de ciudades vinculadas al Ebro Medio, en su margen derecha, como *Turiasso, Nertobriga, Bilbilis* o *Arcobriga*, junto a otras situadas más al Sur, en la actual provincia de Cuenca, como *Segobriga, Ercauica* o *Valeria* (29).

Del análisis de las fuentes literarias se desprende una Celtiberia enormemente compleja, cuyo territorio y composición étnica resulta difícil de definir, mostrándose cambiante a lo largo del proceso de conquista y posterior romanización. Así, a la dificultad en la delimitación global del territorio celtibérico hay que unir la falta de acuerdo a la hora de enumerar los diferentes *populi* o etnias que formarían parte del colectivo celtibérico (Arévacos, Pelendones, Lusones, Belos y Titos serían los candidatos más probables) y las contradicciones en la atribución de una misma ciudad a diferentes *populi*. Todo ello podría reflejar, en ocasiones, más que desconocimiento o errores de atribución por parte de los escritores clásicos, las fluctuaciones territoriales de estos pueblos en la Antigüedad, pues no hay que olvidar que entre las referencias más antiguas sobre los Celtíberos y la obra de Ptolomeo han pasado más de tres siglos, en los que los acontecimientos bélicos, primero (30), y las reformas administrativas, después, debieron afectar de forma notable al territorio celtibérico. Tampoco hay que olvidar el estado fragmentario en que a menudo se han conservado los manuscritos que recogen los textos de los autores clásicos ni las correcciones, a veces sin argumento alguno, de las ediciones críticas en uso (*vid.* Capalvo 1995 y 1996).

---

(27) En relación con este particular, en concreto sobre los casos de *Segontia* y *Segovia*, *vid.* Konrad 1994.

(28) Este texto se ha interpretado como una referencia al comienzo de la Celtiberia en la región de *Segobriga*: «los segobrigenses que constituyen la cabeza (esto es, el comienzo) de la Celtiberia», en oposición a *Clunia*, que como se ha visto es límite de la Celtiberia (Almagro Basch 1986: 18). Aunque esta interpretación parece más acertada, en el estado actual de la investigación, que la que supone a *Segobriga* capital de la Celtiberia (*vid.*, por ejemplo, la traducción de V. Bejarano 1987: 123), no hay que olvidar, como señala Capalvo (1996: 64 s.), que el término *caput* asociado a un nombre de ciudad o a un gentilicio alude en la obra de Plinio a 'capital', 'parte principal'. *Vid.* la discusión tradicional en González-Conde 1992: 303 y 307. En su reciente revisión del concepto de Celtiberia, Capalvo (1996: 63 ss.) propone una nueva lectura del pasaje donde *caput celtiberiae* —que podría traducirse

---

como parte principal de Celtiberia— estaría referida a «los oretanos que se apodan germanos», mientras que los habitantes de *Segobriga* serían considerados como carpetanos.

(29) *Belsinon, Turiasso, Nertobriga, Bilbilis, Arcobriga, Caisada, Mediolon, Attacon, Ergauica, Segobriga, Condabora, Bursada, Laxta, Valeria, Istonion, Alaba, Libana* y *Urcesa*.

(30) La movilidad de los Celtíberos durante las guerras queda de manifiesto en diversos pasajes. Livio (39, 56) menciona el ataque a los Celtíberos en el 184-183 a.C. en el *ager Ausetanus*, donde se habían hecho fuertes.

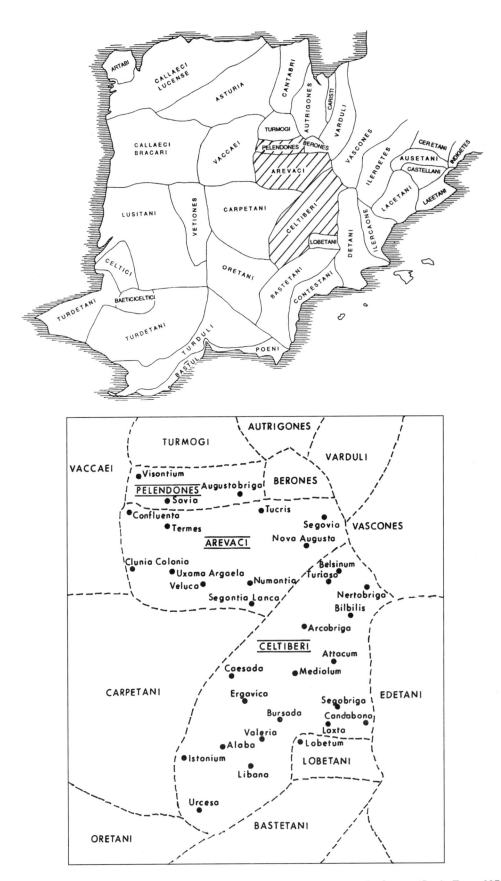

Fig. 4.—Hispania y las ciudades de Pelendones, Arévacos y Celtíberos según Ptolomeo. (Según Tovar 1976).

A lo largo de las Guerras Celtibéricas (Schulten 1935; *Idem* 1937; Beltrán Lloris 1988b; *Idem* 1989: 138 ss.; *vid.*, no obstante, Capalvo 1996: 58), *Numantia* es considerada como una ciudad arévaca (App., *Iber.* 45 y 46), y así aparece en las ediciones críticas de la obra de Estrabón (3, 4, 13), por más que como se ha podido comprobar esto no esté suficientemente claro (*vid. supra*), mientras que para Plinio (3, 26) es Pelendona, lo que podría ponerse en relación con la cita de Apiano (*Iber.* 98), según la cual, una vez conquistada, su territorio fue distribuido entre sus vecinos. Ptolomeo la considera una ciudad arévaca (2, 6, 55). *Segeda* es tenida por Apiano (*Iber.* 44) como una ciudad bela, mientras que para Estrabón (3, 4, 13) es arévaca; por Floro (1, 34, 3) se sabe que los Arévacos serían aliados y consanguíneos de los segedenses. Otras veces, ciudades o territorios que no cabe considerar celtibéricos aparecen ocasionalmente mencionados como tales. Este sería el caso de *Intercatia* (App., *Iber.* 54; Str., 3, 4, 13), tenida de forma general como una ciudad vaccea, o el de la carpetana *Toletum*, que es citada en un pasaje de Livio (35, 7) como una ciudad celtibérica.

Desde los trabajos de Schulten (1914: 119), se viene aceptando la división de la Celtiberia en *Ulterior* y *Citerior* para referirse a los territorios correspondientes, respectivamente, al Alto Duero y al Valle Medio del Ebro en su margen derecha —valles del Jalón y del Jiloca—, a pesar de que tan sólo se cuente con una única mención por parte de los fuentes históricas (Liv., 40, 39) que, al narrar los acontecimientos del 180 a.C., aluden al ataque de Fulvio Flaco al *ulterior Celtiberiae ager*. Recientemente, Capalvo (1994 y 1996: 107 ss.) ha planteado la identificación de este territorio *ulterior* de la Celtiberia con la *ultima Celtiberia* (Liv., 40, 47) conquistada el 179 a.C. por Sempronio Graco, cuya localización cabría situar en la provincia Ulterior (Pérez Vilatela 1989: 258; *Idem* 1993: 428; *vid.*, en contra, Ciprés 1993b: 282 ss.) a partir de la identificación toponímica en la actual provincia de Málaga de las ciudades de *Munda*, *Certima* y quizás *Alces*. Sea aceptada o no esta propuesta, lo cierto es que, como se tendrá la ocasión de comprobar, la presencia de Celtas en el Suroeste peninsular aparece señalada reiteradamente en las fuentes literarias, apuntándose explícitamente, al menos en ciertos casos, su vinculación con los Celtíberos (*vid. infra*).

Sin embargo, y a pesar de tener indicios suficientes para cuestionar la división de la Celtiberia, entendida en sentido restringido, en Citerior y Ulterior a partir de las fuentes históricas (Ciprés 1993b: 282 ss.), lo cierto es que el territorio celtibérico presenta ciertas peculiaridades que permiten individualizar la zona oriental, volcada hacia el Valle del Ebro, de la occidental, vinculada al Oriente de la Meseta, lo que sin duda ha contribuido a

dar carta de naturaleza a la división propuesta por Schulten, sin que quede constancia de cuál fue la valoración que de las mismas hicieron los propios Celtíberos, ni necesariamente responder al sentido que se desprende de la cita de Livio, aunque estuviera referida al territorio celtibérico de la Meseta Oriental (Burillo 1993: 227 s.). La tardía celtiberización del Ebro Medio (*vid.* capítulo VII) podría explicar algunas de las particularidades observadas en el registro arqueológico, como las diferencias en lo que a las características de sus necrópolis se refiere; además, la propia localización de este territorio, abierto a los influjos llegados a través del Valle del Ebro, potenció el temprano surgimiento de ciudades y su posterior desarrollo (*vid.* capítulo VII,4.2); por otro lado, la escritura celtibérica presenta ciertos rasgos en lo que a la forma de representar las nasales se refiere, pudiéndose diferenciar dos variedades epigráficas que, de forma general, vienen a coincidir con los dos territorios mencionados (*vid.* capítulo XI,3). La localización de las etnias celtibéricas parece responder también a esta subdivisión, adscribiéndose los Belos, Titos y Lusones al Ebro Medio, mientras Arévacos y Pelendones se vincularían a las tierras de la Meseta Oriental.

Por su estrecha relación geográfica y cultural con los Celtíberos, conviene tener presente la existencia de otro pueblo celta, el de los Berones (Str., 3, 4, 5), que cabe localizar en la actual Rioja (Villacampa 1980; Tovar 1989: 77 s.). Como se ha indicado, según Estrabón (3, 4, 12) estarían asentados al Norte de los Celtíberos, teniendo como vecinos a los Cántabros Coniscos, habiendo participado en «la inmigración céltica», y adjudicándoles la ciudad de *Varia*. Por su parte, Ptolomeo (2, 6, 54) menciona además de ésta, que denomina *Vareia*, las de *Tritium* y *Oliba*, la *Libia* pliniana (3, 24) y del Itinerario de Antonino (394.2) (31).

b) Otra de las grandes áreas donde las fuentes coinciden en señalar la presencia de pueblos de filiación céltica es el Suroeste peninsular. Estrabón (3, 1, 6), siguiendo a Posidonio (Tovar 1976: 194), menciona a los *Keltikoi* como los principales habitantes de la región situada entre el Tajo y el Guadiana, aproximadamente en lo que es el Alentejo en la actualidad (32). Entre estos Célticos se encontrarían algunos Lusitanos, trasladados allí por los romanos desde la margen derecha del Tajo (33).

---

(31) Para la identificación de las ciudades beronas *vid. Tabula Imperii Romani*, hoja K-30, (Fatas *et alii*, eds., 1993: s.v.).

(32) Con respecto a los Célticos del Suroeste y la Céltica meridional en general *vid.* Schulten 1952: 139 s.; Tovar 1976: 194-195; Maia 1985: 172 ss.; Fernández Ochoa 1987: 335-337 y 341 ss.; Pérez Vilatela 1989 y 1990b; Berrocal-Rangel 1992: 32 ss.; TIR, J-29: s.v.; Capalvo 1996: 117 ss.; etcétera.

(33) Recientemente, Pérez Vilatela (1989; 1990b; 1993) ha identificado a los Lusitanos que protagonizaron las guerras del siglo II a.C., esto es, los situados al Sur del Tajo, con los pueblos célticos del Suroeste, lo que justificaría la práctica ausencia de referencias sobre este pueblo por parte de las fuentes durante dicho período.

«De las costas junto al Cabo Sagrado, la una es el comienzo del lado Occidental de Iberia hasta la boca del *Tagus*, y la otra es el comienzo del lado Sur hasta otro río, el *Anas*, y su boca. Ambos ríos vienen de Oriente, pero el uno (el *Tagus*) desemboca derecho hacia Occidente y es mucho más grande que el otro (el *Anas*), mientras el *Anas* tuerce hacia el Sur y limita la región entre los dos ríos, la que habitan en su mayor parte los Célticos...» (Str., 3, 1, 6.).

Participarían del carácter «manso y civilizado» de los Turdetanos, ya debido a su vecindad, como señala Estrabón o, de acuerdo con Polibio, por estar emparentados con ellos, «pero los Célticos menos, porque generalmente viven en aldeas» (Str., 3, 2, 15). Los Célticos del Guadiana estarían vinculados por parentesco con los de la Gallaecia, habiendo protagonizado una verdadera migración hacia el Noroeste en compañía de los Túrdulos (Str., 3, 3, 5). Su ciudad más célebre sería *Conistorgis* (Str., 3, 2, 2), atribuida a los Cunetes o Conios por otras fuentes (App., *Iber.* 56-60). Asimismo, Estrabón (3, 2, 15) señala la fundación de colonias entre los *Celtici*, como ocurre con *Pax Augusta* (=*Pax Iulia*).

Plinio (4, 116), quien escribió a mediados del siglo I d.C., localiza a los Célticos en la Lusitania y señala que los habitantes del *oppidum* de *Mirobriga* (Santiago do Cacem) «se sobrenombran Célticos» (Plin., 4, 118). Ptolomeo (2, 5, 5), ya en el siglo II d.C., incluye, entre las ciudades célticas de la Lusitania, a *Laccobriga, Caepiana, Braetolaeum, Mirobriga, Arcobriga, Meribriga, Catraleucus, Turres Albae* y *Arandis*.

Además del territorio anteriormente citado, los Célticos aparecen también asentados en la *Baeturia* (34), situada entre los ríos Guadiana y Guadalquivir (Plin., 3, 13-14), y de la que Estrabón (3, 2, 3) dice que estaría constituida por áridas planicies extendidas a lo largo del curso del *Anas*. Siguiendo el texto pliniano, la Beturia estaría dividida «en dos partes y en otros tantos pueblos: los Célticos, que rayan con la Lusitania, del convento Hispalense, y los Túrdulos...». Para Plinio (3, 13), los Célticos de la Beturia serían Celtíberos —venidos desde Lusitania— como lo demuestran sus ritos, su lengua y los nombres de sus poblaciones, conocidas en la Bética por sus sobrenombres:

«*Celticos a Celtiberis ex Lusitania aduenisse manifestum est sacris, lingua, oppidorum uocabulis, quae cognominibus in Baetica distinguntur*».

En la Beturia céltica, que cabe localizar en la cuenca del río Ardila (Berrocal-Rangel 1992: fig. 2), cita las ciudades de *Seria*, llamada *Fama Iulia, Nertobriga Concordia Iulia, Segida Restituta Iulia, Contributa Iulia Ugultunia, Curiga, Lacimurga Constatia Iulia* (35), a los *Estereses* (o *Siarenses*) *Fortunales* y a los *Callenses Eneanicos*, y añade «en la Céltica» las de *Acinippo, Arunda, Arunci, Turobriga, Lastigi, Salpesa, Saepone* y *Serippo* que, con la excepción de *Arunci* y *Turobriga* (Berrocal-Rangel 1992: 39 s.), se ubican fuera de la Beturia y algunas de ellas, con seguridad, en las serranías de Cádiz y Málaga, al Sur del Betis.

La celtización de la Bética se hace patente en la existencia de ciudades cuyos topónimos han sido considerados célticos (Tovar 1962: 360 ss.), como ocurre con *Segida Augurina* (Plin., 3, 10) o *Celti*, en el convento Hispalense (Plin., 3, 11), localizada por diversos hallazgos epigráficos en Peñaflor (Sevilla) (36). Ptolomeo (2, 4, 11), en el siglo II d.C., cita como ciudades de los «Célticos de la Bética» a *Arucci, Arunda, Curgia, Acinippo* y *Uama*, algunas de las cuales coinciden con la segunda serie pliniana, mientras que *Seria, Segida* y *Nertobriga* se incluyen ya entre las poblaciones turdetanas (Ptol., 2, 4, 10).

La presencia de Celtas en la Bética —señalada, de forma más o menos explícita, desde las fuentes de mayor antigüedad hasta Flavio Filóstrato II (*vit. Apoll.* 5, 2, 166), *ca.* 200 d.C.— y su vinculación con los Celtíberos, apuntada expresamente por Plinio (3, 13) respecto de los habitantes de la Beturia céltica, encontraría un nuevo apoyo con la propuesta de localización de la *ultima Celtiberia* (Liv. 40, 47) —conquistada por Sempronio Graco el 179 a.C.— en la provincia Ulterior (Pérez Vilatela 1989: 258; *Idem* 1993: 428; Capalvo 1994; *Idem* 1996: 107 ss.), a partir de la identificación toponímica de las ciudades de *Munda* y «la que los Celtíberos llaman *Certima*» con las actuales Monda y Cártama, en la provincia de Málaga. Para Capalvo (1994 y 1996: 107 ss.), como se ha señalado (*vid. supra*), existen, además, argumentos para identificar la *ultima Celtiberia* de Livio con el *ulterior Celtiberiae ager* atacado por Fulvio Flaco el 180 a.C. (Liv., 40, 39), cuestionando así la tradicional división de la Celtiberia —totalmente aceptada desde su propuesta inicial por Schulten (1914: 119)— en Citerior (correspondiente al Valle Medio del Ebro y nunca citada explícitamente por las fuentes literarias) y Ulterior (identificable con el Valle Alto del Duero) (*vid.* Ciprés 1993b: 282 ss.).

---

(34) Para la delimitación geográfica de la Beturia céltica y la identificación de las ciudades célticas citadas por Plinio, *vid.* García Iglesias (1971), Tovar (1962: 363 ss.), Berrocal-Rangel (1988: 57 ss.; 1989: 245 ss.; 1992: 29-72) y la *Tabula Imperii Romani*, hoja J-29.

(35) Los *cognomina* «Iulia» de algunas de estas poblaciones reflejarían, según Berrocal-Rangel (1992: 36 y 50), que la integración definitiva de estos *oppida* en el sistema jurídico romano se debió realizar en tiempos de César.

(36) Sin embargo, con respecto a este topónimo, Untermann (1985a: nota 15) ha manifestado serias dudas en relación a su carácter céltico, planteando que tal vez se trate de un topónimo no indoeuropeo de la forma *Basti, Urci*, etcétera.

c) El Noroeste es la tercera de las áreas peninsulares donde los geógrafos e historiadores grecolatinos señalaron expresamente la existencia, en época histórica, de pueblos célticos (37), asentados todos ellos en la *Gallaecia Lucensis*. El análisis de ciertos pasajes de las obras de Estrabón (3, 1, 3; 3, 3, 5), Pomponio Mela (3, 10-11; 3, 13) y Plinio (3, 28; 4, 111) permite afirmar que bajo la denominación genérica de *Celtici* quedarían englobados una serie de pueblos, entre los que se incluirían los *Neri*, los *Supertamarci*, cuya existencia ha quedado confirmada, además, por la epigrafía (Albertos 1974-75), los *Praestamarci* y, quizás, los *Cileni*, a los que habría que añadir también los *Artabri*, que por Mela (3, 13) sabemos que eran *celticae gentis*. Estos *Keltikoi*, según Estrabón (3, 3, 5), serían parientes de aquellos Célticos del Guadiana que se desplazaron junto con los Túrdulos hasta el río Limia, donde al parecer se separaron, continuando, ya sin éstos, su expedición hacia el Norte (38).

Estrabón (3, 3, 5) sitúa en las proximidades del cabo Nerio, «que es el final de los lados Norte y Oeste» de la Península, y junto al cual se asientan los Ártrabos, a los *Keltikoi*. Mela, cuya obra se desarrolla a mediados del siglo I d.C., tras describir la costa entre el Duero y el *promontorium Celticum*, identificable con el cabo *Nerium*, también llamado cabo de los Ártrabos (39) (Str., 3, 1, 3), señala que toda esta región está habitada por los *Celtici* (Mela, 3, 10). Después (Mela, 3, 11) se refiere a una serie de pueblos, sin hacer mención de su filiación céltica bien conocida por otras fuentes, los *Praesamarci*, los *Supertamarici* y los *Neri*. Plinio escribe que «el convento Lucense comprende, además de los *Celtici* y los Lemavos, 16 pueblos poco conocidos y de nombre bárbaro» (3, 28), y en otro pasaje (Plin., 4, 111), al describir la costa septentrional de Hispania, cita en último lugar a los *Arrotrebae* (vid. también Str., 3, 3, 5), o Ártrabos, para a continuación del *promontorium Celticum*, señalar la presencia de los Nerios, *celtici cognomine*, los Supertamáricos, los Praestamáricos, *celtici cognomine*, y los Cilenos.

Los Ártrabos, o *Arrotrebae*, se asentarían en las proximidades del cabo *Nerium*, identificable quizás con el Finisterre; los Nerios, que debieron ser vecinos de los Ártrabos, se encontraban en el extremo de la costa occidental de la Península (Mela, 3, 11); los Supertamáricos y los Praestamáricos estarían vinculados con el río Tambre, asentándose, respectivamente, al Norte y al Sur del mismo, mientras que los Cilenos se hallarían aún más al Sur.

d) Hay que mencionar en último lugar los pasajes de las fuentes literarias en los que se cita la presencia de Galos en territorio hispano. Con la excepción de la referencia ya comentada de Eratóstenes a los *Galatae* (en Str., 2, 4, 4), que dado el contexto más bien ha de interpretarse como sinónimo de Celtas, las pocas noticias aportadas apuntan hacia cronologías tardías, a partir de finales del siglo III a.C., interpretándose en buena medida como infiltraciones de grupos de Galos procedentes del otro lado de los Pirineos.

Livio (24, 41), al relatar los acontecimientos del 214-212, se refiere a la muerte en el campo de batalla de dos *reguli Gallorum* aliados de los Cartagineses: *Moenicoeptus* y *Vismarus*. El botín estaba formado en su mayoría por *spolia plurima Gallica*: torques áureos y brazaletes (*armillae*) en número elevado. Los nombres de estos régulos sugieren un origen extrapeninsular para los mismos (Tovar 1977: nota 15; Albertos 1966: 158 y 253), aun cuando según Schulten (1935: 85) se trataría de Celtas de la Meseta.

La presencia de Galos estaría mejor documentada en el Noreste, pues debido a la proximidad geográfica de esta zona con los focos de origen los contactos habrían sido particularmente intensos, como se encargan de demostrar la toponimia (vid. infra) y la Arqueología (Almagro-Gorbea y Lorrio 1992: 414). En este marco cabría situar la conocida cita de César (*bell. ciu.* 1, 51) quien, en el 49 a.C., señala la llegada a su campamento, situado frente a la ciudad de *Ilerda*, de un contingente formado por jinetes galos y arqueros rutenos acompañados por más de 6.000 hombres junto con sus siervos, mujeres e hijos.

El mismo origen cabría atribuir a otra serie de evidencias (vid. Beltrán Lloris 1977; Beltrán 1980; Marco 1980: 62; García-Bellido 1985-86; Burillo 1988c: 26; Almagro-Gorbea y Lorrio 1992: 413 s.; Lorrio 1993a: 297; de Hoz 1993a: 365; Sanmartí 1994), destacando las de tipo toponímico, como una *Gallica Flauia*, que Ptolomeo (3, 6, 67) atribuye a los Ilergetes, o las mansiones romanas *Foro Gallorum* y *Gallicum* localizadas en el curso inferior del río Gállego (*Gallicus*), hidrónimo que admitiría una interpretación semejante. De una zona no muy alejada procedería la llamada tábula de Gallur, datada a finales del siglo I y comienzos del II d.C., y en la que se cita un *pago gallorum* (Beltrán Lloris 1977; Rodá 1990: 78, nº 30). Especial interés tiene la identificación de la

(37) Sobre el carácter céltico de los pueblos citados por las fuentes literarias y su localización geográfica, vid. Tranoy (1981: 41 ss.), Tovar (1989: 124 y 136-141), TIR (hoja K-29), etcétera.

(38) La presencia de Túrdulos en el Norte de Portugal es señalada por Mela (3, 8) y, sobre todo, por Plinio (4, 112 y 113), quienes localizan a los *Turduli Veteres* al Sur del curso inferior del Duero, presencia que ha quedado confirmada con el hallazgo de dos téseras de hospitalidad procedentes de Monte Murado (Vila Nova de Gaia), en la margen izquierda del Duero, en torno a su desembocadura (Silva 1983).

(39) Según Artemidoro, el *promontorium Artrabum* era el punto más lejano de la costa de Hispania (Plin., 2, 242).

sigla *Gal* en el anverso de las monedas de *Caraues*, localizada posiblemente cerca de Borja, al Sur de la citada villa de Gallur, referida a unos *Gallos* o *Gallicus* (Beltrán Lloris 1977: 1069), y merecen también mencionarse especialmente los topónimos en -*dunum* (*vid. infra*), bien documentados en toda la región pirenaica, y de los que apenas se conocen evidencias seguras en el resto del territorio peninsular.

En definitiva, las fuentes clásicas coinciden en señalar la presencia de Celtas en la Península Ibérica al menos desde el siglo V a.C., concretando su localización a partir del siglo III a.C. en tres zonas bien definidas: el Centro, el Suroeste y el territorio noroccidental, aunque sus relaciones y características propias distan aún mucho de ser bien conocidas.

1.2. *Las evidencias lingüísticas y epigráficas*

Junto a una abundante epigrafía en lengua latina —cuyo valor desde el punto de vista onomástico será comentado más adelante— la Península Ibérica ha proporcionado también un conjunto de testimonios epigráficos en lengua indígena, cuya distribución geográfica resulta más restringida que la ofrecida por las fuentes literarias o por la onomástica (40) (fig. 5). Las áreas epigráficas relativas a lenguas indoeuropeas en la Península Ibérica son básicamente dos (*vid.* capítulo XI):

1) La celtibérica (41), definida a partir del hallazgo de una serie de textos en una lengua de tipo céltico arcaico, tanto en escritura ibérica —adaptada del ibérico en un momento que cabe situar en el siglo II a.C.— como en alfabeto latino —fechados en el siglo I a.C., si bien existen algunos casos datables con posterioridad al cambio de era—. Estos documentos epigráficos son de distinto tipo: téseras de hospitalidad, inscripciones rupestres de carácter religioso, leyendas monetales, inscripciones sepulcrales, grafitos cerámicos, etc. A ellos habría que añadir dos documentos públicos de gran extensión, los bronces de Botorrita 1 y 3 (*vid.* capítulo XI,3). La dispersión geográfica de la mayor parte de estos hallazgos coincide básicamente con el Oriente de la Meseta y el Valle Medio del Ebro, territorio identificado con la Celtiberia de las fuentes clásicas, incluyendo también sus zonas limítrofes (fig. 6,B,1-3). Esta distribución geográfica justifica plenamente la adopción del término celtibérico por la Lingüística.

2) Los documentos epigráficos celtibéricos no son los únicos testimonios de lenguas indoeuropeas en la Península Ibérica, más sí los mejor conocidos. De las tierras del Occidente peninsular procede un reducido grupo de inscripciones —tres en total, una de ellas perdida— en alfabeto latino, pero que contienen una lengua indoeuropea distinta del celtibérico, denominada lusitano debido a la dispersión geográfica de los hallazgos (dos de ellas proceden del territorio portugués entre el Tajo y el Duero, y la tercera, hoy perdida, de las tierras cacereñas inmediatamente al Sur del Tajo) (fig. 6,B,11). Estas inscripciones presentan una cronología tardía, correspondiente a los primeros siglos de la era. Si para la mayor parte de los investigadores constituyen el testimonio de una lengua indoeuropea diferente del celta (Tovar 1985; Schmidt 1985; Gorrochategui 1987), también se ha planteado su vinculación con la subfamilia céltica, interpretándose como un dialecto céltico distinto del celtibérico (Untermann 1987).

Habría que mencionar aquí brevemente (fig. 5) las llamadas inscripciones tartésicas o del Suroeste (en su mayoría de carácter funerario y fechadas entre los siglos VII y VI a.C.). Inicialmente fueron puestas en relación con una lengua no indoeuropea, para posteriormente plantearse su posible interpretación desde una lengua de tipo indoeuropeo occidental y más concretamente celta (Correa 1985, 1989, 1990 y 1992; Untermann 1995c). No obstante, los problemas de desciframiento hacen que esto resulte aún dudoso (42) (*vid.* capítulo XI,4).

La coexistencia de diversas lenguas indoeuropeas, algunas célticas pero otras posiblemente no, debió ser un fenómeno generalizado, lo que confirmaría la enorme complejidad del territorio indoeuropeo peninsular a la llegada de Roma, complicado asimismo por la propia presencia de esta potencia mediterránea.

El panorama ofrecido por los documentos en lengua indígena se completa con la onomástica, conocida a través de las obras de los autores grecolatinos y sobre todo por la epigrafía. Ésta incluye textos en lengua indígena —ya en escritura ibérica o en alfabeto latino— e inscripciones latinas, que son, con mucho, las más abundantes, datándose en su mayoría en época imperial (Albertos 1983: 858 s.). Estas evidencias onomásticas (43) son principalmente antropónimos, no faltando los topónimos, los teónimos, o los nombres —formados a partir de la antro-

(40) Una visión de conjunto, con abundantes referencias bibliográficas, puede obtenerse en las recientes aportaciones de Villar (1991: 443 ss.), de Hoz (1993a) y Gorrochategui (1993).

(41) *Vid.*, entre otros, Untermann (1983 y 1995a-b) y de Hoz (1986a y 1995a).

(42) En este sentido, *vid.* de Hoz (1989b: 535 ss.; 1993a: 366; 1995b), quien tan sólo acepta el carácter indoeuropeo de un antropónimo de la inscripción de Almoriqui (Cáceres), que interpreta como una evidencia de contactos entre las poblaciones autóctonas y los primeros grupos meseteños llegados a esta zona, Gorrochategui (1993: 414 s.) o el propio Correa (1995: 612).

(43) Para los testimonios onomásticos en general, *vid.* de Hoz (1993a: 366 ss.), con bibliografía.

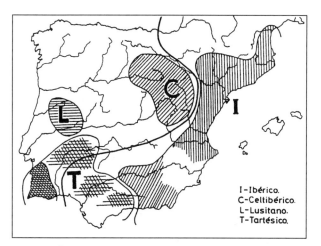

Fig. 5.—Áreas lingüísticas de la Península Ibérica. (Según Untermann 1981).

ponimia— de las organizaciones sociales de tipo suprafamiliar tradicionalmente denominadas «gentilidades» (*vid.* González 1986 y Pereira 1993).

La toponimia constituye uno de los elementos de mayor interés dado su conservadurismo, lo que la proporciona una mayor fiabilidad, a diferencia de lo que ocurre con la onomástica personal, mucho menos estable. Sin duda, los topónimos en *-briga* (Albertos 1990; Villar 1995a: 153 ss.) han sido el elemento onomástico más difundido de la lingüística céltica (fig. 6,A), habiéndose exagerado en ocasiones su valor real. Este sufijo, de evidente origen celta, cuyo significado sería el de 'lugar fortificado' (irlandés antiguo *brig*, genitivo *breg* 'colina'), está perfectamente documentado en la Europa céltica aunque es mucho más abundante en la Península Ibérica. Su distribución geográfica delimita una amplia zona que engloba el Centro y todo el Occidente peninsular, incluyendo el Suroeste, donde se superponen a las evidencias epigráficas tartésicas (fig. 5). Resulta significativa la práctica ausencia de este topónimo en el área considerada como nuclear de la Celtiberia (*vid.* capítulo VII), correspondiente a la Meseta Oriental, estando, en cambio, bien documentado en el territorio celtibérico del Valle Medio del Ebro.

Frente a las cronologías antiguas propuestas inicialmente para estos topónimos (Bosch Gimpera 1942; Tovar 1957: 82), parece más bien que deben interpretarse como una evidencia tardía de celtización (Rix 1954), tal como se ha demostrado para los topónimos galos en *-dunum*, especialmente en lo que respecta a su proyección occidental, vinculándose posiblemente con la expansión celtibérica. Las referencias más antiguas de las fuentes literarias hablan de una *Nertobriga* con motivo de los acontecimientos del 152 a.C. en la Celtiberia (App., *Iber.* 48-49 y 50) y de la toma ese mismo año de la ciudad

homónima (Polib., 35, 2, 2), que cabe identificar con la situada en la Beturia céltica (Plin., 3, 13). Desde esa fecha son citadas: *Segobriga*, atacada por Viriato en el 146-145 a.C. (Frontin., 3, 10, 6 y 3, 11, 4), *Centobriga*, en relación con las campañas de Metelo del 143-142 (Val. Max., 5, 1, 5), *Talabriga*, con las de Décimo I. Bruto al Norte del río Limia en el 138-136, que sería la noticia más antigua de este tipo de topónimo en el Occidente peninsular, etcétera.

La formación habitual de los topónimos en *-briga* presenta ambos componentes célticos, sin que falten los constituidos con prefijos indígenas de tipo no céltico, principalmente en el Occidente, como es el caso de *Conimbriga*, cuyo primer componente recuerda al de *Conistorgis* y al de los Conios. Este carácter mixto es claro en los casos de asociación a nombres latinos (fig. 6,A,2), como *Caesarobriga*, *Augustobriga* o *Juliobriga*, que demostrarían que la utilización de esta toponimia característica siguió en vigor durante largo tiempo. Un buen ejemplo de ello sería el de *Flaviobriga* que, de acuerdo con Plinio (IV, 110), habría sido la nueva denominación de la ciudad de *portus Amanun*, lo que evidenciaría la pujanza de estos topónimos en fechas ya plenamente romanas (44).

Otro grupo de topónimos son los que ofrecen el sufijo *Seg-*, cuya etimología se explica por el celta *segh* 'victoria', que en alguna ocasión aparecen vinculados con los topónimos en *-briga*, caso de *Segobriga*. Su distribución contrasta con los de la serie anterior por estar perfectamente representados en la zona nuclear de la Celtiberia Occidental y sus aledaños, entre el Sistema Ibérico y el Pisuerga, observándose, al igual que ocurriera con éstos, su expansión hacia el Suroeste, en dirección a la Turdetania y la Beturia céltica.

La relación de ambas series toponímicas con la Celtiberia quedaría confirmada por Plinio (3, 13), quien, como ya se ha señalado, vincula a los *Celtici* de la Beturia con los Celtíberos, lo que se constata en el nombre de sus ciudades, como es el caso de *Nertobriga* y *Segida*, también localizadas en el Valle del Ebro, o *Turobriga*.

Si los topónimos en *Seg-* y en *-briga* permiten definir un área de celtización o, quizás mejor, de celtiberización, un significado diferente habría que atribuir a los topónimos en *-dunum*, 'colina, fortaleza', de localización mucho más restringida en la Península Ibérica, pero muy abundantes en el resto de la Europa céltica, que deben de vincularse con grupos galos del otro lado de los Pirineos. Interpretados inicialmente como una prueba de antiguas invasiones celtas (Bosch Gimpera 1942) parece clara ac-

_____

(44)   Así, cabría referirse a una *Celticoflav(ia)* en Albocola, Salamanca (Tovar 1976: 212).

tualmente su cronología tardía, en buena medida ya de época romana. Su zona de dispersión, centrada preferentemente en el Noreste peninsular, en las tierras pirenaicas aragonesas y catalanas, permite relacionarlos con otras evidencias de tipo histórico, arqueológico y toponímico documentadas en esta zona e interpretadas en este sentido (*vid. supra*). Además de los bien conocidos en la zona Berdún (*Virodunum*), Salardú (*Saladunum*), Verdú (*Virodunum*), Besalú (*Bisaldunum*), etc. (45), también se conocen algunas evidencias de este topónimo en Portugal, *Caladunum* (Calahorra, cerca de Monte Alegre) y en la Bética, *Esstledunum* y *Arialdunum* (Tovar 1962: 361 s.); para Untermann (1985a: 25, nota 15), estos últimos serían dudosos.

El estudio de la onomástica personal resulta de gran interés, a pesar de ser menos fiable que la toponimia, por su mayor inestabilidad y estar sujeta, además, a la movilidad de los individuos, aspecto en el que la propia presencia de Roma debió jugar un papel primordial, tanto directamente, con el desplazamiento de pueblos, tal sería el caso de los Lusitanos asentados al sur del Tajo (Str., 3, 1, 6), como indirectamente, por las propias guerras contra Roma. Actualmente se dispone de un completo corpus antroponímico que permite abordar su estudio con plenas garantías (46).

El territorio indoeuropeo definido a partir de la distribución de los topónimos en -*briga* aparece cubierto por una antroponimia característica, en general de tipo indoeuropeo, cuyo carácter céltico no siempre está claro (Albertos 1983: 860 s.; de Hoz 1993a: 367 ss.), que aporta una cierta sensación de homogeneidad. Si bien esto es cierto en líneas generales, no lo es menos la existencia de concentraciones de series antroponímicas que, en ocasiones, resultan claramente mayoritarias de una determinada región: entre otros, *Cloutius* o *Clutamus*, característicos del Occidente peninsular, especialmente el Oriente de la Lusitania y el Noroeste, o *Boutius*, *Tancinus*, *Tongetamus* o *Pintamus*, identificados en la Lusitania central. Resulta, pues, lícito hablar de una onomástica personal lusitana, lusitano-galaica, etc., por más que a menudo su dispersión presente solapamientos que dificultan la delimitación geográfica de los pueblos conocidos por las fuentes literarias. Más difícil de determinar es el caso de la Celtiberia, ya que como señala Abascal (1995: 513) «incluso los nombres que teóricamente son los propios de la zona, aparecen muy repartidos también fuera de ella», aunque la onomástica registrada en lengua celtibérica ofrezca perspectivas menos radicales (Untermann 1996a: 169 s.). Con todo, casos como el de *Aius*, *Atto* o *Rectugenus*, ofrecen una dispersión mayoritaria en el territorio celtibérico (*vid.* Abascal 1994).

Aun mayor trascendencia, si cabe, tienen los antropónimos de tipo étnico como *Celtius* o *Celtiber* y sus variantes (fig. 6,B,4-5). Los primeros aparecen claramente concentrados hacia Lusitania y el Sur del área vettona, mientras que los segundos presentan una dispersión mucho más general, siempre fuera del territorio celtibérico conocido por otras fuentes documentales. Como queda demostrado en el caso de *Celtiber*, estos antropónimos contribuyen a definir por exclusión el área propiamente céltica y/o celtibérica, por cuanto se ha considerado con razón que estas denominaciones corresponden a individuos no autóctonos, pues debían servir como elemento caracterizador de los mismos e indicador de su origen. Consiguientemente, su interés es mayor ya que, además de contribuir a la definición en negativo del área céltica, ponen de relieve las zonas de emigración de las gentes célticas que, como en los casos de Lusitania y Vettonia, debió ser bastante intensa.

Una distribución mucho más amplia es la ofrecida por el antropónimo *Ambatus* y relacionados (fig. 7,A), cuya etimología hace clara referencia al sistema clientelar de la sociedad céltica (galo *ambactos* 'servidor'). Presenta una concentración al Norte de la Celtiberia, en la que, sin embargo, apenas está representado, detectándose su distribución por el Occidente de la Meseta, sin llegar a alcanzar el territorio lusitano. Quizás, dada su práctica ausencia en la Celtiberia y su significado, pudiera plantearse su utilización más entre poblaciones celtizadas que entre las propiamente celtibéricas.

Muy importante para el conocimiento de la sociedad céltica, son las «gentilidades», ahora denominadas «genitivos de plural», «grupos familiares» o, más recientemente, *cognationes* (*vid.*, Albertos 1975; González 1986; de Hoz 1986a: 91 ss.; Pereira 1993), que no son sino organizaciones de tipo suprafamiliar que incluirían a los descendientes de un determinado individuo, por cuyo nombre son identificados (*vid.* capítulo IX,4.1). La mención de estas estructuras familiares se realiza normalmente mediante un adjetivo en genitivo de plural derivado de un antropónimo, apareciendo habitualmente en la fórmula onomástica indígena, tanto en las inscripciones latinas como en las celtibéricas —v. gr. *Lubos* (nombre del individuo), de los *alisokum* (nombre del grupo familiar), hijo de *Aualos* (nombre del padre), de *Contrebia*

---

(45)   Se ha interpretado en el mismo sentido el topónimo Lledó, atestiguado en Gerona, Castellón y Teruel, a partir de la aparición del topónimo *Lucduno* en un documento fechado en 978 d.C. en la localidad gerundense de Besalú, donde también está identificado el topónimo Lledó, proponiéndose la etimología *Lucdunum* > *Lucduno* > Lledó (Beltrán y Marco 1987: 14 ss.).

(46)   Una panorámica general puede verse en Albertos 1983 y Abascal 1994, donde se recoge la bibliografía esencial. *Vid.*, además, Albertos (1985 y 1987), Villar (1994) o el reciente estudio llevado a cabo por Untermann (1996a: 121 ss.) de la onomástica del bronce de Botorrita 3 (225 nombres distintos en total).

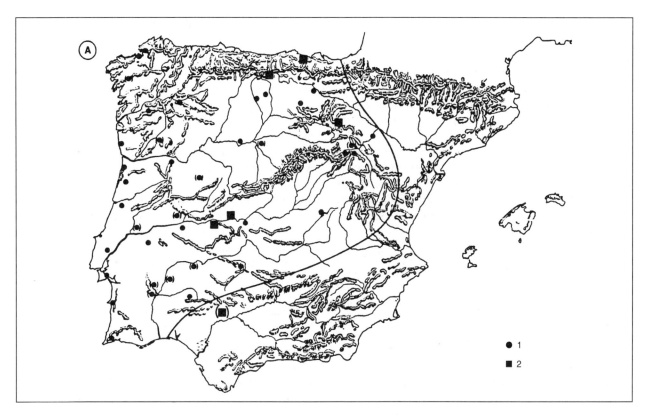

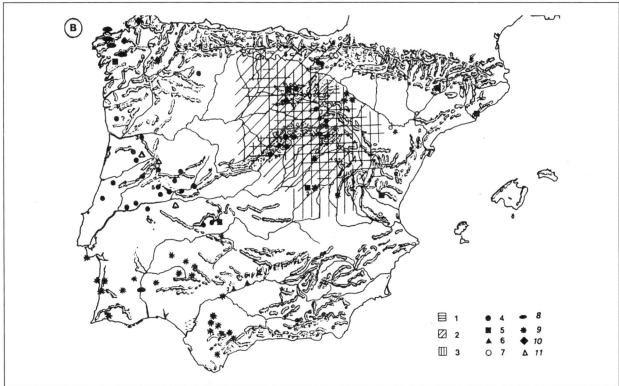

Fig. 6.—A, topónimos en -briga: *1, indígenas; 2, latinos. B, antropónimos y etnónimos* Celtius *y* Celtiber *y relacionados: 1-3, área lingüística del celtibérico, según diversos autores; 4,* Celtius *y variantes; 5,* Celtiber, -a; *6,* Celtitanus, -a; *7,* Celtiqum; *8, etnónimos* Celtici; *9, ciudades de los* Celtici *del Suroeste y ciudades localizadas de la Celtiberia; 10, «Celtigos» en la toponimia actual; 11, inscripciones lusitanas. (B, según Almagro-Gorbea 1993).*

Belaisca (ciudad de procedencia)—. Pese a su elevado número, no es frecuente su repetición que, cuando se produce, o bien ocurre en territorios muy alejados entre sí o están referidos a los miembros de una misma familia (padre e hijo, hermanos, etc.). Esto permite su interpretación como agrupaciones familiares de tipo extenso, en torno a cuatro generaciones a lo sumo (de Hoz 1986a: 91 ss.), que integrarían por ello grupos muy reducidos. La distribución geográfica (fig. 7,B,1) de estos «genitivos de plural» engloba la Celtiberia de las fuentes clásicas y las tierras del Sistema Central al Norte del curso medio del Tajo, constatándose su presencia igualmente en la zona cantábrica, con una importante concentración en territorio astur.

El Occidente que, como se ha visto, presenta una serie de características antroponímicas y lingüísticas propias (*vid.* Untermann 1994 y de Hoz 1994), ostenta asimismo una teonimia exclusiva de estos territorios (Untermann 1985b y 1994: 34 ss.; García Fernández-Albalat 1990; Villar 1993-95, 1994-95 y 1996ba). Estas divinidades aparecen documentadas en el actual territorio portugués, Galicia, el reborde occidental de la Meseta y en Extremadura. Entre los teónimos resulta significativa la presencia de uno tan genuinamente celta como *Lugu*, cuya dispersión geográfica (Tovar 1981; Marco 1986; Almagro-Gorbea y Lorrio 1987a: mapa 7), con testimonios en la Celtiberia y la *Gallaecia lucensis*, contrasta abiertamente con las divinidades del tipo *Bandue, Coso-, Navia*, etc. —documentadas en todo el Occidente, desde Gallaecia hasta Lusitania y Vettonia—, reflejando la celtización religiosa de aquellas regiones. Dentro de esta zona occidental, el Noroeste —restringido a la antigua Gallaecia— aparece caracterizado por una organización de tipo suprafamiliar en *castella* (fig. 7,B,2), término equivalente a castro (Albertos 1975 y 1977; Pereira 1982). Resulta de gran interés la distribución excluyente del área de dispersión de los teónimos lusitano-galaicos, solapada en parte con el de los *castella*, respecto al de los grupos familiares denominados mediante genitivos de plural, bien documentados en todo el Centro y Norte de la Hispania Indoeuropea.

El estudio de la onomástica, por tanto, permite delimitar una Hispania céltica, cuyo territorio se define por la presencia de los topónimos en -*briga* y por una antroponimia característica de tipo indoeuropeo que permite diferenciar ciertas agrupaciones regionales, en ocasiones de gran trascendencia, como ocurre con los antropónimos de contenido étnico. Por su parte, las «estructuras suprafamiliares» se concentran en las zonas del Centro y Norte de la Península, estando ausentes en el Occidente, que presenta una teonimia exclusiva de estos territorios.

1.3. *El registro arqueológico*

Los datos proporcionados por la Arqueología, a pesar de la dificultad en su correlación con las fuentes analizadas, constituyen un elemento esencial para analizar la formación del mundo celta peninsular y poder determinar los procesos culturales que llevaron a su gestación y ulterior expansión. Así, el aumento experimentado en las dos últimas décadas en el conocimiento del Bronce Final y de la Edad del Hierro de la Península Ibérica ha permitido avanzar en la interpretación de la cultura material que teóricamente debería corresponder a los Celtas y en su relación con otros campos conexos, como la Lingüística o la Religión (Almagro-Gorbea y Lorrio 1987a; Almagro-Gorbea 1992a; *Idem* 1993). La Arqueología permite abordar este proceso con un cierto control cronológico, frente a otras disciplinas como la Lingüística que, en principio, deben ceñirse a las fechas proporcionadas por los documentos sobre los que aparece ese tipo de evidencias.

Los Celtas hispanos asimilaron, a través de su contacto con Tartesios e Iberos, elementos de procedencia mediterránea tales como el armamento, el torno de alfarero, el urbanismo o la escritura, hasta el punto de presentar una cultura material perfectamente diferenciada de la de los Celtas centroeuropeos de las culturas de Hallstatt y La Tène, lo que explica su dificultad de comprensión desde planteamientos tradicionales y justificaría el carácter mixto —celta e ibero— aludido por los autores clásicos respecto de los Celtíberos (Diod., 5, 33; App., *Iber* 2; etc.).

Parece lícito plantear que se deben considerar Celtas a aquellos grupos arqueológicos cuyo origen se remonta a los albores de la I Edad del Hierro (en la transición del siglo VII al VI a.C.) y que alcanzan sin solución de continuidad el período de las guerras con Roma, situándose su zona nuclear en áreas donde en época avanzada es conocida la presencia de pueblos históricos Celtas y en la que además existen evidencias de una organización sociopolítica de tipo celta y pruebas lingüísticas de que se hablaría una lengua celta.

En este sentido, es adecuada la utilización del término «celtibérico» para referirse a las culturas arqueológicas localizadas en las tierras del Alto Tajo-Alto Jalón y Alto Duero ya desde sus fases formativas (47). La continuidad

(47)   Por más que resulte legítima la aplicación de términos étnicos para definir entidades arqueológicas, no conviene olvidar la dificultad en establecer la correlación Arqueología-Etnia-Lengua, que ha llevado a mantener conceptos culturales, como «cultura de los castros sorianos», o preferir el más genérico de I o II Edad del Hierro, que resulta difícil de sostener en aquellas áreas en las que la secuencia cultural no se adecúa a dicha terminología. Los términos étnicos, por su parte, se han mantenido de forma usual para los períodos más avanzados, cuando aparecen utilizados por los autores clásicos (*vid.* capítulo VII).

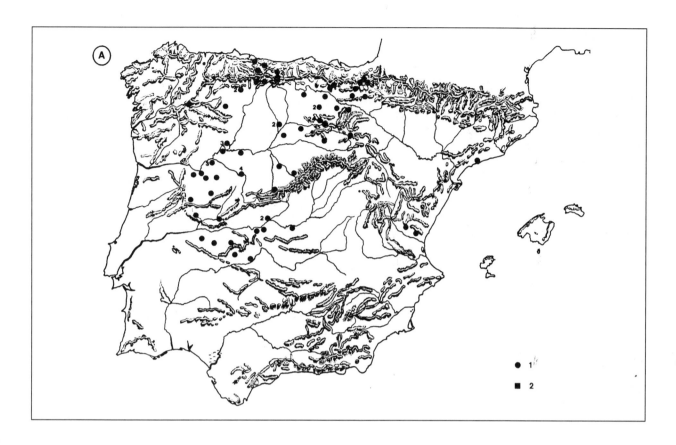

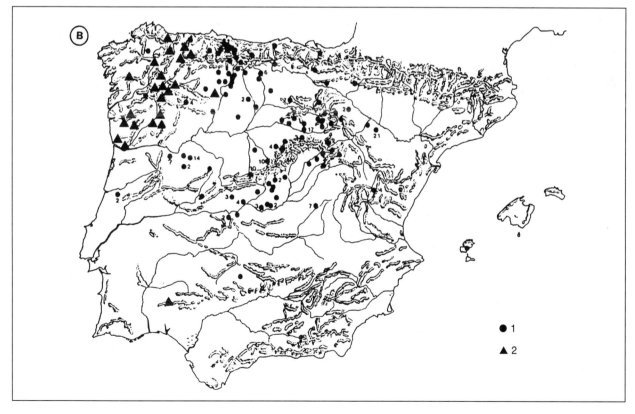

Fig. 7.—*A, antropónimos* Ambatus *y relacionados: 1,* Ambatus *y sus variantes; 2, grupos familiares. B, grupos familiares (1) y* castella *(2). (A, según Albertos 1976, modificado y ampliado; B, según Albertos 1975, ampliado).*

que se advierte a través de la secuencia cultural en este sector de la Meseta permite correlacionar las evidencias de tipo arqueológico con las históricas o étnicas, dada su individualización en un territorio que coincide casi por completo con el que los autores clásicos atribuían a los Celtíberos (pueblo que, como se ha señalado, era considerado como celta), y en el que, al menos en época histórica, se hablaría una lengua celta, el celtibérico, la única que sin ningún género de dudas ha sido identificada como tal en la Península Ibérica.

Su punto de arranque puede situarse a partir de la aparición de aquellos elementos de cultura material, poblamiento, ritual funerario, estructura socioeconómica, etc., que van a ser característicos del mundo celtibérico a lo largo de todo su proceso evolutivo. Deben valorarse en su justo término las modificaciones en el registro arqueológico y otras de mayor alcance perfectamente explicables desde la aculturación, los intercambios comerciales o la propia evolución local.

De otra parte, el hallazgo de elementos que pueden ser considerados como celtibéricos en áreas no estrictamente celtibéricas puede verse como un indicio de celtiberización y, por tanto, celtización de estos territorios. Esto, más que ponerlo en relación con importantes movimientos étnicos, debe verse como un fenómeno intermitente de efecto acumulativo que cabe vincular con la imposición de grupos dominantes, seguramente en número reducido, migraciones locales o incluso la aculturación del substrato (Almagro-Gorbea 1993: 156; *Idem* 1995d). De acuerdo con ello, podría interpretarse la dispersión geográfica de algunos elementos como las fíbulas de caballito (fig. 8,A) o ciertas armas típicamente celtibéricas —*v. gr.* los puñales biglobulares (fig. 8,B)— como indicios de esta expansión, y por consiguiente del proceso de celtización, también documentado por la distribución de los antropónimos étnicos *Celtius* y *Celtiber* y sus variantes, o de los propios topónimos en *-briga*. Desde el punto de vista lingüístico, se manifiesta por la aparición de textos en lengua celtibérica fuera del teórico territorio celtibérico, en su mayoría localizados en la Meseta, pero también en zonas más alejadas, como Extremadura. Este es el caso de una tésera de hospitalidad (fig. 138,6) procedente, al parecer, del castro de Villasviejas del Tamuja (Botija, Cáceres) o, lo que tiene más interés, la identificación de la ceca de *tamusia* con el mencionado castro extremeño (García-Bellido 1995a: 267-271; de Hoz 1995a: 10; Burillo 1995b: 171; *vid.*, en contra, Villaronga 1990 y 1994: 247) a partir del supuesto hallazgo en el mismo de abundantes monedas de esa ceca (Sánchez Abal y García Jiménez 1988; Blázquez 1995; *vid.* la crítica de los datos por Hernández y Galán 1996: 126 s.). El propio nombre del riachuelo que discurre a los pies del *oppidum*, el Tamuja, incidiría en la identificación comentada (Villar

1995b). Un dato indirecto lo da Plinio (3, 13), para quien los Célticos de la Beturia serían Celtíberos.

Ello no excluye, obviamente, que hubiera otros hispanoceltas diferentes de los Celtíberos, según parecen confirmar las fuentes literarias con respecto a los Berones, o que dicho proceso de celtiberización se realizara en áreas donde existiera previamente un componente celta, por otra parte difícil de determinar. El panorama resulta especialmente complejo en relación a aquellos grupos étnicos cuyo proceso formativo es conocido a través de la Arqueología, a los que los autores clásicos en ningún caso consideran expresamente como Celtas y de los que se desconoce la lengua que hablaban o, como ocurre con el lusitano, su carácter céltico esté lejos de ser admitido unánimemente.

Dentro del mundo céltico así entendido, hay variabilidad en el tiempo y en el espacio y, por tanto, no se puede ver como algo uniforme, esto es, «simple», una realidad cuyos recientes conocimientos —debido mayoritariamente al aumento de datos— evidencian una importante complejidad.

2. EL MARCO GEOGRÁFICO

La dependencia del hombre del territorio en que se asienta constituye una realidad ineludible. Aún hoy, a pesar del progreso tecnológico y de la influencia de nuevos factores de localización de la actividad humana, el medio físico no es indiferente a la distribución espacial de la misma. El relieve, el clima, el potencial hídrico, la vegetación, etc., condicionan en gran medida la producción económica, la movilidad y los tipos de hábitat de las poblaciones.

Por tanto, el conocimiento del medio físico en el que se desarrolla una determinada cultura constituye un requisito imprescindible para el estudio y comprensión de la misma. Evidentemente, la influencia de este componente geográfico es mucho mayor cuando está referido a grupos protohistóricos como los Celtíberos. El menor grado de movilidad de las poblaciones prehistóricas explica su mayor dependencia de un medio restrictivo, tanto en la disponibilidad de recursos como en las posibilidades de defensa de los emplazamientos y la existencia de vías de comunicación, elementos que marcan notablemente el desarrollo de las poblaciones y una cierta gradación de poder o preeminencia de ciertos grupos y su área de influencia. Esta dependencia del medio indica, por tanto, que las zonas de asentamiento y desarrollo se encuentran necesariamente incluidas en el área de explotación potencial de recursos de la que se derivan su economía y su supervivencia.

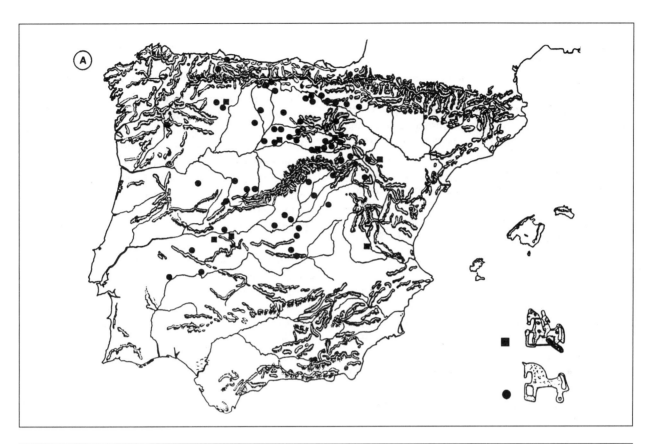

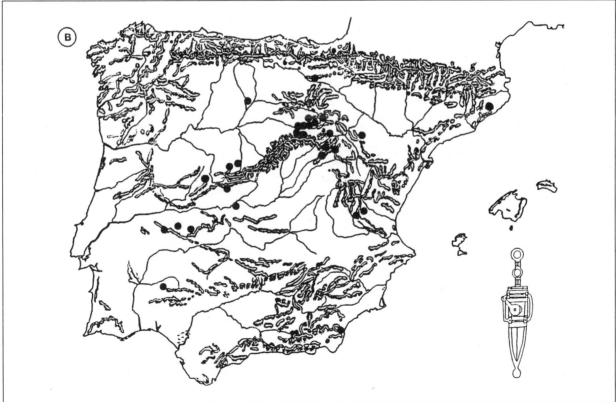

Fig. 8.—Mapas de dispersión de las fíbulas de caballito (con jinete y simples) (A) y de los puñales biglobulares (B). (A, según Almagro-Gorbea y Torres e.p., modificado).

Antes de abordar la descripción del marco geográfico conviene señalar algunas consideraciones tanto de orden práctico como conceptual. El primer problema que se plantea a la hora de analizar el marco geográfico de la Celtiberia se deriva de la propia delimitación de este espacio cultural, dado que no son los límites de las áreas naturales sino la mayor o menor uniformidad en las manifestaciones de dicha cultura las que definen el territorio de la misma. Consecuentemente, no cabe esperar lindes exactas sino, en todo caso, fronteras aproximadas. En líneas generales, la Celtiberia se extiende por tierras de la actual provincia de Soria y buena parte de las de Guadalajara y Cuenca, abarcando también el sector oriental de la de Segovia, el sur de las de Burgos y La Rioja, el sector occidental de Zaragoza y Teruel y el límite noroccidental de Valencia (fig. 9) (48).

Una delimitación basada fundamentalmente en factores culturales implica, además, otras dificultades de orden práctico, no sólo por la extensión y diversidad del territorio sino también por el tipo de fuentes disponibles. Así, un hecho como es la actual demarcación administrativa resulta absolutamente irrelevante en este análisis, pero dificulta la obtención de información bibliográfica y cartográfica que, frecuentemente, ajustan su objeto de estudio a dichos límites administrativos.

Por otra parte, de los tratados generales sobre la Península Ibérica, no siempre se obtienen suficientes datos para la caracterización de este espacio, de tal modo que ha sido necesaria una elaboración propia para realizar una descripción coherente de este ámbito geográfico.

En ningún caso se ha pretendido realizar un estudio completo y exhaustivo del medio físico, sino que se ha limitado a aquellos elementos más significativos para la comprensión del medio en el que se desarrolló la Cultura Celtibérica, omitiendo otros que, aun siendo de indudable valor geográfico, no resultan relevantes para este objetivo. Así, la descripción del marco geográfico se ha estructurado en tres apartados que se corresponden con lo que se ha considerado que son los tres factores condicionantes básicos: morfología, clima y recursos.

La evolución geológica constituye un factor definitorio de las distintas áreas de paisaje como elemento modelador de las mismas. Ahora bien, sin que ello suponga realizar un estudio geológico de este ámbito, que poco o nada podría aportar a la descripción del medio celtibérico,

no parece aconsejable ignorar la evolución morfoestructural y los procesos ligados a la litología que han dado lugar a la formación de distintas áreas morfológicas con diferentes grados de habitabilidad.

Finalmente, y aun a riesgo de resultar obvio, conviene tener presente que el cuadro natural que se describe corresponde a la fase actual de la evolución regresiva que sufren los diferentes ecosistemas como resultado de la acción antrópica. Desde esta perspectiva, la actuación depredativa de los grupos celtibéricos (caza, pesca, recolección silvestre) fue mínima, ya que la elementalidad de sus técnicas y la escasez de efectivos demográficos permitían que el propio dinamismo del ecosistema repusiera las pérdidas, manteniendo el equilibrio natural. La práctica de la ganadería y de la agricultura conlleva la tendencia a la sustitución de los ecosistemas naturales por ecosistemas antrópicos, con la consiguiente degradación del bosque y de los suelos y la proliferación de determinadas especies vegetales y animales de utilidad al hombre, en perjuicio de otras en regresión (VV.AA. 1989c: 403). Pero, no será hasta la romanización cuando se produzca el primer gran avance del suelo agrícola en detrimento del bosque, gracias al perfeccionamiento de las técnicas agrícolas y a una mayor presión demográfica. Desde entonces y con episodios históricos de mayor repercusión, especialmente a partir de la Revolución Industrial, la roturación de los bosques y la mutación, empobrecimiento y erosión de los suelos, han sido cada vez mayores en un territorio cuyos ecosistemas son, de por sí, frágiles, por su predominio bioclimático mediterráneo.

2.1. *Orografía y red hidrográfica*

La Cultura Celtibérica se integra en un territorio que queda enmarcado al Norte por los Picos de Urbión y la Tierra de Cameros y se extiende hacia el Sur hasta la zona de transición entre la Serranía de Cuenca y La Mancha. El Valle Medio del Ebro señala el límite oriental que llega hasta la Sierra de Javalambre, extendiéndose su sector occidental hasta las estribaciones del Sistema Central y la Tierra de Ayllón (fig. 9). Este espacio geográfico queda vertebrado claramente por las alineaciones montañosas del sector central del Sistema Ibérico, de dirección preferente Noroeste-Sureste, que constituye la divisoria de aguas de los ríos que vierten al Atlántico y al Mediterráneo.

El territorio se asienta sobre el Macizo Ibérico, cuya evolución geológica, con alternancia de etapas orogénicas y procesos de arrasamiento y sedimentación, han dado lugar al predominio de una morfología aplanada a pesar de la elevada altitud general y el desnivel existente entre bloques montañosos levantados, como los de la Cordillera Ibérica y el Sistema Central, y las depresiones tectónicas del Ebro, Duero, Tajo y otras intermedias.

---

(48)   Para enmarcar un área tan extensa, es necesario realizar una buena elección del mapa base, que resulte manejable al tiempo que contenga referencias suficientes para ubicar la información obtenida a otras escalas. Por esta razón, se ha realizado la cartografía a escala 1:500.000, que permite reflejar los principales elementos de todo el ámbito de estudio sin perder información en la reducción necesaria para su edición.

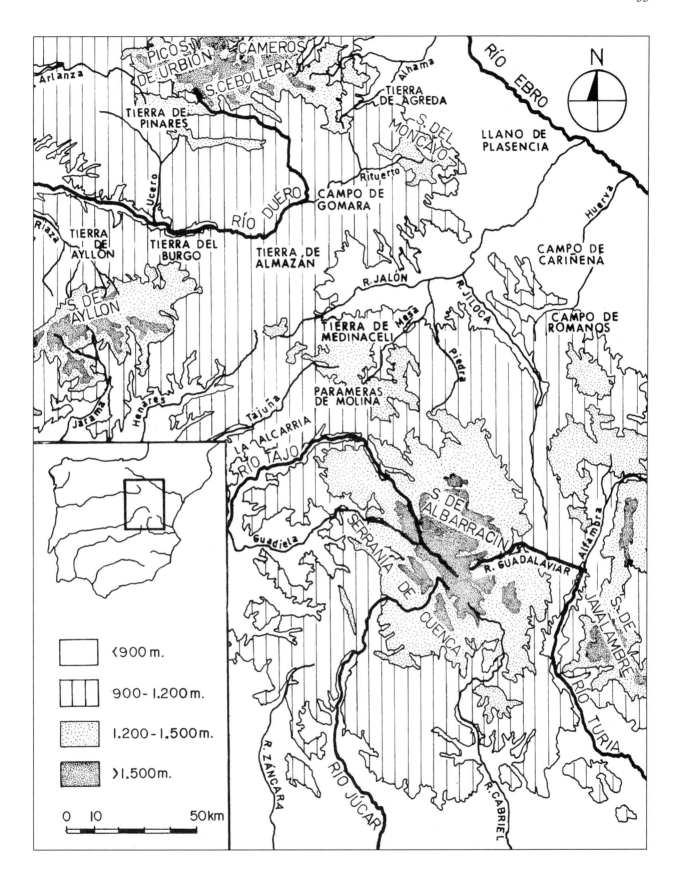

Fig. 9.—Mapa de localización del área estudiada.

En la **Cordillera Ibérica** destacan topográficamente los macizos montañosos de Urbión (2.235 m.s.n.m.) y Moncayo (2.316 m.) en el sector Noroeste y de Albarracín (1.921 m.) y Javalambre (2.019 m.) al Sur, sobre las áreas amesetadas intermedias donde las alturas oscilan entre 900 y 1.500 m. y aún más sobre las depresiones internas de Calatayud-Daroca y el Valle del Jalón, entre 600 y 1.200 m. (fig. 9). Hidrográficamente, constituye la divisoria de aguas entre los ríos de la vertiente atlántica (el Duero y el Tajo) y los de la mediterránea (el Júcar, el Turia y los afluentes meridionales del Ebro).

Las alineaciones montañosas de las sierras de Neila, Urbión, Cebollera, Cameros y Moncayo se prolongan por la plataforma soriana con superficies erosivas de gran extensión, donde aparecen abundantes fenómenos de disolución caliza (karst): campos de dolinas (grandes sumideros) y poljés (dolinas coalescentes), que constituyen los principales puntos de recarga de los acuíferos subterráneos, y microformas como el lapiaz. Por encima de 1.500 m. se encuentran formas de modelado glaciar como circos, valles en artesa y morrenas.

Hacia el Sureste, a partir del macizo del Moncayo, el Sistema Ibérico se deprime y bifurca en dos ramales que delimitan la depresión de Calatayud-Daroca. La alineación más septentrional la integran las sierras de la Virgen, Algairén, Vicort y Cucalón, y la meridional, las sierras de Pardos y Santa Cruz. Son bloques levantados, a modo de horst, constituidos por materiales paleozoicos, donde los relieves más alomados corresponden a las pizarras y los más abruptos y acrestados a las cuarcitas, siendo relieves residuales de las superficies erosivas.

La depresión de Calatayud, que se alarga entre ambas alineaciones montañosas, es una réplica menor de la depresión central del Ebro, tanto por sus formas de relieve horizontales como por sus materiales sedimentarios. Esta depresión longitudinal se prolonga entre Calamocha y Teruel, con las sierras Menera y de Albarracín al Sur; bifurcándose esta fosa intermedia, desde Teruel, más hacia el Sur, con el curso del Turia, entre las sierras de Albarracín y Javalambre, y hacia el Este, con el del Mijares, ya fuera del ámbito de estudio.

La **Depresión del Ebro** se encuentra colmatada por sedimentos terciarios de carácter detrítico y químico, procedentes de las zonas serranas con aportes fluviales recientes, que han dado lugar a la formación de terrazas. Es el dominio de la tierra llana y en ella sus escasas elevaciones se identifican con estructuras horizontales diferenciadas por procesos erosivos. En su sector central, el río recorre longitudinalmente la depresión adosado al piedemonte ibérico. El inicio de la circulación exorreica de su red a partir del Plioceno generó una paulatina incisión de este río y de sus afluentes ibéricos.

Los afluentes de la margen derecha procedentes de la Tierra de Cameros han compartimentado con sus valles transversales este relieve marginal adosado a las sierras ibéricas y constituido por un importante paquete calcáreo plegado en la orogenia alpina donde dominan formas simples con pliegues, por lo general laxos. De estos ríos, los más importantes son el Cidacos y el Alhama que se caracterizan por una gran irregularidad en su caudal, por su matiz mediterráneo, corregido por alimentación nival con máximos en marzo-abril y mínimos a finales de verano (fig. 9).

Más hacia el Sur, los afluentes Queiles y Huecha, procedentes del Moncayo, y el Jalón, el Huerva y el Aguasvivas, han individualizado con su erosión una serie de relieves tabulares denominados «muelas» y «planas», cuyas cumbres, sensiblemente horizontalizadas, culminan entre 500 y 900 m.: Muela de Borja, La Muela y La Plana.

Desde las muelas, se desciende a los cursos fluviales de la red del Ebro a través de una serie de formas que se repiten. Al pie de la muela, una superficie ligeramente inclinada (glacis) se desarrolla, primero, sobre los yesos erosionados y, más abajo, sobre los materiales acumulados procedentes de la erosión de las muelas (cantos angulosos). Los glacis de pie-de-muela empalman con las terrazas fluviales.

Estas muelas se integran en un conjunto de depresiones erosivas denominadas «campos» (Cariñena) y «llanos» (Plasencia). Conforman amplias llanuras como resultado del rebajamiento erosivo de las superficies blandas y de las sucesivas acumulaciones de glacis procedentes de la descarga de los ríos ibéricos.

Hay que destacar, por su mayor caudal y longitud, la importancia del río Jalón, que corta perpendicularmente por medio de estrechas gargantas las dos alineaciones de sierras que flanquean la depresión de Calatayud, donde recibe las aguas del Jiloca. La irregularidad propia de su alimentación pluvial mediterránea se agrava por la deforestación, acusando profundos estiajes en verano. Sus afluentes Piedra y Mesa se encajan en profundos cañones con importantes acumulaciones de tobas calizas.

El Jiloca, desde su nacimiento en la zona kárstica de Cella, discurre longitudinalmente y sin apenas encajamiento por una fosa tectónica más reciente con materiales del Plioceno Superior y un considerable relleno de materiales detríticos pliocuaternarios y cuaternarios modelados en glacis.

La **Sierra de Albarracín** está constituida por macizos orlados por sedimentos triásicos y por relieves estructurales con apuntamientos de cuarcitas y pizarras paleozoicas y abundancia de rocas carbonatadas y otros materiales solubles, como yesos y sales, que dan lugar al paisaje kárstico que la define, con una gran actividad hidrogeológica de la que se deriva la importancia de sus recursos hídricos, al contar con numerosos puntos de recarga de acuíferos (campos de dolinas de los Llanos de Pozondón y Villar del Cobo y sistemas de poljés en Frías de Albarracín) y de descarga a través de manantiales y fuentes que, incluso, dan lugar al nacimiento de importantes cursos fluviales (Guadalaviar, Cabriel, Júcar, Tajo y Jiloca) (Peña 1991).

El macizo de Albarracín se prolonga hacia el Norte con las sierras Menera y de Caldereros, constituidas principalmente por cuarcitas silúricas. Entre estas alineaciones y la fosa del Jiloca se localiza la depresión de Gallocanta, cuenca intraibérica cerrada de 536 km²., que mantiene un funcionamiento endorreico con varias lagunas ubicadas en la parte distal de un extenso sistema de glacis. El nivel y salinidad de las aguas varía enormemente en función de las precipitaciones, su única fuente de alimentación, y del grado de evaporación, su única forma de descarga.

Forma, también, el macizo de Albarracín la divisoria de aguas de los ríos Tajo, Júcar, Cabriel y Guadalaviar; este último, junto con el Alfambra, procedente de la Sierra de Gúdar, confluye en el Turia, río que, al igual que el Júcar, es típicamente mediterráneo, de escaso caudal, régimen pluvial, irregular y con profundos estiajes.

Estos ríos han penetrado profundamente en el macizo rocoso, tajando hondos valles con frecuentes hoces y formando mesas o páramos en sus divisorias. La infiltración de las aguas en la masa porosa del macizo calizo ha dado lugar a la formación de otro fenómeno kárstico, característico de la Serranía de Cuenca, como son las torcas. Esta serranía está formada por un conjunto de plataformas estructurales y pliegues de estilo sajónico formadas a expensas de la cobertera sedimentaria que recubrió el zócalo paleozoico fracturado (Terán y Solé 1979).

Entre la Serranía de Cuenca y la Cuenca del Tajo se localiza la Depresión Intermedia de Loranca y la Sierra de Altomira. La depresión de Loranca, geosinclinal fosilizado, presenta formaciones detríticas, calcáreas y yesíferas paleógenas depositadas en un medio de abanicos aluviales que tras su plegamiento en la orogenia alpina fueron arrasadas por una superficie de erosión posteriormente fosilizada por sedimentos neógenos, aunque manteniendo la disposición horizontal con predominio de cuestas y plataformas. Constituye la transición hacia La Mancha, amplia llanura de acusada horizontalidad donde los ríos corren divagantes y sin capacidad para romper las capas superiores creando una complicada red de escorrentía con frecuentes áreas endorreicas.

La Sierra de Altomira es un anticlinal de alineación submeridiana formado por materiales carbonatados mesozoicos y terciarios que componen un conjunto de cabalgamientos que se amplían en abanico hacia La Mancha. Dominan las crestas y cuestas con restos de aplanamientos erosivos en sus cumbres y una destacable karstificación tanto superficial como interna (VV.AA. 1989c).

La **Depresión del Tajo** se desarrolla entre el Sistema Ibérico y el Sistema Central como resultado del hundimiento de una parte del Macizo Ibérico que generó una fosa tectónica con bordes fracturados en contacto con el Sistema Central y márgenes afectados por los cabalgamientos de la Cordillera Ibérica.

La antigua fosa se rellenó con materiales del Mioceno continental: calizas, en los páramos y en los cerros testigo, y arcillas, margas y yesos, en el resto.

El basculamiento del bloque ibérico hacia el Oeste, en el Plioceno Superior, permitió la conversión de la cuenca en exorreica, donde se organizó la red fluvial cuaternaria generando una progresiva erosión de las formaciones terciarias.

La llanura del Tajo Medio enlaza al Noreste con el páramo alcarreño y las Parameras de Molina, recortados por el Tajo y sus afluentes Jarama, Henares, Tajuña, Guadiela y Gallo, proporcionando zonas de terrazas fluviales y fértiles vegas y campiñas, pero que, en La Alcarria, presentan estrechos valles con abruptas cuestas sobre las que resaltan digitaciones irregulares, alargadas hacia el Suroeste, siguiendo la pendiente general del páramo (Peinado y Martínez 1985).

El modelado más destacable es el de los páramos calizos que forman una superficie continua con niveles de arrasamiento, excavados por los ríos, que presentan una importante karstificación con campos de lapiaz y dolinas, acumulaciones tobáceas (depósitos de carbonato cálcico formado alrededor de una fuente de aguas subterráneas calcáreas) y paleosuelos constituidos fundamentalmente por «terra rossa» (depósitos arcillosos de relleno en dolinas y poljés).

En las proximidades del Sistema Central, se superponen depósitos silíceos-arcillosos intercalados con arcillas y margas del Plioceno, dando lugar a un relieve de colinas suaves cubierto por extensas zonas de rañas de cantos cuarcíticos angulares cubiertos de arcillas rojas. Las rañas son el relieve característico que forma la divisoria entre el Jarama y el Henares.

El límite septentrional de la Cuenca del Tajo lo constituyen los bloques desnivelados del Sistema Central, que al Este de Somosierra desaparecen bajo la cubierta de materiales secundarios del borde meseteño, y los materiales mesozoicos plegados de las sierras de Ayllón y Pela que, junto a los Altos de Barahona y Sierra Ministra, forman una prolongación montañosa que enlaza con el Sistema Ibérico, al tiempo que constituyen la divisoria con la Cuenca del Duero situada al Norte.

La **Depresión del Duero** es otra de las grandes cuencas terciarias peninsulares, cuya cabecera queda enmarcada por el Sistema Ibérico al Norte y Este, y por el Sistema Central al Sur, avanzando al Oeste hacia la penillanura zamorano-salmantina.

A pesar de su aspecto cerrado, existen dos corredores de gran amplitud que conectan por el Noreste con la Depresión del Ebro a través de La Bureba, y por el Sureste con la depresión intraibérica de Calatayud a través de la cuenca satélite de Burgo de Osma-Almazán. También existen islotes montañosos internos como las «serrezuelas» en el norte de Segovia (VV.AA. 1987b).

La evolución geológica ha estado determinada por los procesos de colmatación que tuvieron lugar a través de sucesivas etapas de relleno que, iniciadas a comienzo del Terciario, cobran su máxima entidad durante el Mioceno. El predominio de materiales carbonatados (calizas) y evaporíticos (margas) depositados en el tramo Noreste es subsidiario de los aportes provenientes de las cordilleras ibéricas.

Lo más característico de su morfología es el contraste entre las superficies de páramos (niveles calizos duros), que ocupan el sector central de la cuenca prolongándose hacia el borde ibérico y la depresión de Almazán, y las campiñas (compuestas por materiales blandos: arcillas, margas, limos y arenas) modeladas en superficies llanas y de escasa pendiente, con lomas o motas dispersas.

El páramo superior no representa el techo final de la sedimentación neógena ya que por encima quedan pequeños relieves residuales (cerros testigo, oteros), pero conforma las plataformas importantes. Son superficies extensas, llanas y altas en estratos calizos horizontales y duros que protegen las arcillas infrayacentes y que han sido formadas por desmantelamiento de otras superficies. Dichas plataformas quedan realzadas hasta 100-150 m. sobre los valles actuales que les dan límite, añadiendo una gran variedad de formas, producto de diversas etapas de excavación.

La línea de páramos entre la Tierra de Almazán y Vicarías marca la divisoria hidrográfica entre las cuencas del Duero y del Ebro. El diferente nivel de base entre la meseta del Duero y la depresión del Ebro es responsable de la mayor agresividad en la erosión remontante de los afluentes del Jalón (Henar y Nágima), que amenazan con capturar los suaves e indecisos cursos de algunos afluentes del Duero (río Morón) (Bachiller y Sancho 1990).

Por último, es interesante señalar que esta alternancia de elevaciones y depresiones han definido una serie de corredores naturales, que han jugado un importante papel desde el punto de vista de las comunicaciones.

En este área geográfica destacan tres grandes ejes, en torno a los cuales se estructuran otros menores. El corredor del Valle del Duero, que en este tramo sigue un sentido Noroeste-Sureste, supone una importante vía de penetración que enlaza con el Valle del Jalón, a través del cual y siguiendo el curso de sus aguas en sentido Suroeste-Noreste, comunica todo el ámbito con el Valle del Ebro.

Desde la más remota antigüedad, el Valle del Jalón ha constituido el camino natural más fácil entre la Depresión del Ebro y la Meseta; esto es así debido a que el Jalón corta transversalmente la Cordillera Ibérica desde su nacimiento en las proximidades de Medinaceli hasta alcanzar las tierras más bajas de la Depresión del Ebro y abre un estrecho pasillo de acceso al interior de la Península (Sancho 1990).

La topografía, predominantemente horizontal y de pendientes suaves, del área de transición entre ambos valles, Tierras de Almazán y Medinaceli, permite comunicar, además, este eje con otro corredor de dirección Norte-Sur, a través de las terrazas del Henares y La Alcarria, hacia las llanuras de transición con La Mancha.

El tercer corredor, también perpendicular al del Duero-Jalón, queda definido por el Valle del Jiloca, bifurcándose al Sur en dos ramales, siguiendo las fosas excavadas por los ríos Mijares y Turia.

2.2. *Clima*

El factor climático constituye, junto a la morfología y los recursos, el segundo elemento condicionante potencialmente de la actividad de los grupos humanos prehistóricos.

Ahora bien, mientras la morfología no ha sufrido variaciones y los recursos han variado cuantitativa pero no cualitativamente, el clima sí ha experimentado cambios importantes, especialmente desde la industrialización. Por esta razón se ha optado por realizar, no una descripción de los regímenes pluviométrico y térmico actuales sino una caracterización de los contrastes climáticos existentes en la zona de estudio.

Para ello se ha elaborado el mapa de Zonas Agroclimáticas (fig. 10) utilizando la información aportada por el *Atlas Agroclimático Nacional de España*, a escala 1:500.000, realizado a partir de la clasificación climática de J. Papadakis quien, basándose en la ecología de los cultivos, definió la naturaleza y posibilidades de los climas utilizando parámetros meteorológicos senci-

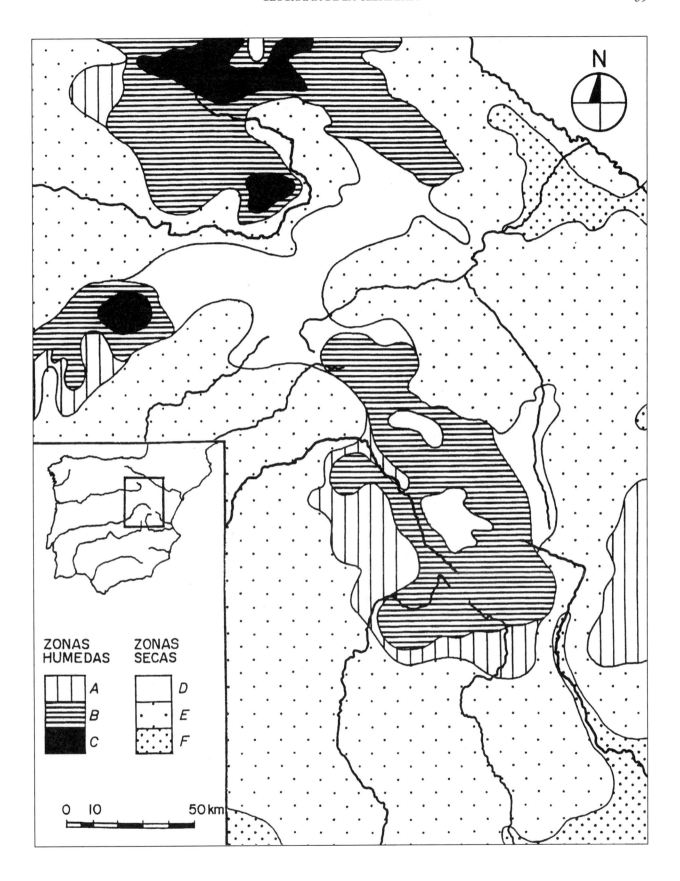

Fig. 10.—Zonas agroclimáticas.

llos. Las zonas agroclimáticas se definen mediante el régimen térmico en sus dos vertientes, tipos de invierno y tipos de verano (utilizando valores extremos en lugar de las medias convencionales), y el régimen de humedad. La evapotranspiración utilizada por Papadakis para definir el régimen de humedad está basada en el déficit de saturación que, en España, da origen a grandes desviaciones en las zonas semiáridas y, durante los meses de verano, en las zonas húmedas, por lo que se ha sustituido por el sistema de Thorntwate (Ministerio de Agricultura 1979).

En este área geográfica se han determinado tres zonas agroclimáticas húmedas y otras tres secas cuya descripción es la siguiente:

Zonas de clima mediterráneo húmedo: Se caracterizan por poseer un índice de humedad anual (Iha) superior a 0,88 y un exceso de humedad (Ln) superior al 20% de la evapotranspiración potencial (ETP). Se localizan en los sistemas montañosos de la Cordillera Ibérica y del Sistema Central, en líneas generales por encima de los 1.200 m. de altitud, diferenciándose de menor a mayor tres zonas:

A. Régimen de invierno (R.I.):
Temperatura media de las mínimas del mes más frío (T. x̄ mín.) > -10°C.
Temperatura media de las máximas del mes más frío (T. x̄ máx.) entre 5 y 10°C.
Régimen de verano (R.V.):
4,5 meses/año libre de heladas.
T. x̄ máx. del mes más cálido > 21°C.
B. R.I.:
T. x̄ mín. > -10°C.
T. x̄ máx. > 0°C.
R.V.:
2,5-4,5 meses/año libre de heladas.
T. x̄ máx. > 17°C.
C. R.I.:
T. x̄ mín. > -29°C.
T. x̄ máx. entre 0 y 5°C.
R.V.:
< 2,5 meses/año libre de heladas.
T. x̄ máx. > 10°C.

Zonas de clima mediterráneo seco: Definidas por un Iha superior a 0,22 y un Ln inferior al 20% de la ETP. Cuentan con más de un mes al año con temperaturas medias de las máximas superiores a 15°C, por lo que el agua disponible cubre completamente la ETP.

Los tres tipos de régimen térmico de este clima se distribuyen, fundamentalmente, por las áreas llanas y en alturas comprendidas entre los 600 y 1.000 m. de altitud:

D. R.I.:
T. x̄ mín. > -10°C.
T. x̄ máx. > 0°C.
R.V.:
2,5-4,5 meses/año libres de heladas.
T. x̄ máx. > 21°C.
E. R.I.:
T. x̄ mín. > -10°C.
T. x̄ máx. entre 5 y 10°C.
R.V.:
> 4 meses/año libres de heladas.
T. x̄ máx. > 21°C.
F. R.I.:
T. x̄ mín. entre -2,5 y 10°C.
T. x̄ máx. > 10°C.
R.V.:
> 4 meses/año libres de heladas.
T. x̄ máx. > 21°C.

La delimitación de las distintas zonas agroclimáticas no debe entenderse de forma estricta, dado que, para conseguir una mayor claridad, se han eliminado zonas de transición que deben quedar implícitas. No obstante, conviene recordar que esta caracterización del clima utiliza, junto al régimen térmico, el régimen de humedad en relación a la ETP combinada con el grado de saturación, y no el régimen pluviométrico que, si bien puede deducirse fácilmente en los casos extremos (identificados aquí como zonas C y F), no sucede así en las áreas de transición entre las zonas húmedas y las secas, en las que el parámetro definitorio es el régimen de humedad. Así, la zona D, que se extiende por las tierras de Almazán y del Burgo, el Campo de Gómara y dos pequeñas áreas de la Sierra de Albarracín y el valle del río Gallo, posee un régimen térmico igual al de la zona B, en la que se encuentra englobada o como prolongación de la misma. Igualmente, la zona E comparte el régimen térmico con la zona A, que representa la transición hacia las áreas húmedas.

2.3. Recursos

Se han considerado tres tipos de recursos: hídricos, agropecuario-forestales y minerales.

Los **recursos hídricos** han sido tratados en el apartado correspondiente a la orografía y red hidrográfica, dado que constituye un elemento fundamental en la formación de las distintas áreas morfológicas.

Los **recursos agropecuarios y forestales** han sido cartografiados (fig. 11) a partir de la información aportada por el Ministerio de Agricultura en el *Mapa de Usos y Aprovechamientos*, a escala 1:1.000.000, distinguiendo cuatro usos: bosque, matorral, labor y un último uso

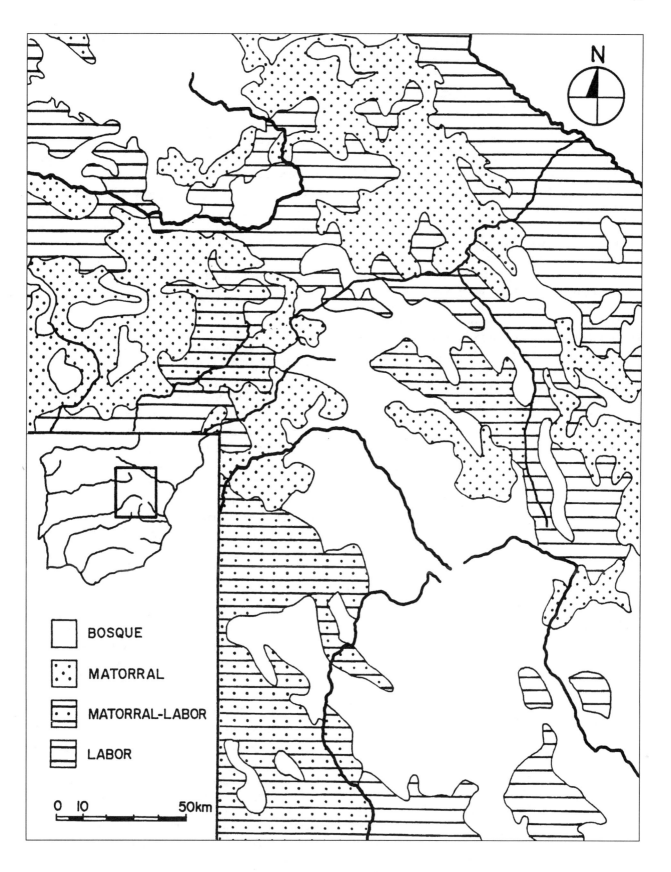

Fig. 11.—Usos agropecuarios y forestales.

mixto, matorral/labor; se ha despreciado la posibilidad de cartografiar áreas de vega al tratarse de estrechas franjas que resultarían apenas visibles en la reducción final.

En el área de bosque se integran tanto especies caducifolias como perennifolias pues, dada la tradicional tendencia a la repoblación con pinares (*Pinus Pinaster*) en detrimento del bosque de hoja caduca, se ha optado por no hacer esta diferenciación. Además del pinar de repoblación, existen aún enclaves de bosques de pino silvestre en las zonas altas (Picos de Urbión y Sierra Cebollera) y pinos laricio y resinero (Pinar de Almazán) (VV.AA. 1988).

En líneas generales, la zona de bosque alberga las siguientes series de vegetación: encina (hasta 1.200 m.), sabina albar (entre 1.100 y 1.400 m.), quejigo y roble melojo (entre 1.100 y 1.600 m.) y sabina rastrera (por encima de 1.600 m.), con algunos enclaves supervivientes de hayas en la parte alta de los valles interiores de los grandes sistemas montañosos (Peinado y Martínez 1985; VV.AA. 1987b). Únicamente en la Serranía de Cuenca la serie es algo menor al constituir un ámbito de preferente desarrollo de la especie *Quercus* (encina y rebollo) donde la degradación del bosque natural ha sido desde antiguo muy intensa.

La zona de matorral engloba dos áreas de origen muy distinto: por una parte, matorral de montaña y, por otra, áreas de bosque en regresión coincidiendo con altitudes intermedias próximas a pastos y tierras de labor.

Las áreas cartografiadas se identifican según sea el uso mayor de un 60% de la superficie, aunque con pequeños enclaves aislados de otros usos. El área de uso mixto matorral-labor, localizado en las terrazas del Henares, las tierras de transición con La Mancha al Sur del río Tajo y los valles de los ríos Piedra y Mesa hasta el Jiloca, se corresponden con el uso ganadero-agrícola en proporciones similares.

En cuanto a la fauna, hay que tener presente que las transformaciones del medio vegetal realizadas por el hombre, especialmente con la creación de un medio agrícola, han trastocado la situación en la que se desenvolvería en una situación natural. Hábitats y biotopos enteros han desaparecido o están reducidos a pequeñas áreas, al tiempo que esta acción antrópica ha perjudicado a unas especies pero ha favorecido a otras.

El primer escalón de consumidores lo constituyen los micromamíferos, tanto insectívoros como vegetarianos, aves pequeñas y medianas, y reptiles. Sobre ellas se instalan los mamíferos carnívoros, las aves rapaces y algún gran herbívoro u omnívoro. Muchas de estas especies cuya distribución se circunscribe hoy a los bosques ocuparon antiguamente ámbitos mucho mayores, siendo los grandes herbívoros los que tienen actualmente un área de distribución más supeditada a la de las masas arbóreas.

Los animales más extendidos y abundantes serían: ciervo, corzo, jabalí, lobo, zorro, marta, garduña, turón, comadreja, gato montés, nutria y tejón. Otros, como el armiño, el lirón gris, el ratón leonado y varios tipos de topillos, propios de las montañas del Norte, han penetrado en las cuencas del Duero y del Ebro por los sotos de sus afluentes septentrionales, llegando los últimos hasta el Sistema Central (Rubio 1988).

Caso especial es el del oso, cuyos efectivos actuales se limitan a algunos enclaves en Asturias, Santander y Pirineos, que antiguamente se extendía por todas las serranías. Análogamente, el área de distribución del lince llegaba a Galicia y Francia, mientras que hoy figura confinado a varios reductos del Suroeste peninsular.

Por su tolerancia, entendida en el sentido de que la interferencia de las acciones humanas no afecta (o incluso favorece) a sus estatus poblacionales, son muy comunes: la rata común, la campestre y la de agua, el ratón de campo, el casero y el moruno, el conejo y la liebre; así como erizos, topos y murciélagos, tanto el común como el nóctulo grande que todavía cuenta con una pequeña población en la meseta del Duero (Rubio 1988).

Son también abundantes los reptiles, sobre todo lagartos y culebras, y los anfibios, animales que dependen de las masas de agua y no del medio vegetal, como gallipatos, sapos, tritones, salamandras y ranas.

En cuanto a las aves habituales en la Península han sido reseñadas actualmente entre 395 y 400 especies (Bernis 1955). De entre ellas cabe mencionar las rapaces; el águila imperial y el buitre negro constituyen hoy verdaderas reliquias vivientes pero estuvieron muy extendidas y algunas, como el águila, cuyo centro de operaciones es la montaña, presentan extensas áreas de campeo descendiendo a páramos y llanuras. Del grupo de nidificantes migratorias, se estima que algo más de un tercio de ellas están vinculadas a los medios acuáticos: garzas, ánades, patos, grullas, etc., a pesar de lo mermadas que están las zonas húmedas. Así, cabe destacar las grandes concentraciones de anátidas y fochas de la laguna de Gallocanta, donde han llegado a censarse más de 200.000 aves (Araujo *et alii* 1981).

En definitiva, hay que insistir en que el panorama faunístico corresponde a una fase de franco retroceso, tanto en lo que a poblaciones como a especies se refiere, muy vinculado con el prolongado proceso de deforestación; asimismo, se debe recordar que la importancia del bosque no se limita a su valoración como refugio de fauna sino también a su función protectora de los suelos frente a la erosión, mejor conservación de los recursos de agua y, en suma, a su contribución al mantenimiento del equilibrio natural.

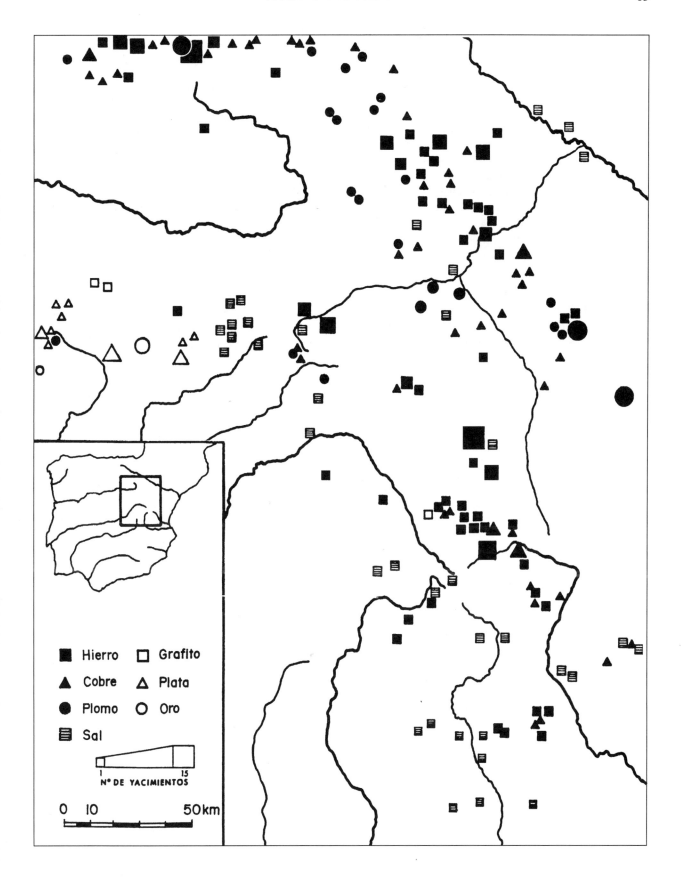

Fig. 12.—Localización de yacimientos e indicios minerales.

De los **recursos minerales** se han seleccionado algunos de los yacimientos e indicios recogidos en los doce mapas que cubren este ámbito geográfico del *Mapa Metalogenético de España* del IGME, a escala 1:200.000 (fig. 12).

Los yacimientos se distribuyen claramente a lo largo de los Sistemas Ibérico y Central. Los símbolos hacen referencia al elemento principal del que se compone el mineral y no a yacimientos exclusivos. Así, algunos de los yacimientos de cobre, como los situados en la margen derecha del Jalón en torno a la Sierra de Vicort (Almonacid de la Sierra), o los de plomo de la fosa del Najerilla, en Picos de Urbión, y de la cabecera del Jarama, poseen una proporción relativamente importante de plata.

El cobre se obtiene preferentemente en el sector septentrional de la Cordillera Ibérica, en Picos de Urbión y Sierra del Moncayo, si bien en esta última con proporciones altas de pirita y, en ocasiones, de hierro. También en estas zonas hay indicios de plomo, aunque en menor cantidad y localización más marginal, extendiéndose hasta el Este de la Sierra de Cucalón.

El hierro es el mineral más abundante, especialmente en los Picos de Urbión y las sierras del Moncayo y de Albarracín, encontrándose en esta última los yacimientos más importantes (Sierra Menera).

De los yacimientos e indicios minerales cartografiados, sólo algunos poseen carácter masivo, siendo la mayor parte de origen filoniano y estratiforme con algunos amorfos.

La plata y el oro sólo aparecen en proporción mayoritaria en el Sistema Central, en la cabecera del río Jarama, y entre ésta y el Henares. El grafito se localiza únicamente en dos sectores, al norte de la Sierra de Ayllón y en el sector Noroeste de la Serranía de Albarracín.

Por último, la sal se halla, habitualmente, en los bordes de las cuencas de los antiguos mares interiores, acumulándose en ellas tras el basculamiento de la Meseta y posterior drenaje de las mismas a través de los cursos principales. Así, en este ámbito donde se localizan varias cuencas, pueden encontrarse indicios y yacimientos salinos principalmente en las márgenes de las cabeceras de los ríos Henares, Jalón, Cabriel y Júcar (49).

---

(49) Los puntos salinos cartografiados hacen referencia exclusivamente a acumulaciones salinas actuales, a las que habría que añadir otros puntos donde las aguas y/o los suelos poseían un contenido de sal en proporciones suficientes para ser explotada en los meses de mayor evaporación.

III

EL HÁBITAT

1. CARACTERÍSTICAS GENERALES DEL POBLAMIENTO

El castro se configura como el elemento esencial de poblamiento en el territorio celtibérico a lo largo de la Edad del Hierro. Sin embargo, su papel se ha exagerado, al ser el tipo de unidad poblacional más fácil de reconocer en el paisaje y al presentar, a menudo, estructuras defensivas que pueden alcanzar gran espectacularidad. Esta sobrevaloración del fenómeno castreño ha venido en detrimento de otros tipos de hábitats más difíciles de identificar, como los asentamientos en llano, de los que en el área celtibérica sólo se posee información basada casi por completo en datos de superficie.

En la Celtiberia, los castros no llegan a alcanzar, salvo en contadas ocasiones, la categoría de *oppidum* o de ciudad, a diferencia de lo que ocurre en otras zonas castreñas de la Península Ibérica, como la Meseta Occidental o el Noroeste, donde puede definirse una última fase evolutiva en el desarrollo de los mismos por sus mayores dimensiones, su urbanismo y su carácter protourbano. Su parangón en la Celtiberia habría que buscarlo en la existencia de asentamientos urbanos como *Numantia*, *Uxama*, *Termes*, *Bilbilis* o *Segobriga*, aunque la superficie reconocible en la actualidad y hasta su urbanismo responden ya a época romana.

Por castro se entiende, de acuerdo con Almagro-Gorbea (1994: 15), todo «poblado situado en lugar de fácil defensa reforzado por murallas, muros externos cerrados y/o accidentes naturales, que defiende en su interior una pluralidad de viviendas de tipo familiar y que controla una unidad elemental de territorio, con una organización social escasamente compleja y jerarquizada», acepción válida para la zona de estudio, mas no para otros territorios castreños dada la mayor complejidad que esta clase de hábitat puede alcanzar, llegando a constituirse en auténticos *oppida*.

Así pues, el castro se conforma como un elemento de control del territorio, pudiéndose interpretar tanto su ubicación como los sistemas defensivos que presenta, a veces ciertamente sofisticados, como una 'respuesta defensiva' por parte de la población (Esparza 1987: 237). No obstante, dado que los castros no ocupan en general los lugares de mayor control visual ni los de más fácil defensa, habría que pensar más que en la defensa del territorio (Ralston 1981: 80) en una de carácter económico-político, que afecta, como ha señalado Esparza (1987: 237), a «las viviendas y sus ajuares, los alimentos recogidos, el ganado, la vida de las personas y su independencia política». Por el contrario, el conjunto de los castros de una región sí proporciona el control territorial de la misma, tanto de los recursos como de las comunicaciones.

La gran mayoría de los poblados conocidos en el territorio celtibérico no han sido excavados o lo fueron en las primeras décadas de este siglo, lo que condiciona las conclusiones que de ellos pudieran obtenerse al basarse en análisis de superficie o en las noticias, excesivamente parciales, dejadas por sus excavadores. A partir de la década de los 80 se ha producido un mayor desarrollo de los trabajos de prospección y excavación en el ámbito celtibérico (*vid.* capítulo I,4), a lo que hay que añadir la revisión de que han sido objeto algunas de las culturas castreñas de mayor personalidad, como los castros sorianos (*vid.* Romero 1991a y, entre otros trabajos del mismo autor, Bachiller 1987a) o los castros del Noroeste de Zamora (Esparza 1987), permitiendo analizar las características de este tipo de hábitat con ciertas garantías.

A lo largo de los siglos VII-VI a.C. van a hacer su aparición los primeros asentamientos estables en la Meseta Oriental, cuyas características generales, tales como la elección del emplazamiento, habitualmente en lugares en altura, o el tamaño, por lo común inferior a una hectárea, se mantienen en el transcurso de un amplio período de tiempo que llega hasta la romanización. Pero este proceso no puede considerarse uniforme para todo el territorio celtibérico, donde se dan importantes diferencias regionales en lo que al poblamiento se refiere, condicionadas en buena medida por el marco geográfico y refrendadas por aspectos derivados del ritual funerario (*vid.* capítulos VII y X,6) o la distinta explotación del medio. A las diferencias geográficas y culturales existentes entre las áreas que engloban el territorio celtibérico, hay que sumar aquellas derivadas de la propia cronología de los asentamientos, que se pondrán de manifiesto principalmente en el caso de la aparición de las ciudades desde finales del siglo III o inicios del II a.C. (*vid.* capítulo VII,4.2). De cualquier modo, las características generales del poblamiento se analizarán conjuntamente, dejando constancia de las peculiaridades regionales, e incluso de las funcionales y cronológicas, en aquellos casos en que sea pertinente.

1.1. *Emplazamiento*

En la elección del emplazamiento de un hábitat pueden intervenir diversos factores, primando las posibilidades defensivas y el valor estratégico del lugar (fig. 13). Se buscan generalmente lugares elevados, con buenas condiciones defensivas naturales, a ser posible inaccesibles por alguno de sus flancos aprovechando escarpes rocosos, o enmarcados por ríos y arroyos (Burillo 1980: 260 ss.; Aranda 1986: 347 ss.; García Huerta 1989-90: 155 s.; Romero 1991a: 196; Arenas 1993: 287; Cerdeño *et alii* 1995a: 163 y 165). Se fortifican por medio de murallas y, en algunos casos, fosos y campos de piedras hincadas, que se concentran en las zonas más desprotegidas del poblado, cuando no circundan completamente su perímetro (*vid.* una visión diacrónica de la arquitectura defensiva celtibérica en el Alto Duero, en Jimeno y Arlegui 1995).

Aspectos como el de la altura relativa, que depende de la morfología y topografía locales, vienen a incidir en la sensación de inexpugnabilidad que ofrecen los emplazamientos (García Huerta 1989-90: 152; Arenas 1993: 286; Cerdeño *et alii* 1995a: 164). Aunque la altura desde la base suele superar los 30 m. y fácilmente puede alcanzar los 100, en ocasiones se localizan en promontorios poco elevados, con alturas entre 10 y 20 m. Con todo, no ocupan las mayores alturas del entorno, y, así, las elevaciones inmediatas suelen dominar sobre ellos (García Huerta 1989-90: 151 s.; Romero 1991a: 197; Cerdeño *et alii* 1995a: 164) (1). Diferente es el caso de los asentamientos en llano o en cuestas suaves apenas des-

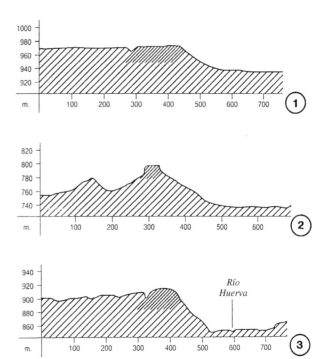

Fig. 13.—*Perfiles topográficos de algunos asentamientos de la comarca de Daroca (Jiloca Medio-Alto Huerva): 1, El Castillo (Villarroya del Campo); 2, Cerro Almada (Villarreal de Huerva); 3, La Tejería (Villadoz); 4, Valmesón (Daroca). (Según Burillo, dir. 1993).*

tacadas del terreno, carentes por completo de cualquier preocupación defensiva (Burillo 1980: 260 ss.; Aranda 1986: 349; Arenas 1988; *Idem* 1993; García Huerta 1989-90: 153; Cerdeño *et alii* 1995a: 163).

Además del factor defensivo, también cuentan en la elección del emplazamiento las posibilidades estratégicas del lugar (Burillo 1980: 263 ss., 274 ss. y 278 ss.; Aranda 1986: 349 s.; García Huerta 1989-90: 154 ss.; Collado 1990: 86 ss. y 90 ss.; Romero 1991a: 197; Arenas 1993: 287 y 289 ss.; Cerdeño *et alii* 1995a: 165 s.), con especial incidencia en el abastecimiento de agua, buscando la proximidad de cursos fluviales o de fuentes, el dominio visual o el control de los ejes naturales de comunicación, de los recursos agropecuarios o mineralógicos, así como otros aspectos, como las condiciones que presenta el lugar para su habitabilidad, su tamaño o la orientación (Burillo 1980; Arenas 1993: 288).

---

(1)   Esto es especialmente evidente entre los castros sorianos, cuyo tipo de asentamiento más habitual es el localizado en las laderas (Romero 1991a: 191 y 195 s.).

En el territorio estudiado pueden individualizarse diversos tipos de emplazamientos en función de las características topográficas del terreno, por otro lado comunes con otras áreas peninsulares (Llanos 1974: 109 ss., lám. III; *Idem* 1981: 50 ss., lám. II; Esparza 1987: 238; Almagro-Gorbea 1994a: 16), que muestran una preocupación preferentemente defensiva. Estos emplazamientos pueden ser: en espolón, o su variante en espigón fluvial, en meandro, en escarpe, en colina o acrópolis, en ladera y en llano, aun cuando algunos puedan participar de las características de varios de ellos (Burillo 1980: 260 ss.; Aranda 1986: 347 ss.; García Huerta 1989-90: 148 s.; Romero 1991a: 191 ss. y 445; Arenas 1993: 287; Cerdeño *et alii* 1995a: 163). La representatividad de los distintos tipos de emplazamiento varía de unas regiones a otras. Así, el tipo más frecuente de asentamiento en las parameras de Sigüenza y Molina es el que se localiza en una colina o acrópolis (García Huerta 1989-90: 148 s.; Cerdeño *et alii* 1995a: 163), mientras que entre los castros de la serranía soriana el más habitual es el tipo en ladera, aunque esta categoría abarque algunos casos que bien pueden ser clasificados en los tipos en espolón o en escarpe (Romero 1991a: 191).

Con respecto a los *oppida*, en la elección de su emplazamiento priman diversos aspectos, tales como la vinculación con vías comerciales o con recursos de diverso tipo, no olvidando las cualidades defensivas del lugar (2).

1.2. *Tamaño*

La superficie de los poblados constituye un criterio esencial de clasificación de los núcleos de habitación, poniendo de relieve la existencia de una jerarquización de los mismos. El tamaño de los hábitats puede relacionarse con aspectos demográficos, económicos, sociales o políticos (Esparza 1987: 239), constituyendo a la vez la propia cronología de los mismos un elemento determinante.

Para la Celtiberia se posee información sobre la superficie de un buen número de asentamientos. Sin embargo, una parte importante de los hábitats celtibéricos son conocidos solamente por trabajos de prospección, en los que la dispersión de la cerámica o la morfología del terreno son los únicos criterios para su delimitación, aunque la existencia de murallas permite hacer a veces estimaciones aproximadas de su superficie.

Los diversos estudios que sobre el poblamiento en diferentes áreas del territorio celtibérico se han realizado desde los años 80 resultan sumamente esclarecedores.

Un territorio de especial interés corresponde a la Serranía del Norte de la provincia de Soria, donde se desarrolló durante la Primera Edad del Hierro la llamada «cultura castreña soriana». Los poblados identificados presentan un tamaño pequeño, con superficies inferiores a una hectárea, aunque en Castilfrío de la Sierra se alcanzan 1,3, siendo el menor el de Langosto, con 0,21 ha. (Taracena 1929: 24; Romero 1991a: 198 s.). Por el contrario, aquellos poblados que hacen su aparición en la Segunda Edad del Hierro presentan superficies superiores a la hectárea, llegando a alcanzar 1,8 ha. El Castellar de Arévalo de la Sierra y 6 Los Villares de Ventosa de la Sierra (Romero 1991a: 446 s.), siendo éste, de acuerdo con Taracena (1926a: 10) «uno de los más grandes núcleos de población celtibérica de la sierra *Idubeda*».

Si se analizan otras áreas de la Celtiberia, se observa cómo, al igual que ocurriera en la serranía soriana, los poblados de menores dimensiones son los más numerosos, con superficies normalmente inferiores a una hectárea y que raramente superan las 2, disminuyendo su número al aumentar el tamaño (3) (fig. 14). Así se documenta en los estudios realizados sobre el poblamiento en las parameras de Sigüenza y Molina (García Huerta 1989-90: 149 s.; Arenas 1993: 284; Cerdeño *et alii* 1995a: 164 s.), el Suroeste de la comarca de Daroca (Aranda 1986: 350), el valle de la Huerva (Burillo 1980: 297 ss.) —trabajos éstos que engloban el Jiloca Medio— y el Noroeste de la Sierra de Albarracín (Collado 1990: 103, 105 s. y 114). Los asentamientos más pequeños, que, como se ha dicho son los más abundantes, no alcanzan las 0,2 ha., mientras que los de mayores dimensiones, con superficies que superan las 5, clasificables como «grandes poblados» o incluso como *oppida*, pueden interpretarse como posibles centros territoriales complejos, cabeza de un territorio jerarquizado.

Aun cuando la función urbana de un núcleo de población no dependa únicamente de su mayor tamaño (4), sí parece ser éste un índice fiable para el territorio celtibérico, pudiéndose identificar, en ocasiones, con las ciudades mencionadas por las fuentes literarias, algunas de ellas centros emisores de moneda. Este carácter urbano hay que suponerlo en el caso de El Castejón (Luzaga), cuya identificación con la ciudad de *Lutia* ha sido sugerida

---

(2) Por lo que respecta a la ubicación de los asentamientos urbanos en el Ebro Medio, *vid.* Asensio (1995: 329 ss.).

(3) Aunque esto pueda aceptarse de forma general, existen poblados, adscribibles a la Primera Edad del Hierro, cuya superficie supera la hectárea, como La Buitrera (Rebollo de Duero), con 2 ha., y La Corona (Almazán), entre 5 y 6 (Jimeno y Arlegui 1995: 104), lo que contrasta con la información disponible para hábitats contemporáneos, como es el caso de los localizados en las parameras de Sigüenza y Molina de Aragón (García Huerta 1990: 149 s.; Cerdeño *et alii* 1995a: 164) que en ningún caso superan la hectárea.

(4) Así ocurre con el castillo de Ocenilla (Taracena 1932: 40) que, a pesar de sus 7 ha. de superficie intramuros, no parece que pueda ser considerada como un núcleo urbano.

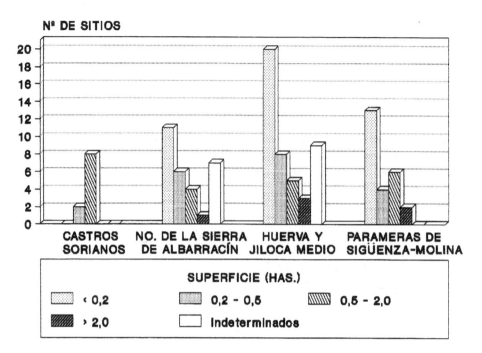

Fig. 14.—Comparación entre las superficies de los hábitats de diferentes áreas de la Celtiberia.

(Tovar 1949: 53), que con sus 5,5 ha. se convierte en el centro territorial del Alto Tajuña (Sánchez-Lafuente 1995: 193), donde igualmente los asentamientos no suelen superar la hectárea (García Huerta 1989-90: 150; Cerdeño et alii 1995a: 164), habiendo de esperar a época romana para encontrar un hábitat de 12 ha., el campamento de La Cerca (5). Algo similar puede señalarse para El Castellar (Frías), que con sus 7,4 ha. constituye el núcleo más importante del Noroeste de la Sierra de Albarracín, donde los poblados, todos inferiores a una hectárea, presentan una superficie media de 0,6 (Collado 1990: 17 s. y 113 s.; vid., en contra, Asensio 1995: 47).

De igual forma que en otras zonas de la Península Ibérica (Almagro-Gorbea 1987b; Almagro-Gorbea y Dávila 1995: 212 s.), los núcleos urbanos de la Celtiberia pueden alcanzar gran extensión (figs. 15 y 16), superior a las 20 ha., si bien, a diferencia de lo que sucede en otras regiones, la superficie conocida corresponde a la ciudad romana: Ocilis presenta una superficie de 20 ha. (Mélida 1926); Termes (Taracena 1954: 238), 21; la Numantia de época imperial, ca. 22 (Taracena 1954: 234; Jimeno et alii 1990: 19; Almagro-Gorbea 1994a: 61, nota 9; Jimeno y Tabernero 1996: 427), frente a las poco más de 8 ha. de la ciudad del siglo I a.C. (Jimeno y Tabernero 1996: 424), y Uxama Argaela, 30 (Almagro-Gorbea 1994a: 61). Lo mismo cabe señalar respecto a las ciudades que pre-

sentan con seguridad una diferente ubicación entre el asentamiento celtibérico y el romano, siendo este último el que mejor se conoce, como ocurre con Bilbilis Italica, 21 ha. (Beltrán Lloris, dir. 1987: 19, nota 23) o Clunia Sulpicia, 130 (Sacristán 1994: 139).

No obstante, la mayoría de las ciudades de la Celtiberia tienen superficies más reducidas, incluidas aquéllas cuyos restos y extensión son de época romana: la Numantia destruida el 133 a.C. ofrecía un espacio habitado, reducido a la zona alta de la Muela de Garray, de 7,6 ha., al que habría que añadir un máximo de otras 4 si se incluyen las líneas defensivas (fig. 16,4 y lám. I,2) (Jimeno y Tabernero 1996: 422 s.), Arcobriga presenta 7,75 ha. (Beltrán Lloris, dir. 1987: lám. 59); Valeria, ca. 8 (Osuna et alii 1978: plano general 1; Almagro-Gorbea y Dávila 1995: 212, nota 13); Bilbilis celtibérica, localizada en Valdeherrera, «no menos de 9» (Asensio 1995: 337); el Poyo del Cid, 10 (Burillo 1980: 156); Villar del Río, en torno a 10 (Jimeno y Arlegui 1995: 123); Segobriga, 10,5 (Almagro-Gorbea y Lorrio 1989: 177); Canales de la Sierra, 11 (Taracena 1929: 31); Solarana, entre 11 y 13 (Sacristán 1994: 144); La Caridad de Caminreal, 12,5 (Vicente 1988: 50); el Piquete de la Atalaya, identificada con Belikio(m), rondaría estas cifras (Asensio 1995: 337); Contrebia Leukade, 13,5 (Hernández Vera 1982: 119); Segeda, 15, que corresponden al núcleo más moderno de esta ciudad, localizado en Durón de Belmonte (Schulten 1933a: 374); Pinilla Trasmonte, casi 18 (Sacristán 1994: 144), y Contrebia Belaisca (Díaz y Medrano 1993: 244; vid. Asensio 1995: 337, quien señala una superficie de

---

(5)   Vid. Sánchez-Lafuente 1979: 81 s., quien plantea la posibilidad de que el campamento romano estuviera asentado sobre un poblado indígena.

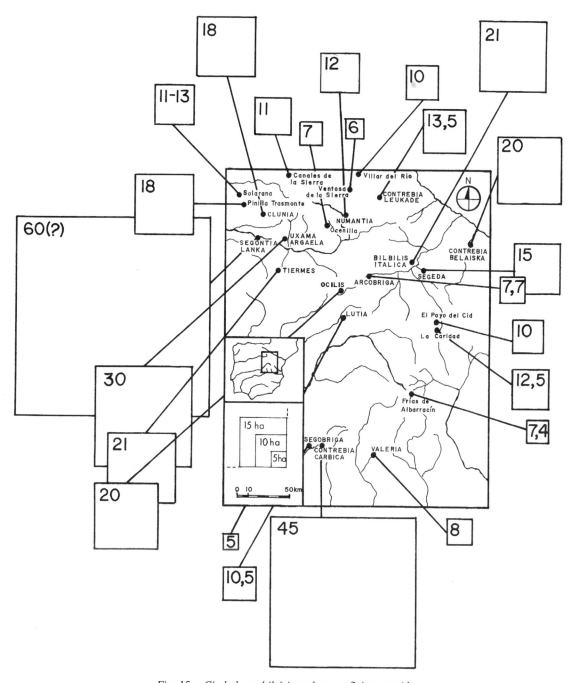

Fig. 15.—Ciudades celtibéricas de superficie conocida.

12 ha.) y *Segovia* (Almagro-Gorbea 1994a: 63, nota 11; Almagro-Gorbea y Dávila 1995: 212, nota 11), alrededor de 20 hectáreas (6).

Un caso excepcional sería el de Langa de Duero (Taracena 1929: 33), ciudad indígena fechada en el siglo I a.C., cuyas ruinas corresponderían, según Taracena, a la *Segontia Lanka* citada por Ptolomeo. A pesar de presentar unos límites imprecisos, al tratarse de una ciudad sin fortificaciones, Taracena señala que en el espacio delimitado por un eje Norte-Sur de algo más de 1.000 m. y otro Este-Oeste de 600 se localizaba el hábitat por él excavado, de superficie muy superior a la de las restantes ciudades celtibéricas conocidas, lo cual se ex-

(6) Estas dimensiones contrastan con la información ofrecida por los *oppida* de los pueblos vecinos de los Celtíberos (Almagro-Gorbea 1994a: 61 ss.; Almagro-Gorbea y Dávila 1995): entre los Carpetanos, *Complutum* ofrece 68 ha., *Contrebia Carbica* 45 y *Toletum* 40; entre los Vacceos, *Pallantia* 110 ha., La Peña, en Tordesillas, 55, Las Quintanas, en Padilla de Duero, 40, e *Intercatia* 49 ha.; entre los Vettones destaca Ulaca, con 60 hectáreas.

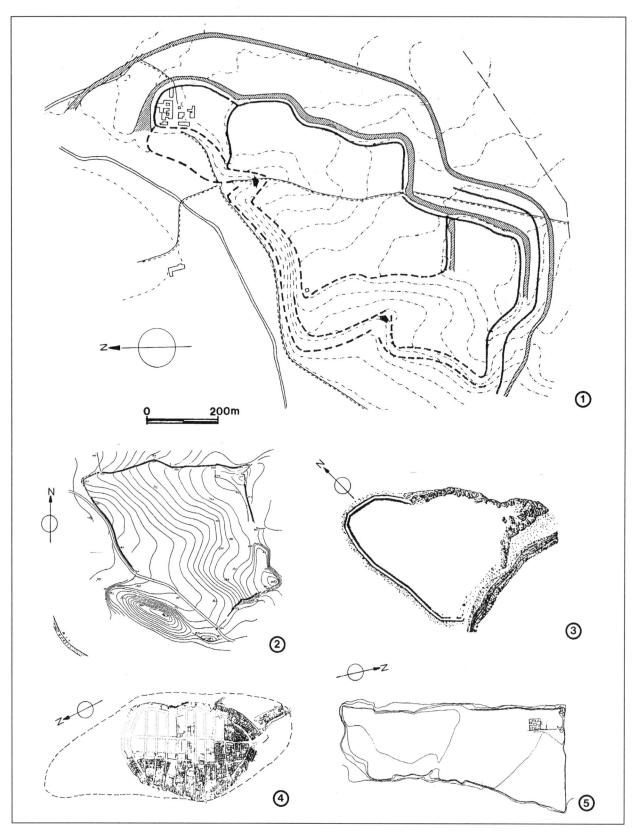

Fig. 16.—Plantas del oppidum de Contrebia Carbica (1) y de algunas de las más importantes ciudades celtibéricas: 2, Segeda; 3, Contrebia Leukade; 4, Numancia (incluyendo la línea de muralla pero no los posibles cercos defensivos); 5, La Caridad de Caminreal. (Según Mena et alii 1988 (1), Schulten 1933a (2), Taracena 1926b (3), Taracena 1941 (4) y Vicente et alii 1991 (5)).

plica por el tipo de asentamiento, organizado en caseríos yuxtapuestos, con amplios espacios sin edificación alguna.

Las fuentes literarias se hicieron eco de esta jerarquización, distinguiendo diversas categorías (Rodríguez Blanco 1977: 170 ss.; Salinas 1986: 85 ss.), que abarcan: ciudades, que en las fuentes aparecen como *urbs*, *polis*, *civitas* u *oppida*, aldeas grandes (*megalas komas*), aldeas y castillos (*vicos castellaque*) y torres (*turres* o *pyrgoi*), no siendo siempre posible su correlación con los asentamientos conocidos, en especial en lo que concierne a las categorías más próximas (Burillo 1980: 299). La existencia, asimismo, de una jerarquización entre las propias ciudades ha sido señalada para el Valle Medio del Ebro por Burillo (1982) a partir de las acuñaciones de plata por parte de algunas de ellas (*vid.* Asensio 1995: 404 ss.).

2. SISTEMAS DEFENSIVOS

Como se ha podido comprobar, el carácter defensivo de una parte importante de los asentamientos celtibéricos se manifiesta desde la propia elección del emplazamiento, buscando aquellos lugares que ofrezcan mayores posibilidades naturales en este aspecto, completándose con la realización de obras defensivas, que, en la mayoría de los casos, se reducen a sencillas murallas adaptadas al terreno o a un simple muro cerrado al exterior, formado por las partes traseras de las casas. En los casos más complejos, se protegen con potentes murallas, a veces dobles, que contornean todo el perímetro del castro, adaptándose a la topografía del cerro, o, complementando ésta, especialmente cuando existen cortados naturales, se circunscriben al sector más desguarnecido del poblado, reforzándose con fosos, simples o dobles, y campos de piedras hincadas.

2.1. *Murallas*

Frente a lo que ocurre en otras áreas castreñas, donde algunos castros medianos y la mayor parte de los de mayores dimensiones suelen ofrecer dos o más recintos, adosados o concéntricos, en la Celtiberia, los castros presentan por lo común un solo recinto, en cuya forma y superficie así como en el trazado de la muralla incidirá de forma determinante el emplazamiento elegido (Romero 1991a: 201). Tan sólo se ha señalado la presencia de un segundo recinto en el interior de El Castellar, en San Felices (Taracena 1941: 147) y de Trascastillo, en Cirujales del Río (Morales 1995). Por su parte, Romero (1991a: nota 43), quien mantiene ciertas reservas para el primer caso, señala cómo los castros de El Castillejo de El Royo y del Zarranzano tienen su superficie escalonada en dos

terrazas, siendo posible que en el último de ellos se levantara un muro sobre el cantil rocoso separando ambas (fig. 17,3). Más de un recinto se ha documentado asimismo en el Cerro Ontalvilla, en Carbonera de Frentes (fig. 20,2).

La muralla constituye la defensa principal y, en ocasiones, la única identificada. Todas las conocidas en territorio celtibérico están realizadas en piedra (fig. 18), a diferencia de otras zonas donde se documentan murallas de adobe y recintos mixtos de piedra y madera (Moret 1991: 13 ss.). En Castilmontán se recuperaron restos de madera utilizados para reforzar la cimentación en un tramo de la muralla, debido a la propia inclinación de la plataforma sobre la que se levanta la construcción y por no haberse asentado ésta sobre la roca natural, tal como ocurre en otros tramos del mismo yacimiento (Arlegui 1992b: 499 s.). En algún caso pudieron haber existido igualmente adarves de adobe (*vid. infra*).

Muchas veces no pueden determinarse con claridad las características de las murallas al hallarse arruinadas, pudiendo hasta llegar a faltar por haber sido utilizadas como canteras o por hallarse ocultas. En ciertos casos, como en los asentamientos en llano, posiblemente nunca fueron edificadas (Burillo 1980: 182).

Para su construcción se ha empleado como materia prima la piedra local, cuyas características condicionan las diferencias observadas en su talla (Burillo 1980: 182). Las murallas son de mampostería en seco, pudiendo haberse utilizado el barro para su asiento, levantándose por lo común hiladas discontinuas. Están constituidas por dos paramentos paralelos cuyo espacio interior se rellena con piedra y tierra, habiéndose documentado, en determinadas ocasiones, elementos internos de cohesión e incluso la presencia de un doble paramento —de 0,70 m. de anchura— y un relleno interno en el Piquete de la Atalaya de Azuara (Asensio 1995: 349, fig. 35). En el sector oriental del Castillo de Ocenilla (Taracena 1932: 42, fig. 6), uno de los cortes realizados en la muralla permitió identificar al exterior un muro careado a los dos lados (fig. 19,5, corte M-N). Los paramentos pueden ser verticales o ataludados, lo que proporciona secciones trapezoidales. La muralla se adapta a la topografía del terreno, normalmente con lienzos curvos de trazado irregular, documentándose también, a veces conjuntamente, lienzos rectos acodados en los poblados de cronología más avanzada.

En torno a los siglos VI-V a.C. surgen en las altas tierras del Norte de la provincia de Soria una serie de asentamientos castreños caracterizados por sus espectaculares defensas (figs. 17 y 21). Las murallas de estos castros del Primer Hierro están construidas de mampostería en seco, con piedras de tamaño mediano y pequeño, de careo natural, alguna vez incluso trabajadas (Ruiz

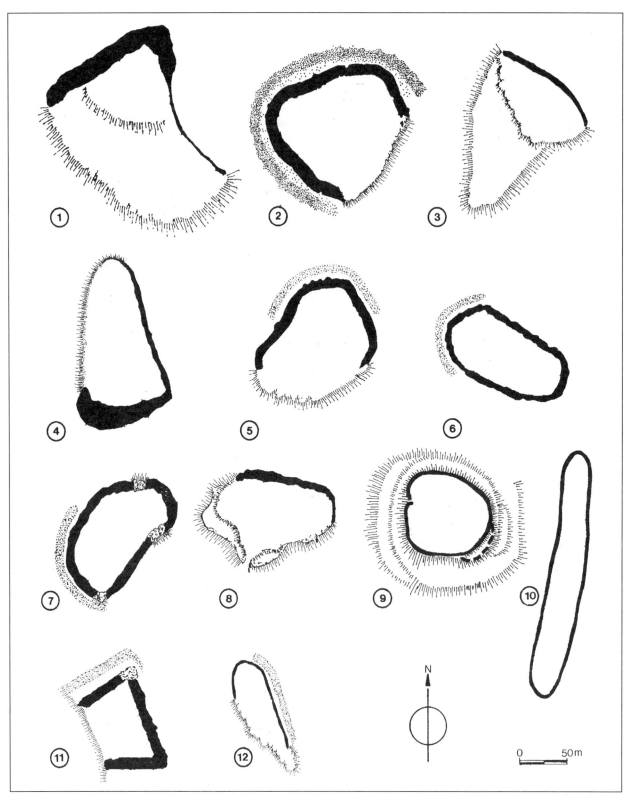

Fig. 17.—*Plantas de algunos castros de la serranía soriana: 1, El Castillo de El Royo; 2, El Castillejo de Castilfrío de la Sierra; 3, el Zarranzano, Cubo de la Sierra; 4, La Torrecilla de Valdegeña; 5, El Castillo de las Espinillas de Valdeavellano de Tera; 6, Los Castillejos de Gallinero; 7, El Castillejo de Hinojosa de la Sierra; 8, Los Castillejos de Cubo de la Solana; 9, El Castillejo de Ventosa de la Sierra; 10, Alto de la Cruz de Gallinero; 11, El Castillejo de Taniñe; 12, El Castillejo de Langosto. (Según Taracena 1926a y 1929 (1-3, 5-7 y 10-12), Ruiz et alii 1985 (4), Bachiller 1987a (8) y González, en Morales 1995 (9)).*

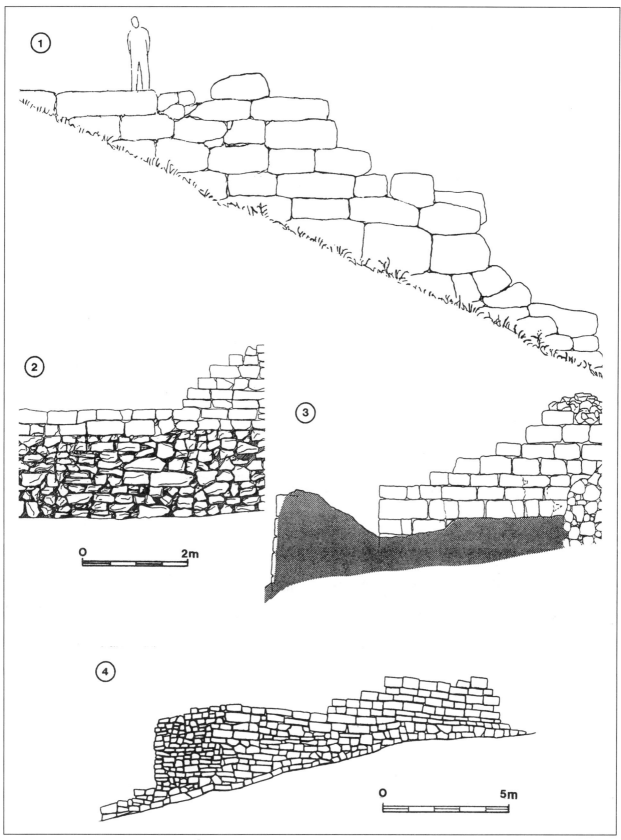

Fig. 18.—Alzado de algunas murallas celtibéricas: 1, Pardos (Zaragoza); 2, Castilmontán (Soria); 3, La Cava (Guadalajara); 4, Contrebia
Leukade *(La Rioja). (Según Sanmiguel et alii 1992 (1), Arlegui 1992b (2), Iglesias et alii 1989 (3) y Hernández Vera 1982 (4)).*

Zapatero 1977: 84; Eiroa 1979a: 83; Romero 1991a: 203), habiéndose evidenciado también el uso de barro, lo que proporciona un mejor asiento (Romero 1991a: 203). La muralla, formada por dos paramentos paralelos rellenos de piedras sin ningún orden, puede ser ataludada, ofreciendo por tanto una sección trapezoidal, como ocurre en los castros de Langosto, Valdeavellano (fig. 19,1) y Valdeprado, o presentar paramentos verticales, como en Castilfrío y El Royo, así como en el Castro del Zarranzano, por más que en éste la base presente una mayor anchura que el resto (Romero 1991a: 203). El grosor, variable a lo largo de su recorrido, oscila entre 2,5 y 6,5 m., conservándose una altura en torno a los 2,5-3 m., que seguramente debió superar los 3,5 y alcanzando en determinados casos 4,5 ó 5 m. (Romero 1991a: 205) (7). En algunos castros de la serranía soriana, excepcionalmente, no se han encontrado vestigios de murallas. Así ocurre en El Castillo del Avieco, cuyo emplazamiento ofrece defensas naturales sin que se haya identificado en superficie evidencia alguna (Romero 1991a: 200). Más fácil de justificar parece ser el caso de El Castillo de Soria, ya que la construcción de la fortaleza medieval bien pudo llevar consigo el desmantelamiento de las defensas del asentamiento castreño (Romero 1991a: 200). Cabe mencionar aún el caso de Renieblas, sobre cuya existencia se han planteado serias dudas (Romero 1991a: 93 s. y 200).

Durante la Segunda Edad del Hierro, las técnicas constructivas y las características de las murallas que protegen los poblados celtibéricos presentan importantes innovaciones respecto al momento precedente. Estas construcciones ofrecen ahora, en general, un aparejo más cuidado —aunque los paramentos internos sean por lo común de peor factura (Arlegui 1992b: 500)— constituido por la superposición de sillares toscamente trabajados, sin formación de hiladas, asentados en seco, utilizando ripio para rellenar los huecos, dotándolas así de una mayor solidez (8). También pueden estar formadas por muros hechos con sillarejos bien careados, dispuestos en hiladas horizontales perfectamente regulares (fig. 18), no faltando las murallas construidas con cantos rodados sin carear, como es el caso de Numancia (Taracena 1954: 235). Ocasionalmente, se aprecian en los muros de ma-

yor altura los mechinales del andamiaje utilizado para su elevación (Taracena 1932: 41; Arlegui 1992b: 500). Se asientan casi siempre sobre el suelo natural, que en ocasiones se hallaría ligeramente rebajado.

El grosor de las murallas, como ya se ha dicho, es variable y no siempre fácil de determinar, oscilando entre un metro en Monteagudo, Manchones (Aranda 1986: 353) y 18 en Los Castellares de Calatañazor (Taracena 1926a: 19), presentando la gran mayoría espesores entre 2 y 6 metros (9). Más difícil de conocer es la altura de las murallas, defendiéndose una proporción altura-anchura de 2 a 1 (Gracia et alii 1991: 75; vid. Asensio 1995: 352). En Calatañazor alcanza los 4,50 m. (Taracena 1926a: 19) y en Suellacabras entre 4 y 5 (Taracena 1926a: 25).

Comúnmente presentan paramentos verticales, pudiendo ser ataludados en algún caso, como en Los Castellares de Suellacabras (fig. 19,3). Sección trapezoidal muestra asimismo la muralla de Numancia, que mide 3,40 m. de anchura en la base y 2 de altura, en algún tramo precedida de un pequeño antemuro (Taracena 1954: 235), que también ha sido identificado en el tramo Norte de la de Segobriga (fig. 25,2,2) (Almagro-Gorbea y Lorrio 1989: 174), a modo de las proteichismata helenísticas, bien documentadas en la arquitectura defensiva ibérica (Pallarés et alii 1986). Un caso singular es el del Castillo de Arévalo de la Sierra (figs. 19,2), cuyas murallas «situadas en la cumbre de un altozano de poco más de 7 m. de elevación, han tenido que ayudarse dificultando artificialmente la subida a favor de ese pequeño declive, lo que se obtuvo transformando el terraplén en violento plano inclinado revestido de piedras bastante grandes, clavadas a tizón en la tierra unos 80 cm., y tras de esa rudimentaria escarpa, mediando una distancia que llega en algunos casos hasta dos metros, se construyó una muralla de 1,50 m. de espesor, hecha también de mampostería a canto seco, que rodea la planicie del pequeño cerro, dejando, al parecer, su entrada por el lado Sur» (Taracena 1926a: 9, fig. 5, lám. I,1).

Adarves en camino de ronda únicamente se han identificado en Ocenilla (Taracena 1932: 41 s., fig. 6). El frente meridional, el más fácilmente accesible, presenta

---

(7) Mucha menor entidad tuvo la muralla de El Castellar de San Felices, con una anchura de un metro, aunque pueda corresponder a un momento posterior dada la larga cronología del castro, que incluso llegó a ser romanizado (Romero 1991a: 204 s.). Dimensiones más bien modestas presenta el muro trasero corrido que cierra por el Norte el poblado del Primer Hierro de La Coronilla, en la comarca de Molina de Aragón, cuya anchura es de 1,50 m. (Cerdeño y García Huerta 1992: 84).

(8) En ocasiones, los paramentos están cogidos con barro, como ocurre en el lienzo exterior de la muralla y en el torreón externo de Castilmontán, proporcionando así un aspecto más cuidado y sólido al conjunto (Arlegui 1992b: 499).

(9) A modo de ejemplo, cabe mencionar los casos de La Coronilla, cuya muralla tan sólo presenta un espesor de 1,25 m. (García Huerta 1989-90: 164); el Castillo de Arévalo de la Sierra, 1,50 (Taracena 1926a: 9; Romero 1991a: 373); Castilviejo de Guijosa, con una anchura media de 2 (Belén et alii 1978: 65); El Ceremeño, entre 2 y 2,5 (Cerdeño y Martín 1995: 187); Canales de la Sierra, cerca de 3 (Taracena 1929: 31); El Castellar de Berrueco, 3 (Burillo 1980: 184; Aranda 1986: 353); Los Villares de Ventosa de la Sierra, 3,60 (Taracena 1926a: 5); Castilmontán, entre 2,50 y 3, aunque llegue a alcanzar al menos 5,60 en la puerta principal, a pesar de no conservarse la cara exterior (Arlegui 1992b: 500); Ocenilla, entre 2,50 y 6 (Taracena 1932: 41 s.); El Castillo de Omeñaca, 4,80 (Ramírez 1993: 211); Valdeager, 5 (Aranda 1986: 353); Suellacabras, de 3 a 10 m. (Taracena 1926a: 25); etcétera.

una complejidad defensiva no documentada en el resto del recinto. Se trata de un camino de ronda formado por un callejón de 1,30 a 1,40 m. de anchura abierto en la muralla, delimitado por paramentos similares a los exteriores y piso de piedras de pequeño tamaño. La profundidad de los adarves oscila entre 0,85 y 1,20 m., que no debió ser mucho mayor originariamente, lo que iría en contra de su función defensiva. Los restantes tramos de la muralla, sin evidencias de camino de ronda, están realizados mediante dos paramentos paralelos verticales, cuyo interior presenta un relleno informe de piedras (fig. 19,5, corte A-B y C-D). Adarves de adobe pudieron haber existido en las murallas de Numancia (Taracena 1954: 228) y Los Castillejos de Pelegrina (García-Gelabert y

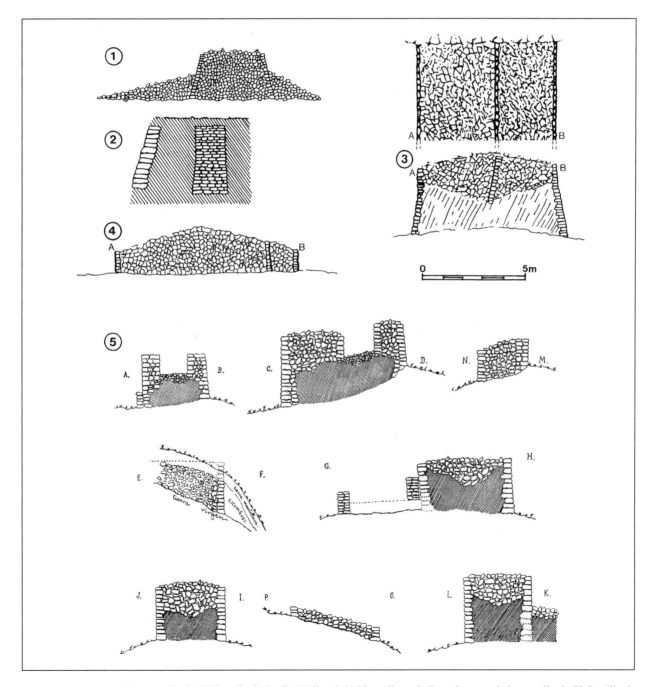

Fig. 19.—1, sección de la muralla de El Castillo de las Espinillas de Valdeavellano de Tera; 2, corte de la muralla de El Castillo de Arévalo de la Sierra; 3, sección y planta de la muralla con paramentos internos de Los Castellares de Suellacabras; 4, muralla con paramentos internos de Los Castejones de Calatañazor (fig. 20,4); 5, secciones de diversos tramos de la muralla de Ocenilla (fig. 23,1). (Según Taracena 1929 (1), 1926a (2-4), y 1932 (5)).

Morère 1986: 127; Moret 1991: 22), mientras que el torreón exterior de Castilmontán estaba coronado por una plataforma de este material (Arlegui 1992b: 502).

La poliorcética celtibérica va a incorporar a lo largo de la Segunda Edad del Hierro una serie de innovaciones, como las murallas acodadas (Moret 1991: 36), las dobles, las de paramentos múltiples o internos (Moret 1991: 28 ss.; Asensio 1995: 349 ss.), y los muros ciclópeos (Moret 1991: 27; Asensio 1995: 345 s.).

2.1.1. *Las murallas acodadas*

Tienen su origen en la poliorcética helenística (Lawrence 1979: 350 ss.; Adam 1982: 66 s.), encontrándose sus mejores exponentes peninsulares en las murallas ibéricas del Pico del Águila (Denia, Alicante) (Schubart 1962) y Ullastret (Gerona) (Pallarés *et alii* 1986: 45 ss.), para las que cabe defender una cronología de los siglos IV-III a.C. (Esparza 1987: 360; Moret 1991: 36). En el territorio celtibérico, el castro de Guijosa ha proporcionado una muralla de cremallera, formada por cinco tramos acodados, de dimensiones variables (entre 7 y 25 m. de longitud), el último de los cuales corresponde a un torreón rectangular (fig. 28,1). Se trata de un castro de planta triangular localizado en un espolón, cuyo flanco más desprotegido está defendido por la muralla, erigida «sobre una elevación del terreno que parece artificial» (Belén *et alii* 1978: 66), y el torreón mencionados, a los que se añaden un foso y un campo de piedras hincadas (fig. 28.1). La correcta valoración cultural y cronológica de la muralla (Esparza 1987: 360) —inicialmente adscrita, como el resto de las defensas, a la Primera Edad del Hierro, fechándose entre los siglos VII-VI a.C. (Belén *et alii* 1978)— han llevado a desestimar una cronología para su construcción anterior al siglo III a.C. (Moret 1991: 37). Otro ejemplo de muralla acodada está documentada en la fase más reciente del castro de El Ceremeño, donde también puede verse un torreón de planta rectangular (Cerdeño y Martín 1995: 186 ss.).

La presencia de lienzos rectos intencionalmente quebrados está documentada en el Cabezo de las Minas de Botorrita, en lo que se ha interpretado como los restos más antiguos de la ciudad (Díaz y Medrano 1993: 244), en Herrera de los Navarros (fig. 36,1) (Burillo 1983: 10), Ocenilla (fig. 23,1) (Taracena 1932: 42, lám. XXVIII; Moret 1991: 36), Los Villares de Ventosa de la Sierra (figs. 20,1), Cerro Ontalvilla, en Carbonera de Frentes (fig. 20,2) (Morales 1995: 47 s., fig. 13), el Castillejo de Golmayo (fig. 20,3) (Morales 1995: 192 ss., fig. 76), Los Castejones de Calatañazor (fig. 20,4) (Taracena 1926a: 19, fig. 9; Moret 1991: 36) y Los Castellares de Suellacabras (fig. 20,5) (Taracena 1926a: 26, fig. 11), así

como en las ciudades celtibérico-romanas de *Segobriga* (fig. 25,2) (Almagro-Gorbea y Lorrio 1989) y *Bilbilis Italica* (Martín Bueno 1982: fig. 1).

2.1.2. *Las murallas dobles*

Se ha señalado la presencia en Numancia de varias líneas de muralla, evidencia de los sucesivos trazados urbanos de la ciudad (Jimeno y Tabernero 1996: 421 ss.). Por lo que respecta a la ciudad destruida el 133 a.C., habría que admitir la existencia de al menos un segundo recinto murado, al exterior del ubicado en la zona alta del cerro de la Muela de Garray, cuya localización resulta inusual en el mundo celtibérico al no aprovechar el cortado natural, pues esta muralla superior se levanta algo alejada del mismo, dejando sin controlar diversas zonas de acceso (Jimeno y Tabernero 1996: 422) (10).

Murallas dobles se han hallado en El Castellar de Berrueco, donde se ha identificado un doble lienzo en su flanco Suroeste con una separación de 4,3 m. entre ambos (Burillo 1980: 138 y 184), y en Calatañazor, en cuyo lado Sur se descubrió una segunda muralla, paralela a la superior, separada de ésta 24 m. (fig. 20,4) (Taracena 1926a: 20, fig. 9). Se ha señalado (Iglesias *et alii* 1989: 79 ss.) asimismo la presencia de un doble lienzo de muralla en el sector Sur del poblado de La Cava (fig. 26,1). Dos líneas exteriores presenta el Castillo de Taniñe (Taracena 1926a: 13 ss. figs. 7-8).

En Los Castellares de Herrera de los Navarros (fig. 36,1) se ha descubierto a lo largo de buena parte de su perímetro un doble lienzo prácticamente paralelo, interpretado como una doble muralla, con una separación que oscila entre 1 y 3,5 m., acomodándose a las irregularidades del terreno (Burillo 1980: 76 ss. y 184; *Idem* 1983: 9 ss.). La anchura de la muralla superior es de un metro en la zona excavada, con paramentos de tamaño mediano y grande al exterior, y de menores dimensiones al interior, rellenándose el espacio intermedio con piedras y tierra. En cuanto al espacio situado entre los dos lienzos, si bien en ciertas zonas se perciben alineamientos de piedras perpendiculares a aquéllos, se hace necesaria su excavación para determinar las características del relleno y la posible funcionalidad de este espacio (*vid. infra*).

---

(10) La existencia de recintos concéntricos que, como ha señalado Esparza (1987: 242), alejan el frente bélico del poblado, podría ponerse en relación, de acuerdo con este autor, con la presencia de Roma, «que utiliza procedimientos de aproximación y armas (arrojadizas, artillería, fuego) muy superiores a los tradicionalmente empleados».

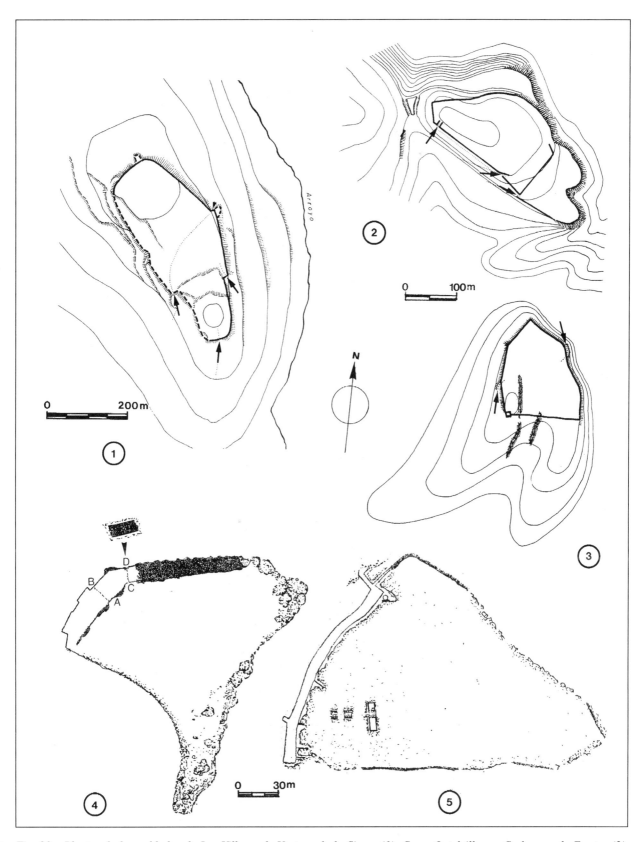

Fig. 20.—Plantas de los poblados de Los Villares de Ventosa de la Sierra (1), Cerro Ontalvilla, en Carbonera de Frentes (2), Castillejo de Golmayo (3), Los Castejones de Calatañazor (4), Los Castellares de Suellacabras (5). (Según González, en Morales 1995 (1-3) y Taracena 1926a (4-5)).

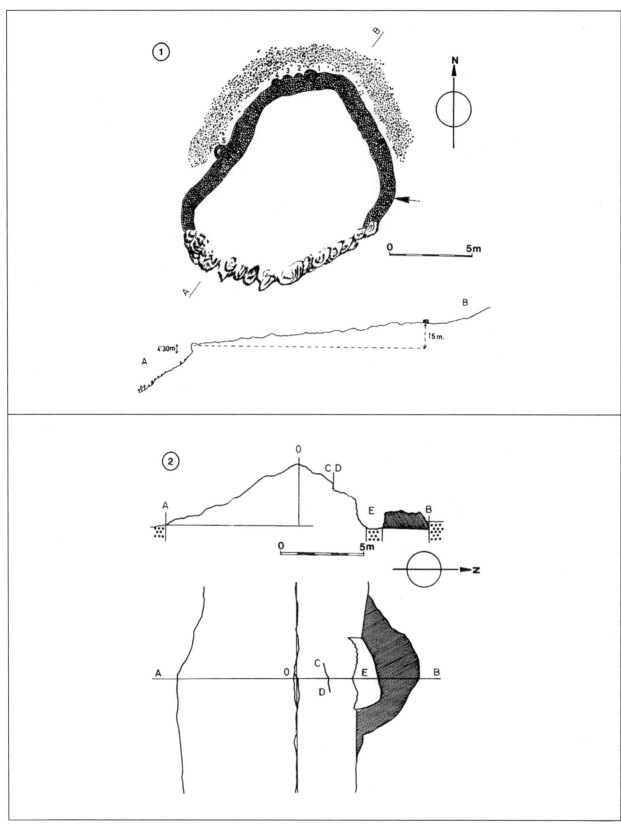

Fig. 21.—1, planta y perfil de El Castillo de las Espinillas de Valdeavellano de Tera (según Taracena 1929), con indicación del posible acceso (según Hogg 1957) y la localización de los torreones (según Ruiz Zapatero 1977); 2, sección y planta de la torre I (según Ruiz Zapatero 1977).

2.1.3. *Las murallas de paramentos internos*

Diversos son los ejemplos y variadas las soluciones planteadas para disminuir, mediante muros que permitan la articulación interna de la obra, el empuje sobre los paramentos externos de la muralla, proporcionando así una mayor estabilidad al conjunto. Paramentos internos se han identificado en las murallas de Los Castejones de Calatañazor (fig. 19,4) (Taracena 1926a: 19, fig. 10, corte A-B) y Los Castellares de Suellacabras (fig. 19,3) (Taracena 1926a: 25, figs. 12-13). En Calatañazor, la muralla se reforzaba en su zona interna, muy próxima al paramento exterior, mediante un muro ataludado de mampostería, hecho a canto seco, mientras el interior se rellenaba de piedras sin orden alguno. Una disposición similar presenta la de Suellacabras, formada por tres paramentos, dos externos ataludados, lo que proporciona una sección trapezoidal, y uno interno, igualmente en talud, paralelo a ambos; los tres muros tan sólo presentan careada una de sus superficies, habiéndose rellenado los espacios interiores con piedra de tamaño pequeño en su mitad inferior —unos 2 m. de altura— y de mayor tamaño en la superior, algunas de ellas restos del hundimiento de la propia muralla.

En *Contrebia Leukade* está documentada en varios tramos de la muralla la presencia de muros a base de cajones (Asensio 1995: 351). Con algo menos de 4 m. de espesor, consta de dos paramentos —cuyo grosor oscila entre 1,3 m. el exterior y 1 m. el interior— y un relleno de piedra y tierra, habiéndose identificado una serie de muros transversales de 1,10 de grosor localizados cada 6 u 8 m. que unen las dos paredes, compartimentando el relleno (Taracena 1936b: 138; Hernández Vera 1982: 124). Un caso similar se ha señalado para las murallas de La Tijera, en Urrea de Jalón, con muros tirantes de 0,80 m. de altura y una anchura en su base que oscila entre 0,60 y 0,70 m., separados entre 4 y 4,5 (Asensio 1995: 351, lám. 27,2).

2.1.4. *Los muros ciclópeos*

Ciertos poblados celtibéricos muestran en algunos tramos de sus murallas muros construidos a base de grandes sillares, de dimensiones superiores a un metro. Se documentan paramentos de tendencia ciclópea en Los Castellares de Herrera de los Navarros (Burillo 1980: 78 y 182; 1983: 9 ss.), en El Castillo de Aldehuela de Liestos, con sillares que alcanzan 0,90 por 0,50 por 0,40 m. (Aranda 1987: 164), en El Castillo de Orihuela del Tremedal, donde llegan a medir 1,75 por 1,20 por 0,70 m. (Collado 1990: 27 y 55), en Pardos, alcanzando aquí los 2 m. (fig. 18,1) (Sanmiguel *et alii* 1992: 75, figs. 2, 4 y 5), en La Cava (fig. 18,3) (Iglesias *et alii* 1989: 77, fig. 4A, lám. IV), en El Castejón de Luzaga (Iglesias *et*

alii 1989: 77 s.; García Huerta 1990: 124), en Los Castillejos de Pelegrina (García-Gelabert y Morère 1986: 126) o en el castro de Riosalido, donde algunos de los bloques que forman la muralla llegan a superar los 3 m. de longitud (Fernández-Galiano 1979: 23; Iglesias *et alii* 1989: 77). Asimismo, se utilizan, ocasionalmente, sillares de grandes dimensiones para la construcción de torres (Burillo 1991c: 45 ss.), como es el caso de la de Santa María de Huerta, con longitudes de casi 3 m. (Aguilera 1909: 66), la del referido poblado de Aldehuela de Liestos (Aranda 1987: 164), la de San Esteban de Anento, con sillares que alcanzan 1,40 por 0,70 por 0,80 m. (Burillo 1980: 104), en la cimentación del torreón exterior de Castilmontán, con bloques de hasta 1,60 m. de largo y 0,80 de alto (Arlegui 1992b: 502), o en el torreón que flanquea la puerta Sur de *Contrebia Leukade*, cuyos sillares, regulares en su cara externa y apenas desbastados en la interior, llegan a medir 1,10 por 0,35 por 0,60 m. (Hernández Vera 1982: 126).

2.2. *Torres*

En la Meseta se observa la existencia de dos tradiciones diferentes por lo que a este tipo de obras defensivas se refiere, cuyas características han sido descritas por Moret (1991: 37): las obras curvilíneas, de las que los ejemplos más antiguos, adscribibles a la Primera Edad del Hierro, presentan forma irregular y aparejo grosero, y las torres cuadrangulares de planta regular, con aparejo más cuidado, de cronología más avanzada. La existencia de torres está perfectamente probada en el área celtibérica, a veces simples engrosamientos de la muralla aunque también se hayan documentado construcciones circulares o cuadrangulares, adosadas o incrustadas en ella, y la utilización en algún caso de aparejos ciclópeos (*vid. supra*). Junto a una funcionalidad puramente defensiva, como protección de los puntos más vulnerables, las torres servirían como atalayas, suponiéndoselas una mayor altura que la de la muralla. Aun cuando, por lo general, el interior de estas construcciones se ha encontrado colmatado, habiendo de suponerse en la mayoría de los casos su carácter macizado, también se han hallado torreones de obra hueca (Burillo 1980: 158; *Idem* 1981; *Idem* 1991a: 576).

Respecto a los castros de la serranía soriana, se ha señalado (Romero 1991a: 205) la dificultad que entraña la identificación de torres, determinada por el engrosamiento de la muralla o por el mayor volumen de los derrumbes, habiéndose indicado su presencia en los castros de Cabrejas del Pinar y El Royo (Romero 1991a: 205 s.; Eiroa 1979a: 83; *vid.*, en contra, Eiroa 1979b: 125).

Más claro resulta el caso de Valdeavellano de Tera (figs. 17,5 y 21), donde se descubrieron cinco torreones

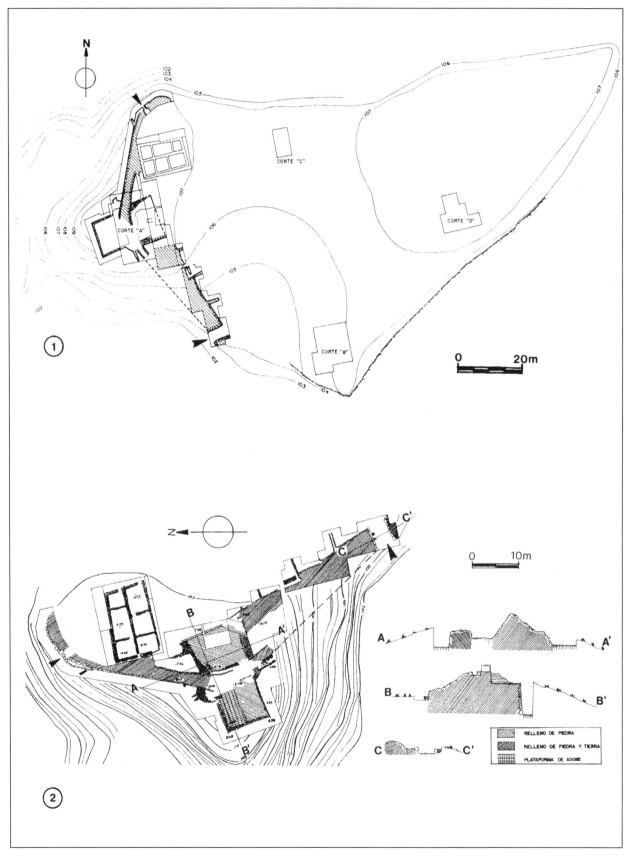

Fig. 22.—*Planta del poblado de Castilmontán (1) y detalle de su sector occidental (2). (Según Arlegui 1992b).*

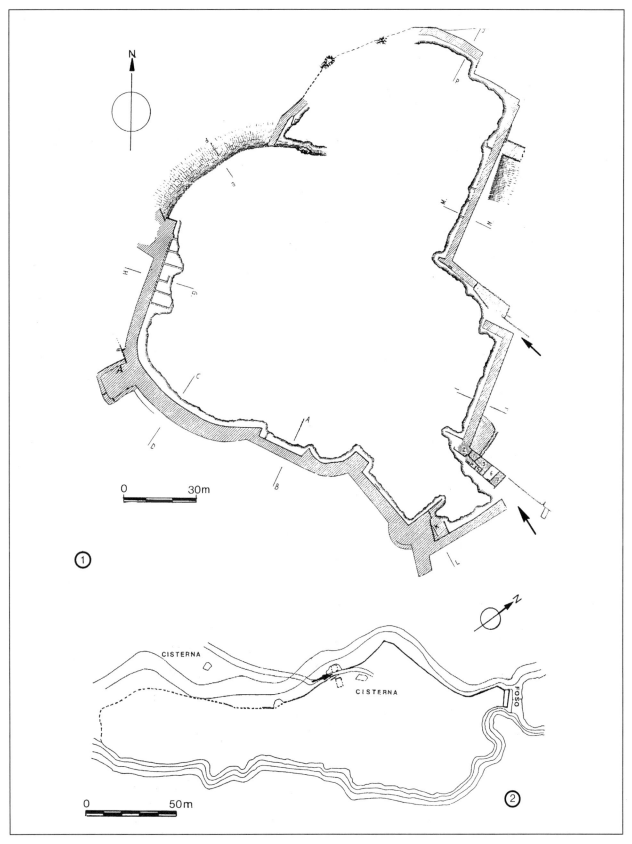

Fig. 23.—*Plantas de El Castillo de Ocenilla (1) y de El Molón de Camporrobles (2). (Según Taracena 1932 (1) y Almagro-Gorbea et alii 1996 (2)).*

semicirculares adosados al exterior de la muralla (Ruiz Zapatero 1977; Romero 1991a: 206). Se localizan en el flanco más accesible del castro, defendido a su vez por un campo de piedras hincadas, concentrándose cuatro de ellas en el sector más septentrional. Sus dimensiones son semejantes, sobresaliendo de la línea de muralla entre 3,40 y 3,80 m., aun cuando en la torre V alcancen los 7, y presentando una anchura entre 3,10 y 3,80 m., que en el caso de la número I llega a los 9 (fig. 21,2). Una cronología más avanzada se ha sugerido para el caso de Torre Beteta en Villar del Ala, donde Taracena (1941: 176) reconoció una posible torre circular (Romero 1991a: 441).

La presencia de torres circulares resulta habitual en la Celtiberia aragonesa a lo largo de la Segunda Edad del Hierro (Burillo 1980: 184 s.; Aranda 1986: 184; Collado 1990: 56). A veces se ha señalado su presencia en el espacio interior del hábitat (Burillo 1980: 184 s.), aunque sea necesario realizar excavaciones que permitan su segura identificación. Por otra parte, en aquellos casos en los que se han documentado a partir únicamente de amontonamientos de piedras en forma circular, bien pudiera tratarse de torreones de planta cuadrangular (Collado 1990: 56).

En Ocenilla (fig. 23,1) se encuentran conjuntamente bastiones circulares y torres cuadrangulares (Taracena 1932: 44; Moret 1991: 34). La torre del Sureste muestra planta de arco de círculo y está provista, en un trecho, de un muro interior de refuerzo. En la zona Este, al Norte de la puerta principal, se levanta una construcción de planta arqueada adosada a la muralla que, dada su construcción endeble, sería posterior a la realización del recinto (Taracena 1932: 44).

Las torres cuadradas ofrecen en el territorio celtibérico una cronología tardía, en ningún caso anterior al siglo III a.C., siendo frecuente su vinculación con murallas acodadas (Moret 1991: 35 ss.), como ocurre en Guijosa, El Ceremeño, La Cava (fig. 26,1), Ocenilla (fig. 23,1), etc. (vid. supra). En el castro de Guijosa (fig. 28,1), el sistema defensivo constituido por muralla, foso y campo de piedras hincadas, se completa con una torre rectangular de 13 por 6 m. que constituye el último tramo acodado de aquélla, a la que sirve de cierre hacia el Sur, donde se sitúa el cantil rocoso (Belén et alii 1978: 65 y 69). También en el castro de El Ceremeño (Cerdeño y Martín 1995: 187 s.) se ha localizado un torreón rectangular, de 6 por 4 m., que en este caso refuerza un codo de la muralla (vid. Cerdeño et alii 1995a: 171, para otros ejemplos de la zona Norte de Guadalajara).

Una posición semejante ocupan los torreones de Castilmontán (Arlegui 1990a: 50, fotos 7-9; Idem 1992b: 498 s. y 501 ss.). Se trata de dos torres yuxtapuestas, una exterior, de planta rectangular, que sobresale completa-

mente de la línea de muralla, a la que seguramente se adosaría, y una interior, de planta trapezoidal, planteada como una prolongación del torreón exterior, exenta, pues entre el paramento interior de la muralla y la torre queda un espacio de 50 cm. relleno de piedra y tierra (fig. 22,2). Junto a una función de vigilancia, destaca la defensiva, evidente al localizarse en el único lado de fácil acceso, ocupando un ángulo de la muralla, a pocos metros de la puerta principal del poblado. El sistema constructivo de ambas torres resulta semejante. Son dos construcciones ataludadas, cuyos muros están realizados con bloques de conglomerado con la excepción del paramento Este del torreón interior, vertical y realizado con adobes. Ambos torreones presentan el interior relleno con piedra y tierra. La torre exterior tiene unas dimensiones en su base de 9,20 m. de ancho por una longitud máxima de 12 m. en su lado Sur, que solamente alcanza los 9 en el Norte. La altura original fue de 2,58 m., elevándose sobre ella una plataforma de adobe con una altura conservada de 1,20. La unión de la muralla y la torre exterior aparece protegida por sendas construcciones ataludadas de planta arqueada. El torreón interior, de 9 m. en los lados Norte y Sur y de 11 y 13, en los Oeste y Este, respectivamente, se halla en peores condiciones; la altura conservada es superior a la construcción pétrea del torreón extramuros, alcanzando los 3,30 m. sobre el poblado.

Otro ejemplo interesante es el de Ocenilla (fig. 23,1). Su tramo occidental está protegido por dos torres cuadrangulares: la del Oeste, derruida, y la del Suroeste, mucho mejor conservada, cuyas características constructivas fueron descritas por Taracena (1932: 44). Mide 13 por 14 m., llegando a alcanzar los 3,90 de altura, y constituye una torre maciza yuxtapuesta a la muralla. Está formada «por el paramento exterior vertical, un relleno de 1,50 m. de anchura y otra cara interna de un solo paramento ligeramente inclinado enlazada con la superficie exterior por dos muretes diagonales; hacia el Este la línea externa se prolonga con muy poca altura disminuyendo hasta perderse y el brazo occidental se continúa ahora en un murete (fig. 23,1,a) construido sobre escombros y posterior al conjunto de las fortificaciones» (Taracena 1932: 44).

En Izana (Taracena 1927: 5 s.), el caso es diferente, pues una torre trapezoidal de 7 por 8,50 m. se sitúa en la confluencia de la muralla que cierra el Norte y el Occidente del poblado con el doble recinto con el que se protege el flanco Este (fig. 36,4).

Mención aparte merece el «Castillo ciclópeo» de Santa María de Huerta, excavado a principios de siglo por el Marqués de Cerralbo (Aguilera 1909: 64 ss.; Taracena 1941: 148 s.; Cuadrado 1982; Arlegui 1990: 45 s.; Moret 1991: 37). Es un torreón rectangular de 22,5 por 8,70 m. realizado con aparejo ciclópeo y paramentos verticales, sin cuidado alguno en la ordenación de las hiladas, de las que se dejaron al descubierto cuatro, constituidas por piedras toscamente talladas que pueden alcanzar casi los 3 m. de longitud por 0,90 de altura y algo menos de espesor, todo ello asentado en seco. Dos lienzos de muralla parten de la torre, que ocupa el punto más elevado del poblado, bajando hasta la vega del Jalón. La parte Norte, que constituye el flanco más desprotegido del poblado, como lo confirma la propia construcción de la torre, aparecía defendida por un foso de 4 m. de anchura. Las diferencias constructivas entre la torre y la muralla llevaron a Cerralbo a considerarlas como de diferente cronología: celtibérica, la muralla, y mucho más antigua, la torre (Aguilera 1909: 69 s.). También Taracena (1941: 149) señaló la diferente cronología entre ambas construcciones, teniendo por ibérica la torre, que considera anterior al siglo III a.C., mientras que la muralla, ya celtibérica, se fecharía *ca.* siglos III-II a.C. (11). Cerralbo excavó en el interior del torreón encontrando tres posibles suelos, a 2,70, 1,82 y 1,65 m. de profundidad, pero estos trabajos no proporcionaron materiales significativos (Aguilera 1909: 68).

Se ha señalado la semejanza tanto en sus dimensiones como en su ciclopeísmo entre el torreón de Santa María de Huerta y la torre de San Esteban, en Anento, una construcción rectangular exenta de 16 por 8 m. defendida en su flanco más vulnerable por medio de un foso de 7 m. de ancho que, a decir de Burillo (1980: 104 y 185), podría ponerse en relación con el concepto pliniano de *Turres Hannibalis*.

En el límite suroriental de la Celtiberia, en una zona que cabe considerar como de transición al mundo ibérico, cabe destacar el poblado de El Molón, en Camporrobles (Almagro-Gorbea *et alii* 1996). Su parte oriental, la más vulnerable, se fortificó mediante un torreón y un foso (fig. 23,2). Dicho torreón se elevaba sobre el espolón que formaba el istmo que cerraba la muela sobre la que se asienta el hábitat. Es de planta rectangular de 10,15 m. por 4 m. y a su alrededor corría la muralla a modo de barbacana, realizada a base de sillares irregulares asentados directamente sobre la roca como un antemuro adosado al torreón. Esta torre, de unos 40 m², tendría la importante función de defender esta estratégica zona, permitiéndose al mismo tiempo un control visual del poblado y del territorio circundante. Su entrada principal quedaba defendida asimismo por sendas torres de planta cuadrangular situadas a ambos lados de la puerta. De la torre Sur se conservan sus muros Este y Norte, de unos 2,50 m. de largo, que discurre paralelo

al camino de entrada. Esta torre se combinaría con la situada al lado Norte, de la que sólo se conserva una plataforma de 5,40 x 2,90 m. perfectamente alisada.

Las torres cuadrangulares están bien atestiguadas igualmente en algunas ciudades celtibérico-romanas, como es el caso de *Numantia* (Jimeno *et alii* 1990: 23), *Contrebia Leukade* (Hernández Vera 1982: 125 s., fots. XIV-XV), San Esteban del Poyo del Cid (Burillo 1980: 158 y 184 s.; *Idem* 1981) y *Bilbilis Italica* (Martín Bueno 1975a y 1982: fig. 1).

Varias torres rectangulares se han identificado en *Contrebia Leukade*, la mayor de las cuales, de 15,5 por 11,5 m., se localiza en el punto más elevado de la ciudad (fig. 35,2), constituyendo una magnífica atalaya desde la que se dominan los accesos a la misma. La torre se adosa a la muralla —que en este punto sólo mide 2,50 m. de espesor, lo que supone su estrechamiento máximo— por su cara interna, con la que comparte uno de sus lados mayores. Sus muros, de 1,60 m. de grosor, son de mampostería, con paredes de sillares irregulares, rellenándose el espacio interior con tierra y piedras, salvo en los ángulos, donde la obra es toda de piedra. Según Taracena (1942: 23; *Idem* 1954: 244), la construcción constaría de un cuerpo inferior de piedra, sobre el que se levantaría otro que debió ser de materiales entramados con madera —a cuyos restos pertenecerían los abundantes carbones documentados en el derrumbe—, a tenor de la facilidad con la que ardió, pues para Taracena (1954: 244) esta torre no sería otra que la referida por Livio (frag. 91) en relación a los acontecimientos del 77 a.C. en la ciudad de Contrebia. Tras la destrucción de la torre —«rotos los fundamentos, se derrumbó en grandes hendiduras, y empezó a arder por efecto de haces de leña encendida que le echaron,...» (Liv., frag. 91)—, que era su principal defensa, Sertorio tomó la ciudad (12). Flanqueando la puerta Sur, donde confluyen el foso y el acantilado, se levanta otra torre, también rectangular (de 8 por 5,80 m.), situada al exterior de la muralla —que alcanza en este punto, especialmente vulnerable, su máximo grosor (4,10 m.)—, a la que se adosa por uno de sus lados mayores, aunque su construcción sea independiente. En el tramo Sur se han localizado otras torres, cuyas características se asemejan más a la torre principal.

Un mínimo de nueve torres cuadradas incrustadas en la muralla se han reconocido en El Poyo del Cid, distribuyéndose estratégicamente de acuerdo con las condiciones del terreno, sin equidistancia alguna. La única excavada es de obra hueca, de 5 m. de lado. Sus muros,

(11)   Recientemente, Moret (1991: 37) ha insistido en la datación tardía de los paramentos ciclópeos meseteños semejantes a los de Santa María de Huerta, que difícilmente puede remontarse más allá del siglo III a.C.

(12)   No obstante, para García Mora (1991: 160 s.) la cita de Livio estaría referida a *Contrebia Belaisca*, donde parece documentarse en la parte alta una torre de planta cuadrangular de 4 m. de lado, de la que únicamente se conserva el basamento de sillares de alabastro y caliza (Asensio 1995: 352, lám. 5,1).

cuyo espesor oscila entre 0,45 y 0,5 m., están realizados con un doble paramento, rellenando el espacio interior de piedras de pequeño tamaño. Su interior se halla enlucido con arcilla roja, habiéndose encontrado en su lado Norte, junto a la esquina, un vano de 1,23 m. de anchura, perteneciente a la puerta.

Unas características similares se han señalado para el caso de *Bilbilis Italica*, localizada en el Cerro de Bámbola, cuyas fortificaciones se adaptan igualmente a la difícil topografía del terreno, con una distribución desigual por lo que a las torres se refiere (Martín Bueno 1982: fig. 1). La excavación de una torre situada en un ángulo de la parte alta de la fortificación, que constituye un magnífico punto de observación, ha permitido establecer las particularidades de este tipo de construcciones (Martín Bueno 1975b; *Idem* 1982: 98 y 100). Se trata de una torre cuadrangular de 6,60 por 6,40 m., adosada por el exterior a la muralla, con la que no forma cuerpo, evitando así que su destrucción llevara emparejada la de la muralla en la que se apoya, en lo que sigue esquemas derivados de la poliorcética helenística (Adam 1982). La torre se hallaba muy destruida, debido en buena medida a la fuerte pendiente de la zona donde se ubica. Está constituida por un muro de cerca de un metro de espesor, formado por bloques irregulares asentados en seco, cuyos huecos aparecen rellenos de ripio, sirviendo de cierre por uno de sus lados la propia muralla. Su interior se halló relleno de tierra fuertemente compactada, lo que llevó a su excavador a considerarla como una construcción maciza, al menos en lo que respecta a la parte inferior, la única conservada. Formando parte del relleno, se hallaron los restos de al menos dos enterramientos humanos que fueron relacionados con rituales de fundación de filiación céltica (*vid.* capítulo X,3.1). Un planteamiento diferente es defendido por Burillo (1980: 158; *Idem* 1981; *Idem* 1991a: 576), para quien las torres de *Bilbilis Italica*, similares a las de El Poyo del Cid, serían, al igual que aquéllas, de obra hueca, con lo que el relleno y los referidos enterramientos serían posteriores a su abandono.

2.3. *Puertas*

No siempre es posible conocer dónde se hallan las entradas de los poblados, a veces enmascaradas entre los derrumbes de la muralla. Su posición está en función de la topografía y de aspectos como las condiciones defensivas y estratégicas del lugar (Romero 1991a: 208). Corrientemente, dada la vulnerabilidad que suponen las entradas en el sistema defensivo de un asentamiento, las puertas se protegen mediante el ensanchamiento de la muralla (Castilmontán) o localizándose junto a un cortado (El Pico de Cabrejas del Pinar, El Royo, El Espino y El Puntal de Sotillo del Rincón, etc.), lo que facilita su

defensa, sin olvidar el ocultamiento de que a veces son objeto, lo que resulta especialmente evidente en el caso de los accesos secundarios o poternas (Zarranzano, Castilmontán, *Segobriga*, etc.).

Generalmente son puertas sencillas, las más de las veces abiertas en la muralla mediante la simple interrupción en su trazado, sin que falten las puertas en esviaje, en las que el acceso se realiza a través de un estrecho pasillo formado por los dos extremos de la línea de muralla que, en lugar de converger, discurren paralelos. De cualquier modo, las características de las entradas resultan mal conocidas, al haber sido detectadas en su mayoría a partir de inspecciones visuales del terreno, aun cuando existan algunas excepciones al respecto, como Castilmontán, Ocenilla o *Segobriga*. Pero, a pesar de no poder establecerse una correlación directa entre los diversos tipos de entradas y su cronología, se advierte una tendencia a una mayor complejidad en los sistemas de acceso de los poblados más modernos. Aunque por lo general no hayan quedado evidencias, los paralelos conocidos señalan que las puertas serían de doble batiente (Alfaro 1991; Molist y Rovira 1991), presentando los vanos adintelados, construidos por una o varias vigas (Asensio 1995: 354).

Entre los castros sorianos adscribibles al Primer Hierro (Romero 1991a: 206 ss.), las entradas no son sino simples interrupciones de la línea de muralla, habiéndose advertido también accesos secundarios, como en el ya citado Zarranzano, donde un portillo facilita la salida hacia el río Tera (Romero 1991a: 208). Un caso diferente corresponde a la puerta en esviaje documentada en el castro de Valdeprado, en el que los dos lienzos discurren paralelos a lo largo de 18 m., dejando entre ambos un pasillo que llega a alcanzar una anchura de 3,5 (Romero 1991a: 208). Un acceso semejante ofrece el castro de Torre Beteta, en Villar del Ala, de cronología más reciente (Romero 1991a: 441).

Mayor variabilidad evidencian los asentamientos pertenecientes a la Segunda Edad del Hierro. En Guijosa (fig. 28,1) el acceso debe situarse en uno de los extremos de la muralla, entre ésta y el cantil rocoso. En La Cava (fig. 26,1), se han identificado dos puertas en esviaje (Iglesias *et alii* 1989: 77 ss.). En el poblado de Castilmontán, objeto de recientes trabajos de excavación, la puerta localizada en el extremo Oeste del hábitat (fig. 22, sección C-C'), el más vulnerable y donde se concentran las defensas, se abre en la muralla mediante la simple interrupción de ésta, accediéndose desde el exterior a través de una rampa natural (Arlegui 1990a: 51; *Idem* 1992b: 500 s. y 513). Su anchura es de 3,80 m. y su profundidad, a pesar de no conservarse el paramento exterior de la muralla en esa zona, de 5,60, casi el doble que la anchura documentada en el resto del trazado de la

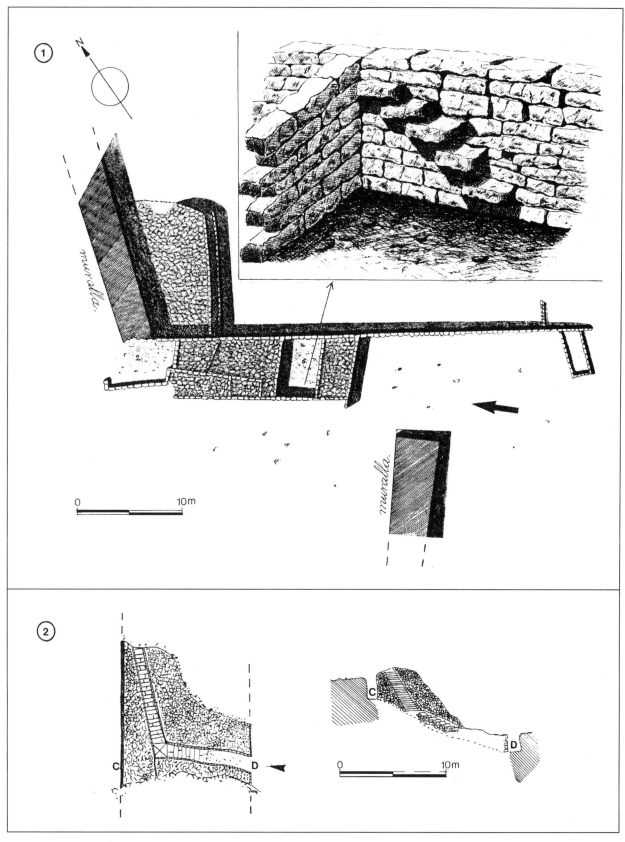

Fig. 24.—1, detalle de la puerta Sureste de El Castillo de Ocenilla y escalera del cuerpo de guardia (departamento 6) de la misma; 2, acceso a través del cuerpo de la muralla de Los Castejones de Calatañazor (fig. 20,4). (Según Taracena 1932 (1) y 1926a (2)).

misma. Junto a la cara Norte, y más próximo al paramento interior, existe un agujero de poste de 13 cm. de diámetro y 18 de profundidad, al lado del cual se hallaron dos lajas, que puede ser interpretado como quicio del portón de madera que cerraría la puerta. También se ha encontrado un acceso secundario, de menores dimensiones que el principal, localizado en la zona Norte del poblado, donde la muralla cambia la dirección de su trazado. Su carácter estratégico parece evidente, dada su mayor proximidad a la fuente de la que se abastecería de agua el poblado incluso, desde un punto de vista puramente defensivo, debido a que al quedar oculta la puerta por el codo que forma la muralla en sus proximidades permitiría, en caso de necesidad, un ataque por sorpresa contra quienes avanzaran hacia la puerta principal.

Más complejo resulta el caso de Ocenilla (fig. 23,1), donde Taracena (1932: 44 ss.) identificó dos puertas en su frente oriental. La entrada principal se sitúa en el ángulo Sureste (fig. 24,1), a resguardo de la zona topográficamente más accesible, la meridional, en la que se concentran las defensas más espectaculares del poblado. El brazo Norte de la muralla, que discurre divergente al meridional, se prolonga hacia éste mediante una línea de habitaciones, cuya función sería la de estrechar y defender la puerta, cuya anchura quedaría reducida a 5 m. y aun menos. La línea de habitaciones, que Taracena interpretó como cuerpo de guardia, se dirige hacia el exterior mediante un muro que serviría de contención de la rampa de acceso, al final del cual se localiza un compartimento, tenido por garita de centinela. Hacia el Norte, se sitúa una segunda puerta de características semejantes a la principal (fig. 23,1). Los dos lienzos de muralla presentan un codo en ángulo casi recto, adosándose al septentrional un tramo trapezoidal, que para Taracena no sería sino el cuerpo de guardia, prolongándose en un murete similar al documentado en el acceso más meridional. Se obtiene así un pasillo de 3,40 m. de anchura a través del que se accedería, por una empinada cuesta, al interior del poblado.

Un caso excepcional es el de los Castejones de Calatañazor (Taracena 1926a: 20, fig. 10, cortes C-D y lám. II,1), donde se halló un acceso al interior del poblado a través de una escalera abierta en la muralla (fig. 24,2). Se descubrió un tramo de 23 peldaños, ligeramente oblicuo a los paramentos externos, que baja desde la parte alta de la muralla, continuando hacia el exterior, por medio de otros peldaños, de los que se descubrieron 9, tras un rellano desde el cual cambia su dirección. La escalera se abre al espacio protegido por una segunda muralla.

De gran interés resulta, por su estado de conservación, la puerta principal de El Molón (fig. 23,2) (Almagro-Gorbea et alii 1996: 11), situada en la zona de ruptura de pendiente junto a la meseta superior y delimitada por las murallas que convergen desde el Norte y el Oeste. Se

conservan a ambos lados restos de dos entalladuras paralelepípedas, la meridional con un entalle en la zona más externa para una de las quicialeras de la puerta que sería de doble hoja con una anchura aproximada de 2,10 m. y un grosor de unos 0,25 m. Esta entrada, como ya se ha dicho, estaba defendida por dos torres cuadrangulares (vid. supra). El acceso al poblado se realiza por un pendiente camino tallado en la roca de unos 2 m. de anchura con dos carriladas paralelas, de 13 cm. de ancho separadas entre sí 1,24 m., que prosiguen hacia el interior del recinto.

El acceso a los poblados localizados en cerros de pendientes pronunciadas se realizaría a través de rampas en zigzag, como sucede en los castros de La Coronilla, La Torre de Turmiel, La Torre de Mazarete o La Cabezuela de Zaorejas (García Huerta 1989-90: 164; Cerdeño y García Huerta 1992: 9 y 18, fig. 2 y láms. I-II; Cerdeño et alii 1995a: 171).

En las ciudades celtibérico-romanas se evidencia en líneas generales una mayor monumentalidad de los accesos, como lo vienen a demostrar las puertas identificadas en Termes (Argente et alii 1990: 30, 55 y 59) y Segobriga (Almagro-Gorbea y Lorrio 1989; Almagro-Gorbea 1990) (13). En Termes se han identificado tres entradas (fig. 25,1), todas ellas talladas en la roca arenisca. La llamada «Puerta del Sol» (fig. 25,1,3) está formada por un largo pasillo de 40 m. de longitud y 2,50 de anchura, en cuya mitad se localizaba la puerta en sí, que sería doble, de la que se han conservado sus apoyos y goznes. La puerta Oeste (fig. 25,1,2), similar a la anterior, pero más empinada, comprende dos partes, que comunican las tres terrazas sobre las que se asienta la ciudad. No parece que sirviera para el tránsito rodado. El primer tramo tiene una longitud de 60 m. y una anchura que oscila entre 3 y 6,50, habiéndose encontrado aproximadamente en su mitad las huellas pertenecientes a los batientes de una puerta doble. El segundo tramo presenta una longitud de 25 m. y una anchura de 3, que se ensancha hasta 4 en su tramo final. Con esta puerta se han relacionado una serie de estancias, interpretables quizás como cuerpos de guardia (Argente et alii 1990: 56). Un tercer acceso (fig. 25,1,1), de similares características aunque más modesto que los anteriores, se localiza hacia el Noreste.

En Segobriga han podido identificarse diversas entradas a la ciudad, de variable entidad, siendo la principal la Puerta Norte (fig. 25,2,11), objeto de recientes trabajos de excavación, que han permitido precisar la cronología tardoaugustea de la obra (Almagro-Gorbea y Lorrio 1989).

___

(13) Aunque Schulten creía que Numantia tuvo seis puertas, sólo se han localizado dos, ambas en su sector occidental, constituidas por la simple interrupción de la muralla, protegiéndose la más meridional por una torre triangular (vid. Jimeno et alii 1990: 23).

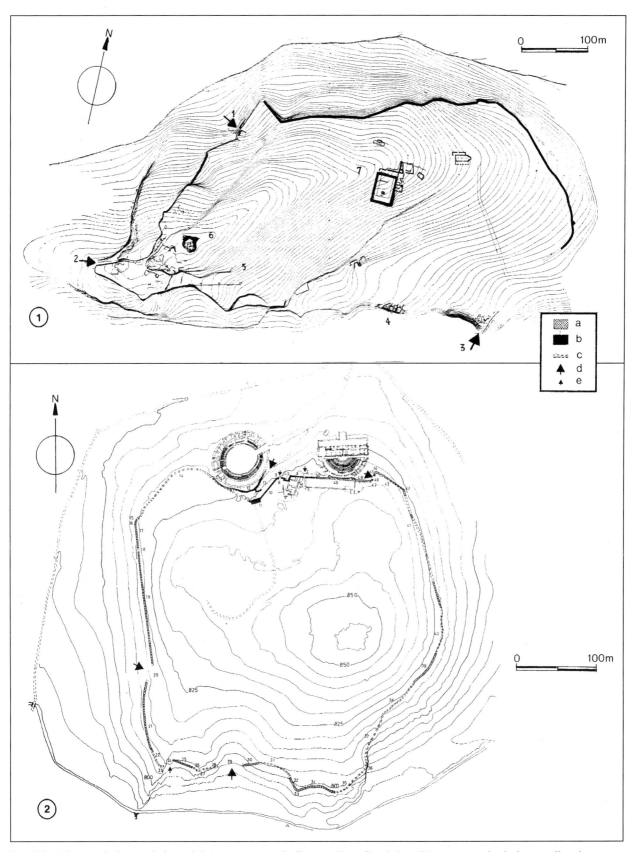

Fig. 25.—*Plantas de las ciudades celtibérico-romanas de* Termes *(1) y* Segobriga *(2): a-c, trazado de la muralla; d, puertas principales, e, poternas. (Según Taracena 1954 (1) y Almagro-Gorbea y Lorrio 1989 (2)).*

Se conserva el basamento de *opus caementicium*, que presenta unas dimensiones de 11,80 por 4,70 m. ajustadas plenamente a la metrología romana. Sobre el basamento se elevaría un paramento de sillares, no conservado, como el de la puerta Noreste de la ciudad, adosándose a los lados menores sendos tramos de la muralla. En las proximidades de la puerta principal, se documenta una poterna de 0,90 m. de anchura, protegida por un ensanchamiento de la muralla, cuya finalidad debe suponerse exclusivamente defensiva (fig. 25,2,8). Hay que destacar, asimismo, dos entradas en codo (Almagro-Gorbea y Lorrio 1989: 176 s.), una situada al Noreste (fig. 25,2,46) y otra abierta hacia el Oeste de la ciudad (fig. 25,2,20).

2.4. *Fosos*

No es mucha la información que se ha obtenido sobre ellos al hallarse rellenos de piedra y tierra, por lo que su forma, anchura y profundidad no puede señalarse en la mayoría de las ocasiones. La representatividad de este elemento defensivo varía notablemente de unas zonas a otras del territorio celtibérico. Entre los castros de la serranía soriana no es frecuente la presencia de fosos excavados, que muestran unas dimensiones más bien modestas, asociándose en todos los casos conocidos a campos de piedras hincadas (Romero 1991a: 209 s.), aunque en fecha reciente se haya sugerido la existencia de un posible foso en El Castillejo de Ventosa de la Sierra (Morales 1995: fig. 104). En Castilfrío, el foso se localiza entre la muralla y las piedras hincadas (fig. 27,2). Se trata de una depresión que no supera los 0,60 m. de profundidad, con una anchura de 3,50. Un caso semejante es el de Los Castillejos de Gallinero, donde, a diferencia de aquél, el foso no acompaña a la muralla en todo su recorrido (14). En Hinojosa, el foso, poco profundo, constituye el elemento defensivo más externo (fig. 27,5). Taracena (1929: 16) llamó la atención sobre el hallazgo en el interior del foso de Castilfrío de algunas piedras clavadas mucho más espaciadas que las que formaban el friso, lo que le llevó a pensar que el pretendido foso habría sido producido al extraer de él piedra para la construcción de la muralla (fig. 27,2) (15).

La presencia de fosos en algunos poblados sorianos adscribibles a la Segunda Edad del Hierro está bien documentada. Un foso tenían El Castellar de Arévalo de la Sierra (Morales 1995: fig. 5) y El Castillo de Omeñaca (Ramírez 1993; Morales 1995: 212), éste con una anchura de 8 m. y una profundidad conservada de 1,90. Dos fosos está registrados en el Cerro Ontalvilla, en Carbonera de Frentes (Taracena 1941: 50; Morales 1995: 47 y fig. 13), el exterior de 4 m. de anchura por 3 de profundidad y el más interno de 5 m. de anchura (fig. 20,2), y otros dos en El Alto del Arenal de San Leonardo (Romero 1991a: 109 s.), ambos de 5 m. de ancho, entre los cuales se dispusieron las piedras hincadas (16).

Mucho más habituales y de mayor entidad son los hallados en los poblados de la Celtiberia aragonesa adscribibles igualmente a la Segunda Edad del Hierro, que constituyen el único elemento defensivo complementario de la muralla (Burillo 1980: 180 ss.; Aranda 1986: 354 ss.; Collado 1990: 54 s.; *vid.*, para los asentamientos urbanos, Asensio 1995: 355 s.). En función de la topografía pueden ser rectos o curvos y ocupar uno o más lados, o rodear completamente el poblado. Ofrecen secciones en U, y aun en ocasiones perfiles trapezoidales. Sus dimensiones varían notablemente, con anchuras comprendidas entre los 4 y los 45 m. de Valdeherrera o los excepcionales 60 que llega a medir el foso de El Castillo de Villarroya, oscilando por lo general entre los 7 y los 17 m. Su profundidad, difícil de determinar al hallarse rellenos, no supera en la actualidad los 7 metros.

En la zona suroriental de la Celtiberia, en los confines de las provincias de Cuenca y Valencia, hay fosos en El Molón de Camporrobles (fig. 23,2) (Almagro-Gorbea *et alii* 1996: 11), en el Cerro San Cristóbal de Sinarcas y en La Atalaya y el Punto de Agua, en Benagéber. En El Molón, separado unos 2 m. del antemuro adosado al torreón, se evidencia un foso tallado en la roca de sección rectangular y fondo plano escalonado longitudinalmente con un desnivel de 1,30 m. Mide en total unos 20 m. de largo, por unos 6,50 de ancho y una profundidad que oscila entre los 2 y los 3,50 m., en la zona a partir de la cual enlaza con el buzamiento natural del terreno que cae hacia el barranco que forma el borde Sur del yacimiento. Este foso, paralelo al torreón y a la muralla a él adosada, dificultaría el acceso por el punto más accesible del poblado, pero debió servir, además, como cantera de los bloques de la muralla, como confirman las huellas de extracción aún visibles.

Algunas de las ciudades de la Celtiberia estuvieron defendidas por medio de fosos (Asensio 1995: 355 s.). Este sería el caso de *Numantia*, según refiere Apiano (*Iber.* 76), o de Durón de Belmonte, donde se localiza *Segeda* en su fase más reciente, que presenta un amplio

---

(14) Una posición similar ocupa el foso en los castros de Guijosa (Belén *et alii* 1978) y Hocincavero (Barroso y Díez 1991), hasta la fecha los únicos que han proporcionado campos de piedras hincadas en la provincia de Guadalajara, acompañando a éstas y a la muralla, que tan sólo se sitúan en el sector más desprotegido, en todo su recorrido (fig. 28).

(15) *Vid.* Taracena (1941: 51 ss.) y Bachiller (1987b: 82), quien señala la existencia de piedras hincadas también en el interior del foso de Los Castillejos de Gallinero.

(16) Aunque inicialmente fue adscrito al Primer Hierro (Romero 1991a: 109 ss.), actualmente no hay duda en considerarlo de época celtibérica avanzada (Ramírez 1993: 212; Jimeno y Arlegui 1995: 115).

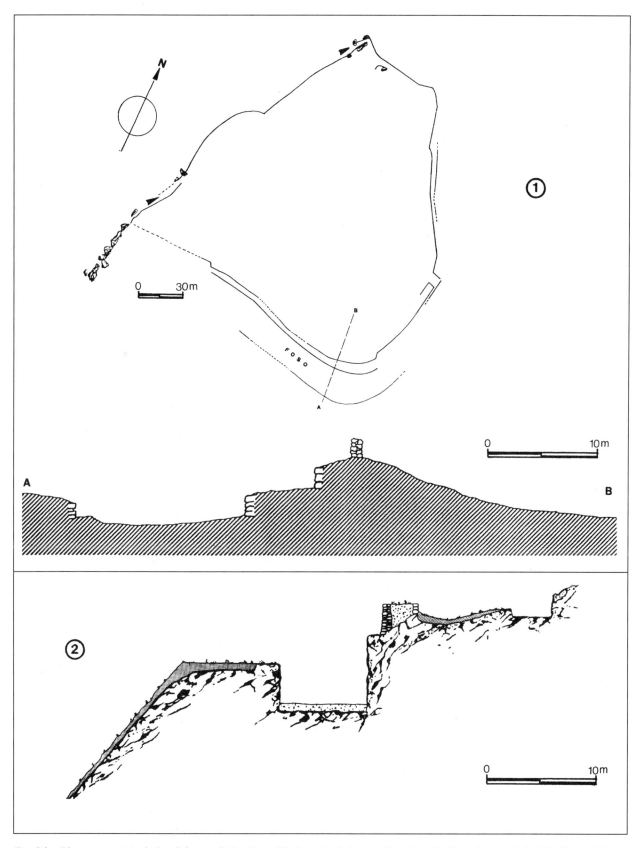

Fig. 26.—*Planta y sección de las defensas de La Cava (1). Sección de la muralla y foso de* Contrebia Leukade *(2). (Según Iglesias* et alii *1989 (1) y Taracena 1954 (2)).*

foso, identificado por trabajos de prospección (Burillo y Ostale 1983-84: 308; Burillo 1994a: 102). Pero el más espectacular y el mejor conocido corresponde a *Contrebia Leukade* (figs. 26,2 y 35,2 y lám. II,1), donde un foso de paredes verticales y fondo horizontal rodea con una longitud de 672 m. la zona más accesible de la ciudad. Tiene una anchura que oscila entre 7 y 9 m. y una profundidad de 8, lo que supone un volumen de piedra desalojado superior a 40.000 m³, utilizado en la construcción de la muralla, de la que queda separado por un estrecho espacio (Hernández Vera 1982: 122 s.).

2.5. *Piedras hincadas*

Los campos de piedras hincadas o *chevaux de frise* (fig. 27,1) —como aparecen frecuentemente en la bibliografía especializada— constituyen un elemento defensivo característico de los castros del reborde montañoso oriental, meridional y occidental de la Meseta (Harbison 1968; Esparza 1987: 248 y 358 ss.; Romero 1991a: 210 ss.), habiéndose documentado asimismo en ciertos castros del Suroeste peninsular (Soares 1986; Pérez Macías 1987: 91; Berrocal-Rangel 1992: 191). Por lo que a la Celtiberia se refiere, sólo se han localizado en su sector más occidental, circunscribiéndose al Norte de las provincias de Soria y Guadalajara, ocupando respectivamente las tierras de la serranía soriana y la región seguntina.

Consisten en franjas anchas de piedras clavadas en el terreno natural (fig. 27,2-5), apretadas, sin ningún orden, unas junto a otras, cuyo tamaño y ubicación en relación con las restantes defensas varía de unos casos a otros (Romero 1991a: 210 ss.; Belén *et alii* 1978; Barroso y Díez 1991). En el Castillejo de Tañine, las piedras hincadas presentan una altura de 60 cm., de los que 40 sobresalen del terreno; en el Castillo de Castilfrío, las piedras, agudas y de careo natural, afloran entre 30 y 60 cm.; en Langosto, únicamente sobresalen 20 cm. La anchura de los campos de piedras hincadas oscila entre los 5 m. de Los Castillejos de Gallinero y los 27 de Castilfrío de la Sierra. Pueden situarse al pie de la muralla, pero generalmente dejan un espacio libre —que varía de los 5 m. de Valdeavellano a los 20 de Guijosa— en el que suele localizarse un foso. Normalmente, constituyen la defensa más externa, situándose delante del foso o de la muralla, a los que acompañan en todo o en parte de su recorrido. Así ocurre en los castros de Langosto, Valdeavellano, El Castillejo de Tañine, Cabrejas del Pinar, donde sirven de único complemento a la muralla, o en los de Castilfrío, Los Castillejos de Gallinero, Guijosa y Hocincavero, en los que además está presente un foso. En Hinojosa, las piedras hincadas aparecen ocupando el espacio entre la muralla y el foso, mientras que en El Alto del Arenal de San Leonardo se sitúan entre los dos fosos identificados.

En cuanto al origen y cronología de los frisos de piedras hincadas resulta significativa su presencia en el poblado leridano de Els Vilars (Arbeca), donde se asocia a una muralla y a un torreón rectangular de esquinas redondeadas, inscribiéndose en un ambiente de Campos de Urnas del Hierro fechado en la segunda mitad del siglo VII a.C. (Garcés y Junyent 1989; Garcés *et alii* 1991 y 1993). Esta datación, más elevada que la admitida para los castros sorianos (*ca.* siglos VI-V a.C.), cuyos campos de piedras hincadas eran tenidos hasta la fecha como los más antiguos de la Península Ibérica, junto a su localización geográfica en el Bajo Segre, vendría a reforzar la filiación centroeuropea defendida por Harbison (1971) —con las estacadas de madera del Hallstatt C— para este característico sistema defensivo, sin olvidar que los ejemplos franceses conocidos, Pech-Maho y Fou de Verdun, presentan una datación más avanzada que la defendida para las piedras hincadas de Els Vilars (*vid.* Moret 1991: 10 s.).

Si bien parece fuera de toda duda la antigüedad de este sistema defensivo en el área celtibérica, como lo confirma su presencia entre los castros de la serranía soriana adscribibles al Primer Hierro, existen argumentos suficientes que señalan asimismo su utilización, en esta zona, a lo largo de la Segunda Edad del Hierro.

El hallazgo en Castilviejo de Guijosa (fig. 28,1) de cerámicas adscribibles a la Primera Edad del Hierro y la alta cronología comúnmente aceptada para los castros con piedras hincadas del área soriana llevó a sus excavadores a defender una datación para sus defensas entre los siglos VII-VI a.C. (Belén *et alii* 1978). Revisiones posteriores han rebajado la cronología de la muralla de cremallera que cierra el recinto, cuyos paralelos ibéricos pueden ser datados en los siglos IV-III a.C. (Esparza 1987: 360; Moret 1991: 37). Se ha seguido manteniendo, sin embargo, la antigüedad de las piedras hincadas de Guijosa, que habrían formado así parte de una primera fortificación del poblado, cuyos restos podrían estar enmascarados en la elevación del terreno sobre la que se asienta la muralla. El pasillo que atraviesa la barrera en su zona central, cuya anchura excesiva, unos cuatro metros, restaría eficacia al propio sistema defensivo, debería corresponder según esta interpretación a una reestructuración realizada cuando el campo de piedras hincadas había caído ya en desuso (Esparza 1987: 360).

Parece más aconsejable aceptar la contemporaneidad de las defensas de Guijosa —incluyendo el pasillo que atraviesa la barrera de piedras hincadas, sobre cuya funcionalidad ha insistido García Huerta (1989-90: 166 s.; 1990: 875 s.; *vid.*, en contra, Cerdeño *et alii* 1995a: 172)—, adscribiéndolas a la fase plenamente celtibérica del poblado, a la que corresponderían las especies a torno encontradas, así como la propia ordenación urbana observable en superficie, con estructuras de

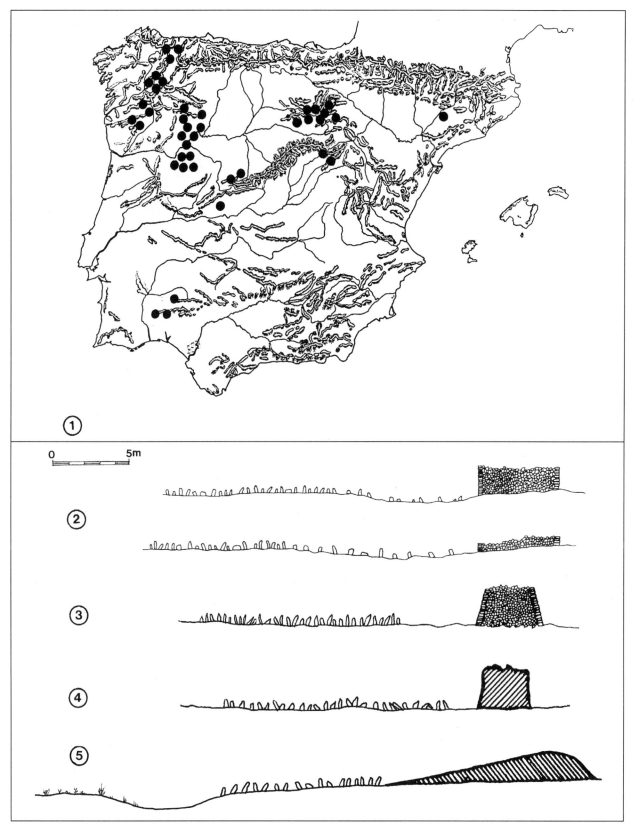

Fig. 27.—*Dispersión de los castros con piedras hincadas en la Península Ibérica (1) y secciones de las defensas de El Castillejo de Castilfrío de la Sierra (2), El Castillo de las Espinillas de Valdeavellano de Tera (3), El Castillejo de Langosto (4) y El Castillejo de Hinojosa de la Sierra (5). (Según Almagro-Gorbea 1994 (1) y Taracena 1929 (2-5), nº 4 modificado).*

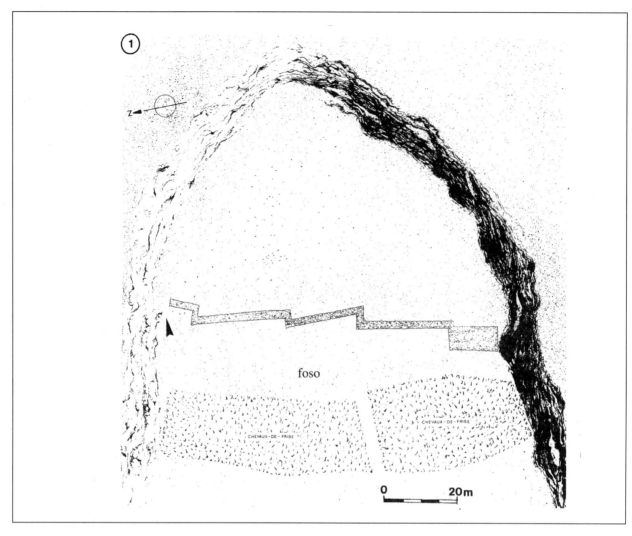

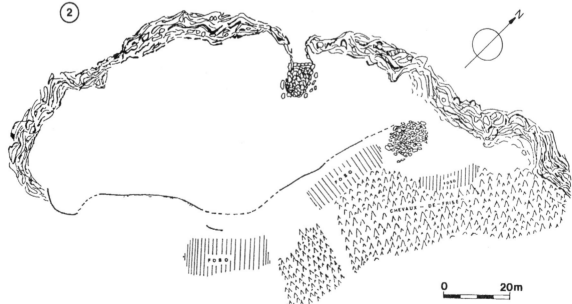

Fig. 28.—Planos de los castros de Guijosa (1) y Hocincavero (2). (Según Belén et alii 1978 (1) y Barroso y Díez 1991 (2)).

habitación de planta rectangular y muros medianiles comunes, cuyo muro trasero serviría como cierre del poblado en los sectores desprovistos de muralla.

Esta adscripción estaría plenamente justificada partiendo de la existencia en el cercano castro de Hocincavero (fig. 28,2), en el que predominan abrumadoramente las especies torneadas, de una barrera de piedras hincadas atravesada por un pasillo cuya anchura se ensancha de 3 a 5 m. al aproximarse a la muralla, llegando a interrumpir incluso el foso (Barroso y Díez 1991).

Trabajos recientes señalan la adscripción de algunos asentamientos castreños de la provincia de Soria provistos de estas características defensas a un momento avanzado de la Cultura Celtibérica (Jimeno y Arlegui 1995: 113 y 115; Bachiller 1992). Este es el caso de El Pico de Cabrejas del Pinar, cuya barrera de piedras hincadas es atravesada también por un pasillo (17), y del Alto del Arenal de San Leonardo, ambos tradicionalmente vinculados con los asentamientos castreños del Primer Hierro (Romero 1991a: 210 ss. y 495).

En contra de la opinión generalmente admitida, según la cual los campos de piedras hincadas constituirían una defensa contra la caballería, recientemente se ha insistido en su funcionalidad como obstáculo al avance de los infantes en su intento de aproximarse a la muralla (Moret 1991: 11 ss.). Como prueba de ello, junto a argumentos funcionales, habría que señalar la escasa presencia, al menos en las fases más antiguas, de arreos de caballo en las sepulturas de la Meseta Oriental contemporáneas a los castros provistos de este sistema defensivo (vid. capítulos V,1 y VII,2).

3. ARQUITECTURA DOMÉSTICA

Mucho peor conocida resulta la arquitectura doméstica, toda vez que los restos constructivos han permanecido ocultos las más de las veces o han sido reutilizados en edificaciones posteriores (Burillo 1980: 175).

Las primeras estructuras estables se detectan en Los Castillejos de Fuensaúco (Romero y Ruiz Zapatero 1992: 109 s.; Romero y Misiego 1992; Idem 1995b: 130 ss., fig. 2), donde se identificaron dos cabañas circulares, excavadas en la roca, adscritas al inicio de la Edad del Hierro (siglo VII a.C.). La vivienda de mayores dimensiones —6,25 m. de diámetro— queda delimitada por un entalle de unos 20 cm. de altura (fig. 29,1). Aproxima-

damente en el centro de la cabaña se localiza un hoyo —dos más de pequeñas dimensiones se hallaron al exterior— y, junto a él, el hogar, circular, con un diámetro de 75 cm., constituido por una base de pequeños cantos rodados y una solera de arcilla rojiza endurecida por la acción del fuego. La segunda vivienda presenta una estructura más compleja (fig. 29,2). Una serie de agujeros de poste alineados delimitan la cabaña, de 6 m. de diámetro, en cuyo interior, ocupando el sector meridional, se excavó un escalón, de 50 cm. de ancho, interpretado como un banco corrido. Ya sobre el suelo de la cabaña, de tierra apisonada, se localizó una banqueta de adobe, de aproximadamente 1,50 por 1 metro, que ocupaba una posición central. Tanto el banco corrido como el escalón que se abre por encima de él y la banqueta presentaban una o varias capas de enlucido.

Pero el tipo de vivienda más frecuente y característico del mundo celtibérico será el rectangular. La presencia de viviendas de planta rectangular y mampostería en seco conviviendo con otras circulares (fig. 30,1) está documentada en Fuensaúco (Romero 1992b: 196 s., fig. 4; Romero y Misiego 1992: 318; Idem 1995b: 134 ss., fig. 3), superpuestas sin solución de continuidad a la fase constructiva caracterizada por las cabañas circulares. Dada su asociación con las características cerámicas propias de la cultura castreña soriana y la presencia de algunos adornos de bronce, se ha sugerido una datación del siglo V a.C. o, tal vez, algo anterior (18).

Sin salir del Alto Duero, el castro del Zarranzano ha proporcionado dos viviendas de mampostería superpuestas en parte (fig. 30,2) (Romero 1989: 51 ss.; Idem 1992b: 197 s., fig. 5). La inferior, datada en la primera mitad del siglo V a.C., tiene planta cuadrangular de unos 8 m. de lado, que delimitan una superficie interior de aproximadamente 36 m². Sus muros, de 0,70-0,90 m. de espesor, están construidos con bloques de conglomerado, de tamaño mediano y grande, y cantos rodados más pequeños, conservándose de dos a cinco hiladas. En el interior se localizaron dos hogares y, junto a uno de ellos, un vasar de 1,50 por 0,50 m., constituido por una hilada doble de piedras rodadas planas. Sobre esta vivienda, y apoyando en parte sobre ella, se descubrió una estructura circular de 6 m. de diámetro, 5 de ellos correspondientes al espacio interior, ocupando una extensión de unos 20 m². Sus muros, de 0,50 m. de ancho y una altura conservada que no supera el medio metro, son de piedras rodadas de tamaño mediano unidas en seco. El acceso se realizó por el Sureste, habiéndose encontrado un enlosado en forma de T, que se sitúa por delante del muro y sobre él, con una extensión de unos 2 m². El hogar se localiza aproxi-

---

(17) Se ha señalado la existencia en El Castillejo de Hinojosa (Hogg 1957: 27 s.; Harbison 1968: 134) de un acceso al interior del poblado a través de un pasillo que corta tanto el foso como el campo de piedras hincadas, aunque para Romero (1991a: 85) se trataría de un camino moderno que cruza longitudinalmente el castro.

---

(18) Las excavaciones de Taracena (1929: 20-23, figs. 18-19) permitieron identificar este nivel, que constituía el inferior, no habiéndose documentado evidencia alguna de la ocupación inicial del cerro.

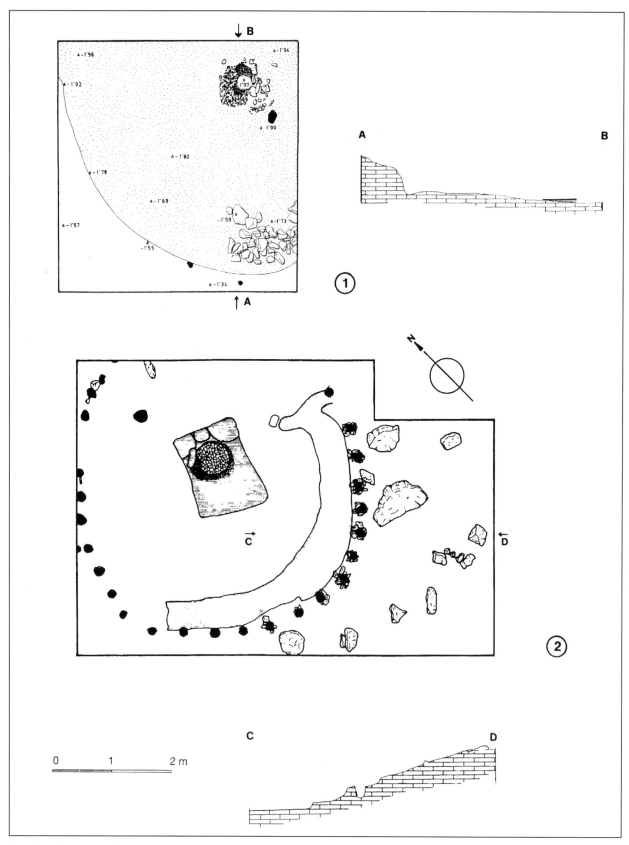

Fig. 29.—*Planta y perfil de las cabañas circulares de la fase inicial de El Castillejo de Fuensaúco. (Según Romero y Misiego 1992 y 1995b).*

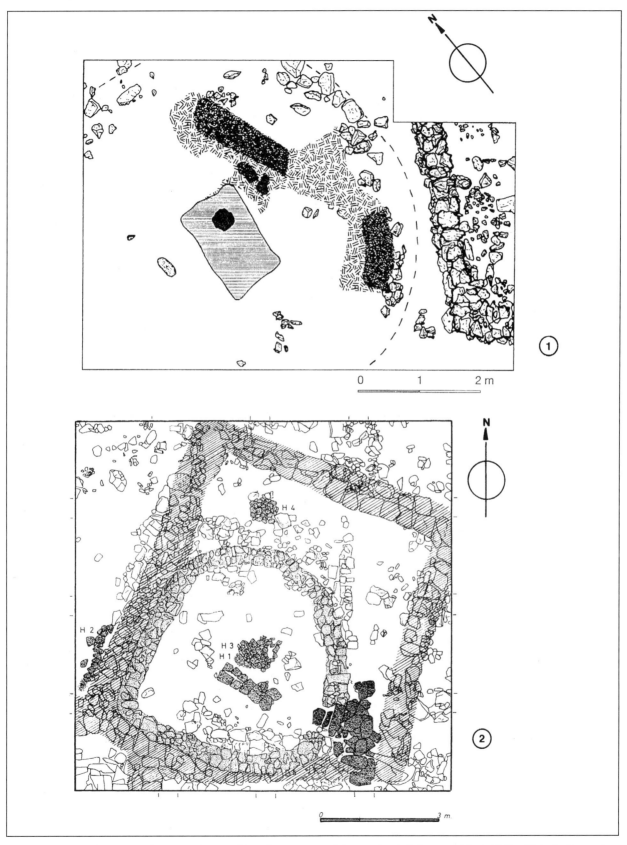

Fig. 30.—1, viviendas rectangular y circular —en línea discontinua— del segundo nivel de ocupación de El Castillejo de Fuensaúco; 2, planta de las viviendas superpuestas del castro del Zarranzano. (Según Romero y Misiego 1995b (1) y Romero 1989 (2)).

madamente en el centro de la vivienda, superponiéndose en parte a uno de los documentados en el interior de la vivienda infrayacente, con el que presenta además idéntica forma y estructura (19).

Con todo, la implantación en el territorio celtibérico de viviendas rectangulares se produciría en una fecha temprana del Primer Hierro, como se desprende de los restos de construcción correspondientes a la fase inicial de La Coronilla (García Huerta 1989-90: 170; Cerdeño y García Huerta 1992: 83 ss., fig. 3). De las seis viviendas identificadas, todas de planta rectangular, adosadas y con el muro trasero corrido, solamente una se halló completa, midiendo 4,75 m. de anchura por 4 de profundidad. El muro corrido, ataludado al exterior, tiene 1,5 m. de anchura total y está constituido por piedras de tamaño mediano apenas escuadradas. Los muros medianiles son de mampostería, formados por piedras pequeñas sin trabajar, de los que se han conservado hasta cinco hiladas, con 0,70 m. de altura y 0,75 de anchura (García Huerta 1989-90: 170). Los suelos son de tierra apisonada, no habiéndose advertido compartimentación interior alguna.

La implantación del modelo debió arraigar rápidamente en la comarca, como demuestra la fase antigua del poblado de El Ceremeño (Cerdeño *et alii* 1993-95: 67 ss.; Cerdeño *et alii* 1995a: 173 s., fig. 7; Cerdeño *et alii* 1995b: 164; Cerdeño 1995: 198 ss.). Se han hallado hasta la fecha cuatro viviendas, que aparecen adosadas entre sí, utilizando como trasera la propia muralla (fig. 32,1). Destaca la vivienda A (fig. 31,1) por ofrecer una distribución tripartita (vestíbulo, habitación central y despensa), siguiendo el modelo conocido en el Valle del Ebro. Tiene planta rectangular y unas dimensiones de 11,5 por 5 m. con un espacio utilizable de 57,5 m², que hacen que sea la mayor de las excavadas. El vestíbulo, de 1,10 m. de ancho, da paso a la habitación central donde se identificaron los restos de un posible hogar; finalmente, la habitación interpretada como despensa, dada la abundancia de vasijas de almacenamiento. La vivienda B (fig. 31,2) presenta unas dimensiones de 6 por 5,5 m. y una superficie útil de 33 m²; sus muros miden 0,55 m. de anchura. Como única compartimentación interior muestra un murete de 1,20 m. de longitud paralelo al muro Oeste, delimitando un espacio de funcionalidad indeterminada. En la zona central de la vivienda se documentaron tres grandes losas que servirían de apoyo a otros tantos postes de sujeción de la techumbre, también aparecidos en la casa E. La vivienda C carece de compartimentación interior ha-

biendo proporcionado un gran número de recipientes cerámicos de variada tipología localizados a lo largo de la muralla y del muro Este. Por último, la casa D, no excavada en su totalidad, ofrece un pequeño banco de piedra situado a lo largo del lienzo de muralla que hace de trasera de la casa, al pie del cual se encontraba un gran recipiente de almacenamiento.

Durante la Segunda Edad del Hierro se generaliza la casa rectangular (Bachiller 1992: 18 s.; Jimeno y Arlegui 1995: 109). Las recientes excavaciones en Castilmontán descubrieron casas rectangulares dispuestas transversalmente a la muralla (figs. 22 y 31,3). Las dimensiones son similares, de unos 15 m. de longitud y 5 de anchura, habiéndose atestiguado, en las dos únicas excavadas en su totalidad, su compartimentación interna en tres estancias de dimensiones variables (figs. 22 y 31,3). Los muros, de mampostería, construidos con piedras regulares, se conservan en una altura de 1,40 m., presuponiéndose de adobe el resto del muro y la techumbre, a un agua, de entramado de ramas, paja y barro (Arlegui 1990b: 52, foto 11).

La fase Ceremeño II (Cerdeño *et alii* 1993-95: 76 ss.; Cerdeño 1995: 200 ss.) proporcionó un total de ocho viviendas rectangulares adosadas entre sí y a la muralla, evidenciando un urbanismo articulado en torno a dos calles paralelas (fig. 32,1). Sus dimensiones oscilan entre 6,90 y 7,70 m. de longitud por 2,50-2,70 de anchura, dejando un espacio interior de unos 19 m². dimensiones notablemente inferiores a las de la fase I. El zócalo, de mampostería y sobre el que se levantaría un muro de adobe, presenta una anchura de medio metro, no habiéndose identificado evidencias de compartimentaciones internas. La presencia de hogares está documentada en las viviendas Ia, casi en su zona central, y III, en su parte delantera, estando formado este último por un lecho de piedras de pequeño tamaño y sobre él una capa de carbón y cenizas de 15 cm. de espesor.

La excavación de dos viviendas completas en Herrera de los Navarros (fig. 36,1 1), un poblado con urbanismo de calle central, ha suministrado una importante información en relación a las características constructivas y a la distribución y funcionalidad del espacio doméstico (Burillo 1980: 78 ss.; Burillo y de Sus 1986; *Idem* 1988). La vivienda 2, aunque afectada por una docena de silos de época medieval, es la mejor conservada y la que ha aportado mayor número de datos, ya que la casa 1 evidenciaba un importante proceso erosivo, que había hecho incluso desaparecer algunas de sus partes. La casa 2 presenta una planta trapezoidal, de 6 y 7 por 8 m., configurando un espacio de 52 m², distribuido en seis estancias; este espacio es algo superior al de la casa 1, de planta rectangular y donde se pudieron identificar siete habitaciones. Los muros exteriores son de mampostería en su

---

(19)   Restos de estructuras de habitación, preferentemente de planta rectangular, se han identificado en los castros de Arévalo de la Sierra, Taniñe, en ambos casos gracias a la labor de Taracena, mientras que El Espino, Valdeavellano de Tera, Pozalmuro, Hinojosa, Carabantes y Cubo de la Solana, presentan restos superficiales (Bachiller 1986: 352; Romero 1991a: 219 ss.).

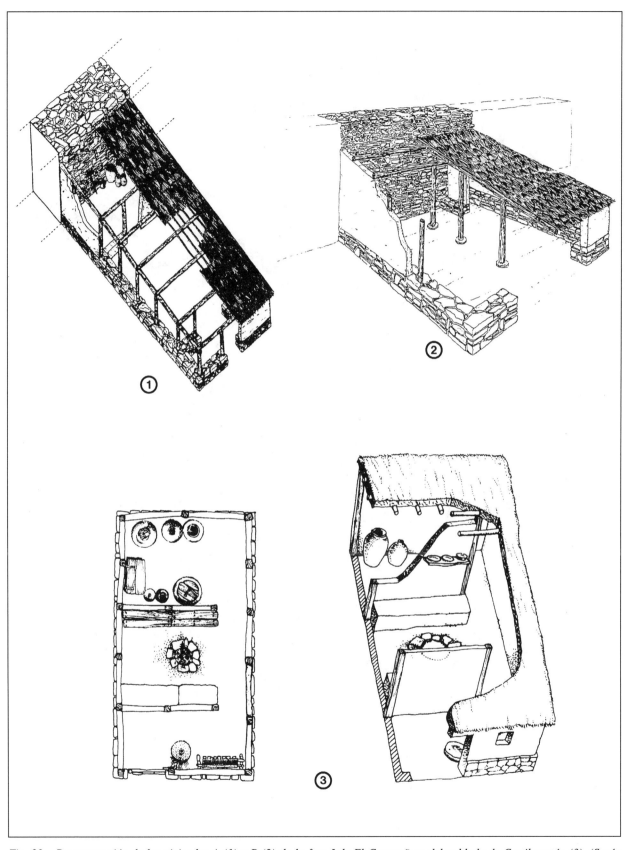

Fig. 31.—Reconstrucción de las viviendas A (1) y B (2) de la fase I de El Ceremeño y del poblado de Castilmontán (3). (Según Cerdeño et alii *1995a (1), Cerdeño 1995 (2) y Arlegui 1990b (3)).*

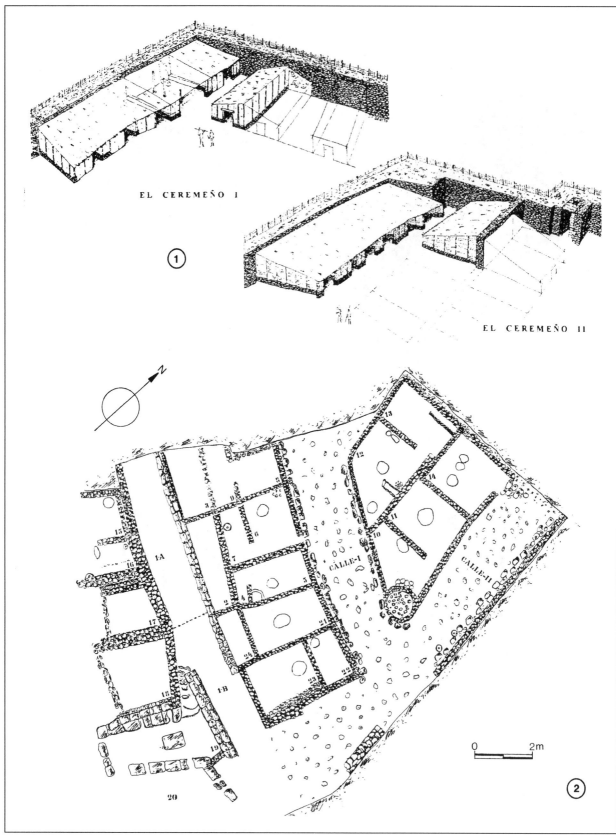

Fig. 32.—1, reconstrucción del trazado urbano de las dos fases del poblado de El Ceremeño. 2, detalle de un sector del poblado del Alto Chacón. (Según Cerdeño et alii 1993-95 (1) y Atrián 1976 (2)).

base, suponiéndose una elevación con adobe o tapial. Los laterales, que en la vivienda 1 tienen una anchura entre 0,45 y 0,60 m., son medianiles con otras casas, mientras que el muro trasero corresponde a la muralla, que en el tramo donde se adosa la casa 1 alcanza un espesor de un metro. Los muros interiores son de adobe o tapial, documentándose en algún caso huellas de postes verticales embutidos, sin que pueda descartarse la presencia de medianiles de madera. Los muros presentan restos de enlucido de arcilla y un encalado posterior. Los suelos son en su mayoría de arcilla, si bien en la casa 1 aflora la roca natural y en la 2 se ha identificado un espacio (habitación II), donde el suelo de arcilla, que ocupa la mitad de la estancia, está endurecido, y el resto se cubre con piedras a modo de losas. También se ha identificado un entarimado de madera en la habitación V de la casa 2, y en una estancia contigua se documentó un banco corrido de arcilla. Debido a la poca altura conservada de los muros, resulta difícil ubicar los vanos a través de los cuales se comunicarían unas estancias con otras, sin que se haya reconocido el hogar en ninguna de las dos casas excavadas. Tampoco existen restos que proporcionen información sobre las techumbres, que hay que suponerlas de materiales deleznables.

Viviendas rectangulares o trapezoidales de muros medianiles comunes se han hallado en un buen número de poblados celtibéricos. En El Collarizo de Carabantes, las viviendas rectangulares de mampostería están alineadas a lo largo del cantil oriental del poblado (Bachiller 1992: 19). En el Castillejo de Taniñe (fig. 36,3), se descubrieron algunas habitaciones de planta rectangular, bastante grandes y de mampostería a canto seco (Taracena 1926a: 12). Igualmente, en el cercano poblado del Castillo de Taniñe se excavaron algunas habitaciones rectangulares con muros de similar construcción (Taracena 1926a: 14). En el Castillo de Arévalo de la Sierra (fig. 36,2), se documentaron habitaciones de planta trapezoidal, de muros hechos de mampostería con barro; como material de construcción se empleó, también, el ladrillo, mal cocido, cuyas dimensiones medias son 30 por 39 por 13 cm. (Taracena 1926a: 9). En Ocenilla (fig. 23,1), las viviendas son rectangulares, hallándose en un avanzado estado de destrucción (Taracena 1932: 47). En Ventosa (fig. 20,1), las habitaciones son asimismo rectangulares, en ocasiones irregulares y bastante grandes; los muros son de mampostería en seco y miden 0,50 m. de espesor; se documentó una cueva, idéntica a las numantinas, de 4,50 por 3 m., excavada en la tierra, con una profundidad de poco más de un metro (Taracena 1926a: 6). En Suellacabras (fig. 20,5), las viviendas son de planta rectangular y bastante amplias, excavándose dos completas, con unas dimensiones de 4 por 5,50 m. y 4 por 9,50; están construidas con muros de pequeños sillarejos bien careados, uni-

dos sin mortero o argamasa, de 60 cm. de espesor y 70 de altura, con pavimento de tierra (Taracena 1926a: 27). En Izana, las viviendas son cuadrangulares (fig. 36,4), cimentadas sobre la roca, con muros de mampostería cogidos con barro, elevados con tapial. También se utilizó el ladrillo, mal cocido, con unas dimensiones de 30 por 27 por 10 cm. Las habitaciones de la zona interna del poblado muestran cuevas de hasta 2,50 m. de profundidad (Taracena 1927: 7 s.). Plantas similares se han documentado asimismo en los poblados turolenses del Alto Chacón (fig. 32,2) (Atrián 1976) y el Puntal del Tío Garrillas (Berges 1981: fig. 4) o en el conquense de Villar del Horno (Gómez 1986: plano II), entre otros.

La excavación de la fase celtibérico-romana de La Coronilla ha deparado una docena de viviendas de planta rectangular con muros medianiles, todas ellas incompletas, faltando la fachada o el muro trasero corrido que hace las veces de muralla, para las que se ha señalado un tamaño aproximado entre 12 y 36 m² (García Huerta 1989-90: 169; Cerdeño y García Huerta 1992: 18 ss. y 41 s.). Las paredes presentan un zócalo de mampostería de entre 0,55 y 0,65 m. de anchura, con una altura media de 0,70-0,75 cm., sobre el que se elevaría un muro de adobe o tapial, enlucido mediante un manteado de arcilla en su cara interna. Los suelos, muy homogéneos en todo el poblado, constan de una capa de tierra endurecida dispuesta sobre otra de arcilla muy compacta y una base de pequeños cantos, prolongándose al exterior de las habitaciones, lo que ha llevado a plantear la existencia de porches, en los que también se han documentado hogares. Las dos viviendas de mayor tamaño proporcionaron un pavimento de lajas que cubría parte de las estancias. Las puertas se abrían hacia el interior del poblado, presentando una anchura que oscila entre 1 y 1,26 m. Los cubrimientos serían los habituales, y sobre los que ya se ha insistido en relación con otros poblados. Los hogares presentan unas características variadas tanto en lo relativo a su morfología como a su localización en la vivienda, ya en el interior o en el porche exterior. Se han hallado, además, un buen número de silos, normalmente en grupos de dos o de tres, cuyas paredes y suelo estaban revestidos por una capa de arcilla muy compacta con la superficie endurecida, a modo de aislante. Aparecen al exterior y en el interior de las viviendas, estando gran parte de ellos ya en desuso cuando se construyeron las viviendas de la fase más reciente (García Huerta 1989-90: 171; Cerdeño y García Huerta 1992: 41 ss.; Cerdeño *et alii* 1995a: 175).

Las ciudades de mayor entidad muestran una arquitectura doméstica más evolucionada, como en La Caridad de Caminreal, donde se ha excavado una gran mansión cuya organización interna responde a las características de las casas helenístico-romanas (fig. 33). Tiene planta

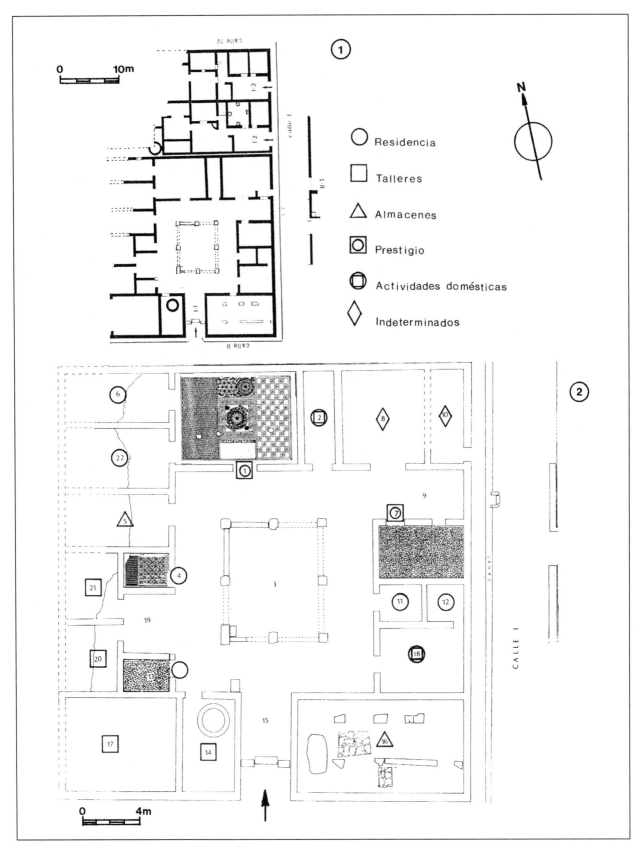

Fig. 33.—*Plano de la* insula *de La Caridad de Caminreal donde se localiza la* Casa de Likine *(1) y detalle de la misma (2) (según Burillo, dir. 1991 (1) y Vicente 1988 (2)), con la distribución de áreas funcionales (según Vicente* et alii *1991).*

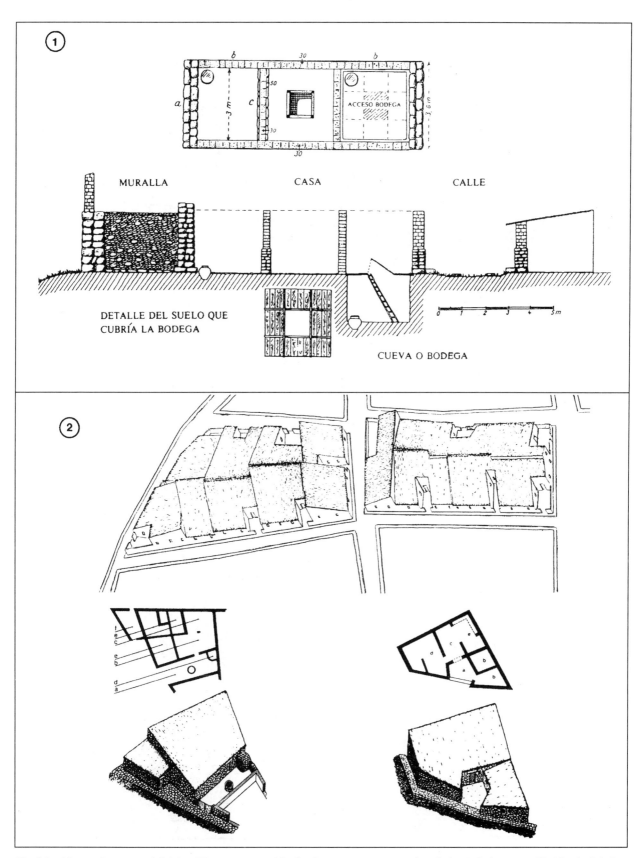

Fig. 34.—*Numancia: casa celtibérica (1) y reconstrucción de algunas manzanas y casas de la ciudad romana (2). (Según Schulten 1931 (1) y Jimeno 1994a (2)).*

ALBERTO J. LORRIO

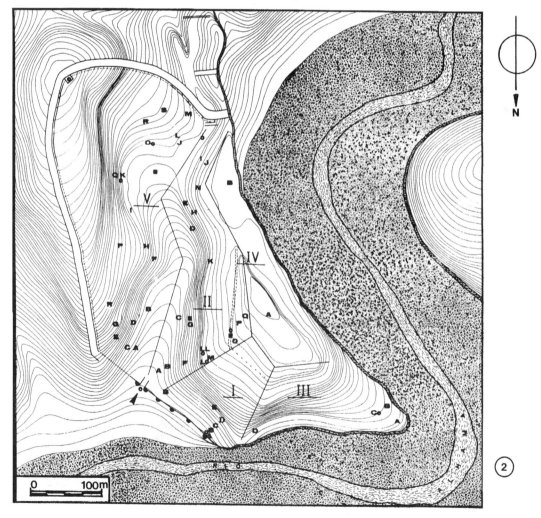

Fig. 35.—Contrebia Leukade: *conjunto de viviendas rupestres del sector II-LL (1) y planta de la ciudad (2). (Según Hernández Vera 1982).*

casi cuadrada (30,50 por 30 m.) y una superficie total de 915 m², estructurándose en torno a un patio central porticado al que se abren 21 estancias (Vicente *et alii* 1991).

En otras ciudades, como es el caso de *Numantia*, se mantiene el tipo de casa que es propio del mundo celtibérico (fig. 34,1). Allí (Taracena 1954: 236 s.; Ortego 1975: 21 ss.; Jimeno *et alii* 1990: 26 ss.; Jimeno 1994a: 124; Jimeno y Tabernero 1996: 423 ss.), las viviendas son de planta rectangular o trapezoidal, aunque los restos constructivos atribuibles a la ciudad celtibérica sean escasos, pues la mayoría de los muros documentados corresponden a la ciudad romana (fig. 34,2). Estaban construidas con zócalo de mampostería seca, de canto de río sin carear, elevados con cestería manteada de barro, en tanto que los muros interiores eran de adobe o tapial, de 0,30 a 0,45 m. de grosor, y se han identificado postes de madera. Las paredes se enlucirían con madera y cal y habría que suponer un cubrimiento de ramaje y tierra. Sus dimensiones serían de unos 12 m. de longitud y de 3 a 6 de ancho, con triple compartimentación, localizándose el hogar en una de las estancias y, como norma, debajo de la habitación de acceso tenían una cueva o bodega, elemento éste característico de la casa celtibérica de época avanzada; excavada en el terreno, son de planta rectangular o cuadrada, de 3 ó 4 m. por 3, y tienen una profundidad que oscila entre 1,50 y 2 m. Funcionalmente, la cueva era utilizada para el almacenamiento y conservación de las provisiones, y a veces estaría destinada a actividades artesanales (fragua, alfar, etc.).

Más complejo resulta el caso de las ciudades rupestres de *Contrebia Leukade* (fig. 35,1) (Taracena 1954: 244, fig. 138; Hernández Vera 1982: 161 s.; Hernández Vera y Núñez 1988: 40 s.) o *Termes* (Taracena 1954: 239 ss.; Argente *et alii* 1990: 21 y 35 ss.), en las que resulta difícil diferenciar las construcciones celtibéricas de las puramente romanas.

4. EL URBANISMO: CASTROS Y *OPPIDA*

Como se ha podido comprobar al abordar la arquitectura doméstica, los restos constructivos identificados en el interior de los poblados son muy escasos y tan sólo cuando se han llevado a cabo excavaciones o afloran los restos de sus estructuras, lo que ocurre en contadas ocasiones, existe la posibilidad de conocer la ordenación interna, esto es, el urbanismo, del espacio habitado. No son muchos los poblados objeto de excavaciones en extensión, aun cuando a lo largo del territorio celtibérico sí existen ejemplos suficientes que permiten abordar su urbanismo con ciertas garantías.

Resulta característico del mundo celtibérico, pero no

exclusivo de él (Almagro-Gorbea 1994a: 18; *Idem* 1995f: 182 ss.), el urbanismo de calle central, con casas rectangulares de muros medianiles comunes cuyos muros traseros se cierran hacia el exterior, a modo de muralla, o se adosan a ésta (20). Este tipo de poblado tiene sus precedentes inmediatos en los poblados de Campos de Urnas del Noreste (Ruiz Zapatero 1985: 471 s.), entre ellos el de Els Vilars, en su fase contemporánea a las mencionadas piedras hincadas (Garcés *et alii* 1991: 190, fig. 1; Garcés *et alii* 1993: 45), por más que esta estructura urbanística sea conocida ya desde el Bronce Medio, como lo confirma el poblado turolense de la Hoya Quemada (Burillo 1992a: 205).

No es mucha la información de que se dispone sobre el urbanismo celtibérico en su fase inicial. Las recientes excavaciones en El Castillejo de Fuensaúco han permitido reconocer dos cabañas circulares (fig. 29), excavadas en la roca, adscritas al inicio de la Edad del Hierro (Romero 1992b: 196 s., fig. 4; Romero y Misiego 1992 y 1995b: 130 ss.). No obstante, nada puede decirse de la organización interna de este poblado abierto, si bien hay que sospechar la ausencia de cualquier planificación. Con todo, el urbanismo de calle central debió introducirse pronto en la Meseta Oriental (*vid.* Almagro-Gorbea 1994a: 24; *Idem* 1995f: 184), como lo prueba el caso de La Coronilla, en las parameras de Molina, cuyo nivel antiguo, adscribible al período formativo de la Cultura Celtibérica, ha proporcionado viviendas rectangulares adosadas, abiertas hacia el interior del poblado y muro corrido trasero, situado en el límite entre la pendiente y la zona amesetada, aunque sólo cierre el poblado por su flanco Norte (García Huerta 1989-90: 168; Cerdeño y García Huerta 1992: 83 s.).

A un momento posterior corresponde la fase inicial del castro de El Ceremeño de Herrería, que presenta un esquema urbanístico similar (Cerdeño 1995: 198 ss.; Cerdeño *et alii* 1995a: 173 s.; Cerdeño *et alii* 1995b: 164). Las viviendas documentadas, de planta cuadrangular y muros medianiles, aparecen adosadas a la muralla, estando abiertas las meridionales a una calle de dirección Este-Oeste, y las situadas en la zona occidental del poblado hacia una plaza o calle central. El poblado fue destruido por un importante incendio.

La información relativa al urbanismo de los castros de la serranía soriana del Primer Hierro resulta enormemente precaria. Los trabajos de Taracena (1929: 7, 11-13, 17 y 24; *Idem* 1941: 13 s.) en los castros de El Royo,

---

(20)   Esta disposición del interior de los poblados está condicionada por el relieve y la necesidad de un máximo aprovechamiento del espacio habitable, como lo confirma su pervivencia en época actual (Burillo 1980: 187; García Huerta 1989-90: 168; Almagro-Gorbea 1995b).

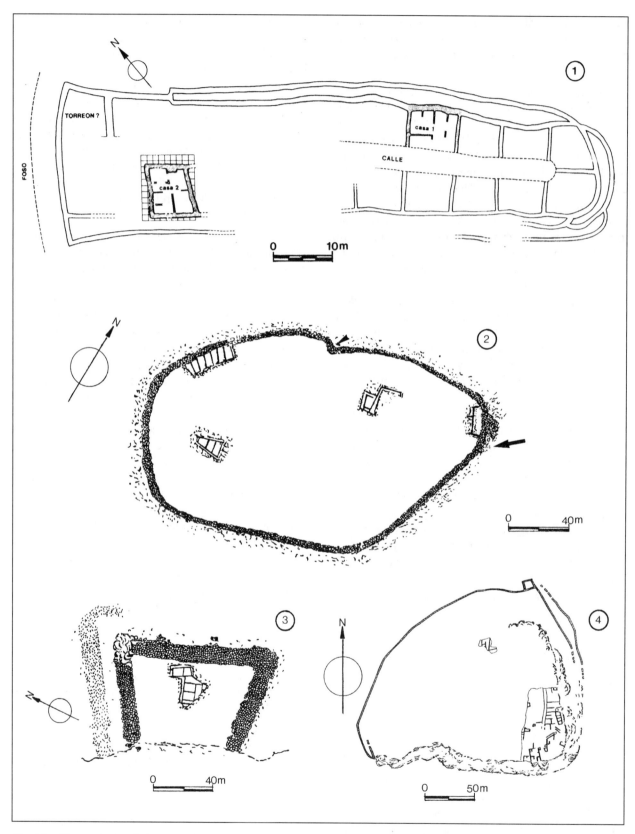

Fig. 36.—*Plantas de Los Castellares de Herrera de los Navarros (1), el Castillo de Arévalo de la Sierra (2), con indicación de los accesos (según González, en Morales 1995), el Castillejo de Taniñe (3) y Castilterreño de Izana (4). (Según Burillo y de Sus 1986 (1), Taracena 1926a (2-3) y 1927 (4)).*

Valdeavellano, Zarranzano, Alto de la Cruz de Gallinero y Castilfrío pusieron de relieve la falta de restos constructivos de piedra, así como restos de carbón y ceniza interpretados como una evidencia de antiguas cabañas de madera y ramajes (Romero 1991a: 219). Sin embargo, la existencia en estos castros de construcciones de mampostería está hoy plenamente comprobada, como bien han demostrado casos como el del Zarranzano (fig. 30,2), donde a una casa cuadrangular, a la que se adosarían otras viviendas similares, se superpone otra circular (Romero 1989). Pero, los sondeos llevados a cabo por Taracena en el interior de algunos de estos castros y lo infructuoso de los resultados obtenidos, parecen apuntar hacia una ocupación dispersa del espacio interior. No obstante, en el Castillejo de Tañiñe (fig. 36,3) se descubrieron algunas habitaciones rectangulares, adosadas unas a otras (Taracena 1926a: 12), mientras que se ha señalado la presencia en el castro de Pozalmuro (Bachiller 1987a: 16) de casas de planta rectangular y muros medianiles comunes adosadas a la muralla, constituyendo quizás una estructura con espacio central libre, aunque tan sólo se hayan detectado en su sector meridional. Por lo demás, no resulta sencillo establecer la adscripción cultural y cronológica de estos restos constructivos, sobre todo si se tiene en cuenta el hallazgo en ambos castros de especies cerámicas a mano y a torno. También en los Castillejos de El Espino (Romero 1991a: 219) afloran alineaciones de piedras que pudieran corresponder a muros de habitaciones de planta rectangular de muros medianiles comunes, perpendiculares a la muralla y aparentemente no adosados a ella.

A partir de la Segunda Edad del Hierro se generaliza el esquema urbanístico de calle o plaza central, teniendo en Los Castellares de Herrera de los Navarros (fig. 36,1), un poblado de 0,22 ha. fechado en el tránsito entre los siglos III-II a.C., un magnífico ejemplo del mismo (Burillo 1980: 78 y 187 s.; Idem 1983: 12 s.). La calle central, que discurría por el punto más alto del poblado y que no presentaba resto alguno de preparación para el tránsito, recorría el centro del poblado, abriéndose a ella las casas localizadas a ambos lados de la misma, con muros medianiles entre sí y con la muralla como cierre al exterior. Partiendo de los restos hallados en superficie y de la excavación de dos viviendas, los muros comunes parecen distar unos de otros 8 m., con lo que se obtendría un total de 22 espacios. Además, la utilización de mampuesto de grandes dimensiones permitiría identificar en el ángulo Sur un recinto de categoría especial, quizás una torre.

Este mismo modelo urbanístico fue el aplicado en Castilmontán (fig. 22), para el que se ha sugerido una cronología entre el siglo III y el I a.C. (Arlegui 1992b: 505), con casas rectangulares, de muros medianiles comunes, adosadas a la muralla. Por la regu-

laridad observada en las dimensiones de las viviendas se ha sugerido una capacidad máxima para el espacio intramuros de una treintena de casas (Arlegui 1990a: 52; Idem 1992b: 498 y 504).

Tal tipo de poblado tuvo amplia vigencia en la Celtiberia, como lo demuestra el propio caso de La Coronilla, cuyo nivel celtibérico-romano evidencia una distribución de las viviendas similar a la registrada en la fase inicial, ocupando ahora también el flanco meridional del poblado. Las viviendas abarcarían unos 500 m^2 de la superficie total, aproximadamente 1.500 m^2, esto es, el 33% de la totalidad (García Huerta 1989-90: 168; Cerdeño y García Huerta 1992: 17 s., 41 s. y 78).

La fase más reciente de El Ceremeño (Cerdeño 1995: 200 ss.) ofrece un trazado urbanístico similar, pero al estructurarse en torno a dos calles paralelas de dirección Este-Oeste tan sólo las viviendas localizadas al Sur y seguramente al Norte del poblado —aunque esta zona no ha sido objeto de excavación— utilizarían como trasera la propia muralla, presentando el resto muros traseros comunes entre sí. El trazado urbanístico de esta fase (Ceremeño II) presenta algunas diferencias respecto al de la fase precedente (Ceremeño I), del que queda separado por un nivel de abandono. Las casas, de planta rectangular presentan muros medianiles, estando las situadas en la zona Sur del poblado adosadas en su parte posterior a la muralla, al igual que ocurriera en la fase I, mientras que las situadas inmediatamente al Norte, abiertas a la misma calle y también adosadas entre sí, presentan muro trasero corrido compartido con las viviendas abiertas hacia la calle septentrional. La superficie del poblado es de 2.000 m^2.

La mayor complejidad urbanística está presente en los poblados de mayores dimensiones, donde junto a casas dispuestas transversalmente a la muralla y adosadas a ella, el resto de las construcciones —con muros comunes al igual que aquéllas— aparecen distribuidas seguramente en torno a calles. Los trabajos de Taracena en el Castillo de Arévalo de la Sierra (fig. 36,2) (Taracena 1926a: 9) (21), los Villares de Ventosa de la Sierra (fig. 20,1) (Taracena 1926a: 5 s.) (22), el Castillo de Ocenilla (fig. 23,1)

---

(21)   Se excavaron en este poblado de 1,80 ha. algunas habitaciones de planta trapezoidal localizadas en las áreas centrales del poblado. Además, una serie de viviendas contiguas se adosaban a la muralla.

(22)   En esta ciudad de 6 ha. se identificaron a través de algunas zanjas exploratorias un buen número de habitaciones rectangulares, a veces irregulares y bastante grandes, pertenecientes a una manzana de casas. A lo largo del tramo excavado para documentar las características de la muralla se observó la presencia de edificaciones, aunque no directamente adosadas a ella, dejando un espacio libre de 0,25 m. que permitiría la recogida de aguas hacia un colector que atravesaba la muralla.

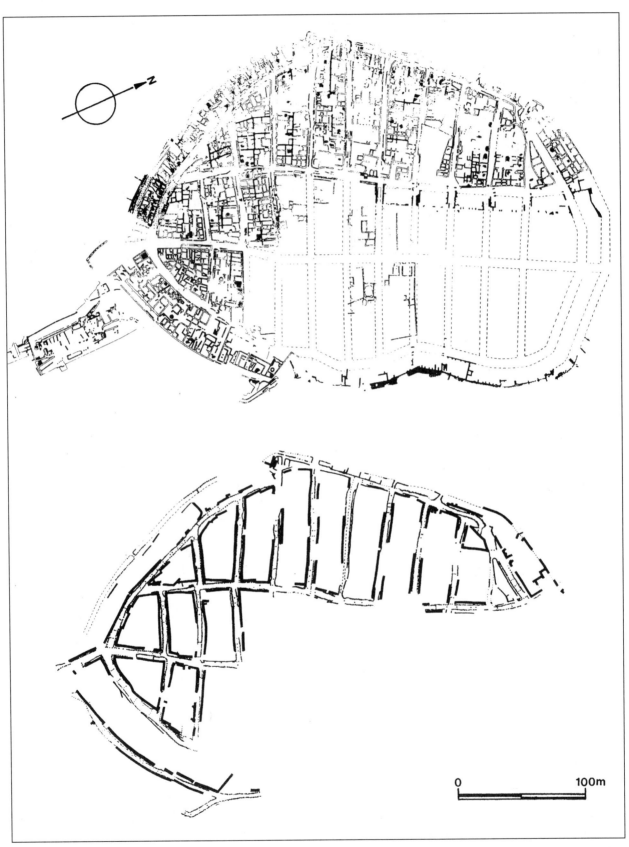

Fig. 37.—*Numancia: plano de la ciudad y de la superposición de las ciudades celtibérica (puntos) y romana (línea). (Según Schulten 1933b y Taracena 1954).*

(Taracena 1932: 42 y 47 s., fig. 6,G-H) (23), los Castellares de Suellacabras (fig. 20,4) (Taracena 1926a: 27 s.) (24) o Castilterreño de Izana (fig. 36,4) (Taracena 1927: 6 ss., fig. 1) (25), algunos de ellos ya de cronología avanzada, *ca.* siglo I a.C., han proporcionado una interesante información al respecto.

Viviendas adosadas a la muralla están documentadas en la ciudad de *Numantia*, salvo en su lado occidental, donde existiría un *intervallum* o calle de ronda. La ciudad celtibérica ofrece un trazado hipodámico (fig. 37), con dos calles paralelas de dirección Noreste-Suroeste cruzadas por otras once también paralelas, sin dejar espacios libres para plazas o lugares de reunión. La retícula de la ciudad queda cerrada hacia el Occidente por una calle paralela a la muralla, que dobla hacia el interior por el Sur, donde se han encontrado otras tres calles paralelas que formaban medios anillos concéntricos exteriores. Las casas, yuxtapuestas y de plantas no uniformes, cubrían las manzanas rectangulares delimitadas por las calles, que se hallaban pavimentadas con piedra menuda y con aceras de grandes cantos rodados, estando provistas de piedras pasaderas para cruzar el arroyo (Taracena 1954: 235 s.; Jimeno 1994a: 123 ss.; *Idem* 1994b: 39; Jimeno y Tabernero 1996: 423 ss.). Tradicionalmente, se ha identificado esta ciudad con la destruida el año 133 a.C. (Taracena 1954: 234), aunque los recientes trabajos llevados a cabo bajo la dirección de A. Jimeno permiten interpretarla como la correspondiente al siglo I a.C. (Jimeno 1994a: 123; *Idem* 1994b: 37; Jimeno y Tabernero 1996: 423 ss.). La ciudad de época imperial mantuvo el esquema urbanístico general, con remodelaciones en el trazado de algunas de sus calles (Jimeno *et alii* 1990: 53; Jimeno 1994a: 125; Jimeno y Tabernero 1996: 426 s.).

La aplicación de modelos urbanísticos ortogonales tiene su reflejo en La Caridad de Caminreal (fig. 16,5),

ciudad situada en el valle del Jiloca, que ofrece una estructura con calles perpendiculares entre sí carentes de enlosado aunque provistas de aceras y canales de captación y evacuación de aguas (fig. 33). Las calles delimitan *insulae*, al parecer ocupadas por dos o más viviendas, habiéndose excavado completa tan sólo una de ellas, la denominada *Casa de Likine*, una mansión helenístico-romana de dimensiones notables, que pone de relieve la pronta asimilación del urbanismo romano por parte de las poblaciones celtibéricas del Valle del Ebro (26). Es una ciudad de nueva planta con un único momento de ocupación, que cabe fechar entre el siglo II y el primer tercio del I a.C. (Vicente 1988; Vicente *et alii* 1991: 82 ss.).

Junto a ciudades de planta reticular conviven otras cuyo desarrollo urbanístico está fuertemente condicionado por la topografía del terreno. En San Esteban del Poyo del Cid (Burillo 1980: 156 y 188), como en la *Bilbilis* romana (Martín Bueno 1975a), los desniveles del terreno obligaron a la realización de labores de aterrazamiento mediante muros de contención. En *Contrebia Leukade*, la ciudad se asienta sobre dos cerros y una vaguada intermedia (fig. 35,2), constituyendo un espacio en pendiente que fue acondicionado con terrazas realizadas mediante el rebaje de la roca y muros de contención. Las casas, que se localizan en estas terrazas formando grupos alineados, presentan medianiles comunes, estando en parte excavadas en la roca (Hernández Vera 1982: 136 ss.; Hernández Vera y Núñez 1988).

Las características topográficas serán uno de los condicionantes principales en la organización del espacio interno de Langa de Duero (Taracena 1929: 31 ss.; *Idem* 1932: 52 ss.; *Idem* 1941: 89 s.), ciudad, que viene siendo identificada con la *Segontia Lanka* de las fuentes clásicas, localizada en la vertiente de un elevado cerro, sin fortificaciones, formada por la yuxtaposición de caseríos, con amplios espacios carentes de edificación. Las excavaciones se centraron en dos altozanos separados 200 m., en los que se dejaron al descubierto 2.750 y 2.700 m², respectivamente (fig. 38). Las viviendas, de planta cuadrangular y muros medianiles, están constituidas por varias estancias, agrupándose en manzanas.

El escaso conocimiento sobre el interior de los poblados celtibéricos, especialmente en lo que a los de menores dimensiones se refiere, no permite identificar la presencia de viviendas que evidencien una diferenciación social, de la que, sin embargo, ha quedado constancia a través del registro funerario y las fuentes literarias

---

(23)   Los sondeos realizados en el interior del poblado, cuya superficie alcanza las 7 ha., pusieron de manifiesto que en todo él hubo habitaciones, que se hallaron completamente arrasadas, localizándose otras adosadas a la muralla, con muros tangenciales a ella (fig. 19,5,G-H).

(24)   Se descubrió a lo largo de 35 m., un tramo de calle que atraviesa el poblado, cuya superficie es de 1,95 ha., en dirección Este-Oeste. Tiene 4 m. de anchura y está formada por un pavimento de grandes piedras planas, dispuestas sobre la tierra firme y ligeramente inclinadas hacia el centro para encauzar las aguas. Está flanqueada por aceras realizadas con grandes cantos planos de 0,40 m. Se determinó la existencia de dos viviendas rectangulares abiertas a ambos lados de la calle, identificándose asimismo habitaciones adosadas a la muralla.

(25)   El poblado de Izana, con una superficie de 2,2 ha., fue objeto de excavaciones que dejaron al descubierto 2.400 m² en el ángulo Sureste de la cumbre. Se localizó una calle de 2,50 m. de anchura, empedrada con canto menudo y bordeada por aceras muy bajas. Las viviendas, con muros comunes, se disponen perpendiculares a la calle y al perímetro del poblado. También se encontraron viviendas en el interior del hábitat.

(26)   La *Insula I*, ocupada por dos viviendas, posee unas dimensiones de 30 por 48,70 m., de las que prácticamente las dos terceras partes de su superficie corresponden a la *Casa de Likine* (Vicente *et alii* 1991: 92).

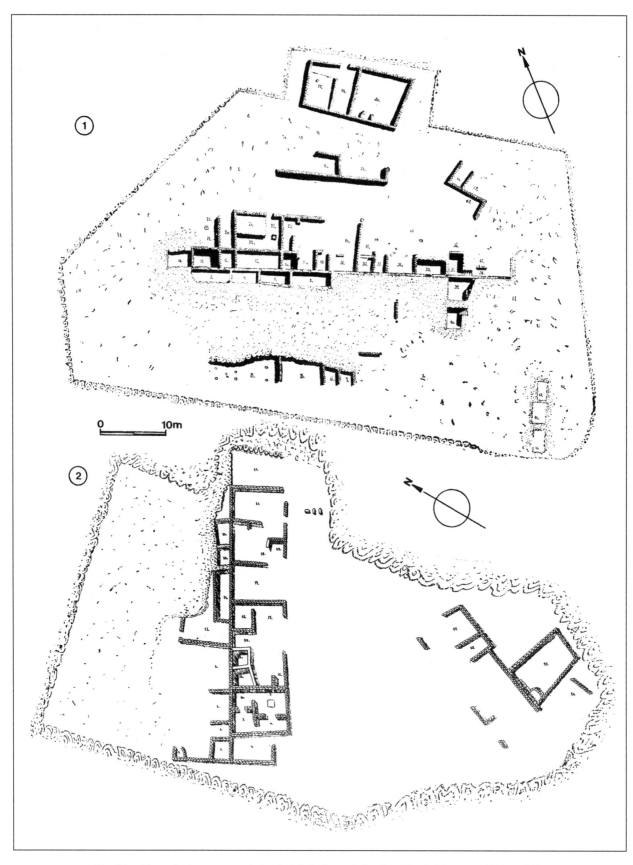

Fig. 38.—*Plano de dos sectores de la ciudad de* Segontia Lanka. *(Según Taracena 1929 y 1932).*

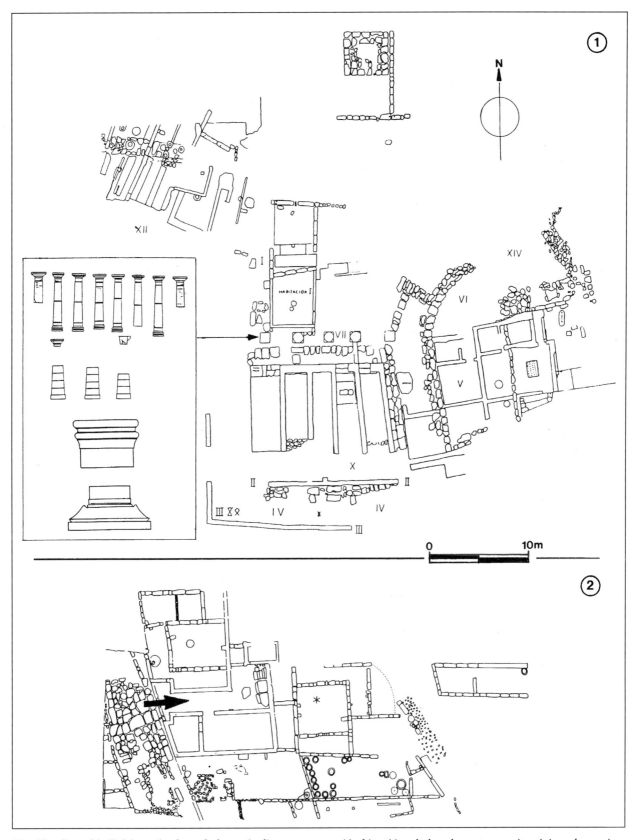

Fig. 39.—Contrebia Belaisca: *1, plano de la acrópolis y reconstrucción hipotética de los elementos arquitectónicos de arenisca localizados en la zona norte del gran edificio de adobe; 2, casa señorial e instalaciones agrícolas de transformación de la zona baja de la ciudad, con la indicación (*) del lugar de aparición del bronce de Botorrita 1. (Según Beltrán 1987b).*

(*vid.* capítulo IX). En este sentido podría valorarse la vivienda A de la fase I de El Ceremeño, que con sus 57 m² de superficie utilizable destaca respecto de las restantes estructuras contemporáneas (Cerdeño *et alii* 1995a: 174). No obstante, los hábitats más evolucionados sí han permitido detectar este tipo de viviendas, siendo un magnífico ejemplo de ello la mencionada *Casa de Likine* (fig. 33), en la que sin duda debió vivir un personaje relevante (Vicente *et alii* 1991: 123), o la casa señorial con instalaciones agrícolas de transformación anejas a ella, situada en la zona baja de *Contrebia Belaisca* (fig. 39,2) (Beltrán 1987b: 104 s.). La existencia de edificios públicos, presumiblemente de carácter político, únicamente se ha documentado en *Contrebia Belaisca* (fig. 39,1) (Beltrán 1987a y 1988), donde al parecer se han localizado también áreas artesanales (Díaz y Medrano 1986).

En relación con la presencia de aljibes, cabe destacar los hallados en el poblado de El Molón de Camporrobles (fig. 23,2) (Almagro-Gorbea *et alii* 1996: 10), en La Plana de Utiel. Tienen planta cuadrangular y están talladas en la roca. Una de las cisternas, situada en el interior del poblado, junto a la puerta, mide 3 por 6 m., estando colmatada en gran medida. La otra, que se localiza extramuros junto al camino de acceso, ofrece mayores dimensiones y una impresionante profundidad de unos 19 m., tal vez hasta alcanzar una capa freática.

Los sistemas de alcantarillado están documentados en las ciudades y en poblados de menor entidad de cronología avanzada. En los Villares de Ventosa de la Sierra, Taracena (1926a: 5, fig. 3, lám. II,2) identificó un alcantarillado que atravesaba la muralla con una sección de 62 por 37 cm. constituido por piedras de mayor tamaño, con el suelo empedrado de canto menudo. En Suellacabras, se localizaron dos atarjeas de saneamiento bajo la muralla (Taracena 1926a: 28). En La Caridad, canales de captación y evacuación de aguas (Vicente *et alii* 1991: 84), e importantes obras de abastecimiento de agua en *Contrebia Leukade*, aunque serían ya de época romana (Hernández Vera 1982: 167 ss., lám. XVII; Hernández Vera y Núñez 1988: 40); etcétera.

Por lo que refiere a obras de regadío, la Arqueología no ha proporcionado información al respecto (Asensio 1995: 376), aunque por la *Tabula Contrebiensis* (Fatás 1980; Pérez Vilatela 1991-92) se conoce su existencia, al menos desde el primer cuarto del siglo I a.C.

En algunos poblados celtibéricos (Burillo 1980: 156 y 188) se ha señalado la presencia de restos constructivos o de aterrazamientos fuera del espacio delimitado por la muralla, siendo su datación el principal problema que plantean. Como ya se ha indicado, entre el doble lienzo de murallas documentado en Herrera de los Navarros existe un espacio cuya funcionalidad está aún por determinar, espacio que quizás pudiera haber estado destinado a hábitat. Más difícil de determinar, sin la realización de nuevas excavaciones, es la contemporaneidad con el asentamiento celtibérico de los aterrazamientos existentes en una de las laderas, así como el hallazgo, también extramuros, de restos constructivos, principalmente teniendo en cuenta la reocupación de Los Castellares en época medieval (Burillo 1980: 75 ss. y 188; *Idem* 1983: 13).

IV

LAS NECRÓPOLIS

Las necrópolis localizadas en las altas tierras de la Meseta Oriental han constituido uno de los temas más atrayentes para los investigadores que han abordado el mundo celtibérico a lo largo del siglo XX, aunque en la gran mayoría de los casos sus análisis se hayan planteado desde perspectivas puramente tipológicas, centrándose en el estudio de algunos de los elementos más significativos, como las armas, las fíbulas o los broches de cinturón. Faltan, en cambio, trabajos de síntesis (Pérez Casas 1988a; Sopeña 1995: capítulo III; Ruiz Zapatero y Lorrio 1995), tan sólo realizados en los últimos años de forma parcial, que permitan analizar los cementerios celtibéricos desde una perspectiva integradora en el sistema cultural del que constituyen una parte esencial. Las necrópolis ofrecen enormes posibilidades interpretativas en aspectos tales como la sociedad o el ritual, permitiendo establecer además la propia seriación de los objetos en ellas depositados, constituyendo un tipo de yacimiento clave para emprender el análisis de la cultura a la que pertenecen.

1. LA LOCALIZACIÓN TOPOGRÁFICA

A pesar de la gran cantidad de necrópolis identificadas en la Meseta Oriental, en un buen número de ocasiones, por tratarse de yacimientos inéditos excavados a principios de siglo, se desconoce su localización exacta. Por lo común, se ubican en zonas llanas, vegas o llanuras de ligera pendiente (figs. 40-41) (Cerdeño y García Huerta 1990: 84; Aranda 1990: 104), que en la actualidad son objeto de explotación agrícola en su mayoría, o, como en Riba de Saelices o Numancia (fig. 2,1), pueden localizarse en la ladera de un cerro, Resulta habitual la proximidad de las necrópolis a cursos de agua (1), quizás debido a la existencia de rituales de tránsito en los que el agua

jugaría un papel esencial. A veces, las necrópolis se localizan sobre antiguos lugares de habitación, como ocurre en Carratiermes (Argente *et alii* 1990: 24 s.; Bescós 1992), y posiblemente también en Alpanseque y El Atance (Burillo 1987: 83; Galán 1990: 29).

Resulta difícil establecer las razones que llevaron a la elección de un determinado lugar para el emplazamiento de la necrópolis, si bien, al menos en un principio, la ubicación de ésta se vincularía con la del propio poblado. Aun cuando la relación necrópolis-poblado no pueda establecerse en muchas ocasiones, lo cierto es que las necrópolis se localizan al exterior y en los alrededores de los hábitats, ocupando un espacio, para el que cabe suponer un carácter sagrado, que resultaría visible desde éstos, de los que quedan separadas por distancias inferiores al kilómetro y medio, por lo común entre 150 y 300 m. A modo de ejemplo, la necrópolis de Numancia se sitúa a unos 300 m. del límite de la ciudad, aunque se ha señalado la existencia de un posible recinto murado a tan sólo 35 o 40 m. del límite del cementerio en su zona más alta (fig. 41,1); la necrópolis tan sólo sería visible desde este punto adelantado, pero no así desde la ciudad (Jimeno 1996: 71).

Un aspecto de especial interés es el de la existencia de más de un núcleo de enterramiento para una única comunidad, como sucede con las necrópolis de Viñas de Portuguí y Fuentelaraña que cabe vincular con el *oppidum* arévaco de *Uxama*, en cuyas proximidades se localizan (fig. 41,2). En este caso, ambos cementerios, situados en un radio de medio kilómetro en torno al cerro del Castro y separados entre sí algo menos de 2 Km., habrían sido en parte contemporáneos. Algo similar podría plantearse para las necrópolis de La Requijada de Gormaz (fig. 40,6) y Quintanas de Gormaz, pues aun no conociéndose la localización exacta de esta última, la distancia entre ambas no debió ser muy grande, solamente, al parecer, escasos kilómetros (Zapatero 1968: 73). La proximidad de ambas necrópolis junto con las escuetas y, a veces, con-

---

(1) Cerralbo (1916: 9) hace referencia concretamente a ríos, fuentes o pozos de aguas saladas. *Vid.*, asimismo, García-Soto (1990: 19) y Jimeno (1996: 71).

ALBERTO J. LORRIO

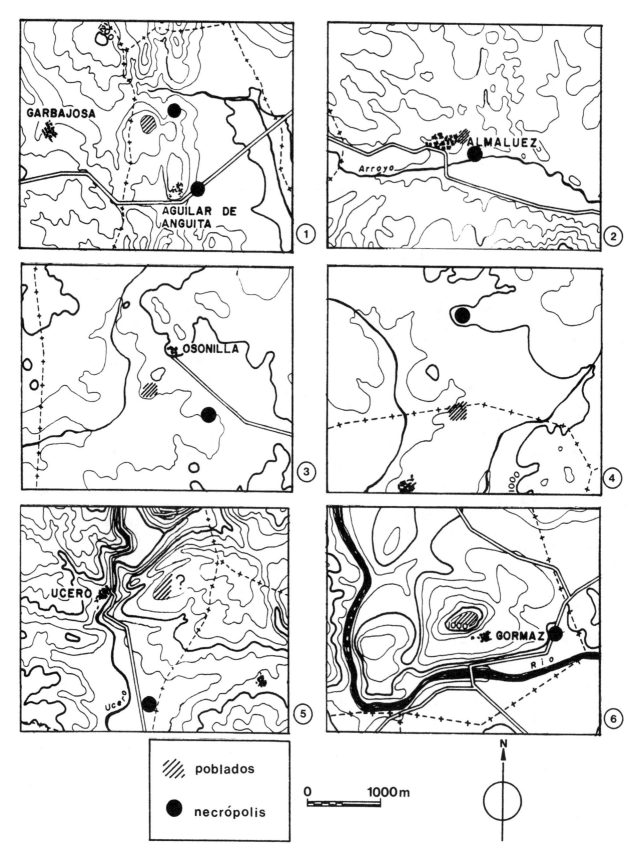

Fig. 40.—*Localización de las necrópolis de Aguilar de Anguita (1), Almaluez (2), Osonilla (3), La Revilla de Calatañazor (4), Ucero (5) y Gormaz (6) y los poblados con ellas relacionados.*

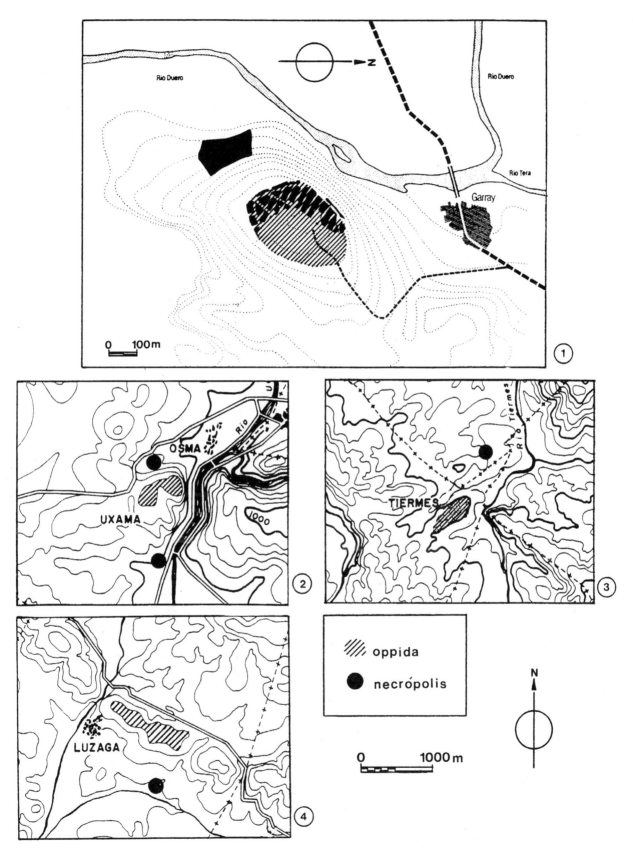

Fig. 41.—*Localización de las necrópolis de los* oppida *de Numancia (1),* Uxama *(2),* Termes *(3) y Luzaga (4). (Según Jimeno y Morales 1993 (1), Campano y Sanz 1990 (2) y Argente 1994 (3)).*

tradictorias noticias sobre el cementerio de Quintanas de Gormaz ha llevado a cuestionar la existencia de este último (García Merino 1973: 43-48), por más que la información de Morenas de Tejada (1916a: 174) sobre la tipología de los objetos encontrados en Gormaz, especialmente en lo que respecta a las espadas y puñales, no coincida con los tipos que integraban los ajuares conocidos de la necrópolis de Quintanas de Gormaz, por lo común más evolucionados (Lorrio 1994: Apéndice). La necrópolis de La Requijada se sitúa en torno a un kilómetro al Sureste del castro, localizado en el cerro donde se alza el castillo medieval de Gormaz (fig. 40,6).

Otras veces, la información tampoco resulta esclarecedora, como en Aguilar de Anguita, donde Cerralbo excavó dos necrópolis, La Carretera o Vía Romana y El Altillo (fig. 40,1), situadas a poco más de un kilómetro la una de la otra, pues el desconocimiento de los materiales procedentes de la primera de ellas y del propio núcleo de habitación al que presumiblemente estarían vinculadas no permite establecer la relación de ambos espacios funerarios. Más complejo resulta extraer cualquier conclusión sobre la relación entre los cementerios de El Plantío y El Almagral, en Rugilla o Los Mercadillos y La Cabezada, en Torresabiñán, al no conocerse su localización exacta ni la correcta atribución en cada caso de los materiales conservados a una u otra necrópolis.

La existencia de más de una necrópolis o de diferentes sectores dentro de un cementerio podría deducirse de ciertos casos, como los de Atienza, La Mercadera y, en general, los localizados en el Alto Duero, en los que no parece que se halle enterrada toda la población, según parece desprenderse de las características de los ajuares, faltando muchos de los individuos del nivel social menos favorecido (Lorrio 1990: 50). En Atienza, la tumba 7 aparece claramente separada de las demás, dejando un espacio intermedio de 115 m² en los que no se documentó resto arqueológico alguno (fig. 46,2). Ello, unido a la presencia en su ajuar de una fíbula de doble resorte y a la ausencia de armamento, permitiría plantear la mayor antigüedad de esta sepultura respecto de las restantes que, con la información disponible, posiblemente serían contemporáneas entre sí.

Un caso interesante es el de Carratiermes (Argente y Díaz 1990: 52 ss.; Argente *et alii* 1990: 14 s.; Argente *et alii* 1992a: 530), donde se han identificado al menos dos sectores de enterramiento, separados entre sí unos 200 m., al parecer libres de sepulturas. El sector A, del que proceden la mayoría de las tumbas excavadas, ofrece una forma próxima al rectángulo, habiéndose detectado la existencia de una estratigrafía horizontal, con las sepulturas de mayor antigüedad ocupando el área meridional y las más modernas, el septentrional y occidental. Por

su parte, el sector B, muy alterado, queda caracterizado por la presencia de un encachado de forma irregular cuyas dimensiones oscilan entre los 14,40 y los 7,20 m., en cuyo centro se detectó un círculo de piedras de 1,80 m. de diámetro. El encachado estaba constituido por lajas de caliza, bajo las cuales, así como en los aledaños, se hallaron las sepulturas, encontrándose numerosos restos cerámicos sobre su superficie, quizás restos de ofrendas o mejor de enterramientos destruidos por las labores agrícolas.

En la necrópolis de Numancia (Jimeno 1996: 60 ss.), las sepulturas identificadas se concentran en dos grandes grupos (caracterizados por la diferente composición de los ajuares), quedando espacios intermedios con menor intensidad o sin enterramientos (fig. 47,2).

2. LA ORDENACIÓN DEL ESPACIO FUNERARIO

Uno de los aspectos de las necrópolis de la Meseta Oriental que más ha llamado la atención es la peculiar organización interna del espacio funerario (figs. 42), que confiere a los cementerios celtibéricos una evidente personalidad. Así, algunas de las necrópolis del Alto Tajo-Alto Jalón y, en menor medida, del Alto Duero se caracterizan por la alineación de las tumbas formando calles paralelas, que en alguna ocasión se hallaban empedradas, lo que confiere a este específico ritual una cierta variabilidad, evidente asimismo en la localización de las áreas de cremación (figs. 43-44).

De esta forma, en lo que Cerralbo denominó «Necrópolis Segunda» de El Altillo en Aguilar de Anguita, que ofrecía junto a la «Necrópolis Primera» una forma próxima al rectángulo, se documentaron cinco hileras, de longitudes variables, formadas por grandes piedras a modo de estelas, de diferentes dimensiones y número, cada una de las cuales indicaba la localización de una sepultura. Los pasillos localizados entre las distintas filas o calles tenían una anchura entre 1,8 y 3 m., mientras que los más extremos eran notablemente más anchos, 14,4 y 7 m., respectivamente, siendo estos considerados, por la abundancia de ceniza hallada, como los lugares en los que se llevaron a cabo las cremaciones (Aguilera 1911, III: 14-15).

Como pudo comprobarse en el cementerio de La Hortezuela de Océn, estas calles —donde se localizaban las estelas y sus correspondientes tumbas— podían estar empedradas, alternando con otras que no lo estaban, en las que se documentó la presencia de cenizas, por lo que fueron interpretadas como posibles *ustrina* (Aguilera 1916: 16, lám. I). Algo similar debió documentarse en Alpanseque (Cabré 1917: lám. I; Cabré y Morán 1975b: 124 ss., fig. 1), donde se registraron seis grandes calles —tres de las cuales se hallaron muy alteradas— orienta-

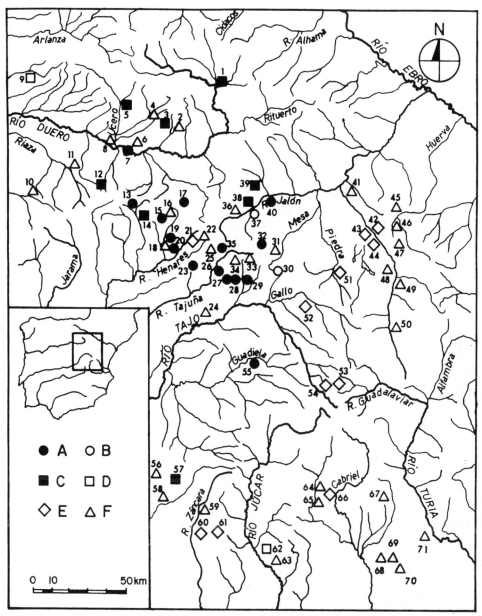

Fig. 42.—*La ordenación del espacio funerario en las necrópolis celtibéricas: A, tumbas con estelas formando calles; B, idem sin estelas; C, tumbas sin orden aparente, con estelas; D, idem sin estelas; E, idem con túmulos; F, sin datos. 1, Numancia; 2, Osonilla; 3. La Revilla de Calatañazor; 4. La Mercadera; 5, Ucero; 6, Quintanas de Gormaz; 7, La Requijada (Gormaz); 8, Viñas de Portuguí y Fuentelaraña (Osma); 9, El Pradillo (Pinilla Trasmonte); 10, Sepúlveda; 11, Ayllón; 12, Carratiermes (Montejo de Tiermes); 13, Hijes; 14, Atienza; 15, Valdenovillos (Alcolea de las Peñas); 16, Tordelrábano; 17, Alpanseque; 18, El Atance; 19, La Olmeda; 20, Carabias; 21, Sigüenza; 22, Guijosa; 23, Torresaviñan; 24, El Plantío y El Almagral (Ruguilla); 25, Garbajosa; 26, Luzaga; 27, La Hortezuela de Océn; 28, Padilla del Ducado; 29, Riba de Saelices; 30, Aragoncillo; 31, Turmiel (2?); 32, Clares; 33, Ciruelos; 34, Luzón; 35, El Altillo y La Carretera (Aguilar de Anguita); 36, El Valladar (Somaén); 37, Montuenga; 38, Almaluez; 39, Monteagudo de las Vicarías; 40, Arcobriga (Monreal de Ariza); 41, Belmonte de Gracián; 42, La Umbría (Daroca); 43, Valdeager (Manchones); 44, Valmesón (Daroca); 45, Cerro Almada (Villarreal); 46, El Castillejo (Mainar); 47, Las Heras (Lechón); 48, Gascones (Calamocha); 49, Fincas Bronchales (Calamocha); 50, Singra; 51, La Yunta; 52, Chera (Molina de Aragón); 53, Griegos; 54, Guadalaviar; 55, Cañizares; 56, Haza del Arca (Uclés); 57, Las Madrigueras (Carrascosa del Campo); 58, Segobriga; 59, Zafra de Záncara; 60, Alconchel de la Estrella; 61, La Hinojosa; 62, Buenache de Alarcón; 63, Olmedilla de Alarcón; 64, Pajarón; 65, Carboneras de Guadazaón; 66, Pajaroncillo; 67, Landete; 68, El Collado de La Cañada (Mira); 69, El Molón (Camporrobles); 70, La Peladilla (Fuenterrobles); 71, Punto de Agua (Benagéber). (1-8, 12, 17 y 36-39, prov. de Soria; 9, prov. de Burgos; 10-11, prov. de Segovia; 40-47, prov. de Zaragoza; 48-50 y 53-54, prov. de Teruel; 55-68, prov. de Cuenca; 69-71, prov. de Valencia; el resto, prov. de Guadalajara).*

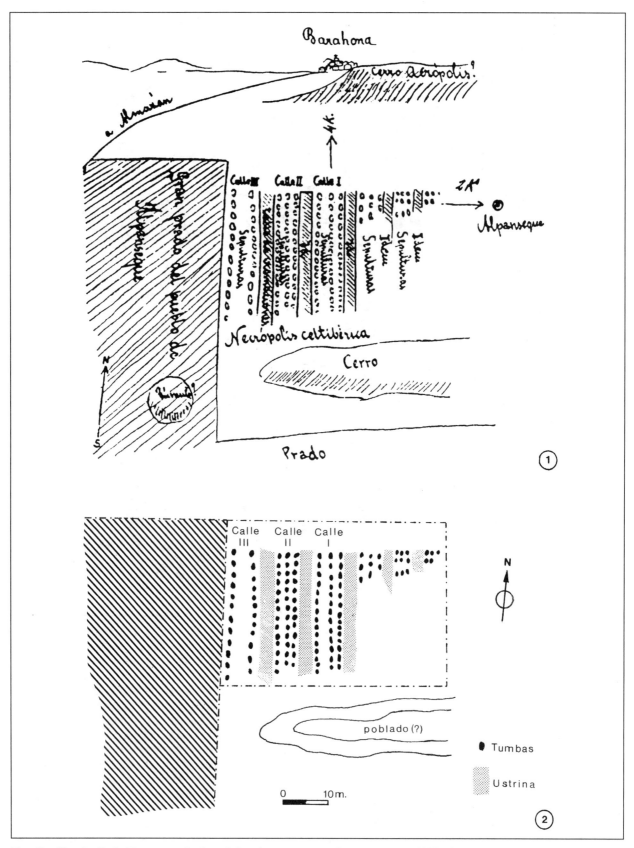

Fig. 43.—Necrópolis de Alpanseque: 1, plano de la primera campaña de excavaciones (1915); 2, interpretación de la misma (la zona rayada corresponde al prado donde se realizaron las excavaciones de 1916). (Escala aproximada). (1, según Cabré 1917).

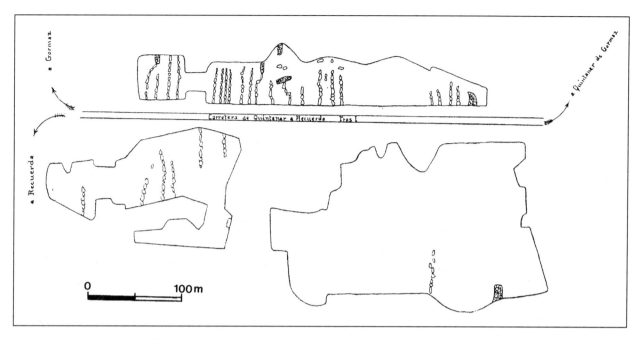

Fig. 44.—*Plano de la necrópolis de La Requijada de Gormaz. (Según Morenas de Tejada).*

das N-S y rellenas de piedras sin labrar (fig. 43). Se hallaban separadas por pasillos de 1 a 2 m. de anchura, interpretados como *ustrina*.

Una ordenación semejante fue atestiguada en Luzaga (Aguilera 1911, IV: 10-12, láms. VII-XI,1; *Idem* 1916: fig. 2), con calles separadas entre sí en torno a 2 m., formadas por estelas de diferentes tamaños, algunas muy grandes (hasta 3,40 m., según Cerralbo), delante de las cuales se depositaba una urna que contenía los restos del cadáver, y un número variable de tumbas en cada una de las calles, según Cerralbo entre 24 y 67. Hacia el Noreste, al parecer, se localizó una gran superficie interpretada como el lugar reservado a la realización de las cremaciones. Un caso muy similar al de Luzaga es el de la necrópolis de Riba de Saelices (Cuadrado 1968), ambas de cronología avanzada y muy próximas entre sí, también con estelas alineadas, con una orientación aproximada Norte-Sur, detectándose, al igual que en el ejemplo anterior, una zona interpretada como un *ustrinum* (Cuadrado 1968: 10).

Más confuso resulta el caso de la necrópolis de Montuenga (Aguilera 1909: 97ss.; *Idem* 1911, IV: 5), donde se localizaron varias líneas paralelas de urnas, con una separación entre los recipientes cinerarios en torno a un metro, que aparecían cubiertas por piedras, cenizas y tierra, todo al parecer afectado por el fuego de los *ustrina*. Por su parte, la necrópolis de Monreal de Ariza, identificada por Cerralbo como la perteneciente a la ciudad celtibérica de *Arcobriga* (Aguilera 1911, IV: 34 ss.) y al igual que la anterior en el Alto Jalón, en la que las sepulturas aparecían también alineadas formando calles, pre-

sentaba una importante peculiaridad ya que una zona de la misma, situada en uno de los extremos de la necrópolis, parecía estar reservada a un sector diferenciado de la población (*vid. infra*) (2).

Esta peculiar ordenación del espacio funerario también se documentó en La Requijada de Gormaz (fig. 44), en la margen derecha del Alto Duero. En esta necrópolis, de forma rectangular y con unas dimensiones de 110 por 25 m. (Zapatero 1968: 69; García Merino 1973: nota 20), se identificaron hasta 25 líneas de tumbas orientadas Norte-Sur, siendo muy superior el número de enterramientos individualizados al de estelas (3).

La técnica seguida por Cerralbo (1916: 17) para la excavación y posterior «reconstrucción» de las necrópolis en las que trabajó, según la cual se excavaba siguiendo las calles y señalando la localización de las estelas, que en ningún caso afloraban, para posteriormente rellenar de nuevo la zona excavada, volviendo a situar las menciona-

(2) La existencia de alineamientos de estelas se documenta también, con características semejantes a las de la Hortezuela de Océn (Aguilera 1916: 17), en Padilla, La Olmeda y Valdenovillos —en esta última, la existencia de calles se desprende de las etiquetas del Museo Arqueológico Nacional (Cerdeño 1976a: 66 ss.)—, así como, al parecer, en el cementerio conquense de Cañizares (Giménez de Aguilar 1932: 63). Otras necrópolis, como Clares, Hijes (Cabré 1937: 99-100) o Carabias (Requejo 1978: 50), según Cabré (1930: 13) podrían haber ofrecido calles de estelas, aunque Cerralbo no haga mención alguna sobre el particular.

(3) La necrópolis de Gormaz proporcionó más de 1.200 tumbas, habiéndose localizado unas 180 estelas y 710 urnas (Sentenach 1916: 78, aunque refiriéndose a la necrópolis de Quintanas de Gormaz; Taracena 1941: 84).

das estelas, ahora en superficie, en la misma posición en la que se hallaron, fue el origen de una enconada discusión científica protagonizada por M. Almagro Basch (1942: nota 2) y J. Cabré (1942). Para Almagro, la existencia de las alineaciones debía de ser puesta en duda, teniéndolas por «fantásticas», considerando —dado que las más recientes excavaciones de Taracena no lo confirmaban— las mencionadas «reconstrucciones» como imaginarias. Por el contrario, Cabré defendía la existencia de las calles de estelas ya que él mismo había asistido a los trabajos de excavación en estas necrópolis, habiendo sido, además, el autor de la documentación fotográfica existente de estos cementerios que, a veces, reflejaba el yacimiento durante su proceso de excavación.

La necrópolis de Riba de Saelices (Cuadrado 1968), donde se documentó el alineamiento de las estelas funerarias (fig. 45), sin alcanzar la complejidad registrada por Cerralbo, y los resultados obtenidos en la de Aragoncillo, con sepulturas también alineadas, esta vez sin estelas (Arenas y Cortés e.p.), han venido a confirmar la existencia de esta peculiar organización interna característica de algunos cementerios de la Meseta Oriental.

No obstante, lo que Cabré denominó «el rito céltico de incineración con estelas alineadas» que, como se ha señalado, resulta exclusivo de los cementerios de la Edad del Hierro del Oriente de la Meseta, no puede en absoluto considerarse como una práctica generalizada a todas las necrópolis celtibéricas. Más bien al contrario, la mayor parte de las que han ofrecido este tipo de información muestran una distribución anárquica a simple vista, pudiéndose detectar áreas con diferente densidad de enterramientos que, en ocasiones, pueden incluso estar delimitadas por espacios estériles, habiéndose observado en ciertos casos, como en las necrópolis de Atienza (vid. supra) o Carratiermes (Argente et alii 1992a: 530), la existencia de una auténtica estratigrafía horizontal.

Esta aparente ausencia de ordenación interna está constatada en las necrópolis de Almaluez (Taracena 1941: 32-34; Idem 1933-34) y Monteagudo de las Vicarías (fig. 46,1) (Taracena 1932: 33; Idem 1941: 100), en las que se documentó la presencia de estelas, siempre en número menor al de enterramientos. Algo similar cabe decir de las de Atienza (Cabré 1930: 40), Carratiermes (Argente y Díaz 1990: 56; Argente et alii 1992a: 533) Carrascosa del Campo (Almagro-Gorbea 1969: 33) y, posiblemente también, de la de Ucero (García-Soto 1988: 92). La presencia de al menos una estela estaría documentada en la fase más reciente de la necrópolis de Sigüenza (Fernández-Galiano et alii 1982: 12, fig. 3; Cerdeño y Pérez de Ynestrosa 1993: 46), pero debido al evidente deterioro de este yacimiento y a la concentración de las nueve sepulturas individualizadas en 16,5 m² poco puede decirse respecto a la ordenación topográfica de los enterramientos (fig. 51). Al parecer, también la necrópolis de La Revilla de Calatañazor pudo haber tenido estelas originariamente, retiradas con seguridad hace más de un siglo al realizar labores de roturación (Ortego 1983: 573) (4).

La aparente falta de orden, ya sin estelas, se evidenció igualmente en Osma (Morenas de Tejada 1916b) y en La Yunta (García Huerta y Antona 1992: 114, figs. 2-5), documentándose en ésta la presencia de enterramientos de tipo tumular (fig. 48,1). Parece registrarse también en las necrópolis de Sigüenza (fig. 51,1) (Cerdeño 1981; Cerdeño y Pérez de Ynestrosa 1993: 46) y Molina de Aragón (Cerdeño et alii 1981: 14), en cuyas fases iniciales se atestiguó la presencia de encachados tumulares muy alterados por las faenas agrícolas, habiéndose recuperado en ellos un reducido número de conjuntos cerrados. Suele ser habitual en este tipo de cementerios el que las tumbas aparezcan agrupadas, encontrándose zonas de menor densidad de hallazgos e incluso espacios libres de enterramientos (5).

El análisis de los ajuares ha permitido establecer, en ciertos casos, la existencia de una articulación interna en la organización de los cementerios celtibéricos. Este es el caso de La Mercadera (Taracena 1932; Lorrio 1990), donde las tumbas con espada aparecen agrupadas en cuatro núcleos diferentes, localizándose el conjunto más numeroso en la zona central de la necrópolis. En torno a este núcleo —hacia el Norte y el Este— se localizan la mayor parte de las tumbas carentes de ajuar (fig. 47,1). Por su parte, en la necrópolis de Atienza (Cabré 1930), las tumbas con espada aparecen mayoritariamente concentradas hacia el Sureste de la zona excavada (fig. 46,2). En el caso de Numancia (Jimeno 1996: 60 ss.) una parte importante de las 156 tumbas descubiertas —algunas de ellas señalizadas mediante estelas (fig. 50,1)— se concentran en dos grandes grupos, tanto en lo que se refiere a la localización espacial como al contenido de los ajuares (fig. 47,2). El que ocupa la zona más alta de la ladera donde se ubica la necrópolis se caracteriza mayoritariamente por ajuares provistos de elementos de adorno y de objetos de prestigio de bronce, mientras el otro, en una

_____

(4) Aún más dudosos resultan los casos de El Atance (Batalla 1994), donde pudo recuperarse una estela realizada en granito, Garbajosa, en la que se ha señalado la presencia de estelas (Argente y García-Soto 1994: 81) o las dos necrópolis de Torresabiñán, donde los enterramientos, con o sin urna, podían ir acompañados de su correspondiente estela, según las noticias recogidas por las etiquetas conservadas en el Museo Arqueológico Nacional (García Huerta 1990: 165-167).

(5) De otras necrópolis, como Tordelrábano, las dos de Ruguilla, Turmiel, La Cava, Ciruelos o las dudosas de Estriégana, Villaverde del Ducado y Renales, todas ellas en el Alto Tajo, y las de Osonilla (Taracena 1941: 134 s.), Vildé (Taracena 1941: 174) y Quintanas de Gormaz (Taracena 1941: 138), en el Alto Duero, no existe ninguna referencia sobre la presencia de estelas o en lo relativo a la ordenación del espacio funerario.

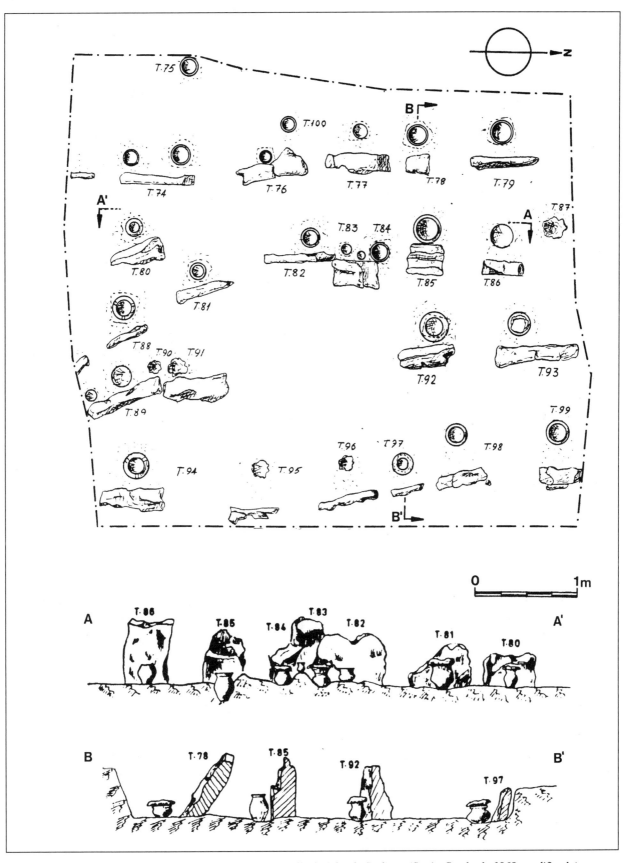

Fig. 45.—Plano y perfiles de la zona 4 de la necrópolis de Riba de Saelices. (Según Cuadrado 1968, modificado).

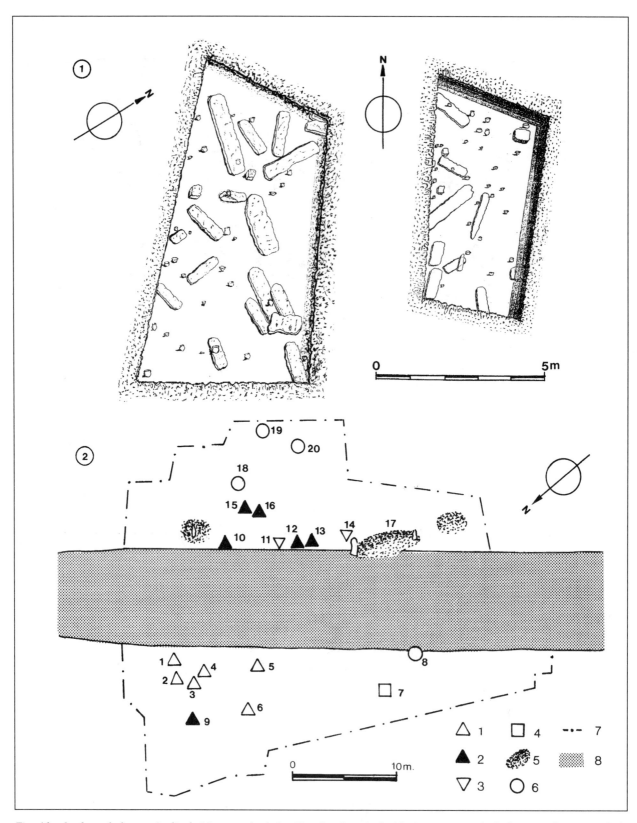

Fig. 46.—1, plano de la necrópolis de Monteagudo de las Vicarías. 2, articulación interna a partir de los tipos de ajuares de la necrópolis de El Altillo de Cerropozo (Atienza): 1, tumbas con armas, exceptuando la espada; 2, idem con espadas; 3, sepulturas alteradas con armas; 4, tumbas sin armas (con cuchillo); 5, ustrina; 6, enterramientos de época romana; 7, límite de la zona excavada; 8, caja de la carretera de Atienza a Hiendelaencina. (1, según Taracena 1932).

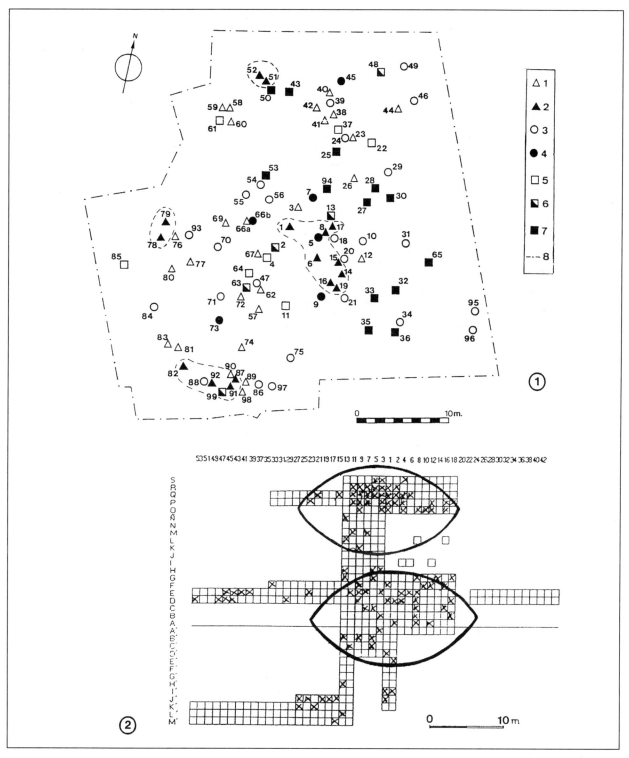

Fig. 47.—1, articulación social de la necrópolis de La Mercadera a partir del grado de complejidad de los ajuares: 1, tumbas con armas, exceptuando la espada o el puñal; 2, idem con espadas o puñales (se han incluido también las que presentan restos de vainas sin asociación directa a espadas); 3, sepulturas con adornos broncíneos; 4, idem de plata; 5, enterramientos con ajuares poco significativos (sin armas y sin adornos de bronce o plata); 6, tumbas con una urna como único elemento registrado; 7, tumbas sin ningún objeto; 8, límite de la zona excavada. (No hay referencia sobre la localización de la tumba 68). 2, Plano de la necrópolis de Numancia con la identificación de dos grupos de tumbas a partir del contenido de sus ajuares: el superior, constituido mayoritariamente por elementos de adorno y de prestigio realizados en bronce, y el inferior, con presencia generalizada de armas y objetos de hierro. (Según Lorrio 1990, modificado (1) y Jimeno 1996 (2)).

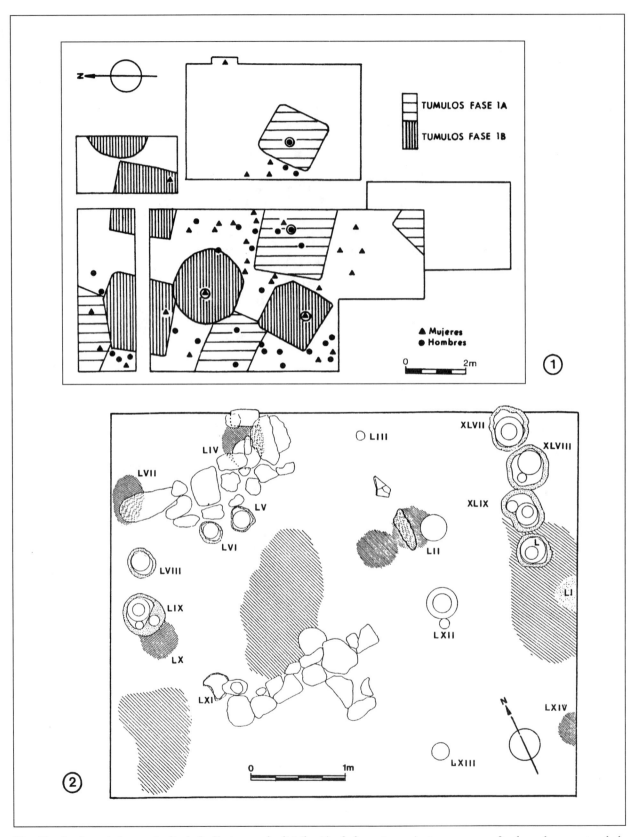

Fig. 48.—1, plano de la necrópolis de La Yunta, con la distribución de los enterramientos por sexos. 2, plano de un sector de la necrópolis de Las Madrigueras, en Carrascosa del Campo (el rayado amplio señala los ustrina y el estrecho las cenizas de las sepulturas). (Según García Huerta y Antona 1992, modificado (1) y Almagro-Gorbea 1969 (2)).

posición más baja, ofrece de forma más generalizada armas y objetos de hierro.

Diferentes fueron las dimensiones y la forma de estos cementerios, aunque poco puede decirse al respecto al carecer de documentación planimétrica en la mayoría de los casos. En Aguilar de Anguita, las dos necrópolis excavadas por Cerralbo ocupaban una superficie de 11.821 m² (Aguilera 1916: 10), la necrópolis de Numancia, 10.000 m² (Jimeno 1996: 58), La Requijada de Gormaz, 2.750 m² (Zapatero 1968: 69), La Mercadera, excavada en su totalidad, 1.500 m² (Lorrio 1990: 39), mientras que la de Riba de Saelices puede llegar, de acuerdo con Cuadrado (1968: 9), a los 5.000 m². Según Cerralbo (1916: 11), los cementerios por él excavados «se constituyen por grandes paralelogramos», lo que parece probable en el caso de Aguilar de Anguita y las demás necrópolis con alineaciones de tumbas, y así es señalado en el caso de Gormaz (Morenas de Tejada 1916a: 170). El número de enterramientos varía notablemente, pues si algunas necrópolis, como Aguilar de Anguita, alcanzan las 5.000 tumbas, otras, como La Mercadera, tan sólo proporcionaron 100. En Luzaga, los enterramientos registrados se acercaban a 2.000, Gormaz ofreció unos 1.200 enterramientos (6), Osma y Quintanas de Gormaz superaron los 800, Almaluez documentó 322 tumbas, mientras Alpanseque y *Arcobriga* ofrecieron en torno a los 300 conjuntos. Más difícil de analizar es la densidad de los enterramientos, pues la ausencia de datos sobre las dimensiones y el número de tumbas recuperadas, común a la gran mayoría de las necrópolis celtibéricas, dificulta cualquier aproximación global sobre el tema. Solamente algunos cementerios han proporcionado información al respecto: La Mercadera ofrece 0,07 tumbas por m²; Riba de Saelices, 0,4; Gormaz, 0,41; Aguilar de Anguita, 0,42 y La Yunta, 1,2.

3. EL RITUAL

El ritual funerario documentado en los cementerios celtibéricos es el de la cremación, pero habida cuenta de que únicamente se conoce el resultado final de este proceso (fig. 49,1) queda reducida toda evidencia del mismo al ajuar y al tratamiento de que éste fue objeto o a las estructuras funerarias con él vinculadas (fig. 49,2). La falta de una metodología precisa en el proceso de excavación de la mayoría de estos cementerios, el que en un buen número de casos permanecieran inéditos y el avanzado estado de deterioro en el que a menudo se hallan, dificulta cualquier aproximación en esta línea.

El cadáver sería cremado en una pira —seguramente localizada en áreas específicas del cementerio (*vid. supra*)— en posición decúbito supino, según parecen demostrar los análisis de La Yunta (García Huerta y Antona 1992: 146). Los restos de la cremación, entre los que se hallarían algunos de los objetos que formaban el ajuar —pues otros no evidencian señales de haber estado en contacto con el fuego—, serían recogidos y depositados en el área específica reservada al enterramiento, en el interior de un hoyo preparado al efecto, directamente en el suelo —envueltos en una tela o quizás en recipientes de material perecedero— o en una urna cineraria (fig. 49,2). La ubicación del ajuar también varía, sin que puedan establecerse unas pautas rígidas al respecto. A veces se localiza al lado de la urna, otras debajo de la estela (Aguilera 1916: 12), apareciendo, por lo común, los objetos de adorno dentro de la urna, y las armas, generalmente de mayor tamaño, fuera, alrededor de la misma. Las fuentes literarias ofrecen un testimonio excepcional al narrar los funerales de Viriato:

«El cadáver de Viriato, magníficamente vestido fue quemado en una altísima pira; se inmolaron muchas víctimas, mientras que los soldados, tanto los de pie como los de a caballo, corrían formados alrededor, con sus armas y cantando sus glorias al modo bárbaro; y no se apartaron de allí hasta que el fuego fue extinguido. Terminado el funeral, celebraron combates singulares sobre su túmulo» (App., *Iber.* 71). *Vid.*, asimismo, Diodoro, 33, 21ª. (Traducción E. Valentí, en Schulten 1937: 325 s.).

Los recientes análisis practicados a 23 sepulturas de la necrópolis de Numancia han aportado una importante información sobre el ritual funerario (Jimeno 1996: 59 s.; Jimeno *et alii* 1996: 36 ss.), que permite destacar la uniformidad de los restos humanos depositados en los enterramientos, muy escasos y seleccionados —ya que sólo aparecen restos pertenecientes al cráneo y a huesos largos—, así como fuertemente fragmentados, quizás de forma intencionada. La temperatura a la que se efectuó la cremación oscila entre 600 y 800°C. Resulta frecuente la aparición de restos faunísticos asociados (*vid. infra*), a veces cremados, pertenecientes a zonas apendiculares, costillares y mandíbulas, que hay que interpretar como ofrendas o evidencias del banquete funerario (*vid.* capítulo X,3.2). A ello hay que añadir un alto porcentaje de conjuntos (31,8%) que únicamente contienen restos de fauna, interpretados como enterramientos simbólicos (Jimeno 1996: 60; Jimeno *et alii* 1996: 42).

Un aspecto que cabe mencionar aquí es el de la inutilización intencionada de algunas de las armas depositadas en las necrópolis, sobre todo espadas, puñales, puntas de lanza y *soliferrea*. Si bien parece generalmente aceptado que tal destrucción deliberada se debe a motivos

---

(6) La primera campaña proporcionó 1.125 tumbas, a las que hay que añadir 8 más procedentes de la segunda (Zapatero 1968: 66 ss.).

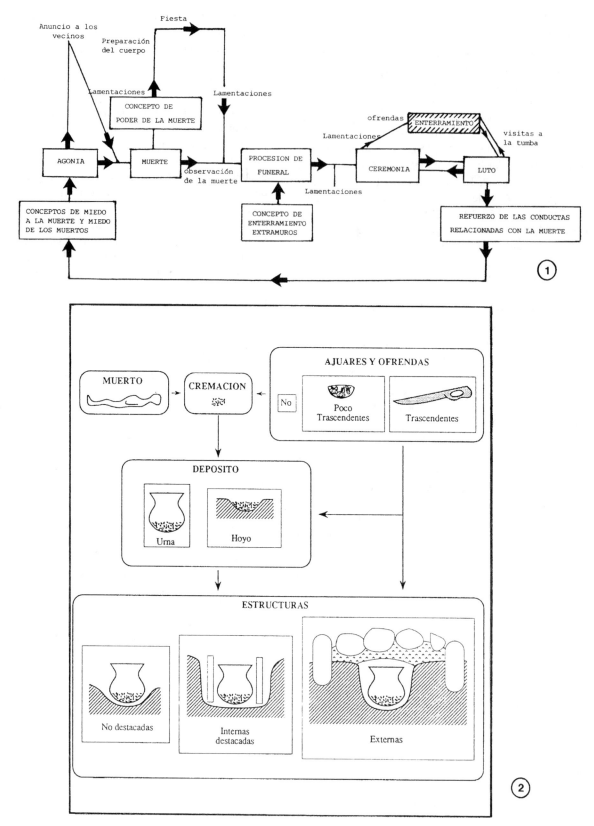

Fig. 49.—1, modelo general del conjunto de pautas relacionadas con la práctica funeraria, a partir de ejemplos etnográficos europeos (el área rayada se corresponde con la parte de la secuencia estudiada arqueológicamente); 2, modelo de ritual funerario para el ámbito celtibérico. (1, según Bartel 1982, tomado de Ruiz Zapatero y Chapa 1990; 2, según Burillo 1991a).

rituales, la variabilidad registrada en tales prácticas no permite descartar otras interpretaciones de índole funcional, como el espacio disponible para el enterramiento (*vid.* capítulo X,3.3).

4. LAS ESTRUCTURAS FUNERARIAS

En este apartado cabe incluir, por un lado, los lugares donde se realizaron las cremaciones, los *ustrina*, seguramente colectivos y en general mal conocidos, y, por otro, aquéllos en los que se produjo la colocación definitiva de los restos cremados del difunto, que ofrecen una gran variabilidad estructural, desde un simple hoyo, sin protección de ningún tipo, hasta las más complejas sepulturas tumulares.

4.1. *Los* ustrina

Se localizan, en las raras ocasiones en que han podido obtenerse evidencias sobre el particular, dentro del espacio funerario (figs. 43 y 48,2), identificándose por la presencia de abundante ceniza. Según Cerralbo (1911, III: 14 s.), a quien se debe la mayor parte de la información que se posee sobre este tipo de estructuras, en Aguilar de Anguita, los lugares reservados a la cremación del cadáver ocupaban las calles más extremas de la necrópolis, habiéndose registrado restos de cerámica y metal, mientras que, en Luzaga, se localizaban en un área marginal del cementerio destinada a tal fin. En otros casos, como la Hortezuela de Océn, Padilla, La Olmeda, Valdenovillos (Aguilera 1916: 17) y Alpanseque (Cabré 1917: lám. I), los *ustrina* alternarían su presencia con las calles empedradas reservadas a los enterramientos (fig. 43).

Lamentablemente, estas noticias no han podido ser debidamente contrastadas por los trabajos de excavación más recientes que, sin embargo, han ofrecido algunas evidencias susceptibles de ser interpretadas como lugares reservados a la cremación de los cadáveres. Así, en Riba de Saelices se documentó la presencia de un *ustrinum* formado por una potente capa de cenizas y tierra negra que contenía abundantes restos cerámicos, conchas marinas, un cuchillo, etc., localizado en un espacio libre de enterramientos que se hallaba en la zona central de uno de los sectores de la excavación (Cuadrado 1968: 10, fig. 5). En Atienza se registró la existencia de una serie de fosas de «ceniza y tierra negra» —claramente diferenciadas, según Cabré (1930), de las pertenecientes a época romana— cubiertas, a modo de protección, por una capa de piedras calizas procedentes de los alrededores, que fueron interpretadas como *ustrina*. Si bien en algunas de estas fosas no se halló resto alguno, en otras, como la que Cabré denominó «sepultura 17» (fig. 46,2), de 2,50 m. de

longitud, se encontraron, junto a restos humanos cremados, elementos metálicos pertenecientes a los ajuares.

En la necrópolis de Molina de Aragón se identificaron dos manchas de forma oval muy próximas entre sí, de 77 x 66 x 35 cm. y 110 x 70 x 20 cm., formadas por tierra quemada y abundantes cenizas (Cerdeño *et alii* 1981: 12, 14s. y 26-29, lám III,1; Cerdeño y García Huerta 1990: 86). Estas estructuras se hallaban delimitadas por piedras de diversos tamaños, habiéndose localizado en su interior numerosas piezas de bronce, fragmentos de cerámica y restos de fauna, lo que permitió considerar tales estructuras como posibles *ustrina*, aunque sin desestimar su consideración como fuegos de ofrendas o *silicernia*, dado su tamaño relativamente pequeño (*vid.* Cerdeño y García Huerta 1990: 86). Dichas estructuras, junto con los enterramientos, se hallaron entre los restos, prácticamente irreconocibles, de lo que se ha interpretado como encachados tumulares.

Carratiermes ha proporcionado cinco estructuras, situadas en las proximidades de las sepulturas, que han sido consideradas igualmente como posibles *ustrina* (Argente, coord. 1990: 128 y 130; Argente *et alii* 1992a: 533). De diferentes medidas y de forma oval o subcircular, estaban formadas por una capa de guijarros, fracturados por la acción del fuego, envueltos por una potente capa de cenizas. Al parecer no han proporcionado restos materiales, lo que hace pensar en que se procedió a su limpieza una vez realizadas las cremaciones. Distinto sería el caso de la necrópolis de Ucero (García-Soto 1990: 23, figs. 3 y 5), donde se han hallado, en el interior del espacio funerario, una serie de fosas rellenas de cenizas, restos de bronce y, en una proporción reducida, huesos cremados, que a veces han aparecido cubiertas por lajas de piedra.

En el cementerio de El Pradillo (Pinilla Trasmonte, Burgos), se localizó en el sector 1 una mancha longitudinal de cenizas —que alcanza una superficie aproximada de 20 m^2 y una potencia de 0,20 m.— interpretada como un *ustrinum*, habiéndose recogido entre las cenizas algunos fragmentos de cerámica y pequeños restos de objetos de bronce deformados por el fuego (Moreda y Nuño 1990: 172).

4.2. *Tipos de enterramiento*

Existe una gran variabilidad respecto al tipo de enterramiento, desde la sencilla colocación de los restos de la cremación en un hoyo, con o sin urna cineraria, a veces acompañados de estelas de variado tamaño (fig. 50), hasta los encachados tumulares (Cerdeño y García Huerta 1990: 87 s.; Argente y Díaz 1990: 55 s.). Tales estructuras, estelas y túmulos, además de proteger la sepultura,

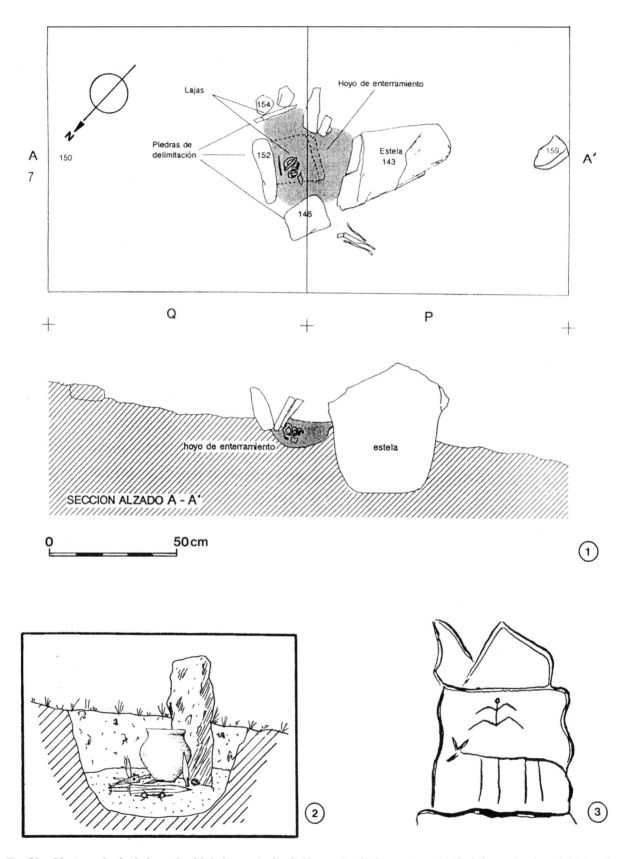

Fig. 50.—Planta y alzado de la tumba 36 de la necrópolis de Numancia (1). Reconstrucción ideal de una tumba celtibérica (2). Estela funeraria con decoración figurada de Aguilar de Anguita (3). (Según Jimeno y Morales 1994 (1) y Aguilera 1913b (3)).

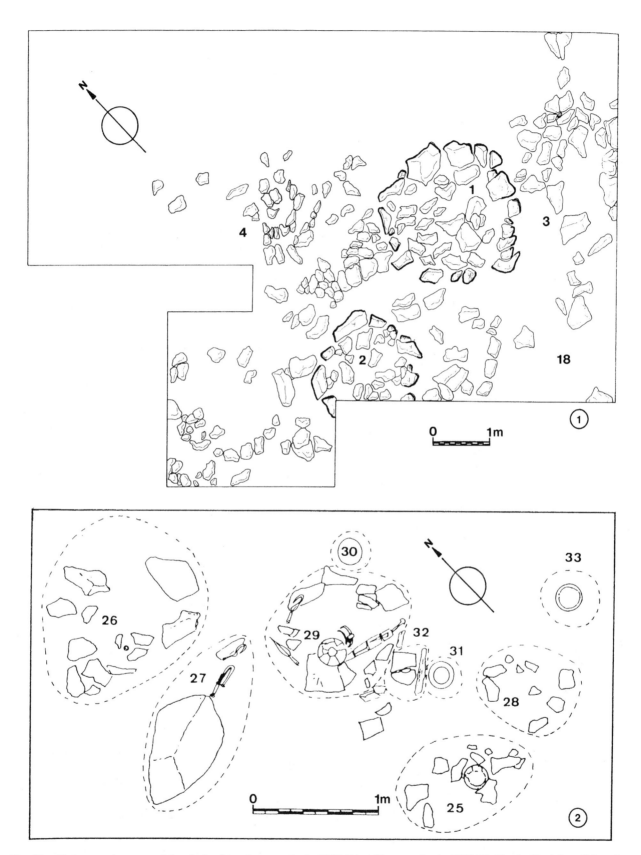

Fig. 51.—Sigüenza: planos parciales de las fases I, campaña de 1976 (1), y II, campaña de 1974 (2). (Según Cerdeño y Pérez de Ynestrosa 1993 (1), modificado, y Fernández-Galiano et alii *1982 (2)). La numeración de las sepulturas según Cerdeño y Pérez de Ynestrosa 1993.*

también permitirían su localización, al ser visibles al exterior. La variabilidad observada entre las tumbas de un mismo cementerio, lo que podría implicar, en función de la mayor complejidad constructiva, diferencias de tipo social, también se hace evidente entre las distintas necrópolis. A modo de ejemplo, en Aguilar de Anguita (Aguilera 1916: 12) y Riba de Saelices (fig. 45) las urnas solían estar cubiertas con una laja de piedra y se depositaban delante de la estela, mientras que en La Yunta, donde conviven enterramientos tumulares con simples tumbas en hoyo (fig. 48,1), con o sin protección pétrea, al no haber estelas (García Huerta y Antona 1992: 108 s.), las urnas aparecían cubiertas por tapaderas cerámicas, con la sola excepción de dos conjuntos, donde curiosamente no se hallaron restos del cadáver, en los que las urnas estaban tapadas por lajas pétreas.

Las estelas varían notablemente de tamaño (7), estando realizadas generalmente en los materiales propios de la región donde se ubica la necrópolis (Argente y García-Soto 1994: 88). Suele tratarse de piedras sin desbastar, o a veces toscamente labradas, conociéndose tan sólo un ejemplar decorado con una representación esquemática de un caballo y una figura humana, procedente de Aguilar de Anguita (fig. 50,3) (8).

Los enterramientos tumulares ofrecen también una cierta diversidad, hallándose normalmente bastante alterados, no quedando en ocasiones otra evidencia que la acumulación de piedras sin forma definida. Aunque su presencia ha sido señalada en Griegos (Almagro Basch 1942), Valmesón (Aranda 1990: 102), Molina de Aragón (Cerdeño *et alii* 1981: 13 s., fig. 2), Sigüenza (fig. 51,1) (Cerdeño y Pérez de Ynestrosa 1993: 14 ss.), Atienza (Cabré 1930: 40), Carratiermes (Argente y Díaz 1990: 51), Ucero (García-Soto 1990: 20) y posiblemente La Mercadera (Taracena 1932: 7), sus características constructivas únicamente han podido definirse con claridad en las necrópolis de La Yunta (fig. 48,1) (García Huerta y Antona 1992: 111 ss.) y La Umbría de Daroca (Aranda 1990: 104 s. y 109).

En La Yunta (fig. 48,1) se han localizado 18 de estas estructuras (García Huerta y Antona 1995: 58) —de las que se han publicado once, ocho de las cuales delimitadas en su totalidad (García Huerta y Antona 1992: 111 ss.)— pudiéndose diferenciar dos tipos: los túmulos de forma rectangular, realizados por la superposición de tres hiladas de piedras, con dimensiones que oscilan entre los 2 y los 1,70 m. de lado y los 0,55-0,60 de altura, presentando una cista irregular de situación variable, y los más sencillos encachados tumulares, también rectangulares o, en menor medida, circulares y de dimensiones que oscilan entre 2-2,5 m. de lado y 0,25-0,35 de altura. En La Umbría, los empedrados tumulares —únicamente documentados en las fases más antiguas de este cementerio— presentan formas ligeramente circulares u ovales, con diámetros que oscilan entre 0,75 y 1,50 m., así como cuadradas o rectangulares, cuyo tamaño varía de 0,90 por 0,80 m., en los menores, hasta 1,60 por 1,15, en los mayores (Aranda 1990: 104 s.).

La presencia de enterramientos tumulares, que siempre constituyen en las necrópolis celtibéricas un elemento minoritario, podría implicar consideraciones de tipo social difíciles de determinar dada la heterogeneidad observada, que se hace patente tanto en su tipología como en su variada cronología (Cerdeño y Pérez de Ynestrosa 1993: 67 ss.; Pérez de Ynestrosa 1994). Por un lado, estas estructuras se documentan en cementerios de cronología antigua del Alto Tajo, como los de Molina de Aragón (Cerdeño *et alii* 1981: 13-14, fig. 2), Sigüenza (fig. 51,1) (Cerdeño 1981: 191 ss., figs. 1-2; Cerdeño y Pérez de Ynestrosa 1993: 14 ss.) y Griegos (Almagro Basch 1942), estando igualmente presentes en necrópolis de datación más avanzada, como La Yunta (fig. 48,1), en su fase inicial (García Huerta y Antona 1992; *Idem* 1995: 64 s.) o Carratiermes (Argente y Díaz 1990: 51), en tanto que en Ucero los encachados se asocian a tumbas de diferente cronología (García-Soto 1990: 20). En Atienza, Cabré (1930: 40) constató cómo la superficie del terreno donde se situaban los ajuares funerarios y los *ustrina* aparecía recubierta a veces «con una capa o piedras de pequeño tamaño». En La Mercadera, la presencia de cantos de río en la zona central del área excavada, sobre los enterramientos e incluso en contacto con ellos (Taracena 1932: 7), podría tener que ver con la existencia de algún tipo de estructura, en cualquier caso muy alterada y prácticamente irreconocible, quizás por encontrarse a poca profundidad y tratarse de una zona de labrantío, estructura que cabría relacionar tal vez con otras identificadas como encachados tumulares o incluso con restos de *ustrina* (Lorrio 1990: 40).

La dispersión geográfica de las estructuras tumulares, a diferencia de lo observado en el caso de las alineaciones de estelas, excede el teórico territorio atribuido a los

---

(7)   En Luzaga el tamaño de las estelas oscila entre 0,5 y 3,40 m. (!), lo que parece excesivo, aunque en Aguilar de Anguita algunas llegaran a los 3 m. (Aguilera 1916: 17) y en Monteagudo de las Vicarías a los 2,50 de altura. En Riba de Saelices, ofrecían dimensiones más homogéneas, entre los aproximadamente 70 cm. de longitud por 60 de anchura y 20 de grosor, de las mayores, hasta los 30 x 15 x 20 cm., de algunas de las menores (*vid.* Argente y García-Soto 1994: 84 ss.).

(8)   La estela medía 1,05 m. de longitud, 0,45 de ancho y entre 0,27 y 0,10 de grosor (Aguilera 1913b). Debajo de ella aparecieron los restos de la urna cineraria, una espada de antenas, una lanza con su regatón, dos discos de bronce y dos fusayolas. *Vid.* Argente y García-Soto (1994: 88) sobre la posibilidad de que la estela se trate de un bloque reutilizado, perteneciente originariamente a un monumento megalítico.

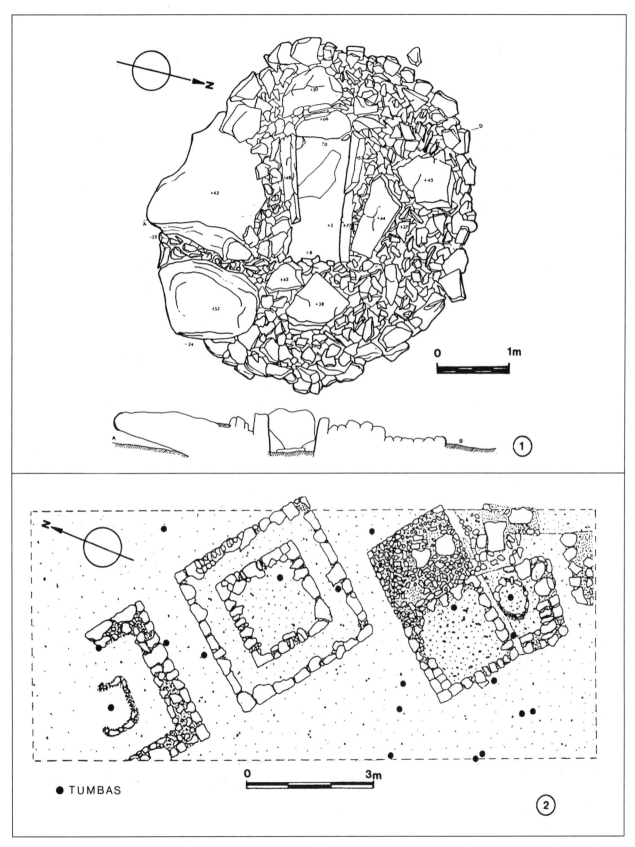

Fig. 52.—1, planta y sección del túmulo 3 de Pajaroncillo; 2, planta de la necrópolis de Alconchel de la Estrella. (Según Almagro-Gorbea 1973 (1) y Millán 1990 (2)).

Celtíberos, estando bien documentadas en áreas periféricas de la Meseta Oriental, zonas algunas de ellas que, en un momento avanzado, serán consideradas como parte integrante de la Celtiberia. Hacia el Sur, en la provincia de Cuenca, los enterramientos tumulares conviven con otros tipos de sepultura en La Hinojosa (Galán 1980; Jiménez *et alii* 1986: 158; Mena 1990: 186 s.) y Alconchel de la Estrella (fig. 52,2) (Millán 1990), ya en la zona de transición hacia el mundo ibérico, a pesar de que en este último cementerio el armamento recuperado sea indudablemente de tipo celtibérico. Junto a ellas cabe mencionar la necrópolis tumular de Pajaroncillo (fig. 52,1) (Almagro-Gorbea 1973: 102, 112 y 122). En el Bajo Jalón, también se conocen este tipo de estructuras (Pérez Casas 1988b; 1990), y lo mismo cabe decir de la zona burgalesa, donde cabría citar los casos de Lara de los Infantes (Monteverde 1958) o Ubierna (Abásolo *et alii* 1982). La presencia de túmulos está documentada igualmente hacia el Occidente en cementerios como el abulense de La Osera (Cabré *et alii* 1950) o los extremeños de Botija (Hernández 1991: 257) y Hornachuelos (Rodríguez y Enríquez 1991: 542 ss. fig. 5).

5. EL AJUAR FUNERARIO

Los objetos que acompañan al cadáver en la sepultura, esto es, el ajuar funerario, pueden ser de muy distinto tipo: los realizados en metal (fig. 53,1), generalmente bronce o hierro, o también plata, que incluyen las armas, los elementos de adorno, los útiles, etc.; los cerámicos, que abarcarían desde la propia urna cineraria hasta los vasos que en ocasiones les acompañan, casi siempre como contenedores de las ofrendas de tipo perecedero ofrecidas al difunto, realizándose igualmente en este mismo material otros elementos como fusayolas o bolas; los objetos de hueso, pasta vítrea, piedra, etc., o los fabricados en materiales perecederos, estos últimos no conservados en ninguna ocasión, entre los que se incluirían ciertas armas de cuero o madera y aquellas partes del arma realizadas en este tipo de material, los recipientes de madera, cuyo uso es señalado por las fuentes literarias (Str., 3, 3, 7), o la propia vestimenta del difunto.

El valor de los objetos depositados en las sepulturas adquiere, por la propia selección de los mismos para formar parte de los ajuares funerarios, connotaciones que rebasan su simple carácter funcional. Si bien la mayoría de los objetos depositados en las tumbas debieron tener una función práctica en el mundo de los vivos, lo que no conlleva necesariamente el que fueran utilizados de forma cotidiana, algunos de ellos presentan un valor social y simbólico añadido al puramente funcional, pudiendo ser considerados como indicadores del estatus de su poseedor. Destaca el papel jugado por el armamento y muy

particularmente por la espada, cuyo importante valor como objeto militar es bien conocido gracias a las fuentes clásicas. El armamento se configura como un bien indivisible con su portador, que llega a preferir la muerte antes que verse desposeído de sus armas (*vid.* Sopeña 1987: 83 ss.; *Idem* 1995: 92 ss.).

El prestigio de la espada como arma de lucha llevó a convertirla en indicadora del estatus guerrero y de la posición privilegiada dentro de la sociedad celtibérica por parte de su dueño, enfatizando el carácter militar de dicha sociedad. Las ricas decoraciones que a menudo presentan las empuñaduras de estas piezas y sus vainas, junto con su frecuente aparición en los conjuntos funerarios de mayor riqueza, hacen de la espada un auténtico objeto de prestigio, por más que en ciertos casos forme parte de ajuares con un reducido número de elementos.

Las armas de asta, categoría que integra a los diversos modelos de lanzas y jabalinas que constituyeron el tipo de arma más habitual, únicamente debieron ostentar el prestigio de las espadas en la fase inicial de los cementerios celtibéricos, en la que éstas estaban todavía ausentes. Con todo, algunos ejemplares presentan decoración incisa (*vid.* tablas 1-2, nº 35) e incluso damasquinada (Lenerz-de Wilde 1991: 105 s.).

El hallazgo, con relativa frecuencia, de arreos de caballo en sepulturas militares ricas, unido al alto costo que supondría la posesión y manutención de estos animales, permite reconocer el papel destacado del caballo para las élites celtibéricas.

El valor social y simbólico de los elementos de ajuar también debió extenderse a otros objetos, de aparente uso cotidiano, como hoces y tijeras, dada su vinculación sistemática en los cementerios celtibéricos —sobre todo en los situados en el Alto Duero— con ajuares militares generalmente provistos de un buen número de objetos, pudiendo interpretarse como objetos de prestigio que reflejarían el control de la producción agrícola y/o la posesión de la tierra (las hoces), y de la riqueza ganadera (las tijeras). Este carácter simbólico puede plantearse también para los broches de cinturón y los pectorales, cuyas sintaxis decorativas van más allá de su función puramente ornamental (Morán 1975; *Idem* 1977; Cabré y Morán 1975a; Argente *et alii* 1992b).

Los cementerios celtibéricos han documentado también la existencia de ofrendas perecederas, indirectamente a través de los recipientes cerámicos que en ocasiones acompañan a la urna cineraria y, directamente, con la presencia de restos de animales (*vid.* capítulo X,3,2), principalmente bóvidos, ovicápridos y équidos, en algunas tumbas de las necrópolis de Molina de Aragón, La Yunta, Aragoncillo, Aguilar de Anguita, Sigüenza, Numancia o Ucero (Aguilera 1916: 48 y 97; Cerdeño y

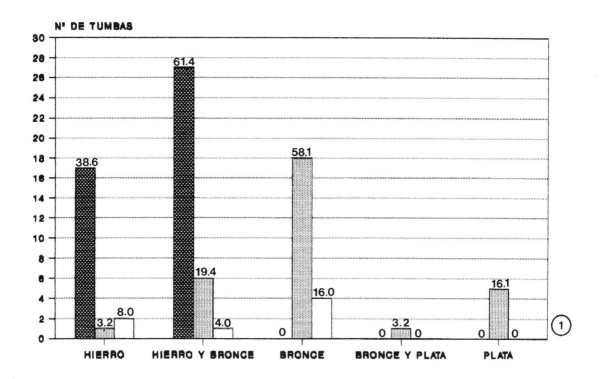

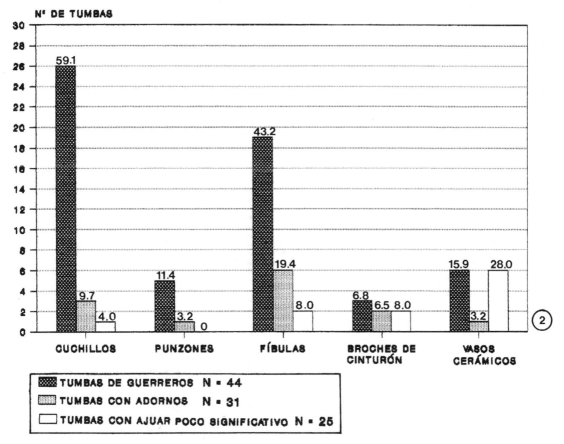

Fig. 53.—La Mercadera: 1, presencia de metales por tipos de tumbas (los porcentajes situados sobre los histogramas están referidos al total de tumbas de cada grupo); 2, distribución de algunos elementos presentes en los ajuares por tipos de tumbas. (Según Lorrio 1990, modificado (2)).

García Huerta 1990: 89; García-Soto 1990: 26; García Huerta y Antona 1992: 148 s.; *Idem* 1995: 60; Cerdeño y Pérez de Ynestrosa 1993: 64 s.; Jimeno 1994b; *Idem* 1996: 60; Jimeno *et alii* 1996: 37 s.; Arenas y Cortés e.p.) que, debido al valor económico que debieron alcanzar estos animales, bien pudieran ser un indicador del rango del individuo al que van asociados (Ruiz-Gálvez 1985-86: 93) (9).

El análisis de los ajuares funerarios permite establecer una serie de asociaciones (figs. 47, 53 y 54) que, por su repetición y, a veces, por su propia excepcionalidad, cabe vincular con grupos característicos de la sociedad celtibérica.

Un grupo destacado de sepulturas se define por la presencia de armas (espadas, puñales, lanzas, jabalinas, escudos y cascos) en diferentes combinaciones (lám. II,2), a las que suelen asociarse cuchillos, así como arreos de caballo y útiles tales como el punzón o, de forma menos usual, la hoz o las tijeras. También se documentan objetos relacionados con la vestimenta, como los broches de cinturón o las fíbulas. Tales ajuares podrían sin dificultad vincularse con enterramientos de varones, cuyo estatus guerrero estaría indicado por la presencia de armas (*vid.* Sopeña 1995: 171).

Junto a ellos se sitúan los ajuares con elementos de adorno personal (espirales, pulseras, brazaletes múltiples, pendientes, pectorales, etc.), así como fíbulas, broches de cinturón, o las fusayolas, también presentes en el grupo anterior, al igual que ocurre con los cuchillos y las leznas o dobles punzones (lám. II,3). Este segundo grupo podría relacionarse en general con enterramientos femeninos, sin que deba destacarse su vinculación en algunos casos con individuos de sexo masculino, tal como se ha señalado, sin la debida contrastación con los análisis antropológicos, para las tumbas con ajuares broncíneos, entre las que destacan las provistas de pectorales, propias de la fase inicial de Carratiermes (*vid.*, al respecto, entre otros trabajos, Argente *et alii* 1991: 115 s.). En este mismo sentido cabe interpretar algunas tumbas de la necrópolis de Numancia con objetos broncíneos de prestigio asociados a elementos de adorno (Jimeno 1996: 61 s.), como el conjunto 38, cuyo ajuar incluía —junto a una placa de cinturón, cuatro fíbulas y fragmentos de otras y nueve agujas, entre otros elementos— dos posibles *signa equitum* (*vid.* portada), similares a otra pieza procedente de la ciudad interpretada asimismo como un estandarte (*vid.* capítulo V,3.10; fig. 78,C,15). Un caso semejante lo proporciona la tumba 32, aunque aquí los estandartes han

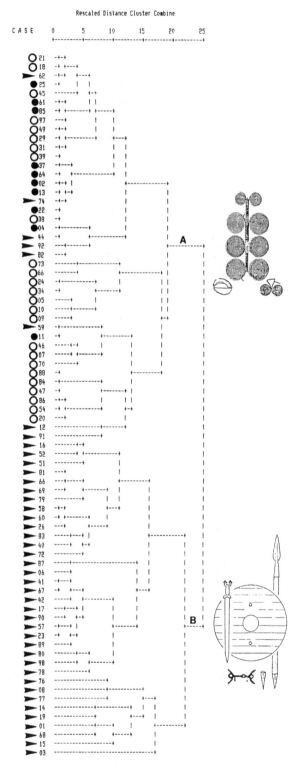

Fig. 54.—*Dendrograma del análisis de conglomerados de los ajuares de la necrópolis de La Mercadera, según el método de Ward, con distancia «city block». El grupo A incluye los conjuntos con elementos de adorno (círculos blancos), los que carecen de objetos «sexualmente» significativos (puntos negros) y algunos provistos de armas (triángulos). El grupo B recoge sólo tumbas con armamento.*

sido sustituidos por una fíbula de caballo con jinete (Jimeno 1996: 62; lám. XX).

Finalmente, un número importante de tumbas resultan de más difícil adscripción, tanto por documentar únicamente objetos que aparecen, indistintamente, formando parte de ajuares militares o de conjuntos caracterizados por la presencia de elementos de adorno, como ocurre con las fíbulas y los broches de cinturón (fig. 53,2), o, más generalmente, por la total ausencia de ajuares significativos.

La falta de análisis antropológicos no cabe duda que constituye una traba importante al intentar adscribir los elementos anteriormente señalados a uno u otro sexo. Sin embargo, estudios realizados sobre poblaciones de La Tène Reciente en Europa centro-occidental vienen a mostrar que, a pesar de la escasez de este tipo de análisis, en aquellos casos en los que se han llevado a cabo, han podido identificarse las tumbas con armas como pertenecientes a hombres adultos, mientras que los elementos ornamentales, tales como brazaletes, torques, pulseras, anillos, etc., se relacionan en la mayoría de los casos con mujeres adultas, siendo escasa su asociación con hombres, y algo más abundante, con niños (Lorenz 1985: 113 y 117).

Unos resultados similares ha proporcionado la necrópolis vaccea de Las Ruedas, en Padilla de Duero (Sanz 1990: 165), que con las de La Hinojosa (Mena 1990: 192 s.), Sigüenza (Cerdeño y Pérez de Ynestrosa 1993: 62 s.) y La Yunta (fig. 48,2) (García Huerta 1991; García Huerta y Antona 1992: 149 ss.) constituyen los únicos cementerios en la Meseta en los que se ha llevado a cabo este tipo de análisis (10), cuyo grado de fiabilidad está condicionado, en buena medida, por el tipo de ritual, la cremación, y por la cantidad y calidad de los restos óseos que integran cada depósito (11), por lo que los resultados obtenidos deben ser considerados con prudencia (vid., al respecto, Sanz y Escudero 1994: nota 14; Jimeno et alii 1996: 31 ss.).

En Las Ruedas se confirma la atribución mayoritaria de los ajuares armamentísticos a individuos de sexo masculino, aunque ocasionalmente también puedan vincularse con mujeres, cuyo estatus elevado se confirmaría por la propia asociación con armas que, como ocurre en la tumba 32, pueden incluso estar damasquinadas. La existencia de armas en sepulturas femeninas no debe verse como un indicio de la pertenencia de algunas mujeres al estamento militar sino que debe de interpretarse como una prueba de la posición privilegiada que la difunta debió gozar en vida, bien por su matrimonio o por su pertenencia a un grupo familiar destacado. A diferencia de lo observado en los cementerios celtibéricos, ni las fusayolas, que se vinculan con tumbas femeninas o infantiles, ni los broches de cinturón, que lo hacen mayoritariamente con tumbas femeninas, aparecen formando parte de ajuares militares.

Los análisis realizados en la necrópolis de Sigüenza han permitido identificar cuatro sepulturas femeninas, dos de ellas de ajuares militares (tumbas 1 y 14) y las restantes con un buen número de objetos de adorno (tumbas 2 y 5), a los que se añade el cuchillo curvo. Todos estos conjuntos pertenecen a la fase inicial de este cementerio, pudiendo ser considerados como enterramientos ricos (entre 7 y 12 objetos por tumba). De los restantes casos, dos corresponden a enterramientos masculinos, con ajuares integrados por una punta de lanza —tumba 7 (fase I)—, una urna y una fusayola —tumba 32 (fase II)—, documentándose también un enterramiento de un niño de un año —tumba 25 (fase II)—, cuyo ajuar se reducía a la urna cineraria.

Un caso diferente es el de la necrópolis de La Yunta (fig. 48,1), cuya cronología avanzada y localización geográfica la sitúan en un área marginal respecto a los focos más activos de la Celtiberia, caracterizada por el empobrecimiento de los ajuares y la práctica desaparición de las armas, por lo que difícilmente pueden extrapolarse al resto del territorio celtibérico los resultados obtenidos en este cementerio mediante los análisis antropológicos (12). Así, a pesar de que, de la docena de tumbas en las que se ha hallado algún elemento armamentístico, seis correspondan a mujeres (50%) y cuatro a hombres (33%), no habiéndose podido determinar el sexo en las dos restantes (17%), no hay que olvidar que ninguna de ellas contenía un arma completa, ya que los hallazgos se reducen a diez regatones, restos de una vaina de puñal y un fragmento de hoja de cuchillo (García Huerta y Antona 1992: 141 s.). En cuanto a los elementos de adorno, las fíbulas constituyen en esta necrópolis el objeto más frecuente,

---

(10)   En La Yunta (García Huerta y Antona 1995: 61 s.), se ha podido determinar sexo y edad en 127 de las 206 tumbas analizadas, con un total de 129 individuos al haberse encontrado dos tumbas dobles. En Sigüenza (Cerdeño y Pérez de Ynestrosa 1993: 62 s.; Reverte 1993), de las 33 sepulturas publicadas tan sólo se han realizado análisis antropológicos en 10 casos, habiéndose determinado sexo y edad en 7 de ellas. Por su parte, en Las Ruedas (Sanz 1990: 163 s.), se han analizado 65 depósitos, cinco de ellos dobles y otros tantos carentes de los restos cremados del difunto, mientras que en La Hinojosa se han estudiado 44 de los 55 enterramientos excavados (Mena 1990: 192).

(11)   En la necrópolis de Las Ruedas, la cantidad de restos óseos varía entre 9 gr. y 556 gr., estando la mayor parte entre 100 y 350 gr. (Sanz 1990: 164). En Sigüenza, los restos oscilan entre los 4 y los 1.019 gr., pero la mayoría no supera los 250 (Reverte 1993).

(12)   Los datos comentados corresponden a la información de las cuatro primeras campañas de excavación, que proporcionaron un total de 109 tumbas (García Huerta y Antona 1992). No obstante, cuando ha sido posible se han tenido en consideración los resultados de las siete campañas llevadas a cabo en este yacimiento, de las que existe un amplio avance (García Huerta y Antona 1995).

apareciendo tanto en sepulturas femeninas (52%) como masculinas (33%) e incluso infantiles (15%). Otro elemento frecuente en los ajuares celtibéricos son las fusayolas, que en La Yunta se distribuyen en idéntica proporción entre los enterramientos masculinos y femeninos, asociándose en un caso también a niños, por lo que quizás hubiera que plantear para estos pequeños objetos una interpretación diferente de la puramente funcional, quizás de tipo simbólico, particularmente teniendo en cuenta su ocasional asociación en el mundo celtibérico con ajuares militares.

Los elementos que integran los ajuares no son, por lo general, objetos específicos del mundo funerario, como lo prueba la existencia de piezas reparadas (*v.gr.* los broches de cinturón); lo mismo puede decirse también de los propios recipientes funerarios, a veces piezas usadas, como sucede en La Yunta con las urnas con asas, generalmente rotas (García Huerta y Antona 1992: 147; *Idem* 1995: 59). Esto no quiere decir que determinados objetos no hubiesen sido adquiridos y/o fabricados con esta finalidad; tal podría ser el caso de ciertas piezas excepcionales, como las urnas de orejetas presentes en las ricas sepulturas de Aguilar de Anguita y Sigüenza (figs. 63 y 66,D).

6. ANÁLISIS SOCIOLÓGICO Y DISTRIBUCIÓN DE LA RIQUEZA

La publicación selectiva de apenas una mínima parte de los miles de ajuares excavados en las primeras décadas del siglo XX (fig. 1), que presumiblemente cabe considerar como los de mayor riqueza, no permite una aproximación global a la organización social del grupo usuario del cementerio, solamente apuntada por algunas reflexiones realizadas por sus excavadores, aunque ofrezcan una fuente de información no desdeñable en relación con los individuos supuestamente de más alto estatus de la comunidad, así como respecto de la caracterización de los equipos armamentísticos (Lorrio 1994a-b). Para obtener esta panorámica general será necesario ceñirse a aquellos cementerios, muy pocos proporcionalmente, que han sido publicados en detalle, a veces excavados en su totalidad o, en su mayoría, sólo parcialmente, que ofrecen, no obstante, una muestra lo suficientemente amplia como para poder abordar este tipo de estudios.

Para intentar valorar la distribución de la «riqueza» en las tumbas (*vid.* Ruiz Zapatero y Chapa 1990: 365 s.; Quesada 1989a) a partir del análisis de los ajuares, pueden seguirse diferentes métodos. Se ha elegido, siguiendo a P. S. Wells (1984: 32 s.), el de la simple cuantificación del número de objetos que forman parte de los mencionados ajuares —bien que de forma ponderada, pues determinados tipos, ya por considerar que pertenecen a una

misma pieza, como las cuentas y colgantes, o ya debido a la facilidad de su fabricación, como ocurre con las fusayolas o con las bolas cerámicas, se han considerado como una sola unidad— dados los resultados positivos que este método ha deparado para el estudio de los cementerios celtibéricos (Lorrio 1990), en los que, como ya ocurriera con los hallstátticos, las tumbas con mayor número de elementos son también las que suelen ofrecer los objetos que cabe considerar más valiosos, tanto por tratarse de piezas exóticas, como por el mayor aporte de metal y la inversión de tiempo necesarios para su realización, aun existiendo algunas excepciones al respecto (Esparza 1991: 18).

La mayoría de los elementos han sido contabilizados según el número hallado, tal es el caso de los cuchillos (1, 2, etc.), *soliferrea*, leznas, tijeras, hoces, fíbulas (1, 2,...), etc. Los formados por varias piezas se han considerado como un único elemento, como ocurre con las placas de cinturón, los arreos de caballo o los escudos, salvo cuando se trate de piezas que no cabe integrar en un mismo conjunto, como el hallazgo de más de un freno o de un serretón. Espada, vaina y tahalí, cuando los hubiere, también han sido considerados un solo conjunto, valorándose la presencia de cualquiera de los elementos como indicadores de la totalidad (13). Las puntas de lanza y los regatones, al ser interpretados como de la misma pieza, se han contabilizado por el número de los que en cada caso hayan mostrado mayor presencia, sin que convenga olvidar la falta de correlación entre unos y otros, ni la consideración de los regatones, por parte de algunos autores (Kurtz 1987: 68), como armas en sí mismos. Las espirales, al desconocer a menudo cómo estarían dispuestas, las cuentas de collar o los colgantes, a pesar de que a veces correspondan a diferentes tipos, y los pares de pendientes, se anotan también como una sola unidad, mientras que si se trata de brazaletes se atiende al número conservado, aun cuando determinados tipos, según ocurre normalmente con las diferentes variante de extremos ensanchados, ya sea en plata o en hierro, bien documentados en La Mercadera (*vid.* capítulo VI,3.1), aparezcan por parejas y se desconozca en los de tipo múltiple si son uno o varios.

En relación con las fusayolas, no se han cuantificado éstas de acuerdo al número de ejemplares encontrados en las sepulturas, pese a que en determinados yacimientos sea habitual su hallazgo en parejas (Aguilera 1916: 49). Más complicado resulta el caso de las bolas, generalmente cerámicas, cuyo número varía notablemente de unas tumbas a otras, habiéndose optado por su consideración

---

(13)   Sin embargo, la existencia de vainas o tahalíes sin espada o puñal, más que interpretarse como producto del descuido a la hora de recoger de la pira funeraria los elementos del ajuar podría considerarse como fruto de una acción voluntaria, cuya interpretación última se nos escapa, tanto más cuanto se carece de los análisis antropológicos de los restos cremados del cadáver que podrían dar alguna luz.

también como una unidad, ya que aun siendo su funcionalidad completamente desconocida, bien pudieron formar parte de un solo conjunto, a lo que habría que añadir la facilidad en su elaboración que no haría aconsejable cuantificarlas de acuerdo al número hallado. Los elementos de funcionalidad indeterminada, tales como anillas, varillas, etc., que habitualmente formarían parte de objetos alterados por el fuego, sólo se han tomado en consideración en aquellos casos en los que con seguridad no pueden pertenecer a algunas de las piezas presentes en el ajuar. Además de los objetos interpretados como ofrendas, se han incluido para la cuantificación los vasos cerámicos utilizados como recipientes cinerarios.

Seguidamente se analiza la distribución de la «riqueza» observada en algunas de las principales necrópolis celtibéricas que han proporcionado datos al respecto, abordándose en primer lugar las localizadas en el Alto Tajo-Alto Jalón (fig. 55), para, a continuación, revisar los cementerios situados en el Valle Alto del Duero (fig. 56).

6.1. *El Alto Tajo-Alto Jalón*

Se han seleccionado para este estudio los cementerios de Aguilar de Anguita, Riba de Saelices, La Yunta, Almaluez y Atienza (fig. 55):

Aguilar de Anguita. La necrópolis del Altillo, en Aguilar de Anguita, según los datos que sobre la distribución de la «riqueza» ofrece Cerralbo, su excavador, trasluce la existencia de una sociedad fuertemente jerarquizada, en la que las tumbas presumiblemente pertenecientes a los grupos de más alto nivel social constituyen una clara minoría.

En realidad se trata de dos necrópolis diferentes separadas por poco más de un kilómetro: la de La Carretera o Vía Romana, excavada en su totalidad (Aguilera 1911, III: 12-13), pese a lo cual no se conservan materiales procedentes de la misma, y que proporcionó 422 tumbas (Aguilera 1911, III: 29), y la del Altillo, considerada en un principio por Cerralbo como dos cementerios distintos, Necrópolis Primera y Necrópolis Segunda, de la que proceden los ricos ajuares conocidos así como las referencias a su organización interna. En total, Cerralbo (1916: 10) excavó unas 5.000 tumbas, estando sin duda esta cifra referida a la suma de las dos necrópolis, El Altillo y La Carretera (14). Esto último resulta de interés, pues la

tan citada referencia de Cerralbo (1913a: 595) respecto a la distribución de la riqueza en Aguilar de Anguita parece probable que esté referida conjuntamente al total de tumbas proporcionado por ambos cementerios. Sea como fuere, de las 3.446 tumbas contabilizadas hasta 1912, fecha de redacción del mencionado trabajo, 34 (0,98%) poseían unos ajuares muy importantes, más de 200 (algo más de un 5,8%) eran de «riqueza media», y el resto (algo menos del 93,2%), serían «pobres», si bien cada una con su urna y la estela de piedra situada al lado (15).

La documentación fotográfica ofrecida por Cerralbo (Aguilera 1911, III; *Idem* 1916) ha permitido individualizar un total de 29 ajuares, 21 de los cuales poseen armas, caracterizándose los restantes por la presencia de elementos de adorno, como los espiraliformes o los brazaletes. Los ajuares militares (fig. 55) acumulan entre cuatro, en tan sólo dos ocasiones, y once elementos, en otras dos, aunque sin contar en la gran mayoría de los casos con el recipiente cinerario, ya que normalmente éste no era reproducido junto con los restantes elementos del ajuar; excepcionalmente se han llegado a alcanzar los dieciséis elementos en una tumba que Cerralbo (1916: lám. VII) interpretó como perteneciente a un régulo. Todas las tumbas de este grupo tenían espada o puñal o, al menos, restos de su vaina.

En cuanto a las otras sepulturas conocidas, resulta en general difícil aproximarse al número real de objetos depositados en las mismas, que a veces debió ser muy elevado, como en la tumba U donde se acumulan en torno a nueve, dado el estado de fragmentación en que se hallaron los elementos que, en muchas ocasiones, pudieron haber formado parte de un mismo adorno.

Un panorama completamente diferente es el ofrecido por un conjunto de 16 sepulturas (tres de las cuales no fueron exhumadas) procedentes de la reexcavación —en una extensión de 60 m²— de la necrópolis de El Altillo (Argente 1977b), que deben adscribirse a la fase final en el uso de este cementerio, *ca.* siglos III-II a.C. Las tumbas se hallaron muy alteradas, tanto que únicamente en dos ocasiones pudo reconstruirse el perfil de la urna cineraria, habiéndose hallado en las proximidades de las tumbas, fuera de contexto, numerosos restos cerámicos pertenecientes a urnas destruidas, alguna bola cerámica y escasos fragmentos informes de bronce y hierro. Estos hallazgos contrastan con los ricos conjuntos de El Altillo fechados *ca.* siglos V-IV a.C., siendo una muestra del empobrecimiento de los ajuares, que llevó incluso a la

---

(14) Así parece confirmarlo la referencia de Cerralbo (1911, III: 29), perteneciente a 1911, en la que presenta el número total de tumbas excavadas, 2.264, desglosándolo por cementerios. Como se ha señalado, 422 corresponderían a la de La Carretera, 1.056 a la Necrópolis Primera del Altillo y 786 a la Segunda. Al parecer, tanto la de La Carretera como la Necrópolis Segunda fueron excavadas en su totalidad, centrándose los trabajos en la delimitación de la Primera (1911, III: 14 y 16 s.).

(15) En este sentido, resulta de interés otra referencia de Cerralbo (1911, III: 18) según la cual, de las más de 2.000 tumbas excavadas con fecha de 30 de septiembre de 1911, más de 1.800 tan sólo ofrecieron la urna cineraria, mientras que, de las restantes, apenas 100 aportaban piezas de importancia y casi otras tantas «algunas cosillas».

desaparición del armamento de las sepulturas, fenómeno documentado en las necrópolis del Alto Tajuña a partir de *ca*. finales del siglo IV-siglo III a.C.

Este tipo de cementerios, entre los que se incluyen, además de la fase más reciente de Aguilar de Anguita, los de Riba de Saelices y Luzaga, en el Alto Tajuña, así como La Yunta, en el curso alto del río Piedra, acoge a distintos grupos de la sociedad, lo que se manifiesta por la existencia de una mayoría de tumbas carentes prácticamente de cualquier elemento de ajuar, a excepción de la urna cineraria, y un pequeño conjunto de enterramientos, con un buen número de elementos entre sus ajuares, en todo caso caracterizados por la «pobreza» de los objetos metálicos que forman parte de ellos.

Dada la dilatada cronología de la necrópolis de El Altillo (*ca*. siglos V al III/II a.C.), los datos ofrecidos por Cerralbo relativos a la distribución de la riqueza en Aguilar de Anguita deben ser manejados con precaución, pues parece cierto que la mayoría de los ajuares de mayor riqueza pertenecen a la fase de plenitud del cementerio (*ca*. siglos V-IV) y una parte indeterminada, pero seguramente elevada, de los provistos solamente de urna o a lo sumo de algún elemento de ajuar, pertenecerían a su fase final (*ca*. siglos III-II a.C.), caracterizada, como se ha indicado, por el empobrecimiento de sus ajuares, lo que vendría a matizar las enormes diferencias porcentuales ya comentadas entre los distintos estratos de la sociedad.

Riba de Saelices. La necrópolis de Riba de Saelices (Cuadrado 1968) (16) ha proporcionado 103 sepulturas (17) (fig. 55). Se contabilizaron un total de 101 enterramientos con menos de cinco elementos, lo que supone el 98% del total, mientras que tan sólo dos poseían cinco o más objetos entre sus ajuares (1,9%). La mayor parte de las tumbas de Riba de Saelices (83,5% del total) tienen uno o dos elementos, normalmente una o dos urnas, una o, en muy contadas ocasiones, dos fusayolas o bolas cerámicas y algún objeto de bronce (cuentas o varillas) o de hierro. Comúnmente, las tumbas más ricas incluyen un mayor número de los objetos ya presentes en las restantes, por lo general dos y, más raramente, tres o cuatro vasos cerámicos, una o dos fusayolas, bolas y algunos objetos de bronce, como pulseras, anillos, cuen-

tas o fíbulas, estas últimas únicamente en tumbas con cuatro o cinco elementos.

La Yunta. Mayores posibilidades de interpretación ofrece La Yunta, de la que se han publicado en detalle las primeras campañas de excavación (García Huerta y Antona 1992; *vid*., en relación al conjunto de la necrópolis, García Huerta y Antona 1995: 61 ss.), al incluir los análisis antropológicos de las cremaciones, hasta la fecha los únicos realizados en series lo suficientemente amplias en territorio celtibérico (*vid*., al respecto, Cerdeño y García Huerta 1990: 90 s.).

La gran mayoría de los 83 conjuntos cerrados publicados (fig. 55) (18) tienen entre dos y cinco elementos y sólo 7, esto es, el 8,4% del total, ostentan más de cinco objetos en sus ajuares. La aparición en cada sepultura de la urna cineraria y de su correspondiente tapadera cerámica constituye en este cementerio la norma habitual, hasta el punto de que únicamente en el conjunto 106 y en el 28-29-30, formado por tres vasos, la urna carecía de su tapadera cerámica, que había sido sustituida por una laja de piedra. La diferente concentración de riqueza en las sepulturas se evidencia por la simple acumulación de objetos más que por el carácter excepcional de los mismos. Así, si las tumbas con dos elementos se caracterizan por tener la urna y su tapadera, las de tres muestran, además, una fíbula (en seis casos), un regatón (en tres), uno o dos astrágalos de ovicáprido (en otros tres), una placa de bronce (en dos) y, en una ocasión cada uno, fragmentos indeterminados de hierro, restos de una vaina de espada o puñal, cuentas de bronce y una fusayola. Las tumbas con cuatro y cinco elementos incorporan a la urna/tapadera la fíbula como elemento más frecuente (en doce y diez casos, respectivamente), asociándose a otros elementos como los astrágalos, que en un caso llega a los cuarenta ejemplares, las fusayolas, regatones, cuentas y colgantes de bronce, anillos/anillas, chapas y varillas de bronce y hierro, argollas de hierro, etc. En las tumbas con mayor número de elementos (entre seis y nueve), junto a la urna/tapadera y la fíbula, se encuentran fusayolas, regatones, placas y espirales de bronce, colgantes de bronce y piedra, argollas de hierro, astrágalos, que en la tumba 48, una de las dos que proporcionaron otras dos fíbulas, alcanzaron las cincuenta piezas, un anillo, etcétera.

En algún caso se han documentado ofrendas animales, que fueron depositadas fuera de la urna, junto a su boca. Se trata de molares de ovicáprido (tumbas 52 y 93) y de

---

(16) Los trabajos de excavación se centraron en cuatro zonas diferentes, evidenciándose enterramientos en todas ellas, con notables diferencias en lo relativo al grado de conservación de los mismos. Se excavaron un total de 257 m², pese a que los diferentes sectores abiertos abarcaban cerca de 80 m. en el eje Norte-Sur por unos 28 m. en el Este-Oeste, esto es 2.240 m², no habiéndose delimitado la necrópolis en ninguno de sus lados.

(17) A las 102 tumbas iniciales, de acuerdo con el propio Cuadrado se ha añadido la nº 24', diferenciándose en cambio la 83 de la 84, aun cuando tal vez pudiera tratarse de una misma tumba, quizás doble.

(18) Las primeras cuatro campañas de excavación, las únicas publicadas en detalle, proporcionaron 109 conjuntos (realmente se inventariaron 112, si bien los 28-29-30 y 43-53 se agruparon en sendos conjuntos), 26 de los cuales se hallaron alterados, habiéndose conservado únicamente restos de la urna y, a veces también, de la tapadera y del propio ajuar.

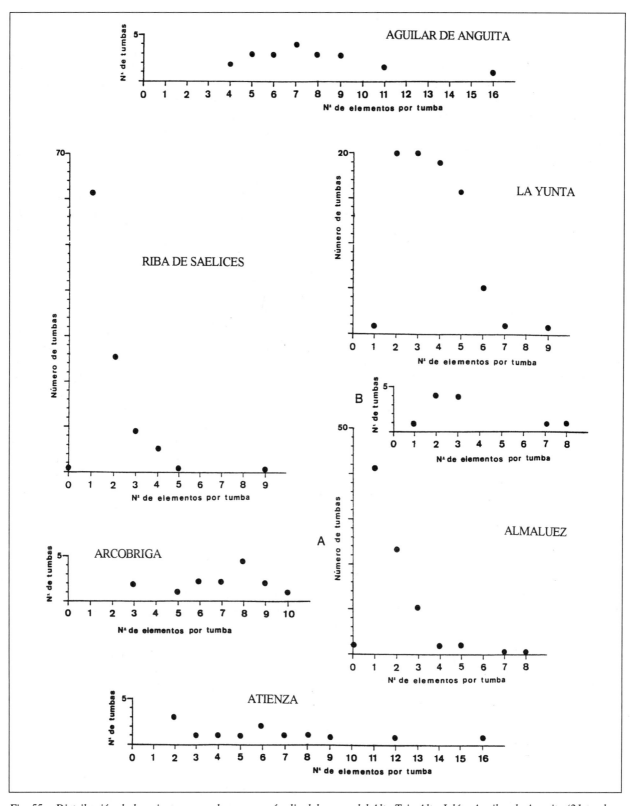

Fig. 55.—*Distribución de la «riqueza» en algunas necrópolis del grupo del Alto Tajo-Alto Jalón. Aguilar de Anguita (21 tumbas, todas con armas); Riba de Saelices (103 tumbas); La Yunta (83 tumbas); Almaluez: A, relación del total de conjuntos funerarios fiables inventariados por Taracena (1933-1934) en su diario inédito (82 tumbas), B, idem con armas (11 tumbas);* Arcobriga *(14 tumbas) y Atienza (13 tumbas). Dado lo seleccionado de la muestra, los datos de Aguilar de Anguita y* Arcobriga *están referidos únicamente a los individuos de más alto estatus.*

ternero (tumba 92), así como de un asta de ciervo (tumba 107), resultando especialmente significativo el caso de la tumba 92, por ser el conjunto con mayor número de objetos de la necrópolis. Quizás como ofrendas haya que considerar todos o al menos una parte de los conjuntos que carecían de los restos cremados del difunto, sin que deban desecharse otras interpretaciones alternativas, como la que considera a estos depósitos como enterramientos simbólicos (Schüle 1969: 766). Tal podría ser el caso del conjunto 27, formado por un plato que apareció cubierto por una copa y que contenía restos cremados, al parecer de ovicápridos, del 28-29-30, constituido por tres vasos vacíos cubiertos por una laja cada uno, ambos conjuntos depositados en la proximidades del túmulo B, o el del 106, también formado por una urna cubierta por una laja de piedra, depositada junto a la base del túmulo I.

No parece que exista en La Yunta ninguna correlación entre el sexo del difunto y la «riqueza» del ajuar valorada por el simple recuento de objetos, observándose una distribución semejante de las tumbas de uno y otro sexo entre los diferentes grupos de riqueza (fig. 123,1), si bien cabe señalar que las dos con mayor número de objetos son femeninas. Por otra parte, resulta significativa la presencia de tumbas infantiles en esta necrópolis, que acumulan entre dos y cinco elementos; en una ocasión formando parte, junto con una mujer adulta, de uno de los dos únicos enterramientos dobles hallados (vid. capítulo IX,3).

La relativa homogeneidad de los ajuares de La Yunta, donde se echan de menos, dada su cronología más reciente, piezas excepcionales como las documentadas por ejemplo en la fase de mayor esplendor de Aguilar de Anguita, dificulta la posibilidad de agrupar los enterramientos en función de los mismos. No conviene olvidar tampoco, de acuerdo con los análisis antropológicos, el carácter asexuado de la mayor parte de los elementos que formaban parte de los ajuares, pues las armas, las fíbulas, las fusayolas o los astrágalos de ovicáprido, por citar algunos de los objetos más frecuentes en este cementerio, aparecen tanto en enterramientos masculinos como femeninos y, con la sola excepción de las armas, que según se ha señalado nunca se han hallado completas en La Yunta, incluso en infantiles.

Se advierte, también, la falta de correlación entre la «riqueza» del ajuar y la monumentalidad de la estructura funeraria, como lo demuestran los cuatro enterramientos tumulares publicados, pertenecientes a individuos de ambos sexos, cuyos ajuares varían desde los tres vasos cerámicos de la tumba 59 (túmulo B), que se halló alterada, hasta los seis objetos —dos urnas cinerarias con sus respectivas tapaderas y, en su interior, respectivamente, una fusayola y una argolla de hierro— de la tumba 79 (túmulo E), donde al parecer los restos del difunto, un

individuo adulto femenino, estaban distribuidos en ambos recipientes, lo que constituye un caso excepcional en este cementerio (García Huerta y Antona 1992: 147 s.). Las tumbas 111 (túmulo C) y 112 (túmulo D) proporcionaron cuatro y cinco elementos (urna/tapadera/tres pequeños fragmentos de placas y un arito de bronce, la 111, y urna/tapadera/fragmento de placa de bronce/anilla de hierro y vástago de sección cuadrada del mismo metal, la 112). En cualquier caso, la mayor complejidad constructiva de las estructuras tumulares, unido a su número minoritario respecto a los sencillos enterramientos en hoyo, que además suelen localizarse en torno a aquéllos e incluso sobre ellos, confieren a este tipo característico de enterramiento un valor social indudable, sin que su explicación última resulte fácil de determinar (García Huerta y Antona 1992: 165).

Almaluez. Otro caso a analizar es el de la necrópolis de Almaluez, situada en el Alto Jalón, en su margen izquierda. Los diarios de excavación (Taracena 1933-34), inéditos, han permitido reconstruir la composición de 82 de las 322 tumbas excavadas, lo que supone el 25,5% de los conjuntos exhumados, aunque en dos casos parece no haber sido utilizadas como tales sepulturas (fig. 55). Si la revisión de los elementos metálicos (Domingo 1982) permitió identificar algunos posibles conjuntos cerrados, la contrastación con las relaciones de materiales ofrecidas por Taracena en su Diario revelan el carácter incompleto de los mismos. A modo de ejemplo, la tumba 56, que contenía una espada de hoja ancha, tres puntas de lanza, restos de un *soliferreum*, un fragmento de placa de cinturón y restos de un brazalete, no registró, en la revisión de los materiales depositados en el Museo Arqueológico Nacional, la presencia de las referidas puntas de lanza ni del *soliferreum* (Domingo 1982: fig. 4).

Según señala Taracena (1941: 33), la necrópolis de Almaluez fue excavada de forma exhaustiva, siendo frecuente la ausencia de la urna cineraria, depositándose los restos cremados en un pequeño hoyo excavado en la roca. Las urnas aparecían siempre, al parecer, tapadas por una piedra, y tan sólo en algunos casos las tumbas estaban protegidas por estelas, a veces trabajadas, que se situaban hacia la periferia de la necrópolis.

El hallazgo de enterramientos con armas (fig. 55) se reduce aquí a 11 sepulturas (13%), caracterizadas por su gran variabilidad: tumbas con sólo un elemento, como la 88 que contenía un *soliferreum*; con dos objetos, ofreciendo un regatón asociado a la urna cineraria (tumba 4), a un colgante de bronce (tumba 12) o a restos de hierro (tumba 14), o bien una punta de *pilum* y su urna cineraria (tumba 232); con tres, como la tumba 91, que aporta tres regatones, la nº 3, que posee un regatón, un cuchillo y la urna cineraria, la 266, que contenía la urna, los restos de una placa de cinturón y unos fragmentos quizás pertenecientes a una punta de jabalina, o la 27, que poseía una de las cuatro espadas —una de frontón, dos de antenas, y una de tipo La Tène— que, como indica Taracena (1941: 33), aparecieron en esta necrópolis, asociándose a uno de los pocos bocados documentados —otro más, incompleto, apareció en la tumba 337, junto con la urna, restos de un broche de cinturón y cuentas de collar— y a un regatón; y las sepulturas 56 y 21, ambas con espadas y diversas armas, que acumulaban, según Taracena 1933-34, cada una siete y ocho elementos, respectivamente, (espada/tres puntas de lanza/restos de un *soliferreum*/trozo de placa de cinturón/brazalete, la 56, y espada/*pilum*/cuchillo/placas macho y hembra de un broche de cinturón/dos fíbulas/placas de bronce/urna, la 21), siendo por tanto los dos conjuntos más ricos de este cementerio.

De los 82 conjuntos cerrados descritos someramente por Taracena (fig. 55), 78 (95%) tenían menos de cinco objetos por tumba, y únicamente dos (2,4%) superaban esa cifra, alcanzando los ocho elementos. La gran mayoría (79%) de los conjuntos de Almaluez poseían uno o dos objetos como elementos de ajuar.

Atienza. La necrópolis del Altillo de Cerropozo está situada a unos tres kilómetros al Suroeste de la villa de Atienza (Cabré 1930). Descubierta al construir una carretera, que destruyó buena parte del yacimiento, evidenciaba al menos dos momentos de uso. Por un lado, una serie de tumbas adscribibles a la Edad del Hierro y, por el otro, cuatro fosas interpretadas como enterramientos o, quizás mejor, *ustrina*, que, dada la presencia de tégulas, fueron consideradas como de época romana. Esta reutilización del cementerio estaba atestiguada, asimismo, por alguna pieza de vidrio, un fragmento de terra sigillata y una moneda ilegible, documentados fuera de contexto. Cabré inventarió un total de 15 tumbas pertenecientes a la Edad del Hierro (1-7 y 9-16), dos de las cuales no fueron consideradas como conjuntos cerrados, al haber sido alteradas, bien al realizar la caja de la carretera, la tumba 11, o en un momento indeterminado, la 14. Además, se identificaron una serie de fosas «de cenizas y tierra negra», que fueron interpretadas como *ustrina*, como la denominada «sepultura 17» (*vid. supra*).

El área excavada fue de unos 2.036 m², situados a ambos lados de la carretera. La mayor densidad de hallazgos parece corresponder a la zona próxima a ésta, descendiendo su número al alejarse de ella. Cabré no continuó los trabajos de excavación, por lo que no hay la completa seguridad de que se hubiese documentado el cementerio en su totalidad (19), ni de que, tal vez, formara parte de una necrópolis de mayores dimensiones, pu-

diendo tratarse, quizás, de una zona independiente dentro de ésta.

De cualquier modo, destaca el marcado carácter militar de los enterramientos, ya que de las 15 tumbas documentadas pertenecientes a época prerromana, incluyendo las dos tumbas alteradas o incompletas, 14 ofrecen algún elemento armamentístico entre sus ajuares, y tan sólo una, la 7, carecía de ellos, salvo que se considere como tal la presencia de un cuchillo de hierro. Esto mismo se manifiesta a partir del análisis de los hallazgos fuera de contexto, que evidencian los mismos objetos ya identificados en los enterramientos: espadas, numerosas puntas de lanza, un fragmento de umbo de escudo, bocados, cuchillos y alguna rara fíbula, entre otros. Sin embargo, la presencia de brazaletes de sección rectangular, que Cabré denomina de tipo Aguilar de Anguita, y de lo que consideró como «indicios de una sepultura de dama», en la que, junto a medio aro de bronce, una bola y un fragmento de cerámica «a peine», apareció una espiral de bronce, podrían hacer pensar en la existencia de enterramientos sin armas, masculinos o preferentemente femeninos, a pesar de que tanto los brazaletes como los adornos de espiral puedan aparecer en enterramientos con armas (Lorrio 1990: 45, fig. 2).

La dispersión espacial de los enterramientos permite señalar dos aspectos (*vid.* apartados 1, 2 y 7 de este mismo capítulo): la concentración hacia el Sureste de las tumbas con espada y la aparente individualización de la sepultura 7 de los restantes conjuntos (fig. 46,2).

La distribución de la «riqueza» observada en la necrópolis del Altillo de Cerropozo contrasta abiertamente con las evidencias proporcionadas por otros cementerios vinculados con el grupo del Alto Tajo-Alto Jalón. Su carácter «anómalo» podría ser explicable quizás por la conservación diferencial de los ajuares (20), o por tratarse de una de las áreas de enterramiento de una comunidad, ya como cementerio independiente ya como parte de uno más extenso, aunque más bien habría que plantear, dada la cronología avanzada de esta necrópolis, *ca.* siglo IV, su vinculación con las del Alto Duero, coincidiendo con el período de expansión de este grupo. De las 13 tumbas que según Cabré aparecieron completas, 7 tienen más de cinco elementos, alcanzando los dieciséis elementos en

---

(19)   Cabré habla incluso de «tanteos preliminares», mencionando el «espacio reducido» del área excavada.

(20)   En este sentido, conviene hacer notar que en ocasiones la única evidencia de la existencia de una sepultura era la del ajuar metálico, protegido a veces por piedras o señalizado por una estela, sin que se documentaran restos de la urna cineraria, que posiblemente no existió, ni tan siquiera de los restos cremados del difunto, tal como ocurre en las tumbas 13 y 15. Según esto, los habituales enterramientos sencillos, sin ningún resto de ajuar, tan abundantes en otras necrópolis meseteñas, podrían no haberse conservado, habiendo pasado desapercibidas sus escasas evidencias o incluso habiendo sido alterados por las fosas intrusivas.

la tumba 16, mientras que, de las 6 restantes, sólo tres ofrecen dos objetos por tumba, siendo por lo tanto las de menor riqueza de la necrópolis.

6.2. *El Alto Duero*

Se han incluido para este análisis las necrópolis de La Mercadera, Ucero, Gormaz, Osma, Quintanas de Gormaz y La Revilla (fig. 56):

La Mercadera. Tal vez sea La Mercadera el caso más representativo de los hasta la fecha publicados en el Alto Duero, constituyendo además uno de los cementerios celtibéricos mejor conocidos en la actualidad (Taracena 1932: 5-31, láms. I-XXIII; Lorrio 1990), habiéndose individualizado un total de 99 enterramientos —100 si se considera, como así se ha hecho siguiendo a Taracena (1932: 25), la tumba 66 como doble—. La superficie de la necrópolis, que ocupaba una zona irregular, no llega a los 1.500 m², con una densidad media por m² de 0,07 tumbas, habiendo sido documentada en su totalidad según referencia de su excavador (Taracena 1941: 97). Se observó una distribución organizada de los enterramientos (fig. 47,1) (*vid. supra*), destacando la ausencia tanto de calles como de estelas (Taracena 1932: 6).

Los distintos elementos que forman parte de los ajuares de las tumbas (figs. 54 y 56) permiten individualizar dos grandes grupos que, pese a no contar con análisis antropológicos, cabe asociar con bastante verosimilitud, como ya hiciera Taracena (1932: 28), con enterramientos masculinos y femeninos. Ambos grupos estarían caracterizados, en general, por la presencia de armas y de adornos espiraliformes y brazaletes, respectivamente. Estos dos grupos constituyen aquí el 75% de las tumbas (44 y 31%, respectivamente), en tanto que el 25% restante ha sido considerado como de atribución sexual incierta, bien por carecer de ajuar metálico o por la presencia aislada de elementos de difícil atribución, como los broches de cinturón o las fíbulas, documentados indistintamente en uno y otro grupo (21).

El análisis de la «riqueza» en esta necrópolis (fig. 56) muestra un pequeño número de tumbas con más de cinco elementos que constituyen el 10% del total de enterra-

---

(21) En la necrópolis de Numancia (*vid. supra*), aún en proceso de estudio, se ha documentado la existencia de dos grupos de enterramientos bien diferenciados tanto espacialmente como por el contenido de sus ajuares (fig. 47,2), caracterizados por la presencia de elementos de adorno y de prestigio de bronce y por armas y objetos de hierro, respectivamente (Jimeno 1996: 60 ss.). Ambos grupos presentan hasta ocho variantes relativas a las combinaciones de los objetos presentes en los ajuares, cuyo número —por lo que se refiere al segundo grupo— oscila entre los 2 y los 14 elementos por tumba (Jimeno 1996: 62).

mientos. Este porcentaje, que cabe considerar como referido a tumbas «ricas», se corresponde con sepulturas con ajuar armamentístico, encontrándose entre ellas la mayoría de las tumbas con espada. Resulta algo chocante que los enterramientos sin ajuar metálico constituyan únicamente el 18%, proporción que contrasta con los escasos datos aportados por otras necrópolis de la Edad del Hierro, donde la proporción de tumbas sin ajuar es muy elevada. Este sería el caso de la necrópolis de Las Cogotas (Martín Valls 1985: 122 s.; *Idem* 1986-87: 75 s., fig. 4) o de la ya comentada de Aguilar de Anguita.

Si se valoran estos datos desglosándolos por sepulturas con ajuares de atribución masculina y femenina (fig. 56), se observa cómo entre las primeras existe una concentración de los de menos de seis elementos, concretamente el 77,3% respecto al total de tumbas con armas, de las que una gran parte, el 61,4, posee entre tres y cinco elementos. Por el contrario, en las tumbas probablemente femeninas, se aprecia un máximo de enterramientos (35,5%) con un solo elemento y un decrecimiento progresivo del número de ellos hasta llegar a los excepcionales, con ajuar enteramente de plata, de cinco elementos que constituyen el 6,5% respecto del total de aquéllas.

Los resultados obtenidos en La Mercadera, que en principio contrastan con los procedentes de otros cementerios meseteños situados en áreas geográfico-culturales diferentes, parece que pueden generalizarse, con algunas matizaciones, a las restantes necrópolis del Alto Valle del Duero. Así parecen confirmarlo ciertas referencias antiguas sobre los cementerios de Viñas de Portuguí, en Osma (Morenas de Tejada 1916b) y de La Requijada, en Gormaz (Morenas de Tejada 1916a) y, especialmente, las recientes excavaciones de la necrópolis de San Martín de Ucero (García-Soto 1990: 25), aún en proceso de estudio.

Ucero. La necrópolis de Ucero, no excavada en su totalidad, ha ofrecido un total de 72 tumbas, 25 de las cuales tienen algún tipo de arma, esto es, espada, puñal, lanza o escudo, lo que representa el 34,7% del total de tumbas documentadas, y 17 de ellas ofrecían espadas o puñales, es decir, el 23,6% del total y el 68% respecto de las tumbas con armas. Únicamente se han hallado 13 enterramientos, el 18% del total, sin ningún elemento de ajuar o sólo con la urna cineraria. Los porcentajes resultan bastante elocuentes al respecto y concuerdan perfectamente con los datos de La Mercadera. Así, si la proporción de tumbas con armas es ligeramente superior en ésta, no lo es, en cambio, la de tumbas con espada o puñal, que en La Mercadera supone el 17% del total y el 38,6% de las que poseen armas, habiéndose incluido también las 4 tumbas que ofrecían solamente restos de la vaina. Más significativa, si cabe, resulta la idéntica proporción de sepulturas sin elemento alguno o sólo con el vaso cinerario, lo que, si en parte es explicable por tratar-

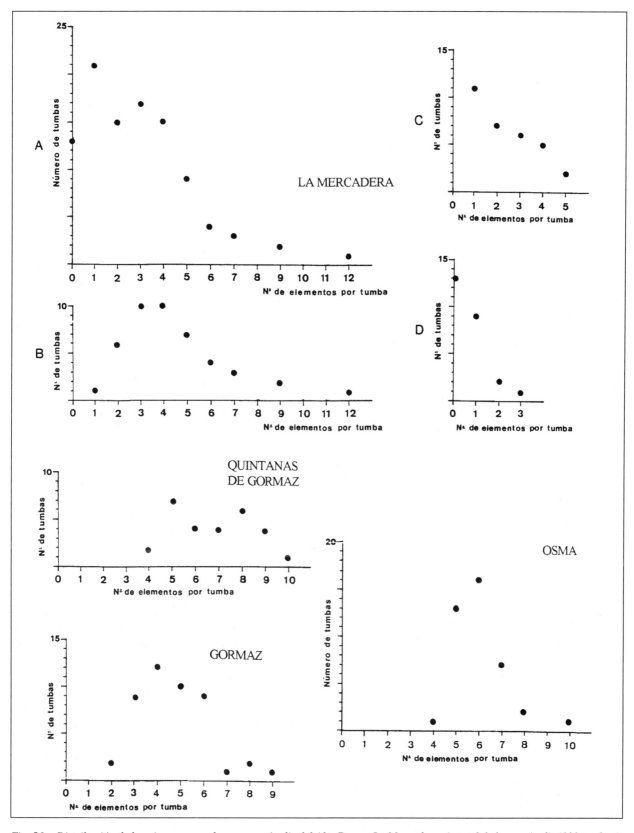

Fig. 56.—Distribución de la «riqueza» en algunas necrópolis del Alto Duero. La Mercadera: A, total de la necrópolis (100 tumbas); B, conjuntos con armas (44 tumbas); C, idem con elementos de adorno (31 tumbas); D, sepulturas con ajuares no significativos «sexualmente» (25); Gormaz (46 tumbas); Osma (40 tumbas) y Quintanas de Gormaz (28 tumbas).

se de conjuntos que pueden ser más fácilmente alterables por su mayor fragilidad, pudiendo, por tanto, pasar desapercibidos, no parece que esto permita justificar las proporciones tan bajas de los mismos, que contrastan abiertamente con los datos que sobre el particular aportan otros cementerios celtibéricos. Más comparaciones entre ambos cementerios —Ucero y La Mercadera—, como las relativas a la determinación de la distribución de la «riqueza», no pueden ser realizadas, pues la necrópolis de Ucero, como ya se ha señalado, se encuentra aún en proceso de estudio, si bien se sabe que junto a tumbas con un único objeto existen otras con gran número de elementos (García-Soto 1990: 25).

Gormaz y Osma. La Requijada, en Gormaz (22), o Viñas de Portuguí, en Osma (23), ambas excavadas por R. Morenas de Tejada, ofrecen datos, a partir de la composición de los ajuares, en relación con la atribución sexual de los enterramientos, sin que haya referencia alguna al número de tumbas adscribibles a cada grupo. G. Morenas de Tejada (1916a: 173; 1916b: 607) estableció sobre esta base tres categorías para ambas necrópolis: «tumbas de varón guerrero», «tumbas de mujer» y «tumbas de niño»:

a) «Tumbas de guerrero». En el caso de La Requijada, los restos del cadáver aparecieron mayoritariamente en el interior de una urna a torno oxidante, pero también se hallaron dentro de vasos reductores, que hay que entender estarían realizados a mano, careciendo generalmente de tapadera. Los vasos cinerarios no tenían normalmente decoración, que cuando existe se reduce a «sencillos dibujos geométricos». El ajuar se encontraba debajo de la urna y estaba formado por la espada, puntas de lanza, cuchillo, tijeras, bocado de caballo, umbo de escudo y fíbula. En Osma, las urnas cinerarias iban acompañadas por la panoplia formada por la espada, la lanza y el cuchillo e incluirían los arreos de caballo así como «bolas simbólicas», que en La Requijada aparecían alrededor o dentro de las urnas formando una categoría aparte.

b) «Tumbas de mujer». Se caracterizaban en La Requijada por la presencia de adornos espiraliformes de bronce y fusayolas, depositados dentro de la urna cineraria, mientras que en Osma, además de los adornos en forma de espiral, se documentó un elemento interpretado como perteneciente al tocado, si bien estos últimos aparecían también asociados a armamento (vid. tabla 2).

c) «Tumbas de niño». Están formadas por huesecitos depositados, al menos en La Requijada, en el interior de urnas de menor tamaño, cubiertas por lo común por una tapadera. En Osma tan sólo existe la referencia de la colocación dentro de la urna de los restos cremados del cadáver y de «alguna sortija». Estos enterramientos podrían corresponder verosímilmente a los grupos menos beneficiados de la sociedad.

Estos datos coinciden, de forma general, con los que se conocen de otros cementerios de la Hispania céltica. Ahora bien, las referencias de Morenas de Tejada respecto a que en Gormaz (1916a: 173) las tumbas son «generalmente» de guerrero, en tanto que las de mujeres y de niños son minoría, y de que la necrópolis de Osma «es poco pródiga en adornos de mujer, tanto que podríamos considerarla como de un eminente carácter guerrero» (1916b: 608), aun tomadas con precauciones, permiten vincular estos cementerios a los ya referidos de La Mercadera y Ucero, con los que a su vez estarían relacionados tanto cultural como geográficamente.

Con todo, parece que en estas necrópolis las tumbas con espada supondrían una proporción inferior a lo observado en La Mercadera y Ucero, pero notablemente por encima de otros cementerios pertenecientes a otros ambientes culturales. En Gormaz, se documentaron más de 40 espadas y aproximadamente 1.200 tumbas (Morenas de Tejada 1916a: 173 s.), lo que supondría que algo más del 3% de las tumbas, como máximo, tendrían una espada (o un puñal) entre sus ajuares (24). Siendo que, de los 46 ajuares militares conocidos, en ningún caso se documentaron juntos en la misma sepultura una espada y un puñal, y que los tipos recogidos corresponden a modelos que no suelen aparecer asociados entre sí, como las espadas de antenas, las de La Tène o la única falcata documentada (Morenas de Tejada 1916a: 174), bien podría aceptarse este porcentaje como aproximado. Diferente resulta el caso de Osma ya que, a pesar de las 70 espadas y puñales documentados (Morenas de Tejada 1916b: 608) y de las más de 800 tumbas excavadas, sería difícil realizar una aproximación a la proporción de enterramientos con este tipo de armas, que oscilaría entre el 4,4% y el 8,75%, dado que, a diferencia de lo observado en la Mercadera y La Requijada de Gormaz, es relati-

---

(22)   R. Morenas de Tejada señala 1.125 como el número de enterramientos documentados, no habiéndose excavado el cementerio en su totalidad, ya que faltaba «una cuarta parte del perímetro que señalé como el de la necrópolis de La Requijada, y además quedaron sin explorar los enterramientos que cubre la carretera...» (Zapatero 1968: 72).

(23)   Esta necrópolis estaba muy alterada por las labores agrícolas y, según señala García Merino (1973: 39), no fue excavada en su totalidad.

(24)   R. Morenas de Tejada señala en su «Memoria...» (Zapatero 1968: 71) que se recogieron 37 espadas de antenas, una falcata y varias espadas de La Tène.

vamente frecuente en Osma la presencia en una misma tumba de la espada y el puñal asociados.

Pese a que se desconozca la composición de la mayor parte de los ajuares procedentes de las necrópolis de Osma y Gormaz, sí se ha podido reunir un pequeño grupo de tumbas a partir de diferentes publicaciones. De los 40 ajuares identificados de la necrópolis de Osma (fig. 56), todos ellos «militares», tan sólo uno tiene menos de cinco elementos, ofreciendo en todas las ocasiones al menos un puñal o una espada. Además, no hay que olvidar que al realizar esta cuantificación no se han tenido en cuenta los recipientes cerámicos, al haberse separado de los ajuares metálicos según era costumbre de la época, y que, al menos en Gormaz y en Osma, era habitual su presencia haciendo las veces de urna cineraria. No ocurre lo mismo con los ajuares conocidos de La Requijada, ya que de las 46 tumbas individualizadas, todas, excepto una, con armas y la gran mayoría con espada, la mitad tenían menos de cinco elementos.

Utilizando los datos de su excavador (Morenas de Tejada 1916a; Zapatero 1968: 69-72) (25), y el croquis que se conserva del cementerio (fig. 44) (Sentenach 1916: 77; Bosch Gimpera 1921-26: 299), García Merino (1973: 38 s.) ha planteado la existencia en La Requijada de tres zonas, debidas a la utilización de la necrópolis en momentos diferentes o, más probablemente, a su uso por parte de diferentes sectores de la sociedad allí enterrada. La primera, situada al Norte de la carretera, coincidiría con la zona donde mejor se han conservado los alineamientos de estelas, y de donde procederían la mayor parte de los ajuares recogidos en este cementerio; la segunda, entre el Duero y la carretera, incluiría los hallazgos de la última campaña de excavación consistentes en 8 enterramientos, «muchos sin armas ni estela, colocados unos encima de otros, sin orden» (Zapatero 1968: 72); y una tercera zona, en la que aparecieron, en un espacio rodeado por un muro, un conjunto de cadáveres inhumados sin ordenación alguna, que para García Merino (1973: 64) quizás se tratase de esclavos, y que pudieran corresponder también a un momento posterior. Sin negar la posibilidad de la existencia de zonas de uso diferenciado que, por otro lado, de haber existido no podría ser señalada en la práctica totalidad de los casos por la carencia absoluta de datos en este sentido, no parece que existan evidencias suficientes, dada la calidad de la información manejada, como para distinguir un sector «rico» de otro más pobre, situados, respectivamente, al Norte y al Sur de la carretera, debido, en especial, a la desigual información que suministraron. Respecto a la

presencia de restos inhumados, resulta aventurado vincularlos culturalmente con la necrópolis prerromana, ya que no proporcionaron ningún elemento material que permitiera su adscripción cultural y cronológica.

Quintanas de Gormaz. De la necrópolis de Quintanas de Gormaz, separada escasos kilómetros de la de La Requijada (Zapatero 1968: 73), no existe noticia alguna en relación a sus características, aunque R. Morenas de Tejada señala el número de tumbas descubiertas, más de 800, y los materiales que las componían: «30 espadas, lanzas, tijeras, cuchillos, fíbulas y adornos de bronce» (Zapatero 1968: 73). A pesar de esto, su existencia ha sido puesta en duda, considerando que las escasas referencias a Quintanas de Gormaz corresponden en realidad a La Requijada (García Merino 1973: 43-48), por más que el armamento documentado en las sepulturas tradicionalmente atribuidas a la necrópolis de Quintanas de Gormaz, concretamente algunas espadas y puñales, no se corresponda con los tipos evidenciados en La Requijada, conocidos por las descripciones de su excavador (26). La distribución de la riqueza observada en Quintanas de Gormaz (fig. 56) muestra que de los 28 ajuares conocidos, todos provistos de armas, únicamente 2 ofrecen menos de cinco elementos por tumba, y sólo 5 carecen de espada o puñal (o de cualquier otro elemento relacionado con este tipo de arma, como sería la vaina o el tahalí). Aun si se aceptaran, como aproximadas, las noticias relativas al número de tumbas y espadas documentadas, no se podría calcular, ni a título meramente informativo, la proporción de enterramientos con tal arma, puesto que, al igual que ocurría en Osma, es relativamente frecuente la presencia de espada y puñal asociados en una misma tumba.

Como puede advertirse, los ajuares publicados de las necrópolis de Viñas de Portuguí, en Osma, La Revilla, La Requijada, en Gormaz y Quintanas de Gormaz están referidos a «tumbas de guerrero», en su mayoría con cinco o más elementos entre sus ajuares. Por lo tanto, aun cuando se carezca de datos suficientes para hacer una aproximación de forma global a la distribución de la «riqueza» de los citados cementerios, sí, en cambio, los diferentes ajuares conocidos permiten realizar una aproximación al grupo más beneficiado de la sociedad, permitiendo la valoración de una serie de elementos como

---

(25) Zapatero recoge en este trabajo la información inédita sobre La Requijada, de la «Memoria sobre las excavaciones de Gormaz (Soria)» de R. Morenas de Tejada, fechada con posterioridad a las dos campañas de excavación que se desarrollaron en la necrópolis.

(26) Al hacer la relación de las espadas y puñales de La Requijada (Morenas de Tejada 1916a: 174; Zapatero 1968: 71), no se hace referencia a los biglobulares, tipo bien conocido, y de los que existen media docena en Quintanas de Gormaz; asimismo, La Requijada proporcionó tan sólo una falcata (Morenas de Tejada 1916a: 174; *Idem* 1916b: 608; Zapatero 1968: 71), depositada en el Museo Arqueológico Nacional, conociéndose otra más procedente de la colección de Quintanas de Gormaz en el Museo Arqueológico de Barcelona (tumba W).

verdaderos objetos de prestigio y el conocimiento de la panoplia de los grupos allí enterrados.

La Revilla de Calatañazor. En esta necrópolis, bastante alterada por las labores agrícolas, fueron 34 «los puntos localizados con vestigios de enterramientos», de los que únicamente en algún caso pudieron recuperarse fragmentos de la urna o algún resto metálico perteneciente al ajuar (Ortego 1983: 574). De estas tumbas, solamente se publicaron cuatro ajuares, con toda seguridad por tratarse de los más llamativos y completos, compuestos, entre otros elementos, por espadas y otras armas, y caracterizados por el gran número de objetos que contenían, entre siete y doce. Además, se conservan un total de trece espadas pertenecientes a esta necrópolis, diez de las cuales, al parecer, fueron halladas formando parte de conjuntos cerrados (García Lledó 1983), con lo que cerca del 30% de las tumbas exhumadas tendrían este arma, proporción no muy superior a la observada en Ucero.

De acuerdo con lo expuesto puede afirmarse que, desde el punto de vista de la representatividad de los diferentes sectores de la sociedad en los cementerios, hay diversos tipos de necrópolis en la Celtiberia:

A) Por un lado, aquellas que alcanzan un gran número de tumbas (como Aguilar de Anguita con 5.000 sepulturas), donde se hallan enterrados diversos grupos de riqueza, que cubren un amplio abanico social. En ellos, la presencia de sepulturas consideradas como pertenecientes a las clases dominantes constituyen una clara minoría, siendo el reflejo de una sociedad claramente jerarquizada, de tipo «piramidal» (fig. 55). Algunas evidencias respecto a la ordenación interna de los cementerios, como la existencia de calles, ponen de relieve distintos tipos de necrópolis que podrían reflejar variabilidades internas difíciles de valorar. Un claro ejemplo de lo señalado sería la necrópolis del Altillo, en Aguilar de Anguita (Aguilera 1911, III; Argente 1977b), que permite analizar la evolución de un cementerio celtibérico desde el siglo V a.C., momento al que corresponden las ricas tumbas aristocráticas excavadas por Cerralbo, hasta una fecha indeterminada, a caballo entre los siglos III-II a.C., caracterizado por el empobrecimiento de los ajuares funerarios. Este tipo de necrópolis, en el que tendrían cabida diversos sectores de la sociedad, bien pudo ser el más usual en el Alto Tajo-Alto Jalón (fig. 55), por más que, dada la escasa documentación que existe sobre los cementerios de esta zona, esto no quede sino en simple conjetura en la mayor parte de los casos.

B) Un modelo completamente diferente es el documentado en los cementerios del Alto Duero, como Ucero, La Revilla de Calatañazor, Osma, Gormaz y, especialmente, La Mercadera (Taracena 1932; Lorrio 1990) al ser el único que hasta la fecha ha sido estudiado en su conjunto (fig. 56). Estos cementerios parecen estar reservados a una parte de la sociedad, a priori hombres, mujeres y posiblemente niños, en su mayoría individuos de alto estatus, lo que se evidencia por la abundancia en ellos de tumbas de riqueza media-alta, esto es, con más de cinco elementos por tumba; destaca, asimismo, la elevada proporción de sepulturas con algún tipo de arma, como se observa en La Mercadera y Ucero, con un 44 y un 34,7% de sepulturas pertenecientes a guerreros (27).

C) Un tercer tipo de necrópolis, no registrado en la Meseta Oriental, sería el que presenta distintas áreas individualizadas, con gran diversificación de ajuares en cada una de ellas (Ruiz Zapatero y Lorrio 1995: 235). La coetaneidad de las diferentes zonas parece indudable, por lo que esta ordenación del cementerio puede responder a razones de tipo social. El mejor ejemplo estaría en las necrópolis vettonas de Las Cogotas (Cabré 1932; Martín Valls 1985: 122 s.; *Idem* 1986-87: 75 s.; Kurtz 1987), La Osera (Cabré *et alii* 1950; Martín Valls 1986-87: 76 ss.) y El Raso de Candeleda (Fernández Gómez 1986, II).

7. SOCIEDAD, JERARQUIZACIÓN Y REGISTRO FUNERARIO

Como se ha podido comprobar, la existencia de una sociedad fuertemente jerarquizada está plenamente documentada a través de los ajuares funerarios. Sin embargo, la posibilidad de poder obtener indicios de esta jerarquización a partir de los factores analizados con anterioridad, como la localización espacial de las tumbas, resulta enormemente limitado, pues en la mayoría de las ocasiones no existe documentación planimétrica alguna ni se realizó la publicación detallada de los ajuares individualizados por sepulturas.

Estas carencias afectan también al tipo de estructura funeraria que, junto al ajuar, y en general las ofrendas de

---

(27)   Algo semejante parece documentarse en la necrópolis alavesa de La Hoya (Llanos 1990: 141 s.). Las sepulturas se hallaron muy alteradas debido a la acción de las labores agrícolas, por lo que no pudo establecerse con exactitud el número total de tumbas en el área excavada ni la adscripción de todos los objetos encontrados a sus correspondientes conjuntos. A pesar de estas dificultades, se estimó en unas 28 el número de tumbas que debieron depositarse en los 120 m² excavados que, por las características del ajuar —formado en una proporción elevada por armas—, se interpretó como un espacio reservado al estamento militar (Llanos 1990: 145).

diverso tipo depositadas en las sepulturas o fuera de ellas, y a la localización topográfica de los enterramientos, constituyen los elementos más significativos para poder acceder a la organización social de la comunidad a la que se vincularía el espacio funerario. En el caso de las estructuras tumulares, la sola inversión del trabajo necesario para su construcción les confiere un valor social superior al de los sencillos enterramientos en hoyo, aunque no siempre este tipo de estructuras alberguen los ajuares de mayor riqueza del cementerio.

Otros aspectos, sin embargo, pueden constituir asimismo un indicador del nivel social del difunto, como es el caso de la elección de un determinado tipo de madera o su cantidad para constituir la pira funeraria en la que se llevaría a cabo la cremación del cadáver, lo que es conocido a través de las fuentes literarias (Tac., *Germ.* 27) sin que esto haya sido confirmado arqueológicamente, dado que la gran mayoría de las cremaciones se realizaron en áreas específicas para ese fin, al parecer colectivas, y que los escasos *ustrina* conocidos no merecieron la debida atención por parte de sus excavadores.

La presencia en Aguilar de Anguita de individuos de estatus elevado queda confirmada por los ricos ajuares militares documentados, algunos de los cuales, como los que integraban las tumbas A y B, consideradas por Cerralbo (1916: 33, láms. VI y VII) de «jefe» o «régulo», pertenecerían a lo más alto de la pirámide social celtibérica. Así lo atestigua el que se trate de las dos tumbas de mayor riqueza del cementerio, tanto en lo relativo al número de objetos depositados en los ajuares —dieciséis y once, respectivamente, frente a las demás sepulturas con armas reproducidas por Cerralbo que atesoran por lo común entre cuatro y nueve elementos—, o por la propia excepcionalidad de algunos de ellos, como las armas broncíneas de parada, o la presencia de una urna a torno, seguramente importada del área ibérica. La estructura funeraria constituiría en este caso también un indicio de jerarquización, como lo prueba que la tumba A estuviera constituida en vez de por la habitual estela, por cinco piedras, algunas de buen tamaño, dispuestas en ángulo, entre las cuales se depositó el ajuar (Aguilera 1911, III: lám. 14). No ha quedado constancia alguna de la localización espacial de estos enterramientos excepcionales, es decir si ocupaban un lugar relevante en el cementerio, o cual era la relación topográfica, y a través de ella la vinculación social, de estas tumbas que cabe atribuir a jefes con las demás sepulturas de ajuares militares destacados y con el resto de los enterramientos contemporáneos.

En la necrópolis de Alpanseque se observa un fenómeno diferente, pues las sepulturas con objetos de prestigio excepcionales —tumbas 12, 20 y A—, como serían los cascos y los escudos de bronce, auténticas piezas de parada, cuya presencia se restringe a un reducido número de tumbas en toda la Meseta Oriental, no son las que más objetos incorporan a sus ajuares, tan sólo cinco o seis, frente a los nueve que ostentan las tumbas 9 y 25 de este cementerio, la primera de ellas sin armas.

Indicios de jerarquización topográfica fueron señalados por Cerralbo en la necrópolis de *Arcobriga* (Aguilera 1911, IV: 34 ss.), en el Alto Jalón, más moderna que la fase a la que se adscriben las tumbas referidas de Aguilar de Anguita y Alpanseque y, al igual que éstas, con alineamientos de sepulturas formando calles. Se determinó un espacio localizado en uno de los extremos de la necrópolis, reservado a un grupo individualizado de la sociedad (según Cerralbo serían tumbas privilegiadas femeninas, que pertenecerían a sacerdotisas), cuyos ajuares, no militares, estaban integrados por unos objetos supuestamente utilizados para la sujeción del tocado y por placas de bronce decoradas. Inmediato a esta zona se halló un enterramiento —tumba B—, que Cerralbo interpretó como perteneciente a un jefe o «Régulo Pontífice»; su ajuar, tenido «por el más importante», estaba formado por la urna cineraria, a torno, una espada lateniense, una punta de lanza, dos cuchillos curvos, una fíbula, dos fusayolas y, lo que es de mayor interés, el único bocado de caballo documentado en esta necrópolis. Esta sepultura, con un total de ocho objetos, ocupa, por lo que respecta al número de elementos, una posición destacada en relación con las tumbas militares de ajuares conocidos de esta necrópolis, solamente 10, que acumulan entre seis y nueve elementos.

Sobre la distribución jerarquizada de las tumbas en el espacio funerario, en la necrópolis de Atienza se observa cómo todas las tumbas con espada a excepción de la 9, que además son las que acumulan un mayor número de objetos, se concentran hacia el Sureste del yacimiento, lo que implica un tratamiento espacial diferenciado de las sepulturas de mayor riqueza de este cementerio (fig. 46,2). Por su parte, en la necrópolis de La Mercadera las tumbas con espadas aparecen siempre en grupos, no habiéndose documentado su presencia en el sector más oriental del cementerio (fig. 47,1), justamente en el que se concentran, entre otras, las tumbas carentes de cualquier elemento de ajuar (*vid.* Esparza 1991: 18).

Con los datos analizados, sobre todo en lo relativo a la ordenación interna del espacio funerario y a las características de los ajuares, es indudable que los cementerios de la Meseta Oriental son uno de los elementos culturales que mejor contribuyen a delimitar el territorio celtibérico, al menos entre los siglos VI y II a.C., constituyendo una de las principales señas de identidad de los Celtíberos durante este período. No obstante, lejos de la homogeneidad que cabría esperar por su adscripción a un mismo grupo étnico, el celtíbero, estas necrópolis muestran importantes diferencias, en ocasiones explicables por razones de tipo cronológico ya que algunas de ellas llegaron a estar en uso a lo largo de más de seis centurias, pero que en otros casos parecen responder más bien a razones de tipo cultural, lo que permite individualizar áreas geográfico-culturales que cabría vincular con las tribus o *populi* que según las fuentes literarias integrarían el colectivo celtibérico. Esta variabilidad se hace patente en aspectos tales como la tipología de los objetos que componían los ajuares, la desaparición del armamento de los mismos a partir del siglo IV a.C. en un sector restringido de la Celtiberia, o la distinta representatividad en los cementerios de los diversos sectores de la sociedad.

V

EL ARMAMENTO

El armamento de los pueblos celtas de la Península Ibérica constituye uno de los temas que más interés ha despertado, a lo largo de más de ocho décadas, en la investigación arqueológica española. Sin embargo, a pesar de tan larga trayectoria y de los importantes logros conseguidos, faltan aún estudios que proporcionen visiones de conjunto interpretativas e integradoras en el sistema cultural del que el armamento constituye una parte destacada, superando la fase analítica en la que todavía se encuentran inmersos (Lorrio 1994a-b).

El punto de partida de los estudios sobre el armamento celtibérico aparece ligado a los trabajos que entre 1909 y 1916 llevaron a cabo en esta zona Cerralbo y Morenas de Tejada (*vid.* capítulo I,2), y que desgraciadamente tan sólo merecieron algunas publicaciones parciales (Aguilera 1913a-b; *Idem* 1916; Morenas de Tejada 1916a-b). Los hallazgos de Cerralbo, que incluían importantes conjuntos militares, atrajeron pronto la atención de investigadores de la talla de Déchelette (1912; *Idem* 1913: 686; *Idem* 1914: 1101 s.), Sandars (1913) o Schulten (1914: 209 ss.), pasando a formar parte destacada de sus obras de síntesis. Después de estos trabajos iniciales, el interés de quienes abordaron el análisis de las armas se ha centrado en gran parte en sus aspectos morfológicos, lo que ha permitido un buen conocimiento del armamento celtibérico, sobre todo de las espadas y los puñales (Bosch Gimpera 1921: 20 ss., figs. 4 y 5; Cabré y Morán 1984b; Cabré 1988; *Idem* 1990), así como de los escudos (Cabré 1939-40) y las corazas (Cabré 1949; Kurtz 1985) (1).

---

(1) Para una visión más detallada del armamento de los Celtas hispanos, *vid.* Lorrio (1993a), así como Quesada (1991) y Stary (1994), a quienes se deben las más recientes y sin duda mejores síntesis sobre el armamento protohistórico peninsular (en relación al último trabajo, *vid.* la recensión de Kurtz 1994). Un panorama general sobre el armamento celtibérico se obtendrá también en Schüle (1969) y Lorrio (1994a-b); sobre el análisis de las armas de tipo lateniense localizadas en territorio celtibérico, principalmente las espadas, además de las obras comentadas, *vid.* Stary (1982) y Lenerz-de Wilde (1991).

Las fuentes de información que permiten conocer las características del armamento de los pueblos celtibéricos son de muy variado tipo (Lorrio 1993a: 288 ss.): el registro arqueológico (que incluye los hallazgos de armas en necrópolis, poblados o bien formando parte de depósitos de variada interpretación), la iconografía y las noticias proporcionadas por los escritores grecolatinos (fig. 57).

Las necrópolis son posiblemente la fuente esencial para el estudio del armamento, al haber proporcionado la mayoría de las armas de la Edad del Hierro conocidas en la Península Ibérica. Sin embargo, los contextos funerarios presentan una serie de carencias, a veces debidas al propio ritual utilizado, la cremación, que ha contribuido de forma determinante a la mala conservación de las armas, limitando notablemente las posibilidades interpretativas. Hay que añadir que, a pesar del elevado número de cementerios excavados en las dos primeras décadas de este siglo, únicamente se tiene noticia de la composición de mínima parte de los ajuares (fig. 58), en general de los correspondientes a las sepulturas de mayor «riqueza», limitación extensible a los trabajos posteriores ya que no siempre fueron publicados y, aun en estos casos, la información que suministran suele ser insuficiente por el estado de deterioro de los yacimientos o por el reducido número de sepulturas localizadas. Todo ello complica notablemente el análisis de las asociaciones originales en orden a la realización de una seriación que permitiera establecer cronologías relativas, fundamentales para determinar la secuencia evolutiva de los equipos militares. A esto hay que añadir la poca fiabilidad de las dataciones absolutas de los elementos metálicos, frecuentemente los únicos conservados.

Al tratarse, por otro lado, de un material seleccionado intencionalmente, cabría preguntarse hasta qué punto los equipos militares depositados en las tumbas reflejan la auténtica panoplia celtibérica. En este sentido, cabe destacar la coherencia interna del registro funerario, que

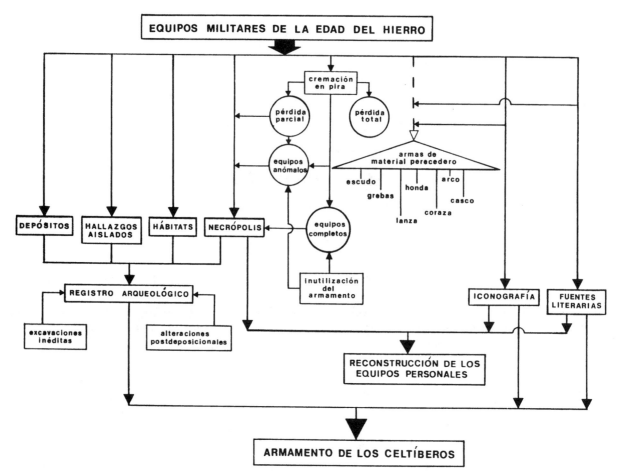

Fig. 57.—*Las fuentes fundamentales para el estudio del armamento de los Celtíberos.*

aboga por su fiabilidad, siendo verdaderamente excepcional la presencia en una misma sepultura de dos espadas o puñales (figs. 71,A y 78,B) y no documentándose en ningún caso más de un escudo, o dos cascos o dos corazas de metal. Conviene tener en cuenta que cuando se dispone de conjuntos de ajuares militares numéricamente importantes queda manifiesta la preponderancia de las armas de asta —lanzas y jabalinas—, todo lo cual viene a coincidir con la información, en general de época tardía, facilitada por las fuentes literarias y las representaciones iconográficas.

El equipo militar documentado en las necrópolis celtibéricas está formado básicamente por la espada, el puñal, que en ocasiones sustituye a la propia espada mientras que en otras acompaña a ésta en la panoplia, y lo que se podría denominar genéricamente como armas de asta, término que engloba las lanzas, arma fundamentalmente de acometida, y las jabalinas, arma arrojadiza cuyo uso queda confirmado por la presencia en las tumbas de puntas de pequeño tamaño, pero también por los hallazgos de puntas pertenecientes a *pila*, arma caracterizada por la gran longitud de la parte metálica —formada por una

pequeña punta y un muy desarrollado tubo de enmangue— respecto al asta de madera, y por los *soliferrea*, realizados en hierro en una sola pieza. Es frecuente, también, el hallazgo de cuchillos, generalmente de dorso curvo, así como de escudos, de los que sólo se han conservado las piezas metálicas: los umbos, las manillas y los elementos para la sujeción tanto de las empuñaduras de material perecedero como de las correas que permitían su transporte, por lo que aspectos tan importantes desde el punto de vista tipológico y funcional como la forma o el tamaño no pueden ser determinados salvo de manera aproximada. Asimismo se han documentado otros elementos defensivos como cascos y discos-coraza metálicos, aunque, dado el reducido número de hallazgos y su evidente valor como objeto de prestigio, su uso quedaría restringido al sector más privilegiado de la sociedad.

Dichas armas aparecen en los ajuares formando distintas combinaciones, desde tumbas con toda la panoplia hasta las que como único testimonio tendrían la presencia de la punta de lanza o el cuchillo, lo que es muestra, a su vez, de la gran heterogeneidad del equipamiento armamentístico. Tal variabilidad puede ser interpretada a

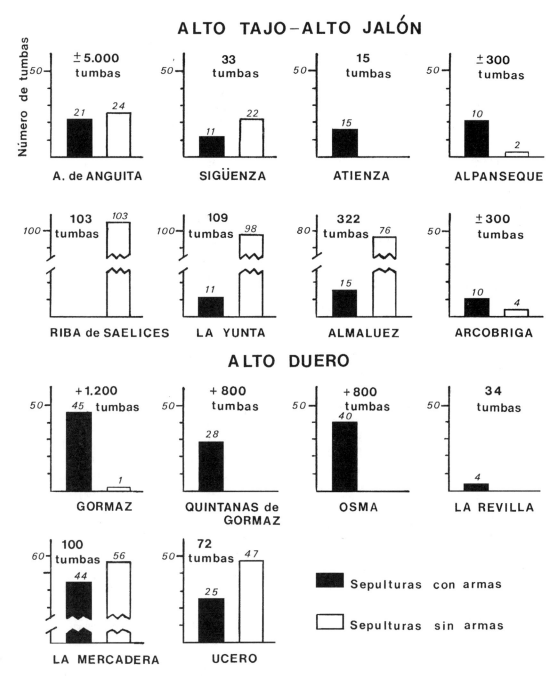

Fig. 58.—*Conjuntos cerrados identificados en las principales necrópolis celtibéricas, con mención, en la parte superior de cada histograma, del número total de sepulturas excavadas en cada caso.*

veces como evidencia de modificaciones de tipo social, cronológico, geográfico-cultural o étnico.

Esta panoplia no difiere en lo esencial de la ibérica, conocida también en buena medida por la documentación aportada por las necrópolis, de la que se diferencia principalmente por la tipología de algunos de los elementos que la conforman, sobre todo en lo que respecta al gusto ibérico por la falcata, de hoja curva, frente a las espadas, normalmente de antenas, de hojas rectas o pistiliformes,

utilizadas por los pueblos de la Meseta. Semejante sería la importancia en ambas zonas de las armas de asta, la poca representatividad del arco, el gusto por el escudo circular o el uso restringido, vinculado a individuos de alto estatus, de cascos y corazas metálicos (Latorre 1979; Lillo 1986; Cuadrado 1989; Quesada 1989a; *Idem* 1989b; *Idem* 1991; Stary 1994).

Para el estudio de la panoplia celtibérica y de su evolución, las asociaciones de armas documentadas en los ajuares funerarios (fig. 59; tablas 1 y 2) (2) se configuran como un elemento indispensable, ya que constituyen la única evidencia para los períodos de mayor antigüedad (fases I y II), mientras que para la fase III, contemporánea a las guerras contra Roma, este tipo de información se complementa con la procedente de otras fuentes.

La reducción de los datos obtenidos en contextos funerarios durante la fase III es suplida por los hallazgos de armas en lugares de habitación, aunque, dado su carácter en muchas ocasiones descontextualizado, no permiten determinar las asociaciones fundamentales para definir los equipos militares, por más que para este fin se cuente con las noticias dejadas por los escritores grecolatinos así como con diversas evidencias iconográficas, entre las que destacan algunas representaciones vasculares (fig. 79), sobre todo de Numancia, y la iconografía monetal (fig. 80).

Entre los hallazgos de armas en núcleos de población resulta de especial interés la identificación de auténticos arsenales (Lorrio 1993a: 297), en ocasiones domésticos, al haberse documentado en el interior de estructuras de habitación, como es el caso de la llamada *Casa de Likine*, en La Caridad (Caminreal, Teruel) —formada por veintiuna estancias organizadas en torno a un patio central— cuyo momento final puede vincularse con el episodio de las Guerras Sertorianas (82-72 a.C.). Dispersas por las diferentes estancias y el patio se hallaron un buen número de armas entre las que se incluyen una espada de La Tène, una falcata, un puñal, dieciocho lanzas, cinco proyectiles de honda, cuatro flechas y dardos, el botón de un casco de tipo Montefortino, dos escudos, entre ellos un umbo de aletas de tipo lateniense, así como una catapulta (Vicente *et alii* 1991: 112, fig. 55).

Un tercer tipo de hallazgo estaría referido a los poco abundantes y mal documentados depósitos de armas, de variada interpretación y, en general, de escaso interés en lo relativo a la reconstrucción de la panoplia (Lorrio 1993a: 297 ss.). Por lo que se refiere a la Celtiberia o a sus zonas inmediatas hay que mencionar el depósito soriano de Quintana Redonda, interpretado como un tesorillo y constituido por un casco que cubría dos tazas de plata, en cuyo interior apareció un importante conjunto de 1.300 denarios (*vid.*, con algunas discrepancias, Taracena 1941: 137; Raddatz 1969: 242 s., lám. 98; Villaronga 1993: 52, nº 109), que permiten fechar el conjunto en la primera mitad del siglo I a.C. (Raddatz 1969: 165), concretamente en época sertoriana (Villaronga 1993). A él cabe añadir lo que parece ser un depósito ritual de cronología sertoriana localizado en *Graccurris* (Alfaro,

La Rioja) (Marcos Pous 1996: 148, fig. 12,2; Iriarte *et alii* 1996: 174; *vid.* capítulo X,4).

Menor interés para los estudios generales sobre el armamento suscitarían los hallazgos aislados de armas, ya que resulta difícil de determinar si hubo o no intencionalidad al ser depositadas, y con qué finalidad se realizó tal acción (Lorrio 1993a: 300; *vid.* capítulo X,4).

También se cuenta con algunas representaciones iconográficas (*vid. infra*), fechadas a lo largo de la fase III, entre las que destacan las reproducidas en las cerámicas numantinas (fig. 79) o la numismática (fig. 80), así como con ciertas manifestaciones escultóricas que, como los guerreros galaicos (Silva 1986: 291 ss., láms. 120-124,1) o las estelas discoidales de la zona cluniense (fig. 81,1-2), ofrecen una información de primera mano sobre algunos aspectos importantes del armamento de los Celtas de la Península Ibérica.

Estas evidencias se complementan con las fuentes clásicas, sobre todo referidas al tipo de armamento y a las tácticas de lucha de los guerreros de finales de la Edad del Hierro (fines del siglo III a.C.-siglo I a.C.). Estas fuentes proporcionan información sobre la existencia de mercenarios hispánicos en el Mediterráneo, conocida al menos desde el siglo V a.C. (Herodoto, 7, 165), aunque las fuentes únicamente hagan referencia de forma explícita a soldados celtas a partir de inicios de la centuria siguiente (Barceló 1991: 22 s.). Sin embargo, la mayor parte de las noticias dejadas por los historiadores y geógrafos grecolatinos están referidas a los acontecimientos que tuvieron lugar en la Península Ibérica desde el 218 a.C. hasta la Conquista en tiempos de Augusto. Autores como Polibio, Posidonio, Diodoro Sículo, Tito Livio, Estrabón, Apiano o Varrón, entre otros, ofrecen datos de sumo interés sobre el armamento y las peculiaridades militares de los pueblos peninsulares, principalmente Lusitanos y Celtíberos.

Se ha optado por profundizar en la propia evolución de las armas y los equipos militares celtibéricos a lo largo de un período que abarca a *grosso modo* desde el siglo VI hasta el I a.C., ya que si la destrucción de Numancia en el 133 a.C. supuso la conquista de la Celtiberia, algunas de las evidencias analizadas, como las propias cerámicas numantinas (Wattenberg 1963; Romero 1976a: 185 ss.), corresponden a un momento posterior. Otros aspectos, como el de las tácticas de guerra (Taracena 1954: 271 ss.), el mercenariado (Santos Yanguas 1980 y 1981; Santos Yanguas y Montero 1982; Ruiz-Gálvez 1988; Barceló 1991), o la organización militar de la sociedad (Ciprés 1990 y 1993a; Almagro-Gorbea 1996: 116 ss.) y la ideología del guerrero celtibérico (Sopeña 1987: 79 ss.), no han sido abordados aquí, pese a su evidente vinculación con el tema analizado (*vid.* capítulo IX,4.6).

---

(2) Para la identificación de los conjuntos funerarios citados en este capítulo, *vid.* Apéndice I.

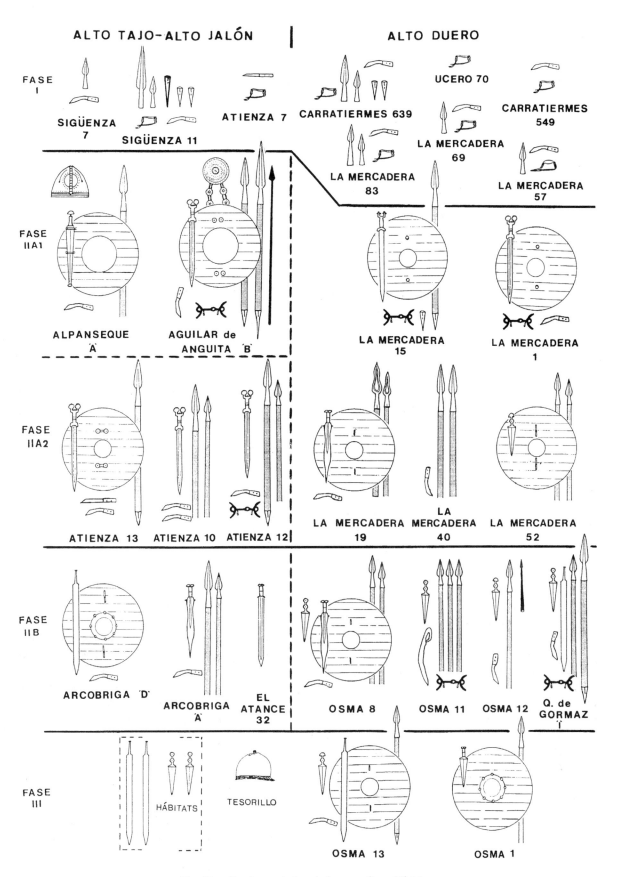

ALTO TAJO-ALTO JALÓN

ALTO DUERO

FASE I

SIGÜENZA 7

SIGÜENZA 11

ATIENZA 7

CARRATIERMES 639

UCERO 70

CARRATIERMES 549

LA MERCADERA 69

LA MERCADERA 83

LA MERCADERA 57

FASE IIA1

ALPANSEQUE 'A'

AGUILAR de ANGUITA 'B'

LA MERCADERA 15

LA MERCADERA 1

FASE IIA2

ATIENZA 13

ATIENZA 10

ATIENZA 12

LA MERCADERA 19

LA MERCADERA 40

LA MERCADERA 52

FASE IIB

ARCOBRIGA 'D'

ARCOBRIGA 'A'

EL ATANCE 32

OSMA 8

OSMA 11

OSMA 12

Q. de GORMAZ 'I'

FASE III

HÁBITATS

TESORILLO

OSMA 13

OSMA 1

Fig. 59.—Cuadro evolutivo de la panoplia celtibérica.

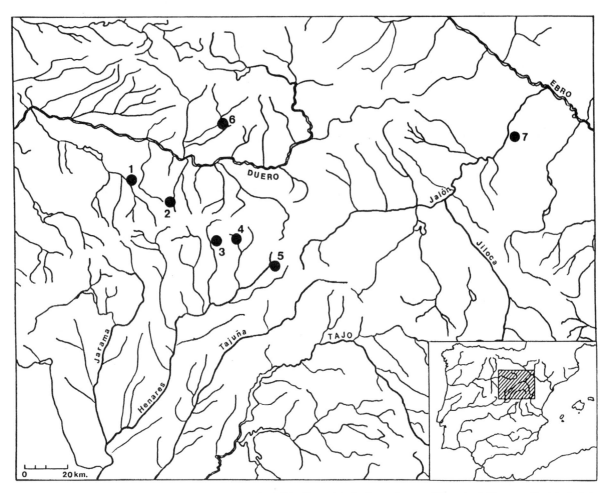

Fig. 60.—Fase I (siglo VI a.C.). Necrópolis con armas: 1, Ayllón (Segovia); 2, Carratiermes (Montejo de Tiermes, Soria); 3, Atienza (Guadalajara); 4, Valdenovillos (Alcolea de la Peñas, Guadalajara); 5, Sigüenza (Guadalajara); 6, La Mercadera (Soria); 7, Cabezo de Ballesteros (Épila, Zaragoza).

1. FASE I

Las armas de hierro más antiguas adscribibles al mundo céltico de la Península Ibérica hacen su aparición en el Oriente de la Meseta (fig. 60) —en un amplio territorio que puede considerarse como el núcleo de la Celtiberia histórica y que engloba la cabecera del Tajo y sus afluentes (en especial las cuencas altas del Tajuña y el Henares), el Alto Jalón y el Alto Duero— formando parte de la fase inicial de algunos cementerios como Aragoncillo (Arenas y Cortés e.p.), Sigüenza, Valdenovillos, Atienza, Alpanseque, Carratiermes, La Mercadera (*vid.*, para todos ellos, tablas 1 y 2) o Ayllón (Barrio 1990). La panoplia reflejada en las sepulturas se caracteriza por la ausencia de espadas o puñales y por la existencia de largas puntas de lanza (3) de fuerte nervio central de sección

(3) Estas puntas de lanza corresponden al tipo Alcácer, así denominado (Schüle 1969: 114s.) a partir de su identificación en el cementerio de Alcácer do Sal.

cuadrada, rectangular o circular, aletas estrechas, y longitudes que a veces superan los 50 cm., provistas de un regatón, a veces de gran longitud, que puede incluso ser considerado como una punta de jabalina, y cuchillos de dorso curvo (figs. 59 y 61; tablas 1 y 2). En la necrópolis de Carratiermes se habrían documentado también en ciertos casos los elementos para la sujeción de las manillas de escudo (Argente *et alii* 1992: 308).

En el Oriente de la Meseta, pueden considerarse como vinculadas a esta fase una serie de tumbas adscritas al momento inicial de la necrópolis de Sigüenza (fig. 61,A-C), en las que se han documentado largas puntas de lanza de hasta 62 cm. de longitud, con marcado nervio central, junto a otras de menores dimensiones, entre 13 y 22 cm., y cuchillos de dorso curvo (Cerdeño 1979; *Idem* 1981; Cerdeño y Pérez de Ynestrosa 1993). Las puntas de lanza aparecen en número de una (tumba 7), dos (tumbas 9, 14 y 15) y hasta cuatro (tumba 1) por enterramiento, asociándose a fíbulas de doble resorte de

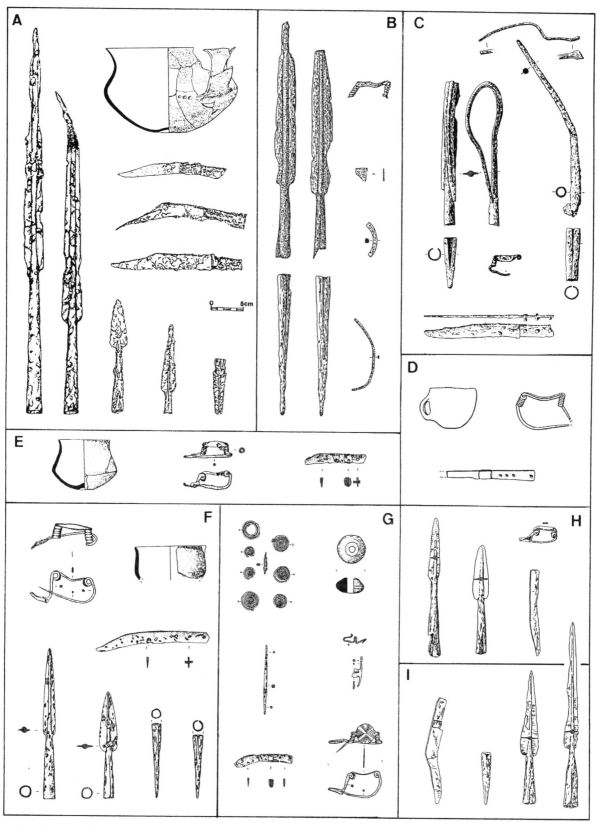

Fig. 61.—Fase I: A, Sigüenza, tumba 1; B, Sigüenza-15; C, Sigüenza-14; D, Atienza-7; E, Carratiermes-549; F, Carratiermes-639; G, Carratiermes-582; H, La Mercadera-83; I, La Mercadera-67. (Según Cerdeño 1979 (A), Cerdeño 1981 (B), Cabré 1930 (C), Argente et alii 1991a (D-F) y Schüle 1969 (G-H)).

puente de cinta (tumbas 14 y 15) (4) y a un ejemplar de pie vuelto del tipo 7B de Argente (sepultura 9), que este autor fecha genéricamente entre el último cuarto del siglo VI a.C. y todo el V (Argente 1994: 107). En una reciente sistematización de los cementerios del Alto Tajo-Alto Jalón, Cerdeño y García Huerta (1990: 79 s. y 82) adscriben esta fase de la necrópolis de Sigüenza a lo que estas autoras denominan «Celtibérico Inicial», caracterizado, en lo que al armamento se refiere, por la ausencia de espadas en las sepulturas (*vid.* capítulo VII, 2.1).

Quizás cabría incluir en esta fase I la tumba 7 del Altillo de Cerropozo (fig. 61,D), en Atienza (Cabré 1930), si bien únicamente se documentó un cuchillo de hierro incompleto, en este caso de filo recto, asociado a una fíbula de doble resorte de puente de cinta.

A este primer momento, y con características semejantes, podría corresponder la fase más antigua de la necrópolis de Valdenovillos (5) (Argente 1994: 369 ss.; Cerdeño 1976a) o el cementerio de Clares, donde está documentada la presencia descontextualizada de puntas de lanza y regatones, faltando en cambio los hallazgos de espadas y puñales (Barril y Dávila 1996: 46), aunque se han recuperado algunos restos de vainas, como los de la tumba 55, formados por siete chapas de bronce dobladas que podrían haber recubierto una vaina de material perecedero (Barril y Dávila 1996: 44 ss., láms. III y VI).

Más información ha proporcionado la necrópolis de Carratiermes (fig. 61,E-G), situada al Norte de la Sierra de Pela, territorio que pertenece geográficamente a la Cuenca del Duero, aun cuando culturalmente, al menos

en esta fase inicial, este cementerio esté vinculado con los del Alto Tajo. A este momento inicial del cementerio, que sus excavadores denominan «Protoceltibérico» y que equivaldría al «Celtibérico Inicial» de Cerdeño y García Huerta (*vid.* capítulo VII), fechado desde fines del siglo VI y durante todo el V a.C., corresponden una serie de tumbas de guerrero cuyos ajuares se caracterizan por la presencia de largas punta de lanza, con longitudes a menudo superiores a los 50 ó 60 cm. y marcado nervio central, regatones, cuchillos de dorso curvo y, en algún caso, las piezas para la sujeción de las manillas de los escudos (Argente *et alii* 1992: 308).

Una prueba indirecta de la existencia de un primer momento, en el que aún no habrían hecho acto de presencia en los ajuares otros elementos característicos de la panoplia, lo constituiría la necrópolis segoviana de Ayllón (Barrio 1990), no muy alejada de la anterior y vinculada geográficamente, al igual que ésta, con la Cuenca del Duero. De ella se conocen una serie de materiales fuera de contexto, entre los que destacan once fíbulas de doble resorte, tres de ellas de puente filiforme, y las restantes de puente de cinta. Pese a no haber evidencias respecto a las asociaciones directas de estos elementos, sí se sabe que casi el 50% de las piezas metálicas recogidas eran objetos de bronce, habiéndose encontrado muy pocas armas, siendo éstas solamente puntas de lanza (Barrio 1990: 278).

Al Norte del río Duero, en lo que va a ser uno de los núcleos funerarios celtibéricos principales (*vid.* capítulo VII), podrían vincularse con esta fase un conjunto de tumbas procedentes de la necrópolis de La Mercadera (fig. 61,H) (Taracena 1932; Lorrio 1990), en las que, junto a fíbulas de doble resorte de puente de cinta (tumbas 11, 69, 83 y 89) y de puente rómbico u oval (enterramientos 44, 57 y 81), se hallaron, entre otros elementos, una o dos puntas de lanza, con la excepción de la tumba 44, donde apareció un regatón, y de la 11, en la que se documentó un cuchillito de filo curvo de hierro, elemento éste presente en la mayoría de las restantes (tan sólo no aparece en las tumbas 44 y 89) (6). Dichos modelos de fíbulas son datados a partir del segundo cuarto del siglo VI a.C. (Romero 1984a: 69 s.), pero por su larga perduración alcanzarían, como ya se ha señalado, la segunda mitad del siglo V (Argente 1994: 62) o incluso después (Cabré y Morán 1977: 118). Estos conjuntos de

---

(4)   Cerdeño fechó estas fíbulas entre el 575 y el 525 a.C., apoyándose en la cronología propuesta para los ejemplares de Aguilar de Anguita (Argente 1974: 154), datación recientemente revisada y que ha sido rebajada ligeramente (Argente 1994: 354). Por su parte, al analizar las fíbulas de Sigüenza, Argente (1994: 386) propone para las mismas una fecha centrada en el siglo V a.C., debido justamente a su asociación con puntas de tipo Alcácer.

(5)   Esta necrópolis ha proporcionado muy poco material férrico. Destaca una espada de antenas con decoración damasquinada en oro y plata, dos fragmentos de empuñaduras de otras tantas espadas de antenas, así como cuchillos afalcatados, regatones y puntas de lanza «con abultamiento en la parte central dando la sensación de nervaduras» (Cerdeño 1976a: 18, lám. IV). Aunque pudieron identificarse algunos conjuntos, Cerdeño señala que posiblemente las piezas estarían mezcladas. Sin embargo, ajuares como el de la tumba «Y» concuerdan con los adscribibles a esta fase inicial (Cerdeño 1976a: 8). A la fase I pertenecería posiblemente un enterramiento presentado a la Exposición de Hierros Antiguos Españoles (Artíñano 1919: 20, nº 92) como procedente de este cementerio (tumba A), conjunto que ha sido estudiado posteriormente por Cabré y Morán (1975c). El ajuar estaba compuesto por dos puntas de lanza de marcado nervio central y aletas estrechas, de 41,5 y 31,6 cm. de longitud, un regatón, un cuchillo de dorso curvo, un broche de cinturón de escotaduras cerradas y tres garfios con su consiguiente pieza hembra, una tira de chapa de bronce, y una gran fíbula anular hispánica con el puente decorado (Cabré y Morán 1975c: 17 s., figs. II,2 y III), conjunto datado en la primera mitad del siglo V a.C. (Cabré y Morán 1975c: 18).

(6)   El hecho de que la totalidad de las fíbulas de doble resorte de La Mercadera —que pertenecen a las variantes menos evolucionadas del tipo y son las de mayor antigüedad teórica del cementerio junto con un ejemplar de codo con bucle— aparezcan mayoritariamente asociadas con puntas de lanza y en ningún caso con otras muestras de armamento, tales como espadas, puñales o escudos, permite con cierta verosimilitud adscribirlas a la fase inicial de este cementerio, previa a la aparición de estos elementos en las sepulturas.

la necrópolis de La Mercadera, en los que se ha querido ver una muestra de esta perduración (7), y para los que tal vez pudiera aceptarse una cronología algo más baja que la de los documentados en el Alto Tajo, ofrecen puntas de lanza de menores dimensiones, destacando los ejemplares de la sepultura 83 (fig. 61,H), morfológicamente emparentados con una de las piezas de la tumba 1 de Sigüenza (fig. 61,A), caracterizados por presentar una hoja de longitud menor a la zona correspondiente al tubo de enmangue.

También son conocidas en el Alto Duero las largas puntas de lanza, «tipo Alcácer», en las necrópolis situadas en su margen derecha, en conjuntos de difícil datación. Así lo confirmaría la tumba Q de Quintanas de Gormaz, donde uno de estos ejemplares, de aproximadamente 42 cm. de longitud, se asocia a otras dos puntas de lanza más pequeñas, en uno de los pocos enterramientos carentes de espada o puñal, aunque no conviene olvidar el reducido número de ajuares conocidos de esta necrópolis. También La Mercadera ofrece puntas de lanza asimilables al tipo mencionado, de menores dimensiones que lo que es habitual en el modelo: tumbas 67 (fig. 61,I), 72 y 87, en esta última asociada a los restos de una vaina de espada.

La panoplia característica de esta fase —formada por largas puntas de lanza acompañadas de sus regatones y de cuchillos de dorso curvo— puede verse como un influjo de la panoplia documentada en ambientes orientalizantes del Mediodía peninsular desde los siglos VII-VI a.C. (Lorrio 1994a: 219); a diferencia del caso celtibérico, donde faltan por completo las espadas y los puñales, algunas sepulturas pertenecientes a personajes destacados registran la presencia de espadas, en lo que quizás habría que ver la perduración de tradiciones del Bronce Final (Almagro-Gorbea 1991a: nota 80). No obstante, y a pesar de algunas excepciones, se asiste a la desaparición de las armas en los ajuares funerarios de las tumbas pertenecientes a las élites del mundo tartésico orientalizante (Almagro-Gorbea 1991a: nota 80).

Entre ellas cabe mencionar una tumba de Niebla (García y Bellido 1960: 53, fig. 19; Pingel 1975: 126s., fig. 10), donde dos puntas de lanza de sección rómbica y más de 50 cm. de longitud se asociaban a una espada de hierro de 76,5 cm. inspirada en modelos del Bronce Final, fechable en el siglo VII a.C. (Almagro-Gorbea 1983: nota 297) o, quizás mejor, en la centuria siguiente, según parece apuntar la presencia en el mismo conjunto de un jarro fenicio de bronce (Pingel 1975: 134; Grau-Zimmermann 1978: 195 y 211). Igualmente del siglo VII (Almagro-Gorbea 1983: nota 297; Ruiz-Gálvez 1986: 19), y de una inspiración similar, sería la espada hallada en una tumba de Cástulo (Jaén) (Blanco 1965: fig. 10,15-16). Las puntas de lanza que aparecieron en este enterramiento ofrecen el característico nervio central, sin alcanzar las longitudes de los ejemplares de Niebla (Blanco 1965: figs. 7,8-9 y 8). Una cronología semejante, primera mitad del siglo VII a.C., puede defenderse para la tumba 16 de La Joya (Huelva), donde aparecen asociadas una espada de hierro de unos 40 cm. de longitud con escotaduras y lengüeta y una punta de lanza de sección rómbica de 52,5 cm. de largo a la que acompañaba un regatón de casi 40 cm. (Garrido y Orta 1978: 50 ss., fig. 27).

Con independencia de estos conjuntos excepcionales, lo habitual en el Suroeste peninsular durante el Período Orientalizante es el hallazgo de sepulturas caracterizadas por la total ausencia de espadas o puñales y por poseer largas puntas de lanza acompañadas de regatones y cuchillos curvos. Buen ejemplo de ello lo proporcionan las necrópolis de la I Edad del Hierro del Sur de Portugal (Correia 1993: 355): Mealha Nova (Ourique), Herdade do Pêgo (Ourique), Fonte Santa (Ourique), Chada (Ourique), Pardieiro (Odemira) y Mouriços (Almodôvar) (Dias et alii 1970: 202 y 211; Beirão 1986: 71 ss. y 87 ss., figs. 23-28; Idem 1990: 113 y 116; Silva y Gomes 1992: 149, figs. 50-51). A ellas hay que añadir las tumbas de la fase inicial del cementerio de Alcácer do Sal (Costa Arthur 1952: 372; Paixão 1983: 277 ss.; Schüle 1969: lám. 95,6-7), pertenecientes a un momento previo al de la aparición de espadas en esta necrópolis.

También se ha documentado la presencia de largas puntas de lanza en la necrópolis orientalizante de Medellín (Badajoz), en la única tumba que ha proporcionado armamento, si se exceptúan las que ostentan cuchillos, donde un ejemplar de fuerte nervio de sección cuadrangular se asocia en un bustum a un regatón y un cuchillo de dorso curvo, así como a un broche de escotaduras cerradas y un garfio —tipo Acebuchal—, conjunto adscribible a la fase II de la necrópolis, datable entre inicios del siglo VI

---

(7)   García-Soto (1990: 29-30, nota 163) hace referencia en este sentido a la asociación de sendas fíbulas de doble resorte de puente de cinta con un broche anular de hierro en la tumba 11 y con «restos de una vasija a torno» en la 83, elementos que rebajarían notablemente, según él, la cronología de los enterramientos. Sin embargo, las cronologías propuestas por otros autores para los broches anulares (Argente 1994: 75) permiten la asociación de ambos elementos sin necesidad de rebajar las fechas de las fíbulas. En relación con la sepultura 83, Taracena señala que junto a varios fragmentos a mano apareció uno, de pequeño tamaño, realizado a torno (Taracena 1932: 26-27), por lo que bien pudo tratarse de una intrusión (Lorrio 1990: 49, nota 67). Además, la presencia de cerámica a torno en esta necrópolis resulta claramente minoritaria ya que, independientemente del fragmento de la tumba 83, tan sólo una sepultura ofrecía esta especie cerámica, frente a 14 con productos a mano, pudiéndose plantear un origen foráneo para el único ejemplar a torno documentado.

y el V a.C. (Lorrio 1988-89: 311; Almagro-Gorbea 1991d: 236) (8).

De acuerdo con esto, podría plantearse una procedencia meridional para la llegada de los primeros objetos realizados en hierro, que incluirían tanto las largas puntas de lanza como los cuchillos curvos, sin desestimar que hubieran podido hacerlo desde las áreas próximas al mundo colonial del Noroeste del Mediterráneo a través del Valle del Ebro (fig. 112). En este sentido, resulta interesante la información proporcionada por la necrópolis del Cabezo de Ballesteros (Épila, Zaragoza), localizada en el Bajo Jalón, donde la presencia de hierro está documentada por dataciones radiocarbónicas desde el siglo VI a.C., tanto en objetos de adorno —fíbulas de botón terminal y pie vuelto, o brazaletes— como en puntas de lanza y cuchillos de dorso curvo (Pérez Casas 1990a: 120).

La cronología de esta fase inicial en las necrópolis celtibéricas resulta difícil de determinar ya que prácticamente los únicos elementos susceptibles de ofrecer una datación más o menos fiable son las fíbulas, siendo las más usuales, de las aparecidas en contexto, las pertenecientes a los tipos menos evolucionados de doble resorte —aquellas que presentan puentes de sección filiforme (Argente 3A) o de cinta (3B)—, pie vuelto (7B) y anular hispánica (6B), defendiéndose para todos estos ejemplares una amplia cronología (9) (*vid.* capítulo VI, 2.1). Sin embargo, la posibilidad de utilizar estos elementos como índice fiable para la adscripción de sepulturas a la fase I presenta algunos problemas, dada su perduración y que su asociación con elementos característicos de la fase siguiente, como es el caso de las espadas, aunque no muy frecuente, sí está suficientemente documentada (10), por

lo que no se puede descartar que algunos de los conjuntos anteriormente analizados hayan convivido con este tipo de armas. El final de la fase vendría marcado por la incorporación de las espadas a los ajuares funerarios, lo cual se produciría inicialmente en algunas de las necrópolis del Alto Tajo-Alto Jalón en el siglo V a.C., posiblemente en su primera mitad (Cabré 1990: 206).

2. FASE II

Durante los siglos V-IV y, en menor medida, el III a.C., se va a asistir a un gran desarrollo de la siderurgia meseteña, cuya prueba, desde el punto de vista armamentístico, queda patente en la aparición en los ajuares funerarios de nuevos tipos de armas y en las ricas decoraciones que con frecuencia ofrecen éstas. Los distintos modelos irán incorporándose al mercado, conviviendo a menudo auténticas piezas de origen foráneo con ejemplares de producción local inspirados en ellas. Por ello mismo, no es fácil diferenciar distintas fases de desarrollo basándose tan sólo en los elementos metálicos que, en la mayoría de los casos, constituyen, además, los únicos objetos conservados.

Las variaciones regionales, que evidencian la existencia de grupos culturales de gran personalidad (Lorrio 1994a-b), se hacen patentes desde este período. De nuevo los cementerios constituyen la fuente fundamental por lo que se refiere al análisis de la evolución de la panoplia y de la propia tipología de las armas, aunque la calidad y el volumen de la información disponible condicione sin duda los resultados de esta investigación. Las modificaciones observadas en los equipos militares —valorándose también el cúmulo de datos descontextualizados de carácter puramente morfológico que los cementerios proporcionan— han permitido diferenciar en la Meseta Oriental dos grandes regiones geográfico-culturales de evidente personalidad: el Alto Tajo-Alto Jalón y el Alto Duero (fig. 62), habiéndose establecido en cada una de ellas una serie de subfases relativas a la evolución de la panoplia (11) (fig. 59; tablas 1 y 2).

---

(8)   Un ejemplar muy similar procede de una de las necrópolis de la ciudad de Cástulo, la de Casablanca (Blázquez 1975b: 219 ss., figs. 130-131). La única tumba publicada de este cementerio presentaba, además, regatón, cuchillos y un broche de tres garfios y escotaduras cerradas.

(9)   De forma general, los dos subtipos de doble resorte han sido fechados en la Meseta por Cabré y Morán (1977: 118) desde el primer cuarto del siglo VI hasta avanzado el siglo IV a.C., mientras que Argente (1994: 56 s.) propone una cronología no tan amplia, entre la segunda mitad del siglo VI y el último cuarto del V a.C. El tipo 6B, con diversas variantes, está fechado desde el siglo V hasta mediados del siglo III a.C., e incluso después (Argente 1994: 75 s.). Las fíbulas de pie vuelto del tipo 7B de Argente (1994: 82 s.) se documentarían desde el último cuarto del siglo VI a.C. hasta finales de la centuria siguiente.

(10)   En la tumba 66 de la necrópolis de Carabias (Cabré y Morán 1977: fig. 3) se asocia una fíbula de doble resorte de puente de cinta con una espada de antenas tipo Aguilar de Anguita, una fíbula de placa y un broche de cinturón de escotaduras abiertas, entre otros elementos, piezas todas ellas de cronología relativamente antigua. En la tumba 197 de la mencionada necrópolis (Cabré y Morán 1977: nota 24) al parecer se relaciona un ejemplar de puente filiforme con una espada de antenas «con éstas no completamente atrofiadas», modelo considerado de mediados del siglo IV a.C., lo que permitió a estos autores plantear la larga perduración de este tipo de fíbula. Desgraciadamente, no se ofrece documentación gráfica de este conjunto, que posiblemente sería cono-

cido a través del archivo fotográfico de J. Cabré, y por lo tanto no se habría realizado el análisis directo de las piezas. En cualquier caso la cronología es excesivamente baja para el ejemplar de doble resorte mencionado y sólo explicable por un caso puntual de perduración o quizás más verosímilmente por la atribución errónea de la espada a un modelo tan evolucionado. Además de estos ejemplos, la tumba I de Aguilar de Anguita también ha proporcionado otro ejemplo de esta asociación, esta vez con una espada de antenas de tipo Echauri (fig. 64,C).

(11)   Se ha optado por no incluir el territorio situado en la margen derecha del Valle Medio del Ebro, que corresponde a lo que se conoce como Celtiberia Citerior, dadas las marcadas diferencias durante esta fase —como la ausencia de restos seguros de espadas o puñales entre las necrópolis de esta zona (Pérez Casas 1990a: 120)— con el área correspondiente al Alto Tajo-Alto Jalón y al Alto Duero.

2.1. *El Alto Tajo-Alto Jalón*

La información sobre al armamento utilizado en el grupo del Alto Tajo-Alto Jalón procede en su mayoría de las numerosas necrópolis excavadas en las primeras décadas del siglo XX por el Marqués de Cerralbo, de las que se carece de información suficiente respecto a la composición de la mayor parte de sus ajuares, siendo de todas ellas la de Aguilar de Anguita, a la que dedicó Cerralbo el tomo III de su obra inédita, la que ofrece un mayor número de datos. Sólo se han podido identificar algunos conjuntos cerrados pertenecientes a estos cementerios a través de la documentación fotográfica proporcionada por el propio Cerralbo y por otros autores o

gracias a la revisión moderna de algunos de estos conjuntos (*vid.* Apéndice I).

Según pudo comprobarse, de los numerosos enterramientos exhumados en esta zona, que apenas en algunos casos debieron contener armas, únicamente unos pocos conjuntos cerrados ofrecen datos que permitan definir los equipos así como su evolución y la de los elementos que los componen. La mayor parte de los conjuntos conocidos presenta algún elemento armamentístico (fig. 58) dado que, por lo común, las tumbas con armas son también las que ofrecen los hallazgos más espectaculares, lo que explica el interés de quienes excavaron estos cementerios por este tipo de ajuares. Las necrópolis que aportan durante esta fase un mayor cúmulo de datos en

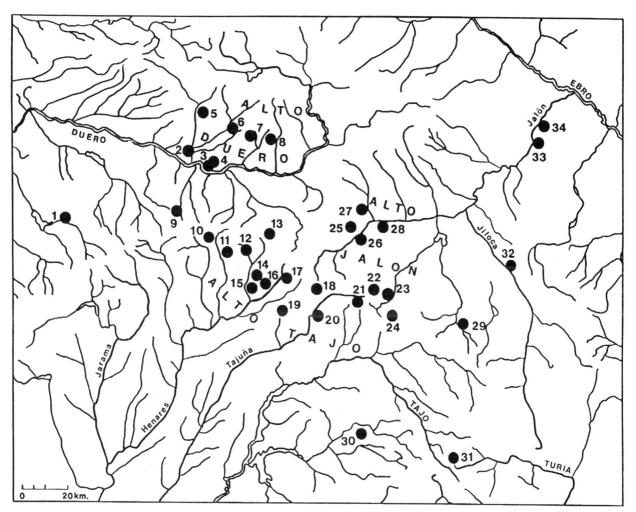

Fig. 62.—Fase II (siglos V-III a.C.). Necrópolis con armas en el Alto Duero-Alto Tajo-Alto Jalón: 1, Sepúlveda; 2, Osma; 3, La Requijada (Gormaz); 4, Quintanas de Gormaz; 5, Ucero; 6, La Mercadera; 7, La Revilla de Calatañazor; 8, Osonilla; 9, Carratiermes (Montejo de Tiermes); 10, Hijes; 11, Atienza; 12, Valdenovillos (Alcolea de las Peñas); 13, Alpanseque; 14, La Olmeda; 15, El Atance; 16, Carabias; 17, Sigüenza; 18, Aguilar de Anguita; 19, Torresaviñán; 20, Luzaga; 21, Ciruelos; 22, Clares; 23, Turmiel; 24, Aragoncillo; 25, Almaluez; 26, Montuenga; 27, Monteagudo de las Vicarías; 28, Arcobriga (Monreal de Ariza); 29, La Yunta; 30, Cañizares; 31, Griegos; 32, La Umbría (Daroca); 33, Cabezo de Ballesteros (Épila); 34, Barranco de la Peña (Urrea de Jalón). (1, provincia de Segovia; 2-9, 13 y 25-27, prov. de Soria; 10-12, 14-24 y 29, prov. de Guadalajara; 28 y 32-34, prov. de Zaragoza; 30, prov. de Cuenca; 31, prov. de Teruel).

relación con el análisis de la panoplia son las de Aguilar de Anguita, Alpanseque, Sigüenza, Almaluez, Atienza, El Atance, Carabias y *Arcobriga* (fig. 59), pese a ser en la mayoría de los casos desconocida la representatividad real de los datos analizados en relación con la totalidad de tumbas exhumadas (*vid. infra*) y respecto de las tumbas con armas.

De forma general, las modificaciones observadas en los ajuares de las necrópolis antes mencionadas, que evidencian la evolución global de la panoplia y las modificaciones tipológicas de los objetos que forman parte de ella, permiten establecer una serie de subfases en la evolución de los equipos militares:

Subfase IIA1: Bien representada en las necrópolis de Aguilar de Anguita y Alpanseque, aunque otros cementerios como Sigüenza y Almaluez han proporcionado también información al respecto.

Subfase IIA2: Definida a partir de la mayor parte de los ajuares de Atienza, caracterizados por la presencia de tipos armamentísticos evolucionados.

Subfase IIB: El yacimiento más representativo sería la necrópolis de Monreal de Ariza, identificada por Cerralbo como la perteneciente a la ciudad celtibérica de *Arcobriga*. Se evidencia un proceso de empobrecimiento de los ajuares, bien documentado en cementerios como El Atance y, paralelamente, la práctica desaparición del armamento en un buen número de cementerios de la zona.

2.1.1. *Subfase IIA1*

Desde un momento temprano en el desarrollo de la fase II, aparece en el Alto Tajo-Alto Jalón la panoplia celtibérica plenamente conformada. Así parecen atestiguarlo algunos conjuntos de Aguilar de Anguita y Alpanseque que cabe atribuir a este momento. Junto a las diferentes variantes de espadas de antenas o a los ejemplares de frontón, provistos todos ellos de sus vainas correspondientes, se depositan en las sepulturas las puntas de lanza, algunas de las cuales, con longitudes en torno a los 40 cm. y nervio marcado, coinciden con los modelos característicos de la fase precedente. Suelen aparecer en número variable, normalmente uno o dos ejemplares, acompañados usualmente de los correspondientes regatones. Por más que algunas de las mencionadas puntas de lanza, dado su reducido tamaño, pudieran corresponder a jabalinas, la existencia de armas arrojadizas está perfectamente documentada en cualquier caso con la presencia de *soliferrea* (12) (figs. 59, 63 y 64,A) y, posi-

blemente, también de *pila*, como el encontrado en la tumba Alpanseque-27 o en sus proximidades (fig. 66,B) (*vid.* Apéndice I). Una parte considerable de los ajuares identificados en Aguilar de Anguita y Alpanseque (tabla 1) estarían provistos de escudo, de los que sólo se conserva el umbo, de bronce (fig. 65,A-B) o hierro (figs. 59, 64,A y C y 65,C) y/o los elementos que servirían de anclaje de la abrazadera, que sería de cuero, permitiendo asimismo su transporte mediante correas (figs. 63, 64,A y C, y 65).

Se completaría la panoplia con el cuchillo de dorso curvo, en número variable. Además, algunas de las sepulturas de Aguilar de Anguita, justamente las de mayor riqueza, incluyen discos-coraza, formados por la unión, mediante cadenitas, de placas de bronce repujado (figs. 59, 63 y 64,A), habiéndose constatado también en Aguilar de Anguita (fig. 63), Alpanseque (figs. 59 y 65,A y C) y Almaluez, cascos realizados en bronce (13). Tanto los discos-coraza como los cascos metálicos, de evidente carácter suntuario, desaparecerán completamente de la panoplia, como se verá al analizar los cementerios celtibéricos más evolucionados.

Como ejemplo de lo dicho, de las 21 tumbas de Aguilar de Anguita con ajuares militares que han podido ser individualizadas con ciertas garantías (fig. 58), aun cuando no todas necesariamente contemporáneas, casi la mitad presenta los elementos que caracterizan el equipamiento militar más completo del guerrero celtibérico: espada o, más raramente, puñal, generalmente con su vaina; una, dos o, excepcionalmente, tres puntas de lanza, normalmente con sus regatones; el *soliferreum*, siempre doblado; piezas pertenecientes al escudo y el cuchillo curvo, en número también variable de uno a tres. Otro grupo importante de ajuares de esta necrópolis está provisto de casi todos los elementos antes señalados, con la excepción significativa del escudo, estando unos y otros dotados de arreos de caballo en una proporción notablemente elevada, ya que más de la mitad de las tumbas conocidas con espada los tienen.

La panoplia reflejada en las sepulturas, formada principalmente por la espada y una o más lanzas, se puede interpretar como una adaptación de una idea original a la tecnología mediterránea, basada principalmente en la adopción y posterior desarrollo de la metalurgia del hierro y en la llegada, sobre todo en los primeros momentos de su evolución, de determinados tipos de armas procedentes del área ibérica. La presencia de panoplias formadas por espada y lanzas es conocida en la Península ya desde el período final de la Edad del Bronce, como lo demuestran depósitos como el de San Esteban de Río Sil (Orense), que contenía una espada pistiliforme y dos pun-

---

(12)   En relación al *soliferreum* en la Península Ibérica, *vid.* Quesada 1993.

(13)   A estos ejemplares habría que añadir un reciente hallazgo de procedencia y contexto desconocido (Burillo 1992b).

tas de lanza (Ruiz-Gálvez 1984: fig. 8,2-5), o el dudoso de Ocenilla (Soria), con un ejemplar de lengua de carpa y una punta de lanza (Taracena 1941: 11; Fernández Manzano 1986: 103, fig. 31). También sería el caso de las sepulturas mencionadas de Niebla y Cástulo, aún con espadas tipológicamente adscribibles al Bronce Final pero ya realizadas en hierro. Si bien los aportes foráneos de diversa procedencia en estos primeros estadios deben de ser considerados como primordiales, lo cierto es que su importancia irá minimizándose, en particular por lo que concierne a los llegados desde el área ibérica, al tiempo que se asiste al fuerte desarrollo de la siderurgia celtibérica.

1. Espadas y puñales (14). Con la información disponible, parece que, en el área céltica, la incorporación por vez primera de la espada al ajuar funerario se produciría en algunas de las necrópolis pertenecientes al grupo del Alto Tajo-Alto Jalón; ejemplo de ello serían los hallazgos en Aguilar de Anguita, Alpanseque o Sigüenza de diferentes modelos del tipo denominado de antenas, así como de distintas variantes de la espada de frontón (tabla 1), cuya presencia conjunta se documenta en el Mediodía peninsular desde inicios del siglo V a.C., lo que vendrían a confirmar las esculturas de guerrero del Cerrillo Blanco de Porcuna (Jaén), fechadas con cierta seguridad en la primera mitad de esta centuria (15).

La fecha para la aparición de estos elementos en los ajuares funerarios es difícilmente determinable y, aun cuando algunos autores han situado el inicio de la producción de espadas en la Meseta hacia fines del siglo VI a.C. (Schüle 1969: 96 ss.), más bien habría que pensar en la centuria siguiente para su incorporación a los conjuntos mortuorios (Cabré 1990: 206). Lamentablemente los datos que permitan la datación de las sepulturas con modelos arcaicos de espada son muy escasos y no admiten sino apreciaciones cronológicas excesivamente generales. Las cerámicas depositadas en las sepulturas, que podrían haber contribuido a esclarecer el panorama cronológico, son en general mal conocidas, no habiendo merecido el interés que sí tuvieron los elementos metálicos (*vid. infra*).

Las espadas de antenas más características de esta subfase en la Meseta Oriental, y quizás las de mayor antigüedad entre las de producción local, corresponden al modelo denominado «Aguilar de Anguita» (figs. 63, 64,A-B,1, 65,A y 66,B), de hoja recta o, rara vez, ligeramente pistiliforme (Alpanseque-27) (fig. 66,B), con acanaladuras longitudinales, empuñadura de sección circular formada por dos piezas tubulares que revisten el espigón en que se prolonga la hoja, unidas por un anillo en la zona intermedia del mango (16). En la parte superior de la empuñadura irían remachadas las antenas, en cuyos extremos se localizan sendos botones de forma esférica o lenticular. Las antenas están claramente atrofiadas respecto a los prototipos norpirenaicos, aunque pueden ser calificadas como «desarrolladas» en relación a lo que será la norma habitual en los modelos más evolucionados de la serie. La longitud de estas piezas oscila entre los 40 y 55 cm. (Cabré 1990: 207). Es el tipo más numeroso en Aguilar de Anguita, estando perfectamente documentado en otras necrópolis de la Meseta Oriental (Cabré 1988: 124; *Idem* 1990: 207, figs. 1-4). Generalmente, la mayoría de los ejemplares de este tipo no conserva restos de decoración, no obstante haberse documentado en ocasiones restos de hilos de cobre incrustados en las empuñaduras (Fernández-Galiano 1976: 60; Cabré 1990: 207). Las vainas serían de cuero con estructura metálica (17).

Junto a esta variante, la necrópolis de Aguilar de Anguita ha proporcionado dos ejemplares de «tipo aquitano», modelo característico del Suroeste de Francia (Mohen 1980: 63 s., fig. 123), donde se fecha de forma general entre mediados del siglo VI y mediados del V a.C. (Coffyn 1974: 69, fig. 2,5-6). La espada de la tumba E (Aguilera 1916: 27, lám. V,2A; Cabré 1990: fig. 5; Schüle 1969: lám. 7,1) (18), de 48 cm. de longitud, presenta una hoja recta de corte de doble bisel prolongada en una lengüeta losángica, recubierta por dos piezas de hierro de forma semejante, a la que se habrían fijado los restantes elementos de la empuñadura (fig. 64,B,2): la guarda acodada formando ángulo recto y las antenas de brazos también acodados y botones bitroncocónicos (Coffyn 1974: fig. 2,5; Mohen 1980: láms. 45, 46, 96,5 y 97,9). El otro ejemplar (Aguilera 1911, III: lám. 29,1; Artíñano 1919: 5, nº 6), de 41 cm. de longitud y sin contexto conocido,

(14) En general, se ha seguido el trabajo de E. Cabré (1988 y 1990) en todo lo relativo a la terminología y a la descripción de los diferentes tipos de espadas y puñales.

(15) Parece seguro que las esculturas, ya rotas, fueron enterradas a finales del siglo V o inicios del IV a.C., resultando más conflictivo datar la construcción del conjunto, que ha venido situándose en la segunda mitad del siglo V a.C. (Blázquez y González Navarrete 1985: 69; Blázquez y García-Gelabert 1986-87: 445; González Navarrete 1987: 22), aunque recientemente se haya propuesto una cronología más acorde con los paralelos escultóricos y con la panoplia representada centrada en la primera mitad del siglo V a.C. (Negueruela 1990: 301ss.), quizás en torno al 480 a.C. (Almagro-Gorbea, comunicación personal).

(16) Sobre la técnica seguida en la construcción de algunas espadas de antenas celtibéricas, *vid*. García Lledó 1986-87.

(17) Respecto a las características morfológicas de las vainas de este tipo de espadas, *vid*. E. Cabré (1990: 207).

(18) Este ejemplar podría considerarse de producción foránea, pues responde a las características generales del tipo, aunque para E. Cabré (1990: 209) debe tratarse de una copia local, proponiendo una datación en torno a mediados del siglo V a.C. dada su asociación con un broche de cinturón geminado de cuatro garfios, modelo que se viene fechando en la primera mitad de dicha centuria (Cerdeño 1978: 283 y 295).

ALBERTO J. LORRIO

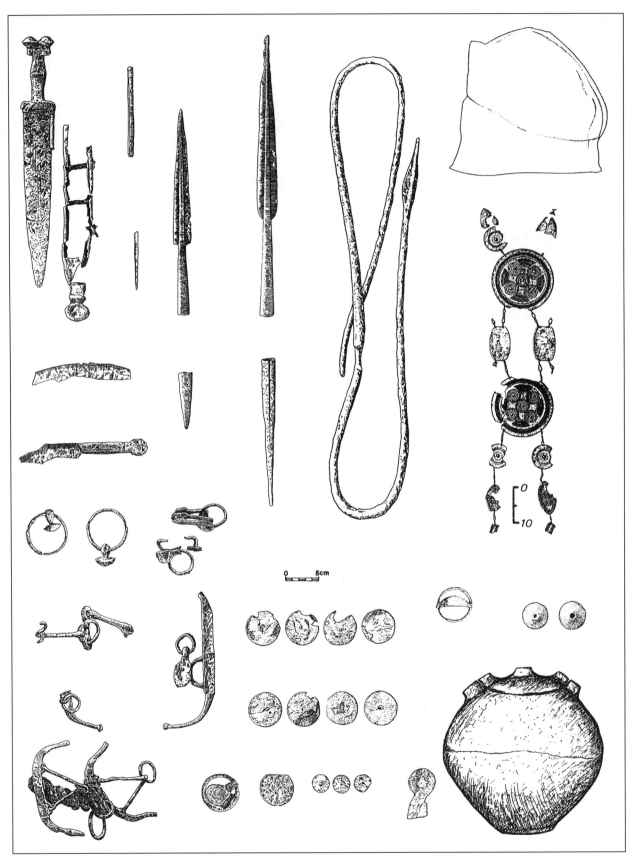

Fig. 63.—Alto Tajo-Alto Jalón: Subfase IIA. Tumba A de Aguilar de Anguita. (Según Schüle 1969).

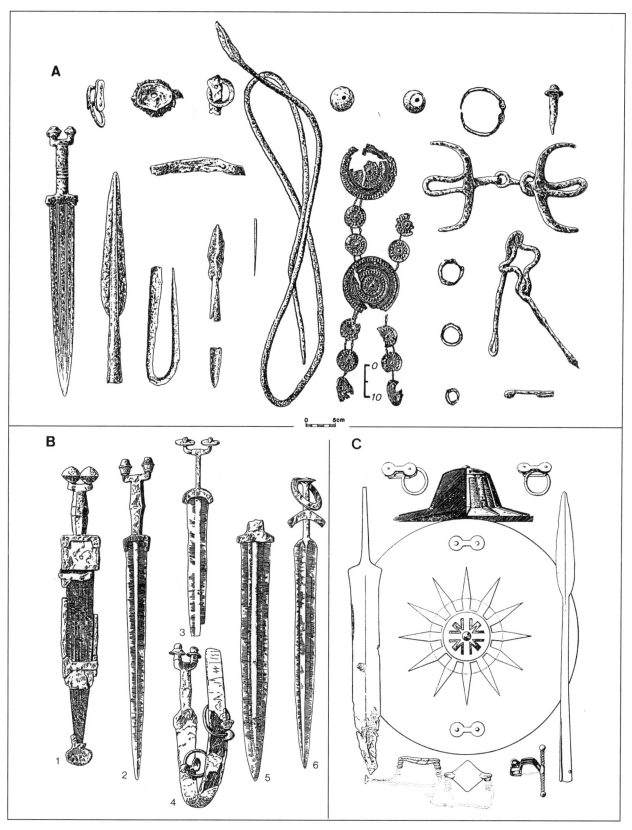

Fig. 64.—Alto Tajo-Alto Jalón: Subfase IIA. Aguilar de Anguita. A, tumba B; B, diversos modelos de espadas de antenas (1, tipo Aguilar de Anguita; 2, tipo Aquitano; 3-4, tipo Echauri), frontón (5) y tipo indeterminado (6); C, tumba I. (Según Schüle 1969 (A-B) y Cabré 1939-40 (C)).

correspondería a un modelo similar, si bien a diferencia del primero presenta una guarda envolvente arqueada y antenas más desarrolladas ligeramente abiertas, rematadas igualmente en botones bitroncocónicos. No obstante, la diferencia más notable entre ambas piezas quedaría reflejada en la empuñadura, que en este ejemplar queda constituida por la lengüeta en forma de losange, mera prolongación de la hoja, sobre la que irían remachadas directamente las cachas de material orgánico, variabilidad que ya había sido señalada por J. Cabré (1930: 37), estando asimismo documentada en Aquitania (Coffyn 1974: fig. 2,6; Mohen 1980: lám. 173,6).

En Aguilar de Anguita se localizaron al menos seis espadas de «tipo Echauri» (19), cuyas dimensiones oscilan entre 30 y 50,5 cm. (fig. 64,B,3-4 y C). Este tipo, así denominado por haberse documentado un ejemplar en el depósito navarro epónimo (Lorrio 1993a: 300 ss., fig. 9), se caracteriza por presentar hoja recta de doble bisel, empuñadura formada por la espiga prolongación de la hoja en la que se introducen dos manguitos bitroncocónicos que revisten el núcleo de materia orgánica, guarda arqueada, aun cuando también se conozca un ejemplar procedente de Atienza con la cruz recta, y antenas desarrolladas terminadas en discos. La vaina es toda metálica con la zona distal recta, en forma de espátula. Tan sólo la tumba I (fig. 64,C) permite precisar la cronología de la pieza, al haber proporcionado sendas fíbulas evolucionadas de doble resorte y un ejemplar de apéndice caudal zoomorfo, que Cabré y Morán (1978: 20, fig. 8,4) consideran de pleno siglo IV a.C. Menos información aún han proporcionado las espadas de este tipo procedentes de las necrópolis de Carabias y La Olmeda, halladas fuera de contexto, documentándose su presencia en cementerios más evolucionados, como Atienza, La Mercadera o Quintanas de Gormaz (Cabré 1990: 209).

El otro tipo de espada que debió de hacer su aparición en un momento temprano es el modelo de frontón, llamado así por su característico remate semicircular. Presenta hojas, de mayor anchura que las de antenas, rectas o ligeramente pistiliformes con acanaladuras paralelas a los filos, cruz recta y empuñadura formada por una lengüeta plana de forma losángica sobre la que se aplicarían las cachas de materia orgánica. M.E. Cabré (1990: 210-212) ha individualizado diferentes variantes a partir de las modificaciones en la construcción del pomo que, en la Meseta Oriental, se concretan en ejemplares de

frontón exento (serie segunda), que al ir encajado en las cachas de materia orgánica se habría desprendido durante la cremación, o con el frontón unido mediante una barra a la guarda de la espada (series tercera y cuarta, la última exclusiva de esta zona de la Meseta), lo que confiere una mayor solidez a la pieza. Se conocen ejemplares de este tipo en Alpanseque —tumba 12 (fig. 65,B), serie segunda, y 10, serie cuarta (fig. 66,C)—, Sigüenza —sepultura 29 (fig. 66,D), serie cuarta—, La Olmeda —serie segunda—, La Mercadera —tumba 91 (fig. 71,A), con dos ejemplares pertenecientes a las series segunda y tercera, lo que evidencia la contemporaneidad de los grupos diferenciados por Cabré— y Aguilar de Anguita (Aguilera 1916, lám. V,2,2) (fig. 64,B,5).

M.E. Cabré (1990: 212, figs. 10-12) ha diferenciado, dentro de las armas de frontón, un grupo formado por piezas de menores dimensiones —sólo de forma excepcional superan los 30 cm.—, que interpreta como puñales, caracterizadas por presentar el frontón exento y hoja triangular, distinguiéndose diversos modelos a partir de las nervaduras presentes en sus hojas: serie primera, con la hoja llena de nervaduras (Aguilar de Anguita-P y quizás un ejemplar de La Olmeda); serie segunda, con un grupo de nervaduras ocupando tan sólo el centro de la hoja (Aguilar de Anguita-M); y serie tercera, privativa de la Meseta Oriental, sin nervaduras y hoja de doble bisel (Aguilar de Anguita-O y Alpanseque-A) (fig. 65,C).

Finalmente, la necrópolis de Alpanseque proporcionó un puñal de tipo Monte Bernorio (fig. 66,C), al parecer procedente de la tumba 10, calle II, donde apareció asociado a una espada de frontón de la serie cuarta de Cabré.

En relación a la procedencia de los tipos, cabría plantear, de acuerdo con M.E. Cabré (1990: 206 ss.), una doble influencia para los modelos de antenas. Por un lado, desde el Languedoc, seguramente a través del área catalana, evidente en el «tipo Aguilar de Anguita», cuyo carácter local pondría de manifiesto el gran desarrollo metalúrgico de la Meseta Oriental desde los primeros estadios de la Edad del Hierro. Por otro, cabe señalar la existencia de contactos con la zona aquitana, confirmados por la presencia de ejemplares de tipo Aquitano, posiblemente piezas de importación, y por las espadas de tipo Echauri, seguramente de manufactura local. Origen distinto cabe señalar para los modelos de frontón, de inspiración mediterránea, y para los que M.E. Cabré (1990: 210) ha sugerido un origen en el Mediodía peninsular en los inicios del siglo V a.C. Por su parte, el ejemplar bernoriano evidencia el inicio de los contactos del territorio celtibérico con el Grupo de Miraveche-Monte Bernorio, y especialmente con las tierras del Duero Medio.

---

(19)   Tres de estos ejemplares fueron reproducidos por Cerralbo como parte de conjuntos cerrados (Aguilera 1911, III: 35): tumba I (lám. 18,1=Cabré 1939-40: lám VII), K (lám. 19,1) y Q (lám. 19,2), mientras del resto únicamente hay constancia de haber sido recogidas en las dos primeras campañas (lám. 28,2, una de las cuales aparece reproducida también en la lám. 30).

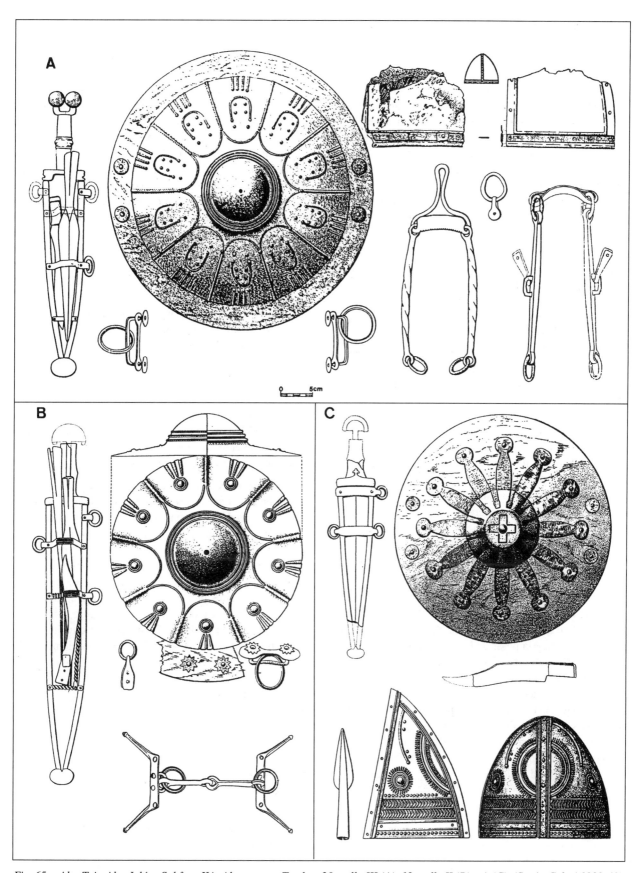

Fig. 65.—Alto Tajo-Alto Jalón: Subfase IIA. Alpanseque. Tumbas 20, calle III (A), 12, calle II (B) y A (C). (Según Cabré 1939-40).

2. Armas de asta. Las puntas de lanza corresponden básicamente a los modelos característicos de la fase I: ejemplares estrechos de fuerte nervio central, algunos de los cuales pueden alcanzar una gran longitud, largos regatones, que pueden ser interpretados como puntas de jabalina, y los modelos de largo tubo de enmangue. Junto a ellos, puntas de lanza y jabalina de hoja de sección rómbica (tabla 1). La presencia de las armas de asta en ajuares ricos y muy ricos permite su consideración como elementos de prestigio. Suelen aparecer formando parejas, observándose una clara diferencia de tamaño entre ellas. En algún caso, la menor, por sus reducidas dimensiones, podría interpretarse como perteneciente a un arma arrojadiza, pero esto es difícil de asegurar dado el desconocimiento de la longitud total del arma.

Con todo, la presencia de armas arrojadizas está perfectamente constatada con la aparición en los ajuares por vez primera de los *soliferrea*, cuya procedencia puede situarse en Aquitania o el Languedoc (Quesada 1993: 176). Están bien documentados en Aguilar de Anguita (fig. 63 y 64,A), de donde proceden unos diez ejemplares (Aguilera 1916: 37), habiéndose localizado, en aquellos casos en los que se conoce el contexto, en los enterramientos de mayor riqueza de este cementerio (tumbas A, B y Z). Pertenecen a modelos sencillos, formados por una varilla de sección circular rematada en una pequeña punta en forma de hoja de sauce. El diámetro de la varilla se sitúa en torno a un centímetro, llegando a alcanzar los dos en la zona central, de donde se empuñaría. Su longitud total es variable, midiendo las piezas de Aguilar de Anguita, en general, en torno a 1,80 m. (20) (Aguilera 1911, III: 58; *Idem* 1916: 38). A esta subfase debió corresponder la tumba 18 de Carabias, así como un enterramiento de Carratiermes (lám. II,2), en los que un *soliferreum* acompaña a una espada de «tipo Aguilar de Anguita».

Frente a la segura utilización de los dardos realizados totalmente en hierro, parece más dudosa la presencia del *pilum* en esta fase, a pesar de lo cual podría adscribirse a este momento la tumba 27 de Alpanseque, en la que una larga punta de *pilum* (fig. 66,B), de 76 cm., se halló en una tumba a un metro de una espada de «tipo Aguilar de Anguita» (Aguilera 1916: 40). Algo más tardía debe considerarse la tumba I de Aguilar de Anguita (fig. 64,C), dada la presencia de una fíbula rematada en apéndice caudal zoomorfo perteneciente a una serie fechada en el segundo tercio del siglo IV a.C. (Cabré y Morán 1978: 20, fig. 8,4).

3. Cuchillos. Los cuchillos resultan un elemento relativamente abundante en la Meseta durante la Edad del Hierro. La escasa variabilidad tipológica a lo largo de este período, careciendo por tanto de valor como indicador cronológico, ha hecho que apenas se les haya prestado atención en los estudios sobre las necrópolis meseteñas (Schüle 1969: 160 s.; Kurtz 1987: 32 ss.). Estos cuchillos se caracterizan por tener un solo filo cortante, prolongado en una lengüeta sobre la que irían remachadas las cachas, que serían de materia orgánica en la mayoría de los casos, estando a veces decoradas (Aguilera 1911, III: 42), aunque también se conocen ejemplares de mango metálico. La práctica totalidad de los cuchillos conocidos en Aguilar de Anguita responden al modelo afalcatado, caracterizado por poseer un dorso acodado más o menos marcado y un filo curvo. Presentan dimensiones variables que en esta necrópolis oscilaban entre los 9 y los 18 cm. (Aguilera 1911, III: 42, lám. 33,1 y 2). En alguna ocasión, su gran tamaño permite que puedan ser considerados como armas; tal es el caso de dos grandes cuchillos afalcatados de 39 y 33,5 cm. de longitud, respectivamente, aun cuando este último no se haya conservado completo (Aguilera 1911, III: 35, lám. 28, 1 y 2; Artíñano 1919: 17, nº 73-74).

4. Escudos. Su sistematización fue realizada por J. Cabré (1939-40), quien definió los diferentes elementos constituyentes de este tipo de arma defensiva, estableciendo además su evolución cronológica.

El modelo más antiguo está caracterizado por poseer un umbo circular de bronce de unos 30 a 34 cm. de diámetro, con decoración repujada (figs. 65,A-B y 66,A). La unión de esta pieza al armazón del escudo, que según Cabré sería de madera recubierto de cuero, se realiza por medio de un roblón que atraviesa el umbo en su zona central (Cabré 1939-40: lám. II). Además, el escudo está provisto de sendas piezas gemelas, con una anilla, interpretadas como los elementos de sujeción de las correas para su transporte (Cabré 1939-40: 58). Dada la ausencia de manillas metálicas o de cualquier otro elemento de hierro que fijara la empuñadura de materia orgánica, cabría pensar que estas piezas tal vez fueran utilizadas también con ese fin, esto es, servir para la sujeción del elemento de enmangue, seguramente de cuero. Dichas piezas ofrecen algunas variaciones morfológicas que no afectan de forma sustancial a las características del tipo ni a su aparente funcionalidad. Este tipo de escudo (figs. 65,A-B y 66,A) se documentó en Alpanseque (tumbas 12 y 20), Griegos (sepultura 3) y Aguilar de Anguita (Aguilera 1911, III: lám. 48,2; Cabré 1939-40: 60).

Como ya hizo J. Cabré (1942a: 198), habría que plantear la semejanza de estos grandes umbos con los cascos de Alpanseque y Almaluez y con los discos-coraza de Aguilar de Anguita, tanto en los motivos decorativos como

---

(20)   Esta descripción coincide con la del único *soliferreum* de La Olmeda, desgraciadamente sin contexto (García Huerta 1980: 19).

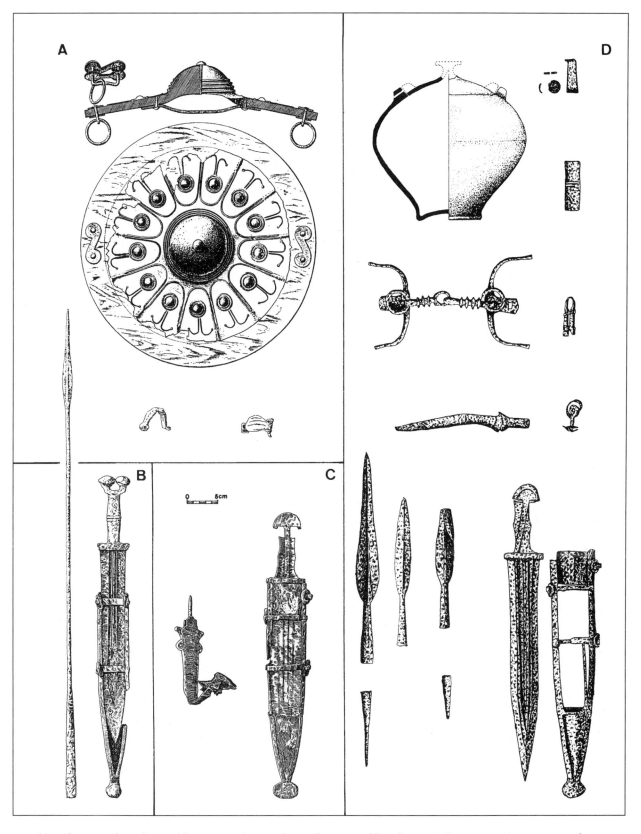

Fig. 66.—Alto Tajo-Alto Jalón: Subfase IIA. A, Griegos-3; B, Alpanseque-27, calle II (el pilum apareció «en una sepultura a un metro de la espada de antenas», en la misma calle de tumbas que ésta (Aguilera 1916: 40, fig. 19)); C, Alpanseque-10 (calle II); D, Sigüenza-29. (Según Cabré 1939-40 (A), Schüle 1969 (A-C) y Cerdeño y Pérez de Ynestrosa 1993 (D)).

en la técnica empleada para la realización de los mismos, por lo que quizás podría aceptarse un origen común para todas estas armas, que pueden considerarse de parada.

Más modernos, e inspirados en el modelo anterior, son los denominados «variantes A y B de Aguilar de Anguita» (Cabré 1939-40: 61 ss.), cuyos umbos están ya realizados en hierro (figs. 64, A y C y 65,C; lám. II,2). Los de la variante A son de forma troncocónica, ostentando una cruz griega grabada en la base de menor diámetro, de la que parten doce radios terminados en discos. La cruz aparece perforada en su centro por un roblón que permitiría su fijación al armazón de madera o cuero. La variante B se diferencia de la anterior en ofrecer la cruz calada y por carecer de los discos terminales. Ejemplares del modelo A se conocen en Aguilar de Anguita (Aguilera 1911, III: láms. 15,1; 17,1; 20,2; 46,2 y 48,1), donde según Cabré (1939-40: 62) se encontraban en la mayoría de las tumbas con espada, tanto de los tipos «Aguilar de Anguita» como «Echauri», aunque la documentación fotográfica consultada indica que si bien el escudo es un elemento frecuente en los conjuntos provistos de espada, en general carecen de umbo (21). También se conocen ejemplares en la tumba A de Alpanseque (fig. 65,C), donde se asocia a un puñal de frontón y a un casco de bronce con decoración repujada, que como se ha señalado podría relacionarse con la de los umbos broncíneos, por lo que cabría pensar en la coetaneidad de estos últimos con los de la variante A. En cualquier caso, el éxito de esta variante A se confirma con su presencia en el Alto Duero, en necrópolis como Carratiermes (lám. II,2), La Mercadera o Quintanas de Gormaz (*vid. infra*), o incluso fuera del ámbito céltico peninsular, como lo demuestra un ejemplar hallado en Villaricos (Almería) (Cabré 1939-40: 62, lám. VIII,2). De la variante B, cabe señalar su presencia en la tumba I de Aguilar de Anguita (fig. 64,C), conjunto que debe fecharse ya en el siglo IV a.C. (*vid. supra*).

Ambas variantes irían provistas de las piezas gemelas para el enmangue y sustentación del escudo, que también se asociaban con los umbos broncíneos. Estos elementos con frecuencia constituyen la única prueba de la existencia de escudos, por lo que podría plantearse la relativa abundancia de modelos realizados solamente en materia orgánica, careciendo por tanto de umbos metálicos.

5. Corazas y cotas de malla. La presencia de discos-coraza está perfectamente documentada en la necrópolis de Aguilar de Anguita, habiéndose localizado en nueve sepulturas, todas ellas de guerrero (Aguilera 1911, III: 58) (22). Actualmente sólo queda constancia de la

composición de los ajuares de dos de esos enterramientos, concretamente las sepulturas A y B (figs. 63 y 64,A), las de mayor riqueza del cementerio. Los discos-coraza están constituidos por sendas piezas discoidales de unos 18 cm. de diámetro asociadas a otras de menores dimensiones y formas diversas, unidas con cadenitas (Cabré 1949). Están realizados en bronce, ostentando una rica decoración repujada. Por las representaciones escultóricas conocidas, entre las que cabe destacar el conjunto de Porcuna (Blanco 1987: 432 ss.; Negueruela 1990: 141 ss.), se sabe cómo irían dispuestos estos elementos: los dos discos mayores se localizarían sobre el pecho y la espalda, respectivamente, quedando el conjunto apoyado en los hombros, posiblemente fijado sobre cuero, ofreciendo así una mayor consistencia. Parece claro el origen foráneo de los discos-coraza de Aguilar de Anguita, como lo confirma la propia dispersión de los hallazgos de este tipo de elemento armamentístico, centrados en el Sureste peninsular. Estas piezas, inspiradas en los *kardiophylakes* o *guardacuori* itálicos, presentan una cronología del siglo V a.C., que coincide plenamente con la propuesta para los conjuntos de Aguilar de Anguita donde aparecen estas armas (Kurtz 1985: 22; *Idem* 1991: 188; Stary 1994: 103 ss., mapa 5B).

Las necrópolis de Almaluez y Clares han proporcionado lo que se ha interpretado como restos de cotas de malla (Aguilera 1916: 69ss., fig. 39; Taracena 1954: 268; Pérez Casas 1988c: 122), cuyo uso restringido por parte de los lusitanos es conocido por un pasaje de Estrabón (3, 3, 6) referido a un momento muy posterior. El hallazgo de Almaluez, sin contexto conocido, está formado por pequeños eslabones de anillas de bronce unidos formando una trama cerrada (Domingo 1982: 261 s., fig. 6,6 y lám. IV,4), estructura semejante a la de la pieza de Clares. Su interpretación como restos de cotas de malla resulta extremadamente dudosa ya que, además del estado fragmentario de los hallazgos, la pieza de Clares, la única con asociaciones bien documentadas, procede de lo que Cerralbo denominó «una sepultura de señora», asociándose a elementos decorativos en bronce.

6. Cascos. Sólo se ha hallado un reducido número de cascos metálicos, realizados en su mayor parte en bronce. Su extremada rareza —sólo se han documentado cuatro de estos objetos entre los ajuares de todas las necrópolis de la Meseta Oriental—, su vinculación con ajuares ricos o muy ricos (tumba A de Aguilar de Anguita), y la decoración de la que hacen gala algunos de ellos, convierten a estas armas en verdaderos objetos de prestigio. Los dos ejemplares de Alpanseque (tumbas A y 20) corresponden al mismo modelo (fig. 65,A y C), un casco en forma de ojiva reforzado con tiras, que en la pieza de la tumba A serían de hierro (Cabré 1942a: fig. 7; Schüle 1969: lám. 25). Al mismo tipo debió pertenecer el halla-

---

(21)   Sobre esto, Cerralbo (1916: 37) menciona la poca frecuencia de hallazgos de umbos.

(22)   A estos ejemplares habría que añadir cuatro discos broncíneos decorados con motivos circulares, procedentes de la necrópolis de Carabias (Requejo 1978: 57).

do en Almaluez (Domingo 1982: lám. IV,1), sin contexto conocido, y con decoración repujada al igual que el casco de la sepultura A de Alpanseque. El ejemplar de la tumba A de Aguilar de Anguita correspondería a un tipo diferente. Según la descripción de Cerralbo, este casco, provisto de guardanuca y carrilleras (Aguilera 1911, III: 57, lám. 37,2 y 3) y realizado en una lámina muy delgada de bronce, estaría formado por dos piezas unidas en su parte alta, señalando su semejanza con ejemplares corintios (Aguilera 1916: 34, fig. 18; Schüle 1969: 116), sin que mucho más pueda decirse dada la deficiente documentación gráfica aportada (fig. 63).

2.1.2. *Subfase IIA2*

Un carácter más evolucionado que el observado hasta ahora se desprende de los ajuares de la necrópolis del Altillo de Cerropozo, en Atienza (figs. 67 y 68). Este cementerio ha ofrecido 15 sepulturas pertenecientes a la Edad del Hierro, dos de las cuales se encontraban alteradas (*vid.* capítulo IV,6.1). Todos los conjuntos, con excepción quizás de la tumba 7, que proporcionó solamente un cuchillo (fig. 61,D), estaban caracterizados por la presencia de armas, habiéndose documentado tres modelos diferentes de combinación de los elementos armamentísticos:

a) El que presenta la panoplia completa, esto es, la espada, una o dos lanzas, en algún caso un regatón, y un escudo (figs. 67,E y H y 68). Se han descubierto cuatro sepulturas con este equipo (nº 9?, 13, 15 y 16).

b) Un grupo relacionado con el anterior y caracterizado por poseer una espada, dos puntas de lanza y a veces un regatón. Las tumbas 10 y 12 corresponderían a este modelo (fig. 67,F-G).

c) Aquellos equipos formados por una, dos o incluso tres puntas de lanza, si se considera como un solo conjunto la tumba 4 y algunas piezas aparecidas en sus alrededores. Suelen acompañarse de regatones, careciendo a veces de ellos. A este grupo se adscriben las tumbas 1 a 6 (fig. 67,A-D).

La mayor parte de las sepulturas están provistas de cuchillo, faltando sólo en la 2, una de las más «pobres» del cementerio; por lo general, uno por conjunto, alguna vez dos (tumbas 3?, 10 y 13), o incluso tres (sepultura 16).

Desde el punto de vista de la composición de la panoplia destaca la ausencia de los cascos (23) y los pectorales metálicos en los ajuares, sin que pueda descartarse la

colocación de piezas asimilables a estos grupos realizadas en materiales perecederos, no habiéndose documentado tampoco, al menos en Atienza, *soliferrea* ni *pila*.

Los arreos de caballo están atestiguados en una proporción relativamente elevada, asociados con las diferentes variantes de la panoplia señaladas, y siempre en tumbas que pueden considerarse «ricas».

El hallazgo en territorio celtibérico de armas de tipo ibérico quedaría reducido durante este período a alguna rara falcata, como las documentadas en la necrópolis de Carabias (tumbas 2 y 31), y a las manillas de escudo del tipo de aletas en Atienza (fig. 68) y *Arcobriga* (Cabré y Morán 1982: 13). Por su parte, el armamento de tipo lateniense, y más concretamente las espadas (figs. 59 y 69,C-D), harán su aparición en las tierras del Alto Tajo-Alto Jalón seguramente a partir de mediados del siglo IV a.C., correspondiendo su pleno desarrollo ya a la centuria siguiente (Cabré y Morán 1982: 13).

1. Espadas. La necrópolis de Atienza ha proporcionado, junto a modelos evolucionados de espadas de antenas atrofiadas, como los tipos «Atance» y «Arcóbriga», otros de tipología antigua, tipos «Echauri» y «Aguilar de Anguita». Es dudosa la atribución por parte de Cabré (1930: 36 s., lám. XIX,4) de una hoja de espada, recta y sin nervaduras, aparecida fuera de contexto, al «tipo aquitano», proponiendo una reconstrucción de la empuñadura semejante a la del ejemplar descontextualizado de Aguilar de Anguita perteneciente a este modelo.

En la tumba 9 se halló un ejemplar clásico del «tipo Echauri» (fig. 67,E), que a diferencia de lo que es norma entre las espadas de este tipo presenta la guarda recta. Este modelo, bien representado en la subfase precedente, está plenamente constatado también en necrópolis como Carratiermes (Martínez Martínez 1992: 564, fig. 1), La Mercadera y Quintanas de Gormaz (tabla 2).

J. Cabré (1930: 36, lám. XIX,1-3) señaló la presencia en este cementerio de tres espadas de «tipo Aguilar de Anguita», con sus características empuñaduras: un ejemplar sin contexto y las localizadas en las sepulturas 12 (fig. 67,G), de hoja pistiliforme, y 13 (fig. 67,H), si bien para E. Cabré (1990: 214) esta última participaría ya de algunas de las características del «tipo Atance», modelo que vendrá a sustituir a las espadas de «tipo Aguilar de Anguita», del que sin duda derivan. El «tipo Atance» se distingue por su empuñadura aplanada de sección subrectangular u oblonga, formada por una sencilla chapa de hierro que envuelve la espiga de la espada, y por sus hojas rectas con acanaladuras. Se han documentado dos de estas piezas (Cabré 1930: 37, lám. XIX,6-8) formando parte de otros tantos conjuntos cerrados —tumbas 10 (fig. 67,F) y 15 (fig. 68,A)—, que junto con la sepultura 16 constituyen los enterramientos más modernos del cementerio.

---

(23)   *Vid.* García-Mauriño (1993: 136 ss.) en relación a la presencia de este tipo de arma defensiva en contextos funerarios pertenecientes a otros ámbitos culturales de la Península Ibérica.

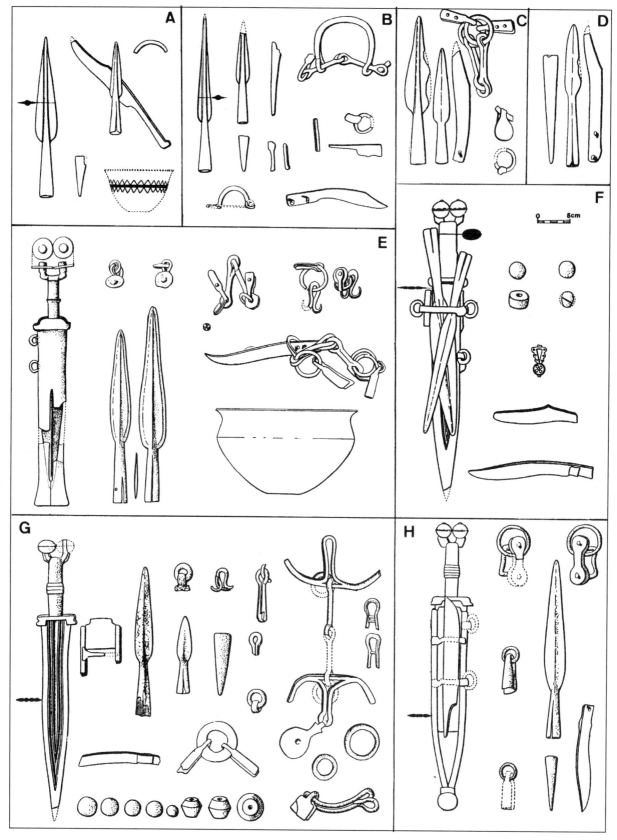

Fig. 67.—Alto Tajo-Alto Jalón: Subfase IIA. Atienza. Tumbas 1 (A), 3 (B), 5 (C), 6 (D), 9 (E), 10 (F), 12 (G) y 13 (H). (Según Cabré 1930).

En la sepultura 16 se halló un ejemplar de «tipo Arcóbriga» (fig. 68,B), de unos 48 cm. de longitud, modelo de gran éxito durante las fases más recientes de las necrópolis meseteñas (24). Estas espadas, cuyas longitudes oscilan entre los 37 y los 50 cm., y que pueden alcanzar hasta 67, se caracterizan por su hoja pistiliforme con finos acanalados paralelos al filo y por presentar las antenas completamente atrofiadas, quedando completamente ocultas por los botones a los que sirven de sustentación. La empuñadura, cilíndrica o ligeramente oval, se enchufa al espigón que constituye la prolongación de la hoja. Las espadas de «tipo Arcóbriga» están frecuentemente decoradas con damasquinados que afectan tanto a sus empuñaduras como a sus vainas (Cabré y Morán 1984b: 156; Cabré 1990: 215), tal como se ha documentado en el ejemplar de Atienza. A pesar de que este tipo de espada ofrece una distribución claramente centrada en la Meseta Oriental, no conviene olvidar su enorme peso específico en el Occidente de la Meseta, donde la necrópolis de La Osera proporcionó 92 ejemplares (Cabré y Morán 1984b: 151).

Las vainas, con excepción de la de la espada de «tipo Echauri» —enteriza y de contera recta—, serían de materia orgánica, con armazón metálico y conteras circulares (tumba 13) o arriñonadas (tumbas 15 y 16).

Aun cuando la necrópolis de Atienza no ha proporcionado ninguna falcata, podrían adscribirse a este momento un par de sepulturas de Carabias provistas de este tipo de espada de hoja curva, característico del Mediodía peninsular, desde donde habrían llegado a la Meseta en reducido número (25). La tumba 2 contenía, junto a una falcata de pomo en forma de cabeza de ave, tres largas puntas de lanzas, dos de las cuales medían 43 cm., con nervio central redondeado, que según Cabré (1990: 213, fig. 13) cabría fechar en el primer cuarto del siglo IV a.C. Dada la tendencia a reducir el tamaño de las lanzas, confirmada en Atienza donde el ejemplar más largo mide 30 cm., quizás cabría plantear la mayor antigüedad de la sepultura de Carabias respecto a los conjuntos más evolucionados de la necrópolis de Atienza. La tumba 31 de Carabias ofrece como dato de mayor interés el haber documentado dos falcatas en un mismo conjunto, lo cual resulta claramente excepcional.

---

(24)   E. Cabré (1990: 215) considera la espada de la sepultura 12 como evidencia de un momento inicial en el desarrollo del tipo, pues si su empuñadura corresponde al «tipo Aguilar de Anguita» presenta en cambio una hoja pistiliforme, característica del «tipo Arcóbriga». Con todo, las espadas de «tipo Aguilar de Anguita» con hojas pistiliformes están documentadas en otras ocasiones, como es el caso de la tumba 27 de Alpanseque (fig. 66,B).

(25)   Requejo (1978: 57, fig. 2b) señala la presencia en Carabias de «dos falcatas casi enteras y algunos restos de otras»; en la necrópolis de La Olmeda se registró una de estas piezas (García Huerta 1980: 29), sin contexto conocido.

2. Puntas de lanza y jabalina. Las puntas documentadas en Atienza presentan en su mayoría hojas de forma lanceolada de anchura variable y sección romboidal, con cuatro y, excepcionalmente, ocho mesas, o con fuerte nervio central de forma circular, no faltando tampoco los ejemplares extraplanos con arista marcada (*v.gr.* tumbas 10, 15 y 16). Sus longitudes, que oscilan entre los 11 y los 30 cm., permiten diferenciar dos grupos a partir de las tumbas donde han sido halladas formando parejas. Así, las menores, que cabría interpretar como jabalinas, presentan unas longitudes de entre 11 y 17 cm., mientras que las de mayor tamaño miden entre los 22 y los 24, siendo excepción las sepulturas 9 y 10, con ejemplares de 26/29 y 27/30 cm. de longitud, respectivamente. Algunas piezas (tumba 4) cabría emparentarlas morfológicamente con las largas puntas de hojas alargadas, estrechas y de nervio marcado, características de la fase previa, aunque sus dimensiones sean más reducidas.

De gran interés es la aparición en la sepultura 16 de una punta de lanza de hoja de perfil ondulado y nervio aristado (fig. 68,B), decorada con lineas incisas paralelas al borde. La dispersión de este tipo se restringe a la Meseta, habiéndose documentado en las necrópolis de La Mercadera (tumbas 16 y 19), La Osera y Monte Bernorio (Artíñano 1919: 32,165; Schüle 1969: 115, láms. 124,3, 126,3 y 162).

3. Cuchillos. Los ejemplares hallados en Atienza corresponden en su mayoría al modelo afalcatado, de dorso curvo o acodado, evidenciando diferencias apreciables tanto en su forma como en el sistema de enmangue, en casi todos los casos constituido por una lengüeta a la que se remacharían las cachas de material orgánico, de las que únicamente quedan actualmente los característicos remaches. A un tipo diferente corresponde el hallado en la sepultura 13, de dorso recto y filo convexo, con la zona de enmangue en forma de espiga para introducir, sin necesidad de remache alguno, en el correspondiente mango de madera o cuerno. El documentado en la sepultura 7, adscribible quizás a la fase I, si bien incompleto, podría considerarse como perteneciente a un modelo de dorso y filo paralelo recto (*vid.* Mohen 1980: 67). Las dimensiones de los cuchillos oscilan entre los 10-11 cm. de los más pequeños y los 16-22 cm. de los mayores, donde se encuadran la gran mayoría de los ejemplares.

4. Escudos. La presencia de escudos está constatada en Atienza gracias al hallazgo de sendas manillas y de las piezas que servirían para el transporte del escudo. La tumba 13 proporcionó una pareja de piezas gemelas comúnmente interpretadas como pertenecientes a escudo (fig. 67,H). Se trata de dos chapitas bilobuladas unidas entre sí por una pieza en forma de U, de la que pende una anilla a la que irían prendidas las correas para el transporte del escudo, pero que dada la ausencia tanto de

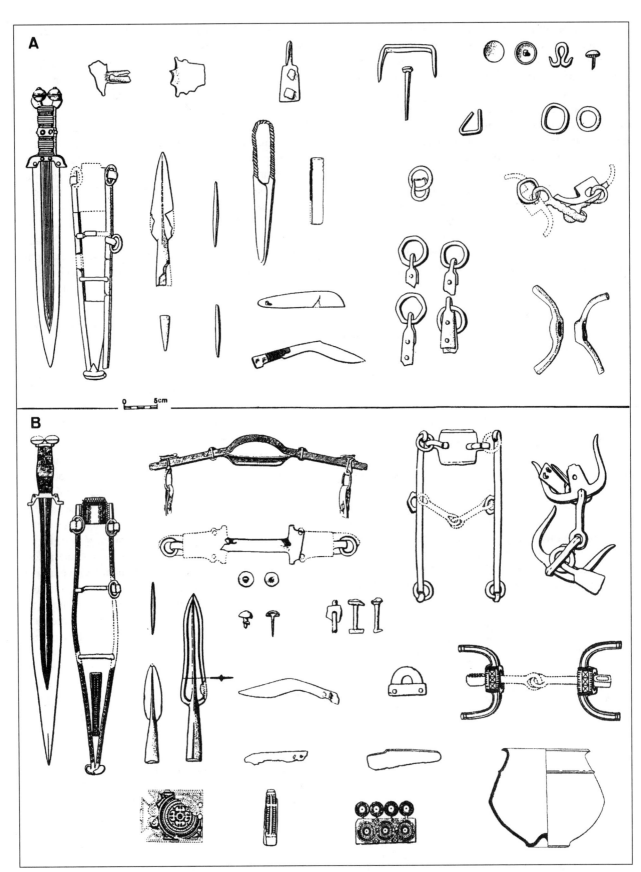

Fig. 68.—Alto Tajo-Alto Jalón: Subfases IIA-IIB. Atienza. Tumbas 15 (A) y 16 (B). (Según Cabré 1930).

manillas metálicas como de los elementos que permitirían la fijación de aquellas de materia orgánica, cabría considerarlas también como soporte de la propia empuñadura, seguramente de cuero (26). Mayor interés tiene el hallazgo en las sepulturas 15 y 16 de los restos de sendas manillas de aletas, tipo claramente ibérico (fig. 68). Su asociación con espadas de los tipos más evolucionados en Atienza revela la utilización relativamente tardía de estos modelos de manillas en la Meseta Oriental (*vid. infra*).

2.1.3. *Subfase IIB*

Desde finales del siglo IV a.C. y especialmente durante el siglo III, se observa cómo entre un sector importante de las necrópolis del Alto Tajo-Alto Jalón se inicia un fenómeno de empobrecimiento en los ajuares de sus tumbas, con la práctica desaparición del armamento en los mismos. Constituyen buena prueba de ello las excavaciones más recientes en Aguilar de Anguita (Argente 1977b) o en la necrópolis de Riba de Saelices, habiéndose documentado en ésta, únicamente, dos cuchillos y los restos de la empuñadura de hueso de otro (Cuadrado 1968: 28), mientras que en Luzaga (Aguilera 1911, IV: 8-28, láms. 6-24; Díaz 1976) o La Yunta (García Huerta 1990: 350 ss.; García Huerta y Antona 1992: 141 ss.), aun en número muy reducido, todavía se registra algún elemento armamentístico. Este proceso de empobrecimiento se aprecia también en los propios ajuares con armas, como ocurre en El Atance, de donde proceden una serie de espadas, ya de tipo La Tène o de clara inspiración lateniense (Cerralbo 1916: figs. 14 y 15) ya pertenecientes a modelos híbridos entre aquéllas y las de antenas (Cabré 1990: 217 s., figs. 21 y 22) (tabla 1), que constituyen la única clase de arma depositada en la sepultura (fig. 69,E-F).

La necrópolis de La Yunta ha facilitado una interesante información sobre este período. Las 109 sepulturas publicadas han permitido documentar algunas piezas relacionadas con la panoplia, que en ningún caso pueden ser consideradas como armas en sí mismas: algunos regatones, restos de una vaina de espada y posiblemente el fragmento de un cuchillo. El carácter escasamente militar de este conjunto queda confirmado al contrastarse con los análisis antropológicos. Así, los regatones se distribuyen al 50% entre tumbas masculinas y femeninas, mientras que la vaina y el cuchillo se asocian a enterramientos de mujeres (García Huerta 1990: 642 s. y

661 s.). Esto, que cabría ser interpretado como una evidencia de que el armamento no sería patrimonio exclusivo del estamento militar, lo que en principio parece más lógico, no puede ser generalizado a las demás necrópolis estudiadas, puesto que las piezas de La Yunta consideradas como armas no lo son por sí solas (*vid. supra*, sin embargo, en relación a los regatones).

Lo observado entre las necrópolis del Alto Tajuña parece apuntar hacia una modificación en el valor ritual de los objetos depositados en las sepulturas, que afectará de forma notable a las armas. Aun así, la desaparición del armamento en las sepulturas no es un fenómeno generalizable, como demuestran los cementerios de fecha avanzada del Alto Duero (*vid. infra*) o la vallisoletana necrópolis de Las Ruedas (Sanz 1990a: 169). Tampoco este fenómeno debe generalizarse a las necrópolis ibéricas de «baja época», como defendiera en su día Cuadrado (1981: 52, 65), pues parece segura la continuidad de la colocación de las armas en las sepulturas durante ese período (Quesada 1989a, II: 115). Algunos cementerios del Alto Tajo-Alto Jalón confirman la presencia de armas en sus ajuares durante buena parte del siglo III e incluso el II a.C., como en las necrópolis de *Arcobriga* o El Atance (figs. 59 y 69,D-F; tabla 1).

Con respecto a la composición de la panoplia durante este período, la información aportada por el registro funerario es sumamente fragmentaria. El Atance muestra, en la media docena de ajuares conocidos, la espada como única arma (figs. 59 y 69,E-F; tabla 1), asociándose en una ocasión con un cuchillito afalcatado (*vid.* Apéndice I). Mayor interés tiene la necrópolis de *Arcobriga*, de la que han podido individualizarse 10 ajuares con armas. Junto a las panoplias conocidas formadas por la espada y una o dos lanzas o, la menos frecuente, integrada por espada y escudo, figurando en casi todos los casos el cuchillo curvo, también se documenta la que incorpora un puñal al equipo ya provisto de espada, característico de las panoplias más evolucionadas de los cementerios celtibéricos, si bien ya se conocieran combinaciones semejantes en la subfase IIA. La necrópolis de *Arcobriga* ha proporcionado también una pieza en forma de horquilla (tumba C) (fig. 69,B), cuya funcionalidad sería difícil de determinar (*vid. infra*). Como sorprendente puede considerarse el hecho de que esta necrópolis tan sólo haya proporcionado un único ejemplar de bocado de caballo (fig. 69,C).

Desde el punto de vista tipológico, E. Cabré y J.A. Morán (1982: 13) han propuesto para *Arcobriga* una subdivisión en dos fases sucesivas:

a) La Primera fase, para la que Cabré y Morán sugieren una cronología *ca.* 375-300 a.C., se caracteriza, según estos autores, por la presencia de espadas de tipo La Tène I (*vid. infra*), tanto del modelo

---

(26) Quizás correspondan también a un escudo sendas piezas de la sepultura 9 reproducidas en la parte superior de la fig. 67,E, dada su semejanza con otras que debido a su asociación con elementos claramente pertenecientes a escudos, como los umbos, han sido interpretadas en este mismo sentido (Lorrio 1990: 44, nota 31).

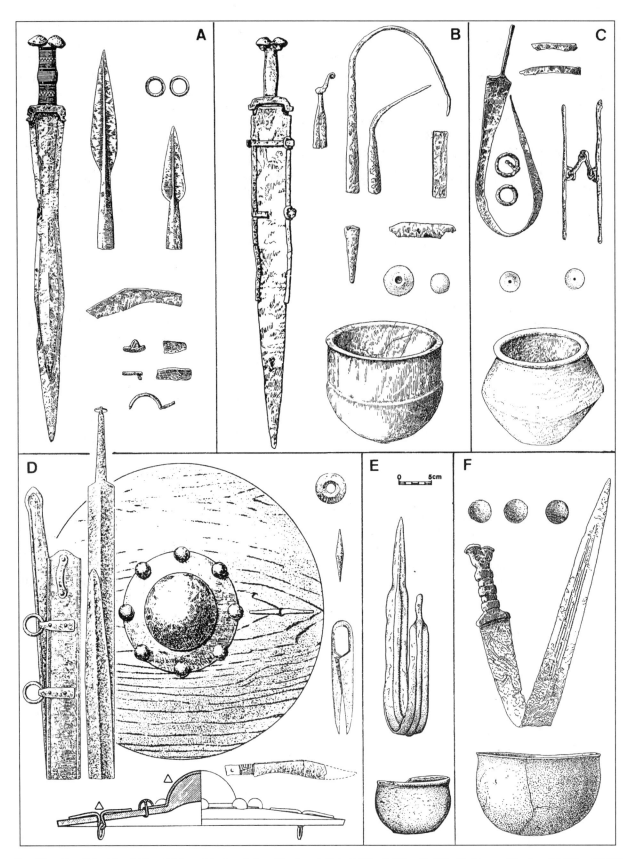

Fig. 69.—Alto Tajo-Alto Jalón: Subfase IIB. Arcobriga. *Tumbas A (A), C (B), B (C) y D (D). El Atance. Tumbas 28 (E) y 12 (F). (Según Schüle 1969).*

clásico como de las de producción local en ellas inspiradas, de ejemplares de antenas atrofiadas y hoja pistiliforme del tipo que toma su nombre de esta necrópolis zaragozana y, ya entre las armas defensivas, de manillas de escudo de aletas, tipo característico del área ibérica (27). Esta fase sería contemporánea en parte a la necrópolis de Atienza, siendo ejemplo de ello la tumba 16 de este cementerio, que ofrecía una espada de «tipo Arcóbriga» y una manilla de escudo del modelo de aletas, o la sepultura 15 donde se documentó otro ejemplar del mencionado tipo de manilla.

b) La Segunda fase, siglos III-II a.C., presenta, junto a las espadas de La Tène II y las de «tipo Arcóbriga», los puñales biglobulares, que denotan la creciente influencia en esta zona del Grupo del Alto Duero, así como los umbos circulares del tipo de casquete esférico con reborde plano a modo de anillo (fig. 69,D) (Cabré 1939-40: láms. XX-XXI) pertenecientes a escudos circulares, para los que en alguna ocasión se ha sugerido su relación con modelos ovales (vid. infra), de cuyo sistema de enmangue solamente se han conservado los elementos de sujeción de la manilla, realizada en cuero, formado por sendas anillas que mediante una presilla se unirían al armazón de madera o cuero (28).

2.2. El Alto Duero

La información que va a permitir abordar el análisis de la panoplia en los cementerios del Alto Duero durante la fase II procede, al igual que en los del Alto Tajo-Alto Jalón, de contextos funerarios, evidenciando las limitaciones ya comentadas al analizar este grupo, al tratarse de yacimientos excavados en la segunda década de este siglo y no publicados convenientemente, como es el caso de Osma, La Requijada (Gormaz) y Quintanas de Gormaz, o por haberse hallado muy alterados, como La Revilla de Calatañazor. Con todo, La Mercadera, Ucero, Carratiermes y Numancia, las tres últimas en proceso de estudio, permiten obtener un panorama suficientemente completo de la evolución de la panoplia en el Alto Duero.

Las necrópolis localizadas en la margen derecha del Alto Duero (fig. 62) ofrecen, en relación a lo observado

entre las del Alto Tajo-Alto Jalón, una serie de diferencias de carácter puramente tipológico —constatadas por la dispersión geográfica de ciertos modelos de fíbulas, broches de cinturón o de ciertos tipos de puñales— o relativas a la composición de la panoplia (vid. infra), añadiendo además una mayor representatividad numérica de las sepulturas de guerrero, pudiéndose plantear, por tanto, el carácter militar de la sociedad que da lugar a estos cementerios, que con toda seguridad cabe vincular con los Arévacos. Esto puede observarse en las necrópolis del Alto Duero (fig. 58), donde el porcentaje de sepulturas pertenecientes a guerreros es muy elevada, aun cuando posiblemente estos cementerios no incluyeran a todos los sectores de la población, siendo en cualquier caso muy superior a lo documentado en el Alto Tajo-Alto Jalón y en otros cementerios contemporáneos de la Meseta (vid. capítulos IV,6.2 y IX,3 y Apéndice I).

El análisis interno de La Mercadera puso de relieve la gran importancia social y numérica de este estamento de tipo militar (44%, o mejor 39% exceptuando las tumbas atribuidas con cierta verosimilitud a la fase I), lo que queda confirmado con los datos que ofrecen otros cementerios del Alto Duero, como Ucero (García-Soto 1990: 25), donde las tumbas con armas suponen el 34,7% del total de tumbas excavadas, y La Revilla de Calatañazor (Ortego 1983), así como por las referencias antiguas en relación al marcado carácter militar de cementerios como La Requijada de Gormaz y Osma (Morenas de Tejada 1916a: 173; Idem 1916b: 608, respectivamente).

De entre las necrópolis del Alto Duero, tal vez La Mercadera permita como ninguna otra realizar una aproximación a la panoplia de esta fase de plenitud, al haber sido excavada, al parecer, en su totalidad y contar con una completa documentación de los materiales individualizados por conjuntos. Además, la mayor parte de las sepulturas datables pertenecerían a este momento. Se han documentado 44 tumbas con algún tipo de arma (44% del total de sepulturas excavadas). Las asociaciones documentadas expresan una gran variabilidad en los equipos armamentísticos (fig. 70), observándose, no obstante, el predominio de una serie de combinaciones que muestran una cierta estandarización, dentro de la evidente heterogeneidad en la composición de los mencionados equipos (29):

---

(27) La misma procedencia debió tener una falcata, al parecer perteneciente a este cementerio (Cabré 1990: 213), aunque la ausencia de todo contexto y el no haberse hallado completa dificulten su adscripción a una u otra subfase.

(28) Se ha señalado la presencia de «manillas de escudo de tira estrecha» (Cabré y Morán 1982: 13), que cabría identificar con el modelo de varilla curva de hierro, aun cuando su presencia en la necrópolis de Arcobriga no ha podido ser constatada a través de la documentación fotográfica existente (vid. Apéndice I).

(29) El análisis porcentual de los diferentes tipos de combinaciones está referido al total de tumbas con armas, habida cuenta del problema que se plantea al intentar atribuir determinados conjuntos a uno u otro período. Así ocurre con los conjuntos formados por puntas de lanza, que únicamente en ocasiones pueden adscribirse a una fase en concreto, dada la dificultad, cuando no imposibilidad manifiesta, de imputar las diferencias tipológicas de las puntas de lanza a razones cronológicas, como en el caso de una serie de puntas asimilables al «tipo Alcácer», aunque de menor tamaño, aparecidas en las sepulturas 67, 72 y 87, asociándose en esta última a los restos de una vaina posiblemente de espada.

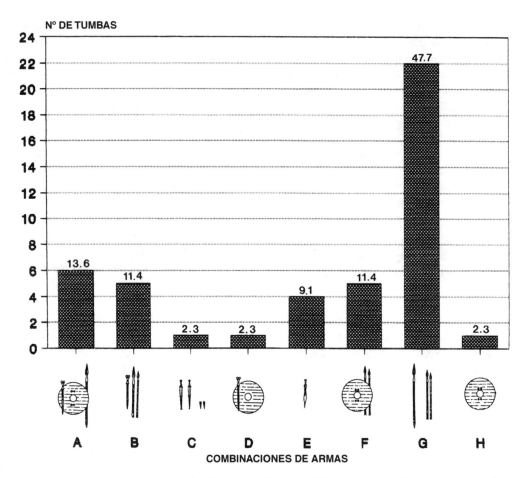

Fig. 70.—Combinaciones de armas en la necrópolis de La Mercadera (sin diferenciación por fases): A, una espada o puñal, una o dos lanzas y un escudo; B, una espada o puñal (?) y una o dos lanzas; C, dos espadas y dos lanzas; D, una espada y un escudo; E, una espada o puñal; F, una, dos o tres puntas de lanza más un escudo; G, de una a tres lanzas; H, un escudo aislado. (No se han incluido los cuchillos en estas combinaciones). Las cifras sobre las barras corresponden a los porcentajes respecto al total de tumbas con armas (= 44).

a) El equipo más frecuente, sin duda, es el que ofrece únicamente puntas de lanza (figs. 61,H-I y 71,D), que suponen casi el 45% de las tumbas con armas, generalmente con una sola punta o un regatón (27,3% de las tumbas «militares»), o con dos ejemplares (18,2%), e, incluso, con tres, en una ocasión (2,3%).

b) Siguen en importancia, en orden de mayor a menor, las tumbas con la panoplia completa (13,6%), es decir, la espada —salvo en la tumba 52 (fig. 71,F) en la que es sustituida por un puñal—, la lanza, normalmente en número de dos, y el escudo (fig. 71,B-C).

c) En relación con el grupo anterior, estarían (11,4%) las que, junto a la espada o puñal, e, incluso, tan sólo a restos de la vaina, ofrecen una o dos puntas de lanza, no habiéndose encontrado nunca regatones.

d) Cabría incluir aquí las tumbas (fig. 71,E y G) con una espada o puñal como única arma (9,1%). En algún caso, podría pensarse quizás para este equipo en una razón de tipo cronológico, ya que el ejemplar de la tumba 82 se asocia a una fíbula de La Tène II, que en La Mercadera corresponde al momento final del cementerio, hacia finales del siglo IV e inicios del III a.C.

e) Entre los equipos más frecuentes destaca, finalmente, el formado por las puntas de lanza en número variable (una, dos o, excepcionalmente, tres), asociadas a un escudo (11,4%).

f) Otras asociaciones, aun estando documentadas, tienen un carácter puramente anecdótico, pudiendo evidenciar incluso la existencia de ajuares incompletos, lo que parece claro en la tumba 59, donde se hallaron únicamente restos de un escudo. Posiblemente la presencia de dos espadas del mismo

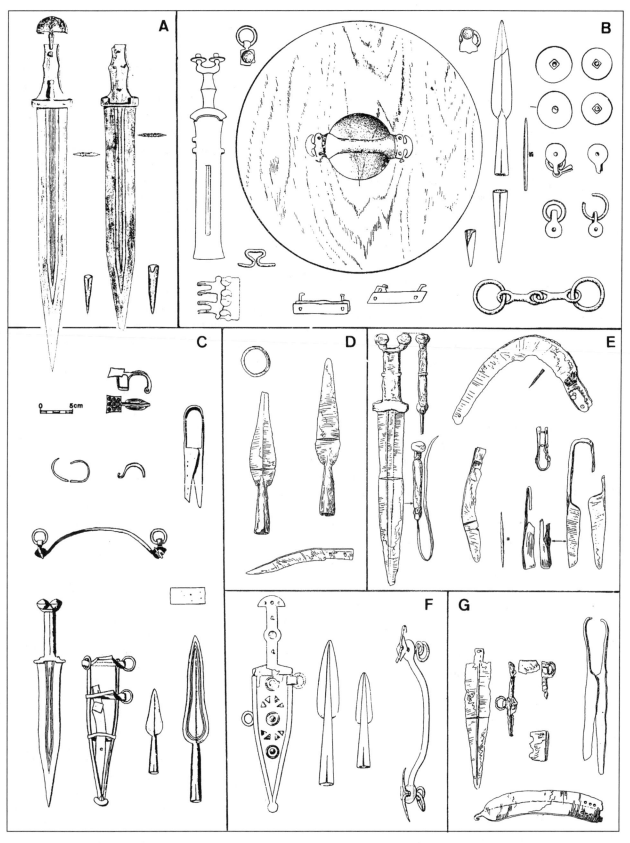

Fig. 71.—Alto Duero: Subfase IIA. La Mercadera. Tumbas 91 (A), 15 (B), 19 (C), 40 (D), 68 (E), 52 (F) y 78 (G). (Según Taracena 1932 (A y C), Cabré 1939-40 (B y F) y Schüle 1969 (D-E y G)).

tipo en la tumba 91 (fig. 71,A), más que reflejar el equipo militar del usuario, sería la expresión del estatus del poseedor, al ser enterrado con dos elementos difícilmente integrables en la misma panoplia.

Los cuchillos no han sido incluidos entre el armamento ya que, aunque en el 86% de los casos se asocien a ajuares de guerrero, estando presentes en el 59,1% de las tumbas con este tipo de ajuar, también aparecen asociados a objetos de adorno, que en La Mercadera caracterizan un grupo perfectamente individualizado, con presencia en el 9,7% de las tumbas adscritas al mismo (Lorrio 1990: 46). Por lo que se refiere a los arreos de caballo, su presencia resulta relativamente frecuente durante esta fase, en general integrando conjuntos «ricos».

A pesar de que La Mercadera constituye en el Alto Valle del Duero —en espera de la publicación de las Memorias de excavación de Carratiermes, Ucero y Numancia— el único yacimiento que permite una aproximación global a los distintos equipos armamentísticos de los individuos allí enterrados por sus especiales condiciones de conservación y por ser el único que se excavó y publicó en su totalidad, otros cementerios de esta zona ofrecen datos nada desdeñables sobre el armamento de los Celtíberos, aunque circunscritos, prácticamente de forma exclusiva, a los equipos provistos de espada que, según se ha visto en La Mercadera, a pesar de su importancia, son minoritarios. Entre estas necrópolis, destacan las de La Requijada de Gormaz, Quintanas de Gormaz y Osma ya que, pese a ser contemporáneas en parte con aquélla, ofrecen información, especialmente las dos últimas, sobre el momento inmediatamente posterior al documentado en La Mercadera, presentando unos tipos y unas combinaciones claramente diferentes de las observadas en este cementerio (vid. Apéndice I).

La necrópolis de La Requijada, de la que han podido individualizarse 45 ajuares militares (vid. Apéndice I), ofrece una serie de combinaciones en la composición de la panoplia (tabla 2), ya documentadas en La Mercadera: espada, dos puntas de lanza, a las que ocasionalmente se une un pilum y restos del escudo o la que relacionaría la espada o el puñal con una o dos puntas de lanza. Además, también se conoce algún conjunto perteneciente al que, como se ha dicho, debió ser un grupo nutrido formado únicamente por armas de asta, integradas por puntas de lanza, jabalina y pila. El cuchillo completa las panoplias comentadas.

La Revilla de Calatañazor, necrópolis muy alterada de la que únicamente se publicaron 4 de sus tumbas, repite los equipos conocidos en La Mercadera y en La Requijada: el que ofrece la panoplia completa (fig. 74,B), es decir, espada, dos puntas de lanza y restos de un escudo y el que junto a la espada o el puñal presenta una o dos puntas de lanza (fig. 74,A y C), estando provistos todos ellos del habitual cuchillo de hoja curva (tabla 2).

De la controvertida necrópolis de Quintanas de Gormaz (vid. capítulo IV,1 y 6.2 y Apéndice I) se han podido individualizar, a partir de diferentes fuentes, un total de 28 conjuntos (vid. Apéndice I) de las, al parecer, más de 800 tumbas excavadas (Zapatero 1968: 73). Los equipos individualizados en esta necrópolis (fig. 72 y tabla 2), en su mayoría provistos de espada, pueden distribuirse en dos grandes grupos. Por un lado, los ya documentados en La Mercadera, que son los que tienen la espada o el puñal, de una a tres lanzas y, en ocasiones, un escudo (fig. 72,B-C); algunos de estos equipos serían contemporáneos con los de este cementerio (fig. 72,B), mientras que otros, a tenor de la aparición de nuevos tipos de espadas y puñales, pertenecerían a un momento posterior a la fase final de la mencionada necrópolis (fig. 72,C). En el otro grupo, habría que considerar las tumbas que incorporan los puñales a los ajuares provistos ya de una espada (fig. 72,D-E), combinación no conocida en La Mercadera. Dada la tipología de las espadas y puñales que forman parte de los equipos, estos conjuntos pertenecerían al período más avanzado de la fase II.

Algo similar a lo observado en Quintanas de Gormaz puede desprenderse de la información procedente de Osma (fig. 75 y 76), de la que sólo se conoce la composición de los ajuares de 40 de las más de 800 tumbas excavadas (Zapatero 1968: 82), todos ellos pertenecientes a equipos militares dotados de espada o puñal. Algo más de la mitad responden a modelos ya conocidos, como son los integrados por la espada o el puñal, una o dos puntas de lanza y un escudo (fig. 75,A-B) y, en especial, los que presentan una espada o un puñal, con tahalí o generalmente sin él, y de una a tres puntas de lanza (figs. 75,C, 76,A y D-E y 78,A), que en alguna ocasión pueden acompañarse de un pilum (fig. 76,D). Los restantes equipos de los que existen noticias en la necrópolis de Osma repiten básicamente lo observado en Quintanas de Gormaz, como es la aparición en una misma tumba de una espada y de un puñal, acompañados de una a tres puntas de lanza, y de un escudo (figs. 75,F? y 76,F), o careciendo de este último elemento (figs. 75,D-E y 76,B-C). Esto mismo también se ha documentado en Ucero, cementerio en el que al menos se conocen dos equipos con estas características (García Soto 1990: nota 111), uno de los cuales, tumba 23 (García-Soto 1990: fig. 23), bien podría haber sido contemporáneo de La Mercadera.

La coexistencia de espada y puñal en una misma tumba debe verse como una modificación de la panoplia por razones funcionales, más que buscar razones únicamente de tipo social —válidas probablemente para el caso de la

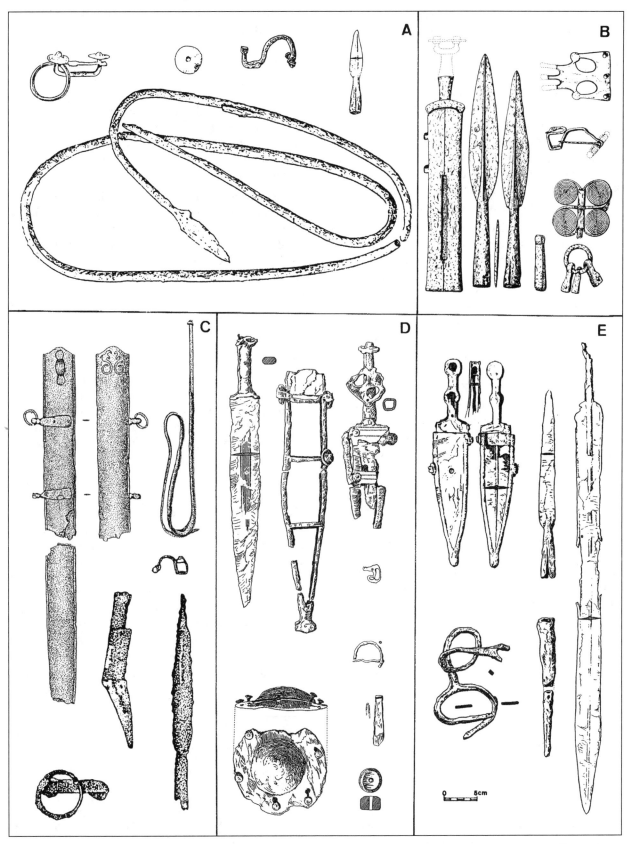

Fig. 72.—Alto Duero: Subfases IIA (A-B) y IIB (C-D). Quintanas de Gormaz. Tumbas AA (A), A (B), D (C), R (D) y Ñ (E). (Según Schüle 1960 (AA), Cabré 1990 (B), Lenerz-de Wilde 1991 (C) y Schüle 1969 (D-E)).

tumba 91 de La Mercadera, que contenía dos espadas (fig. 71,A)—, lo que vendría avalado por la datación avanzada de estos equipos. Su aparición, o más bien generalización, coincide con la presencia de las primeras espadas de La Tène (fig. 72,C) y con el desarrollo de los diferentes modelos de puñales, pertenecientes sobre todo a los tipos de frontón (figs. 71,F-G, 74,A, 76,D y F y 78,B), biglobulares (fig. 72,E, 75,D-F, y 76,A-C) y, en menor medida «Monte Bernorio», modelo éste del que se conoce algún ejemplar en la Meseta Oriental, tumba 10 de Alpanseque (fig. 66,C), fechado en el siglo V a.C. (Sanz 1990b: 176), aunque alcanzará su máximo desarrollo a lo largo de las dos centurias siguientes.

La referencia de Posidonio (en Diodoro 5, 33) relativa al armamento de los guerreros celtibéricos, según la cual usaban «unas espadas de dos filos, fabricadas de hierro excelente, y puñales de un palmo de longitud (30), de los cuales se sirven en los combates cuerpo a cuerpo», ilustraría perfectamente las evidencias arqueológicas respecto a la coexistencia formando parte del mismo equipo de una espada y un puñal. Sin embargo, serán los puñales, y concretamente el tipo biglobular, que hace su aparición en esta fase, los que alcancen de forma mayoritaria el período contemporáneo a las Guerras contra Roma, al ser un tipo de arma más acorde con el gusto de los pueblos celtas peninsulares, acostumbrados a la lucha con la espada corta, apta, según señala Polibio (3, 114), para herir tanto con la punta como con ambos filos, frente a las célticas de La Tène, únicamente útiles «para el tajo, y esto a cierta distancia».

Desde el punto de vista de la evolución de la panoplia y del análisis tipológico de los elementos que la componen, esta fase, que cabe considerar de plenitud, podría ser subdividida en dos momentos, uno inicial que estaría perfectamente documentado en la necrópolis de La Mercadera (subfase IIA), y otro posterior que se definiría a partir de los ajuares más evolucionados de Quintanas de Gormaz y Osma (subfase IIB):

2.2.1. Subfase IIA

Como se ha señalado, La Mercadera permite abordar el estudio del armamento durante esta fase de plenitud con ciertas garantías.

1. Espadas y puñales. La presencia de las primeras espadas en los cementerios del Alto Duero, en general

más modernos que sus vecinos meridionales, debió producirse desde un momento temprano de su desarrollo. Las variantes documentadas del tipo de antenas pertenecen en su mayoría a modelos evolucionados (fig. 71,C), fechados globalmente en los siglos IV-III a.C. según se desprende del análisis de su contexto arqueológico. Una datación algo más elevada podría plantearse quizás para los ejemplares de frontón de La Revilla (García Lledó 1983: n°s. 19-21) y La Mercadera (tumba 91) (fig. 71,A), pese a que sólo se cuente para ello con el criterio tipológico (Cabré 1990: 211) (31).

Las características tipológicas de las espadas y los puñales durante la subfase IIA se definen especialmente a partir de los materiales de La Mercadera, aun cuando algunos conjuntos de La Requijada, Quintanas de Gormaz, La Revilla de Calatañazor, Osma o Ucero, pueden también atribuirse con cierta seguridad a este momento (tabla 2).

En este sentido, las espadas de La Mercadera corresponden a dos modelos, las de frontón y las de antenas, adscribibles a los tipos «Echauri», «Atance» y «Arcóbriga». Las dos espadas de frontón identificadas con seguridad (32), de mayores dimensiones que las de antenas, ofrecen la particularidad, como ya se ha señalado, de ir asociadas en la misma tumba, hecho este harto infrecuente no sólo en La Mercadera, donde constituye la excepción, sino en el resto de las necrópolis celtibéricas (fig. 71,A).

Por lo que se refiere a las espadas de antenas, únicamente se ha documentado una pieza de «tipo Echauri» (fig. 71,B) (tumba 15), que presenta unas dimensiones menores que las de los restantes ejemplares de antenas de este cementerio (30 cm. de longitud). Apareció asociada con un broche de cinturón geminado de cuatro garfios semejante al documentado con la espada de tipo aquitano de la tumba Aguilar de Anguita-E, si bien cabría proponer fechas más modernas para la pieza de La Mercadera, ya que otra espada del mismo modelo fue hallada en la tumba A de Quintanas de Gormaz (fig. 72,B) junto a una fíbula de cabeza de pato y un broche de cinturón de escotaduras cerradas y tres garfios, conjunto datado a inicios del siglo IV a.C. (Cabré y Morán 1978: 18; Cabré

---

(30)   Esto es, puñales de un *spithame* = 23 cm. (Schulten 1952: 209), aunque J. Cabré (1939-40: 65, nota 1) propusiera una longitud en torno a los 30 cm. más acorde con las dimensiones de los puñales meseteños. En este sentido, cabe recordar que la longitud total de los ejemplares de tipo biglobular, sin duda los que alcanzaron un mayor éxito, oscila entre 26 y 33 cm.

(31)   Este carácter más evolucionado de los cementerios del Alto Duero respecto a lo observado durante el período inicial de la fase II entre las necrópolis del Alto Tajo-Alto Jalón se pone de manifiesto, además, en la ausencia de las armas broncíneas de parada, así como por la rareza de hallazgos de *soliferrea* (tabla 2).

(32)   La hoja apareció en la tumba 79, que Taracena (1932: 11, lám. XIX) cita como perteneciente a una de estas piezas, dadas sus dimensiones debe tratarse más bien de un puñal. Las dos espadas de la tumba 91 han sido clasificadas por E. Cabré (1990: 211) dentro de sus series segunda y tercera, respectivamente, a partir de la diferente organización del pomo.

1990: 209) o quizás algo antes (Lenerz-de Wilde 1986-87: 201). La necrópolis de Quintanas de Gormaz ha proporcionado otra espada de tipo Echauri (tumba B), perteneciente a un modelo híbrido como demuestra la sustitución de los discos de las antenas por esferas, asociada a una fíbula semejante a la de la tumba A pero de cronología algo más avanzada (Cabré 1990: 209). Se ha apuntado una fecha para este tipo de arma entre el último cuarto del siglo V hasta finales del IV a.C. (Cabré y Morán 1978: 20).

De las restantes espadas de La Mercadera, la mayoría corresponde al denominado «tipo Atance» (Cabré 1990: 214) (33). Presentan antenas desarrolladas en mayor (tumbas 1, 16 y 68) o menor medida (tumbas 14, 19, 51, 82 y 92) terminadas en apéndices de forma lenticular y hoja con seis acanaladuras, recta o ligeramente pistiliforme (fig. 71,C y E). Sus longitudes oscilan entre los 33 y los 42 cm. (Taracena 1932: 9 s.). Las vainas, provistas en ocasiones de un cajetín para guardar el cuchillo, serían en su mayoría de cuero con la estructura de hierro, excepción hecha de la aparecida en la tumba 16, metálica en su totalidad. Las conteras eran de forma esférica o arriñonada. La asociación en la tumba 82 de una de estas espadas con una fíbula de La Tène II permite situar su momento postrero ca. finales del siglo IV y el primer cuarto del III a.C., coincidiendo con el final en la utilización del cementerio, ya que las fíbulas pertenecen a las series más evolucionadas del mismo (34) (Lorrio 1990: 48). Espadas de este tipo, de hoja recta con acanaladuras, se han encontrado en otros cementerios correspondiendo en buena medida a equipos datables en esta subfase (35), pudiendo en algunos casos ser adscritas al período siguiente (tabla 2).

La necrópolis ha proporcionado, además, una espada de «tipo Arcóbriga» (Taracena 1932: 10, lám. VII), de 41 cm. de longitud y sin contexto conocido, modelo que se incorpora a los ajuares funerarios al final de la subfase IIA (tabla 2). Un ejemplar de La Revilla de

Calatañazor (tumba B) (fig. 74,B), de 44 cm. de longitud, se encontró asociado ya a una urna torneada.

La Mercadera ha ofrecido también tres puñales, que vienen a sustituir a la espada en sus respectivos enterramientos (tumbas 52, 78 y 79), siendo una muestra de la fase final del cementerio que demuestra ya el gusto por estas armas cortas, bien documentadas en Osma y Quintanas de Gormaz (tabla 2). El puñal de la tumba 52 (fig. 71,F), el único conservado entero, con una longitud total de 28 cm., presenta el característico remate en forma de frontón (36), así como el engrosamiento circular localizado en la zona central de la empuñadura, que junto a la organización del área de enmangue permitió a J. Cabré (1931: 239 s.) considerarlo como precedente inmediato del puñal biglobular, del que no se conoce ningún ejemplar en esta necrópolis. La empuñadura está formada por tres láminas metálicas: la central, que es prolongación de la hoja, iría recubierta por sendas piezas posiblemente de madera y sobre ellas se remacharían las dos chapas exteriores que son las que componen el característico remate que define al tipo (Taracena 1932: 12 s.; Cabré 1990: 219 s.) (37). Al mismo modelo debió corresponder el ejemplar de la tumba 78 (fig. 71,G), también de hoja triangular, a pesar de no conservar su empuñadura (38). Tanto los ejemplares de La Mercadera como el de la tumba A de La Revilla (fig. 74,A) podrían datarse según E. Cabré (1990: 219) hacia mediados del siglo IV a.C. (39), pero pudiera aceptarse una cronología algo más avanzada, al menos por lo que se refiere a las piezas de aquélla.

Mayor dificultad entraña el puñal de la tumba 79 (vid. supra), del que solamente se conserva la hoja, que bien pudo corresponder a una de estas piezas; para E. Cabré (1990: 220) se trataría de un híbrido entre los puñales de frontón y las espadas de antenas, en cualquier caso evidenciando una cronología avanzada en torno a

(33) En un trabajo anterior, E. Cabré (1988: 124) señalaba la presencia en La Mercadera de espadas de «tipo Aguilar de Anguita».

(34) Las fíbulas de las tumbas 79 y 82 han sido clasificadas como «derivaciones meseteñas del esquema de La Tène I» por Cabré y Morán (1982: 17-18), mientras que para Argente corresponderían al tipo 8B, asimilable a La Tène II (Argente 1994: 282), aunque la cronología propuesta no varía entre estos autores. Para Lenerz-de Wilde (1986-87: 207) se trataría igualmente de fíbulas con esquema de La Tène II.

(35) La tumba J de Quintanas de Gormaz proporcionó una espada perteneciente a este tipo, de hoja recta con acanaladuras y antenas no del todo atrofiadas, que ofrecía una vaina enteriza. Al parecer, se encontró asociada a una fíbula anular, que por algunas de sus características morfológicas fue relacionada por Argente (1994: 314, fig. 53,463) con el tipo 4a de Cuadrado, que este autor fecha en el siglo V a.C., si bien otros elementos, como las piezas de sustentación del escudo o la propia espada, apuntarían más bien hacia una datación centrada en la centuria siguiente.

(36) No conviene confundir estos puñales genuinamente celtibéricos, fechados a partir de mediados del siglo IV a.C., con las espadas y puñales de frontón cuyo origen ha de situarse en el Mediodía peninsular en los inicios del siglo V a.C. (Cabré 1990: 210 y 219).

(37) De La Revilla de Calatañazor procede una pieza cuya longitud, 35,5 cm., permitiría su consideración como una espada (García Lledó 1983: nº 18). La técnica constructiva de su empuñadura concuerda con la de los puñales de frontón, a pesar de carecer del característico engrosamiento de su zona central, presentando al igual que éstos la guarda recta y la hoja triangular con nervio central.

(38) Esta pieza ha sido interpretada como un puñal de tipo biglobular (Griñó 1989: cat. 126; Sanz 1990b: 186), pero dado el contexto general de este cementerio esta atribución no parece acertada.

(39) Se conoce un ejemplar descontextualizado procedente de Quintanas de Gormaz, cuya vaina enteriza presenta una decoración calada y repujada muy semejante a la del puñal de la tumba 52 de La Mercadera, pudiéndose pues aceptar una datación similar para ambas piezas. Con todo, E. Cabré (1990: 219, fig. 23,1) lo considera más moderno, fechándolo a finales del siglo IV a.C.

finales del siglo IV (Cabré 1990: 220) o inicios del III a.C., dada su asociación con una fíbula de La Tène II, que como se ha señalado constituye el modelo más avanzado en esta necrópolis.

Los primeros puñales del tipo Monte Bernorio aparecidos en el Alto Duero deben fecharse en el siglo IV a.C. (Sanz 1986: 39; *Idem* 1990b: 176). Se trata de importaciones, cuyo lugar de procedencia se situaría al Nornoroeste de esta zona, en tierras burgalesas y palentinas, sin dejar de lado su posible vinculación con el Valle Medio del Duero, donde se localiza la necrópolis de Las Ruedas, que ha facilitado un buen número de ejemplares asimilables a la fase formativa de este característico puñal (Sanz 1990b: 173 ss.). La necrópolis de La Requijada aportó un ejemplar sin contexto conocido (Cabré 1931: 230), al parecer similar al hallado en la tumba 10 de Alpanseque (fig. 66,C). Otro más procede de la tumba 180 de Carratiermes (Sanz 1990b: 176; Martínez Martínez 1992: fig. 3), mientras que en Ucero se hallaron tres ejemplares, dos de los cuales corresponderían también al período formativo de este arma (García-Soto 1990: nota 111, fig. 9; *Idem* 1992; Sanz 1990b: 176). El documentado en la tumba 23 apareció asociado a una espada de antenas asimilable al «tipo Atance», y el encontrado en la sepultura 48, a una fíbula de doble resorte de puente en cruz y una vasija a torno, siendo fechados ambos a partir de mediados del siglo IV a.C. (García-Soto 1990: 31 s., fig. 9; *Idem* 1992: 378; Sanz 1990b: 176).

Si bien La Mercadera no ha proporcionado espadas de tipo lateniense, la presencia de ejemplares adscribibles a este tipo —caracterizado por sus hojas de gran longitud con los bordes paralelos y arista central, prolongadas en una espiga, único resto de la empuñadura de materia orgánica, no conservada en ninguna ocasión— está perfectamente documentada en algunas tumbas de otras necrópolis del Alto Duero que cabe considerar como contemporáneas al período final de este cementerio soriano, habiéndose determinado la presencia en la Meseta de verdaderos productos latenienses gracias al hallazgo de alguna rara vaina de espada (tabla 2). Las vainas de tipo lateniense constituyen un hallazgo excepcional en el ámbito celtibérico, donde sólo se conocen los restos, más o menos completos, de ocho de estas piezas, procedentes de las necrópolis de El Atance, *Arcobriga* (fig. 69,D) (tumbas D, I y N, además de dos ejemplares inéditos del Museo de Zaragoza), Osma-18 (M.A.N.) y Quintanas de Gormaz-D (fig. 72,C), las cuales presentan los elementos propios del sistema de suspensión de las espadas celtibéricas (Artíñano 1919: 7, nº 13; Lenerz-de Wilde 1991: 82; Stary 1994: 122).

Dadas las características plenamente indígenas de las panoplias en las que se integran estas armas, cabría plantear su llegada de la mano de mercenarios celtibéricos o

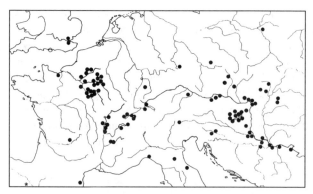

Fig. 73.—*Mapa de distribución de las vainas latenienses decoradas con liras y dragones: (*) Quintanas de Gormaz. (Según Ginoux 1995).*

considerar que se trata de piezas exóticas arribadas por intercambios de prestigio.

El mejor ejemplo de lo señalado lo constituye la sepultura D de Quintanas de Gormaz (fig. 72,C) cuyo ajuar incluía una espada de tipo lateniense y su vaina decorada con la lira zoomorfa, tipo II de la pareja de dragones (fig. 73 y lám. IV,1), motivo datado hacia finales del siglo IV o inicios del III a.C. (Szabó y Petres 1992: 30; Ginoux 1995: 407). La vaina de Quintanas de Gormaz, a diferencia de lo que es habitual en los ejemplares decorados con la lira zoomorfa, carece del nervio que sirve de eje de simetría a la composición, lo que lo asemeja al ejemplar de la tumba 53 de Les Jogasses (Marne) y que, como ha apuntado Rapin (1985: 22, fig. 3,d), podría constituir un indicio de su mayor antigüedad. La panoplia de la sepultura de Quintanas de Gormaz se completaba con una punta de lanza, un cuchillo afalcatado y una de las piezas de la empuñadura de un escudo, elementos todos ellos habituales en los equipos militares indígenas. El carácter autóctono de esta panoplia quedaría confirmado, además, por la presencia en la vaina, en una modificación del modelo original, de dos anillas de suspensión, según la moda vigente en la Celtiberia.

Mas, si en un principio las espadas de tipo La Tène llegadas a la Meseta debieron ser piezas originales realizadas en talleres extrapeninsulares, como la referida vaina de Quintanas de Gormaz (fig. 72,C) o la de la tumba D de *Arcobriga* (fig. 69,D), que pueden datarse con seguridad a finales del siglo IV a.C. o inicios de la centuria siguiente, parece probable que desde un momento temprano la siderurgia local se hiciera cargo de su producción. La importancia de las espadas de tipo La Tène entre los pueblos de la Hispania céltica resulta desigual. Así, parece que este tipo de arma jugó un papel destacado entre los Celtíberos, confirmándolo el hallazgo de alrededor de un centenar de ejemplares entre las necrópolis de la Meseta Oriental, creándose incluso piezas híbridas con los modelos de antenas e influyendo en las características morfológicas de otros modelos, como el alargamiento de las hojas de las espadas de «tipo Arcóbriga» (Cabré 1990: 215 ss.).

Hacia el Occidente su incidencia es mucho menor (40), como lo prueba el hallazgo de tan sólo cuatro ejemplares en la necrópolis de La Osera (Chamartín de la Sierra, Avila) (Cabré *et alii* 1950: 68) y la total ausencia de este tipo de espada en las restantes necrópolis del área abulense. En la Alta Extremadura se han documentado dos de estas espadas en la necrópolis de El Romazal (Villasviejas, Cáceres) (Hernández 1991: 262; Hernández y Galán 1996: 116, fig. 53), mientras que en el Suroeste peninsular se conoce un posible ejemplar en el Castrejón de Capote (Higuera la Real, Badajoz) y otro más en la necrópolis alentejana de Herdade das Casas (Redondo) (Berrocal 1989: fig. 8,8; *Idem* 1992: 158).

Las longitudes de estas piezas no suelen superar los 80 cm. (Cabré 1990: 216) y aun no teniendo excesiva información sobre ello, parece que estarían vinculadas con infantes, como en el caso de *Arcobriga*, necrópolis que únicamente proporcionó un bocado de caballo (Aguilera 1911, IV: 36) y de la que procede el lote más numeroso de espadas latenienses, que según J. Cabré (1990: 216) ascendía a 42 ejemplares.

2. Armas de asta. Se documentan puntas de lanza y jabalina provistas de nervios marcados de sección circular junto a otras de cuatro mesas y a ejemplares con una pequeña arista central. Los conjuntos más evolucionados registran asimismo la presencia de puntas extraplanas, de dos mesas o biseles (tabla 2).

Los datos analizados son un exponente de la escasez de restos identificables con seguridad como pertenecientes a *soliferrea* en los cementerios de la margen derecha del curso alto del Duero (tabla 2), pese a haberse señalado su existencia en Osma y Quintanas de Gormaz (Taracena 1941: 126 y 138; *Idem* 1954: 265; Schüle 1969: 228), cementerio éste del que se conoce un ejemplar (tumba AA) (fig. 72,A) que apareció asociado a una fíbula de pie vuelto (Argente 7B) (41). Este tipo de arma está presente en el Oriente de la Meseta desde un momento relativamente antiguo, como lo confirman algunos ajuares de Aguilar de Anguita, acompañando a los primeros modelos de espadas conocidos entre las necrópolis del Alto Tajo-Alto Jalón para desaparecer por completo

de los ajuares de las necrópolis más evolucionadas de esta zona, como Atienza o *Arcobriga* (*vid. supra*) (42).

La presencia de *soliferrea* está perfectamente documentada en las necrópolis ibéricas, datándose en El Cigarralejo desde finales del siglo V hasta mediados del IV a.C. (Cuadrado 1989: 65); los ejemplares del Cabecico del Tesoro presentan una cronología más dilatada, desde inicios del siglo IV hasta finales del II, siendo los más numerosos los adscribibles al siglo IV a.C. (Quesada 1989a, I: 313). La Meseta Occidental ha proporcionado también algunos *soliferrea*, siendo El Raso el yacimiento que mayor número ha deparado, seis en total (Fernández Gómez 1986: 797 ss.), mientras que en la necrópolis de La Osera sólo se localizó una de estas piezas (Cabré *et alii* 1950: 185, fig.9, tumba 100).

De todo lo señalado parece desprenderse que desde el siglo IV a.C. su presencia se hace excepcional entre las necrópolis del Oriente de la Meseta, y solo casos como el del Raso de Candeleda denotan el gusto por este arma durante el mencionado período dentro de la Hispania céltica (43).

Otras modelos de armas arrojadizas, como los *pila*, aunque bien documentados en necrópolis como Osma o La Requijada de Gormaz, faltan por completo en La Mercadera. Dado que en esta necrópolis las puntas de lanza y de jabalina, grupo éste al que se adscribiría el *pilum*, constituyen con diferencia las armas mejor representadas, cabría plantear tal vez que su ausencia en la mencionada necrópolis, así como en tumbas de otros cementerios claramente contemporáneas a ella, se debiera a que su incorporación a los ajuares funerarios en el Alto Duero se hubiese producido ya en el siglo III a.C., con posterioridad al momento final de La Mercadera. Esto implicaría un desfase en la aceptación del *pilum* respecto a áreas vecinas, donde son conocidos al menos desde el siglo IV a.C. (*vid. supra*).

3. Cuchillos. Al igual que en la fase anterior, son de hoja curva más o menos pronunciada, con las empuñaduras de hueso o madera, de las que no se conocen más que los remaches que las sostendrían, aunque se sabe de algún ejemplar, como el de La Mercadera-1, de mango metálico con terminación curvada hacia dentro. En ocasiones, se alojaban en un cajetín que la vaina de la espada ofrecía al efecto.

---

(40)   Para la distribución peninsular de este tipo de espadas, *vid.* Quesada 1991: 718 ss. y Stary 1994: mapas 17-18.

(41)   Su presencia está documentada en una sepultura de la necrópolis de Carratiermes (lám. II,2), donde apareció asociado a una espada de «tipo Aguilar de Anguita».

(42)   A este respecto, de Paz (1980: 53) ha señalado la presencia de *soliferrea* en la necrópolis de El Atance, sin especificar número o características.

(43)   La necrópolis portuguesa de Alcácer do Sal ha proporcionado un buen número de *soliferrea* (Schüle 1969: 228, láms. 100-101), con puntas provistas de aletas, más propias del área andaluza (Schüle 1969: lám. 79) que de la Meseta, donde no se conoce ningún ejemplar de estas características.

4. Escudos. Se han identificado diferentes elementos realizados en hierro que atestiguan la presencia de escudos, como umbos, abrazaderas, empuñaduras o manillas y las piezas que permitirían su suspensión mediante correas.

Solamente se documentaron tres umbos de la denominada «variante A de Aguilar de Anguita» (Cabré 1939-40: 61 ss.), adscribibles todos ellos a la subfase IIA. Son de forma troncocónica y participan de las características del tipo, esto es, presentan una cruz griega grabada en la base de menor diámetro, de la que parten doce radios terminados en discos. La cruz aparece en todos los casos perforada en su centro por un clavo que permitiría su fijación al armazón de madera o cuero (Taracena 1932: 15, láms. VIII y XX,60; Cabré 1939-40: 61 s., láms. VI y VIII). Dado que ninguno de los dos ejemplares en contexto publicados, los procedentes de la tumba 60 de La Mercadera y de Quintanas de Gormaz-C, se encontró asociado a elementos metálicos interpretables como restos de la abrazadera, hay que pensar que ésta sería de cuero, fijándose mediante clavos remachados, posiblemente perdidos tras el proceso de cremación.

Se ha hallado también un umbo perteneciente al tipo Monte Bernorio, de forma troncocónica y provisto de un reborde plano, procedente de la tumba 2 de Osma (fig. 75,B), que puede ser incluido en esta subfase, aunque pudiera adscribirse a la siguiente. Su presencia en el Alto Duero constituye una muestra más, junto con los puñales del mismo nombre, los característicos tahalíes metálicos, o los broches de los tipos «Miraveche» y «Bureba» (*vid. infra*), de las relaciones comerciales que debieron existir entre esta zona y las tierras del Duero Medio y el Alto Ebro.

Las asociaciones de los umbos no son todo lo significativas que cabría desear. Así, los adscribibles al primer tipo han aparecido asociados (tumbas Mercadera-60 y Quintanas de Gormaz-C) a puntas de lanza y a fíbulas anulares hispánicas del tipo 6B de Argente, de amplia cronología.

Las empuñaduras encontradas, todas ellas de hierro, corresponden básicamente a tres modelos. La tumba 15 de La Mercadera (fig. 71,B) proporcionó una pieza de unos 16 cm. de longitud, 10 de los cuales corresponden a la zona apta para ser empuñada, formada por una chapa cilíndrica, cuyos extremos planos permitirían su fijación, mediante dos pares de clavos, al armazón, de algo más de un cm. de grosor, posiblemente de cuero. Esta tumba aportó también dos piezas remachadas de las que cuelgan sendas anillas, que Taracena (1932: 17) acertadamente interpretó como parte del escudo, permitiendo la sustentación del mismo. Resulta notable la semejanza de este ejemplar con el de la tumba 30 del Cigarralejo,

conjunto datado *ca.* 400-375 a.C., que para Cuadrado, quien ya señaló la similitud con el ejemplar soriano, constituiría el modelo de manilla más antiguo en esta necrópolis (1989: 90 y 107, fig. 39,1) (44).

El tipo más abundante de manilla sería el formado por una varilla estrecha y curva, cuyos extremos, discoidales, estarían atravesados por una presilla de la que pende la anilla que sujetaría la correa de suspensión del escudo. Según Taracena (1932: 15), los ejemplares de La Mercadera medirían entre 20 y 25 cm de longitud y tendrían una curvatura no muy pronunciada, por lo que debieron utilizarse para ser empuñados, lo que puede generalizarse para los restantes hallazgos de este modelo en el Alto Duero y, en general, para las diferentes variantes de manillas conocidas en el área estudiada (figs. 71,C y F y 74,D).

Las empuñaduras de varilla curva aparecen asociadas a espadas de tipo Atance (fig. 71,C) (*v.gr.* La Mercadera-19 y 51; Quintanas de Gormaz-K y U; tabla 2), así como a puñales de frontón enterizo (fig. 71,F) (La Mercadera 52) y a los denominados por E. Cabré híbridos entre los de frontón y los de antenas, como el de la tumba 10 de La Requijada (fig. 74,D), no habiéndose encontrado piezas similares en Osma.

Un tercer modelo sería la manilla de aletas, característica del área ibérica (Cuadrado 1989: 81 ss. y figs. 36 ss.) y bien documentada en la Meseta Occidental en necrópolis como la de La Osera, donde al parecer se encontraron 87 ejemplares (Cabré 1939-40: 66). En el Alto Duero la presencia de estas manillas resulta excepcional, conociéndose lo que podría interpretarse como una de estas piezas en la tumba B de La Revilla (fig. 74,B), aun cuando sólo se recuperara un fragmento perteneciente al asidero de la empuñadura, según la terminología propuesta por Cuadrado (1989: fig. 36). Como se ha podido comprobar (*vid. supra*), los hallazgos de manillas del mencionado modelo no son frecuentes en la Meseta Oriental, documentándose tan sólo en *Arcobriga* y Atienza (fig. 68) (Cabré 1939-40: 66; Cabré y Morán 1982: 13) en número reducido (tabla 1), lo que viene a confirmar la poca incidencia en esta zona del armamento de tipo ibérico, al menos durante esta fase.

A estos tres modelos de empuñaduras de escudo habría que añadir una serie de piezas relativamente abundantes, que aparecen formando parejas, pese a que en ocasiones solamente se haya conservado una de las dos (tabla 2, nº 47). Interpretadas en general como elementos para enganchar las correas que permitirían el transporte

(44) Posiblemente correspondan a este modelo las abrazaderas documentadas en algunos de los guerreros de Porcuna, como la del guerrero nº 7 o la del fragmento nº 15 (Negueruela 1990: 164, lám. XXV y XXXV,A, respectivamente).

del escudo, posiblemente también debieron servir para la sujeción de la empuñadura, seguramente realizada en cuero. Estas piezas apuntan hacía una cronología más dilatada que los modelos vistos con anterioridad, ya que junto a ejemplares datables en el siglo V, como los de algunas necrópolis del Alto Tajo-Alto Jalón (*vid. supra*), las piezas del Alto Duero aparecen en conjuntos más modernos, centrados en el siglo IV a.C. A finales de esta centuria o a inicios de la siguiente corresponde el único ejemplar de la tumba D de Quintanas de Gormaz, asociado a una espada de La Tène (fig. 72,C), en tanto que su relación con puñales biglobulares permitiría la datación de este tipo de objetos en el siglo III a.C. (tabla 2).

2.2.2. *Subfase IIB*

Este período, que se podría datar de forma general a lo largo del siglo III a.C., es bien conocido gracias, fundamentalmente, a buena parte de los ajuares de Quintanas de Gormaz y Osma (tabla 2) —un número importante de los cuales presentan una espada y un puñal formando parte de un mismo equipo—, aunque muchos de ellos pudieran ser adscribibles a la fase siguiente.

1. Espadas y puñales. Surgen ahora los puñales biglobulares (*vid. supra*) inspirados seguramente en los «de frontón enterizo con la empuñadura» (Cabré 1931: 239 s.; Taracena 1932: 12 s.; Cabré 1990: 221), de los que se diferencian básicamente por haber sustituido el remate superior de la empuñadura, en forma de frontón, por otro discoidal (45). Si bien podrían haber hecho su aparición a finales del siglo IV a.C. (Argente y Díaz 1979: 128), los ejemplares documentados en contexto serían ya adscribibles a la centuria siguiente, como es el caso de los de Quintanas de Gormaz, Ucero (García-Soto 1990: 34, nota 111 y fig. 13) y Osma.

Se asiste también a la generalización de las largas espadas de La Tène (figs. 72,E, 74,C, 76,E-F y 78,A), de las que se conocen ejemplares bien datados que, como se ha señalado, están presentes en la zona desde finales del siglo IV a.C., aunque pronto empezarían a realizarse copias locales de las mismas (Cabré 1990: 217 s.). Están documentadas en buen número en La Revilla (García Lledó 1983: nº 25-26 y tumba C), La Requijada de Gormaz, Quintanas de Gormaz, Osma y Ucero (Cabré 1990: 216); Carratiermes sólo ha proporcionado un ejemplar (Ruiz Zapatero y Núñez 1981: fig. 2; Argente *et alii* 1989: 243). En el Alto Tajo-Alto Jalón (46) se conocen

en La Olmeda (García Huerta 1980: 28, fig. 6,4-5) y sobre todo en El Atance y *Arcobriga*, aunque en este último yacimiento su número es superior a la suma de todos los ejemplares del Alto Duero conocidos en la actualidad (Cabré 1990: 216).

Otros modelos, como las espadas de los tipos «Atance» y «Arcóbriga» (fig. 72,D, y 75), éstas con hojas muy largas probablemente por influjo de los ejemplares latenienses (Cabré 1990: 215), o los puñales de frontón (fig. 76,D) y los de «tipo Monte Bernorio» continuarán en uso durante esta centuria.

El gusto por el hibridismo, señalado por E. Cabré (1990: 220 s.), está presente en una serie de piezas cuya morfología denota el carácter mixto de las mismas, incorporando características propias de las espadas de antenas con otras intrínsecas a los puñales de frontón/ biglobulares (fig. 74,D), aunque ofreciendo cierta variabilidad morfológica (Cabré y Morán 1992). Presentan hojas pistiliformes (La Requijada-10 [?] y Osma-3), triangulares o de filos rectos (Carratiermes-A), provistas de un nervio central, siendo las guardas rectas. En relación con la empuñadura, todos los ejemplares conocidos ostentan las características antenas, ya completamente atrofiadas, diferenciándose dos variantes en función de la forma en que éstas aparecen organizadas (Cabré y Morán 1992: 391 s.). Por lo común ofrecen el habitual engrosamiento discoidal propio de los puñales de frontón/ biglobulares (La Requijada-10, Carratiermes-A y Ucero-3), presentando el pomo compuesto por tres láminas metálicas, de la que la central es prolongación de la hoja, sistema característico de los mencionados puñales (Cabré 1990: 220). Las longitudes de estas piezas, que oscilan entre los 36 cm. del ejemplar de Carratiermes, los 40 cm. de las piezas de Osma-3 y Ucero-3 y los 41 de La Requijada-10, hacen que puedan ser considerados como espadas cortas, a pesar de que en el caso de Carratiermes acompañe a una larga espada de La Tène.

Cabré y Morán (1992: 395) señalan la cronología de estas piezas entre inicios del siglo IV y los del III a.C., aun cuando la mayoría de los ejemplares puedan fecharse a finales del IV, en el tránsito al III a.C. (47).

La continuidad de los contactos con el área palentino-burgalesa y con el Duero Medio se confirma por los hallazgos de puñales de tipo Monte Bernorio tipológicamente evolucionados, como el ejemplar de hoja pistiliforme de la tumba 30 de Ucero (García-Soto 1990: fig. 12; *Idem* 1992; Sanz 1990b: 176 y 183) que para García-Soto se adscribiría a su fase III, fechada a partir

---

(45)   En relación con las características morfológicas de estas piezas, *vid.* Cabré 1990: 221, figs. 27-29.

(46)   Schüle (1969: 261) señala la presencia de una de estas espadas en la necrópolis de Luzaga. Sin embargo, Cerralbo (1911, IV: 18) en la relación de materiales hallados en esta necrópolis no incluye ninguna espada del mencionado tipo.

(47)   Inicialmente, E. Cabré (1990: 220 s.) incorporó entre estas piezas el puñal de la tumba 79 de La Mercadera, lo que le permitió fechar la aparición de estos peculiares modelos de puñal a finales del siglo IV a.C.

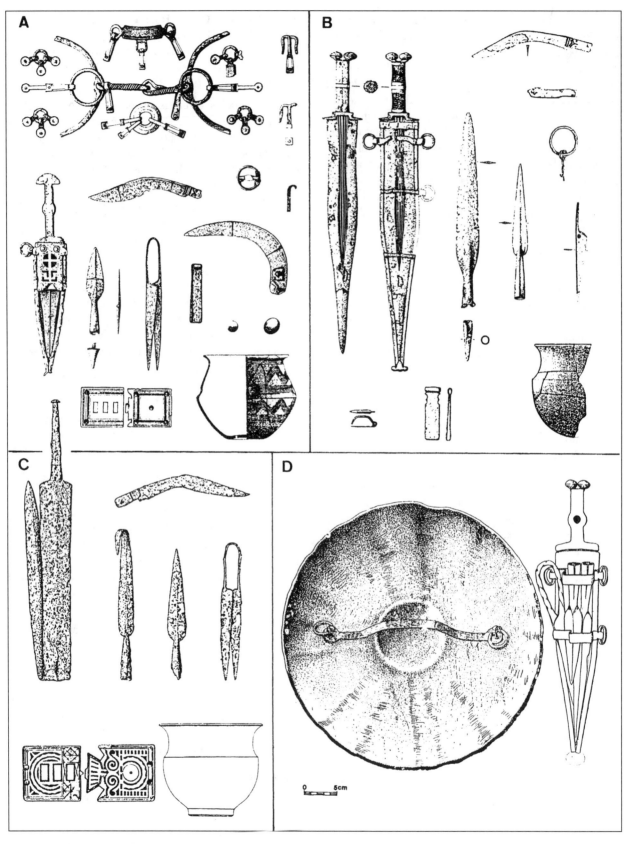

Fig. 74.—Alto Duero: Subfases IIA-IIB. La Revilla. Tumbas A (A), B (B) y C (C). Gormaz. Tumba 10 (D). (Según Ortego 1983 (A-C) y Cabré 1939-40 (D)).

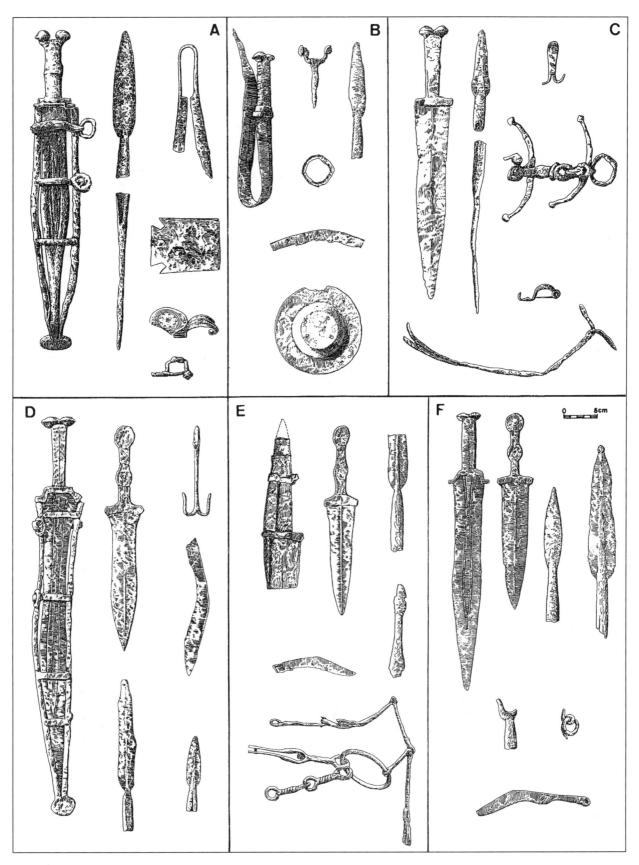

Fig. 75.—Alto Duero: Subfase IIB-III. Osma (M.A.B.). Tumbas 1 (A), 2 (B), 3 (C), 4 (D), 7 (E) y 8 (F). (Según Schüle 1969).

de finales del siglo IV a.C. y durante parte del III (García-Soto 1990: 34), o de un lote formado por varios puñales y vainas procedente al parecer de Almazán (Cabré 1931: fig. 3; Sanz 1990b: 183). A estos ejemplares hay que añadir la presencia de tahalíes en la necrópolis de Osma, cuya asociación en la tumba 6 con una espada de «tipo Arcóbriga» de 50 cm., y en la 14 (fig. 76,E) con un ejemplar lateniense, confirman la incorporación a los sistemas de sustentación de las espadas, como ya ocurriera en la tumba 82 de La Mercadera, de estos elementos de anclaje más propios de los cortos puñales, a los que también se asocia en esta zona: tumba 78 de la Mercadera (fig. 71,G) y quizás 5 de Osma (48). Cronológicamente, los ejemplares de Osma se adscribirían a la subfase IIB, mientras que los de La Mercadera, principalmente el aparecido en la tumba 82, dada su asociación con una fíbula de La Tène II, de igual modo que en Osma 14, denotan su adscripción a los últimos estadios de este cementerio, datados a finales del siglo IV o inicios del III a.C. (tabla 2).

La evidencia de contactos con el área ibérica, desde el punto de vista del armamento, se reduce prácticamente a la presencia de falcatas. De la necrópolis de Quintanas de Gormaz se conoce un ejemplar (tumba W), al igual que en La Requijada de Gormaz, tumba 16, y en Osma, tumba 11 del Museo Arqueológico de Barcelona (fig. 76,C), según vienen a confirmar las noticias de Morenas de Tejada (1916a: 174; *Idem* 1916b: 608; Zapatero 1968: 71 y 83) (49). La falcata de Osma correspondería a un estadio avanzado en la fabricación de este tipo de arma, asociándose ya al puñal biglobular (Cabré 1990: 213).

2. Puntas de lanza y jabalina. A lo largo de este período continúan en uso los mismos modelos presentes en la subfase anterior: ejemplares de aletas estrechas y nervio marcado, piezas de hoja de sección rómbica, modelos de arista central y los de sección lenticular, extraplanos. Junto a ellos, también se han documentado algunos ejemplares de *pila* (fig. 76,D; tabla 2).

3. Cuchillos. Los cuchillos responden a las características referidas para los períodos precedentes, pero algunos de ellos, por sus dimensiones, podrían ser considerados como verdaderos puñales, como ocurre con un ejemplar descontextualizado de Quintanas de Gormaz, de 28 cm. de longitud (Cabré 1990: fig. 15,derecha).

4. Bidentes. Así denominados por Sandars (1913: 68-69), la presencia de este tipo de objeto de enmangue

tubular y forma de horquilla está documentada en las necrópolis de *Arcobriga*, Osma y Quintanas de Gormaz (tablas 1-2). Aparece asociado a armas, si bien su función militar, que de tenerla sería posiblemente defensiva, resultaría difícil de determinar (*vid. infra*).

5. Escudos. A esta subfase corresponde el modelo de umbo circular perteneciente al tipo de casquete esférico con reborde plano a modo de anillo, en el que se sitúan los clavos que le unirían al armazón de madera y/o cuero, aunque también pueda presentar además otro roblón que atravesaría el eje central de la pieza, según la norma habitual de los umbos característicos de la Meseta Oriental desde sus primeras fases de desarrollo. Su presencia ya fue señalada en la necrópolis de *Arcobriga* (figs. 59 y 69,D), estando documentada asimismo en Osma y Quintanas de Gormaz (fig. 72,D y tabla 2), no asociándose en ningún caso con elementos interpretables como pertenecientes a la manilla, que debió ser de materia orgánica.

Como parte integrante del escudo se han considerado una serie de piezas formadas por unas presillas de las que pende una anilla, halladas, siempre en número de uno, en diversas sepulturas de Quintanas de Gormaz, tumbas N y T, y Osma, tumba 13 del M.A.B. (Schüle 1969: láms. 36,12; 41,11 y 59,10, respectivamente) (fig. 76,F), por su semejanza con las aparecidas formando pareja en la tumba D de *Arcobriga* (fig. 69,D) junto a un umbo idéntico al modelo característico de esta subfase. Estas piezas serían las responsables de la sujeción de las correas que constituirían la empuñadura del escudo, que sería de cuero, así como de las que permitirían el transporte del mismo. Una pieza de funcionalidad quizás semejante sería la documentada en la tumba 8 (M.A.B.) de Osma (fig. 75,F), pero la anilla en este caso estaría realizada en bronce (Bosch Gimpera 1921-26: 174).

Dadas las noticias de las fuentes literarias grecolatinas sobre la utilización por parte de los Celtíberos (Diod., 5, 33) tanto del largo escudo galo como del circular conocido como *caetra*, J. Cabré (1939-40: 79 s.) planteó que tal vez este modelo de umbo pudiera corresponder al escudo oval característico de la Cultura de La Tène. Ciertamente se conocen fuera de la Península Ibérica escudos de tipo lateniense con umbo circular fechados en el siglo I a.C. (Rapin 1983-84: 78-79; Duval 1983-84: 145, nº 175 y 195, nº 255; Brunaux y Lambot 1987: 130 s.,15; Brunaux y Rapin 1988: 67, figs. 33 y 39), siendo por lo tanto más modernos que los ejemplares procedentes de la Meseta, datados en general en el siglo III a.C., aunque de confirmarse la asociación en la tumba 1 (M.A.N.) de Osma de uno de los umbos con una fíbula de tipo omega (*vid.* Apéndice I), cabría pensar que este tipo continuó en uso entre los Celtíberos al menos durante la segunda centuria a.C. En cualquier caso, es difícil en el estado

---

(48) Además, hay que incluir el ejemplar de la tumba N de Quintanas de Gormaz, aunque en este caso no se asociara con la espada o el puñal.

(49) Sin embargo, E. Cabré (1990: 213) señala la existencia en el Museo Arqueológico Nacional de más de un ejemplar procedente de La Requijada.

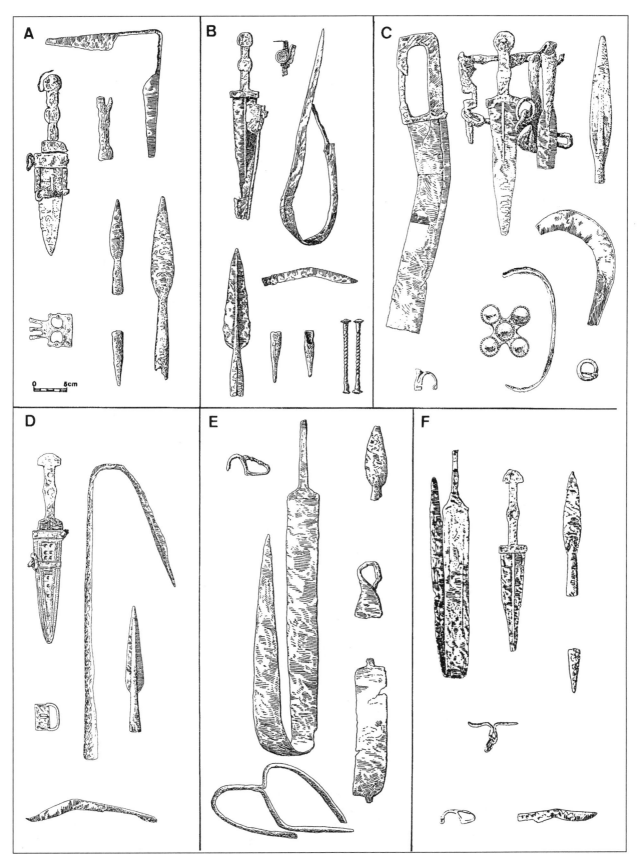

Fig. 76.—*Alto Duero: Subfase IIB-III. Osma (M.A.B.). Tumbas 9 (A), 10 (B), 11 (C), 12 (D), 14 (E) y 13 (F). (Según Schüle 1969).*

actual de la investigación determinar a qué tipo de escudo, ya oblongo ya circular, corresponden los umbos circulares característicos de esta subfase.

Con independencia de estas piezas, las necrópolis del Alto Duero (tabla 2) han proporcionado manillas de escudo del modelo constituido por una varilla curva de hierro así como las piezas que formando pareja servirían para la sujeción de las correas de transporte, elementos todos ellos que, bien documentados desde la subfase precedente, debieron de seguir en uso durante este momento (fig. 74,D); si, en el caso de las manillas, los ajuares en los que aparecieron no resultaban demasiado esclarecedores desde el punto de vista cronológico, no ocurre lo mismo con los elementos de sujeción del escudo, algunos de los cuales se hallaron asociados a puñales biglobulares (tabla 2).

3. FASE III

Este período está capitalizado por un hecho histórico de primer orden, el enfrentamiento con Roma que culminó con la total conquista de la Península Ibérica en tiempos de Augusto. Se cuenta para esta fase con las abundantes noticias dejadas por los escritores griegos y romanos, referidas en su mayoría a un momento avanzado, desde finales del siglo III a.C., con el traslado del teatro de operaciones de la Segunda Guerra Púnica a la Península Ibérica y, posteriormente, con la Guerra de Conquista de Hispania por Roma. Por lo que respecta a los hallazgos de armas (figs. 77-78), aunque se produce una reducción de la información procedente de los contextos funerarios, evidente en ciertos sectores de la Celtiberia (*vid. supra*), este fenómeno no es generalizable a todo

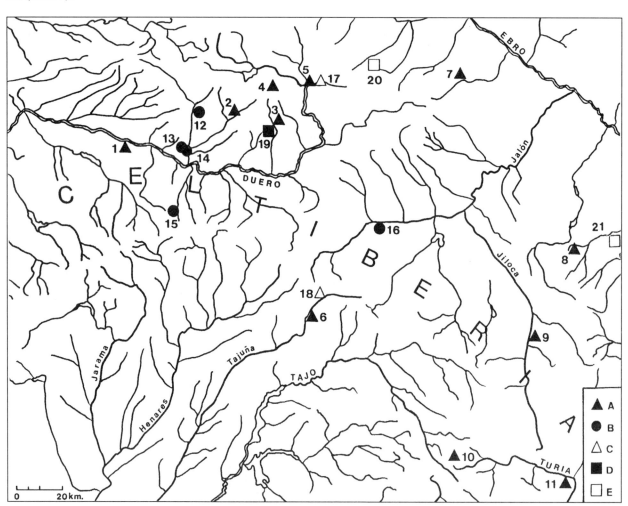

Fig. 77.—*Fase III (siglos II-I a.C.). Hallazgos de armas en la Celtiberia histórica (A, hábitats; B, necrópolis; C, campamentos romanos; D, depósitos; E, hallazgos aislados): 1, Langa de Duero; 2, Calatañazor; 3, Izana; 4, Ocenilla; 5, Numancia; 6, Luzaga; 7, La Oruña; 8, Herrera de los Navarros; 9, La Caridad (Caminreal); 10, El Castillejo (Griegos); 11, El Alto Chacón (Teruel); 12, Ucero; 13, Fuentelaraña (Osma); 14, Viñas de Portuguí (Osma); 15, Carratiermes (Montejo de Tiermes); 16,* Arcobriga, *Monreal de Ariza; 17, Renieblas; 18, La Cerca (Aguilar de Anguita); 19, Quintana Redonda; 20, Trébago; 21, Azuara. (1-5, 12-15, 17 y 19-20, provincia de Soria; 7-8, 16 y 21, prov. de Zaragoza; 9-11, prov. de Teruel; 6 y 18, prov. de Guadalajara).*

este territorio. Buen ejemplo de ello lo proporciona la recientemente descubierta necrópolis de Numancia, fechada a lo largo del siglo II a.C. y relacionada con la ciudad destruida por Escipión en el 133 a.C. (Jimeno 1996: 74, fig. 14), donde la presencia de armas está perfectamente documentada, confirmando así lo ya registrado en otros cementerios de la región (figs. 59 y 78,A-B; tabla 2).

A los hallazgos de armas procedentes de necrópolis, hay que añadir las recuperadas en los hábitats de fines de la Edad del Hierro (figs. 59 y 78,C) e incluso en los propios campamentos romanos, así como formando parte de depósitos o tesorillos (figs. 59 y 78,D) (*vid.* capítulo X,4). El panorama se completa con las representaciones vasculares, entre las que brillan con luz propia las producciones de Numancia (fig. 79), la iconografía monetal (fig. 80) o las estelas discoidales de la zona cluniense (fig. 81,1-2).

La ya comentada disminución de los hallazgos de armas en ciertas zonas del territorio celtibérico dificulta un análisis del armamento desde un punto de vista estrictamente regional. A ello hay que añadir el carácter mucho más general de las noticias dejadas por los escritores greco-latinos, a veces referidas al total de los pueblos peninsulares. Algunas evidencias apuntan hacia una cierta homogeneización de la panoplia y a una estandarización de los tipos de armas utilizadas, de lo que es buen ejemplo la dispersión geográfica de un arma tan típicamente celtibérica como el puñal biglobular (fig. 8,B), que se ha convertido en el arma corta por excelencia del guerrero céltico peninsular. Las propias fuentes históricas se hicieron eco de esto y, así, Diodoro (5, 34) señala la semejanza en el armamento de grupos tan alejados geográficamente como los Lusitanos y los Celtíberos.

1. La espada y el puñal. Según las referencias literarias, la espada debió de ser durante esta fase una de las armas de mayor importancia, como ya lo fuera en el período anterior. Diversos autores, algunos, como Filón (frag. 46), en época tan temprana como mediados del siglo III a.C., elogian las espadas peninsulares, entre las que destacarían las celtibéricas, haciéndose eco de sus cualidades militares y de su especial proceso de fabricación (50). Ya se resaltaba a finales del siglo III a.C., la versatilidad de la espada peninsular, que podía herir tanto con la punta como con el filo, lo que las hacía superiores a las célticas propias de la Cultura de La Tène, que sólo servían para el tajo, y esto a cierta distancia (Polib., 3, 114). Tales peculiaridades de las espadas ibéricas, y sobre todo celtibéricas, hicieron que, según Polibio (Suidas, fr. 96),

desde la Segunda Guerra Púnica el ejército romano adoptara la espada peninsular, el *gladius hispaniensis*, caracterizada por tener «una punta excelente, y un duro golpe con ambos filos». La primera referencia explícita a su utilización por parte de las tropas romanas se sitúa en el 200 a.C., describiéndose los terribles efectos de este arma sobre los macedonios (Liv., 31, 34, 4). Pese a todo, no hay unanimidad a la hora de determinar que tipo de espada peninsular fue la que sirvió de modelo a la de los romanos (51), habiéndose incluso negado tal adopción (Sandars 1913: 58 ss.).

Se sabe por Posidonio (en Diod., 5, 33) que los Celtíberos usaban conjuntamente espadas de dos filos junto a puñales de un palmo de longitud, de los que se sirven en los combates cuerpo a cuerpo. La utilización de ambos elementos formando parte de un mismo equipo está perfectamente constatada durante la subfase IIB (52). No obstante, para el período III no existen en la Celtiberia representaciones iconográficas seguras que confirmen su uso conjunto. Tan sólo dos personajes reproducidos en otros tantos fragmentos pertenecientes a un vaso numantino con decoración polícroma (fig. 79,7-8) podrían reflejar este uso. Presentan el puñal envainado, mientras en su mano derecha empuñan un objeto, incompleto, que quizás pudiera interpretarse como una espada, aunque para Wattenberg se trataría de varas (1963: 217) (53).

Las representaciones vasculares numantinas constituyen un magnífico elemento de contrastación de las noticias proporcionadas por las fuentes literarias (fig. 79,1-10). En la mayor parte de los casos corresponderían, dada su longitud, a espadas, en general de hoja fusiforme y pomo trebolado o discoidal. Según la iconografía de las representaciones pintadas, estas armas debieron ir cruzadas de forma casi horizontal sobre la cintura, lo que ya había

---

(50) Sobre este tema, *vid.* Posidonio (en Diod., 5, 33), así como Plinio (34, 144), Marcial (1, 49, 4 y 12; 4, 55, 11; 14, 35), Plutarco (*De garr.* 17) y Justino (44, 3, 8). *Vid.*, asimismo, capítulo VIII,2.1.

(51) A este respecto se ha propuesto la espada de La Tène I, o más bien quizás sus copias peninsulares, como prototipo del *gladius hispaniensis* (*v.gr.* Coussin 1926: 220 ss.; Taracena 1954: 259 s.; Salvador 1972: 6 s.). Estas espadas, de menor longitud que las utilizadas por los Galos, pertenecientes al modelo de La Tène II, estarían todavía en uso hacia finales del siglo III y el II a.C., como lo vendrían a confirmar algunos hallazgos procedentes de contextos funerarios.

(52) Una muestra de la continuidad de esta asociación la constituye el caso de la tumba 13 de Osma (fig. 76,F), donde junto a una espada de tipo lateniense de producción local (Cabré 1990: 218) y un puñal de frontón, se documentó, al parecer, una fíbula de La Tène III, lo que permitiría llevar el uso conjunto de estos elementos al menos hasta inicios del siglo II a.C. (Cabré y Morán 1982: 24; Cabré 1990: 219), o incluso después (Argente 1994: 310).

(53) Esta asociación está documentada fuera de la Meseta en la escultura de guerrero galaico de Santa Comba do Basto (Silva 1986: 308, lám. CXXII,2) fechada ya en el siglo I d.C., a la que habría que añadir un torso procedente de Armea (Taboada 1965: 6; Calo 1990: 106) que reproduce la misma actitud iconográfica, empuñando ambos una espada sobre el pecho. Posiblemente llevaría también un puñal suspendido del cinturón, lo que no puede comprobarse al hallarse roto a la altura de la cintura.

sido advertido en relación con los puñales de tipo Monte Bernorio (Cabré 1931: 225) y parecen confirmarlo alguno de los peones de la diadema de San Martín de Oscos (Lorrio 1993a: fig. 11,E), o bien pendiendo de uno de los costados del guerrero, en función, tal vez, de que se tratara, respectivamente, de puñales o espadas.

La homogeneización de la panoplia en la Hispania céltica es señalada por Posidonio, según el cual los Lusitanos utilizaban espadas semejantes a las de los Celtíberos (Diod., 5, 34), si bien para Estrabón (3, 3, 6) irían armados con «puñal o sable».

Si, como se ha indicado, los hallazgos de armas durante esta fase no son todo lo abundantes que cabría desear, aún lo son menos en lo que respecta a las espadas. En clara contradicción con lo apuntado por los textos clásicos y la iconografía vascular celtibérica sorprende la escasez de hallazgos de espadas, en su mayoría procedentes de lugares de habitación, aunque también se hayan localizado en alguna sepultura datable en este período (figs. 59 y 78,A-B; tablas 1 y 2).

Entre las espadas halladas en hábitats, destaca el conjunto procedente de Langa de Duero, yacimiento para el que se ha propuesto una cronología del siglo I a.C. (Taracena 1932: 52). Se trata de los restos de cuatro espadas de La Tène, el más completo de los cuales mide cerca de 40 cm. (Taracena 1929: 45, fig. 26,5-7; *Idem* 1932: 59 s., lám. XXXVI,19, 28 y 29)., y de la hoja de tendencia pistiliforme (Taracena 1929: 44 s., fig. 25,4) de una pieza que recuerda las reproducidas en los vasos numantinos. Otra espada de La Tène procede de La Caridad de Caminreal (Burillo 1989: 91), donde también se encontró una falcata, yacimiento fechado entre el siglo II y *ca.* 75 a.C. (Vicente 1988: 50). A estos hallazgos podrían añadirse un lote de trece espadas de tipo La Tène y restos de sus vainas que formarían parte, junto con otras armas (*vid.* capítulo X,4), de lo que se ha interpretado como un depósito ritual fechado en época sertoriana localizado en la localidad riojana de Alfaro, la antigua *Graccurris* (Marcos Pous 1996: 148 s. y figs. 11-13; Iriarte *et alii* 1996).

La presencia de espadas está documentada igualmente en conjuntos funerarios del Alto Duero adscritos a esta fase. Así ocurre en las tumbas 1 (M.A.N.) y 14 (M.A.N.) de Osma (fig. 78,A), donde un puñal o espada corta de antenas y una espada lateniense, respectivamente, se asocian con una fíbula de tipo omega (54), o en la tumba 13 (M.A.B.) de la misma necrópolis donde, al parecer, se encontraron juntos una fíbula de la Tène III (Cabré y

Morán 1982: 24), una espada de tipo lateniense de producción local y un puñal de frontón (fig. 76,F) (55).

Los hallazgos de puñales son relativamente abundantes, correspondiendo en su mayoría al tipo biglobular (figs. 75,D-F, 76,A-C y 78,C,1-6), que ya en la subfase IIB constituía el modelo mejor representado, y en menor medida al modelo de frontón (figs. 76,D y F y 78,B), estando ahora bien documentados tanto en poblados y necrópolis indígenas del Alto Duero (tabla 2) como de áreas periféricas (fig. 8,B) (Cabré 1990: 221), así como en los campamentos romanos de Aguilar de Anguita (Artíñano 1919: 10, nº 25) y, quizás, Renieblas (Schulten 1929: lám. 38,1).

Pudieran identificarse con este tipo de puñal, como ya señaló J. Cabré (1931: 240), los reproducidos en las esculturas de «guerreros galaicos». Estas estatuas, cuyo armamento coincide con el utilizado por los Lusitanos según las fuentes literarias, portan un puñal, envainado sobre su costado derecho, de empuñadura rematada en un disco y una vaina de contera también discoidal, que permiten su vinculación morfológica con los ejemplares biglobulares; la actitud del guerrero, que en la mayoría de los casos presenta la mano sobre el pomo del puñal, impide identificar con claridad la forma característica de la empuñadura. También parecen ser puñales los esgrimidos por algunos de los guerreros reproducidos en la diadema de San Martín de Oscos (Lorrio 1993a: fig. 11,E).

Como se ha señalado repetidamente, los puñales biglobulares serían los inspiradores del *parazonium* (Sandars 1913: 64; Schulten 1931: 214 s.; Schüle 1969: 106; Cabré 1990: 221 s.) utilizado por las tropas romanas a partir del siglo I d.C.

2. Armas de asta. A pesar de la importancia dada a la espada y al puñal, las diferentes fuentes coinciden en considerar a estas armas como una de las fundamentales del guerrero hispánico, lo que había quedado demostrado en las fases precedentes gracias a los muy frecuentes hallazgos de puntas de lanza y jabalina en las necrópolis celtibéricas, siendo durante la fase III también los elementos armamentísticos más abundantes, cuando no los únicos, como confirman los hallazgos en hábitats indígenas (56). Constituyen una de las armas predilectas tanto de la infantería, como lo evidencian las representaciones pintadas de Ocenilla (fig. 79,11) y Numancia (fig. 79,9-10), entre las que destaca el conocido «vaso de los guerreros»

---

(54)   De la tumba G de Quintanas de Gormaz procedería, según parece, una fíbula en omega asociada a una espada de La Tène, así como a cinco regatones, lo que cuestiona la teórica homogeneidad del conjunto.

(55)   La baja cronología de los ejemplares de frontón estaría confirmada por su presencia en el campamento romano de Renieblas (Schulten 1929: 220, lám. 38,1; Cabré 1990: 219).

(56)   Buen ejemplo de ello serían los yacimientos celtibéricos de Ocenilla, Izana, Numancia y Langa de Duero, donde puntas de lanza y jabalina constituyen el arma más abundante (Taracena 1929: 45 s., fig. 25,14-18; *Idem* 1932: 51 y 59, láms. XXXI,B y XXXVI).

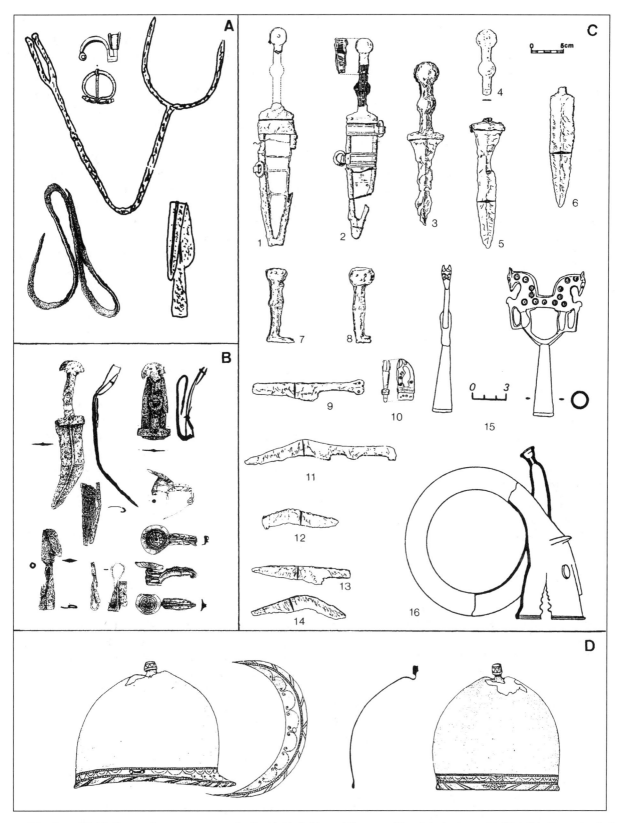

Fig. 78.—Fase III. Hallazgos de armas en necrópolis (A-B), hábitats (C) y tesorillos (D). A, Osma-14 (M.A.N.); B, tumba 2 de Numancia; C, Numancia: 1-14, puñales y cuchillos; 15 estandarte; 16, trompa de guerra; D, Quintana Redonda. (A, según Lenerz-de Wilde 1991 y dibujado sobre fotografía; B, según Jimeno y Morales 1993; C, según Schüle 1969 (1-14), Schulten 1931, dibujado sobre fotografía (15) y Wattenberg 1963 (16); y D, según Pascual 1991).

(fig. 79,10), como de la caballería, siendo la demostración más palpable la iconografía monetal celtibérica (fig. 80,B y lám. VIII) (Guadán 1979: 60-68; Lorrio 1995b) y las estelas funerarias discoidales celtibéricas (fig. 81,1).

La utilización de *soliferrea* durante este período es conocida solamente a través de las fuentes literarias. Livio (34, 14, 10) se refiere a la utilización de este tipo peculiar de dardo en el 195 a.C., habiendo sido empleado con seguridad al menos hasta el 38 a.C. (App., *B.C.* 5, 83). Además, Diodoro (5, 34), a partir de Posidonio, señala que los lusitanos usaban «unos dardos todos de hierro en forma de anzuelo», sin duda identificables con los *soliferrea*. Sin embargo, el territorio céltico no ha proporcionado evidencias arqueológicas interpretables con seguridad como restos de *soliferrea* (57), confirmando una tendencia que ya habían mostrado las panoplias más recientes de la fase anterior, pudiendo haber sido sustituido, al menos entre los Celtíberos, por armas de similar función, como los *pila*.

Las fuentes hablan de otras armas arrojadizas, algunas de las cuales, como la *falarica*, el *gaesum* o el *berutum* resultan difíciles de identificar con las evidencias arqueológicas encontradas. Por lo que se refiere a la primera, corresponde a un arma incendiaria, semejante al *pilum*, que según Livio (21, 8, 10) fue utilizada por los saguntinos. La descripción aportada por Livio permitió a Taracena interpretar algunos hallazgos de Langa de Duero (Taracena 1929: 46, fig. 25,1-3) como restos de *falarica*, que convivirían con otros pertenecientes a *pila*.

3. Los cuchillos. De dorso curvo o recto, en general no son considerados como armas (Taracena 1954: 262). Sin embargo, puede plantearse un carácter militar para ciertos ejemplares cuyas dimensiones son semejantes a las de los propios puñales biglobulares (Taracena 1954: fig. 152).

4. La honda y el arco. El uso de la honda en la Península Ibérica es citado por Estrabón (3, 4, 15), no existiendo evidencia iconográfica alguna de su uso. La presencia de la honda está atestiguada arqueológicamente por el hallazgo de sus proyectiles, de piedra, barro cocido o plomo, que cabe considerar, al menos en ciertos casos, como pertenecientes a las tropas romanas (Taracena 1954: 263). Como proyectiles de honda han sido interpretados una serie de piedras, algunas levemente trabajadas y la mayoría consistentes en cantos naturales de río, procedentes de los castros zamoranos de Sejas, Lubián y Fresno de Carballeda, cuyos pesos oscilan entre 20 y 200 gr. (Esparza 1987: 251 ss., fig. 157). Elementos similares son conocidos en otros castros del Noroeste y la Meseta,

aunque dado el escaso interés que despiertan estos supuestos proyectiles no suele aportarse información sobre sus características, proponiéndose para ellos, a menudo, una funcionalidad diferente (Esparza 1987: 253).

Una interpretación análoga se ha sugerido para un conjunto de piezas de barro aparecidas en Numancia. Tienen forma losángica, semejante a la de los glandes romanos de plomo, y sus dimensiones oscilan entre los 2,5 y los 6 cm. de longitud, con un peso de unos 30 gr. La interpretación de Schulten relacionándolos con las tropas númidas del ejercito de Escipión parece verosímil, tanto más si se valora la ausencia de estos objetos en los restantes poblados celtibéricos (Taracena 1954: 263). Además de estos proyectiles cerámicos, Taracena (1954: 263) identificó en Numancia otros incendiarios, cuya existencia era conocida gracias a las noticias dadas por Cesar (*De Bell. Gall.* 5, 11, 43). Se han localizado también glandes bicónicos de plomo en Langa de Duero (Taracena 1932: 60) y Numancia (Schulten 1931: lám. 58), pertenecientes posiblemente a tropas romanas (Frontin., 4, 7, 27).

La evidente escasez de hallazgos de puntas de flecha y la propia ausencia de noticias sobre su uso tanto en las fuentes literarias como en la iconografía ha llevado a plantear la poca o ninguna utilización del arco como arma de guerra entre los pueblos protohistóricos peninsulares (Quesada 1989b: 193). No obstante, la Celtiberia y los territorios aledaños a ella han proporcionado algunos ejemplares de variada tipología, de bronce y hierro, y que en general presentan diversas dataciones (Schüle 1969: lám. 155,28 y lám. 69,10; Castiella y Sesma 1988-89: 389, fig. 4,1-3; Burillo 1989: 93). Aun cuando en la Meseta Oriental se conoce alguna pieza dudosa procedente de ambientes funerarios, como las de Quintanas de Gormaz (Schüle 1969: lám. 38,4) y Luzaga (Aguilera 1911, IV: 16), adscribibles ya a un momento evolucionado de la fase II, generalmente han sido localizadas en núcleos de habitación. Este sería el caso de una posible punta de hierro procedente de Calatañazor (Taracena 1926a: lám. VI,abajo) o de las broncíneas de Numancia (Schulten 1931: lám. 55,B; Jimeno *et alii* 1990: 14, lám. 7), Ventosa de la Sierra (Taracena 1926a: 6, lám. IV) y Langa de Duero (Taracena 1932: 58, lám. XXXIV). De Numancia procede el lote más importante, realizadas en hierro e interpretadas verosímilmente como pertenecientes a los ejércitos romanos (Schulten 1931: lám. 58; Taracena 1954: 264, fig. 154), ya que gracias a las fuentes literarias se sabe que éstos utilizaron arqueros entre sus tropas (App., *Iber.* 92; Frontin., 4, 7, 27).

5. El escudo. Constituye el arma defensiva mejor documentada. Por Posidonio (en Diod., 5, 33) se conoce que algunos Celtíberos iban armados con el escudo galo oblongo y otros llevaban *cyrtias* redondas. La utilización del modelo oval estaría confirmada por Polibio (3, 114),

---

(57)   En este sentido, Taracena (1927: 19) señaló la posibilidad de que algunos vástagos de hierro procedentes de Izana pertenecieran a *soliferrea*.

Fig. 79.—*Representaciones de guerreros en la cerámica pintada celtibérica (a diferentes escalas). 1-10, Numancia; 11, Ocenilla. (Según Wattenberg 1963 (1-9), García y Bellido 1969 (10) y Taracena 1932 (11)).*

quien señala la semejanza ya en el 216 a.C. de los escudos de celtas e iberos, si bien dejando patente las diferencias en lo que a las espadas se refiere. Por su parte, Livio (28, 2) refiere la presencia en el 207 a.C. de 4.000 *scutati* celtibéricos formando parte del ejercito cartaginés. Sin embargo, las frecuentes representaciones iconográficas de escudos en territorio celtibérico responden mayoritariamente al modelo circular, como ocurre con las producciones pintadas numantinas, donde constituye el único modelo representado (fig. 79,5 y 10), mientras que en las estelas celtibéricas de Clunia aparecen reproducidos ambos tipos, a pesar de ser también el más común el modelo circular (fig. 81,1-2) (García Bellido 1949: 266 ss.; Palol y Villela 1987: 17 ss.).

Los Lusitanos utilizarían «unos escudos pequeñísimos de nervios trenzados, que por su solidez pueden proteger de sobra el cuerpo. Manejándolos ágilmente a uno y otro lado en las batallas apartan con suma habilidad de sus cuerpos los dardos lanzados sobre ellos» (Diod., 5, 34). Este modelo es identificable con el escudo de pequeño tamaño que portan algunos de los jinetes e infantes de la diadema de San Martín de Oscos (Lorrio 1993a: fig. 11,E) y con el reproducido en algunas esculturas de guerreros galaicos (Lorrio 1993a: fig. 11,C). Estrabón (3, 3, 6) describe como propio de los Lusitanos un escudo «pequeño, de dos pies de diámetro y cóncavo por su lado anterior, lo llevan suspendido por delante por correas, y no tiene al parecer abrazadera ni asas», descripción que sin lugar a dudas corresponde con los reproducidos de forma mayoritaria en las esculturas de «guerreros galaicos» (58) y en un broche de cinturón procedente de La Osera (Lorrio 1993a: fig. 11,F). Tales escudos irían provistos de umbos, seguramente metálicos, pudiendo estar en ocasiones decorados (Silva 1986: 304).

Con respecto a la aparición de restos arqueológicos pertenecientes a escudos, si bien es cierto que el modelo de umbo de aletas característico de los escudos ovales de La Tène está prácticamente ausente del área céltica peninsular no lo es menos la falta de hallazgos en este mismo ámbito, y durante la fase III, de umbos o cualquier otro elemento asimilable con claridad al modelo circular. Estos, que seguramente irían pintados como demuestran las representaciones numantinas, llevarían piezas metálicas a modo de umbos o elementos de protección, lo cual es confirmado por la iconografía monetal (Guadán 1979: 71 ss.) y por las estatuas de «guerreros galaicos». En este sentido, podrían identificarse como refuerzos metálicos de escudos algunos discos broncíneos

aparecidos en Numancia (Schulten 1931: lám. 55,A) y Langa de Duero (Taracena 1932: lám. XXXIV), todos ellos caracterizados por presentar una perforación en su eje central que, atravesada por un roblón, conservado en las piezas numantinas, permitiría su fijación al armazón del escudo, aunque de acuerdo con Taracena (1954: 268) pudieran interpretarse como parte integrante de las corazas.

Por lo general, los hallazgos de umbos latenienses de aletas se circunscriben al área nororiental de la Península Ibérica (Stary 1982: mapa 2; *Idem* 1994: 115 ss.; Silva 1986: lám. VI), pudiéndose relacionar con la presencia de grupos de Galos cuya existencia parece confirmada por diversas fuentes (*vid.* capítulo II,1.1,d).

Se ha documentado un ejemplar de umbo de aletas de La Tène II perteneciente a un escudo oblongo en el castro de Alvarelhos (Santo Tirso), en el Noroeste peninsular, que ha sido fechado *ca.* finales del siglo II e inicios del I a.C. (Silva 1986: 181, lám. XC,6). Se conoce otro umbo del modelo de aletas procedente de la Celtiberia, concretamente de La Caridad de Caminreal (Burillo 1989: 93 s.), cuya presencia cabe vincular probablemente con el episodio de las Guerras Sertorianas responsable de la destrucción de esta ciudad (Vicente 1988: 50). A ellos cabe añadir el hallazgo de al menos cinco ejemplares latenienses de aletas y uno circular en el ya citado depósito ritual de *Graccurris* (Marcos Pous 1996: 148, fig. 12,2; Iriarte *et alii* 1996: 174) (*vid.* capítulo X,4).

6. Los cascos. Según Posidonio (en Diod., 5, 33), los cascos de los Celtíberos serían de bronce con crestas de color escarlata, en tanto que los lusitanos utilizarían modelos parecidos a los de los Celtíberos (Diod., 5, 34). Estrabón (3, 3, 6) señala que algunos de los Lusitanos irían provistos de piezas de tres cimeras «mientras los demás usan cascos de nervios». La utilización de cascos de cuero por parte de los Cántabros es referida por Silio Itálico (16, 59). En cuanto a los pueblos del Norte, Estrabón (3, 3, 7) menciona que acostumbraban a llevar el pelo largo como las mujeres, pero «en el combate se ciñen la frente con una faja».

La iconografía vascular es una muestra de la gran diversidad de tipos utilizados por los guerreros celtibéricos. Entre las producciones pintadas numantinas destaca el llamado «vaso de los guerreros», en el que aparecen representados dos personajes (fig. 79,10), el de la izquierda remata su casco con la figura de lo que podría ser un gallo, mientras el otro cubre la cabeza y los hombros con una piel de animal. Otro vaso numantino con escena de lucha (fig. 79,5) enfrenta a un guerrero, a la derecha, cuyo casco se halla, al parecer, tocado de un ejemplar provisto de cuernos (Taracena 1954: 271), con otro, a la izquierda, coronado por unas fauces abiertas de fiera,

---

(58)   Conviene recordar que, si el modelo generalmente reproducido en las estatuas de guerreros es de forma cóncava en el exterior, también están documentados modelos planos y convexos (Silva 1986: 304, láms. CXX,1-2, CXXI,3 y CXXIII,4).

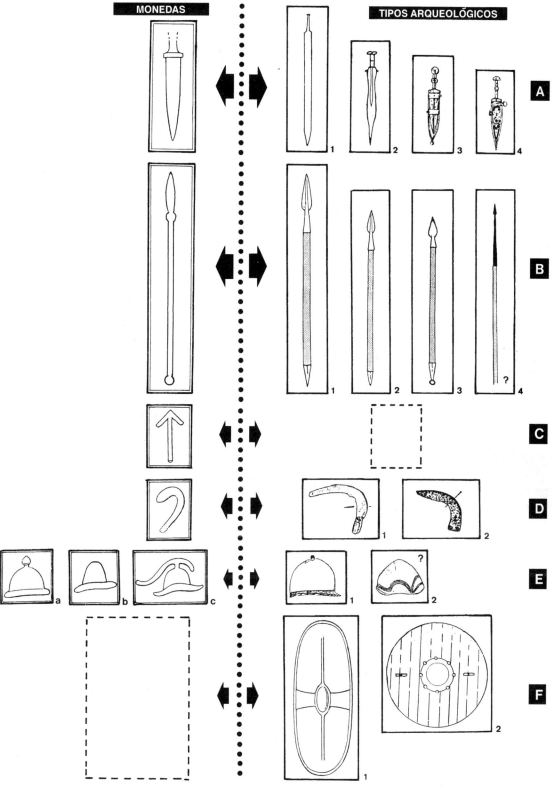

Fig. 80.—Comparación de los diversos tipos de armas reproducidos en las monedas de la Celtiberia y del Alto Ebro con los correspondientes tipos arqueológicos: A. Espada y puñal: 1, espada tipo La Tène; 2, idem de antenas; 3, puñal biglobular; 4, idem de frontón. B. Lanza: 1-3, lanzas; 4, pilum. *C. Hacha bipenne. D. Hoz o* falx. *E. Casco: 1, tipo Montefortino; 2, modelo indeterminado y sin procedencia segura. F. Escudo: 1, oblongo tipo La Tène; 2, circular. (Con interrogación los tipos dudosos).*

modelo que concuerda con los que Silio Itálico (3, 388-389) atribuye a los uxamenses. La presencia de cascos rematados por figuras animales o con cuernos está documentada entre los pueblos celtas de la Cultura de La Tène, generalmente en representaciones iconográficas o transmitido por las fuentes clásicas (Brunaux y Lambot 1987: 103 s.); es más raro el hallazgo de piezas reales, si bien se conocen ejemplares excepcionales, como el conocido casco de Ciumesti (Rumania), rematado por un ave rapaz de alas móviles, o el aparecido en el Támesis, cerca del puente de Waterloo, coronado por dos grandes cuernos.

Estaría igualmente documentado en la iconografía numantina el tipo con remate en triple cimera (fig. 79,3) mencionado por Estrabón (3, 3, 6) para los Lusitanos, con el que se tocarían asimismo algunos de los peones y jinetes de la diadema de San Martín de Oscos (Lorrio 1993a: fig. 11,E), interpretados como la representación de cascos de cuernas de ciervo (Blázquez 1959-60: 380). Otros jinetes de la mencionada diadema se cubren con piezas de penacho ondulante, quizás de plumas (Blázquez 1959-60: 380; López Monteagudo 1977: 104), que recuerdan al tocado de un guerrero reproducido en un vaso numantino (fig. 79,9). Además, se conocen otros modelos diferentes, como el que ostenta el guerrero de Ocenilla, de alta cimera (fig. 79,11). Manifestaciones como las representaciones monetales evidencian la existencia de tipos distintos, a veces rematados por crestas, de clara influencia romana (fig. 80,E) (Guadán 1979: 68 s.; Lorrio 1995b: 78 s.).

A pesar de las fuentes literarias y la iconografía, lo cierto es que los hallazgos en la Celtiberia de cascos de bronce o hierro adscribibles a la fase III son muy escasos, formando parte, a veces, de tesorillos, como el de Quintana Redonda (fig. 78,D) (Raddatz 1969: 242 s., lám. 98; Pascual 1991: 181, fig. 95). Esto permite plantear, como ya se hizo para la fase anterior, que los modelos metálicos serían utilizados únicamente por una minoría, en tanto que la mayor parte de los guerreros irían provistos de cascos de materia perecedera, posiblemente cuero o nervios trenzados, o no llevarían cubrición alguna.

7. Las corazas. El uso de corazas en la Península Ibérica es conocido a través de las fuentes literarias, refiriéndose a los Lusitanos, cuyo armamento es comparado a menudo con el de los Celtíberos (Str., 3, 3, 6); según las mismas, «la mayor parte llevan corazas de lino», quizás representadas en las esculturas de guerreros galaicos, y «pocos cota de malla», de la que desgraciadamente no se conoce resto alguno adscribible a este momento, habiéndose identificado como tal unos fragmentos procedentes de la necrópolis de Almaluez (Domingo 1982: lám. IV,4), en cualquier caso anteriores a esta fase. Taracena (1954: 268) consideraba que algunas placas metálicas

aparecidas en Numancia podrían interpretarse como parte del revestimiento de las corazas de lino (59).

8. Las grebas. Por Posidonio (en Diod. 5, 33) se sabe que los Celtíberos llevaban arrolladas a las piernas grebas de pelo. La utilización de grebas, polainas o espinilleras está perfectamente constatada en el «vaso de los guerreros» (fig. 79,10), así como en otras producciones vasculares numantinas (Wattenberg 1963: lám. VI,2). Estrabón (3, 3, 6) indica que los infantes lusitanos iban provistos de grebas (cnemides), lo que queda plenamente confirmado en la estatuaria galaica de guerreros (Silva 1986: 291, lám. CXXII) que, en general, ilustra el repetido pasaje de Estrabón (3, 3, 6) sobre el armamento de los Lusitanos.

9. Otras armas. Habría que mencionar, por último, una serie de objetos cuya consideración como armas viene dada por la iconografía monetal y, en ocasiones, por las fuentes literarias. Este carácter militar resulta evidente en el caso del hacha bipenne, arma claramente ofensiva de la que no se conoce hallazgo alguno en el área estudiada, pese a aparecer reproducida en algunas representaciones monetales (fig. 80,C) (Guadán 1979: 76 s.; Lorrio 1995b: 78) y ser citada por Silio Itálico (16, 56) como arma portada por el cántabro *Larus*.

Cabría plantear una finalidad defensiva (Liv., 28, 3) para un objeto en forma de horquilla y enmangue tubular, que iría enchufado a un asta de madera, al que Sandars (1913: 78 s.) denominó bidente. Este objeto está documentado desde la subfase IIB en necrópolis como *Arcobriga*, Osma y Quintanas de Gormaz (fig. 69,B; tablas 1 y 2), aun cuando también se conozca un ejemplar semejante en Numancia (Manrique 1980: fig. 25,7566) y algunos más en Osuna (Sandars 1913: 69; Engel y Paris 1906: 457, lám. 33, 1-2).

Habría que referirse aquí a la hoz o *falx*, cuya consideración como arma viene dada por la iconografía numismática (fig. 80,D) (Guadán 1979: 73; Lorrio 1995b: 78) aunque parezca más verosímil una interpretación de tipo simbólico (*vid.* capítulo VI, 5-3), como lo confirmaría su presencia en ciertos conjuntos funerarios celtibéricos de la fase II del Alto Duero, generalmente constituidos por un buen número de objetos, que incluso podrían ser considerados como los de mayor riqueza del cementerio, y en los que las armas —entre las que se incluyen espadas, lanzas, escudos y cuchillos— juegan un papel predominante (figs. 71,E, 74,A, y 76,C; tabla 2). Los habituales hallazgos de hoces en contextos de habitación deberían

---

(59)   Tal vez pudieran identificarse estas piezas con los pequeños discos de bronce reproducidos por Schulten (1931: 277, lám. 55,A), que acaso formaron parte de las protecciones metálicas de los escudos (*vid. supra*).

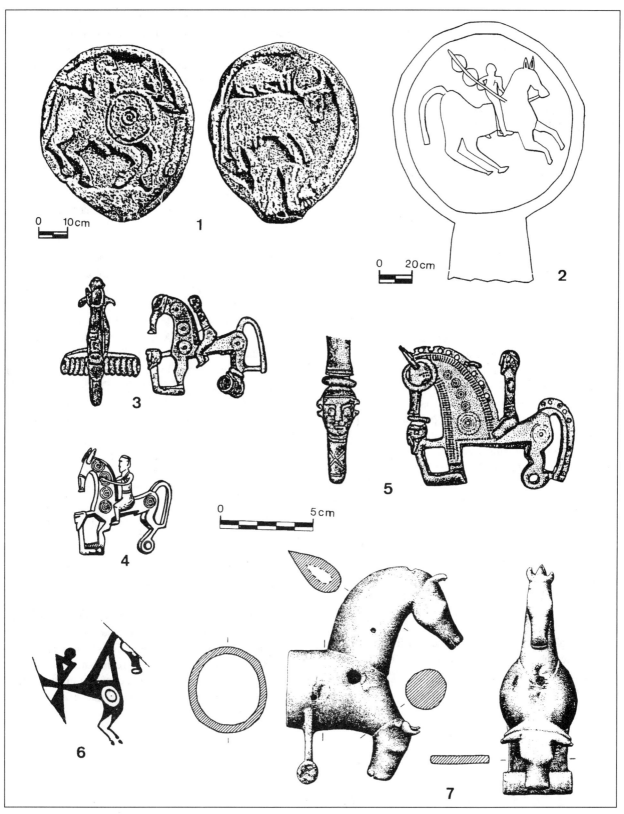

Fig. 81.—1-5, representaciones de jinetes: 1-2, estelas funerarias; 3-5 fíbulas; 6, cerámica pintada. 7, remate de lanza de carro con doble prótomo de caballo y toro. 1, Clunia; 2, Bezares; 3, necrópolis de Luzaga; 4, necrópolis de Gormaz; 5, procedencia desconocida; 6, Numancia; 7, Castro de Las Arribillas. (Según García y Bellido (1), Abásolo y Marco 1995 (2), Lenerz-de Wilde 1991 (3 y 5), Cabré 1939-40 (4), Wattenberg 1963 (6) y Galán 1989-90 (7)). 1-2, escala aproximada y 6, sin escala.

interpretarse, en cambio, como útiles agrícolas, lo que vendría apoyado por aparecer normalmente asociados con otros objetos destinados a labores artesanales de diversa índole.

10. Trompas y estandartes. Formando parte del equipo militar céltico han de incluirse las trompas de guerra y las insignias o estandartes. De las primeras se conocen algunas piezas procedentes de la provincia de Soria (Pastor 1987), entre las que destacan las aparecidas en Numancia (Wattenberg 1963: tablas XV y XVI). Realizadas en barro y decoradas en su mayoría, a veces tienen la bocina en forma de cabeza de carnicero con las fauces abiertas (fig. 78,C,16), lo que permite relacionarlas sin ningún género de duda con los *carnyx* galos (Taracena 1954: 270s., fig. 160; Martín Valls y Esparza 1992: 272). Las fuentes históricas (App., *Iber.* 78) y la iconografía monetal (Taracena 1954: 270; Guadán 1979: 75 s.) se hacen eco del uso de este instrumento entre los Celtíberos.

La utilización de estandartes por parte de los ejércitos hispanos es conocida gracias a las relativamente frecuentes noticias de los autores clásicos (Liv., 25, 33; 31, 49, 7; 34, 20; 40, 33), a menudo referidas a los Celtíberos. La iconografía monetal reproduce *signa militaria* pertenecientes con seguridad a las tropas romanas que, al menos en ocasiones, estarían rematados por figuras de animales, concretamente águilas o jabalíes (Taracena 1954: 271; Guadán 1979: 77 ss.). Quizás podría interpretarse con cierta verosimilitud como una insignia o estandarte un objeto broncíneo procedente de la ciudad de Numancia (Schulten 1931: 271, lám. 44,B) de enmangue tubular rematado con dos prótomos de caballo contrapuestos, bajo cuyos hocicos aparece una cabeza humana esquemática (fig. 78,C,15), representación iconográfica semejante a la de las fíbulas celtibéricas de caballito (fig. 81,3-5 y lám. IV,2). Dos piezas similares, pero con jinete, proceden de la tumba 38 de Numancia (Jimeno 1994b: lám. 48; *Idem* 1996: 61, fig. 4; *vid.* portada), habiéndose interpretado como los remates de sendos báculos de distinción, aunque posiblemente sea más acertada su consideración como *signa equitum* (Almagro-Gorbea y Torres e.p.).

El armamento celtibérico constituye una de las manifestaciones más genuinas de la que sin duda fue una de las culturas de mayor personalidad de la Edad del Hierro de la Península Ibérica. Su estudio contribuye en gran medida a entender la organización social celtibérica, cuyo fuerte componente guerrero queda confirmado por el registro arqueológico y por las fuentes literarias e iconográficas. Con todo, el estudio de la panoplia celtibérica, realizado fundamentalmente a partir de hallazgos de armas, se enfrenta a numerosas dificultades, ya que buena parte del armamento protohistórico estaría realizado en materiales perecederos que, en la Península Ibérica, no se han conservado en ninguna ocasión. Además, el registro funerario, que resulta fundamental para determinar la evolución de los equipos militares dado que la mayor parte de las armas conocidas proceden de necrópolis, presenta una serie de limitaciones, algunas relacionadas con las costumbres funerarias o el ritual, pero otras debidas a que un buen número de las necrópolis celtibéricas, sobre todo las excavadas antes de 1920, permanecieron inéditas. Así, de las más de 8.000 tumbas que según sus excavadores proporcionaron seis de las más importantes necrópolis de la zona de estudio (Aguilar de Anguita, Alpanseque, *Arcobriga*, Osma, La Requijada de Gormaz y Quintanas de Gormaz), tan sólo se conoce la composición de poco más de 180, casi todas con ajuares militares.

Por ello, se hace necesario emprender la excavación de nuevas necrópolis que proporcionen importantes conjuntos de sepulturas desde el punto de vista numérico, así como la aplicación de técnicas modernas que incluyan la restauración de los materiales en ellas recuperados o de aquellos depositados en los fondos de los Museos. No obstante, no se puede pretender definir las características del armamento y la sociedad celtibérica a partir únicamente del registro funerario —aunque sin duda constituya uno de sus aspectos más importantes, y las combinaciones de armas documentadas en las tumbas ofrezcan una coherencia interna que admite su contrastación con las fuentes literarias o las iconográficas, referidas ya a un momento más tardío—, siendo preciso utilizar otro tipo de evidencias, fundamentalmente el mayor conocimiento de los lugares de habitación (*vid.* capítulo III).

VI

ARTESANADO Y ARTE

Uno de los aspectos de mayor trascendencia de la Cultura Celtibérica es el importante desarrollo que alcanzó la actividad artesanal a lo largo de un período de casi seis centurias (siglo VI-I a.C.), sobre todo en lo que se refiere al trabajo del hierro y el bronce, así como a la producción cerámica. Prueba de esta actividad se halla en las armas, los adornos y los útiles descubiertos en las necrópolis y poblados celtibéricos, en buena medida fabricados en talleres locales.

La siderurgia encuentra su máximo exponente en el armamento y en el utillaje metálico de diverso tipo y funcionalidad, aunque el hierro también fuera utilizado para la realización de ciertos objetos de adorno, como fíbulas y pulseras. El trabajo del bronce, ocasionalmente vinculado con la fabricación de ciertas armas (escudos, cascos y discos-coraza), se centró en la producción de objetos relacionados con la vestimenta y el adorno personal, como fíbulas, broches de cinturón, pectorales, brazaletes, pulseras, pendientes, anillos, cuentas de collar, etc., elementos en los que se emplearon a veces el hierro y la plata, lo que determinará la adopción de formas diferentes. La orfebrería, basada en los objetos de adorno, generalmente de plata, aparecidos formando parte de tesorillos, sólo alcanzó un desarrollo notable en época avanzada.

Una parte importante de estos objetos metálicos —sobre todo armas y adornos— pueden ser considerados como elementos de prestigio, según se deduce de su presencia habitual en los ajuares funerarios, así como por las ricas decoraciones que muchas de estas piezas ostentan. Un claro carácter simbólico puede defenderse para los elementos de banquete y una serie de utensilios, como las tijeras o las hoces, dada su presencia en tales ajuares, a veces en tumbas consideradas «ricas», asociados frecuentemente con armas. Interpretación que puede hacerse extensiva a otros útiles agrícolas presentes ya de forma excepcional en conjuntos funerarios, e incluso a ciertos objetos de *toilette* como las llamadas «pinzas de depilar».

El análisis del artesanado celtibérico puede realizarse desde diferentes planteamientos. Por un lado, globalmente desde una perspectiva diacrónica, de acuerdo con la estructura que ha servido para el estudio del armamento. Esta aproximación resulta factible dado que una buena parte de los objetos analizados proceden de necrópolis, cuya seriación ha sido establecida siguiendo la evolución de la panoplia (*vid.* capítulos V y VII). Este es el caso de los objetos que se vinculan con la vestimenta y el adorno personal o de los elementos de banquete, algunos útiles, los arreos de caballo, etcétera. A ellos habría que añadir la mayor parte de los utensilios relacionados con diversas actividades agrícolas o artesanales, así como el volumen más importante de las piezas de orfebrería, procedentes en su mayoría de hábitats o atesoramientos de finales de la Edad del Hierro.

Otra opción, la que aquí se ha elegido, es tratar individualmente cada categoría de elementos. Tiene la ventaja de permitir su caracterización morfológica —lo que resulta de especial interés al estar en muchos casos ante objetos con una gran variabilidad tipológica— con independencia de los problemas de cronología que a menudo ofrecen, al tratarse en muchos casos de hallazgos descontextualizados, como es el caso de los procedentes de las excavaciones de Cerralbo y Morenas de Tejada, o por haber sido encontrados formando parte de ajuares poco significativos desde el punto de vista cronológico. Otro problema añadido es el de la perduración de ciertos tipos a lo largo de un dilatado espacio de tiempo. No obstante, se ha intentado seguir la evolución de cada tipo, adscribiéndolo siempre que ello ha sido posible a las fases establecidas a partir del estudio del armamento (*vid.* capítulo V), ya que algunos de los elementos analizados, como fíbulas, broches de cinturón o ciertos útiles, están registrados en conjuntos militares relativamente bien fechados.

A continuación se abordará una amplia panorámica del artesanado celtibérico, comenzando por la orfebrería para continuar con los objetos relacionados con la vestimenta y el adorno (excluyendo las piezas realizadas en metales nobles, analizadas previamente), los útiles de diverso tipo, etcétera. Un análisis independiente merece la cerámica, tanto las producciones vasculares, entre las que destacan las especies a torno conocidas como «cerámicas celtibéricas» o las producciones pintadas numantinas, como otro tipo de manifestaciones, las ya comentadas trompas de guerra, la coroplástica, etcétera. Por lo que se refiere a los recipientes cerámicos, la enorme cantidad de material recuperado y su amplia cronología dificulta su tratamiento pormenorizado, habiéndose optado por ofrecer una panorámica general, remitiendo a los trabajos de síntesis existentes (*vid.*, en cualquier caso, el capítulo VII, donde se ofrece una visión diacrónica de la producción cerámica).

1. ORFEBRERÍA

El desarrollo de la orfebrería constituye un fenómeno eminentemente tardío en el mundo celtibérico. Como excepción, tan sólo cabe hacer referencia a algunas piezas de cronología incierta, anterior en cualquier caso a la de la orfebrería propiamente celtibérica (finales del siglo III-I a.C.), como determinados objetos de oro y plata aparecidos en los túmulos de Pajaroncillo (fig. 82,1) (Almagro-Gorbea 1973: 90 ss.), cuya cronología puede remontarse al siglo VIII a.C., y los dos torques de oro con decoración troquelada de Jaramillo Quemado (Burgos) (Almagro-Gorbea 1995: 494, fig. 1,C), piezas éstas que han sido interpretadas incluso como productos de La Tène (Lenerz-de Wilde 1991: 162, fig. 119,1-2). Junto a ellas, un pendiente o colgante de plata procedente de la tumba 4 de Chera (Cerdeño *et alii* 1981: 45, fig. 6,2), adscrita a la fase más antigua de este cementerio (fase I), y un conjunto de joyas, todas ellas de plata, que forman parte de los ricos ajuares de algunas sepulturas del Alto Duero adscribibles a la fase IIA (*vid.* capítulos V y VII).

El conjunto más variado y numeroso procede de la necrópolis de La Mercadera (fig. 82,2-3) (Taracena 1932; Lorrio 1990). Está constituido por veinticinco piezas de plata maciza distribuidas en media docena de tumbas, tres de las cuales (sepulturas 5, 9 y 73) —integradas exclusivamente por piezas argénteas con un peso de 110, 81 y 148 gramos, respectivamente— constituyen las de mayor riqueza respecto al resto de las sepulturas con elementos de adorno de este cementerio. Se trata de tres parejas de pulseras, dos de ellas formadas por un lingote macizo con remate circular con grueso reborde cilíndrico donde se encaja una chapita en forma de casquete esférico (tumbas 5 y 73), y otra con remates en forma de «ofidio» (tumba 9); cuatro pares de pendientes y dos ejemplares sueltos, ocho de ellos de tamaño grande, ador-

nados con tres troncos de cono macizos, a veces perdidos, a modo de campánulas (tumbas 5, 9 —un único ejemplar—, 45 y 73, así como una pieza sin contexto), y dos pequeños rematados con una laminita doblada en forma de trébol (tumba 66b); dos torques formados por un vástago cilíndrico con remates esféricos (tumba 66b y 73), de los que el de la tumba 66b fue interpretado (Taracena 1932: 25) como perteneciente a una niña; tres fíbulas anulares (tumbas 5, 7 y 9); dos botones ornamentales (tumbas 9 y 66b), el de la tumba 66b, de bronce y plata, es similar a otro de plata de la necrópolis de Carabias (Taracena 1932: 26); y dos aros (tumba 73), que Taracena (1932: 28 s.) consideró que corresponderían a otras tantas fíbulas anulares.

El propio Taracena (1932: 29) apuntó la excepcional riqueza de estas sepulturas respecto a lo registrado en las restantes necrópolis de la zona. Baste recordar que en Gormaz únicamente se localizó una pieza de plata, anillo o pendiente, decorada con un triángulo de gránulos (Morenas de Tejada 1916a: 175; Mélida 1917: 157, lám. XIII, der.; Taracena 1941: 84). A estas piezas viene a sumarse un pendiente de plata de la necrópolis de Carratiermes (Argente *et alii* 1991a: fig. 22) y una fíbula de plata del mismo tipo que las documentadas en La Mercadera, así como un aro incompleto, también de plata y que quizás formaría parte de un pendiente, procedentes de la tumba 29 de Ucero, conjunto integrado por un importante ajuar (fig. 87,A,6-7) (García-Soto y Castillo 1990).

En cuanto a la cronología de estos hallazgos, merecen atención especial las fíbulas argénteas de las tumbas 5, 9 (en ambos casos junto con objetos de plata que las pone claramente en relación con las tumbas 66b, 73 y 45) y 7 (en la que aparece con dos fíbulas anulares del tipo 6B de Argente —*vid. infra*— y adornos espiraliformes de bronce). Los tres ejemplares se han interpretado como pertenecientes al tipo de timbal 2d, con cabuchón (Cuadrado 1958: 15 y 61, figs. pp. 2-4 y 42; Martín Montes 1984b: 39 y 41, esquema 2; Argente 1994: 274, fig. 44.382), forma que según Cuadrado aparecería en el siglo III, y se desarrollaría en el II a.C. (Cuadrado 1958: 61), si bien dada la cronología general de la necrópolis de La Mercadera (*ca.* siglos VI-finales del IV/primer cuarto del III a.C.) hay que considerar esta datación con ciertos reparos, debiendo aceptarse una fecha anterior para estos ejemplares, situándolos posiblemente en el siglo IV a.C. (fase IIA). Una cronología semejante —entre finales del siglo IV, o incluso algo antes, y mediados del III a.C.— se ha sugerido para la tumba 29 de Ucero (García-Soto y Castillo 1990: 63 s.).

La excepcionalidad de los hallazgos de piezas de plata en los cementerios celtibéricos ya fue señalada por Cerralbo (1916: 35), quien describe un disco de bronce con aplicaciones de láminas argénteas hallado en Aguilar

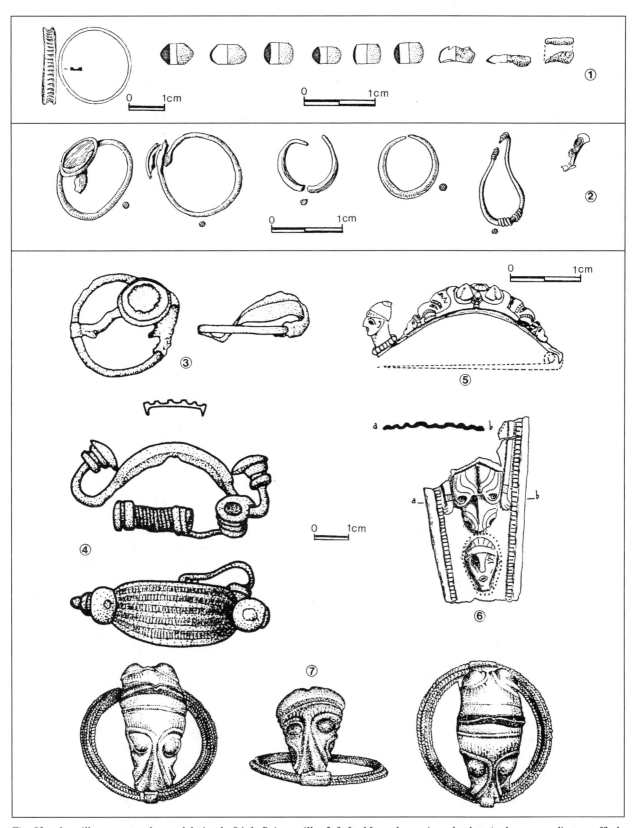

Fig. 82.—1, anillo y cuentas de oro del túmulo 84 de Pajaroncillo; 2-3, La Mercadera: ajuar de plata (pulseras, pendientes y fíbula anular) de la sepultura 5 y fíbula anular argéntea de tumba 7; 4, fíbula de plata de Numancia; 5-6, fíbulas argénteas del tesoro de Driebes; 7, fíbula áurea de Cheste. (Según Almagro-Gorbea 1973 (1), Schüle 1969 y Taracena 1932 (2), Argente 1994 (3-4), San Valero 1945 (5-6) y Lenerz-de Wilde 1991 (7)).

de Anguita (*vid. infra*) como el único objeto con plata de esta necrópolis (Barril y Martínez Quirce 1995), siendo rarísima su presencia en el resto de los cementerios por él excavados, en los que nunca encontró «la más insignificante partícula de oro» (1). La utilización de la plata, con todo, está bien documentada a través de la técnica del damasquinado aplicada en la decoración de las espadas de antenas del «tipo Arcóbriga» (Aguilera 1916: 25, fig. 11-12, lám. IV) y en los broches de cinturón de tipo ibérico (Cabré 1937). Para Taracena (1932: 29), la presencia de estas piezas no debía resultar extraña en una comarca no muy alejada de las minas de plata de Hiendelaencina (Guadalajara).

El resto de las joyas celtibéricas se halla formando parte de algunos tesoros de orfebrería (Almagro-Gorbea y Lorrio 1991: 39 ss.) localizados en el territorio meridional de la Celtiberia (lám. III) y su prolongación hacia el Levante, individualizando lo que Raddatz (1969: mapa 2), llamó «Cuenca Gruppe», y que configuraría lo que puede denominarse como orfebrería celtibérica meridional. Su estudio permite documentar la evolución de este artesanado y sus diversos contactos en particular con el ámbito ibérico, con una inspiración de origen helenístico indudable pero con el sabor lateniense de ciertos motivos. Casi todas las piezas son de plata, lo que se ha relacionado con las explotaciones de Sierra Morena, aunque también exista alguna realizada en oro.

La mayoría de estos tesorillos corresponden, según la cronología de las monedas que los acompañan, a ocultaciones de la Segunda Guerra Púnica o del inicio de las guerras de la conquista romana, lo que proporciona una segura cronología *ante quem* de inicios del siglo II a.C. para los objetos que los integraban (García-Bellido 1990: 110 s.; Villaronga 1993). Entre dichos tesoros cabe señalar los valencianos de Los Villares II (Raddatz 1969: 206, lám. 2,1-9; Villaronga 1993: 70 s., nº 29), el denominado de «La Plana de Utiel» (Ripollés 1980 y 1982: 201 ss.; Ripollés y Villaronga 1981; Villaronga 1993: 70 s., nº 34), que al parecer procede también de Los Villares (Martínez García 1986: 259), Mogente (García-Bellido 1990; Villaronga 1993: 70 s., nº 18), y Cheste (Raddatz 1969: 207 s.; Villaronga 1993: 70 s., nº 24), así como los conquenses de Valeria (Raddatz 1969: 266 s., láms. 81-82; Villaronga 1993: 70 s., nº 27) y Cuenca (García-Bellido 1990: 110 s.; Villaronga 1993: 70 s., nº 25) y el de Driebes, en Guadalajara (Raddatz 1969: 210 ss., láms. 7-21; Villaronga 1993: 70 s., nº 31). Una cronología más avanzada ofrece el tesoro de Salvacañete (Cuenca)

(Raddatz 1969: 244 ss., fig. 18, láms. 50-54), que incluía denarios ibéricos y republicanos (lám. VIII,2), el más reciente de los cuales proporciona una fecha *post quem* en el año 100 a.C. (Villaronga 1987: 10; *Idem* 1993: 42, nº 63).

Entre los objetos más significativos, destacan las fíbulas de resorte bilateral, que responden al esquema general de las de La Tène (Lenerz-de Wilde 1991: 149 ss.), con el puente decorado con escenas de caza relativamente realistas (Lenerz-de Wilde 1991: 151 ss.), ejemplares documentados en Los Villares I (Raddatz 1969: fig. 6,3) y La Muela de Taracena (Guadalajara) (Angoso y Cuadrado 1981: 19 s., fig. 1), o con representaciones zoomorfas, como las piezas de Los Villares I y Driebes (Raddatz 1969: fig. 6,1 y lám. 8,9-12, respectivamente), modelos que se documentan mejor en hallazgos de Andalucía Oriental (Raddatz 1969: láms. 2,10, 2,17, 48,1-3, 62,5-6; Angoso y Cuadrado 1981: 20, fig. 2; Lenerz-de Wilde 1991: 149 ss. y 154) y en el portugués de Monsanto da Beira (Raddatz 1969: lám. 94,3; Lenerz-de Wilde 1991: 154 s.). Otro tipo, que pudiera ser anterior pues sólo se documenta en Driebes (Raddatz 1969: láms. 7 y 8,2; Lenerz-de Wilde 1991: 157 s.), ofrece varias cabezas humanas exentas y repujadas de evidente estilo céltico, no plenamente integradas con la decoración vegetal accesoria (fig. 82,5-6; lám. III).

Más peculiar es la existencia de alguna fíbula anular, característica del mundo ibérico, decorada con caras humanas estilizadas siguiendo esquemas de La Tène, como el ejemplar áureo de Cheste (fig. 82,7) (Lenerz-de Wilde 1981: lám. 67,4; *Idem* 1991: 159, fig. 117) localizado en la zona levantina de transición hacia las tierras conquenses. También aparecen en estos tesoros anillos de fíbulas anulares decorados con contarios (Raddatz 1969: láms. 6,6 y 11,88-93 y 81,7), creación que debe considerarse de estímulo ibérico.

Torques y brazaletes de plata se encuentran asimismo en estos tesoros, si bien su apogeo corresponde a los hallazgos posteriores de época sertoriana (Raddatz 1969: 53). Entre los torques, sólo se conocen escasas piezas de alambres retorcidos (Raddatz 1969: láms. 12-13, 51,1-2 y 81,2); los brazaletes son de sección cilíndrica (Raddatz 1969: láms. 3,4-5, 12-14 y 51-52), de cinta y serpentiformes con decoración troquelada (Raddatz 1969: fig. 8 y lám. 14,196 ss.; Martínez García 1986), éstos con claros precedentes ibero-helenísticos como el tesoro de Jávea (Mélida 1905).

Muy peculiares son los anillos (Raddatz 1969: 129 s.), que aúnan un esquema iconográfico de inspiración púnica

(1) A la pieza de Aguilar de Anguita hay que añadir una fíbula-placa de bronce, procedente de la necrópolis de Clares, que ofrece una lámina de plata decorada sobre el puente (Argente 1994: 418, fig. 81,739), ejemplar publicado con anterioridad por Schüle (1969: lám. 22,4), para quien la mencionada lámina sería de oro.

(2) De estas piezas se conoce, además de las documentadas en tesorillos (Raddatz 1969: láms. 2,2, 15,228 ss. y 81,8), un ejemplar procedente de El Berrueco (Ávila-Salamanca) (Maluquer de Motes 1958: 107 ss., lám. XVI,1).

en unos casos, como el caballo con estrella (2), y griega en otros, como los cruciformes (Raddatz 1969: lám. 15,233 y 81,9) derivados de las dracmas de Rodhe y Massalia (Villaronga 1994: 11 ss.), pero con un estilo curvilíneo propio de las creaciones de La Tène final.

También los vasos argénteos (fig. 141,1) están inspirados en creaciones del mundo helenístico (Raddatz 1969: 68 ss.; Gomes y Beirão 1988; Martínez García 1986), pero interpretadas por los artesanos celtibéricos. En efecto, están decorados con troqueles geométricos, lo que permite relacionarlos con la rica producción de fíbulas y broches de cinturón de bronce (Rovira y Sanz 1986-87; Romero 1991b).

Mención especial merecen las representaciones sobre chapa de cabezas humanas en relieve de Salvacañete (Raddatz 1969: lám. 50,5-6), uno de los elementos iconográficos más frecuentes en el arte céltico peninsular (Almagro-Gorbea y Lorrio 1992 y 1993).

Parece deducirse, por tanto, que gran parte de los tipos característicos de la orfebrería celtibérica meridional, cuya distribución geográfica se centra en el Sur de Guadalajara, el Norte y Este de Cuenca y las zonas levantinas aledañas, pueden haberse formado a lo largo del siglo III a.C. con una mezcla de elementos mediterráneos y otros que pueden más fácilmente relacionarse con influjos de La Tène.

Resulta significativa la excepcionalidad, en las dos centurias anteriores al cambio de era, de los hallazgos de joyas en el territorio celtibérico del Valle Medio del Ebro y la Meseta Oriental, habiéndose documentado solamente alguna pieza aislada y dos tesoros, formados por denarios y vasijas argénteas, que permitieron individualizar a Raddatz (1969: mapa 2) el «Soria Gruppe», y que en realidad corresponde a la Celtiberia estricta.

De la ciudad de Numancia procede una fíbula simétrica de plata (fig. 82,4) (VV.AA. 1912: lám, LXI,8; Argente 1994: 232, fig. 32,223), modelo que constituye el más habitual en los tesoros prerromanos de la Submeseta Norte (Delibes y Esparza 1989: 118 s.) y único objeto de este metal procedente de la ciudad (Taracena 1932: 29). En Quintana Redonda se halló hacia 1863 un tesorillo constituido por un casco de bronce de tipo Montefortino (García Mauriño 1993: 115, fig. 28) que cubría dos tazas argénteas, una de perfil liso y otra con dos asas, actualmente perdidas, en cuyo interior se hallaron según Taracena (1941: 137; Pascual 1991: 181, fig. 95) 1.300 denarios ibéricos, sobre todo de *Bolskan*, y romanos (*vid.*, asimismo, Raddatz 1969: 242 s., lám. 98 y Villaronga 1993: 52, nº 109, con modificaciones relativas al contenido del tesorillo), conjunto que cabe fechar en la primera mitad del siglo I a.C. (Raddatz 1969: 165), concretamente en época sertoriana (Villaronga 1993). Otro tesorillo fue localizado en Retortillo, donde una vasija de plata

contenía un delfín de bronce y denarios ibéricos (Taracena 1941: 143; Raddatz 1969: 243; Villaronga 1993: 52, nº 110).

La casi inexistencia de joyas en este territorio contrasta con la información procedente de la Celtiberia meridional y zonas aledañas, el ya comentado «Cuenca Gruppe», cuyas ocultaciones se escalonan desde finales del siglo III hasta inicios del I a.C., y el área vaccea, el «Nordmeseta Gruppe» de Raddatz, circunscrito en gran medida a las tierras del Duero Medio, donde se defiende una datación sertoriana (Palencia, Padilla, Roa, etc.) o posterior (El Raso de Candeleda, Arrabalde 1, Ramallas y San Martín de Torres) (3). En relación con este último grupo se ha sugerido que, aun cuando la ocultación mayoritaria de los tesoros corresponda al siglo I a.C., se estaría ante manufacturas más antiguas, como lo confirmaría la presencia en el tesoro de Driebes de algunos de sus tipos de joyas más característicos (Delibes 1991: 23).

La práctica ausencia de joyas en la Celtiberia estricta se ha relacionado (Delibes *et alii* 1993: 458 s.) con los enormes botines en oro y plata obtenidos por los romanos a lo largo del siglo II a.C. que acabaron por dejar exhausto este territorio (Fatás 1973; Salinas 1986: 132 s.), hasta tal punto que Escipión, tras la destrucción de Numancia el 133 a.C., únicamente repartió a sus soldados siete denarios por cabeza (Plin., 33, 141). A pesar de ello, la disponibilidad de plata acuñada en el territorio celtibérico con posterioridad a las Guerras Celtibéricas resulta evidente, siendo prueba de ello la relativa abundancia de atesoramientos numismáticos que proliferan por la región (Azuara, Arcas, Maluenda, Alagón, Borja, Pozalmuro, Retortillo, Quintana Redonda, Burgo de Osma, Numancia, Muela de Taracena,...), en buena medida datados en época sertoriana, por más que en algún caso admitan una cronología algo anterior (Villaronga 1987: 20 ss.; *Idem* 1993: 81 ss.).

2. OBJETOS RELACIONADOS CON LA VESTIMENTA

En esta categoría se incluyen una serie de elementos como fíbulas, alfileres, pectorales, broches de cinturón y unos peculiares objetos al parecer destinados a sostener el tocado, todos ellos relacionados con la vestimenta, aunque algunos, como ocurre con las fíbulas, los pectorales o los broches de cinturón, tengan un claro valor como objeto de adorno.

---

(3) El importante incremento de hallazgos en las tierras centrales de la Cuenca del Duero permite individualizar una joyería de marcada personalidad, generalmente calificada como «celtibérica», pero cuya dispersión geográfica se adecúa fundamentalmente al ámbito vacceo, aunque también afecte al territorio astur y vettón, quedando excluida la Celtiberia (Delibes y Esparza 1989; Delibes 1991; Romero 1991b: 85 ss.).

2.1. *Fíbulas*

Con la excepción de los ejemplares incluidos en el apartado anterior, las fíbulas celtibéricas están realizadas en su mayoría de bronce, aunque también se utilizara el hierro para su elaboración total o parcial. Estos objetos, destinados a la sujeción de la vestimenta tanto del hombre como de la mujer (4), ofrecen un claro carácter ornamental, evidente en sus variadas formas, algunas realmente ostentosas, y por la decoración que a menudo muestran, que hacen de ellas, en ocasiones, auténticas piezas de lujo, como lo confirma la utilización de metales nobles en su confección y su presencia formando parte de ricos ajuares funerarios.

El volumen de piezas supera el millar y su análisis exhaustivo ha podido realizarse gracias a la recopilación sistemática llevada a cabo por Argente (1994). Se trata, en su mayoría, de ejemplares procedentes de las necrópolis del Alto Tajo-Alto Jalón-Alto Duero que, de forma general, ofrecen importantes problemas relativos a la contextualización de los objetos recuperados. Destaca, asimismo, el caso de la ciudad de Numancia, donde se recuperaron más de 200 ejemplares (5).

De los objetos que integran el artesanado, las fíbulas son los más susceptibles a los cambios impuestos por la moda, lo que les confiere un contenido cronológico no siempre posible de determinar en otro tipo de piezas. Dado su gran número y variedad, han sido objeto de diversos estudios tipológicos que han hecho de ellos los elementos del artesanado celtibérico mejor conocidos, habiéndose establecido con cierta fiabilidad la secuencia

evolutiva de los mismos (Cuadrado 1958, 1960 y 1972; Cabré y Morán 1975b, 1977, 1978, 1979 y 1982; Martín Montes 1984a-b; Argente 1974, 1990 y 1994; Argente y Romero 1990; Cerdeño 1980; Lenerz-de Wilde 1986-87 y 1991: 10 ss.; Esparza 1991-92; Almagro-Gorbea y Torres e.p.). Tenidas habitualmente como «fósil director», a menudo presentan un marco cronológico excesivamente dilatado, produciéndose asimismo fenómenos de perduración.

Se trata de piezas realizadas, las más sencillas, a partir de un alambre, aunque por lo común se obtienen por fundición, al menos de forma parcial. Las técnicas decorativas son variadas, desde la incisión hasta la aplicación de punzones y troqueles diversos. Resulta frecuente la incorporación de elementos decorativos, soldados o remachados, como esferas, placas, anillas, etc., así como la incrustación de coral, ámbar, etc. (Argente 1990: 253). A ellos hay que añadir las representaciones figuradas, entre las que destacan las que reproducen un caballo, acompañado a veces de un jinete (fig. 81,3-5 y lám. IV,3-4).

Con independencia del tipo, las fíbulas presentan una estructura semejante, diferenciándose diversas partes (aguja, cabecera, puente o arco y pie), algunas de las cuales pueden aparecer simplificadas en determinados casos. Los principales modelos de fíbulas prerromanas aparecidos en las necrópolis celtibéricas fueron sistematizados por E. Cabré y J.A. Morán (1977), individualizando un total de diez tipos: fíbulas sin resorte, de codo, de doble resorte, de bucle, fíbulas y alfileres de alambre espiraliforme, de placa, de pie alzado, anulares, ancoriformes y de tipo La Tène, aunque excluyendo las piezas de este último modelo que copian a los europeos y a las que, no obstante, dedicaron algunos trabajos monográficos (1978, 1979 y 1982). El tipo anular hispánico ha sido objeto de una especial dedicación, destacando los trabajos de Cuadrado (1958 y 1960) y Martín Montes (1984 a-b). Por su parte, J.L. Argente (1994) ha recopilado todos los ejemplares procedentes de las provincias de Soria y Guadalajara, que clasifica en nueve modelos (sin resorte, de codo, de doble resorte, de bucle, de áncora, anulares, de pie vuelto, de La Tène y de la Meseta Oriental), que básicamente coinciden con los propuestos por Cabré y Morán, divididos a su vez en diversos tipos y variantes. Además de ofrecer un amplio repertorio de piezas, el trabajo de Argente tiene el interés de recoger en una única clasificación todos los modelos ya sistematizados, simplificando algunos de los tipos.

A continuación se ofrece la tipología de las fíbulas prerromanas de la Meseta Oriental, siguiendo en líneas generales la propuesta de Argente (1990 y 1994) en lo que a la clasificación y a la caracterización de los tipos se refiere (figs. 83-84). A estos tipos habría que añadir ciertos modelos plenamente romanos, como las fíbulas en

---

(4)   Así lo atestigua su presencia en tumbas con ajuares de guerrero y en las integradas por objetos de adorno. Esto queda confirmado en aquellos casos en los que se cuenta con análisis antropológicos, como en La Yunta (García Huerta y Antona 1992: 139), donde están presentes en tumbas masculinas, femeninas e, incluso, infantiles.

(5)   Por lo que se refiere a las tierras del Alto Tajo-Alto Jalón-Alto Duero, Argente (1994) recopiló 943 fíbulas, procedentes de las provincias de Soria y Guadalajara, de las que 38 no fueron inventariadas al ser de adscripción dudosa. Los hallazgos de la provincia de Guadalajara provienen en su totalidad de necrópolis, principalmente de la Colección Cerralbo, mientras que los de Soria se reparten entre los encontrados en cementerios y poblados —aunque, como se ha señalado, de la ciudad de Numancia proceda el conjunto más importante, con más de 200 piezas—, correspondiendo un tercio a hallazgos sueltos (Argente 1994: 15). Esta nómina debe incrementarse, entre otros, con los hallazgos recientes de las necrópolis de Ayllón (Barrio 1990), descontextualizados, La Yunta (García Huerta y Antona 1992: 137 ss.), donde 37 de las 39 fíbulas recuperadas proceden de conjuntos cerrados, La Umbría (Aranda 1990: 107 s., fig. 5), Carratiermes, aún en fase de estudio, y Numancia, que se halla en proceso de excavación (Jimeno 1996: 71 ss., figs. 13 y 14). A ellos cabe añadir los hallazgos de los cementerios de Griegos (Almagro Basch 1942) y *Arcobriga*, donde la documentación fotográfica proporcionada por Cerralbo (1911, IV: láms. XXXVI-XXXVII; *Idem* 1916: fig. 24) permite identificar cerca de 70 ejemplares, la mayoría de ellos sin contexto conocido, en parte estudiados por Cabré y Morán (1979 y 1982).

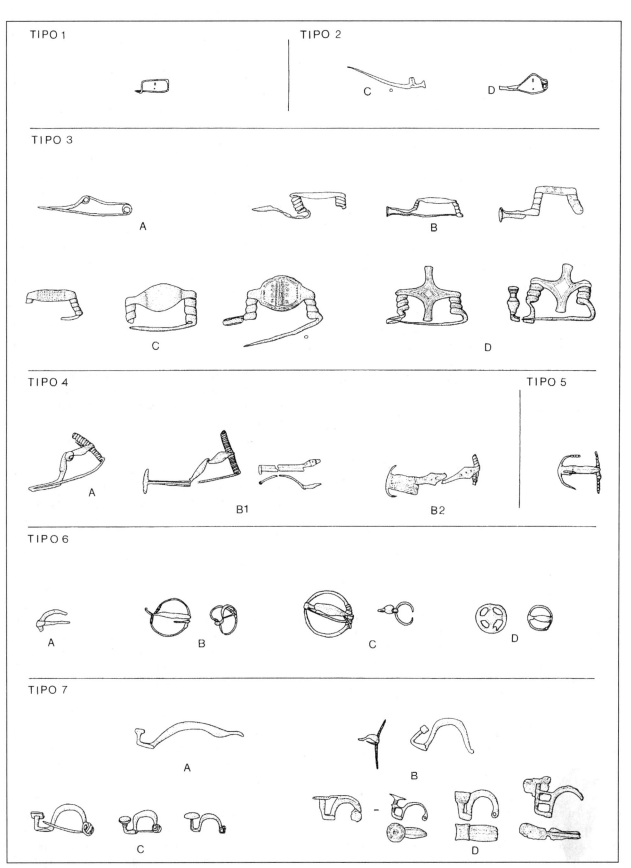

Fig. 83.—Tipología de las fíbulas celtibéricas según Argente. Tipos 1 a 7. (Según Argente 1990 y 1994).

ALBERTO J. LORRIO

omega, dada su presencia en conjuntos funerarios indígenas.

1) Fíbulas sin resorte. Es un modelo de gran simplicidad constructiva del que únicamente se conocen hallazgos en la Meseta, estando apenas representado en la Celtiberia.

2) Fíbulas de codo. Los ejemplares documentados en la Meseta Oriental constituyen el desarrollo final de las fíbulas de codo de la Edad del Bronce. Los hallazgos se reducen al modelo de pivotes (Argente 2C), constituido por dos piezas y cuyo cierre se realiza por medio del giro horizontal de la aguja, del que sólo se conocen dos ejemplares, y al llamado «tipo Meseta» (2D).

3) Fíbulas de doble resorte. Sin duda es uno de los modelos más característicos de la Protohistoria peninsular. Ofrecen una amplia difusión, con variados tipos y una larga cronología. En la Meseta Oriental el modelo adquirió una fuerte personalidad, con creaciones exclusivas de esta zona. Los diferentes intentos de clasificación de las fíbulas de doble resorte se han realizado a partir de la evolución del puente, del número y sección de los resortes o de la forma del pie. Argente ha diferenciado cuatro tipos: puente filiforme (3A), de cinta (3B), rómbico u oval (3C) y de puente en cruz (3D), éstos realizados ya mediante fundición.

4) Fíbulas de bucle. El puente aparece formado por dos rombos unidos por una espira, que da nombre al tipo. Presentan resorte bilateral con un buen número de espiras, ofreciendo un pie largo, simple (4A) o con arrollamiento final (4B1), provisto de profunda mortaja. El tipo más evolucionado (4B2) muestra puente aplanado, con decoración troquelada e incisa, y ancho pie rematado en arco macizo.

5) Fíbulas de áncora. Constituyen una derivación del modelo anterior, ofreciendo un menor tamaño. De las tres variantes establecidas —las dos primeras identificadas en Navarra—, la tercera se circunscribe a la Meseta Oriental, fabricada ya a molde. Presenta resorte bilateral, puente laminar y pie con mortaja marcada rematado en ancho arco, en cuyos extremos se incrustan pequeñas esferitas decorativas, proporcionando la forma que da nombre al tipo.

6) Fíbulas anulares hispánicas. Es un tipo característico de la Península Ibérica a lo largo de toda la Edad del Hierro, ofreciendo una amplia distribución geográfica. Su rasgo más destacado, y que confiere la forma que le da nombre, consiste en la incorporación de un aro en el que se sujetan la cabecera y el pie. Existen un buen número de tipos y variantes establecidos inicialmente por Cuadrado (1958) a partir de las peculiaridades de puentes y resortes. Más recientemente, Argente ha propuesto una clasificación que, partiendo de los broches

anulares (6A), hace hincapié en las técnicas de fabricación: fíbulas realizadas a mano (6B), semifundidas (6C) y fundidas (6D).

7) Fíbulas de pie vuelto. Este grupo está caracterizado por la prolongación acodada del pie, diferenciándose cuatro tipos. El más antiguo (7A) incluye los modelos Alcores, Bencarrón y Acebuchal (Cuadrado 1963: 27-34). Los restantes se distinguen por la diferente altura de la prolongación, que puede estar unida al puente en los ejemplares más evolucionados (7D), y por la forma del remate: en cubo, esfera o disco. Suelen presentar decoración incisa y/o troquelada.

8) Fíbulas con esquema de La Tène. Vienen a ser la continuación del modelo anterior, con el cual llegaron a convivir. Siguiendo el esquema desarrollado para la clasificación de este modelo en Europa Central pueden hacerse tres grandes grupos (Lenerz-de Wilde 1986-87 y 1991: 32 ss.): las que siguen el esquema de La Tène I (8A), en las que el pie aparece inclinado hasta el puente sin llegar a tocarlo; los modelos con esquema de La Tène II (8B), en los que el pie aparece unido al puente, pudiendo estar fundidos o unidos por una grapa; y las que presentan esquema de La Tène III (8C), con el pie y el puente realizados en una sola pieza. Se han diferenciado un buen número de variantes, algunas de mayoritaria dispersión meseteña. Cabe destacar las fíbulas simétricas (8A1.1 y 8A1.2), que presentan en la cabecera un apéndice similar al localizado en el pie, modelo adscribible al grupo de La Tène temprana, a pesar de ofrecer en ciertas variantes el pie y el puente fundidos; los ejemplares de torrecilla (8A2); de cabeza de pato (8A3), o las fíbulas zoomorfas (8B1.1), entre las que destacan las de caballito y los ejemplares de jinete (8B1) (fig. 81,3-5 y lám. IV,3-4).

9) Fíbulas de la Meseta Oriental. Están constituidas por dos grupos: las fíbulas y alfileres decorados mediante adornos espiraliformes y las fíbulas-placa. Entre los primeros cabe distinguir dos tipos: los que ofrecen función de fíbula (fig. 85,B,10-12) (Tipo VA de Cabre/Morán y 9A1 de Argente) y los alfileres (fig. 85,B,1-4 y 6-7) (tipo VB y 9A2, respectivamente), que tienen la aguja libre, pudiendo por tanto incluirse entre los pectorales (*vid. infra*). En los modelos de placa, la fíbula es un elemento secundario, al que se le añade la placa decorada, habiéndose diferenciado diversos tipos. Las más sencillas y abundantes carecen de resorte (tipo VIA de Cabré/Morán), estableciéndose variantes en función de la forma de la placa: rectangular (Argente 9B1), circular (9B2) o lobulada (9B3). Otros modelos son los que presentan una fíbula de doble resorte (Cabré/Morán VIB y Argente 9B4) o los de resorte bilateral y placa romboidal (VIC y 9B5). Constituyen un modelo exclusivo de las provincias de Soria y Guadalajara.

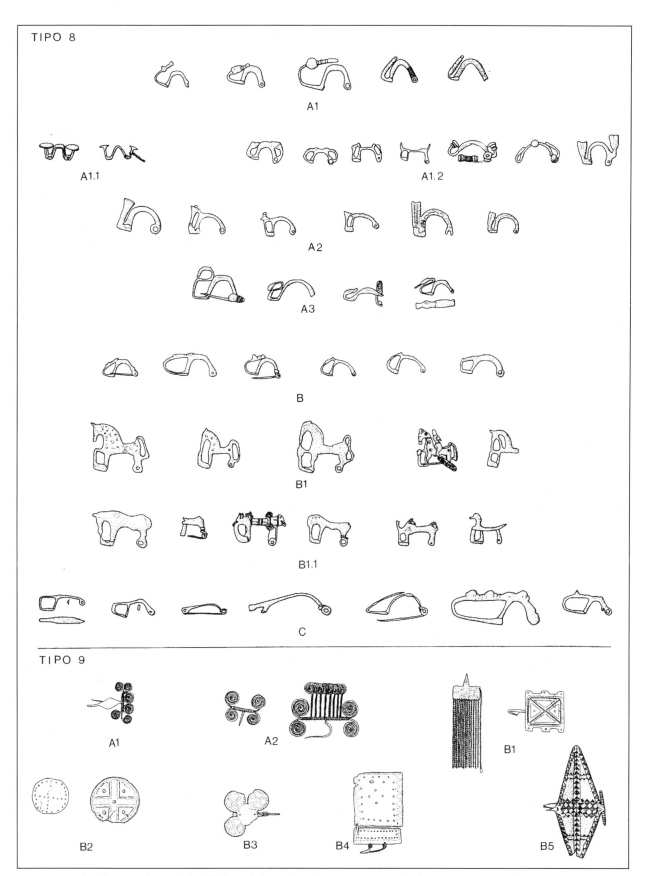

Fig. 84.—Tipología de las fíbulas celtibéricas según Argente. Tipos 8 y 9. (Según Argente 1990 y 1994).

Las fíbulas prerromanas documentadas en el territorio celtibérico muestran una amplia cronología que abarca desde los siglos VII-VI hasta el I a.C., excepción hecha del modelo de pivotes (2C), conocido en La Península Ibérica desde el siglo VIII a.C., habiéndose sugerido una fecha de finales de esa centuria o incluso el siglo VII para los ejemplares meseteños (Ruiz Zapatero 1985: 879 s. y 950 s.). Esta cronología vendría avalada por el reciente hallazgo —que ha venido a sumarse al ejemplar soriano de Valdenarros— de una aguja perteneciente a este modelo en el asentamiento de Fuente Estaca (Embid, Guadalajara), para el que se cuenta con una fecha radiocarbónica de 800 ± 90 a.C. (Martínez Sastre 1992: 76 s., lám. V,b) (6).

Una datación algo más baja puede defenderse (Argente 1990: 254 ss.; *Idem* 1994: 103 ss.) para los modelos presentes en los yacimientos celtibéricos desde sus fases más antiguas (7). En este momento deben situarse los ejemplares sin resorte, fechados en el siglo VI a.C., o las fíbulas de codo tipo meseta (siglos VI-V a.C.). Las fíbulas de doble resorte, cuyos ejemplares más antiguos se remontan al siglo VII, se fechan en la Meseta desde el siglo VI hasta mediados del IV a.C., caso de los ejemplares más evolucionados (3D). Similar cronología presentan las fíbulas de bucle (segunda mitad del siglo VI-finales del V a.C. o, en ciertos casos, inicios del IV), mientras las fíbulas de áncora, ya realizadas a molde, se sitúan entre el siglo V y gran parte del IV a.C. Las fíbulas de la Meseta Oriental comprenden desde finales del VI a finales del IV a.C. Las anulares se fechan, de forma general, entre finales del siglo VI o inicios del V hasta el siglo I a.C., aunque, según Argente (1994: 107), el broche anular se remonte a finales del VII-inicios del VI a.C. Por su parte, las fíbulas de pie vuelto son datadas entre mediados del siglo VI-primera mitad del V, el tipo 7A, hasta el siglo IV a.C., en tanto que las de tipo La Tène abarcan desde finales del siglo V hasta finales del I a.C. A estos modelos cabe añadir, dada su presencia en determinados ambientes indígenas, algunos tipos ya plenamente romanos, entre los que destacan las fíbulas en omega, de las que se conocen ejemplares en tumbas y poblados celtibéricos de los siglos II-I a.C. (8).

2.2. *Alfileres*

Es poca la documentación que en general se ofrece sobre estos objetos, morfológicamente muy sencillos. Las necrópolis celtibéricas proporcionaron algunos alfileres (Aguilera 1916: 66) que, a partir de la escasa documentación conservada, parecen corresponder al tipo de cabeza enrollada (Requejo 1978: 57; García Huerta 1980: 26; etc.) (9), modelo del que se conocen dos ejemplares en el poblado de Fuensaúco, uno, sin contexto (Bachiller 1993: 204 s., fig. 1,2 y lám. 1,2) y el otro, del nivel intermedio, que cabe atribuir a un momento avanzado de la Primera Edad del Hierro (Romero y Misiego 1995: 137 s.). Una adscripción similar puede defenderse para un alfiler de cabeza circular procedente del nivel inferior de El Royo (Eiroa 1979b: 127; Romero 1991a: 322).

2.3. *Pectorales*

Generalmente se denomina «pectoral» a un objeto, realizado en bronce, cuya funcionalidad y ubicación en el atuendo no está suficientemente clara, si bien parece evidente que a su utilidad como prendedor se impone un claro carácter ornamental (10). Se distinguen dos tipos: los espiraliformes y los formados por una placa a la que se añaden otros elementos decorativos, modelos ya identificados por Cerralbo (1916: 66 ss.) pero que han sido definitivamente sistematizados a partir de un número importante de hallazgos, en magnífico estado de conservación, procedentes de la necrópolis de Carratiermes (Argente *et alii* 1992b; Argente *et alii* 1992: 304 ss.) (11).

a) El modelo de espirales se realiza partiendo de un vástago, formado por una o, a veces, dos o tres varillas, ocasionalmente de hierro, a las que se enrolla un alambre

---

(6)   Esta cronología parece más ajustada que la sugerida por Argente (1994: 49 s.), para quien el modelo se fecharía entre los siglos VII-VI a.C., datación que, con el reciente hallazgo de Embid, resulta excesivamente baja.

(7)   *Vid.* el capítulo VII y las tablas 1 y 2 por lo que se refiere a la adscripción de los diferentes modelos a las fases culturales establecidas para el mundo celtibérico.

(8)   Entre los materiales inventariados en la necrópolis de Carabias (Requejo 1978: 56), se localizó al parecer una fíbula de charnela romana.

(9)   Cerralbo (1911, III: lám. 59,1) reproduce un grupo de alfileres de cabeza enrollada hallado en Aguilar de Anguita, que ensartan cada uno de ellos una cuenta de «ámbar», pasta vítrea o bronce.

(10)   En el interior de una urna cineraria de Hijes apareció un broche de cinturón, de escotaduras cerradas y tres garfios, unida a un adorno espiraliforme mediante una anillita que «tiene sus extremos metidos por un agujero de aquél y redoblados por la parte interior» (Aguilera 1916: 59, lám. X,4). Aunque para Cerralbo tal adorno formaría parte del broche, siendo portado por lo tanto en la cintura, hay que tener en cuenta que, en ocasiones, al ser depositadas en la sepultura ciertas piezas que con seguridad no formaron parte de un mismo objeto aparecen como una unidad. Un buen ejemplo de ello se halla en las tumbas Sigüenza-9 (Cerdeño y Pérez de Ynestrosa 1993: 21) y Carratiermes-302, en las que la aguja de una fíbula y la pieza hembra serpentiforme de un broche de cinturón, respectivamente, ensartan una punta de lanza a través de la perforación que ésta presenta en su cubo de enmangue.

(11)   A los modelos referidos se añaden en este estudio los disco-coraza (Argente *et alii* 1992b: 588 y 596), aunque su funcionalidad y su vinculación con conjuntos militares, frente a lo que será norma habitual en los tipos de espirales y de placa rectangular, aconseje su tratamiento individualizado (*vid.* capítulo V,2.1.1.5).

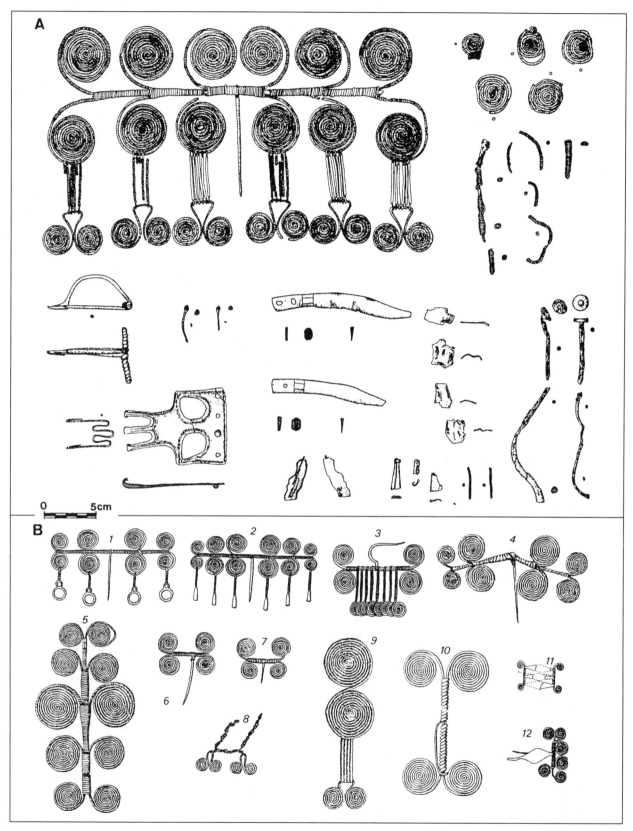

Fig. 85.—A, tumba 291 de Carratiermes; B, diversos modelos de pectorales, adornos y fíbulas espiraliformes: 1-2, La Hortezuela de Océn; 3 y 7-8, Clares; 4 y 9, Aguilar de Anguita; 5, Hijes; 6 y 11-12, Garbajosa; 10, Castilfrío de la Sierra. (Según Argente et alii 1992 (A), Argente 1994 (B, 1-3, 6-7 y 11-12) y Schüle 1969 (B, 4-5 y 8-10)).

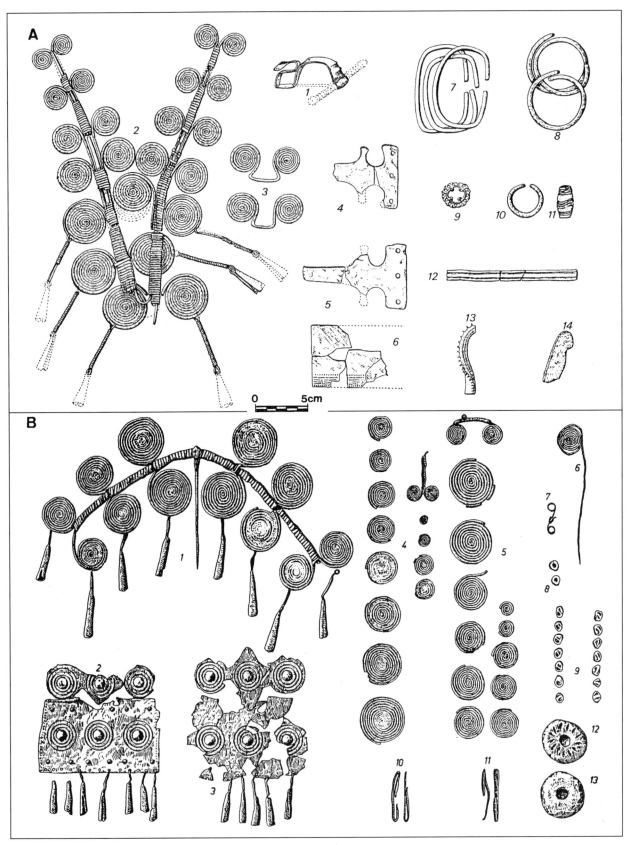

Fig. 86.—A, tumba 9 (calle I) de Alpanseque; B, «sepultura de dama celtibérica» de La Olmeda. (Según Cabré y Morán 1975b (A) y Schüle 1969 (B)).

que permite la sujeción de los extremos de las espirales, que quedan así fijados al eje. Las espirales, cuyo número suele ser de cuatro, ocho, diez o doce, aunque se conozca una pieza con veinticuatro, están distribuidas de forma simétrica a ambos lados del vástago, disminuyendo por lo general su tamaño al aproximarse a los extremos de la pieza, en cuyo centro se halla la aguja que permite la sujeción del conjunto. Las piezas de mayor tamaño, que son también las que ofrecen una mayor complejidad formal, suelen presentar, pendiendo de las espirales inferiores, espirales dobles realizadas con un mismo alambre (fig. 85,A) o, más raramente, colgantes cónicos (12) (fig. 85,B,2) o en forma de 8 (fig. 85,B,1), que se unirían a aquéllas por medio de una serie de vástagos —entre seis y ocho, en el primer caso, y uno, en los dos últimos—. Estos elementos decorativos pueden estar presentes de forma ocasional en las piezas más sencillas (las constituidas por cuatro espirales), como en un ejemplar de Clares de cuyo eje central cuelgan ocho alambres retorcidos rematados en espirales (fig. 85,B,3). Sus dimensiones varían notablemente, desde los que apenas superan los 5 cm. de longitud máxima, grupo donde se hallan buena parte de los modelos de cuatro espirales (fig. 85,B,6-7), hasta los que sobrepasan los 30 cm., como ocurre con algunas piezas de doce (figs. 85,B y 86,B,1), e incluso los 50 cm., como es el caso del ejemplar doblado de la sepultura 9 (calle I) de Alpanseque (fig. 86,A,2).

La marcada variabilidad en el tamaño y en la complejidad formal del tipo deben de llevar implícitas diferencias en lo que a la funcionalidad y significado se refiere. Además, el estado de fragmentación en que a menudo se encuentran, siendo habitual hallar únicamente las espirales o algún fragmento del vástago principal, dificulta su adscripción a un tipo concreto (vid. Cerdeño 1976a: 6 ss.; Requejo 1978: 56; García Huerta 1980: 26; de Paz 1980: 49; Domingo 1982: 258, lám. IV,2). Los adornos espiraliformes, cuya presencia resulta relativamente abundante en los cementerios de la Meseta Oriental, han llamado la atención de diversos investigadores (vid. Schüle 1969: 140 ss., quien diferenció distintas variantes). En ciertos casos, se ha sugerido su consideración como alfileres, especialmente para las piezas de menores dimensiones (vid. Cabré y Morán 1977a: 123 ss., fig. 7; y, siguiendo a estos autores, Argente 1994: 96, fig. 11), abordando su estudio conjuntamente con las fíbulas de espirales (vid. supra), ya que la diferencia entre unos y otros sería más formal y tecnológica que puramente funcional.

b) Otro tipo de pectorales son los constituidos por una placa rectangular a la que se incorporan diversos elementos para completar su decoración. Por la parte inferior de la placa se añaden colgantes cónicos y, por encima de ella, una placa recortada (fig. 87,B,1) que se remacha a la pieza principal, o sendas espirales (fig. 87,B,2 y lám. IV,2) (Argente et alii 1992: fig. 3) que se unen al elemento central mediante un alambre. La aguja se coloca sobre la pieza superior. Un caso diferente sería el que ofrece un garfio de forma rectangular (fig. 87,A,2) remachado a la pieza principal (Argente et alii 1992b: 589; Argente et alii 1992: 305).

Normalmente, estas piezas presentan decoración sobre la placa central, generalmente de hoyitos repujados enmarcando la pieza (fig. 87,A,2 y lám. IV,2), a los que se añaden motivos incisos en zigzag e incluso representaciones de animales, concretamente cérvidos, como los reproducidos en dos ejemplares de Carratiermes y Arcobriga (fig. 87,B,1 y 3), a veces combinados con haces de líneas realizadas mediante «trémolo» (fig. 87,B,1). También están documentados los círculos concéntricos troquelados, que ocupan la placa recortada superior, donde aparecen rodeados por otros de hoyitos repujados, pudiendo también realizarse sobre la principal (fig. 87,B,1).

Como excepcionales pueden ser calificadas dos placas con decoración figurada procedentes de la necrópolis de Alpanseque (fig. 87,B,4) (Cabré 1917: lám. XX,2; Cabré y Morán 1975a) que no hay duda en relacionar con la pieza figurada de Carratiermes en lo que se refiere a la técnica decorativa, la sintaxis compositiva, el tamaño y, seguramente, la funcionalidad (13). La única completa mide 7,3 por 11,3 cm., dimensiones similares al ejemplar de Carratiermes. Los motivos decorativos se hallan enmarcados en tres metopas de diferente tamaño, situándose las representaciones figuradas en las exteriores. Se combina la técnica del repujado, utilizada para la delimitación exterior de las metopas mediante finos puntitos en relieve y para los grandes círculos que ocupan el centro de las metopas mayores, rodeados a su vez de pequeños hoyitos, con la del «trémolo», con la que se ha realizado el resto de la decoración, la línea interna que recuadra las metopas, la serie de líneas verticales en zigzag que llenan el espacio central y las figuras humanas esquemáticas

<hr/>

(12) Respecto al ejemplar de la «sepultura de dama celtibérica» de La Olmeda (tumba A) (fig. 86,B,1), que según la documentación fotográfica original (Aguilera 1916: lám. XI) ofrece colgantes cónicos, se ha señalado (Argente et alli 1992b: 595 s.) que éstos corresponderían en realidad a los pectorales de placa presentes en el conjunto.

(13) Estas piezas se han interpretado como fragmentos de un cinturón de chapa de bronce, que iría reforzado por un forro de cuero, al que quedaría sujeto por medio de una serie de orificios paralelos al borde de la pieza (Cabré y Morán 1975a: 605). Sin embargo, al tratarse de dos placas de idéntica decoración pero independientes, y dada su evidente similitud con el ejemplar de Carratiermes, parece más oportuna su consideración como elementos de pectoral; así lo confirmaría la presencia de orificios únicamente en la parte inferior, de los que penderían los típicos colgantes.

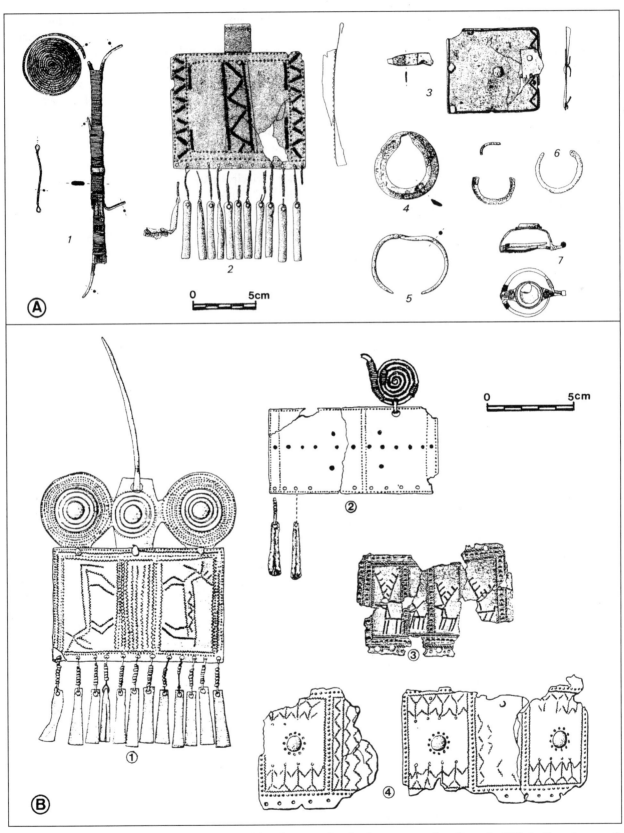

Fig. 87.—A, tumba 29 de Ucero; B, diversos modelos de pectorales de placa rectangular: 1, tumba 235 de Carratiermes; 2, Valdenovillos; 3, Arcobriga; 4, Alpanseque. (A, según García-Soto 1990. B, según Argente et alii 1992 (1), Cerdeño 1976a (2), Lenerz-de Wilde 1991 (3) y Cabré y Morán 1975a (4)).

que, encadenadas en número de cuatro, se localizan en las metopas más externas.

Los modelos comentados pueden considerarse como elementos de prestigio, siendo frecuente su presencia en sepulturas calificadas como ricas. Se trata de conjuntos formados por adornos de bronce de diverso tipo, y en los que las armas, con alguna excepción dudosa, están ausentes. En la necrópolis de Carratiermes, este tipo de piezas se asocia con objetos realizados en bronce, sobre todo brazaletes, fíbulas y broches de cinturón, siendo habitual también su relación con cuchillos de dorso curvo, de hierro, y con collares de cuentas de pasta vítrea (Argente *et alii* 1992b: 591). De las 21 sepulturas en las que se han hallado restos de pectorales, 17 proceden de una misma zona de la necrópolis, donde constituyen algo más del 36% de los enterramientos documentados, correspondiendo el resto a conjuntos provistos de armas.

Algo similar sucede en La Mercadera, donde los adornos espiraliformes —presentes en el 23% de las tumbas de este cementerio— caracterizan, junto con los brazaletes de aros múltiples, un tipo de ajuar del que está ausente el armamento y que estaría integrado además por fíbulas, broches de cinturón y pulseras simples, realizados en diversos materiales, así como cuchillos curvos y, en una ocasión, un punzón, todo ello de hierro, pudiendo ser también el único objeto depositado en la sepultura (fig. 88). De igual modo, la necrópolis de Almaluez ha permitido documentar la personalidad de este tipo de adorno, encontrado en 6 de las 91 sepulturas de las que se conoce la composición del ajuar (*vid.* capítulo IV,6.1 y Apéndice I), asociándose habitualmente a otros elementos broncíneos —en general a brazaletes (tumbas 2 y 281) o, en una ocasión, a un broche de cinturón (tumba 10)—, o siendo el único elemento metálico del ajuar (tumbas 1, 83 y 242).

Este tipo de conjuntos ha sido generalmente atribuido, como hiciera Taracena (1932: 28) en el caso de La Mercadera, con enterramientos femeninos, pero la falta de análisis antropológicos dificulta cualquier avance en este sentido. Para el caso de Carratiermes se ha propuesto, a pesar de carecer de este tipo de análisis, su vinculación con varones de clase elevada, con lo que, dada su asociación en una misma zona del cementerio con enterramientos militares, se estaría ante una necrópolis mayoritariamente masculina (Argente *et alii* 1992b: 594 s.). Sin embargo, la presencia de tumbas femeninas está perfectamente documentada en el mundo celtibérico, incluso en las pocas sepulturas analizadas que cabe considerar como contemporáneas a los conjuntos de Carratiermes provistos de pectorales (Cerdeño y García Huerta 1990: 90s.).

A veces se han hallado restos de adornos de espirales

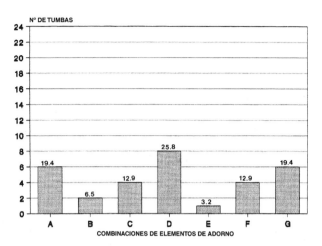

Fig. 88.—Combinaciones de los elementos de ajuar considerados como propios de tumbas femeninas en la necrópolis de La Mercadera: A, espirales; B, espirales y brazaletes múltiples; C, espirales, brazaletes múltiples y otros elementos; D, espirales y otros elementos; E, brazaletes múltiples más algún otro elemento; F, brazaletes múltiples; G, dos pulseras sencillas y/o pendientes (en ocasiones también un torques, etc.). Los porcentajes situados sobre los histogramas se refieren al total de tumbas posiblemente femeninas (=31). (Según Lorrio 1990).

—no ocurre lo mismo con los pectorales de placa— en tumbas militares. Este es el caso de las sepulturas 1, 19, 28 y 29 de Sigüenza (Cerdeño y Pérez de Ynestrosa 1993: fig. 27), de la tumba 278 de Carratiermes —aunque el único elemento armamentístico sea en realidad una vaina de espada—, de los enterramientos 1, 12 y 77 de La Mercadera, de las tumbas A, T, U, W de Quintanas de Gormaz, o de los conjuntos 10 (M.A.N.), 10 (M.A.B.) y A de Osma y 11 de Gormaz (Cabré 1917: lám XLV; fotografía M.A.N.). Podría plantearse que estos elementos decorativos son ajenos al ajuar, al no haberse encontrado completos en ningún caso, pudiendo haberse mezclado posiblemente en el proceso de cremación o en la recogida subsiguiente de los restos de la incineración, o por cualquier otro motivo antrópico o no. Pese a todo, no hay que dejar de lado la posibilidad de que los conjuntos militares incluyeran algún tipo sencillo de adorno de espirales, sin que los restos recuperados permitan avanzar mucho al respecto. Por lo que se refiere a la adscripción sexual de los conjuntos, únicamente ha podido determinarse en la sepultura Sigüenza-1, cuyos restos pertenecen, al parecer, a una mujer.

La dispersión geográfica de los diferentes modelos analizados aparece claramente restringida a las necrópolis de la Meseta Oriental, estando perfectamente documentadas tanto en el núcleo del Alto Tajo-Alto Jalón, al que se vincularían los cementerios de Carratiermes y Alpanseque, situados al Norte de la Sierra de Pela y de los Altos de Barahona, respectivamente, como entre las necrópolis situadas en la margen derecha del curso alto del Duero (14).

Los distintos tipos de pectorales (de espirales y de placa) están presentes desde la fase inicial de los cementerios celtibéricos (fase I). Así parece confirmarlo el caso de las tumbas 1, 5 y 8 de Sigüenza o el de los conjuntos con este tipo de piezas de la necrópolis de Carratiermes, todos ellos pertenecientes a las fases iniciales de estos cementerios. La continuidad en el uso de los modelos de espirales durante la fase IIA en Carratiermes estaría probada por su asociación en la tumba 278 con una vaina de espada.

Una adscripción similar, dada la semejanza con los ejemplos señalados, se puede plantear para los dos únicos conjuntos cerrados identificados en La Olmeda —la «sepultura de dama celtibérica» (fig. 86,B) y la tumba 27 (García Huerta 1980: 13 s.)— o para la tumba Aguilar de Anguita-U. La asociación en una misma sepultura de los modelos de espirales y de los realizados con una placa rectangular es un hecho que resulta relativamente frecuente, como lo confirman las referidas tumbas de Sigüenza y La Olmeda o las sepulturas 142, 235, 280 y 293 de Carratiermes (fig. 87,B,1 y lám. IV,2).

La continuidad en el uso de los modelos de espirales viene dada por la tumba 9 (calle I) de Alpanseque (fig. 86,A), donde un pectoral de dicho tipo se asocia a una fíbula de apéndice caudal zoomorfo (Argente 8A3) que ha sido fechada en el primer tercio del siglo IV a.C. (Cabré y Morán 1975b: 136). Restos de este tipo de adorno se han documentado en la tumba Aguilar de Anguita-Y, conjunto que incluía una fíbula de tipo La Tène (Argente 8B), datada a partir de finales del siglo IV a.C.

El empobrecimiento de los ajuares en un sector de la Celtiberia desde finales del siglo IV a.C. (fases IIB y III) afectó a la representatividad de estos objetos. Si en Luzaga aparecen «escasos adornos espiraliformes» (Aguilera 1911, IV: 16, láms. XXII,2 y XXIV,2), éstos faltan por completo en Riba de Saelices (Cuadrado 1968), La Yunta (García Huerta y Antona 1992) o Monteagudo de las

Vicarías (Taracena 1932: 32 ss.; *Idem* 1941: 100) (15). Tampoco debió ser un tipo de adorno muy abundante en necrópolis como *Arcobriga*, a tenor de las pocas referencias al respecto, aunque sí se documente su inclusión en algún conjunto (tumba H).

En el Alto Duero, los modelos de espirales ofrecen una larga perduración, estando su presencia atestiguada en algunos conjuntos adscritos a la fase IIA, como es el caso de La Mercadera (*vid. supra*), Quintanas de Gormaz-A y Ucero (García-Soto 1990: fig. 14), en cuya sepultura n° 29 se documenta un ejemplar de placa asociado a un adorno espiraliforme (fig. 87,A). Una cronología más reciente puede defenderse para la sepultura 10 (M.A.B.) de Osma, donde una espiral de bronce se halló adherida a un resto de hierro, así como para los restos de adornos espiraliformes de la necrópolis de Fuentelaraña, Osma (Campano y Sanz 1990: 67 s., fig. 6), habiéndose señalado igualmente su presencia en Los Castejones de Calatañazor (Pascual 1991: fig. 24, 56-57) y en la ciudad de Numancia (fig. 96,A,15) (Taracena 1932: 23; Schüle 1969: lám. 171,15).

2.4. *Broches de cinturón*

Los broches de cinturón son uno de los elementos más característicos de los ajuares funerarios de las necrópolis de la Meseta Oriental, estando también documentados en poblados y ciudades celtibéricas de época avanzada (16). Son piezas de fundición que, en la inmensa mayoría de los casos, están realizadas sobre una lámina de bronce, conociéndose algunos de hierro. Constan de dos partes: la pieza macho, provista de uno o más ganchos o garfios, y la hembra, formada por un alambre serpentiforme o, más corrientemente, por una placa con una o varias hendiduras para su enganche y en la que se introduce la primera. Ambas irían sujetas al cinturón, que normalmente sería de cuero, mediante un número variable de clavos o remaches (17).

---

(14)   Los adornos espiraliformes aparecen en un número importante de necrópolis celtibéricas (*vid. supra*), habiéndose registrado igualmente su presencia en contextos de habitación, como sería el caso de una espiral aparecida en el interior de la vivienda n° 4 de la fase inicial del poblado de La Coronilla (Cerdeño y García Huerta 1992: 88, fig. 57,11), al que habría que añadir el hallazgo de una fíbula de espirales de Castilfrío de la Sierra (fig. 85,B,10) (Romero 1991a: 312 ss., fig. 77,2). Por su parte, el modelo de placa rectangular resulta mucho menos habitual, documentándose en sus diferentes variantes en las necrópolis de Sigüenza (Cerdeño y Pérez de Ynestrosa 1993: fig. 12,6), La Olmeda (fig. 86,B,2-3), Valdenovillos (fig. 87,B,2), Alpanseque (fig. 87,B,4), Carratiermes (fig. 87,B,1), *Arcobriga* (fig. 87,B,3) y Ucero (fig. 87,A,2).

(15)   Llama la atención la escasez de este tipo de adorno en otras necrópolis de la zona, de amplia cronología. Es el caso de Chera, en la que del abundante material metálico inventariado únicamente se hace referencia a una espiral de bronce (Cerdeño *et alii* 1981: 31, fig. 9,6).

(16)   A las piezas conocidas de antiguo de Numancia (2), Izana (1) y Langa de Duero (2) hay que sumar un ejemplar damasquinado de Las Arribillas (Guadalajara) (Galán 1989-90: 176 ss., fig. 1). A ellos habría que añadir los ejemplares de Herrera de los Navarros (Burillo y de Sus 1988: 65; Burillo 1989: 86), La Caridad (Vicente *et alii* 1991: 112), Botorrita (Burillo 1989: 86) y Alto Chacón (Atrián 1976), ya en la Celtiberia aragonesa.

(17)   En ocasiones se han documentado una serie de piezas formadas por una delgada tirita de bronce doblada por ambos extremos sin juntarse que, según Cerralbo (1916: 67, fig. 36), servían para sostener, a modo de pasador, la fina correa del cinturón femenino. Según este autor, su hallazgo resultaba frecuente, localizándose a menudo varios en una sepultura.

Se conocen más de 300 broches de cinturón en la Meseta Oriental, en su mayoría procedentes de necrópolis, principalmente de las excavadas por el Marqués de Cerralbo. Su presumible valor como indicador cronológico, cultural, e incluso étnico no ha podido ser suficientemente explotado ya que la mayoría de ellos carecen de contexto (89,3%). Sin embargo, en algunos casos se han podido definir asociaciones más o menos significativas, bien a partir de conjuntos inéditos, mediante fotografías, dibujos o la simple descripción de los mismos (7,2%), o bien de las escasas excavaciones antiguas que fueron publicadas (2,7%), como es el caso de La Mercadera (Taracena 1932) y de Atienza (Cabré 1930). Desgraciadamente, los trabajos de campo realizados con posterioridad a 1975 (que aportan el 0,7% de los broches) tampoco han proporcionado los resultados esperados, aunque se cuente con algunas aportaciones de indudable valor, como las procedentes de las necrópolis de Carratiermes (Alonso 1992) o Numancia, ésta todavía en proceso de excavación (18).

Los diversos modelos de broches de cinturón documentados en la Meseta Oriental han sido objeto de diversos intentos de clasificación (Bosch Gimpera 1921: 29 ss., fig. 6; Cabré 1937; Schüle 1969: 132 ss.; Cerdeño 1977, 1978 y 1988; Mohen 1980: 78 s., fig. 32; Lorrio 1995c: 316 ss. y Apéndice II), pudiéndose diferenciar cuatro grandes grupos (figs. 89-92):

A. Broches de placa subtrapezoidal, cuadrada o rectangular, sin escotaduras ni aletas y un solo garfio (tipo B de Cerdeño). Se han diferenciado dos tipos básicos según la forma de la placa, y diversas variantes en función de la decoración, que puede ser a base de líneas en resalte o incisas y de triángulos y puntos grabados (figs. 89-90).

B. Broches de placa triangular o trapezoidal, con escotaduras abiertas o cerradas y número variable de garfios (tipos C y D de Cerdeño). Los diferentes tipos y variantes se han establecido a partir de una serie de características formales y decorativas. Así, se ha tenido en cuenta la presencia de escotaduras laterales, abiertas —en número de dos, valorando la tendencia de éstas a cerrarse— o cerradas —en número de dos o cuatro—, el número de garfios —de 1 a 3 en las de dos escotaduras abiertas, 1 ó 3 en los ejemplares de dos escotaduras cerradas, y 2 ó, con más frecuencia, 4 ó 6 en los de cuatro escotaduras cerradas, los llamados broches dobles o geminados—, y la decoración, de carácter geométrico con líneas en resalte o incisas, puntos grabados, círculos concéntricos troquelados o remaches ornamentales, aunque también pueda faltar por completo (fig. 89-91).

C. Broches de tipo ibérico, constituidos por una placa cuadrada o rectangular con dos aletas flanqueando el garfio. Teniendo en cuenta las características morfológicas y decorativas se pueden diferenciar dos grandes grupos (figs. 89 y 92). El primero, caracterizado por ofrecer aletas redondeadas más o menos señaladas que enmarcan un corto y ancho garfio rectangular; pueden estar decorados a base de líneas incisas, puntos grabados, botones ornamentales, etc. (tipo C1). El segundo presenta el garfio de forma trapezoidal y aletas redondeadas o apuntadas, con decoración damasquinada (tipos C2A1 y C3C1) o grabada (C3B1).

D. Broches calados de tipo La Tène. Muy escasos, aun cuando su presencia en contextos meseteños resulta de gran interés cultural (figs. 89 y 92).

Los dos primeros grupos corresponderían al tipo que Cerdeño (1978) denomina «céltico», término que debe ser matizado, ya que aplicado a la Península Ibérica (Almagro-Gorbea y Lorrio 1987a) se circunscribe a un territorio que supera con creces la zona de máxima concentración del modelo, situada en la Meseta Oriental. Tampoco es justificable su utilización por lo que se refiere al mundo céltico continental, puesto que son muy escasos los hallazgos de estas piezas fuera de la Península Ibérica, localizándose sobre todo en la Aquitania y el Languedoc (Mohen 1980: 78), territorios no específicamente célticos. Además, los Celtas de la Cultura de La Tène desarrollaron un modelo propio que, aun en número muy escaso, también está documentado en la Meseta. De acuerdo con esto, podría resultar más adecuada la utilización del término «celtibérico» para estos modelos, o por lo menos para algunas de sus variantes, ya que el área de dispersión de la mayoría de los hallazgos coincide con la zona nuclear de la Cultura Celtibérica.

Estas piezas, cuya funcionalidad no es otra que la de servir de enganche al cinturón, son también un indicador

(18)   La falta de fiabilidad del registro se pone de manifiesto al analizar algunos ejemplares de la Colección Morenas de Tejada. Uno de ellos fue publicado por Cabré (1937: 121, lám. XXIX, fig. 70), junto con su pieza hembra, como procedente de la necrópolis de Gormaz, señalando la presencia de decoración de líneas de puntos impresos (fig. 90.9). Con posterioridad, el mismo broche aparece reproducido, incluso con la decoración intuida en la fotografía de Cabré, como un hallazgo de Tossal Redó (Cuadrado 1961: fig. 6,3), para finalmente, y ya sin evidencia alguna de decoración, ser adscrito a la necrópolis de Osma (Cerdeño 1978: fig. 5,4; Idem 1988: 111).
   Aún sorprende más el caso de otra pieza macho que el propio Cabré (1937: 117s., lám. XXV, fig. 58) publicó, junto con el resto de las piezas del ajuar, como procedente de Gormaz, cuando en realidad debe de identificarse con el documentado en la tumba Osma-2 del M.A.N. (vid. Apéndice I). Otro ejemplo más viene dado por un broche calado de tipo La Tène, publicado por Cabré (1937: 120s., lám. XXIX, fig. 69) como de la necrópolis de Osma junto a una pieza hembra y un interesante ajuar. Las piezas que forman el broche se identifican con las aparecidas en la sepultura 13 de este cementerio (Cabré 1917: 91; foto M.A.N.), aunque no así el resto del ajuar (vid. Apéndice I). Por su parte, Cerdeño (1977: 244, nº 7, lám. LXXVI,3), que revisó los fondos del M.A.N. y del Museo Numantino de Soria, describe esta pieza, sin aparente justificación, como procedente de Quintanas de Gormaz.

del estatus de su poseedor, que se manifiesta tanto por la complejidad y riqueza de su decoración, como por su presencia en contextos funerarios, a menudo formando parte de sepulturas que por el número y calidad de los objetos de sus ajuares pueden ser consideradas ricas. Algunas de estas piezas muestran signos de haber sido reparadas, confirmando así su carácter práctico al tiempo que un cierto valor simbólico o puramente económico (Rovira y Sanz 1986-87: 356 s.). Este carácter simbólico de los broches de cinturón, concretamente de los modelos de escotaduras, ha sido analizado por J.A. Morán (1975 y 1977).

En La Mercadera (Lorrio 1990: 46: figs. 2 y 6), los broches de cinturón se han documentado en siete conjuntos, asociados tanto con armas —lo que ocurre en el 6,8% de las sepulturas militares de este cementerio— como con adornos espiraliformes —en el 6,4% de las tumbas de atribución femenina—, estando presentes en sepulturas muy «ricas», como es el caso de las tumbas 3 y 15 (ambas provistas de armamento), o siendo el único elemento metálico del ajuar (tumbas 37 y 64). En Carratiermes (Alonso 1992: 577, fig. 1; Argente et alii 1992: 303 s., fig. 14), se han encontrado en tumbas militares y, en una proporción mayor, en aquellas caracterizadas por la presencia de adornos de bronce (fig. 85,A), conjuntos todos ellos que incluyen un buen número de objetos en su ajuar. En otros casos, los broches de cinturón se vinculan con individuos femeninos, como ocurre en la necrópolis vaccea de Padilla de Duero (Sanz 1990a: 165), pues de las seis tumbas que tienen este tipo de piezas, todas ellas sin armas, sólo una se ha identificado como correspondiente a un varón.

La distribución geográfica de los distintos modelos resulta desigual, poniendo de relieve la mayor concentración de un buen número de ellos en el área celtibérica, especialmente en las tierras del Alto Tajo-Alto Jalón, en lo que hay que ver razones de tipo cronológico, al localizarse en esta zona algunas de las necrópolis celtibéricas de mayor antigüedad (fig. 93).

Los hallazgos de broches sin escotaduras (**Tipo A**) se concentran fundamentalmente en el Oriente de la Meseta, siendo relativamente abundantes en las necrópolis del Alto Tajo-Alto Jalón, principalmente en la cuenca alta del Henares (Cerdeño 1978: fig. 2).

Bastante más amplia es la zona de dispersión de los tipos provistos de escotaduras (**Tipo B**), con una marcada concentración en la Meseta Oriental, siendo más abundantes en el Alto Tajo-Alto Jalón y, en menor medida, en el Valle del Ebro y Cataluña, así como en Aquitania y el Languedoc (Cerdeño 1978; Mohen 1980; Parzinger y Sanz 1986). Destaca su rareza en el resto de la Meseta, a excepción de un modelo singular, el llamado tipo Bureba

(Sanz 1991). No obstante, debe señalarse la presencia de diferentes ejemplares en Sanchorreja (Cerdeño 1978: fig. 9,4; González-Tablas et alii 1991-92: figs. 3-6), Lara de los Infantes (Schüle 1969: lám. 155,25-26) o la zona de Segobriga (Cerdeño 1978: fig. 12,5). Resulta significativa la completa ausencia de los modelos de escotaduras abiertas en las necrópolis del Alto Duero (fig. 93), con la excepción de Carratiermes, cementerio que en su fase antigua, a la que se adscriben los broches de cinturón, se vincularía culturalmente con el Alto Henares. Entre estos modelos cabe destacar el tipo Acebuchal (B1D1), con un garfio, dos escotaduras abiertas y decoración a molde, cuya aparición en la Meseta se circunscribe al Alto Tajo-Alto Jalón (fig. 93), habiendo de añadir un ejemplar procedente de Sanchorreja (González-Tablas et alii 1991-92: fig. 3). De las nueve necrópolis celtibéricas en las que se han encontrado piezas de este tipo característico, cuatro se hallan en la cuenca alta del río Henares, dos más en la del Tajuña, una en el Alto Jalón, quedando las restantes algo más alejadas, en las proximidades de Molina de Aragón y en la Sierra de Albarracín, respectivamente. Esta dispersión, junto con la estandarización de su tamaño respecto a las piezas del mismo tipo aparecidas fuera de la Meseta, hace pensar en la existencia de un único taller local, situado quizás en el Alto Henares. Una distribución más homogénea muestran los ejemplares de escotaduras cerradas, muy abundantes entre las necrópolis del Alto Tajo-Alto Jalón y relativamente frecuentes entre las del Alto Duero (fig. 93).

Menos habitual es la presencia de broches de tipo ibérico (**Tipo C**), que resultan especialmente abundantes en el Alto Duero (fig. 93), tanto en necrópolis, en alguna de las cuales —La Revilla— representan una abrumadora mayoría, como en ciertos poblados, donde suelen constituir el único modelo identificado. Bien documentados en el mundo ibérico (Cabré 1937), los broches con decoración damasquinada están perfectamente atestiguados en las necrópolis del Alto Tajo-Alto Jalón, siempre de forma minoritaria, con la excepción de la necrópolis de Arcobriga, donde parece ser un tipo frecuente. Asimismo, están presentes en poblados y en algunas necrópolis del Alto Duero, en las que suelen ser minoría respecto a los demás tipos documentados. A diferencia de lo observado en los modelos de los grupos A y B, estos broches son abundantes en yacimientos del área occidental de la Meseta (Cabré 1937), como es el caso de las necrópolis de Las Cogotas y, en particular, de La Osera, lo que debe verse como un indicador de la modernidad y riqueza de los cementerios vettones. Tanto su presencia minoritaria respecto a los tipos precedentes como su mayor área de dispersión pueden interpretarse por razones cronológicas, ya que suelen ir asociados a elementos de datación avanzada.

GRUPO	SUBGRUPO	TIPO FORMA/ESCOTADURA	DECORACIÓN	Nº DE GARFIOS			CERDEÑO 1978
A	1	PLACA SUBTRAPEZOIDAL SIN ESCOTADURAS	A. Sin decoración	1	C E L T I B É R I C O S	A1A1	BI
			B. Incisa	1		A1B1	
			C. Grabada	1		A1C1	BIV
			D. Repujada	1		A1D1	
	2	PLACA CUADRADA O RECTANGULAR SIN ESCOTADURAS	A. Sin decoración	1		A2A1	
			B. Incisa	1		A2B1	
			C. Grabada	1		A2C1	BII
			D. A molde	1		A2D1	BIII
B	1	DOS ESCOTADURAS ABIERTAS	A. Sin decoración	1		B1A1	CIV.1
			B. Incisa	1		B1B1	CIII.1
			C. Grabada	1		B1C1	CV.1a
			D. A molde	1		B1D1	CII
	2	DOS ESCOTADURAS CON TENDENCIA A CERRARSE	A. Sin decoración	1 / 2		B2A1 / B2A2	CIV.1 / CIV.2a
			B. Incisa	1 / 3		B2B1 / B2B3	CIII.1 / CIII.2
			C. Grabada	1 / 3		B2C1 / B2C3	CV.1a/b / CV.3
	3	DOS ESCOTADURAS CERRADAS	A. Sin decoración	1 / 3		B3A1 / B3A3	DII.1 / DII.2
			B. Grabada	1 / 3		B3B1 / B3B3	DIII.1a / DIII.3
			C. A molde	1		B3C1	DI
			D. Troquelada	1		B3D1 Bureba	DIII.1b
	4	CUATRO ESCOTADURAS CERRADAS	A. Sin decoración (?)	4		B4A4	
			B. Grabada	2 / 4 / 6		B4B2 / B4B4 / B4B6	DIII.2 / DIII.4 / DIII.5
C	1	PLACA CUADRADA CON ALETAS REDONDEADAS Y GARFIO RECTANGULAR	A. Sin decoración	1	I B É R I C O S	C1A1	
			B. Incisa/grabada/repujada	1		C1B1	
	2	PLACA CUADRADA CON ALETAS REDONDEADAS Y GARFIO TRAPEZOIDAL	A. Damasquinada	1		C2A1	
	3	PLACA CUADRADA O RECTANGULAR CON ALETAS APUNTADAS	A. Sin decoración	1		C3A1	
			B. Repujada	1		C3B1	
			C. Damasquinada	1		C3C1	
D	1	PLACA CALADA	A. Calada + Grabada	1	L A T È N E	D1A1	

Fig. 89.—*Tipología de los broches de cinturón localizados en el territorio celtibérico.*

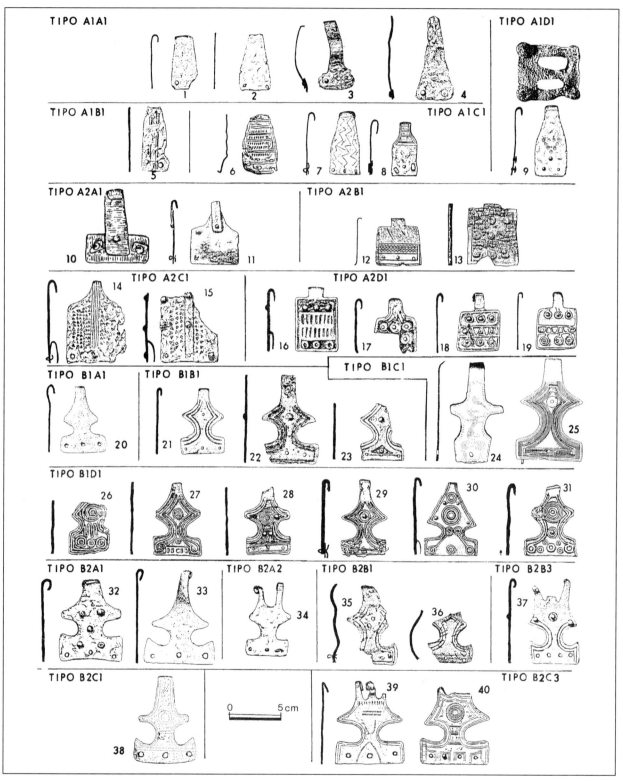

Fig. 90.—Tipología de los broches de cinturón localizados en el territorio celtibérico. Tipos A, B1 y B2: 1, 3, 5 y 22, Carabias; 2, Torresabiñán; 4 y 7, Aguilar de Anguita; 6, 11, 28, 33 y 39, La Olmeda; 8 y 17, Sigüenza; 9, Gormaz; 10, Quintanas de Gormaz; 12, 27, 30-31 y 40, Clares; 13 y 18, Garbajosa; 14, 20, 32, 35 y 36, Valdenovillos; 15, 21, 23, 29, 34 y 38, Almaluez; 16, Molina de Aragón; 19, Alpanseque; 24, Villar del Horno; 25, Carratiermes; 26, Atienza; 37, Hijes. (Según Cerdeño 1978 (1-8, 9 —pieza macho—, 14, 15, 17-19, 21-23, 26-33, 35-38), Cabré 1937 (9, pieza hembra), Schüle 1969 (10), Cerdeño 1977 (11-13, 20, 34, 39 y 40), Cerdeño et alii 1981 (16), Almagro-Gorbea 1976-78 (24) y Alonso 1992 (25)). Números 4 y 10, de hierro; el resto, de bronce.

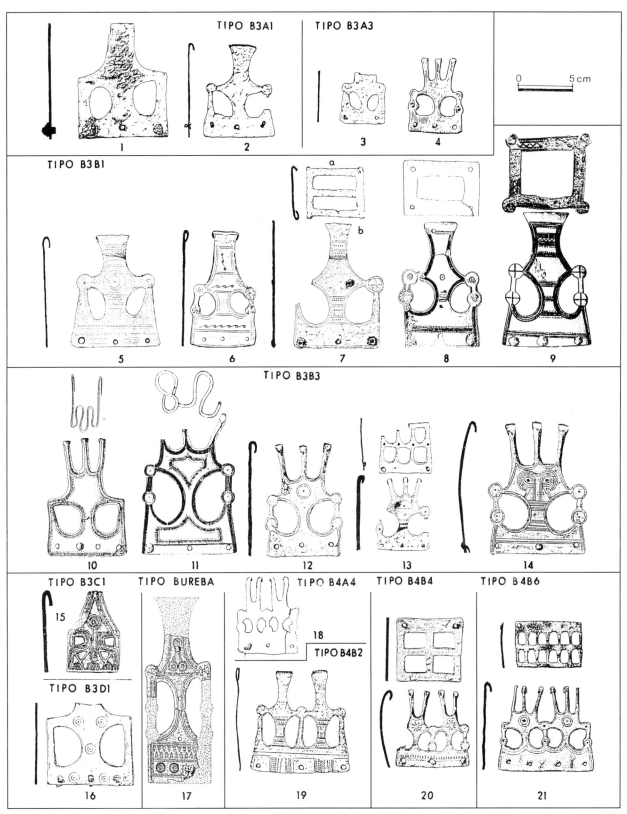

Fig. 91.—Tipología de los broches de cinturón localizados en el territorio celtibérico. Tipos B3 y B4: 1 y 16, Alpanseque; 2 y 7, La Olmeda; 3 y 21, Carabias; 4, Osma; 5, 15 y 19, Valdenovillos; 6, procedencia desconocida; 8-11, Carratiermes; 12 y 14, Hijes; 13, Quintanas de Gormaz; 17, La Revilla; 18, Monteagudo de las Vicarías; 20, Aguilar de Anguita. (Según Cerdeño 1977 (1-3, 16 y 19), Schüle 1969 (4), Cerdeño 1978 (5-7, 12-15 y 20-21), Alonso 1992 (8-11), Ortego 1985 (5) y Taracena 1932 (18)).

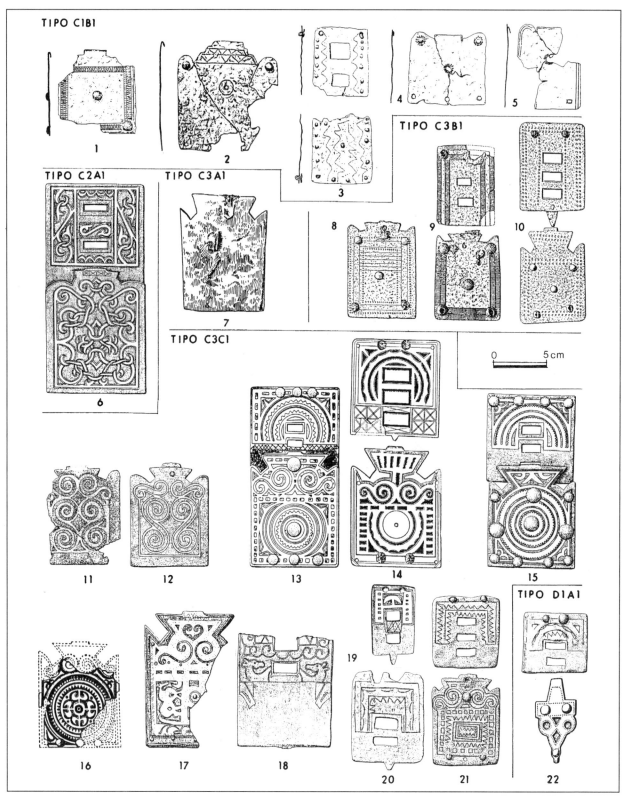

Fig. 92.—*Tipología de los broches de cinturón localizados en el territorio celtibérico. Tipos C y D: 1, Almaluez; 2, Aguilar de Anguita; 3 y 5, Carabias; 4, Alpanseque; 6, Hijes; 7, 17 y 22, Osma; 8-10 y 14, La Revilla; 11, La Olmeda; 12, 15 y 19, Arcobriga; 13 y 21, El Atance; 16, Atienza; 18, Izana; 20, Numancia. (Según Cerdeño 1977 (1-5), Lenerz-de Wilde 1991 (6, 11, 12, 15, 17-21 y 22, pieza hembra), Schüle 1969 (7), Ortego 1985 (8-10 y 14), Cabré 1937 (13), Idem 1930 (16) y E. Cabré 1951 (22, pieza macho)).*

Las necrópolis de Osma y La Osera han proporcionado los dos únicos broches de cinturón calados de tipo La Tène Inicial (**Tipo D**) aparecidos en la Península Ibérica (Cabré 1937: 120 s., lám. XXIX, fig. 69; Lenerz-de Wilde 1981: 315-317, lám. 64,1 y 3; *Idem* 1991: 182). Se trata de un modelo bien conocido en la Europa céltica (Lenerz-de Wilde 1981: 317, lám. 64,5-9) a partir del siglo V a.C., y cuya presencia en la Meseta cabe relacionarla con la existencia de un comercio de objetos de prestigio que se manifiesta en productos tales como fíbulas, espadas o cascos.

Ambos ejemplares presentan una importante modificación respecto a los modelos originales, ya señalada por Cabré (1937: 121) y Lenerz-de Wilde (1981: 316s.; 1991: 182), según la cual la zona del broche correspondiente al talón, una vez modificado en las piezas meseteñas, haría las veces de garfio; por su parte, dos remaches de hierro atravesarían la pieza, aprovechando la decoración calada, permitiendo así su fijación al cinturón de cuero. Tal modificación debió de afectar igualmente al garfio original, aunque esto no pueda ser afirmado categóricamente pues ambas piezas se hallan en la actualidad fracturadas (19). Con ello se pretendería aproximar estas piezas a los modelos peninsulares, de ancho garfio, al igual que las vainas de espada latenienses fueron adaptadas a la moda celtibérica (*vid.* capítulo V,2.2.1.1), como vendría a demostrarlo la asociación del ejemplar de Osma, decorado con líneas de puntos grabados, con una pieza hembra de tipo ibérico, seguramente damasquinada (fig. 92,22).

El ejemplar de Osma, el único que formaba parte de un conjunto cerrado, pertenece a la tumba 13 (M.A.N.) de dicha necrópolis (*vid.* Apéndice I); así lo confirma un dibujo esquemático de Cabré (1917: 91) y la documentación fotográfica conservada en el Museo Arqueológico Nacional, aun cuando el resto de los materiales que formaban parte del ajuar no coincida con la relación ofrecida por el propio Cabré (1937: 120).

En apariencia, los broches sin escotaduras y un garfio (**Tipo A**) serían los de mayor antigüedad, pero no conviene olvidar que todos los ejemplares adscritos a este primer grupo son elementos tipológicamente muy sencillos y carecen de contexto en su mayoría, por lo que podría tratarse en ocasiones de piezas relativamente modernas. La tumba Aguilar de Anguita-M (Cerdeño 1977: 162) ofrece un broche de tipo A1 con decoración de líneas de puntos en zigzag y otro ejemplar de escotaduras abiertas,

un garfio y ausencia de decoración, tipo B2A1, conjunto adscribible a la fase IIA por la presencia de un puñal de frontón exento. La datación avanzada es evidente en el caso de dos piezas de hierro, adscribibles a la fase IIB, procedentes de las tumbas *Arcobriga*-J (tipo A1A1) y Quintanas de Gormaz-V (tipo A2A1). La relativa antigüedad del modelo, así como su larga perduración, se pondría de manifiesto en las únicas piezas aparecidas en contextos de habitación, adscribibles a las fases PIIIa, PIIb y PIa del poblado de Cortes de Navarra (Cuadrado 1961: figs. 6,2, 6,9 y 3,7, respectivamente).

Mayor información han proporcionado los broches de escotaduras abiertas o cerradas y número variable de garfios (**Tipo B**), aunque la escasez de conjuntos cerrados constituya una importante traba al tratar de establecer una ordenación de estos objetos que vaya más allá de su simple clasificación siguiendo criterios puramente tipológicos. Las asociaciones conocidas permiten, sin embargo, apuntar algunas consideraciones de interés.

La antigüedad del tipo Acebuchal (tipo B1D1) parece estar clara dada su aparición en contextos antiguos documentados en áreas periféricas a la Meseta y por su proximidad a los prototipos. La posible asociación en un supuesto conjunto de Chera (Cerdeño 1983a: 283 ss.) de un ejemplar del tipo mencionado con otro decorado con líneas incisas (tipo B1C1) no haría sino confirmar la evidente relación entre ambos modelos (Cerdeño 1978: 284), tanto desde el punto de vista morfológico, al ofrecer, por lo común, la parte inferior de las escotaduras forma redondeada y con tendencia a abrirse, como del decorativo.

La presencia de dos escotaduras cerradas parece ser un elemento bastante antiguo como lo demuestra un broche procedente de Valdenovillos (B3C1) similar en todo a los de tipo Acebuchal salvo por la particularidad de presentar sus dos escotaduras cerradas.

La fase inicial de las necrópolis celtibéricas (fase I) proporciona algunos ejemplares pertenecientes al tipo B. La tumba Sigüenza-5 incluía un broche de escotaduras cerradas y un garfio con decoración de puntos grabados (tipo B3B1), conjunto que cabe adscribir a la fase inicial de este cementerio. De esta misma necrópolis procede un ejemplar sin escotaduras (tipo A1C1), aparecido fuera de contexto, cuya morfología y sintaxis decorativa constituyen un antecedente de los ejemplares de escotaduras cerradas y un garfio.

La fase más antigua de la necrópolis de Carratiermes, asdcribible de forma general a la fase I, ha proporcionado un buen número de broches de cinturón de los modelos de escotaduras cerradas y uno o tres garfios, con decoración sobre todo de alineaciones de puntos impresos (tipo B3B), asociados a hembras de forma serpentiforme,

---

(19)   El ejemplar de Osma, sin embargo, se hallaba completo cuando fue estudiado por Cabré (1937), siendo un ejemplo más del trato lamentable sufrido por las piezas tanto de la Colección Cerralbo como de la Colección Morenas de Tejada, a la cual pertenece el broche de Osma (*vid.*, al respecto, Apéndice I).

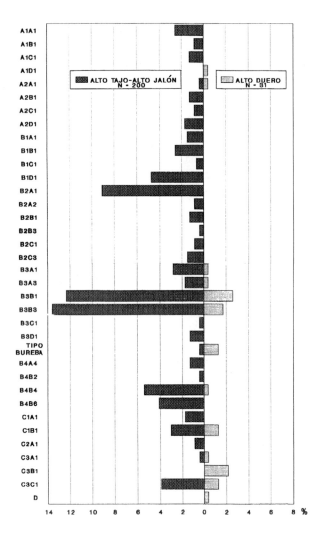

Fig. 93.—Distribución porcentual de los broches de cinturón identificados en la Meseta Oriental por tipos y ámbitos geográfico-culturales. (Con el grupo del Alto Tajo-Alto Jalón se han incluido los cementerios de Alpanseque y Carratiermes).

en los ejemplares de tres garfios (lo que también está documentado en la tumba Valdenovillos-A y en la U de Aguilar de Anguita), o de placa cuadrangular y un vano, en las piezas de un garfio. También se ha encontrado algún ejemplar de escotaduras abiertas y un garfio (tipo B1B1/B1C1) y uno de los de cuatro escotaduras cerradas y otros tantos garfios, tipo B4B4 (Alonso 1992: 576). A estos ejemplares habría que añadir, al parecer, un broche de tipo tartésico (Argente *et alii* 1992b: 592).

El tipo de escotaduras abiertas con tendencia a cerrarse, un garfio y ausencia de decoración (B2A1) se ha documentado, asociado a una placa hembra rectangular de un vano, en la sepultura nº 66 de Carabias junto con una fíbula de doble resorte de puente circular (Argente 3C), modelo éste propio de la fase I, por más que la presencia de una espada de antenas aconsejaría la

atribución del conjunto a la fase IIA. A este mismo período se puede adscribir un broche de características similares procedente, como se ha señalado, de la tumba M de Aguilar de Anguita, donde apareció junto a un ejemplar del tipo A1; otro se encontró, junto con una fíbula de pie vuelto (Argente 7B), en la tumba 27 de La Olmeda (García Huerta 1980: 13 s., fig. 2,8); y dos más en la tumba 9 (calle I) de Alpanseque (fig. 86,A), asociados a una fíbula de La Tène Inicial con pie zoomorfo en forma de S (tipo Argente 8A3), de cronología algo más moderna, y a los fragmentos de una chapa de bronce que adornaría el cinturón, entre otros elementos (fig. 86,A). Por su parte, la sepultura 7, calle I, de Alpanseque (Cabré 1917: lám. IV; Cabré y Morán 1975a: 609) ha proporcionado, junto a una fíbula de bronce de La Tène Inicial y un fragmento de cinturón de bronce, dos broches de forma cuadrangular, grandes escotaduras cerradas, un ancho garfio y decoración, al menos uno de ellos, de círculos concéntricos troquelados.

Entre las necrópolis del Alto Duero está documentado en contexto el tipo de escotaduras cerradas, un garfio y decoración de puntos impresos (B3B1). Dos piezas de este modelo aparecieron, respectivamente, en las tumbas 3 y 84 de La Mercadera. En la tumba Quintanas de Gormaz-A, un broche del tipo de escotaduras cerradas, tres garfios y aparentemente sin restos de decoración (tipo B3A3) se halló junto a una fíbula de La Tène de pie zoomorfo, no recogida por Argente (1994), y a una espada de «tipo Echauri», como elementos más característicos (fig. 72,B). Aun no siendo frecuente, la perduración de los modelos de escotaduras cerradas y uno o tres garfios (tipo B3) hasta la fase IIB-III es un hecho constatado, como evidencian las tumbas Quintanas de Gormaz-R (fig. 72,D) y Osma-9 (M.A.B.) (fig. 76,A), donde están presentes broches de tres garfios, así como el hallazgo de un ejemplar de un garfio en la ciudad de Numancia (Schüle 1969: lám. 171,29).

La relativa antigüedad de los broches geminados de cuatro garfios (B4) está confirmada por su asociación, en la tumba Aguilar de Anguita-E, con una espada de «tipo aquitano» (fase IIA1). Una espada «tipo Echauri» se documentó en la tumba 15 de La Mercadera junto a un fragmento decorado (fig. 71,B), del tipo con cuatro escotaduras cerradas y otros tantos garfios. De la sepultura 14 de Alpanseque procede un fragmento de una pieza hembra con dos filas de ventanitas que, en número de cuatro o seis, servirían de enganche a un broche bien del tipo anterior o bien de seis garfios. Está asociado, como elemento más significativo, a una fíbula de pie vuelto del tipo 7B de Argente.

Los broches de placa cuadrangular de tipo ibérico y sus variantes meseteñas (**Tipo C**) están perfectamente documentados en diferentes necrópolis celtibéricas. A pesar de que el carácter descontextualizado de la mayoría de ellos dificulte la correcta adscripción cronológica del grupo, no parece que exista duda alguna en su vinculación a las fases II y III, al menos en cuanto a las piezas procedentes de conjuntos cerrados (cuadros 1-2 y Apéndice II, nº 80). A un momento avanzado de la fase IIA y a la fase IIB cabe adscribir las piezas de La Revilla-A, con decoración grabada (fig. 74,A), Osma-1 (M.A.B.), que no ha conservado la decoración (fig. 75,A), así como las piezas damasquinadas de Atienza-16 (fig. 68,B), La Revilla-C (fig. 74,C) y Osma-2 (M.A.N.), ésta con decoración figurada y quizás ya a caballo entre esta fase y la siguiente. A la fase III pertenecerían los broches de Izana (Cabré 1937: lám. XXV,59), Langa de Duero (Taracena 1932: lám. XXXIV) y Numancia (Martínez Quirce 1992).

El hallazgo en la sepultura Osma-13 de un puñal biglobular asociado a una placa de cinturón de tipo La Tène (**Tipo D**) permitiría fechar el conjunto *ca.* siglo III/II a.C. (fase IIB-III).

Finalmente, habría que hacer referencia a una serie de piezas de forma similar a las hebillas de cinturón actuales, de las que se conocen al menos dos ejemplos en el área celtibérica (tumbas 18-M.A.N. y 12-M.A.B. de Osma), adscribibles a la fase IIB-III (fig. 76,D).

2.5. *Elementos para sostener el tocado*

Cerralbo (1916: 61 s.; Schüle 1969: 161) halló, formando parte de algunos ajuares funerarios, un peculiar objeto de hierro que identificó con el descrito por Artemidoro (en Str. 3, 4, 17) para sujetar los tocados. Está compuesto «de una bandita casi circular de hierro que se colocaba alrededor del cuello y de una delgada varilla de 30 a 36 cm. de larga, bifurcándose a su extremidad en otras dos más finas, y suelen medir cada una de 10 a 15 cm. de largo; la banda del cuello tiene regularmente de anchura 2 cm., y en ambas extremidades unos agujeritos, sin duda para los cordones que le atasen al cuello; en los extremos de las dos finales varillitas hay otros agujeros que servirían para sujetar los mantos o las altas mitras o caperuzas...» (Aguilera 1916: 61 s.).

Su presencia resulta habitual en la necrópolis de *Arcobriga* (fig. 94,A-B), formando parte de «todas» las sepulturas que Cerralbo atribuyó a sacerdotisas (Aguilera 1916: 61), siempre uno por sepultura, aunque la tumba 53 de Clares, un conjunto integrado por un buen número de elementos de adorno, como excepción, ofreciera dos (Aguilera 1916: 73). En Aguilar de Anguita únicamente se hallaron tres de estos objetos en otras tantas sepulturas (Aguilera 1911, III: 64, lám. 23,2XLIX). En Almaluez está documentada su presencia (Domingo 1982: 267 s., lám. III,3). Su asociación con armas está documentada

en la tumba J de *Arcobriga* y en el Alto Duero, formando parte de diferentes conjuntos, adscribibles a la fase IIB y III, de las necrópolis de Quintanas de Gormaz (tumba Ñ) y Osma —tumbas 3 y 14 del M.A.B. y 14 del M.A.N. (figs. 75,C, 76,E y 78,A)—. A estos hallazgos habría que sumar un ejemplar sin contexto conservado en el Museo de Atienza, procedente al parecer de esta comarca, así como los documentados en la necrópolis de Aragoncillo (Arenas y Cortés e.p.).

3. ADORNOS

A pesar de que en esta categoría podrían incluirse la mayor parte de las piezas de orfebrería, las fíbulas, los pectorales y los broches de cinturón, sólo se han clasificado como tales aquellos elementos en los que prima, sobre cualquier aspecto funcional, el carácter puramente ornamental.

3.1. *Brazaletes y pulseras*

Las necrópolis celtibéricas han proporcionado diferentes modelos de brazaletes y pulseras realizados comúnmente en bronce, aunque se conocen ejemplares en hierro y plata, estos últimos analizados con el resto de la orfebrería. Cerralbo (1916: 65) señaló la existencia de dos modelos broncíneos, «brazaletes de un anillo y otros de bastantes, reunidos por presión», pero su procedencia de necrópolis nunca publicadas dificulta el análisis tipológico de estos objetos (20).

---

(20) En Aguilar de Anguita, Cerralbo (1911, III: 23, láms. 56-58) localizó muchísimos brazaletes de aretes múltiples, sin ornamentar y muy estrechos, de forma ovalada, así como algunos de cinta más ancha. En las revisiones de algunas de las necrópolis de la Colección Cerralbo apenas se aborda el estudio de estos objetos de adorno. En Carabias se menciona la presencia de cerca de sesenta pulseras, con predominio de las formas elípticas sobre las circulares y de las secciones planas y semicirculares, estando decorado un único ejemplar con motivos geométricos incisos (Requejo 1978: 57). En el caso de La Olmeda (García Huerta 1980: 27) se identificaron cuarenta y cuatro pulseras, entre las que predominan las formas ovaladas, seis de las cuales ofrecen decoración geométrica incisa. Junto a ellos, se conservan un buen número de brazaletes de aritos múltiples. En El Atance (de Paz 1980), se señala la presencia de fragmentos de brazaletes, sin más especificación, mientras en Valdenovillos se hace mención a brazaletes formados por varios aretes unidos y pulseras (Cerdeño 1976a: 6 ss.). De Alpanseque procede un buen número de brazaletes (Cabré 1917: lám. XIX,3), aunque únicamente se conozca su contexto inmediato en la tumba 9 (calle I) (fig. 86,A), donde aparecieron ejemplares múltiples, de sección rectangular, y de los que se documentaron más de veinte piezas, y modelos sencillos, ultracirculares y de sección redonda, de los que se hallaron al menos cuatro ejemplares. De Almaluez (Taracena 1933-34; *Idem* 1941: 33; Domingo 1982: 258, fig. 4,5) se conservan muchos fragmentos de brazaletes de aros múltiples, mientras que las pulseras de un único aro son escasas.

Necrópolis como La Mercadera (Taracena 1932: 24 s.) han permitido, sin embargo, identificar diferentes modelos que, si se exceptúan los realizados en metales nobles, se reducen a tres tipos bien diferenciados, los dos primeros relativamente frecuentes en otros cementerios celtibéricos de diversa cronología:

a) Brazaletes de bronce de aros múltiples, generalmente de sección rectangular (figs. 86,A,7 y 94,D,1) (21). Están formados por un número variable de aretes, entre 10 y 40, si bien algunos llegan hasta las 60 piezas, como en la tumba 86, donde yuxtapuestos miden 22 cm., con diámetros que van aumentando desde 62 a 96 mm., o en la 29, que alcanzan los 15 cm. de longitud y diámetros internos de 47 a 60 mm. La tumba 20 ofreció, además de estos aretes de sección rectangular de un milímetro de lado, cinco más de sección plano-convexa y 6 mm. de altura. Los aretes tienen forma de circunferencia aplastada, con tendencia rectangular los de menor tamaño, sin que se hayan conservado en ningún caso varillas a modo de vástago de unión, si bien en una ocasión han aparecido agrupados por medio de una pequeña presilla. Debido a sus diámetros internos, que oscilan entre 40 y 54 mm. los menores, Taracena (1932: 25) los relacionó en su mayor parte con tumbas infantiles.

b) Pulseras sencillas de bronce (fig. 86,A,8, 87,A,5 y 94,E,6-7).

c) Pares de pulseras de hierro de arete sencillo o doble, con remates rectangulares (fig. 94,C).

Los brazaletes y las pulseras suelen encontrarse en ajuares formados por elementos broncíneos de adorno, aun cuando en una proporción mucho menor puedan asociarse con armas. En el caso de La Mercadera (fig. 88), los brazaletes de aros múltiples nunca se hallan en tumbas militares, siendo frecuente su asociación con adornos espiraliformes, pudiendo ser también el único objeto depositado en la sepultura. Algo similar puede señalarse para las escasas pulseras de hierro, de las que se han localizado únicamente dos parejas (tumbas 10 y 34). Por el contrario, los dos únicos ejemplares de pulseras simples de bronce proceden de sepulturas militares (tumbas 19 y 77) (22). El ejemplar de la tumba 77, de sección rectangular, atraviesa «una cuenta de resina» (Taracena 1932: 24 y 26, lám. XXII,77).

La relativa antigüedad de los brazaletes de aros múltiples queda confirmada por su presencia en las sepulturas

1 y 3 de Chera (Cerdeño *et alii* 1981: 22 y 24, figs. 3 y 4), o en las tumbas 2 y 14 de Sigüenza, éstas femeninas según los análisis antropológicos si bien la última de ellas contiene armas (Cerdeño y Pérez Ynestrosa 1993: cuadro 5). En Carratiermes, este modelo resulta frecuente en las sepulturas caracterizadas por poseer adornos broncíneos adscribibles a la fase inicial de este cementerio (Argente *et alii* 1992: 308). La tumba 235 proporcionó los restos de uno o más brazaletes de aros múltiples, de sección rectangular, algunos de los cuales presentaban decoración incisa en una de sus caras (Argente *et alii* 1992: 311).

Por su parte, la presencia de diferentes tipos de brazaletes y pulseras en las necrópolis de la margen derecha del Alto Duero está registrada desde la fase IIA, siendo buen ejemplo de ello los casos de La Mercadera, Ucero (tumba 29), Quintanas de Gormaz (tumba Q) y Osma (Schüle 1969: lám. 63,11-12). También se documentan brazaletes en los castros de la serranía soriana, identificándose dos modelos diferentes (Romero 1991a: 319 s.): el de sección circular rematado por un ensanchamiento redondeado (fig. 94,E,6) y el de sección rectangular de forma oval (fig. 94,E,7).

3.2. Collares y colgantes

Los collares están formados por cuentas de diversas formas y materiales. Cerralbo (1916: 66) señala cómo sus necrópolis proporcionaron una «suma crecida de cuentas de collar» de bronce y varias «de ámbar amarillo del Báltico». La existencia de collares de diverso tipo es conocida desde la fase inicial de las necrópolis celtibéricas. En Chera (Cerdeño *et alii* 1981: 24 y 26 s.), se han hallado un buen número de aritos de bronce en la tumba 3 y en el interior de los dos *ustrina* identificados (Cerdeño *et alii* 1981: figs. 5,5, 7,1-2 y 8,2) —hasta 265 en el nº 1—, estructuras que cabe adscribir a la fase inicial de este cementerio. Formando parte de las tumbas con adornos de bronce (fase I), la necrópolis de Carratiermes ha proporcionado collares de cuentas de pasta vítrea (23) (Argente *et alii* 1992: 308), como en la tumba 235, de color amarillo, muy deterioradas por el fuego (Argente *et alii* 1992: 311). En la tumba 291 se halló un collar completo formado por 2.247 pequeñas cuentas de bronce, con una longitud en torno a los 3,5 m., y restos de cuentas de pasta vítrea (Argente *et alii* 1992: 313,

---

(21)   Entre los materiales aparecidos sin contexto en la necrópolis de Atienza, se hallaron restos de brazaletes de bronce de sección rectangular, a los que Cabré (1930: 26 s.) denomina «tipo Aguilar de Anguita».

(22)   Algo similar ocurre en Almaluez, en cuya tumba 56 una pulsera de sección plano-convexa se asocia a un ajuar militar (Taracena 1933-34: 19a; Domingo 1982: fig. 4,5).

---

(23)   En Padilla de Duero, el diagnóstico antropológico ha confirmado la vinculación de las cuentas de pasta vítrea —en las únicas tres tumbas donde se documentaron— con individuos infantiles (Sanz 1990a: 165).

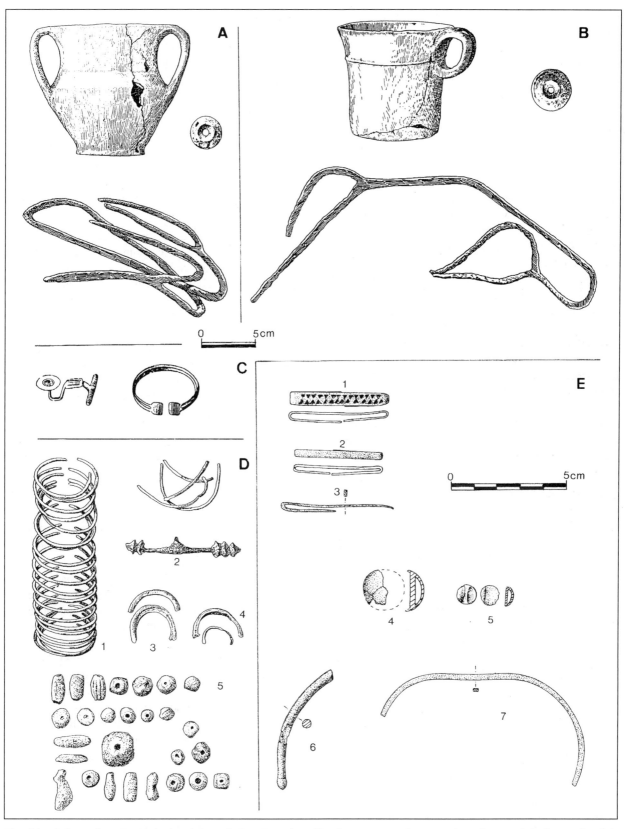

Fig. 94.—A-B, tumbas E y F de Arcobriga; C, La Mercadera-10 (el conjunto incluye otro brazalete similar al reproducido); D, sepultura 5 de Griegos; E, diversos elementos de bronce de la cultura castreña soriana: 1-3, pasadores; 4-5, botones; 6-7, brazaletes. (Según Schüle 1969 (A-B y D), Taracena 1932 y Lenerz-de Wilde 1991 (C) y Romero 1991a (E)).

fig. 291) (24), y en la tumba 4 de Chera, una cuenta de collar de bronce esférica con perforación central (Cerdeño *et alii* 1981: fig. 6,2), tipo del que se conocen más ejemplares entre los materiales sin contexto de esta necrópolis (fig. 95,A,24-25), estando igualmente documentado en otros cementerios celtibéricos (Requejo 1978: 61; García Huerta y Antona 1992: 144, fig. 57; Cerdeño y Pérez de Ynestrosa 1993: fig. 29,11; etc.).

También se registran collares de cuentas cerámicas, como el procedente de la tumba 5 de Griegos (fig. 94,D,5), formado por cuentas redondas y elipsoidales. En Almaluez, este tipo de cuentas son habituales, presentando formas esféricas, ovaladas, estrelladas, cilíndricas, etc. (Domingo 1982: 258, lám. IV,3) (25). De excepcional puede calificarse el hallazgo en una rica sepultura de Clares (tumba 53) de un buen número de cuentas «de barro tosco y mal cocido», 89 de las cuales eran circulares, 4 de ellas con doble perforación, 18 elipsoidales, 3 eran barras con triple perforación transversal, 4 ruedecitas con otras tantas perforaciones, 4 dobles cuernos perforados y el mismo número de aves estilizadas de diferente tamaño, también perforadas. Según Cerralbo, las cuentas formarían parte de un único collar, reconstruido a partir de las diferentes posibilidades que ofrecían aquéllas (Aguilera 1916: 73 ss., lám. XIII). La singularidad del hallazgo, tenido por Cerralbo por un «collar sideral», vendría apoyado por la propia importancia de la sepultura, que para su excavador correspondía a «la gran sacerdotisa del Sol» (26).

La larga perduración de estos objetos de adorno queda confirmada por su presencia en la necrópolis de cronología avanzada de Riba de Saelices (fase IIB). La tumba 99 proporcionó 16 cuentas de distintas dimensiones, la mayor en forma de tonel y el resto, de alambre de diferente diámetro; cuentas similares a éstas se hallaron en la tumba 50, además de un trozo de un ejemplar globular de pasta vítrea, de color azul, con un reborde ocre en su extremo, y un colgante cilíndrico; etc. (Cuadrado 1968: 29).

Aunque suelen aparecer formando parte de ajuares integrados por objetos de adorno, cuentas en conjuntos militares están documentadas en la tumba 9 de Atienza

(fig. 67,E), un pequeño ejemplar de pasta vítrea de tono azulado con círculos amarillos y rojos, o en la sepultura 77 de La Mercadera donde una cuenta de «pasta vítrea o resinosa» se halló ensartada en una pulsera (Taracena 1932: 24 y 26, lám. XXII,77) (27).

Mayor variedad documentan los colgantes. Presentan formas diversas (figs. 95,A,1-4,7-8,10,17-18 y 26-28 y 96,A,16-22) y suelen estar hechos en bronce, conociéndose, incluso, ejemplos en piedra y cerámica. Cerralbo (1916: 66) menciona el hallazgo de «bastantes desconocidos adornos colgantes para el pecho en forma de cruces, compuestas por placas abombadas y discoidales», realizados en bronce.

Un conjunto importante procede de la necrópolis de Chera (fig. 95,A), donde constituyen el objeto metálico más numeroso. En su mayoría carecen de contexto, aunque se han documentado, igualmente, formando parte de algunas de las escasas tumbas excavadas en este cementerio o integrando los dos únicos *ustrina* identificados, conjuntos todos ellos que cabe atribuir al momento de mayor antigüedad de este cementerio (fase I). Los colgantes corresponden a diferentes modelos (Cerdeño *et alii* 1981: 42 s.) habituales en otros cementerios de la zona, a veces formando parte de objetos más complejos, como es el caso de los ejemplares en forma de 8 (fig. 95,A,8) que en ocasiones se asocian a adornos espiraliformes (fig. 85,B,1), o, como en una sepultura de Clares, que adornaban lo que se interpretó como una diadema (fig. 95,B). Los formados por un alambre enrollado serían parte integrante de los pectorales, no siendo sino vástagos de los que penderían otros adornos (figs. 86-87).

Son frecuentes los colgantes abalaustrados, a veces de forma rómbica —tipo identificado en la tumba 2 de Griegos (Schüle 1969: lám. 70,1-3)— provistos de un ensanchamiento globular en el extremo donde se localiza la perforación y, generalmente, de una base cónica. De este modelo se han recogido en Chera algunos ejemplares sin contexto (fig. 95,A,1-4) y otros procedentes de los dos *ustrina* identificados, estando bien documentado en Aguilar de Anguita (Aguilera 1916: fig. 36,A), Almaluez (Domingo 1982: 258, lám. IV,3) y Montuenga (Aguilera 1909: 98; Cabré 1917: lám. XLIX,1). En otros casos se trata de una varilla cilíndrica con engrosamiento globular en su centro y, a veces, en el extremo perforado, de los que se conocen ejemplos en Aguilar de Anguita (Aguilera 1911, III: lám. 59,1), Almaluez (Domingo 1982: 258, lám. IV,3), asociándose en la tumba 7 a ejemplares del modelo anterior, Monteagudo de las Vicarías (Taracena

---

(24)   Cuentas de pasta amarillenta se han localizado asimismo en Valdenovillos (Cerdeño 1976a: 7), Aguilar de Anguita (Aguilera 1911, III: 20, lám. 59,1), etcétera.

(25)   Según Domingo (1982: 258), en este cementerio son escasas las cuentas realizadas completamente de bronce, habiéndose identificado en repetidas ocasiones ejemplares de cerámica e, incluso, hierro, recubiertos de bronce.

(26)   En el interior de la urna se hallaron un gran número de brazaletes de aros múltiples, anillos, un pendiente circular, un pasador, una cadenita, una placa redonda grabada y «dos aparatos para sostener las mitras» (*vid. infra*), siendo novedad también el hallar tres fusayolas, y localizándose asimismo el pie de un vasito de ofrendas (Aguilera 1916: 72 s. y 78, fig. 40).

(27)   Taracena (1932: 26) interpreta como colgantes los cinco ejemplares de «pasta vítrea o resinosa» aparecidos en La Mercadera, al no haberse encontrado agrupadas en ningún caso y documentarse en una ocasión una de estas piezas ensartada en una pulsera.

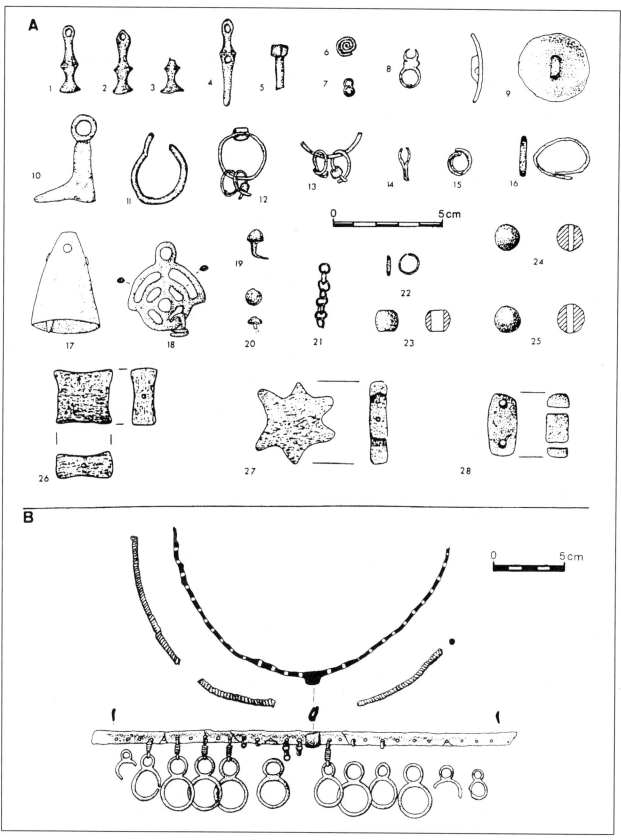

Fig. 95.—A, diversos objetos de bronce (1-25) y pasta porosa (26-28) de la necrópolis de Molina de Aragón; B, supuesta diadema de la necrópolis de Clares. (Según Cerdeño et alii 1981 (A) y Barril y Dávila 1996 (B)).

1932: lám. XXVI,2-4) y *Arcobriga* (Aguilera 1916: 63 s., lám. XII).

También se ha identificado en la tumba 1 de Chera un colgante esférico (Cerdeño *et alii* 1981: fig. 3,4) (*vid.* fig. 95,A,7), cuya amplia cronología se confirma por su presencia en la tumba 103 de La Yunta (García Huerta y Antona 1992: fig. 97). Un modelo relativamente frecuente son los colgantes en forma de campanita, tipo que, con variantes, además de en este cementerio, se documenta en Aguilar de Anguita (Aguilera 1911, III: 23, láms. 56,2 y 59,1), Almaluez (Domingo 1982: 262), La Yunta (García Huerta y Antona 1992: figs. 13 y 37) o Ucero (García-Soto 1990: fig. 14). En Riba de Saelices-50 se halló otro, cilíndrico (Cuadrado 1968: fig. 21,7).

De la necrópolis de Chera proceden dos ejemplares más, uno en forma de pie (fig. 95,A,10) y otro con motivo circular provisto de radios (fig. 95,A,18), con paralelos en la ciudad de Numancia (fig. 96,A,16-18), lo que no implica necesariamente la perduración del modelo dada la amplia cronología que los materiales descontextualizados sugieren para este cementerio (*vid.* capítulo VII,2.1).

A estas piezas hay que añadir una serie de colgantes realizados en «una pasta o masa muy porosa de bajo peso específico», en forma de estrella, fusiformes o cuadrangulares (fig. 95,A,26-28), provistos de una o dos perforaciones (Cerdeño *et alii* 1981: 57 y 59), sin paralelos en el resto de los cementerios celtibéricos.

Como un colgante puede interpretarse una pieza cúbica de barro con perforación central procedente de la tumba Gormaz-A, al ser el único elemento de tales características aparecido en esta sepultura. Una pieza similar, también de Gormaz, presentaba decoración incisa, con motivos en zigzag (Mélida 1917: 157, lám. XIII, derecha).

Se ha documentado, asimismo, la existencia de colgantes de piedra caliza (García Huerta y Antona 1992: 144 s.) o de pizarra (Cuadrado 1968: 29, fig. 19,3).

Finalmente, cabe referirse a los colgantes antropomorfos (Almagro-Gorbea y Lorrio 1992: 425), como un ejemplar de Calatayud (Zaragoza) que reproduce una figura exenta (Cancela 1980: 28,4), o una pieza de Belmonte (Zaragoza) en forma de cabeza (Díaz 1989: 33 s., lám. II,1).

3.3. *Torques*

El hallazgo de torques en el área celtibérica estricta resulta claramente excepcional. Suele tratarse de piezas de plata que generalmente forman parte de atesoramientos, conociéndose únicamente dos ejemplares en ámbitos fu-

nerarios, concretamente en La Mercadera (*vid. supra*). A ellos cabe añadir dos torques de bronce, ambos sin contexto, de las necrópolis de La Mercadera (Taracena 1932: 25) y Carabias (Requejo 1978: 61). El ejemplar de La Mercadera estaría formado por un vástago cilíndrico cuyo diámetro se reduce hacia los extremos, que aparecen rematados en botoncitos esféricos, modelo similar a los ejemplares argénteos de este cementerio. De la pieza de Carabias tan sólo se sabe que ofrecía sección circular (*vid.*, sobre el uso del torques entre los Celtas, Castro 1984-85).

3.4. *Diademas*

Formando parte de una sepultura de Clares, integrada entre otros elementos por una fíbula-placa (Argente 9B4), se halló lo que Cerralbo interpretó como una diadema (fig. 95,B), sin paralelos en las restantes necrópolis celtibéricas (Aguilera 1916: 68 s., fig. 38). La pieza, objeto de un reciente estudio tras su restauración (Barril y Dávila 1996: 40 ss.), está formada por una cinta de bronce, de 28,7 cm. de largo, 0,8 de ancho y 0,2 de grosor, curvada de forma semicircular y horadada por una serie de pequeñas perforaciones que acogen los eslabones, formados por pequeños alambres arrollados y cadenillas, de los que penden unos colgantes en forma de 8, en su mayoría cubiertos con un baño de estaño; sobre el conjunto, una varilla de hierro recubierta de un alambre de bronce enrollado. Los paralelos más cercanos hay que buscarlos en el área itálica durante los siglos VI-V a.C. (Barril y Dávila 1996: 44).

3.5. *Placas ornamentales*

En los ajuares funerarios es frecuente el hallazgo de placas broncíneas para las que hay que suponer una función puramente decorativa. Destaca un disco de bronce con damasquinado en plata procedente de Aguilar de Anguita (Barril y Martínez Quirce 1995). Tiene un diámetro de 15,8 cm. y un grosor de 1-1,4 mm., estando perforado en su zona central para su sustentación. Presenta una decoración distribuida en tres niveles concéntricos, a saber: palmetas y róleos, circulitos concéntricos y una composición central formada por ocho figuras, semejantes cuatro a cuatro en disposición alterna, interpretadas como representaciones zoomorfas. En La Yunta, aparecen en el 10% de las tumbas excavadas, indistintamente en sepulturas masculinas y femeninas según permiten vislumbrar los análisis antropológicos (García Huerta y Antona 1992: 143). Son placas de forma circular o rectangular, de un mm. de grosor, a veces dobladas y sujetas por un remache. Están decoradas me-

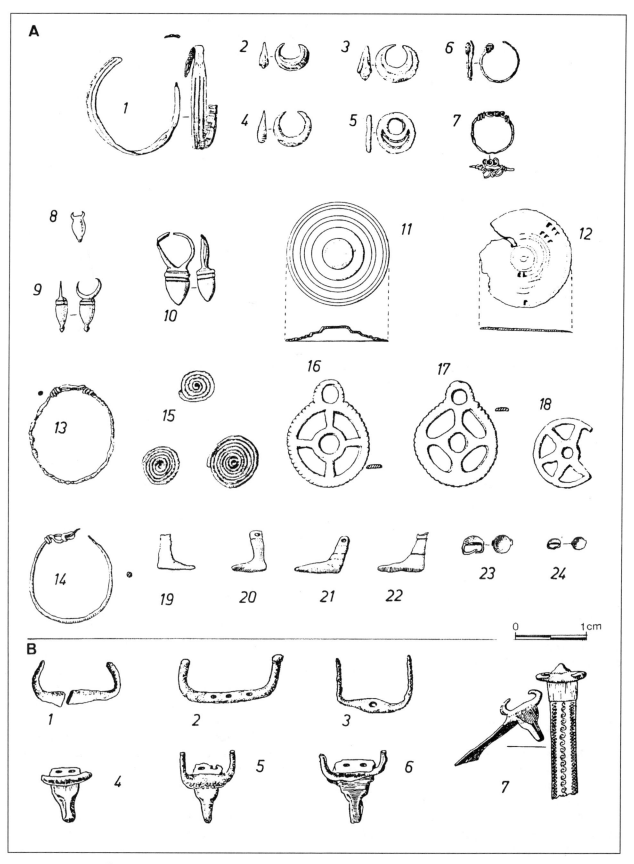

Fig. 96.—Numancia: adornos diversos (A) y simpula (B) de bronce. (Según Schüle 1969).

diante círculos concéntricos repujados, líneas de puntos en resalte y rayitas incisas. De Almaluez procede un interesante conjunto con decoración repujada e incisa, en el que destacan una serie de placas formadas por dos discos de unos 5 cm. de diámetro unidos por una cinta, prolongación de ambos, de los que aparecieron cuatro o cinco ejemplares en la tumba 21 (Domingo 1982: 261, fig. 5,8, lám. V,2).

La tumba 9, calle I, del cementerio de Alpanseque ha proporcionado fragmentos de chapa de bronce interpretados como adornos de cinturón (fig. 86,A,6), decorados con líneas de zigzag mediante «trémolo» enmarcadas por sendas alineaciones de hoyitos repujados (Cabré y Morán 1975b: 134, fig. 3,6). Idéntica interpretación se ha sugerido para un fragmento similar de la sepultura 7, calle I, de este mismo cementerio (Cabré 1917: lám. IV; Cabré y Morán 1975a: 609).

De la necrópolis de *Arcobriga* procede un interesante conjunto constituido por una serie de pequeñas placas cuadrangulares de bronce, halladas en lo que Cerralbo (1916: 64 s., figs. 34-35) interpretó como «sepulturas de sacerdotisas», al conservar todas ellas el aparato «para sostener las mitras» (*vid. supra*). Aparecen en número de una a cuatro en cada sepultura. Presentan decoración repujada con motivos de círculos concéntricos, soles y caballos estilizados (fig. 97). Funcionalmente (*vid.*, al respecto, Argente *et alii* 1992b: 597), Cerralbo desechó su utilización para guarniciones de cinturón, tanto por su debilidad como por haberse hallado en una ocasión cuatro ejemplares provistos de un alfiler adherido a la placa.

Cabe mencionar, por último, una serie de placas circulares de bronce recuperadas en Numancia (fig. 96,A,11-12) (Schulten 1931: lám. 55,A) y Langa de Duero (Taracena 1932: lám. XXXIV), que quizás fueran utilizadas como adornos pectorales femeninos, tal como parece indicarlo una representación pintada numantina que reproduce a una dama (fig. 125,3). No puede descartarse, sin embargo, su utilización como parte del revestimiento de las corazas o, menos probablemente, incluso, como protección de los escudos (*vid.* capítulo V).

3.6. *Otros objetos de adorno*

El Marqués de Cerralbo (1916: 66) cita, entre los hallazgos broncíneos de las necrópolis por él excavadas, «muchas sortijas, siempre sencillas» y «pocos pendientes», si bien al analizar la necrópolis de Aguilar de Anguita hace referencia a la presencia de bastantes pendientes de aro simple (Aguilera 1911, III: 23). Los anillos responden a modelos sencillos, normalmente una estrecha cinta de bronce, que en alguna ocasión aparece decorada. Éste

es el caso de un ejemplar de Montuenga con decoración grabada (Cabré 1917: lám. XLIX,3); de otro hallado en Almaluez, decorado con trazos ondulados paralelos a los bordes (Domingo 1982: fig. 6,5); de una pieza de Riba de Saelices con pares de incisiones oblicuas en zigzag (Cuadrado 1968: fig. 24,9); del aparecido en la tumba 103 de La Yunta, perteneciente a un enterramiento masculino, que presenta en su parte superior una anilla fundida que alojaría alguna incrustación no conservada (García Huerta y Antona 1992: fig. 97); o del encontrado en la ciudad de Numancia, decorado con un doble hilo helicoidal (fig. 96,A,7).

Entre los pendientes, destacan los documentados en Numancia, en creciente (fig. 96,A,2-5) o rematados en forma de bellota (fig. 96,A,8-10).

Otros objetos de bronce presentes en los conjuntos funerarios son las cadenitas, seguramente parte de algún adorno más complejo (Cerdeño 1976: 7; Requejo 1978: 61; de Paz 1980: 49), como ocurre en una tumba de Clares (figs. 84,B1 y 85,B,8) (Aguilera 1916: 69 ss., fig. 39) donde también figura una malla de características similares a la documentada en Almaluez, formada por pequeñas anillas (Domingo 1982: 261 s., fig. 6,6, lám. IV,4) (*vid.* capítulo V,2.1.1.5).

Resulta frecuente en las necrópolis el hallazgo de botones de bronce, circulares y ligeramente curvados (fig. 95,A,9), semicirculares con perforación central, o, los más habituales, de tipo semiesférico con travesaño (García Huerta 1980: 27; Domingo 1982: 262, fig. 6,3); de este último hay cuatro piezas en el Castro del Zarranzano (fig. 94,E,4-5) (Romero 1991a: 321 s.) y un buen número en la ciudad de Numancia (fig. 96,A,23-24) (Schüle 1969: 271, lám. 171,24-25).

4. ELEMENTOS DE BANQUETE

Las necrópolis celtibéricas han proporcionado una serie de objetos, que cabe vincular con el ámbito ritual, interpretados como elementos de banquete. Se trata de varios asadores de bronce o hierro, de unas trébedes y de dos parrillas de hierro. Pueden considerarse como asadores dos objetos de bronce procedentes, respectivamente, de Aguilar de Anguita (Aguilera 1911, III: lám. LIX,1) y de Carabias (Requejo 1978: 61), dos varillas de hierro de sección rectangular de la sepultura 14 de La Mercadera, pertenecientes a uno o dos ejemplares (Taracena 1932: lám. VI; Lorrio 1990: 45), así como algunas varillas de Monteagudo de las Vicarías. Las únicas trébedes documentadas proceden de la necrópolis de Atienza (Cabré 1930: 7, lám. I). La Revilla de Calatañazor y Monteagudo de las Vicarías han proporcionado una parrilla cada una (Arlegui 1990a: 58).

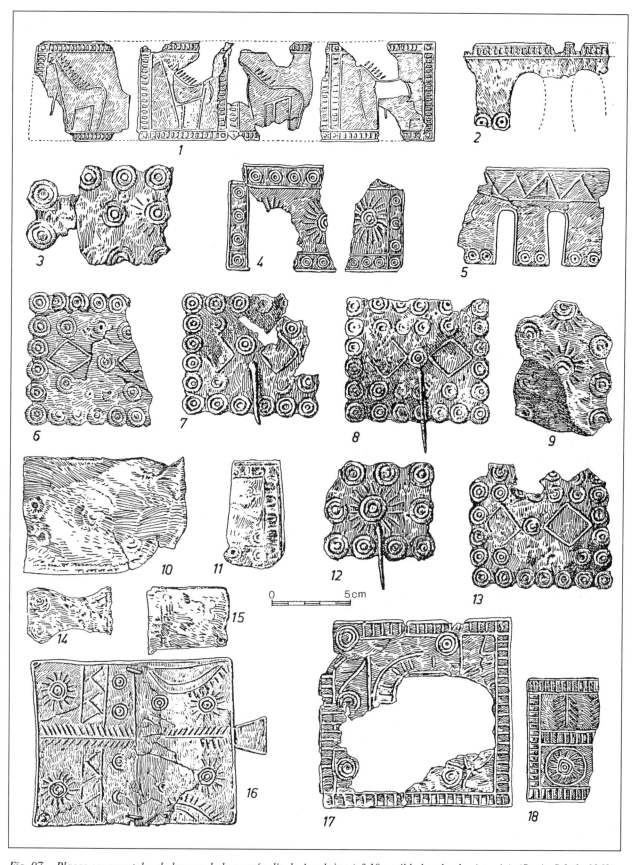

Fig. 97.—Placas ornamentales de bronce de la necrópolis de Arcobriga *(nº 10 posible broche de cinturón). (Según Schüle 1969).*

Con estos objetos pueden relacionarse otros elementos que integrarían el ajuar del banquete suntuario, principalmente los calderos de bronce (Almagro-Gorbea 1992c: 646 s.), de los que se conocen dos ejemplares en Carratiermes (tumbas 321 y 327), aplastados con clara intencionalidad (Argente *et alii* 1992b: 592) (28).

En los cementerios celtibéricos se han encontrado, excepcionalmente, otros recipientes broncíneos, posiblemente piezas de importación, cuyo papel en el ritual funerario no siempre puede determinarse con claridad. De Quintanas de Gormaz procede un vaso, de 11,5 cm. de diámetro, «a modo de cubeto, con la boca ligeramente acampanada y en ella un saliente en que enganchaba un asa» (Mélida 1923: 351; Taracena 1941: 138), así como algún fragmento de chapa quizás interpretable en este sentido (Schüle 1969: 275 s., láms. 33,4 y 39,19); en Monteagudo de Las Vicarías se localizaron dos vasos, uno de ellos con asa, utilizados como recipientes cinerarios (Taracena 1932: 34; *Idem* 1941: 100); en La Mercadera se identificó un único vaso broncíneo (Lorrio 1990: fig. 2). Además, de Carabias (Requejo 1978: 61) proceden los fragmentos de un trípode, también de bronce. Una interpretación más clara ofrecen los hallazgos de *simpula*, recipientes sagrados para realizar libaciones en los sacrificios, de los que se conoce uno en la tumba 362 de Carratiermes (Argente *et alii* 1992b: 592) y, al menos, los restos de siete ejemplares de bronce (fig. 96,B), a los que habría que unir otro más de cerámica (fig. 103,3), procedentes de la ciudad de Numancia (Martín Valls 1990: 148 s.).

Como puede comprobarse, el hallazgo de elementos relacionados con el banquete suntuario, a los que hay que atribuir un valor ritual y de estatus, a pesar de no ser frecuente, sí está perfectamente documentado en el territorio meseteño. Su presencia es bien conocida en las necrópolis abulenses de Las Cogotas y La Osera, donde aparecen asadores, tenazas, parrillas, trébedes, morillos, paletas y tenazas (Cabré *et alii* 1950: 74 y 198 s.; Kurt 1982; *Idem* 1987: 226 ss.), objetos todos ellos realizados en hierro, que en la tumba 514 de la zona VI de La Osera se asocian a un caldero de bronce. Resulta habitual su hallazgo en tumbas militares, lo que también se ha constatado en la Celtiberia. Así ocurre en los conjuntos de La Mercadera —formando parte de una de las sepulturas más ricas de esta necrópolis— y La Revilla, y lo mismo puede decirse respecto a las piezas broncíneas de Carratiermes y Quintanas de Gormaz, donde un puñal de hierro apareció adherido al vaso.

Con la excepción de las sepulturas de Carratiermes, pertenecientes a la fase I, el resto de los elementos de banquete procedentes de conjuntos cerrados celtibéricos se adscriben de forma general a la fase IIA.

Puede sumarse a estos objetos el hallazgo de morillos, siempre en contextos de habitación, como el ejemplar de Reillo (fig. 104,4) con decoración plástica (Maderuelo y Pastor 1981: 165, figs. 1-4).

5. ÚTILES

Amplia categoría que incluye una serie de objetos de muy diversa funcionalidad, desde los relacionados con la «toilette», como pinzas y navajas, hasta los vinculados con las diversas actividades agrícolas y artesanales.

5.1. *Pinzas y navajas*

Cerralbo (1916: 63) señala cómo los hallazgos de pinzas en sepulturas son muy frecuentes, tanto en tumbas con armas como en las integradas por objetos de adorno. Consisten en una cinta, generalmente de bronce, plegada por su mitad, que en ocasiones aparece decorada. Suelen encontrarse en conjuntos militares formados por un buen número de objetos (tablas 1 y 2, nº 97), hallándose, también, en tumbas integradas por objetos de adorno, como la tumba G de *Arcobriga*, donde aparecen unidas al alambre que permitiría llevarlas suspendidas (Aguilera 1916: 63) (29). Un caso hasta ahora excepcional lo constituye la necrópolis burgalesa de Pinilla Trasmonte (Moreda y Nuño 1990: 178, fig. 4), donde tanto las pinzas de bronce como las «navajas de afeitar» de bronce o hierro y de variada tipología, son los objetos metálicos predominantes.

Cronológicamente están documentadas en la Meseta Oriental desde la fase IIA, como lo confirma el ejemplar broncíneo de la tumba 29 de Sigüenza, conjunto integrado por una espada de frontón y una urna de orejetas, entre otros objetos (fig. 66,D). Sin embargo, resulta un objeto habitual en conjuntos más evolucionados, como lo demuestran los hallazgos de Quintanas de Gormaz —tumba A (fig. 72,B) y, las más modernas, R (fig. 72,D) y G (?)—, La Revilla (fig. 74,A-B) —tumbas A y B—, Atienza (fig. 68) —tumbas 15 y 16—, El Atance (tumba A) y *Arcobriga* (tumbas G, L y N).

Entre las piezas decoradas cabe mencionar el ejemplar broncíneo con decoración troquelada a base de círculos,

---

(28) El carácter cotidiano de estos objetos, relacionados con actividades culinarias, se pone de manifiesto en la casa 2 de Herrera, en una de cuyas estancias se halló un caldero de bronce junto a los elementos de hierro utilizados para colgarlo sobre el fuego (Burillo y de Sus 1988: 67).

---

(29) En Aguilar de Anguita, Cerralbo (1911, III: 28, lám 19,2 y 59,1) señala su presencia en varias tumbas de «damas» y en algunas de «hombres».

puntos y líneas que determinan dos fajas rellenas de rombos de la tumba 16 de Atienza (fig. 68,B), o una pieza de forma y decoración similar de Almaluez (Domingo 1982: 261, fig. 5,5). Junto a ellos, hay que referirse al tipo calado (Cuadrado 1975), de procedencia ibérica como los anteriores, igualmente constatado en la ciudad de Numancia.

La presencia de «navajas de afeitar» resulta menos frecuente (tabla 1 y Apéndice II, nº 93), documentándose su asociación con pinzas, ya señalada en Pinilla Trasmonte (*vid. supra*), en la tumba Atienza-15 (fig. 68,A) que proporcionó un ejemplar similar a otro de *Arcobriga*, de la sepultura inmediata a la de un supuesto régulo (Cabré 1930: 23).

5.2. *Tijeras*

Las tijeras de hojas paralelas constituyen un elemento relativamente frecuente en la Celtiberia, aunque su consideración como objeto de prestigio venga dada por aparecer formando parte de conjuntos funerarios (tablas 1 y 2 y Apéndice II, nº 91).

Son especialmente habituales en las necrópolis del Alto Duero, como lo demuestran los hallazgos de La Mercadera (tumbas 14, 19, 68, 76, 78, 80 y 98), La Revilla de Calatañazor (tumbas A-D), Gormaz (Cabré 1917: 207 ss.), Quintanas de Gormaz (tumba G y X), Ucero (tumba 13), Osma (conjuntos 6, 15, 16 y 17 del M.A.N. y tumbas 1 y 9 del M.A.B.) y Numancia, encontrándose siempre asociadas con armas (figs. 71,C,E y G, 74, A-D, 75,A, 76,A y 78,B). En La Mercadera están presentes en el 16% de los conjuntos militares, proporción aún más elevada si se excluyeran las tumbas adscritas a la fase I, que en ningún caso albergaron este tipo de objeto. Esta asociación se mantiene en los ajuares conocidos de *Arcobriga* (tumbas D y N), Atienza —tumba 15 (fig. 68,A)— y, posiblemente, El Atance (de Paz 1980: 44 y 48), constituyendo un objeto prácticamente desconocido en el resto de las necrópolis del Alto Tajo, donde Cerralbo (1916: 63) las halló «raras veces» (30). La presencia de tijeras en conjuntos militares está bien documentada en las necrópolis del área ibérica (Broncano *et alii* 1985: fig. 38; Cuadrado 1987: 93, fig. 133; etc.), aunque, a diferencia de lo que ocurre en la Celtiberia, también se registra en tumbas desprovistas de armas (Cuadrado 1987: tumbas 79 y 110).

Desde el punto de vista morfológico constituyen un grupo muy uniforme, sin apenas variaciones, pudiendo en algún caso presentar el muelle de flexión retorcido, como en Atienza-15 o Gormaz-10 (figs. 68,A y 74,D). Realizadas en hierro, y con unas dimensiones que oscilan entre los 16 y 23 cm., suelen carecer de decoración, si bien Cabré (1917: 92) hace referencia a una pieza de grandes dimensiones «con labores punteadas en ambas hojas». El modelo coincide con el utilizado para el esquileo de ovejas (Taracena 1932: 18), de modo que su presencia en las tumbas puede interpretarse como un símbolo de riqueza y, en cualquier caso, evidencia la importancia de la economía lanar en la sociedad celtibérica (Salinas 1986: 101 ss.) (31). Esta consideración como elemento de estatus, que perdurará en la Meseta durante largo tiempo (Caballero 1974: fig. 32,6), vendría confirmada por su asociación con conjuntos militares que cabe considerar como ricos, frecuentemente con aquellos que incluyen espada o puñal.

Diferente sería la interpretación dada al hallazgo de tijeras en las necrópolis del Occidente de la Meseta. Así parece indicarlo la tumba 1.442 de Las Cogotas (Cabré 1932: lám. LXXVI; Kurtz 1987: 211s.) o la sepultura 2 (sector N50-1) de la necrópolis de Palenzuela (Martín Valls 1985: 43, fig. 12), que se caracterizan por la miniaturización de los objetos que forman su ajuar, pudiendo considerarse como sepulturas infantiles (Cabré 1932: 28). Un caso diferente sería el de la tumba II del túmulo C (zona I) de La Osera (Cabré 1937: 111), en la que las tijeras tampoco se asocian con armas y sí, en cambio, con instrumentos de banquete (Kurtz 1982; *Idem* 1987: 226 ss.).

El origen de estos objetos parece ubicarse en la Europa Céltica, donde hacen su aparición a partir de La Tène B (Jacobi 1974: 87 ss.; Lenerz-de Wilde 1991: 186). Su presencia en la Meseta Oriental hay que situarla a partir de la fase IIA, constituyendo un elemento muy frecuente desde ese momento (*vid.* tablas 1 y 2).

5.3. *Hoces*

El hallazgo de hoces en contextos funerarios no constituye un hecho habitual, aunque estén presentes en algunas necrópolis del Alto Duero, siempre asociadas a ar-

---

(30) A este respecto, Cerdeño (1977: 163) señala la presencia de unas tijeras de hierro en la necrópolis de Aguilar de Anguita —formando parte de la sepultura 59, identificada por una etiqueta— asociadas, al parecer, a una fíbula de doble resorte, de la que no especifica el tipo, el muelle de otra fíbula, un botón y un colgante rectangular de piedra.

(31) Sin embargo, Alfaro (1978: 304) interpreta las tijeras celtibéricas como de uso doméstico al considerarlas demasiado pequeñas y carentes de la fuerza necesaria para realizar el esquileo, interpretación que sería válida para el caso de un pequeño ejemplar de unos 10 cm. de longitud de la tumba Osma-16 (M.A.N.). En este sentido, Raftery (1994: 127, fig. 74) sugiere, refiriéndose a un ejemplar irlandés similar a los celtibéricos, su vinculación con el aseo personal.

234 ALBERTO J. LORRIO

mas (32). Este es el caso de La Mercadera (tumbas 1, 3, 6, 14 y 68), donde se documentan en el 11,4% de los conjuntos militares, La Revilla —tumbas A (fig. 74,A) y D— y Osma —tumba 11 (fig. 76,C)—. Las características morfológicas descritas por Taracena (1932: 17s.) para las hoces de La Mercadera resultan perfectamente válidas para el resto de los ejemplares aparecidos en conjuntos funerarios celtibéricos (tabla 2 y Apéndice II, nº 90). Se trata de piezas realizadas con una lámina curvada de hierro, de filo interno, cuya empuñadura de material perecedero (madera o asta) quedaría fijada por medio de dos o tres roblones. Sus dimensiones oscilan entre 20 y 25 cm. de longitud en su eje mayor y de 3 a 3,5 cm. de anchura máxima. Taracena (1932: 18) señaló la diferencia entre estos modelos, adscritos de forma mayoritaria a la fase IIA, y los más modernos (fase III), procedentes de contextos habitacionales (figs. 98,B y 118), como Langa de Duero, Izana o Calatañazor (Barril 1992: 7 s.).

En el resto de la Meseta, sólo se conoce un ejemplar, de mayores dimensiones que los celtibéricos, aparecido en la tumba 632 de Las Cogotas (Cabré 1932: lám. LXXVIII), conjunto, también integrado por una urna a torno, que se ha relacionado con actividades agrícolas (Martín Valls 1986-87: 75 s.; Kurtz 1987: 210). La asociación hoz-armamento es conocida en una sepultura aislada hallada en un bancal del granadino Cerro de la Mora, cuyo ajuar estaba formado por una espada de antenas del tipo Alcácer do Sal y su vaina, cuatro puntas de lanza, un regatón, un broche de cinturón de tipo ibérico decorado, dos pequeñas anillas y una hoz (Pellicer 1961). En las necrópolis ibéricas, la vinculación de la hoz con ajuares militares es excepcional, habiéndose documentado su presencia en la tumba 209 de El Cigarralejo (Cuadrado 1987) junto con una falcata y tres podaderas.

Por lo que se refiere al Alto Duero, la hoz constituye claramente un elemento de prestigio, apareciendo siempre en conjuntos con un buen número de objetos. Su reiterada asociación con armas, unida a la representación iconográfica monetal que reproduce a un jinete portando —o esgrimiendo— una hoz o *falx* (fig. 80,D), permitiría plantear, al menos para los contextos funerarios, la posibilidad de que se trate realmente de un arma, aun cuando sea sólo de carácter ritual (33). En La Mercadera, con la

excepción de la sepultura 3, y en los demás casos conocidos en el Alto Duero, la hoz se asocia con la espada, o al menos con su vaina (tumba 6 de La Mercadera), y con todos los demás elementos de la panoplia (lanza, escudo y cuchillo). En la tumba 3, conjunto que ostenta el mayor número de elementos de este cementerio, podría plantearse que la hoz ha venido a ocupar el lugar de la espada, explicándose así la ausencia de ésta, lo que constituye una excepción entre las tumbas de más de seis objetos de esta necrópolis.

Sin embargo, parece más adecuada una interpretación de tipo funcional y simbólico para explicar su presencia en los ajuares funerarios, considerándolo un claro objeto de prestigio que reflejaría el control de la producción agrícola y/o la posesión de la tierra, de igual modo que las tijeras de esquileo pueden representar el dominio de la riqueza ganadera. La sugerencia de un carácter puramente funcional de la hoz, según la cual serviría para proporcionar el forraje necesario para la manutención de la montura (Ortego 1983: 575) (34), no parece que pueda admitirse como una explicación global para estos objetos.

5.4. *Dobles punzones*

En relación con el armamento de tipo ofensivo se encuentran unos objetos de funcionalidad controvertida: los «dobles punzones». Se trata de una barrita delgada de hierro con punta en ambos extremos y sección cuadrada o rectangular que suele medir de 10 a 15 cm. de longitud (Aguilera 1916: 36). Estos objetos, tenidos por Cerralbo como poco frecuentes, han sido considerados generalmente como elementos para sujetar el regatón al asta de madera de la lanza (35), como quedaría confirmado por un ejemplar de la tumba A de Aguilar de Anguita que apareció clavado dentro de un regatón (Sandars 1913: 64, fig. 42,12; Aguilera 1916: 36; Cabré 1930: 20, 23 y 25).

Suelen documentarse en tumbas con puntas de lanza y regatones, como es el caso de La Mercadera (Lorrio 1990: fig. 2), donde está documentada mayoritariamente la asociación de estos objetos, cuyas longitudes oscilan entre 6

(32) Entre las restantes necrópolis celtibéricas únicamente se ha señalado la existencia de piezas similares en El Atance (de Paz 1980: 47), donde se identificó la presencia de un fragmento de podadera.

(33) En este sentido, no hay que olvidar las peculiaridades morfológicas de los ejemplares celtibéricos procedentes de sepulturas frente a los hallados en contextos de habitación, que, si bien puede interpretarse en función de su diferente adscripción cronológica, quizás pudiera verse como un indicio de su distinta funcionalidad.

(34) Esta idea vendría apoyada por la reiterada asociación de la hoz con atalajes de caballo; no obstante, este hecho puede atribuirse a la propia riqueza de las sepulturas. Además, no explica la ausencia de la hoz en la mayoría de las tumbas provistas de estos elementos.

(35) Dada la longitud y grosor de la mayoría de ellos, no cabe confusión con los que, mucho más pequeños y de menor diámetro, estarían destinados a fijar la punta de lanza, y a veces también el regatón, al asta de madera. Conservados en raras ocasiones, tan sólo queda constancia de su uso gracias a dos pequeños orificios, localizados a veces en el cubo de enmangue de las puntas de lanza y en los regatones, a través de los cuales se introducirían las piezas mencionadas, produciéndose así la fijación del conjunto.

y 17,5 cm., con armas de variado tipo, lo que llevó a Taracena (1932: 14 s.) a considerarlos como «dardos», lo que no parece probable, estudiándolos conjuntamente con el resto del armamento.

Sin embargo, en ocasiones se hallan en tumbas donde faltan los regatones, habiéndose localizado también en enterramientos sin armas (Kurtz 1987: 217; Lorrio 1990: 45), llegando incluso a ser, como ocurre en Las Cogotas (Kurtz 1987: 217), el único objeto del ajuar. Esto ha llevado a su catalogación como instrumentos de trabajo (Martín Valls 1986-87: 75; Kurtz 1987: 215 ss.), por lo que tal vez cabría plantear una multifuncionalidad para estas piezas.

5.5. *Agujas*

La presencia de agujas de bronce en contextos funerarios ya fue indicada por Cerralbo (1916: 66), habiéndose recuperado algunos ejemplares tras la revisión de los materiales de su Colección (Requejo 1978: 57; García Huerta 1980: 76; Cerdeño 1976a: 7 ss.), en algún caso decorados mediante incisiones, como un ejemplar de Sigüenza (Cerdeño y Pérez de Ynestrosa 1993: fig. 29,3). Su hallazgo en hábitats denota la realización de actividades textiles, encontrándose en ambientes tan dispares como el nivel inferior del castro soriano de El Royo (Eiroa 1979b: 127; Romero 1991a: 322), adscribible a la Primera Edad del Hierro, o la ciudad de Numancia (Schulten 1931: lám. 55,A).

5.6. *Útiles agrícolas y artesanales*

La mayor parte de estos objetos, generalmente de hierro, procede de hábitats de finales de la Edad del Hierro, aunque a veces se documentan también en los lugares de enterramiento. Este es el caso, ya comentado, de las hoces, las tijeras y los punzones, elementos realizados todos ellos en hierro, de las agujas de bronce, o el de las fusayolas cerámicas, cuyo hallazgo resulta frecuente en los contextos funerarios. A ellos hay que añadir la presencia en una sepultura de Turmiel (fig. 98,A) de una reja de arado, anillas del timón, una azadilla, una azada y un buril o formón (Artíñano 1919: 21, nº 107; Barril 1993); el hallazgo en la necrópolis de *Arcobriga* de una reja de arado junto con sus anillas (Taracena 1926a: 17), así como de algunas hachitas (Taracena 1926a: 16), materiales que cabe atribuir a un momento avanzado de la fase II; una hachita de la tumba P de Quintanas de Gormaz; o una alcotana en la tumba Osma-1 (M.A.N.), cuya asociación con una fíbula en omega permite su adscripción a la fase III (tabla 2 y Apéndice II, nº 95). La revisión de los materiales de la necrópolis de Carabias permitió identi-

ficar un pequeño cincel, una hachita, «un hacha grande trapezoidal sin el mango perforado» y dos badales de campanilla de hierro, así como restos de escoria (Requejo 1978: 61), si bien no debe desecharse que estos materiales procedieran de alguno de los poblados excavados por Cerralbo, donde constituyen objetos habituales (*vid. infra*).

Mucho más abundante es la presencia de útiles de diverso tipo en los poblados de finales de la Edad del Hierro, dejando constancia de la realización de diferentes actividades (figs. 98,B, 118, 120 y 122). Los conjuntos más completos proceden principalmente de los poblados de Langa de Duero (Taracena 1929 y 1932), Los Castejones de Calatañazor (Taracena 1926a) y Castilterreño, en Izana (Taracena 1927; Pascual 1991: figs. 59-60). A ellos debe añadirse una serie de hallazgos recuperados por Cerralbo en algunos hábitats del Alto Henares, como El Perical, en Alcolea de las Peñas (Artíñano 1919: 22, nº 116-122), El Castejón de Luzaga (Artíñano 1919: 23 s., nº 123-131) o Los Castillejos de El Atance (Artíñano 1919: 24 s., nº 136-138), sin olvidar el importante conjunto de la ciudad de Numancia (Manrique 1980). Un gran interés presenta el procedente de la llamada *Casa de Likine*, en La Caridad de Caminreal, donde se ha documentado un área de actividades domésticas y otra de talleres y actividades artesanales (Vicente *et alii* 1991: 112 y 119) que han permitido identificar un buen número de herramientas y útiles relacionados con los trabajos agrícolas y ganaderos (hoces, horcas, azadas, rejas de arado, molinos, las ya mencionadas tijeras de esquileo y campanillas), útiles artesanales relacionados con diversas actividades, como la textil (agujas, fusayolas, pesas y cardador), la carpintería y la explotación forestal (hachas, sierras, cuchillas, podaderas y barrena), la siderurgia (tenazas, martillos, mallos y yunque), el trabajo de la piedra (compases, tallantes o picoletas y picos) o el curtido de las pieles (cuchilla).

5.7. *Arreos de caballo y herraduras*

Los arreos de caballo constituyen un elemento relativamente habitual entre los hallazgos procedentes de necrópolis, resultando significativa su asociación reiterada con armas. Los ejemplares meseteños han sido sistematizados por Schüle (1969: 122 ss.) y Stary (1991: 150 ss.), pudiéndose diferenciar diversas variantes (tablas 1 y 2 y Apéndice II, nºs 50-55) que incluirían filetes con anillas o charnelas, bocados de anillas, con dos o tres eslabones y, en ocasiones, barbada metálica, bocados de camas curvas o rectas y serretones.

Se trata de elementos funcionales realizados en hierro, aunque se conozca algún caso de bronce, como una de las camas de un ejemplar de la tumba 15 de Atienza

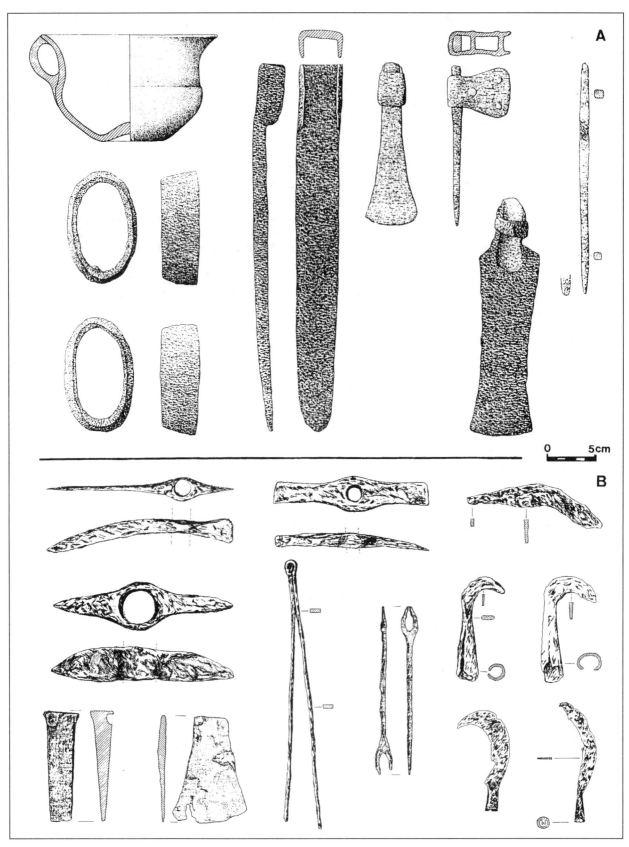

Fig. 98.—A, ajuar de una sepultura de Turmiel; B, diversos útiles procedentes de Numancia. (Según Barril 1993 (A) y Manrique 1980 (B)).

(fig. 68,A) o una pieza decorada procedente de *Segobriga* (Quintero Atauri 1913). Su procedencia mayoritaria de contextos funerarios hace de ellos auténticos objetos de prestigio, ya por sí mismos o formando parte del equipo del caballo, como lo confirmaría su presencia en las sepulturas de ajuares más destacados.

Aunque su incorporación a los ajuares funerarios, a tenor de los datos aportados por Carratiermes (Argente *et alii* 1989: 235), se habría producido en la fase I (modelos sencillos con filetes o bocados con anillas y barbada metálica) su presencia generalizada no se haría efectiva hasta la fase siguiente. En Aguilar de Anguita (figs. 63 y 64, A) más de la mitad de las tumbas con espada, que son también las de mayor riqueza del cementerio, tienen arreos de caballo, registrándose en ocasiones —tumba A (fig. 63)— hasta dos ejemplares en un mismo conjunto, estando presentes igualmente en los conjuntos más destacados de Alpanseque (fig. 65,A-B) y Sigüenza (fig. 66,D), todos ellos adscribibles a la subfase IIA1 (*vid.* capítulo V). Se trata de diversas variedades del modelo de camas curvas, estando también documentado el bocado de camas rectas así como serretones.

En la necrópolis de Atienza (subfase IIA2), donde los arreos de caballo se asocian con las diferentes variantes de la panoplia identificadas en este cementerio, se mantiene la tendencia observada en la subfase precedente. Aparecen siempre en tumbas con más de cinco elementos (figs. 67,B,C,E y G y 68), estando además presentes en las cuatro sepulturas con mayor número de objetos (tumbas 9, 12, 15 y 16), a veces con más de un ejemplar por conjunto, lo que viene a confirmar la importancia del caballo para las élites celtibéricas durante este período. Los hallazgos incluyen serretones, filetes de doma y bocados de camas curvas, que a veces presentan aspecto liriforme, y rectas.

En *Arcobriga* (fase IIB) resulta significativa la extrema rareza de arreos de caballo, ya que sólo se conoce uno, de camas rectas, aparecido en la sepultura B (fig. 69,C), tenida por Cerralbo como la de ajuar «más importante», propio de un «jefe» (Aguilera 1911, IV: 36, lám. 33,1; *Idem* 1916: fig. 31), lo que quizás haya que poner en relación con el progresivo empobrecimiento de los ajuares en las tierras del Alto Tajo-Alto Jalón a partir de un momento avanzado de la fase II, definida a partir del armamento (subfase IIB).

En el Alto Duero, constituyen un elemento relativamente frecuente en las sepulturas con armas adscribibles a la fase IIA. La Mercadera proporcionó un total de seis enterramientos con estos objetos (Lorrio 1990: 45), asociados en todos los casos a armas, lo que supone que el 13,6% de los ajuares militares de este cementerio poseerían elementos de atalaje. Su presencia en las sepulturas

puede ser contemplada como un indicador social de su propietario, lo que parece confirmarse en este cementerio, donde cinco de las sepulturas con arreos pueden considerarse como «ricas», dado el elevado número de objetos que contenían. Todos lo ejemplares presentan eslabones articulados, estando a veces incluso dentado.

Menor información han proporcionado al respecto las restantes necrópolis de la zona (figs. 74,A, 75,C y E y 76,C), al tratarse en muchos casos de excavaciones realizadas en las primeras décadas de este siglo. Con todo, la presencia de arreos de diverso tipo se mantiene en estos cementerios hasta la fase III, momento en el que se registra su presencia en contextos de hábitat, como evidencian los hallazgos de la ciudad de Numancia (Mélida 1918a: lám. XIV,D). A pesar de poseer una menor información sobre los elementos de atalaje, las fuentes literarias y la iconografía destacan el papel del caballo como montura durante el período más avanzado de la Cultura Celtibérica. Un buen ejemplo de ello lo constituyen las representaciones monetales (fig. 139,B y lám. VIII), las estelas funerarias (figs. 50,3 y 81,1-2), la cerámica pintada (fig. 81,6), las conocidas fíbulas de caballo con jinete (fig. 81,3-5 y lám. IV,2-3) e incluso ciertos estandartes o báculos de distinción (portada).

No es habitual el hallazgo en la Península Ibérica de herraduras con clavos atribuibles a la Edad del Hierro, a pesar de que en la Europa céltica se conozca su uso con seguridad desde el inicio del período lateniense e incluso desde el Hallstatt Final (Motyková 1994). Aparecen concentrados en las necrópolis del Alto Tajo y Alto Duero y proceden de excavaciones desarrolladas a principios de este siglo. El conjunto más importante procede de las necrópolis de La Carretera y El Altillo, en Aguilar de Anguita, donde se hallaron diez herraduras completas, además de varios trozos muy corroídos, ejemplares todos ellos aparecidos fuera de las tumbas, aunque se hallaran depositados en sus inmediaciones (Aguilera 1916: 43 ss., fig. 20; Artíñano 1919: 19, nº 88; Paris 1936: lám. XIII,1). Son herraduras gruesas, grandes y pesadas, de bordes lisos, con nueve o diez orificios cuadrados, conservándose en algunos casos los clavos. Fragmentos de herraduras semejantes fueron localizados en la tumba 14 (calle I) de Alpanseque (fig. 99,10) (Cabré y Morán 1975b: 130, fig. 2) y en la 28 de Clares (Aguilera 1916: 96 s.), ambas con armas (punta de lanza y regatón) y, en la primera de ellas, con los restos del atalaje del caballo.

Un modelo diferente, seguramente debido a su datación más avanzada, es el documentado en la necrópolis de La Cava (Luzón). Se trata de un ejemplar de menor tamaño, con perforaciones rectangulares, más cercano a los modelos latenienses, aparecido próximo a una urna cineraria (Aguilera 1916: 96; Artíñano 1919: 19, nº 89). A un

238 ALBERTO J. LORRIO

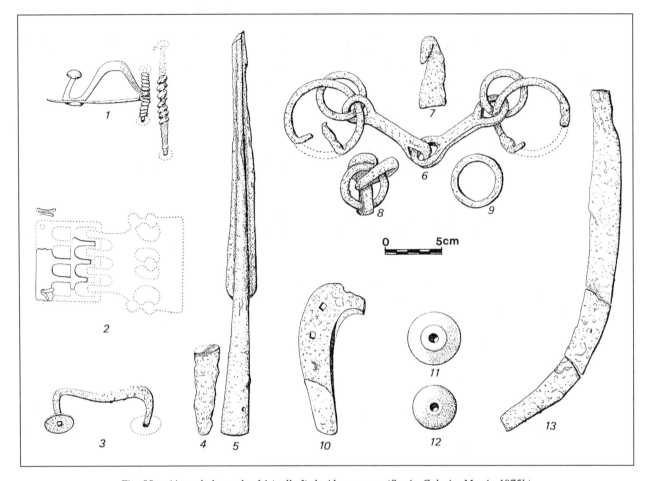

Fig. 99.—Ajuar de la tumba 14 (calle I) de Alpanseque. (Según Cabré y Morán 1975b).

modelo similar parece corresponder el ejemplar de la tumba 44 de La Requijada de Gormaz, conjunto integrado, entre otros elementos, por una espada y arreos de caballo (Aguilera 1916: 95 s.).

En Osma (tumba 1 M.A.N.) se halló un trozo de herradura (Morenas de Tejada 1916b: 609) que conservaba un clavo, cuya asociación con una fíbula de tipo omega permite la adscripción del conjunto a la fase III.

Restos de herraduras se han localizado, asimismo, en la necrópolis de La Cabezada (Torresabiñán), de donde proceden dos fragmentos hallados en las proximidades de otras tantas sepulturas, y en Renales, en el paraje denominado Villacabras, donde se encontró media herradura junto a una fíbula (Aguilera 1916: 96). Requejo (1978: 61) ha registrado la presencia de un fragmento en la necrópolis de Carabias.

A estos hallazgos cabe añadir tres ejemplares incompletos semejantes a los de Aguilar de Anguita, que fueron recuperados en los sondeos realizados por Cerralbo en las laderas del Cerro del Padrastro en Atienza, junto a una vasija similar a la de la tumba 16 de la cercana

necrópolis del Altillo de Cerropozo (Cabré 1930: 29 s., nota 1).

Aun considerando el aspecto moderno que ofrecen las herraduras documentadas, las condiciones de su hallazgo, a veces formando parte de conjuntos cerrados (fig. 99), así como la propia evolución que presentan y la probada antigüedad de su uso fuera del territorio peninsular, abogan por la tesis defendida por Cerralbo (1916: 97), según la cual «se herraron los caballos en la Celtiberia, por lo menos, desde el siglo IV a. de J.C.» (*vid.*, asimismo, Schüle 1969: 130 s.; Stary 1994: 159, mapa 48,C).

6. OTROS OBJETOS

Las necrópolis y los poblados celtibéricos han proporcionado una gran diversidad de objetos. Sin pretender ser exhaustivos se ofrece una relación de aquellos que, por su excepcionalidad, no han sido incluidos en ninguno de los apartados anteriores, no resultando siempre fácil su catalogación. De la necrópolis de Montuenga procede un hacha de fibrolita (Aguilera 1911, IV: lám. IV,2); de La

Yunta un asta de ciervo pulimentada, decorada con motivos incisos en retícula (García Huerta 1992: 146); en Carabias (Requejo 1978: 61) se localizaron algunos huesos de cérvido decorados con motivos geométricos, así como «algunos restos de madera carbonizada con decoración geométrica incisa típicamente céltica» y una piedra de afilar de forma rectangular (Requejo 1978: 59); una de las tumbas de Riba de Saelices (Cuadrado 1968: 32, fig. 24,8) proporcionó una concha; en las antiguas excavaciones de la ciudad de Numancia se encontró un mango de marfil (Pastor 1994: 203 s., fig. 2,1); etcétera.

En la necrópolis de Gormaz se halló un sencillo vasito de pasta vítrea (Taracena 1941: 84) y en los alrededores de Cabeza del Griego, donde se localiza la *Segobriga* celtibérico-romana, un *aryballos* de vidrio polícromo (Feugère 1989: 44), al que hay que añadir algunos fragmentos de vidrio de núcleo de arena procedentes de los niveles augusteos de la ciudad (Almagro-Gorbea y Lorrio 1989: 198; Feugère 1989: 59).

Entre los objetos realizados en hierro, cabe destacar el hallazgo de cadenas de gruesos eslabones en ambientes funerarios, como ocurre en la tumba Quintanas de Gormaz-S y en Luzaga (Aguilera 1911, IV: lám. XIII,1).

Un aspecto difícilmente valorable, dada la precariedad del registro arqueológico en este campo, es el que se refiere al mobiliario y a la cerrajería, cuya presencia debió ser frecuente en los hábitats de finales de la Edad del Hierro. En La Caridad de Caminreal se identificaron los elementos metálicos de puertas, armarios y arcones, así como los dispositivos de iluminación interior (Vicente *et alii* 1991: 112). También en la casa 2 de Herrera se encontraron posibles elementos de cerradura (Burillo y de Sus 1988: 65). En este sentido, la presencia de clavos de hierro en poblados resulta habitual, siendo más excepcional su hallazgo en sepulturas, como sucede en La Mercadera, donde únicamente los había en una de ellas, pudiéndose poner en relación con la existencia de recipientes o cajas funerarias hechas en madera (Lorrio 1990: 47). Algo similar ocurre con las llaves, de las que sólo se conoce un hallazgo interpretado como tal en necrópolis, en la tumba Osma-2 (M.A.N.) (tabla 2 y Apéndice II, nº 96).

7. LA PRODUCCIÓN CERÁMICA

Entre el artesanado cerámico destacan los recipientes de muy diverso tipo y calidad, que constituyen el elemento arqueológico más frecuente. Su abundancia y variabilidad tipológica hace que no se haya analizado en detalle, remitiendo en última instancia a los diversos trabajos de síntesis que han abordado el estudio de estos

productos (*vid.*, asimismo, capítulo VII). Junto a ellos, se analiza la rica coroplástica, así como ciertos objetos cuya funcionalidad no siempre es fácil de determinar: las fusayolas, las pesas de telar, las bolas, a veces realizadas en piedra, y las fichas.

7.1. *Los recipientes*

La producción de vasos cerámicos constituye con diferencia el elemento artesanal más abundante de la documentación arqueológica. De hecho, a menudo los restos de la vajilla son el único objeto recuperado en los poblados celtibéricos, sobre todo por lo que concierne a los estadios iniciales, permitiendo así la adscripción cultural y cronológica de los lugares donde aparece (*vid.* capítulo VII). La cerámica resulta un elemento ambiguo, a veces enormemente conservador, como lo demuestra la presencia de cerámicas a mano a lo largo de toda la secuencia evolutiva, pero otras de una gran innovación. Esto ha llevado a su completa exclusión de algunos trabajos de síntesis (Schüle 1969; Lorrio 1994a: tablas 1 y 2), centrados en los aparentemente más fiables objetos metálicos (*vid.* tablas 1 y 2 y Apéndice II). Sin embargo, la cerámica, tanto la realizada a mano como la torneada, tiene la ventaja de reflejar mejor que ningún otro elemento las originalidades locales, evidente por ejemplo en ciertas producciones numantinas, así como las similitudes formales y decorativas utilizadas frecuentemente para definir grupos culturales al tiempo que fases cronológicas.

El conocimiento de la producción vascular celtibérica resulta dispar, con una mayor información procedente del registro funerario que, en cualquier caso, presenta importantes deficiencias. En este sentido, basta comprobar el reducido espacio que generalmente se dedica a estos objetos en los diversos trabajos de revisión de algunas de las necrópolis que integran la Colección Cerralbo, especialmente por el escaso número de urnas cerámicas conservadas que, como en La Olmeda, pueden llegar a faltar casi por completo (García Huerta 1980: 30 s.). Tampoco han gozado de mayor fortuna los cementerios excavados por Taracena en el Alto Jalón, como ocurre en la necrópolis de Almaluez de la que tan sólo se ha publicado el material metálico (Domingo 1982), o por Morenas de Tejada en el Alto Duero, donde el material cerámico ha permanecido inédito en su gran mayoría (Bosch Gimpera 1921-26: 175 ss.).

Un caso diferente lo constituye el cementerio de Luzaga, cuya revisión se centró únicamente en los recipientes cerámicos que, dadas las características de esta necrópolis, representan el material más abundante (Díaz 1976), aunque el carácter descontextualizado de todo el

ALBERTO J. LORRIO

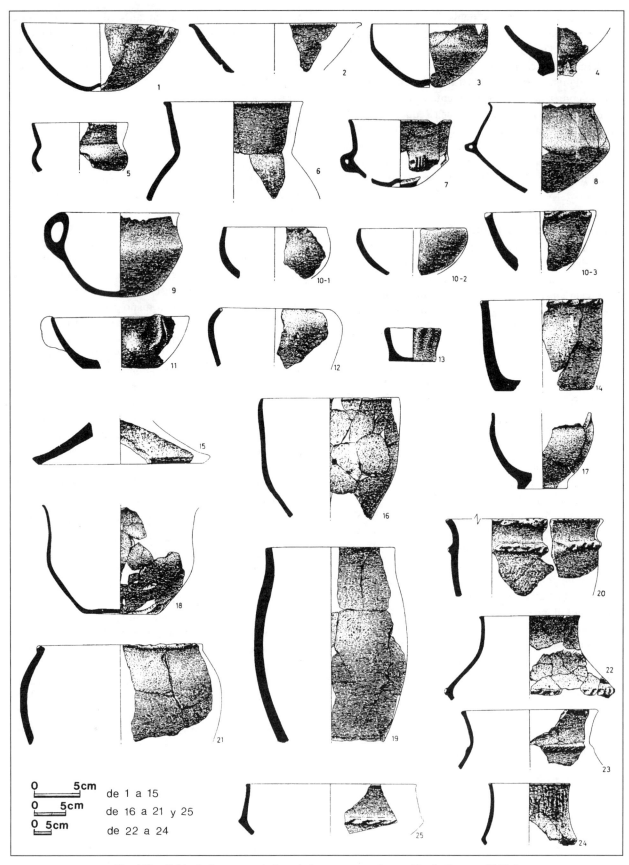

Fig. 100.—Tabla de formas cerámicas de los castros sorianos. (Según Romero 1991a).

conjunto limite enormemente sus posibilidades interpretativas.

Actualmente se cuenta con un amplio repertorio de formas para las **cerámicas a mano** —para cuya cocción se utilizan hornos de fuegos reductores, lo que les da tonalidades negras o parduzcas— principalmente por lo que se refiere a las producciones del Primer Hierro. Las prospecciones realizadas en las tierras del Alto Tajo-Alto Jalón han proporcionado abundante material cerámico a mano, permitiendo establecer una tabla de más de treinta formas para esta región (Valiente y Velasco 1988: 117 y 119, figs. 7-10). Otra de las zonas donde el incremento de las actuaciones arqueológicas ha sido importante en los últimos años es el área Norte de la provincia de Soria, donde se individualiza la llamada «cultura castreña soriana». Los materiales arqueológicos que definen esta cultura son en su gran mayoría cerámicos, habiéndose establecido una tabla de formas (fig. 100) (Romero 1984c: figs. 2-7; *Idem* 1991a: 241 ss., figs. 73-74), la primera realizada para esta cultura, en la que juega un papel fundamental el material procedente de las excavaciones del Zarranzano, analizándose también las poco abundantes decoraciones, sobre todo cordones aplicados e impresiones digitales o unguiformes (*vid.*, asimismo, Bachiller 1987a: 17 ss., tablas II-IV).

Sobre las **cerámicas a torno**, aun contándose con algunos estudios importantes, como los llevados a cabo con el material de las necrópolis de Riba de Saelices, Luzaga y La Yunta (fig. 101), faltan aún tablas tipológicas para las especies a torno de algunas regiones de la Celtiberia. Este es el caso del Alto Duero (Romero y Ruiz Zapatero 1992: 117), donde la producción vascular es bien conocida tan sólo en época avanzada, siendo buen ejemplo de ello las cerámicas numantinas (Wattenberg 1963; Romero 1976a-b).

En Riba de Saelices (Cuadrado 1968: 12 ss., figs. 11 ss.), la cerámica está toda realizada a torno, en su mayoría con paredes finas y barro rojizo u ocre claro, habiéndose individualizado un total de diecinueve formas. A pesar de la dificultad en su conservación, Cuadrado señala cómo casi todos los vasos debieron estar decorados al menos mediante finas líneas horizontales pintadas. También se recuperaron algunos fragmentos de una cerámica basta, de paredes gruesas, tamaños grandes y colores rojizos, en su gran mayoría sin decorar (Cuadrado 1968: 24, fig. 16).

Una información similar es la ofrecida por la necrópolis de Luzaga (Díaz 1976: 404 ss., figs. 4-18). La mayor parte de las piezas están realizadas a torno, generalmente con barros finos y depurados y pastas claras fruto de su cocción oxidante, predominando los colores anaranjados. El engobe se ha conservado en muy pocos casos, al igual que ocurre con la decoración, pintada, a base de líneas paralelas y combinaciones de motivos geométricos simples (36). Se han diferenciado una docena de formas (37). Entre la cerámica a torno hay que destacar algunas piezas de pasta gris, en alguna ocasión decoradas mediante líneas horizontales pintadas, líneas incisas o con motivos impresos (Díaz 1976: 164 ss.; fig. 19). Junto a ellas, algunas vasijas a mano, de barros poco depurados, en los que predomina el color negro y el rojizo. Se trata de urnas de gran tamaño o de pequeños cuencos, con decoración incisa e impresa, con cordones, gallones y asitas perforadas horizontalmente (Díaz 1976: 468 ss., fig. 20 y lám. V,3-6) (38).

En La Yunta (García Huerta y Antona 1992: 121 ss.), las especies a torno suponen el 95% del total de los recipientes recuperados. Son cerámicas fabricadas con barros finos y depurados, de calidad homogénea, cocidas en atmósferas oxidantes que proporcionan tonos ocres o naranjas, estando generalmente engobadas. Se han documentado en este cementerio un total de nueve formas diferentes, presentando decoración casi la mitad de las piezas recuperadas, siempre pintada, generalmente monocroma, aunque en algún caso se haya documentado la bicromía, a base de motivos geométricos como líneas y bandas horizontales, bandas perpendiculares, líneas onduladas horizontales, semicírculos y círculos concéntricos, dobles triángulos, dientes de lobo y dobles óvalos con radios. Sobre algunos de estos recipientes se han realizado grafitos (García Huerta y Antona 1992: 132 ss.).

Junto a los estudios tipológicos hay que hacer referencia a los cada vez más frecuentes análisis de pastas cerámicas celtibéricas (García Heras 1993a-b, 1994a-b y 1995; García Heras y Rincón 1996), que están proporcionando resultados de gran interés (*vid.* capítulo VIII,2.2).

7.2. *La coroplástica*

En este apartado se incluye un conjunto de figurillas exentas y aplicadas realizadas en arcilla cocida. Las piezas de mayor antigüedad proceden de la necrópolis de Aguilar de Anguita: un objeto troncocónico rematado en

(36)   Sin embargo, Cerralbo (1916: 23) señala que en todo este conjunto cerámico «no hay sino tres o cuatro que estén pintadas con ornamentaciones geométricas sencillas», al tiempo que resalta cómo la cerámica pintada resultaba rara en las necrópolis por él excavadas.

(37)   Entre ellas, Cerralbo (1916: 20, fig. 7) destacó las urnas de pie alto, algunas de las cuales presentan junto al borde una «pequeña tacita», forma también identificada en La Yunta-62 (fig. 101,9.1).

(38)   De esta necrópolis proceden dos toscos fragmentos de urna decorados mediante pequeños círculos impresos alineados «y en ellos incrustadas anillitas de ámbar amarillo del Báltico» (Aguilera 1916: 22 s., fig. 9), no recogidos en el trabajo de Díaz (1976).

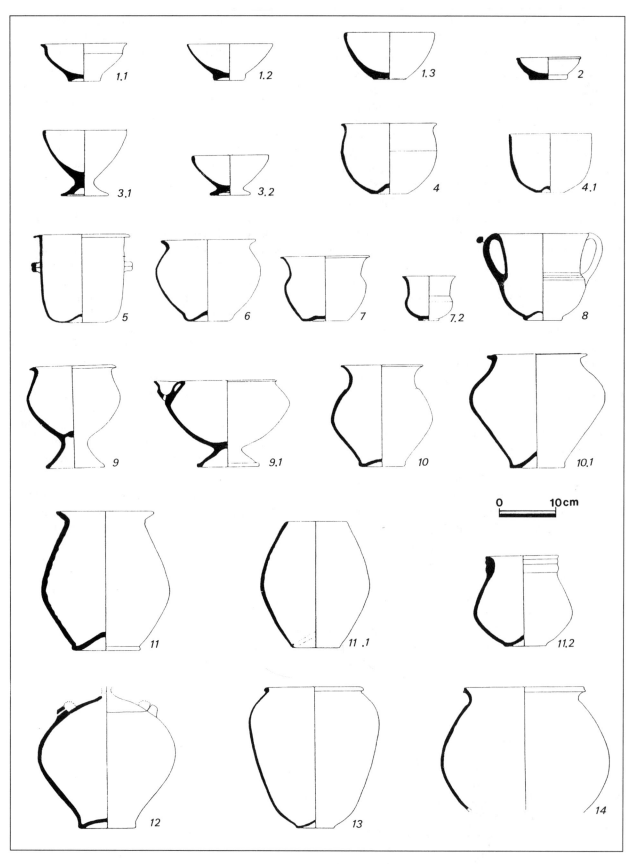

Fig. 101.—Alto Tajo-Alto Jalón: tabla de formas cerámicas a torno. (Según García Huerta 1990).

cabeza de ave, hueco en su parte inferior y con una perforación sobre la cabeza, hallado en el interior de una urna cineraria (Aguilera 1911, III: lám. 24; Cabré 1988: 124; *Idem* 1990: fig. 10), y una figura zoomorfa, posiblemente un caballo, que aparece sobre un disco cerámico. Esta pieza pertenece a la tumba P (fase IIA), conjunto integrado por una urna y su tapadera, a torno, un puñal de frontón exento, una punta de lanza, un arreo de caballo y un disco metálico. Está apoyada sobre cuatro agujeritos, de los que se han encontrado otros dos situados a ambos lados de la figura, en el intermedio de la mano y la pata que, para Cerralbo (1911, III: 48), estarían destinados al jinete, no conservado. Si para E. Cabré (1988: 126; 1990: 212, fig. 10) se trataría de una tapadera con agarradero zoomorfo, no conviene olvidar que la urna cineraria apareció cubierta con una copa (Galán 1989-90: 185). A ellas hay que añadir un vaso ornitomorfo (Aguilera 1911, III: lám. 27, 3), sin contexto.

Con la excepción de estas piezas, el resto de la plástica escultórica celtibérica se configura en su conjunto como un fenómeno eminentemente tardío (fase III), pudiéndose fechar en gran medida en el siglo I a.C., conociéndose algunos ejemplares más antiguos y otros fechables con posterioridad al cambio de era. Cabe destacar una serie de conjuntos procedentes de diversos cementerios y poblados de las provincias de Soria, Guadalajara y La Rioja. Se analizarán primero las figuraciones zoomorfas, cuyas piezas más antiguas como se ha indicado se sitúan en Aguilar de Anguita, para continuar con las representaciones humanas y, dentro de ellas, las cabezas exentas.

Dentro de una vivienda del poblado de Las Arribillas (Galán 1989-90: 181 ss., figs. 3-4) se localizaron media docena de piezas, entre las que se incluyen diversos animales (fig. 102,A): un ave, un caballo y otro posible, un animal sentado, quizás un perro, una cabeza de caballo y acaso un jabalí. En otra vivienda, al pie del cerro Monobar, en Almaluez, se hallaron «varias tinajas celtibéricas de barro rojo y multitud de tosquísimas figuras animales y humanas» del tipo de las aparecidas en Numancia, pero aún más rudas (Taracena 1941: 33-34). De Langa de Duero proceden dos caballos, uno de ellos interpretado quizás como un asidero de tapadera (Taracena 1929: 43 s., lám. X), habiéndose señalado únicamente la procedencia de uno de ellos, que apareció en el interior de una habitación tenida como almacén de herramientas (Taracena 1929: 35 s.). De Numancia procede el conjunto más importante y variado (Taracena 1925: 87; *Idem* 1941: 76; Wattenberg 1963: 42) que, con la excepción de los remates de algunas trompas en forma de fauces abiertas de carnicero (fig. 78,C,16), reproduce figuras y prótomos de caballos y bóvidos. Aparecen formando parte de asas (fig. 103,4 y 6), entre las que destaca una rematada en

cabeza de caballo (fig. 103,3) perteneciente a un *simpulum* (Martín Valls 1990: 148), con función de fusayola (?) (fig. 103,8), o simplemente aplicados (fig. 103,1, 5 y 9), en ocasiones, a trompas (fig. 103,7) y cajas (fig. 103,2). Además, cabe mencionar algunos vasos plásticos (Taracena 1954: fig. 167) en forma de toro y jabalí, figuras exentas de caballitos con jinete (fig. 103,12-14), y los pies votivos, algunos de ellos rematados en prótomos de caballo (fig. 103,10-11).

Del Castillejo de Garray (Morales y Sanz 1994; Morales 1995: 130, fig. 51) procede una copa de cerámica realizada a mano con decoración aplicada zoomorfa en 'perspectiva cenital' (fig. 102,B,1), elemento característico de la iconografía arévaco-vaccea (figs. 102,B,2-8, 138,1 y lám. VII.3) (Romero y Sanz 1992).

Al área meridional de la Celtiberia corresponde un conjunto interesante de piezas aparecidas en el poblado conquense de Reillo (Maderuelo y Pastor 1981: 165, figs. 1-7). Incluye un morillo zoomorfo rematado en cabeza de carnero y con serpientes en su lomo, decorado con motivos geométricos incisos (fig. 104,4), una tapadera realizada a mano con un asidero en forma de cabezas de carnero (fig. 104,1), un fragmento de vaso calado a torno con una serpiente en relieve (fig. 104,2), y los restos de urna a mano con decoración también en relieve difícil de determinar (fig. 104,3).

La presencia de figuraciones humanas está constatada tanto en poblados como en necrópolis. Por lo que se refiere a las figuras de bulto redondo destaca el conjunto de Numancia (Schulten 1931: 268 s., lám. 35,A y C; Wattenberg 1963: tablas XVII,455 y 462), sobre todo una figura femenina (fig. 125,4), con decoración pintada en blanco y negro, y un jinete claramente relacionado con los documentados en las fíbulas (fig. 103,14). A ellos hay que añadir las ya comentadas representaciones de pies (fig. 103,10-11 y 15), también presentes en Langa de Duero, de donde procede un alto pie humano calzado (Taracena 1929: 43 s., lám. X).

Entre las cabezas exentas de terracota, se encuentran los dos ejemplares de la necrópolis de Carratiermes (fig. 105,11-12), tal vez pertenecientes a alguna figura no conservada, al igual que el de Estepa de Tera (fig. 105,13), ejemplar fechado ya en el siglo I d.C. (Morales 1984: 115). Dentro de este grupo se puede incluir una figurita de forma cónica, con la representación esquemática de nariz y ojos, procedente de Langa de Duero (Taracena 1932: fig. 12), similar a otras dos de Castrillo de la Reina y del Castro de Las Cogotas, respectivamente (Almagro-Gorbea y Lorrio 1992: 429 y 431), y cuyo paralelo más próximo se halla entre las cerámicas numantinas (Wattenberg 1963: lám. X,4.1239 y 9.1244; Romero 1976a: fig. 41) (fig. 109,2-3), desta-

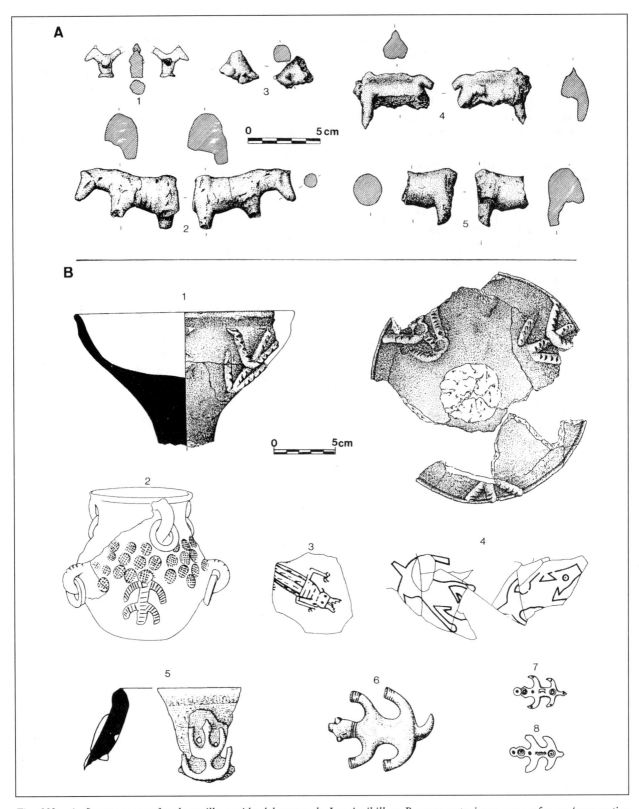

Fig. 102.—A, figuras zoomorfas de arcilla cocida del castro de Las Arribillas; B, representaciones zoomorfas en 'perspectiva cenital' (1-2, aplicadas sobre cerámica; 3-4, pintadas; 5, aplicada de plomo; 6, tésera de hospitalidad de bronce; 7-8, fíbulas o posibles colgantes de bronce): 1, el Castillejo de Garray; 2, Palencia; 3-4 y 7-8, Numancia; 5, Termes; 6, región de Segobriga. (A, según Galán 1990. B, según Morales 1995 (1), Romero y Sanz 1992 (2, 5 y 6), Romero 1976a (3-4) y Schüle 1969 (7-8)). 2-8, a diferentes escalas.

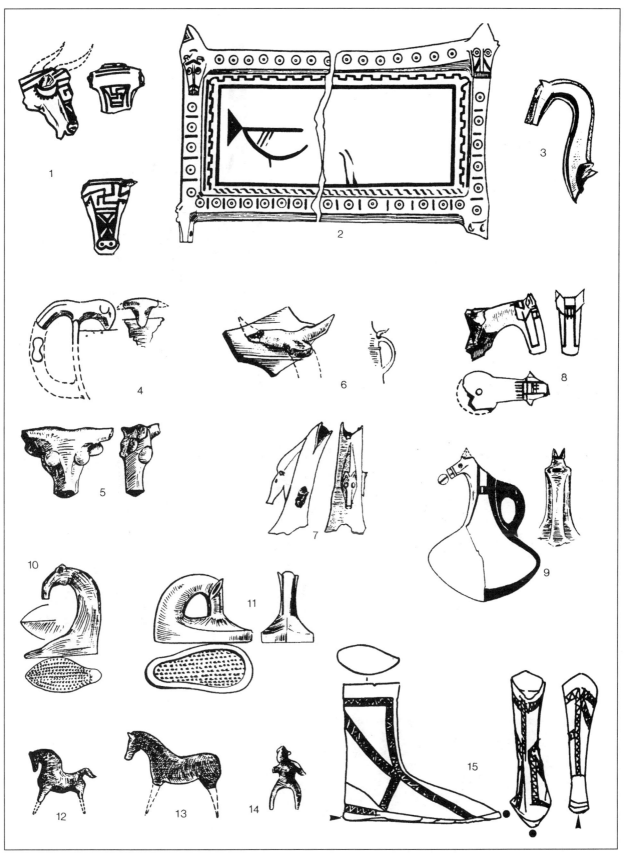

Fig. 103.—Coroplástica numantina. (Según Wattenberg 1963). A diferentes escalas.

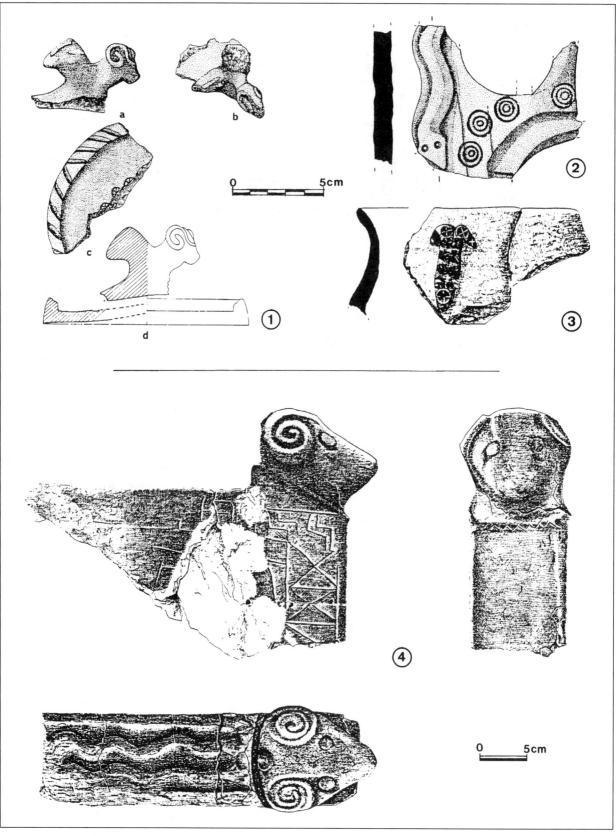

Fig. 104.—Reillo. Representaciones zoomorfas (1-2) e indeterminada (3) sobre cerámica y morillo rematado en cabeza de carnero (4). (Según Maderuelo y Pastor 1981).

cando un personaje tocado con un gorro cónico que se dispone a realizar un sacrificio (fig. 126,1,c).

El conjunto más homogéneo lo constituyen, no obstante, las representaciones de «cabezas-cortadas» aplicadas (*vid.*, sobre su posible interpretación, capítulo X,3.1). Destacan una serie de piezas, entre las que sobresale una urna hallada en una de las necrópolis de *Uxama* (fig. 105,2), a la que últimamente se han venido a sumar dos ejemplares más hallados en la propia ciudad (fig. 105,1 y 3), uno de ellos dentro de una vivienda fechada en época de Tiberio y Claudio (García Merino 1992: 855 s., fig. 1,1 y 3), y otro de la necrópolis de Carratiermes (fig. 105,4), conjunto con el que se puede relacionar un fragmento procedente de Numancia (fig. 105,5). La urna de la necrópolis de *Uxama*, la única completa, tiene varias representaciones de cabezas humanas localizadas en el interior de una estructura cuadrangular pintada que, tal vez, pudiera representar el lugar donde se depositaba y mostraba la cabeza, al modo de los nichos del santuario de Roquepertuse o de la muralla del oppidum de l'Impernal en Luzech (Brunaux 1988: 116). En otros casos, las cabezas aparecen como remates de asas o bajo el arranque de éstas (fig. 105,7-10) o sin vinculación con elemento funcional alguno (fig. 105,6) (39).

Cronológicamente, la coroplástica celtibérica debe situarse en un momento bastante tardío, cuyo término *post quem* sería el 133 a.C., fechándose más bien ya en el siglo I a.C. e incluso en la centuria siguiente.

7.3. *Fusayolas*

El hallazgo de fusayolas resulta frecuente en diversos ambientes de la Edad del Hierro peninsular (Castro 1980; Berrocal-Rangel 1992: 118 ss.; etc.), estando documentadas en la Celtiberia tanto en necrópolis como en hábitats, en lo que posiblemente haya que ver una diferente interpretación funcional. Se trata de pequeños discos, a veces decorados, de variadas formas (troncocónicos, bitroncocónicos o cilíndricos), realizados en arcilla y provistos de una perforación central para su colocación en la parte inferior del huso (Castro 1980: 127 ss.). La presencia de fusayolas o pesas de huso es habitual en contextos de habitación, lo que suele ser considerado como una prueba de la realización de actividades textiles, aunque el hallazgo de 60 fusayolas en la casa 2 de Herrera de Los Navarros, en su mayoría agrupadas, originariamente engarzadas y colgadas de la pared (Burillo y de Sus 1986:

229 y 232, fig. 13; *Idem* 1988: 65), pudiera sugerir una interpretación diferente para estos objetos, quizás como elemento de contabilidad (de Sus 1986) (40).

Distinta valoración merecen las fusayolas procedentes de ambientes funerarios (tablas 1 y 2 y Apéndice II, nº 98), tenidas como objetos de uso y funcionalidad simbólica, ligadas al culto a los muertos (Aguilera 1916: 49 ss.). Los trabajos de Cerralbo (1916: 49) proporcionaron «casi siempre, cual si fuera cumplimiento ritual, una, y más frecuentemente dos, de tales fusayolas dentro de cada urna cineraria, mezcladas con los pequeñísimos restos incinerados del difunto...», una de ellas en forma de cono truncado y la otra bitroncocónica. Según este autor, tales objetos, a menudo toscos y elaborados sin molde, «son los únicos que se encuentran dentro de la urna en contacto con los leves restos del incinerado; y el rico ajuar de armas, ornamentos espléndidos en bronce y demás joyas de aquella remota época, siempre los hallo fuera de las urnas» (Aguilera 1916: 48). Lamentablemente, el que las necrópolis excavadas por Cerralbo nunca se publicaran dificulta sin duda la valoración que pueda hacerse de la frecuencia de aparición de las fusayolas y de sus asociaciones (41), pero sí puede señalarse, a partir de los pocos conjuntos conocidos, su presencia tanto en sepulturas integradas únicamente por adornos broncíneos como en las militares (figs. 61,G, 63, 64,A, 67,F-G, 69,B-D, 72,A y D, 86,B, 94,A-B y 99,11-12; tablas 1 y 2) y que, aun siendo frecuentes, faltan en un buen número de ocasiones (*vid.* tablas 1 y 2).

Los trabajos más recientes arrojan alguna luz al respecto, poniendo de relieve una mayor variabilidad que la señalada por Cerralbo, en particular por lo que se refiere

---

(39) A estos ejemplares cabe añadir una cabeza humana aplicada y otra indeterminada de la necrópolis de Luzaga (Aguilera 1911, IV: lám. XXIV,2). *Vid.*, sobre el tema, Martínez Quirce 1996: 169 ss.

(40) Una interpretación similar se ha sugerido para el hallazgo de 127 ejemplares en el Santuario A del Castrejón de Capote, en la Beturia céltica (Berrocal-Rangel 1992: 118 ss.).

(41) La revisión de los materiales de la Colección Cerralbo resulta de interés en lo que a las características tipológicas de estos objetos se refiere. Este es el caso de la necrópolis de Carabias (Requejo 1978: 59), donde se analizaron 82 fusayolas cerámicas, 10 de las cuales presentan decoración geométrica de líneas incisas y puntos impresos; 33 son de forma cilíndrica, 28 bitroncocónica, 20 troncocónica, 1 discoidal y otra más cilíndrica muy redondeada. Requejo señala, además, un ejemplar de hierro (?) y otro de piedra lisa (?), materiales ajenos a la fabricación de este tipo de objetos. A pesar de no poseer datos sobre las características morfológicas de ambas piezas, que quizás justificaran su inclusión en esta categoría, sí cabe recordar la existencia de fusayolas no cerámicas, como un ejemplar de bronce interpretado como tal dada su forma y dimensiones, procedente de la necrópolis de Las Cogotas (Kurtz 1987: 207 s). La necrópolis de La Olmeda (García Huerta 1980: 29) proporcionó 33 piezas entre las que predominan las cilíndricas y esféricas, documentándose asimismo las troncocónicas, bitroncocónicas y semiesféricas, estando únicamente cuatro de ellas decoradas mediante líneas incisas o puntos impresos. De El Atance (de Paz 1980: 38 ss.) proceden 24 ejemplares, dos de ellos decorados mediante incisión y puntillado, de formas bitroncocónicas, troncocónicas o cilíndricas.

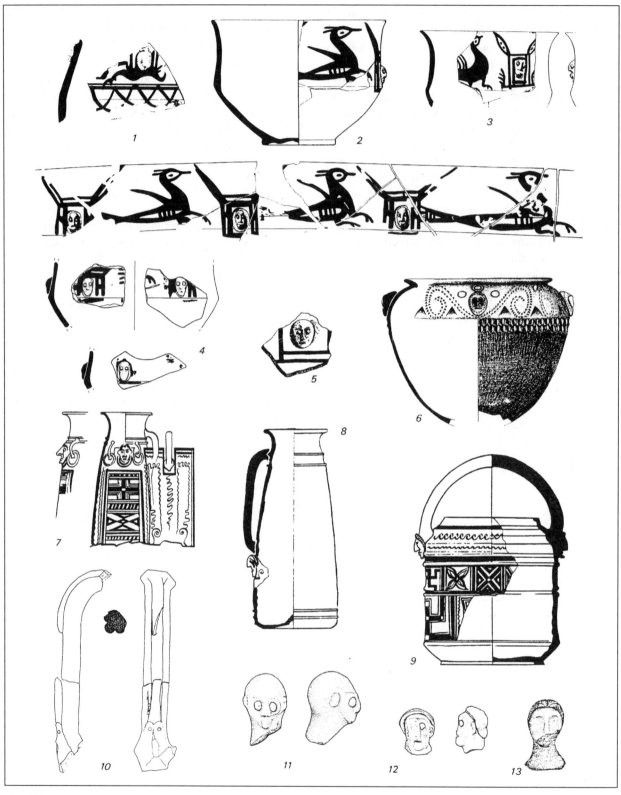

Fig. 105.—1-10, representaciones de cabezas humanas aplicadas sobre recipientes cerámicos: 1-3, Uxama (1 y 3, oppidum; 2, necrópolis de Viñas de Portuguí); 4, Carratiermes; 5 y 7-9, Numancia; 6, Contrebia Leukade; 10, Langa de Duero. 11-13, cabezas exentas en cerámica: 11-12, Carratiermes; 13, Estepa de Tera. (Según García Merino 1992 (1-3), Saiz 1992 (4 y 11-12), Taracena 1943 (5), Hernández Vera y Sopeña 1991 (6), Wattenberg 1963 (7-9), Martínez Quirce 1996 y Morales 1984 (13)). A diferentes escalas.

al número de fusayolas depositadas en cada tumba o al lugar en que se colocaron. En la necrópolis de Sigüenza están documentadas en algunas sepulturas adscribibles a la fase I (tumbas 2, 5 y 11), así como en otros conjuntos más evolucionados (tumbas 32 y 33), siempre una por tumba y en conjuntos sin armas, colocándose tanto en el interior como al exterior de la urna (Cerdeño y Pérez de Ynestrosa 1993: fig. 27). Presentan formas variadas (troncocónica, bitroncocónica o cilíndrica), asociándose según los análisis antropológicos tanto a enterramientos femeninos (tumbas 2 y 5) como a masculinos (tumba 32) (Cerdeño y Pérez de Ynestrosa 1993: cuadro 5).

En Riba de Saelices (fase IIB) están presentes en 17 de las 103 sepulturas excavadas, generalmente una por tumba, aunque también se documenten dos ejemplares en algún conjunto (Cuadrado 1968: 31). Son de forma troncocónica o bitroncocónica, habiéndose identificado un ejemplar globular, estando en ocasiones decoradas. Sus alturas oscilan entre 2 y 4 cm. Principalmente se hallan fuera de la urna, junto al fondo o al lado de ella y, como se ha señalado, nunca más de dos, una troncocónica y la otra bitroncocónica (Cuadrado 1968: 47).

Mayor diversidad se ha observado en La Yunta, siendo frecuente el hallazgo de un ejemplar por tumba, aun cuando en algún caso se documenten dos, tres, seis e incluso ocho (García Huerta y Antona 1992: 134 ss.), generalmente en el interior de la urna. Suelen asociarse a fíbulas, y nunca a las escasas armas documentadas en este cementerio, pudiendo ser también el único elemento depositado en la sepultura. A tenor de los análisis antropológicos aparecen en idéntica proporción tanto en sepulturas masculinas como femeninas, habiéndose documentado, asimismo, la presencia de seis ejemplares en un enterramiento infantil (42). Su tamaño es homogéneo, con alturas que oscilan entre 4 y 1,5 cm., estando en algún caso realizadas a torno. La mayoría son de forma bitroncocónica o troncocónica, existiendo algún ejemplar cilíndrico. Pueden estar decoradas con motivos geométricos incisos o puntillados y, más raramente, estampillados, identificándose una pieza con decoración pintada.

No existe, pues, regla fija en lo que se refiere a la presencia de fusayolas en las sepulturas. Frente a su relativa abundancia, pueden llegar a ser un elemento claramente excepcional, como ocurre en La Mercadera, donde únicamente se hallaron tres, de forma troncocónica y bitroncocónica y sin contexto (Taracena 1932: 27), estando perfectamente documentada su asociación con armas

en buen número de tumbas de variada cronología pertenecientes a diversas necrópolis (tablas 1 y 2).

7.4. *Pesas de telar*

Resulta frecuente el hallazgo de *pondera* (*vid.* capítulo VIII,2.3), sobre todo en los hábitats de finales de la Edad del Hierro (Arlegui y Ballano 1995). Destaca el caso de Langa de Duero, donde las excavaciones de Taracena (1929: 42, fig. 24; 1932: 56, fig. 11) permitieron identificar una gran cantidad de ejemplares, que aparecían formando lotes de 26, 4, 2, 17, 5, 6 y otro de 17. De los 86 ejemplares recogidos en la campaña más reciente, 42 formaban un único lote, con igual tamaño y un peso de un kilogramo cada una. Predominan las piezas prismáticas, ofreciendo en muchos casos la huella del rozamiento de la cuerda de suspensión. Una proporción importante mostraba en su cara superior o anterior marcas incisas (fig. 106), realizadas con el dedo o mediante un punzón de punta roma, estando en un caso estampada. También son abundantes las pesas en el poblado de Izana, documentadas siempre por grupos (Taracena 1929: 15: fig. 4).

De Numancia procede un conjunto importante, habiéndose identificado dos modelos fundamentales (Wattenberg 1963: 42): las pequeñas, en forma de paralelepípedo, generalmente con un signo inciso o impreso en la parte superior y las de mayor tamaño, de forma troncopiramidal, con algún signo inciso ocasionalmente. La asociación más numerosa agrupaba 17 ejemplares (Arlegui y Ballano 1995: 144).

Sorprende el hallazgo, excepcional, de pesas de telar en necrópolis: un ejemplar en Aguilar de Anguita (Aguilera 1911, III: lám. 27,3), de forma troncocónica, al parecer el único de esta necrópolis, y otro de pequeño tamaño en una supuesta tumba (nº 11) de Valdenovillos (Cerdeño 1976a: 7).

7.5. *Bolas y fichas*

El hallazgo de bolas en poblados y necrópolis de la Edad del Hierro constituye un hecho frecuente. Cerralbo (1916: 52) señala cómo encontraba «bastantes veces en las urnas, sustituyendo a la fusayola, una bola de arcilla cocida». Están realizadas casi siempre en arcilla, conociéndose también ejemplares de piedra, como en La Mercadera (Taracena 1932: 27) donde son mayoría. Frente a su relativa abundancia en algunas necrópolis (Aguilera 1911, IV: 26; Cabré 1929: láms. XIII, XIV y XVI; Cuadrado 1968: 31; Requejo 1978: 60; García Huerta 1980: 30; de Paz 1980: 41 ss.; etc.), en otras resulta un elemento claramente excepcional, como en La Yunta (García

---

(42)   Cabe recordar, no obstante, que en la necrópolis de Padilla de Duero las únicas tres tumbas con fusayolas se vincularían, según los análisis antropológicos, a mujeres y niños (Sanz 1990a: 165).

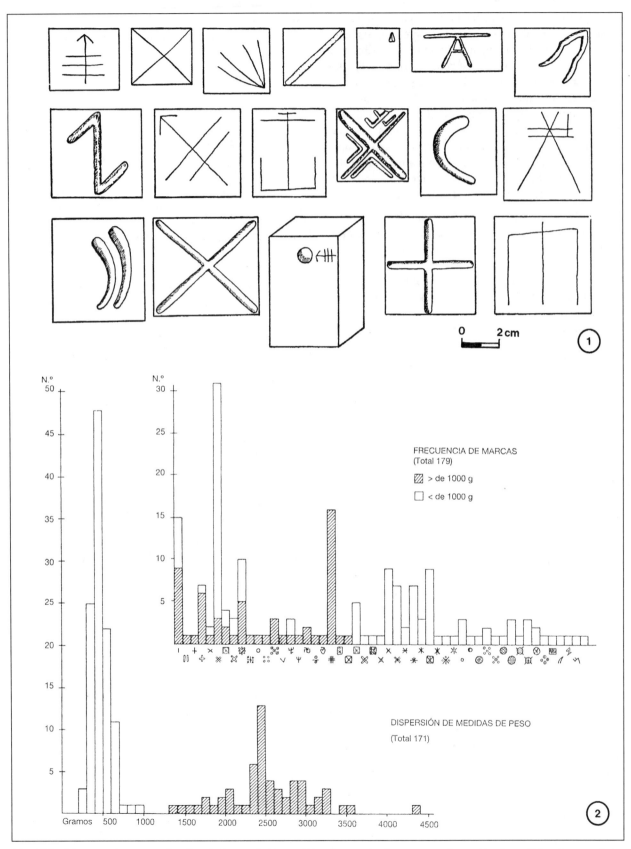

Fig. 106.—Marcas sobre pesas de telar de Langa de Duero (1) y frecuencia de marcas y dispersión de medidas de peso de los ejemplares hallados en Numancia (2). (Según Taracena 1932 (1) y Arlegui y Ballano 1995 (2)).

Huerta y Antona 1992), donde no se halló ejemplar alguno, y, aun no siendo lo más habitual, en ocasiones están decoradas (Morenas de Tejada 1916b: 608; Cuadrado 1968: 31; de Paz 1980: 44 s. y 47, etc.). Pueden aparecer en tumbas militares (tablas 1 y 2, nº 99), como ocurre en Atienza (fig.67,F-G), El Atance (fig. 69,F), La Revilla-A (fig. 74,A) o en Osma-B, en este caso se trata de un ejemplar de piedra, resultando frecuente su asociación con fusayolas. Es difícil avanzar cualquier hipótesis sobre su funcionalidad (*vid.* Vegas 1983), barajándose una amplia gama de interpretaciones, desde las que le otorgan un valor simbólico (Aguilera 1916: 52) hasta las que consideran que se trataría de piezas de juego (Cuadrado 1968: 47).

Las fichas cerámicas son un elemento que resulta abundante en hábitats, destacando el conjunto de Izana (Taracena 1927: 12 ss.), donde se han hallado 233. Son de forma circular y han sido recortadas sobre fragmentos de vasos, con un tamaño que oscila entre 2 y 11,5 cm. de diámetro, estando 20 de ellas decoradas con incisiones realizadas a punta de cuchillo sobre el barro ya cocido (Taracena 1929: figs. 2-3). Cerca de la mitad de ellas están horadadas, generalmente en el centro de la pieza, aunque dos ofrezcan doble perforación y una triple. En general se hallan sueltas, aun cuando en un caso aparecieron 37 en un lote, «reunidas y apiladas en varios pequeños montones», sin que nada pueda señalarse respecto a su uso.

8. LA EXPRESIÓN ARTÍSTICA

Una vez analizado el artesanado como expresión de la cultura material, conviene ahora, siquiera sucintamente, ofrecer una rápida panorámica de las manifestaciones artísticas celtibéricas. El arte celtibérico forma parte de un complejo sistema cultural constituido a partir de un largo proceso de aculturación y de evolución, en el que los elementos ibéricos, sobre todo, y también los célticos de la cultura de La Tène jugaron un papel determinante, alcanzando sus más altas cotas desde principios del siglo II a.C. (fase III), coincidiendo con la aparición de los *oppida* y de la organización urbana en la Celtiberia, pero también con el inicio del proceso de romanización.

Tan sólo en época avanzada se cuenta en la Celtiberia con conjuntos monumentales o con manifestaciones escultóricas dignas de mención. La arquitectura monumental apenas estuvo presente en la Celtiberia, si bien no cabe duda en catalogar como tal el edificio de adobes de *Contrebia Belaisca*, provisto de una columnata de estilo toscano, de proporciones poco clásicas, realizada en arenisca, conjunto que ha sido fechado hacia el siglo II a.C. (Beltrán 1982), o ciertas construcciones públicas de Tiermes, por otro lado difíciles de datar (Argente, coord. 1990a: 31 s. y 60).

Las estancias principales de ciertas mansiones celtibéricas se hallaron pavimentadas con mosaicos de *opus signinum*, de clara influencia itálica. Destaca el localizado en la estancia más importante de la llamada *Casa de Likine* de Caminreal (figs. 33,2 y 107), ciudad destruida en el curso de las Guerras Sertorianas (Vicente *et alii* 1991: 102 ss. y 120 ss., figs. 34-39). Está decorado con motivos geométricos variados, representaciones astrales y vegetales, peces y delfines, así como una inscripción en alfabeto ibérico en la que se explicita el nombre del propietario de la casa o del artesano que realizó el pavimento, *Likine*, y su procedencia, la ciudad ibérica de *Usecerde*, en el Bajo Aragón (Vicente *et alii* 1993: 750 ss.). Un caso semejante se ha documentado recientemente en la localidad navarra de Andelos, en tierra de Vascones. Es un pavimento de *opus signinum* decorado a base de motivos geométricos y vegetales que incluye una inscripción en la que se menciona a un personaje, *Likine* —que sería la forma iberizada del gentilicio latino *Licinius*—, originario de *Bilbilis* (Mezquíriz 1991-92; Gorrochategui 1993: 424; Untermann 1993-94; de Hoz 1995d: 73 s.; Silgo 1993).

En relación con la escultura, su incidencia en la Celtiberia se reduce a los bajorrelieves de las estelas funerarias celtibéricas de la zona cluniense (fig. 81,1-2), datadas entre los siglo II-I a.C. (Abásolo y Marco 1995: 335). La temática que ofrecen, de tipo heroico, sobre todo guerreros a caballo y escenas de caza, puede vincularse con otras manifestaciones, como ciertas fíbulas argénteas con escenas venatorias de La Tène Final (*vid. supra*) o con el tipo iconográfico característico de los reversos de las monedas celtibéricas, el jinete con lanza (Almagro-Gorbea 1995e). Todo ello viene a probar su pertenencia al mismo substrato socio-ideológico al que se adscribirían las élites celtibéricas. Como antecedente de estas representaciones escultóricas en relieve cabe señalar una estela de la necrópolis de Aguilar de Anguita (fig. 50,3) (Aguilera 1911, III: 20 s., láms. 10,1 y 27,1; *Idem* 1913b), pieza que constituye un caso excepcional, al ser la única decorada, a pesar de que algunas de las estelas documentadas en los cementerios celtibéricos prerromanos estuvieran toscamente trabajadas. Es un grabado que reproduce de forma estilizada un caballo sobre el que se sitúa una figura humana (*vid.* capítulo IV,4.2). La sepultura en la que apareció presentaba un destacado ajuar formado por la espada de antenas, una lanza con su regatón, dos discos broncíneos, dos fusayolas y la urna cineraria (Aguilera 1913b) (43).

---

(43) *Vid.*, asimismo, Artíñano (1919: 26), según el cual el ajuar estaba integrado por «la urna cineraria; espada de antenas; dos lanzas con sus regatones; cuchillos y anillas del escudo; filetes de caballo y un juego de grandes discos de bronce».

Fig. 107.—Pavimento de opus signinum *de la* Casa de Likine, *en La Caridad de Caminreal. (Según Vicente* et alii *1991, completado).*

Junto a estas manifestaciones hay que hacer mención de ciertos grabados como los registrados en el santuario de Peñalba de Villastar (Marco 1986: 748 ss., lám. V, fig. 1), que incluyen diversos motivos geométricos, destacando algunos de evidente contenido astral, figuraciones animales, con predominio de las aves, en algún caso cuervos, estando también representados los caballos y algún cérvido. También hay algunas figuraciones humanas, entre las que sobresalen una figura antropomorfa bifronte (fig. 125,5), y otra muy esquemática, caracterizada por una gran cabeza y una representación sumaria del resto del cuerpo, con los brazos extendidos y las manos abiertas, interpretadas como la representación de una divinidad, seguramente Lug, el cual aparece mencionado en dos ocasiones en la llamada «inscripción grande» (*vid.* capítulo X,1). Estilística y culturalmente, la cabeza de Peñalba de Villastar se encuadra con las llamadas «cabezas cortadas» en piedra, características del arte céltico, y de las que en la Península Ibérica se conocen un buen número de ejemplares, carentes, en general, de todo contexto arqueológico (Almagro-Gorbea y Lorrio 1992: 412 ss.).

Pero, como mejor se define el arte celtibérico, y donde encontró su máxima expresión fue en los objetos relacionados con la vestimenta y el adorno personal, incluyéndose aquí una parte de los objetos que integran la orfebrería (*vid. supra*). Las fíbulas, entre las que destacan

ciertas piezas argénteas de gran espectacularidad (fig. 82.5 y lám. III), los broches de cinturón, en ocasiones damasquinados (44), y los pectorales (fig. 87 y lám. IV,2), se decoran profusamente, casi siempre con motivos geométricos y, en ciertos casos, con figuraciones animales o humanas (*vid. supra*). Es en el ámbito definido por estos objetos donde se observan con mayor nitidez las variadas influencias del artesanado celtibérico, inicialmente hallstátticas, posteriormente latenienses y, sobre todo, ibéricas (Schüle 1969; Lenerz-de Wilde 1991; Almagro-Gorbea 1993), que dieron lugar a un conjunto de manifestaciones artísticas de gran personalidad (Romero 1991b).

También las armas fueron objeto de un tratamiento artístico particular, como lo confirman las decoraciones repujadas de los cascos, discos-coraza y escudos broncíneos, el damasquinado de las empuñaduras de ciertos modelos de espadas, la aplicación, en las vainas de algunos tipos de espadas y puñales, de placas broncíneas decoradas, a veces mediante damasquinado, o las senci-

---

(44)   El análisis estilístico de los motivos decorativos representados en los broches de cinturón (*vid.*, para los ejemplares celtibéricos, Lorrio 1995c: Apéndice II) ha sido abordado por Cabré (1937) y, más recientemente, por Lenerz-de Wilde (1991: 107 ss.), atendiendo principalmente a las piezas de tipo ibérico con decoración damasquinada.

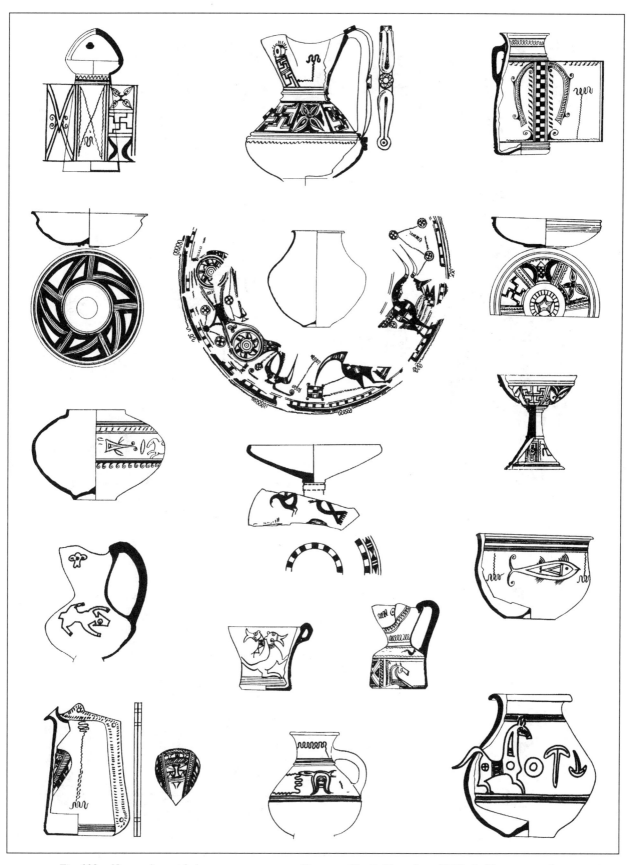

Fig. 108.—Numancia: cerámicas monocromas y polícromas. (Según Wattenberg 1963). A diferentes escalas.

Fig. 109.—Numancia. Representaciones figuradas pintadas sobre cerámica. (Según Romero 1976a (1-2) y Wattenberg 1963 (3-9)). A diferentes escalas.

llas líneas incisas que adornan las hojas de algunas puntas de lanza (*vid. supra*).

Una mención especial merece la numismática, cuyo tipo principal se identifica por una cabeza masculina, a veces con torques, con diversos símbolos en los anversos y una más variada iconografía en los reversos, predominando las representaciones del jinete, generalmente lancero, que caracteriza las unidades, mientras que caballo, pegaso o medio caballo, acompañados o no de símbolos, son reproducidos en los divisores (figs. 80 y 139,B y lám. VIII). En el reverso, bajo la representación iconográfica, se halla la leyenda monetal, en alfabeto ibérico o latino, en la que aparece el nombre de la ciudad o del grupo emisor. El personaje varonil de los anversos se ha puesto en relación originariamente con la imagen de Melkart/Aníbal de las monedas de los bárquidas, en lo que habría que ver la representación de una divinidad de tipo poliado y guerrero o posible héroe fundador, a veces portando una corona de laurel. Los reversos están tomados de las monedas de Dionisio de Siracusa a través de los prototipos ibéricos, haciendo alusión a la clase de los *equites* celtibéricos, al igual que ocurre, posiblemente, con las fíbulas de caballito, principalmente con las provistas de jinete (fig. 81,3-5 y lám. IV,3-4) (Almagro-Gorbea 1995e: *Idem* 1996: 125 ss.).

Otro ámbito del arte celtibérico especialmente desarrollado es el de la pintura realizada sobre recipientes cerámicos, donde brillan con luz propia las cerámicas monocromas y polícromas de Numancia (figs. 108-109 y láms. V-VI), fechadas a lo largo del siglo I a.C., llegando incluso las últimas hasta los inicios del Imperio (Wattenberg 1963; Romero 1976a-b).

Entre las producciones polícromas, la figura humana (fig. 109 y láms. V,2 y VI,2-3) no es uno de los temas más tratados, siendo los motivos geométricos, y en menor medida las representaciones zoomórficas, los que gozaron de mayor atención por parte de los ceramistas numantinos. En este sentido, resulta significativo dejar constancia de que sólo la quinta parte de estos vasos presenta decoración figurada y, de éstos, únicamente en torno al 7% ofrecen representaciones humanas (Romero 1976a: 144). En la cerámica de Numancia el tratamiento de la figura humana responde a una estilización claramente geometrizante que, en general, es representada de perfil aunque con el cuerpo de frente. Se observa un gusto manifiesto por formas curvilíneas, vinculables al arte de La Tène, pero con una evidente personalidad.

Desde el punto de vista iconográfico, destaca la relación de algunas representaciones humanas numantinas

con otras manifestaciones peninsulares, como la cabeza cubierta con un prótomo de caballo (fig. 109,9 y lám. VI,2), iconográficamente relacionada con una figura de bronce del poblado alavés de Atxa (Gil 1992-93: fig. IV,4), o un personaje tocado con un casco de tres cuernos (fig. 79,3) que recuerda el que lucen algunas figuras de la diadema de San Martín de Oscos (Lorrio 1993a: fig. 11,E). Otras figuras de interés son aquellas que presentan un tocado puntiagudo que sería posible relacionar, como se ha indicado, con el que ofrecen algunas terracotas (figs. 109,2-3 y 126,1,c). También son de destacar las escenas con figuras humanas asociadas a aves, que se han relacionado con un ritual funerario celtibérico citado en algunos textos literarios (fig. 79, 1-2 y lám. VI,3) (*vid.* capítulo X,6). En general, se evidencia entre las cerámicas pintadas un interés exclusivo por la representación de la figura humana de cuerpo entero, mientras que la cabeza humana, cuando aparece, corresponde a piezas cerámicas aplicadas.

Por último, hay que referirse a la coroplástica (*vid. supra*), que incluye algunas figurillas exentas y aplicadas, reproduciendo tanto animales, sobre todo caballos y bóvidos, como representaciones humanas, entre las que destacan los pies votivos y las cabezas aplicadas. La mayor parte de las representaciones humanas y zoomorfas sobre cerámica fueron halladas en poblados, estando también documentadas en ambientes funerarios, como ocurre con las piezas procedentes de las necrópolis de Aguilar de Anguita, Luzaga, Carratiermes y Osma (*vid. supra*).

El proceso hacia formas de vida cada vez más urbanas que tuvo lugar en la Celtiberia a partir de finales del siglo III a.C. contribuyó de manera decisiva al desarrollo de las manifestaciones artísticas celtibéricas. Dentro de este proceso se encuadra la aparición de una verdadera arquitectura monumental y de la escultura, así como el enorme desarrollo que alcanzó en este período la orfebrería, el trabajo del bronce, la producción cerámica o las representaciones monetales. El arte celtibérico es la consecuencia de un proceso de sincretismo, cuyos influjos formales provienen tanto de la tradición ibérica como de las influencias helenísticas y más tarde romanas, y, también, aunque de forma más aislada, de la tradición lateniense, poniendo de manifiesto su indudable originalidad en el mundo céltico. El arte celtibérico, al igual que el ibérico, era el producto de unos artesanos «al servicio de su sociedad, esto es, de sus estructuras sociales, de sus ideas y de su religión; en una palabra era una de tantas manifestaciones de su cultura» (Almagro-Gorbea 1986a: 504).

VII

LA ARTICULACIÓN INTERNA:
FASES Y GRUPOS DE LA CULTURA CELTIBÉRICA

Una vez analizados los aspectos relativos al hábitat, las necrópolis o la cultura material, se hace necesario abordar las fases y grupos en que se articula la Cultura Celtibérica, ofreciendo una visión de conjunto sobre un proceso que se desarrolló, con importantes diferencias de unas regiones a otras, a lo largo de buena parte del primer milenio a.C. El estudio de las necrópolis —que abarcan un período de casi seis centurias (siglos VI-I a.C.) y constituyen una de las principales señas de identidad de los Celtíberos— y, más concretamente, el de las asociaciones de objetos depositados en los ajuares, ha permitido establecer la secuencia cultural del mundo celtibérico y conocer su estructura social (*vid.* capítulo IX), definiendo una zona nuclear que cabe localizar en las altas tierras de la Meseta Oriental y el Sistema Ibérico, en torno a las cabeceras del Tajo (principalmente las cuencas altas del Henares y el Tajuña), el Jalón y el Duero (Lorrio 1994a-b). Esta extensa región se articula en dos grandes zonas: el Alto Tajo-Alto Jalón —con la que se vincula el valle del Jiloca— y el Alto Duero, cada una con su propia personalidad, pero con importantes puntos de contacto entre ellas. Este territorio resulta más restringido que el ofrecido por las fuentes históricas y la Lingüística que, dada su fecha avanzada, reflejarían un estadio ulterior en el proceso cultural celtibérico.

La zona meridional de la Celtiberia resulta todavía mal conocida, a pesar de contar con algunos estudios generales, como el de Collado (1990 y 1995) sobre la Sierra de Albarracín y el Alto Júcar. Comprende las serranías de Albarracín y Cuenca, englobando los cursos altos de los ríos Turia, Júcar y Cabriel (Almagro-Gorbea 1976-78: 146 ss.). El sector centro-occidental de la provincia de Cuenca, que se corresponde con los cursos superiores del Cigüela y el Záncara, subsidiarios del Guadiana (Almagro-Gorbea 1976-78: 139 ss.), se confi-

gura como una zona de transición, cuyo carácter celtibérico resulta complejo de definir.

Más difícil, sobre todo en lo que se refiere a los estadios iniciales, es el estudio de algunas áreas periféricas donde el carácter celtibérico se configura en época tardía. Este es el caso de la margen derecha del Valle Medio del Ebro, lo que se conoce como Celtiberia Citerior, cuya celtiberización se llevaría a cabo a partir de finales del siglo IV-inicios del III a.C., o incluso después, vinculándose con anterioridad al mundo del Hierro de tradición de Campos de Urnas (Royo 1990: 131; Ruiz Zapatero 1995: 40).

Con independencia de los trabajos clásicos, aunque ampliamente superados, de Bosch Gimpera, Taracena o Schüle (*vid.* capítulo I), hasta hace poco (Lorrio 1994a-b) se carecía de una periodización general para el mundo celtibérico. Ello es debido a la diversidad de áreas que integran este territorio, así como, a menudo, a la dificultad en la definición de las mismas, cuyo nivel de conocimiento es notoriamente dispar, respondiendo a tradiciones investigadoras muy diversas, a lo que hay que añadir la tendencia a estudios de ámbito comarcal o, todo lo más, provincial, por otro lado fundamentales para obtener una visión global. Es preciso, como se ha señalado para la provincia de Soria (Romero y Ruiz Zapatero 1992: 117 s.), junto a la revisión de conjuntos antiguos, incrementar las labores de prospección, en orden a poder alcanzar un similar nivel de conocimiento de las distintas áreas que conforman la Celtiberia, así como la excavación de poblados que proporcionen buenas secuencias estratigráficas.

Para el Alto Duero, se cuenta con los trabajos generales de Romero (1984a), Jimeno (1985), Romero y Ruiz Zapatero (1992), todos circunscritos a la provincia de

Soria, aun cuando en ninguno de ellos se incida en los estadios finales del mundo celtibérico. Dentro de esta zona hay que destacar los estudios de Romero (1984b-c; 1984b; 1991a, etc.) y Bachiller (1986; 1987a-c; 1992-93) sobre la «cultura de los castros sorianos», grupo cultural de personalidad propia.

En cuanto al Alto Tajo-Alto Jalón, hay que referirse a la Tesis Doctoral de García Huerta (1990) que, si tiene la virtud de tratar por primera vez de forma conjunta las necrópolis y poblados localizados en este territorio, en realidad se ciñe a la demarcación provincial, incluyendo tan sólo los yacimientos celtibéricos de la provincia de Guadalajara. Por lo que se refiere al Alto Jalón, y en concreto a la vega de este río que se circunscribe al Sur de la provincia de Soria, se cuenta con el trabajo de Arlegui (1990a). Para la Celtiberia meridional hay que tener presentes los trabajos de síntesis de Almagro-Gorbea (1969: 148 s.; 1976-78).

La celebración de los «Simposios sobre los Celtíberos», dirigidos por F. Burillo, han venido a completar el panorama, como lo demuestran los distintos trabajos regionales sobre las necrópolis celtibéricas (García-Soto 1990; Cerdeño y García Huerta 1990; Aranda 1990; Mena 1990), en los que, sin embargo, priman las demarcaciones provinciales, pues sólo así se explica que en el estudio sobre el Alto Tajo-Alto Jalón no se incluyan las necrópolis sorianas y zaragozanas englobadas en este grupo. Una mayor articulación ofrecen los trabajos sobre el poblamiento (Burillo coord., 1995), abordando por separado el substrato de las dos áreas celtibéricas principales en época histórica: la Meseta Oriental (Romero y Misiego 1995a; García-Soto y de La-Rosa 1995) y el Valle Medio del Ebro (Ruiz Zapatero 1995) y analizando las fases siguientes por ámbitos regionales: el Alto Duero (Jimeno y Arlegui 1995), el Alto Tajo-Alto Jalón (Cerdeño *et alii* 1995a), el área del Moncayo (Aguilera 1995), el Valle del Cidacos (García Heras y López Corral 1995), el Valle Medio del Ebro y el Sistema Ibérico (Burillo *et alii* 1995) o la Serranía de Albarracín y el Alto Júcar (Collado 1995).

Habría que referirse aún a las síntesis que, desde ámbitos regionales amplios, abordan el estudio de algunos de los territorios que conforman la Celtiberia, como los trabajos de Martín Valls (1985: 104 ss.; 1986-87) y Martín Valls y Esparza (1992), centrados en el Valle del Duero, los de Almagro-Gorbea (1976-78 y 1988) y Blasco (1992) para la Submeseta Sur o el de Almagro-Gorbea y Ruiz Zapatero (1992) para las regiones del interior peninsular.

A estos estudios hay que añadir las sistematizaciones de ciertos elementos, como las fíbulas (Cabré y Morán 1977, 1979 y 1982; Argente 1990 y 1994) o las armas (Cabré 1990; Lorrio 1994a-b), que han contribuido a la

ordenación de los conjuntos funerarios, y, por tanto, de las propias necrópolis.

Un aspecto todavía por resolver es el de la terminología utilizada en las diversas zonas de la Celtiberia (Burillo 1990a: 375 s.; *Idem* 1991b: 24 s.). En muchos casos se sigue manteniendo el término «celtibérico» para referirse a un momento tardío, en general contemporáneo a las guerras con Roma, o, todo lo más, a partir de la presencia de cerámica de técnica ibérica a torno. En otras zonas, complicando más el panorama, se mantiene la división tradicional de Primera y Segunda Edad del Hierro.

No obstante, la continuidad demostrada en ciertas necrópolis y poblados desde un momento que cabe situar en los siglos VII-VI a.C. hasta época romana ha venido a modificar sustancialmente esta situación, estableciéndose algunas secuencias, casi siempre parciales, referidas a las necrópolis o al poblamiento, o limitadas a ámbitos geográficos restringidos, para las que se han seguido terminologías de carácter étnico y cultural tal como vienen siendo utilizadas en el mundo ibérico (Burillo 1990a: 376; *Idem* 1991b: 24 s.; Almagro-Gorbea y Ruiz Zapatero 1992: figs. 2-3). Así, resultan frecuentes, de un tiempo a esta parte, términos como «Protoceltibérico», «Celtibérico Inicial», «Celtibérico Pleno», «Celtibérico Avanzado», «Celtibérico Tardío» o «Celtibérico-romano», no siempre utilizados con idéntico sentido (García Huerta 1990: 844 y 933; Cerdeño y García Huerta 1990: 82; Argente 1990: 261 s.; Argente *et alii* 1991b; Burillo 1991b: 25; Cerdeño 1991: 483; Cerdeño *et alii* 1995a), que intentan periodizar una cultura, como la celtibérica, cada vez mejor conocida.

El nuevo estado de la cuestión que se desprende de estos estudios permite plantear para la zona una secuencia evolutiva estructurada en cuatro períodos (fig. 110): uno formativo, mal definido, denominado Protoceltibérico (1), y tres ya plenamente celtibéricos (Antiguo, Pleno y Tardío), con subdivisiones en ciertos casos, establecidas a partir del análisis de sus necrópolis y, sobre todo, del armamento en ellas depositado (*vid.* capítulo V). Esta terminología se adecúa sobre todo a la información pro-

---

(1) El período Protoceltibérico queda restringido aquí (*vid.* Almagro-Gorbea y Ruiz Zapatero 1992: fig. 3) al momento previo a la aparición de algunos de los elementos esenciales de la Cultura Celtibérica, como son las necrópolis de incineración o los castros, cuya continuidad, a veces incluso hasta época romana, permite la utilización del término «celtibérico» desde los estadios iniciales de la misma (Almagro-Gorbea 1986a: 518; *Idem* 1986-87: 35; *Idem* 1987a: 321). No es éste el contenido habitual del término «protoceltibérico», que en ocasiones aparece, aplicado a las necrópolis, restringido a la fase inicial de las mismas (Ruiz Zapatero y Lorrio 1988: 261) y aun en estos casos no siempre se está de acuerdo, incluso en áreas vecinas (*vid.* la diferente utilización del término por Cerdeño y García Huerta 1990: 78 s. y Argente *et alii* 1991b: 114 ss.).

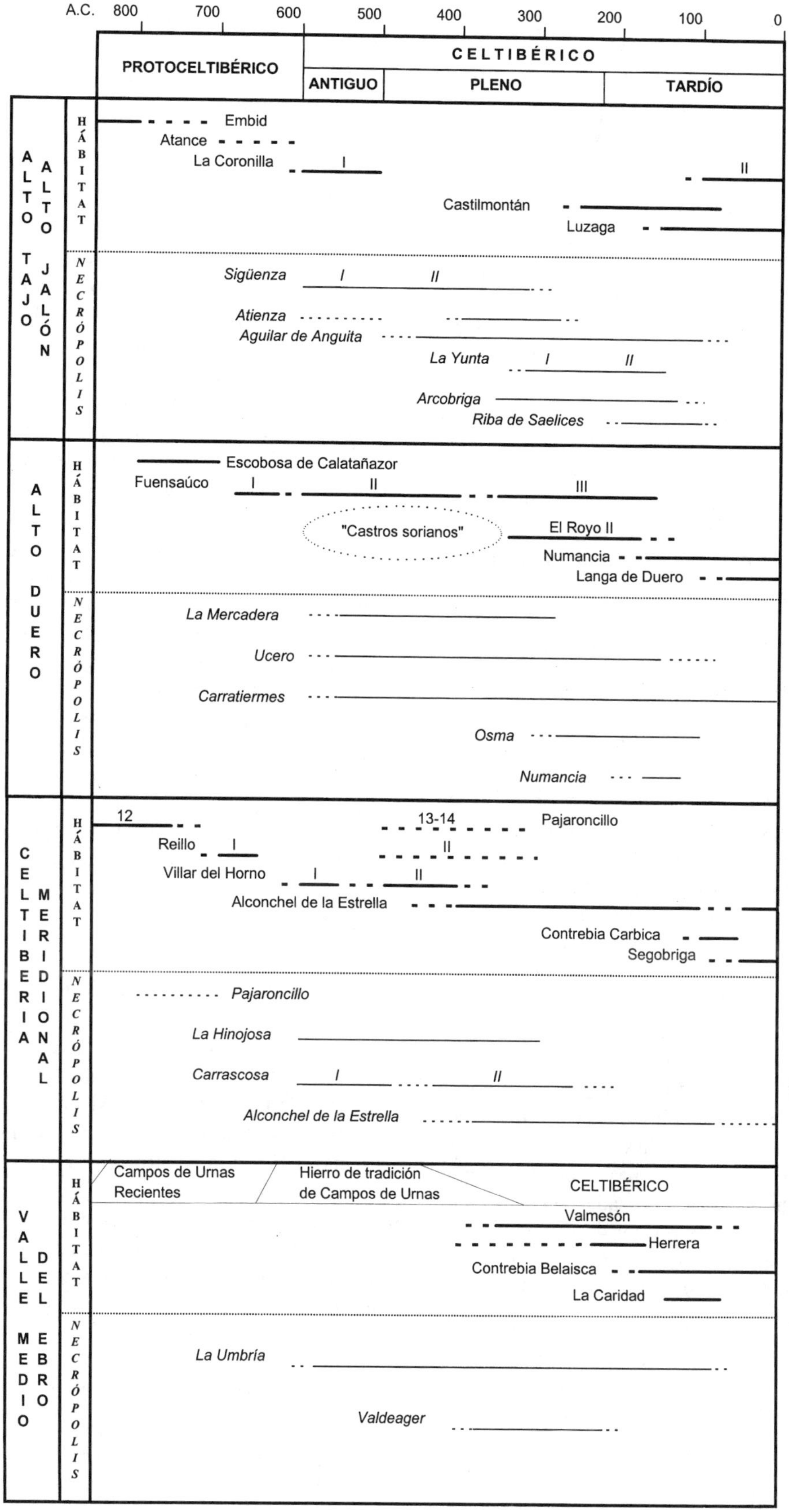

Fig. 110.—*Cuadro cronológico de los principales yacimientos datados de la Cultura Celtibérica por áreas geográfico-culturales.*

cedente de las necrópolis, resultando menos precisa por lo que respecta a los poblados, normalmente peor conocidos. El análisis de las necrópolis, asimismo, ha contribuido de forma determinante a la definición de las diversas zonas que integran el territorio celtibérico.

1. LA FASE FORMATIVA: EL PROTOCELTIBÉRICO

De forma general, se viene aceptando una fecha en torno a la segunda mitad del siglo IX a.C. para señalar el final de la cultura característica del Bronce Final en la Meseta, Cogotas I, con una escasa implantación en la Meseta Oriental (Ruiz Zapatero 1984: 172 ss.; Jimeno 1985: 104 s.; Jimeno y Fernández 1992a: 95 s.; *Idem* 1992b: 244; Romero y Jimeno 1993: 184 y 200 s.; Romero y Misiego 1995a: 64), admitiéndose un desfase cronológico con la pervivencia, a lo largo de los siglos VIII-VII a.C., de ciertas tradiciones cerámicas propias de dicha Cultura en áreas periféricas (Almagro-Gorbea 1988: 171; Ruiz Zapatero y Lorrio 1988; Delibes y Romero 1992: 236; Romero y Jimeno 1993: 186) (2).

En las altas tierras de la Meseta Oriental, los hallazgos relativos al Bronce Final son enormemente escasos (Jimeno 1985: 104 s.; Jimeno y Fernández 1992a: 95 s.; *Idem* 1992b: 244; Barroso 1993: 18 ss. y 34; Romero y Jimeno 1993: 184 y 200 s.; Romero y Misiego 1995a: 60 ss.), lo que sin duda va a condicionar la valoración del papel jugado por el substrato en el proceso formativo del mundo celtibérico. Sobre este substrato, mal conocido, es donde deben situarse los primeros impactos de grupos de Campos de Urnas procedentes del Valle del Ebro (Ruiz Zapatero y Lorrio 1988), que podrían remontarse al siglo VIII a.C. según se desprende de la información proporcionada por el asentamiento de Fuente Estaca (Embid), en la cabecera del río Piedra, subsidiario del Jalón. Se trata de un poblado abierto, constituido por agrupaciones de cabañas endebles, que ha proporcionado materiales vinculables a la perduración de Campos de Urnas Antiguos en Campos de Urnas Recientes —como las urnas bicónicas de carena acusada con decoración acanalada, o una fíbula de pivotes— y una datación radiocarbónica de 800±90 B.C. (Martínez Sastre y Arenas 1988; Martínez Sastre 1992; Barroso 1993: 31 ss.).

Una cronología similar se ha defendido para Los Quintanares de Escobosa de Calatañazor, en Soria (Jimeno y Fernández 1985), mientras que los materiales de Reillo, en Cuenca (Maderuelo y Pastor 1981; Sánchez-Capilla y Pastor 1992-93; Ruiz Zapatero y Lorrio 1988: 259, fig. 2), inicialmente interpretados como un enterramiento, se situarían en la primera mitad del siglo VII a.C. Ambos conjuntos ofrecen formas cerámicas emparentadas con los Campos de Urnas del Ebro, en tanto que las técnicas o los motivos decorativos constituyen una perduración de Cogotas I en la transición del Bronce Final al Hierro.

Los pocos datos disponibles procedentes del ámbito conquense vendrían a confirmar la continuidad de la secuencia cultural hasta este período de transición (3). Si la fase inicial del poblado de Reillo (*vid. supra*) ha proporcionado evidencias de la perduración de las técnicas decorativas propias de Cogotas I en los albores de la Edad del Hierro (4), las recientes excavaciones en el poblado de Hoyas del Castillo, en Pajaroncillo (Ulreich *et alii* 1993 y 1994), han permitido documentar un poblamiento continuado desde un momento avanzado del Bronce Antiguo hasta el Bronce Final o inicios del Hierro (estratos 4-12), a continuación del cual se produjo un período de abandono. Los materiales cerámicos del nivel 12 presentan algunas novedades importantes en relación a los estratos infrapuestos; dejan de utilizarse las técnicas de Boquique, del puntillado y de la excisión características de la Cultura de Cogotas I, estando presentes, en cambio, las decoraciones excisas, incisas y puntilladas, así como grafitadas o acanaladas horizontales propias de los Campos de Urnas del Ebro. Una posterior reocupación del poblado (estratos 13 y 14), también registrada en Reillo (Maderuelo y Pastor 1981: 163 ss.), queda caracterizada por la presencia de cerámica torneada con decoración pintada en rojo y negro y algunos fragmentos de cerámica ática.

De forma general, los primeros impactos de los Campos de Urnas del Hierro quedan caracterizados por el hallazgo de especies cerámicas, en número reducido, cuyas formas y, especialmente, motivos y técnicas decorativas encuentran su mejor paralelo entre los grupos de Campos de Urnas del Alto y Medio Ebro (Ruiz Zapatero 1984: 177 ss.; Romero 1984a: 61 ss.; *Idem* 1991a: 9 s.; Jimeno 1985: 111 s.; Romero y Ruiz Zapatero 1992: 108; etc.). En el Alto Duero estos hallazgos no resultan muy numerosos, reduciéndose a un vaso con decoración excisa y algunos fragmentos acanalados o grafitados procedentes de Castilviejo de Yuba, un vasito exciso y otro inciso de Quintanas de Gormaz, y algunos materiales

(2)   En relación con la articulación entre Cogotas I y la Primera Edad del Hierro, analizando los argumentos rupturistas y continuistas, *vid.* Romero y Jimeno 1993: 185 ss.

(3)   No obstante, a pesar de los indicios de perduración entre el final de Cogotas I y el inicio de la Primera Edad del Hierro, las notables diferencias sociales y económicas que ofrecen ambos contextos parecen abogar por una visión rupturista, que a menudo se ha vinculado con la llegada de nuevas gentes (*vid.*, en contra, Almagro-Gorbea y Ruiz Zapatero 1992: 491).

(4)   *Vid.* para la definición de esta fase en la Sierra de Albarracín y el Alto Júcar, Collado 1995: 413 s.

cerámicos de La Muela de Garray, solar de la ciudad de Numancia, entre los que destaca un fragmento exciso, todos ellos sin contexto conocido, al igual que un fragmento también exciso de El Atance (Guadalajara) y otro más de El Castillejo de Fuensaúco (Bachiller 1993). Los ejemplares sorianos vienen siendo datados en el siglo VII a.C. e incluso en la centuria siguiente (Romero y Ruiz Zapatero 1992: 108), coincidiendo con el inicio de los castros de la serranía, período especialmente oscuro aunque clave para la formación del mundo celtibérico. Con ellos se define una facies anterior a los más antiguos cementerios de incineración documentados en el Oriente de la Meseta y a los asentamientos de tipo castreño, al Norte, o de características más abiertas, en el centro-Sur, cuyas cronologías actualmente en uso no parecen apuntar más arriba del siglo VI a.C. Estas especies cerámicas serían muestra de las relaciones que durante este momento se establecen entre la Meseta Oriental y el Valle del Ebro, continuando las documentadas durante la Edad de Bronce, confirmadas por la presencia de cerámicas de tipo Cogotas I en yacimientos del Ebro (Ruiz Zapatero 1982; Hernández Vera 1983; Ruiz Zapatero y Lorrio 1988: 259).

A este período inicial de la Edad del Hierro cabe adscribir la primera ocupación de El Castillejo de Fuensaúco (Romero y Misiego 1992; *Idem* 1995b: 130 ss.), que proporcionó sendas cabañas de planta circular excavadas en la roca, a las que se asociaban cerámicas pobremente decoradas, anterior al nivel habitualmente emparentado con los asentamientos castreños (5).

2. LA FASE INICIAL: EL CELTIBÉRICO ANTIGUO

Tras los primeros momentos de la Edad del Hierro, hacia los siglos VII-VI a.C., se documentan en las altas tierras del Oriente de la Meseta y el Sistema Ibérico (fig. 111) —en un amplio territorio que cabe considerar como el área nuclear de la Celtiberia que aparece en las fuentes clásicas, y que engloba la cabecera del Tajo y sus afluentes (sobre todo el río Gallo y las cuencas altas del Tajuña y el Henares), el Alto Jalón y el Alto Duero— una serie de cambios respecto a los períodos inmediatamente precedentes, por otro lado muy mal conocidos, que afectan a la tecnología, al ritual funerario y al patrón de asentamiento, y que evidencian un importante crecimiento demográfico en la zona (Lorrio 1993b y 1995a: 95 ss.). Todas estas modificaciones del registro arqueológico se traducen en cambios sociales importantes, produciéndose

la cristalización de una nueva sociedad, cuyo componente guerrero se manifiesta en las ricas panoplias presentes en las sepulturas. Las necrópolis evidencian de forma clara las características de ese proceso, apareciendo el armamento, desde los estadios iniciales, como un signo exterior de prestigio.

Como se ha señalado, se produce ahora la adopción de la metalurgia del hierro, rápidamente desarrollada y orientada en un primer momento, con exclusividad, hacia la fabricación de armamento, actividad de la que el bronce quedó prácticamente excluido, si se exceptúan ciertas armas de parada, como los cascos, los discos-coraza o los grandes umbos de escudo, documentadas en las ricas panoplias aristocráticas que caracterizan los estadios iniciales de la fase II, o alguna pieza excepcional, como el puñal galaico de antenas procedente del campamento romano de La Cerca, en Aguilar de Anguita (Aguilera 1916: 84 s., fig. 44; Schüle 1969: 88 s.; Sánchez-Lafuente 1979). Con todo, el bronce siguió siendo utilizado, en zonas marginales, para la fabricación de armas, como lo prueban los moldes de arcilla cocida del castro soriano de El Royo (Romero y Jimeno 1993: 205), aunque por lo común quedó reservado para la fabricación de objetos relacionados con la vestimenta y el adorno personal, como fíbulas, broches de cinturón, pectorales, etcétera.

2.1. *Necrópolis*

Desde el siglo VI a.C. está plenamente implantado en las altas tierras de la Meseta Oriental el ritual funerario característico de los Campos de Urnas, la incineración (fig. 112), lo que dará lugar a la aparición de uno de los elementos culturales que mejor contribuyen a delimitar, entre los siglos VI-III/II a.C., el territorio celtibérico: las necrópolis. Algunos de los cementerios que surgen en esta fase inicial, como Alpanseque, Valdenovillos, Montuenga o Aragoncillo, éste aún en fase de estudio (Arenas y Cortés e.p.), presentan una peculiar ordenación interna del espacio funerario consistente en la disposición alineada de las tumbas formando calles paralelas, generalmente con estelas, exclusiva de las necrópolis del Oriente de la Meseta a lo largo de toda la Edad del Hierro (*vid.* capítulo IV,2). Pero, esta disposición no es en absoluto generalizable a todas las necrópolis celtibéricas que, comúnmente, carecen de cualquier orden interno, por más que se utilicen estelas para señalizar las sepulturas, como ocurre en Almaluez, Carratiermes o Ucero, documentándose también en ciertos casos estructuras de tipo tumular, como los túmulos de Pajaroncillo (fig. 52,1) (Almagro-Gorbea 1973) o los encachados de la fase inicial de las necrópolis de Molina de Aragón, Sigüenza (fig. 51,1) (Cerdeño y García Huerta 1990: 88) y La Umbría de Daroca (Aranda 1990: 104 s.). Todos estos

---

(5)   Con este nivel inicial podría ponerse en relación, quizás, el ya comentado fragmento exciso hallado en una de las laderas del poblado (Jimeno 1985: 111; Bachiller 1987a: 5; *Idem* 1993: 203 s.).

cementerios evidencian desde su aparición indicios de jerarquización social.

La fase inicial de estas necrópolis se caracteriza por la presencia de ajuares militares (fig. 61) que conviven con otros provistos, principalmente, de adornos broncíneos. El armamento (*vid.* capítulo V, 1) está representado por largas puntas de lanza, que en algún caso alcanzan los 60 cm., con fuerte nervio central y aletas estrechas, regatones, a veces de gran longitud, y cuchillos curvos, faltando en cambio las espadas y los puñales (Cerdeño y García Huerta 1990: 79s.; Argente *et alii* 1992; Lorrio 1994a: 216 ss.). Además, se depositan fíbulas de codo tipo Meseta, de doble resorte de puente filiforme o de cinta, e incluso ejemplares más evolucionados, con puente rómbico u oval, modelos de espirales, anulares hispánicas y de pie vuelto y botón terminal, broches de cinturón de escotaduras y de uno a tres garfios, pectorales de espirales y de placa, brazaletes de aros múltiples, etc., estando también documentadas las fusayolas (*vid.* capítulo VI,7.3). Las urnas, realizadas a mano, presentan perfiles en S y, a veces, pie elevado, eventualmente decorados mediante dígitos rehundidos, cubriéndose por lo general con cuencos troncocónicos, habiéndose identificado en algunos casos cerámicas grafitadas y pintadas (6).

Esta fase está atestiguada en un buen número de necrópolis localizadas en las cuencas altas del Tajo, del Jalón y del Duero (fig. 111,A), como Molina de Aragón (Cerdeño *et alii* 1981; Cerdeño 1983a), Aragoncillo (Arenas 1990; Arenas y Cortés e.p.), Sigüenza, Atienza, Valdenovillos, Alpanseque, Almaluez, Carratiermes, Ucero, La Mercadera (*vid.*, para todas ellas, Apéndice I), Ayllón (Barrio 1990) o Pinilla Trasmonte (Moreda y Nuño: 1990: 176 ss.) (7), acaso en los cementerios de Clares (Cabré 1988: 123; *Idem* 1990: 205) y de Montuenga (Romero 1984a: 70; Romero y Jimeno 1993: 209) y, posiblemente, también en los de La Hortezuela de Océn (8) y

Garbajosa (Cabré 1988: 123; *Idem* 1990: 205), necrópolis éstas en las que los objetos de adorno broncíneos constituyen prácticamente la única información disponible (García Huerta 1990: 130 y 133 s.).

Cabría añadir La Umbría de Daroca (Aranda 1990: 103 ss.), en el Jiloca Medio, cuyas características generales, así como la continuidad que atestiguan los materiales recuperados, entre el siglo VI y el I a.C., permiten su estudio conjunto con las necrópolis del Alto Tajo-Alto Jalón (Royo 1990: 127 y 130 s.).

Diferente es el caso de las restantes necrópolis de la margen derecha del Ebro Medio, territorio que en época avanzada formará parte de la Celtiberia, vinculadas culturalmente con el mundo de Campos de Urnas del Valle Medio del Ebro (Royo 1990: 125 ss., fig. 1) y en las que no existe una continuidad en su ocupación (Burillo 1991a: 565), a diferencia de lo documentado en el área nuclear de la Celtiberia, circunscrita a la Meseta Oriental y el Sistema Ibérico.

Peor conocido durante este período es el territorio correspondiente a la Celtiberia meridional, si bien no cabe duda en considerar el carácter celtibérico de Griegos (Almagro Basch 1942), en la Sierra de Albarracín (Royo 1990: 129 ss.), necrópolis cuyo inicio se sitúa en esta fase, pudiéndose establecer su vinculación con el grupo del Alto Tajo-Alto Jalón. De más difícil interpretación es la necrópolis tumular de Pajaroncillo, en la Serranía de Cuenca, sin cronología definida, aunque puede admitirse una fecha en torno al siglo VIII a.C., y en cuyas características generales predominan los rasgos locales (Almagro-Gorbea 1973; *Idem* 1987a: 322).

Hacia el occidente de la provincia de Cuenca, ocupando las cuencas altas del Cigüela y el Záncara (Almagro-Gorbea 1976-78: 139 ss.), se localizan un conjunto de necrópolis, cuyas particularidades permiten configurar un grupo de personalidad homogénea. Las Madrigueras, en Carrascosa del Campo (Almagro-Gorbea 1969) y El Navazo, en La Hinojosa (Galán 1980), ésta caracterizada por la presencia de estructuras tumulares, inician su andadura en este momento. A ellas habría que añadir las de Haza del Arca, en Uclés (Mena 1984: 93 ss., figs. 1,1-2, 3,9 y 11,29-30) (9),

(6) *Vid.* Almagro-Gorbea 1969: 110 ss.; Cerdeño 1976a: lám. V,1 y 3; Galán 1980: 160 s.; Cerdeño *et alii* 1981: 61 ss., fig. 16; Valiente 1982: 118; Cerdeño 1983b; Mena 1984; Arenas 1990: 95; Cerdeño 1992-93: figs. 1 y 2; Cerdeño y Pérez de Ynestrosa 1993: 50 s.; García-Soto y de La-Rosa 1995: 87 y fig. 4 y Arenas y Cortés e.p.

(7) Este cementerio, localizado en el Sureste de la provincia de Burgos, y cuyos inicios cabe situar en esta fase, ofrece una continuidad en su utilización hasta el siglo I a.C., también registrada en el asentamiento con el que se vincula (Moreda y Nuño 1990), pudiéndose establecer su relación con las necrópolis sorianas del Alto Duero. No se ha incluido, en cambio, la necrópolis de Lara de los Infantes (Monteverde 1958: 194 ss.; Schüle 1969: láms. 154-156), cuyos materiales, sobre todo por lo que respecta a las armas, tienen más que ver con los documentados en las necrópolis palentinas y burgalesas.

(8) Según Schüle (1969: 261), el material de La Hortezuela de Océn sería semejante al de Aguilar de Anguita, con la que ofrece, asimismo, semejanza en su organización interna. Sin embargo, al igual que ocurre con Clares y Garbajosa, no se conocen objetos realizados en hierro procedentes de este cementerio (García Huerta 1990: 86-87, 130 y 133-134).

(9) Con ésta o con alguna otra necrópolis de la zona deben relacionarse algunas de las fíbulas publicadas por Quintero Atauri (1913: 122, n° 10), «de igual tipo a las encontradas en diversos lugares del territorio uclense». A ellas habría que añadir un conjunto de fíbulas —dos ejemplares de doble resorte de puente de cinta, cinco anulares y dos de tipo La Tène— y un broche de cinturón de escotaduras cerradas y tres garfios atribuidos por Almagro Basch (1986: lám. III) a una supuesta necrópolis localizada en las proximidades de *Segobriga*, que al parecer habría sido excavada el siglo pasado. La existencia de un núcleo prerromano ocupando el Cerro de Cabeza del Griego estaría confirmada por la aparición, en el *decumanus* del Sur del Gimnasio, de un fragmento de ánfora ática de mediados del siglo V a.C. (Almagro-Gorbea y Lorrio 1989: 200).

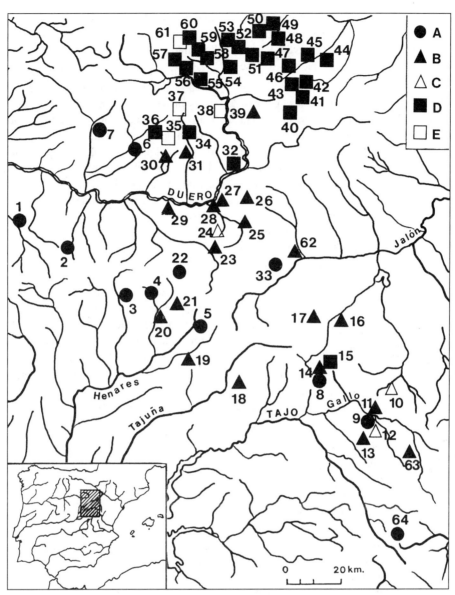

Fig. 111.—Poblados y necrópolis de la fase inicial de la Cultura Celtibérica en el Alto Duero - Alto Tajo - Alto Jalón: A. necrópolis; B. poblados en altura sin evidencias de fortificaciones; C. idem en llano; D. poblados fortificados en altura; E. idem dudosos. 1. Ayllón; 2. Carratiermes (Montejo de Tiermes); 3. Atienza; 4. Valdenovillos (Alcolea de las Peñas); 5. Sigüenza; 6. La Mercadera; 7. Ucero; 8. La Cerrada de los Santos (Aragoncillo); 9. Chera; 10. Ermita de la Vega (Cubillejo de la Sierra); 11. La Coronilla (Chera); 12. El Pinar (Chera); 13. Las Arribillas (Prados Redondos); 14. El Palomar (Aragoncillo); 15. El Turmielo (Aragoncillo); 16. Cerro Renales (Villel de Mesa); 17. Iruecha; 18. Cerro Almudejo (Sotodosos); 19. Los Castillejos (Pelegrina); 20. Cerro Padrastro (Santamera); 21. Alto del Castro (Riosalido); 22. Alpanseque; 23. El Frentón (Hontalbilla de Almazán); 24. La Estevilla (Torremediana); 25. Alepud (Morón de Almazán); 26. Alto de la Nevera (Escobosa de Almazán); 27. El Cinto (Almazán) (?); 28. La Corona (Almazán); 29. La Buitrera (Rebollo de Duero); 30. La Cuesta del Espinar (Ventosa de Fuentepinilla); 31. El Ero (Quintana Redonda); 32. Los Castillejos (Cubo de la Solana); 33. Almaluez; 34. El Castro (Cuevas de Soria); 35. El Castillejo (Las Fraguas); 36. El Castillejo (Nódalo); 37. San Cristóbal (Villaciervos); 38. El Castillo (Soria); 39. El Castillejo (Fuensaúco); 40. Peñas del Chozo (Pozalmuro); 41. La Torrecilla (Valdegeña); 42. Peña del Castillo (Fuentestrún); 43. Los Castillejos (El Espino); 44. El Castelar (San Felices); 45. Los Castillejos (Valdeprado); 46. Los Castillares (Magaña); 47. El Castillejo (Castilfrío de la Sierra); 48. Los Castellares (San Andrés de San Pedro); 49. El Castillejo (Tañiñe); 50. El Castillejo (Valloria); 51. El Castillejo (Ventosa de la Sierra); 52. Alto de la Cruz (Gallinero); 53. Los Castillejos (Gallinero); 54. Zarranzano (Cubo de la Sierra); 55. El Castillejo (Hinojosa de la Sierra); 56. El Castillejo (Langosto); 57. El Castillo (El Royo); 58. Torre Beteta (Villar del Ala); 59. El Castillo de las Espinillas (Valdeavellano de Tera); 60. El Puntal (Sotillo del Rincón); 61. Castillo del Avieco (Sotillo del Rincón); 62. Cerro Ógmico (Monreal de Ariza); 63. El Castillejo (Anquela del Pedregal); 64. Griegos. (1, provincia de Segovia; 2, 6, 7, 17 y 22-61, prov. de Soria; 62, prov. de Zaragoza; 64, prov. de Teruel; el resto, prov. de Guadalajara).

Zafra de Záncara (Almagro-Gorbea 1977: 458, nota 35; Mena 1984: 102 s.) y, quizás, los materiales más antiguos de la de Villanueva de los Escuderos (Mena 1984: 93 ss., figs. 6,18), necrópolis todas ellas de las que tan sólo se conocen algunos materiales cerámicos.

Para Almagro-Gorbea (1987a: 321 ss.), estas necrópolis constituyen, junto con las localizadas en la Meseta Oriental y el Sistema Ibérico, «un fenómeno cultural bastante unitario», que le lleva a hablar de necrópolis de tipo Alto Duero-Alto Jalón-Carrascosa I que representarían la fase inicial de los cementerios celtibéricos. La ausencia de armamento, común a todas ellas, podría verse como un elemento diferenciador, aunque algunas de las necrópolis contemporáneas, como Molina de Aragón, La Hortezuela de Océn y Garbajosa, carecen igualmente de armas. A pesar de la continuidad en la utilización de estos cementerios a lo largo de un amplio período de tiempo, que en Las Madrigueras abarca entre mediados del siglo VI y mediados del III a.C. (Almagro-Gorbea 1969: 151; *Idem* 1976-78: 144), ninguno de ellos pervive hasta la segunda centuria a.C., lo que contrasta con lo documentado en algunas de las necrópolis del Alto Tajo-Alto Jalón-Alto Duero. No obstante, la necrópolis de Alconchel de la Estrella, localizada en la misma región que las estudiadas, pero de cronología algo más reciente, alcanzaría el siglo I a.C. (Millán 1990).

La falta de hallazgos de objetos férricos en la fase inicial de la necrópolis de Molina de Aragón (10) ha sido interpretada como una prueba de la existencia de una fase, que se ha denominado Protoceltibérica, anterior a la adopción de la metalurgia del hierro en la zona (Cerdeño y García Huerta 1990: 78 s. y 80). Sin embargo, lo reducido y alterado del conjunto —únicamente pudieron individualizarse cuatro sepulturas y lo que parecen ser los restos de dos *ustrina* o fuegos de ofrenda— impide avanzar más en ese sentido, por más que se hayan adscrito a este momento inicial otras necrópolis, como La Hortezuela de Océn o Garbajosa (Cabré 1988: 123; *Idem* 1990: 205), por otro lado muy mal conocidas. En cualquier caso, las similitudes entre estos cementerios y aquéllos en los que la presencia de armas de hierro está plenamente documentada es evidente. Así ocurre con los objetos de bronce (fíbulas, broches de cinturón, brazaletes, etc.) y las urnas cinerarias, con perfiles en S y, a veces, decoradas mediante hoyitos, como algunos ejem-

plares procedentes de Molina de Aragón y Sigüenza, cementerios en los que también se documentan encachados tumulares.

Según esto, habrían existido necrópolis sin armas desde la fase inicial del mundo celtibérico conviviendo con otras provistas de armamento, algunas de las cuales alcanzarían períodos más recientes, como sería el caso de Molina de Aragón, dada la ausencia de elementos militares de cualquier cronología a pesar de conocerse abundante material fuera de contexto, incluyendo especies cerámicas a torno o fíbulas de tipología evolucionada, algunas de ellas realizadas en hierro, o los de las necrópolis de Las Madrigueras y El Navazo.

2.2. *Hábitat*

En relación al poblamiento (fig. 111,B-E), se advierten importantes modificaciones en los patrones de asentamiento que afectan tanto al surgimiento de un gran número de poblados de nueva planta, localizados en áreas anteriormente desocupadas, como al carácter permanente de los mismos, lo que contrasta con la provisionalidad que se detectaba en los característicos asentamientos de la Edad del Bronce (Romero y Jimeno 1993: 176 ss.). Se trata de poblados de pequeña extensión, generalmente de menos de una hectárea, situados en lugares elevados, pero sin ocupar las máximas alturas de la zona, y provistos, en ocasiones, de fuertes defensas, algunos de los cuales, a veces con fases de abandono, alcanzarán el siglo I a.C. La aparición de hábitats estables estaría condicionada por la práctica de una agricultura de subsistencia que permitiría la sedentarización de la población (Ruiz-Gálvez 1985-86: 82 s.; *Idem* 1991: 75), lo que quedaría confirmado por la elección de los emplazamientos, que por lo común —con la excepción de las zonas serranas (*v.gr.* los castros sorianos)— dominan terrenos de aprovechamiento preferentemente agrícola.

Desde el punto de vista geográfico-cultural, el área nuclear de la Celtiberia histórica, restringida a la Meseta Oriental, aparece estructurada en dos grandes regiones, el Alto Tajo-Alto Jalón y el Alto Duero, cuya personalidad y carácter diferenciado, con evidentes muestras de contacto, se hará patente principalmente a partir del período siguiente. Durante esta fase inicial, el núcleo del Alto Tajo-Alto Jalón y las tierras del Alto Duero circunscritas al Centro y Sur de la provincia de Soria ofrecen una cierta homogeneidad cultural, al menos en los elementos que cabe considerar como esenciales, que contrasta con la información aportada por el territorio situado inmediatamente al Norte de esta zona, que se ciñe fundamentalmente a la serranía soriana. En el Jiloca Medio, la información sobre la Primera Edad del Hierro

---

(10)   La necrópolis de Chera, localizada en la proximidades de Molina de Aragón, se caracteriza además por la relativa pobreza de sus ajuares metálicos, formados por colgantes, cuentas de collar, alguna rara fíbula y algunos broches de cinturón; por la presencia de enterramientos tumulares y de urnas a mano de perfiles de tradición de Campos de Urnas, en S, bases planas o con pies elevados, y, a veces, decoradas con dígitos rehundidos; así como por el hallazgo de dos cuencos con decoración pintada.

resulta muy escasa, si bien alguna vez, como en el caso de la necrópolis de La Umbría, la continuidad en su utilización pueda permitir suponer la del poblado asociado a ella, del que en el caso mencionado se conservan restos de la muralla, aun cuando falten casi por completo los materiales arqueológicos de cualquier época (Aranda 1986: 166 ss.; *Idem* 1990: 103 s.).

Mucho peor conocido resulta el territorio meridional de la Celtiberia, que ocupa las serranías de Albarracín y Cuenca, y las zonas centro-occidentales de la provincia de Cuenca, zona ésta de transición que, según se evidencia por las necrópolis, ofrece su propia personalidad (Almagro-Gorbea 1976-78: 139 ss.; Lorrio e.p.), y para la que cabe plantear unas características similares en lo que al poblamiento se refiere con las tierras del Alto Tajo-Alto Jalón.

2.2.1. *Alto Tajo-Alto Jalón*

En las altas tierras del Alto Tajo-Alto Jalón, entre los 1.000 y los 1.200 m.s.n.m, se han documentado una serie de asentamientos de pequeño tamaño, con superficies inferiores a una hectárea, generalmente situados en cerros de fácil defensa, con evidencias de haber estado amurallados o, más habitualmente, sin resto alguno de murallas adscribibles a esta fase (11), pudiendo localizarse también en lomas ligeramente destacadas del terreno, carentes de toda preocupación defensiva, como el poblado de la Ermita de la Vega (Cubillejo de la Sierra) (Valiente y Velasco 1988), o incluso en llano, como el de El Pinar (Chera) (Arenas 1987-88), por lo común en áreas de vocación mixta agrícola y ganadera (fig. 111,10-21 y 63). Las características del poblamiento, unido a la ausencia por lo común de estructuras defensivas complejas, sería una de las razones fundamentales que justificaría el desconocimiento en muchos casos de los asentamientos directamente vinculados con las necrópolis pertenecientes a esta fase (12).

Actualmente se cuenta con un buen número de poblados adscribibles a la fase inicial del mundo celtibérico, que en buena medida integrarían lo que se conoce como «facies Riosalido» (Valiente y Velasco 1988: 108 ss.; Barroso 1993: 28 ss.; Romero y Misiego 1995a: 64 ss.). En su mayoría son conocidos por prospecciones de superficie, reduciéndose el material recuperado a restos cerámicos casi en exclusiva. Junto a los ya mencionados de la Ermita de la Vega y El Pinar (13), se hallan los poblados de Cerro Ógmico, en Monreal de Ariza (de La-Rosa y García-Soto 1989; *Idem* 1995), Iruecha (Bachiller 1987a: fig. 2), Cerro Renales, en Villel de Mesa (Cebolla 1992-93: 180 ss.), San Roque, en La Yunta (García Huerta 1990: 80), La Coronilla, en Chera (Cerdeño y García Huerta 1992), Las Arribillas, en Prados Redondos (Ruiz-Gálvez, comunicación personal), El Castillejo, en Anquela del Pedregal (García Huerta 1989: 17 ss.), el Monte Santo, en Luzón (Arenas 1987-88: 110; García Huerta 1990: 118), el cerro Almudejo, en Sotodosos (Valiente y Velasco 1986), Los Castillejos, en Pelegrina (García-Gelabert y Morère 1986), Alto del Castro, en Riosalido (Fernández-Galiano 1979: 23 ss., láms. XVI-XVII; Valiente 1982) o el Cerro Padrastro, en Santamera (Valiente 1992: 26 ss.).

En un buen número de casos, estos asentamientos que, con la salvedad de las excepciones ya comentadas, presentan un carácter defensivo, albergaron una reocupación en época celtibérica avanzada, contemporánea a veces con la presencia romana en la zona. Este es el caso de El Pinar, La Coronilla, Las Arribillas, El Castillejo de Anquela del Pedregal, el Alto del Castro o Los Castillejos de Pelegrina, reocupación con la que sin duda cabe relacionar las, a menudo, imponentes murallas que ostentan estos poblados (14). En otras ocasiones, como ocurre en el cerro Almudejo o en la Ermita de la Vega donde no se evidencia una reocupación posterior, se eligieron, en cambio, cerros próximos con mejores condiciones defensivas (Valiente y Velasco 1986: 72; *Idem* 1988: 95).

El poblado de La Coronilla ha proporcionado información respecto al urbanismo de esta fase inicial, con estructuras de habitación yuxtapuestas de planta rectangular, con muro trasero corrido, abiertas hacia el interior del poblado, y ocupando sólo la zona septentrional del

---

(11)   La presencia de murallas está registrada en El Turmielo (Arenas y Martínez 1993-95: 102 ss.; Arenas *et alii* 1995) y el Palomar I (Cerdeño *et alii* 1995a: 171) de Aragoncillo o, de confirmarse las altas cronologías propuestas, en la fase inicial de El Ceremeño (Cerdeño *et alii* 1993-95: 67 ss.; *Idem* 1995b; Cerdeño 1995: 198 ss.), poblados, todos ellos, en los que la presencia de cerámica a torno está documentada desde sus estadios iniciales (Cerdeño *et alii* 1996: 289 ss.).

(12)   Con todo, la asociación poblado-necrópolis ha podido establecerse en Aragoncillo, donde la necrópolis de La Cerrada de los Santos queda separada 400 m. del poblado de El Palomar (Arenas 1990: 95). Más complejo resulta el caso de la necrópolis de Molina de Aragón, con dos posibles candidatos, el cercano poblado de El Pinar (García Huerta 1990: 95) y el castro de La Coronilla, separados 1.500 m. (Cerdeño y García Huerta 1990: 79), distancia que resulta excesiva (*vid.* capítulo IV,1), aunque en ocasiones se hayan señalado distancias incluso superiores, como los 1.700 m. que, al parecer, separan el poblado y la necrópolis conquense de La Hinojosa (Mena 1990: 185).

(13)   *Vid. infra* para El Turmielo, El Palomar I y El Cermeño I, pues la presencia de cerámica torneada asociada a materiales característicos de esta fase inicial aconseja su datación algo más avanzada (Cerdeño *et alii* 1995a: 160 s.).

(14)   No está demás señalar cómo en El Palomar (Cerdeño *et alii* 1995a: 171) la muralla de la fase más reciente se encuentra directamente apoyada en la de la fase precedente, lo que también ocurre en El Ceremeño (Cerdeño 1995: 198), todo lo cual aconseja ser prudentes por lo que se refiere a aquellos casos conocidos únicamente a partir de las evidencias superficiales.

cerro sobre el que se asienta el hábitat (Cerdeño y García Huerta 1992: 83 s.) (15).

La cultura material recuperada en estos asentamientos se reduce, en su abrumadora mayoría, a recipientes cerámicos, realizados a mano, aunque la existencia de productos a torno (*vid. infra*), considerados como importaciones desde el ámbito ibérico, ha sido evidenciada en algunos de ellos (Arenas y Martínez 1993-95: 102 ss.; Arenas *et alii* 1995: 180; Cerdeño *et alii* 1993-95: 67 ss.; Cerdeño 1995: 199 s; Cerdeño *et alii* 1995a: 161; Cerdeño *et alii* 1995b; Cerdeño *et alii* 1996: 289 ss.).

Junto a las cerámicas toscas de almacenaje, pobremente decoradas a base de cordones digitados, incisiones profundas o ungulaciones en los bordes, se documentan otras más finas, a menudo lisas, pero en ocasiones con decoración grafitada y pintada, a veces conviviendo en una misma pieza. En general, se trata de formas simples, frecuentes en gran número de yacimientos pertenecientes a diferentes órbitas culturales.

La ausencia de determinadas formas o la presencia de otras, quizás sea un indicio de una ordenación interna de los conjuntos cerámicos, si bien hay que tener en cuenta que, en su gran mayoría, se trata de materiales sin contexto. Así, se ha propuesto una mayor modernidad para el conjunto de la Ermita de la Vega, situándolo en «un momento avanzado o tardío dentro del horizonte Riosalido» (Valiente y Velasco 1988: 105), alegando la ausencia de determinadas formas cerámicas presentes en otros poblados de esta facies morfológicamente emparentadas con las características de Cogotas I.

Del artesanado metálico poco cabe decir debido a su escasez, sobre todo por tratarse en buena medida de materiales de prospección; la información se reduce a escasos hallazgos broncíneos, como una espiral y un arito hallados en la vivienda nº 4 de La Coronilla (Cerdeño y García Huerta 1992: 95, fig. 57,9 y 11) o una laminita decorada con dos botoncitos repujados de La Ermita de la Vega (Valiente y Velasco 1988: 103, fig. 3,11), faltando por completo los objetos realizados en hierro. Una cuenta de pasta vítrea, de la misma vivienda de La Coronilla donde se hallaron las piezas broncíneas (Cerdeño y García Huerta 1992: 95, fig. 57,10), algunas pesas de telar trapezoidales de gran tamaño y un afilador de Los Castillejos de Pelegrina, completan la nómina de hallazgos.

Existen cuatro fechas radiocarbónicas obtenidas en el nivel inferior de La Coronilla, (950±90 B.C., 380±80 B.C.,

20±80 A.D. y 670±80 A.D.), sin que ninguna de ellas pueda ser tomada en consideración dada su enorme variabilidad, resultando, a todas luces, anómalas (Cerdeño y García Huerta 1992: 97 s. y 147) (16).

En los últimos años, se ha planteado (Cerdeño *et alii* 1995a: 160 ss.) la adscripción de estos asentamientos a lo que se ha denominado como período Protoceltibérico, previo a la generalización de la metalurgia del hierro, y al que también se adscribiría, como se ha señalado, la necrópolis de Molina de Aragón. Sin embargo, el hallazgo de ciertas especies cerámicas bien documentadas en estos poblados en algunas de las necrópolis de la zona, como Valdenovillos (Cerdeño 1976a: lám. V,1 y 3), Molina de Aragón (Cerdeño 1983; *Idem* 1992-93: figs. 1 y 2), en la que se ha localizado cerámica pintada, o Sigüenza (Valiente 1982; Cerdeño y Pérez de Ynestrosa 1993: 50 s.) y Aragoncillo (Arenas 1990: 94, fig. 3), donde se han identificado especies grafitadas, en este último caso directamente asociadas a la presencia de hierro (Arenas y Cortés e.p.), permite plantear la contemporaneidad de unos y otros y su adscripción a un mismo horizonte cultural, que cabe considerar ya como plenamente celtibérico, a tenor de la continuidad confirmada tanto por los poblados como por los lugares de enterramiento (Almagro-Gorbea 1986-87: 35; *Idem* 1987a: 319 y 321; *Idem* 1993: 147).

Un comentario merecen una serie de poblados en los que se ha detectado la presencia de cerámica a mano asociada a especies torneadas, siempre minoritarias, interpretadas como importaciones del área ibérica (Cerdeño y García Huerta 1995: 264; Cerdeño *et alii* 1996: 289 ss., fig. 3). Éstos son los casos, ya comentados, de El Turmielo (Arenas y Martínez 1993-95: 105 y 112 ss., fig. 11; Arenas *et alii* 1995: 180; Cerdeño *et alii* 1996: 290), El Palomar I (Cerdeño *et alii* 1995a: 161), en los que se realizaron algunos sondeos que confirmaron la presencia de un reducido conjunto de fragmentos de cerámica a torno, que en el caso de El Turmielo supone el 3% (Cerdeño *et alii* 1996: 290), y El Ceremeño I (Cerdeño *et alii* 1993-95: 74 ss.; Cerdeño *et alii* 1995a: 161; Cerdeño *et alii* 1995b; Cerdeño 1995: 199 s.), poblado que ha sido adscrito a los momentos iniciales de la Segunda Edad del Hierro basándose en la mayor proporción de cerámica a mano en relación con la realizada a torno (Cerdeño 1989; Cerdeño *et alii* 1995a: 161), aunque en alguna de las habitaciones excavadas ésta llegue a representar el 20% del total (Cerdeño *et alii* 1995b: 167), habiéndose recuperado asimismo una fíbula de tipo Acebuchal y un ejem-

---

(15)   En Los Castillejos de Pelegrina también están documentadas viviendas rectangulares adosadas adscribibles a este momento (García-Gelabert y Morère 1986: 124 y 127), así como, según señala García Huerta (1990: 146), una estructura de planta oval.

(16)   A estas fechas habría que añadir otra más correspondiente al inicio de la ocupación del poblado de Ayllón (640 a.C.), aunque lamentablemente permanezca inédito el contexto arqueológico del que procede, no así el de la cercana necrópolis de La Dehesa, ligeramente más moderna (Zamora 1987: 41; Barrio 1990: 277 s.).

plar de pivotes. Recientemente, se han publicado dos fechas de C14 para el nivel I de El Ceremeño (530±80 B.C. y 430±200 B.C.), habiéndose sugerido una cronología de inicios del siglo V o finales del VI a.C. para las primeras producciones torneadas llegadas a la región desde el ámbito ibérico costero (Cerdeño *et alii* 1996: 292).

2.2.2. *Alto Duero*

Desde el punto de vista del poblamiento y el ritual funerario, en las tierras del Alto Duero existen dos áreas geográfico-culturales de marcada personalidad: 1) la Depresión Central del Duero, que se circunscribe a las tierras del Centro y Sur de la provincia de Soria, con evidentes muestras de contacto con las tierras del Alto Henares y del Alto Jalón; y 2) el reborde montañoso, al Norte, o Ramal Septentrional del Sistema Ibérico.

1. En las tierras del Centro y Sur de la provincia de Soria se documentan una serie de asentamientos (fig. 111,23-31 y 39) situados corrientemente en lugares estratégicos elevados —aunque no falten los que carecen de cualquier preocupación defensiva, como La Estevilla (Torremediana)—, en alturas entre los 900 y los 1.200 m.s.n.m., generalmente sin evidencia externa de haber estado amurallados (17) y para los que cabe plantear una orientación económica preferentemente agrícola, en la que la actividad ganadera, consustancial con los pueblos celtibéricos, debió de jugar un papel destacado (Revilla y Jimeno 1986-87; Romero y Jimeno 1993: 208).

Su dispersión está condicionada por los trabajos de prospección llevados a cabo en los últimos años en la provincia de Soria, estando perfectamente documentados en la Tierra de Almazán (Revilla 1985: 329-336) —La Buitrera (Rebollo de Duero), La Corona (Almazán), el Alto de la Nevera (Escobosa de Almazán), Alepud (Morón de Almazán), El Frentón (Hontalbilla de Almazán), La Estevilla (Torremediana) y los dudosos de El Cinto (Almazán) y Los Chopazos (Almazán)— y en la Zona Centro —La Cuesta del Espinar, en Ventosa de Fuentepinilla, El Ero, en Quintana Redonda (Pascual 1991: 262-266) y Los Altos, en Fuentepinilla (Bachiller 1986: 350)—. Resulta significativa, en cambio, su práctica ausencia en el Campo de Gómara, donde no se ha encontrado más que un asentamiento de estas características, El Castillejo de Fuensaúco (Romero y Misiego 1992; *Idem* 1995b), situado al Norte de esta comarca, así como otro de tipo castreño —Los Castillejos de El Cubo de la Solana—, lo que contrasta con el denso poblamiento de esta

zona en los períodos celtibérico-romano y romano, vinculado probablemente a la intensificación de la agricultura cerealista (Borobio 1985: 180 ss.). Cronológicamente, se acepta una fecha para el inicio de estos poblados a partir del siglo VII a.C. (Revilla y Jimeno 1986-87: 100).

La secuencia estratigráfica obtenida en El Castillejo de Fuensaúco (Romero y Misiego 1995b) permite abordar la evolución del poblamiento y de la arquitectura doméstica en el Alto Duero. Los trabajos recientes han identificado un primer nivel, adscrito al inicio de la Edad del Hierro (siglo VII a.C.), en el que se identificaron sendas cabañas circulares excavadas en la roca (fig. 29) (Romero y Misiego 1992; *Idem* 1995b: 130 ss.; Romero y Ruiz Zapatero 1992: 109 s.). Los materiales arqueológicos, todos ellos cerámicos, pobremente decorados, resultan asimilables a los recuperados en otros contextos del Primer Hierro, con claros paralelos con las producciones manufacturadas de los castros de la serranía soriana. El hallazgo descontextualizado de un fragmento exciso (Bachiller 1993: 203 s.) permitiría vincular las cabañas del nivel inferior de Fuensaúco con los primeros impactos de grupos de Campos de Urnas del Hierro en este sector de la Meseta (*vid. supra*). Un segundo nivel (Romero y Misiego 1995b: 134 ss.), superpuesto al anterior, presenta ya viviendas rectangulares, pero conviviendo aún con otras circulares, todas ellas de mampostería (fig. 30,1). Las especies cerámicas, entre las que destacan las grafitadas y pintadas, resultan similares a las recuperadas en los referidos trabajos de prospección y remiten a las producciones de la cultura castreña soriana, al igual que los reducidos adornos de bronce, como fíbulas o adornos espiraliformes, agujas de cabeza enrollada, brazaletes de sección rectangular o botones semiesféricos, elementos cuyo hallazgo resulta frecuente en los cementerios contemporáneos. Se ha sugerido una cronología para este nivel entre los siglos VI-V a.C. (Romero y Misiego 1992: 318; *Idem* 1995b: 138; Romero y Jimeno 1993: 206 ss., fig. 9).

Si bien no existen apenas datos relativos a la superficie de estos asentamientos, las *ca.* 2 ha. de La Buitrera y las entre 5 y 6 de La Corona (Jimeno y Arlegui 1995: 104) contrastan con los datos procedentes de las parameras de Sigüenza y Molina de Aragón (García Huerta 1990: 149 s.), donde para encontrar asentamientos de más de una hectárea habrá que esperar a los momentos más avanzados de la Cultura Celtibérica (*vid.* capítulo III,1.2) (18).

---

(17)   Puede mencionarse el caso de Alepud, en Morón de Almazán (Revilla 1985: 204 ss. y 329), con restos de una posible muralla, aunque no hay que olvidar la continuidad de este asentamiento en época plenamente celtibérica, dada la presencia de cerámicas a torno.

(18)   Parece probable una ocupación dispersa de estos asentamientos, tan sólo conocidos a través de prospecciones y carentes de obras defensivas visibles, semejante a la que cabe defender para hábitats contemporáneos, como el cerro del Ecce Homo, en Alcalá de Henares, también con 6 ha. (Almagro-Gorbea y Fernández-Galiano 1980: 15). En el caso de La Buitrera, además, la presencia de cerámica torneada evidencia la ocupación posterior del asentamiento. Con todo,

La cultura material de estos asentamientos (Revilla 1985: 320; Pascual 1991: 263), con la excepción de algunos molinos de mano barquiformes, se reduce a cerámicas realizadas a mano, generalmente de paredes gruesas, cuyas decoraciones se limitan a digitaciones aplicadas en el borde o en los cordones decorativos. Destaca, no obstante, la presencia de especies finas, de superficies pulidas y grafitadas, habiéndose hallado algún ejemplar pintado.

A pesar de no haberse documentado ninguna necrópolis directamente relacionada con los asentamientos comentados adscritos a este período (19), algunos cementerios situados en las tierras centrales de la Cuenca Alta del Duero comienzan ahora su andadura. Este es el caso de Ucero (García-Soto 1990: 30; García-Soto y de La-Rosa 1995: 87) y La Mercadera (Lorrio 1994a: 216 ss.), necrópolis éstas de las que se desconoce la ubicación del poblado a ella vinculado. La localización de las necrópolis, próximas al río Duero o a sus afluentes por la derecha, fundamentalmente los ríos Avión y Ucero, evidencia claramente el asentamiento de las poblaciones celtibéricas arcaicas en las fértiles vegas de las márgenes del Duero, contrastando abiertamente con la situación geográfica que ofrecen los castros de la serranía soriana, contemporáneos de las primeras desde sus fases más antiguas, lo que se confirmaría por la presencia de especies cerámicas semejantes, al igual que ocurre con los escasos elementos broncíneos documentados en éstos —fíbulas en espiral, brazaletes, botones semiesféricos—, presentes también en aquéllas (Romero 1991a: 310 ss.; García-Soto 1990: 29 s., figs. 6-7; García-Soto y de La-Rosa 1995).

2. Al Norte, se individualiza la denominada «cultura castreña soriana» (Romero 1991a; Bachiller 1987a), que se circunscribe al sector septentrional de la actual provincia de Soria, área montañosa perteneciente al Sistema Ibérico, donde se registran las máximas alturas y las más fuertes pendientes de toda la provincia, pudiendo establecerse su límite meridional, a partir de los trabajos de prospección llevados a cabo en la Zona Centro de la misma, entre las Sierras de Cabrejas y de Hinodejo (fig. 111,32, 34-38 y 40-61) (Pascual 1991: 262 ss.). Hacia el Norte, cabría incluir los asentamientos castreños

situados en la Sierra de Cameros y las cuencas altas del Cidacos, Linares y Alhama, en la vertiente de La Sierra orientada hacia el Ebro, algunos localizados ya en La Rioja (Pascual y Pascual 1984; García Heras y López Corral 1995), si bien, como se verá más adelante, será necesario hacer algunas matizaciones al respecto.

Constituye uno de los grupos castreños peninsulares de mayor personalidad, estando perfectamente caracterizado desde el punto de vista geográfico-cultural y cronológico, fechándose, desde los trabajos de Taracena (1954: 205), entre los siglos VI-V a.C., para ser abandonados en su mayoría hacia mediados del siglo IV a.C., por más que algunos, como el castro de El Royo, alcancen períodos más recientes. Las cinco dataciones radiocarbónicas existentes (530±50 B.C., 460±50 B.C., 430±50 B.C., 430±50 B.C. y 400 a.C., ésta publicada sin la desviación), de las que la más antigua y la más moderna fueron obtenidas en El Castillo de El Royo (Eiroa 1980a; Idem 1980b; Idem 1984-85) y las restantes en el castro del Zarranzano (Romero 1984a: 197 s.; Eiroa 1984-85: 198 s.; Romero 1991a: 356 s.), no hacen sino confirmar la cronología comúnmente aceptada.

Los castros de la serranía se ubican en lugares estratégicos, con alturas en su mayoría entre los 1.200 y los 1.500 m.s.n.m., lo que en buena medida determina la orientación eminentemente ganadera defendida tradicionalmente para los asentamientos castreños, poniendo de relieve una ocupación sistemática del territorio. Sus emplazamientos, de variado tipo —en espolón, en espigón fluvial, en escarpe o farallón, en colina o acrópolis y en ladera—, evidencian un marcado carácter defensivo, aun cuando los castros ocupen siempre lugares de menor altitud que las alturas máximas de sus inmediaciones. Ofrecen un único recinto (fig. 17), cuya superficie, salvo alguna rara excepción (como Castilfrío de la Sierra con 1,3 ha.), es inferior a una hectárea (fig. 14).

La arquitectura doméstica y el urbanismo de los castros sorianos durante la Primera Edad del Hierro resultan mal conocidos, pues, si las excavaciones de Taracena (1929: 7, 11-13, 17 y 24; Idem 1941: 13 s.) sugieren una ocupación dispersa del espacio interno a base de cabañas de madera y ramajes (Romero 1991a: 219), los trabajos llevados a cabo por Romero en el castro del Zarranzano (fig. 30,2) han proporcionado construcciones de mampostería, habiéndose documentado una vivienda subcircular superpuesta a otra de planta cuadrangular, a la que se adosaban otras de características semejantes, fechada en la primera mitad del siglo V a.C. (Romero 1989: 50 ss.). Aun así, en ciertos casos se ha constatado, a veces mediante la observación de restos constructivos superficiales, la existencia de casas de planta rectangular y muros medianiles (Taracena 1926a: 12; Bachiller 1987a: 16), resultando difícil establecer la adscripción cultural y

___

recientes prospecciones en el reborde suroriental de la provincia de Soria han permitido documentar castros de gran extensión, como Cerrillo Carraconchel, con cerca de 10 ha., La Coronilla de Velilla de Medinaceli, con unas 6, y el Alto de la Solana de Sagides, con alrededor de 3, junto con otros de menor tamaño, de dimensiones más acordes con lo registrado en los territorios aledaños (Jimeno y Arlegui 1995: 104).

(19)   En relación con el mundo funerario (vid. capítulo X,6), solamente cabe hacer mención a una inhumación infantil localizada bajo el suelo de la casa circular de piedra perteneciente a la segunda ocupación del El Castillejo de Fuensaúco (Romero y Jimeno 1993: 208 s.; Romero y Misiego 1995b: 136 s.).

cronológica de tales restos, dada la presencia conjunta de especies cerámicas a mano y a torno (*vid.* capítulo III,4).

En lo referente a la arquitectura militar (fig. 17), destacan sus espectaculares defensas formadas por murallas —continuas o localizadas únicamente en los flancos más desprotegidos—, a veces reforzadas con torres —generalmente identificadas por el engrosamiento de la muralla, habiéndose detectado también auténticos torreones, como los semicirculares de Valdeavellano de Tera (fig. 21), adosados a la cara exterior de la muralla—, fosos y piedras hincadas (fig. 27,2-5), en diversas combinaciones (*vid.* capítulo III,2).

Cabe apuntar para estas construcciones un carácter eminentemente defensivo, más aún si se tiene en cuenta la ausencia de tales elementos en los poblados del Centro y Sur de la provincia de Soria, vinculados con la fase inicial de las necrópolis celtibéricas, en las que estaría ya presente un estamento de tipo guerrero. De esta forma, las defensas de los asentamientos castreños se levantarían como respuesta a las que debieron ser frecuentes razzias para el pillaje y el robo de ganado por parte de los grupos asentados al Sur, en las tierras de la Cuenca del Duero, cuya despreocupación por los elementos defensivos señalarían el carácter unidireccional de tales incursiones (20).

El carácter diferenciado del grupo castreño soriano, evidente en lo que a los patrones de asentamiento y a las espectaculares obras defensivas se refiere, vendría apoyado, además, por la ausencia de toda evidencia funeraria segura (Romero y Jimeno 1993: 205). A este respecto, sólo pueden mencionarse (*vid.* capítulo IX,6) dos supuestas tumbas de incineración en urna, depositadas bajo otros tantos encachados, aparecidas en el interior, ocupando

una posición marginal, del castro de El Royo (Eiroa 1984-85: 201, fig. 1).

La cultura material de los asentamientos castreños está abrumadoramente representada por la cerámica, realizada a mano, bien conocida por los estudios de Romero (1984c y 1991a) y Bachiller (1987a: 17 ss.; 1987c), que han permitido establecer una completa tabla de formas (*vid.* capítulo VI,7,1 y fig. 100) que abarca desde los pequeños vasitos finos, de superficies cuidadas, hasta las toscas vasijas de provisiones. Generalmente lisas, las poco abundantes y monótonas decoraciones se reducen a impresiones digitales o unguiformes en los bordes y sobre cordones aplicados, no faltando las menos frecuentes líneas incisas o algunas piezas grafitadas e, incluso, pintadas, como el conocido fragmento de Castilfrío (Romero 1991a: 283 ss.).

Los hallazgos metálicos son mucho menos frecuentes. Se trata de algunos raros objetos de bronce (Romero 1991a: 303 ss.), generalmente de adorno, como alguna fíbula —cuya nómina se reduce a un ejemplar de doble resorte de puente romboidal, otro del modelo de espirales (fig. 85,B,10), y dos de pie vuelto con botón terminal—, brazaletes, botones semiesféricos o pasadores de cinturón (fig. 94,E), a los que hay que añadir un hacha plana, que habría que considerar como un hallazgo ocasional, ya en época antigua. Destaca, además, un grupo de moldes de arcilla para fundir piezas broncíneas —puntas de lanza y cinceles tubulares, varillas o empuñaduras— de El Castillo de El Royo, aparecidos en el interior de una estructura circular de mampostería de metro y medio de diámetro, interpretada como un horno de fundición (fig. 121) (Eiroa 1981; Romero 1991a: 303 ss.; Romero y Jimeno 1993: 203 y 205). El hallazgo de un cuchillo y algunos restos informes de hierro, así como las abundantes escorias asociadas al mencionado horno, sirven, al menos, para demostrar la utilización de este metal por parte de los habitantes de los castros (Romero 1991a: 323).

El carácter arcaizante de la metalurgia desarrollada en los castros sorianos durante el Primer Hierro se hace patente en los moldes de arcilla de El Royo, y en la tipología de algunos de los objetos fabricados con ellos, como las puntas de lanza y los cinceles de enmangue tubular, que remiten, al igual que ocurre en el «grupo Soto» (Delibes y Romero 1992: 245; Romero y Jimeno 1993: 195 s.), a la metalurgia Baiões-Venat, perteneciente al Bronce Final IIIb, fechada en el siglo VIII a.C. (Romero y Jimeno 1993: 206).

También se han recuperado algunos materiales líticos, que incluyen hachas de piedra pulimentada, cuchillitos de sílex, bolas de arenisca y molinos de mano barquiformes (Romero 1991a: 323 s.; Bachiller 1988-89), cuya presencia en todos los castros confirmaría indirectamente la

(20) Para Almagro-Gorbea (1986-87: 42; 1987a: 320), los campos de piedras hincadas se habrían «introducido y generalizado tras el desarrollo de la caballería y de su consiguiente aplicación a las tácticas guerreras, lo que está en relación con el desarrollo de élites ecuestres». En términos similares se expresa Burillo (1987: 88), para quien este elemento defensivo característico sería una prueba de la inestabilidad reinante en la zona e indicarían la existencia de una potente caballería ajena, de la que se defenderían los habitantes de los castros. Sin embargo, la escasa representatividad de arreos de caballo entre las sepulturas de la Meseta Oriental contemporáneas a los castros provistos de este sistema defensivo, lo que es especialmente evidente en los períodos más antiguos (fase I), parece apuntar en otra dirección, por lo que habría que pensar en los frisos de piedras hincadas como un obstáculo al avance de los infantes en su intento de aproximarse a la muralla, lo que ha sido señalado recientemente por Moret (1991: 11 ss.). Para Bachiller (1987b: 78; etc.), el proceso de fortificación se debería «a la gestación del fenómeno celtibérico en la mitad sur provincial y territorios limítrofes». Una opinión diferente es aportada por Romero y Ruiz Zapatero (1992: 113; *vid.*, asimismo Romero y Jimeno 1993: 208), quienes, no viendo justificación en motivos bélicos o de prestigio para la erección de los sistemas defensivos castreños, optan por argumentos de índole económica, no suficientemente explicados (Lorrio 1992).

práctica de la agricultura, pues, aunque pocas, la serranía soriana ofrece ciertas zonas de vocación agrícola. La aparición de pesas de telar de doble perforación y de fusayolas cerámicas (Romero 1991a: 302 s.; Bachiller 1992: 16) sería una prueba de la realización de actividades textiles.

La ausencia de jerarquización en el hábitat, como lo viene a confirmar la homogeneidad en el tamaño de los castros y la poca variabilidad en los sistemas defensivos, parece apuntar hacia pequeñas comunidades parentales de carácter autónomo (Lorrio 1992) para las que cabría plantear su integración en un grupo de mayor entidad que, a partir de los trabajos de Taracena (1929: 26 s.; 1933; etc.), se ha venido identificando con los Pelendones (Bachiller y Ramírez 1993; *vid.*, en contra, Ocejo 1995; *vid.* Burillo 1995a, para las novedades al respecto) pueblo celtibérico de cuya existencia se hicieron eco las fuentes literarias grecolatinas y en cuyo territorio nacía el Duero (Plin. 3, 26; 4, 112).

Frente a la aparente uniformidad que se desprende del análisis de los asentamientos castreños, la reciente valoración de un grupo epigráfico con características homogéneas (Espinosa y Usero 1988), cuya dispersión se centra en las sierras soriano-riojanas del Sistema Ibérico pertenecientes a la cuenca del Ebro, debido a la onomástica reproducida, de tipo no céltico, aconseja su individualización —en época romana, pues el conjunto se fecha *ca.* siglos I-II d.C.—, respecto al territorio tradicionalmente atribuido a los Pelendones, que quedaría así circunscrito, al menos en esa época, a la vertiente meridional de la serranía soriana (Espinosa 1992; *vid.*, en contra, Bachiller y Ramírez 1993). La datación avanzada del conjunto no permite extrapolar sin más estas conclusiones al período que aquí se está analizando, aun cuando deba ser tenida en consideración la localización del límite administrativo conventual en la divisoria de aguas Duero-Ebro, quedando adscrita la vertiente meridional al convento Cluniense, en el que estarían incluidos los Pelendones (Plin., 3, 26), frente a las tierras orientadas al Ebro, que lo harían al Caesaraugustano (Espinosa 1992: 909 s.), planteando importantes problemas para comprender la complejidad del mundo celtibérico.

2.2.3. *La Celtiberia meridional*

Cabe atribuir a la Primera Edad del Hierro los poblados de Moya (Sánchez-Capilla 1989), de donde procede un interesante conjunto de cerámica grafitada, o Huete, yacimientos que ponen de manifiesto, al igual que los ya citados de Reillo o Las Hoyas del Castillo (*vid. supra*), su ocupación durante la etapa posterior (Blasco 1992: 284, 290 y 292, fig. 2). A este momento corresponde

asimismo la fase inicial del castro de Villar del Horno (Gómez 1986), para el que se ha propuesto una cronología hacia los siglos VII y VI a.C. (Almagro-Gorbea 1976-78: 140; Gómez 1986: 335), aun contando con una datación de C14 de 640±100 B.C., que fecha el momento de abandono de esta primera fase, en la que se documentan muros de piedra y barro, tenida en general como demasiado alta (Gómez 1986: 335; Blasco 1992: 284). De acuerdo con Almagro-Gorbea (1976-78: 140 y 144, fig. 29), el nivel inferior de este poblado debe ponerse en relación con la fase Carrascosa I.

En el ámbito turolense, cabe adscribir a este momento el poblado de Almohaja (Ortego 1952; Atrián 1980: 100; Collado 1995: 414), hábitat de llanura que proporcionó tres silos o «fondos de cabaña». Entre los ejemplares cerámicos destaca la presencia de especies pintadas bícromas y grafitadas, defendiéndose una cronología *ca.* siglos VII-VI a.C., enlazando con la fase Carrascosa I (Collado 1995: 414). En fechas recientes se ha señalado la convivencia en el Montón de Tierra (Griegos, Teruel) de la cerámica a torno con la realizada a mano desde un momento temprano del siglo VI a.C. (Collado *et alii* 1991-92a: 133). Se trata de un yacimiento con morfología de torre, si bien su funcionalidad está aún por determinar, adscrito al Celtibérico Antiguo y fechado en el siglo VI a.C. y del que existen seis dataciones radiocarbónicas (890±220 B.C., 815±35 B.C., 720±40 B.C., 680±350 B.C., 670±130 B.C. y 440±60 B.C.), en general consideradas como excesivamente elevadas (Collado *et alii* 1991-92a: 130; *Idem* 1991-92b) (21).

2.3. *La génesis de la Cultura Celtibérica*

Para la formación del mundo celtibérico (*vid.* Burillo 1987) cabe plantear, como alternativa a la tesis invasionista tradicional —que suponía la llegada de grupos humanos que trajeron consigo, ya formado, el complejo arqueológico característico de esta cultura (Bosch Gimpera 1932; *Idem* 1944; Almagro Basch 1952; Schüle 1969; etc.), aunque nunca se haya documentado el lugar de origen ni la vía de llegada de dichos elementos culturales—, la propuesta de Almagro-Gorbea (1986-87: 35 ss.; 1987a: 321 ss.; 1992a: 20 ss.; 1993: 146 s.), quien aboga por una cultura de formación compleja, en la que habría que establecer el origen de sus diversos componentes en un siste-

---

(21)   No obstante, Collado (1995: 413 ss.) plantea la diferenciación de una fase «Almohaja/Carrascosa I» (siglos VII-VI a.C.), que «inicia la transición hacia lo que puede considerarse como inicio de la Cultura Celtibérica en sentido estricto, pues sus materiales característicos aparecen en las más antiguas necrópolis y poblados atribuibles a dicha cultura», de otra llamada «Montón de Tierra/Villar del Horno I» (siglos VI-V a.C.), «que representa el inicio de la Cultura Celtibérica, también denominada Celtibérico Antiguo».

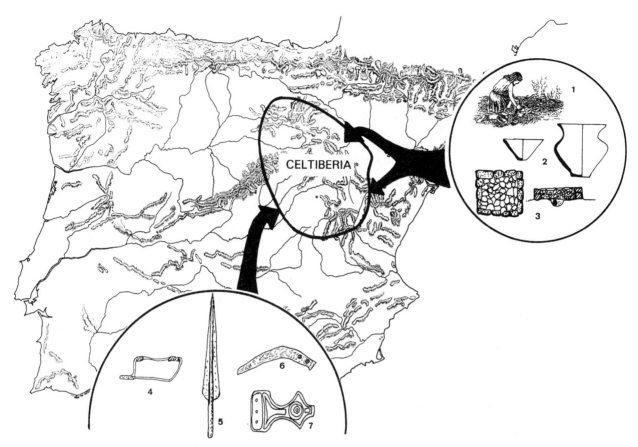

Fig. 112.—Procedencia del ritual funerario y de los principales elementos característicos de las necrópolis de la fase inicial de la Cultura Celtibérica. Noreste peninsular: Ritual funerario (1), recipientes cerámicos (2) y estructuras tumulares asociadas (3). Zona meridional (sin excluir en algunos casos la procedencia de la zona nororiental): fíbulas de doble resorte de los modelos más sencillos (4), largas puntas de lanza (5), cuchillos curvos (6) y broches de cinturón de escotaduras y de uno a tres garfios (7).

ma cultural evolutivo con aculturación, no excluyendo movimientos étnicos, cuyo efecto, por lo que respecta a la cultura material, sería limitado.

De acuerdo con esta hipótesis, el análisis de la cultura material de las necrópolis y poblados de la fase inicial de la Cultura Celtibérica revela la existencia de aportaciones de diversa procedencia y variadas tradiciones culturales (figs. 112-113) (Almagro-Gorbea 1986-87: 36 ss.; *Idem* 1987a: 322 ss.; *Idem* 1993: 146 ss.). En cuanto a los objetos hallados en los ajuares funerarios, podría pensarse en un origen meridional para algunos de ellos, como las fíbulas de doble resorte de puente filiforme y de cinta, los broches de cinturón de escotaduras y de uno a tres garfios, o los primeros objetos realizados en hierro, que incluirían las largas puntas de lanza y los cuchillos curvos, perfectamente documentados en ambientes orientalizantes del Mediodía peninsular desde los siglos VII-VI a.C. (Lorrio 1994a: 219). Otra posibilidad, en absoluto excluyente, es situar la llegada de algunos de estos elementos desde las áreas próximas al mundo colonial del Noreste peninsular a través del valle del Ebro,

junto al propio ritual, la incineración, y a las urnas que formarían parte de él, como lo confirmarían sus perfiles que cabe vincular con los Campos de Urnas (Almagro-Gorbea 1986-87: 36; *Idem* 1987a: 323 s.) (22). Una procedencia similar, en concreto del Bajo Aragón, se ha señalado para los túmulos de Pajaroncillo (Almagro-Gorbea 1986-87: 36; *Idem* 1987a: 322) y los encachados tumulares de las necrópolis de Molina de Aragón y Sigüenza (Pérez de Ynestrosa 1994; Cerdeño y Pérez de Ynestrosa 1993: 74 s.), por otro lado muy mal documentados, no habiéndose podido estudiar su estructura constructiva. Por el contrario, la presencia de calles de estelas constituye un rasgo local, sin paralelos en el ámbito de los Campos de Urnas (Almagro-Gorbea 1986-87: 36; *Idem* 1987a: 322).

_____

(22) Más complicado resulta establecer el origen de otros elementos. Así, se ha sugerido una procedencia norbalcánica en el horizonte de Posamenterie para los pectorales de espirales, y un origen itálico para los modelos de placas (Schüle 1969: 115 s. y 139 ss., mapas 31-32), aunque, como señala Almagro-Gorbea (1987a: 325), resulte difícil justificar el vacío cronológico y geográfico entre los prototipos y las piezas celtibéricas.

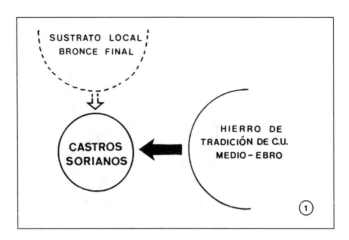

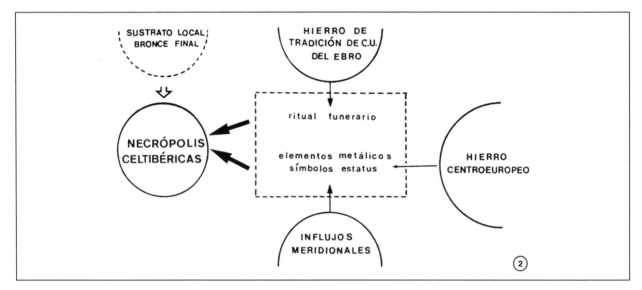

Fig. 113.—Diagramas de los componentes formativos de la «cultura castreña soriana» (1) y de las necrópolis celtibéricas (2). (Según Ruiz Zapatero, modificado).

La cronología de esta fase inicial de las necrópolis celtibéricas resulta difícil de determinar ya que prácticamente los únicos elementos susceptibles de ofrecer una datación más o menos fiable son las fíbulas, siendo las más usuales de las aparecidas en contexto las pertenecientes a los tipos menos evolucionados de doble resorte —con puentes de sección filiforme o de cinta—, pie vuelto y botón terminal o anular hispánica, pese a que en cementerios como el de La Mercadera o Carratiermes aparezcan, además, modelos más evolucionados, como los ejemplares de doble resorte de puente oval (fig. 61,G; tabla 2). Se defiende para todos estos modelos una amplia cronología, fechándose en la Meseta, de forma general, a partir del siglo VI a.C. (Argente 1994: 56 ss.).

En relación con las cerámicas procedentes de los lugares de habitación, resulta evidente su semejanza con las documentadas en yacimientos de Campos de Urnas de la

Edad del Hierro —que en el caso de los castros sorianos se concreta especialmente en los alaveses y navarro-riojanos, pero también en los poblados del grupo Soto (fig. 114), con cronologías que apuntan hacia mediados del siglo VII/comienzos del IV a.C. (Romero 1991a: 499; Romero y Jimeno 1993: 206)—. Sin embargo, algunas de las cerámicas pintadas pueden ser de origen meridional (Almagro-Gorbea 1986-87: 38; *Idem* 1987a: 317 y 323 s.).

El hallazgo de piedras hincadas en el poblado leridano de Els Vilars (Arbeca), asociándose a una muralla y a torreones rectangulares, ha venido a replantear el origen de este sistema defensivo. El conjunto se inscribe en un ambiente de Campos de Urnas del Hierro, fechándose en la segunda mitad del siglo VII a.C. Esta datación, más elevada que las habitualmente admitidas para el grupo castreño soriano, así como su localización geográfica en

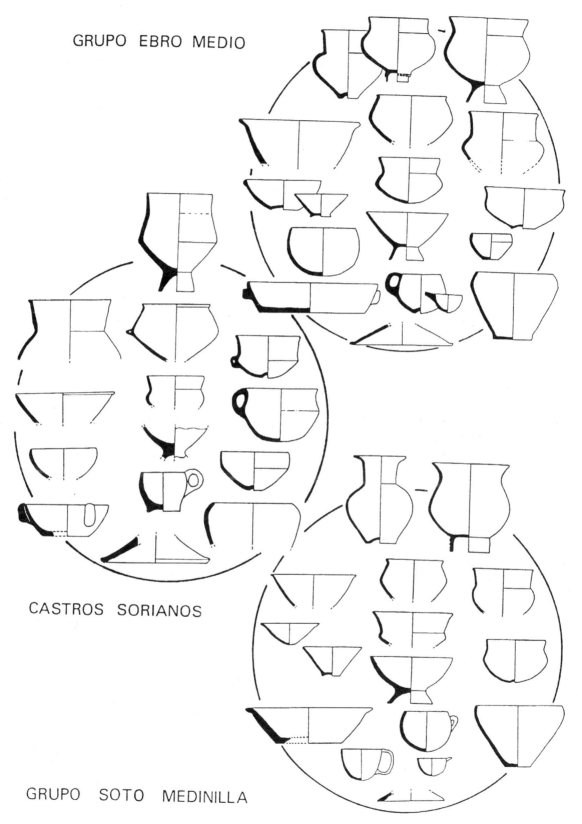

Fig. 114.—Comparación de las formas cerámicas características de los castros sorianos del Primer Hierro con las procedentes del Ebro Medio y del grupo Soto. (Según Ruiz Zapatero 1995).

el Bajo Segre, vendría a confirmar su filiación centroeuropea establecida por Harbison con las estacadas de madera del Hallstatt C (Garcés y Junyent 1989; Garcés *et alii* 1991). Por su parte, el tipo de poblado que ofrece casas rectangulares adosadas, con muros cerrados hacia el exterior a modo de muralla, característico del mundo celtibérico, pero no exclusivo de él (Almagro-Gorbea 1994a: 24; *Idem* 1995f: 182 ss.), está, igualmente, bien documentado en los poblados de Campos de Urnas del Noreste —entre ellos el de Els Vilars, en su fase contemporánea a las referidas piedras hincadas—, aunque esta estructura urbanística sea conocida desde el Bronce Medio (Burillo 1992a: 205).

La presencia de los elementos analizados, así como de las diferentes influencias señaladas en la Meseta Oriental, no debe relacionarse necesariamente con movimientos de población ni tampoco excluirlos, estando aún por determinar el papel jugado en este proceso por el substrato indígena. Sin embargo, la existencia de aportes étnicos procedentes del Valle del Ebro está atestiguada en la zona, como demuestra el asentamiento abierto de Fuente Estaca (Embid), en la cabecera del río Piedra (Martínez Sastre 1992), lo que vendría apoyado por la homogeneidad del conjunto —cuyos materiales son vinculables a la transición Campos de Urnas Antiguos/Campos de Urnas Recientes, o más bien a la perduración de aquéllos en éstos, habiéndose obtenido una datación radiocarbónica de 800±90 B.C.— y por la propia situación geográfica del yacimiento, en el Alto Jalón.

3. LA FASE DE DESARROLLO: EL CELTIBÉRICO PLENO

Desde el siglo V a.C., y durante las dos centurias siguientes, se manifiestan en el territorio celtibérico variaciones regionales que evidencian la existencia de grupos culturales de gran personalidad (Lorrio 1993a: 306; *Idem* 1994a: 221) para los que cabe plantear, con bastante verosimilitud, su identificación con los *populi* mencionados por las fuentes literarias o con otros cuyos nombres pudieran no haber sido transmitidos por los autores grecolatinos. Como se ha señalado, la secuencia cultural del mundo celtibérico se ha establecido a partir del desarrollo de los objetos metálicos, siendo las armas, tanto en lo relativo a aspectos tipológicos como a las variaciones en la composición de los equipos militares, uno de los elementos que mejor contribuyen al conocimiento de su evolución cronológica (*vid.* capítulo V,2).

Durante esta fase se va a asistir en la Meseta Oriental —en las altas tierras del Norte de Guadalajara y Sur de Soria— a un gran desarrollo de la siderurgia, que se identifica por la aparición en los ajuares funerarios de nuevos tipos de armas, a menudo de producción local. Los distintos modelos de armas convivirán, en ocasiones, con sus prototipos, lo que dificulta a veces la definición, a partir tan sólo de tales elementos, de las distintas fases de evolución, contando en este sentido con la aportación de otros objetos metálicos, tales como las fíbulas o los broches de cinturón, generalmente de bronce, para los que se han desarrollado tipologías muy precisas (*vid.* capítulo VI), y que constatan la importancia alcanzada por este artesanado.

Los recipientes cerámicos, a pesar de ser el elemento arqueológico más abundante, se conocen bastante peor. Esto se debe, en gran medida, a la costumbre seguida por Cerralbo y Morenas de Tejada, cuyas excavaciones proporcionaron el conjunto cerámico más numeroso en todo el ámbito celtibérico, de separar los vasos cinerarios del ajuar propiamente dicho. Además, los espectaculares ajuares metálicos recuperados en estos cementerios eclipsaron a los materiales cerámicos que les acompañaban, casi siempre pobres y que apenas gozaron del interés de los investigadores (*vid.* Aguilera 1916: 18 ss.; Bosch Gimpera 1921-26: 177 ss.). La falta de seriación de las vasijas depositadas en las necrópolis —con alguna excepción, como es el caso de Carrascosa (Almagro-Gorbea 1969)—, cuando no su completo desconocimiento, resulta de especial transcendencia al intentar establecer la correlación con la producción cerámica procedente de los poblados que, en su mayoría, son conocidos por trabajos de prospección, lo que sin duda dificulta la valoración de aspectos como la continuidad o discontinuidad en el poblamiento. La perduración de las cerámicas a mano y el escaso conocimiento que se posee de las especies a torno no contribuye en absoluto a esclarecer el panorama.

Se produce la progresiva sustitución de algunos de los elementos que caracterizaban la fase inicial del mundo celtibérico con el aporte de elementos de procedencia ibérica, como ciertos tipos de armas, pero también de fíbulas y broches de cinturón, la cerámica a torno o el molino circular. La adopción del torno de alfarero dará lugar desde el siglo IV a.C. a la llamada «cerámica celtibérica», cuyo pleno desarrollo corresponde ya a la fase final, como lo demuestran las producciones pintadas numantinas.

Se generaliza ahora la tendencia al urbanismo de calle central, con casas rectangulares con medianiles comunes y muros traseros corridos a modo de muralla, abiertas a una calle o plaza central. Aparecen también murallas reforzadas por torreones cuadrangulares y lienzos angulados, que se acompañan, en algunos casos, de piedras hincadas y fosos (*vid.* capítulo III).

3.1. *Necrópolis*

Los cementerios constituyen también en esta fase la principal fuente para establecer la secuencia cultural de este período —como ya lo fueran, de forma menos marcada, en la fase anterior—, a partir fundamentalmente de la evolución de los objetos metálicos depositados en las sepulturas, sobre todo las armas (Lorrio 1994a-b). Su análisis permite diferenciar en la Meseta Oriental dos grandes regiones geográfico-culturales de una fuerte personalidad: el Alto Tajo-Alto Jalón —con la que se engloba el área del Jiloca— y el Alto Duero, habiéndose establecido para cada una de ellas una serie de subfases que remiten en última instancia a la propia evolución de la panoplia (fig. 59; tablas 1 y 2), que ya fue analizada en detalle en el capítulo V. Por su parte, las tierras meridionales de la Celtiberia atestiguan la continuidad respecto a la fase anterior.

En la margen derecha del Valle Medio del Ebro, que en época histórica constituirá el límite nororiental de la Celtiberia, se documenta la presencia de una serie de necrópolis, localizadas en los cursos inferiores de los ríos Huecha, Jalón y Huerva, vinculables con los Campos de Urnas del Valle Medio del Ebro, en las cuales o en sus inmediaciones, no se ha podido determinar con claridad la presencia de una fase Celtibérica Plena (Royo 1990: 130 s., fig. 2). Según esto, y de acuerdo con Royo (1990: 131), «los pueblos celtibéricos, en su expansión, atravesarían su primitiva área nuclear, limitada por el Sistema Ibérico, llegando hasta el río Ebro. Esta expansión debió ser tardía, pues la fuerza cultural de los pueblos de C.U. Tardíos asentados en la margen derecha del Ebro y su fuerte conservadurismo así parecen indicarlo, pudiendo situarse como hipótesis de trabajo dicha expansión a partir del 350 a.C., o incluso más tarde,...» (*vid.*, asimismo, Ruiz Zapatero 1995: 40).

3.1.1. *Alto Tajo-Alto Jalón*

Durante los siglos V y IV a.C. el registro funerario evidencia el importante desarrollo, dentro del marco de la Celtiberia, del territorio que engloban las cuencas altas del Henares, del Tajuña y del Jalón, así como algunas localidades del Sur de Soria, geográficamente pertenecientes al Alto Duero. Frente a la aparente uniformidad que ofrecían los ajuares adscritos a la fase inicial, algunos de los cementerios localizados en esta zona —como Aguilar de Anguita o Alpanseque— constatan una creciente diferenciación social, según la cual los personajes que cabe considerar como de mayor rango se hacen acompañar en sus ricas sepulturas de un buen número de objetos, algunos de ellos excepcionales, como las armas broncíneas de parada o la cerámica a torno (figs. 63, 64,A, 65 y 66) elementos que cabe considerar como importaciones de lujo para satisfacer a las élites locales, y que son prueba de la existencia de contactos comerciales con el área ibérica.

Paralelamente a este proceso, se produce la proliferación de necrópolis en esta zona, probable reflejo de un aumento en la densidad de población (figs. 62 y 116), lo que llevaría a pensar en una ocupación más sistemática del territorio. En este sentido, no hay que olvidar que no se conoce la localización exacta de la mayor parte de los asentamientos directamente vinculados con esas necrópolis, lo que hace pensar en la continuidad de los patrones de asentamiento ya establecidos desde el período precedente, esto es, hábitats abiertos, localizados en los valles, ya en zonas llanas o en pequeñas elevaciones del terreno, lo que justificaría el hecho de haber pasado inadvertidos hasta la actualidad.

Las causas de tal desarrollo hay que buscarlas en la situación geográfica privilegiada de este territorio, pues constituye el paso natural entre el Valle del Ebro y la Meseta, y seguramente también en otros factores ya presentes desde el período anterior, pero cuya incidencia ahora va a ser determinante: el control de las zonas de pastos y de las abundantes salinas (Cerdeño y Pérez de Ynestrosa 1992; Jimeno y Arlegui 1995: 101), cuya importancia para la ganadería y la siderurgia es conocida (*vid.* capítulo VIII, 1.4) (*vid.* Mangas y Hernando 1990-91 y, por lo que se refiere a la explotación de la sal en esta región durante la época romana, Morère 1991), pero también el de la producción de hierro, que estaría favorecida por la proximidad de los afloramientos de este mineral, destacando los conjuntos del Moncayo y Sierra Menera, situados en áreas periféricas al eje formado por el Jalón y el Henares/Tajuña (fig. 12).

Las tierras más orientales, circunscritas a las parameras de Molina, en torno a los ríos Gallo (afluente del Tajo), Mesa y Piedra (subsidiarios del Jalón), van a quedar marginadas de este proceso pese a su proximidad a los importantes afloramientos de mineral de hierro del Sistema Ibérico, como vienen a confirmarlo las pocas necrópolis conocidas en esta zona, en las que el hierro no puede considerarse en absoluto como un elemento abundante.

Con este grupo deben integrarse una serie de necrópolis localizadas en el valle del Jiloca (Burillo 1991a: 566): Belmonte (Samitier 1907; Díaz 1989: 34 s., lám. III,1), Valdeager de Manchones, Valmesón y La Umbría de Daroca, El Castillejo de Mainar, Cerro Almada de Villarreal, Las Eras de Lechón (Aranda 1990; Royo 1990: 127 y 130 s.), Los Gascones y Fincas Bronchales de Calamocha (Ibáñez y Polo 1991) y Tío Borao de Singra (Vicente y Escriche 1980). Con la excepción de La Um-

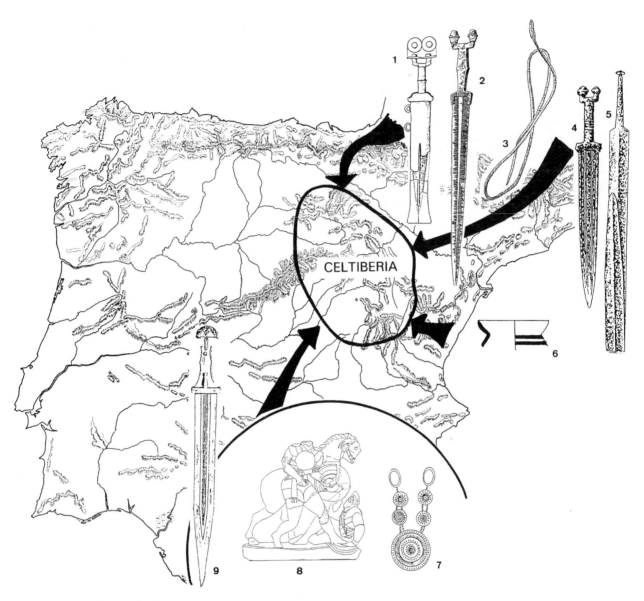

Fig. 115.—Procedencia de algunos de los más destacados objetos del ámbito funerario característicos del Celtibérico Pleno: espadas de tipo Echauri (1), Aquitano (2), Aguilar de Anguita (4), de frontón (9) y de La Tène (5), soliferrea (3), cerámica a torno (6), kardiophylakes *(7) y panoplia tipo Porcuna (8).*

bría, cuyo origen se remonta al siglo VI a.C., para el resto de los cementerios, ciertamente muy mal conocidos, se han sugerido fechas a partir del siglo IV a.C., como es el caso de Valdeager, Valmesón, Las Eras (Aranda 1990: 102 s.) o Tío Borao (Vicente y Escriche 1980: 104), fechándose en su mayoría en el período final de la Cultura Celtibérica (siglos II-I a.C.).

Subfase IIA1

Por lo que se refiere a la ordenación del espacio funerario, algunos de los cementerios del Alto Tajo-Alto Ja-

lón presentaban las tumbas alineadas formando calles paralelas que ocasionalmente se hallaban empedradas, siendo frecuente la presencia de estelas que protegerían e indicarían la localización de las sepulturas (fig. 43). No obstante, como ya se ha señalado (*vid.* capítulo IV,2), esta peculiar organización interna de las necrópolis no puede ser generalizable a todos los cementerios de esta fase —de los que en muchos casos no se posee información al respecto— ya que algunos de ellos carecían de cualquier orden interno. En La Umbría de Daroca se aprecia una evolución en las estructuras funerarias utilizadas, desde los empedrados tumulares del nivel inferior a los simples hoyos de la fase más reciente (Aranda 1990: 105).

Las tumbas de guerrero incorporan a sus ajuares la espada, perteneciente a los modelos de antenas y de frontón (figs. 59, 63-66; tabla 1), documentadas conjuntamente en el Mediodía peninsular desde inicios del siglo V a.C. (*vid.* capítulo V). También puntas de lanza, que, en ocasiones, alcanzan los 40 cm. de longitud, usualmente acompañadas de sus regatones, *soliferrea* y, posiblemente, *pila*. La panoplia se completa con el escudo, con umbos de bronce o hierro, el cuchillo de dorso curvo, y, en ciertos casos, discos-coraza y cascos realizados en bronce. Junto a ellos resulta frecuente la presencia de arreos de caballo, lo que viene a incidir en el carácter privilegiado de los personajes que se hicieron acompañar de estos objetos (*vid.* capítulos V,2.1.1 y VI,5.7).

Los espectaculares adornos broncíneos, entre los que destacan los pectorales espiraliformes y los de placa con colgantes cónicos, presentes en los ajuares funerarios desde el período precedente, demuestran el gran desarrollo que el trabajo del bronce alcanzó a lo largo de esta fase (*vid.* capítulo VI,2.3). A ellos cabe añadir diversos tipos de fíbulas, como los ejemplares de doble resorte —generalmente de los modelos más evolucionados—, los de pie vuelto y las anulares hispánicas, broches de cinturón de escotaduras abiertas y cerradas y número variable de garfios, entre los que destacan los modelos geminados, brazaletes de aros múltiples, pulseras, etc. Además, resulta frecuente la presencia de una o dos fusayolas cerámicas por tumba.

Mucho peor conocidos, por las razones ya comentadas, son los recipientes cerámicos. Cerralbo (1916: 18) señala la mala calidad de las cerámicas localizadas en los cementerios por él excavados —con la excepción de las de Luzaga, más evolucionadas—, razón por la cual se recuperaban escasas piezas enteras. De acuerdo con Cerralbo, la más rara era la cerámica negra, a mano, aunque también fuera la más resistente, gruesa y tosca, ofreciendo como ejemplo algunas vasijas de Alpanseque, quizás pertenecientes a la fase I, como un cuenco troncocónico con asa (Aguilera 1916: fig. 4; Romero 1984a: 70), y de Aguilar de Anguita (Aguilera 1916: 18, figs. 4-5). En este último cementerio las urnas presentaban «pasta mal cocida y color rojo, siendo rarísima la cerámica negra», casi nunca tenían tapadera y no estaban ornamentadas (Aguilera 1916: 12) (23). La cerámica a torno debió alcanzar pronto esta región (*vid. supra*). Así lo confirman las escasas sepulturas de Aguilar de Anguita que se han conservado completas, como la tumba A, con una urna de orejetas, o las tumbas adscritas a la fase II de

Sigüenza (Cerdeño y Pérez de Ynestrosa 1993: 25 ss. y 52 s.), que ofrecían urnas realizadas a torno con pastas de color anaranjado de buena calidad, que en muchas ocasiones conservan un fino engobe, habiéndose recuperado solamente un único fragmento decorado, a base de bandas paralelas pintadas, de color rojo vinoso. Las formas responden mayoritariamente a urnas de suaves perfiles bitroncocónicos o globulares, generalmente con una moldura o arista separando el cuello de la panza, tipo muy abundante, principalmente en las necrópolis de baja época (fase IIB-III). También se ha documentado una urna de orejetas, similar a la aparecida en la tumba A de Aguilar de Anguita, asociada a un importante ajuar militar (fig. 66,D), en el que destaca una espada de frontón, perteneciente al modelo más evolucionado de la serie propuesta por Cabré para estas características armas (1990: 211).

En lo relativo a la procedencia de los distintos tipos de objetos presentes en las sepulturas se ponen de manifiesto diversas influencias, por un lado norpirenaicas, a través del Valle del Ebro, y, por otro, de las tierras del Mediodía y el Levante peninsular, de inspiración mediterránea. Un ejemplo de ello lo ofrecen las armas, quizás los elementos más significativos de todos los que componen el ajuar (*vid.* capítulo V). Como ha señalado Cabré (1990: 206 ss.), los diversos modelos de espadas de antenas responden a una doble influencia (fig. 115), del Languedoc, seguramente a través de Cataluña, éste parece ser el caso del «tipo Aguilar de Anguita» (figs. 63, 64,A y B,1, 65,A; etc.), y de Aquitania, como lo confirmarían los escasos ejemplares de «tipo aquitano» (fig. 64,B,2), seguramente piezas importadas, y las espadas de «tipo Echauri» (figs. 64,B,3-4 y C; etc.). El carácter local de las espadas de antenas de los tipos Aguilar de Anguita y Echauri sería un exponente del gran desarrollo metalúrgico que alcanzó la Meseta Oriental desde un momento temprano. Diferente procedencia puede defenderse para las espadas de frontón (fig. 65,B-C y 66,C-D), para las que cabe suponer un origen mediterráneo a través del Mediodía peninsular en los inicios del siglo V a.C. (fig. 115) (Cabre 1990: 210). Parece que no hay dudas tampoco sobre la procedencia extrapeninsular, del Languedoc/Aquitania (fig. 115), del *soliferreum* (Quesada 1993: 176).

Asimismo, cabría plantear un carácter foráneo para los elementos broncíneos de parada, cascos, corazas y grandes umbos, cuya coincidencia en la temática y en la técnica decorativa permite pensar en un origen común, sin que pueda descartarse su realización en talleres locales. Esta procedencia foránea resulta especialmente clara en los discos-coraza —inspirados en piezas itálicas y para los que se defiende una cronología del siglo V a.C. (Kurtz 1985: 22; *Idem* 1991: 188; Stary 1994: 103 s.)—,

(23) Según Cerralbo (1916: 19, fig. 5), «la predominante es la globular con tapa de asas perforadas», esto es, la urna de orejetas, modelo del que, sin embargo, únicamente se conoce un ejemplar en esta necrópolis (tumba A). Como excepción, señala Cerralbo una urna tapada con una copa, ejemplares ambos realizados a torno (tumba P).

dada su distribución geográfica centrada en el Sureste peninsular (fig. 115).

Respecto al resto de los materiales, como los diversos modelos de fíbulas, broches de cinturón, adornos de espirales o pectorales de placas de bronce, ofrecen paralelos muy diversos en el tiempo y el espacio, en muchos casos mediterráneos, evidenciando diversos orígenes y vías de llegada, aunque en muchos casos se trate de piezas de producción local, según demuestra la dispersión geográfica de los hallazgos. La procedencia del área ibérica resulta evidente en el caso de las primeras piezas fabricadas a torno arribadas a la Meseta Oriental (García Huerta 1991a: 210 ss.).

Subfase IIA2

Es desde finales del siglo V a.C. y durante todo el siguiente, cuando el panorama ofrecido por Aguilar de Anguita o Alpanseque se va ver modificado sustancialmente. A pesar de que seguirán registrándose enterramientos de gran riqueza (fig. 68), en ningún caso alcanzarán la categoría —ni por el número de objetos ni por su excepcionalidad— de las sepulturas aristocráticas del período precedente, desapareciendo algunos de los elementos de prestigio más característicos, como los cascos, los discos-coraza y los grandes umbos broncíneos repujados. Las armas de tipo ibérico apenas están documentadas durante esta subfase, reduciéndose a alguna falcata o a las manillas de escudo del modelo de aletas, mientras que, a partir de mediados del siglo IV a.C., van a aparecer en los cementerios del Alto Henares-Alto Jalón las espadas de tipo La Tène (fig. 59 y 69,D), que alcanzarán su máximo desarrollo en la centuria siguiente (vid. capítulo V).

Entre las necrópolis del Grupo del Alto Henares-Alto Tajuña-Alto Jalón, tan sólo la de Atienza (Cabré 1930) ha proporcionado un número suficiente de ajuares (figs. 67-68) para poder establecer las características de esta subfase de transición, marcada por la presencia de tipos armamentísticos evolucionados (vid. capítulo V,2.1.2), como las espadas de antenas atrofiadas de tipo Atance y Arcóbriga, con otros de tipología más antigua, como los modelos Aguilar de Anguita y Echauri. Junto a ellos, una o dos puntas de lanzas, en algún caso un regatón, y un escudo, elementos que aparecen en diversas combinaciones, no habiéndose hallado soliferrea o pila. La mayor parte de las sepulturas están provistas además del cuchillo curvo y, en una proporción elevada, presentan arreos de caballo (vid. capítulo VI,5.7). La cerámica, realizada a torno, conviviría con las especies a mano, entre las que destaca un fragmento decorado a peine (fig. 67,A).

Subfase IIB

Como pudo comprobarse al analizar el armamento (capítulo V,2.1.3), desde finales del siglo IV a.C. y, sobre todo, en la centuria siguiente, se inicia un proceso de empobrecimiento de los ajuares funerarios, que conlleva la práctica desaparición del armamento. Este fenómeno se circunscribe a una serie de cementerios localizados en un sector restringido del Alto Tajo-Alto Jalón, principalmente el Alto Tajuña y el núcleo de Molina de Aragón. En este proceso participan cementerios anteriormente caracterizados por sus ricos ajuares de tipo aristocrático, como Aguilar de Anguita (Argente 1977b), y otros que hacen ahora su aparición, como Riba de Saelices (Cuadrado 1968), Luzaga (Aguilera 1911, IV) y La Yunta (García Huerta y Antona 1992: 141 ss.), necrópolis ésta en la que se han llevado a cabo análisis antropológicos (García Huerta y Antona 1995: 61 ss.), que resultan de gran interés al permitir abordar aspectos demográficos y sociales (vid. capítulo IX,3). A estos cementerios cabe añadir también la fase avanzada de la necrópolis de Molina de Aragón, de la que únicamente se conocen materiales sin contexto (Cerdeño et alii 1981; Almagro-Gorbea y Lorrio 1987b). La cronología de estas necrópolis abarca un período comprendido entre finales del siglo IV y el II-I a.C.

Este fenómeno se manifiesta también en otras necrópolis de la zona en las que las armas no llegaron a desaparecer, como El Atance, en el Alto Henares, de la que se conocen algunos conjuntos pertenecientes a este momento integrados únicamente por la espada, de tipología lateniense más o menos pura (vid. capítulo V,2.1.3), asociada a la urna cineraria o a lo sumo a bolas cerámicas (fig. 69,E-F).

Sin embargo, el proceso no es generalizable a toda la Celtiberia, lo que es evidente en el caso de las armas, cuya presencia es frecuente en las necrópolis contemporáneas del Alto Duero, y lo mismo cabe decir de otros objetos relacionados con la vestimenta y el adorno personal, como los broches de cinturón de tipo ibérico, en ocasiones damasquinados, perfectamente documentados en estos cementerios. Un ejemplo de lo dicho lo constituye la necrópolis de Arcobriga, en el Alto Jalón, en la que el armamento no llega a desaparecer de las sepulturas (vid. capítulo V,2.1.3). Junto a espadas de tipo La Tène o del modelo de antenas que toma su nombre de este cementerio, se documentan puñales biglobulares, que constituyen una evidencia del influjo en esta zona de los grupos celtibéricos del Alto Duero, umbos de escudo de casquete esférico, manillas de escudo de tipo ibérico, etc., así como arreos de caballo de forma excepcional. A su lado, fíbulas de diversos modelos, sobre todo con esquema de la Tène y zoomorfas, y broches de cinturón, entre los que destacan las piezas de tipo ibérico damasquinadas. Un grupo de tumbas aparecieron ocupando un espacio diferenciado del cementerio (*vid.* capítulo IV,7), cuyos ajuares se caracterizaban por la presencia de placas decorativas y elementos para la sujeción del tocado (*vid.* capítulo VI,2.5 y 3.5).

La cerámica se constituye en el material arqueológico mejor conocido durante esta fase gracias a la publicación de importantes conjuntos, como los procedentes de Riba de Saelices (Cuadrado 1968), La Yunta (García Huerta y Antona 1992) y Luzaga (Díaz 1976), necrópolis en las que es el elemento más abundante (*vid.* capítulo VI,7.1). También las más recientes excavaciones en Aguilar de Anguita (Argente 1977b) y algunos de los materiales descontextualizados de Molina de Aragón (Cerdeño *et alii* 1981: fig. 17; Almagro-Gorbea y Lorrio 1987b: figs. 2-4) han contribuido al mejor conocimiento de la producción cerámica funeraria durante esta fase. Otro conjunto importante es el de la necrópolis de *Arcobriga*, lamentablemente inédito, del que Cerralbo (1916: 19, fig. 6) señalaba su mejor calidad en relación a la cerámica de Aguilar de Anguita, así como su mayor modernidad.

La cerámica es mayoritariamente a torno (fig. 101), aunque conviva con la realizada a mano, generalmente en proporciones muy bajas (*vid.* capítulo VI,7.1). El empobrecimiento de los ajuares, con la consiguiente rarificación cuando no ausencia total de armamento, impide establecer las asociaciones necesarias para poder avanzar en la seriación de la cerámica presente en estos cementerios, lo que resulta especialmente grave en el caso de Luzaga, cuya revisión se ha centrado exclusivamente en los recipientes cerámicos, dado el carácter descontextualizado del conjunto, lo que limita sus posibilidades interpretativas (*vid.* capítulo VI,7.1).

Una de las formas cerámicas más habituales en los cementerios de Riba de Saelices y Luzaga es la urna de forma bitroncocónica o globular, borde exvasado y base rehundida, provista en muchos casos de una moldura o una arista que separa el cuello de la panza (fig. 101,10), documentada también en las fases más recientes de Aguilar de Anguita (Argente 1977b: fig. 10, 11,1 y 12) y Molina de Aragón (Almagro-Gorbea y Lorrio 1987b: fig. 2, 6-10). Dada la presencia de esta característica forma en las necrópolis de Sigüenza y Atienza, donde aparece integrando ajuares militares, Galán (1990: 28) ha sugerido, sin negar un cierto desfase cronológico, la posibilidad de que las mismas formas cerámicas se estuvieran utilizando a uno y otro lado del Henares en contextos claramente diferentes, carentes de armas el uno y militar el otro, apuntando la localización del foco productor en la zona oriental, como lo demuestra su abundancia en el cementerio de Luzaga. En Atienza, se documenta en la tumba 16 (fig. 68,B), conjunto formado por un rico ajuar que

incluye piezas damasquinadas de tipología evolucionada, que representa el momento final de este cementerio y la transición hacia el horizonte reflejado por la necrópolis de *Arcobriga* (24), con lo que sería contemporáneo a los cementerios de Riba de Saelices, Luzaga y la fase final de Aguilar de Anguita, que parecen integrar un grupo de personalidad propia, quizás vinculable con alguno de los *populi* citados por las fuentes literarias (*vid.* capítulo IX,3).

Esta forma se fecha a partir del siglo IV a.C. (Almagro-Gorbea y Lorrio 1987b: 272), cronología que parece concordar más con los ejemplares de Sigüenza-II, si bien no hay que olvidar que en este cementerio además de estar presente en tumbas con armas también suele aparecer en sepulturas que carecen de ellas (tumbas 25, 32 y 33).

Tanto las necrópolis de Aguilar de Anguita, Luzaga y Riba de Saelices, caracterizadas por sus pobres ajuares, como la de *Arcobriga*, en la que no se aprecia este fenómeno de empobrecimiento, muestran la peculiar ordenación del espacio funerario en calles de estelas, cuyo origen se remonta a la fase inicial del mundo celtibérico. Distinto es el caso de La Yunta, donde se han diferenciado dos etapas de utilización del cementerio basadas en la posición estratigráfica de las sepulturas (García Huerta y Antona 1992: 114 s.; *Idem* 1995: 57 s. y 63 ss.) y las asociaciones más significativas de los objetos que forman el ajuar, principalmente recipientes cerámicos y fíbulas (de bronce y hierro) (García Huerta y Antona 1992: 165 ss.; *Idem* 1995: 60 s.). La fase I (fig. 48,1) se distingue por la presencia de estructuras tumulares y por sepulturas simples en hoyo, sin que su disposición responda aparentemente a ninguna ordenación previa, si bien las incineraciones simples parecen situarse en relación a los túmulos. La fase II presenta únicamente las sencillas tumbas en hoyo, carentes igualmente de cualquier orden preestablecido.

Por lo que se refiere a la cultura material, los hallazgos de cerámica a mano se reducen durante la fase IA a los conocidos cuencos troncocónicos, utilizados generalmente como tapaderas de urnas, para, durante la subfase siguiente (IB), llegar casi a desaparecer (3%). La cerámica a torno, mayoritaria, está caracterizada por formas que, con alguna excepción —como el *kalathos*, presente tan sólo en la fase II—, van a permanecer a lo largo de todo el período de uso de este cementerio, con variaciones porcentuales entre los diferentes modelos. Las fíbulas presentan un fenómeno similar (García Huerta y Antona 1992: 165 ss.; *Idem* 1995: 65 s.). A la fase IA se adscribe un ejemplar típico de La Tène I, hecho de una sola pieza,

---

(24) En la tumba *Arcobriga*-1 se halló una urna completamente destruida, al parecer similar a la de la tumba 16, también de barro de color rojo, aunque el ajuar, integrado por puntas de lanza y un cuchillo curvo, resulte menos significativo (Cabré 1930: 15).

y un ejemplar de torrecilla. Durante la fase IB los ejemplares de tipo La Tène I conviven con las piezas de La Tène II, en proporción inferior, así como con una fíbula de caballito. Finalmente, durante la fase II se mantienen los tipos mencionados, excepto los modelos de La Tène I de una sola pieza, incorporándose otros más evolucionados, como un ejemplar de transición La Tène II-III.

3.1.2. *Alto Duero*

Desde finales del siglo V y en las dos centurias siguientes se va a asistir al desplazamiento progresivo del centro de gravedad de la Celtiberia y del control de los núcleos de riqueza hacia el Alto Duero, lo que quizás haya que relacionar con la eclosión de uno de los *populi* celtibéricos de mayor empuje, los Arévacos. Este proceso queda registrado en los cementerios, algunos ya en uso durante la fase previa, localizados en las tierras de la cuenca sedimentaria, de vocación preferentemente agrícola, evidenciando en este momento una mayor representatividad de los enterramientos provistos de armas, pero sin llegar a documentarse las ricas panoplias aristocráticas características de la fase IIA del Alto Tajo, observándose de forma general una menor riqueza en las sepulturas. Desde esta fase se hacen patentes los elementos esenciales que permitirán la individualización del territorio arévaco, estructurado en torno al Alto Duero.

A las diferencias de carácter puramente tipológico —puestas de manifiesto por la dispersión geográfica de ciertos modelos de fíbulas, broches de cinturón o determinados tipos de puñales— o a las relativas a la composición de la panoplia (*vid.* capítulo V), las necrópolis localizadas en la margen derecha del Alto Duero, añaden, respecto a lo observado entre los cementerios del Alto Tajo-Alto Jalón, una mayor representatividad desde el punto de vista numérico de los enterramientos provistos de armas (figs. 55-56), lo que permite plantear el carácter militar de la sociedad arévaca. Esto queda reflejado en las necrópolis conocidas en el Alto Duero (La Mercadera, Ucero, La Revilla de Calatañazor, La Requijada de Gormaz, Quintanas de Gormaz y Osma), donde la proporción de sepulturas pertenecientes a guerreros es muy elevada (fig. 56) —a pesar de que posiblemente estos cementerios no recojan a todos los sectores de la población—, siendo en cualquier caso muy superior a lo observado en el Alto Tajo-Alto Jalón y en otras necrópolis contemporáneas de la Meseta Occidental (*vid.* capítulos IV,6.2, V,2,2 y IX,3).

Sobre la ordenación del espacio funerario, cabe señalar la distribución aparentemente anárquica documentada, al parecer, en Osma, así como en Carratiermes, Ucero y La Revilla, necrópolis éstas en las que se hallaron estelas, mientras que La Mercadera evidencia una cierta ordenación espacial de los ajuares (fig. 47,1) (*vid.* capítulo IV,2). Un caso excepcional en esta zona es el de La Requijada de Gormaz, que ofreció los característicos alineamientos de tumbas y estelas (fig. 44). La presencia de encachados tumulares está registrada en Carratiermes y Ucero, y quizás también en La Mercadera (*vid.* capítulo IV,4.2).

De nuevo la evolución de la panoplia y el análisis morfológico del armamento permiten abordar el estudio de las necrópolis y su evolución, habiéndose diferenciado dos fases, manteniendo la estructura seguida para analizar el grupo del Alto Tajo-Alto Jalón (*vid.* capítulo V,2.2).

Subfase IIA

Tras el estadio inicial de las necrópolis localizadas en el Alto Duero, que se remonta al período precedente, se desarrolla sin solución de continuidad una fase de plenitud, que ofrece, en general, un carácter más evolucionado que el registrado en este mismo período en los cementerios de las altas tierras del Norte de Guadalajara y Sur de Soria. Esto resulta evidente en el caso del armamento, pues si la espada debió incorporarse pronto a los ajuares funerarios, por lo común responde a modelos avanzados (*vid.* capítulo V,2.2.1), como ocurre con las diversas variantes de espadas de antenas, pertenecientes a los tipos Echauri, Atance y Arcóbriga, cuyo contexto permite fecharlas en los siglos IV-III a.C., aunque las espadas de frontón, carentes de asociaciones significativas en esta zona, bien pudieran ofrecer una fecha más elevada (Cabré 1990: 211). Faltan en estas necrópolis las armas broncíneas de parada, y no resulta frecuente en absoluto el hallazgo de *soliferrea* (tabla 2).

Pero si esta fase se encuentra reflejada en un buen número de necrópolis, como Carratiermes, Ucero, La Requijada de Gormaz, Quintanas de Gormaz, Osma y La Revilla de Calatañazor, es La Mercadera (Taracena 1932: 5-31, láms. I-XXIII; Lorrio 1990) la que permite realizar un estudio más completo de la misma (25). El análisis de los ajuares de esta última permite individualizar dos grandes grupos, caracterizados, en general, por la presencia de armas (figs. 70-71) y de adornos espiraliformes y brazaletes, respectivamente (figs. 54 y 56) (*vid.* capítulo IV). Las sepulturas militares evidencian una gran variabilidad en los elementos que integran los equipos

---

(25)   Las necrópolis de Carratiermes y Ucero se hallan aún en fase de estudio; las restantes presentan importantes deficiencias, ya por tratarse de excavaciones antiguas, como La Requijada de Gormaz, Quintanas de Gormaz y Osma, o por el estado de deterioro en que se encontraron, como ocurre con La Revilla de Calatañazor.

armamentísticos (*vid.* capítulo V), desde tumbas con la panoplia completa hasta las que ofrecen como único testimonio una, dos o, excepcionalmente, tres puntas de lanza, que son el grupo más numeroso, o las que presentan un sencillo cuchillo.

Como se ha indicado (*vid.* capítulo V,2.2.1) y según parecen apuntar los contextos más próximos, especialmente las asociaciones con fíbulas, posiblemente correspondan al siglo IV a.C. las espadas de antenas del tipo más evolucionado en este cementerio, con antenas atrofiadas, la mayoría de los elementos de escudo, las lanzas de hoja curva y líneas incisas paralelas al borde, así como la mayoría de los útiles, principalmente las tijeras y gran parte de las hoces. Los puñales con empuñadura de frontón, al igual que los dos únicos tahalíes encontrados, evidencian su carácter tardío dentro de la datación de la necrópolis, dada su presencia en conjuntos más modernos de Osma y Quintanas de Gormaz (tabla 2). Las espadas de antenas perdurarían, como se evidencia por su asociación con una fíbula anular fundida —tumba 1— y con otra de La Tène II —tumba 82—, hasta el final de la utilización de la necrópolis, documentándose una única espada de «tipo Arcóbriga», fuera de contexto, tipo que resulta característico de la subfase siguiente.

Otros elementos, como cuchillos, puntas de lanza de forma lanceolada, leznas, adornos de espirales o brazaletes, tienen una cronología más amplia, estando presentes, caso del cuchillo curvo, a lo largo de toda la etapa de uso del cementerio.

Desde el punto de vista cronológico, es de resaltar la ausencia de los puñales biglobulares, que harán su aparición a partir del siglo III a.C. (subfase IIB), y de la espada larga de La Tène, cuya presencia, no obstante, está registrada en algunos conjuntos contemporáneos al período final de La Mercadera, habiéndose documentado auténticas piezas latenienses (*vid.* capítulo V,2.2.1.1), como lo prueba el hallazgo de ciertas vainas de espada (figs. 69,D y 72,C) (Lenerz-de Wilde 1991: 85; Lorrio 1994a: 230 s.; *Idem* 1994b: 404; tabla 2).

La aparición de armas de tipo ibérico no es habitual en el Alto Duero durante esta subfase, reduciéndose a los restos de lo que pudo ser una manilla de escudo del modelo ibérico de aletas hallada en la tumba B de La Revilla de Calatañazor (fig. 74,B). Mayor importancia tuvieron las relaciones con las tierras del Duero Medio y el Alto Ebro, según vienen a confirmarlo ciertos objetos de gran personalidad, como los puñales y algún umbo de escudo de tipo Monte Bernorio, los tahalíes metálicos, o los broches de tipo Miraveche y Bureba, modelos que continuarán en uso en la subfase siguiente.

Los arreos de caballo constituyen un elemento relativamente frecuente en las sepulturas con armas adscribibles a esta subfase, como es el caso de La Mercadera, siempre en tumbas de guerrero (Lorrio 1990: 45).

Entre los objetos de adorno destacan los integrados por espirales, generalmente pertenecientes a pectorales, los brazaletes de bronce de aros múltiples, los pares de pulseras de hierro y, en particular, un interesante conjunto de piezas de plata (pulseras, pendientes, torques, fíbulas, etc.), metal cuya presencia resulta poco frecuente en las necrópolis celtibéricas —excepción hecha del aplicado en los broches y espadas damasquinadas— aunque se conozcan algunos ejemplos en ciertos conjuntos contemporáneos de Ucero, Gormaz y Carratiermes (*vid.* capítulo VI,1). También merece una mención especial el hallazgo de elementos relacionados con el banquete, concretamente asadores, en una tumba con armas de La Mercadera (*vid.* capítulo VI,4).

Siguiendo con La Mercadera, sorprende la escasez de vasijas cerámicas documentadas en la necrópolis (Lorrio 1990: 47) —en la que se han individualizado un total de 100 sepulturas— con tan sólo 15 ejemplares, que harían las veces de urna cineraria. Salvo una pieza, la de la tumba 8, y un pequeño fragmento, de la sepultura 83 (*vid. infra*), realizados a torno, el resto está hecho a mano, con fuego reductor, presentando perfiles troncocónicos o hemiesféricos, estando en dos ocasiones, tumbas 13 y 40, decorados a peine.

Atención especial merecen, igualmente, las fíbulas y los broches de cinturón, cuyo estudio permite abordar, con evidentes limitaciones, la cronología de este cementerio emblemático (Lorrio 1990: 48 s.) (26). Como se deduce del análisis de las fíbulas, podría datarse a partir del segundo cuarto del siglo VI a.C. con los ejemplares de doble resorte de puente de cinta y de puente rómbico u oval, elementos de larga perduración, que para Argente (1994: 57) pueden llegar a la segunda mitad del siglo V a.C. Las fíbulas de codo con bucle (tipo 4B1) cabe fecharlas, según el propio Argente, durante todo el siglo V a.C. Estos modelos caracterizarían la fase inicial del cementerio que, como se ha señalado, contribuyen a definir el período inicial de la Cultura Celtibérica. El máximo desarrollo de la necrópolis podría situarse a lo largo del siglo IV a.C., cuando se localizarían algunas variantes de fíbula de pie vuelto (tipo 7C de Argente), así como la mayor parte de las anulares realizadas a mano, si bien ambas puedan remontarse a la centuria anterior (Argente

(26) No está de más recordar que la dificultad de ofrecer unas fechas absolutas fiables para esta necrópolis se inscribe dentro del problema general de la datación de las necrópolis celtibéricas.

(27) Una cronología similar parece ajustarse a los ejemplares a peine de otros cementerios de la zona, como Carratiermes, que ha proporcionado un importante conjunto (Altares y Misiego 1992), Ucero, Gormaz y Osma (*vid.*, para todos ellos, García-Soto y La-Rosa 1990 y 1992).

1994: 75 s. y 83); otros tipos, como las fíbulas de pie vuelto fundido al puente (tipo 7D) o las de La Tène I, pueden datarse plenamente en el siglo IV a.C. (Argente 1994: 83 y 93). El momento final se situaría hacia finales del siglo IV y el primer cuarto del III a.C. con los ejemplares anulares fundidos y los de La Tène II, asociados a veces a espadas de antenas (Argente 1994: 76 y 94).

Los broches de cinturón son otro elemento que podría permitir una aproximación a la cronología de La Mercadera (*vid.* capítulo VI,2.4). Son de dos tipos: con escotaduras cerradas, decoración incisa de puntos y un ancho garfio, presente en las tumbas 84 y 3, y un ejemplar de cuatro escotaduras cerradas y cuatro garfios, en la tumba 15. Ambos tipos han sido fechados (Cerdeño 1979: 283), de forma general, en el siglo V (500-400 a.C. el primero, y en la primera mitad del siglo el segundo), aunque esta cronología está en revisión. Resulta de interés la asociación del ejemplar geminado con una espada de antenas del tipo aparentemente más antiguo de la necrópolis.

Por lo que respecta a las especies cerámicas (Lorrio 1990: 49), pueden fecharse en el siglo IV a.C. los ejemplares con decoración a peine de tipo Cogotas IIa de las sepulturas 13 y 40 (27), datación que cabría hacer coincidir con el momento final del cementerio, relacionable con la aparición de la cerámica realizada a torno, que aquí se limita a unos fragmentos procedentes de la tumba 8 y a otro hallado en la tumba 83 (28). El resto de las cerámicas de La Mercadera, a mano y sin decoración, cabe situarlas, al menos en ciertas ocasiones, en el siglo V a.C. o incluso antes, caso del ejemplar bitroncocónico de la tumba 2, forma característica del castro del Zarranzano (Romero 1984a: 70), o el sencillo cuenco hemiesférico de la tumba 3 (Romero 1984a: 67), de larga perduración, pero asociado a un broche de escotaduras cerradas y un garfio, o como los ejemplares de las tumbas 83 y 89 asociados a fíbulas de doble resorte de puente de cinta, adscribibles a la fase I.

Subfase IIB

Las características de esta subfase, para la que puede defenderse una cronología centrada en el siglo III a.C., se

han definido a partir del análisis de la panoplia registrada en ciertos cementerios como La Revilla, Gormaz, Quintanas de Gormaz, Ucero, Carratiermes, Osma y Numancia, algunos de los cuales alcanzarán el período siguiente (fase III), llegando incluso hasta el siglo I d.C. (tabla 2). Junto a las espadas latenienses y a los modelos de antenas de tipo Atance y Arcóbriga se documentan los puñales, principalmente de los tipos de frontón, biglobulares y, en menor medida, Monte Bernorio, modelo del que se conoce algún ejemplar en la Meseta Oriental fechado en el siglo V a.C., como el documentado en la tumba 10 de Alpanseque (fig. 66,C) (Sanz 1990b: 176), aunque alcanzará su máximo desarrollo a lo largo de las dos centurias siguientes.

En lo concerniente al armamento, los contactos con el área ibérica se limitan durante esta fase a la presencia de alguna falcata (*vid.* capítulo V,2.2.2). Más activos resultan los contactos con las tierras palentino-burgalesas y con el Duero Medio, como lo demuestran los puñales de tipo Monte Bernorio y los tahalíes documentados en algunas necrópolis de la zona.

Mucho menos información se tiene de los objetos de adorno, dado que su estudio se reduce a los elementos presentes en las sepulturas de guerrero, generalmente fíbulas y broches de cinturón, siendo aún peor conocidas las tumbas integradas exclusivamente por este tipo de objetos, cuya nómina estaría compuesta por fíbulas de torrecilla, de tipo La Tène y de caballito, broches de cinturón de tipo ibérico damasquinados, otros sencillos de placa rectangular y un ejemplar de tipología lateniense.

Tampoco la cerámica ha tenido mejor suerte, conociéndose en gran medida por el trabajo de Bosch Gimpera (1921-26: 177 s.) que recoge algunas urnas y tapaderas adquiridas por el Museo Arqueológico de Barcelona, sin contexto, procedentes de las necrópolis de Gormaz y Osma, entre las que se incluyen especies tanto a mano como a torno, destacando entre las primeras algún ejemplar decorado a peine, muestra de los contactos con la Meseta Occidental. Morenas de Tejada (1916b: 610) señalaba cómo muchas de las tumbas de Osma carecían de urna cineraria, lo que coincide con lo registrado en La Mercadera (*vid. supra*).

3.1.3. *La Celtiberia meridional*

Una mayor heterogeneidad se descubre en los cementerios localizados en el territorio meridional de la Celtiberia. No cabe duda alguna en relacionar con el grupo del Alto Tajo-Alto Jalón la necrópolis de Griegos (Almagro Basch 1942; Royo 1990: 129 ss.), en la cabecera del río Guadalaviar, en plena Sierra de Albarracín,

---

(28) De la lectura del texto de Taracena (1932: 26 s.) parece deducirse que en la tumba 83 se hallaron algunos fragmentos de cerámica a mano, insuficientes para reconstruir la forma de la vasija, junto a un pequeño fragmento a torno que cabría interpretar, debido sobre todo a la presencia en esta tumba de una fíbula de doble resorte de puente de cinta, como un elemento intrusivo. Para García-Soto (1990: 29 s.), el hallazgo de este fragmento torneado permitiría rebajar considerablemente la cronología de dicha tumba, lo que no parece admisible al tratarse de un fragmento aislado (*vid.* capítulo V,1).

donde se identificaron estructuras de tipo tumular (29). Las tumbas se hallaban colocadas entre grupos de piedras, habiéndose localizado en algún caso estelas. Almagro (1942) excavó un túmulo de unos 25 m. de diámetro, de forma aproximadamente circular, destruido en parte, donde encontró un total de 14 sepulturas. De los objetos recuperados destaca un gran umbo de bronce con decoración repujada (fig. 66,A), semejante a los de Alpanseque y Aguilar de Anguita (*vid.* capítulo V,2.1.1.4), una punta de lanza y su regatón, un cuchillo, la mitad de unas tijeras, fíbulas de resorte bilateral y de pie vuelto, broches de cinturón de escotaduras abiertas y cerradas, entre ellos dos ejemplares geminados de cuatro y seis garfios, un brazalete de aros múltiples, colgantes de bronce, cuentas de barro, y recipientes cerámicos toscos sin decoración, a excepción de una urna de barro fino a torno con decoración geométrica pintada.

La necrópolis conquense de Cañizares (Giménez de Aguilar 1932), en el Alto Guadiela, subsidiario del Tajo, también debe vincularse con el grupo del Alto Tajo-Alto Jalón, a pesar de que sólo se conozcan algunos materiales descontextualizados, documentándose, al parecer, la característica alineación de estelas, que resulta exclusiva de la Meseta Oriental (*vid.* capítulo IV,2). Del material recuperado hay que destacar una punta de lanza y su regatón (30), un broche geminado de cuatro garfios, una fíbula de resorte bilateral y botón terminal, algunas fusayolas, etc., e incluso recipientes de cerámica a torno.

Más al Sur, entre las necrópolis localizadas en las cuencas altas del Cigüela y del Záncara, se desarrolla la fase Carrascosa II, cuyo final se situaría hacia el siglo III a.C., «caracterizada por la presencia de cerámicas a torno e importaciones llegadas desde el Mediterráneo, especialmente cerámicas áticas, estas últimas a menudo reutilizadas, lo que hace pensar en un uso prolongado antes de su deposición en las sepulturas» (Almagro-Gorbea 1976-78: 144). Esta fase evidencia un fuerte influjo de la región del Sureste, patente en sus cerámicas, en las fíbulas y en otros objetos (Almagro-Gorbea 1976-78: 144), pero también en la presencia de estructuras tumulares como las documentadas en La Hinojosa (Galán 1980) y Alconchel de la Estrella (Millán 1990). A esta fase se adscriben las necrópolis de Las Madrigueras (Almagro-Gorbea 1969), El Navazo (Galán 1980; Mena y Nogueras 1987), Villanueva de los Escuderos (Mena 1984: 93) y Alconchel de la Estrella (Millán 1990), cementerio éste donde se documentaron espadas de antenas típicamente celtibéricas.

En relación con este grupo se hallan las necrópolis, situadas en la cuenca del Júcar, de Buenache de Alarcón (Losada 1960), Olmedilla de Alarcón, que permanece inédita (Almagro-Gorbea 1976-78: figs. 23-25), e Iniesta, en proceso de estudio, que avalan la existencia de importantes contactos con el Sureste, como muestran las cerámicas áticas o las de barniz rojo, así como determinados tipos de fíbulas, y también con la zona levantina, seguramente a través de los llanos de Utiel y Requena (Almagro-Gorbea 1976-78: 138). Justamente en esta región, lo que se conoce como la Plana de Utiel, se han venido documentando en los últimos años una serie de hallazgos que ponen en relación esta zona con el territorio meseteño (31) (de la Pinta *et alii* 1987-88; Martínez García 1990; Almagro-Gorbea *et alii* 1996: 15 ss.), lo que resultará especialmente notorio en la fase siguiente (*vid. infra*).

3.2. *Hábitat*

Si las necrópolis ofrecen abundantes datos para la reconstrucción de la secuencia cultural, a través sobre todo de la evolución de los objetos metálicos, mucho más complejo resulta establecer el desarrollo del poblamiento y correlacionar esta información con la procedente del registro funerario. Como es obvio, el análisis del poblamiento durante este período se va a circunscribir a los ámbitos individualizados a partir de dicho registro, cuyo estudio ha permitido definir, al menos, tres grandes áreas con su propia personalidad: el Alto Tajo-Alto Jalón, con la que se vincula el valle del Jiloca, el Alto Duero y la Celtiberia meridional, esta zona peor definida. Al final de este período aparecen integrados en el ámbito celtibérico los territorios de la margen derecha del Ebro Medio, faltando aún datos para explicar este proceso y su cronología, en buena medida debido a la dificultad de fechar los materiales de superficie que constituyen la fuente de información más habitual o al carácter tardío de los poblados excavados, desde finales del siglo III a.C., momento en el que surgen las ciudades en la zona (Burillo

---

(29) A esta necrópolis cabe añadir la de Villar de las Muelas, en Frías de Albarracín (Collado 1990: 50 s. y 114), que proporcionó «abundante ajuar de hierro, bronce y cerámica», documentándose dos fases, una de la Primera Edad del Hierro y otra de «época ibérica» (Atrián *et. alii* 1980: 158), o el supuesto túmulo de Los Casares de la Cañada de los Ojos, en Guadalaviar, que contenía una rueda de carro (Gómez Serrano 1954: 59, figs. 8-10; Collado 1990: 43 y 114).

(30) Además de estas piezas, de hierro, se recuperó una punta de lanza de bronce (Giménez de Aguilar 1932: fig. 3). Sobre el uso de lanzas de bronce durante la Edad del Hierro, *vid.* Almagro-Gorbea 1993: 135 y Lorrio 1993a: 311.

(31) En este sentido, cabe destacar el hallazgo, debido a roturaciones agrícolas, de un broche de cinturón geminado de seis garfios procedente de una necrópolis localizada en el término municipal de Aliaguilla (Cuenca), al Sur de la sierra del mismo nombre (agradecemos a D. Rafael Gabaldón la información sobre esta pieza). La dispersión de este tipo de ejemplares se circunscribe a la Meseta Oriental y el Sistema Ibérico (*vid.* capítulo VI,2.4), estando documentados asimismo en Aquitania y el Languedoc Occidental (Mohen 1980: 79, 244, figs. 32, 130 y 131; Parzinger y Sanz 1986: 193, fig. 4).

1980: 319 y 326; *Idem* 1989: 75; Burillo *et alii* 1995; Aguilera 1995) (32).

3.2.1. *Alto Tajo-Alto Jalón*

El desconocimiento, en la mayoría de los casos, de los lugares de habitación directamente vinculados a los de enterramiento y el hecho de que muchos de los poblados, como ya ocurriera en la fase precedente, sean conocidos mediante trabajos de prospección (García Huerta 1989; *Idem* 1989-90; Arenas 1993; etc.), lo que hace más difícil establecer la continuidad o discontinuidad del poblamiento, y el que apenas una pequeña proporción de ellos hayan sido objeto de excavaciones de mayor o menor entidad, de las que, en muchos casos, únicamente se han publicado pequeños avances, constituyen sólo algunas de las dificultades a la hora de contrastar, a partir de los hábitats, los datos procedentes del registro funerario.

No hay que olvidar la escasa presencia de objetos metálicos en los poblados, cuyo hallazgo permitiría correlacionar ambas secuencias evolutivas, ni el precario conocimiento que se tiene de los recipientes cerámicos depositados en las necrópolis que excavara Cerralbo —su análisis resulta trascendental para los estadios iniciales de esta fase— debido en gran medida a la costumbre, ya comentada, de separar las urnas cinerarias del resto del ajuar, quedando excluidas incluso de la documentación fotográfica que recogía los conjuntos considerados como más significativos.

Por lo que respecta al horizonte cultural reflejado por las sepulturas aristocráticas de Aguilar de Anguita o Alpanseque, la continuidad que confirman las necrópolis, algunas de ellas ya en uso durante la fase inicial, parecen sugerir el mantenimiento de las características del poblamiento, a pesar de desconocerse sus núcleos de habitación, que, como se ha señalado, serían asentamientos en llano o en lomas ligeramente destacadas del terreno y carentes de estructuras defensivas complejas, por lo que quizás podrían haber pasado inadvertidas. Cerralbo realizó excavaciones en el término de Aguilar de Anguita (33), tanto en el poblado de Los Castillejos, localizado en «uno de los cerros que rodean la necrópolis sita en la vega», en el que identificó restos de muros de mampostería en seco y fragmentos de cerámica «ibérica» (Aguilera

1911, III: 77; García Huerta 1990: 121), como bajo el pueblo actual, en la vega, donde sitúa el hallazgo de restos de construcciones de planta rectangular reconocidas como celtibéricas, confirmándose al parecer la presencia de materiales semejantes a los documentados en las necrópolis (Aguilera 1911, III: 79). Sin embargo, el desconocimiento de los materiales arqueológicos procedentes de estos asentamientos, y por tanto de su adscripción cultural y cronológica, impide establecer cualquier nexo con las necrópolis de El Altillo y de La Carretera, la primera de las cuales presenta una amplia cronología, fechándose entre los siglos V y III/II a.C.

Algo similar ocurre en el caso de la necrópolis de Atienza, habiéndose localizado en el collado de Los Casarejos, a unos 400 m. de ella, restos de algunas viviendas, que quizás pudieran relacionarse con la mencionada necrópolis, aunque no se recogiera en superficie material alguno que permita afirmar tal relación (Cabré 1930: 12 y 29 s.). Tampoco ha sido objeto de excavaciones arqueológicas el castro de San Roque (García Huerta 1990: 80), a cuyos pies se localiza la necrópolis de La Yunta, fechada entre finales del siglo IV y el II a.C. (García Huerta y Antona 1992: 169; *Idem* 1995: 66).

A pesar de que desde la década de los 70 se han incrementado notablemente las excavaciones arqueológicas en poblados celtibéricos, no son muchos los que ofrecen niveles datables con claridad para este período, habiendo de recurrir al análisis de las técnicas constructivas y a la tipología de los sistemas defensivos (*vid.* capítulo III,2) (34).

En este sentido, hay que hacer referencia a las murallas acodadas (*vid.* capítulo III,2.1.1), cuyo mejor ejemplo se halla en el castro de Guijosa (fig. 28,1) (Belén *et alii* 1978), donde se asocia a un torreón rectangular, para cuya construcción se ha sugerido una fecha nunca anterior al siglo III a.C. (Moret 1991: 37). Un sistema defensivo similar, a base de una muralla en cremallera y torreón rectangular, está documentado asimismo en la fase más reciente del castro de El Ceremeño (fig. 32,1) (Cerdeño y Martín 1995; Cerdeño 1995: 200). Con el castro de Castilviejo de Guijosa puede ponerse en relación el de Hocincavero (fig. 28,2) (Barroso y Díez 1991), en Anguita, al ofrecer ambos los característicos campos de piedras hincadas, lo que ha venido a ampliar el área de dispersión de estos sistemas defensivos en la Meseta Oriental, que parecían quedar circunscritos a las tierras de la Serranía Soriana. A pesar de las discusiones en

---

(32) En este sentido, para Untermann (1995a: 14) la localización del topónimo no indoeuropeo *Bilbilis* en la Celtiberia del Valle Medio del Ebro podría explicarse como fruto «de un desplazamiento relativamente tardío (posterior a la creación del tipo toponímico)... del dominio de las lenguas celtas». Sobre este topónimo, *vid.* Dolç (1954) y Beltrán (1993: 72 ss.).

(33) Un resumen de las mismas puede obtenerse en Fernández-Galiano 1979: 15, lám. VIII,1.

(34) La falta de seriación para la cerámica celtibérica a torno y la extrema rareza de hallazgos en contextos de habitación de objetos metálicos suficientemente significativos dificulta notablemente la ordenación de los conjuntos cerámicos celtibéricos procedentes de hábitats.

torno a las defensas de Guijosa y su datación (35), parece lógico aceptar su contemporaneidad y adscribirlas conjuntamente a la fase Celtibérica Plena (*vid.* capítulo III,2.1.1 y 2.5), caracterizada en este caso por la cerámica a torno y un urbanismo, observable en superficie, a base de viviendas rectangulares adosadas, con muro trasero corrido haciendo las veces de muralla.

3.2.2. *Alto Duero*

Las características generales del poblamiento en el Alto Duero durante la fase inicial del mundo celtibérico se mantienen, sin apenas modificaciones, hasta un momento que cabe situar a finales del siglo V a.C., de acuerdo con las dataciones radiocarbónicas de los niveles del Primer Hierro de los castros del Zarranzano y El Royo (*vid. supra*). A partir del siglo IV a.C. se produce el abandono de muchos de estos asentamientos, castreños o no, manteniéndose la ocupación —ya plenamente celtibérica ahora— en algunos casos, surgiendo asimismo un buen número de nuevos poblados (fig. 116) (Revilla 1985: 343; Borobio 1985: 181; Pascual 1991: 267; Romero 1991a: 369 ss. y 478 ss., fig. 119; Bachiller 1992: 21; Bachiller y Ramírez 1993: 35; Morales 1995: 300).

Existen algunas fechas de C14 para este período que permiten situar este proceso en la segunda mitad del siglo IV a.C., como la obtenida en el nivel superior de El Royo (Eiroa 1980a-b) de 320±50 B.C., o la conseguida en Fuensaúco, de 350±50 B.C., aunque no hay que olvidar que existe otra datación más moderna (280±50 B.C.) recogida en un estrato anterior de este mismo poblado (Romero 1991a: 477 s.).

No hace muchos años, Romero (1984a: 86 s.; *Idem* 1991a: 460) definió una fase, denominada «Protoarévaca», situada en la base de la Segunda Edad del Hierro, que abarcaría la primera mitad del siglo IV a.C. a tenor de las diversas fechas radiocarbónicas obtenidas en los castros de El Royo y del Zarranzano y en el poblado de Fuensaúco. Este horizonte se caracterizaba por una serie de procesos generales, como el abandono de un buen número de castros y el surgimiento de nuevos poblados (que evidencian una modificación en los patrones de asentamiento respecto a lo señalado para los castros del período precedente —eligiendo zonas más llanas y abiertas—, indicando una diferente orientación económica, con un mayor peso de la actividad agrícola), la incorpo-

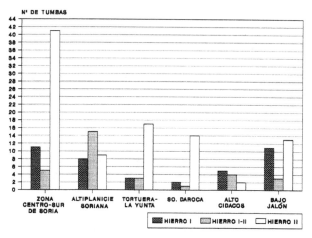

Fig. 116.—*Evolución del poblamiento en diversos sectores del territorio celtibérico.*

ración de paramentos internos y de refuerzos exteriores en las líneas de muralla, así como la presencia de ciertas especies cerámicas con decoración impresa a punta de espátula y tratamiento diferencial de su superficie. Sin embargo, muchas de las peculiaridades de esta fase inicial del Segundo Hierro son difíciles de determinar por cuanto estos poblados alcanzaron el período «celtibérico» —que para Romero queda definido arqueológicamente por las características cerámicas a torno con decoración pintada—, cuyo inicio sitúa el autor —de acuerdo con una datación radiocarbónica de El Royo— a partir de mediados del siglo IV a.C. La continuidad demostrada en las necrópolis del Alto Duero, en las que este horizonte está ausente (*vid.*, en contra, García-Soto 1990: 32), al igual que ocurre en las recientes excavaciones en El Castillejo de Fuensaúco o en las prospecciones realizadas en el Centro-Sur de la provincia de Soria, constatan, más bien, la perduración de la Primera Edad del Hierro hasta la fase Celtibérica Plena sin solución de continuidad (Romero y Jimeno 1993: 210).

Los recientes trabajos de prospección en la franja central de la provincia de Soria, en torno al Duero, revelan que durante los siglos IV-III se produce un aumento en el número de poblados (fig. 116), localizados en lugares elevados, de emplazamiento estratégico y carácter defensivo, algunos de ellos habitados durante el Primer Hierro y raramente con ocupación de época romana (Revilla 1985: 337; Pascual 1991: 267; Romero y Jimeno 1993: 212). El aumento del número de asentamientos se ha relacionado con un mayor aprovechamiento agrícola del terreno (Pascual 1991: 267), proceso que se potenciará durante la fase final de la Cultura Celtibérica (siglos II-I a.C.).

El Castillejo de Fuensaúco ha proporcionado una secuencia continuada que arranca del siglo VII a.C. y cuya

---

(35) Inicialmente fueron adscritas a la Primera Edad del Hierro, lo que llevó a fecharlas entre los siglos VII-VI a.C. (Belén *et alii* 1978), para posteriormente rebajar la cronología de la muralla, a partir del siglo IV a.C., aunque manteniendo la antigüedad de las piedras hincadas (Esparza 1987: 360).

última ocupación se situaría entre mediados del siglo IV y mediados del II a.C. (Romero 1991a: 382 s., 288 ss. y 400 ss., figs. 81, 89-91 y 101; Romero y Misiego 1995b: 139). En esta fase se generalizan las viviendas rectangulares de mampostería, trabadas ahora con barro, y se introduce la articulación urbana. Los hallazgos son en su mayoría cerámicos, entre los que destacan las producciones a torno, cocidas en atmósferas oxidantes, con decoración pintada, generalmente de color rojo vinoso, de motivos geométricos, aunque también se documenten algunos vasos a mano, reductores y de factura tosca. Junto a los molinos circulares convivirían los barquiformes, característicos de la fase anterior.

De los castros de la serranía (Romero 1991a: 369 ss. y 478 ss., fig. 119) que iniciaron su andadura en el período precedente, una parte importante habrían sido abandonados a partir de finales del siglo V a.C., aunque algunos pudieran haber sido ocupados posteriormente de forma ocasional, como sería el caso del Zarranzano (Romero 1991a: 181 ss.). Ciertos castros, sin embargo, presentan suficientes evidencias que confirman una ocupación estable de época Celtibérica Plena (Romero 1991a: 370 s.), no quedando claras las condiciones de esta transición, que bien pudo ser violenta, como podría indicar el nivel de ceniza que separa los niveles Celtibérico Antiguo o «castreño» y el ya plenamente celtibérico de El Royo (Eiroa 1979b: 129; Romero 1991a: 370).

Con respecto a la cerámica, no cabe duda que a lo largo del siglo III a.C. se debió imponer en esta zona la técnica del torno, llegada a través del Valle del Ebro en un momento que cabe remontar a mediados de la centuria anterior. Este cambio tecnológico implica nuevas técnicas decorativas, pero la aparición de un estilo iconográfico propio del mundo celtibérico, como en las cerámicas de Numancia, se sitúa en fechas bastante posteriores, alrededor del siglo I a.C. Ello supondría que, a pesar de la innovación que suponen estas técnicas, su plena asimilación a las necesidades de la Cultura Celtibérica sólo se llegó a producir en fechas más tardías, ya dentro del proceso de romanización.

3.2.3. La Celtiberia meridional

La heterogeneidad mostrada por las necrópolis localizadas en la zona más meridional de la Celtiberia puede extrapolarse a lo documentado por los lugares de habitación, en general mucho peor conocidos. La vinculación de la Sierra de Albarracín con las tierras del Alto Tajo-Alto Jalón parece evidente. Así lo demuestran los recientes trabajos de prospección llevados a cabo en un sector de la misma (Collado 1990), cuyas características generales en lo relativo al poblamiento ya fueron abordadas

en el capítulo dedicado al hábitat (vid. supra). La mayoría de las formas cerámicas allí recuperadas se documentan en el Valle Medio del Ebro y la depresión Calatayud-Teruel y en una proporción alta en el Oriente de la Meseta, estando mucho menos representadas las formas provenientes de otras áreas, principalmente del Levante (Collado 1990: 111).

Más difícil es definir el límite meridional de la Celtiberia a partir de los datos procedentes de los poblados, por otro lado mal conocidos. Se trata de una franja de transición hacia la Carpetania, la Bastetania y la Edetania, en la que junto a elementos de tipo meseteño resulta evidente la presencia de otros claramente vinculados con el Sureste y el área levantina.

Esta fase está documentada en algunos poblados de la provincia de Cuenca, como Reillo (Almagro-Gorbea 1976-78: 146 ss., fig. 32; Maderuelo y Pastor 1981: 163 ss.), Hoyas del Castillo, en Pajaroncillo (Ulreich et alii 1993: 43 ss., fig. 12; Idem 1994: 129 s., fig. 12), Moya (Sanchéz-Capilla 1989: 76), Fuente de la Mota, en Barchín del Hoyo (Sierra 1981), de donde proceden tres dataciones de C14 (320±50 B.C., 300±50 B.C. y 210±50 B.C) que fechan el único nivel de habitación del poblado, destruido súbitamente (Sierra 1978; Idem 1981: 290), el Pico de la Muela, en Valera de Abajo (Valiente Cánovas 1981), el Cerro de los Encaños, en Villar del Horno, donde se han identificado estructuras rectangulares de mampostería (Gómez 1986), o el Cerro de la Virgen de la Cuesta, en Alconchel de la Estrella, del que se han publicado algunos avances, y cuya estratigrafía, con independencia de un nivel adscribible al Bronce Medio, abarca un período entre los siglos V-IV y I a.C. (Millán 1988; Idem 1990: 197).

4. LA CELTIBERIA HISTÓRICA: EL CELTIBÉRICO TARDÍO

Es en este período, capitalizado en gran medida por el enfrentamiento con Roma (Salinas 1986), cuando el mundo celtibérico alcanza su mayor desarrollo cultural, manifestando una tendencia creciente hacia formas de vida cada vez más urbanas. Con ello culmina un proceso de asimilación de elementos mediterráneos, principalmente ibéricos (Almagro-Gorbea 1993: 150), cuyo origen se remonta a la fase inicial de la Cultura Celtibérica (vid. supra). Junto al surgimiento de los oppida (Almagro-Gorbea 1994a; Idem 1995f; Almagro-Gorbea y Dávila 1995), se produce también la adopción del alfabeto ibérico con el consiguiente desarrollo de la escritura (de Hoz 1986a y 1995a; Beltrán Lloris 1993: 252 ss.; Untermann 1995b, etc.), primero con tipos ibéricos y luego latinos (vid. capítulo XI,3). Se introduce asimismo la moneda

(Untermann 1975; Villaronga 1979 y 1994; Burillo 1995b: 167 ss.; etc.) y se documentan leyes escritas en bronce (de Hoz y Michelena 1974; Fatás 1980; Beltrán y Tovar 1982; Meid 1993: 75 ss.).

Desde el punto de vista artístico, el artesanado alcanza ahora su máximo apogeo (*vid.* capítulo VI,8). Esto es especialmente evidente en la orfebrería (*vid.* capítulo VI,1), cuyo análisis contribuye a definir el área meridional de la Celtiberia, o en la cerámica pintada numantina, donde se utilizan las innovaciones ibéricas para expresar un fondo estilístico e iconográfico propio, de indudable estirpe céltica (Almagro-Gorbea e.p.b). La proliferación de un abundante y variado utillaje, generalmente de hierro, muestra la gran diversidad de actividades agrícolas y puramente artesanales desarrolladas durante este período (*vid.* capítulos VI,5.6 y VIII).

Será ahora cuando se desarrolle una verdadera arquitectura monumental, con la construcción de edificios públicos (Beltrán 1982; etc.), hallándose a partir de finales del siglo II a.C. grandes *villae* de tipo helenístico, como la de La Caridad de Caminreal (Vicente *et alii* 1991), que evidencia una fuerte aculturación romana.

El proceso romanizador resulta evidente desde el 133 a.C. con la destrucción de *Numantia*, caracterizando la última parte de la Cultura Celtibérica, lo que se advierte en aspectos tales como la escultura (*v.gr.* las estelas funerarias), las leyes escritas en bronce, etc. Este proceso tendrá su culminación en el siglo I d.C., en el que los antiguos *oppida* celtibéricos de *Segobriga*, *Bilbilis*, *Uxama*, *Termes* o *Numantia* se han convertido en ciudades romanas, incluso con rango de *municipium* (36).

Para este período se cuenta con las noticias dejadas por los escritores griegos y romanos, de muy diversa índole: geográficas, sociales, religiosas, económicas, etc. Esta información está referida en su mayoría a un momento avanzado, a partir de finales del siglo III a.C., con el traslado del teatro de operaciones de la Segunda Guerra Púnica a la Península Ibérica y, posteriormente, con la Guerra de Conquista de Hispania por Roma. A partir de estas noticias, pero también de la Arqueología y la Lingüística —aunque el área de dispersión de los hallazgos de inscripciones en lengua celtibérica excede al teórico territorio de los Celtíberos— se configura la Celtiberia como una entidad cultural, articulada en cuatro grandes áreas geográfico-culturales: el Alto Duero, el Alto Tajo-Alto Jalón, la Celtiberia meridional, circunscrita en gran medida a la provincia de Cuenca, y el Valle Medio del Ebro en su margen derecha. Cada una de estas áreas

ofrece un desarrollo en buena medida independiente, aunque con evidentes puntos de contacto entre ellas.

Los límites del territorio celtibérico, que, como se ha dicho (*vid.* capítulo II,1.1.a) y se ha tenido ocasión de comprobar, no pueden considerarse estables, pueden determinarse durante este período mediante el análisis de las etnias tenidas como celtibéricas, en cuya delimitación resulta fundamental la localización de las ciudades a ellas vinculadas (Taracena 1954: 199), lo que no siempre ha podido precisarse con éxito. Si está claro el carácter celtibérico de Arévacos, Belos, Titos, Lusones y Pelendones, resulta más complejo atribuir a este grupo otros pueblos, apenas conocidos, como Turboletas y Olcades (Burillo 1993: 229). Los límites, dentro de la complejidad señalada, se situarían:

— hacia el Oriente, en el Bajo Huerva, donde se ubica *Contrebia Belaisca* (fig. 117) (Beltrán Lloris 1993: 252, mapa I; *Idem* 1995: 170 ss., mapa 1).

— hacia el Norte, hay que tener en cuenta la valoración de un grupo epigráfico unitario, de una gran homogeneidad formal y decorativa (Espinosa y Usero 1988), centrado en las sierras soriano-riojanas del Sistema Ibérico orientadas hacia el Ebro, y fechado *ca.* siglos I-II d.C. La onomástica, mayoritariamente latina, ofrece algunos antropónimos indígenas de tipo no céltico, lo que permite su diferenciación del territorio celtibérico, y en concreto de Arévacos y Pelendones, al que se adscribiría la vertiente meridional de la serranía soriana (Espinosa 1992). La divisoria administrativa conventual refleja esta situación, quedando las tierras localizadas al Norte de la divisoria de aguas Duero-Ebro adscritas al convento Caesaraugustano y las de la vertiente meridional, al convento Cluniense (Espinosa 1992: 909 s.);

— hacia el Occidente, el apelativo que recibe *Clunia*, *Celtiberia finis*, incidiría en su carácter limítrofe (fig. 117), sobre el que recientemente se ha insistido dada la ausencia de acuñaciones monetales entre los Vacceos, existiendo una frontera cultural evidente entre la arévaca *Clunia*, que sí acuña, y la vaccea *Rauda*, que no lo hace (García-Bellido 1995a: 265 s., fig. 1). Otro argumento a favor del carácter fronterizo de ese territorio vendría dado por el vacío existente entre los núcleos vacceos orientales y los núcleos arévacos del Sureste de la provincia de Burgos (Sacristán 1986: 101 ss.; *Idem* 1989; *Idem* 1994: 144 s.): Solanara, Pinilla Trasmonte, de la que se ha sugerido incluso su identificación con la ceca de *śekobiŕikes* (Sacristán 1994: 145; García-Bellido 1994), Arauzo de Torre y *Clunia* (37);

---

(36) *Vid.*, para la integración jurídica de las ciudades de Arévacos y Pelendones, Espinosa 1984. Para la romanización del territorio soriano, *vid.* M.V. Romero 1992.

(37) No conviene dejar de lado, no obstante, como ha señalado Sacristán (1994: 145), que, manteniendo la reserva de *Clunia*, los demás núcleos citados ofrecen niveles del Primer Hierro, cuyo carácter permite su vinculación con el mundo del Soto, característico de la región vaccea.

— hacia el Sur, en la ciudad de *Segobriga* (fig. 117), localizada en Cabeza del Griego (Cuenca), cuyo carácter fronterizo, *caput Celtiberiae*, fue señalado por Plinio (3, 25) (*vid.*, no obstante, Capalvo 1996: 63 ss.). La situación limítrofe dentro de la Celtiberia de la *Segobriga* romana —no así la de la celtibérica *Segobris*, según demuestra la circulación de la moneda de *śekobiŕikes* que permite localizar esta ceca en la Meseta Norte (García-Bellido 1974 y 1994)— estaría referida a un momento avanzado, el recogido por Plinio, como lo confirmaría la vecindad (*vid. infra*), a tan sólo 6 km. aguas arriba del Cigüela, del importante *oppidum* de Fosos de Bayona, identificado a partir de los hallazgos monetales con *Contrebia Carbica* (Gras *et alii* 1984; Burillo 1988g: 303; Mena *et alii* 1988), ciudad cuyo final se ha vinculado con los episodios sertorianos (Mena *et alii* 1988) y cuya localización en Carpetania, aunque problemática para algunos autores (González-Conde 1992: 306), ha sido señalada por otros (Fatás 1975: 293). La presencia del étnico *Celtiber/-a* en dos lápidas funerarias segobricenses (Tovar 1977: 177; García-Bellido 1994: 257; *Idem* 1995b: 136), cuyo uso no es natural en su propio territorio (fig. 6B,5) (Almagro-Gorbea y Lorrio 1987a: 110), incidiría en este sentido, aunque la cronología tardía de las evidencias, posteriores al momento que aquí se está analizando, complicarían en parte esta interpretación.

Por lo que respecta a la presencia en el territorio más meridional de la Celtiberia (Lorrio e.p.) de epigrafía en lengua celtibérica, tan sólo cabe mencionar una tésera de hospitalidad en forma de toro conservada en la Real Academia de la Historia (fig. 137,1 y lám. VII,2) procedente posiblemente de Fosos de Bayona (*vid.* Fernández-Guerra 1877: 143; Almagro 1984: 10 ss.), en la que aparece reflejado uno de los participantes en el pacto, en este caso la ciudad berona de *Libia* (Untermann 1990b: 357 ss.).

Hay que señalar, asimismo, la concentración en *Segobriga* (González 1986) de las escasas menciones a organizaciones suprafamiliares expresadas mediante genitivos de plural documentadas en la Celtiberia meridional, constatándose en el resto de este territorio un significativo vacío de información, aunque hallazgos como los de Gárgoles de Arriba o Sayatón, en la provincia de Guadalajara (González 1994: 171 s.), sirvan para modificar en parte este panorama.

— hacia el Sureste (*vid.* Untermann 1996b), el santuario de Peñalba de Villastar, en Teruel (fig. 132), ha proporcionado el conjunto más suroriental de inscripciones en lengua celtibérica (Untermann 1995b: 200 s., mapa 2). Más al Sur, el límite provincial entre Cuenca y Valencia, área de transición entre la Meseta, las Serranías Ibéricas y el Levante, constituye una zona de gran interés para precisar los confusos límites culturales y étnicos entre los ámbitos celtibérico e ibérico. Así lo confirma, por un lado, la circulación monetaria registrada en algunos poblados como El Molón de Camporrobles, que ha proporcionado monedas pertenecientes fundamentalmente a cecas celtibéricas (Ripollés y Gómez 1978; Ripollés 1984; Almagro-Gorbea *et alii* 1996: 16 s.) o la presencia en la zona de determinados elementos de filiación celtibérica —como las armas (*vid. infra*), a las que cabe añadir una fíbula de caballito con jinete de procedencia incierta, pero al parecer hallada en esta misma zona— y, por otro, hallazgos como el de la estela en lengua ibérica de Sinarcas (Untermann 1990a: 509 ss.), o la localización de la ceca de *kelin* (Ripollés 1979; *Idem* 1982: 404 ss.) en el *oppidum* de Los Villares de Caudete de las Fuentes, de donde proceden una serie de inscripciones ibéricas sobre plomo (Untermann 1990a: 514 ss.).

4.1. *Necrópolis*

Entre los cementerios adscribibles a este momento cabe mencionar los de Pinilla Trasmonte (Moreda y Nuño 1990), Ucero, Quintanas de Gormaz, Osma, Numancia y Carratiermes, en el Alto Duero (García-Soto 1990: 34 ss.; Jimeno 1994b: 50 s.; *Idem* 1996; Jimeno y Morales 1993: 150 ss.; *Idem* 1994; Lorrio 1994a: tabla 2), los de *Arcobriga*, Luzaga, Riba de Saelices y La Yunta, en el Alto Tajo-Alto Jalón (Cerdeño y García Huerta 1990: 80 ss.; Lorrio 1994a: tabla 1), y los de Belmonte (Samitier 1907; Díaz 1989: 34 s., lám. III,1), Valdeager, Valmesón, Las Eras y La Umbría, en el Jiloca (Aranda 1990: 102 ss.).

Por lo que se refiere a la Celtiberia meridional, al cementerio de Alconchel de la Estrella (Millán 1990: 198) habría que añadir una serie de necrópolis localizadas en los confines de las provincias de Cuenca y Valencia, en las comarcas de la Plana de Utiel y Los Serranos, como la del Collado de La Cañada (Cuenca) (de la Pinta *et alii* 1987-88: 315 ss.), o las del Cerro de la Peladilla de Fuenterrobles y El Punto de Agua de Benagéber, la primera de las cuales ha proporcionado espadas de tipo lateniense y la segunda, puñales biglobulares (Martínez García 1990). Junta a ellas hay que citar la recién descubierta necrópolis de El Molón de Camporrobles, de la que proceden los restos de la vaina perteneciente a un puñal y, con bastante probabilidad, un ejemplar biglobular supuestamente hallado en el poblado (de la Pinta *et alii* 1987-88: fig. 11; Almagro-Gorbea *et alii* 1996).

Algunas de estas necrópolis se hallan vinculadas a importantes *oppida*, como es el caso de Pinilla, *Numantia*, en concreto con la ciudad destruida por Escipión en el 133 a.C., *Uxama*, *Termes*, Luzaga, *Arcobriga*, *Segeda* o Alconchel de la Estrella.

Sin embargo, falta un estudio sobre las características

del mundo funerario de los dos últimos siglos anteriores al cambio de era, pues se trata de cementerios aún en fase de estudio —Carratiermes, Numancia, Ucero, La Umbría o Alconchel de la Estrella—, o, como ocurre con las dos necrópolis de *Uxama*, por el lamentable estado de destrucción en el que han sido halladas —Fuentelaraña (Campano y Sanz 1990)— o por proceder de antiguas excavaciones nunca publicadas —Viñas de Portuguí (Morenas de Tejada 1916b)—. Este último caso es también el de la necrópolis de Belmonte (Samitier 1907), vinculada a la ciudad de *Segeda* (Burillo 1993: 238). Hay que añadir también aquellos cementerios únicamente conocidos por trabajos de prospección (Aranda 1990: 102 s.). Lo mismo cabe señalar respecto a las necrópolis localizadas en La Plana de Utiel y comarcas aledañas, que han sido objeto de continuos expolios.

El armamento sigue estando presente en algunos de estos cementerios, lo que confirma que las modificaciones en el registro funerario documentadas en un sector de la Celtiberia ya desde el período precedente —evidenciadas por la mayor pobreza de los ajuares y la desaparición de las armas— no constituye un fenómeno generalizable a todo el ámbito celtibérico. El empobrecimiento de los ajuares, fenómeno que como se ha tenido ocasión de comprobar afecta principalmente a las armas y los objetos de lujo, como las joyas, que no aparecen por tanto en el registro, podría deberse a un cambio de orden social (*vid.* capítulo IX,3), que implicaría una modificación en el ritual funerario, según el cual la riqueza no quedaba simbolizada en las sepulturas.

El momento final de estos cementerios ha de situarse de forma general en el siglo I a.C., si bien en Carratiermes se han encontrado algunas sepulturas del siglo I d.C. ocupando uno de los extremos de la necrópolis (Argente *et alii* 1991b: 118): junto a los puñales biglobulares, la cerámica oxidante con decoración pintada monocroma o las fíbulas de La Tène III, se documentan monedas, bien con leyenda ibérica, caso de dos denarios de *śekobiŕikes* aparecidos en otras tantas sepulturas, o latina, algunas de época alto imperial, y también cerámica pintada de tipo *Clunia*, recipientes de *terra sigillata hispanica* o cerámica común romana (Argente *et alii* 1991b: 118; Martínez Martín y Hernández Urizar 1992) (38).

___
(38)   A este respecto no hay que olvidar que en la necrópolis de Atienza se recuperaron algunas sepulturas de época romana, que Cabré (1930: 40) llevó al siglo I d.C., que reflejan un claro hiato en la continuidad del cementerio. Similar sería el caso de Aguilar de Anguita donde Cerralbo, en dos cartas de 5 y 6 de Febrero de 1915 dirigidas a F. Fita daba a conocer una estela funeraria romana fracturada que apareció reutilizada en una tumba de inhumación hallada «en la vega de la virgen del Robusto en las inmediaciones de la gran necrópolis ibérica de Aguilar de Anguita» (Real Academia de la Historia. Sección de Antigüedades. Legajo 9-7956-13).

4.2. *Ciudades y hábitat rural*

A lo largo de esta fase va a tener lugar en la Celtiberia un proceso de ordenación jerárquica del territorio, que se desarrolló con anterioridad a la romanización. Los *oppida* no surgen como resultado de un crecimiento natural, sino que se trata de asentamientos implantados conscientemente (Collis 1989: 223) que, como en el caso de *Complega* o *Segeda*, son el resultado de fenómenos de sinecismo. En su emplazamiento priman aspectos diversos, como pueden ser la relación con rutas comerciales, con recursos en materias primas o las posibilidades agrícolas del territorio, sin olvidar las cualidades defensivas del lugar.

Los *oppida* celtibéricos (fig. 117) ofrecen complejos sistemas defensivos a base de fosos y murallas, en los que la presencia de torreones rectangulares, lienzos quebrados, etc., denotan el influjo del mundo helenístico llegado a través de la cultura ibérica, también presente en el urbanismo ortogonal con calles, bien documentado en las ciudades de Numancia (figs. 16,4 y 37 y lám. I,2) y La Caridad de Caminreal (fig. 16,5) (*vid.* capítulo III,4).

El carácter urbano de los *oppida* se define por su significado funcional más que por el arquitectónico, aunque se conozca la existencia de edificios públicos, senados, etc., apreciándose en estos asentamientos una ordenación interior según un plan previsto. El surgimiento de los *oppida* es el resultado de un conjunto de transformaciones fundamentales en los campos político, social y económico que permiten fundar y mantener centros urbanos amurallados. Estos centros acuñan moneda con su nombre, de plata en los más importantes, y son la expresión de una organización social más compleja, con senado, magistrados e, incluso, normas que regulan el derecho público (*vid.* capítulo IX,4.3).

Resulta difícil de determinar el momento en el que surgen las ciudades en la Celtiberia —en cualquier caso con anterioridad a la presencia de los romanos en la zona—, señalando las fuentes literarias su existencia ya desde inicios del siglo II a.C.

En el interior de la Península Ibérica se conocen núcleos fortificados de más de 10 ha. desde fechas muy antiguas. Estas grandes poblaciones fortificadas se documentan tanto en Extremadura como en la región Oretana, situada a caballo de Sierra Morena entre Andalucía y la Meseta Sur, y, probablemente, en Levante, seguramente desde fechas tan antiguas en Extremadura como pleno siglo VII a.C., y lo mismo parece ocurrir en las otras regiones mencionadas (Almagro-Gorbea 1987b; *Idem* 1994: 36 ss.), resultando mucho más discutible la fecha de aparición de estos grandes núcleos urbanos en la Meseta Norte (Almagro-Gorbea 1994a: 37 y 40 s.).

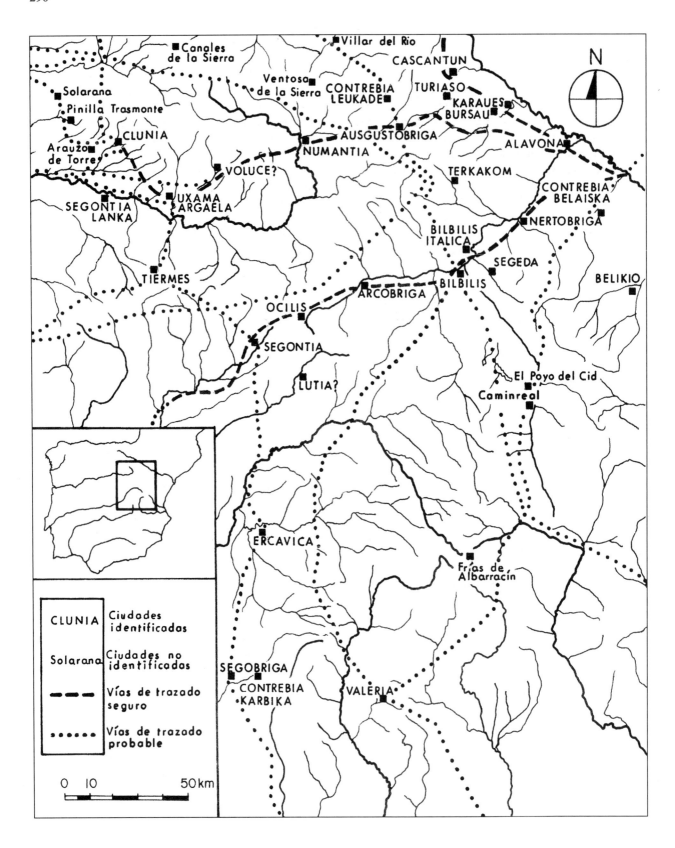

Fig. 117.—Ciudades celtibéricas (siglos II-I a.C.) y principales vías romanas de la zona estudiada.

Se puede aceptar que su origen en la Celtiberia pudiera remontarse al siglo III a.C., a pesar de la falta de datos sobre este período en cuanto a la documentación arqueológica (Burillo 1986: 530; Idem 1988g: 302; Almagro-Gorbea y Lorrio 1991: 35; Asensio 1995: 398 ss.). Las fuentes históricas grecolatinas hacen referencia desde finales del siglo III a.C. o inicios del II a algunas grandes poblaciones en territorio celtibérico, a las que se refieren como polis, urbs y, más raramente, como oppida, lo que supone una segura cronología ante quem para su construcción.

Por ejemplo, en las campañas de Aníbal del 221 a.C. en la Meseta, ya aparecen referencias a una ciudad, capital de los Olcades, uno de los pueblos considerados célticos que habitaba la parte suroriental de la Meseta (Polib., 3, 13, 5: Althía, ten baritaten <...> polin; Liv., 21, 5, 2: Cartalam, urbem opulentam), así como entre los Vacceos-Vettones, pues Helmantica y Arbocala se consideran urbes, aunque los habitantes de esta última se denominen oppidani (Liv., 21, 5, 2).

En el 195 a.C. se menciona Segestica (Liv., 34, 17), ciuitas situada en la zona de Cataluña, y cuyo topónimo es de clara raíz céltica. Muy importante es la referencia de Frontino (1, 1, 1) sobre cómo Catón obligó, en este mismo año, a todas las ciuitates conquistadas a destruir sus murallas, hecho relacionable con problemas surgidos una generación después en la Celtiberia, dada la base política e ideológica que entrañaba esta medida. Más dudosa es la cita de Aulo Gelio (N.A. 16, 1, 3), según la cual Catón habría llegado hasta Numantia el 195 a.C., en lo que sería la primera mención de esta ciudad (Jimeno y Arlegui 1995: 122; Jimeno y Martín 1995: 180 s.; Jimeno y Tabernero 1996: 416).

Referencias más concretas pueden considerarse: las del 193-192 a.C. relativas a Toletum, como oppidum (Liv., 35, 7, 6) y como parua urbs (Liv., 35, 22, 5); la del 182 a.C. a Urbicua, denominada oppidum (Liv., 40, 16, 7); la del 181 a.C. a Contrebia Carbica (Villas Viejas, Cuenca) como urbs, cuyas fortificaciones nombra (Liv., 40, 33: extra moenia) y cuya extensión de más de 45 ha. ha sido evidenciada por prospecciones recientes (Gras et alii 1984; Mena et alii 1988; Almagro-Gorbea y Dávila 1995: 212); la del 179 a.C. referida a Ergavica <...> nobilis et potens civitas (Liv., 40, 50), etcétera.

Pero existen casos aún más significativos que evidencian a inicios del siglo II a.C. fenómenos de auténtico sinecismo como en otras áreas célticas (Frey 1984), relacionados con la construcción de estas grandes poblaciones. En el 181 a.C., los Lusones se refugiaron en Complega, «ciudad (polis) recién edificada y fortificada y que había crecido rápidamente» (App., Iber. 42); dos años después, en el 179 a.C., T. Sempronio Graco con-

quista la ciudad y su comarca, señalándose que de la ciudad salieron 20.000 hombres con ramos de súplica (App., Iber. 43). Otro texto sumamente importante es el que se refiere a la ampliación de la ciudad de Segeda el 154 a.C., episodio que, según los analistas romanos, originó las Guerras Celtibéricas. Esta polis, identificada con śekaisa, una de las principales cecas de la Celtiberia (Untermann 1975: 300 ss.; Domínguez 1983), se habría adherido al pacto de Sempronio Graco del 179 a.C., lo que sugeriría que ya en esa fecha era una ciudad (Burillo 1986: 538), habiéndose planteado que su origen podría situarse probablemente en el siglo III a.C. (Burillo 1994b: 97). Según narra Apiano (Iber. 44; vid. también Diod., 31, 39):

> «Segeda es ciudad de los Celtíberos llamados Belos, grande y potente <...>. Esta ciudad atraía a sí a los habitantes de otras poblaciones menores y de este modo prolongó sus murallas en un círculo de 40 estadios; los Titos, pueblo vecino, fueron obligados también a unirse a ellos...».

Este texto supone una referencia clara a un fenómeno de sinecismo, y explica la intervención del Senado romano, según el cual estaba expresamente prohibida la construcción de murallas por el tratado firmado por T. Sempronio Graco en el 179 a.C., lo que dio origen al principal período de las Guerras Celtibéricas. Como ha señalado Burillo (1988g: 303; 1993: 229), el comportamiento de Segeda corresponde al de una ciudad-estado, constituyéndose como «un centro jerarquizador de un espacio geográfico, que ella misma remodela concentrando la población según sus propios intereses».

Con posterioridad a las Guerras Celtibéricas surgen en la Celtiberia una serie de ciudades en las que las cualidades defensivas del terreno no priman al elegir el emplazamiento. Ejemplos de estas «ciudades de llano» (Burillo 1988g: 304; Idem 1989: 73) serían la Bilbilis celtibérica, en Valdeherrera (Burillo y Ostalé 1983-84; Burillo 1988e), La Caridad de Caminreal (fig. 16,5) (Vicente 1988), que se ha identificado con Orosis (Burillo 1994: 102; Burillo et alii 1995: 257), Contrebia Belaisca (Beltrán 1988) y Segeda (fig. 16,2), en Durón de Belmonte, sustituyendo así a la primitiva ciudad localizada en El Poyo de Mara (lám. I,1) (Burillo 1988d; Idem 1994: 102). Algunas de estas ciudades desaparecerán como resultado de los conflictos sertorianos, aunque otras, como Contrebia Belaisca, continuarán habitadas en época imperial, pero sin la categoría de ciudad (Burillo 1988g: 307).

Tras las Guerras Sertorianas, hacen su aparición nuevas ciudades que se sitúan en las proximidades de las destruidas (Burillo 1988g: 307 ss.; Idem 1989: 73 s.), como es el caso de la romana Bilbilis, en el Cerro Bámbola, que viene a sustituir a los importantes centros de *Segeda* y *Bilbilis* celtibérica, en Valdeherrera (Burillo 1994b). Algo similar ocurre con San Esteban del Poyo del Cid (Burillo 1981) —para la que recientemente se ha sugerido su identificación con la ciudad edetana de *Leonica* (Burillo *et alii* 1995: 256 s.)—, localizada junto a La Caridad de Caminreal. El mismo caso parece repetirse en *Segobriga* (Almagro-Gorbea y Lorrio 1989; Almagro-Gorbea 1992), situada a tan sólo 6 km. del *oppidum* de *Contrebia Carbica* —cuyo momento final se fecharía en época sertoriana (Mena *et alii* 1988)—, habida cuenta sobre todo de que las recientes excavaciones han permitido documentar la construcción de la muralla segobricense hacia el cambio de era, aunque se haya registrado una ocupación previa de época preaugustea, pero en cualquier caso postsertoriana. No está, por otro lado, suficientemente aclarada la relación de esta ciudad con la citada por las fuentes literarias durante los episodios bélicos del siglo II a.C. habiéndose cuestionado la atribución de la ceca de *śekobiŕikes* a la misma, en especial por la dispersión de sus monedas, principalmente por la Meseta Norte (García-Bellido 1974 y 1994) (39).

Interrelacionados con los grandes *oppida* se hallan una serie de poblados y granjas, a las que las fuentes literarias se refieren como *megalas komas, vicos castellaque, agri* o *turres* y *pyrgoi* (Rodríguez Blanco 1977: 170), que revelan una clara jerarquización de los asentamientos durante los siglos II y I a.C.

Si bien en muchos casos, como sucede en las áreas marginales del Alto Tajo o en la serranía soriana, se reocupan antiguos hábitats, de tipo castreño, como La Coronilla, Las Arribillas, El Castillejo de Anquela del Pedregal, el Zarranzano o Tañiñe (40), o en llano, como El Pinar, en otros, como en la zona central de la provincia de Soria, los hábitats de los siglos II-I a.C. se localizan en zonas llanas, sin evidencia de ocupaciones anteriores y, generalmente, con continuidad en época romana, reflejando una mayor ocupación del territorio, primando en ellos una actividad preferentemente agrícola (Revilla 1985: 337 ss.; Borobio 1985: 181; Romero y Jimeno 1993: 212). En esta última zona se sitúan una serie de poblados de mayor entidad ubicados en lugares de gran valor estratégico, bien defendidos, en torno a los cuales se jerarquiza el territorio: Altillo de las Viñas, en Ventosa de Fuentepinilla, los Castejones de Calatañazor, con 1,5 ha., y Castilterreño, en Izana, con 2,2, serían algunos de estos centros (Pascual 1991: 268 s.). Un proceso similar se ha detectado en el Noreste de la provincia de Guadalajara partiendo de materiales de prospección (Arenas 1993: 291 ss.), e identificándose «centros administrativos», en ocasiones de carácter urbano, que corresponden a los núcleos de mayores dimensiones, entre los que destaca Los Rodiles de Cubillejo, con 1,9 ha., cuya preponderancia hay que atribuir a su localización en una importante vía de paso hacia el Valle del Ebro. Junto a ellos, se registran otros de menores dimensiones que pueden relacionarse con actividades agropecuarias o artesanales y, finalmente, torres, de reducida extensión y alto valor estratégico.

---

(39)   *Vid.*, al respecto, Mena *et alii* 1988: 185 s.; Almagro-Gorbea y Lorrio 1989: 200 ss.; Almagro-Gorbea 1992b; Fuentes 1993: 174. *Vid.*, sobre las cecas de *śekobiŕikes* y *kontebakom/kaŕbika*, identificada con *Contrebia Carbica*, y las relaciones entre las ciudades emisoras y la *Segobriga* romana, García-Bellido 1994 y Ripollès y Abascal 1996.

(40)   Algunos castros de la serranía soriana fueron ocupados incluso, siquiera de forma esporádica, con posterioridad a la Edad del Hierro, sobre todo en época tardorromana y, en menor medida, medieval (Romero 1991a: 484 ss.).

VIII

LA ECONOMÍA

Los estudios sobre la economía de los Celtíberos se han centrado, en su mayoría, en la etapa más avanzada de esta cultura (Schulten 1959 y 1963; Caro Baroja 1946; Taracena 1954: 216 ss.; Blázquez 1978: 88 ss.=1968; Salinas 1986: 101 ss.), para la que se cuenta con algunas noticias, excesivamente generales y a menudo faltas de rigor, ofrecidas por las fuentes literarias, que ocasionalmente son complementadas con la información proporcionada por el registro arqueológico, en concreto con los análisis de restos faunísticos o de hallazgos vegetales, así como los instrumentos que ponen de manifiesto la realización de diversas actividades relacionadas con la subsistencia o el artesanado (Pérez Casas 1988d; Beltrán Lloris 1987b: 287 s.; Blasco 1987: 314 ss.; Ruiz-Gálvez 1991; Álvarez-Sanchís 1991). Los datos no permiten, en líneas generales, ofrecer una lectura diacrónica de la economía, aunque los cambios que sufrió la sociedad celtibérica a lo largo de casi seis centurias, que culminó con la aparición de los *oppida* a partir del siglo II a.C. y con la conquista de la Celtiberia por Roma (*vid.* capítulo IX), sin duda afectaron a la estructura económica.

Recientemente, Romero y Ruiz Zapatero (1992: 118; *vid.*, asimismo, Blasco 1987: 314) señalaban las carencias más notorias, en lo que a los aspectos económicos se refiere, para el ámbito de la Edad del Hierro del Alto Duero, en general extrapolables al resto del territorio celtibérico. Resulta de especial importancia la práctica inexistencia de análisis paleoambientales, fundamentales para la reconstrucción del paisaje en torno a los asentamientos, y de macrorrestos vegetales, de los que únicamente se han recuperado un número muy reducido. Se hace necesario igualmente contar con más análisis faunísticos, de los que, sin embargo, se han obtenido algunos resultados para esta zona. También el estudio del instrumental agrícola y, en general, del relacionado con las diversas tareas artesanales, contribuye al conocimiento de las actividades económicas practicadas por los Celtíberos. Asimismo, Romero y Ruiz Zapatero

(1992: 118) señalan la necesidad de estudios que aborden desde nuevas perspectivas las producciones artesanas, sobre todo la alfarería y la metalurgia. En este sentido, resultan necesarios los análisis de pastas cerámicas que permiten identificar centros productores y áreas de distribución (*vid. infra*), de los que sólo hay contados ejemplos, generalmente centrados en producciones tardías, incluso de época romana (Barba 1986; Rincón 1986). Por último, cabe referirse a los análisis metalográficos, que permiten conocer la composición y la tecnología desarrollada en la realización de los numerosos y muy diversos objetos metálicos.

1. LAS BASES DE SUBSISTENCIA

Las peculiaridades geográficas de la Celtiberia, con la clara diferenciación a este respecto entre dos territorios —denominados a partir de Schulten (1914) *ulterior* y *citerior* (*vid.* capítulo II,1.1.a)— y sus potenciales recursos subsistenciales, han sido descritas por Taracena (1954: 217 ss.):

«La *ulterior*, Pelendones primero y Arévacos después, es poco más o menos la actual provincia de Soria, compuesta de un tramo Norte de alta serranía infranqueable de cumbres nevadas, que cierra el país en fondo de saco, y en su suelo montuoso y abrupto produce pinos, robles o encinas, y en la zona desnuda de arbolado finos pastos veraniegos capaces de sostener grandes rebaños trashumantes: en la zona central, de serrijones y altozanos, se forman vegas y llanadas de buenas tierras labrantías, y en la meridional, desoladamente uniforme, dominan altos páramos improductivos que con nivel medio de 1.100 metros alcanza la divisoria del Tajo. La pobre economía actual es en general agrícola, ganadera y forestal en ciertas comarcas, pero en el pasado debió predominar la ganadería ya que gran parte de la producción cerealista de hoy se debe a roturaciones modernas. (...) La *Celtiberia citerior* es también en parte parámica, pero menos pobre. La zona occidental ocupada por *Bellos* y *Tittos* es en general llana, desnuda de árboles y surcada por la profunda garganta del Jalón; pero a partir de su unión con el Manubles el valle del río se ensancha transformándose en feracísima vega, más fértil cada vez, apta para todos los cultivos de huerta y rica en cereales. El territorio de los *Lusones*, a excepción de los altos tramos montañosos, es también feraz y propicio a toda suerte de cultivos. Aquí el suelo consiente la misma producción que en la *ulterior*, aumentada en la huerta con otros ricos elementos, como el aceite...».

Las fuentes clásicas coinciden en señalar el carácter áspero del territorio celtibérico. Estrabón (3, 4, 12) se refiere a la Celtiberia como «grande y desigual», siendo «en su mayor parte áspera y bañada por ríos» —o según propone Capalvo (1996: 49 s.) «abrupta y pantanosa»— y la considera «un país pobre» (3, 4, 13) (1). La dureza del clima de la Celtiberia, sus fríos inviernos y sus copiosas nevadas, es mencionada en diversas ocasiones (App., *Iber.* 47 y 78; Plut., *Ser.* 17). Marcial (1, 49, 22), incluso, llega a aconsejar a un amigo huir de la Celtiberia tan pronto como comienza el frío.

Las masas forestales debieron ser abundantes. Como ha señalado Pérez Casas (1988d: 140), la geografía de la Celtiberia ofrecía «bosques de tipo mediterráneo en sus diversas variantes (sabina, quejigo, encina, roble, etc.), así como extensos pinares y selvas ripícolas que permiten el aprovechamiento de la madera, así como el de la flora y la fauna asociadas». Diversos autores se refieren a los bosques de la Celtiberia. Numancia estaba rodeada de densos bosques, que proporcionarían abundante caza y madera (App., *Iber.* 76). Con todo, Apiano (*Iber.* 47) señala la falta de madera para levantar las casas y hacer lumbre a que se enfrentaron las tropas de Nobilior en el invierno del 153 a.C. Valerio Máximo (7, 4, 5) se refiere a los montes que rodeaban *Contrebia* y Marcial (2, 25) habla de un encinar sagrado al Sur del Moncayo, en Beratón. El análisis polínico llevado a cabo en el poblado de Castilmontán (Arlegui 1990a: 54), en el Alto Jalón, refleja una vegetación semejante a la actual del Somontano del Moncayo, con un porcentaje arbóreo que sobrepasa con mucho el 50%, siendo el pino el más representado, al que siguen encinas y sabinas. Algo similar se ha

detectado en Montón de Tierra, en la Sierra de Albarracín, donde al igual que ocurre en la actualidad predomina el pino, que se combina con avellano, nogal y helecho, signo de mayor termicidad y humedad ambiental (Collado *et alii* 1991-92a: 130 ss.; López y López 1991-92).

Aunque los diversos tipos de evidencias manejadas coinciden en mostrar el carácter eminentemente pastoril de la economía celtibérica, también se practicó una agricultura de subsistencia, «que permite la sedentarización de la población y el que sólo algunos de sus miembros se desplacen en ciertos períodos del año con el ganado. Esta práctica no es muy diferente a la que ha pervivido en el Este de la Meseta hasta nuestros días, en la que la población practicaba una economía cerrada, alimentándose de lo que producía la huerta familiar o de la carne del cerdo criado y matado anualmente, mientras que los rebaños de ovejas se criaban por la lana, la leche y sus derivados y para vender la carne fuera de la región» (Ruiz-Gálvez 1991: 75). En parecidos términos se ha expresado recientemente Almagro-Gorbea (1995b: 433) en relación a las serranías de Albarracín y Cuenca, considerando que «en dichas tierras han pervivido formas de vida y estructuras socio-culturales ancestrales por tradición desde fecha inmemorial, en gran medida impuestas por los fuertes condicionamientos del medio físico (Galindo 1954: 132; Calvo 1973) y mantenidas por su perfecta adecuación al medio ambiente y por la falta de alternativas a la citada dependencia del medio físico, así como por su evidente aislamiento cultural, ciertamente acentuado a causa de su alejamiento de las grandes vías de comunicación».

Las evidencias etnológicas permiten plantear un modelo teórico de explotación económica del territorio (Almagro-Gorbea 1995b). A partir del núcleo fijo de población —donde se localizan las viviendas, se almacenaría la cosecha, se guardaría el ganado y se realizarían las diversas actividades de elaboración de alimentos y los trabajos artesanales— se organizaría el resto del espacio económico. Inmediatos al hábitat estarían los huertos, que proporcionarían los alimentos básicos, y las tierras de cultivo, seguramente destinadas a cereales de secano y legumbres. En torno a los campos cultivados se sitúan los prados, que proporcionarían alimento para el ganado durante gran parte del año. El territorio restante, cuya importancia varía obviamente de unas regiones a otras, está constituido por el monte, que proporcionaría madera, frutos silvestres y caza.

Los análisis de los oligoelementos contenidos en los restos humanos hallados en 23 tumbas de la necrópolis de Numancia ha proporcionado una interesante información sobre la dieta alimenticia de los numantinos: rica en componentes vegetales, con un papel destacado de los frutos secos (bellotas), y pobre en proteína animal (Jimeno 1996: 60; Jimeno *et alii* 1996: 41 s., fig. 12).

---

(1)   En este sentido, Estrabón (3, 2, 3) señala: «las regiones con minas se comprende que son ásperas y tristes, y tal es también el país junto a la Carpetania y aún más el que está junto a los Celtíberos».

1.1. *Agricultura*

La importancia de la actividad agrícola debió variar bastante de unas regiones a otras de la Celtiberia, produciéndose una intensificación a partir de la fase más avanzada de la Cultura Celtibérica. El cultivo de cereales jugó un papel determinante, según permiten determinar los diversos tipos de análisis y las noticias dejadas por los escritores grecolatinos. El hallazgo de restos de leguminosas sugiere rotación de cultivos y quizás el cultivo de plantas forrajeras para el ganado (Ruiz-Gálvez 1991: 75). La práctica del regadío es conocida a través de un documento excepcional como es el bronce latino de *Contrebia* (Fatás 1980: 13 y 16 s.; Torrent 1981: 99 s.; Pérez Vilatela 1991-92), fechado en el 87 a.C. En este documento se hace referencia a una canalización artificial de agua a través de un terreno adquirido a otra comunidad, lo que lleva a pensar en la práctica de una agricultura intensiva ya desde inicios del siglo I a.C. (Fatás 1981: 218; Salinas 1986: 107). A este documento hay que añadir las noticias dejadas por Marcial (1, 49, 7; 12, 31) sobre la huerta de *Bilbilis* (*vid. infra*).

Apenas se cuenta con análisis de macrorrestos vegetales en la zona estudiada. En Fuente de la Mota (López 1981: 219 ss.), se hallaron dos variedades de trigo (*Triticum dicoccum* y *Triticum aestivum/compactum*), así como otras tantas de leguminosas, yeros (*Vicia ervilia*) y chícaros (*Lathyrus sativus*); en la casa 1 de Los Castellares de Herrera se halló *Triticum aestivum/durum* (Burillo 1980: 287; Jones 1983); en La Coronilla, se han documentado restos de cebada en el nivel III, de trigo (*Triticum aestivum L.*), cebada (*Hordeum vulgare*) y lo que podría ser un hueso de cereza (*Cornu mas*) en el nivel I, ya de época celtibérico-romana (Cerdeño y García Huerta 1992: 78; López 1992); y en el interior de una vasija hallada en una vivienda de Calatañazor (Taracena 1926a: 21, lám. V,1) se recogieron hasta 9 dm³ de trigo limpio.

A ellos debe añadirse la presencia, en el análisis polínico realizado en el poblado de Castilmontán, de polen de cereal, documentado sólo en una de las muestras, habiendo en todas ellas *Rumex*, hierba que acompaña de forma habitual a estos cultivos (Arlegui 1990a: 54).

Por lo que respecta a las prácticas agrícolas, la Arqueología ofrece una inestimable información a partir de los hallazgos de diversos tipos de útiles agrícolas (rejas de arado, aguijadas o gavilán, hoces, corquetes, azadas, azadillas, podaderas, horcas, etc.), que prueban la realización de distintas labores (fig. 118): preparación, siembra, recolección, acarreo y mantenimiento (Barril 1992: 7 y 13 ss.). Destacan los conjuntos de Langa de Duero (Taracena 1929 y 1932), Calatañazor (Taracena 1926a), Izana (Taracena 1927), parte de los cuales han sido revisados no hace mucho (Barril 1992), Numancia (Manrique

1980) y La Caridad de Caminreal (Vicente *et alii* 1991: 112 y 119), que evidencian el gran desarrollo que esta actividad alcanzó, especialmente en la etapa final de la Cultura Celtibérica, fechada desde finales del siglo III a.C. hasta el cambio de era (*vid.* capítulo VI,5.6).

La molienda del grano está documentada a través de la presencia de molinos, barquiformes en un principio y circulares después, que constituyen un hallazgo habitual de los hábitats de la Edad del Hierro, incluso en núcleos para los que cabe defender una economía preferentemente ganadera, como ocurre con los castros de la serranía soriana (Romero 1991a: 324).

El frecuente hallazgo de silos excavados en el suelo (Burillo 1980: 185 ss. y 287), algunos de los cuales conservan restos de un revestimiento interior de arcilla que serviría de aislante (Cerdeño y García Huerta 1990: 42 ss. y 78), debe relacionarse con el almacenaje de grano. Las características de estas estructuras aparecen por otra parte descritas en la obra de Plinio (18, 306-307).

No son muchas las noticias dejadas por las fuentes literarias sobre las prácticas agrícolas en la Celtiberia (Taracena 1954: 218; Blázquez 1978: 93; Salinas 1986: 105 ss.). En el 143 a.C., Cecilio Metelo sometió a los Arévacos, sorprendiéndolos «entregados a las faenas de la cosecha» (App., *Iber.* 76). En el 134 a.C., Escipión arrasa la campiña de Numancia, devastando después los campos de los Vacceos, «a los que los numantinos compraban sus provisiones» (App., *Iber.* 87). En el 76 a.C., Sertorio envía al cuestor Marco Mario a *Contrebia Leukade* «para reunir provisión de trigo» (Liv., *frag.* 91). En el invierno del 75-74 a.C., las tropas sertorianas al mando del legado Titurio «invadieron los campos de los termestinos, y se aprovisionaron de trigo...» (Sall., *Hist.* 2, 95). Finalmente, Plinio (18, 80) menciona la recolección de dos cosechas de cebada en la Celtiberia.

Según diversos autores, los Celtíberos preparaban cerveza de trigo, la *caelia*. Ante la inminente caída de Numancia el 133 a.C., los sitiados «decidieron precipitarse a la lucha como a una muerte segura, habiéndose primero hartado, como para un sacrificio, de carne semicruda y de *caelia*; así llaman a una bebida indígena hecha de trigo» (Flor., 1, 34, 11). Una descripción más detallada de la misma y de su proceso de fabricación la da Orosio (5, 7). Se trata de un

> «...jugo de trigo artificiosamente elaborado, jugo que llaman *caelia*, porque es necesario calentarlo. Se extrae este jugo por medio del fuego del grano de la espiga humedecida, se deja secar, y, reducida a harina, se mezcla con un jugo suave, con cuyo fermento se le da un sabor áspero y un calor embriagador. Encendidos por esta bebida ingerida después de larga inanición, se lanzaron a la lucha».

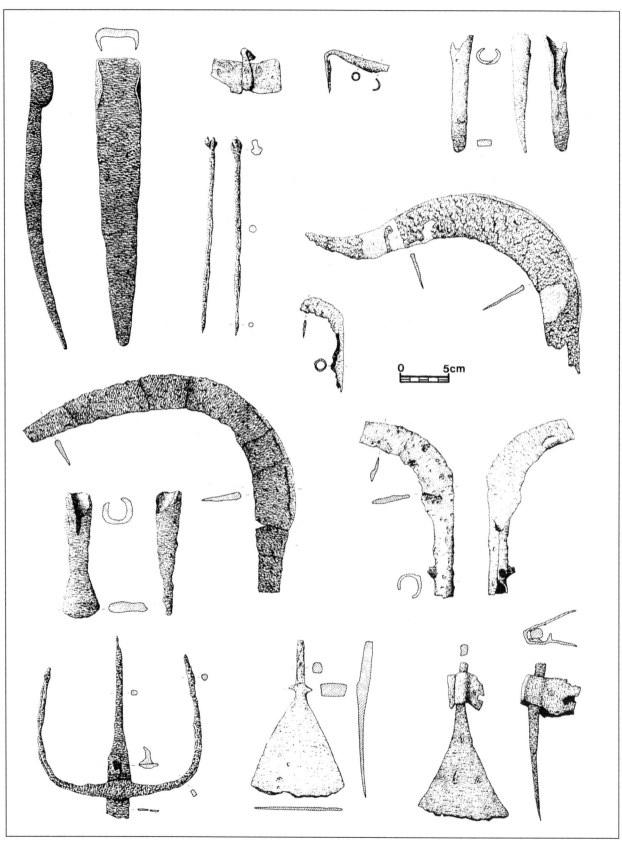

Fig. 118.—*Diversos instrumentos relacionados con las actividades agrícolas procedentes de Izana y Langa de Duero (siglo I a.C). (Según Barril 1992).*

Por otra parte, Plinio (14, 149) se refiere a varias clases de bebidas obtenidas a partir de la maceración de cereales en Hispania y Galia.

El cultivo del olivo debió introducirse en época tardía. La única noticia por parte de las fuentes la da Apiano (*Iber.* 43) al relatar los acontecimientos del año 179 a.C. en la ciudad de *Complega*, de donde salieron 20.000 hombres con ramos de olivo en señal de súplica.

Sobre el cultivo de la vid solamente puede hacerse referencia al hallazgo de una pepita de uva en el Cabezo de la Cruz de La Muela, asentamiento de la Primera Edad del Hierro localizado en el Bajo Huerva (Burillo 1980: 287). En el episodio de *Intercatia* del 151 a.C., las tropas de Lúculo carecían de vino, sal, vinagre y aceite, alimentándose de trigo, cebada y de mucha carne de ciervo y liebre, cocido sin sal, por lo que «padecían disturbios intestinales y muchos morían» (App., *Iber.* 54). Orosio (5, 7, 13), al narrar los acontecimientos previos a la inminente caída de Numancia, señala cómo los numantinos bebieron una gran cantidad «no de vino, que en esta región no abunda», sino de *caelia*. Diodoro (V, 34), a partir de Posidonio, describe cómo los Celtíberos tomaban como bebida vino con miel, vino que compraban a los mercaderes. Ya en época imperial, Marcial (12, 31) nombra el viñedo entre los cultivos de su finca, en la región de *Bilbilis*.

A estos cultivos debe sumarse la existencia de huertas en las cercanías de *Bilbilis*. Marcial (1, 49, 7) menciona el *dulce Boterdi nemus*, que Schulten (1959: 253) sitúa en la campiña de Campiel, al Norte de Calatayud, favorecido por Pomona, por lo que debe haber sido rico en *poma*, esto es, frutos de árboles. Más adelante, describe la finca que le regaló Marcela en esta misma zona, con su bosque, fuentes, viñedo, legumbres, rosas, etc. (Mart. 12, 31). También está documentado el cultivo de árboles frutales, como la pera (*numantina pirus*), en la región de Numancia (Plin. 15, 55), tal vez introducido por los romanos.

La información relativa al sistema de tenencia de la tierra se concentra en el período más avanzado de la Cultura Celtibérica. El bronce latino de *Contrebia* (Fatás 1980) señala la existencia de terrenos de propiedad pública (*ager publicus*) y privada (*ager priuatus*), estos últimos susceptibles de ser vendidos o comprados, incluso, a otras comunidades (Salinas 1990: 434). Asimismo se menciona la realización de amojonamientos mediante estacas de madera (Fatás 1981: 201). Cabe suponer, por las tradiciones locales (Almagro-Gorbea 1995b: 437), la explotación comunal de prados y montes.

Los acontecimientos acaecidos en la ciudad de *Complega* el año 181 a.C. revelan importantes desigualdades en el seno de la sociedad celtibérica, como es el caso de los Lusones allí refugiados, «que no tenían tierras en absoluto y llevaban una vida errante» (App., *Iber.* 42); tras la toma de Complega y su comarca el 179 a.C., Graco «dividió las tierras entre los pobres y los estableció allí» (App., *Iber.* 43). Esta situación sugiere la concentración de las tierras en manos de unos pocos, seguramente la aristocracia urbana (*vid.* capítulo IX,4.3), pudiéndose definir por tanto un sistema de grandes propiedades, lo que justificaría la importante acumulación de útiles agrícolas (veinte hoces, quince azadas, doce horcas, etc.), aparte de otros relacionados con la ganadería y con actividades artesanales de diverso tipo (*vid.* capítulo VI,5.6), en una sola vivienda, la *Casa de Likine* de La Caridad de Caminreal (Vicente *et alii* 1991) (2). Sólo así se explican las noticias de las fuentes literarias relativas a la falta de tierras y a las masas de desheredados que vagaban por la Celtiberia (3).

1.2. *Ganadería*

La ganadería constituyó la actividad económica fundamental de los Celtíberos, como ya lo fuera de la cultura característica de buena parte de la Edad del Bronce meseteña: Cogotas I. Los diversos análisis paleontológicos que existen para el territorio celtibérico atestiguan la existencia de una cabaña variada, en la que destacan los ovicápridos, estando también representados, en proporciones inferiores, los bóvidos, los suidos y los équidos (fig. 119). Los elementos esenciales de esta cabaña aparecen ya definidos desde los estadios iniciales de la Cultura Celtibérica, como se advierte en los niveles inferiores de los poblados de El Castillejo de Fuensaúco (Bellver 1992), y La Coronilla (Cerdeño y García Huerta 1992: 97; Molero 1992; Molero *et alii* 1992: 124; Sánchez y Cerdeño 1992). A ellos hay que añadir los resultados aportados por Montón de Tierra, en Griegos (Collado *et alii* 1991-92a: 128 ss.; Hernández y de Miguel 1991-92).

En Fuensaúco I (Bellver 1992), el 68,2% de los restos identificados corresponden a ovicápridos (*Ovis/Capra*), el 12,9% a vaca (*Bos taurus*), el 9,4% a cerdo (*Sus scrofa domesticus* y *Sus scrofa sp.*) y el 7% a caballo (*Equus caballus*).

---

(2) Un carácter más modesto, sin duda, presentan los departamentos de Langa de Duero donde apareció una importante concentración de herramientas —«dos hoces, cinco hachas, dos hachas-martillos, un hacha-pico, una azada, una picadera, un cencerro y restos de herrajes y ensambladuras»— que Taracena (1929: 35 s., fig. 23) consideró de finalidad comunal.

(3) Por su parte, entre los Vacceos el suelo sería de propiedad colectiva (Diod., 5, 34, 3): «Cada año se reparten los campos para cultivarlos y dan a cada uno una parte de los frutos obtenidos en común. A los labradores que contravienen la regla se les aplica la pena de muerte». Sobre el «colectivismo agrario» de los Vacceos, *vid.*, entre otros, Costa (1893: 311 s.), Vigil (1973: 258 s.) y Salinas (1989b y 1990).

El nivel III de La Coronilla ha proporcionado información relativa a la fase inicial de la Cultura Celtibérica, si bien los restos son mucho menos abundantes en este nivel que en los correspondientes a la ocupación más avanzada del poblado, fechada en el siglo I a.C. (Cerdeño y García Huerta 1992: 97). Predomina el ganado ovicaprino (54,5%) y vacuno (22,3%), mientras que el equino se documenta en un número muy inferior (8,9%) y del porcino sólo hay un único resto (0,9%) (Molero 1992; Molero *et alii* 1992: 124; Sánchez y Cerdeño 1992) (4).

Los análisis realizados en Montón de Tierra (Collado *et alii* 1991-92a: 128 ss.; Hernández y de Miguel 1991-92) muestran el predominio de los ovicápridos (76,6%), a los que siguen *Sus domesticus* (13%) y *Bos taurus* (2,6%), habiéndose recuperado un único resto de cérvido (1,3%) y otro de perro (1,3%).

A estas evidencias cabe añadir las referencias antiguas de Taracena (1929: 11) sobre el hallazgo de «abundantes huesos de oveja y ganado vacuno» en el castro de Valdeavellano y «abundantes huesos de ciervo y ganado lanar y vacuno» en el de Castilfrío (Taracena 1929: 17).

Unos datos parecidos ofrece Fuente de la Mota (Morales 1981), en las tierras más meridionales de la Celtiberia, para la que se ha apuntado una cronología del siglo IV a.C. (Sierra 1981: 290). Los ovicápridos suponen el 54,6% de las especies identificadas, mientras que suidos (10,7%), équidos (9,1%), y bóvidos (8,3%) ofrecen unos porcentajes muy inferiores; también están presentes el perro (1,1%) y la gallina (1,1%), con un único resto en cada caso. En Los Castellares de Herrera de los Navarros, poblado fechado en la transición entre los siglos III-II a.C., la mayoría de los restos identificados en la casa 1 corresponden a *Ovis aries/Capra hircus*, con predominio de individuos jóvenes, habiéndose identificado los restos de un cerdo muy joven (Castaños 1983) (5). A estos análisis cabe añadir el realizado en el poblado de Castilmontán, cuyo momento final se ha situado a inicios del siglo I a.C., del que se ha publicado un avance de los resultados (Arlegui 1990a: 54 s.): destacan los ovicápridos por el número de restos identificados y el número mínimo de individuos, aunque el ganado vacuno domine en lo que se refiere al aporte relativo de carne; el ganado porcino está poco representado, y se han recuperado los restos de al menos un caballo, perteneciente a una especie de corta alzada, por lo menos dos asnos adultos y un perro de gran tamaño.

Mayor información se posee de la fase más avanzada del poblado de La Coronilla (niveles I y II), fechada en el siglo I a.C. (Cerdeño y García Huerta 1992: 78 s.), que confirma la preponderancia de los ovicápridos, entre los que predominan los ejemplares adultos, a los que siguen en importancia los bóvidos, así como los suidos y équidos (caballos y asnos), con una proporción importante de gallo, estando también presentes, en lo que a las especies domésticas se refiere, el gato y el perro.

Los análisis llevados a cabo en La Coronilla (Brea *et alii* 1982; Molero 1992; Molero *et alii* 1992; Sánchez y Cerdeño 1992), en su mayoría correspondientes a la fase más avanzada del poblado, han ofrecido algunos datos de interés. Los de las primeras campañas permiten observar un equilibrio entre oveja y cabra, con ligero predominio de la primera (Molero *et alii* 1992: 126). No obstante, los resultados de la última campaña (Sánchez y Cerdeño 1992: 133) muestran una clara preponderancia de la oveja (80%), lo que está más en consonancia con los datos procedentes de Castilmontán (Arlegui 1990: 55), donde se documenta una proporción de tres ovejas por una cabra. Predominan entre los ovicápridos los animales adultos, lo que implica su utilización para la obtención de lana y leche (Molero *et alii* 1992: 126; Sánchez y Cerdeño 1992: 135). Las ovejas tienen pequeña alzada, con una altura en la cruz que oscila entre 51,3 y 54 cm., mientras las cabras alcanzan entre 61,2 y 66,7 cm. (Molero *et alii* 1992: 126). En cuanto a los bóvidos, aunque no se haya podido calcular la altura en la cruz de ningún individuo, la mayor parte de los ejemplares serían de una talla pequeña a mediana (Molero *et alii* 1992: 126). Constituyen la especie de mayor aporte cárnico, muy por encima de los ovicápridos, los équidos y los suidos (Sánchez y Cerdeño 1992: 135 s.).

La ciudad de San Esteban del Poyo del Cid, ya de época romana, ha proporcionado restos de *Ovis aries/Capra hircus*, *Bos taurus*, *Sus scofra domesticus*, *Gallus domesticus* y gato (Burillo 1980: 159 y 289 ss.).

Los datos proporcionados por el registro funerario son, en general, coincidentes con los aportados por los lugares de habitación, siendo los animales más representados los bóvidos, los ovicápridos y los équidos, faltando en cambio los suidos, bien documentados, no obstante, en otros cementerios prerromanos (*vid.* capítulos IV, 5 y X, 3.2).

Con relación a la dieta, se sabe por Posidonio (en Diod. 5, 34) que los Celtíberos se alimentaban, principalmente, de carnes variadas y abundantes. En este sentido, Floro (1, 34, 11) al relatar la caída de Numancia describe cómo los numantinos comían carne semicruda.

La riqueza ganadera de los Celtíberos es señalada por diversos autores (*vid.* Salinas 1986: 102). En el 140-139 a.C., las ciudades de Numancia y *Termes* debían entregar

---

(4)   Como intrusivo ha sido considerado el único resto de gallo documentado en este nivel (Molero 1992: 127), cuya introducción en la región parece corresponder a un momento posterior (Cerdeño y García Huerta 1992: 97).

(5)   La muestra obtenida en la casa 1 se reduce a 84 restos de los que tan sólo se han identificado 27 (32%), de los que 21 corresponden a ovicápridos, 4 a un cerdo joven y 2 a un ciervo adulto (Castaños 1983).

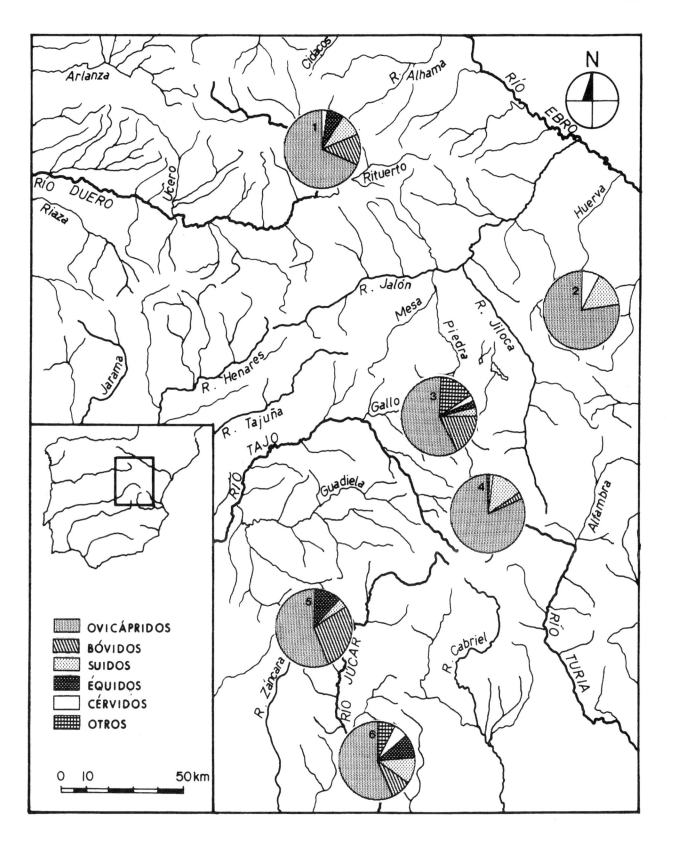

Fig. 119.—*Distribución porcentual de restos faunísticos en algunos asentamientos celtibéricos: 1, Fuensaúco I; 2, Herrera de los Navarros (casa 2); 3, La Coronilla, fase II (campaña de 1986); 4, Montón de Tierra; 5, Villar del Horno; 6, Barchín del Hoyo. (Según diversos autores).*

a los romanos para obtener la paz, además de 300 rehenes y todas las armas, 9.000 sagos, hechos de lana de oveja, 3.000 pieles de buey y 800 caballos (Diod. 33, 16), lo que viene a probar la gran riqueza de estas poblaciones en ovejas, bueyes y caballos. Con frecuencia se exigía a los Celtíberos el pago de tributos mediante la entrega de sagos (*vid. infra*) y de caballos, como en el 140-139 a.C., o de jinetes. Los ejemplos son numerosos. Ya en el 209 a.C., Alucio se presentó agradecido ante Escipión con 1.400 jinetes seleccionados entre sus clientes (Liv. 26, 50). En el 179 a.C., T. Sempronio Graco impone a la ciudad de *Certima* un tributo de 40 jinetes nobles, que fueron incorporados al ejército (Liv. 40, 17) (6). En el 153 a.C. Nobilior, tras el fallido ataque a *Uxama*, envió al prefecto Blesio «a una tribu vecina para pedir refuerzos de caballería» (App. *Iber.* 47). En el 152 a.C., los nertobrigenses entregaron a M. Claudio Marcelo 100 jinetes (App. *Iber.* 49). Al año siguiente, Lúculo impone a los caucenses que su caballería se uniera a los romanos (App. *Iber.* 50-52). Livio (40, 33; 40, 11) cita caballos entre el botín de los romanos tomado a los Celtíberos en los acontecimientos del 181-180 a.C., etcétera.

La caballería celtibérica era muy valorada por los romanos. Ya en el 217 a.C., Livio (21, 7, 5) considera a la caballería lusitana y celtibérica superior a la númida. Polibio (Suidas, fr. 95) alaba la docilidad de los caballos de los Celtíberos:

«Cuando ven a su infantería apretada por el enemigo se apean y dejan los caballos puestos en fila; tiene suspendidas unas clavijas de los extremos de las bridas e hincándolas con cuidado les enseñan a obedecer en fila hasta que regresando aflojan las clavijas» (7).

En términos semejantes, y recogiendo noticias de Posidonio, se expresa Diodoro (5, 33, 5), para quien los Celtíberos son hábiles guerreros tanto a pie como a caballo, «cuando sacan ventaja al enemigo en la lucha a caballo, echan pie a tierra» continuando así el combate (8). Por su parte, Estrabón (3, 4, 15) (9), igualmente a partir de Posidonio, señala:

«Con los infantes está mezclada también la caballería, siendo los caballos adiestrados en subir

sierras y en arrodillarse con facilidad, cuando esto hace falta y se les manda. Produce la Iberia muchos corzos y caballos salvajes (...). Propio de Iberia según Posidonio es también (...) que los caballos de Celtiberia siendo grises cambian tal color si se les lleva a la Hispania exterior. Dice que son parecidos a los de Parthia, siendo más veloces y de mejor carrera que los demás» (10).

Se sabe (Sil. Ital. 3, 384-387) que los caballos de *Uxama* eran más pesados que los lusitanos, de vida más larga, salvajes, así como «duros al freno y nada dóciles a las órdenes del jinete» (11). Apiano (*Iber.* 62) señala que los caballos romanos eran inferiores a los celtibéricos. Según Marcial (1, 49, 4), *Bilbilis* era famosa por sus caballos y sus armas.

En la época de Plinio (7, 170), las burras celtibéricas eran tenidas en alta estima, pues «es cosa bien sabida que en Celtiberia cada burra ha producido 400.000 sestercios principalmente por la parición de mulas».

La importancia de la ganadería en la Celtiberia (Blázquez 1978: 90 ss.) es confirmada por las abundantes representaciones iconográficas realizadas sobre diversos tipos de soportes. Sorprende la práctica ausencia de figuraciones de ovicápridos, tan sólo documentados en un morillo y una tapadera cerámica de Reillo (fig. 104,1 y 4) (*vid.* capítulo VI,7.2), lo que contrasta con su preponderancia en la cabaña celtibérica. Los animales más reproducidos son los caballos y los bóvidos, que aparecen figurados en fíbulas (figs. 81,3-5 y 84), téseras de hospitalidad (fig. 137,1-4 y lám. VII,2), representaciones cerámicas de diverso tipo —figuras exentas (figs. 102,A,2 y 5, y 103,12-13), apliques o remates (fig. 103,1 ss.), vasos plásticos y pintura numantina (figs. 81,6 y 108 y lám. V,3), donde se incluye una escena de doma (fig. 109,4 y lám. V,2)—, en una pieza de carro rematada con un doble prótomo de caballo y toro (fig. 81,7), así como en las estelas funerarias de la zona cluniense (fig. 81,1-2). A estos ejemplos hay que añadir las representaciones del caballo en las monedas (fig. 139,B y lám. VIII). Un gallo parece rematar el casco de uno de los personajes reproducidos en el «vaso de los guerreros» (fig. 79,10), estando también reproducidos en los anversos de las unidades de la ceca celtibérica de *aŕekoŕatas* (Villaronga 1994: 271 y 274, nº 2, 7 y 31), en lo que es influencia del área catalana (cecas de *untikesken* y *kese*).

---

(6)   Sobre la localización de esta ciudad, *vid.* capítulo II,1.b.

(7)   Se han interpretado como tales piezas ciertos objetos recuperados en los campamentos numantinos (Schulten 1927: 254), también documentados en la propia ciudad (Manrique 1980: 170, figs. 7-8), pudiendo tratarse en algunos casos de estacas para la sujeción de las tiendas (Feugère 1993: 232).

(8)   En *De bello Hispaniensi* (cap. 15) se describe un combate entre la caballería de César y tropas ligeras de Cn. Pompeyo en el que algunos de los jinetes bajan del caballo y luchan a pie, según la costumbre ibérica.

(9)   Lucilio (v. 509), que combatió en Numancia junto a Escipión, señala cómo los caballos se arrodillaban para que subiesen los jinetes.

(10)   Según el *Corpus Hippiatricorum Graecorum* los caballos ibéricos eran pequeños y apropiados para la caza y se cree que proceden de caballos salvajes. Eran aptos para la carrera, pero no así para el paso. Por su parte, la existencia de caballos salvajes en algunas regiones de la Citerior es mencionado por Varrón (*De Re. Rust.* II, 1, 5).

(11)   Esto mismo es señalado también por Grattio (*Cyn.* 516) en relación a los caballos galaicos, y por Nemesiano (*Cyn.* 257), respecto a los caballos hispanos.

A estas evidencias hay que añadir el hallazgo de esquilas o cencerros de ganado (*vid.* capítulo VI,5.6), de forma cónica o troncopiramidal, por lo común en contextos domésticos (Taracena 1927: 17; *Idem* 1929: 37; Vicente *et alii* 1991: 112; etc.), de tijeras, semejantes a las utilizadas tradicionalmente para esquilar ovejas, documentadas tanto en necrópolis como en poblados (*vid.* capítulo VI,5.2), así como de herraduras (*vid.* capítulo VI,5.7), hasta ahora mayoritariamente en contextos funerarios. La importancia del caballo queda confirmada por la frecuente aparición de arreos en las necrópolis, por lo general en las sepulturas de mayor riqueza (*vid.* capítulos V y VI,5.7; tablas 1 y 2).

1.3. *Caza y pesca*

Los restos de animales salvajes atestiguan la práctica de la caza, en general complementaria de la ganadería, aunque siempre se hallen en proporciones muy inferiores a los de las especies domésticas, a pesar de que en Fuente de la Mota las especies silvestres alcancen el 15% de la fauna analizada. A la aportación de los animales salvajes a la dieta debe sumarse la obtención de pieles y el aprovechamiento de astas de ciervo para la elaboración de mangos. El ciervo (*Cervus elaphus*) aparece representado en pequeñas cantidades en Fuensaúco, Fuente de la Mota, Herrera de los Navarros, Castilmontán y La Coronilla I-II (fig. 119), habiéndose documentado asimismo en Castilfrío de la Sierra (Taracena 1929: 17). Empuñaduras de asta de venado se han encontrado en Izana (Taracena 1927: 19). El corzo (*Capreolus capreolus*) está presente en un silo de La Coronilla y en El Poyo del Cid. La liebre, en Fuente de la Mota, Castilmontán, La Coronilla y El Poyo del Cid. El conejo, en Castilmontán, La Coronilla y El Poyo del Cid. Restos de aves de diverso tipo, como paloma torcaz (*Columba livia*), perdiz (*Alectoris rufa*), una anátida indeterminada y, además paseriformes o córvidos, se han hallado en Fuente de la Mota, Castilmontán, La Coronilla y El Poyo del Cid.

A la información suministrada por los hábitats cabe añadir los datos procedentes de las necrópolis, donde se han documentado restos de animales salvajes, sobre todo ciervo y conejo (fig. 126,2) (*vid.* capítulo X,3.2).

Muy pocas referencias han proporcionado las fuentes literarias en relación con la práctica de la caza (Blázquez 1978: 95; Salinas 1986: 109 s.). En el cerco de *Intercatia* los romanos se vieron obligados a comer carne de ciervo y liebre (App., *Iber.* 43). Los conejos eran muy numerosos en la Celtiberia según Cátulo (37, 18). Marcial (1, 49, 14) menciona las fieras, quizás ciervos y jabalíes, de Voberca, que cabe identificar con Bubierca (Schulten 1959: 253), 20 km. al Oeste de Calatayud, para más adelante (1, 49, 23-30) referirse a ciertas especies de

interés cinegético como corzos, jabalíes y liebres. Silio Itálico (3, 389-390) considera a los uxamenses amigos de la caza y del robo.

Independientemente del papel de la caza como complemento de la dieta, no hay que olvidar el gusto de la aristocracia celtibérica por tal práctica y el sentido ritual de la misma. Escenas de cacerías de corzos y jabalíes, con cazadores a caballo o a pie, ayudados por perros o por hombres, aparecen representadas en las estelas de Lara de los Infantes (García y Bellido 1949, figs. 354, 357, 364 s. y 374; Blázquez 1978: 95; Marco 1978: 34 ss.). Escenas venatorias, en las que el cazador a caballo se ayuda de un perro, aparecen reproducidas asimismo en un conjunto de fíbulas argénteas de la Celtiberia meridional y el Sureste (*vid.* capítulo VI,1). En la cerámica de tipo *Clunia* figuran conejos (Abascal 1986: 76). Los jabalíes están representados en ciertos modelos de fíbulas, téseras de hospitalidad, vasos plásticos y figuras exentas (*vid.* capítulos VI,7.2 y X,3.2).

Debe hacerse mención de otros animales, como el zorro, cuya presencia está documentada en Fuente de la Mota, o el lobo, al que menciona Apiano (*Iber.* 48) al describir al heraldo que enviaron los nertobrigenses a Marcelo el 152 a.C., que iba vestido con una piel de este animal en señal de paz, y del que se tienen representaciones, con las fauces abiertas, rematando trompas de guerra (fig. 78,C,16). También aparecen representados buitres sobre la cerámica numantina (fig. 79,1-2 y 129,1 y lám. VI,3), refiriéndose a ellos autores como Silio Itálico (3, 340-343) y Eliano (10, 22) (*vid.* capítulo X,6).

Por último, no hay mucho que decir sobre la pesca, pues apenas se ha recuperado algún resto en La Coronilla, donde también se han localizado restos de conchas de gasterópodo, principalmente de caracol (Molero *et alii* 1992: 127). Representaciones de peces se hallan recogidas en las cerámicas numantinas y clunienses (Wattenberg 1963: láms. XII,1-60 y 2-61, XIII, XVII,1-1297; Abascal 1986: 76), así como en un ejemplar de El Poyo del Cid (Burillo 1980: fig. 51,5), estando atestiguada la presencia de anzuelos en la ciudad de Numancia (Schulten 1931: lám. 55,A). La recolección de almeja de río está documentada en Los Castillejos de Cubo de la Solana (Bachiller 1992: 16).

1.4. *Otras actividades*

Como complemento de la agricultura cabe considerar las labores de recolección, sobre las que apenas han quedado evidencias. El consumo de bellotas, referido a los serranos, es mencionado por Estrabón (3, 3, 7):

> «…viven durante dos tercios del año de bellotas, que secan y machacan y después muelen para hacer pan de ellas y conservarlo largo tiempo».

Los frecuentes molinos de piedra documentados en los poblados celtibéricos, utilizados para moler el grano, bien pudieron haber sido utilizados igualmente para las bellotas (Jimeno 1996: 60; Jimeno *et alii* 1996: 41).

Un papel de vital importancia debió de jugar la sal, a pesar de que no hayan quedado evidencias de su producción en la Celtiberia. La sal es necesaria para la nutrición humana y animal, lo que resulta de especial trascendencia para una economía fundamentalmente pastoril como fue la celtibérica. Además de condimento, su papel principal ha sido el de conservar los alimentos, siendo utilizada también para la preservación y curtido de pieles (*vid*. Ruiz-Gálvez 1985-86: 77; Mangas y Hernando 1990-91), así como en el proceso de cementación y templado del hierro, proporcionando una mayor dureza al objeto (Schulten 1963: 333; Mohen 1992: 174). Sus virtudes medicinales, tanto para animales como para hombres, fueron señaladas por diversos autores (Plin., 31, 80; 31, 86; Colum., 6, 12, 1; 6, 13, 1; 6, 32 y 33; 7, 5-10; 7, 10, 3), siendo utilizada también en tareas como el esquileo (Colum., 7, 4-8) o la doma (Colum., 7, 2) (*vid*., al respecto, Mangas y Hernando 1990-91: 222).

Las abundantes salinas localizadas en la Meseta Oriental (fig. 12) sin duda debieron cubrir las necesidades de autoconsumo de la población, sin que pueda valorarse en el estado actual de la investigación cuál fue el papel jugado por la sal en la economía celtibérica, no habiendo quedado ni siquiera constancia sobre si la explotación de las salinas llegó a producir sal en cantidades suficientes para ser objeto de intercambio (*vid*. Morère 1991: 231 s.). A pesar de estas limitaciones, puede sospecharse que el control de la producción de las salinas pudo incidir en el proceso de jerarquización de la sociedad celtibérica (*vid*. capítulos VII,3.1.1. y IX,1), convirtiéndose en un preciado objeto de intercambio, tal como ocurrió en el conocido caso de Hallstatt (Wells 1988: 88), permitiendo la adquisición de mercancías de prestigio, de las que constituyen un magnífico ejemplo las armas broncíneas de parada presentes en algunas de las sepulturas celtibéricas de mayor riqueza (Cerdeño y Pérez de Ynestrosa 1992: 173 s.).

Por las fuentes literarias se conoce la utilización de la miel por parte de los Celtíberos para preparar una bebida alcohólica a base de vino, «pues la tierra da miel suficiente» (Diod., V, 34) (12). Es posible, asimismo, que la cera de abeja fuera usada en la realización de los modelos utilizados en la técnica de la cera perdida para la fabricación de ciertos objetos de adorno hechos a molde (*vid*. Raftery 1994: 126 y 152).

---

(12)   Sobre la miel hispana, *vid*. Plinio, 11, 18.

2. LAS ACTIVIDADES ARTESANALES

Entre las actividades de carácter artesanal, cabe destacar la metalurgia, la producción cerámica, la actividad textil y las relacionadas con el trabajo de la piel y la madera.

2.1. *Minería y metalurgia*

Coinciden las fuentes literarias en señalar la riqueza en metales preciosos que los romanos obtuvieron de los Celtíberos en concepto del pago de tributos. No existe, sin embargo, una correlación con el hallazgo en la Celtiberia de joyas en abundancia, a diferencia de lo que ocurre en otras regiones vecinas (*vid*. capítulo VI,1). Las noticias al respecto son elocuentes (Fatás 1973; Salinas 1986: 132 s.):

En el año 195 a.C., M. Porcio Catón obtuvo de su triunfo en Hispania 25.000 libras de plata en bruto, 123.000 *bigati*, 540 libras de *argentum oscense* y 1.400 de oro (Liv., 34, 46, 2). En el 191 a.C., M. Fulvio Nobilior, que había luchado contra los Celtíberos, consiguió un botín de 12.000 libras de plata, 130 libras de *bigati* y 127 libras de oro (Liv., 36, 39). En el 188 a.C., L. Manlio aportó 52 coronas de oro, más de 133 libras de oro, 16.300 de plata «y anunció al Senado que el cuestor Fabio traía 10.000 libras de plata y 80 de oro» (Liv., 39, 29, 4). En el 179 a.C., Q. Fulvio Flaco, pretor de la Citerior durante el período 182-180 a.C., llevó de botín a Roma 124 coronas y 31 libras de oro, así como 173.200 de *argentum oscense*. En el mismo año, T. Sempronio Graco impuso a *Certima*, ciudad que había solicitado auxilio a los Celtíberos, un tributo de 2.400.000 sestercios (Liv., 40, 47). En el 178 a.C., «tuvieron lugar dos triunfos seguidos de Hispania. Fue el primero el de Sempronio Graco sobre los Celtíberos y sus aliados, el día siguiente el de L. Postumio sobre los Lusitanos y otros de la misma región de Hispania. 40.000 libras de plata transportó T. Graco, 20.000 Albino» (Liv., 41, 7). En el 175 a.C., Apio Claudio celebró su triunfo sobre los Celtíberos, ingresando al erario «10.000 libras de plata y 5.000 de oro» (Liv., 41, 28).

En el 152 a.C., Marcelo impone a *Ocilis* un tributo de 30 talentos de plata (App., *Iber*. 48-49). Estrabón (3, 4, 13) ofrece información sobre la cuantía del tributo exigido por Marcelo a los Celtíberos en la paz conseguida ese mismo año: «Dice Posidonio que Marco Marcelo había logrado un tributo de 600 talentos, por lo que resulta que los Celtíberos eran numerosos y tenían bastante dinero a pesar de que habitaban un país pobre». En el 151 a.C., Lúculo impuso a los habitantes de *Cauca* un tributo de 100 talentos de plata (App., *Iber*. 52) y cuando pidió oro y plata a los habitantes de *Intercatia*, «no pudo conseguirlo; pues ni los tienen ni son estimados en esta región de los Celtíberos» (App., *Iber.* 54). En el 140-139 Pompeyo pidió a los numantinos «30 talentos de plata, de los cuales los numantinos le pagaron una parte, y Pompeyo esperó por el resto» (App., *Iber.* 79).

Los continuos tributos y botines obtenidos por los romanos durante el siglo II a.C. debieron ir esquilmando las reservas de metales preciosos de los Celtíberos (Fatás 1973; Salinas 1986: 132 ss.). La toma de Numancia no proporcionó botín alguno (Flor. 1, 34, 11) y, en este sentido, Orosio (5, 7) señala cómo «no se encontró ni oro ni plata que se salvase del fuego». Plinio (33, 44) recuerda cómo Escipión recompensó a sus soldados con tan sólo siete denarios para cada uno. La práctica ausencia de joyas en el territorio estricto de la Celtiberia se ha relacionado con este proceso (Delibes *et alii* 1993: 458 s.), si bien, con posterioridad a las Guerras Celtibéricas, los atesoramientos, en su mayoría de época sertoriana, son una muestra de la disponibilidad de plata acuñada en estos territorios (*vid.* capítulo VI,1). A este respecto, cabe recordar cómo Marcial, ya en época imperial, celebra la riqueza aurífera de *Bilbilis* (12, 18, 9) y de los ríos *Salo* (10, 20, 1) y *Tagus* (1, 49, 15; 5, 19; 6, 86, 5; 7, 88, 7; 8, 78, 6; 10, 16, 6; 10, 96, 3; 12, 3, 3) (13).

La orfebrería celtibérica incluye joyas diversas y vasos realizados mayoritariamente en plata (*vid.* capítulo VI,1), metal que también fue utilizado para la decoración damasquinada de armas y broches de cinturón. Desde el siglo II a.C., la plata sería utilizada en cantidades cada vez más importantes para la acuñación de moneda.

Los testimonios literarios destacan el desarrollo alcanzado por los Celtíberos en la metalurgia del hierro, plenamente constatado por la Arqueología a partir principalmente de los abundantes hallazgos de armas, en su mayoría procedentes de necrópolis (*vid.* capítulo V) y sin duda potenciado por la abundancia de mineral de hierro en el territorio celtibérico (fig. 12). Los Celtíberos alcanzaron una técnica muy depurada en la forja del hierro, destacando algunas noticias sobre la forma en que se fabricaban sus armas, especialmente las espadas. Tan sólo se cuenta en la actualidad con algunos análisis metalográficos publicados para el territorio celtibérico (Madroñero 1981; *Idem* 1984; Martín *et alii* 1991-92), aplicados a diferentes tipos de objetos (armas, herramientas, clavos, etc.), haciéndose necesario el incremento de tales investigaciones que permitirán ahondar en los conocimientos de los herreros celtibéricos y las técnicas de fabricación por ellos desarrolladas (*vid.*, sobre la técnica de fabricación de algunas espadas celtibéricas del modelo de antenas, García Lledó 1986-87).

_____
(13)   Sobre el oro del Tajo, *vid.* Catull., 29, 19.

Según Polibio (Suidas, fr. 96), la eficacia de las espadas celtibéricas llevó incluso a su adopción por los romanos a partir de la Segunda Guerra Púnica (*vid.* capítulo V,3.1.). Entre estas noticias destacan las proporcionadas por Filón (fr. 46), Polibio (Suidas, fr. 96), Posidonio (en Diod., 5, 33) y Plinio (34, 144):

«Porque se ve la preparación de las mencionadas láminas de metal en las llamadas espadas celtas e hispanas. Cuando quieren probar si son buenas, cogen con la mano derecha la empuñadura y con la izquierda la punta de la espada y, colocándola transversalmente encima de la cabeza, tiran de ambos extremos hasta que los hacen tocar con los hombros, y después sueltan levantando rápidamente ambas manos. Una vez soltada la espada se endereza de nuevo y así vuelve a recobrar su primitiva forma sin que tenga ninguna clase de torcedura. Y permanecen rectas aunque se haga esta operación multitud de veces. Y se preguntó cuál fue la causa de que estas espadas conserven tanta flexibilidad, y los que lo investigaron, encontraron primero el hierro extraordinariamente puro, trabajado después al fuego de manera que no tenga ninguna paja ni ningún otro defecto, ni quede el hierro ni excesivamente duro ni demasiado blando, sino un término medio. Después de esto lo golpean repetidamente en frío, porque de esta manera le dan flexibilidad. Y no lo forjan con grandes martillos ni con golpes violentos, porque los golpes violentos y dados oblicuamente tuercen y endurecen demasiado las espadas en todo su grueso, de tal manera que, si se intentase torcer las espadas así forjadas, o no cederían en absoluto, o se romperían violentamente por lo compacto de todo el espacio endurecido por los golpes. Según dicen, la acción del fuego ablanda el hierro y el cobre, disminuyendo el espesor de las partículas, en tanto que el enfriamiento y el martilleo los endurecen. Porque una y otra son causas de hacerse compactos los cuerpos, la reunión de unas partículas con otras y la supresión del espacio vacío entre las mismas. Golpeábamos pues las láminas en frío por ambas caras, y se endurecían así una y otra superficie, en tanto que la parte media quedaba blanda por no haber llegado a ella los golpes, que en el sentido de la profundidad eran ligeros. Y como quedaban compuestas de tres cuerpos, dos duros, y uno en medio, más blando, por esta razón su flexibilidad era tal como arriba se ha indicado» (Filón, frag. 46).

«Los Celtíberos difieren mucho de los otros en la preparación de las espadas. Tiene una punta eficaz y doble filo cortante. Por lo cual los romanos, abandonando las espadas de sus padres desde las guerras de Aníbal cambiaron sus espadas por las de los Iberos. Y también adoptaron la fabricación pero la bondad del hierro y el esmero de los demás detalles apenas han podido imitarlo» (Suidas, fr. 96).

«Tienen un modo singular de preparar las armas que utilizan para su defensa. Entierran láminas de hierro y las dejan hasta que, con el tiempo la parte débil del hierro consumida por la herrumbre se separa de la parte más dura; de ésta hacen espadas excelentes y los demás objetos concernientes a la guerra. Las armas así fabricadas cortan todo lo que se les opone: ni escudo, ni casco, ni hueso, resisten a su golpe por la extraordinaria dureza del hierro» (Diod., 5, 33).

«La mayor diferencia, empero, en la calidad del hierro se debe al agua en que se le sumerge enseguida cuando está incandescente: el agua, en unas partes más conveniente que en otras, ha dado renombre por la calidad del hierro a algunos lugares, como *Bilbilis* y *Turiaso* en Hispania y Como en Italia, aun cuando en estos sitios no haya minas de hierro» (Plin., 34, 144).

A estas noticias deben añadirse las proporcionadas por Marcial (1, 49, 12; 14, 35) sobre las aguas frías del Jalón, utilizadas para templar el hierro (14). Por su parte, Plutarco (*De garr.* 17) recuerda la destreza de los Celtíberos en el trabajo del hierro (15).

Aunque no existen datos sobre el particular, hay que pensar que una parte importante de las armas y los útiles de hierro recuperados en poblados y necrópolis —y esto es extensible también a adornos y joyas— fueron fabricados en talleres locales, lamentablemente desconocidos en gran medida, a pesar del frecuente hallazgo de escorias en los poblados celtibéricos (Burillo 1980: 82, fig. 102; Martín 1983). Cabe mencionar las abundantes escorias de fundición de hierro asociadas al horno y los moldes para fundir bronces del castro de El Royo (Eiroa 1981: 181, 185 y 193; Romero 1991a: 323); los restos de fundición y al menos un horno de La Oruña (Hernández Vera y Murillo 1986: 460) (16); las estructuras «que pudieran pertenecer a instalaciones de fundición» y abundantes escorias localizadas en dos asentamientos de la serranía de Rodanas (Pérez Casas 1988d: 143); las escorias, halla-

das en buen número, y fragmentos de posibles crisoles en los Villares de Tartanedo, cercano a las minas de cobre y hierro de Pardos, que señalan «la existencia de poblados dedicados a actividades relacionadas con la minería y los procesos de transformación del metal» (Arenas 1993: 290); el hallazgo de carbón y algo de metal en la cueva, comunicada con otra, de una vivienda celtibérica localizada en la manzana V de Numancia, lo que se ha interpretado como una fragua (Jimeno *et alii* 1990: 28); etcétera.

Como evidencia de esta actividad deben mencionarse ciertos útiles de hierro procedentes de hábitats (fig. 120,A), como dos grandes tenazas de fragua, una con los garfios machihembrados, procedentes de Ventosa (Taracena 1926a: lám. IV), un martillo y un pico martillo de Langa de Duero (Barril 1992: 11 y 20), dos martillos, unas tenazas y un yunque de Numancia (Manrique 1980: 140 s., 156, 163, figs. 27,10.696-7; 32,7551) o un conjunto formado por tenazas, martillos, mallos y yunque aparecido en la *Casa de Likine*, en La Caridad de Caminreal (Vicente *et alii* 1991: 112 y 119).

Las referencias literarias son parcas al respecto y sólo se cuenta con el testimonio de Livio (frag. 91) referido al 77 a.C.: tras la toma de *Contrebia*, Sertorio, establecidos sus campamentos de invierno junto al *oppidum* de *Castra Aelia*, «había dado la orden por toda la provincia de que cada *oppida* fabricase armas en proporción a sus riquezas». Sin duda este mensaje iría dirigido en buena medida a las ciudades de la Celtiberia, cuyas armas eran muy apreciadas por los romanos (*vid. supra*). Como se ha señalado, algunas ciudades de la Celtiberia alcanzaron justo renombre en época imperial. Se menciona a *Turiaso* (Plin., 34, 144), *Bilbilis* (Plin., 34, 144), famosa por sus armas (Mart., 1, 49, 4; 14, 33) y por su hierro (Mart., 12, 18, 9), que era mejor que el de los Cálibos y Nóricos (Mart., 4, 55, 11), y *Platea*, de localización desconocida, célebre por sus forjas de hierro (Mart., 4, 55, 13).

La información relativa a la extracción del mineral es aún más escasa. A principios de este siglo, al intentar explotar los yacimientos de Olmacedo, en Cueva de Agreda, se localizó una antigua galería de mina y grandes herramientas de hierro, posteriormente perdidas, consideradas por Taracena (1941: 59) como celtibéricas. Hernández Vera y Murillo (1986: 459) insisten en lo dudoso que resulta la adscripción de este hallazgo a época celtibérica, ya que «la naturaleza de los yacimientos de mineral de hierro que en las estribaciones del Moncayo conocemos, afloraciones, bolsadas y filones de escasa potencia y profundidad, abogan por explotaciones al aire libre o galerías de escasa profundidad que no necesitarían aporte de luz artificial y que les permitiría obtener suficiente mineral para sus necesidades» (*vid.* Hernández Vera y Murillo 1985). Puede sorprender la referencia pliniana (34, 144) de que *Bilbilis* y *Turiaso* no tenían

---

(14) Según Schulten (1963: 333), la calidad de los hierros celtibéricos se debería, más que a la temperatura de las aguas, a la presencia de sal, que otorgaría a la pieza una mayor dureza (*vid. supra*).

(15) *Vid.*, asimismo, Just., 44, 3, 8.

(16) Los análisis de escorias ponen de manifiesto «un suave acero, de gran calidad (como el tipo actual F-111), forjado a 1.150-900 grados centígrados, de gran tenacidad y resistencia» (Beltrán Lloris 1987b: 287).

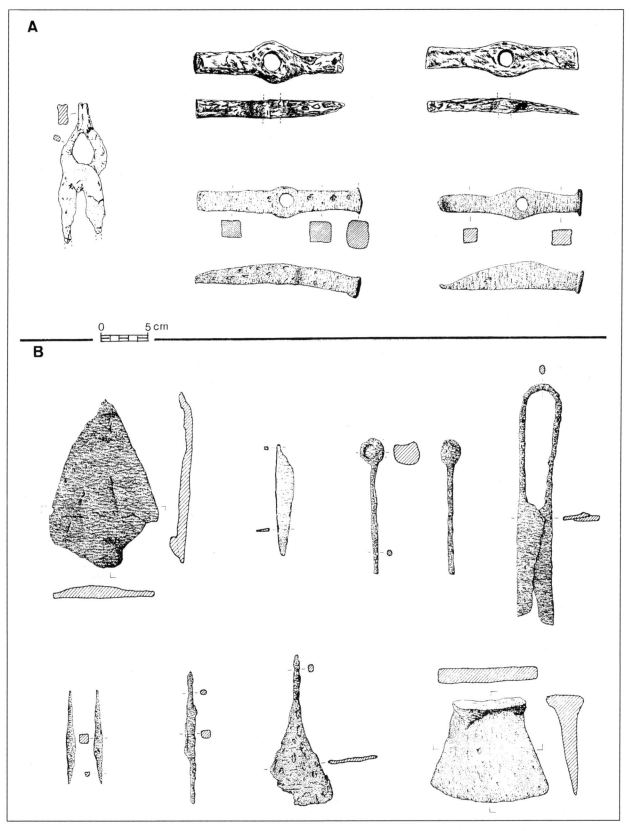

Fig. 120.—A, instrumentos relacionados con la siderurgia procedentes de Numancia y Langa de Duero; B, diversos instrumentos para el trabajo de la piel y las fibras textiles encontrados en Langa de Duero y Los Castejones de Calatañazor (siglo I a.C.). (Según Barril 1992).

minas de hierro, dada su proximidad a los afloramientos del Moncayo, de donde parece probable que recibieran las materias primas.

En cualquier caso, se carece de datos sobre la forma en que se transportaría el hierro en bruto desde los centros de extracción, aunque en el Museo de Cuenca se halle depositado un posible lingote de Villar del Horno, similar a los registrados en la Europa Céltica.

Sin duda alguna, el hierro jugó un papel esencial en la Cultura Celtibérica. Inicialmente fue utilizado para la fabricación de armas, arreos de caballo y algunos útiles y adornos, para en su fase más avanzada hacer con él una gran diversidad de útiles relacionados con diversas actividades artesanales y los trabajos agrícolas (*vid.* capítulos V y VI).

Los restos de los talleres de broncistas, seguramente de carácter local, son apenas conocidos. Únicamente cabe mencionar lo que se ha interpretado como un posible horno de fundición localizado en el castro de El Royo (fig. 121,1), adscribible a la Primera Edad del Hierro (Eiroa 1981: Romero 1991a: 99 ss.). Se trata de una estructura circular de mampostería de 1,5 m. de diámetro al que se asociaban moldes de arcilla para fundir bronces (fig. 121,3) —puntas de lanza y cinceles tubulares, varillas o empuñaduras de bronce (Romero y Jimeno 1993: 205)—, fabricados en el yacimiento y cocidos a una temperatura entre los 500 y los 700°C. (Eiroa 1981; Romero 1991a: 303 ss.).

El bronce fue utilizado mayoritariamente para la realización de adornos, elementos relacionados con la vestimenta y vasos, pero también se utilizó para la fabricación de ciertas armas, como cascos, pectorales, algunos modelos de umbos de escudo, vainas o empuñaduras de puñales, e incluso frenos de caballo (*vid.* capítulos V y VI).

La plata y la aleación ternaria de cobre, plomo y estaño fueron empleadas para la acuñación de monedas, de acuerdo con patrones establecidos, fabricadas a partir de cuños monetarios de bronce. No obstante, algunas cecas de la Meseta Norte y del Alto Ebro emplearon el cobre puro (Ripollés y Abascal 1995: 148). El hallazgo de matrices, patrones de plomo para la realización de los cuños, como el de un as de *śekaisa*, procedente de Valdeherrera, los útiles de acuñar localizados en un taller riojano de época augustea (Domínguez 1988: 163) o un molde en Pinilla Trasmonte, posiblemente monetal, para la preparación de los flanes cónicos sobre los que se acuñaban las monedas (Sacristán 1994: 145), constituyen testimonios de esta actividad. Dada la calidad de las piezas, los grabadores de matrices debían ser auténticos maestros en su arte, llegando incluso a «firmar» sus obras (Otero 1995).

El plomo es uno de los metales más abundantes en el área de estudio (fig. 12), hallado sólo o en combinación con cobre o plata, obteniéndose generalmente como subproducto de la explotación del oro y la plata (Burillo 1980: 296). Aparece formando aleaciones ternarias con cobre y estaño (Galán 1989-90: 177 y 180; Martín *et alii* 1991-92: 244 ss.), siendo utilizado asimismo para el lañado de vasijas (Burillo 1980: 296).

2.2. *Cerámica*

El artesanado cerámico alcanzó un gran desarrollo entre los Celtíberos. La generalización del torno de alfarero a partir del siglo IV y, sobre todo, el siglo III a.C. trajo consigo la posibilidad de una producción masiva, si bien habría que esperar hasta el siglo I a.C. para que este artesanado alcanzase su máximo desarrollo, siendo un claro exponente del mismo las cerámicas numantinas. Aunque se conocen algunos alfares prerromanos en la Meseta y el Valle Medio del Ebro (Vicente *et alii* 1983-84; Burillo 1990b: 141 y 144; Arenas 1991-92; Ramón *et alii* 1991-92; etc.), faltan aún trabajos de excavación en el territorio de la Celtiberia que proporcionen datos sobre su estructura. En la manzana I de Numancia se localizaron en una cueva «restos de horno, una pileta, desperdicios de barro y enlucido ahumado, lo que permite suponer que se realizaron en este lugar trabajos de alfarería» (Jimeno *et alii* 1990: 28).

Actualmente se cuenta con algunos análisis de pastas de materiales cerámicos celtibéricos (García Heras 1993a-b, 1994a-b y 1995; García Heras y Rincón 1996). La aplicación de técnicas arqueométricas de caracterización a un conjunto de materiales cerámicos de finales de la Edad del Hierro procedentes de hábitats celtibéricos del Alto Duero ha permitido reconocer «un modo de producción altamente especializada que podría relacionarse con la existencia de talleres industriales, fruto de una secuencia en donde las cualidades del producto final están predeterminadas desde el principio del proceso, esto es, desde la selección de las materias primas hasta la cocción final pasando por las formas a fabricar, claramente estandarizadas como indican su tipología y su funcionalidad» (García Heras 1994a: 324). El hábitat de Izana, fechado en el siglo I a.C. (Pascual 1991: 109 ss.), se configura como un centro productor, distribuyendo sus productos por toda la zona estudiada, la del centro de la provincia de Soria, de acuerdo a la composición y la homogeneidad tecnológica de las cerámicas analizadas. Según García Heras (1994a: 324), «este tipo de producción requeriría necesariamente un artesanado organizado que trasciende el nivel doméstico y que cuenta con capacidad para llevar a cabo inversiones en tecnología, como las que necesitan para la construcción y el mantenimiento de los hornos que sin duda se emplearon, según demuestran las temperaturas de cocción estimadas en las

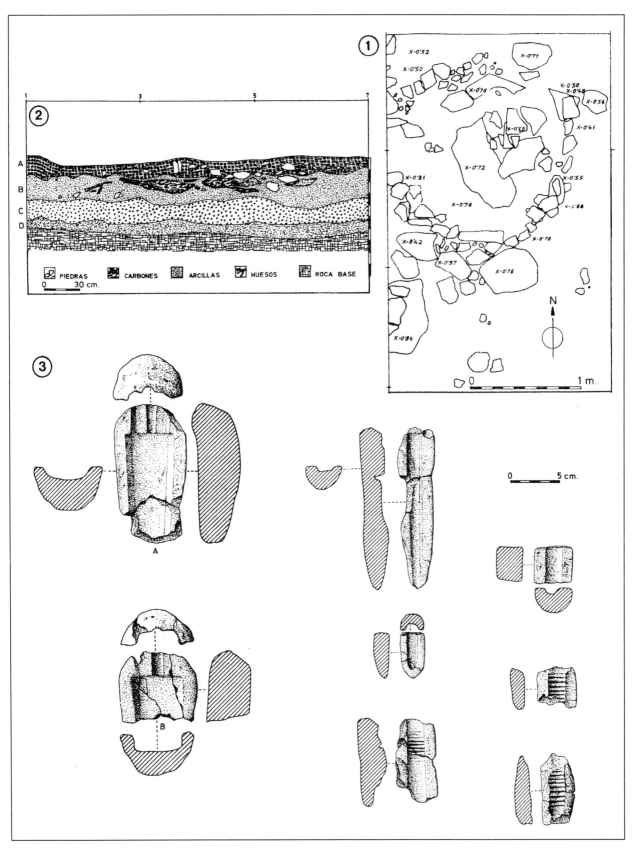

Fig. 121.—Castro de El Royo: 1, estructura circular interpretada como un posible horno de fundición; 2, perfil Este de la cuadrícula donde apareció dicha estructura; 3, moldes de fundición. (Según Eiroa 1981).

cerámicas analizadas», que se sitúan entre 700 y 850°C (García Heras 1994a: 321).

2.3. *Actividad textil*

El frecuente hallazgo de husillos o fusayolas y de pesas de telar o *pondera* permite documentar la práctica de actividades textiles (*vid.* capítulo VI,7.3-4), pero no deben desecharse otras interpretaciones alternativas para estos objetos (17). A ellos hay que añadir agujas, cardadores y tijeras (fig. 120,B) (*vid.* capítulo VI,5.2, 5.5 y 5.6). En Langa de Duero, Taracena (1929: 42) localizó un buen número de *pondera*, que aparecían en concentraciones de hasta 26 piezas distribuidas en diferentes casas (*vid.* capítulo VI,7.4), y que denotan la importancia que llegó a alcanzar esta actividad entre los Celtíberos. Tales agrupaciones y la variedad tipológica y de pesos y medidas apuntan hacia la coexistencia del telar vertical de pesas con otros tipos (Arlegui y Ballano 1995: 154).

Las fuentes reflejan el importante desarrollo, al menos en el período final de la Cultura Celtibérica, de la actividad textil, tal como demuestra la gran cantidad de sagos realizados de lana, demandados por los romanos en concepto de botín, y que constituyen una prueba de la próspera cabaña celtibérica. Baste recordar las condiciones de paz impuestas por Lúculo a los intercatienses el 151 a.C., en las que se les exigía 10.000 sagos (App., *Iber.* 53-54), o cómo en el 140-139 a.C. Numancia y *Termes* debían entregar, amén de otros tributos 9.000 sagos (Diod., 33, 16).

Sobre esta prenda, adoptada por los romanos, y sobre su uso por parte de los Celtíberos, se han conservado algunas descripciones. Según Diodoro (5, 33, 2) los Celtíberos «llevan sagos negros y ásperos de una lana parecida al pelo de las cabras salvajes», mientras que, según Apiano (*Iber. 42),* «estas gentes visten unas túnicas dobles y grasientas, ceñidas como una clámide, llamadas *sagum*».

Hay que citar, además, el trabajo del lino, ya que, según Estrabón (3, 3, 6), la mayor parte de los guerreros lusitanos llevaban corazas realizadas en este material.

2.4. *El trabajo de la piel*

Algunos instrumentos, como tijeras, cuchillas, chiflas o leznas (Barril 1992: 9, 11, 18 y 23 s.) constituyen la única evidencia del trabajo de la piel (fig. 120,B), utiliza-

da principalmente para confeccionar prendas de vestir (botas, cinturones o sombreros), y armas (vainas, escudos, cascos, hondas o grebas). Las fuentes literarias señalan cómo entre lo solicitado por los romanos a las ciudades de Numancia y Tiermes el año 140-139 a.C. había 3.000 pieles de buey (Diod., 33, 16). Asimismo cabe recordar la piel de lobo que vestía el heraldo de los nertobrigenses (App., *Iber.* 48-49) o la piel que cubre la cabeza y los hombros de uno de los contendientes del «vaso de los guerreros» (fig. 79,10). La importancia que pudo alcanzar el trabajo de la piel encontraría su correlato en el hallazgo en *Contrebia Belaisca* de lo que se ha interpretado como unas tenerías, localizadas en la acrópolis de la ciudad (Díaz y Medrano 1986).

2.5. *El trabajo de la madera*

Pocas evidencias han quedado sobre las actividades relacionadas con el trabajo de la madera (fig. 122), tan sólo identificadas por el hallazgo de ciertos útiles de leñador o carpintero (hachas, cuñas, mazas, martillos, sierras, cuchillas, gubias, escoplos, formones) (Taracena 1927: 16; *Idem* 1929: 48; Barril 1992: 9, 14, 16, 21 ss.), así como por algunas parcas noticias dejadas por las fuentes literarias. Al tratarse de materiales perecederos no ha quedado evidencia directa de los objetos realizados en este material.

La madera debió obtenerse en abundancia en los espesos bosques a los que se refieren autores como Apiano (*Iber.* 76) y Livio (28, 1). Sería utilizada en la construcción de las viviendas (Burillo y de Sus 1988: 63 s.; Pérez Casas 1988d: 140; Asensio 1995: 382 s.) —refuerzo de los muros de adobe y piedra, medianiles, dinteles, puertas, entarimados, pies derechos, vigas, techumbre a base de ramaje, etc.—, en la de vallados y elementos defensivos, para la fabricación de diverso utillaje —arados o empuñaduras y mangos—, armas —lanzas, jabalinas, escudos, arcos y flechas— y utensilios de uso cotidiano, cuya única noticia la da Estrabón (3, 3, 7), referida a los serranos, que «usan vasos de madera como los Celtas», y también se emplearía como combustible.

3. EL COMERCIO

Resulta difícil valorar las relaciones comerciales de los Celtíberos, sobre todo por lo que respecta a los períodos de mayor antigüedad (fases I y II), donde los objetos de procedencia foránea —como ciertas armas, entre las que cabe mencionar algunas espadas latenienses, falcatas, discos-corazas o cascos; algunos modelos de broches de cinturón y fíbulas; determinadas joyas y vasos argénteos; objetos de pasta vítrea; tejidos; etc.— bien pudieran ha-

---

(17)   *Vid.* al respecto, por lo que se refiere a las fusayolas, capítulo VI,7.3. Para los *pondera*, valgan los reparos de Arlegui y Ballano (1995: 154) en considerar como pesas de telar algunas piezas de peso excesivo (3.500 gr.) o ciertos ejemplares que pudieran interpretarse mejor como pesas de redes de pesca o de caza de pequeñas aves.

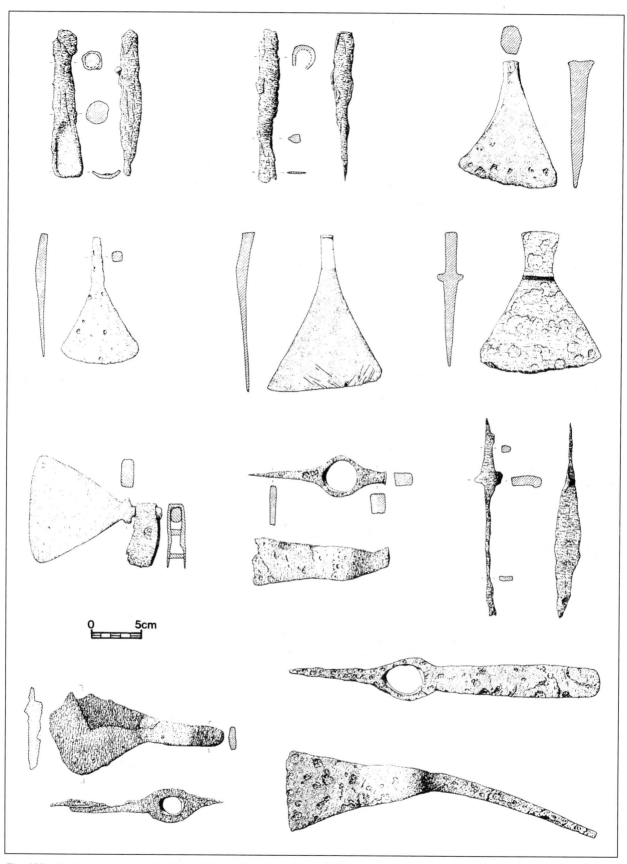

Fig. 122.—Instrumentos para el trabajo de la madera procedentes de Izana y Langa de Duero (siglo I a.C.). (Según Barril 1992).

ber llegado de la mano de mercenarios, formado parte del botín de las que debieron ser frecuentes razzias, haber sido realizados por artesanos ambulantes, deberse al comercio de bienes de prestigio o interpretarse como regalos entre personajes de alto rango (18).

Materias primas, como los cereales, la ganadería, el hierro o la sal, y productos manufacturados, como las armas o los sagos, debieron ser algunos de los elementos objeto de intercambio por parte de los Celtíberos. Este proceso se incrementó a partir de finales del siglo III a.C. y, sobre todo, en las dos centurias siguientes, con la aparición y ulterior desarrollo de los *oppida* celtibéricos. Por Posidonio (en Diod., 5, 34, 2) se sabe que productos como el vino eran adquiridos por los Celtíberos «a los mercaderes que navegan hasta allí», pudiéndose establecer su origen itálico por el hallazgo de ánforas vinarias de tal procedencia. Con ellas llegarían otros productos: el aceite, cerámicas de lujo como la campaniense, etc. Se sabe, asimismo, que los numantinos compraban sus provisiones a los Vacceos (App., *Iber.* 87).

Las noticias literarias hacen alguna referencia a las vías de comunicación anteriores a la conquista (Blázquez 1978: 98 s.). Así, el año 181 a.C. los Celtíberos encontraron en su marcha en auxilio a la ciudad de Contrebia «los caminos impracticables por las incesantes lluvias y los ríos desbordados» (Liv., 40, 33). Había «un camino directo que conducía por la misma Numancia a la Meseta» (App., *Iber.* 87). Estas mismas fuentes no han dejado constancia de la utilización de carros por parte de los Celtíberos, a diferencia de lo que ocurre, por ejemplo, con los Galos (Caes., *BC* 1, 51; Diod., 5, 29), cuyos carros fueron adoptados por los romanos (Diod., 5, 21, 5), que sí los utilizaron en sus campañas en la Celtiberia (App., *Iber.* 87). Las evidencias arqueológicas se reducen a un remate decorativo de la lanza de un carro procedente del castro de Las Arribillas (fig. 81,7) (Galán 1989-90: 178 ss., fig. 2), las ruedas de carro de Numancia (Fernández-Miranda y Olmos 1986: 79) y la de Guadalaviar, de difícil adscripción (Gómez Serrano 1954; Fernández Avilés 1955: 111 s.; Atrián *et alii* 1980; Collado 1990: 43, fig. 48). Se trataría, pues, de un medio de transporte poco corriente en la Celtiberia, pudiéndose considerar como un elemento de parada de uso exclusivo por parte de las élites celtibéricas (Galán 1989-90: 180).

4. LA MONEDA

La introducción de la moneda, debida al influjo del mundo mediterráneo, contribuyó sin duda al desarrollo económico y social de los Celtíberos, si bien la implantación de la economía monetal tardaría algún tiempo en producirse (Domínguez 1988: 170). Tradicionalmente se ha sugerido que las primeras acuñaciones indígenas en la Celtiberia se debieron a los romanos, habiéndose planteado que «las cecas surgen como respuesta a una estrategia política determinada para captar pueblos enemigos o dudosos, o como premio a su fidelidad» (Domínguez 1988: 155), aun cuando no puedan desecharse interpretaciones alternativas como el prestigio que supondría para una comunidad el acuñar con su propio nombre, la necesidad de hacer frente a determinados pagos (clientes, mercenarios, etc.) o incluso al eventual de los impuestos (Salinas 1986: 139 s.).

La acuñación de moneda de plata, sólo emitida por algunas ciudades, debió utilizarse para el pago de tropas indígenas y romanas, así como de impuestos, mientras que la moneda de bronce, principalmente de distribución local, empezaría siendo usada en intercambios cotidianos (Domínguez 1988: 170) (19).

Se ha señalado lo discutible que resulta diferenciar la moneda celtibérica de la ibérica (Domínguez 1988: 155; Beltrán 1989: 27), según se desprende de la homogeneidad tipológica, con pequeñas variantes, de las acuñaciones ibero-republicanas de la Citerior, y de la utilización de una única escritura para todas ellas, englobando a pueblos de diferente lengua y de muy diversa filiación étnica y cultural.

La nómina de cecas celtibéricas (fig. 139,A), de las que en muchos casos se desconoce su localización precisa, varía según sean utilizados criterios lingüísticos o numismáticos para su clasificación (*vid.* Untermann 1975; de Hoz 1986a: 63 ss.; Villaronga 1994; etc.), aunque en líneas generales puedan considerarse como tales aquellas identificadas con ciudades localizadas en la Celtiberia histórica (*vid.* capítulo II,1.1.a) —definida por diferentes tipos de evidencias, en particular las fuentes literarias, y que ocuparían básicamente la margen derecha del Valle Medio del Ebro y las cuencas altas de los ríos Duero y Tajo— así como «otras no citadas por esas fuentes pero que presentan rasgos comunes, numismáticos y lingüísticos, a los de las anteriores» (de Hoz 1988b: 150).

Cronológicamente, las acuñaciones celtibéricas se iniciarían hacia mediados del siglo II a.C. para, en el primer cuarto de la centuria siguiente, dar paso a las bilingües y a las que muestran ya las leyendas en latín (fig. 139,B y lám. VIII), si bien conservando los tipos previos (Domínguez 1988: 160). Un caso excepcional sería el de *Osca*, que mantiene la representación del jinete lancero hasta época de Tiberio.

---

(18)   De esta forma debe entenderse la actitud de Sertorio, quien se ganaba la simpatía de los hispanos que combatían a su lado adornando sus armas con oro y plata (Plut., *Sert.* 14).

(19)   En relación con la función de la moneda ibérica e hispano-romana, *vid.* Beltrán Lloris 1987b.

IX

ORGANIZACIÓN SOCIOPOLÍTICA

La organización social y política de los Celtíberos y, en general, de los pueblos prerromanos de la Hispania indoeuropea ha sido uno de los temas más tratados desde los trabajos iniciales en el último cuarto del siglo XIX (Costa 1893; *vid.*, al respecto, capítulo I,1), a partir, por lo común, de las noticias suministradas por los escritores grecolatinos, que ofrecen datos de gran interés para su reconstrucción, proporcionando información sobre la existencia de príncipes y jefes, de guerreros y mercenarios, de senados y asambleas populares, de instituciones como el *hospitium* y la clientela, de tribus o *populi* y de federaciones entre ellas, etc. Por su parte, las fuentes epigráficas han permitido documentar una serie de formas organizativas indígenas de carácter suprafamiliar, además de la existencia del *hospitium* a través de los documentos de hospitalidad conservados. En cuanto al registro arqueológico, tan sólo ha sido utilizado de forma tangencial para la reconstrucción de la sociedad generadora del mismo, a menudo como confirmación de lo señalado por las fuentes literarias y epigráficas.

Con todo, la principal fuente de información para abordar la evolución de la sociedad celtibérica desde sus estadios iniciales de desarrollo son las evidencias de tipo arqueológico —las menos tratadas y sobre las que se va a insistir particularmente al ofrecer una dimensión histórica—, que contribuyen a determinar las diferencias en lo que a la distribución de la riqueza se refiere (*vid.* capítulo IV,6).

Las necrópolis ofrecen un importante potencial para el conocimiento de la organización social de la comunidad usuaria del espacio funerario (*vid.* capítulo IV,6-7). En este sentido, los cementerios de la Meseta Oriental, a pesar del gran número de problemas que plantean, sobre todo por haber permanecido inéditos en su mayor parte, constituyen el elemento esencial para la reconstrucción de la sociedad celtibérica, gracias en buena medida al desarrollo de una metodología específica para su estudio, lo que se conoce como Arqueología de la Muerte

(Chapman *et alii* 1981), pues permiten obtener la necesaria perspectiva diacrónica, generalmente ausente de los trabajos que, desde distintas ópticas, han abordado este tema (1). El carácter jerarquizado de la sociedad celtibérica se hace patente a través de los ajuares funerarios, documentándose la existencia de una aristocracia guerrera confirmada por las ricas panoplias halladas en las sepulturas.

Los contextos de habitación, mucho peor conocidos en líneas generales, vienen a completar la información obtenida a partir del registro funerario. Así, los espacios domésticos pueden ofrecer datos de gran interés sobre las actividades de sus ocupantes a través de su compartimentación interna, de la presencia de elementos funcionales, como hogares o bancos corridos, y de la propia distribución de los ajuares domésticos, información que se complementaría con algunas noticias dadas por las fuentes literarias. La existencia de edificios de carácter público o comunal, puesta de manifiesto en ocasiones por sus mayores dimensiones (como los documentados, fuera de la Celtiberia, en los castros de Briteiros y Coaña), o por su monumentalidad (como sería el caso del gran edificio de Botorrita), coincidiría con lo conocido en otras áreas peninsulares, como la ibérica, y confirmaría igualmente lo referido por las fuentes clásicas y la epigrafía.

La existencia de un artesanado especializado estaría constatada por el hallazgo de joyas realizadas en oro y, sobre todo, plata (normalmente formando parte de tesorillos), fíbulas, broches de cinturón (a veces damasquinados, al igual que ciertas espadas) y otros elementos de adorno, generalmente de bronce, y por las

---

(1) Junto a algunos trabajos teóricos (*vid.* Lull y Picazo 1989; Ruiz Zapatero y Chapa 1990), esta metodología ha sido aplicada en ciertos casos generalmente relacionados con el ámbito ibérico (Santos 1989; Quesada 1989a; Mayoral 1990-91) aunque también centrados en la Meseta (Martín Valls 1985: 122 s.; *Idem* 1986-87: 75 ss.; Castro 1986; Lorrio 1990). Para un planteamiento teórico desde los presupuestos de la Arqueología Social referido al ámbito celtibérico, *vid.* Ruiz-Gálvez (1985-86) y Galán (1990).

abundantes armas fabricadas en su mayoría en hierro, todos ellos elementos de estatus, evidenciando el gran desarrollo alcanzado por la orfebrería y la metalurgia celtibérica.

Las fuentes literarias y la epigrafía, dada su cronología avanzada —a partir de finales del siglo III a.C., las fuentes clásicas, y del siglo II a.C. en adelante, las evidencias epigráficas—, constituyen un elemento esencial para abordar los estadios finales de la sociedad celtibérica, cuando se estaba produciendo su disolución en el proceso romanizador, haciéndose necesaria la contrastación mutua entre todas ellas. Las noticias dejadas por los historiadores y geógrafos grecolatinos coinciden en señalar el carácter guerrero de los pueblos peninsulares, sobre todo Lusitanos y Celtíberos. Estos últimos combatieron como mercenarios en los ejércitos de Turdetanos, Iberos, cartagineses y romanos, constituyendo junto con los Lusitanos, durante buena parte del siglo II a.C., un motivo continuo de conflictos para Roma. La fuente de información primordial, y casi la única, para profundizar en el carácter militar de los Celtíberos corresponde a las noticias que griegos y romanos dejaron sobre Hispania, referidas en su mayoría a un momento avanzado, desde finales del siglo III a.C., en el marco de la Segunda Guerra Púnica, primero y, posteriormente, con la Guerra de Conquista de Hispania por Roma. Para las fases más antiguas tan sólo se cuenta con la información proporcionada por los cementerios que, si bien permite reconstruir con ciertas garantías las panoplias de los guerreros allí enterrados, resulta claramente insuficiente para determinar cuál fue el concepto que de la Guerra tuvieron aquellas gentes y qué tipo de lucha practicaron.

El conocimiento que se tiene del largo período que abarca desde *ca.* el siglo VI a.C., momento en el que la Cultura Celtibérica ofrece ya claramente definidos algunos de sus elementos esenciales (*vid.* capítulo VII,2), hasta el cambio de era, resulta desigual, como desiguales son las evidencias manejadas: necrópolis para las fases de mayor antigüedad y fuentes literarias y epigrafía para los períodos más recientes, contemporáneos con la presencia de Roma en el territorio celtibérico. Otras evidencias, sobre todo la información procedente de los lugares de habitación, completan este panorama. Como podrá comprobarse, la sociedad celtibérica no evoluciona globalmente de manera homogénea, encontrándose diferencias regionales, vinculables con los diferentes *populi* a los que se refieren las fuentes literarias.

La información que ofrecen las necrópolis acerca de la evolución de la sociedad celtibérica, que puede seguirse desde el siglo VI al I a.C., resulta, en cierta medida, afín al modelo establecido para la sociedad ibérica (Almagro-Gorbea 1991a): tumbas aristocráticas en el siglo V a.C., sepulturas de guerrero más isónomas en las dos centurias

siguientes y una tendencia a la desaparición de las armas desde el siglo III a.C., que también se documenta en ciertas áreas de la Celtiberia, hecho que se ha relacionado con el predominio a partir de ese momento de una ideología de tipo cuasi urbano (*vid. infra*).

1. LA GESTACIÓN DE LA SOCIEDAD CELTIBÉRICA (SIGLOS VII-VI a.C.)

Desde los siglos VII-VI a.C., se manifiestan en el área nuclear de la Celtiberia una serie de novedades relativas al patrón de asentamiento, al ritual funerario y a la tecnología, que indican cambios importantes, con la formación de una sociedad de fuerte componente guerrero, cuyo reflejo se halla en los cementerios, que, ya desde sus fases iniciales, evidencian indicios de jerarquización social y donde el armamento aparece como un signo exterior de prestigio. La presencia de túmulos funerarios está ya documentada desde este período, al igual que ocurre con los alineamientos de tumbas, cuya generalización se producirá a partir de la fase siguiente. Aunque pueda pensarse que las sepulturas se agruparían por linajes u otro tipo de agrupación social, la interpretación desde el punto de vista social de esta característica ordenación del espacio funerario resulta difícil de establecer.

La aparición de las élites celtibéricas, cuya presencia está perfectamente constatada en las necrópolis, pudo ser consecuencia, según Almagro-Gorbea (1993: 146 s.), de la propia evolución *in situ*, aunque sin excluir por ello la llegada de aportes demográficos externos. De esta forma, la llegada y el desarrollo en la Meseta de una organización de tipo gentilicio —entendida como una organización familiar aristocrática fundada sobre la base de una transmisión hereditaria que se refleja en una onomástica específica (Almagro-Gorbea 1995d: nota 3)— pudo reforzar la jerarquización latente en la estructura socioeconómica pastoril existente desde la Cultura de Cogotas I.

Durante el Bronce Final, la existencia de élites, seguramente personales, dentro de los grupos pastoriles de Cogotas I, está atestiguada por los depósitos de objetos broncíneos de tipología atlántica hallados en la Meseta (Delibes y Fernández Manzano 1991: 211) y por ciertos tesorillos, como los de Abía de la Obispalía y Sepúlveda (Almagro-Gorbea 1974). Sin embargo, conviene ser cauto en lo que se refiere a la valoración del papel jugado por el substrato en este proceso, pues la información arqueológica para los estadios finales de la Edad del Bronce resulta enormemente reducida en el solar celtibérico, siendo en cualquier caso insuficiente para conocer la estructura de la sociedad durante ese período.

La nueva organización socioeconómica impulsaría el

crecimiento demográfico y llevaría a una creciente concentración de riqueza y poder por parte de quienes controlan las zonas de pastos, las salinas (abundantes en toda la zona y esenciales para la ganadería y la siderurgia, en cuyo proceso de temple la sal juega un papel destacado) (2) y la producción de hierro, que estaría favorecida por la proximidad de los importantes afloramientos del Sistema Ibérico (fig. 12), que pronto permitió desarrollar en estas regiones un eficaz armamento, lo que explicaría la aparición de una organización social de tipo guerrero progresivamente jerarquizada.

Este proceso se potenciaría indirectamente por el influjo del comercio colonial —cuyo impacto real en estas fechas en el territorio celtibérico no debió ser muy importante— que, dirigido hacia las élites sociales y controlado por ellas, tendería a reforzar el sistema social gentilicio (Almagro-Gorbea 1993: 147). Todo ello, teniendo como marco la situación geográfica privilegiada de este territorio, que constituye el paso natural entre el Valle del Ebro y la Meseta.

Las necrópolis de Sigüenza y Carratiermes han proporcionado información respecto a esta fase inicial, documentándose, junto a sepulturas militares, otras caracterizadas por contener adornos de bronce que, en el caso del cementerio soriano, han sido interpretadas como pertenecientes a individuos de sexo masculino de posición social destacada, llegándose a plantear la posibilidad de que las mujeres estuvieran excluidas de estos cementerios (Argente *et alii* 1992b: 594 s.), lo que, sin el necesario apoyo de los análisis antropológicos, es difícil de aceptar, máxime teniendo en cuenta que los enterramientos femeninos están constatados en el mundo celtibérico incluso en tumbas contemporáneas con las de Carratiermes, como sería el caso de la fase antigua de Sigüenza.

En Sigüenza I se han identificado 17 sepulturas, seis de las cuales corresponderían a enterramientos con armas, ocho presentarían ajuares formados por adornos de bronce de diferentes tipos, y tres, únicamente la urna cineraria, si bien no conviene olvidar que algunas de las tumbas se hallaron alteradas (Cerdeño y Pérez de Ynestrosa 1993). Los análisis antropológicos han permitido identificar sexo y edad en cinco casos; de las cuatro sepulturas femeninas, dos (concretamente las vinculadas a mujeres de menor edad, 20-30 años) aparecen constituidas por ajuares militares y las otras dos (una perteneciente a una mujer de 40-50 y la otra, a una de 60-70),

por conjuntos integrados por un buen número de adornos broncíneos. El único varón identificado (de 20-30 años) tenía por ajuar un conjunto militar. Los resultados, no obstante, deben ser tomados con precaución, dado lo reducido de la muestra, no dejando de sorprender la asociación de ajuares armamentísticos con enterramientos femeninos y el que las cuatro sepulturas pertenecientes a mujeres correspondan a los conjuntos con mayor número de objetos de toda la fase inicial de este cementerio (entre siete y diez elementos).

Podría proponerse que el panorama obtenido desde el registro funerario no reflejara la panoplia real y, así, aunque parece seguro que la espada no se incorpora a los ajuares funerarios hasta el período siguiente (fase II) —definido a partir de la evolución de la panoplia— no existe la certeza de que no fuera conocida y utilizada durante este período inicial. De ser así, las razones de su ausencia en los ajuares funerarios podrían ser de tipo ritual, siendo en cualquier caso difíciles de conocer en el estado actual de la investigación. Tampoco existe la posibilidad de determinar qué proporción de sepulturas adscritas a la fase I (*vid.* capítulo V) estarían provistas de armas, pero puede aventurarse que el grupo enterrado con ajuares militares no debió ser muy numeroso, correspondiendo posiblemente al sector más privilegiado de la sociedad, debiendo de interpretarse estas armas como elementos de prestigio, definidores del estatus de su poseedor. Con todo, no hay que dejar de lado su carácter estrictamente militar, según el cual estos ajuares pertenecerían a infantes —dada la extrema rareza de hallazgos de arreos de caballo—, cuya principal arma serían las largas puntas de lanza, utilizadas seguramente como picas.

A pesar de que no hay evidencias suficientes respecto a si las armas serían de producción propia —aunque la pronta incorporación a los equipos militares de espadas de tipología local apunta en este sentido— sí parece que se pueda defender la existencia de un artesanado desde el período inicial; así lo confirmaría la estandarización de ciertos modelos de broches de cinturón hallados en la Meseta Oriental respecto a los ejemplares documentados en el Mediodía y el Levante peninsular, como ocurre con los de tipo Acebuchal (*vid.* capítulo VI,2,4), cuyos hallazgos se concentran, además, en un área geográfica restringida del territorio celtibérico.

Sobre los lugares de habitación, pocos son los datos con que se cuenta para las fases iniciales; de forma general, puede señalarse la ausencia de jerarquización interna (*vid.* capítulo III,4) así como la orientación preferentemente agro-pecuaria de la sociedad celtibérica (*vid.* capítulo VIII), aunque los datos sean demasiado parciales pues la falta de excavaciones en extensión dificulta la posibilidad de obtener mayor información sobre el parti-

---

(2) El papel de la sal entre los Celtíberos, recientemente valorado (Ruiz-Gálvez 1985-86: 77; Cerdeño y Pérez de Ynestrosa 1992; Jimeno y Arlegui 1995: 101), ya había sido señalado por quienes primero abordaron el estudio de alguno de los aspectos de esta cultura (Cerralbo 1916: 9; *vid.*, asimismo, Déchelette 1913: 687). *Vid.*, sobre el papel de la sal en la Hispania Antigua, Mangas y Hernando (1990-91) y, para el caso de Sigüenza en época romana, Morère 1991.

cular, impidiendo asimismo la contrastación con los datos proporcionados por las necrópolis.

2. LOS GUERREROS ARISTOCRÁTICOS DE LOS SIGLOS V-IV a.C.

Desde los inicios del siglo V, o quizás incluso finales del VI a.C., los cementerios de la Meseta Oriental, principalmente los localizados en el Alto Tajuña-Alto Henares y zonas aledañas, presentan ricos ajuares militares provistos ya de espada, con gran acumulación de objetos suntuarios, entre los que destacan ciertas armas fabricadas en bronce, como los cascos, los discos-coraza o los grandes umbos, verdaderas piezas de parada, a veces con decoración repujada (*vid.* capítulo V,2.1). Un buen ejemplo de ello lo constituyen las necrópolis de Aguilar de Anguita y Alpanseque, en las que la ordenación característica del espacio funerario en calles paralelas se halla plenamente documentada. Los ajuares de estos cementerios ponen de manifiesto una sociedad fuertemente jerarquizada, en las que las tumbas de mayor riqueza —que alcanzan los dieciséis elementos— podrían vincularse con grupos aristocráticos (fig. 55).

La Meseta Oriental se constituye durante esta fase en un importante foco de desarrollo —lo que explicaría la riqueza de los ajuares— en el que jugarían un papel determinante la riqueza ganadera de la zona, el control de las salinas y/o la producción de hierro. Este panorama se restringe al Alto Tajuña-Alto Henares, incorporando a su órbita localidades del Sur de la provincia de Soria geográficamente pertenecientes al Alto Duero y al Alto Jalón, constituyendo un grupo de evidente personalidad, como lo demuestra la dispersión de ciertos objetos presentes en los ajuares: fíbulas-placa, armas de parada, etc. Las necrópolis localizadas en la margen derecha del curso alto del Duero no proporcionan las ricas panoplias presentes en el área más meridional de la Celtiberia, a pesar de la incorporación de las espadas a los ajuares funerarios.

Sobre la representatividad durante esta fase de los diferentes sectores sociales existe una información muy limitada, aunque sí se sabe que tan sólo un reducido número de tumbas de Aguilar de Anguita poseían ajuares que cabe considerar «ricos», lo que supone menos del 1% del total según los datos proporcionados por su excavador (Aguilera 1913a: 595), entre los que con bastante verosimilitud se incluirían todos o, al menos, una parte importante de los conjuntos dados a conocer por Cerralbo (*vid.* capítulo IV,6.1). Las tumbas con espada o puñal, que se vincularían con los individuos de más alto estatus de la comunidad, como lo confirma asimismo su relación con arreos de caballo, debieron constituir igualmente una

parte muy pequeña del total de enterramientos con armas que, en su mayoría, corresponderían a guerreros provistos de una o varias puntas de lanza o jabalina, aunque la práctica ausencia de noticias sobre la composición de los ajuares de «riqueza intermedia» no permita determinar hasta qué punto las tumbas con lanzas y jabalinas como principales armas ofensivas constituirían el conjunto más importante, según queda evidenciado en otros cementerios mucho mejor conocidos (*vid.* capítulo V). Sin embargo, el uso no ya de la panoplia comentada, con la presencia de elementos broncíneos de prestigio tales como las corazas o los cascos, sino del armamento en general, estaría restringido a un sector reducido de la población (*vid.* capítulos IV y V).

La información proporcionada por Aguilar de Anguita refleja la existencia de una élite de tipo aristocrático cuyo estatus se manifiesta en la rica panoplia que ostenta y por la propia posesión del caballo, confirmada por la reiterada presencia de arreos. Como se ha señalado, la posesión de las armas quedaría restringida a un número reducido de personas. Las armas debieron ser utilizadas como tales, posiblemente en pequeñas escaramuzas o en razzias, quizás relacionadas con el robo de ganado, limitadas a simples incursiones a zonas vecinas, protagonizadas por un reducido número de guerreros, y en ningún caso se trataría de verdaderos combates multitudinarios, que caracterizarán la fase más moderna, correspondiente a las Guerras Celtibéricas. De cualquier modo, debió primar en las armas su valor simbólico como objetos de prestigio. La Guerra durante este período es un privilegio de las clases dominantes, quedando restringida a grupos poco numerosos de guerreros, seguramente los individuos de mayor estatus y sus clientes. El registro funerario no permite acceder a esta información, dado el estado en el que a menudo se halla, y, por lo tanto, nada puede decirse respecto a la relación entre los individuos de panoplia excepcional, a veces poseedores de objetos de importación, con aquellos provistos de equipos militares más modestos, así como con el resto de la población, para lo que hubiera sido de gran ayuda conocer la localización espacial de los enterramientos, información que lamentablemente no quedó reflejada en los diferentes trabajos del Marqués de Cerralbo.

La atracción que el armamento ejerció en quienes inicialmente procedieron al estudio de las necrópolis celtibéricas ha condicionado el conocimiento que se tiene de las tumbas sin armas, aunque se sabe de algunas notables excepciones con una importante acumulación de objetos presentes en las mismas, lo que supone un indicio de que se trataría de personajes relevantes, cuyos ajuares estaban constituidos, entre otros elementos, por fíbulas, broches de cinturón, collares y pectorales (*vid.* capítulo VI).

3. LOS ARÉVACOS Y LA SOCIEDAD GUERRERA (SIGLOS IV-III a.C.)

A finales del siglo V y durante las dos centurias siguientes, el foco de desarrollo localizado en las cuencas altas del Henares, del Tajuña y del Jalón irá desplazándose hacia las tierras del Alto Duero. Este desplazamiento del control de los centros de riqueza debe verse como una evidencia de la preponderancia que desde este momento va a jugar uno de los *populi* celtibéricos de más vigor durante el período de las luchas contra Roma, los Arévacos, cuya eclosión hay que situar en esta fase. A esta etnia pueden vincularse con certeza los cementerios de la margen derecha del curso alto del Duero, en los que el estamento militar añade a su importancia desde el punto de vista numérico, que permite plantear el carácter militar de la sociedad arévaca, su preponderancia social, patente al ser las tumbas con armas generalmente las de mayor riqueza. No obstante, el panorama reflejado en Aguilar de Anguita o Alpanseque va a sufrir una transformación radical con la desaparición en las tumbas de algunos de los elementos de prestigio más significativos, como los cascos, los pectorales y los grandes umbos broncíneos repujados (*vid.* capítulo V,2.2).

Esto queda reflejado en la elevada proporción de las sepulturas pertenecientes a guerreros en las necrópolis de esta zona, entre las que destacan La Mercadera (44%) y Ucero (34,7%), y cuyo carácter preferentemente militar es señalado también (*vid.* capítulo IV,6.2) con respecto a las peor conocidas de La Revilla, Osma o La Requijada de Gormaz —cementerio éste que presenta la característica ordenación en calles paralelas—, resultando muy superiores a las de otras zonas limítrofes, como el área abulense (Ruiz Zapatero y Lorrio 1995: 235), donde las sepulturas con armas alcanzan el 17% en El Raso de Candeleda (Fernández Gómez 1986, II), el 13% en la zona VI —la única publicada— de La Osera (Cabré *et alii* 1950) y tan sólo el 2,83% en Las Cogotas (Cabré 1932; Kurtz 1987; Castro 1986: 131 s.).

Con el grupo del Alto Duero cabe vincular las necrópolis de Carratiermes y Atienza, según denotan las características de sus ajuares, que muestran, al menos en la última de ellas, proporciones desconocidas hasta la fecha respecto a los enterramientos militares (*vid.* capítulo IV,6.1), lo que resulta perfectamente lógico dada su localización geográfica, al sur la Sierra de Pela, en una zona que puede considerarse como de posible influencia arévaca.

En lo que concierne a la valoración estrictamente militar de los datos procedentes del registro funerario, se observa un importante aumento del número de guerreros, la mayoría de los cuales serían infantes. En este sentido, resultan significativas las noticias referentes a la necró-polis de *Arcobriga*, donde se documentaron, en las *ca.* 300 tumbas excavadas, 42 espadas de tipo La Tène, a las que habría que añadir los ejemplares de antenas y los puñales biglobulares que con seguridad proceden de este cementerio, habiéndose documentado tan sólo un único arreo de caballo (*vid. supra*).

Posiblemente estos cementerios no recojan todos los sectores de la población (3) según parece apuntar el reducido número de enterramientos pobres, pero lo cierto es que, entre los grupos con derecho a ser enterrados en la ciudad de los muertos, la proporción de los que se hacen acompañar de sus armas es muy superior a lo que venía siendo habitual en los períodos precedentes y a lo registrado en otros cementerios celtibéricos contemporáneos, que evidencian el empobrecimiento de los ajuares con la práctica desaparición del armamento de los mismos.

Este fenómeno se pone de relieve desde finales del siglo IV a.C. en las necrópolis situadas en la cuenca alta del Tajuña, como Riba de Saelices (Cuadrado 1968), Aguilar de Anguita, en su fase más reciente (Argente 1977b), carentes todas ellas de armamento, o Luzaga (Díaz 1976). Lo mismo es observado en La Yunta (García Huerta y Antona 1992), en el curso alto del río Piedra, que, al igual que Luzaga, proporcionó algún elemento armamentístico, y en Molina de Aragón, en la cuenca del Gallo, en la que, junto a materiales de cronología antigua, se documentaron otros relativamente modernos aparecidos fuera de contexto, no hallándose entre ellos resto alguno de armamento (Cerdeño *et alii* 1981; Cerdeño 1983; Almagro-Gorbea y Lorrio 1987b). La cronología de estas necrópolis oscila entre finales del siglo IV y el II a.C., o incluso después (Cuadrado 1968: 48; Díaz 1976: 177; Argente 1977b: 138 s.; García Huerta y Antona 1992: 169; *Idem* 1995: 66).

Esta llamativa desaparición del armamento se había atribuido tradicionalmente a la presencia de Roma, que habría desarmado a la población indígena (Cuadrado 1968: 48; Argente 1977b: 139 s.). Sin embargo, la desaparición de las armas en las sepulturas parece ser anterior y, en cualquier caso, no se explica en plena Guerra Celtibérica, salvo que se intentara suponer que la necesidad de armamento hiciera que se abandonase la costumbre de depositar las armas en las tumbas (García Huerta y Antona 1992: 169), hipótesis que no parece muy convincente.

---

(3)   La existencia de zonas de enterramiento restringido para el sector más privilegiado de la sociedad plantearía la existencia de un tratamiento diferenciado para los grupos menos beneficiados. Así, García Merino (1973: 64) valoró la posibilidad de interpretar como enterramientos de esclavos un conjunto de inhumaciones carentes de ordenación, aparecidas en el interior de un espacio cerrado en las cercanías de la necrópolis de La Requijada de Gormaz, aunque su propia excepcionalidad y la falta de cualquier elemento material a ellos asociados impidió pronunciarse en relación a la cronología o la interpretación sociocultural de las mismas.

Se ha sugerido una relación entre este hecho y la evolución de las poblaciones celtibéricas hacia una organización social de tipo urbano (Ruiz-Gálvez 1990), lo que habría provocado la consiguiente disolución de los vínculos sociales basados en el parentesco. Se estaría produciendo un cambio en la organización de la sociedad y del sistema de propiedad, lo que provocaría la simplificación de los ajuares, al haber perdido su valor simbólico: «Si la propiedad dejara de reclamarse colectivamente en función de unos vínculos de parentesco, para poseerse de modo individual, no tendría sentido elegir a través de los ajuares unos derechos de estatus» (Ruiz-Gálvez 1990: 345). Este estatus se habría manifestado principalmente en los atributos guerreros, que implicaban la colocación de armas en las tumbas. De forma que su ausencia se podría relacionar con la aparición de los *oppida*, lo que tendría lugar hacia el siglo III a.C. (Burillo 1986: 530; *Idem* 1988g: 302; Almagro-Gorbea y Lorrio 1991: 37 ss.; Almagro-Gorbea 1994: 39).

No parece probable que la desaparición de las armas del ajuar funerario sea debido a la pérdida de su significado ritual e ideológico en la sociedad celtibérica, como demostraría el estrecho vínculo que unía a los Celtíberos con sus armas, que preferían morir antes que entregarlas, según han dejado constancia repetidamente las fuentes literarias, a veces refiriéndose a los habitantes de una determinada ciudad, como es el caso de los numantinos (Sopeña 1987: 83 ss.; *Idem* 1995: 78 s.; Ciprés 1993: 91) (4).

Además, la desaparición de las armas en las necrópolis, documentada en el Alto Tajo, no es generalizable al resto de la Celtiberia. En el Alto Duero, la presencia de armas en las necrópolis arévacas está constatada sin ningún género de dudas en los siglos III-II a.C. y aún después. Este es el caso de Osma, Quintanas de Gormaz, Ucero, Carratiermes o Numancia, que hasta incorporan nuevos tipos de espadas y puñales a sus ajuares (tabla 2). Lo mismo puede decirse en el Alto Henares y el Alto Jalón, donde cementerios como El Atance o *Arcobriga* (tabla 1), respectivamente, documentan armas en sus ajuares durante el siglo III e incluso el II a.C. (Lorrio 1994a-b).

A ello habría que añadir que el fenómeno de empobrecimiento de los ajuares y la desaparición del armamento se reduce a un sector de la Celtiberia en el que el desarrollo urbano no fue muy importante, evidenciándose un proceso de jerarquización en el tamaño de los hábitats en época avanzada, manteniéndose prácticamente hasta la llegada de Roma el mismo tipo de asentamiento, el castro, cuya superficie raramente superaba la hectárea. Tan sólo pueden ser interpretados como núcleos urbanos La

Cava, con una superficie de 2,5 ha. (Iglesias *et alii* 1989: 77), y Luzaga, con 5,5 (Sánchez-Lafuente 1995: 193) (*vid.* capítulo III,1.2).

Podría plantearse, dada la localización de estas necrópolis en un área geográfica restringida y su contemporaneidad con otros cementerios con armas —como es el caso del Alto Duero, donde se constata la continuidad en la presencia de las armas en necrópolis directamente vinculadas a los *oppida* arévacos de *Uxama*, *Termes* y *Numantia*— que pudieran corresponder a una población en dependencia clientelar (Ruiz-Gálvez 1985-86: 97 s.; *Idem* 1990: 343), institución bien documentada en la sociedad celtibérica (*vid. infra*) (Ramos Loscertales 1942; Salinas 1983a; Almagro-Gorbea y Lorrio 1987: 112 s., mapa 5). La posibilidad, sugerida por Ruiz-Gálvez (1985-86: 97 ss.; *Idem* 1990: 343), de que estos cementerios pertenecieran a los Titos, los cuales parecen mantener una relación de dependencia respecto de los Belos (App., *Iber.* 44), no resulta fácil de comprobar. Las fuentes clásicas no ofrecen ninguna mención sobre su localización, limitándose a citarlos en compañía de los Belos, por lo que parece probable que se situaran muy próximos a éstos y concretamente a la ciudad de *Segeda* (Burillo 1986: 540). Más sugerente resulta plantear su vinculación con los Lusones, a pesar de los problemas que su localización plantea, con las contradicciones ya comentadas entre Apiano, que los sitúa cerca del Ebro (App., *Iber.* 42) o como vecinos de los numantinos (App., *Iber.* 79), y Estrabón (3, 4, 13), para quien los Lusones estarían hacia el Este de la Celtiberia, alcanzando las fuentes del Tajo, territorio en el que se localizan los topónimos de Luzaga y Luzón (Guadalajara), y que coincidiría con el de las necrópolis comentadas (Burillo 1986: 536 ss.).

La realización de análisis antropológicos en La Yunta (García Huerta 1991b; García Huerta y Antona 1992: 157 ss.; *Idem* 1995: 61 ss.) permite conocer aspectos demográficos y sociales de la comunidad allí enterrada (fig. 123,1), aunque las conclusiones deban ser tomadas con precaución, dadas sus especiales características y el que no se trate de un cementerio excavado en su totalidad, siendo necesaria, en cualquier caso, su contrastación con los datos procedentes de otras necrópolis en las que se hayan realizado análisis similares. Se ha podido identificar (García Huerta y Antona 1995: 61 ss.) sexo y edad en 127 de las 206 tumbas excavadas (61,6%), correspondientes a 129 individuos, al haberse registrado dos enterramientos dobles: 48 mujeres (37,2%), 59 hombres (45,7%) y 22 niños (17%). Resulta significativo el notable incremento de los enterramientos infantiles (con edades comprendidas entre 0-7 años) respecto a lo observado en las primeras campañas de excavación (García Huerta 1991b: 120 s.; García Huerta y Antona 1992: 158 ss.), lo que resulta más acorde con los datos procedentes de

---

(4)   *Vid.*, al respecto, Polib., 14, 7, 5; App., *Iber.* 31; Diod., 33, 16-17 y 25; Liv., *Dec.* 17 y 34; Flor., 1, 34, 3 y 11; Lucano, 4, 144; Oros., 5, 7, 2-18; Ptol., *Apotel.* 2, 13; Just., *Ep.* 44, 2.

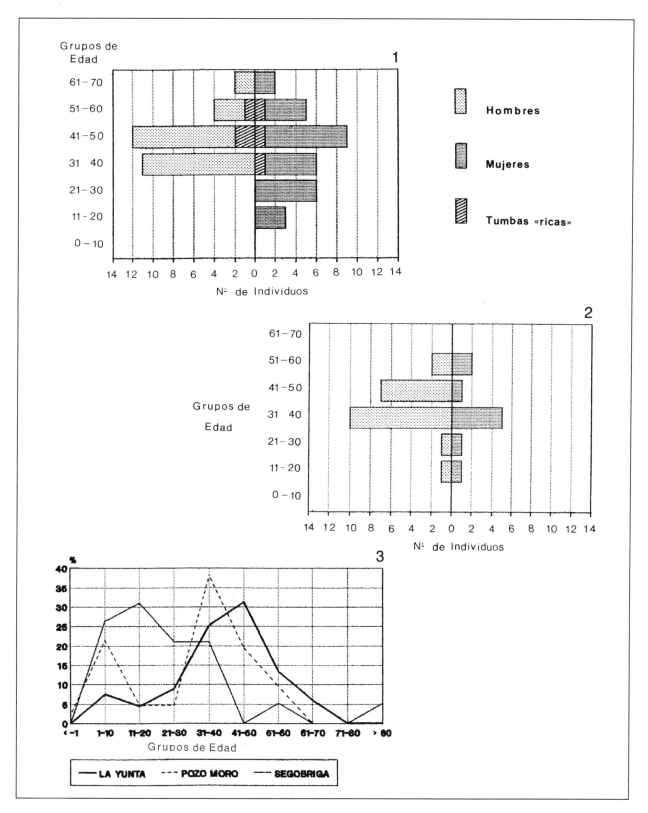

Fig. 123.—*Población por grupos de edad y sexo a partir de los análisis antropológicos de las necrópolis de La Yunta (1) —según los datos de las cuatro primeras campañas publicadas y con indicación de las sepulturas «ricas» (con más de cinco objetos)— y Pozo Moro (2). (Según García Huerta y Antona 1992, modificado (1) y Almagro-Gorbea 1986b (2)). Población comparada por grupos de edad (3) de la necrópolis celtibérica de La Yunta (según García Huerta 1991b) con la ibérica de Pozo Moro (según Almagro-Gorbea 1986b) y la romana de* Segobriga *(según Almagro-Gorbea 1995b).*

ALBERTO J. LORRIO

otros cementerios prerromanos, como el ibérico de Pozo Moro (fig. 123,2) (Almagro-Gorbea 1986b), en el que el 23,2% de los enterramientos corresponden a niños. Con la excepción de las sepultura 84 y 198 —las únicas tumbas dobles, con asociación de mujer y niño—, el resto de los enterramientos infantiles son individuales. Las tumbas publicadas (García Huerta y Antona 1992) confirman que, salvo la 81, constituida por la urna y la tapadera cerámica, los restantes conjuntos ofrecen diversos objetos formando parte del ajuar, lo que obviamente implica el carácter heredado de los mismos, siendo común a todos ellos la presencia de una fíbula.

Es difícil de justificar la completa ausencia de enterramientos pertenecientes a varones entre 10 y 30 años, lo que se ha interpretado (García Huerta y Antona 1992: 160 ss.; *Idem* 1995: 63) como que el fallecimiento de los hombres jóvenes se hubiera producido lejos de sus lugares de procedencia debido a episodios bélicos o relacionados con emigraciones de tipo *uer sacrum* protagonizadas por la juventud del poblado (5), o, incluso, poniéndolo en relación con la práctica referida por las fuentes y reproducida por la iconografía vascular según la cual los guerreros muertos en combate eran devorados por los buitres (*vid.* capítulo X, 6), interpretaciones difícilmente admisibles dado el incremento importante de hombres muertos entre los 30 y los 40 años (García Huerta y Antona 1992: 162; *Idem* 1995: 63).

4. LA SOCIEDAD CELTIBÉRICA EN LOS SIGLOS II-I a.C. HACIA UNA CELTIBERIA URBANA

Desde finales del siglo III a.C., la información proporcionada por las fuentes literarias —a la que hay que añadir los datos epigráficos y el registro arqueológico— va a permitir analizar en mayor profundidad la organización sociopolítica de los Celtíberos. Para el mundo celtibérico tardío pueden identificarse diversos niveles sociopolíticos, con distintos grados de integración entre ellos, que ofrecen un panorama más complejo que el observado en las fases precedentes, en las que debido al tipo de información manejada resulta difícil abordar los aspectos relativos a la organización socioeconómica. Estos niveles abarcan desde los grupos parentales de carácter familiar o suprafamiliares, las aldeas y las ciudades, las instituciones sociopolíticas tales como la asamblea y el senado, las entidades étnicas y territoriales que integran el colectivo celtibérico, hasta los conceptos de «celtíbero» y de Celtiberia, ya tratados en el capítulo II, surgidos en los comienzos de la conquista, aunque a partir de una realidad indígena (6). Por último, se examinarán instituciones no parentales como el *hospitium* o la clientela, así como los grupos de edad, que contribuyen de forma decisiva a la cohesión e integración sociopolítica de los Celtíberos.

4.1. *Estructuras sociales basadas en el parentesco: Las agrupaciones familiares*

Las fuentes literarias no hacen mención alguna sobre la familia, que debió ser la unidad parental básica de la sociedad celtibérica. A pesar de la carencia de datos, la familia estaría presumiblemente vinculada con el espacio doméstico —la casa—, entendido no sólo como una construcción material sino como un concepto con entidad social (Benveniste 1983: 192 ss.; Silva 1985: 201 ss.).

La epigrafía ha puesto de relieve la existencia, tanto en la Celtiberia como en un amplio territorio de la Hispania indoeuropea (*vid.* capítulo II,1.2), de estructuras suprafamiliares expresadas por genitivos de plural —asimiladas tradicionalmente con las gentilidades— (7) que aparecen formando parte del sistema onomástico indígena (8), ya sea en inscripciones en lengua latina o en la indígena. Su cronología abarca desde el siglo I a.C. hasta el IV de la era. Estas «unidades organizativas», basadas en el parentesco, tendrían capacidad para realizar pactos de hospitalidad, como lo confirma el que a menudo una de estas unidades se halle mencionada en las *tesserae hospitales*, pudiendo ser asimismo propietarias de objetos domésticos, según se desprende de los grafitos cerámicos.

Estos grupos familiares expresados por medio de genitivos de plural no deberían integrar un número elevado de individuos, de ahí el que no sea frecuente su repetición, sin que pueda determinarse hasta qué grado de parentesco abarcarían (de Hoz 1986a: 91 ss.; González 1986: 105; Beltrán Lloris 1988a: 228; Pereira 1993: 418).

---

(5) El *uer sacrum* o «primavera sagrada», costumbre latina y céltica que consistía, por razones demográficas y religiosas, en hacer emigrar toda una generación de jóvenes, podría haber sido la causante de algunos de los movimientos expansivos protagonizados por los Celtíberos, aunque no haya evidencia segura al respecto. *Vid.*, para las poblaciones celtas europeas, Dehn 1972.

(6) Burillo (1988f: 179 ss.; 1991b: 22-24; 1993: 226 ss.) ha propuesto la existencia entre los Celtíberos de cuatro niveles de identidad territorial: la Celtiberia, la división de ésta en *Citerior* y *Ulterior*, los *populi* de los Celtíberos y las ciudades.

(7) Sobre los genitivos de plural, tradicionalmente llamados «gentilidades», *vid.* Albertos (1975), Faust (1979), Santos Yanguas (1985), de Hoz (1986a), González (1986) y Beltrán Lloris (1988a). Sobre su identificación con las *cognationes*, *vid.* Pereira 1993.

(8) La fórmula onomástica indígena muestra que se trataría de un sistema de filiación claramente patrilineal, como lo confirma la frecuente presencia en el mismo del nombre del padre (González 1986: 104).

Además de los «genitivos de plural», la documentación epigráfica ha proporcionado algunas menciones, ninguna de ellas en territorio celtibérico, de *cognationes* y *gentilitates*, mientras que de las escasas inscripciones con mención del término *gens*, en su mayoría procedentes del área cántabro-astur, tan sólo una procede de la Celtiberia, de la ciudad de *Termes*, fechada posiblemente en el siglo I a.C. (González 1986: 60) (9).

4.2. *Ciudades y aldeas*

El criterio político y jurídico mayor para los Celtíberos era la ciudad de procedencia (Fatás 1991: 55). De acuerdo con Burillo (1993: 229), «la ciudad entendida como centro jerarquizador de un territorio en el que se distribuye una población rural, se configura como la unidad que articula política y administrativamente a los Celtíberos» (fig. 124). A pesar de la dificultad que entraña establecer cuándo surgen las ciudades en el territorio celtibérico, en buena medida debido a las carencias del registro arqueológico, parece que su origen pudiera remontarse al siglo III a.C. (*vid.* capítulo VII,4,2) (Burillo 1986: 530; *Idem* 1988g: 302; Almagro-Gorbea y Lorrio 1991: 35). Las fuentes literarias constatan su existencia desde inicios del siglo II a.C., a las que se refieren como *polis*, *urbs* y, más raramente, como *oppida*, sin que pueda establecerse una diferenciación terminológica entre estas palabras (Untermann 1992: nota 47), faltando un estudio de conjunto de su significado (*vid.*, al respecto, Fatás 1981: 219 s.; F. Beltrán Lloris 1988a: 230 ss.; Capalvo 1986: 51 ss.; Almagro-Gorbea 1996: 107 ss.).

Serían necesarias más excavaciones para documentar «el reflejo urbano de las instituciones de la ciudad» (Burillo 1988f: 184), dado que la mayor parte de los restos visibles en ciudades como *Numantia, Termes, Uxama, Clunia, Bilbilis* o *Segobriga*, por citar las que han sido objeto de una actividad excavadora más intensa, son en su mayoría de época romana. Tal vez el caso más significativo sea el de *Contrebia Belaisca*, que ha proporcionado una serie de elementos representativos de su función urbana (Fatás 1987: 15), que incluyen los restos de un gran edificio público de adobe, localizado en una situación destacada, ocupando la acrópolis de la ciudad (fig. 39,1) (Beltrán 1982; *Idem* 1988) (10), así como una serie de documentos epigráficos de bronce (figs. 133,A y 134), de gran extensión, algunos con evidencias de haber estado fijados, seguramente para su exhibición pública (*vid. infra*).

La existencia de una jerarquización en la organización interna de las ciudades se puede extraer del pasaje de Valerio Máximo (3, 2, ext. 7) según el cual el numantino Retógenes, que sobresalía «entre todos los ciudadanos por su nobleza, riquezas y honores», incendió «su barrio, el más hermoso de la ciudad». En este sentido, baste recordar la *Casa de Likine* (*vid.* capítulo III,3), mansión de grandes dimensiones localizada en el interior de la ciudad de La Caridad de Caminreal (Vicente *et alii* 1991).

El carácter autónomo de las ciudades queda patente al ser sus nombres los que son reproducidos en las emisiones monetales y en otros documentos epigráficos, a diferencia de lo que ocurre con las etnias (Burillo 1988f: 184). Así pues, la ciudad tiene entidad para protagonizar actos jurídicos, como los contenidos en la *Tabula Contrebiensis* y posiblemente también en el bronce de Botorrita 1, o como es el caso de los pactos de hospitalidad (11). La progresiva adopción de una forma de vida urbana habría llevado a considerar a los Celtíberos, tras la conquista, como *togati* (Ciprés 1993: 64), «lo que quiere decir que son pacíficos y transformados en gente civilizada a la manera itálica, estando vestidos con la toga» (Str., 3, 4, 20; *vid.* asimismo, 3, 2, 15),

Además de los *oppida, urbs, polis*, etc., las fuentes literarias citan también una serie de núcleos de menor entidad que reflejan una jerarquización del hábitat celtibérico (12). Es conocido el pasaje de Estrabón (3, 4, 13) en el que, refiriéndose a los Celtíberos, Polibio dice que Graco tomó 300 de sus ciudades (*polis*), lo que según Posidonio no sería sino una exageración llamando a las torres (*pyrgoi*) ciudades.

Algunos de estos asentamientos menores pueden identificarse con los castros, tan abundantes en territorio celtibérico, los cuales seguramente tendrían su propio territorio dentro del de la *ciuitas* (13). Algunos de estos castros, dadas sus dimensiones mayores, podrían identificarse con las «aldeas grandes» (*megalas komas*) citadas

---

(9) En relación con los términos *gens* y *gentilitas*, *vid.* González (1986: 105 ss.) y Beltrán Lloris (1988a).

(10) La existencia de edificios de carácter público es señalada por Apiano (*Iber.* 100) al narrar los acontecimientos ocurridos en el 93 a.C. en la ciudad de *Belgeda*: el pueblo, deseoso de alzarse en armas contra los romanos, «quemó al consejo que vacilaba junto con el edificio».

(11) *Segobriga, Libia, Arcobriga, Arecorata, Cortono* o *Turiaso* serían algunas de las ciudades que aparecen mencionadas como una de las partes que participan en un pacto de estos pactos.

(12) *Vid.* Livio (34, 19; 40, 33), quien se refiere a *uicos* y *castella* (Rodríguez Blanco 1977: 170 y 173).

(13) En la Gallaecia se ha documentado una inscripción que ha sido interpretada como un término territorial que permitiría marcar los límites entre los territorios de la *ciuitas* y del *castellum*, con lo que habría que suponer para éste, de acuerdo con Pereira (1982: 252 ss.=1983: 173 ss.), una cierta independencia administrativa y organizativa. Por su parte, el bronce de *Contrebia* (Fatás 1980) señala la existencia de amojonamientos, que indican cómo las ciudades mencionadas en este documento limitarían entre sí, con lo que, como ha destacado Burillo (1988f: 184), los núcleos de menor entidad quedarían circunscritos en el territorio de aquéllas.

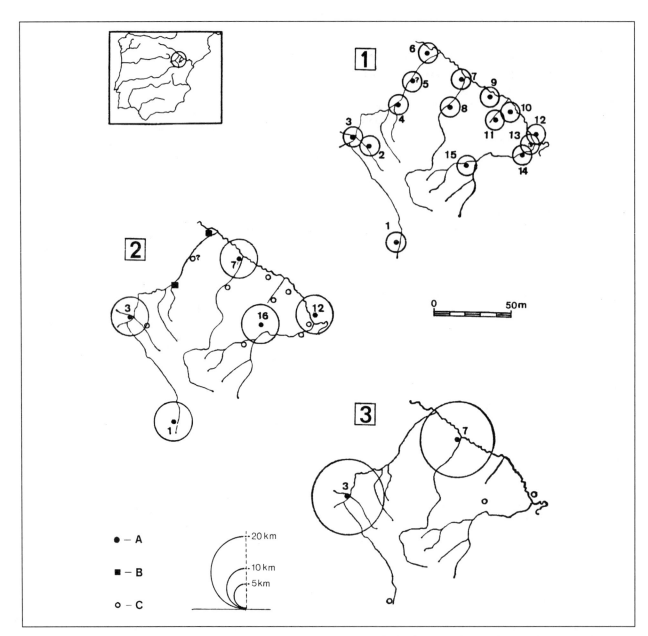

Fig. 124.—Jerarquización de las ciudades en el Valle Medio del Ebro: 1, ciudades de época ibérica; 2, ciudades que perduran tras los acontecimientos cesarianos; 3, idem a partir de Claudio. 2-3: A, perduran; B, sin datos; C, desaparecen. 1, El Poyo del Cid; 2, Segeda; 3, Bilbilis; 4, Nertobriga; 5, Centobriga; 6, Alaum; 7, Salduie; 8, Contrebia Belaisca; 9, Burgo de Ebro; 10, Fuentes de Ebro; 11, Mediana de Aragón; 12, Celse; 13, Puebla de Híjar; 14, Azaila; 15, Beligio; 16, Belchite. (Según Burillo 1980).

por Estrabón (3, 4, 13), las cuales no llegarían a alcanzar el rango de ciudad (14).

_____

(14) La diferencia entre aldea y ciudad queda clara en el texto de M.A. Levi, recogido por Fatás (1981: 213): «Mientras que un centro habitado no es otra cosa que una zona de habitación estable, en el centro de un territorio con recursos agrícolas, pastoriles, minerales o forestales, no se puede hablar de otra cosa que de aldea. Con independencia de la extensión del centro habitado, cuando un asentamiento humano se diferencia de la aldea por razones administrativas y políticas, por los servicios que ofrece (mercado, puerto, industrias humanas), entonces se trata de una ciudad».

La Arqueología, por medio de excavaciones en extensión, ha permitido obtener información sobre las formas de vida desarrolladas en los asentamientos celtibéricos. Un buen ejemplo lo ofrece la *Casa de Likine*, en La Caridad de Caminreal (*vid.* capítulos III, 3 y VIII, 1.1), donde se han diferenciado distintas áreas de funcionalidad diversa (residenciales, domésticas, de almacenes, de talleres y actividades artesanales, etc.), pudiéndose suponer una importante actividad agropecuaria, dada la concentración de útiles de tipo agrícola y ganadero documentados (Vicente *et alii* 1991: 117 ss.). También se posee información relativa a los hábitats de menor entidad, como es el caso del poblado de Los Castellares (Herrera de los Navarros, Zaragoza), un pequeño núcleo de 0,22 ha. fechado en el tránsito entre los siglos III-II a.C. (Burillo 1986; Burillo y de Sus 1986 y 1988) o el castro de La Coronilla (Chera, Guadalajara), con una superficie de 0,15 ha., fechado entre mediados del siglo II y el siglo I a.C. (Cerdeño y García Huerta 1992: 17-80). Se trata de dos hábitats para los que cabe plantear una orientación económica agropecuaria que, en el primero, se completaría con actividades mineras.

4.3. *Instituciones sociopolíticas*

Las fuentes literarias y la epigrafía han permitido identificar dos instituciones que constituyen la base del sistema político celtibérico: la asamblea pública y el senado. A pesar de su carácter eminentemente urbano, nada hace indicar que se trate de fenómenos tardíos en la sociedad celtibérica, al igual que en las celto-germánicas (Roymans 1990: 29 ss.), aunque sus funciones y significado social no necesariamente se habrían mantenido constante siendo determinante en este proceso la presencia de Roma.

La asamblea sería la encargada de tomar importantes decisiones, como la elección de los líderes militares, la decisión de hacer la guerra o de pedir la paz. A pesar de que las fuentes no hayan dejado ninguna noticia al respecto, estaría integrada por los hombres libres de la comunidad, cuya condición quizás estuviera determinada por la actitud de llevar armas, que equivaldría así a la de ser ciudadano (15).

Además de la asamblea pública, existiría un consejo de ancianos o de nobles, que incluiría a los personajes más relevantes de la comunidad, citado por las fuentes literarias como senado.

Algunos pasajes de las fuentes ofrecen información sobre estas instituciones y sus funciones. En el episodio de *Segeda* del 154 a.C., los emisarios enviados por el senado fueron contestados por «uno de los ancianos llamado Caciro», con seguridad un personaje principal, representante del senado o de la asamblea, cuyas palabras fueron ratificadas por el pueblo, lo que llevó a la declaración de guerra por Roma (Diod., 31, 39). Los Arévacos despreciaron a sus enemigos, y por ello «la multitud reunida en pública asamblea decidió la guerra contra los romanos» (Diod., 31, 42).

En *Lutia*, en respuesta a la petición de ayuda por parte de los numantinos ante la inminente caída de la ciudad:

«...los jóvenes se declararon por los numantinos y empujaban a la ciudad a que les socorriese; pero los ancianos avisaron a Escipión» (App., *Iber.* 93).

En relación con la campaña de Pompeyo el 75 a.C. en la Celtiberia, de nuevo son éstos quienes aconsejan «mantenerse en paz y cumplir lo que se les mandase», lo que provoca la reacción de las mujeres, que toman las armas y se hacen fuertes, y, con ellas, los jóvenes, que desprecian de esa forma los acuerdos de los ancianos (Sall., *Hist.* 2, 92).

En el 93 a.C., se produce el caso ya comentado de *Belgeda*, en el que el pueblo quemó al consejo que vacilaba en alzarse en armas contra los romanos junto con el edificio (App., *Iber.* 100) (16).

Alguno de estos episodios prueban la existencia de grupos de clases de edad entre los Celtíberos. La *iuuentus* debe entenderse como el grupo de los guerreros jóvenes, lo que estaría haciendo referencia al contingente militar de una comunidad, aunque también sea utilizado para nombrar a la élite de la juventud, a los *equites* (Ciprés 1990; *Idem* 1993: 104 ss.; Almagro-Gorbea 1996: 116 ss.). Se trata de una organización de contenido social de tipo no parental, objeto en ocasiones de conflictos debido a su carácter militar, gracias al cual tuvo una considerable influencia política. Existen casos en la Celtiberia en los que la *iuuentus* actuó en contra de la decisión tomada por la asamblea, enfrentándose directamente con los *seniores*. Este es el caso del ya comentado episodio de *Lutia* en el que los jóvenes se opusieron a la postura cauta y prorromana del consejo de ancianos (App., *Iber.* 93), o del narrado por Salustio en el marco de las Guerras Sertorianas (*Hist.* 2, 92) (17).

En múltiples ocasiones las fuentes literarias hacen mención al envío de legados en señal de paz. Baste recordar los acontecimientos del 152 a.C. en los que los nertobrigenses envían un heraldo vestido con una piel de lobo en señal de paz o, ante la negativa de Marcelo a concederles el perdón si no iba acompañado del de los Belos, Titos y Arévacos, éstos envían legados a Roma, siendo los de Belos y Titos recibidos en la ciudad, al ser considerados como aliados, otorgándoles audiencia se-

(15) Según señala Prieto (1977: 341), la asamblea estaría constituida por todos los miembros de la comunidad o, con más probabilidad, «exclusivamente por el ejército en armas».

(16) En esta rebelión del *demos* contra la *boulé* de la ciudad de *Belgeda* habría que ver, de acuerdo con Fatás (1987: 16), «un estallido violento de la plebe contra la aristocracia».

(17) La *iuuentus celtiberorum* aparece citada en el 214-212 a.C. como un cuerpo mercenario al servicio de los cartagineses, que es atraído por los romanos (Liv., 24, 49, 7); en el 206 a.C. aparecen devastando los campos de Suesetanos y Sedetanos, aliados de Roma (Liv., 28, 24, 3); en el 181 a.C. son citados de nuevo, ya en el marco de la Guerras Celtibéricas (Liv., 40, 30).

paradamente por ciudades, mientras que los de los Arévacos, tenidos por enemigos, se quedaron fuera de la ciudad según era costumbre (App., *Iber.* 48-49; Polib., 35, 2) (18).

Plutarco (*Tib. Graco* 5) relata cómo Tiberio Graco en el 137 a.C. trata con los magistrados de los numantinos fuera de la ciudad para la devolución de las tablillas de cálculos y cuentas de su gestión como cuestor, que se hallaban entre el botín tomado por los indígenas. Otras referencias a magistrados de carácter urbano son conocidas a través de los documentos epigráficos. En el bronce latino de *Contrebia*, fechado el 87 a.C., aparecen mencionados una serie de magistrados del *senatus* contrebiense, entre los que se incluye un *praetor* (Fatás 1980; d'Ors 1980), mientras que en el bronce de Botorrita 1, aparece repetida la palabra *bintis*, que ha sido interpretada como sinónimo de magistrado (de Hoz 1988b: 150).

Junto a estas referencias a magistrados y consejos, las fuentes literarias señalan la presencia de líderes militares, cuya elección, a cargo de la asamblea, estaría condicionada por las necesidades militares del momento. Se trata de personajes relevantes, citados en las fuentes como jefes, caudillos, *principes* o *reguli*, en los que parece primar su valor, su capacidad militar e incluso ciertas connotaciones religiosas, como las que envuelven a Olíndico.

En el 209 a.C., se menciona a Alucio, joven príncipe celtíbero, capaz de movilizar entre sus clientes 1.400 caballeros seleccionados (Liv., 26, 50; Dio. Cass., *Fr.* 57, 42; Frontin., 2, 11, 5). En el 193 a.C., Marco Fulvio derrota cerca de *Toletum* a Vacceos, Vettones y Celtíberos, haciendo prisionero a su rey, Hilerno (Liv., 35, 7, 6; Oros., 4, 20, 16). En el 179, es mencionado un régulo celtibérico llamado Thurro (Liv., 40, 49).

En el año 170 a.C., Olónico, u Olíndico, aparece como jefe de una rebelión (Liv. *Per.* 43; Flor. 1, 33, 13). Este personaje destacaba por su astucia y audacia así como por su actividad profética, lo que ha llevado incluso a defender su carácter sacerdotal (*vid.* capítulo X, 5).

Apiano (*Iber.* 45) narra cómo en el 153 a.C., ante la llegada del ejército de Nobilior, los segedenses se refugian en el territorio de los Arévacos, siendo acogidos por éstos, eligiendo como caudillo al segedense Caro, «famoso por su valor». Tras su muerte, los Arévacos se congregan en Numancia y eligen como jefes a Ambón y Leukón (App., *Iber.* 46). Otro de estos personajes sería «el valeroso caudillo Megaravico» (Flor., 1, 34, 3), también vinculado a los acontecimientos del 154-153 a.C. En el 152, Liteno, caudillo de los numantinos (App., *Iber.* 50), apa-

rece negociando la paz con Marcelo, que impuso rehenes y tributos, en nombre de Belos, Titos y Arévacos. Como ha señalado Fatás (1987: 17), se trata de una *deditio in fidem*, lo que pone de manifiesto cómo estos jefes principales no sólo tendrían la misión de dirigir el ejército en tiempos de guerra sino también la de negociar alianzas o la de tratar la paz, posiblemente en representación de los intereses de la asamblea y del pueblo (García-Gelabert 1990-91: 106).

Otro ejemplo sería el de Retógenes, de sobrenombre Caráunio, «el más esforzado de los numantinos», que salió de la ciudad, ante su inminente caída, en busca de ayuda, acompañado de cinco amigos, seguramente clientes, ayudados por igual número de sirvientes (App., *Iber.* 94).

4.4. *Organización etnopolítica*

Uno de los aspectos más conflictivos, esencial para la delimitación de la Celtiberia, es el de las etnias o *populi* que según los autores clásicos integrarían el colectivo celtibérico (*vid.* capítulo II, 1.1.a) (19). Diversos son los candidatos a integrar esta nómina. Estrabón (3, 4, 13) considera a Arévacos y Lusones como dos de los cuatro pueblos que habitarían la Celtiberia, si bien no cita a los otros dos, al menos por sus etnónimos (*vid.*, en relación a este pasaje, capítulo II,1.1.a y Capalvo 1995: 464 ss.; *Idem* 1996: 55 ss.), que por las narraciones de las Guerras Celtibéricas y Lusitanas se sabe que serían los Belos y Titos, que no vuelven a ser citados por las fuentes clásicas con posterioridad al 143 a.C. (App. *Iber.* 66). Más complejo ha resultado llenar de contenido una quinta parte (Capalvo 1995: 468 ss.; *Idem* 1996: 59 ss.; García Quintela 1995) a la que se refiere Estrabón sin ofrecer mayores detalles (*vid.* capítulo II,1.1.a). Que los Pelendones fueran un pueblo celtibérico es señalado de forma clara por Plinio (3, 26), aunque también se hayan considerado como tales los Vacceos (Wattenberg 1960: 154), siguiendo así lo dicho por Apiano (*Iber.* 50-52), los Berones (Rodríguez Colmenero 1979), o incluso los Celtíberos mencionados de forma independiente de Arévacos y Pelendones por Ptolomeo (2, 6, 57) (Bosch Gimpera 1932: 581 ss.).

Sin duda fueron los Arévacos los que mayor poder alcanzaron —de hecho, según proponen los editores modernos de Estrabón, éste los considera como los más fuertes de entre los Celtíberos (Str., 3, 4, 13) (*vid.* capítulo II,1.1.a y Capalvo 1995: 464 s.; *Idem* 1996: 55 ss.)—, correspondiéndoles varias ciudades, al igual que a los

---

(18)   Sobre el carácter principal de estos personajes, baste recordar que Apiano (*Iber.* 50) denomina príncipe a un personaje destacado de la legación que los Celtíberos habían enviado a Roma el 152 a.C.

(19)   En cuanto al término «tribu», *vid.* Caro Baroja (1943 y 1946), así como Fatás (1981), quien insiste en su impropiedad. Sobre el concepto de etnia y los problemas de su identificación, *vid.* Pereira (1992) y para los etnónimos, *vid.* Untermann (1992).

Belos y a los Lusones, pese a que la entidad de estos *populi* sería variable, como lo confirma el que los Titos siempre sean citados junto a los Belos o que en el episodio de *Segeda* del 154 a.C., la tribu de los Titos fuera obligada a congregarse en la ciudad recién ampliada (App., *Iber.* 44).

Que los Arévacos hubieran acogido a los segedenses, *socios et consanguineos* suyos (Flor., 1, 34, 3), deja ver la cerrada conexión política entre los dos grupos, habiéndose planteado que la referencia de Floro no haría otra cosa sino indicar su pertenencia a una misma etnia, además de su colaboración en el ámbito militar (Burillo 1988a: 8; Ciprés 1993: 61 y 65 s.) (20). La mención de Floro no necesariamente ha de interpretarse en términos de parentesco, como lo prueba el hecho de que los romanos se refieran a los Eduos como *fratres et consanguinei*. Por su parte, la referencia de Apiano (*Iber.* 93) a los Arévacos como «hermanos» de los numantinos se ha interpretado como una evidencia de que se trataría de gentes emparentadas pero distintas, proponiéndose la pertenencia de Numancia a un grupo diferente de los Arévacos, concretamente los Pelendones (Taracena 1954: 200).

Las relaciones entre las etnias celtibéricas debieron ser de diferente tipo, documentándose algunas alianzas puntuales entre ellas (concretamente entre Arévacos, Belos y Titos), ocasionadas por la necesidad de unir sus fuerzas frente a un enemigo exterior (21). Estas alianzas se plantearían de igual a igual, como lo confirmaría el hecho de que incluso en la elección de su jefe no se imponga el del grupo más poderoso. Así ocurrió con motivo del episodio de *Segeda*, en el que los Arévacos acogieron a los segedenses en su propio territorio, eligiendo como jefe a Caro, de *Segeda* (App. *Iber.* 45). En otras ocasiones, la relación sería de clientelaje, como ocurre con los Titos respecto de los Belos (22). Además de las relaciones de tipo político, obviamente debieron existir otras de índole económica, pudiéndose defender asimismo la comunidad de linaje en ciertos casos (23).

---

(20)   En este sentido, no habría que olvidar que mientras para Apiano (*Iber.* 44) *Segeda* es una ciudad bela, para Estrabón (3, 4, 13) es arévaca.

(21)   En ocasiones los Celtíberos aparecen coaligados con otros pueblos, como Carpetanos, Vettones y Vacceos (Liv., 35, 7, 6; 38, 42; 39, 30-31; 40, 16, 7; 40, 30; 40, 32, 5; 40, 33; 40, 35, 3; 40, 39; 40, 47-50; etc.).

(22)   Sin bases suficientes, se ha señalado asimismo una relación de posible clientela de los Lusones respecto a los Arévacos (Alonso 1969: 135).

(23)   Además del caso probable de Belos, Titos y Arévacos (*vid. supra*), también se ha mencionado el de los Vacceos, considerado como un pueblo celtibérico por Apiano (*Iber.* 50-52). La supuesta comunidad de linaje vendría marcada por la «hermandad» entre Celtíberos y Vacceos durante las Guerras Celtibéricas y por la propuesta de explicación del etnónimo *areuaci* como *are-uaccei*, «Vacceos del extremo o Vacceos orientales» (Taracena 1954: 200; Alonso 1969: 131 y 137 s.; Tovar 1989: 78), frente a Plinio (3, 27) según el cual *Areuacis nomen dedit fluuius Areua* (*vid.* Untermann 1992: 32).

4.5. *El* hospitium *y la clientela*

El *hospitium* constituye una de la instituciones más características de la Hispania antigua, mediante la cual un extraño era aceptado por un grupo familiar o una comunidad determinada (Ramos Loscertales 1942; Salinas 1983a). Un pasaje de Diodoro (5, 34) sobre los Celtíberos resulta sumamente esclarecedor al respecto:

«En cuanto a sus costumbres, son crueles con los malhechores y los enemigos y buenos y humanos con los huéspedes. Todos quieren dar albergue a los forasteros que van a su país y se disputan entre ellos para darles hospitalidad: aquellos a quienes los forasteros siguen son considerados dignos de alabanza y agradables a los dioses».

Uno de estos actos es narrado por Valerio Máximo (3, 2, 21) en el marco de las Guerras Celtibéricas. Quinto Ocio, legado de Metelo, derrotó en combate singular a Pirreso, «sobresaliente en nobleza y valor entre todos los Celtíberos», el cual le entregó su espada y su *sagum* como un don; por su parte, Ocio «pidió que se uniesen los dos por la ley del hospicio cuando se restableciese la paz entre los Celtíberos y los romanos». Sobre este episodio, Livio (*pap. Oxyrh.* 164) señala cómo tras vencer a Tiresio, con seguridad el mismo personaje, y recibir de él una espada «le dio la diestra en señal de amistad», con lo que quedaría explicada una de las representaciones iconográficas más características de los documentos epigráficos relativos al *hospitium*, las téseras de hospitalidad, concretamente la que reproduce dos manos diestras entrelazadas (fig. 138,4-5).

Las téseras de hospitalidad (figs. 133,B, 135,1, 136,2-3 y 137-138; lám. VII,2-3), realizadas por lo común en bronce si bien hay algún ejemplar en plata, estaban constituidas por dos partes que al unirse formaban una unidad. Las formas que adoptan son variadas —placas cuadrangulares, animales, formas geométricas, manos entrelazadas o un ejemplar en forma de cabeza humana—, pudiéndose clasificar a partir de su contenido (*vid.* capítulo XI,3.2) según hagan referencia a uno o a los dos participantes en el pacto (de Hoz 1986a: 68 ss.; Untermann 1990b).

Como han señalado diversos autores (Vigil 1973: 262; Prieto 1977: 338 s.; Salinas 1983a: 28), el *hospitium* iría perdiendo su sentido genuino de igualdad, asimilándose a la clientela. Ésta puede considerarse como un importante mecanismo de integración entre gentes de diferente nivel social. El término cliente quedaría referido a un complejo de relaciones, recíprocas pero asimétricas, entre un patrón y sus clientes. En esta institución, ambas partes adquieren obligaciones mutuas; por lo común, el patrón ofrece protección y compensaciones materiales a sus clientes, mientras éstos se comprometen a realizar una serie de servicios, incluidos los de tipo militar, evidenciando siempre las diferencias de estatus entre ambos. Las relaciones de clientela pueden ser de diverso tipo (Roymans 1990: 39):

a) Clientela entre individuos de alto rango y los grupos de menor nivel social. Debió ser un tipo de clientela frecuente entre los Celtíberos, alcanzando un importante número, como sería el caso del príncipe celtibérico Alucio que, realizada una leva entre sus clientes, se presentó ante Escipión con 1.400 jinetes seleccionados (Liv., 26, 50), o el de Retógenes, al que acompañan cinco clientes en su salida desesperada de Numancia en busca de ayuda (App., *Iber.* 93).

b) Clientela entre personas de elevado estatus social. Un ejemplo sería el del propio Alucio con Escipión, que había devuelto a su prometida, cautiva de los romanos, o el del régulo celtibérico Thurro que, en el 179 a.C., se puso al servicio de Sempronio Graco, agradecido a éste por haber perdonado la vida a sus hijos (Liv., 40, 49). Importantes clientelas debieron tener en Hispania personajes como Sertorio o Pompeyo (Caes., *B.C.* 2, 18, 7) (Knapp 1978; Dyson 1980-81).

c) Clientela entre tribus, etnias o *populi*. En este sentido cabría valorar la relación de los Titos respecto de los Belos (App., *Iber.* 44), aunque hay que suponer que la relación de clientela se establecería con las élites, en este caso de la ciudad de *Segeda*. Quizás una relación semejante pudiera apuntarse entre los Arévacos y los Pelendones, dado el silencio de las fuentes sobre estos últimos durante el período de las Guerras Celtibéricas —en el que la capacidad militar arévaca se hallaba en su más alto nivel—, coincidiendo su aparición en la escena política con la destrucción de Numancia y la consiguiente pérdida de poder de los Arévacos. La expansión de los grupos arévacos del Alto Duero a costa del territorio castreño atribuido a los Pelendones, apuntaría en esta dirección.

La *deuotio* sería una versión magnificada de la clientela, según la cual el guerrero protegería la vida de su jefe, incluso a cambio de la suya propia (24). Frente a la clientela, donde prima el contenido social, la *deuotio* está cargada de un fuerte componente ideológico y religioso. Así lo describe Plutarco (*Sert.* 14):

«Siendo costumbre entre los hispanos que los que hacían formación aparte con el jefe, perecieran con él si venía a morir, a lo que aquellos

bárbaros llaman consagración; al lado de los demás jefes sólo se ponían algunos de sus asistentes y amigos, pero a Sertorio le seguían muchos miles de hombres, resueltos a hacer esta especie de consagración».

Al narrar los acontecimientos del 74 a.C., Apiano (*B.C.* 1, 112) indica que Sertorio «llevaba siempre lanceros celtíberos en lugar de romanos, confiando a ellos la guardia de su persona», que seguramente habría que interpretar como devotos (Salinas 1983a: 30) (25). Podrían considerarse *deuoti* (*vid.* Ramos Loscertales 1924; Ciprés 1993: 125 s.) los cinco clientes que acompañan a Retógenes (App., *Iber.* 93), o los guerreros numantinos que por orden de un personaje destacado, de nombre Retógenes, quizás el mismo que protagonizara el episodio narrado por Apiano, aparecen luchando «dos a dos», siendo el vencido «decapitado y echado por encima de los techos en llamas». Tras su muerte, el propio Retógenes se arrojó a las llamas (Val. Max., 3, 2, ext 7; *vid.*, asimismo, Flor., 1, 34, 11).

Se ha señalado que posiblemente ciertos antropónimos documentados por la epigrafía hagan referencia a formas de dependencia indígena. El caso más conocido es el de *Ambatus, -a* y sus variantes, que ha sido relacionado con el término galo *ambactus*, cuyo significado sería próximo a *seruus*, pudiéndose plantear un carácter servil para estos individuos o al menos para su ascendencia (Sevilla 1977; Rodríguez Blanco 1977: 175; Santos Yanguas 1978. *Vid.*, en contra, Daubigney 1979 y 1985; Ortiz de Urbina 1988) (26).

4.6. *Guerra y Sociedad*

Como ha habido ocasión de comprobar, la sociedad celtibérica presenta un fuerte componente militar, puesto de relieve desde sus estadios iniciales y potenciado a partir del siglo IV a.C. con la eclosión en el Alto Duero de los Arévacos. En esta sociedad, en la que los ideales guerreros, viriles y agonísticos ocuparon un papel destacado (Sopeña 1987; *Idem* 1995: 75 ss.), el análisis de diversos tipos de evidencias (fuentes literarias, iconografía, prácticas funerarias) ponen al descubierto la existencia de prácticas rituales vinculadas con la guerra, que

---

(24)   Sobre la *deuotio*, y sus paralelos en la sociedad celta, *soldurii*, y germánica, *comitatus*, *vid.* Ramos Loscertales (1924), Rodríguez Adrados (1946), Prieto (1978), Salinas (1983a: 29 s.) y Ciprés (1993: 123 ss.).

(25)   Otras referencias de las fuentes literarias sobre la *deuotio* entre los Celtíberos pueden encontrarse en Salustio (Servio, *ad Georg.* 4, 218) y Valerio Máximo (2, 6, 11). César (*B.G.* III, 22) señala la existencia de una práctica similar entre los Galos, los *soldurii*, y Tácito (*Germ.* 13, 2-4), entre los Germanos, *comitatus*. Por su parte, Estrabón (3, 4, 18) señala como una costumbre ibérica «el consagrarse a sus jefes y morir por ellos».

(26)   La presencia de esclavos en la Hispania indoeuropea, incluso en época prerromana, está constatada por las fuentes literarias (*vid.*, al respecto, Mangas 1971; Marco 1977; Santos Yanguas 1978: 138; etc.).

traslucen un fuerte componente religioso (Ciprés 1993: 81 ss.). Los dioses son invocados en ella y eran testigos de los pactos (App., *Iber.* 50-52).

Para los Celtíberos, la guerra sería una forma de conseguir prestigio y riqueza, y en tal sentido deben de entenderse las frecuentes razzias que periódicamente se organizarían contra los territorios vecinos, así como su presencia como mercenarios al servicio de Turdetanos, Iberos, cartagineses y romanos (Santos Yanguas 1980; *Idem* 1981; Santos Yanguas y Montero 1982; Ruiz-Gálvez 1988b; etc.). Aún considerando exageradas las cifras aportadas por las fuentes respecto a los contingentes celtibéricos, lo cierto es que el volumen de población movilizada para los enfrentamientos contra las potencias mediterráneas desde finales del siglo III y durante las dos centurias siguientes debió superar con creces lo hasta entonces conocido. Además, tanto la forma de lucha de los guerreros celtibéricos como el propio concepto que de la guerra tuvieron estos pueblos se vieron sometidos sin duda a variaciones a lo largo de los más de cinco siglos que abarca el desarrollo de la Cultura Celtibérica (27). La iconografía indígena se hace eco de este carácter militar de la sociedad celtibérica, siendo prueba de ello algunas de las escenas vasculares numantinas, entre las que destaca el «vaso de los guerreros» (figs. 79,10 y 109,1; contraportada), las representaciones monetales (figs. 80 y 139,B y lám. VIII) o las estelas celtibéricas discoidales (fig. 81,1-2).

Los Celtíberos, como los Cimbrios, se muestran felices en las batallas y se lamentan en las enfermedades (Cic., *Tusc. Disp.* 2, 65). La muerte por enfermedad era considerada como triste (Val. Max., 2, 6, 11) (28). En términos parecidos se expresan Silio Itálico (3, 340-343) y Claudio Eliano (10, 22), señalando cómo la muerte en combate es considerada gloriosa por Celtíberos y Vacceos, y así lo demuestra el que los caídos en combate se beneficiaran de un ritual funerario específico diferente del practicado por el resto de la población: la exposición del cadáver (*vid.* capítulo X,6), siendo devorado por los buitres, animales considerados como sagrados y que eran los encargados de transportarlos al Más Allá (Sopeña 1987: 77 ss., 117 ss., 126 s. y 141 ss.; *Idem* 1995: 210 ss.; Ciprés 1993: 88 s.; Ruiz Zapatero y Lorrio 1995: 235 s.).

Ante la indignidad que supone la pérdida de su libertad, el guerrero celtibérico prefiere la muerte, que materializa a través del suicidio, presente en prácticas como la

deuotio (Val. Max., 2, 6, 11; 3, 2, ext 7; Salustio, en Servio, *ad Georg.* 4, 218; Flor., 1, 34, 11; Plut., *Sert.* 14). Los guerreros que constituían uno de estos séquitos no podían sobrevivir a su jefe (Ramos Loscertales 1924; Ciprés 1993: 126 ss.).

Este desprecio a la vida, expresado en varias ocasiones por la fuentes literarias, está también presente en el combate singular. Diversos ejemplos existen al respecto. En el 151 a.C., en la ciudad de *Intercatia*, cercada por el ejército de Lúculo, un guerrero indígena, montado a caballo y vestido con armas resplandecientes, retó a combate singular a cualquiera de los romanos. Al no responder nadie al reto, se burló de sus enemigos y se retiró ejecutando una danza (29). Tras repetirlo varias veces, el joven Escipión Emiliano aceptó el reto, dándole muerte (App., *Iber.* 53) (30).

Otro episodio es el narrado por Valerio Máximo (3, 2, 21) y Tito Livio (*pap. Oxiyrh.* 164), referido al año 143-142 a.C.:

> «Quinto Ocio, habiendo marchado a Hispania como legado del cónsul Quinto Metelo, y luchando a sus órdenes contra los Celtíberos, cuando se enteró que estaba retado a un duelo por un joven de este pueblo —estaba en esto puesta la mesa, a punto de comer—, dejó la comida y dio orden de que se sacasen fuera de la muralla sus armas y su caballo con todo secreto, para que Metelo no se lo prohibiese; y persiguiendo a aquel celtíbero que con gran insolencia había cabalgado a su encuentro, le dio muerte, y blandiendo los despojos de su cadáver, entró en su campamento en medio de una gran ovación. Este mismo hizo sucumbir ante sí a Pirreso, sobresaliente en nobleza y valor entre todos los Celtíberos, quien lo había retado a un certamen. Y no se ruborizó aquel joven de ardoroso pecho de entregarle su espada y su ságulo a la vista de ambos ejércitos; y Ocio por su parte pidió que se uniesen los dos por la ley del hospicio

---

(27)   Polibio (35, 1) compara la Guerra Celtibérica con el incendio en un monte, que cuando parece estar apagado vuelve a brotar por otro lugar. Diodoro (31, 40) la denomina «guerra de fuego».

(28)   *Vid.*, asimismo, Silio Itálico (1, 225) y Justino (*Ep.* 44, 2). Sobre estos pasajes, *vid.* Sopeña (1987: 83; *Idem* 1995: 89) y Ciprés (1993: 90).

(29)   La ejecución de danzas y cantos de guerra por parte de los pueblos hispanos es señalada por las fuentes literarias (Sil. Ital., 3, 346-349; Diod., 5, 34, 4; App., *Iber.* 67), cuya finalidad sería excitar el valor de los guerreros así como infundir pánico al enemigo. Salustio (2, 92) relata cómo son las madres las encargadas de conmemorar «las hazañas guerreras de sus mayores a los hombres que se aprestaban para la guerra o al saqueo, donde cantaban los valerosos hechos de aquéllos». La utilización de trompas de guerra por los numantinos (App., *Iber.* 78), documentadas arqueológicamente (*vid.* capítulo V,3.10), quizás pudiera ponerse en relación con este tipo de prácticas. Acerca de la existencia de tales prácticas en las sociedades celtogermánicas y su interpretación, *vid.* Sopeña (1987: 90 ss.; *Idem* 1995: 97 ss.) y Ciprés (1993: 83 s.).

(30)   Sobre este episodio, *vid.* Polib., 35, 5; frags. 13 y 31; Liv., *per.* 48; Veleyo, 1, 12, 4; Val. Max., 3, 2, 6; Flor., 1, 33, 11; Plut., *prae. ger. reip.* 804; Ampelio, 22, 3; *De viris. ill.* 58; Oros., 4, 21, 1; Plin., 37, 9.

cuando se restableciese la paz entre los Celtíberos y los romanos» (Val. Max., III, 2, 21).

Los guerreros protagonistas de estos duelos pertenecerían a la élite social y militar (Ciprés 1993: 93). Así lo demuestra el que las fuentes literarias se refieran a ellos como *rex* —éste es el caso de Floro (1, 33, 11) al narrar el episodio ya comentado de Escipión Emiliano ante los muros de la ciudad vaccea de *Intercatia*—, *dux* —término utilizado por Valerio Máximo (3, 2, 6) para referirse a los guerreros muertos en combate singular por Valerio Corvino y Escipión Emiliano—, o destacando su nobleza y valor —como es el caso de Pirreso—. También las armas que portan, a las que Apiano (*Iber.* 53) denomina resplandecientes, o la propia posesión del caballo indicaría esta posición social destacada. No hay referencia sobre el tipo de armas que serían utilizadas en este tipo de combate. En Grecia se autorizaba el uso del escudo, la espada y la jabalina, pudiéndose utilizar durante el combate cualquiera de ellas (Fernández Nieto 1975: 47 s. y 58; *Idem* 1992: 383 s.), lo que bien pudiera ser aplicado al caso hispano, como lo confirman representaciones iconográficas como la de un vaso de Liria, que reproduciría uno de estos duelos ritualizado (Fernández Nieto 1992: 383, fig. 1), en el que dos guerreros, provistos de escudo y, respectivamente, de lanza y falcata, aparecen flanqueados por sendos músicos. Para el caso celtibérico baste recordar las representaciones vasculares numantinas (figs. 79,5,6? y 10 y 109,1) que reproducen a parejas de guerreros enfrentados, armados con espadas, lanzas, jabalinas, cascos, escudos y grebas (*vid.* capítulo V,3). Si la iconografía reproduce combates singulares entre infantes, la fuentes literarias señalan además su práctica a caballo.

A través del duelo se pretende conseguir prestigio y reconocimiento social (Ciprés 1993: 92), si bien no hay que olvidar el contenido ritual de este tipo de prácticas de profundo significado y una larga tradición. Estos combates singulares llamaron la atención de los romanos, quienes proporcionaron información asimismo referida a los Galos (Liv., 7, 9-10; 8, 7; etc.), entre los que destacan los casos de Manlio Torcuato y Valerio Corvo (31).

Tales prácticas tendrían, no obstante, un contenido aún más amplio, pues sería una forma de dirimir diversos litigios (Fernández Nieto 1992). La existencia de duelos judiciales viene dada por Livio (28, 21, 6-10) al narrar cómo, en los juegos fúnebres organizados por Escipión Africano en honor de su padre y su tío, dos personajes resolvieron mediante el combate la sucesión al trono de su pueblo. Además, entre los Germanos (Tac., *Germ.*

10, 6), sería un método augural para averiguar cuál habría de ser el vencedor de una guerra.

Dentro de este marco general debe entenderse la especial relación de los Celtíberos con sus armas. Repetidamente las fuentes literarias señalan la negativa de entregar las armas, prefiriendo antes la muerte (32) (Sopeña 1987: 83 ss.; *Idem* 1995: 92 ss.; Ciprés 1993: 91). En el episodio de *Complega*, del 181 a.C., los Lusones que se habían refugiado en esta ciudad solicitaron a Fulvio «que les entregase una túnica, una espada y un caballo por cada hombre que en la guerra anterior había muerto» (App. *Iber.* 42) (33); el *rex* intercatiense portaba armas resplandecientes (App. *Iber.* 53); Sertorio se ganó a indígenas regalando armas decoradas con plata y oro (Plut., *Sert.* 14); etc. También dichas fuentes se hicieron eco de la gran calidad del armamento celtibérico (34), fruto del importante desarrollo metalúrgico de estos pueblos, cuya tradición se remonta al siglo VI a.C. (*vid.* capítulos V y VIII,2.1).

Como ha señalado Ciprés (1993: 175 s.), los Celtíberos que protagonizaron las guerras contra Roma se configuran como una sociedad de tipo aristocrático, en la que se descubre la existencia de una élite, definida por su nobleza, valor y riqueza, que aparece en las fuentes como *nobiles*, *principes*, etc. Estos personajes destacados, de entre los cuales se elegirían los jefes al mando del ejército, dispondrían de importantes clientelas que, en una sociedad competitiva como la celtibérica, servirían como indicadoras del prestigio de sus jefes o patronos. Prácticas como la *deuotio*, con un fuerte contenido ritual, serían relativamente habituales entre los Celtíberos.

Con todo, la ciudad se configura como la unidad política y administrativa de los Celtíberos a partir del siglo III-II a.C. (Burillo 1993: 229). Parece fuera de duda que las ciudades celtibéricas presentaban una cierta autonomía y, a través de sus órganos administrativos, tenían la capacidad de pactar alianzas, declarar la guerra o la paz y elegir a sus jefes militares. De esta forma, los Celtíberos aparecen estructurados «en comunidades autogobernadas establecidas en el seno de los grupos étnicos menores donde disfrutaban de cierta autonomía en su funcionamiento» (Ciprés 1993: 64). Sin duda, la presencia de Roma resultó vital en la evolución de esta sociedad.

La existencia de una estratificación social entre los Celtíberos, expresada por las fuentes clásicas y confirma-

---

(31)   Sobre el combate singular en el mundo greco-latino, *vid.* Ciprés 1993: 93 s.

(32)   *Vid.* Polib., 14, 7, 5; App., *Iber.* 31; Diod., 33, 16-17 y 25; Liv., *Dec.* 17 y 34; Flor., 1, 34, 3 y 11; Lucano, 4, 144; Oros., 5, 7, 2-18; Ptol., *Apotel.* 2, 13; Just., *Ep.* 44, 2.

(33)   Según Diodoro (29, 28), solicitaron una lanza, un puñal y un caballo.

(34)   *Vid.*, al respecto, los pasajes de Filón (frag. 46), Diodoro (5, 33), Plinio (34, 144), Marcial (1, 49, 4 y 12; 4, 55, 11; 14, 33), Justino (44, 3, 8), etc. (*vid.*, también, capítulos V y VIII,2.1).

da por las necrópolis y ciertos edificios como la *Casa de Likine*, en Caminreal, no obtiene, por norma general, la necesaria contrastación arqueológica en los lugares de habitación de menor entidad, debido al insuficiente conocimiento durante este período de este tipo de poblados. Si se quiere avanzar en el conocimiento de la sociedad celtibérica, se hace necesario incrementar las excavaciones de hábitats, lo que permitirá obtener un panorama de la vida doméstica de estos pueblos. En cualquier caso, los pocos poblados excavados en extensión adscritos a este momento, como el castro de La Coronilla, no permiten apreciar esa estratificación social que sí se documenta en cambio en los asentamientos urbanos. Esto es así si se toma como criterio el tamaño, estructura y tipo de materiales constructivos de las casas, aunque quizás no lo fuera tanto si se tuviera información sobre la capacidad de almacenaje de grano y ganado o las características de los ajuares domésticos, con la presencia de objetos que hacen referencia al prestigio alcanzado por su poseedor. Este sería el caso de la casa 2 de Herrera de los Navarros, que proporcionó, entre otros objetos, una fíbula de caballo con jinete (lám. IV,3).

X

RELIGIÓN

La religión celtibérica, aunque peor conocida que la ibérica o la del mundo céltico, presenta una serie de rasgos que, como ha señalado Marco (1993a: 478) en relación a la religiosidad de los Celtas hispanos, «se adecúan perfectamente a lo que se conoce como elementos 'sustanciales' de la religión céltica en general», cuyos *topoi*, sin embargo, no se ha considerado oportuno abordar aquí, al no estar, en muchos casos, suficientemente documentados en el territorio peninsular (1).

Un problema grave al estudiar la religiosidad celtibérica es la necesidad de dotarla de una visión histórica, lo que choca con la falta de información y con el tratamiento con el que a menudo se ha procedido a su estudio, desgajada del sistema cultural del que constituye un elemento esencial.

La mayor parte de la información que se posee sobre la religión de los pueblos celtas de la Península Ibérica se debe a la epigrafía de época romana, siempre en alfabeto latino y generalmente en lengua también latina, aun cuando se conozcan inscripciones en lenguas indígenas, como la «inscripción grande» de Peñalba de Villastar, en celtibérico, y la de Cabeço das Fraguas, en lusitano. Además, resulta de gran interés la iconografía sobre diversos soportes —estelas funerarias, esculturas, cerámicas, etc.— y referida a aspectos tan variados como los rituales funerarios, las prácticas sacrificiales, la representación de divinidades o la mitología de estos pueblos que, como

ocurre con la de los Celtas continentales, está perdida. Únicamente a través de las representaciones iconográficas —cuyo máximo exponente se halla en las producciones vasculares numantinas (Romero 1976a; Olmos 1986; Sopeña 1987: 123 ss.; *Idem* 1995: 219 ss.) y en una serie de manifestaciones cuyo marco supera el ámbito celtibérico, como las estelas funerarias (Marco 1976; Marco y Baldellou 1976; Marco 1978; Abásolo y Marco 1995: 335 ss.) y una pieza excepcional como la diadema de San Martín de Oscos (Marco 1994a)— es posible vislumbrar un lenguaje mítico, enormemente rico y complejo, cuyas claves son difíciles de determinar para el investigador moderno.

Aparte de estas evidencias, insuficientes para reconstruir la religiosidad de los Celtas hispanos, los escritores grecolatinos dejaron algunas noticias, muy pocas en relación con las que proporcionaron respecto a la Céltica continental, al estar más interesados en los hechos de armas que llenaron los dos siglos previos al cambio de era. Estas noticias, al igual que las que se ocupan de los pueblos celtas del otro lado de los Pirineos, están referidas más a las prácticas rituales que a la propia naturaleza del sistema de creencias, lo que limita enormemente su valor como fuente de conocimiento de la religión de los Celtas de Hispania.

El carácter tardío de estas fuentes refleja el sincretismo de la religiosidad hispano-celta con la romana, de igual forma que ocurre con la gala. A pesar de la presencia romana y de su influencia en la religiosidad de los pueblos conquistados, el componente indígena de la misma se mantuvo vigente, con modificaciones, durante los primeros siglos de su dominio. Las denominaciones seguras de dioses indígenas corresponden a la fase contemporánea a la presencia de Roma en el territorio peninsular, aunque no es posible dudar de la existencia de estas mismas divinidades con anterioridad a este momento. Su evolución no resulta fácil de establecer, si bien se advierte una creciente antropomorfización de las divinidades,

---

(1) Sobre la religión céltica existe una amplia bibliografía, pudiendo destacar, entre otros, los trabajos de Vendryes (1948), Ross (1967), Duval (1957), Le Roux (1984), Brunaux (1988) y Green (1989 y 1995), así como las obras de Piggott (1968) y Le Roux y Guyonvarc'h (1986) sobre los druidas. En cuanto a la religión de los Celtas de la Península Ibérica, *vid.* Blázquez (1962, 1975a y 1983, entre otros), de Encarnação (1975), Bermejo (1982 y 1986), Marco (1991, 1993a y 1994b) y García Fernández-Albalat (1993). Por su parte, la religiosidad de los Celtíberos ha sido abordada en diferentes ocasiones: Blázquez (1972), Salinas (1982; 1983b; 1984-85, 1985 y 1994) Marco (1986; 1987; 1988; 1989; 1993b y 1993c) y Sopeña (1987 y 1995; Sopeña y Ramón 1994).

en cualquier caso muy escasas, especialmente evidente bajo el contacto con Roma.

El período previo a la presencia de Roma en Hispania resulta de gran oscuridad por lo que respecta al mundo de las creencias, cuyos indicios se limitan en gran medida al mundo funerario gracias al conocimiento de un buen número de necrópolis cuya cronología se remonta al siglo VI a.C. (*vid.* capítulos IV y VII). Sin embargo, la información que proporciona este tipo de yacimiento está centrada, más que en el propio ritual funerario con toda la parafernalia de que sin duda estuvo rodeado y del que apenas se pueden imaginar ciertos aspectos, en los resultados de este proceso. También a época prerromana corresponden los hallazgos de áreas cultuales o de verdaderos santuarios como los documentados entre los *Celtici* del Suroeste o en la Meseta Occidental, donde destaca el caso de Ulaca, que cabe vincular con monumentos similares del Noroeste, como Panoias, Vilar de Perdices, Cabeço das Fraguas, etc., verdaderos altares rupestres caracterizados por la presencia de grandes peñas, a veces trabajadas y con inscripciones, fechado ya con posterioridad al cambio de era. En torno a este momento podría situarse el santuario de Peñalba de Villastar (Untermann 1995b: 201).

Desafortunadamente, el conjunto de la documentación sobre este campo es muy escaso y nunca ha sido debidamente recopilado y analizado, lo que priva de una información que, aunque parcial, sería de enorme interés para documentar las fases más antiguas de la religiosidad celtibérica.

1. DIVINIDADES

A diferencia de lo que ocurrió en las Galias, los escritores de la Antigüedad apenas dejaron información sobre la religión de los Celtíberos. Un interesante pasaje de Estrabón (3, 4, 16) aporta alguna información al respecto:

«Según ciertos autores, los Galaicos son ateos; más no así los Celtíberos y los otros pueblos que lindan con ellos por el Norte, todos los cuales tienen cierta divinidad innominada a la que, en las noches de luna llena, las familias rinden culto danzando, hasta el amanecer, ante las puertas de sus casas» (traducción A. García y Bellido 1945: 176).

Esta divinidad, tradicionalmente interpretada como una deidad de nombre tabú que se identifica con la Luna (Taracena 1954: 282; Blázquez 1962: 27 ss.; etc.), puede relacionarse, de acuerdo con Marco (1987: 58 s.; 1988: 173; 1993a: 484 s.) y Sopeña (Sopeña y Ramón 1994; Sopeña 1995: 32 ss.), con *Dis Pater*, dios ctónico reinante en el Infierno, del que, como señala César, todos los Galos se proclamaban descendientes, según era transmi-

tido por los druidas, razón por la cual miden el tiempo no por días sino por noches, esto es, por lunas. Por su parte, la existencia de danzas mágico-religiosas estaría atestiguada en las cerámicas de Numancia e Izana (fig. 125,1-2) (Marco 1987: 68; Sopeña 1987: 57).

Con independencia del texto de Estrabón, las restantes menciones de dioses indígenas en la Celtiberia se han documentado a través de la epigrafía, tanto latina como celtibérica, siendo escasas las representaciones iconográficas de los mismos y, en ocasiones, discutibles. Este es el caso de un fragmento de cerámica numantina que reproduce un animal en «perspectiva cenital», característica de la iconografía arévaco-vaccea (Romero 1976: 24, nº 26, fig. 8,26; Romero y Sanz 1992), con las fauces abiertas, lo que ha llevado a ser interpretado como una representación del dios cornudo *Cernunnos* (fig. 102,B,3), aunque para ello se haya modificado la posición original definida por las líneas de torno de la vasija (Blázquez 1957b=1958a=1959=1977: 361 ss.; Salinas 1984-85: 84 y 99; Sopeña 1987: 49, lám. XI,C) (2). Como imágenes de diosas se han interpretado (*vid.* Salinas 1984-85: 84 s.) una figura femenina de arcilla modelada (Taracena 1954: 285), de unos 15 cm. de altura (fig. 125,4), y una pintura vascular (fig. 125,3) que reproduce a un personaje también femenino, tocado por un velo (Olmos 1986: 219; Sopeña 1987: 125, nota 44, lám. X), piezas ambas procedentes de Numancia.

Otras dos representaciones antropomorfas, muy estilizadas, proceden del santuario celtibérico de Peñalba de Villastar (Teruel), habiendo sido interpretadas por Marco (1986: 749 ss., lám. 5, fig. 1) como sendas figuraciones de Lug. La primera, corresponde a una figura masculina en la que destaca la cabeza, cuya simplicidad y falta de detalle iconográfico permite relacionarla con otras representaciones semejantes del ámbito céltico (Jacobsthal 1944: 12; Almagro-Gorbea y Lorrio 1992: 412 ss.). Muestra los brazos en cruz, con las manos abiertas, pudiendo paralelizarse con el relieve de Lourizán (Pontevedra) que reproduce la mitad superior de una figura humana barbada y con cuernos, presentando igualmente los brazos abiertos y grandes manos extendidas, relacionado con la representación de una deidad, concretamente *Vestio Alonieco*, por el hallazgo en sus proximidades de dos aras dedicadas al citado dios, y que López Cuevillas (1951: 394) interpretó como una representación de Lug. En este sentido, resulta significativo que uno de los epítetos claves de Lug sea *lāmfhāda*, «de

(2)   Además del caso numantino, se ha propuesto (Marco 1987: 66 s.) la vinculación con *Cernunnos* de un personaje provisto de cuernos de ciervo reproducido en un vaso de Bronchales (Atrián 1958: 81 ss.), así como las serpientes cornudas representadas en otro de *Arcobriga* (fig. 128,1) (Marco 1993b) y en una estela de Lara de los Infantes (Marco 1978: 52, nº 119).

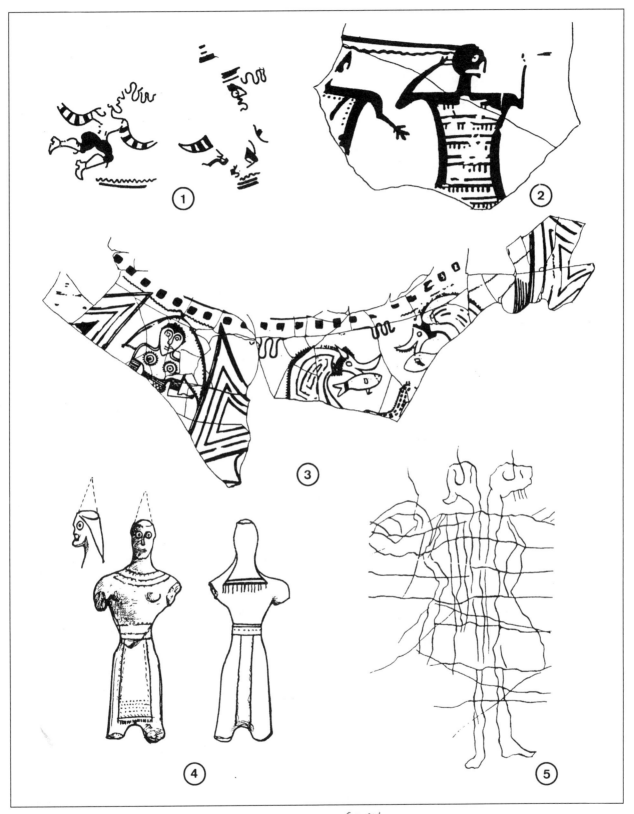

Fig. 125.—1-2, personajes danzando: 1, Numancia; 2, Izana. 3-4, supuestas representaciones de divinidades procedentes de Numancia. 5, representación bifronte del santuario de Peñalba de Villastar. Representaciones pintadas (1-3), modeladas en arcilla (4) y grabadas sobre roca (5). (Según Wattenberg 1963 (1 y 4), Taracena 1927 (2), Romero 1976a (3) y Cabré 1910 (5)). A diferentes escalas.

largos brazos». La segunda figura corresponde a un personaje bifronte muy estilizado, cuyas cabezas aparecen provistas de cuernos o, como ha señalado Marco, con la estilización de la «corona de hojas» presente en varias esculturas célticas centroeuropeas (fig. 125,5).

Se ha sugerido que ciertas representaciones iconográficas o literarias podrían avalar la existencia de una divinidad infernal y funeraria, identificada con *Sucellus* (Blázquez 1983: 275; Marco 1987: 66; Sopeña 1987: 50; *Idem* 1995: 109 ss.; Peralta 1990: 56; *Idem* 1991: 92 s.). Así, se ha interpretado el episodio que narra Apiano (*Iber.* 48), ocurrido el año 152 a.C., en el que los nertobrigenses enviaron a Marcelo un heraldo vestido con una piel de lobo en señal de paz. Iconográficamente, personajes cubiertos con piel de lobo aparecen en la estela de Zurita (fig. 129,2) asociados a un caballo y, bajo ellos, a una escena del ritual de exposición de cadáveres en la que un guerrero yacente es devorado por un ave rapaz (*vid. infra*) (3). Se ha planteado que este tipo de personajes pudieran remitir en última instancia a cofradías de guerrero, bien documentadas en el mundo indoeuropeo (Peralta 1990 y 1991; Marco 1993a: 497 s.) (4). A estas evidencias habría que unir la identificación de *Sucellus*, llevada a cabo por M.P. García-Bellido (1985-86), reproducido ocupando el anverso de los cuadrantes de *Bilbilis* con leyenda *BIL*, piezas consideradas como monedas mineras, proponiendo su vinculación con un posible asentamiento de Galos en esa zona, cuya presencia, por otra parte, parece estar atestiguada en el Valle del Ebro y, en general, en el Noreste peninsular (*vid.* capítulo II,1.1.d).

Hay que hacer mención, también, de un relieve procedente de Sigüenza (Guadalajara) con una dedicación epigráfica a Epona, en la que la diosa aparece montando de lado una yegua vista de perfil (Marco 1987: 62), iconografía que recuerda a otros dos monumentos de la provincia de Álava (Elorza 1970).

La mayor parte de los teónimos indígenas documentados en la Península Ibérica proceden de su zona occidental, ofreciendo, en buena medida, una teonimia exclusiva (Untermann 1985b; de Hoz 1986b y 1993a: 370 ss.; García Fernández-Albalat 1990; Marco 1991: 93 ss.; *Idem* 1993a: 481 ss.; Villar 1993-95; *Idem* 1994-95; *Idem* 1996) que muestra —en el ámbito de la Hispania céltica— diferencias regionales en lo que a las creencias se refiere. Con todo, el territorio celtibérico ha proporcionado una treintena de teónimos indígenas distintos, algunos de los cuales aparecen repetidos en varias ocasiones (5). De ellos, Lug, las Matres o Epona corresponden a divinidades «pancélticas», perfectamente evidenciadas en el resto de la Hispania céltica. De los restantes dioses, salvo contadas excepciones, la mayor parte tienen carácter local, estando en ocasiones asociados con la topografía: montañas, bosques, lagos o fuentes. Entre las excepciones, una mención a Ataecina y otra a los Lares Viales en *Segobriga* (Cuenca), aunque por lo que se refiere a la inscripción de Ataecina existen dudas sobre su procedencia original (Almagro-Gorbea 1995c: 88 s.; Abascal 1995c: 91, nota 257).

Refiriéndose a las divinidades romanas, Salinas (1985: 327 s.) ha puesto de manifiesto cómo su difusión en la Celtiberia se debería a la «suplantación» por parte de éstas de los dioses indígenas con los que se identificarían o a los que se asimilarían. Las divinidades clásicas que cuentan con más testimonios en la Celtiberia son Júpiter, Marte, Hércules, Mercurio y Apolo, justamente aquéllas con las que se asimilan los principales dioses celtas (Caes., *B.G.* VI, 17). El análisis del panteón venerado en una ciudad celtibérico-romana como *Segobriga* puede resultar de gran interés, destacando el carácter indígena del mismo ya que, aunque el mayor número de dedicaciones responden a divinidades romanas como Diana, Hércules o Mercurio, debe verse en ellas la *interpretatio* romana de dioses indígenas, con lo que puede decirse que bajo denominaciones o interpretaciones romanas se esconde un panteón de tipo céltico (Almagro-Gorbea 1995c: 88 ss.).

2. LOS LUGARES SAGRADOS Y LOS SANTUARIOS

En la religión céltica, muchas de las divinidades aparecen vinculadas con espacios naturales: fuentes o manantiales, lagos, montañas, bosques, etc. Estos lugares, en su mayoría, no han dejado constancia de su carácter sagrado, que únicamente puede ser determinado con seguridad por su asociación con estructuras u otro tipo de manifestaciones cultuales (inscripciones votivas, exvo-

---

(3) Marco (1987: 66) ha creído ver uno de estos personajes en un vaso numantino en el que se representa una cabeza humana cubierta por una piel de lobo (fig. 109,5); según Wattenberg (1963: 203, tabla XXXVII, lám. XV, n° 1041 y 1290) y Romero (1976: 28, n° 56, fig. 13) se trataría de la cabeza de un animal.

(4) Con referencia al papel del lobo en la religión ibérica, *vid.* González Alcalde y Chapa (1993) y Almagro-Gorbea (e.p.c).

(5) Para las divinidades indígenas documentadas en territorio celtibérico, *vid.*, principalmente, Salinas (1984-85: 89 ss.; 1985: 310 ss.), Marco (1987: 57 ss.; así como otros trabajos del mismo autor donde se aborda su estudio en el marco de la Hispania céltica, 1991: 93 ss.; 1993a: 481 ss.; 1994b: 318 ss.) y Sopeña (1987: 31 ss.). Sobre *Lugus*, *vid.* Tovar (1981), Salinas (1983b) y el fundamental trabajo de Marco sobre esta divinidad y sobre el santuario de Peñalba de Villastar, centro cultual de este dios (1986). Sobre un falso teónimo de la Celtiberia meridional, *vid.* Abascal 1995b.

tos, cazoletas, etc.). El culto a peñas, árboles y fuentes es mencionado por las fuentes literarias (Prudencio, *Contra Simaco* 2, 1010-1011; Martín Dumiense, *De correct. rust.* XVI), que evidencian su práctica hasta época medieval (*vid.* Blázquez 1957a: 231; *Idem* 1977: 460; Schulten 1963: 364; Vives *et alii* 1963: 399 y 498; Sopeña 1987: 59 s.). Mención aparte merece el caso de los espacios funerarios, cuyo valor sacro no debe olvidarse.

La existencia de lugares de culto en la Celtiberia es conocida por las fuentes clásicas, y así Marcial (I, 49, 5-6) se refiere al *sacrum Uadaueronen montibus*, quizás la Sierra del Madero, al Este de Numancia (Schulten 1959: 253), y alude igualmente a un bosque sagrado cerca de *Bilbilis* (Dolç 1953: 232 s.), el *sanctum Buradonis ilicetum* (4, 55, 23), por más que los bosques sagrados en el mundo céltico, como entre los griegos y los romanos, serían en realidad lugares de culto fijos y estructurados (Scheid 1993; Brunaux 1993), en los que habitaría la divinidad (*vid.* Marco 1993a). Como un *locus* o bosque sacro puede considerarse el santuario de Diana en *Segobriga* que, aunque fechado con posterioridad al cambio de era, parece proceder de un substrato céltico anterior (Almagro-Gorbea 1995c).

Sin duda, el santuario más conocido del que ha quedado constancia en la Celtiberia es el de Peñalba de Villastar (Teruel) (Cabré 1910; Marco 1986; *Idem* 1996: 88 ss.). Se sitúa en la cima de una montaña, a cuyo pie discurre el río Turia, coronada por un farallón de caliza blanquecina en el que se documentaron más de veinte inscripciones, en una de las cuales aparece citado en dos ocasiones, en dativo, el dios céltico *Lugu* (6), inscripción en la que además se haría referencia a una «estructura con techumbre» (Meid 1993-95: 352; *Idem* 1994: 37) de la no ha quedado evidencia alguna, aunque se han identificado una serie de oquedades, a veces comunicadas entre sí, en los salientes de la roca, sobre la parte superior de la pared, relacionables con ritos sacrificiales y rituales de purificación, de acuerdo con la interpretación de conjuntos similares en el Noroeste peninsular (Marco 1986: 746 ss.). Hay, además, un buen número de cazoletas y grabados, que incluyen: motivos geométricos y astrales, representaciones zoomorfas, sobre todo aves, pero también caballos y algún cérvido, y antropomorfas, generalmente muy estilizadas, entre las que destacan dos, una de ellas bifronte (fig. 125,5), consideradas como sendas figuraciones de Lug (Marco 1986: 749 ss., lám. 5 y fig. 1).

El santuario de Peñalba de Villastar ha sido considerado como el centro cultual más importante del dios Lug en la Península Ibérica (Marco 1986). Para Untermann (1995c: 201), la peregrinación a la que se deben los grafitos tuvo lugar hacia el cambio de era y no duró más de una generación.

Los santuarios en cuevas, bien documentados en el Levante peninsular (Pérez Ballester 1992), son también conocidos en la Hispania céltica. Éste es el caso de la cueva de la Griega (Segovia), de la que proceden un buen número de inscripciones votivas (Mayer 1995), entre ellas una dedicada a una divinidad indígena, *Nemedus Augustus* (Marco 1993d) o quizás de la Cueva de San García (Santo Domingo de Silos, Burgos), que ha ofrecido una breve inscripción en escritura ibérica de difícil interpretación (Albertos 1986; de Hoz 1995c: 16).

Además de estos lugares sagrados, localizados en parajes aislados, sin relación alguna con otros de habitación, también se ha evidenciado en la Hispania céltica la presencia de santuarios en el interior de hábitats, ocupando el centro o un lugar destacado del mismo, bien documentados tanto en el mundo ibérico como en la Europa céltica, y de lo que son buen ejemplo los santuarios en *oppida* de Závist y Trisóv, en Bohemia, Liptovská Mara, en Eslovaquia, Entremont, en el Sur de Francia, Danebury y Maiden Castle, en Inglaterra, etc. (Cunliffe 1986: 113 ss.; Brunaux 1988: 40 s.).

En la Meseta, el caso mejor conocido es el del *oppidum* vettón de Ulaca (Ávila), en el que se han hallado los restos de lo que se ha interpretado como una estructura cultual, constituida por una estancia rectangular tallada en la roca, asociada a una gran peña —conocida como el «Altar de Sacrificios»— en la que una doble escalera conduce a una plataforma que presenta dos concavidades circulares comunicadas entre sí, una de las cuales vertía a una tercera, abierta por medio de un canal (Martín Valls 1985: 116 s.; Álvarez-Sanchís 1993: 275, fig. 8). Se localiza en una zona destacada del castro, en las proximidades de una calle que se dirige hacia una de las puertas principales. En el mismo sector, a unos 160 m. del santuario, se emplaza una estructura, tradicionalmente interpretada como un horno metalúrgico, para la que recientemente se ha propuesto un uso termal, en relación con baños iniciáticos (Almagro-Gorbea y Álvarez-Sanchís 1993; Álvarez-Sanchís 1993: 275, figs. 8 ss.), vinculándola con los monumentos de la Cultura castreña del Noroeste conocidos, por sus espectaculares fachadas, como «pedras formosas».

También se ha sugerido la existencia de una piedra sacrificial en las proximidades de *Arcobriga* (Aguilera 1909: 139 ss.; Díaz 1989: 36, láms. III y IV), en una explanada situada en la margen izquierda del Jalón, a

(6) Por lo que se refiere al estudio lingüístico del conjunto, que incluye inscripciones ibéricas, latinas y celtibéricas, *vid.*, entre otros, Gómez Moreno 1949: 326 ss.; Tovar 1949: 41, 124 y 201; *Idem* 1955-56; *Idem* 1959; *Idem* 1973; Lejeune 1955: 7 ss.; Untermann 1977; Schwerteck 1979; Ködderitzsch 1985; Olmsted 1985; *Idem* 1991: 287 ss.; Eska 1990; Meid 1993-95; *Idem* 1994: 31 ss.; *Idem* 1996: 8 ss.; de Hoz 1995c: 16 ss.; Pérez Vilatela 1996.

poco más de un kilómetro de la ciudad celtibérico-romana, formando parte de un conjunto de estructuras que, según Cerralbo, pertenecían a un «campo de Asambleas».

Una estructura similar a la registrada en Ulaca podría documentarse en la acrópolis de la ciudad arévaca de *Termes* (Argente y Díaz 1989: 56; Argente, coord. 1990a: 60), interpretada (Taracena 1941: 107; *Idem* 1954: 284) como un posible templo, que para Blázquez (1983: 228) se trataría de una piedra de sacrificios. En cualquier caso, la falta de descripción y estudio de los restos, generalizable a otros monumentos de este tipo, dificulta su interpretación. También en *Termes* se ha documentado un edificio constituido por una gradería labrada toscamente en la roca y dividida en varios tramos, unos rectos y otros ligeramente curvos, que sigue la estructura del terreno, con una anchura total de 60 m., abierta hacia una amplia explanada (Taracena 1941: 107; Salinas 1984-85: 86; Argente y Díaz 1989: 26 ss.; Argente, coord. 1990a: 31 ss.). Situada extramuros, junto a la llamada «Puerta del Sol», ha sido objeto de diversas interpretaciones: anfiteatro, teatro, recinto sagrado o templo, lugar de sacrificios, lugar de reuniones públicas, etc. Las excavaciones llevadas a cabo por I. Calvo (1913: 374 ss.) bajo la gradería permitieron descubrir una cueva en cuyo fondo se hallaron un buen número de cuernas de bóvido, varias piedras con canales, interpretadas como pilas de sacrificios, hojas de cuchillo y hachuelas curvas, relacionadas con tales prácticas sacrificiales. Las recientes excavaciones llevadas a cabo por J.L. Argente han dado una fecha entre la segunda mitad del siglo I a.C. y finales del I d.C. o inicios del II., documentándose la presencia de restos de cérvidos y, en menor medida, de bóvidos (Argente 1980: 183 ss.; Argente y Díaz 1989: 26 ss.; Argente, coord. 1990a: 31 ss.).

De cualquier manera, la presencia de lugares de culto en el interior de hábitats en el territorio de la Celtiberia puede defenderse para el caso de Numancia (Taracena 1954: 285; Blázquez 1983: 228 s; Salinas 1985: 317; Marco 1987: 68), quizás de tipo doméstico, ya que las antiguas excavaciones suministraron un buen número de exvotos cerámicos, tales como pies votivos y representaciones antropomorfas o zoomorfas (fig. 103), así como un conjunto de *simpula*, recipientes para realizar libaciones durante los sacrificios, de bronce (fig. 96,B) y cerámica (fig. 103,3) (Martín Valls 1990: 148 s.), sin que existan datos sobre la ubicación específica de estos objetos dentro de la ciudad.

La presencia de santuarios en el interior de poblados está bien documentada entre los *Celtici* del Suroeste, de quienes no hay que olvidar que, de acuerdo con Plinio (III, 13), serían Celtíberos, como lo demuestran, además de su lengua y el nombre de sus *oppida*, sus ritos. Estos santuarios ocupan un lugar prioritario dentro del poblado, en general vinculado con la acrópolis y con una calle central. Como tal se ha considerado un edificio de planta rectangular, localizado en la acrópolis, bajo los edificios cultuales del Foro romano de Miróbriga dos Célticos (Santiago do Cacém), atribuyéndole un supuesto origen prerromano (Biers 1988: 9 s.; Berrocal-Rangel 1992: 193). El hallazgo más interesante corresponde al Castrejón de Capote (Higuera la Real, Badajoz), situado en el Suroeste de Extremadura, en los límites con Huelva y Portugal, en plena Beturia Céltica (Berrocal-Rangel 1989: 253 ss.; *Idem* 1992: 194 ss.; *Idem* 1994). Se trata de una estructura de piedra, considerada como un altar, con un podio sobre el que se levanta una mesa y un banco corrido en torno a ella, situada en la zona más alta del poblado, que es además el centro del mismo, y abierta a la que parece ser la calle central que se dirigiría hacia la puerta principal del castro. Dadas las ofrendas de diverso tipo y los restos de hogueras que se hallaron en su interior, así como en las zonas aledañas, ha sido interpretada como un santuario.

Entre los materiales diversos aparecidos en el altar y en sus inmediaciones, predominan los recipientes cerámicos, que constituyen el conjunto de materiales más numeroso del depósito, habiéndose recogido en torno a 54.000 fragmentos, correspondientes a un número mínimo de 1.000 vasijas, con una importante proporción de piezas realizadas a mano, siendo de destacar la variedad y complejidad de las decoraciones. A ellos se añaden 127 fusayolas que, dada su dispersión topográfica, bien pudieron haber estado originariamente agrupadas en algunos de estos vasos. Hay que mencionar igualmente: los objetos metálicos, entre los que destacan los elementos relacionados con el banquete, tales como una badila, un asador, una parrilla y cuchillos de dorso curvo; las armas, que incluyen una falcata, un *soliferreum*, puntas de lanza, regatones, cuchillos curvos, un posible umbo de escudo, espuelas y lo que parecen ser restos de arreos de caballo; y los objetos ornamentales, como cuentas de cuarzo y pasta vítrea, anillos y pulseras. También se han documentado pinzas, dos hachitas, respectivamente de hierro y plomo, un bóvido recortado en una lámina de plomo, conos broncíneos y una serie de piezas líticas. Y por último, se recogieron numerosos restos faunísticos, pertenecientes a unas dos docenas de animales —bóvidos, ovicápridos, suidos, équidos y cérvidos—, que confirman el carácter culinario y ritual del depósito.

La dispersión de los hallazgos y de las hogueras, tanto en el propio santuario como en la calle a la que se abre dicha estructura, ha sugerido su vinculación con actos de carácter colectivo. El conjunto se ha fechado entre mediados del siglo IV e inicios del II a.C., momento en el que la estancia del altar fue cubierta con piedras y cerrada mediante un muro de mala construcción que incluso llegó a tapar parte del depósito ritual.

Las características de las ofrendas permiten poner en relación el santuario de Capote con el depósito votivo de Garvão (Beja) (Beirão *et alii* 1985; Berrocal-Rangel 1992: 193 s.), localizado en una fosa, abierta en la ladera sureste del castro, que había sido pavimentada mediante losas de pizarra en su zona central, sobre las que se documentaron restos de fauna y un cráneo humano. La fosa se rellenó con numerosos recipientes cerámicos, depositándose en el interior de otros de mayores dimensiones o bien ocupando los huecos dejados entre ellos. Además de los materiales cerámicos —de tipos variados, destacando por su número y homogeneidad las escudillas oxidantes, los vasos calados, un *aspergyllus* y algunas figuras de caballos— sobresale un conjunto de placas de oro y plata con decoración repujada, y sobre todo las representaciones oculares, así como una cabeza y una figura humanas. El conjunto, fechado en el siglo III a.C., ha sido interpretado como un depósito votivo secundario.

3. EL SACRIFICIO

El sacrificio, considerado como un medio de propiciar a la divinidad (Woodward 1992: 66 ss.), se materializa por la muerte de la víctima, que puede ser excepcionalmente un ser humano, aunque por lo común se trate de un animal e incluso un objeto. Las fuentes literarias señalaron su existencia sin ofrecer mayores detalles sobre las peculiaridades rituales de este tipo de prácticas. También la iconografía ofrece alguna información al respecto, no faltando la evidencia arqueológica, especialmente por lo que se refiere a los sacrificios animales. La existencia de sacrificios colectivos está documentada en la Celtiberia pues, de acuerdo con Frontino (*Strateg.* III, 11, 4), la victoria de Viriato sobre los segobricenses el 145 a.C. se produjo aprovechando que éstos estaban ocupados «en la ofrenda de sacrificios».

3.1. *El sacrificio humano*

La existencia de sacrificios humanos por parte de diversos pueblos de la Antigüedad está atestiguada por las fuentes literarias (Diod., 5, 31, 2-5; Str., 4, 4, 5 y 7, 2, 3; Caes., *B.G.* VI, 16; Tac., *Ann.* XIV, 30 y *Germ.* XXXIX; Lucano, *Phar.* III, 399-452; Dio Cass., LXII, 7, 2-3; etc.), que se hicieron eco asimismo de su práctica por los pueblos prerromanos de la Hispania céltica, sin hacer referencia alguna a los Celtíberos. Estrabón (3, 3, 6) narra la realización de tales prácticas sacrificiales por parte de los Lusitanos (García Quintela 1991 y 1992), relacionándolas con la adivinación:

«Son muy aficionados los Lusitanos a sacrificios [humanos], y examinan las entrañas, pero sin

sacarlas. Examinan también las venas del pecho y dan oráculos palpándolas. Vaticinan también por las entrañas de prisioneros, cubriéndolos con capas. Después, cuando el sacerdote da un golpe en las entrañas vaticinan primero por la caída. También cortan a los prisioneros las manos y dedican a sus dioses las manos derechas».

Este tipo de sacrificios se llevarían a cabo igualmente en relación con eventos excepcionales, y, así, Livio (*per.* 49) menciona cómo los Lusitanos inmolaron un hombre y un caballo en señal de paz. También Estrabón (3, 3, 7) se refiere a prácticas de este tipo por los pueblos montañeses:

«…sacrifican al Ares machos cabríos y caballos y prisioneros. Hacen también hecatombes de cada clase como los griegos, como dice Píndaro 'sacrificar todo por centenares'».

Plutarco (*Quaest. Rom.* 83) comenta la realización de sacrificios humanos por los bletonenses, cuya práctica les había sido prohibida.

La práctica de sacrificios humanos entre los Celtíberos se ha sugerido a partir del hallazgo de los restos de al menos dos esqueletos humanos pertenecientes a individuos adultos encontrados formando parte del relleno de una de las torres de la muralla de la *Bilbilis* romana, considerados como sacrificios fundacionales a los que se asociaban restos de fauna y dos piezas cerámicas fragmentadas (Martín Bueno 1975b; *Idem* 1982; Salinas 1983b; Sopeña 1995: 214) (7).

El hallazgo más superficial correspondía a un esqueleto completo situado boca abajo, en una postura violenta, con los brazos y las piernas separados. Junto a la cabeza se hallaron los restos de un cráneo con mandíbula de una garduña. También se recogieron otros restos faunísticos, pertenecientes a cerdo o jabalí y a oveja o cabra. El cadáver presentaba una orientación Noreste-Suroeste, seguramente no intencionada, pues más bien parecía que hubiera sido arrojado al interior del torreón. El segundo individuo presentaba unas características completamente diferentes, pues éste se halló en posición fetal, con una orientación Este-Oeste. Pese a haberse interpretado como un enterramiento secundario, que habría sido depositado en el interior del torreón «atados los restos de aquél, una vez descarnado parcialmente, pero contando desde luego con tendones y ligamentos, ya que los restos aparecen perfectamente ligados», lo cierto es que a partir de la

(7) En la publicación que daba a conocer el hallazgo se hacía referencia a los restos de un tercer individuo de gran estatura, muy mal conservado (Martín Bueno 1975b: 704), en tanto que, con posterioridad, se habla de «al menos dos individuos», sin mención ninguna de los restos comentados (Martín Bueno 1982: 100).

descripción ofrecida bien pudiera tratarse de un enterramiento primario. Junto a su cabeza, los restos de un cuervo, y asociado a su mano un córvido (una chova piquirroja). Las características del relleno y la presencia de los restos de una misma vasija asociada a los dos cadáveres permite plantear la homogeneidad del conjunto, que ha sido puesto en relación con el dios celta Lug (Martín Bueno 1982: 103 s.; Salinas 1983b: 305 ss.), aunque de acuerdo con Marco (1987: 68; 1988: 175; 1993a: 493), habría que ser prudentes respecto a tal asociación.

El indigenismo de estos enterramientos ha sido cuestionado por Burillo (1990a: 376 s.; *Idem* 1991a: 575 s.), teniendo en cuenta que la fundación de la *Bilbilis* romana tuvo lugar seguramente a inicios de la segunda mitad del siglo I a.C., planteando su adscripción, al menos, a época imperial; así lo confirmaría la tipología de alguna de las piezas cerámicas y la posición estratigráfica del conjunto, formando parte del relleno de un torreón que, a tenor de lo registrado en el cercano yacimiento de San Esteban del Poyo del Cid (Burillo 1981), donde se excavó un torreón semejante al bilbilitano, sería de obra hueca, cuya colmatación correspondería a un momento posterior a su abandono, lo que negaría el carácter ritual de este hallazgo, en relación con prácticas fundacionales.

Se ha planteado, sin embargo, un carácter ritual relacionado con sacrificios fundacionales para las inhumaciones infantiles en poblado (Guerín y Martínez 1987-88; Barrial 1989), de las que se conocen algunos ejemplos en el territorio celtibérico (*vid. infra*), si bien, como señala Burillo (1991a: 574), los datos disponibles no son suficientes para ratificar la existencia de este tipo de prácticas entre los Celtíberos (8).

Característico de los pueblos celtas es el rito de las «cabezas cortadas», cuya práctica está documentada a través de las fuentes clásicas, la Arqueología, la iconografía de diverso tipo y la épica céltica de Irlanda y Gales (*vid.*, con bibliografía sobre el tema, Green 1992: 78 s. y 116-118; Sopeña 1987: 99 ss.; *Idem* 1995: 149 ss.). Según los autores clásicos (Liv., X, 26, 11; XXIII, 24, 6-13; XXXVIII, 24; Diod., V, 29, 4; XIV, 115; Str. 4, 4, 5; Justino XXIV, 5), los Galos cortaban la cabeza de sus enemigos muertos en combate y las colgaban del cuello de sus caballos o las ensartaban en lanzas. Llevándolas consigo, las clavaban en los vestíbulos de sus casas y, en el caso de personajes ilustres, las conservaban y exhibían con gran orgullo, utilizándolas incluso, como sería el caso de los Celtas Escordicios (Ammiano Marcelino XVII,

4, 4), como copas para beber. En opinión de Estrabón, tal costumbre era practicada por la mayoría de los pueblos del Norte, y así se indica al referirse a los Escitas (Herodoto 4, 64) o a los Germanos (Tac., *Ann.* I, 61). Entre los pueblos hispanos, la práctica de la amputación de las manos y la de clavar en lanzas las cabezas de los enemigos muertos era conocida en fecha tan temprana como el 409 a.C. (Diod. XIII, 5, 77).

Este rito céltico de las cabezas cortadas debe interpretarse como «una costumbre guerrera relacionada con la concepción apotropaica de la cabeza de enemigo vencido» (Le Roux 1977: 144). Su conexión con prácticas sacrificiales resulta difícil de determinar, a pesar de que en ocasiones se haya interpretado en ese sentido (Blázquez 1958b; Díaz 1989), pues no existen datos sobre si la decapitación se realizaría antes o después de la muerte de la víctima; de acuerdo con las fuentes literarias, tanto las clásicas como las irlandesas y galesas, parece que se practicaría una vez muerto el enemigo.

La evidencia arqueológica ofrece algunos ejemplos al respecto, entre los que destacan los hallazgos de cráneos pertenecientes a hombres jóvenes, algunos con señales inequívocas de haber recibido heridas importantes, aparecidos en los santuarios celto-ligures de Entremont y Roquepertuse (Gérin-Ricard 1927; Benoit 1957; *Idem* 1981), confirmando así la noticia según la cual los cráneos eran ofrendados en santuarios a los dioses de la Guerra (Liv., XXIII, 24, 6-13).

En la Península Ibérica se han documentado algunos hallazgos relacionados con el ritual de las cabezas cortadas, sobre todo en el Noreste peninsular (Sanmartí 1994: 344 ss., fig. 12), donde parece atestiguarse la existencia real de este rito, en estrecha conexión con el documentado entre las poblaciones galas de la Provenza (Chassaing 1976). En el Puig de Sant Andreu (Ullastret, Gerona) se hallaron dos cráneos atravesados con un clavo (Campillo 1977-78; Pujol 1989: 301 ss., lám. 112); en la Illa d'en Reixac (Ullastret, Gerona), un cráneo con una perforación producida por un clavo y otro más con evidencia de haber sido decapitado (Campillo 1977-78; Pujol 1989: 301 ss., láms. 109 y 111); en Puig Castellar (Santa Coloma de Gramanet, Barcelona), un cráneo con clavo y otro posible (Bosch Gimpera 1915-20: 595, fig. 368; Balil 1956: 877, fig. 1); y en Molí de Espigol (Tornabous, Lérida), un cráneo (Sanmartí 1994: 344, fig. 12). La presencia de Galos en el Noreste peninsular está confirmada por las fuentes históricas (Caes., *bell. ciu.* 1, 51), la toponimia (*vid.* capítulo II,1.2), las representaciones iconográficas (Almagro-Gorbea y Lorrio 1992: 412 ss.), entre las que destaca el monumento de Sant Martí Sarroca (Barcelona) (Guitart 1975) relacionable con los monumentos similares del Sur de Francia, como el santuario de Entremont, y por el registro arqueológico, a través de

---

(8) Diferente es el hallazgo de un cadáver de un niño de 5 a 7 años, con la cabeza destrozada, en el Cabezo de las Minas de Botorrita (Beltrán *et alii* 1987: 95), que ha sido vinculado con el ataque del que las abundantes bolas de catapulta dejarían constancia.

algunas sepulturas de Ampurias (Almagro Basch 1953: 251 ss.) o de la importante presencia en esta zona de armas de tipología lateniense (Sanmartí 1994: 336 ss., figs. 1 ss.).

Además de los hallazgos del Noreste, el territorio peninsular ha proporcionado otros ejemplos de este ritual, que se concretan en un cráneo procedente del depósito votivo de Garvão (9) (Beirão *et alii* 1985: 60; Antunes y Santinho 1986), entre los *Celtici* del Suroeste, y cuatro más, sin maxilar inferior, descubiertos en el interior de una casa de Numancia (fig. 130,2), formando parte del relleno de una bodega y procedentes al parecer del piso superior, como denota el que aparecieran a diferente profundidad (Taracena 1943: 164, fig. 6).

La representación de la cabeza humana constituye uno de los motivos más repetidos en el arte céltico peninsular (*vid.* capítulo VI,7.2 y 8), estando reproducida sobre diversos tipos de soportes y materiales (figs. 81,3-5, 82,5-7 y 105 y láms. III y IV,3) y con una cronología variada (Almagro-Gorbea y Lorrio 1992 y 1993), lo que impide su interpretación desde una única perspectiva. Consideradas a veces como representaciones de divinidades, rostros de difuntos, amuletos, o con una finalidad puramente decorativa, han sido relacionadas con el rito de las cabezas cortadas, y como prueba de la veracidad de los textos clásicos (Taracena 1943; Balil 1954). En este sentido, merecen citarse especialmente las fíbulas zoomorfas, entre las que destacan las de caballito, algunos de cuyos ejemplares presentan una cabeza cortada debajo del hocico del animal (fig. 81,3-5 y lám. IV,3), ejemplificando la práctica de colgar del caballo las cabezas de los enemigos muertos, costumbre referida por Livio, Diodoro y Estrabón.

Las fuentes literarias se refieren también a otro tipo de mutilación, que debió ser relativamente frecuente: la amputación ritual de las manos (Sopeña 1987: 96 ss.; García Quintela 1992: 350; Marco 1993a: nota 50), documentada entre los pueblos peninsulares prerromanos (Diod., XIII 5, 77 y 56, 5 ss.; Str. 3, 3, 6), y que fue adoptada asimismo por los romanos (Caes. *B.G.* VIII, 44; Diod., XIII, 57, 3; App., *Iber.* LXIX y XCIII). Aunque tal práctica no está directamente documentada entre los Celtíberos, éstos consideran, en relación con los acontecimientos del 154-153 a.C. que dieron lugar a la Guerra Numantina (Flor. I, 34, 3), que la petición de los romanos de que entregasen las armas era como si les ordenasen cortarse las manos (*vid.* Sopeña 1987: 98). La representación iconográfica de este rito tiene su expresión en el

monumento de Binéfar (fig. 129,4) (Marco y Baldellou 1976) y en una de las estelas del Palau de Alcañiz (fig. 129,3) (Marco 1976), adscribibles uno y otra al ámbito ibérico del Valle del Ebro (*vid. infra*).

3.2. *El sacrificio animal*

Mucho más frecuente debió de ser sin duda el sacrificio de animales, del que existen abundantes noticias referidas a los territorios más occidentales de la Hispania céltica (de Hoz 1986b: 46 ss.; García Quintela 1992: 337 ss.) proporcionadas por las fuentes literarias (*vid. supra*), por documentos epigráficos, como las inscripciones del Cabeço das Fráguas y Marecos (Tovar 1985), o por diversos hallazgos broncíneos, como el carrito de Vilela, el mango del puñal del Instituto Valencia de D. Juan, o el bronce de Castelo de Moreira (Blázquez 1975a: 62 ss.; Tovar 1985: 247 s.; Silva 1986: 294 s.; Almagro-Gorbea y Lorrio 1992: 424; Marco 1993a: 496).

La realización de tales prácticas está perfectamente documentada en el poblado céltico de Capote (Berrocal-Rangel 1992: 197 ss.; *Idem* 1994: 245 ss., 266 s.; Morales y Liesau 1994). Sobre el altar o en sus aledaños se identificaron los restos de unas dos docenas de animales —seis bóvidos, cinco ovicápridos, cinco suidos, dos o tres équidos, identificados como asnos, dos ciervos y dos jabalíes—, al menos seis de los cuales serían individuos jóvenes, con muestras de haber sido tratados con fuego. Los restos documentados corresponden a las partes de menor aprovechamiento cárnico: cráneos, mandíbulas y las partes inferiores de las extremidades, pertenecientes a los desechos del despiece inicial. Según las evidencias, sobre la mesa se habría procedido al descuartizamiento inicial de los animales, separando las cabezas y los extremos de los miembros locomotores para ser depositados sobre el podio, mientras que las partes de mayor aporte cárnico, como las vértebras, las paletillas o los fémures, habrían sido trasladadas a la calle central, lo que explicaría los restos faunísticos y las hogueras allí localizadas, procediéndose a su asado.

En la Celtiberia, su práctica es conocida a través de una escena vascular numantina (fig. 126,1,c) en la que un personaje tocado con un gorro cónico aparece sujetando con su mano derecha una jarra, y no «una figurita humana de barro, simulacro de divinidad» como quiso Taracena (1954: 285; Salinas 1984-85: 84), y, con la izquierda, las patas de lo que parece ser un ave, situada encima de un ara. Otro personaje, no conservado, sujeta también al animal, portando asimismo un gran cuchillo curvo, o quizás una hoz, que puede interpretarse como el instrumento de inmolación.

Los sacrificios animales se vincularían a veces con

---

(9) Formando parte de este depósito se localizó un hachita de piedra pulimentada que, al parecer, fue usada para la decapitación (Antunes y Santinho 1986; Mota 1986).

actos periódicos, existiendo la constancia de estar ante prácticas excepcionales, como el caso de los rituales de fundación. No cabe duda en considerar como tal el hallazgo de un pequeño ovicáprido, prácticamente completo, depositado en un hoyo excavado en la parte Norte, bajo el suelo, de una vivienda circular perteneciente a los inicios de la ocupación del poblado de Fuensaúco, en el sector Norte de la misma, fechada en el siglo VII a.C. (Romero y Jimeno 1993: 208; Romero y Misiego 1995b: 132) (10).

Una mayor información sobre los sacrificios animales es ofrecida por las necrópolis (fig. 126,2), dada la presencia de restos de fauna interpretados generalmente como ofrendas o evidencias del banquete funerario. En el caso de la Celtiberia los ejemplos no son muy numerosos, debido en gran medida a que este tipo de restos tan sólo han empezado a ser valorados recientemente (Cerdeño y García Huerta 1990: 89; García-Soto 1990: 26; Jimeno 1996: 60; Jimeno *et alii* 1996: 38). El proceso de cremación al que es sometido el cadáver concierne también a las ofrendas animales que, en ocasiones, aparecen mezcladas en el interior de la urna con los restos del difunto. Se documentan en sepulturas y necrópolis de cronología antigua —las adscritas a las fases iniciales de Molina de Aragón, Sigüenza o Aragoncillo—, o en enterramientos evolucionados —como es el caso de Numancia, La Yunta o de la fase más reciente de Aragoncillo—.

En la necrópolis de Molina de Aragón, en las proximidades de la tumba 2, un enterramiento femenino carente de ajuar, se halló una mandíbula completa de bóvido, perteneciente a un ejemplar joven. Un buen número de piezas dentarias y gran cantidad de pequeños fragmentos de huesos no identificados, también de bóvido, se hallaron dentro de una de las estructuras interpretadas como *ustrina*. Asimismo se documentaron restos calcinados de ovicápridos, alguno de conejo o liebre y otros pertenecientes a bóvido, sin asociación con ningún conjunto en concreto (Cerdeño *et alii* 1981: 15; Alberdi 1981).

En Sigüenza, se localizaron dos mandíbulas completas de bóvido, una de ellas de un ejemplar muy viejo, y una costilla de cordero lechal, junto a la tumba 2 —enterra-

miento femenino provisto de un importante ajuar—; en el interior de la urna cineraria de la sepultura 3, mezclados con los restos del difunto y con evidencias de haber sido cremados, se recogieron residuos de fauna, entre los que se identificaron un molar de cáprido y restos de un conejo; junto a la tumba 33 se hallaron numerosos restos de ovicáprido joven cremado y por los alrededores algunos dientes de caballo. Fuera de contexto se recogieron restos de ovicáprido cremado (Cerdeño y Pérez de Ynestrosa 1993: 64; VV.AA. 1993).

En La Yunta, las tumbas 52 y 93 proporcionaron molares de ovicápridos depositados junto a la boca de la urna; al lado de la tumba 92 —enterramiento femenino considerado como el más rico del cementerio— se recogieron dos molares de ternero; y en la 107, un enterramiento masculino, se documentó un asta de ciervo depositado encima del borde de la urna. Además se hallaron, en el interior de las urnas de 28 sepulturas, numerosos astrágalos de ovicápridos quemados, alcanzando a veces más de 50 ejemplares (García Huerta y Antona 1992: 148 s.).

Mas, si la mayor parte de los restos deberían corresponder a ofrendas alimentarias, resulta significativa, por su repetición, la colocación de mandíbulas completas o de piezas dentarias sueltas pertenecientes a bóvidos, ovicápridos y équidos, interpretables quizás como depósitos simbólicos. En la necrópolis de Numancia se han localizado junto a una de las tumbas varias mandíbulas de cordero, consideradas como los restos del banquete funerario (Jimeno 1994b: 58). Los astrágalos de ovicáprido documentados en gran número en La Yunta, podrían interpretarse como objetos de carácter lúdico o de adorno, dado que en bastantes casos presentaban una perforación, por lo que su presencia en las sepulturas no implica que la muerte del animal se haya producido con la ocasión del deceso (Cerdeño y García Huerta 1990: 89).

En Aragoncillo —necrópolis aún en fase de estudio pero que está proporcionando una interesante información en relación con los rituales funerarios celtibéricos— los restos faunísticos resultan relativamente frecuentes; corresponden, en general, a individuos adultos, formando parte de diversos tipos de depósitos, entre los que destaca una gran estructura pétrea, con abundantes cenizas, en la que se documentó una importante acumulación de residuos no cremados de grandes hervíboros (oveja, toro, caballo y ciervo), y en la que faltan por completo los de seres humanos (Arenas y Cortés e.p.).

En la necrópolis de Numancia (Jimeno 1996: 60; Jimeno *et alii* 1996: 38) es frecuente la presencia junto a los restos del cadáver de huesos de fauna, correspondientes a zonas apendiculares, costillares y mandíbulas, que a veces aparecen cremados. Junto a estos hallazgos hay que hacer mención a la elevada proporción (31,8%) de

---

(10)   La realización de ritos de fundación no necesariamente implican el sacrificio animal o, al menos, no su deposición en la vivienda. En este sentido, puede valorarse el hallazgo de lo que se ha interpretado como sendas ofrendas aparecidas en otras tantas casas del poblado vettón de El Raso de Candeleda, de las que sólo ha quedado constancia a través de las evidencias cerámicas: un vasito bitroncocónico a torno, que seguramente debió estar tapado con un disco de cerámica aparecido junto a él, y sobre ellos una gran laja de granito, depositados en una cavidad labrada en el suelo, sobre la cual se había construido el hogar (casa A-4), y un soporte calado aparecido directamente sobre la roca, cuyos fragmentos se hallaron dispersos ocupando dos habitaciones contiguas, sin comunicación entre sí, por lo que debió depositarse allí antes de la construcción del muro (Fernández Gómez 1986, I: 492 ss.).

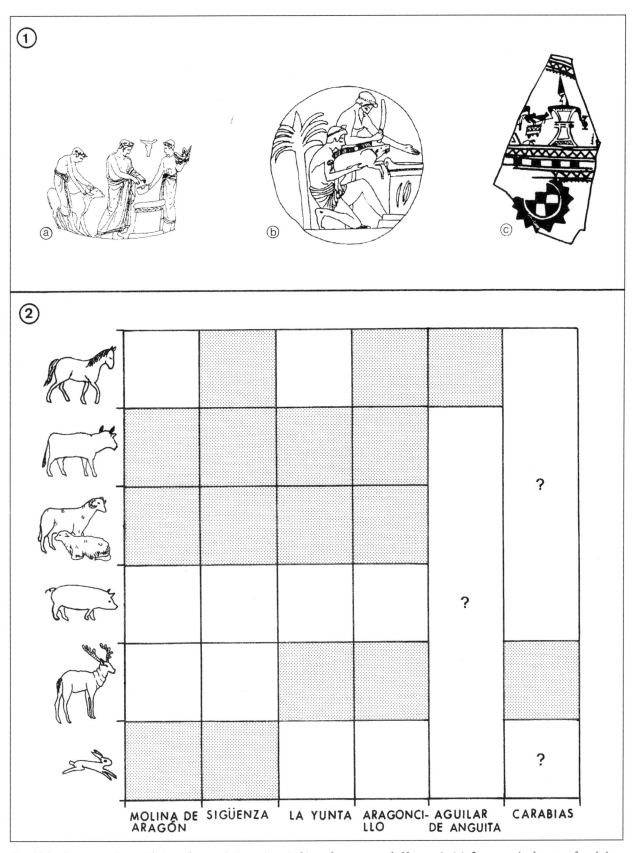

Fig. 126.—1, escenas de sacrificios sobre cerámica griega (a-b) y sobre un vaso de Numancia (c); 2, presencia de restos faunísticos en varias necrópolis celtibéricas. (Según Meniel 1992 (a-b) y Wattenberg 1963 (c)).

conjuntos que únicamente contenían restos de fauna, interpretándose como enterramientos simbólicos (Jimeno 1996: 60; Jimeno *et alii* 1996: 42; *vid.* capítulo IV,3).

Por su parte, en Ucero se ha señalado la presencia de animales domésticos, como vaca, oveja, cabra, caballo, etc. (García-Soto 1990: 26).

Como puede comprobarse, la gran mayoría de las especies que forman parte de las ofrendas funerarias son animales domésticos, generalmente bóvidos y ovicápridos, sin que tampoco falte el caballo (11), resultando significativa en cambio la ausencia del cerdo, que sí se halla bien documentado en otros ámbitos funerarios, como el vacceo o el céltico lateniense (Sanz 1990a: 166; Meniel 1992: 111 ss.). Entre las especies salvajes destaca la presencia de ciervo y conejo. La ausencia de jabalí contrasta con las numerosas representaciones iconográficas en el ámbito céltico peninsular (Esparza 1991-92; Cerdeño y Cabanes 1994). La composición de las ofrendas funerarias animales viene por tanto a coincidir, en lo que a las especies se refiere, con los datos procedentes de los lugares de habitación —con la excepción señalada del cerdo—, donde los ovicápridos, seguidos de los bóvidos, constituyen las especies dominantes, con una menor representatividad del caballo, el cerdo, el ciervo, el conejo y la liebre, el gallo, el gato y el perro, siendo frecuente la presencia de abundantes restos de aves (*vid.* capítulo VIII,1.2).

Una interesante información sobre el particular ha sido ofrecida por la necrópolis vaccea de Padilla de Duero (Sanz 1990a: 166), en la que las ofrendas animales están presentes en 20 de las 65 sepulturas identificadas, sin evidencias en la mayoría de los casos de haber estado sometidas a la acción del fuego, y con una diferente representatividad en lo que a especies y número de individuos se refiere. En esta necrópolis, las especies de menores dimensiones están representadas en general por esqueletos enteros o casi completos (gallo/gallina, conejo y liebre), fácilmente transportables, mientras que los de mayores dimensiones lo están por partes de su anatomía (caderas o cuartos traseros de cerdo, pata trasera de cabra o vértebras cervicales de ovicápridos y bóvidos), no apareciendo en ningún caso el cráneo del animal o fragmentos del mismo. Como en el caso celtibérico, las sepulturas de Padilla recibirían seguramente una pequeña parte de los animales implicados en la ceremonia, pudiendo darse el caso de la sustitución del sacrificio por el aporte de ciertas partes del animal que, en el caso del cerdo, los ovicápridos y seguramente los bóvidos, se corresponden con las de mayor aporte cárnico.

Podría también destacarse el hallazgo, formando parte de conjuntos funerarios, de una serie de objetos relacionados con el uso del fuego, que en el caso celtibérico se concretan en varios asadores, dos parrillas y unas trébedes, interpretados como elementos de banquete, en relación con la preparación de las ofrendas animales, cuyo valor ritual y simbólico parece indudable (*vid.* capítulo VI,4). Su presencia se ha identificado en el altar de Capote o en sus inmediaciones, donde se halló un asador, una badila y una parrilla, así como dos cuchillos curvos y una punta de lanza utilizada como tal, instrumentos que cabe relacionar con las evidencias de descuartizamiento documentadas en los restos faunísticos (Berrocal-Rangel 1994: 235 ss.).

Un caso aparte es el de un instrumento cuya presencia en las sepulturas resulta de difícil justificación (*vid.* capítulo VI,5.3): la hoz. Dada su reiterada aparición en ajuares militares y su representación iconográfica monetal, en la que un jinete aparece portando una hoz o *falx*, podría plantearse en cuanto a los hallazgos procedentes de necrópolis la posibilidad de estar ante algún tipo de arma, quizás de tipo ritual, sobre todo considerando su diferente morfología respecto a los ejemplares procedentes de poblados y el hallazgo de piezas similares en el santuario de los Belgas Bellovacos de Gournay-sur-Aronde, donde pudieron haber sido utilizadas, junto con otros instrumentos, en actividades de culto (Brunaux *et alii* 1985: fig. 76; Brunaux 1988: 63), quizás sacrificiales.

3.3. *La destrucción ritual del armamento*

Un aspecto interesante es el de la inutilización deliberada del armamento, según la cual determinadas armas depositadas en las necrópolis, especialmente espadas, puñales, puntas de lanza y *soliferrea*, aparecen en ocasiones dobladas intencionadamente (fig. 127). Esta práctica incluiría la destrucción en la pira o fuera de ella de los elementos perecederos de lanzas y escudos, sin que pueda valorarse, por falta de datos, la intencionalidad de determinadas fracturas. Tal práctica parece proceder de la Cultura de los Campos de Urnas (Kimmig 1940: 155, lám. 8B; Reitinger 1968: 50), y suele asociarse a élites aristocráticas militares (Almagro-Gorbea 1991a: 44, nota 15), estando perfectamente documentada en el área ibérica peninsular (Quesada 1989a, I: 227 ss.), en la Hispania céltica, siendo buen ejemplo de ello las necrópolis celtibéricas (*vid. infra*) y vettonas (12), así como entre los Celtas de la Cultura de La Tène (Brunaux y Lambot

---

(11)   A este respecto, baste recordar la referencia de Cerralbo (1916: 48) en relación al hallazgo de «bastantes restos caballares» en las sepulturas de Aguilar de Anguita, señalando «que resultan muy numerosos los dientes de caballo que suelen encontrarse junto a las urnas cinerarias en mis necrópolis» (Aguilera 1916: 97).

(12)   Este es el caso de La Osera (zona VI), donde se documentaron algunas armas dobladas —espadas, puntas de lanza y un *soliferreum*— (Cabré *et alii* 1950: fig. 9, láms. XXXVII, XLV, XLVI, LXII y LXVIII), y de El Raso de Candeleda, si bien en esta última, en todos los casos se trata de *soliferrea* (Fernández Gómez 1986, II: figs. 326, 350, 415, 425, 429, 434 y 442).

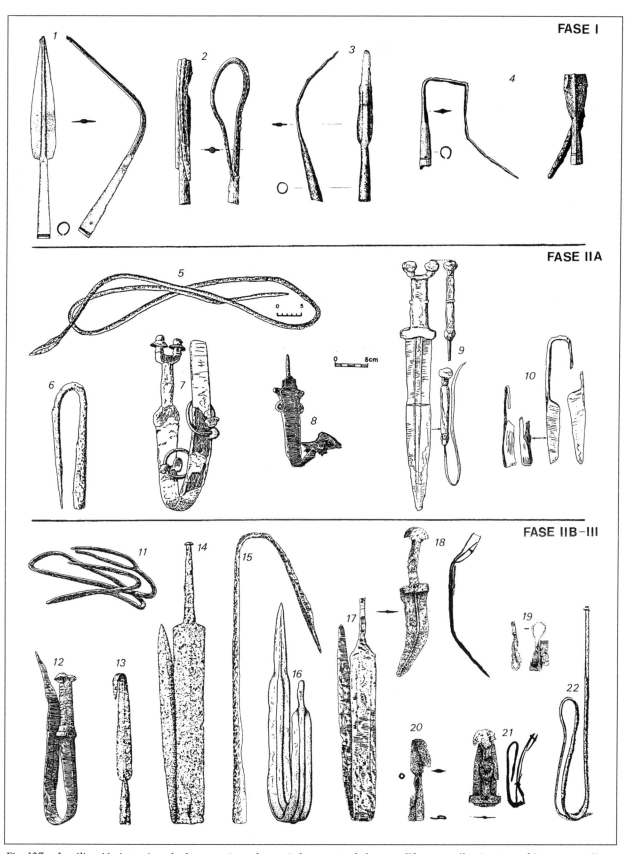

Fig. 127.—Inutilización intencionada de armas (espadas, puñales, puntas de lanza, soliferrum *y* pilum) *y otros objetos, como tijeras y elementos para la sujeción del tocado.*

1987: 14; Brunaux 1988: 125 ss.; Green 1992: 176 ss.; Rapin 1993).

Su carácter selectivo dificulta la interpretación que de dicha práctica pueda hacerse, al no afectar a todas las armas por igual, y, así, piezas pertenecientes a un mismo tipo pueden o no haber sido objeto de inutilización, incluso dentro de un mismo cementerio. Tal sucede con los puñales de frontón y biglobulares que, como prueban los casos de Osma y Quintanas de Gormaz, no suelen verse afectados por procesos destructivos, aunque las necrópolis de Ucero y Numancia hayan proporcionado ejemplares claramente inutilizados. Por ello, resulta difícil de valorar, al menos en ocasiones, si la destrucción deliberada de las armas se debe a condicionantes rituales —según los cuales la «muerte ritual» del arma sería la forma de enviar estos objetos al Más Allá— o a aspectos puramente funcionales, como pueda ser el espacio disponible para el enterramiento.

La inutilización o destrucción del armamento aparece reflejada en las necrópolis celtibéricas (*vid.* Aguilera 1916: 27) desde sus fases más antiguas, afectando en general a las piezas de mayores dimensiones, por más que tales prácticas nunca se realicen de forma sistemática (figs. 61 ss. y 127). Así, las tumbas 9 y 14 (fig. 127,2) de la necrópolis de Sigüenza (Cerdeño y Pérez de Ynestrosa 1993), adscribibles a la fase inicial de la Cultura Celtibérica, en la que aún no están presentes las espadas, proporcionaron largas puntas de lanza dobladas por la mitad, lo que también se ha documentado en algunas tumbas de la fase inicial de Carratiermes (fig. 127,1) (*v.gr.* tumbas 302, 319 y 327). Sin embargo, en la sepultura Sigüenza-1, solamente una de las dos puntas de lanza de grandes dimensiones documentadas presentaba indicios de haber sido flexionada. En la sepultura 14, las armas parece que debieron haber estado clavadas en el suelo, lo que sin ningún genero de duda pudo documentarse en la tumba 15, en la que las dos largas puntas de lanza y los dos regatones que formaban este conjunto no presentaban evidencias de haber sido inutilizadas.

A un momento posterior corresponden las sepulturas provistas de espada de Aguilar de Anguita, Alpanseque, Sigüenza, Carabias o Carratiermes (*vid.* capítulos V y VII). En ellas, el *soliferreum* (fig. 127,5) aparece siempre plegado e incluso enrollado, mientras que la espada o las puntas de lanza sólo ocasionalmente presentan muestras de haber sido inutilizadas (fig. 127,6-8). A modo de ejemplo, de las 20 tumbas de Aguilar de Anguita con espada de las que ha quedado constancia, sólo en tres este arma está doblada, y algo semejante puede decirse en el caso de Alpanseque, pues únicamente en la tumba 10 se documentó un puñal doblado (fig. 127,8), mientras que la espada con la que al parecer se asociaba en este conjunto no mostraba señal alguna de inutilización.

El cementerio de Atienza proporciona una imagen similar: sólo uno de los 15 conjuntos identificados ofrece una pieza con señales de inutilización, una punta de lanza con su extremo ligeramente curvado (tumba 4). Resulta significativo que ninguna de las seis tumbas con espada muestre signo alguno de dicha práctica, aunque algunas armas, generalmente puntas de lanza, puedan mostrar roturas en su extremo distal. Más difícil de valorar es el caso de La Mercadera, pues si era usual encontrar el material doblado, muchas veces se ha reproducido devolviéndolo a su posición originaria (Taracena 1932: 8), quedando, únicamente, constancia gráfica de tal destrucción en la tumba 68 (fig. 127,9-10), en la que aparecieron una espada de antenas, unas tijeras y una hoz dobladas, y en la 87, donde las piezas afectadas son un cuchillo y una punta de lanza.

Con la incorporación al ajuar funerario de las espadas de La Tène, lo que se produce al menos desde finales del siglo IV a.C., tal práctica se generaliza, siendo éstas las piezas que con mayor intensidad van a verse afectadas (fig. 127,14,16,17 y 22). Los ejemplos son numerosos, pudiendo señalarse una mayor complejidad del proceso, con la multiplicación del número de dobleces en determinados casos. Una muestra de esta evolución la proporciona la necrópolis de Numancia, donde se observa la destrucción sistemática de todas las armas, que son objeto de varias flexiones (fig. 127,18-21), afectando a piezas que, como los puñales de frontón, no eran objeto de tales actuaciones en otras necrópolis próximas, así como a muchos de los objetos metálicos de adorno (Jimeno y Morales 1993: 153, fig. 5.; *Idem* 1994: 256, fig. 7; Jimeno 1994b: 56; *Idem* 1996: 62; Jimeno *et alii* 1996: 36).

4. LOS DEPÓSITOS Y LOS HALLAZGOS DE ARMAS EN LAS AGUAS

El descubrimiento durante la Edad del Hierro en la Hispania céltica de depósitos formados por diversos objetos, entre los que destaca el armamento, o de hallazgos de armas aisladas, no constituye un hecho muy frecuente, estando por lo común mal documentados, lo que sin duda ha dificultado su interpretación (Lorrio 1993a: 297 ss., figs. 1,3 y 8,A). Como un tesorillo puede considerarse el ya citado depósito soriano de Quintana Redonda, fechado en época sertoriana (*vid.* capítulos V y VI,1) y constituido por un casco (fig. 78,D) que cubría dos tazas argénteas, en cuyo interior se localizaron un buen número de denarios ibéricos y, al parecer, romanos (Taracena 1941: 137; Raddatz 1969: 242 s., lám. 98; Villaronga 1993: 52, nº 109, quién únicamente señala la presencia de denarios de *Bolskan*).

Un interés especial tiene el hallazgo en *Graccurris* (Alfaro, La Rioja) de lo que se ha interpretado como un depósito ritual de época sertoriana formado por un conjunto de armas, de tipología lateniense en su mayoría, depositadas sin ningún orden aparente en el interior de una fosa de tendencia circular de 30 cm. de profundidad y algo más de un metro de diámetro, cubierta con cantos rodados (Marcos Pous 1996: 148 s. y figs. 11-13; Iriarte *et alii* 1996). El conjunto incluía, al menos, trece espadas de tipo La Tène, restos de vainas, la hoja de un puñal, posiblemente del tipo biglobular, puntas y regatones de lanza, cinco umbos de escudo latenienses de aletas y uno circular y tres fragmentos de uno o dos cascos de tipo Montefortino. Los umbos aparecieron encajados unos dentro de otros, las espadas y el puñal, deformados, y los cascos, fracturados.

Mayores dificultades de interpretación suscitan los hallazgos aislados de armas, cuya intencionalidad al ser depositadas resulta difícil de determinar. Entre ellos merecen especial atención, debido a sus evidentes connotaciones rituales, aquellos casos en los que las armas fueron depositadas en las aguas (Lorrio 1993a: 300, figs. 1,4 y 8,B). Se trata por lo común de piezas en perfectas condiciones de uso, sin muestras de haber sido inutilizadas, cuya dispersión se circunscribe, por lo que a los hallazgos de la Edad del Hierro se refiere, al Noroeste peninsular (Lorrio 1993a: 300). La tradición de arrojar armas a las aguas se remonta al final de la Edad del Bronce (López Cuevillas 1955; Ruiz-Gálvez 1982; Meijide 1988: 78 ss.; *Idem* 1994: 215 ss.), momento al que se adscriben las espadas de Carboneras o las aparecidas entre Sigüenza y Calatayud, cuya excelente conservación únicamente puede explicarse por proceder de depósitos fluviales (Almagro-Gorbea e.p.a). Por Suetonio (*Galba* 8, 3) se sabe que tal práctica aún seguía en vigor en territorio cántabro durante la segunda mitad del siglo I d.C. Más que tratarse de piezas perdidas accidentalmente, hay que pensar en su colocación deliberada, seguramente por razones votivas, que quizás haya que poner en relación con prácticas funerarias (Bradley 1990: 180; Torbrügge 1970-71: 103).

5. EL SACERDOCIO

Las evidencias sobre la existencia de un sacerdocio en la Hispania céltica son ciertamente parcas, lo que ha llevado a que una parte de los investigadores que han abordado este tema hayan negado su existencia (Costa 1917; Urruela 1981: 255 ss.; Blázquez 1983: 227 s.). Sin embargo, existen argumentos suficientes que avalan la existencia de un sacerdocio organizado, probablemente con las características del druídico, pero quizás con una menor organización que éste (Marco 1987: 69 ss.; *Idem* 1993a: 498 ss.; García Quintela 1991).

La existencia de especialistas en las prácticas sacrificiales es mencionada por Estrabón (3, 3, 6), según el cual el *hieroskópos* sería el responsable de realizar el sacrifico adivinatorio lusitano. Según cuenta Silio Itálico (III, 344-345), en la Gallaecia existía una juventud experta en prácticas adivinatorias.

Se ha querido ver en la figura de Olíndico (Olónico en Liv., *per.* 46), protagonista de una revuelta contra los romanos, a uno de estos personajes:

«Hubiese surgido una guerra, y contra todos los celtíberos, si no hubiese perecido el jefe de esta rebelión al principiar la lucha; era éste Olíndico, varón que hubiera llegado muy alto por su astucia y audacia; blandiendo una lanza de plata que decía enviada del cielo, y adoptando la postura de un profeta, habíase atraído todos los espíritus; pero su misma temeridad le hizo penetrar de noche en el campamento del cónsul, y junto a su tienda fue abatido por la jabalina de un centinela» (Floro, I, 33, 13).

Su actividad profética, la posesión de una lanza argéntea, al igual que ocurre con Lug, la presencia del radical *al-*, *ol-* en el nombre de Olíndico, que aparece a su vez en el epíteto fundamental del dios druida Dagda —*Ollathir*, «Padre poderoso»—, así como el que Floro lo denomine *summus uir* —que podría interpretarse como la traducción latina del celtibérico *uiros ueramos* de Peñalba de Villastar— han permitido a Marco (1987: 69 ss.; *Idem* 1989: 126; *Idem* 1993a: 499), al que han seguido otros investigadores (Sopeña 1987: 63 s.; *Idem* 1995: 43 ss.; García Quintela 1991: 33 s.; *vid.*, asimismo, Salinas 1985: 317), defender el carácter sacerdotal de este personaje. Sin embargo, García Moreno (1993: 352 ss.), con similares argumentos, ve en Olíndico un jefe de una *Männerbunder* celtibérica.

Iconográficamente, la cerámica numantina ofrece la representación de lo que parece ser, sin ninguna duda, un sacerdote (fig. 126,1,c). El personaje, que está oficiando un sacrificio animal (*vid. supra*), debió formar conjunto con otro, apenas conservado, provisto de un cuchillo curvo. Aparece tocado por un gorro cónico, al igual que otra figura representada en otro vaso numantino (Wattenberg 1963: lám. X,9-1244). Similar interpretación han merecido los personajes coronados por un árbol (fig. 128,1), de los que únicamente uno se ha conservado completo, enmarcados por lo que se ha interpretado como un templo, que aparecen reproducidos en un vaso de *Arcobriga* (Marco 1987: 70; *Idem* 1993a: 500; *Idem* 1993b).

Marco (1987: 71; *Idem* 1988: 176; *Idem* 1993a: 500) ha planteado la hipótesis de que determinados vocablos presentes en algunos documentos celtibéricos, entre los que destaca el bronce de Botorrita 1, o en la «inscripción grande» de Peñalba de Villastar (*vid.* capítulo XI,3.5),

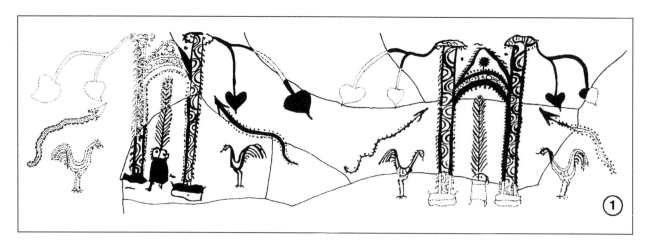

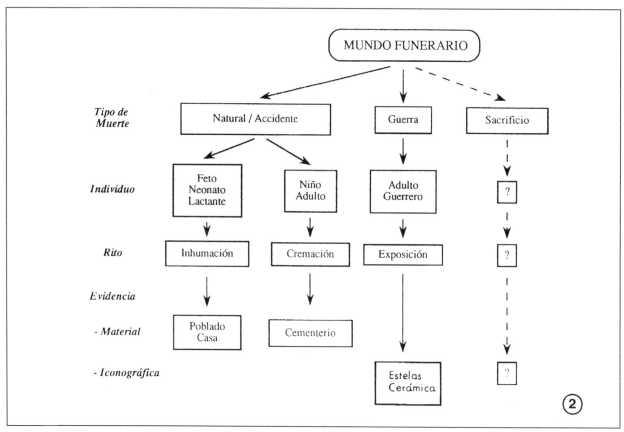

Fig. 128.—1, representación pintada de un posible sacerdote (?) en un vaso de Arcobriga; *2, el mundo funerario celtibérico. (Según Aguilera 1909 (1) y Burillo 1991a (2)).*

estarían referidos «a funciones jurídicas o institucionales llevadas a cabo por personas pertenecientes al ámbito sacerdotal». Se ha planteado, asimismo, un carácter sacerdotal para el dedicante de un ara procedente de Queiriz (Fornos de Algodres, Beira Alta), llamado *Ouatius*, interpretado a través del latín *uates*, 'adivino, profeta, poeta', identificándolo con el término *Ouates* utilizado por Estrabón (4, 4, 4) para referirse a los «sacrificadores e intérpretes de la naturaleza» galos (García Fernández-Albalat 1990: 45 s.; García Quintela 1991: 34 s.; Marco 1993a: nota 56).

Según se sabe por Suetonio (*Galba* IX, 2), la adivinación sería practicada igualmente por las mujeres, como la *fatidica puella* que había profetizado, doscientos años antes de que ocurriera, el imperio de Galba, profecía cuyo texto era conservado en el templo de Júpiter en Clunia.

6. LOS RITUALES FUNERARIOS

Aunque el rito de la incineración fue el más extendido entre los Celtíberos (*vid.* capítulo IV,3), las fuentes literarias, las representaciones pintadas numantinas y la ausencia de evidencias funerarias en determinadas áreas de la Celtiberia sugieren que no fue el único utilizado (fig. 128,2) (Ruiz Zapatero y Lorrio 1995: 235 s.). Algunos grupos celtibéricos, como es el caso de la Cultura castreña soriana, no han dejado evidencia arqueológica segura de sus enterramientos, pues han de ser valoradas con precaución lo que se ha interpretado como dos supuestas tumbas, aparecidas en el interior, aunque en una situación marginal, del castro de El Castillo de El Royo (Eiroa 1984-85: 201, fig. 1). Según Eiroa se trataría de dos encachados, de forma próxima al círculo, en cuyo centro debió de depositarse la urna con las cenizas, de la que tan sólo se conservan algunos fragmentos. Sin embargo, habrá que esperar a la publicación más detallada de las estructuras y el material asociado para valorar en su justa medida el hallazgo, que, en cualquier caso, resulta excepcional, puesto que los intentos realizados en los últimos años por identificar las necrópolis de este grupo, a partir del examen de una serie de estructuras tumuliformes localizadas en las proximidades de algunos de estos castros —El Alto del Arenal de San Leonardo o el Castro del Zarranzano—, han proporcionado resultados desalentadores (Romero y Ruiz Zapatero 1992: 112; Romero y Jimeno 1993: 205).

En estos casos, podría asumirse el empleo de rituales tales como la descarnación o la exposición de los cadáveres (Aldhouse-Green 1993: 464; Sopeña 1995: 198), cuya práctica entre los Celtíberos es conocida a través de las fuentes clásicas y la iconografía vascular. Silio Itálico (3, 340-343), refiriéndose a los Celtíberos, señala:

«Para éstos es un honor caer en el combate y sacrilegio incinerar un cuerpo muerto de este modo. Pues creen que son retornados al cielo, junto a los dioses de lo alto, si el buitre hambriento devora sus miembros yacentes» (traducción J.M. Díaz-Regañón 1984: 61 s.).

Por su parte, Claudio Eliano (X, 22) se refiere en términos semejantes a los Vacceos:

«Los Vacceos ultrajan los cuerpos de los cadáveres de los muertos por enfermedad ya que consideran que han muerto cobarde y afeminadamente, y los entregan al fuego; pero a los que han perdido la vida en la guerra los consideran nobles, valientes y dotados de valor y, en consecuencia, los entregan a los buitres porque creen que éstos son animales sagrados» (traducción R. Olmos 1986: 218, nota 15) (13).

Tal costumbre tiene su confirmación iconográfica en dos representaciones vasculares numantinas que reproducen la escena narrada por Silio Itálico. En una de ellas (fig. 129,1,a), un buitre se lanza sobre un guerrero yacente, mientras que, en la otra (fig. 129,1,b y lám. VI,3), el buitre figura posado sobre el cadáver del guerrero. Esta iconografía aparece reproducida también en una estela de Lara de los Infantes, en la que un grifo se dirige hacia un guerrero armado (Marco 1978: 144, nº 134), y en la estela gigante de Zurita (Marco 1978: 108, nº 73), donde un guerrero caído está siendo devorado por un ave (fig. 129,2). En el ámbito ibérico del Valle del Ebro (Burillo 1991a: 576 ss.) se recoge esta iconografía en una de las estelas del Palao de Alcañiz (Marco 1976: 85), en la que en torno a un guerrero yacente aparecen tres aves rapaces, un cánido, un guerrero a caballo y una mano (fig. 129,3), así como en el monumento de Binéfar (Beltrán 1970; Marco y Baldellou 1976), donde los cuerpos mutilados se vinculan a un grifo, incluyendo asimismo el escudo, la lanza y las manos cortadas (fig. 129,4), piezas fechadas generalmente en el Ibérico Tardío (*ca.* siglo II-primera mitad del I a.C.).

La infructuosa búsqueda de la necrópolis de Numancia llevó a relacionar su ausencia con la existencia de un rito de exposición de cadáveres, interpretándose incluso una serie de círculos de grandes piedras, localizados en la vertiente meridional del cerro donde se asienta la ciudad, como el lugar donde se llevaría a cabo dicho ritual (Taracena 1954: 257). El reciente descubrimiento de la necrópolis celtibérica —de incineración— de Numancia (Jimeno y Morales 1993 y 1994; Jimeno 1994a: 126 ss.; 1994b: 50 ss.), una de las varias que tuvo a lo largo de su existencia, fechada entre los siglos III y II a.C., esto es, con anterioridad a la destrucción de la ciudad el 133 a.C., permite al menos plantear la posible dualidad ritual mencionada por Silio Itálico y Claudio Eliano. Ahora bien, la presencia de armamento en la necrópolis de Numancia y su posible vinculación con enterramientos masculinos, confirmada en otros cementerios meseteños, no iría en contra lo que en principio las fuentes clásicas y la iconografía parecen confirmar, pues según éstas el ritual de la exposición estaría reservado a los combatientes muertos en el campo de batalla.

El pasaje de Silio Itálico ha sido interpretado como una prueba de la creencia de los Celtíberos, al igual que los demás pueblos célticos, en el Más Allá y en la inmortalidad de las almas (Sopeña 1987: 77 ss., 117 ss., 126 s.

---

(13)   Para los Celtíberos, la muerte por enfermedad era una tristeza, considerando como indigna la muerte en la cama, mientras que la guerra era considerada como una diversión (Cic., *Tusc. Dis.* II, 65; Val. Max. II, 6, 11).

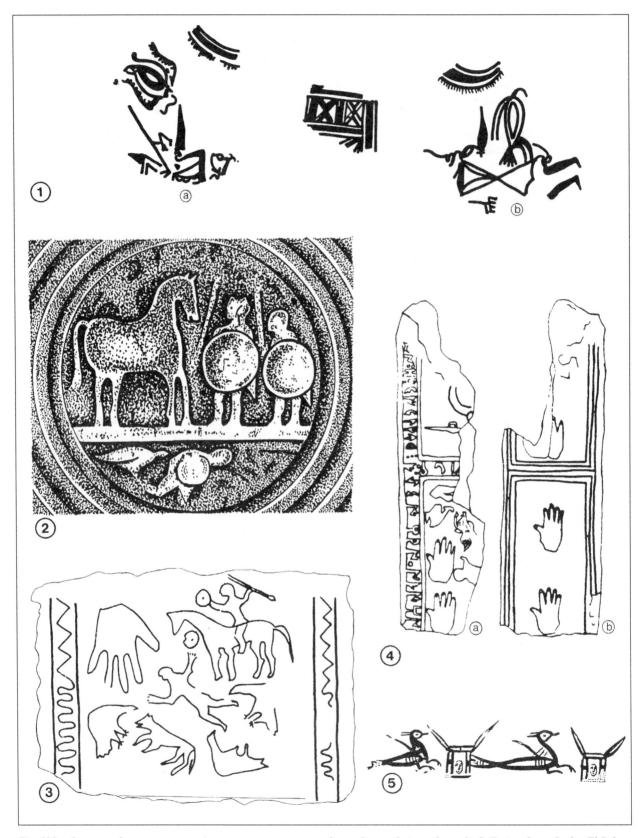

Fig. 129.—1, escena de un vaso numantino con guerreros muertos devorados por buitres; 2, estela de Zurita; 3, estela de «El Palao» de Alcañiz; 4, monumento de Binéfar; 5, friso de cabezas humanas aplicadas y aves rapaces pintadas de una urna de la necrópolis de Uxama. (Según Wattenberg 1963 (1), Peralta 1990 (2), Marco 1976 (3-4) y Cabré 1915-20 (5)).

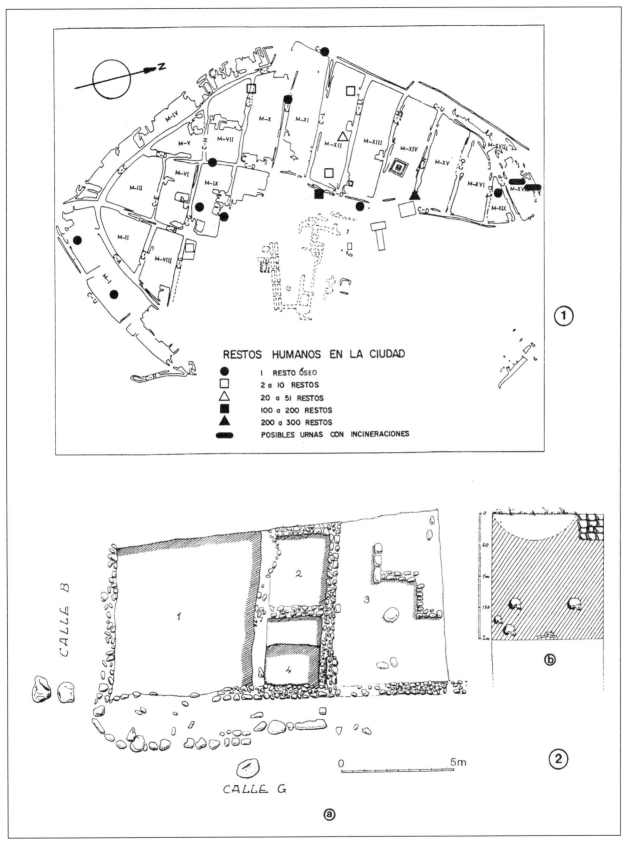

Fig. 130.—Numancia: 1, localización de restos humanos en la ciudad; 2, plano de las excavaciones llevadas a cabo en el ángulo de la manzana XXIII (a) y sección vertical de la habitación nº 4 (b). (Según Jimeno y Morales 1993 (1) y Taracena 1943 (2)).

y 141 ss.), razón por la cual los guerreros celtas no sentían miedo ante la muerte, llegando incluso a provocarla (Le Roux 1984: 149). De esta forma, los caídos en combate eran transportados al Más Allá por un buitre, animal sagrado y psicopompo, que en ciertas representaciones iconográficas aparece sustituido (*vid. supra*), con similar función, por el grifo (Sopeña 1987: 118 s.).

Sin embargo, el Más Allá no estaría reservado exclusivamente a los muertos en combate, objeto de la práctica ritual de la exposición del cadáver. La existencia de un banquete funerario o la inutilización ritual de ciertos elementos del ajuar, prácticas ambas documentadas en las necrópolis, parecen apuntar en este sentido. Como prueba de lo dicho, se ha sugerido la iconografía reproducida en una urna cineraria de la necrópolis de *Uxama* (fig. 105,2 y 129,5), paralelizable con una pieza también funeraria de Carratiermes (fig. 105,4) y con otra de la ciudad de *Uxama* (fig. 105,3), en la que varias cabezas humanas aplicadas aparecen localizadas en el interior de una estructura cuadrangular flanqueada por aves, que cabe considerar como una variante iconográfica de este ritual (Sopeña 1987: 111 y 143 ss., lám VII,B; Marco 1993a: 502).

Cabe referirse, finalmente, a las inhumaciones infantiles documentadas en el interior de los poblados, ritual característico del ámbito ibérico, al que excede (Guerín y Martínez 1987-88; VV.AA. 1989b; Burillo 1991a: 570 ss.), y del que se conocen algunos ejemplos en el mundo celtibérico y vacceo. En el poblado de Fuensaúco (Romero y Jimeno 1993: 208 s.; Romero y Misiego 1995b: 136 s.), se halló un enterramiento de un niño, apoyado sobre su costado izquierdo, en posición fetal, depositado bajo el suelo de una casa circular adscribible a la segunda ocupación del poblado, fechada ca. siglos VI-V a.C. Estaba situado bajo una piedra plana, protegido por un fragmento cerámico, y como ajuar, lo que no constituye un hecho frecuente, presentaba algunos restos de bordes de vasos cerámicos, un colgante de concha y otro de hueso, dos brazaletes de bronce de sección rectangular, enrollados, y una arandelita, también de bronce. En La Coronilla se localizó, en una hendidura bajo el suelo del porche de una vivienda adscrita a la ocupación celtibérico-romana del castro (fechada entre fines del II y el siglo I a.C.), una inhumación de un feto a término o un recién nacido en posición fetal, con la cabeza orientada hacia el Noroeste, sin resto alguno de ajuar (Cerdeño y García Huerta 1992: 27 y 77; Bermúdez de Castro 1992). A una fecha avanzada corresponden también el cráneo infantil hallado en el Alto Chacón (Atrián *et alii* 1980: 221), perteneciente seguramente a uno de estos enterramientos, o el enterramiento de un lactante procedente del Cabezo de las Minas de Botorrita (Beltrán *et alii* 1987: 96). Su presencia también está registrada en Numancia (Mélida y Taracena 1921: 4-5), así como en los asentamientos vacceos de Roa (Burgos) (Sacristán 1986a: 62 s.) y La Mota de Medina del Campo (Valladolid) (García Alonso y Urteaga 1985: fig. 41, lám. II-2).

La ciudad de Numancia ha proporcionado, asimismo, algunos restos humanos (fig. 130,1) (VV.AA. 1912: 24 s.; Sopeña 1987: 72; Jimeno y Morales 1993: 151, fig. 3; *Idem* 1994: 252 s., fig. 4), no necesariamente de época celtibérica, entre los que cabe destacar un grupo de cuatro cráneos hallados en el interior de una vivienda (fig. 130,2), que han sido relacionados con el rito céltico de las cabezas-trofeo (Taracena 1943; Almagro-Gorbea y Lorrio 1992: 435 y 438), aunque quizás pudieran vincularse con la conservación del cráneo del ancestro (Brunaux 1986: 325). Además habría que recordar aquí las inhumaciones documentadas en una de las torres de la muralla de la ciudad romana de *Bilbilis*, que como se ha comentado fueron interpretadas como sacrificios fundacionales (*vid. supra*).

XI

EPIGRAFÍA Y LENGUA: EL CELTIBÉRICO Y LAS LENGUAS INDOEUROPEAS EN LA PENÍNSULA IBÉRICA

La existencia de diferentes lenguas de tipo indoeuropeo en la Península Ibérica es conocida a través de los testimonios epigráficos indígenas y de la onomástica presente en las inscripciones latinas y las fuentes literarias. Además, el vocabulario y la onomástica, sobre todo la toponimia, conservados en las lenguas vivas peninsulares, también aportan una valiosa información al respecto.

Pero los documentos epigráficos en lenguas indígenas indoeuropeas ofrecen una distribución geográfica mucho más restringida que la deducida de otras fuentes indirectas (fig. 5) (*vid.* capítulo II,1.2), lo que puede atribuirse a que buena parte de la Hispania indoeuropea careció de escritura hasta la llegada de los romanos, y que cuando se produjo la adopción, salvo algunas excepciones, la lengua utilizada era ya la latina (1).

Dos son, básicamente, las áreas epigráficas en lengua indígena en la Hispania indoeuropea (2): la celtibérica, definida a partir de una serie de textos en lengua céltica y escritura ibérica o latina localizados en las tierras de la Meseta Oriental y el Valle Medio del Ebro, y la lusitana, circunscrita a las tierras del Occidente peninsular, conocida por una serie de inscripciones en una lengua indoeuropea diferente de la celtibérica, escritas en alfabeto latino.

Del Suroeste procede un conjunto epigráfico en una escritura derivada de la fenicia, generalmente vinculado con una lengua no indoeuropea, para el que se ha planteado recientemente la posibilidad de que corresponda a una lengua de tipo indoeuropeo, quizás céltica.

1. EL «EUROPEO ANTIGUO»

Las evidencias más antiguas de la indoeuropeización de la Península no proceden, sin embargo, de los documentos epigráficos en lengua indígena, sino que pueden detectarse en una serie de topónimos, principalmente hidrónimos, de carácter muy arcaico, formados por la repetición de una serie de raíces, como *av- o *ab-, *ad-, *al(-m)-, *ar-, *arg-, *kar-, *nar-, *sal-, *sar-, etc., precedidas generalmente de los sufijos -i-, -k-, -l-, -m-, -n-, -nt-, -r-, -s-, -st- y -t- (de Hoz 1963: 228 ss.).

Este sistema hidronímico sirvió a H. Krahe (1954 y 1964) para definir lo que denominó «antiguo europeo» (*Alteuropäisch*), esto es, una lengua indoeuropea posterior al indoeuropeo común, pero todavía poco diferenciada, y anterior a las primeras manifestaciones de las lenguas indoeuropeas occidentales, entre las que se halla incluida el celta, teoría que en estos términos no se puede aceptar.

La distribución peninsular de estos hidrónimos es bastante extensa (de Hoz 1963) destacando una mayor densidad en el ángulo Noroeste y su presencia en zonas lingüísticamente no indoeuropeas, como el Levante y Cataluña. Resulta significativo el vacío que se observa en el cuadrante suroccidental, quizás debido a la situación marginal de esta zona respecto a los pasos pirenaicos tradicionalmente interpretados como las vías de acceso de los influjos indoeuropeos a la Península Ibérica.

Con independencia de las críticas a la teoría propuesta por Krahe, sí parece clara la mayor antigüedad de la lengua o lenguas de los hidrónimos respecto de las restantes lenguas indoeuropeas peninsulares, estando la relación entre todas ellas aún por determinar.

De acuerdo con Tovar (1985: 251) y de Hoz (1983: 364 y 1986c: 17), no habría que descartar la posibilidad de identificar el «antiguo europeo» con el lusitano, habiendo éste evolucionado desde aquél de forma más o

---

(1) Una visión general sobre las lenguas indoeuropeas en la Península Ibérica puede obtenerse en Untermann (1981), de Hoz (1983; 1988a; 1991a-b; 1992a y 1993a), Tovar (1986 y 1987), Villar (1990: 363 ss. y 1991: 443 ss.) y Gorrochategui (1993).

(2) En lo referente a la delimitación de la Hispania indoeuropea según diversas fuentes, *vid.* el capítulo II.

menos autónoma. No obstante, F. Villar (1990: 368; 1991: 460 ss.) considera que la lengua (o las lenguas) de los hidrónimos sería distinta tanto del celtibérico, y en general de todas las lenguas celtas, como del lusitano, ambos caracterizados desde el punto de vista fonético por la diferenciación de la vocales /a/ y /o/, frente al «antiguo europeo» en el que dichas vocales se confunden en /a/, conservando también, al igual que ocurría en el lusitano, la antigua /p/ indoeuropea (raíces *pel-, *pal-, v.gr. *Pallantia*). El carácter diferenciado del «antiguo europeo» vendría confirmado, además, por su propia distribución geográfica, más extensa que la ofrecida por las restantes lenguas indoeuropeas documentadas en la Península.

Villar (1991: 461 ss.) señala la vinculación a este horizonte de una serie de elementos onomásticos que se distinguen por conservar la /p/ inicial e intervocálica, y por su carácter /a/. Topónimos como *Pallantia*, *Segontia Paramica*, etc., antropónimos como *Pintamus*, *Apinus*, etc., o la actual palabra páramo, constituirían así un préstamo del «antiguo europeo» a las lenguas indoeuropeas peninsulares más modernas (el lusitano y el celtibérico).

2. EL LUSITANO

Se denomina así a una lengua de tipo indoeuropeo occidental conocida principalmente a partir de tres inscripciones escritas en alfabeto latino, dos de ellas incluso con una introducción en lengua latina, datadas con posterioridad al cambio de era (*ca.* siglo II d.C.), las rupestres de Lamas de Moledo (Viseu) y Cabeço das Fraguas (Guarda), ésta con seguridad de carácter votivo (3), y la actualmente desaparecida, pero de la que se conservan algunas copias, de Arroyo de la Luz (Cáceres) (4). La distribución geográfica coincide con la atribuida por las fuentes literarias a los lusitanos históricos, asentados en las tierras situadas entre los cursos inferiores del Duero y del Tajo, así como en la margen izquierda de este último (Tovar 1985; Schmidt 1985; Gorrochategui 1987; Untermann 1987).

Esta lengua presenta una serie de características que la diferencian del celtibérico, si bien, debido sobre todo a la

escasez de datos, existen divergencias importantes al intentar establecer la relación entre el lusitano y las restantes evidencias lingüísticas indoeuropeas en la Península Ibérica. Sus rasgos más significativos, de acuerdo con los autores que han abordado su estudio (5), son:

a) mantenimiento de la /p/ indoeuropea, en posición inicial e intervocálica, a diferencia del celta que la pierde en estos contextos (lus. *porcom* «puerco», irl. *orc* «cochinillo»).

b) conservación del diptongo /eu/, frente al celta, en el que se produce el paso a /ou/.

c) el nominativo plural de la declinación en -o, con desinencia -*oi, documentada en celta así como en otras lenguas indoeuropeas como el latín o el griego, pero no en celtibérico (= -os).

d) utilización de la conjunción copulativa *indi*, desconocida en las lenguas célticas (celtib. -*cue* y *uta*) pero presente en las germánicas.

e) desarrollo de una forma de presente de la raíz *do «dar», sin paralelos en celta.

Estos rasgos, junto con otros menos contrastados como el tratamiento de las sonoras aspiradas, llevaron a Tovar (1985; etc.), al que han seguido otros investigadores (Schmidt 1985; Gorrochategui 1987; de Hoz 1983: 362; Villar 1990: 365 ss.; *Idem* 1991: 454 ss.), a considerar al lusitano como una lengua indoeuropea diferente del celta, más arcaica y conservadora que la, según él, única lengua céltica peninsular: el celtibérico.

La posición de Tovar se hace eco, en general, de las viejas tesis que abogaban por la existencia de una primera invasión indoeuropea, que inicialmente se relacionó con los Ligures y más tarde con los Ilirios, anterior a la protagonizada por los Celtas. Este estrato antiguo de indoeuropeización se solía vincular a un conjunto onomástico caracterizado por conservar la /p/ indoeuropea, en el que se incluían topónimos como *Segontia Paramica*, *Pallantia*, *Pisoraca*, etc., antropónimos como *Pisirus*, *Pintamus*, *Pellius*, *Apinus*, etc., teónimos como *Poemana* o *Paramaecus*, étnicos como *Pelendones*, *Praestamarci* o *Paesici*, y la palabra actual páramo. Su dispersión excede con mucho el área lingüística lusitana, si bien queda circunscrita en gran medida a la Hispania indoeuropea, observándose su menor concentración en el territorio celtibérico.

Un planteamiento diferente es el defendido por Untermann (1962: 71; 1987), quien considera que el lusitano pertenecería a la subfamilia celta —*vid.*, asimismo,

---

(3) Esta inscripción contiene un sacrificio indoeuropeo, del tipo de la *suouetaurilia* romana (*vid.* Tovar 1985: 245 ss.).

(4) Sin embargo, además de los tres documentos mencionados, existe una serie de inscripciones latinas más cortas que, no obstante, para Tovar (1985: nota 36; Schmidt 1985: 322, nota 12), posiblemente pertenecerían a la misma lengua, poniendo de manifiesto que el lusitano se hablaría en un área más extensa. Este es el caso de la inscripción de Filgueiras (Guimarães) o las de Mosterio de Ribeira (Guinzo de Limia, Orense), correspondientes al convento bracarense, mientras que la de Talaván (Cáceres) o la de Freixo de Numão (cerca de Viseu) procederían de la zona lusitana.

(5) *Vid.* Tovar (1985 y 1987: 23), Faust (1975), Schmidt (1985), Gorrochategui (1987) y Villar (1990: 365 ss.; 1991: 454 ss.).

Prosdocimi (1989: 202 ss. y 1991: 56) y Anderson (1988: 95 ss.)—. Los argumentos aducidos serían:

a) la conservación de la /p/ indoeuropea en los referidos contextos no resulta un rasgo determinante en contra del celtismo de la lengua lusitana. El lusitano sería un dialecto celta de tipo arcaico que habría mantenido la /p/. Esto mismo es defendido por Evans (1979: 114 s.), quien advierte de los peligros de aplicar «al celta continental los criterios clasificatorios del celta insular, mucho más reciente» (6).

b) similitudes en el léxico con las lenguas celtas. Este sería el caso de *trebo-* o *crouceai.*

c) dada la escasez de datos, debido al número reducido de evidencias en lengua lusitana, Untermann propone la utilización de la onomástica personal de la Hispania indoeuropea como fuente alternativa. Destaca la gran homogeneidad en su distribución geográfica, a pesar de que ciertas series de antropónimos parecen circunscribirse a áreas geográficas concretas (*v.gr. Tancinus* y *Tongetamus* a la Lusitania central; etc.).

d) esa uniformidad de la Hispania indoeuropea, puesta de relieve con los antropónimos, es confirmada por la distribución de los topónimos, tan típicamente celtas, en *-briga* (*vid.,* al respecto, de Hoz 1993d: 12 ss.). Aparecen distribuidos por todo el territorio indoeuropeo (fig. 6,A), estando bien documentados en el Occidente, englobando el área lingüística lusitana. En este mismo sentido, cabría señalar el caso de los topónimos en *Seg-* y en *-ama,* de dispersión más restringida.

Para Untermann (1962: 71) tan sólo habría habido una invasión indoeuropea en la Península Ibérica. La propia evolución de esa lengua original, de tipo celta, sería la responsable de las diferencias dialectales observadas en la Península.

En un intento de minimizar los argumentos defendidos por Untermann, Tovar planteó el valor relativo de la onomástica personal, cuya evidente homogeneidad en la Hispania indoeuropea podría ser el producto de «un proceso de fusión y de acercamiento entre dos lenguas de origen diferente, aunque pertenecientes a la familia lingüística indoeuropea» (Tovar 1985: 231). En esta línea, sí parece observarse una cierta tendencia al agrupamiento en determinados antropónimos, ya señalada por el propio Untermann (1981: 28, mapas 14 ss.), que permiten hablar de una onomástica personal lusitana, lusitano-galaica, celtibérica, etc. (*vid.* Albertos 1983). Los topónimos en *-briga,* por su parte, corresponden a un momento tardío, relacionable quizás con la expansión celtibérica, conocida por otras evidencias de tipo arqueológico, o histórico,

como la cita de Plinio (3, 13) respecto a los *Celtici* de la Beturia (*vid.* capítulo II,1.1.b).

En lo relativo a las semejanzas de léxico entre el lusitano y el celtibérico, se ha aducido que bien pudiera tratarse de préstamos, sobre todo en el caso de nombres propios y vocabulario técnico, faltando en cambio las formas verbales y las conjunciones, mucho menos permeables en este sentido (Schmidt 1985: 330 ss).

Como puede apreciarse, el lusitano participa de ciertas características que permitirían su consideración dentro de las lenguas célticas, mientras que otras parecen aconsejar su clasificación independiente respecto de éstas. Parece evidente que únicamente con la aparición de nuevos documentos en lengua lusitana se podrá avanzar en una u otra dirección (7).

De cualquier modo, el Occidente peninsular presenta una serie de peculiaridades que hacen de esta extensa zona un territorio de gran personalidad dentro de la Hispania indoeuropea. Una de las más significativas es la existencia de una teonimia característica y exclusiva de Lusitania, y de los conventos de Braga, Lugo y Astorga (8). Su distribución geográfica, ocupando la fachada atlántica, con una mayor densidad en el centro de Portugal, resulta claramente excluyente con la de las agrupaciones familiares expresadas mediante un genitivo de plural (*vid.* capítulo II,1.2), institución indígena documentada en un territorio que excede ampliamente el restringido marco de la Celtiberia de las fuentes clásicas. Un fenómeno semejante sería el observado en relación con los *castella,* término equivalente al de castro, localizados en el Noroeste de la Península (*vid.* capítulo II,1.2). Pese a todo, ni los llamados «genitivos de plural» ni los *castella,* dadas sus connotaciones de tipo social, permiten sacar conclusiones fidedignas sobre la filiación de la lengua hablada en ambas zonas.

Algunos de estos teónimos, debido a su carácter genérico, podrían considerarse no como un nombre propio sino más bien como sinónimos de «divinidad». Este sería el caso de *Bandue* que, considerado como un nombre común, constituiría una de las escasas evidencias de la presencia de la lengua lusitana en Gallaecia (de Hoz 1986b: 37), ya constatada a través de inscripciones menores (*vid. supra*) cuya interpretación no siempre es segura (Gorrochategui 1993: 419). Por ello, de acuerdo con Untermann (1985b: 348), podría plantearse una unifor-

---

(6)   Respecto a la clasificación de las lenguas célticas, *vid. infra.*

(7)   Por su parte, M. Ruiz-Gálvez (1990: 95 ss.) ha defendido la vía atlántica y no pirenaica para la llegada del lusitano «como lengua de comercio de una comunidad comercial y cultural atlántica».

(8)   Resulta llamativo y de difícil interpretación la práctica ausencia de nombres de divinidades indígenas en el resto de la Península, principalmente en el área ibérica (*vid.* Untermann 1985b: 347; de Hoz 1986b: 35; Marco 1993a: 482 ss.).

352 ALBERTO J. LORRIO

midad lingüística entre Lusitania y Gallaecia, más evidente en el convento bracarense (Tovar 1983a: 248 y 270), pero sin descartar la existencia de diferencias dialectales entre ambas zonas.

Si bien es cierto que algunas etimologías de los teónimos parecen no encontrar explicación en las lenguas indoeuropeas, otras presentan una clara vinculación con el celta (*v.gr. Lugu*, documentado, además de en la Gallaecia lucense, en la Celtiberia, o *Bormanicus*, relacionado con el teónimo galo *Bormanus*). Estas semejanzas podrían interpretarse como una prueba más (topónimos en -*briga*, léxico de las inscripciones lusitanas, etc.) de la influencia en el Occidente del componente céltico/ celtibérico, aun cuando para Untermann (1985b: 354), fiel a sus planteamientos sobre la unidad lingüística de la Hispania indoeuropea, constituirían una evidencia de la conexión de estos territorios desde el punto de vista de la lengua (9).

3. EL CELTIBÉRICO

Se trata de una lengua indoeuropea perteneciente a la subfamilia celta (*vid.* Tovar 1949: 21 ss. y 75 ss.; Lejeune 1955; Schmoll 1959; de Hoz 1986a; Gorrochategui 1990; etc.), con ciertos rasgos arcaicos, es decir, en «un estado de evolución anterior al que hayan logrado los dialectos celtas en Galia en el momento de su primera documentación» (Untermann 1995a: 13). El testimonio fundamental de esta lengua viene dado por una serie de documentos epigráficos, en su mayor parte de poca extensión, en escritura ibérica o en alfabeto latino (*vid.* Lejeune 1955; Beltrán y Tovar 1982; Untermann 1983 y 1990b; de Hoz 1986a y 1995a; Eska 1989; Gorrochategui 1990; Meid 1993, 1993-95, 1994 y 1996; Beltrán, de Hoz y Untermann 1996; etc.). La adopción del sistema de escritura ibérico (fig. 131), una combinación de alfabeto y silabario no especialmente apta para dar cabida a una lengua indoeuropea (de Hoz 1986a: 49 ss.; *Idem* 1988b: 147), debió producirse en un momento relativamente avanzado, seguramente el siglo II a.C. Por el contrario, los textos más antiguos en alfabeto latino y lengua indígena corresponden ya a la primera centuria antes de la era.

Desde el punto de vista diacrónico, las lenguas célticas admiten una división en dos grandes grupos: el celta continental, referido a una serie de lenguas habladas en la

Fig. 131.—Escritura celtibérica. (Según de Hoz 1988b).

Antigüedad, que agruparía al celtibérico, al galo y al lepóntico, lenguas todas ellas extintas, y el celta insular, del que se conservan representantes vivos, como el gaélico, hablado actualmente en Irlanda. El peso que el celta insular ha tenido en la lingüística tradicional ha llevado a su vez a la división dialectal de la subfamilia céltica en otros dos grupos, a partir del diferente comportamiento de la labiovelar sorda indoeuropea $^*k^w$. Así, cabe hablar de un «celta-q» o goidélico y de un «celta-p» o britónico, según se haya mantenido la $^*k^w$, o haya evolucionado a /p/. El goidélico incluiría el antiguo irlandés, con el que se emparentarían el actual gaélico, el escocés y la lengua hablada hasta no hace mucho en la isla de Man. El britónico englobaría al galés, al córnico y al bretón. En cuanto al celtibérico, como se verá a continuación, se alinea con el «celta-q», mientras que galo y lepóntico lo hacen con el «celta-p». Sin embargo, hoy se tiende a minimizar el valor clasificatorio de este particular comportamiento de la $^*k^w$ indoeuropea, tendiéndose más bien a su valoración conjunta con otros aspectos de la lengua céltica.

El celtibérico participa, junto con las restantes lenguas célticas, de una serie de características comunes a todas

(9) De acuerdo con Gorrochategui (1993: 422), en el Occidente peninsular habría indicios de tipo onomástico relacionados con la presencia de una o varias lenguas indoeuropeas no célticas, una de las cuales sería el lusitano que, como se ha señalado, ha dejado algunos textos, muy pocos. No obstante, esta zona evidencia testimonios de la presencia de celtoparlantes, aunque a partir de elementos de tipo onomástico, producto quizás de préstamo cultural o incluso de modas.

ellas (10). Un atributo especialmente significativo, dado su valor clasificatorio, es el de mantener, como se ha indicado, la $^{*}k^{w}$ indoeuropea, lo que ocurre en el «celta-q», frente a las restantes lenguas célticas continentales, en las que se ha producido la innovación que el paso $k^{w} > p$ representa. Este fenómeno se ha interpretado como una evidencia de la mayor antigüedad del celtibérico, que se habría separado del celta común con anterioridad a que se produjera la referida innovación (Villar 1991: 340 s.; *vid.* de Hoz 1986b: 46 ss.).

Un rasgo tenido por esencial para la definición de una lengua como céltica, común por tanto al celtibérico y a las demás lenguas del grupo celta, es el de la pérdida de la $^{*}p$ indoeuropea en posición inicial e intervocálica. Pero, para algunos lingüistas este proceso no sería una prueba definitiva a favor o en contra del carácter celta de una determinada lengua, ya que su presencia se podría interpretar como un rasgo de arcaísmo, propio de un estadio inicial de desarrollo dentro de las lenguas célticas. Esto permitiría vincular, como se ha señalado, una lengua como la lusitana, que no participa de esta innovación, con la subfamilia céltica.

Otras características comunes serían la fusión entre las sonoras aspiradas y las no aspiradas indoeuropeas, proceso compartido por otras lenguas indoeuropeas, como el eslavo, el báltico, etc.; el tratamiento común de las sonantes vocálicas; el pronombre demostrativo indoeuropeo $^{*}so$-; etcétera.

Por otro lado, el celtibérico presenta una serie de rasgos, en su mayor parte arcaísmos, que lo diferencian de las demás lenguas célticas. Entre ellos cabe destacar:

El mantenimiento de la vocal $^{*}e$: frente al celta, en el que se produce el paso $^{*}e$: $>$ $^{*}i$:; el mantenimiento en celtibérico de los diptongos; el celtibérico, al igual que el lepóntico, mantiene la $^{*}m$ en final de palabra, frente al galo que en general presenta *-n; la radical diferencia en las desinencias del genitivo singular de la declinación de los temas en -o entre el celtibérico (-o) y todas las demás lenguas celtas (-i); la existencia de un caso locativo temático en celtibérico sin parangón en las restantes lenguas célticas; etcétera.

La distribución geográfica de los testimonios en lengua celtibérica ocupa un amplio territorio en el Oriente de la Hispania indoeuropea. Los hallazgos proceden de las actuales provincias de Cuenca, Guadalajara, Soria, Valladolid, Palencia, Burgos, La Rioja, Navarra, Zaragoza y Teruel, habiéndose encontrado evidencias en otras

zonas más alejadas, como Ibiza o el Sur de Francia, que en ningún caso implican la extensión de la lengua celtibérica a estos territorios. Diferente es el caso de los hallazgos localizados en Extremadura y Portugal, que pueden ponerse en relación con la expansión celtibérica hacia el Occidente (*vid.* Almagro-Gorbea 1995d: 15), de la que Plinio dejó memoria escrita (*vid. infra*). La mayoría de estos hallazgos se articulan, no obstante, en torno a las cuencas altas del Tajo y Duero, y al Valle Medio del Ebro en su margen derecha, territorios que, *grosso modo*, coinciden con la Celtiberia de las fuentes grecolatinas (fig. 132).

La escritura celtibérica presenta ciertas peculiaridades en la forma de representar las nasales, que permiten diferenciar con claridad dos variedades epigráficas cuya distribución viene a coincidir con la división interna de la Celtiberia deducida a partir de otras evidencias (Burillo 1988f: 180 ss.; *Idem* 1991b: 23 s.): lo que se conoce como la Celtiberia Citerior, al Este, y la Ulterior, al Oeste (*vid.* capítulo II,1.1.a).

Los epígrafes celtibéricos son de distinto tipo (de Hoz 1986b y 1995a), destacando dos documentos de gran extensión interpretados como textos oficiales: los bronces de Botorrita (fig. 133,A y 134). A ellos se añaden téseras de hospitalidad (figs. 133,B, 135,1, 136,2-3 y 137-138 y lám. VII,2-3), leyendas monetales (fig. 139 y lám. VIII), grafitos sobre vasos cerámicos (fig. 140,1) o metálicos (fig. 141,1), inscripciones rupestres de carácter religioso (fig. 141,4) y estelas funerarias (fig. 142). Mención aparte merecen algunos documentos extensos de difícil interpretación (de Hoz 1995c: 13 s.), como el llamado «bronce Rérs» (fig. 135,2) y, quizás, el conocido como «bronce de Cortono» (fig. 136,1), al carecer de la fórmula que permite su identificación como téseras de hospitalidad (Gorrochategui 1990: 293, nota 8; Burillo 1989-90: 328).

En las líneas que siguen, se ofrece una breve referencia a los epígrafes mencionados (11):

1) En primer lugar hay que mencionar una pieza excepcional, el bronce de Botorrita 1 (fig. 133,A) (de Hoz y Michelena 1974; Beltrán y Tovar 1982; Eska 1989; Meid 1993 y 1994: 7 ss.), uno de los textos más importantes de todo el mundo céltico continental y, hasta la reciente aparición del tercer bronce de Botorrita (Beltrán, de Hoz y Untermann 1996), la inscripción indígena más extensa de todas las halladas en la Península Ibérica. Encontrado en 1970 al pie del Cabezo de las Minas (Botorrita, Zaragoza), yacimiento identificado con la *Contrebia Belaisca* de las fuentes clásicas, se halló en dos fragmentos en el

---

(10)   En lo que respecta a las características lingüísticas del celtibérico y su comparación con las lenguas célticas, *vid.* Gorrochategui 1991; en lo relativo a la fonética y morfología celtibéricas, *vid.* Villar 1995a y 1996b.

(11)   Se ha seguido básicamente los trabajos de J. de Hoz 1986b y 1995a.

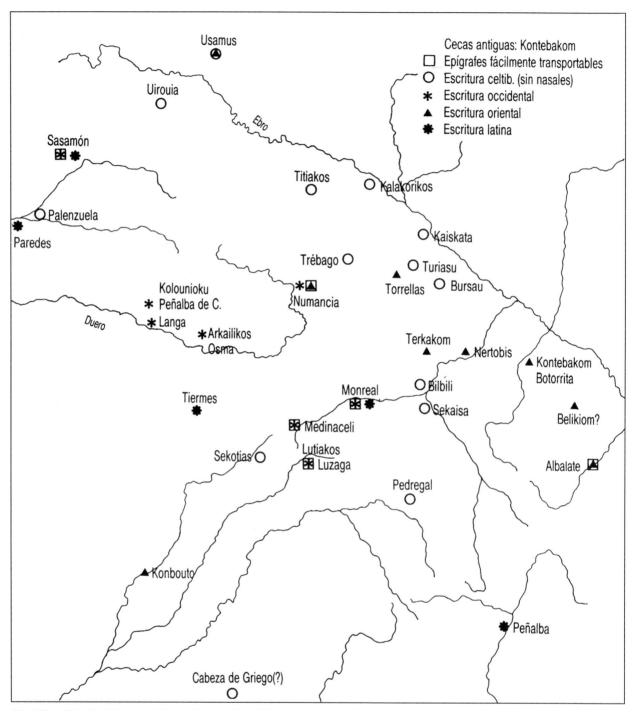

Fig. 132.—Distribución geográfica de la epigrafía celtibérica, exceptuando los hallazgos en zonas alejadas de la Celtiberia (Sur de Francia, Ibiza, Extremadura y Portugal). (Según de Hoz 1988b).

interior de un patio agrícola integrado en un conjunto arruinado por un incendio relacionado con los episodios sertorianos que destruyeron la ciudad (fig. 39,2) (Beltrán 1992: 59 ss.). Se trata de una gran placa de bronce de 40,50 por 9,5/10,5 cm. escrita en sus dos caras y sin perforación alguna que permitiera su fijación. El texto de la cara B, el menos extenso —nueve líneas circunscritas en general al fragmento mayor (*vid.* de Hoz 1995a: 14 s.)—, no ofrece apenas problemas para su interpretación. Presenta una larga lista formada por 14 fórmulas onomásticas completas (nombre del individuo, su grupo familiar y el nombre del padre), seguidas de la palabra *bintis*, entendida como una mención de algún cargo institucional, quizás un sinónimo de magistrado (Beltrán

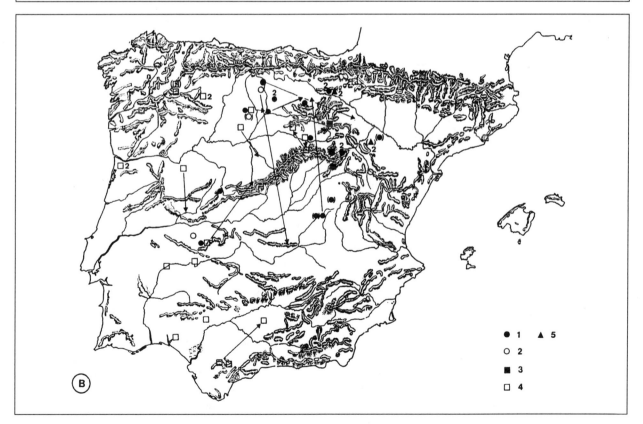

Fig. 133.—A, bronce de Botorrita 1. B, téseras y tablas de hospitalidad, con indicación de sus relaciones geográficas: 1, téseras de hospitalidad figurativas en lengua celtibérica; 2, idem en lengua latina; 3, tablas de hospitalidad no figurativas en lengua celtibérica; 4, idem en lengua latina; 5, téseras de hospitalidad «volumétricas» en lengua celtibérica (Según Maid 1993 (A) y Almagro-Gorbea y Lorrio 1987a, modificado y actualizado (B)).

Fig. 134.—El bronce de Botorrita 3. (Según Beltrán, de Hoz y Untermann 1996).

y Tovar 1982: 77; Burillo 1988f: 184; de Hoz 1988b: 150), tal como se ha documentado en el bronce latino de *Contrebia Belaisca* (Fatás 1980), hallado en el mismo yacimiento que los indígenas y fechado en el 87 a.C. La cara A, la de mayor extensión —once líneas que ocupan ambos fragmentos— y la más importante desde el punto de vista de la comprensión global del texto, presenta bastantes problemas de interpretación, aunque no parece que haya dudas sobre el carácter público del documento, tal vez religioso, pudiendo tratarse quizás de una *lex sacra* (de Hoz 1986a: 58; *Idem* 1995a: 15; Meid 1993: 75 ss.; Rodríguez Adrados 1995).

El tercer bronce de Botorrita (Beltrán, de Hoz y Untermann 1996), aparecido en 1992, es una gran placa

de bronce plomado de unos 52 cm. de anchura por 73 de altura grabado en una de sus caras y con orificios en su borde superior para su sujeción (fig. 134). El texto se estructura en dos líneas de encabezamiento, localizadas en la parte superior del bronce, cuyo significado resulta hasta el momento incomprensible, y cuatro columnas, de sesenta líneas las tres primeras y de cuarenta la cuarta, ocupadas en su totalidad por una lista de personas, más de dos centenares, con una importante presencia femenina, destacando asimismo la existencia de nombres personales extranjeros.

2) Las téseras de hospitalidad (fig. 133,B y lám. VII,2-3), en escritura ibérica o latina, constituyen quizás el tipo de documento celtibérico más interesante, remitiendo a

Fig. 135.—Bronce de Luzaga (1) y bronce «Réś» (2). (1, según Ortego 1985, modificado a partir de Gómez Moreno 1949 y fotografía; 2, según Burillo 1989-90).

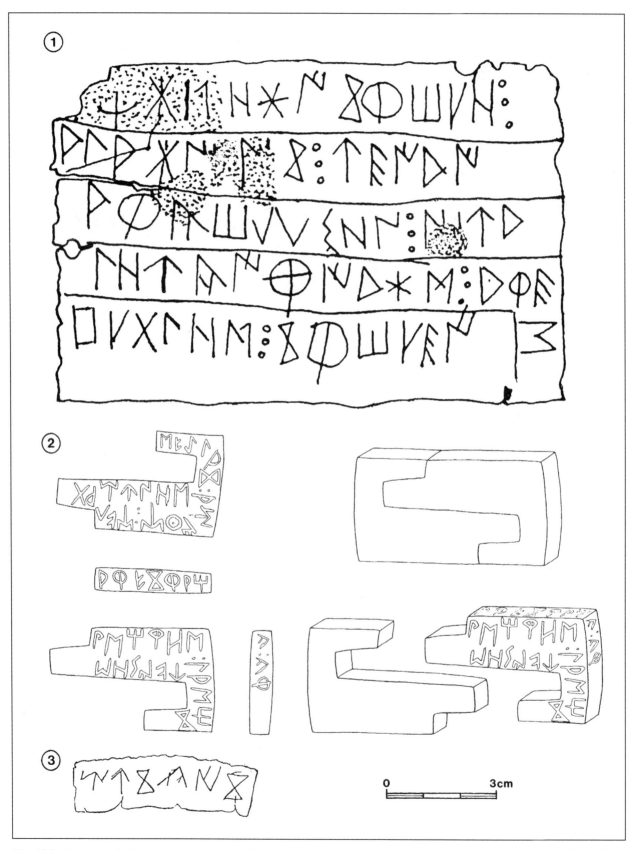

Fig. 136.—1, bronce de Cortono. 2, tésera de Arekorata, *procedencia desconocida. 3, Campamentos de Numancia. (Según Fatás 1985 (1), Burillo 1993a (2) y Schulten 1927 (3).*

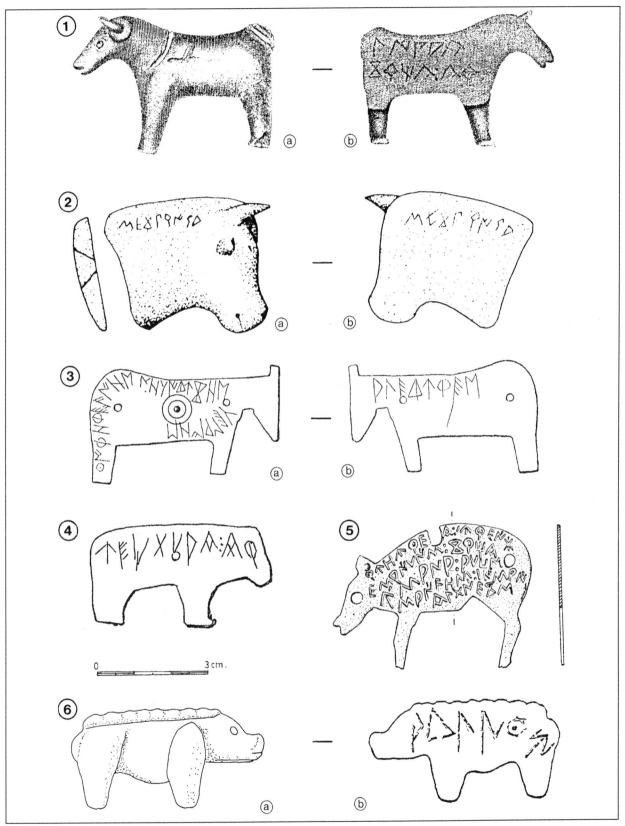

Fig. 137.—*Téseras de hospitalidad: 1, posiblemente de Fosos de Bayona; 2 y 6, procedencia desconocida; 3, Sasamón; 4,* Arcobriga *(Monreal de Ariza); 5,* Uxama. *(Según Fernández-Guerra 1877 (1), Almagro Basch 1982 (2), Gómez Moreno 1949 (3-4), García-Merino y Albertos 1981 (5) y Tovar 1983 (6), anverso dibujado sobre fotografía).*

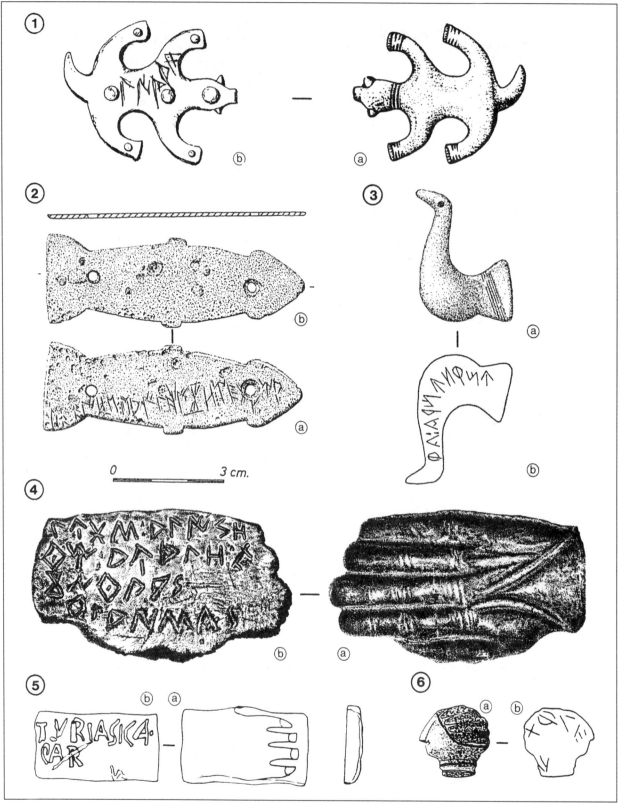

Fig. 138.—Téseras de hospitalidad: 1 y 4, procedencia desconocida; 2, Belorado; 3, Palenzuela; 5, Monte Cildá (Olleros de Pisuerga); 6, Villasviejas del Tamuja. (1, según Gómez Moreno 1949 (reverso) y Romero y Sanz 1992 (anverso, dibujado sobre fotografía); 2, según Romero y Elorza 1990; 3, según Martin Valls 1984; 4, según Marco 1989; 5, según Peralta 1993; 6, según García Garrido y Pellicer 1984 (reverso) y Almagro-Gorbea y Lorrio 1992 (anverso, dibujado sobre fotografía)).

una institución tan típicamente indoeuropea como el *hospitium* (*vid.* capítulo IX,4.5). A tenor de lo que se sabe de este tipo de documentos en el mundo clásico, donde están perfectamente atestiguadas, existirían dos piezas similares, que quedarían en posesión de los participantes en el pacto. Pese a desconocerse su contexto arqueológico, parece que serían ya de época republicana, posiblemente del siglo I a.C. La mayor parte de estas téseras, generalmente realizadas en bronce, aunque también se conozca alguna en plata (fig. 138,6), presentan figuras zoomorfas, siendo la más representada el jabalí (fig. 137,5-6), documentándose asimismo toros (fig. 137,1-4 y lám. VII,2), aves de distinto tipo (fig. 138,3), peces (fig. 138,2), delfines, o un animal indefinido en «perspectiva cenital» (fig. 138,1 y lám. VII,3), representación característica del arte celtibérico (fig. 102,B) (Romero y Sanz 1992). Igualmente se conocen figuras geométricas (fig. 136,2), manos entrelazadas (fig. 138,4-5) o, incluso, una cabeza humana (fig. 138,6), no faltando las sencillas placas cuadrangulares (figs. 135,1 y 136,3).

En su mayoría, las téseras celtibéricas presentan poca extensión, aun cuando se hayan encontrado algunas, entre las que destaca el bronce de Luzaga (fig. 135,1; lám. VII,1), de texto más largo, pero, por ello mismo, de interpretación más complicada. De acuerdo con su contenido, se pueden dividir en dos grandes grupos (de Hoz 1986b: 68 ss.; *Idem* 1995a: 11 ss.). El primero de ellos (Untermann 1990b: 357 ss.), incluye las inscripciones más breves, en las que se hace referencia únicamente a uno de los participantes, que puede ser un individuo particular, una agrupación familiar, o una ciudad (figs. 136,3, 137,1,2,4,6 y 138 y lám. VII,2-3).

El segundo, generalmente de inscripción más extensa, menciona explícitamente a los dos participantes en el pacto (Untermann 1990b: 360 ss.), de los que uno suele ser un particular o un grupo familiar, mientras el otro es normalmente una comunidad política (fig. 136,2 y 137,3). Dentro de este grupo se podrían incluir también las téseras más extensas (fig. 135,1 y 137,5; lám. VII,1) (Untermann 1990b: 366 ss.), que tienen una estructura semejante, si bien, como ocurre con la de Luzaga, pueden presentar una mayor complicación al añadir un tercer elemento, entendido como un testigo o garante del pacto.

Los documentos de hospitalidad contienen, en ocasiones, además de la fórmula onomástica —completa a veces e incompleta otras— o del nombre de la ciudad participante, una serie de palabras pertenecientes al lenguaje institucional e interpretadas como sinónimo de tésera de hospitalidad: *karuo kortika*.

3) Las leyendas monetales (fig. 139 y lám. VIII) tienen un interés especial dada su relevancia en el proceso de desciframiento de la escritura ibérica, logro que resultó fundamental para la delimitación de las diferentes áreas lingüísticas prerromanas de la Península Ibérica. Se conocen casi medio centenar de cecas, algunas de ellas identificadas con ciudades atribuidas a los Celtíberos por las fuentes literarias, que, según Untermann (1975), aparecen distribuidas en diversas regiones: Ebro, Celtiberia Septentrional, Jalón y Henares.

Este tipo de inscripción presenta un repertorio limitado de opciones: étnicos o topónimos, acompañados a veces de signos aislados o abreviaturas. De acuerdo con la visión tradicional, las leyendas serían (de Hoz 1986a: 66): un topónimo en nominativo de singular (*kontébria* = Contrebia), un topónimo en genitivo de singular (*śekotias lakas* = de Segontia Lanka), un étnico en nominativo de plural (*śekiśamoś* = los de Segisama) o un étnico en genitivo de plural (*kontebakom*, de los de Contrebia), aunque recientemente Villar (1995d) ha propuesto una nueva interpretación gramatical de las leyendas en consonancia con los usos monetales grecorromanos, utilizándose de esta forma nominativos de singular, ablativos de singular o genitivos de plural del topónimo y adjetivos en nominativo de singular concertando con el apelativo «moneda, metal, etc.».

Parece que el inicio de las acuñaciones de las cecas celtibéricas tuvo lugar en la primera mitad del siglo II a.C., fecha admitida de forma general para las de *śekaisa*, la *Segeda* de las fuentes clásicas.

4) También está documentado entre los Celtíberos un fenómeno tan habitual como es la realización de grafitos sobre vasos cerámicos (Untermann 1990b: 369 ss.; de Hoz 1995a: 6 s.; Burillo 1993-95), algunos de ellos simples marcas o signos interpretados como símbolos de propiedad. Entre los grafitos celtibéricos destacan los conjuntos procedentes de Botorrita (Beltrán 1996: 19 ss.), en su mayoría marcas o abreviaturas sobre cerámica campaniense, y Numancia (fig. 140), que incluyen letras sueltas y textos sobre diferentes tipos de recipientes. Los grafitos numantinos están fechados en su mayoría en el siglo I a.C., rebasando en ocasiones el cambio de era y llegando incluso hasta los primeros años del siglo II d.C. (Arlegui 1992a); en algunos casos, de Hoz (1986a: 58 ss. y 96; *Idem* 1995a: 7) ha visto no una referencia a su hipotético propietario individual sino al grupo familiar en el que éste se integra.

En cuanto a las inscripciones sobre vasos metálicos, la fórmula onomástica usual aparece grabada sobre un plato de bronce de Gruissan, en el Sur de Francia (Siles 1985; de Hoz 1986a: 60), o sobre una pátera argéntea de Monsanto da Beira (Castelo Branco) (fig. 141,1) (Gomes y Beirão 1988; Untermann 1990b: 352 s.). Estos ejemplares bien podrían interpretarse, dada su distribución

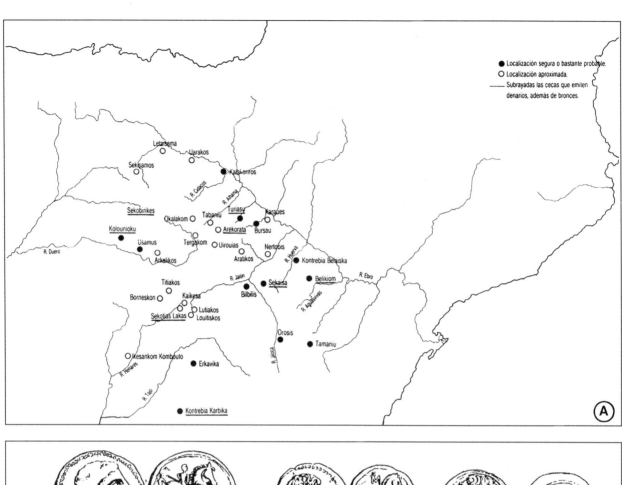

Fig. 139.—A, situación de las ciudades que emiten moneda en la Celtiberia y zonas aledañas. B, Monedas (unidades y divisores) celtibéricas y del Alto Ebro: 1, buŕsau; 2, kueliokoś; 3, tuŕiasu; 4, Clunia. (A, según Domínguez 1988).

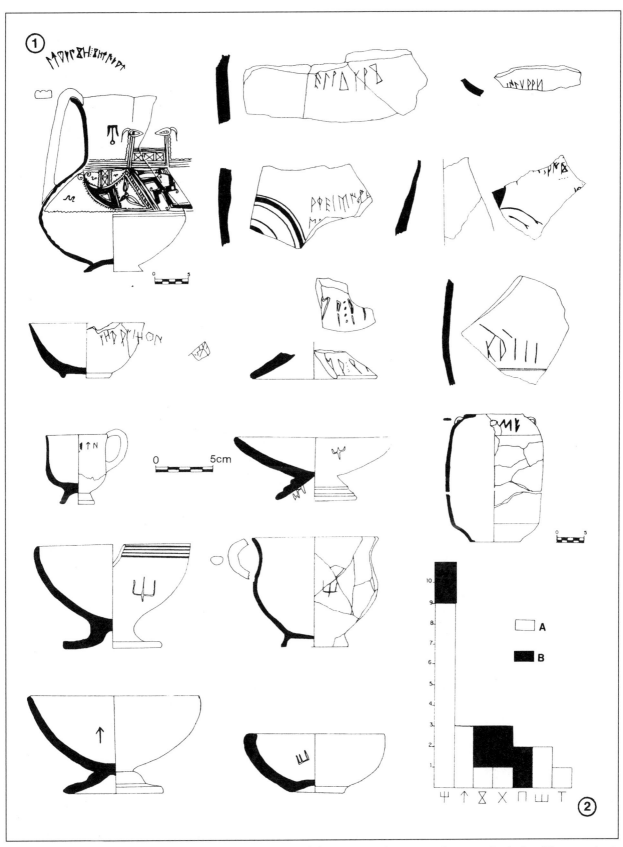

Fig. 140.—Numancia: 1, grafitos y signos sobre cerámica celtibérica y común romana; 2, presencia de los diferentes signos registrados sobre cerámica celtibérica (A) y sobre terra sigillata *y cerámica común romana (B). (Según Arlegui 1992a).*

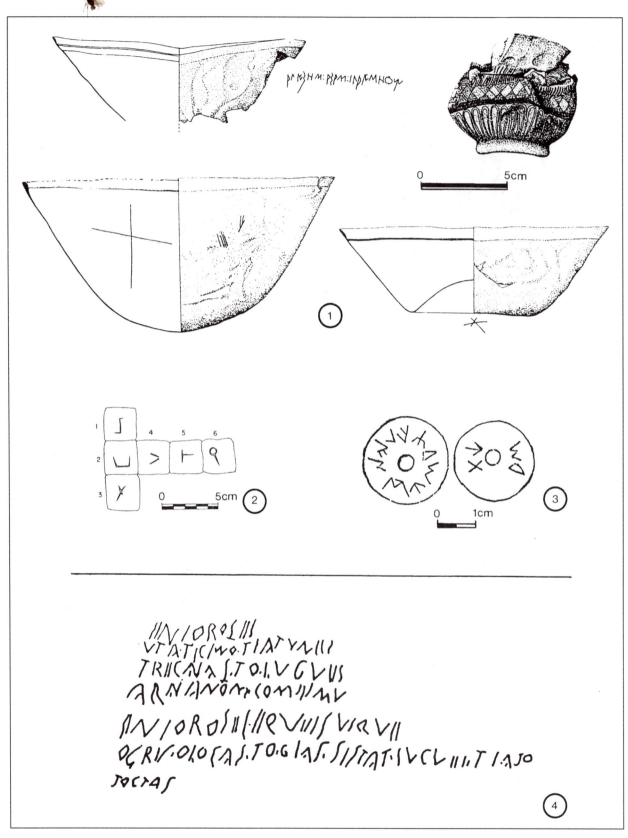

Fig. 141.—1, tesoro de Monsanto da Beira; 2, signos sobre un dado de piedra arenisca procedente de Numancia; 3, grafito sobre fusayola de Arcobriga; 4, inscripción rupestre de carácter religioso de Peñalba de Villastar. (Según Gomes y Beirão 1988 (1), Arlegui 1992a (2) y Gómez Moreno 1949 (3 y 4).

Fig. 142.—1, inscripciones sepulcrales: 1, Langa de Duero; 2, Ibiza; 3, Trébago. 4-5, Clunia. (Según Gómez Moreno 1949 (1), P. Beltrán 1972 (2), Albertos y Romero 1981 (3) y Palol y Villela 1987 (4-5)).

geográfica, como evidencias de relaciones comerciales o, por lo que respecta al ejemplar portugués, como una muestra más de la expansión celtibérica hacia el Occidente.

Cabe referirse asimismo a las marcas documentadas sobre pesas de telar (fig. 106), destacando un importante conjunto procedente de Numancia (Arlegui y Ballano 1995), que en algún caso se ha podido interpretar como la abreviatura de un nombre (de Hoz 1995a: 7).

A ellas cabe añadir un conjunto heterogéneo de soportes (de Hoz 1995a: 7): una fusayola procedente de *Arcobriga* con inscripción (fig. 141,3), un dado de piedra arenisca de Numancia con signos (fig. 141,2) o las basas y fustes de columnas de *Contrebia Belaisca* con marcas (Beltrán 1983b: 103 ss.; Beltrán 1996: 19).

Finalmente, con este grupo hay que relacionar dos páteras con escritura latina halladas en *Termes*, que quizás pudieran interpretarse como sendas ofrendas (de Hoz 1995a: 7).

5) De carácter religioso, a pesar de las dificultades de comprensión, serían algunas de las inscripciones rupestres de Peñalba de Villastar (Teruel), que incluyen una veintena de epígrafes en lengua celtibérica (de Hoz 1995a: 8 s.; Untermann 1995b: 200 s.; etc.). Este es el caso de la llamada «inscripción grande» (fig. 141,4), un texto en alfabeto latino en el que se menciona en sendas ocasiones al dios céltico *Lugu* (*vid.* capítulo X,1) (Tovar 1955-56 y 1973; Untermann 1977; Marco 1986). Junto a este interesante conjunto epigráfico puede citarse la inscripción en caracteres ibéricos de la cueva burgalesa de San García (Albertos 1986; de Hoz 1995a: 8).

6) Otro conjunto de inscripciones lo constituyen las lápidas funerarias (de Hoz 1986a: 60 ss.; *Idem* 1995a: 8; Untermann 1990b: 353 ss.). Paradójicamente, la más interesante no procede de la Celtiberia sino de Ibiza (fig. 142,2) y presenta la fórmula onomástica celtibérica completa, con mención de *origo*: Tritanos de los abulokos, hijo de Letondo, beligio. De los restantes ejemplares destacan tres estelas discoidales con decoración figurada (fig. 142,4-5) procedentes de Clunia (Palol y Villel 1987: 15 ss.), pudiéndose mencionar también los hallazgos de Langa de Duero (fig. 142,1), *Uxama*, Torrellas y Trébago (fig. 142,3). Una funcionalidad diferente pudiera plantearse para los fragmentos de El Pedregal (Guadalajara), debido a su difícil interpretación (de Hoz 1995a: 8).

4. LAS EVIDENCIAS CÉLTICAS EN EL SUROESTE PENINSULAR

En época prerromana, el área suroccidental de la Península aparece definida, desde el punto de vista epigráfico, por la presencia de un tipo característico de escritura (fig. 5), denominada tartésica o del Suroeste, cuya posible vinculación con una lengua de tipo indoeuropeo occidental ha sido planteada en fechas recientes (Correa 1985, 1989, 1990 y 1992; Untermann 1995c) (12).

Se trata de un sistema semisilábico, combinación de alfabeto y silabario, cuyo origen ha de buscarse en la escritura fenicia (de Hoz 1985). La mayor parte de las inscripciones aparecen en estelas funerarias, en su mayoría procedentes del Sur de Portugal (Algarve y Bajo Alentejo), habiéndose también encontrado algunas en Andalucía Occidental y Extremadura. El conjunto se completa con algunos grafitos cerámicos interpretados en general como marcas de propiedad, así como con las leyendas monetales de *Salacia* (Alcácer do Sal).

Cronológicamente, las estelas con inscripciones tartésicas se fechan entre los siglos VII y VI a.C., siendo difícil de determinar en qué momento ha dejado de utilizarse esta escritura, al menos en lo relativo a dichos monumentos. En esta línea, puede resultar de gran interés la reutilización de estelas epigráficas formando parte de estructuras funerarias más modernas. Así, en la necrópolis de Medellín (Badajoz) apareció un fragmento perteneciente a una de estas lápidas como material constructivo de un túmulo adscribible a la fase más evolucionada de este cementerio, cuyo momento final se situaría ya en el siglo V a.C. (Almagro-Gorbea 1991d).

A pesar de las dificultades para establecer conclusiones acerca de la lengua de las inscripciones tartésicas, en buena medida por tratarse de una escritura continua, esto es, sin separación de palabras, J.A. Correa (1989; 1990: 138 s.; 1992: 99 ss.) planteó la posibilidad de que una parte de la antroponimia, cuya existencia parece lógico suponer dado el carácter funerario de las estelas, pudiera ser interpretada desde una lengua indoeuropea y, más en concreto, celta (13), lo que también ha sido defendido

(12) La hipótesis indoeuropea ya había sido propuesta con anterioridad por S. Wikander (1966). En relación con la crítica a las posibles evidencias de tipo indoeuropeo de la lengua de la escritura del Suroeste, *vid.* de Hoz (1989b: 537 s.), donde se recoge la bibliografía fundamental sobre el tema, Untermann (1990a: 123 ss.), Gorrochategui (1993: 414 s.) y el propio Correa (1995: 612; *Idem* 1996: 72 s.).

(13) Para Correa (1989; 1990: 138 s.; 1992: 99 ss.), antropónimos como *T(u)uraaio*, *aC(o)osios*, *P(o)oT(i)i...*, *T(a)ala...* o *aine...*, se corresponden, respectivamente, con *Turaius*, *Acco*, *Boutius*, *Talaus* o *Ainus*, todos ellos bien atestiguados en la Hispania indoeuropea durante la época imperial, generalmente en el repertorio onomástico lusitano-vettón (Albertos 1983: 870), aunque alguno, como *Acco*, evidencie su vinculación con la Celtiberia (Albertos 1983: 862). No obstante, de Hoz (1989b: 537 s.) se ha cuestionado la mayoría de las evidencias propuestas por tratarse de segmentaciones dudosas, o incluso estar apoyadas en malas lecturas, como ocurriría con *T(u)uraaio*. Otro caso significativo sería el de *aiP(u)uris...*, antropónimo relacionado con los compuestos en *-rix* (*vid.*, en contra, de Hoz 1989b: 538), típicamente célticos pero apenas documentados en la Península Ibérica, conociéndose algunos ejemplos en la Celtiberia (Burillo 1989-90: 325 ss.). Además de la onomástica

por Untermann (1995c). No obstante, en sus trabajos más recientes, el propio Correa (1995: 612), dado que los resultados globales de esta vía de interpretación no han sido todo lo convincentes que hubiese sido de esperar, ha llegado a plantear «que estamos ante una lengua no indoeuropea aunque pueda tener préstamos antroponímicos indoeuropeos» (Correa 1996: 72 s.). Éste es el caso del *Akosios* de la estela cacereña de Almoroqui, cuyo carácter indoeuropeo puede ser aceptado, lo que ha llevado a de Hoz (1993a: 366; 1993c: 14; 1995b: 593 s.) a considerar este antropónimo como una evidencia de la llegada de grupos procedentes de la Meseta, portadores de una lengua y una cultura diferentes, que, a pesar de no asimilar la escritura utilizada por las poblaciones autóctonas, pudieron haberse enterrado junto a una estela en la que figurara su nombre indoeuropeo (*vid.* Gorrochategui 1993: 415).

Las noticias proporcionadas por las fuentes literarias no contradicen esta posibilidad. Así, no habría que olvidar las ya comentadas referencias de Herodoto (2, 33 y 4, 49) respecto a la presencia de *Keltoi* en esta zona, en un momento algo posterior a la cronología comúnmente aceptada para la epigrafía del Suroeste (con la evidente excepción de las monedas de *Salacia*, de época republicana), la indoeuropeidad planteada para el nombre de Tartesos (Villar 1995c) o la discutida etimología del nombre del rey tartésico *Arganthonios*, que para un sector de la investigación sería celta (*vid.* capítulo II,1.1), estando, en cualquier caso, perfectamente atestiguado en la epigrafía latina de la Hispania indoeuropea (Albertos 1976: 74), en lo que podría interpretarse como un cultismo tardío.

Desde el punto de vista de las evidencias epigráficas, el Suroeste peninsular presenta una serie de características que hacen de ella una zona especialmente compleja.

---

personal, Correa propone otros rasgos que hacen verosímil esta interpretación, como:

a) la rareza de los diptongos /ei/ y /ou/, que monoptongan en celta desde un momento temprano, aunque en celtibérico estén atestiguados,

b) que la única palabra aislada hasta ahora en diferentes inscripciones, con independencia de la fórmula funeraria y los antropónimos, puede ser interpretada en parte desde una lengua celta. Así, *uarman*, referida según Correa a un tipo de magistrado, sería comparable al celtibérico *ueramos*, ambos con la característica pérdida de /p/ (lat. *supremus*).

Así pues, la escritura del Suroeste, creada a partir del fenicio para escribir una lengua indígena, no indoeuropea, habría sido con posterioridad adaptada a una lengua indoeuropea, probablemente de tipo céltico (Correa 1990: 140), fenómeno éste que habría que relacionar con una temprana llegada de grupos célticos al área suroccidental de la Península. Estos grupos, posiblemente no muy numerosos, se habrían infiltrado en la sociedad tartésica, formando parte de sus élites. Esto quedaría confirmado por su vinculación, según apunta la onomástica personal, con las estelas funerarias epigráficas del Suroeste, cuyo uso parece seguro que estaría restringido a un sector influyente del espectro social tartésico.

Así, suele ser tesis admitida la vinculación de las inscripciones tartésicas con una onomástica característica del mediodía peninsular, no indoeuropea ni tampoco ibérica dada su distribución. Su dispersión geográfica resulta algo más amplia que la de aquéllas, coincidiendo en parte, hacia el Oriente, con el área de los hallazgos de la escritura meridional, emparentada con la del Suroeste. Topónimos en *Ip-*, *-ippo*, *-ipo* o en *Ob-*, *-oba*, *-uba*, antropónimos como *Antullus*, *Attenius* y *Atinius*, *Broccus*, o los del tipo *Sis-*: *Sisirem*, *Siseamba*, etc., confieren a esta zona una evidente personalidad.

Pese a esta aparente uniformidad, la zona comentada se halla dividida en dos sectores que permiten establecer su relación con las dos grandes áreas lingüísticas peninsulares: la Hispania indoeuropea, caracterizada por la dispersión de los topónimos en *-briga*, y la no indoeuropea o ibérica, cuyo elemento más característico serían los topónimos en *Ili-* e *Ilu-*.

Los topónimos en *-briga* ponen de manifiesto la presencia celta en el Suroeste en un momento muy posterior al horizonte cultural aceptado para las estelas tartésicas y posiblemente también al representado por la onomástica característica del mediodía peninsular (fig. 6,A). Esto quedaría confirmado por las fuentes literarias grecolatinas (*vid.* capítulo II,1.1.b) que coinciden en situar a los *Celtici* en esta zona de la Península. Estos *Celtici*, y, más concretamente, los asentados en la Beturia, serían según Plinio (3, 13) Celtíberos, lo que quedaría demostrado por su lengua, el nombre de sus ciudades (topónimos en *-briga* y en *Seg-*, como *Segida* o *Nertobriga*, documentados también en la Celtiberia) y sus ritos (14). La presencia de Celtíberos en la Alta Extremadura quedaría documentada a partir de la localización de la ceca de *taniúsia* en el *oppidum* de Villasviejas del Tamuja (*vid.* capítulo II,1.3).

Además de estas evidencias se ha hecho mención repetidamente a topónimos celtas en la Bética (*vid.* Tovar 1962: 360 ss.) como *Celti*, ciudad localizada por Plinio en el convento hispalense (3, 11) e identificada con Peñaflor (Sevilla), los topónimos en *-dunum*, *Arialdunum* y el étnico *Esstleduniensis*, aun cuando para Untermann (1985a: nota 15) no esté clara la filiación celta de ninguno de ellos. Típicamente celta parece ser el término *olca*, presente en las leyendas monetales en escritura indígena de *Obulco* (Tovar 1952: 221; *vid.* la crítica de Untermann 1985a: nota 33), el topónimo *Tribola* (App., *Iber.* 62 s.), etc. (*vid.* capítulo II,1.1).

Sobre la antroponimia de tipo indoeuropeo, su presencia es más bien escasa en el Suroeste peninsular (Tovar

---

(14)   Sobre este último aspecto, Untermann (1985a: 13) señala la posible interpretación desde el indoeuropeo de dos teónimos tan característicos del Suroeste como *Endouellicus* y *Ataecina*.

1963: 366; Domínguez de la Concha 1995), debido quizás a la temprana e intensa romanización de la Bética. Se trata, en general, de hallazgos aislados más que de verdaderas concentraciones antroponímicas y, por lo tanto, susceptibles de ser explicados por la propia emigración de individuos de forma independiente (15) o, como ha señalado de Hoz (1983: 372), resultado de la atracción de una zona rica, especialmente favorable desde el punto de vista geográfico para los habitantes de la Meseta o Lusitania. Sin embargo, el hallazgo reciente en el Castrejón de Capote, en plena Beturia Céltica, de un antropónimo tan típicamente celtibérico como *Ablonios*, registrado en cuatro ocasiones, en grafía latina, sobre grandes vasijas de almacén indígenas fechadas a finales del siglo II a.C. (Berrocal-Rangel 1992: fig. 5,4, lám. 13,2), podría interpretarse como una evidencia de la lengua de los *Celtici*, si bien de acuerdo con de Hoz (1993a: nota 21) «plantea el problema de si debemos considerarlo celtibérico en sentido estricto o vagamente hispano-celta».

---

(15)   Sí cabe señalar, con todo, una mayor relación con la onomástica personal lusitana y vettona que con la estrictamente celtibérica (Albertos 1983: 872 s.).

XII

CONCLUSIONES

Esta obra estudia el tema de la Cultura Celtibérica, esencial para comprender la etnogénesis de la Península Ibérica y la problemática general del mundo celta. La existencia de Celtas en la Península Ibérica está atestiguada por las evidencias lingüísticas y por las noticias proporcionadas por los historiadores y geógrafos grecolatinos, habiendo sido repetidamente tratado por investigadores de diferentes disciplinas.

Las noticias más antiguas sobre los Celtas, con independencia del conflictivo Periplo de Avieno, son debidas al griego Herodoto, quien ya en el siglo V a.C. los situaba en la Península Ibérica. No obstante, habrían de pasar algunos siglos para conocer los nombres de los pueblos célticos peninsulares y sus territorios: los Celtíberos y los Berones, en la Meseta Oriental, el Sistema Ibérico y el Valle Medio del Ebro; los Célticos, en el Suroeste; y diversos grupos de filiación céltica, claramente diferenciados de otros no célticos, en el Noroeste, en la actual Galicia y el Norte de Portugal.

Partiendo del análisis de las fuentes literarias (*vid.* capítulo II,1.1), la Celtiberia se presenta como una extensa región, en el interior de la Península Ibérica, sobre cuya delimitación territorial no siempre existe unanimidad, produciéndose diferencias sustanciales, cuando no contradicciones, entre los autores grecolatinos en cuyas obras aparece mencionada con mayor o menor detalle. Dichas fuentes aluden a veces a una Celtiberia extensa, equivalente a la Meseta en buena medida, que se halla presente en los textos de mayor antigüedad, pertenecientes a los inicios de la Conquista, y que será la que recoja Estrabón en su libro III, situando la *Idubeda* —el Sistema Ibérico— al Este, sin que dude en considerar a *Segeda* y *Bilbilis*, localizadas en el Valle Medio del Ebro, como ciudades celtibéricas. Junto a este concepto lato, existe otro más restringido que sitúa la Celtiberia en las altas tierras de la Meseta Oriental y el Sistema Ibérico y en el territorio situado en la margen derecha del Valle Medio del Ebro, sin que autores como Plinio o Ptolomeo ofrez-

can tampoco un panorama suficientemente esclarecedor. Así, Plinio (3, 19 y 3, 25-27) tan sólo considera como Celtíberos a Arévacos y Pelendones, cuya localización en el Alto Duero es bien conocida, así como a los habitantes de *Segobriga*, en la actual provincia de Cuenca. Ptolomeo (2, 6) trata de forma independiente a los Arévacos y Pelendones de los Celtíberos, a quienes atribuye una serie de ciudades localizadas entre el Ebro Medio y el territorio conquense.

Como puede comprobarse, tal como es concebida la Celtiberia por los escritores clásicos, se observan inexactitudes a la hora de definir sus límites territoriales, que en cualquier caso debieron estar sujetos a modificaciones a lo largo del tiempo, no estando clara tampoco la nómina de pueblos que se incluirían bajo el término genérico de celtíbero, aunque parece fuera de toda duda tal filiación para Arévacos, Belos, Titos, Lusones y Pelendones, resultando más discutible la adscripción de grupos como Olcades o Turboletas.

El teórico territorio celtibérico definido por las fuentes literarias viene a coincidir, *grosso modo*, con la dispersión de las inscripciones en lengua celtibérica, en alfabeto ibérico o latino. Este panorama de la Celtiberia corresponde a un momento tardío, contemporáneo o posterior a la conquista del territorio por Roma, teniendo que recurrir al registro arqueológico para identificar el territorio celtibérico en los siglos anteriores a la presencia de Roma.

El análisis del hábitat y las necrópolis, así como del armamento y el artesanado en general, ha permitido establecer la secuencia cultural del mundo celtibérico, con lo que por vez primera se cuenta con una periodización global para esta cultura (fig. 143) que, aunque realizada a partir principalmente del registro funerario, integra las diversas manifestaciones culturales celtibéricas. Debe tenerse en cuenta, pese a todo, la diversidad de áreas que configuran este territorio y, a menudo, la dificultad en la definición, así como el dispar nivel de conocimiento de las mismas. La periodización propuesta ofrece tres fases sucesivas, con un período formativo para el que se ha reservado el término Protoceltibérico: una fase inicial o Celtibérico Antiguo (*ca.* mediados del siglo VI-mediados del V a.C.), una fase de desarrollo o Celtibérico Pleno (*ca.* mediados del V-finales del III) y una fase final o Celtibérico Tardío (finales del III-siglo I a.C.), intentando adecuar la compleja realidad celtibérica a una secuencia continua y unificadora de su territorio. Para éste, no obstante, se han diferenciado distintos grupos o subáreas de marcada personalidad cultural y étnica:

1. A partir sobre todo del estudio de las necrópolis y de las asociaciones de los objetos en ellas depositados ha sido posible definir una zona nuclear, localizada en las tierras altas de la Meseta Oriental y el Sistema Ibérico, que se estructura en dos grandes regiones: el Alto Tajo-Alto Jalón, a la que se vincula el valle bajo-medio del Jiloca, y el Alto Duero.

2. Otra correspondería al territorio meridional de la Celtiberia, que comprende las serranías de Albarracín y Cuenca, englobando los cursos altos de los ríos Turia, Júcar y Cabriel. Resulta esta zona, en líneas generales, mal conocida debido a la información fragmentaria que se posee de esta región. Por otra parte, los cursos superiores del Cigüela y el Záncara, subsidiarios del Guadiana, en la zona centro-occidental de la provincia de Cuenca, configurarían una zona de transición, compleja de definir en lo que a su identidad celtibérica se refiere.

3. Más difícil de definir aún es el estudio de ciertas regiones cuyo carácter celtibérico se configura en época tardía, por lo que presentan dificultades principalmente en la interpretación de sus fases antiguas. Este es el caso de la margen derecha del Valle Medio del Ebro, territorio que aparece integrado con el resto del mundo celtibérico a partir de los siglos IV-III a.C., y, muy probablemente, de otras áreas de la Meseta, limítrofes de la Celtiberia, generalmente atribuidas a Vacceos, Vettones, Turmogos, etcétera.

La demostración de la continuidad en el uso de las necrópolis (cuadros 1-2), cuya seriación ha sido posible gracias, sobre todo, al análisis de los equipos militares depositados en las sepulturas, justifica plenamente la utilización del término «celtibérico» desde al menos el siglo VI a.C. Pero, por ello, este término debería quedar restringido, inicialmente, a lo que cabe considerar como el área nuclear de la Celtiberia histórica, circunscrita a las altas tierras del Oriente de la Meseta. Tal continuidad queda confirmada por los propios hábitats, que ofrecen una evolución paralela a la registrada en las necrópolis, al igual que ocurre con la cultura material y la estructura socioeconómica.

No obstante, existe cierto confusionismo en la utiliza-

ción del término «celtibérico». Así, para un sector de la investigación, este término es utilizado de forma genérica (*vid.*, en este sentido, Sacristán 1986: 91 ss.; Martín Valls y Esparza 1992; etc.), quedando referido a un momento que cabe situar entre finales del siglo III a.C. hasta la conquista romana, y a un territorio que excede con mucho a la Celtiberia de las fuentes literarias, ocupando buena parte de las tierras de la Meseta, que por los autores clásicos sabemos que fueron habitadas por Vettones, Vacceos, Autrigones, etc. El criterio utilizado sería el tecnológico y estaría relacionado con la presencia de la cerámica realizada a torno, de pastas bien decantadas cocidas en atmósferas oxidantes, lo que les confiere sus característicos tonos anaranjados, y decoración pintada.

Frente a esta postura, parece más acertado utilizar el término celtibérico referido a un sistema cultural bien definido, tanto geográfica como cronológicamente, que abarcaría unitariamente desde el siglo VI a.C. hasta la conquista romana y el período inmediatamente posterior (Almagro-Gorbea 1993: 147). Esta terminología supone un concepto del mundo celtibérico basado en el desarrollo de un sistema cultural que parece totalmente adecuado para explicar el origen y la evolución de su cultura. La continuidad observada en el registro arqueológico permitiría, pues, la utilización de un termino étnico a partir del período formativo de esta Cultura, a pesar de las dificultades que en ocasiones conlleva su uso para referirse a entidades arqueológicas concretas.

Un problema esencial es el de explicar la formación de la Cultura Celtibérica. Términos como Campos de Urnas, hallsráttico, posthallsráttico o céltico han sido frecuentemente utilizados intentando establecer la vinculación con la realidad arqueológica europea, encubriendo con ello de forma más o menos explícita la existencia de posturas invasionistas que relacionan la formación del grupo celtibérico con la llegada de sucesivas oleadas de Celtas venidos de Centroeuropa. Esta tesis fue defendida por P. Bosch Gimpera (*vid.* capítulo I,2), quien, a partir de los datos históricos y de las evidencias de tipo lingüístico, planteó la existencia de diferentes invasiones, intentando aunar las fuentes históricas y filológicas con la realidad arqueológica. A este fin, adoptó para la Península Ibérica la secuencia centroeuropea, Cultura de Campos de Urnas-Cultura Hallsráttica-Cultura de La Tène, abriendo una vía de difícil salida para la investigación arqueológica española, dada la dificultad de correlacionar dichas culturas con las peninsulares, al tiempo que la idea de sucesivas invasiones no encontraba el necesario refrendo de los datos arqueológicos (Ruiz Zapatero 1993).

La hipótesis invasionista fue mantenida por los lingüistas (*vid.* capítulo I,3), pero sin poder aportar información respecto a su cronología o a su vía de llegada. La de mayor antigüedad, considerada precelta, incluiría el lusi-

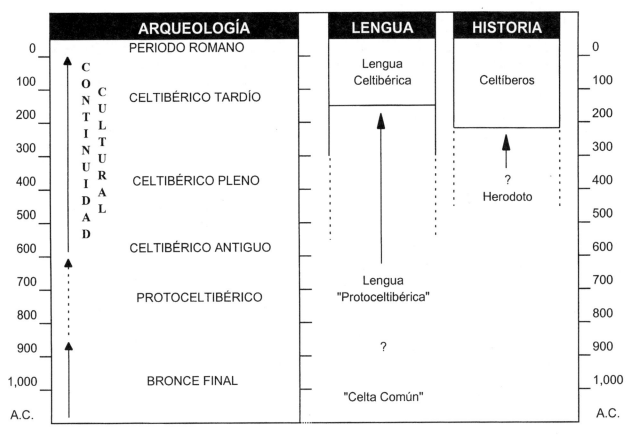

Fig. 143.—Diagrama de correlación entre la Arqueología, la Lingüística, las fuentes históricas y la cronología del mundo celtibérico.

tano, lengua que para algunos investigadores debe de ser considerada como un dialecto céltico, mientras que la más reciente sería el denominado celtibérico, ya plenamente céltico (*vid*. capítulo XI).

La delimitación de la Cultura de los Campos de Urnas en el Noreste peninsular, área lingüísticamente ibérica, esto es, no céltica y ni tan siquiera indoeuropea, y la ausencia de dicha cultura en áreas celtizadas, obligó a replantear las tesis invasionistas, ya que ni aceptando una única invasión, la de los Campos de Urnas, podría explicarse el fenómeno de la celtización peninsular.

Por todo ello, filólogos y arqueólogos han trabajado disociados, tendiendo estos últimos o a buscar elementos exógenos que probaran la tesis invasionista o, sin llegar a negar la existencia de Celtas en la Península Ibérica, al menos restringir el uso del término a las evidencias de tipo lingüístico, epigráfico, etc., en contradicción con los datos que ofrecen las fuentes escritas. De hecho, la dificultad de correlacionar los datos lingüísticos y la realidad arqueológica ha llevado a que tales disciplinas caminaran separadamente, lo que dificulta la obtención de una visión globalizadora, ya que no se podrá aceptar plenamente una hipótesis lingüística que no asuma la realidad arqueológica, ni ésta podría explicarse sin

valorar coherentemente la información de naturaleza filológica.

Una interpretación alternativa ha sido propuesta por M. Almagro-Gorbea (1986-87; 1987a; 1992a y 1993; Almagro-Gorbea y Lorrio 1987a) partiendo de la dificultad en mantener que el origen de los Celtas hispanos pueda relacionarse con la Cultura de los Campos de Urnas, cuya dispersión se circunscribe al cuadrante Nororiental de la Península (Ruiz Zapatero 1985). Tal origen habría de ser buscado en su substrato «protocelta» (Almagro-Gorbea 1992a; *Idem* 1993) conservado en las regiones del Occidente peninsular, aunque en la transición del Bronce Final a la Edad del Hierro se extendería desde las regiones atlánticas a la Meseta (*vid*. capítulo I,4). La Cultura Celtibérica surgiría de ese substrato protocéltico (Almagro-Gorbea 1993: 146 ss.), lo que explicaría las similitudes de diverso tipo (culturales, socioeconómicas, lingüísticas e ideológicas) entre ambos y la progresiva asimilación de dicho substrato por parte de aquélla.

Sin embargo, la reducida información respecto al final de la Edad del Bronce en la Meseta Oriental (*vid*. capítulo VII,1) dificulta la valoración del substrato en la formación del mundo celtibérico, aunque ciertas evidencias como las proporcionadas por los poblados de Reillo (Maderuelo y Pastor 1981) y Pajaroncillo (Ulreich *et alii* 1993 y 1994), en plena Serranía de Cuenca, vienen a confirmar la continuidad del poblamiento en estos territorios.

Volviendo a las tesis de M. Almagro-Gorbea, el hecho esencial es que la celtización de la Península Ibérica se presenta como un fenómeno complejo, en el que una aportación étnica única y determinada, presente en los planteamientos invasionistas, ha dejado de ser considerada como elemento imprescindible para explicar el surgimiento y desarrollo de la Cultura Céltica peninsular, de la que los Celtíberos constituyen el grupo mejor conocido.

A pesar de lo dicho, la presencia de aportes étnicos procedentes del Valle del Ebro está documentada en las altas tierras de la Meseta Oriental, como parece confirmar el asentamiento de Fuente Estaca (Embid), en la cabecera del río Piedra (Martínez Sastre 1992), cuyos materiales son vinculables a la perduración de Campos de Urnas Antiguos en Campos de Urnas Recientes, habiendo proporcionado una fecha de C14 de 800±90 a.C., lo que permite su adscripción al período **Protoceltibérico** (*vid.* capítulo VII,1), que quedaría restringido al momento inmediatamente previo a la aparición de algunos de los elementos considerados esenciales de la Cultura Celtibérica, como las necrópolis de incineración o los asentamientos de tipo castreño.

La posibilidad de que estas infiltraciones de grupos de Campos de Urnas hubiesen sido portadoras de una lengua indoeuropea no debe desestimarse, si bien está aún por valorar la incidencia real de estos grupos en el proceso de gestación del mundo celtibérico. En el estado actual de la investigación resulta aventurado —y no por ello menos sugerente— vincular la llegada de estos grupos con la introducción de la lengua «protoceltibérica» (1), término utilizado por de Hoz (1993a: 392, nota 125) para referirse a «cualquier estadio de lengua que se intercale entre el celta aún no diferenciado en dialectos y el celtibérico histórico atestiguado en las inscripciones».

Sea como fuere, parece indudable el origen extrapirenaico de los Campos de Urnas del Noreste, aceptándose la penetración, al menos en sus fases iniciales (que cabe situar en torno al 1100 a.C.), de grupos humanos demográficamente poco importantes (Ruiz Zapatero 1985; Maya y Barberá 1992: 176 ss.). Dada la continuidad de la cultura material en el Noreste a lo largo del primer milenio, y aceptando un carácter indoeuropeo para estas aportaciones humanas, se ha sugerido como inter-

pretación que explique el iberismo lingüístico que esta zona ofrece en fecha avanzada lo que Villar (1991: 465 s.) denomina «indoeuropeización fallida», según la cual las lenguas indoeuropeas del Noreste debieron ir desapareciendo al ser iberizadas cultural y lingüísticamente. Que al menos una parte de los grupos de Campos de Urnas hablaron una lengua indoeuropea de tipo celta o protocelta parece fuera de toda duda, como vendría a confirmarlo el caso del lepóntico, lengua celta hablada en el Norte de Italia al menos desde el primer cuarto del siglo VI a.C. y vinculada con la cultura de Golaseca, que hunde sus raíces en un grupo de Campos de Urnas, la Cultura de Canegrate (de Marinis 1991; de Hoz 1992b). De acuerdo con esto, y volviendo al Noreste peninsular, cabría plantear, con Maya y Barberá (1992: 176), que «o bien los grupos migratorios de Campos de Urnas fueron tan restringidos que no llegaron a imponer su propia lengua a las gentes del substrato, o bien, la transformación cultural ibérica borró en gran parte los rasgos lingüísticos indoeuropeos, hipotéticamente asumidos por los autóctonos» (*vid.* de Hoz 1993a: 391 ss.).

En todo caso, en torno a los siglos VII-VI a.C., se conforma lo que se ha denominado **Celtibérico Antiguo**, que se documenta en las altas tierras de la Meseta Oriental y el Sistema Ibérico, con importantes novedades en lo que se refiere a los patrones de asentamiento, al ritual funerario y a la tecnología, con la adopción de la metalurgia del hierro. Surgen ahora un buen número de poblados de nueva planta así como los primeros asentamientos que cabe considerar como estables en este territorio. A esta fase se adscriben una serie de poblados, generalmente de tipo castreño, a veces protegidos por murallas, documentándose también otros carentes de defensas, a excepción de la que otorga la propia elección del emplazamiento. A este momento corresponden asimismo los más antiguos cementerios de la Meseta Oriental, cuya continuidad desde el siglo VI a.C. hasta el siglo II, o incluso después, ya ha sido señalada. Algunos de ellos ofrecen una característica ordenación interna, con calles formadas por la alineación de las sepulturas, generalmente con estelas (*vid.* capítulo IV,2). Los ajuares funerarios ponen de manifiesto la existencia de una sociedad de fuerte componente guerrero, con indicios de jerarquización social, configurándose el armamento —en el que destacan las largas puntas de lanza y la ausencia de espadas o puñales— como un signo exterior de prestigio (*vid.* capítulo IX,1).

Para Almagro-Gorbea (1993: 146 s.), la aparición de las élites celtibéricas podría deberse a la propia evolución de los grupos dominantes de la Cultura de Cogotas I, sin excluir con ello los aportes demográficos externos, cuya incidencia real en este proceso resulta en cualquier caso difícil de valorar. Seguramente, la nueva organización

_____

(1)   Sobre este tema, *vid.* de Hoz 1992a: 19; *Idem* 1992b: 230; *Idem* 1993a: 392 ss.

socioeconómica llevaría a una creciente concentración de riqueza y poder por quienes controlaran recursos tales como las zonas de pastos, las salinas —esenciales para la ganadería y la siderurgia— o la producción de hierro, que permitió alcanzar en fecha temprana un armamento eficaz, explicando el desarrollo de una sociedad de tipo guerrero progresivamente jerarquizada.

Durante esta fase inicial se diferencian dos áreas culturales de fuerte personalidad:

A) El Norte de la actual provincia de Soria, incluyendo la vertiente riojana de la sierra, área montañosa que constituye un ramal del Sistema Ibérico, donde se desarrolló la llamada «cultura castreña soriana» (Romero 1991a). Su personalidad cultural está fuera de toda duda, habiéndose puesto en relación con los Pelendones históricos. Incluye la cabecera del Duero, así como las cuencas altas de los ríos Cidacos, Linares y Alhama, que vierten sus aguas al Ebro. Su personalidad vendría apoyada por los propios patrones de asentamiento y por sus espectaculares defensas, con potentes murallas —a veces incorporando también torreones—, fosos y campos de piedras hincadas (*vid.* capítulos III,2 y VII,2.2), así como por la ausencia de evidencias funerarias seguras (*vid.* capítulo X,6).

B) Las tierras del Alto Duero circunscritas al Centro y Sur de la provincia de Soria, territorio relacionado con el Alto Jalón y el Alto Tajo, que engloban los asentamientos castreños y las necrópolis del Sureste de la provincia de Soria y de las parameras de Sigüenza y Molina de Aragón, así como del Valle del Jiloca y de las serranías de Albarracín y Cuenca (*vid.* capítulo VII,2.2). Los poblados se sitúan en lugares estratégicos elevados, aunque no siempre se hagan patentes las preocupaciones defensivas de los castros de la serranía soriana, documentándose, también, asentamientos en llano. Aunque en las fases más antiguas se evidencie una homogeneidad en lo que respecta a las características del poblamiento, lo cierto es que para las etapas más recientes, a partir del siglo II a.C., las diferencias son importantes, ya que serán las tierras del Alto Duero y las de la Celtiberia aragonesa las que ofrecerán una mayor tendencia hacia la organización urbana que evidencia la aparición de los *oppida*.

El nivel inferior del Castro de La Coronilla (Cerdeño y García Huerta 1992: 83 ss.) ha proporcionado una interesante información sobre el urbanismo de esta fase inicial, habiéndose documentado casas rectangulares adosadas con muro trasero corrido y abiertas hacia el interior del poblado, ocupando tan sólo la zona septentrional del hábitat.

Desde el siglo V a.C. y durante las dos centurias siguientes se desarrolla el período **Celtibérico Pleno**, a lo largo del cual se ponen de manifiesto variaciones regio-

nales que permiten definir grupos culturales vinculables en ocasiones con los *populi* conocidos por las fuentes literarias. El análisis de los cementerios, y principalmente de los objetos metálicos depositados en las tumbas, sobre todo las armas, ha permitido estructurar este período en diversas subfases, por otro lado difíciles de correlacionar con la información procedente de los poblados, a veces únicamente conocidos a través de materiales de superficie (*vid.* capítulo VII,3). Al final de este período aparecen plenamente integradas en la Celtiberia las tierras de la margen derecha del Valle Medio del Ebro, poniéndose de manifiesto la uniformidad de este territorio con el resto del mundo celtibérico, pero aún no está suficientemente claro en qué momento y de qué forma se produjo lo que podría interpretarse quizás como «celtiberización» de esta zona (Royo 1990: 130 s., fig. 2).

Las necrópolis revelan la creciente diferenciación social con la aparición de tumbas aristocráticas cuyos ajuares están integrados por un buen número de objetos, algunos de los cuales pueden ser considerados como excepcionales, como las armas broncíneas de parada o la cerámica a torno (*vid.* capítulos VII,3.1.1 y IX,2). Este importante desarrollo aparece inicialmente circunscrito al Alto Henares-Alto Tajuña, así como a las tierras meridionales de la provincia de Soria pertenecientes al Alto Duero y al Alto Jalón, pudiéndose relacionar con la riqueza ganadera de la zona, con el control de las salinas o con la producción de hierro, sin olvidar su situación geográfica privilegiada, al constituir el paso natural entre el Valle de Ebro y la Meseta. La proliferación de necrópolis en esta zona puede asociarse con el aumento en la densidad de población, lo que implicaría por tanto una ocupación más sistemática del territorio.

A partir de finales del siglo V se observa un desplazamiento progresivo de los centros de riqueza hacia las tierras del Alto Duero, que puede relacionarse con el papel destacado que desde ese momento va a jugar uno de los *populi* celtibéricos de mayor fuerza: los Arévacos. Esto queda demostrado en la elevada proporción de sepulturas con armas en los cementerios adscribibles a este período localizados en la margen derecha del Alto Duero, lo que viene a coincidir con el empobrecimiento de los ajuares, incluso con la práctica desaparición de las armas, en otras zonas de la Celtiberia (*vid.* capítulos VII,3.1.1 y IX,3).

Por lo que se refiere a los poblados, de los que son tipo característico los de calle o espacio central, se incorporan durante esta fase nuevos sistemas defensivos, como las murallas acodadas y los torreones rectangulares, que convivirán con los característicos campos de piedras hincadas ya documentados desde la fase previa en los castros de la serranía soriana (*vid.* capítulos III,2 y VII).

El período comprendido entre finales del siglo III a.C. y el siglo I a.C., el **Celtibérico Tardío**, parece evidenciarse, a pesar de la escasa documentación existente, como de transición y de profundo cambio en el mundo celtibérico (Almagro-Gorbea y Lorrio 1991).

El hecho más destacado puede considerarse la tendencia hacia formas de vida cada vez más urbanas, que se debe enmarcar entre el proceso precedente en el mundo tartesio-ibérico y el de la aparición de los *oppida* en Centroeuropa. Como exponente de ello están los fenómenos de sinecismo documentados por las fuentes, así como la posible transformación de la ideología funeraria reflejada en los ajuares, que puede explicar el desarrollo de la joyería, tal vez como elemento de estatus que sustituyera al armamento como símbolo social. En estos productos artesanales, como en los bronces y cerámicas, se observa un fuerte influjo ibérico, lo que les confiere una indudable personalidad dentro del mundo céltico al que pertenecen estas creaciones, como evidencian sus elementos estilísticos e ideológicos. Dentro de este proceso de urbanización debe considerarse la probable aparición de la escritura (de Hoz 1986a y 1995a). Ésta se documenta ya a mediados del siglo II a.C. en las acuñaciones numismáticas, pero la diversidad de alfabetos y su rápida generalización permiten suponer una introducción anterior desde las áreas ibéricas meridionales y orientales. Asimismo, hay que señalar la existencia de leyes escritas en bronce (Fatás 1980; Beltrán y Tovar 1982), produciéndose ahora el desarrollo de una verdadera arquitectura monumental (Beltrán 1982; Almagro-Gorbea 1994a: 40) (*vid.* capítulo III,4).

Para esta fase final se cuenta con las noticias procedentes de las fuentes literarias, que van a permitir analizar en profundidad la organización sociopolítica de los Celtíberos (*vid.* capítulo IX,4), proporcionando un panorama más complejo que el conocido con anterioridad, tan sólo definido a partir del registro arqueológico. Se documentan grupos parentales de carácter familiar o suprafamiliar, instituciones sociopolíticas como senados o asambleas, instituciones de tipo no parental como el *hospitium*, la clientela o los grupos de edad, así como entidades étnicas y territoriales cuyos nombres son conocidos por primera vez. Estas mismas fuentes ofrecen información de gran interés sobre la organización económica de los Celtíberos, coincidiendo en señalar en líneas generales su carácter eminentemente pastoril, que sería complementado con una agricultura de subsistencia (*vid.* capítulo VIII,1).

Otro hecho clave en este período parece ser la continuidad de la expansión del mundo céltico en la Península Ibérica, al parecer desde un núcleo identificable, en buena medida, con la Celtiberia de las fuentes escritas. Así parece deducirse de la comparación de la dispersión de los elementos célticos documentados en el siglo V-IV a.C. y los más generalizados de fecha posterior, a veces incluso potenciados tras la conquista romana. Este proceso, que según los indicios arqueológicos e históricos aún estaba plenamente activo en el siglo II a.C. (Almagro-Gorbea 1993: 154 ss.), se habría extendido hacia el Occidente, como lo prueba la dispersión geográfica de las fíbulas de caballito (fig. 8,A) o de armas tan genuinamente celtibéricas como el puñal biglobular (fig. 8,B), que llegaron a alcanzar las tierras de la Beturia Céltica, coincidiendo en esto con la información proporcionada por las fuentes literarias, como la conocida cita de Plinio (3, 13) o las evidencias lingüísticas y epigráficas (*vid.* capítulos II,2 y XI).

El fenómeno de expansión celtibérica, de modo semejante a Italia, se enfrentó a la paralela tendencia expansiva del mundo urbano mediterráneo. Los púnicos, a partir del último tercio del siglo III a.C., y, posteriormente, el mundo romano, dieron inicio a una serie de enfrentamientos, que culminarían con las Guerras Celtibéricas, que constituyen uno de los principales episodios del choque, absorción y destrucción de la Céltica por Roma, heredera de las altas culturas mediterráneas.

A modo de reflexión final pueden señalarse algunos puntos de interés:

1. La existencia de Celtas en Hispania está plenamente demostrada a partir de evidencias de distinta índole (históricas, lingüísticas, epigráficas, arqueológicas, etc.), siendo los Celtíberos, de todas las culturas célticas de la Península Ibérica, la mejor conocida y la que jugó un papel histórico y cultural más determinante.

2. Se pueden identificar como Celtas aquellos grupos arqueológicos que desde la I Edad del Hierro (siglos VII-VI a.C.) evolucionan sin solución de continuidad hasta el período de las Guerras con Roma, momento en el que se identifican con los pueblos considerados como «Celtas» por los historiadores y geógrafos clásicos, y que ofrecen además evidencias de poseer una organización sociopolítica y una lengua celta.

En este sentido, el término «celtibérico» puede utilizarse para las culturas arqueológicas localizadas en las tierras del Alto Tajo-Alto Jalón y Alto Duero ya desde sus fases formativas. La continuidad de la secuencia cultural permite correlacionar las evidencias arqueológicas con las etno-históricas en un territorio que coincide con el atribuido por los autores clásicos a los Celtíberos y cuya lengua, el celtibérico, es la más segura lengua celta identificada como tal en la Península Ibérica.

3. No está demostrado que la celtización de la Península Ibérica se haya realizado a través de los Campos de Urnas del Noreste. Se podría plantear, por tanto, con los datos actuales, que para el componente céltico peninsular

no existe tal vinculación, por más que estén documentados aportes étnicos minoritarios en la Meseta Oriental procedentes del Valle del Ebro desde una fecha tan temprana como el siglo VIII a.C. (*vid.* capítulo VII), cuya incidencia real en el proceso formativo de la Cultura Celtibérica resulta difícil de establecer.

4. Es evidente que existen elementos celtibéricos en áreas no estrictamente celtibéricas, lo que puede interpretarse como indicio de procesos de celtiberización, dada la fuerza expansiva de esta cultura y, por tanto, de celtización de dichos territorios, proceso que no requeriría importantes movimientos étnicos sino que pudo ser intermitente con efecto acumulativo, con la imposición de grupos dominantes, seguramente en número reducido, migraciones locales o incluso la aculturación del substrato (Almagro-Gorbea 1993: 156). La dispersión de armas celtibéricas —como los puñales biglobulares— puede verse como indicio de esta expansión y del consiguiente proceso de celtización, documentado también en la distribución de los antropónimos étnicos *Celtius* y *Celtiber* y sus variantes, de los propios topónimos en -*briga*, etc., hecho puesto de relieve por textos en lengua celtibérica en territorios no celtibéricos de la Meseta y de zonas más alejadas, como Extremadura, idea indirectamente recogida de forma explícita por Plinio (3, 13), para quien los Célticos de la Beturia procedían de los Celtíberos.

Todo ello sin excluir la presencia de otros Celtas hispanos diferentes de los Celtíberos, como los Berones, o que dicho proceso de celtiberización se realizara sobre un substrato de componente celta de mayor extensión, por otra parte difícil de determinar. En cualquier caso, el fenómeno de la celtización se produjo preferentemente hacia el Occidente de la Península, posiblemente debido a que los pueblos asentados en estas zonas pertenecerían a un substrato común indoeuropeo al tiempo que destacaban por su riqueza ganadera, lo que debió constituir un importante aliciente para los pueblos celtibéricos en su proceso de expansión.

5. Este mundo céltico así entendido ofrece variabilidad en el tiempo y en el espacio y, por tanto, no se puede ver como algo uniforme, lo que se confirma en buena medida al aumentar los datos que evidencian una importante complejidad.

6. Debe destacarse la personalidad de la Céltica peninsular y, dentro de ella, de la Celtiberia, respecto a la Céltica del otro lado de los Pirineos, dado el importante influjo que sobre ella ejerció la Cultura Ibérica, reflejado en aspectos tales como la adopción del torno de alfarero, la tecnología en el trabajo de los metales nobles, el tipo de armamento utilizado, la moneda, la escritura, etc., a lo que habría que añadir su situación marginal en el extremo occidental de Europa, alejada de las corrientes culturales que afectaron de forma determinante a los Celtas continentales, identificables con las Culturas de Hallstatt y La Tène.

7. Los Celtíberos pasan de este modo a constituir una parte muy importante de la Cultura Céltica, a pesar de que, debido fundamentalmente a la identificación de dicha cultura con la de Hallstatt-La Tène, los estudiosos de los Celtas han excluido, a menudo, la Península Ibérica de las monografías generales sobre este pueblo protohistórico, al basarse en una ordenación etnia-cultura, hoy totalmente superada, como evidencia el problema paralelo que presenta la Cultura de Golaseca.

De esta forma, se comprende mejor la importancia de la Cultura Celtibérica dentro de los procesos de etnogénesis de la Península Ibérica y del marco general del mundo celta.

SUMMARY

The existence of Celts in the Iberian Peninsula is attested by the linguistic evidence and by the information provided by the Graeco-Latin historians and geographers. The earliest descriptions of the Celts, apart from the disputed Periplum of Avienus, come from Herodotus, who already in the 5th century B.C. said they were to be found in the Iberian Peninsula. However, it was not until the latter centuries of the pre-Christian era that the names of the peninsular Celtic tribes and the territories they occupied were known: the Celtiberian and Beron tribes in the Eastern Meseta, the Iberian System and the Middle Valley of the Ebro; the Celtic tribes in the Southwest; and various groups of Celtic filiation, clearly differentiated from other non-Celtic tribes, in the Northwest, Galicia and the North of Portugal.

According to the literary sources (Chapter II,1.1), Celtiberia was a large area in the interior of the Iberian Peninsula. There was not always unanimous agreement about its territorial boundaries, and there were substantial differences, if not contradictions, between the Graeco-Latin authors whose works refer to it in greater or lesser detail. The sources sometimes describe Celtiberia as occupying a large area, roughly equivalent to the Meseta, which is the description found in the oldest texts, written in the early years of the Conquest, and is how Strabo described it, with Idoubeda —the Iberian System— to the East, although he considered Segeda and Bilbilis, both located in the Middle Ebro Valley, to be Celtiberian towns. Together with this general concept, there is another more limited one which locates Celtiberia in the highlands of the Eastern Meseta and the Iberian System and in the lands on the right bank of the Middle Ebro Valley. Authors such as Pliny and Ptolemy do not offer a very clear definition either. Thus Pliny (3, 19; 3, 25-27) considers that the Celtiberians only included the Arevaci and Pelendones, whose occupation of the Upper Duero is well known, and the inhabitants of Segobriga. Ptolemy (2, 6) discusses the Arevaci and the Pelendones separately from the Celtiberians, to whom he attributes a number of towns located between the Middle Ebro and the Cuenca region.

Thus the territorial limits of the Celtiberia described by the classical writers are inexactly defined, and must in any case have changed in the course of time. Neither are the tribes included under the generic term of Celtiberian clear, although it seems beyond all doubt that the Arevaci, Belos, Titos, Lusones and Pelendones fell into that category. However, the inclusion of groups such as the Olcades or Turboletas is more questionable.

The theoretical Celtiberian territory defined by the literary sources coincides, more or less, with the area covered by inscriptions in the Celtiberian language in the Iberian or Latin alphabet. There is also evidence of particular personal names restricted to Celtiberia which co-existed with others names of Indo-European origin which were more widely spread through the West and North of the Peninsula. This picture of Celtiberia is that of a later period, at the time of the Roman Conquest or later, and we have to turn to the archaeological record to identify the extent of Celtiberian territory in the centuries before the arrival of the Romans.

An analysis of the settlements and the cemeteries, and also the weapons and the material culture, has made it possible to establish the cultural sequence of the Celtiberian world (Figure 143), so that for the first time we have a general periodisation for this Culture which, although produced mainly from the funerary record, integrates the various manifestations of Celtiberian Culture. Nevertheless, the diversity of the areas which make up this territory should be remembered, and also the unequal extent of our knowledge of them. The periodisation proposed suggests three successive phases, with a formative period for which the term Proto-Celtiberian is reserved: an initial phase, or Early Celtiberian (ca. mid-6th century - mid-5th century B.C.), a phase of development or Middle Celtiberian (ca. mid-5th century - end of the 3rd century) and a final or Late Celtiberian phase (late 3rd-century - 1st century B.C.).

The demonstrated continuity of use of the cemeteries whose seriation has been possible mainly thanks to an analysis of the military equipment left in the graves, fully justifies the use of the term «Celtiberian» from at least the 6th century B.C. But that is why, initially, this term should be restricted to what can be considered the heartland of historical Celtiberia, limited to the highlands of the Eastern Meseta. This continuity is confirmed by the settlements themselves, which display an evolution parallel to that recorded in the cemeteries, as in the case of the material culture and the socio-economic structure.

In this way it would seem more accurate to use the term Celtiberian to refer to a geographically and chronologically well-defined cultural system, which lasted unbroken from the 6th century B.C. to the Roman Conquest. The continuity observed in the archaeological record would thus permit the use of an ethnic term from the formative period of this Culture, despite the difficulties that its use implies for referring to specific archaeological entities.

A basic problem is that of explaining the formation of the Celtiberian Culture. Terms such as Urnfield Culture, Hallstatt, post-Hallstatt or Celtic have frequently been used in an attempt to establish a connection with European archaeology, thus more or less accepting the invasionist theories which relate the formation of the Celtiberians with the arrival of successive waves of Celts from Central Europe. This thesis was defended by P. Bosch Gimpera (Chapter I,2), who, on the basis of historical information and evidence of a linguistic nature, postulated the existence of various invasions in an attempt to combine the historical and linguistic sources with the archaeological evidence. To do this he adopted the Central European sequence: Urnfield Culture-Hallstatt Culture-La Tène Culture, for the Iberian Peninsula. This opened up a constricting line of Spanish archaeological research, in view of the difficulty of correlating these cultures with the cultures of the Iberian Peninsula, while the idea of successive invasions was not confirmed by the archaeological evidence (Ruiz Zapatero 1993). The hypothesis of invasions was maintained by the linguists (Chapter I,3), but without being able to offer any information on their chronology or the route by which they arrived. The oldest, considered pre-Celtic, would include Lusitanian, a language which for some researchers should be considered a Celtic dialect, whilst the most recent would be so-called Celtiberian, by this time fully Celtic (Chapter XI).

The restriction of the Urnfield Culture to the Northeast of the Peninsula, linguistically an Iberian area, i.e. non-Celtic and not even Indo-European, and the absence of that culture in celticised areas, made it necessary to reconsider the invasionist theories, since not even by accepting a single invasion, that of the Urnfield Culture, could the phenomenon of peninsular Celticisation be explained.

The difficulty of correlating the linguistic data and the archaeological evidence has led the two disciplines to go separate ways, which has made it difficult to obtain an all-embracing vision, since a linguistic hypothesis cannot be fully accepted if it does not acknowledge the archaeological evidence, and this cannot be explained without a coherent evaluation of the linguistic information.

One alternative interpretation has been proposed by M. Almagro-Gorbea (1986-87, 1987a, 1992a, 1993; Almagro-Gorbea & Lorrio 1987a), who takes as the starting point the difficulty of maintaining that the origin of the Hispanic Celts can be related with the Urnfield Culture, which did not spread beyond the Northeastern quadrant of the Peninsula (Ruiz Zapatero 1985). In his view, their origin must be sought in the «Proto-Celtic» substrata preserved in the western regions of the Peninsula. The Celtiberian Culture would have emerged from this proto-Celtic substrata (Almagro-Gorbea 1992a, 1993), and this would explain the various similarities between the two and the progressive assimilation of that substrata by the Celts.

However, the paucity of information relating to the late Bronze Age in the Eastern Meseta (Chapter VII,1) makes it difficult to evaluate the substrata in the formation of the Celtiberian world, although certain evidence does seem to confirm continuity of occupation, at least in the area where the Celtiberian phenomenon appeared with greatest force: the Upper Tagus-Upper Jalón-Upper Duero.

At present the Celticisation of the Iberian Peninsula appears to have been a complex phenomenon in which a unique and very specific ethnic ingredient, implicit in the invasionist assertions, can no longer be considered an indispensable element for explaining the emergence and development of peninsular Celtic Culture, of which the Celtiberians are the best-known group.

However, there is evidence of ethnic characteristics originating in the Ebro Valley, recorded in the highlands of the Eastern Meseta, as the settlement of Fuente Estaca (Martínez Sastre 1992), would appear to confirm, with Urnfield materials and a C14 date of 800 ± 90 B.C., which permits it to be attributed to the **Proto-Celtiberian** period (Chapter VII,1). This was the stage immediately before the appearance of certain elements considered essential to the Celtiberian Culture, such as the cremation cemeteries or fortified settlements.

The possibility that these infiltrating Urnfield groups may have brought with them an Indo-European language should not be rejected, even if their true role in creating the Celtiberian world has yet to be evaluated. At the present stage of research it would be hazardous —but tempting, none the less— to link the arrival of these groups with the introduction of a «proto-Celtiberian» language, a term used by de Hoz (1993a: 392, footnote 125) to refer to «any stage of language which comes between Celtic before its differentiation into dialects and the historical Celtiberian attested by the inscriptions».

Be that as it may, the trans-Pyrenean origin of the Urnfield groups of the Northeast would seem beyond all doubt, the penetration, at least it its initial phases (which can be put around 1100 B.C.) of human groups, which were of little importance in demographic terms (Ruiz Zapatero 1985; Maya & Barberá 1992: 176 ff.), being accepted. In view of the continuity of the material culture in the Northeast through the first millennium, if the Indo-European character of this contribution is accepted, a possible explanation of the continuing dominance of an Iberian language at a late date is what Villar (1991: 465 f.) calls «failed Indo-Europeanisation». According to this theory the Indo-European languages of the Northeast, probably in the minority, must have waned as those who spoke them were culturally and linguistically «Iberianised». That at least some of the Urnfield groups spoke an Indo-European language of a Celtic or proto-Celtic type seems very probable. Thus it could be postulated that «either the migratory Urnfield groups were so small they did not succeed in imposing their own language on the peoples of the substrata, or the Iberian transformation largely erased the Indo-European linguistic features that had hypothetically been assumed by the natives» (Maya & Barberá 1992: 176).

The transition of the 7th-6th centuries B.C. saw the shaping of what has been called the **Early Celtiberian**, evidence for which is found in the highlands of the Eastern Meseta and the Iberian System. It was characterised by important innovations in patterns of settlement, burial rites and technology, with the adoption of an iron-working metallurgy. The first stable settlements in this territory appear at this time. Several settlement attributed to this phase are of the fortified type, although other highland sites without artificial defences are also documented. The oldest cemeteries on the Eastern Meseta can also be dated to this period, their continuous use from the 6th to the 2nd centuries B.C., or even later, having already been mentioned. Some of them display a characteristic internal organization, with lines of graves, which are generally marked with stelae (Chapter IV,2). The grave goods indicate that the society had a strong warrior component, with a hierarchical social structure, the weapons —notable for the long spearheads and the absence of swords or daggers— appearing as an external symbol of prestige (Chapter IX,1).

The appearance of the Celtiberian elites could be due to the rise of dominant groups in the Cogotas I Culture of the Late Bronze Age, although there may have been external demographic factors (Almagro-Gorbea 1993: 146 f.). The true part played by these factors in this process is, however, difficult to determine. Certainly the new socio-economic organisation would have led to a growing concentration of wealth and power in the hands of those who controlled resources such as grazing lands, saltworks —essential for stockraising and ironworking— or iron production, which made it possible to produce effective weapons at an early date, thus explaining the development of a progressively more hierarchical warrior society.

An analysis of the material culture of the cemeteries and settlements in the initial phase of the Celtiberian Culture reveals the existence of contributions from various origins and a variety of cultural traditions. With regard to the objects found amongst the grave goods, it can be postulated that some of these came from the South, such as some double-springed broochs, belt buckles that had between one and three hooks, or the first iron objects, including long spearheads and curved knives. Another possibility, by no means exclusive, is that some of these elements came from areas close to the colonial world in the Northeast of the Peninsular via the Ebro Valley, together with the ritual itself, cremation, and the urns that formed part of it; this would be confirmed by their shapes, which can be linked with the Urnfields. A similar origin has been suggested for the tumulus burials of the Eastern Meseta which, however, are very poorly documented. On the other hand, the presence of stelae lined up is a local feature, unparalleled in the Urnfields or the Celtic world.

The chronology of this initial phase of the Celtiberian cemeteries is not easy to determine since practically the only elements which can be more or less reliably dated are the broochs.

The find of «chevaux-de-frise» associated with a wall and rectangular towers in a settlement in Catalonia has led to reconsideration of how this defensive system originated. It is found in an Iron Age Urnfield setting, and is dated to the second half of the 7th century B.C. (Garcés *et al.* 1991, 1993). This dating, earlier than those commonly accepted for the Sorian hillforts, and its geographical location in the Lower Segre, would confirm the Central European filiation established for it by Harbison (1971), with the wooden stockades of the Hallstatt C.

The type of settlement (Chapter III), consisting of rectangular houses with walls closed to the outside to form a rampart, characteristic of the Celtiberian world, but not exclusive to it, is likewise well recorded in the Urnfield settlements of the Northeast, although this urban layout is known from the Middle Bronze Age.

The presence of the elements analysed, and the different influences referred to in the Eastern Meseta, should not necessarily be related with movements of population but should not exclude them either, since the role of the indigenous substrate in this process has yet to be determined. However, the existence of ethnic contributions from the Ebro Valley is attested in the area, as the open settlement of Fuente Estaca demonstrates.

From the 5th century B.C. and for the next two centuries the **Middle Celtiberian** period developed, in the course of which regional variations appeared which make it possible to define cultural groups which can sometimes perhaps be related with the *populi* known from the literary sources. An analysis of the cemeteries, and principally of the metal objects placed in the graves, particulary weapons, has enabled this period to be divided into various subphases, which however are difficult to correlate with the information obtained from the settlements, sometimes only known through surface materials (Chapter VII,3). At the end of this period the lands of the right bank of the Middle Ebro Valley appear to be fully integrated into Celtiberia, although it is not yet sufficiently clear when and how what might be termed the «Celtiberisation» of this area occurred (Royo 1990: 130 f., figure 2).

The cemeteries emphasise growing social distinctions, with the appearance of aristocratic tombs containing grave goods that consist of a good number of artefacts, some of which can be considered exceptional, such as the bronze weapons or the wheel-turned pottery (Chapters VII,3.1.1 and IX,2). This important development initially appears to be restricted to the Upper Henares-Upper Tajuña, and to the southern part of the province of Soria belonging to the Upper Duero and the Upper Jalón rivers. It could be related to the livestock wealth of the area, control of the saltworks or the production of iron, but its privileged geographic situation should not be forgotten, since this area constitutes a natural pass between the Ebro Valley and the Meseta. The proliferation of cemeteries in this area could be associated with an increase in the density of the population, which would imply more systematic occupation of the land.

The grave goods of the warrior tombs include swords, of the antenna and *frontón* types, which are recorded together in the South of the Peninsula from the beginnings of the 5th century B.C. Spearheads, usually accompanied by their ferrules, are also present. The panoply is completed with the shield, which has a boss of bronze or iron, the curved-back knife, and, in some cases, bronze disc-breastplates and helmets. Horse harnesses are frequently found with them, which indicates the high status of the personages with whom these objects were placed.

With regard to the origin of the different types of objects found in the graves, various influences are clear: on one hand, from the North of the Pyrenees, through the Ebro Valley, and on the other, from the lands of the South and the East of the Peninsula, of Mediterranean inspiration. A good example of this is offered by the weapons, perhaps the most significant elements of the grave goods. Thus the various types of antenna swords reflect two influences, one from Languedoc, certainly through Catalonia, as would seem to be the case of the Aguilar de Anguita type, and Aquitaine, as the few examples of the Aquitanian type would confirm, which are certainly imported pieces, and the Echauri type swords. The local character of the antenna swords of the Aguilar de Anguita and Echauri types demonstrate the considerable metallurgical development in the Eastern Meseta from an early date. A different origin could be defended for the *frontón* swords, which can be assumed to be of Mediterranean origin, coming from the South of the Peninsula at the beginning of the 5th century B.C.

Similarly, a foreign origin can be postulated for the bronze weapons —helmets, breastplates and large bosses—, which display similar themes and decorative technique and thus suggest a common origin, although the possibility that they were made in local workshops cannot be discounted. This foreign origin is particularly obvious in the case of the disc-breastplates, which are inspired by Italic pieces and for which a 5th century B.C. date is proposed (Chapter VII,3.1.1).

The other materials, such as various kinds of broochs, belt buckles, spiral adornments or pectorals made from bronze plates, display similarities with a wide variety of items from different periods and places, frequently Mediterranean, attesting various origins and ways of arrival, although in many cases they could be locally-produced pieces, as the geographical dispersion of the finds demonstrates. An origin in the Iberian area is evident in the case of the first wheel-turned pieces arriving in the Eastern Meseta.

From the end of the 5th century the progressive displacement of the centres of wealth towards the lands of the Upper Duero can be observed. This can be related with the outstanding role played from this time on by one of the most powerful Celtiberian *populi*: the Arevaci. This is demonstrated by the high proportion of graves containing weapons in the cemeteries located on the right bank of the Upper Duero that can be attributed to this period. This coincides with the impoverishment of the grave goods, including the virtual disappearance of weapons, in other parts of Celtiberia (Chapter VII,3.1.1 and IX,3).

The presence of Iberian-type weapons is unusual in

the Upper Duero, while from the mid-4th century B.C. onwards La Tène type swords appeared in the cemeteries of the Upper Henares-Upper Jalón, and reached their fullest expression the following century, authentic La Tène pieces having been recorded, as the find of certain sword scabbards would indicate (Chapter V,2.2.1.1).

Given the entirely indigenous characteristics of the panoplies to which these weapons belong, it is possible that they were brought by Celtiberian mercenaries or were perhaps exotic pieces that arrived through exchanges of prestige goods.

With regard to the settlements, new systems of defence were incorporated during this phase, such as buttressed walls and rectangular towers, which co-existed with the characteristics «chevaux-de-frise», already recorded in the earlier phase (Chapters III,2 and VII).

The period between the end of the 3rd century B.C. and the 1st century B.C., the **Late Celtiberian**, seems to be a period of transition and profound change in the Celtiberian world (Almagro-Gorbea & Lorrio 1991).

Its most outstanding feature could be the trend towards an increasingly urban way of life, which should be seen in relationship to the preceding process of urbanisation in the Tartessian-Iberian world and the appearance of *oppida* in Central Europe. This is shown by the grouping of towns into federations referred to in the sources, and the possible transformation of the funerary ideology reflected by the grave goods, which could explain the increasing appearance of jewellery, perhaps as an element of status replacing weapons as a social symbol. A strong Iberian influence can be observed in the bronze and pottery objects, which gives them a definite personality within the Celtic world to which these creations belonged, as their stylistic and ideological elements attest. Within this process of urbanisation the probable appearance of writing should be considered (de Hoz 1986a, 1995a). Coinage — dated from the mid-2nd century B.C.— provides evidence of writing, but the diversity of alphabets and their rapid adoption suggests it arrived from the Iberian areas to the South and East at an earlier date. The existence of laws written in bronze (Fatás 1980; Beltrán & Tovar 1982) and the development of a truly monumental architecture should also be mentioned (Beltrán 1982; Almagro-Gorbea 1994a: 40) (Chapter III,4).

For this final phase, we have the information provided by the literary sources, which makes it possible to analyse the socio-political organisation of the Celtiberians in depth, and provides a more complex panorama than that available from the archaeological evidence alone (Chapter IX,4). There are descriptions of family or supra-family kinship groups, socio-political institutions such as senates or assemblies, non-kin institutions such as the *hospitium*, client or age groups, and ethnic and territorial entities whose names are known for the first time. These same sources offer information of great interest on the economic organisation of the Celtiberians, and coincide in describing their society as being predominantly pastoral in character, which would have been complemented with subsistence farming (Chapter VIII,1).

Another key feature of this period appears to be the continuing expansion of the Celtic world in the Iberian Peninsula, apparently from one nucleus, largely identifiable with the Celtiberia of the written sources. This process, according to archaeological and historical evidence, was still fully active in the 2nd century B.C. (Almagro-Gorbea 1993: 154 ff.), and would have extended westwards, as proved by the geographical dispersion of the horse broochs (Figure 8,A) or genuinely Celtiberian weapons such as the bi-globular type dagger (Figure 8,B), which even reached the lands of Celtic Beturia. This coincides with the information provided by the literary sources (Pliny 3, 13) and the linguistic and inscriptional evidence (Chapters II,2 and XI).

The phenomenon of Celtiberian expansion in the Iberian Peninsula, in a similar way to Italy, came up against a parallel expansion of the urban Mediterranean world. The Carthaginians, from the last third of the 3rd century B.C., and, subsequently, the Roman world, initiated a series of confrontations which would culminate in the Celtiberian Wars, one of the main episodes in the process of shock, absorption and destruction of the Celtic world by Rome.

By way of a final reflection, some points of interest can be made:

1. The historical and linguistic evidence enables the Celtiberians to be clearly defined as having an ethnic identity and a Celtic language of their own during the 2nd and 1st centuries B.C. The area described in the classical sources and indicated by the linguistic evidence has its own archaeological personality. But the Celtiberian Culture of the latter centuries B.C. is simply the culmination of an unbroken historical process which had its origins in the 6th century B.C., so from that time onwards the term Celtiberian can legitimately be used for the communities of the Upper Duero and the Upper Tagus.

Archaeological study of the Celtiberian region has uncovered very little information for the 8th and 7th centuries B.C., theoretically Proto-Celtiberian, and the same is true of the final stages of the Late Bronze Age. This is a serious problem which is now beginning to be tackled.

2. If, as we have said, the Celticisation of the Iberian Peninsula did not occur through the Urnfield communities of the Northeast, and there were no migrations or breaks

in the general sequence of the Celtiberian period, then the explanation has to be sought at the beginning of the period, ca. 600 B.C., and the period immediately before.

3. The implantation of a language such as Celtiberian demands a «critical mass», i.e. a fairly large population in which the majority were speakers of the Celtic language. Therefore some kind of proto-Celtiberian language must already have existed in the 6th century B.C. in an area where Indo-European elements had doubtless made their mark at an earlier date. This would explain the famous remark of Herodotus (2, 33; 4, 49) that there were Celts in the Iberian finisterre in the 5th century B.C.

4. It is evident that there were Celtiberian elements in areas which were not strictly speaking Celtiberian, and this can be interpreted as indicative of the processes of Celtiberianisation, given the expansive force of this culture, and therefore, of Celticisation of these territories. This would not have required large-scale ethnic movements but could have been an intermittent process that had a cumulative effect, with a few dominant groups imposing themselves, local migrations or even the acculturation of the substrata (Almagro-Gorbea 1993: 156). The dispersal of Celtiberian weapons —such as the bi-globular daggers— can be seen as indicative of this expansion and the consequent process of Celticisation, and it is also attested by the distribution of the ethnic personal names *Celtius* and *Celtiber* and their variants, of place-names ending in -briga, etc., a fact evidenced by texts in the Celtiberian language in non-Celtiberian parts of the Meseta and more remote areas.

In any case, the phenomenon of Celticisation tended to occur towards the West of the peninsula, possibly because the tribes in these areas belonged to a common Indo-European substrata and were also noted for their wealth in terms of livestock, which must have attracted the attention of the Celtiberian peoples in their process of expansion.

5. Seen in this way, the Celtic world would have changed in the course of time and from one place to another, and cannot therefore be regarded as a monolithic unit, and this is largely confirmed as the data increases, indicating considerable complexity.

6. We would emphasise the distinctive personality of the Celtic world in the Peninsular and, within in it, Celtiberia, compared with the Celtic world on the other side of the Pyrenees. This is explained by its considerable exposure to the influence of Iberian Culture, displayed in aspects such as the adoption of the potter's wheel, the technology of working with fine metals, the type of weapons used, coinage, writing, etc. In addition there is its marginal situation at the western end of Europe, remote from the cultural currents which had a decisive effect on the continental Celts, who can be identified with the Hallstatt and La Tène cultures.

7. The Celtiberians came in this way to be a very important part of Celtic Culture, although scholars of the Celts have often excluded the Iberian Peninsula from their general monographs on this proto-historical people, basically because they have identified the Celts with the Hallstatt and La Tène cultures. The importance of the Celtiberian Culture can best be understood within the processes of ethnogenesis of the Iberian Peninsula and the general framework of the Celtic world.

APÉNDICES

APÉNDICE I

LAS NECRÓPOLIS: CONJUNTOS CERRADOS

1. RELACIÓN DE LOS CONJUNTOS CERRADOS IDENTIFICADOS

A la hora de individualizar conjuntos cerrados, en todos los casos en los que ha sido posible, se ha pretendido acceder a la documentación original constituida generalmente por fotografías y por sencillas descripciones de los ajuares. Esta labor —por lo que respecta a las necrópolis de Aguilar de Anguita, Alpanseque, El Atance, *Arcobriga*, Carabias, Clares, La Olmeda, Valdenovillos, Osma, Quintanas de Gormaz y Gormaz— se ha llevado a cabo, sobre todo, a partir de las obras, a veces inéditas, de Cerralbo (1911 y 1916), Morenas de Tejada (1916a y b), Cabré (1917), Artíñano (1919) y Bosch Gimpera (1921-26), así como gracias a las fotografías de J. Cabré pertenecientes en su mayoría a sepulturas de la Colección Cerralbo que han venido siendo publicadas en los últimos años (Cabré y Morán 1982; Cabré 1990). Para las necrópolis de Atienza (Cabré 1930), La Mercadera (Taracena 1932), que constituyen los primeros cementerios de la Meseta Oriental publicados de forma científica, Griegos (Almagro Basch 1942), Riba de Saelices (Cuadrado 1968) y La Yunta (García Huerta y Antona 1992) se han utilizado las correspondientes Memorias de Excavación. Lo mismo cabe señalar de la necrópolis de Sigüenza (Cerdeño 1977; *Idem* 1981; Fernández-Galiano *et alii* 1982), conocida por diferentes artículos monográficos y que recientemente ha sido publicada en su conjunto (Cerdeño y Pérez de Ynestrosa 1993), incorporando algunas sepulturas no incluidas en los anteriores trabajos, lo que ha llevado a modificar la numeración de las tumbas.

Diferente es el caso de Almaluez, habiéndose contado con los Diarios de Excavación inéditos (Taracena 1933-34), completados con la revisión de los ajuares metálicos (Domingo 1982). Para los casos de Carratiermes (Argente *et alii* 1991a-b y 1992a; *Idem* 1992, entre otros) y Ucero (García-Soto 1990; *Idem* 1992)

se han seguido los avances aparecidos en los últimos años, en espera de su definitiva publicación. No se ha incluido, en cambio, la necrópolis de Numancia, descubierta en fecha reciente y aún en proceso de estudio (Jimeno y Morales 1993 y 1994; Jimeno 1996).

Mención especial merece el trabajo de Schüle (1969) a quien se debe la revisión de los conjuntos funerarios de las principales necrópolis de la Meseta y la publicación de un importante lote de ajuares inéditos integrado por dieciséis conjuntos de Quintanas de Gormaz (tumbas F-T) procedentes del actual Museo Numantino —que corresponden con toda seguridad a las 18 sepulturas donadas a esta Institución (Taracena 1941: 138)—, otros seis más hallados en este mismo cementerio (tumbas U-Z) y depositados en el Museo Arqueológico de Barcelona (M.A.B.) y, finalmente, otros dos del Museo Numantino pertenecientes a la necrópolis de Osma. La revisión llevada a cabo por Schüle permitió reinterpretar algunos elementos difíciles de definir a partir de las fotografías originales o mal valorados (*vid.*, por ejemplo, Lorrio 1990: nota 4). En otros casos, sin embargo, algunos materiales fueron interpretados erróneamente, como ocurre con lo que Bosch Gimpera (1921-26: 174, fig. 307) define, y la documentación fotográfica se encarga de confirmar, como «una espada de antenas atrofiadas doblada», aparecida en la tumba Osma-7 (M.A.B.), que para Schüle (1969: 273) se trataba de los «restos de una (?) falcata». Este equívoco parece indicar que Schüle se guió preferentemente, en el caso de Osma, por la parte gráfica del trabajo de Bosch Gimpera, lo que explicaría la ausencia de cualquier referencia a una fíbula de bronce de la tumba 8 (M.A.B.), descrita en el texto de Bosch Gimpera pero no reproducida fotográficamente. En otros casos, y de ello constituye un buen ejemplo la necrópolis de La Mercadera, Schüle optó por la publicación de los conjuntos tal como aparecían agrupados en el Museo Celtibérico de Soria, hoy Museo Numantino, anteponiendo estas asociaciones a las proporcionadas por Taracena en su modélica publicación del cementerio soriano, lo que vino a demostrar que algunos elementos se hallaban desplazados de sus contextos originarios (Lorrio 1990: 39, notas 4 y 5). Esto, posiblemente, pudo también ocurrir en los conjuntos ya mencionados de Osma y Quintanas de Gormaz dados a conocer por Schüle, aun cuando de ellos, tan sólo la tumba G de Quintanas de Gormaz ofreciera unas asociaciones poco probables.

El estado de abandono en el que durante más de medio siglo se han hallado los materiales procedentes de las excavaciones de Cerralbo y Morenas de Tejada impide a todas luces cualquier intento de identificar conjuntos cerrados si no es a través de la documentación —fotografías y/o descripciones— original. Las posibles asociaciones puestas de manifiesto al reestudiar algunos de los cementerios de la Colección Cerralbo (vid., entre otros, Cerdeño 1976a: 6 ss.; Paz 1980: 37 ss.; Domingo 1982: 242 s.), fundamentalmente por las referencias de las etiquetas, deben ser puestas en duda, dado lo improbable de muchas de ellas. A veces, incluso, resulta difícil determinar la procedencia de algunos conjuntos o materiales aislados, no existiendo unanimidad en su adscripción a una determinada necrópolis. Valga como ejemplo lo dicho respecto de los conjuntos 2, 11 y 13 de Osma pertenecientes a la Colección Morenas de Tejada del Museo Arqueológico Nacional (vid. infra).

ALTO TAJO-ALTO JALÓN (Tabla 1)

AGUILAR DE ANGUITA (GUADALAJARA): **Procedencia de los conjuntos**: **A**= Aguilera 1911, III: láms. 13,1 y 14; Aguilera 1916: fig. 18, láms. VII y VIII,1; Schüle 1969: 256, láms. 1-3. **B**= Aguilera 1916: láms. VI y VIII,2; Schüle 1969: 256, láms. 4-5. **C**= Aguilera 1911, III: lám. 15,1; Fernández-Galiano 1979: 13, lám. III,1; Lenerz-de Wilde 1991: 292, lám. 127, n° 357. **D**= Aguilera 1911, III: lám. 15,2; Fernández-Galiano 1979: 13, lám. III,2. **E**= Aguilera 1911, III: lám. 16,1; Fernández-Galiano 1979: 13, lám. IV,1. **F**= Aguilera 1911, III: lám. 16,2; Fernández-Galiano 1979: 13, lám. IV,2. **G**= Aguilera 1911, III: lám. 17,1; Fernández-Galiano 1979: 13, lám. V,1. **H**= Aguilera 1911, III: lám. 17,2; Fernández-Galiano 1979: 13, lám. V,2. **I**= Aguilera 1911, III: lám. 18,1; Cabré 1939-40: lám. VII; Fernández-Galiano 1979: 13 s., lám. VI,1; Lenerz-de Wilde 1991: 292, lám. 127, n° 358. **J**= Aguilera 1911, III: lám. 18,2; Fernández-Galiano 1979: 14, lám. VI,2. **K**= Aguilera 1911, III: lám. 19,1; Fernández-Galiano 1979: 14, lám. VII,1. **L**= Aguilera 1911, III: lám. 19,2; Fernández-Galiano 1979: 14, lám. VII,2. **M**= Aguilera 1911, III: lám. 22,1; Cabré 1990: fig. 11. **N**= Aguilera 1911, III: lám. 22,2. **Ñ**= Id. Ibid.: lám. 22,3. **O**= Cabré 1990: fig. 12. Cerralbo (1911, III: lám. 23,1), por su parte, reproduce estos mismos materiales junto con otros objetos, procedentes todos ellos de dos sepulturas cuyos ajuares aparecieron mezclados. **P**= Id. Ibid.: lám. 24,1; Cabré 1990: fig. 10 (en ambos casos exceptuando la pieza cerámica reproducida a la derecha). **Q**= Aguilera 1911, III: lám. 29,2. **Z**= Artíñano 1919: 20-22, n° 93. A estos conjuntos cabe añadir otros dos no incluidos con anterioridad (Lorrio 1994a: Apéndice I): la tumba A (Aguilera 1911, III, lám 12) y la 296 (Aguilera 1913b), aunque es este caso la relación de objetos ofrecida por Cerralbo no coincida con la propuesta por Artíñano (1919). Entre los conjuntos sin armas habría que incluir las siguientes

sepulturas: **R**= Aguilera 1911, III: lám. 25,1. **S**= Id. Ibid.: lám. 49,2. **T**= Id. Ibid.: lám. 49,3. **U**= Id. Ibid.: lám. 52,2; Id. 1916: fig. 36; Schüle 1969: 256. **V**= Aguilera 1911, III: lám. 55,1. **W**= Id. Ibid.: lám. 55,2. **X**= Id. Ibid.: lám. 56,1. **Y**= Id. Ibid.: lám. 56,2. Asimismo, cabría añadir las tumbas (I-XVI), todas ellas sin armas, fruto de la reexcavación de este cementerio (Argente 1977).

ALMALUEZ (SORIA): **Procedencia de los conjuntos**: **1-15, 19-23, 26, 27, 30, 35, 40, 42, 43, 45, 46, 49-53, 55, 56, 58, 59, 65, 66, 71, 75, 76, 80, 81, 83, 84, 88-92, 96, 98, 124, 126, 140, 141, 151, 191, 210, 212, 215, 218, 220, 232, 233, 242, 251, 253, 254, 266, 279, 281, 283, 287, 300, 317, 334-337**= Taracena 1933-34. (Las tumbas 16-18 y 36-37, no incluidas, aparecieron alteradas. Las 8 y 20 al parecer nunca fueron utilizadas para la deposición de los enterramientos). **128, 231, 271** y **305**= Domingo 1982.

ALPANSEQUE (SORIA): **Procedencia de los conjuntos**: **2**= Cabré 1917: lám. IV,izq. **7**= Id. Ibid.: lám. IV,der. **10 (calle II)**= Cabré 1917: lám. X; Schüle 1969: láms. 31,3-4. **12 (calle II)**= Cabré 1917: lám. XI; Schüle 1969: 262 s., láms. 27-28. **14 (calle I)**= Cabré 1917: lám. VI; Cabré y Morán 1975b: fig. 2. **15**= Cabré 1917: lám. VII. **20 (calle III)**= Id. Ibid.: lám. XIII; Schüle 1969: 263, láms. 29-30. **25 (calle III)**= Cabré 1917: lám. VIII. **27 (calle III)**= Id. Ibid.: lám. XV; Schüle 1969: lám. 31,1-2; según Cerralbo (1916: 40, fig. 19) el pilum que reproduce Schüle (1969: 263, lám. 31,1-2) como procedente quizás del conjunto 27, apareció «en una sepultura a un metro de la espada de antenas [tumba 27], que se reproduce a su lado, y en la misma calle de tumbas». **A**= Cabré 1917: lám. XVII; Schüle 1969: 262, láms. 25-26. Sepulturas sin armas: **9 (calle I)**= Id. Ibid.: lám. V; Cabré y Morán 1975b: fig. 3. **B**= Cabré 1917: lám. XIX,2.

EL ATANCE (GUADALAJARA): **Procedencia de los conjuntos**: **A**= Aguilera 1916: fig. 12; Schüle 1969: 257. **B**= Aguilera 1916: fig. 15; Schüle 1969: 257. **12**= Aguilera 1916: fig. 13; Schüle 1969: 257, lám. 12,A; Cabré 1990: fig. 22. **28?**= Aguilera 1916: fig. 14; Schüle 1969: 257, lám. 12,B; Cabré 1990: 218. **32**= Cabré 1990: fig. 21. Además, habría que incluir el conjunto, no militar, n° **29**= Cabré 1937: 109, lám. 15,fig. 37; Schüle 1969: 257; Lenerz-de Wilde 1991: 293, lám. 129, n° 372.

ATIENZA (GUADALAJARA): **Procedencia de los conjuntos**: **1-7, 9-16**= Cabré 1930; Schüle 1969: 258 s., láms. 13-20.

ARCOBRIGA (ZARAGOZA): **Procedencia de los conjuntos**: **A**= Aguilera 1916: lám. IV; Schüle 1969: 279, lám. 64,A. **B**= Aguilera 1916: fig. 31; Schüle 1969: 279, lám. 64,B. **C**= Aguilera 1916: fig. 30; Schüle 1969: 279, lám. 65,C. **D**= Cabré 1939-40: lám. 21.; Schüle 1969: 279, lám. 66. **I**= Cabré y Morán 1982: fig. 21; Lenerz-de Wilde 1991: 330, lám. 219, n° 842. **J**= Cabré y Morán 1982: fig. 22; Lenerz-de Wilde 1991: 329, lám. 219, n° 841. Artíñano (1919: 25s., n° 145) reproduce este conjunto, aunque de forma parcial. **K**= Cabré y Morán 1982: fig. 23; Lenerz-de Wilde 1991: 329, lám. 216, n° 837. **L**= Cabré y Morán 1982: fig. 24; Lenerz-de Wilde 1991: 329, lám. 218, n° 839. **M**= Cabré y Morán 1982: fig. 26; Lenerz-de Wilde 1991: 329, lám. 217, n° 838. **N**= Cabré y Morán 1982: fig. 27. Lenerz-de Wilde (1991: 329, lám. 218, n° 840) reproduce tan sólo una parte del conjunto. Entre las sepulturas sin armas se han individualizado los siguientes conjuntos: **E**= Aguilera 1916: fig. 33; Schüle 1969: 279, lám. 67,E. **F**= Aguilera 1916: fig. 32; Schüle 1969: 279, lám. 67,F. **G**= Aguilera 1916: lám. XII; Lenerz-de Wilde 1991: 330, lám. 220, n° 843. **H**= Artíñano 1919: 25 y 27, n° 147.

CARABIAS (GUADALAJARA): **Procedencia de los conjuntos**: **2**= Cabré 1990: fig. 13,arriba. **18**= Id. Ibid.: fig. 4. **31**= Id. Ibid.: fig. 13,abajo. **66**= Cabré y Morán 1977: fig. 3. **197**= Id. Ibid.: 117, nota 24.

CLARES (GUADALAJARA): **Procedencia de los conjuntos**: **28**=

Aguilera 1916: 96. **53**= Aguilera 1916: 72 ss., fig. 40, lám XIII; Schüle 1969: 260.

GRIEGOS (TERUEL): **Procedencia de los conjuntos**: **1-14**= Almagro Basch 1942; Schüle 1969: 277 s., láms. 70 y 71,1-9.

MOLINA DE ARAGÓN (GUADALAJARA): **Procedencia de los conjuntos**: **1-4**= Cerdeño *et alii* 1981.

LA OLMEDA (GUADALAJARA): **Procedencia de los conjuntos**: **A**= Aguilera 1916: lám XI; Schüle 1969: 261, lám 21; García Huerta 1980: 13. **27**= García Huerta 1980: 13 s.

RIBA DE SAELICES (GUADALAJARA): **Procedencia de los conjuntos**: **1-102** y **24'**= Cuadrado 1968.

SIGÜENZA (GUADALAJARA): **Procedencia de los conjuntos**: **1-33**= Cerdeño y Pérez de Ynestrosa 1993. Las sepulturas 1, 2 y 5-10 mantienen la numeración respecto a la relación original (Cerdeño 1977), mientras las restantes la varían: la 3 sería la nº 4 antigua; la 18 sería la nº 3; las 14 y 15, serían las antiguas 11 y 12 (1 y 2 de 1981), respectivamente (Cerdeño 1981), y las actuales 25 a 33 se corresponden con las 1982/1-1982/9 (Fernández-Galiano *et alii* 1982). El resto serían sepulturas inéditas. Las tumbas 4, 8, 10, 16, 17, 20-23, 24, 26-28 y 30 se hallaron alteradas.

TURMIEL (GUADALAJARA): **Procedencia de los conjuntos**: **A**= Artíñano 1919: 21 y 26, número 107; Barril 1993.

VALDENOVILLOS (ALCOLEA DE LAS PEÑAS, GUADALAJARA): **A**= Artíñano 1919: 18 y 20, número 92; Cabré y Morán 1975c: 17 s., fig. III.

LA YUNTA (GUADALAJARA): **Procedencia de los conjuntos**: **1-112**= García Huerta y Antona 1992. De ellos, el 28-29-30 y el 43-53 forman otros tantos conjuntos, obteniéndose por tanto un total de 109 sepulturas, 26 de las cuales se hallaron alteradas.

ALTO DUERO (tabla 2)

CARRATIERMES (MONTEJO DE TIERMES, SORIA): **Procedencia de los conjuntos**: **242**= Martínez y Hernández 1992: 803. **302**, **319** y **327**= Argente *et alii* 1992. **537**, **549**, **582** y **639**= Argente *et alii* 1991a. **A**= Ruiz Zapatero y Núñez 1981.

LA MERCADERA (SORIA): **Procedencia de los conjuntos**: **1-99**= Taracena 1932; Schüle 1969: 264-270, láms. 47-53,1 a 7; Lorrio 1990.

OSMA (SORIA): **Procedencia de los conjuntos**: **1-20**= Cabré 1917: 89-93, donde se ofrece una relación de los elementos que formarían parte de los conjuntos, a los que se refiere Cabré como «cartones», acompañados en ciertos casos de dibujos esquemáticos y del número de inventario del M.A.N. De ellos, Morenas de Tejada (1916b: 608,abajo) reprodujo fotográficamente la sepultura nº 4, mientras que Mélida hacía lo propio con los conjuntos 1 —aunque incorporando un umbo de escudo— y 16 (Mélida 1918b: 133, lám. VII,B y VII,A, respectivamente), refiriéndose expresamente en el texto al nº 14 (Mélida 1918b: 134). Por otro lado, la sepultura nº 2 aparece reproducida por Cabré y Morán (1982: fig. 25) y Lenerz-de Wilde (1991: 323, lám. 197, nº 762), quien a su vez recoge los conjuntos 14 (*Id. Ibid.*: 323, lám. 198, nº 763), 18 (*Id. Ibid.*: 323, láms. 198-199, nº 764) y 11 (*Id. Ibid.*: 314, lám. 180, nº 632), pero incorporando a éste una fíbula simétrica que no se halla en la relación ofrecida por Cabré (1917: 91) ni en la fotografía original conservada en el M.A.N., aunque sí en una más reciente, como demuestra el visible deterioro de los materiales, lo que sin duda ha sido causa del error así como de la adscripción del conjunto a la necrópolis de Gormaz. Más sorprendente resulta la atribución de Cabré (1937: 117s., lám. XXV, fig. 58) al cementerio de Gormaz de un

ajuar que no cabe duda alguna en identificar con el de la tumba Osma-2 (M.A.N.). El propio Cabré (1937: 120s., lám. XXIX, fig. 69) —y siguiendo a éste, de forma incompleta, Schüle (1969: 274) y Lenerz-de Wilde (1991: 323s., lám. 199, nº 766)— publica en este mismo trabajo un broche de cinturón de tipo La Tène que cabe identificar con el aparecido en el conjunto 13 (Cabré 1917: 91; foto M.A.N.), aunque no coincida la relación de materiales que acompañarían a éste en la sepultura. De los ajuares dados a conocer por Cabré, el M.A.N adquirió los nº 1, 2, 4, 9 y 11-20, así como 12 urnas, según consta en un documento fechado en Agosto de 1917, de todos los cuales, con excepción de la tumba 15, existe documentación fotográfica en dicha Institución. **1-14 (M.A.B.)**= Bosch Gimpera 1921-26: 173ss., figs. 301-314; Schüle 1969: 271-274, láms. 53-60. **A**= Schüle 1969: 272, lám. 61. **B**= *Id. Ibid.*: 272, lám. 62. **C**= Morenas 1916b: 608,arriba. **D**= *Id. Ibid.*: 608,centro. **E**= *Id. Ibid.*: 609,arriba. **F**= *Id. Ibid.*: 610,derecha.

QUINTANAS DE GORMAZ (SORIA): **Procedencia de los conjuntos**: **A**= Artíñano 1919: fig. 148; Cabré 1990: fig. 7. **B**= Artíñano 1919: fig. 149. **C**= Artíñano 1919: fig. 150; Cabré 1939-40: lám. VIII,1. **D**= Artíñano 1919: fig. 151; Requejo 1979; Lenerz-de Wilde 1991: 324, lám. 202-203, nº 777. **E**= Artíñano 1919: fig. 152. **F**= Schüle 1969: 274 s., lám. 32,1-7. **G**= *Id. Ibid.*: 275, lám. 32,8-16. **H**= *Id. Ibid.*: 275, lám. 33,1-5. **I**= *Id. Ibid.*: 275, lám. 33,6-14. **J**= *Id. Ibid.*: 275, lám. 34. **K**= *Id. Ibid.*: 275, lám. 35,1-8. **L**= *Id. Ibid.*: 275, lám. 35,9-14. **M**= *Id. Ibid.*: 275, lám. 36,1-8. **N**= *Id. Ibid.*: 275, lám. 36,9-17. **Ñ**= *Id. Ibid.*: 275s., lám. 37. **O**= *Id. Ibid.*: 276, lám. 38. **P**= *Id. Ibid.*: 276, lám. 39,1-10. **Q**= *Id. Ibid.*: 276, lám. 39,11-19. **R**= Cabré 1939-40: lám. XXII; Schüle 1969: 276, lám. 40. **S**= *Id. Ibid.*: 276, lám. 41,1-7. **T**= *Id. Ibid.*: 276, lám. 41,8-16. **U**= *Id. Ibid.*: 276, lám. 42. **V**= *Id. Ibid.*: 277, lám. 43,1-8. **W**= *Id. Ibid.*: 277, lám. 43,9-16. **X**= *Id. Ibid.*: 277, lám. 44. **Y**= *Id. Ibid.*: 277, lám. 45. **Z**= *Id. Ibid.*: 277, lám. 46,1-4. **AA**= *Id.* 1960: lám. 21,A; Lenerz-de Wilde 1991: 324, lám. 201, nº 775. Bosch Gimpera (1932: figs. 442-444) publicó la fotografía de tres conjuntos procedentes de este cementerio: la tumba B, aunque sin incluir la fíbula reproducida por Artíñano (Bosch Gimpera 1932: fig. 442), otra sepultura inédita pero que incorporaba a su ajuar la fíbula de la tumba D (Bosch Gimpera 1932: fig. 444) y una tercera, también inédita, que no ha sido incluida en esta relación debido a las alteraciones manifestadas en las otras dos sepulturas.

LA REQUIJADA DE GORMAZ (SORIA): **Procedencia de los conjuntos**: Cabré (1917: láms. XXV-XLVI) ofrece documentación fotográfica de 43 conjuntos cuya numeración corresponde al inventario de adquisición para el M.A.N. y entre los cuales se hallan los publicados por Morenas de Tejada (1916a), Cerralbo (1916: 95; Schüle 1969: 263) y Cabré (1939-40, lám. XIII,1; Cabré 1990: fig. 26). También podría incluirse el atribuido por Lenerz-de Wilde (1991: 324, lám. 200, nº 774) a Quintanas de Gormaz, cuyos números de inventario del M.A.N. corresponden a Gormaz. A estos ajuares hay que añadir los tres publicados por Mélida (1917: 156, lám. XIII), adquiridos en 1916 por el M.A.N.: **A**= Mélida 1917: 156, lám. XIII,izq. **B**= *Id. Ibid.*: 156s., lám. XIII,centro. **C**= *Id. Ibid.*: 157, lám. XIII,der. Finalmente, en un documento conservado en el M.A.N., fechado en 1919, se señala la adquisición por parte de esta Institución de 9 conjuntos («cartones» 4 a 12) de los 36 que constituían la Colección, y de los que se ofrece una breve relación, aun cuando al señalarse su procedencia conjunta de las necrópolis de Gormaz y Quintanas de Gormaz no han sido tenidas en consideración.

LA REVILLA DE CALATAÑAZOR (SORIA): **Procedencia de los conjuntos**: **A**, **B** y **C**= Ortego 1983: láms. I,II y III, respectivamente. **D**= Ortego 1985: 132, izq.

UCERO (SORIA) **Procedencia de los conjuntos**: **13**, **16**, **19**, **23**, **30** y **70**= García-Soto 1990; *Id.* 1992 (tumbas 23 y 30). **48**= *Id. Ibid.*

APÉNDICE II

TABLAS 1 Y 2. OBJETOS DE LOS AJUARES MILITARES DE LAS NECRÓPOLIS CELTIBÉRICAS

ARMAS OFENSIVAS (1)

1. Espada y puñal de frontón.
2. Espada de antenas de tipo Aguilar de Anguita.
3. Espada de antenas de tipo aquitano.
4. Espada de antenas de tipo Echauri (con antenas discoidales) y variante de antenas esféricas.
5. Espada de antenas de tipo Atance.
6. Espada de antenas de tipo Arcóbriga.
7. Vaina de material perecedero de varillas metálicas con contera discoidal o arriñonada; en ocasiones puede estar provista de un cajetín para el cuchillo.
8. Vaina metálica enteriza de contera discoidal; a veces puede llevar un cajetín para el cuchillo.
9. Vaina metálica enteriza con contera en forma de espátula. Pertenecen a las espadas de tipo Echauri.
10. Puñal de tipo Monte Bernorio de contera cuadrada con escotaduras laterales (Sanz VC).
11. Puñal de tipo Monte Bernorio de contera discoidal (Griñó VA).
12. Tahalí.
13. Falcata con pomo rematado en cabeza de ave.
14. *Idem* en cabeza de caballo.
15. Falcata. Empuñadura no conservada.
16. Falcata de empuñadura de cabeza zoomorfa esquemática.
17. Puñal con empuñadura de triple chapa y pomo semicircular (puñal de frontón).
18. *Idem* de pomo discoidal (puñal biglobular).

19. Puñal de empuñadura de triple chapa y pomo de antenas (variante de los modelos de frontón/biglobulares).
20. Puñal de antenas de tipo indeterminado.
21. Puñal de tipo indeterminado.
22. Vaina de puñal de frontón/biglobular: a) metálica enteriza; b) de material perecedero y estructura metálica.
23. Espada tipo La Tène.
24. Vaina de espada tipo La Tène.
25. Modelos locales inspirados en las espadas de tipo lateniense.
26. Cuchillo curvo o, excepcionalmente, de dorso recto.
27. *Soliferreum*.
28. *Pilum*.
29. Larga punta de lanza —longitud superior a 40 cm.— de fuerte nervio central y aletas estrechas.
30. *Idem*, de longitud inferior a 40 cm.
31. Punta de lanza de fuerte nervio central, aletas estrechas y largo tubo de enmangue (de longitud superior a la de la punta propiamente dicha).
32. Punta de lanza o de jabalina de hoja de sección rómbica.
33. *Idem* de arista central.
34. *Idem* extraplana de hoja de sección lenticular.
35. Punta de lanza de hoja de contornos ondulados, decorada con líneas incisas.
36. Larga punta de jabalina de forma cónica o regatón de grandes dimensiones, más de 20 cm.
37. Regatón.

ARMAS DEFENSIVAS

38. Casco de bronce.
39. *Kardiophylax* (bronce).
40. Gran umbo de escudo hemiesférico (bronce).
41. Umbo troncocónico de aletas radiadas (variantes A y B).

---

(1) Para la terminología utilizada, *vid.* Cabré (1990) para las espadas y puñales, y Sanz (1990b) para los puñales de tipo Monte Bernorio, Cabré (1939-40) para los escudos, mientras que para las fíbulas y los broches de cinturón se hace referencia expresa a las tipologías de Argente (1990) y Cerdeño (1978), respectivamente. Las armas, los arreos de caballo y los elementos varios están realizados en hierro, y las fíbulas y los broches de cinturón en bronce, salvo que se especifique lo contrario.

42. Umbo troncocónico de tipo Monte Bernorio.
43. Umbo hemiesférico.
44. Manilla de escudo.
45. *Idem* de varilla curva.
46. *Idem* de tipo ibérico de aletas.
47. Elementos para la sujeción de las correas de suspensión y/o las manillas del escudo (tipo A y variantes).
48. *Idem* (tipo B).
49. *Idem* (tipo C).

ARREOS DE CABALLO
50. Filete con anillas o charnelas.
51. Bocado con anillas, dos (a) o tres (b) eslabones y barbada metálica.
52. Bocado de anillas.
53. Bocado de camas curvas (todas las variantes).
54. Bocado de camas rectas.
55. Serretón.

FÍBULAS
56. Fíbula de doble resorte de puente filiforme (Argente 3A).
57. *Idem* de puente de cinta (Argente 3B).
58. *Idem* de puente oval (Argente 3C).
59. *Idem* de puente rómbico (Argente 3C).
60. *Idem* de puente en cruz (Argente 3D).
61. Broche anular (Argente 6A) (bronce-hierro).
62. Fíbula anular hispánica, a mano (Argente 6B) (bronce-hierro).
63. *Idem*, semifundida (Argente 6C) (bronce-hierro).
64. *Idem*, fundida (Argente 6D) (bronce-hierro).
65. Fíbula de pie vuelto (tipos Alcores, Bencarrón y Acebuchal) (Argente 7A).
66. Fíbula de pie vuelto. Prolongación en cubo o esfera (Argente 7B) (bronce-hierro).
67. Fíbula de pie vuelto con el pie fundido al puente (Argente 7D) (bronce-hierro).
68. Fíbula de esquema de La Tène I (Argente 8A1) (bronce-hierro).
69. Fíbula de torre (Argente 8A2).
70. Fíbula de pie zoomorfo en S o de 'cabeza de pato' (Argente 8A3) (bronce-hierro).
71. Fíbula de esquema de La Tène II (Argente 8B). (bronce-hierro).
72. Fíbula zoomorfa de caballo (Argente 8B1).
73. Fíbula de esquema de La Tène III (Argente 8C) (bronce-hierro).
74. Fíbula de placa circular (Argente 9B2).
75. Fíbula de tipo omega.

BROCHES DE CINTURÓN
76. De escotaduras abiertas y un garfio (Tipo B1-B2).
77. De escotaduras cerradas y un garfio (Tipo B3).
78. De escotaduras cerradas y tres garfios (Tipo B3).
79. Geminado de cuatro garfios (Tipo B4).
80. De placa cuadrangular de tipo ibérico y variantes meseteñas (Tipo C).
81. De placa rectangular y un garfio (hierro) (Tipo A2).
82. De placa subtrapezoidal (bronce o hierro) (Tipo A1).
83. De tipo La Tène (Tipo D).
84. Hebilla de cinturón.
85. Pieza hembra de alambre serpentiforme (Cerdeño E1) (2).
86. Pieza hembra de placa rectangular con uno, dos o tres vanos (Cerdeño EII1).
87. Pieza hembra de placa rectangular con varias filas de vanos (Cerdeño EII2).
88. Pieza hembra de broche de tipo ibérico.

VARIOS
89. Bidente.
90. Hoz.
91. Tijeras.
92. Doble punzón.
93. Navaja.
94. Supuesto elemento de sujeción de tocados.
95. Supuesta alcotana.
96. Llave.
97. Pinzas (bronce).
98. Fusayola cerámica.
99. Bolas de piedra o arcilla.
100. Urna cerámica de orejetas.
101. Cerámica común romana, copia de T.S.I.

---

(2)   En la tabla 2, las piezas hembras serpentiformes se documentan únicamente en las tumbas procedentes de Carratiermes.

BIBLIOGRAFÍA

ABASCAL, J.M. (1982): Notas sobre poblamiento primitivo del curso medio del río Tajuña, *Wad-Al-Hayara* 9, págs. 81-102.
— (1986): *La cerámica pintada romana de tradición indígena en la Península Ibérica. Centros de producción, comercio y tipología*, Madrid.
— (1994): *Los nombres personales en las inscripciones latinas de Hispania*, (*Anejos de Antigüedad y Cristianismo* II), Murcia.
— (1995a): Discontinuidad geográfica y continuidad cultural: el ejemplo de la inscripción de Villavaliente, en Burillo, F. (coord.), *Poblamiento Celtibérico. III Simposio sobre los Celtíberos (Daroca 1991)*, Zaragoza, págs. 507-513.
— (1995b): Pendusa, un falso teónimo de la Celtiberia meridional, *Homenaje al Profesor Francisco Presedo*, Sevilla, págs. 225-228.
— (1995c): Las inscripciones latinas de Santa Lucía del Trampal (Alcuéscar, Cáceres) y el culto de Ataecina en *Hispania*, *Archivo Español de Arqueología* 68, págs. 31-105.
— (1995d): Excavaciones y hallazgos numismáticos de Fernando Sepúlveda en Valderrebollo (1877-1879), *Wad-Al-Hayara* 22, págs. 151-175.
ABÁSOLO, J.A.; BARTOLOMÉ, A.; CAMPILLO, J.; CASTILLO, B.; ELORZA, J.C.; GARCÍA, R.; MOURE, A.; PALOL, P.; PÉREZ, F.; RUIZ, I. y SACRISTÁN, J.D. (1982): *Arqueología Burgalesa*, Burgos.
ABÁSOLO, J.A. y MARCO, F. (1995): Tipología e iconografía en las estelas de la mitad septentrional de la Península Ibérica, en Beltrán Lloris, F. (ed.), *Roma y el nacimiento de la cultura epigráfica en Occidente*, Zaragoza, págs. 237-359.
ADAM, J.-P. (1982): *L'architecture militaire grecque*, Paris.
AGUILERA, E. de, Marqués de Cerralbo (1909): *El Alto Jalón. Descubrimientos arqueológicos*, Madrid.
— (1911): *Páginas de la Historia Patria por mis excavaciones arqueológicas*, tomos II (*Yacimientos neolíticos*), III (*Aguilar de Anguita*), IV (*Diversas necrópolis ibéricas*) y V (*Arcóbriga romana*), obra inédita.
— (1913a): Nécropoles ibériques, *XIV Congrès International d'Anthropologie et d'Archéologie Préhistoriques (Gèneve 1912)*, tomo I, Gèneve, págs. 593-627.
— (1913b): Les fouilles d'Aguilar d'Anguita. Nécropole celtibérique. Stèle à gravure, *Revue des Etudes Anciennes* XV, 4, págs. 437-439.
— (1916): *Las necrópolis ibéricas*, Madrid.
— (1917): Estudio sobre la fíbulas, bocados de caballo, espadas, *Congreso de la Asociación Española para el Progreso de las Ciencias (Sevilla 1917)*, inédito.
AGUILERA, I. (1995): El poblamiento celtibérico en el área del Moncayo, en Burillo, F. (coord.), *Poblamiento Celtibérico. III Simposio sobre los Celtíberos (Daroca 1991)*, Zaragoza, págs. 213-233.
ALBERDI, M.T. (1981): Estudio de la fauna de la necrópolis de Molina de Aragón, en Cerdeño, M.L., *et alii*, La necrópolis de Molina de Aragón (Guadalajara). Campos de Urnas en el Este de la Meseta, *Wad-Al-Hayara* 8, págs. 73-74.
ALBERTOS, M.L. (1964): Nuevos antropónimos hispánicos, *Emerita* 32, págs. 209-252.
— (1965): Nuevos antropónimos hispánicos, *Emerita* 33 (1), págs. 109-143.
— (1966): *La onomástica personal primitiva de Hispania: Tarraconense y Bética*, (*Acta Salmanticensia* 13), Salamanca.
— (1972a): Nuevos antropónimos hispánicos (2ª serie), *Emerita* 40 (1), págs. 1-29.
— (1972b): Nuevos antropónimos hispánicos, *Emerita* 40 (2), págs. 287-318.
— (1974-75): Los célticos supertamáricos en la epigrafía, *Cuadernos de Estudios Gallegos* XXIX, págs. 313-318.
— (1975): *Organizaciones suprafamiliares en la Hispania Antigua*, (*Studia Archaeologica* 37), Valladolid.

— (1976): La antroponimia prerromana de la Península Ibérica, *Actas del I Coloquio sobre lenguas y culturas prerromanas de la Península Ibérica (Salamanca 1974)*, Salamanca, págs. 57-86.

— (1977a): Correcciones a los trabajos sobre onomástica personal indígena de M. Palomar Lapesa y Mª Lourdes Albertos Firmat, *Emerita* 45, págs. 33-45.

— (1977b): Perduraciones indígenas en la Galicia Romana: los castros, las divinidades y las organizaciones gentilicias en la epigrafía, *Actas del Coloquio Internacional sobre el Bimilenario de Lugo (Lugo 1976)*, Lugo, págs. 17-27.

— (1979): La onomástica de la Celtiberia. *Actas del II Coloquio sobre lenguas y culturas prerromanas de la Península Ibérica (Tübingen, 1976)*, Salamanca, págs. 131-167.

— (1981): Organizaciones suprafamiliares de la Hispania antigua (II), *Boletín del Seminario de Estudios de Arte y Arqueología* 47, págs. 208-214.

— (1983): Onomastique personnelle indigène de la Péninsule Ibérique sous la domination romaine, en Haase, W. (ed.), *Aufstieg und Niedergang der Römischen Welt* II, 29,2, Berlin, págs. 853-892.

— (1985): La onomástica personal indígena del noroeste peninsular (astures y galaicos), *Actas del III Coloquio sobre lenguas y culturas paleohispánicas (Lisboa 1980)*, Salamanca, págs. 255-310.

— (1986): Inscripción en caracteres ibéricos en la cueva de San García (Burgos), *Nvmantia* II, págs. 207-209.

— (1987): La onomástica personal indígena de la región septentrional, *Studia Palaeohispanica. Actas del IV Coloquio sobre lenguas y culturas paleohispánicas (Vitoria 1985)*, Vitoria/Gasteiz, págs. 155-194. (= *Veleia* 2-3).

— (1990): Los topónimos en -*briga* en Hispania, *Veleia* 7, págs. 131-146.

ALBERTOS, M.L. y ROMERO, F. (1981): Una estela y otros hallazgos celtibéricos en Trébago (Soria), *Boletín del Seminario de Arte y Arqueología* XLVII, págs. 199-205.

ALDHOUSE-GREEN, *vid.* Green.

ALFARO, C. (1978): Algunos aspectos del trasquileo en la Antigüedad: a propósito de unas tijeras del Castro de Montesclaros, *Zephyrus* XXVIII-XIX, págs. 299-308.

ALFARO, M. (1991): El sistema defensivo de la puerta de entrada a la ciudad ibérica de Meca (Ayora, Valencia), *Simposi Internacional d'Arqueologia Ibèrica (Manresa 1990)*, Manresa, págs. 147-152.

ALMAGRO BASCH, M. (1935): El problema de la invasión céltica en España, según los últimos descubrimientos, *Investigación y Progreso* 9, págs. 180-184.

— (1939): La cerámica excisa de la primera Edad del Hierro de la Península Ibérica, *Ampurias* I, págs. 138-158.

— (1942): La necrópolis céltica de Griegos, *Archivo Español de Arqueología* XV, 47, págs. 104-113.

— (1947-48): Sobre la fijación de las invasiones indoeuropeas en España, *Ampurias* 9-10, págs. 326-330.

— (1952): La invasión céltica en España, en Menéndez Pidal, R. (dir.), *Historia de España*, I, 2, Madrid, págs. 1-278.

— (1953): *La necrópolis de Ampurias*, I, Barcelona.

— (1982): Tres téseras celtibéricas de bronce de la región de Segóbriga, Saelices (Cuenca), *Homenaje a C. Fernández Chicarro*, Madrid, págs. 195-210.

— (1983): *Segóbriga I. Los textos de la Antigüedad sobre Segóbriga y las discusiones acerca de la situación geográfica de aquella ciudad*, (*Excavaciones Arqueológicas en España 123*), Madrid.

— (1984): *Segóbriga II. Inscripciones ibéricas, latinas paganas y latinas cristianas*, (*Excavaciones Arqueológicas en España 127*), Madrid.

— (1986): *Segóbriga. Guía del Conjunto Arqueológico* (3ª ed. actualizada por M. Almagro-Gorbea), Madrid.

ALMAGRO-GORBEA, M. (1965): *La necrópolis celtibérica de «Las Madrigueras», Carrascosa del Campo (Cuenca)*, (*Excavaciones Arqueológicas en España 41*), Madrid.

— (1969): *La necrópolis de «Las Madrigueras» (Carrascosa del Campo, Cuenca)*, (*Bibliotheca Praehistorica Hispana* X), Madrid.

— (1973): *Los campos de túmulos de Pajaroncillo (Cuenca)*, (*Excavaciones Arqueológicas en España 83*), Madrid.

— (1974): Orfebrería del Bronce Final en la Península Ibérica. El Tesoro de Abía de la Obispalía, la orfebrería tipo Villena y los cuencos de Axtroki, *Trabajos de Prehistoria* 31, págs. 39-100.

— (1976-78): La iberización de las zonas orientales de la Meseta, *Ampurias* XXXVIII-XL, págs. 93-156.

— (1977): *El Bronce Final y el Período Orientalizante en Extremadura*, (*Bibliotheca Praehistorica Hispana* XIV), Madrid.

— (1983): Pozo Moro. El monumento orientalizante, su contexto socio-cultural y sus paralelos en la arquitectura funeraria ibérica, *Madrider Mitteilungen* 24, págs. 177-293.

— (1986a): Bronce Final y Edad del Hierro, en Montenegro, A. (coord.), *Historia de España I. Prehistoria*, capítulo VI, Madrid, págs. 472-533.

— (1986b): Aportación inicial a la paleodemografía ibérica, *Estudios en Homenaje al Dr. Antonio Beltrán Martínez*, Zaragoza, págs. 477-493.

— (1986-87): Los Campos de Urnas en la Meseta, *Actas del Coloquio Internacional sobre la Edad del Hierro en la Meseta Norte (Salamanca, 1984)*, *Zephyrus* XXXIX-XL, págs. 31-47.

— (1987a): La celtización de la Meseta: estado de la cuestión, *Actas del I Congreso de Historia de Palencia*, tomo I, págs. 313-344.

— (1987b): El área superficial de las poblaciones ibéricas, *Los asentamientos ibéricos ante la romanización*, Madrid, págs. 21-34.

— (1988): Las culturas de la Edad del Bronce y de la Edad del Hierro en Castilla-La Mancha, *I Congreso de Historia de Castilla-La Mancha (Ciudad Real, 1986)*, tomo II, Ciudad Real, págs. 163-180.

— (1990): La urbanización augústea de Segóbriga, en Trillmich, W. y Zanker, P. (eds.), *Stadtbild und Ideologie. Die Monumentalisierung hispanischer Städte zwischen Republik und Kaiserzeit (Madrid 1987)*, München, págs. 207-218.

— (1991a): Las necrópolis ibéricas en su contexto mediterráneo, en Blánquez, J. y Antona, V. (coords.), *Congreso de Arqueología Ibérica: Las Necrópolis*, *(Serie Varia* I), Madrid, págs. 37-75.

— (1991b): I Celti della penisola iberica, en Moscati, S. (coor.), *I Celti*, Milan, págs. 386-405.

— (1991c): Los Celtas en la Península Ibérica, en VV.AA., *Los Celtas en la Península Ibérica*, (*Revista de Arqueología*, extra 5), Madrid, págs. 12-17.

— (1991d): La necrópolis de Medellín. Influencia fenicia en los rituales funerarios tartésicos, *I-IV Jornadas de Arqueología Fenicio-Púnica*, Ibiza, págs. 233-243.

— (1992a): El origen de los Celtas en la Península Ibérica. Protoceltas y celtas, *Polis* 4, págs. 5-31.

— (1992b): La romanización de Segóbriga, *Dialogui di Archeologia*, 3ª Serie, nº 1-2, págs. 275-288.

— (1992c): Los intercambios culturales entre Aragón y el litoral mediterráneo durante el Bronce Final, *Aragón/ Litoral Mediterráneo. Intercambios culturales durante la Prehistoria*, Zaragoza, págs. 633-658.

— (1993): Los Celtas en la Península Ibérica: origen y personalidad cultural, en Almagro-Gorbea, M. y Ruiz Zapatero, G. (eds.): *Los Celtas: Hispania y Europa*, Madrid, págs. 121-173.

— (1994a): Urbanismo de la Hispania 'céltica': castros y *oppida* en el Centro y Occidente de la Península Ibérica, en Almagro-Gorbea, M. y Martín, A.M. (eds.) *Castros y oppida en Extremadura*, (*Complutum Extra* 4), Madrid, págs. 13-75.

— (1994b): «Proto-Celtes» et Celtes en Péninsule Ibérique, *Actes du XVIe colloque de l'Association Française pour l'Etude de L'Age du Fer (Agen 1992)*, (*Revue Aquitania* 12), págs. 283-296.

— (1995a): Celtic goldwork in the iberian peninsula, en Morteani, G. y Northover, J.P. (eds.), *Prehistoric Gold in Europe: Mines, metallurgy and manufacture*, Dordrecht, págs. 491-501.

— (1995b): Aproximación paleoetnológica a la Celtiberia Meridional: las serranías de Albarracín y Cuenca, en Burillo, F. (coord.), *Poblamiento Celtibérico. III Simposio sobre los Celtíberos (Daroca 1991)*, Zaragoza, págs. 433-446.

— (1995c): El *Lucus Dianae* con inscripciones rupestres de Segóbriga, *Saxa Scripta (Inscripciones en roca). Actas del Simposio Internacional Ibero-Itálico sobre epigrafía rupestre*, (*Anejos de Larouco* 2), La Coruña, págs. 61-97.

— (1995d): Les mouvements celtiques dans la Péninsule Ibérique: une révision critique, en Charpy, J.J. (ed.), *L'Europe Celtique du Vᵉ au IIIᵉ siècle avant J.-C.: contacts, echanges et mouvements de population*, págs. 13-26.

— (1995e): Iconografía numismática hispánica: Jinete y cabeza varonil. ¿Política romana o tradición indígena en la moneda hispánica?, en García-Bellido, M.P. y Sobral Centeno, R.M. (eds.), *La Moneda Hispánica. Ciudad y Territorio*, (*Anejos de Archivo Español de Arqueología* XIV), Madrid, págs. 53-64.

— (1995f): From Hillforts to Oppida in 'Celtic' Iberia, en Cunliffe, B. y Keay, S. (eds.), *Social Complexity and the development of towns in Iberia. From the Copper Age to the Second Century AD*, (*Proceedings of the British Academy* 86), Oxford, págs. 175-207.

— (1996): *Ideología y poder en Tartessos y el mundo ibérico*, (Discurso de ingreso en la Real Academia de la Historia), Madrid.

— (e.p. a): Dos espadas de tipo «Huelva» procedentes de Sigüenza o Calatayud, *Saguntum*.

— (e.p. b): L'art des *oppida* celtiques à la Péninsule Ibérique, *Colloque International sur l'Art Celtique des temps des oppida. II-Iᵉʳ siècles avant J.-C. (Nitra 1994)*.

— (e.p. c): Lobo y ritos iniciáticos en el mundo ibérico, *Coloquio Internacional «Iconografía ibérica e iconografía itálica: Propuesta de interpretación y lectura» (Roma, 1993)*.

ALMAGRO-GORBEA, M. y DÁVILA, A. (1995): El área superficial de los *oppida* en la Hispania «céltica», *Complutum* 6, págs. 209-233.

ALMAGRO-GORBEA, M.; GÓMEZ, R.; LORRIO, A.J. y MONEO, T. (1996): El poblado ibérico de El Molón, *Revista de Arqueología* 181, págs. 8-17.

ALMAGRO-GORBEA, M. y FERNÁNDEZ-GALIANO, D. (1980): *Excavaciones en el Cerro Ecce Homo (Alcalá de Henares, Madrid)*, Madrid.

ALMAGRO-GORBEA, M. y LORRIO, A.J. (1986): El Castro de Entrerríos (Badajoz), *Revista de Estudios Extremeños* XLII, págs. 6l7-631.

— (1987a): La expansión céltica en la Península Ibérica: Una aproximación cartográfica, *I Simposium sobre los Celtíberos (Daroca 1986)*, Zaragoza, págs. 105-122.

— (1987b): Materiales cerámicos de una necrópolis

celtibérica de Molina de Aragón (Guadalajara), *Wad-Al-Hayara* 14, págs. 269-279.

— (1989): *Segóbriga III. La Muralla Norte y la Puerta Principal. Campañas 1986-1987*, (*Arqueología Conquense* IX), Cuenca.

— (1991): Les Celtes de la Pénisule Ibérique au IIIème siècle av. J.-C., *Actes du IXe Congrès International d'études celtiques (Paris 1991), première partie: Les Celtes au IIIe siècle avant J.-C.*, (*Etudes Celtiques* XXVIII), Paris, págs. 33-46.

— (1992): Representaciones humanas en el arte céltico de la Península Ibérica, *II Symposium de Arqueología Soriana (Soria 1989)*, tomo I, Soria, págs. 409-451.

— (1993): La tête humaine dans l'art celtique de la Pénisule Ibérique, en J. Briard y A. Duval (dirs.), *Les représentations humaines du Néolithique à l'âge du Fer. Actes du 115ème Congrès National des Sociétés Savantes (Avignon 1990)*, Paris, págs. 219-237.

ALMAGRO-GORBEA, M. y RUIZ ZAPATERO, G., eds. (1992): Paleoetnología de la Península Ibérica. Reflexiones y perspectivas de futuro, en Almagro-Gorbea, M. y Ruiz Zapatero, G. (eds.), *Paleoetnología de la Península Ibérica*, (*Complutum* 2-3), Madrid.

— eds. (1993): *Los Celtas: Hispania y Europa*, Madrid.

ALMAGRO-GORBEA, M. y TORRES, M. (e.p.): *Las fíbulas de jinete y de caballito. Aproximación a la élite ecuestre de la Hispania céltica*, (*Complutum Extra*).

ALONSO, C. (1969): Relaciones políticas de la tribu de los Arévacos con las tribus vecinas, *Pyrenae* 5, págs. 131-140.

ALONSO, A. (1992): Broches de cinturón de tipo céltico en la necrópolis celtibérica de Carratiermes (Montejo de Tiermes, Soria), *II Symposium de Arqueología Soriana (Soria 1989)*, tomo I, Soria, págs. 571-584.

ALONSO-NÚÑEZ, J.M. (1985): La Celtiberia y los celtíberos en Estrabón, *Celtiberia* 69, págs. 117-122.

ALTARES, J. y MISIEGO, J.C. (1992): La cerámica con decoración a peine de la necrópolis de Carratiermes (Montejo de Tiermes, Soria), *II Symposium de Arqueología Soriana (Soria 1989)*, tomo I, Soria, págs. 543-558.

ÁLVAREZ-SANCHÍS, J.R. (1990): La formación del registro arqueológico: Las necrópolis celtibéricas del Alto Duero-Alto Jalón, en Burillo, F. (coord.), *Necrópolis Celtibéricas. II Simposio sobre los Celtíberos (Daroca 1988)*, Zaragoza, págs. 337-341.

— (1991): La producción doméstica, en VV.AA., *Los Celtas en la Península Ibérica*, (*Revista de Arqueología*, extra 5), Madrid, págs. 76-81.

— (1993): Los castros de Ávila, en Almagro-Gorbea, M. y Ruiz Zapatero, G. (eds.), *Los Celtas: Hispania y Europa*, Madrid, págs. 255-284.

ANDERSON, J.M. (1988): *Ancient Languages of the Hispanic Peninsula*, Lanham.

ANGOSO, C. y CUADRADO, E. (1981): Fíbulas ibéricas con escenas venatorias, *Boletín de la Asociación Española de Amigos de la Arqueología* 13, págs. 18-30.

ANTUNES, M.T. y SANTINHO, A. (1986): O crãnio de Garvão (Século III a.C.): *causa mortis*, tentativa de interpretaçao, *Trabalhos de Arqueologia do Sul* 1, págs. 79-85.

ARANDA, A. (1986): *El poblamiento prerromano en el Suroeste de la comarca de Daroca (Zaragoza)*, Zaragoza.

— (1987): Arqueología celtibérica en la comarca de Daroca, *I Simposium sobre los Celtíberos (Daroca 1986)*, Zaragoza, págs. 163-172.

— (1990): Necrópolis celtibéricas en el Bajo Jiloca, en Burillo, F. (coord.), *Necrópolis Celtibéricas. II Simposio sobre los Celtíberos (Daroca 1988)*, Zaragoza, págs. 101-109.

ARAUJO, J., *et alii* (1981): *España húmeda*, Madrid.

D'ARBOIS DE JUBAINVILLE, H. (1893-94): Les Celtes en Espagne, *Revue Celtique* 14, págs. 357-395 y 15, págs. 1-61.

— (1904): *Les Celtes depuis les temps les plus anciens jusqu'a l'an 100 avant notre ère*, Paris.

ARENAS, J.A. (1987-88): El poblado protohistórico de El Pinar (Chera, Guadalajara), *Kalathos* 7-8, págs. 89-114.

— (1990): La necrópolis protohistórica de «La Cerrada de los Santos» (Aragoncillo, Guadalajara). Algunas consideraciones en torno a su contexto arqueológico, en Burillo, F. (coord.), *Necrópolis Celtibéricas. II Simposio sobre los Celtíberos (Daroca 1988)*, Zaragoza, págs. 93-99.

— (1991-92): El alfar celtibérico de «La Rodriga». Fuentelsaz, Guadalajara, *Kalathos* 11-12, págs. 205-232.

— (1993): El poblamiento de la Segunda Edad del Hierro en la depresión Tortuera-La Yunta (Guadalajara), *Complutum* 4, págs. 279-296.

ARENAS, J.A. y CORTÉS, L. (e.p.): Mortuary rituals in the celtiberian cemetery of Aragoncillo (Guadalajara, Spain), *IIIrd Deià Conference of Prehistory: Ritual, rites and religion in Prehistory (Deià 1993)*.

ARENAS, J.A.; GONZÁLEZ, M.L. y MARTÍNEZ, J.P. (1995): «El Turmielo» de Aragoncillo (Guadalajara): Señales de diversificación funcional del hábitat en el período protoceltibérico, en Burillo, F. (coord.), *Poblamiento Celtibérico. III Simposio sobre los Celtíberos (Daroca 1991)*, Zaragoza, págs. 179-183.

ARENAS, J.A. y MARTÍNEZ, J.P. (1993-95): Poblamiento prehistórico en la Serranía Molinesa: «El Turmielo» de Aragoncillo (Guadalajara), *Kalathos* 13-14, págs. 89-141.

ARGENTE, J.L. (1971): *Aportación al estudio de los materiales prehistóricos de la necrópolis de Aguilar de*

Anguita (Guadalajara), en el Museo Arqueológico Nacional, Memoria de Licenciatura inédita.

— (1974): Las fíbulas de la necrópolis celtibérica de Aguilar de Anguita, *Trabajos de Prehistoria* 31, págs. 143-216.

— (1976): Informe sobre las excavaciones efectuadas en la necrópolis del El Altillo (Aguilar de Anguita, Guadalajara), *Noticiario Arqueológico Hispánico. Prehistoria* 5, págs. 355-360.

— (1977a): Los yacimientos de la colección Cerralbo a través de los materiales conservados en los fondos del Museo Arqueológico Nacional, *XIV Congreso Nacional de Arqueología (Vitoria 1977)*, Zaragoza, págs. 587-598.

— (1977b): La necrópolis celtibérica de «El Altillo» en Aguilar de Anguita (Guadalajara), *Wad-Al-Hayara* 4, págs. 99-141.

— (1990): Las fíbulas en las necrópolis celtibéricas, en Burillo, F. (coord.), *Necrópolis Celtibéricas. II Simposio sobre los Celtíberos (Daroca 1988)*, Zaragoza, págs. 247-265.

— coord. (1990a): *Tiermes. Guía del yacimiento y Museo*, Soria.

— coord. (1990b): *Museo Numantino. Guía del Museo*, Soria.

— (1994): *Las fíbulas de la Edad del Hierro en la Meseta Oriental. Valoración tipológica, cronológica y cultural*, (Excavaciones Arqueológicas en España 168), Madrid.

ARGENTE, J.L. y DÍAZ, A. (1979): La necrópolis celtibérica de Tiermes (Carratiermes. Soria), *Noticiario Arqueológico Hispánico* 7, págs. 95-151.

— (1989): *Tiermes. Guía del yacimiento arqueológico y museo*, Soria (2ª edición).

— (1990): La necrópolis de Carratiermes (Tiermes, Soria), en Burillo, F. (coord.), *Necrópolis Celtibéricas. II Simposio sobre los Celtíberos (Daroca 1988)*, Zaragoza, págs. 51-57.

ARGENTE, J.L.; DÍAZ, A. y BESCÓS, A. (1989): Períodos protoceltibérico y celtibérico en la necrópolis de Carratiermes (Montejo de Tiermes, Soria). Avance de los resultados obtenidos en la campaña de 1989, *Espacio, Tiempo y Forma, Serie I, Prehistoria y Arqueología*, tomo II, págs. 223-248.

— (1990): *Tiermes. Campaña de Excavaciones 1990*, Soria.

— (1991a): *Tiermes. Campaña de Excavaciones 1991*, Soria.

— (1991b): La necrópolis de Carratiermes, en VV.AA., *Los Celtas en la Península Ibérica*, (Revista de Arqueología, extra 5), Madrid, págs. 114-119.

— (1992a): La necrópolis celtibérica de Carratiermes (Montejo de Tiermes. Soria), *II Symposium de Arqueología Soriana (Soria 1989)*, tomo I, Soria, págs. 527-542.

— (1992b): Placas decoradoras celtibéricas en Carratiermes (Montejo de Tiermes, Soria), *II Symposium de Arqueología Soriana (Soria 1989)*, tomo I, Soria, págs. 585-602.

ARGENTE, J.L.; DÍAZ, A.; BESCÓS, A. y ALONSO, A. (1992): Los conjuntos protoceltibéricos de la Meseta Oriental: ejemplos de la necrópolis de Carratiermes (Montejo de Tiermes, Soria), *Trabajos de Prehistoria* 49, págs. 295-325.

ARGENTE, J.L. y GARCÍA-SOTO, E. (1994): La estela funeraria en el mundo preclásico en la Península Ibérica, en de la Casa, C. (ed.), *V Congreso Internacional de Estelas Funerarias (Soria 1993)*, Soria, págs. 77-97.

ARGENTE, J.L. y ROMERO, F. (1990): Fíbulas de doble prolongación, variante de disco en la Meseta, *Nvmantia* III, págs. 125-137.

ARLEGUI, M. (1986): *Las cerámicas monocromas de Numancia*, Memoria de Licenciatura inédita, Universidad Complutense, Madrid.

— (1990a): Introducción al estudio de los grupos celtibéricos del Alto Jalón, en Argente, J.L. (coord.), *El Jalón. Vía de comunicación*, Soria.

— (1990b): La Edad del Hierro, en Argente, J.L. (coord.), *Museo Numantino. Guía del Museo*, Soria.

— (1992a): Las cerámicas de Numancia con letrero ibérico, *II Symposium de Arqueología Soriana (Soria 1989)*, tomo I, Soria, págs. 473-494.

— (1992b): El yacimiento celtibérico de «Castilmontán», Somaén (Soria): El sistema defensivo, *II Symposium de Arqueología Soriana (Soria 1989)*, tomo I, Soria, págs. 495-513.

— (1992c): La cerámica con decoración monocroma, en Jimeno, A. (ed.), *Las cerámicas de Numancia (Arevacon 17)*, Soria, págs. 9-12.

ARLEGUI, M. y BALLANO, M. (1995): Algunas cuestiones acerca de las llamadas pesas de telar: los «pondera» de Numancia, «Cuesta del Moro» y «Las Quintanas» (Langa de Duero) y «Castilterreño» (Izana), en Burillo, F. (coord.), *Poblamiento Celtibérico. III Simposio sobre los Celtíberos (Daroca 1991)*, Zaragoza, págs. 141-155.

ARTÍÑANO, P.M. de (1919): *Exposición de Hierros Antiguos Españoles. Catálogo*, Madrid.

ATRIÁN, P. (1958): Estudio sobre un alfar de terra sigillata hispánica, *Teruel* 19, págs. 87-172.

— (1976): *El yacimiento ibérico del «Alto Chacón» (Teruel)*, (Excavaciones Arqueológicas en España 92), Madrid.

ATRIÁN, P.; VICENTE, J.; ESCRICHE, C. y HERCE, A.I. (1980): *Carta Arqueológica de España. Teruel*, Teruel.

ASENSIO, J.A. (1995): *La ciudad en el mundo prerromano en Aragón*, Zaragoza.

BACHILLER, J.A. (1986): Los castros sorianos: algunas consideraciones generales, *Celtiberia* 72, págs. 349-357.

— (1987a): *Nueva sistematización de la cultura castreña soriana*, (*Cuadernos de Prehistoria y Arqueología. Serie Monográfica* 1), Zaragoza.

— (1987b): Los castros del Alto Duero, *Anales de Prehistoria y Arqueología* 3, págs. 77-84.

— (1988-89): El ajuar material de los castros sorianos, *Castrelos* 1-2, págs. 109-119.

— (1992): Hábitat y urbanismo en el sector oriental de la meseta norte durante el primer milenio antes de Cristo, *Vegueta* 0, págs. 11-23.

— (1992-93): La cultura de los castros de la altimeseta soriana, *Bajo Aragón Prehistoria* IX-X (1986), págs. 273-288.

— (1993): Aportaciones al estudio de la Primera Edad del Hierro en el sector oriental de la Meseta Norte, Actas del *XXII Congreso Nacional de Arqueología (Vigo 1993)*, Vigo, págs. 203-209.

BACHILLER, J.A. y RAMÍREZ, M.E. (1993): Contribución al estudio de los pueblos prerromanos del alto Duero: pelendones, *Vegueta* 1, págs. 31-46.

BACHILLER, J.M. y SANCHO, M.C. (1990): *Introducción al estudio del espacio geográfico soriano*, (*Arevacon*). Soria.

BALIL, A. (1956): Representaciones de «cabezas cortadas» y «cabezas trofeo» en el Levante español, *Actas de la IV Sesión del Congreso Internacional de Ciencias Prehistóricas y Protohistóricas (Madrid 1954)*, Zaragoza), págs. 871-879.

BARBA, M.F. (1986): Análisis mineralógico de 16 muestras de cerámica pintada de Segóbriga (Saelices, Cuenca) y de una muestra del alfar de Los Pedregales en Clunia (Peñalba de Castro, Burgos), en Abascal, J.M., *La cerámica pintada romana de tradición indígena en la Península Ibérica. Centros de producción, comercio y tipología*, Madrid, Apéndice I, págs. 289-304.

BARCELÓ, P. (1991): Mercenarios hispanos en los ejércitos cartagineses en Sicilia, *Atti del II Congresso Internazionale di Studi Fenici e Punici (Roma, 1987)*, Roma, págs. 21-26.

BARRIAL, O. (1989): El paradigma de les «inhumacions infantils» i la necessitat d'un nou enfocament teoric, en VV.AA., *Inhumaciones infantiles en el ámbito mediterráneo español*, (*Cuadernos de Prehistoria y Arqueología Castellonense* 14), Castellón, págs. 9-17.

BARRIL, M.M. (1992): Instrumentos de Hierro procedentes de yacimientos celtibéricos de la provincia de Soria en el Museo Arqueológico Nacional, *Boletín del Museo Arqueológico Nacional* X, págs. 5-24.

— (1993): ¿Tumba de labrador? celtibérico procedente de Turmiel (Guadalajara) en el M.A.N., *Boletín del Museo Arqueológico Nacional* XI, págs. 5-16.

BARRIL, M. y DÁVILA, C. (1996): La necrópolis de Navafría de Clares (Guadalajara): Estudio y restauración de dos piezas peculiares, *Boletín del Museo Arqueológico Nacional* XIV, págs. 39-53.

BARRIL, M. y MARTÍNEZ QUIRCE, F.J. (1995): El disco de bronce y damasquinado en plata de Aguilar de Anguita (Guadalajara), *Trabajos de Prehistoria* 52, (1), págs. 175-187.

BARRIO, J. (1990): La necrópolis de la Dehesa de Ayllón (Segovia): Análisis de sus fíbulas de doble resorte, en Burillo, F. (coord.). *Necrópolis Celtibéricas. II Simposio sobre los Celtíberos (Daroca 1988)*, Zaragoza, págs. 273-278.

BARROSO, R.M. (1993): El Bronce final y la transición a la Edad del Hierro en Guadalajara, *Wad-Al-Hayara* 20, págs. 9-44.

BARROSO, R.M. y DÍEZ, M.C. (1991): El castro de Hocincavero (Anguita, Guadalajara), *Wad-Al-Hayara* 18, págs. 7-27.

BARTEL, B. (1982): A Historical Review of Ethnological and Archaelogical Analyses of Mortuary Practice, *Journal of Anthropological Archaeology* 1, págs. 32-58.

BATALLA, C.M. (1994): Una estela funeraria de El Atance (Guadalajara), en de la Casa, C. (ed.), *V Congreso Internacional de Estelas Funerarias (Soria 1993)*, Soria, págs. 135-138.

BEIRÃO, C.M. (1986): *Une civilisation protohistorique du Sud du Portugal (1er Age du Fer)*, Paris.

— (1990): Epigrafia da I Edade do Ferro do Sudoeste da Península Ibérica. Novos dados arqueológicos, *Presenças orientalizantes em Portugal. Da Préhistória ao Período Romano*, (*Estudos Orientais* I), Lisboa, págs. 107-118.

BEIRÃO, C.M.; SILVA, C.T. da; SOARES, J.; GOMES, M.V. y GOMES, R.V. (1985): Depósito votivo de II Idade do Ferro de Garvão, *O Arqueólogo Português*, Série IV, vol. 3, págs. 45-135.

BEJARANO, V. (1987): *Hispania Antigua según Pomponio Mela, Plinio el Viejo y Claudio Ptolomeo*, (*Fontes Hispaniae Antiquae* VII), Barcelona.

BELÉN, M.; BALBÍN, R. y FERNÁNDEZ-MIRANDA, M. (1978): Castilviejo de Guijosa (Sigüenza), *Wad-Al-Hayara* 5, 63-87.

BELLVER, J.A. (1992): Estudio zooarqueológico de las cabañas circulares de *El Castillejo* de Fuensaúco, *II Symposium de Arqueología Soriana (Soria 1989)*, tomo I, Soria, págs. 325-332.

BELTRÁN, A. (1964): Un corte estratigráfico en Numancia, *VIII Congreso Nacional de Arqueología (Sevilla-Málaga 1963)*, Zaragoza, 451-453.

— (1970): La inscripción ibérica de Binéfar en el Museo de Huesca, *XI Congreso Nacional de Arqueología (Mérida 1968)*, Zaragoza, págs. 518-522.

— (1972): Las estratigrafías de Numancia, en VV.AA., *Crónica del Coloquio conmemorativo del XXI Cente-*

nario de la Epopeya Numantina (Monografías Arqueológicas 10), Zaragoza, págs. 45-58.

— (1980): Las monedas ibéricas de Caraues y los galos, *Quaderni ticinesi di numismatica e antichità classiche* IX, págs. 159-168.

— (1982): El gran edificio de adobe de Contrebia Belaisca (Botorrita): Hipótesis y estado de la cuestión, *Boletín. Museo de Zaragoza* 1, págs. 95-108.

— (1983): Las excavaciones arqueológicas del gran edificio de adobe del Cabezo de las Minas en Botorrita, *Boletín. Museo de Zaragoza* 2, págs. 222-225.

— (1987a): El Bronce de Botorrita: pueblos y cecas, *I Simposium sobre los Celtíberos (Daroca 1986)*, Zaragoza, págs. 43-53.

— (1987b): Los asentamientos ibéricos ante la romanización en el Valle del Ebro: los casos de Celsa, Azaila y Botorrita, *Los asentamientos ibéricos ante la romanización*, Madrid, págs. 101-109.

— (1988): Contrebia Belaisca (Botorrita, Zaragoza), en Burillo, F., *et alii* (eds.), *Celtíberos*, Zaragoza, págs. 44-49.

— (1989): El problema histórico de las acuñaciones de los celtíberos. El caso de las emisiones de Turiasu, *Turiaso* VIII, págs. 15-28.

— (1992): El «bronce de Botorrita». Aportaciones al problema del substrato en la Edad Antigua hispana, en Almagro-Gorbea, M. y Ruiz Zapatero, G. (eds.), *Paleoetnología de la Península Ibérica*, (*Complutum* 2-3), Madrid, págs. 57-63.

— (1993): Digresiones sobre las monedas de *Bilbilis* y la sucesión de ciudades romanas con el mismo nombre que las indígenas en distintos emplazamientos, en Adiago, I.J., Siles, J. y Velaza, J. (eds.), *Studia palaeohispanica et indogermanica J. Untermann ab amicis hispanicis oblata*, (*Aurea saecula* 10), Barcelona, págs. 67-88.

BELTRÁN, A., DÍAZ, M.A. y MEDRANO, M. (1987): Informe de la campaña de 1985 en el yacimiento arqueológico del «Cabezo de las Minas» de Botorrita (Zaragoza), *Arqueología Aragonesa* 5, Zaragoza, págs. 95-98.

BELTRÁN, A. y MARCO, F. (1987): La mare de Déu del Lledó: Estudio arqueológico, *Centre d'Estudis de la Plana* 9, págs. 7 ss.

BELTRÁN, A. y TOVAR, A. (1982): *Contrebia Belaisca (Botorrita, Zaragoza). I. El bronce con alfabeto ibérico de Botorrita*, (*Monografías Arqueológicas* 22), Zaragoza.

BELTRÁN, P. (1972): La estela ibérica de Ibiza, en *Obra Completa. I. Antigüedad*, Zaragoza, págs. 490-498.

BELTRÁN LLORIS, F. (1986): Sobre la función de la moneda ibérica e hispano-romana, *Estudios en Homenaje al Dr. Antonio Beltrán Martínez*, Zaragoza, págs. 889-914.

— (1988a): Un espejismo historiográfico. Las «organizaciones gentilicias» hispanas, en Pereira, G. (ed.), *Actas del 1er. Congreso Peninsular de Historia Antigua (Santiago de Compostela 1986)*, vol. II, Santiago de Compostela, págs. 197-237.

— (1988b): Las guerras celtibéricas, en Burillo, F., *et alii* (eds.), *Celtíberos*, Zaragoza, págs. 127-137.

— (1989): Los Celtíberos y su historia, en VV.AA., *Los Celtas en el Valle Medio del Ebro*, Zaragoza, págs. 131-154.

— (1991): Los Celtas y Roma, en VV.AA., *Los Celtas en la Península Ibérica*, (*Revista de Arqueología*, extra 5), Madrid, págs. 102-109.

— (1993): La epigrafía como índice de aculturación en el Valle Medio del Ebro (s. II a.e.-II d.e.), en Untermann, J. y Villar, F. (eds.), *Lengua y Cultura en la Hispania Prerromana, Actas del V Coloquio sobre lenguas y culturas prerromanas de la Península Ibérica (Colonia 1989)*, Salamanca, págs. 235-272.

— (1995): La escritura en la frontera. Inscripciones y cultura epigráfica en el valle medio del Ebro, en Beltrán LLoris, F. (ed.), *Roma y el nacimiento de la cultura epigráfica en Occidente*, Zaragoza, págs. 169-195.

— (1996): Introducción. Contrebia Belaisca: epigrafía e Historia, en Beltrán, F., de Hoz, J. y Untermann, J.: *El tercer bronce de Botorrita (Contrebia Belaisca)*, (*Colección Arqueología* 19), Zaragoza, págs. 11-28.

BELTRÁN, F.; DE HOZ, J. y UNTERMANN, J. (1996): *El tercer bronce de Botorrita (Contrebia Belaisca)*, (*Colección Arqueología* 19), Zaragoza.

BELTRÁN LLORIS, M. (1977): Una celebración de ludi en territorio de Gallur, Zaragoza, *XIV Congreso Nacional de Arqueología*, Zaragoza, págs. 1.061-1.070.

— (1987a): Problemas cronológicos de la Celtiberia aragonesa, *I Simposium sobre los Celtíberos (Daroca 1986)*. Zaragoza, págs. 19-42.

— (1987b): La España celtibérica: La II Edad del Hierro en el valle del Ebro, en Bendala, M. (coord.), *Historia General de España y América*, I, 2, Madrid, págs. 255-293.

— dir. (1987): *Arcobriga (Monreal de Ariza, Zaragoza)*, Zaragoza.

BENOIT, F. (1957): *Entremont. Capitale celto-ligure des Saylens de Provence*, Aix-en-Provence.

— (1981): *Entremont*, Paris.

BENVENISTE, E. (1983): *Vocabulario de las Instituciones Indoeuropeas*, Madrid.

BERGES, M. (1981): Poblado ibérico del Puntal del Tío Garrillas (Pozondón, Teruel), *Teruel* 66, págs. 115-146.

BERMEJO, J.C. (1982-1986): *Mitología y mitos de la España prerromana*, I (1982), II (1986), Madrid.

BERMÚDEZ DE CASTRO, J.M. (1992): Informe sobre un esqueleto infantil hallado en el yacimiento de La Coronilla (Chera, Guadalajara), en Cerdeño, M.L. y García Huerta, R., *El Castro de La Coronilla. Chera, Guadalajara (1980-1986)*, (*Excavaciones Arqueológicas en España* l63), Madrid, págs. 137-139.

BERNIS, F. (1955): *Prontuario de la avifauna española*, Madrid.

BERROCAL-RANGEL, L. (1988): Hacia la definición arqueológica de la 'Beturia de los Célticos': la Cuenca del Ardila, *Espacio, Tiempo y Forma, Serie II, Hª Antigua* I, págs. 57-68.

— (1989): El asentamiento «céltico» del Castrejón de Capote (Higuera la Real, Badajoz), *Cuadernos de Prehistoria y Arqueología. Universidad Autónoma de Madrid* 16, págs. 245-295.

— (1992): *Los pueblos célticos del Suroeste de la Península Ibérica*, (*Complutum Extra* 2), Madrid.

— (1994): *El altar prerromano de Capote. Ensayo etnoarqueológico de un ritual céltico en el Suroeste peninsular*, (*Excavaciones Arqueológicas en Capote (Beturia Céltica)* II), Madrid.

BESCÓS, A. (1992): Elementos campaniformes en el yacimiento arqueológico de Carratiermes (Montejo de Tiermes, Soria), *II Symposium de Arqueología Soriana (Soria 1989)*, Soria, págs. 203-210.

BIENES, J.J. y GARCÍA, J.A. (1995a): Aproximación a cuatro nuevos yacimientos celtibéricos en la comarca del Moncayo, en Burillo, F. (coord.), *Poblamiento Celtibérico. III Simposio sobre los Celtíberos (Daroca 1991)*, Zaragoza, págs. 235-238.

— (1995b): Avance a las primeras campañas de excavación en La Oruña (Vera de Moncayo-Zaragoza), en Burillo, F. (coord.), *Poblamiento Celtibérico. III Simposio sobre los Celtíberos (Daroca 1991)*, Zaragoza, págs. 239-244.

BIERS, W.R. (1988): *Mirobriga. Investigations at an Iron Age and Roman site in Southern Portugal by the University of Missoury-Columbia, 1981-1986*, (*BAR*, 451), Oxford.

BLANCO, A. (1965): El ajuar de una tumba de Cástulo, *Oretania* 19, págs. 7-60.

BLANCO, J.F. (1987): Numismática celtibérica. Análisis y problemática, *Revista de Arqueología* 70, págs. 48-57.

— (1991): Las acuñaciones de la Celtiberia, en VV.AA., *Los Celtas en la Península Ibérica*, (*Revista de Arqueología*, extra 5), Madrid, págs. 123-125.

BLASCO, M.C. (1987): La España celtibérica: La II Edad del Hierro en la Meseta, en Bendala, M. (coord.), *Historia General de España y América*, I, 2, Madrid, págs. 297-327.

— (1992): Etnogénesis de la Meseta Sur, en Almagro-Gorbea, M. y Ruiz Zapatero, G. (eds.), *Paleoetnología de la Península Ibérica*, (*Complutum* 2-3), Madrid, págs. 281-297.

BLÁZQUEZ, C. (1995): Sobre las cecas celtibéricas de Tamúsia y Sekaisa y su relación con Extremadura, *Archivo Español de Arqueología* 68, págs. 243-258.

BLÁZQUEZ, J.M. (1957a): Le culte des eaux dans la Péninsule Ibérique, *Ogam* IX (3), págs. 209-233.

— (1957b): Una réplica desconocida al Cernunnos de Val Camonica: El Cernunnos de Numancia, *Rivista di Studi Liguri* XXIII, 3-4, págs. 294-298 (= (1959): *V Congreso Nacional de Arqueología (Zaragoza 1957)*, Zaragoza, 1959; = (1977): *Imagen y Mito. Estudios sobre religiones mediterráneas e ibéricas*, Madrid, págs. 361-364); = (1958a): Pintura numantina clave en la iconografía de Cernunnos, *Celtiberia* 15, págs. 143-147).

— (1958b): Sacrificios humanos y representaciones de cabezas en la Península Ibérica, *Latomus* 17, págs. 27-48.

— (1959-60): Cascos celtas inéditos. Notas sobre los cascos hispánicos, *Boletín de la Comisión de Monumentos de Orense* 2, págs. 371-387.

— (1962): *Religiones primitivas de Hispania. I. Fuentes literarias y epigráficas*, Madrid.

— (1972): La religión de los Celtíberos, en VV.AA., *Numancia. Crónica del Coloquio conmemorativo del XXI Centenario de la Epopeya Numantina*, (*Monografías Arqueológicas* 10), Zaragoza, págs. 133-144.

— (1975a): *Diccionario de las religiones prerromanas de Hispania*, Madrid.

— (1975b): *Cástulo I*, (*Acta Archaeologica Hispana* VIII), Madrid.

— (1977): *Imagen y Mito. Estudios sobre religiones mediterráneas e ibéricas*, Madrid.

— (1978): Economía de los pueblos prerromanos del área no ibérica hasta época de Augusto, *Economía de la Hispania Romana*, Valladolid, págs. 65-144. (= 1968: en Tarradell, M. (ed.), *Estudios de Economía Antigua de la Península Ibérica*. Barcelona, págs. 191-269).

— (1983): *Primitivas religiones ibéricas. Religiones prerromanas*, Madrid.

BLÁZQUEZ, J.M. y GARCÍA-GELABERT, M.P. (1986-87): Connotaciones meseteñas en la panoplia y ornamentación plasmadas en las esculturas de Porcuna (Jaén), *Zephyrus* XXXIX-XL, págs. 411-417.

BLÁZQUEZ, J.M. y GONZÁLEZ NAVARRETE, J.A. (1985): The phokaian sculture of Obulco in Southern Spain, *American Journal of Archaeology* 89, págs. 61-69, láms. 9-20.

BLECH, M. (1995): Schulten und Numantia, *Madrider Mitteilungen* 36, págs. 38-47.

BONA, I.J. (1982): Sobre el Municipium de Turiaso en la Antigüedad. Estado actual de la cuestión, *IV Jornadas sobre el Estado Actual de los Estudios sobre Aragón*, Zaragoza, págs. 205-213.

BONA, I.J.; BORQUE, J.J.; GINER, E.; ALCALDE, M.; BERNAL, A. y ESCRIBANO, J.C. (1983): Catálogo de la colección arqueológica del Monasterio de Veruela, *Turiaso* IV, págs. 9-92.

BONA, I.J.; HERNÁNDEZ VERA, J.A.; GARCÍA SERRANO, J.A.; NÚÑEZ, J. y BIENES, J.J. (1989): *El Moncayo. Diez años de investigación arqueológica. Prólogo de una labor de futuro*, Tarazona.

BORBÓN, Infante D. Gabriel de (1772): *Cayo Salustio Crispo en Español. La conjuración de Catilina y la guerra de Yugurta por Cayo Salustio Crispo*, Madrid.

BORDEJÉ, F. (1936-40): El Moncayo Arqueológico, *Boletín de la Sociedad Española de Excursiones* XLIV-XLVIII, Madrid, págs. 185-208.

BOROBIO, M.J. (1985): *Carta Arqueológica. Soria. Campo de Gómara*, Soria.

BOROBIO, M.J.; MORALES, F. y PASCUAL, A.C. (1992): Primeros resultados de las excavaciones realizadas en Medinaceli. Campañas 1986-1989, *II Symposium de Arqueología Soriana (Soria 1989)*, vol. II, Soria, págs. 767-783.

BOSCH GIMPERA, P. (1913-14): Recensión de los trabajos del Marqués de Cerralbo (1913a), Déchelette (1914), Sandars (1913) y Schulten (1914), *Anuari de l'Institut d'Estudis Catalans* V, págs. 204-205, 207, 207-209 y 213-219, respectivamente).

— (1915): El problema de la cerámica ibérica, *Comisión de Investigaciones Paleontológicas y Prehistóricas* 7, Madrid,

— (1915-20): El donatiu de Puig Castellar, per D. Ferran de Sagarra, a l'Institut d'Estudis Catalans, *Anuari de l'Institut d'Estudis Cátalans* VI, págs. 593-597.

— (1918): Las últimas investigaciones arqueológicas en el Bajo Aragón y los problemas ibéricos del Ebro y de Celtiberia, *Revista Histórica*, Valladolid.

— (1920): La arqueología prerromana hispánica, en Schulten, A., *Hispania (Geografía, Etnología, Historia)*, Apéndice, Barcelona, págs. 133-205.

— (1921): Los Celtas y la civilización céltica en la Península Ibérica, *Boletín de la Sociedad Española de Excursiones* XXIX, Madrid, págs. 248-301.

— (1921-26): Troballes de las necrópolis d'Osma i Gormaz adquirides p'el Museu de Barcelona, *Anuari de l'Institut d'Estudis Catalans* VII, págs. 171-185.

— (1922): Die Kelten und die keltische Kultur in Spanien, *25 Jahre Siedlungsarchäologie. Arbeiten aus dem Kreise der Berliner Schule, besorgt von H. Hahne*, (Mannus Bibliothek 22), Leipzig, págs. 53-66.

— (1932): *Etnologia de la Península Ibèrica*, Barcelona.

— (1933): Una primera invasión céltica en España hacia 900 a. de J.C. comprobada por la Arqueología, *Investigación y Progreso* 7, págs. 345-350.

— (1942): *Two Celtic Waves in Spain*, (Proceeding of the British Academy XXVI), London.

— (1944): *El poblamiento antiguo y la formación de los pueblos de España*, México.

BOSCH GIMPERA, P. y KRAFT, G. (1928): Zur Keltenfrage, *Mannus, Zeitschrift für Vorgeschichte* 20, págs. 258-270.

BRADLEY, R. (1990): *The passage of arms. An Archaeological analysis of Prehistoric Hoards and votive deposits*, Cambridge.

BREA, P.; BUSTOS, V. y MOLERO, G. (1982): Informe preliminar sobre los restos óseos del yacimiento «La Coronilla» (Molina de Aragón, Guadalajara), *Noticiario Arqueológico Hispánico* 14, págs. 255-289.

BRONCANO, S., *et alii* (1985): La necrópolis ibérica de «El Tesorico» (Agramón-Hellín, Albacete), *Noticiario Arqueológico Hispánico* 20, págs. 43-181.

BRUNAUX, J.L. (1986): Le sacrifié, le défunt et l'ancêtre, *Revue Aquitania*, Supplément 1, págs. 317-326.

— (1988): *The Celtic Gauls: Gods, Rites and Sanctuaries*, London.

— (1993): Les bois sacrés des Celtes et des Germains, en *Les bois sacrés (Actes du colloque international de Naples. Collection du Centre Jean Bérard* 10), Naples, págs. 13-20.

BRUNAUX, J.L. y LAMBOT, B. (1987): *Guerre et armement chez les Gaulois (450-52 a.C.)*, Paris.

BRUNAUX, J.L.; MENIEL, P. y POPLIN, F. (1985): *Gournay I. Les fouilles sur le sanctuaire et l'oppidum (1975-1984)*, (Revue Archéologique de Picardie), Amiens.

BRUNAUX, J.L. y RAPIN, A. (1988): *Gournay II. Boucliers et lances. Dépôts et trophées*, Paris.

BURILLO, F. (1979): Sobre la situación de Beligio, *I Jornadas sobre el Estado Actual de los Estudios sobre Aragón*, Zaragoza, págs. 186-190.

— (1980): *El valle medio del Ebro en época ibérica. Contribución a su estudio en los ríos Huerva y Jiloca Medio*, Zaragoza.

— (1981): Excavaciones arqueológicas en el yacimiento celtíbero-romano de «San Esteban», (El Poyo del Cid, Teruel): campaña de 1976, *Noticiario Arqueológico Hispánico* 12, págs. 187-290.

— (1982): La jerarquización del hábitat de época ibérica en el valle medio del Ebro. Una aplicación de los modelos locacionales, *IV Jornadas sobre el Estado actual de los Estudios sobre Aragón*, Zaragoza, págs. 215-228.

— (1983): *El poblamiento de época ibérica y yacimiento medieval: «Los Castellares» (Herrera de los Navarros-Zaragoza) I*, Zaragoza.

— (1986): Sobre el territorio de los lusones, belos y titos en el siglo II a. de C., *Estudios en Homenaje al Dr. Antonio Beltrán Martínez*, Zaragoza, págs. 529-549.

— (1987): Sobre el origen de los Celtíberos, *I Simposium sobre los Celtíberos (Daroca 1986)*, Zaragoza, págs. 75-93.

— (1988a): El concepto de celtíbero, en Burillo, F., *et alii* (eds.), *Celtíberos*, Zaragoza, págs. 7-12.

— (1988b): Antecedentes, en Burillo, F., *et alii* (eds.), *Celtíberos*, Zaragoza, págs. 13-17.

— (1988c): Galos y celtíberos, en Burillo, F., *et alii* (eds.), *Celtíberos*, Zaragoza, págs. 25-27.

— (1988d): Segeda, en Burillo, F., *et alii* (eds.), *Celtíberos*, Zaragoza, págs. 32-35.

— (1988e): Bilbilis: Un nuevo planteamiento para la ubicación de la ciudad celtibérica, en Burillo, F., *et alii* (eds.), *Celtíberos*, Zaragoza, págs. 55-57.

— (1988f): Territorio, instituciones políticas y organización social, en Burillo, F., *et alii* (eds.), *Celtíberos*, Zaragoza, págs. 179-186.

— (1988g): Aproximación diacrónica a las ciudades antiguas del Valle Medio del Ebro, en Pereira, G. (ed.), *Actas 1er Congreso Peninsular de Historia Antigua (Santiago de Compostela, 1986)*, tomo II, Santiago de Compostela, págs. 299-314.

— (1989): Poblamiento y cultura material, en VV.AA. *Los Celtas en el Valle Medio del Ebro*, Zaragoza, págs. 67-97.

— (1989-90): Un nuevo texto celtibérico: El bronce «Res», *Kalathos* 9-10, págs. 313-331.

— coord. (1990): *Necrópolis Celtibéricas. II Simposio sobre los Celtíberos (Daroca 1988)*, Zaragoza.

— (1990a): Conclusiones, en Burillo, F. (coord.), *Necrópolis Celtibéricas. II Simposio sobre los Celtíberos (Daroca 1988)*, Zaragoza, págs. 375-377.

— (1990b): La Segunda Edad del Hierro en Aragón, *Estado actual de la Arqueología en Aragón*, Zaragoza, págs. 133-213.

— (1991a): Las necrópolis de época ibérica y el ritual de la muerte en el valle medio del Ebro, en Blánquez, J. y Antona, V. (coords.), *Congreso de Arqueología Ibérica: Las Necrópolis*, (Serie Varia I), Madrid, págs. 563-585.

— (1991b): Los Celtíberos, en VV.AA., *Los Celtas en la Península Ibérica*, (Revista de Arqueología, extra 5), Madrid, págs. 18-25.

— (1991c): Introducción a las fortificaciones de época ibérica en la margen derecha del valle medio del Ebro, *Simposi Internacional d'Arqueologia Ibèrica (Manresa 1990)*, Manresa, págs. 37-53.

— dir. (1991): *Patrimonio Histórico de Aragón. Inventario Arqueológico. Calamocha*, Zaragoza.

— dir. (1992): *Carta Arqueológica de Aragón-1991*, Zaragoza.

— (1992a): Substrato de las etnias prerromanas en el Valle del Ebro y Pirineos, en Almagro-Gorbea, M. y Ruiz Zapatero, G. (eds.), *Paleoetnología de la Península Ibérica*, (Complutum 2-3), Madrid, págs. 195-222.

— (1992b): Helmet, en *Spain. A Heritage Rediscovered 3.000 BC-AD 711*, New York, págs. 74 y 77.

— (1993): Aproximación a la arqueología de los Celtíberos, en Almagro-Gorbea, M. y Ruiz Zapatero, G. (eds.), *Los Celtas: Hispania y Europa*, Madrid, págs. 223-253.

— (1993a): Una tésera de *Arekorata*. Un nuevo concepto volumétrico en las téseras de hospitalidad celtibéricas, *Homenatge a Miquel Tarradell*, Barcelona, págs. 559-567.

— dir. (1993): *Patrimonio Histórico de Aragón. Inventario Arqueológico. Daroca*, Diputación General de Aragón.

— (1993-95): *memo: bel*. Una estampilla celtibérica aparecida en Azuara, *Kalathos* 13-14, págs. 339-346.

— (1994a): Segeda, en *Leyenda y arqueología de las ciudades prerromanas de la Península Ibérica*, vol. II, Madrid, págs. 95-105.

— (1994b): Celtíberos en el valle del Ebro: una aproximación a su proceso histórico, *Actes du XVIe colloque de l'Association Française pour l'Etude de L'Age du Fer (Agen 1992)*, (Revue Aquitania 12, págs. 377-390.

— coord. (1995): *El poblamiento celtibérico. III Simposio sobre los Celtíberos (Daroca 1991)*, Zaragoza.

— (1995a): Conclusiones y comentarios, en Burillo, F. (coord.), *Poblamiento Celtibérico. III Simposio sobre los Celtíberos (Daroca 1991)*, Zaragoza, págs. 515-528.

— (1995b): Celtiberia: monedas, ciudades, territorios, *La Moneda Hispánica. Ciudad y Territorio*, (Anejos de Archivo Español de Arqueología XIV), Madrid, págs. 161-177.

— (1995c): *Celtíberos: Concepto e identidad étnica*, (Lección Magistral, Campus Universitario de Teruel, Universidad de Zaragoza), Teruel.

BURILLO, F.; ARANDA, A.; PÉREZ, J. y POLO, C. (1995): El poblamiento celtibérico en el valle medio del Ebro y Sistema Ibérico, en Burillo, F. (coord.), *Poblamiento Celtibérico. III Simposio sobre los Celtíberos (Daroca 1991)*, Zaragoza, págs. 245-264.

BURILLO, F. y OSTALÉ, M. (1983-84): Sobre la situación de las ciudades celtibéricas Bilbilis y Segeda, *Kalathos* 3-4, págs. 287-309.

BURILLO, F.; PÉREZ CASAS, J.A. y SUS, M.L. de, eds. (1988): *Celtíberos*, Zaragoza.

BURILLO, F. y SUS, M.L. de (1986): Estudio microespacial de la casa 2 del poblado de época ibérica «Los Castellares» de Herrera de los Navarros (Aragón), *Arqueología Espacial. Coloquio sobre el microespacio*, tomo 3, Teruel, págs. 209-236.

— (1988): La casa 2 de Herrera, en Burillo, F., *et alii* (eds.), *Celtíberos*, Zaragoza, págs. 62-67.

CABALLERO, L. (1974): *La necrópolis tardorromana de Fuentespreadas (Zamora): un asentamiento en el valle del Duero*, (Excavaciones Arqueológicas en España 80), Madrid.

CABRÉ, J. (1909-1910): *Catálogo Monumental de España. Teruel*, inédito.

— (1910): La montaña escrita de Peñalba. Teruel, *Boletín de la Real Academia de la Historia* LVI, IV, págs. 241-280.

— (1915-20): Esteles ibèriques ornamentades del Baix Aragó, *Anuari de l'Institut d'Estudis Catalans* VI, págs. 629-641.

— (1917): *Catálogo Monumental de la Provincia de Soria*, tomos III y IV, obra inédita.

— (1918): Urna cineraria interesante de la Necrópolis de Uxama, *Revista Coleccionismo* 62.

— (1928): Decoraciones hispánicas (I), *Archivo Español de Arte y Arqueología* IV, págs. 97-110.

— (1930): *Excavaciones en la necrópolis celtibérica del Altillo de Cerropozo (Atienza, Guadalajara)*, (*Memorias de la Junta Superior de Excavaciones y Antigüedades* 105), Madrid.

— (1931): Tipología del puñal, en la cultura de «Las Cogotas», *Archivo Español de Arte y Arqueología* VII, págs. 221-241.

— (1932): *Excavaciones de Las Cogotas, Cardeñosa (Avila). II. La necrópoli* (*Junta Superior de Excavaciones y Antigüedades* 120), Madrid.

— (1937): Decoraciones hispánicas II. Broches de cinturón de bronce damasquinados con oro y plata, *Archivo Español de Arte y Arqueología* XIII, págs. 93-126.

— (1939-40): La Caetra y el Scutum en Hispania durante la Segunda Edad del Hierro, *Boletín del Seminario de Arte y Arqueología* VI, págs. 57-83.

— (1942a): El *thymaterion* céltico de Calaceite, *Archivo Español de Arqueología* XV, págs. 181-198.

— (1942b): El rito céltico de incineración con estelas alineadas, *Archivo Español de Arqueología* XV, págs. 339-344.

CABRÉ, J.; CABRÉ, M.E. y MOLINERO, A. (1950): *El castro y la necrópolis del Hierro céltico de Chamartín de la Sierra*, (*Acta Archaeologica Hispana* V), Madrid.

CABRÉ, M.E. (1949): Los discos-corazas en ajuares funerarios de la Edad del Hierro de la Península Ibérica, *IV Congreso Arqueológico del Sudeste Español (Elche 1948)*, Cartagena, págs. 186-190.

— (1951): La más bella espada de tipo Alcácer-do-Sal en la necrópolis de La Osera, *Revista de Guimarães* 61, págs. 249-262.

— (1988): Espadas y puñales de la Meseta Oriental en la II Edad del Hierro, en Burillo, F., *et alii* (eds.), *Celtíberos*, Zaragoza, págs. 123-126.

— (1990): Espadas y puñales de las necrópolis celtibéricas, en Burillo, F. (coord.), *Necrópolis Celtibéricas. II Simposio sobre los Celtíberos (Daroca 1988)*, Zaragoza, págs. 205-224.

CABRÉ, M.E. y MORÁN, J.A. (1975a): Una decoración figurativa abstracta en la Edad del Hierro de la Meseta Oriental Hispánica, *XIII Congreso Nacional de Arqueología (Huelva 1973)*, Zaragoza, págs. 605-610.

— (1975b): Dos tumbas datables de la necrópolis de Alpanseque (Soria), *Archivo de Prehistoria Levantina* XV, págs. 123-137.

— (1975c): Tres fíbulas excepcionales de la Meseta Oriental hispánica con decoración geométrica grabada, *Boletín de la Asociación Española de Amigos de la Arqueología* 3, págs. 14-19.

— (1977): Fíbulas en las más antiguas necrópolis de la Meseta Oriental Hispánica, *Homenaje a García Bellido*, tomo III, (*Revista de la Universidad Complutense* 26, nº 109), Madrid, págs. 109-143.

— (1978): Fíbulas hispánicas con apéndice caudal zoomorfo, *Boletín de la Asociación Española de Amigos de la Arqueología* 9, págs. 8-22.

— (1979): Ensayo tipológico de las fíbulas con esquema de La Tène en la Meseta Hispánica, *Boletín de la Asociación Española de Amigos de la Arqueología* 11-12, págs. 10-26.

— (1982): Ensayo cronológico de las fíbulas con esquema de La Tène en la Península Hispánica, *Boletín de la Asociación Española de Amigos de la Arqueología* 15, págs. 4-27.

— (1984a): Cabré y la arqueología céltica meseteña del Hierro II, *Juan Cabré Aguiló (1882-1982). Encuentro de Homenaje*, Zaragoza, págs. 65-78.

— (1984b): Notas para el estudio de las espadas de tipo Arcóbriga, *Juan Cabré Aguiló (1882-1982). Encuentro de Homenaje*, Zaragoza, págs. 151-162.

— (1992): Puñales celtibéricos con empuñadura de triple chapa plana y pomo con antenas, *II Symposium de Arqueología Soriana (Soria 1989)*, tomo I, Soria, págs. 389-398.

CALVO, I. (1913): Termes, ciudad celtíbero-arevaca, *Revista de Archivos, Bibliotecas y Museos* XXIX, págs. 374-387.

— (1916): *Excavaciones de Clunia*, (*Memorias de la Junta Superior de Excavaciones y Antigüedades* 3), Madrid.

CALVO, J.L. (1973): Geografía humana y económica de la Sierra de Albarracín, *Teruel* 49-50, págs. 33-36.

CAMPANO, A. y SANZ, C. (1990): La necrópolis celtibérica de «Fuentelaraña», Osma (Soria), en Burillo, F. (coord.), *Necrópolis celtibéricas. II Simposio sobre los Celtíberos (Daroca 1988)*, Zaragoza, págs. 65-73.

CAMPILLO, D. (1977-78): Abrasiones dentarias y cráneos enclavados del poblado de Ullastret (Baix Emporda, Gerona), *Ampurias* 38-40, págs. 317-326.

CANCELA, M.L. (1980): Pequeños objetos de bronce de Bilbilis (Calatayud), *Papeles Bilbilitanos*, págs. 17-29.

CAPALVO, A. (1986): El léxico pliniano sobre Hispania: etnonimia y designación de asentamientos urbanos, *Caesaraugusta* 63, págs. 49-67.

— (1994): Historia y leyenda de la Celtiberia ulterior, en *Leyenda y arqueología de las ciudades prerromanas de la Península Ibérica*, vol. II, Madrid, págs. 63-75.

— (1995): El territorio de Celtiberia según los manuscritos de Estrabón, en Burillo, F. (coord.), *Poblamiento Celtibérico. III Simposio sobre los Celtíberos (Daroca 1991)*, Zaragoza, págs. 455-470.

— (1996): *Celtiberia*, Zaragoza.

CARO BAROJA, J. (1943): *Los pueblos del Norte de la Península Ibérica (análisis histórico-cultural)*, Madrid.

— (1946): *Los pueblos de España*, Barcelona.

— (1954): La escritura en la España Prerromana (epigrafía y numismática), en Menéndez Pidal, R. (dir.), *Historia de España*, Madrid, págs. 677-812.

CARTAILHAC, E. (1886): *Les Ages Préhistoriques de l'Espagne et du Portugal*, Paris.

CASTAÑOS, P.M. (1983): Informe sobre restos óseos, en Burillo, F., *El poblamiento de época ibérica y yacimiento medieval: «Los Castellares» (Herrera de los Navarros-Zaragoza) I*, Zaragoza, págs. 106-107.

CASTIELLA, A. y SESMA, J. (1988-89): Piezas metálicas de la protohistoria navarra: Armas, *Zephyrus* XLI-XLII, págs. 383-404.

CASTRO, L. (1984-85): Sobre las fuentes vernáculas irlandesas y galesas: el torques en las fuentes celtas, *Brigantium* 5, págs. 65-73.

CASTRO, P.V. (1986): Organización espacial y jerarquización social en la necrópolis de Las Cogotas (Ávila), *Arqueología Espacial. Coloquio sobre el microespacio*, tomo 3, Teruel, págs. 127-137.

CASTRO, Z. (1980): Fusayolas ibéricas, antecedentes y empleo, *Cypsela* III, págs. 127-146.

CEBOLLA, J.L. (1992-93): El tránsito del Bronce Final a la Primera Edad del Hierro en el sector NW. de la cuenca del Jalón, *Bajo Aragón Prehistoria* IX-X, págs. 175-191.

CERDEÑO, M.L. (1976a): La necrópolis celtibérica de Valdenovillos (Guadalajara), *Wad-Al-Hayara* 3, vol. 1, págs. 5-26.

— (1976b): Excavaciones arqueológicas en Alcolea de las Peñas (Guadalajara). Informe de la campaña efectuada en el cerro «El Perical». Julio 1974, *Noticiario Arqueológico Hispánico. Prehistoria* 5, págs. 9-18.

— (1977): *Los broches de cinturón de la Edad del Hierro en la Península Ibérica*, Tesis Doctoral inédita, Universidad Complutense, Madrid.

— (1978): Los broches de cinturón peninsulares de tipo céltico, *Trabajos de Prehistoria* 35, págs. 279-306.

— (1979): La necrópolis céltica de Sigüenza (Guadalajara), *Wad-Al-Hayara* 6, págs. 49-75.

— (1980): Dos nuevos modelos de fíbulas-placa en la Meseta nororiental, *Boletín del Seminario de Arte y Arqueología* XLVI, págs. 153-160.

— (1981): Sigüenza: enterramientos tumulares de la Meseta Oriental, *Noticiario Arqueológico Hispánico* 11, págs. 189-208.

— (1983a): Nuevos ajuares de la necrópolis de Molina de Aragón, *Wad-Al-Hayara* 10, págs. 283-294.

— (1983b): Cerámica hallstáttica pintada en la provincia de Guadalajara, *Homenaje al Prof. Martín Almagro Basch*, tomo II, Madrid, págs. 157-165.

— (1988): Los broches de cinturón, en Burillo, F., et alii (eds.), *Celtíberos*, Zaragoza, págs. 110-114.

— (1989): Primeras prospecciones en el castro de El Ceremeño (Herrería, Guadalajara), *Wad-Al-Hayara* 16, págs. 265-282.

— (1991): Necrópolis célticas, celtibéricas e ibéricas: Una visión de conjunto, en Blánquez, J. y Antona, V, (coords.), *Congreso de Arqueología Ibérica: Las Necrópolis*, (Serie Varia I), Madrid, págs. 473-508.

— (1992-93): La Edad del Hierro en el área oriental de la provincia de Guadalajara, *Bajo Aragón Prehistoria* IX-X, págs. 193-202.

— (1995): Proyecto de recuperación del castro celtibérico de El Ceremeño (Herrería, Guadalajara), en Balbín, R. de; Valiente, J. y Mussat, M.T. (coords.), *Arqueología en Guadalajara,* Toledo, págs. 193-207.

CERDEÑO, M.L. y CABANES, E. (1994): El simbolismo del jabalí en el ámbito celta peninsular, *Trabajos de Prehistoria* 51 (2), págs. 103-119.

CERDEÑO, M.L. y GARCÍA HUERTA, R. (1990): Las necrópolis de incineración del Alto Jalón y el Alto Tajo, en Burillo, F. (coord.), *Necrópolis celtibéricas. II Simposio sobre los Celtíberos (Daroca 1988)*, Zaragoza, págs. 75-92.

— (1992): *El castro de La Coronilla. Chera, Guadalajara (1980-1986)*, (Excavaciones Arqueológicas en España 163), Madrid.

— (1995): La introducción del torno en la Meseta, *1.º Congresso de Arqueologia Peninsular (Porto 1993)*, vol. VI, Porto, págs. 261-273. (= *Trabalhos de Antropologia e Etnologia* 35, 2).

CERDEÑO, M.L.; GARCÍA HUERTA, R. y ARENAS, J. (1995a): El poblamiento celtibérico en la región del Alto Jalón y Alto Tajo, en Burillo, F. (coord.), *Poblamiento Celtibérico. III Simposio sobre los Celtíberos (Daroca 1991)*, Zaragoza, págs. 157-178.

CERDEÑO, M.L.; GARCÍA HUERTA, R.; BAQUEDANO, I. y CABANES, E. (1996): Contactos interior-zonas costeras durante la Edad del Hierro: los focos del Noreste y Suroeste meseteños, *Complutum Extra* 6 (I), págs. 287-312.

CERDEÑO, M.L.; GARCÍA HUERTA, R. y PAZ, M. de (1981): La necrópolis de Molina de Aragón (Guadalajara). Campos de Urnas en el Este de la Meseta, *Wad-Al-Hayara* 8, págs. 9-84.

CERDEÑO, M.L. y MARTÍN, E. (1995): Sistemas defensivos

de un castro celtibérico: «El Ceremeño» de Herrería, en Burillo, F. (coord.), *Poblamiento Celtibérico. III Simposio sobre los Celtíberos (Daroca 1991)*, Zaragoza, págs. 185-190.

CERDEÑO, M.L. y PÉREZ DE YNESTROSA, J.L. (1992): La explotación de sal en época celtibérica en la región de Sigüenza (España), *Actes du Colloque International du Sel*, Salies-de-Béarn, págs. 167-175.

— (1993): *La Necrópolis Celtibérica de Sigüenza: Revisión del conjunto*, (*Monografías Arqueológicas del S.A.E.T.* 6), Teruel.

CERDEÑO, M.L.; PÉREZ DE YNESTROSA, J.L. y CABANES, E. (1993-95): Secuencia cultural del castro de «El Ceremeño» (Guadalajara), *Kalathos* 13-14, págs. 61-88.

— (1995b): Cerámicas de importación mediterránea en un castro celtibérico, *Trabajos de Prehistoria* 52 (1), págs. 163-173.

CERRALBO, *vid.* Aguilera, E. de.

CHAMPION, T.C. (1985): Written sources and the study of European Iron Age, en Champion, T.C. y Megaw, J.V.S. (eds.), *Settlement an Society: aspects of West European prehistory in the first millennium B.C.*, Leicester, págs. 9-22.

CHAPMAN, R.; KINNES, I. y RANDSBORG, K. (1981): *The Archaeology of Death*, Cambridge.

CHASSAING, M. (1976): Du rite celtique des têtes coupées et de sa survivance dans l'iconographie gallo et germano-romaine (I), *XX Congrès Préhistorique de France (Provence, 1974)*, Paris, págs. 69-81.

CIPRÉS, P. (1990): Sobre la organización militar de los Celtíberos: la *iuventus*, *Veleia* 7, págs. 173-187.

— (1993a): *Guerra y Sociedad en la Hispania Indoeuropea*, (*Anejos de Veleia, Series minor* 3), Vitoria/Gasteiz.

— (1993b): Celtiberia: la creación geográfica de un espacio provincial, *Ktema* 18, págs. 259-291.

COFFYN, A. (1974): Les epées à antennes du Sud de la France, *Revue Hist. et Arch. du Libournais* XLII, n° 152, págs. 63-71.

COLLADO, O. (1990): *Introducción al poblamiento de época ibérica en el Noroeste de la Sierra de Albarracín*, (*Monografías Arqueológicas del S.A.E.T.* 4), Teruel.

— (1995): El poblamiento en la Sierra de Albarracín y en el valle alto del Júcar, en Burillo, F. (coord.), *Poblamiento Celtibérico. III Simposio sobre los Celtíberos (Daroca 1991)*, Zaragoza, págs. 409-432.

COLLADO, O.; COTINO, F.; IBÁÑEZ, R. y NIETO, E. (1991-92a): Montón de Tierra, Griegos (Teruel). Estado actual de las investigaciones, *Kalathos* 11-12, págs. 115-138.

— (1991-92b): Dataciones por radiocarbono de Montón de Tierra, Griegos (Teruel): el C-14 como método de fechación del período Celtibérico Antiguo, *Kalathos* 11-12, págs. 139-156.

COLLIS, J. (1989): *La Edad del Hierro en Europa*, Barcelona.

CORREA, J.A. (1985): Consideraciones sobre las inscripciones tartesias, *Actas del III Coloquio sobre lenguas y culturas paleohispánicas (Lisboa 1980)*, Salamanca, págs. 377-395.

— (1989): Posibles antropónimos en las inscripciones en escritura del S.O. (o tartesia), *Veleia* 6, págs. 243-252.

— (1990): La epigrafia del Suroeste, en Júdice Gamito, T. (ed.), *Arqueologia Hoje. I. Etnoarqueologia*, Faro, págs. 132-145.

— (1992): La epigrafía tartesia, en Hertel D. y Untermann, J. (eds.), *Andalusien zwischen Vorgeschichte und Mittelalter*, Köln, págs. 75-114.

— (1995): Reflexiones sobre la epigrafía paleohispánica del Suroeste de la Península Ibérica, *Tartessos 25 años después 1968-1993, Actas del Congreso Conmemorativo del V Symposium Internacional de Prehistoria Peninsular*, Jerez de la Frontera, págs. 609-618.

— (1996): La epigrafía del Sudoeste: Estado de la cuestión, en Villar, F. y d'Encarnaçao, J. (eds.) *La Hispania Prerromana. Actas del VI Coloquio sobre Lenguas y Culturas Prerromanas de la Península Ibérica (Coimbra 1994)*, Salamanca, págs. 65-75.

CORREIA, V.H. (1993): As necrópoles da Idade do Ferro do Sul de Portugal: Arquitectura e rituais, *1.º Congresso de Arqueologia Peninsular (Porto 1993)*, vol. II, Porto, págs. 351-375. (= *Trabalhos de Antropologia e Etnologia* 33, 3-4).

COSTA, J. (1893): *Colectivismo agrario en España*, Madrid.

— (1917): *La religión de los Celtíberos y su organización política y civil*, Madrid.

COSTA ARTHUR, M.L. (1952): Necrópolis de Alcácer-do-Sal (Colección del Prof. Dr. Francisco Gentil), *II Congreso Nacional de Arqueología (Madrid 1951)*, Zaragoza, págs. 369-380.

COUSSIN, P. (1926): *Les armes romaines. Essai sur les origines et l'évolution des armes individuelles du légionnaire romain*, Paris.

CUADRADO, E. (1958): La fíbula anular hispánica y sus problemas, *Zephyrus* VIII, págs. 5-76.

— (1960): Fíbulas anulares típicas de la Meseta Castellana, *Archivo Español de Arqueología* XXXIII, págs. 64-97.

— (1961): Broches de cinturón de placa romboidal en la Edad del Hierro peninsular, *Zephyrus* XII, págs. 208-220.

— (1963): *Precedentes y prototipos de la fíbula anular hispánica*, (*Trabajos de Prehistoria* VII), Madrid.

— (1968): *Excavaciones en la necrópolis celtibérica de Riba de Saelices (Guadalajara)*, (*Excavaciones Arqueológicas en España* 60), Madrid.

— (1972): Las fíbulas anulares de Numancia, en VV.AA., *Cronica del Coloquio conmemorativo del XXI Centenario de la Epopeya Numantina*, (*Monografías Arqueológicas* 10), Zaragoza, págs. 91-99.

— (1975): Un tipo especial de pinzas ibéricas, *XIII Congreso Nacional de Arqueología (Huelva 1973)*, Zaragoza, págs. 667-670.

— (1981): Las necrópolis peninsulares en la Baja Época de la Cultura Ibérica, *La Baja Época de la Cultura Ibérica (Madrid 1979)*, Madrid, págs. 51-69.

— (1982): El castro de Valdelamadre, *Boletín de la Asociación Española de Amigos de la Arqueología* 16, págs. 29-39.

— (1987): *La necrópolis ibérica de El Cigarralejo (Mula, Murcia)*, (*Bibliotheca Praehistorica Hispana* XXIII), Madrid.

— (1989): *La panoplia ibérica de «El Cigarralejo» (Mula-Murcia)*, Murcia.

CUNLIFFE, B. (1986): *Danebury. Anatomy of an Iron Age Hillfort*, London.

DAUBIGNEY, A. (1979): Reconnaissance des formes de la dépendance gauloise, *DHA*, 5, págs. 145-189.

— (1985): Forme de l'asservissement et statut de la dépendace préromaine dans l'aire gallo-germanique, *DHA* 11, págs. 417-447.

DÉCHELETTE, J. (1912): Les fouilles du marquis de Cerralbo, *Comptes rendus des séanses de l'Academie des Inscriptions et Belles-Lettres*, Paris, págs. 433 ss.

— (1913): *Manuel d'archéologie préhistorique, celtique et gallo romaines. II. Archéologique celtique ou protohistorique. Deuxième partie: Premier Age du Fer ou époque de Hallstatt*, Paris.

— (1914): *Manuel d'archéologie préhistorique, celtique et gallo romaines. II. Archéologique celtique ou protohistorique. Troisième partie: Seconde Age du Fer ou époque de La Tène*, Paris.

DELGADO, A.; OLÁZAGA, S. de, y FERNÁNDEZ-GUERRA, A. (1877): Excavaciones hechas en el Cerro de Garray, donde se cree que estuvo situada *Numancia, Boletín de la Real Academia de la Historia* I, págs. 55-58.

DELIBES, G. (1991): Joyería Celtibérica, *Orfebrería Prerromana. Arqueología del Oro*, Madrid, págs. 20-23.

DELIBES, G. y ESPARZA, J. (1989): Los tesoros prerromanos de la Meseta Norte y la orfebrería celtibérica, en VV.AA., *El oro en la España prerromana* (*Revista de Arqueología*, extra 4), Madrid, págs. 108-129.

DELIBES, G.; ESPARZA, J.; MARTÍN VALLS, R. y SANZ, C. (1993): Tesoros celtibéricos de Padilla de Duero, en Romero, F.; Sanz, C. y Escudero, Z. (eds.), *Arqueología Vaccea. Estudios sobre el mundo prerromano en la cuenca media del Duero*, Valladolid, págs. 397-470.

DELIBES, G. y FERNÁNDEZ MANZANO, J. (1991): Relaciones entre Cogotas I y el Bronce Final Atlántico en la Meseta Española, en Chevillot, Chr. y Coffyn, A. (dirs.), *L'Age du Bronze Atlantique, Actes du 1er Colloque du Parc Archéologique de Beynac*, Périgueux, págs. 203-212.

DELIBES, G. y ROMERO, F. (1992): El último milenio a.C. en la Cuenca del Duero. Reflexiones sobre la secuencia cultural, en Almagro-Gorbea, M. y Ruiz Zapatero, G. (eds.), *Paleoetnología de la Península Ibérica*, (*Complutum* 2-3), Madrid, págs. 233-258.

DENH, W. (1972): «Transhumance» in der Westlichen Späthallstatt Kultur?, *Archeologisches Korrespondenzblatt* 2, págs. 125-127.

DIAS, M.M.A., BEIRÃO, C.M. y COELHO, L. (1970): Duas necrópoles da Idade do Ferro no Baixo-Alentejo: Ourique (Notícia preliminar), *O Arqueólogo Português*, Série III, vol. IV, págs. 175-219.

DÍAZ, A. (1976): La cerámica de la necrópolis celtibérica de Luzaga (Guadalajara) conservada en el Museo Arqueológico Nacional, *Revista de Archivos, Bibliotecas y Museos* LXXIX, 2, págs. 397-489.

— (1989): Sacrificios humanos en la Celtiberia Oriental: las cabezas cortadas, *Segundo Encuentro de Estudios Bilbilitanos*, Calatayud, págs. 33-41.

DÍAZ, M.A. y MEDRANO, M. (1986): Las áreas fabriles de Contrebia Belaisca (Botorrita, Zaragoza): una unidad de producción, *Arqueología Espacial. Coloquio sobre el Microespacio*, tomo 3, Teruel, págs. 187-207.

— (1993): Primer avance sobre el gran bronce celtibérico de *Contrebia Belaisca* (Botorrita, Zaragoza), *Archivo Español de Arqueología* 66, págs. 243-248.

DOBESCH, G. (1991): Le fonti letterarie, en Moscati, S. (coord.), *I Celti*, Milano, págs. 35-41.

DOLÇ, M. (1953): *Hispania y Marcial*, Barcelona.

— (1954): El nombre de Bílbilis, *Caesaraugusta* 5, págs. 49-60.

DOMINGO, L. (1982): Los materiales de la necrópolis de Almaluez (Soria), conservados en el Museo Arqueológico Nacional, *Trabajos de Prehistoria* 39, págs. 241-278.

DOMÍNGUEZ, A. (1979): *Las cecas ibéricas del valle del Ebro*, Zaragoza.

— (1983): Ensayo de ordenación del monetario de la ceca de Secaisa, *La Moneda Aragonesa. Mesa Redonda*, Zaragoza, págs. 23-39.

— (1988): La moneda celtibérica, en Burillo, F., *et alii* (eds.), *Celtíberos*, Zaragoza, págs. 155-170.

DOMÍNGUEZ DE LA CONCHA, A. (1995): Areas onomásticas en el S.O. peninsular, en Ruiz-Gálvez, M. (ed.), *Ritos de paso y puntos de paso: La ría de Huelva en el mundo del Bronce Final europeo*, (*Complutum Extra* 5), Madrid, págs. 115-128.

DOMÍNGUEZ MONEDERO, A.J. (1983): Los términos «Iberia» e «Iberos» en las fuentes grecolatinas: Estudio acerca de su origen y ámbito de aplicación, *Lucentum* II, págs. 203-224.

— (1994): La Meseta. Las fuentes literarias, en *Leyenda y arqueología de las ciudades prerromanas de la Península Ibérica*, vol. II, Madrid, págs. 107-118.

DOPICO, M.D. (1989): El *hospitium* celtibérico: Un mito que se desvanece, *Latomus* 48, 1, págs. 19-35

DUVAL, A. (1983-84): «Guerrier» y «Autel», en *L'Art Celtique en Gaule*, Marseille-Paris-Bordeaux-Dijon, pág. 145, nº 175 y 195, nº 255, respectivamente.

DUVAL, P.M. (1957): *Les dieux de la Gaule*, Paris.

DYSON, S. L. (1980-81): The distribution of roman republican family names in the Iberian Peninsula, *Ancient Society* 11-12, págs. 257-299.

EIROA, J.J. (1979a): Aspectos urbanísticos del castro hallstáttico de El Royo (Soria), *Revista de Investigación* III-1, págs. 81-90.

— (1979b): Avance de la primera campaña de excavaciones arqueológicas en el castro hallstáttico de El Royo (Soria), *Caesaraugusta* 47-48, págs. 123-139.

— (1980a): Datación por el Carbono-14 del castro hallstáttico de El Royo, *Trabajos de Prehistoria* 37, págs. 433-442.

— (1980b): Corrección y calibración de fechas de Carbono-14 de la Cueva del Asno y el Castro de El Royo (Soria), *Revista de Investigación* IV-2, págs. 65-77.

— (1981): Moldes de arcilla para fundir metales procedentes del castro hallstáttico de El Royo (Soria), *Zephyrus* XXXII-XXXIII, págs. 181-193.

— (1984-85): Aportación a la cronología de los castros sorianos, *Cuadernos de Arqueología* 11-12, págs. 197-203.

ELORZA, J.C. (1970): Un posible centro de culto a Epona en la provincia de Alava, *Estudios de Arqueología Alavesa* IV, págs. 275-281.

ENCARNAÇÃO, J. de (1975): *Divindades indígenas sob o domínio romano em Portugal. Subsídios para o seu estudo*, Lisboa.

ENGEL, A. y PARIS, P. (1906): *Une forteresse ibérique à Osuna (fouilles de 1903)*, Paris.

ERRO, J.B. (1806): *Alfabeto de la lengua primitiva de España*, Madrid.

ESKA, J.F. (1989): *Towards an interpretation of the Hispano-Celtic inscription of Botorrita*, Innsbruck.

— (1990): Syntactic notes on the great inscription of Peñalba de Villastar, *Bulletin of the Board of Celtic Studies* 37, págs. 104-107.

ESPARZA, A. (1987): *Los castros de la Edad del Hierro del Noroeste de Zamora*, Zamora.

— (1991): Tradición y modernidad en los estudios de las necrópolis celtibéricas, Recensión a Burillo, F. (coord.), *Necrópolis Celtibéricas. II Simposio sobre los Celtíberos*, Arqrítica 1, págs. 17-19.

— (1991-92): Cien años de ambigüedad: sobre un viejo tipo de fíbulas de la Edad del Hierro de la Meseta española, *Zephyrus* XLIV-XLV, págs. 537-552.

ESPINOSA, U. (1981): *Estudios de Bibliografía Arqueológica Riojana: Prehistoria e Historia Antigua*, Logroño.

— (1984): Las ciudades de Arévacos y Pelendones en el Alto Imperio. Su integración jurídica, *Actas del I Symposium de Arqueología Soriana (Soria 1982)*, Soria, págs. 305-324.

— (1992): Los castros soriano-riojanos del Sistema Ibérico: Nuevas perspectivas, *II Simposium de Arqueología Soriana (Soria 1989)*, tomo II, Soria, págs. 899-913.

ESPINOSA, U. y USERO, L.M. (1988): Eine Hirtenkultur im Umbruch. Untersuchungen zu einer Gruppe von Inschriften aus dem Conventus Caesaraugustanus (Hispania Citerior), *Chiron* 18, págs. 477-504.

EVANS, D.E. (1979): On the celticy of some Hispanic personal names, *Actas del II Coloquio de lenguas y culturas prerromanas de la Península Ibérica (Tübingen 1976)*, Salamanca, págs. 117-129.

FATÁS, G. (1973): Un aspecto de la explotación de los indígenas hispanos por Roma: los botines de guerra en la Citerior, *Estudios del Seminario de Prehistoria, Arqueología e Historia Antigua de la Facultad de Filosofía y Letras de Zaragoza* III, págs. 101-110.

— (1975): Hispania entre Catón y Graco, *Hispania Antiqua* V, págs. 269-313.

— (1980): *Tabula Contrebiensis. Contrebia Belaisca (Botorrita, Zaragoza), II*, Zaragoza.

— (1981): Romanos y Celtíberos citeriores en el siglo I antes de Cristo, *Caesaraugusta* 53-54, págs. 195-234.

— (1985): Una tésera cortonense, en Melena, J.L. (ed.), *Simbolae Ludovico Mitxelena Septuagenario Oblatae*, I, Vitoria, págs. 425-431. (= Veleia, Anejo nº 1).

— (1987): Apuntes sobre organización política de los Celtíberos, *I Simposium sobre los Celtíberos (Daroca 1986)*, Zaragoza, págs. 9-18.

— (1989): Iberos y celtas en la cuenca media del Ebro, en Montenegro, A. (coord.), *Historia de España 2. Colonizaciones y formación de los pueblos prerromanos (1200-218 a. C.)*, Madrid, págs. 401-428.

— (1991): Organización política y social, en VV.AA., *Los Celtas en la Península Ibérica*, (Revista de Arqueología, extra 5), Madrid, págs. 52-57.

FAUST, M. (1975): Die Kelten auf der Iberischen Halbinsel, *Madrider Mitteilungen* 16, págs. 195-207.

— (1979): Tradición lingüística y estructura social: el caso de las gentilitates, *Actas del II Coloquio sobre lenguas y culturas prerromanas de la Península Ibérica (Tübingen 1976)*, Salamanca, págs. 435-452.

FERNÁNDEZ AVILÉS, A, (1955): El carro ibérico (?) de Guadalaviar, *Archivo Español de Arqueología* XXVIII, págs. 111-112.

FERNÁNDEZ-GALIANO, D. (1976): Descubrimiento de una necrópolis celtibérica en Sigüenza (Guadalajara), *Wad-Al-Hayara* 3, vol. 1, págs. 59-67.

— (1979): Notas de prehistoria Seguntina, *Wad-Al-Hayara* 6, págs. 9-48.

FERNÁNDEZ-GALIANO, D.; VALIENTE, J. y PÉREZ, E. (1982): La necrópolis de la Primera Edad del Hierro de Prados Redondos (Sigüenza, Guadalajara). Campaña 1974, *Wad-Al-Hayara* 9, págs. 9-36.

FERNÁNDEZ GÓMEZ, F. (1986): *Excavaciones Arqueológicas en el Raso de Candeleda*, 2 volúmenes, Ávila.

FÉRNANDEZ-GUERRA, A. (1877): Una tésera celtíbera. Datos sobre la ciudades celtibéricas de Ergavica, Munda, Cértima y Contrebia, *Boletín de la Real Academia de la Historia* I, (2ª edición 1909), págs. 129-139.

FERNÁNDEZ MANZANO, J. (1986): *Bronce Final en la Meseta Norte española: el utillaje metálico*, Almazán (Soria).

FERNÁNDEZ-MIRANDA, M. (1972): Los castros de la Cultura de los Campos de Urnas en la provincia de Soria, *Celtiberia* 43, págs. 29-60.

FERNÁNDEZ-MIRANDA, M. y OLMOS, R. (1986): *Las ruedas de Toya y el origen del carro en la Península Ibérica*, Madrid.

FERNÁNDEZ-NIETO, F.J. (1975): Los acuerdos bélicos en la Antigua Grecia (época arcaica y clásica). I. Texto, *Monografías de la Universidad de Santiago de Compostela* 30, págs. 37-69.

— (1992): Una institución jurídica del mundo celtibérico, *Estudios de arqueología ibérica y romana: Homenaje a Enrique Pla Ballester*, Valencia, págs. 381-384.

FERNÁNDEZ OCHOA, C. (1987): Los pueblos prerromanos de la fachada atlántica: Lusitanos y Célticos, en Bendala, M. (coord.), *Historia General de España y América*, I, 2, Madrid, págs. 331-354.

FEUGÈRE, M. (1989): Les vases in verre sur noyau d'argile en Méditerranée nord-occidentale, *Le verre préromain en Europe occidentale*, Montagnac, págs. 29-62.

— (1993): *Les armes des romains de la République à l'Antiquité tardive*, Paris.

FIGUEROA Y TORRES, A. de, Conde de Romanones (1910): *Las ruinas de Termes. Apuntes arqueológicos*, Madrid.

FISHER, F. (1972): Die Kelten bei Herodot, *Madrider Mitteilungen* 13, págs. 109-124.

FITA, F. (1878): *Restos de la declinación céltica y celtibérica en algunas lápidas españolas*, Madrid.

— (1879): *El Gerundense y la España primitiva*, Madrid (Discurso de entrada en la Real Academia de la Historia).

— (1882): Lámina celtibérica de bronce, hallada en el término de Luzaga, partido judicial de Sigüenza, *Boletín de la Real Academia de la Historia* II, págs. 35-44.

FLÓREZ, E. (1751): *España Sagrada*, vol. VII, edic. 1900, Madrid.

FREY, O.H. (1984): Die Bedeutung der Gallia Cisalpina für die Entstehung der Oppida-Kultur, *Studien zur Siedlungsfragen der Latènezeit (Veröffentlichung des vorgeschichtliches Seminars Marburg* 3), Marburg, págs. 1-38.

FUENTES, A. (1993): Las ciudades romanas de la Meseta Sur, *Catálogo General de la Ciudad Hispanorromana*, Madrid, págs. 159-189.

GALÁN, C. (1980): Memoria de la Primera Campaña de Excavaciones en la necrópolis de El Navazo. La Hinojosa (Cuenca), 1976, *Noticiario Arqueológico Hispánico* 8, págs. 143-209.

GALÁN, E. (1990): Sugerencias metodológicas para una interpretación social de las necrópolis celtibéricas del Alto Henares, *Actas del II Encuentro de Historiadores del Valle del Henares*, Alcalá de Henares, págs. 25-32.

— (1989-90): Naturaleza y cultura en el mundo celtibérico, *Kalathos* 9-10, págs. 175-204.

GALINDO, F. (1954): La cabaña ideal de la Sierra de Albarracín, *Teruel* 11, págs. 111-164 y 12, págs. 5-61.

GARCÉS, I. y JUNYENT, E. (1989): Fortificación y defensa en la I Edad del Hierro. Piedras hincadas en Els Vilars, *Revista de Arqueología* 93, págs. 38-49.

GARCÉS, I.; JUNYENT, E.; LAFUENTE, A. y LÓPEZ, J.B. (1991): El sistema defensiu de «Els Vilars» (Arbeca, Les Garrigues), *Simposi Internacional d'Arqueologia Ibèrica (Manresa 1990)*, Manresa, págs. 183-197.

— (1993): Els Vilars (Arbeca, Les Garrigues): primera edat del ferro i època ibèrica a la plana occidental catalana, *Laietania* 8, págs. 41-59.

GARCÍA ALONSO, M. y URTEAGA, M. (1985): La villa medieval y el poblado de la Edad del Hierro de La Mota, Medina del Campo (Valladolid), *Noticiario Arqueológico Hispánico* 23, págs. 61-139.

GARCÍA Y BELLIDO, A. (1945): *España y los españoles hace dos mil años según la Geografía de Estrabón*, Madrid.

— (1949): *Esculturas Romanas de España y Portugal*, 2 vols., Madrid.

— (1960): Inventario de los jarros púnico-tartéssicos, *Archivo Español de Arqueología* XXXIII, págs. 44-63.

— (1969): *Numantia*, Zaragoza.

GARCÍA-BELLIDO, M.P. (1974): Tesorillo salmantino de denarios ibéricos, *Zephyrus* XXV, págs. 379-395.

— (1985-86): Monedas mineras de Bilbilis, *Kalathos* 5-6, págs. 153-159.

— (1990): *El tesoro de Mogente y su entorno monetal*, Valencia.

— (1994): Sobre la localización de *Segobrix* y las monedas del yacimiento de Clunia, *Archivo Español de Arqueología* 67, págs. 245-259.

— (1995a): Célticos y púnicos en la Beturia según sus documentos monetales, *Celtas y Túrdulos: la Beturia*, (*Cuadernos Emeritenses* 9), Mérida, págs. 255-292.

— (l995b): Moneda y territorio: La realidad y su imagen, *Archivo Español de Arqueología* 68, págs. 131-147.

García Fernández-Albalat, B. (1990): *Guerra y religión en la Gallaecia y la Lusitania antiguas*, La Coruña.

— (1993): El hecho religioso en la Galicia céltica, en VV.AA., *O Feito Relixioso na Historia de Galicia*, págs. 27-58.

García Garrido, M. y Pellicer, J. (1983-84): Dos téseras de hospitalidad, en plata, *Kalathos* 3-4, págs. 149-154.

García Garrido, M. y Villaronga, L. (1987): Las monedas de la Celtiberia, *III^{er} Encuentro de Estudios Numismáticos. Numismática de la Celtiberia*, (*Gaceta Numismática* 86-87, III-IV), Barcelona, págs. 35-63.

García-Gelabert, M.P. (1984): El poblado celtibérico de la Cabezuela (Zaorejas, Guadalajara), *Wad-Al-Hayara* 11, págs. 289-311.

— (1990-91): Marco socio-político de Celtiberia, *Lucentum* IX-X, págs. 103-110.

— (1992): La organización socio política celtibérica a través de los textos clásicos y la Arqueología, *II Symposium de Arqueología Soriana (Soria 1989)*, tomo I, Soria, págs. 659-670.

García-Gelabert, M.P. y Morère, N. (1986): «Los Castillejos», Sigüenza. Informe preliminar sobre la campaña de excavaciones de 1984, *Wad-Al-Hayara* 13, págs. 119-130.

García Heras, M. (1993a): *Castilterreño (Izana, Soria). Un modelo de producción cerámica de una comunidad celtibérica del Alto Duero en la 2ª Edad del Hierro*, Memoria de Licenciatura inédita, Universidad Complutense, Madrid.

— (1993b): Celtiberian pottery production in the Spanish Late Iron Age. A case-study in the central meseta (Soria, Spain), en Durán, P. y Fernández, J.F. (eds.) *Third euro-ceramics*, vol. 2, Castellón de la Plana, págs. 953-958.

— (1994a): Estudio arqueométrico de la cerámica de Izana (Soria) y de otros yacimientos celtibéricos del Alto Duero, *Boletín de la Sociedad Española de Cerámica y Vidrio* 33, págs. 315-325.

— (1994b): El yacimiento celtibérico de Izana (Soria). Un modelo de producción cerámica, *Zephyrus* XLVII, págs. 133-155.

— (1995): Celtiberian potters: an archaeometric approach to pottery production in Late Iron Age communities from the Spanish Central Meseta, en Vincenzini, P. (ed.), *The Ceramics Cultural Heritage*, Faenza, págs. 457-464.

García Heras, M. y López Corral, A.C. (1995): Aproximación al poblamiento de la Segunda Edad del Hierro en el valle del Cidacos, en Burillo, F. (coord.), *Poblamiento Celtibérico. III Simposio sobre los Celtíberos (Daroca 1991)*, Zaragoza, págs. 329-335.

García Heras, M. y Rincón, J.M. (1996): Microstructural and Microanalytical Study (SEM/EDX) of Celtiberian Potsherds from the Spanish Central Meseta, *Geoarchaeology*, 11,4, págs. 329-344.

García Huerta, R. (1980): La necrópolis de la Edad del Hierro en La Olmeda (Guadalajara), *Wad-Al-Hayara* 7, págs. 9-33.

— (1988): La necrópolis de La Yunta, en Burillo, F., *et alii* (eds.), *Celtíberos*, Zaragoza, págs. 95-98.

— (1989): Castros inéditos de la Edad del Hierro en las parameras de Molina de Aragón (Guadalajara), *Wad-Al-Hayara* 16, págs. 7-30.

— (1989-90): El hábitat durante la Edad del Hierro en las parameras de Sigüenza y Molina de Aragón (Guadalajara), *Kalathos* 9-10, págs. 147-173.

— (1990): *La Edad del Hierro en la Meseta Oriental: El Alto Jalón y el Alto Tajo*, (*Tesis Doctoral de la Universidad Complutense 50/90*), Madrid.

— (1991a): Elementos ibéricos en las necrópolis celtibéricas, *Congreso de Arqueología Ibérica: Las Necrópolis*, (*Serie Varia* I), Madrid, págs. 207-234.

— (1991b): Antropología de una necrópolis de incineración en la Meseta, en VV.AA., *Los Celtas en la Península Ibérica*, (*Revista de Arqueología*, extra 5), Madrid, págs. 120-122.

García Huerta, R. y Antona, V. (1986): La Yunta. Una necrópolis celtibérica de Guadalajara, *Revista de Arqueología* 59, págs. 36-47.

— (1987): Las cerámicas a mano de la necrópolis de la Segunda Edad del Hierro de La Yunta (Guadalajara), *XVIII Congreso Nacional de Arqueología (Islas Canarias 1985)*, Zaragoza, págs. 581-594.

— (1988): Estructuras de tipo tumular de la necrópolis de la Edad del Hierro de La Yunta (Guadalajara), *I Congreso de Historia de Castilla-La Mancha (Ciudad Real 1985)*, tomo III, Ciudad Real, págs. 291-300.

— (1992): *La necrópolis celtibérica de La Yunta (Guadalajara). Campañas de 1984-1987*, Villarrobledo (Albacete).

— (1995): La necrópolis celtibérica de La Yunta, en Balbín, R. de; Valiente, J. y Mussat, M.T. (coords.), *Arqueología en Guadalajara,* Toledo, págs. 55-70.

García Iglesias, L. (1971): La Beturia: un problema geográfico de la Hispania Antigua, *Archivo Español de Arqueología* XLIV, págs. 86-108.

García Lledó, F.J. (1983): *Las espadas de la Edad del Hierro del Museo Numantino de Soria*, Memoria de Licenciatura inédita, Universidad Complutense, Madrid.

— (1986-87): La técnica de construcción de algunas espadas de antenas de la Meseta, *Actas del Coloquio Internacional sobre la Edad del Hierro en la Meseta Norte (Salamanca 1984)*, Zephyrus XXXIX-XL, págs. 59-86.

GARCÍA-MAURIÑO, J. (1993): Los cascos de tipo Montefortino en la Península Ibérica. Aportación al estudio del armamento de la IIª Edad del Hierro, *Complutum* 4, págs. 95-146.

GARCÍA MERINO, C. (1973): Evolución del poblamiento en Gormaz (Soria) desde la Edad del Hierro a la Edad Media, *Boletín del Seminario de Arte y Arqueología* XXXIX, págs. 31-79.

— (1984): La ciudad de Uxama. Nuevos datos para la romanización en Soria, *Actas del I Simposium de Arqueología Soriana (Soria 1982)*, Soria, págs. 377-399.

— (1989): Uxama Argaela: El yacimiento y su historia, en Argente, J.L. (coord.), *Diez años de Arqueología Soriana (1978-1988)*, Soria, págs. 87-96.

— (1992): Cerámica pintada con decoración plástica de Uxama, *II Symposium de Arqueología Soriana (Soria 1989)*, tomo II, Soria, págs. 851-864.

— (1995): *Uxama I (Campañas de 1976 y 1978). Casa de la Cantera, Casa del Sectile, «El Tambor»,* (Excavaciones Arqueológicas en España 170), Madrid.

GARCÍA MERINO, C. y ALBERTOS, M.L. (1981): Nueva inscripción en lengua celtibérica: una *tessera hospitalis* zoomorfa hallada en Uxama (Soria), *Emerita* XLIX (1), págs. 179-189.

GARCÍA MORÁ, F. (1991): *Un episodio en la Hispania republicana: la guerra de Sertorio. Planteamientos iniciales*, Granada.

GARCÍA MORENO, L.A. (1993): Organización sociopolítica de los Celtas en la Península Ibérica, en Almagro-Gorbea, M. y Ruiz Zapatero, G. (eds.), *Los Celtas: Hispania y Europa*, Madrid, págs. 327-355.

GARCÍA QUINTELA, M.V. (1991): El sacrificio adivinatorio céltico y la religión de los lusitanos, *Polis* 3, págs. 25-37.

— (1992): El sacrificio lusitano: estudio comparativo, *Latomus* 51, 2, págs. 337-354.

— (1995): ¿Cuatro o cinco partes del territorio de los celtíberos? (nota a Estrabón III, 4, 19), en Burillo, F. (coord.), *Poblamiento Celtibérico. III Simposio sobre los Celtíberos (Daroca 1991)*, Zaragoza, págs. 471-475.

GARCÍA-SOTO, E. (1981): La necrópolis celtibérica de Ucero (Soria), *Arevacon* 1, págs. 4-9.

— (1988): La necrópolis de San Martín de Ucero (Soria), en Burillo, F., *et alii* (eds.), *Celtíberos*, Zaragoza, págs. 87-98.

— (1990): Las necrópolis de la Edad del Hierro en el Alto Valle del Duero, en Burillo, F. (coord.), *Necró-*

polis Celtibéricas. II Simposio sobre los Celtíberos (Daroca 1988), Zaragoza, págs. 13-38.

— (1992): Tumbas con puñales de tipo Monte Bernorio en la necrópolis de San Martín de Ucero, *II Symposium de Arqueología Soriana (Soria 1989)*, tomo I, Soria, págs. 367-388.

GARCÍA-SOTO, E. y CASTILLO, B. (1990): Una tumba excepcional de la necrópolis celtibérica de Ucero (Soria), en Burillo, F. (coord.), *Necrópolis Celtibéricas. II Simposio sobre los Celtíberos (Daroca 1988)*, Zaragoza, págs. 59-64.

GARCÍA-SOTO, E. y LA-ROSA, R. de (1990): Aproximación al estudio de las cerámicas con decoración a peine en la Meseta Norte, en Burillo, F. (coord.), *Necrópolis Celtibéricas. II Simposio sobre los Celtíberos (Daroca 1988)*, Zaragoza, págs. 305-310.

— (1992): Cerámicas con decoración «a peine» en la provincia de Soria, *II Symposium de Arqueología Soriana (Soria 1989)*, tomo I, Soria, págs. 343-365.

— (1995): Consideraciones sobre el poblamiento en la Ribera soriana del Duero, durante la Primera Edad del Hierro, en Burillo, F. (coord.), *Poblamiento Celtibérico. III Simposio sobre los Celtíberos (Daroca 1991)*, Zaragoza, págs. 83-92.

GARCÍA-SOTO, E.; ROVIRA, S. y SANZ, M. (1984): Broches de cinturón de tipo Miraveche en la necrópolis celtiberica de Ucero, *Actas del I Symposium de Arqueología Soriana (Soria 1982)*, Soria, págs. 213-226.

GARRIDO, J.P. y ORTA, E.M. (1978): *Excavaciones en la Necrópolis de «La Joya». Huelva,* (Excavaciones Arqueológicas en España 96), Madrid.

GERIN-RICARD, H. (1927): *Le sanctuaire de Roquepertuse*, Marseille.

GIL, E. (1992-93): El poblado de Atxa (Vitoria-Gasteiz), un ejemplo de asentamiento de la II Edad del Hierro con aculturación celtibérica en el valle del Zadorra, *Bajo Aragón Prehistoria* IX-X, págs. 167-174.

GIMÉNEZ DE AGUILAR, J. (1932): La necrópolis hallstattiense de Cañizares (Cuenca), *Actas y Memorias de la Sociedad Española de Antropología, Etnología y Prehistoria* XI, Madrid, págs. 59-67.

GINOUX, N. (1995): Lyres et dragons, nouvelles données pour l'analyse d'un des principaux thèmes ornementaux des fourreax laténiens, en Charpy, J.J. (ed.), *L'Europe Celtique du Vᵉ au IIIᵉ siècle avant J.-C.: contacts, echanges et mouvements de population*, págs. 405-412.

GOMES, M.V. y BEIRÃO, C.M. (1988): O tesouro da colecção Barros e Sá, Monsanto da Beira (Castelo Branco), *Veleia* 5, págs. 125-137.

GÓMEZ, A. (1986): *El Cerro de los Encaños (Villar del Horno. Cuenca)*, Noticiario Arqueológico Hispánico 27, págs. 265-350.

GÓMEZ MORENO, M. (1922): De epigrafía ibérica: el plomo de Alcoy, *Revista de Filología Española* IX, págs. 341-366.

— (1925): Sobre los iberos y su lengua, en *Homenaje ofrecido a Menéndez Pidal* III, Madrid, págs. 475-499.

— (1943): La escritura ibérica, *Boletín de la Real Academia de la Historia* CXII, págs. 251-278.

— (1949): *Misceláneas. Historia, Arte, Arqueología. Primera serie: la Antigüedad*, Madrid.

GÓMEZ SERRANO, N.P. (1931): Sección de Antropología y Prehistoria, *Anales del Centro de Cultura Valenciana*, año IV, 8, pág. 127.

— (1954): Arqueología de las altas vertientes comunes al Turia y Tajo, *Archivo de Arte Valenciano*, año XXV, págs. 45-59.

GONZÁLEZ, M.C. (1986): *Las unidades organizativas indígenas del área indoeuropea de Hispania*, (*Veleia*, Anejo nº 2), Vitoria/Gasteiz.

— (1994): Las unidades organizativas indígenas II: *Addenda et corrigenda*, Veleia 11, págs. 169-175.

GONZÁLEZ ALCALDE, J. y CHAPA, T. (1993): «Meterse en la boca del lobo». Una aproximación a la figura del «carnassier» en la religión ibérica, *Complutum* 4, págs. 169-174.

GONZÁLEZ-CONDE, M.P. (1992): Los pueblos prerromanos de la Meseta Sur, en Almagro-Gorbea, M. y Ruiz Zapatero, G. (eds.), *Paleoetnología de la Península Ibérica*, (*Complutum* 2-3), Madrid, págs. 299-309.

GONZÁLEZ NAVARRETE, J.A. (1987): *Escultura Ibérica de Cerrillo Blanco. Porcuna, Jaén*, Jaén.

GONZÁLEZ SIMANCAS, M. (1914): Numancia. Estudio de sus defensas, *Revista de Archivos, Bibliotecas y Museos* XXX, págs. 465-508.

— (1926a): *Las fortificaciones de Numancia. Excavaciones practicadas para su estudio*, (*Junta Superior de Excavaciones y Antigüedades* 74), Madrid.

— (1926b): De arqueología numantina: Los estratos de las excavaciones de la acrópoli, *Boletín de la Sociedad Española de Excursiones* XXXIV, págs. 176-182 y 253-273.

GONZÁLEZ-TABLAS, F.J.; FANO, M.A. y MARTÍNEZ, A. (1991-92): Materiales inéditos de Sanchorreja procedentes de excavaciones clandestinas: un intento de valoración, *Zephyrus* XLIV-XLV, págs. 301-329.

GORROCHATEGUI, J. (1987): En torno a la clasificación del lusitano, *Studia Palaeohispanica. Actas del IV Coloquio sobre lenguas y culturas paleohispánicas (Vitoria 1985)*, Vitoria/Gasteiz, págs. 77-91. (= *Veleia* 2-3).

— (1990): Consideraciones sobre la fórmula onomástica y la expresión del origen en algunos textos celtibéricos menores, en Villar, F. (ed.), *Studia Indogermanica et Palaeohispanica in Honorem A. Tovar et L. Michelena*, Salamanca, págs. 291-312.

— (1991): Descripción y posición lingüística del celtibérico, en Lakarra, J.A. (ed.), *Memoriae L. Mitxelena Magistri Sacrum*, San Sebastián, págs. 3-31.

— (1993): Las lenguas de los pueblos paleohispánicos, en Almagro-Gorbea, M. y Ruiz Zapatero, G. (eds.), *Los Celtas: Hispania y Europa*, Madrid.

GRACIA, F.; MUNILLA, G. y PALLARÉS, R. (1991): Estructuración del poblamiento y sistemas defensivos en el área de la desembocadura del Ebro: La Moleta del Remei (Alcanar) y el Castellet de Banyoles (Tivissa), *Simposi Internacional d'Arqueologia Ibèrica (Manresa 1990)*, Manresa, págs. 67-78.

GRAS, R.; MENA, P. y VELASCO, F. (1984): La ciudad de Fosos de Bayona (Cuenca). Inicios de la Romanización, *Revista de Arqueología* 36, págs. 48-57.

GRAU-ZIMMERMANN, B. (1978): Phönikische Metallkannen in den Orientalisierenden Horizonten des Mittelmeerraumes, *Madrider Mitteilungen* 19, págs. 161-218.

GREEN, M. (1989): *Symbol and Image in Celtic Religious Art*, London.

— (1992): *Dictionary of Celtic Myth and Legend*, London.

— (1993): La religión celta, en Almagro-Gorbea, M. y Ruiz Zapatero, G. (eds.): *Los Celtas: Hispania y Europa*, Madrid, págs. 451-475.

— (1995): The Gods and the supernatural, en Green, M.J. (ed.), *The Celtic World*, London-New York, págs. 465-488.

GRIÑÓ, B. (1989): *Los puñales de tipo Monte Bernorio-Miraveche. Un arma de la Segunda Edad del Hierro en la Cuenca del Duero*, (*BAR International Series* 504 (I, II), Oxford.

GUADÁN, A.M. de (1969): *Numismática ibérica e ibero-romana*, Madrid.

— (1979): *Las armas en la moneda Ibérica*, Madrid.

GUERÍN, P. y MARTÍNEZ, R. (1987-88): Inhumaciones infantiles en poblados ibéricos del área valenciana, *Saguntum* 21, págs. 231-265.

GUITART, J. (1975): Nuevas piezas de escultura prerromana en Cataluña. Restos de un monumento con relieves en Sant Martí Sarroca (Barcelona), *Pyrenae* 11, págs. 71-80.

HARBISON, P. (1968): Castros with «chevaux de frise» in Spain and Portugal, *Madrider Mitteilungen* 9, págs. 116-147.

— (1971): Wooden and Stone Chevaux-de-Frise in Central and Western Europe, *Proceedings of the Prehistoric Society*, XXXVII, págs. 195-225.

HERNÁNDEZ, F. (1991): Las necrópolis del poblado de Villasviejas (Cáceres), *I Jornadas de Prehistoria y Arqueología en Extremadura (1986-1990)*, (*Extremadura Arqueológica* II), Mérida-Cáceres, págs. 255-267.

HERNÁNDEZ, F. y GALÁN, E. (1996): *La necrópolis de*

«El Mercadillo» (Botija, Cáceres), (Extremadura Arqueológica VI).

HERNÁNDEZ, F., RODRÍGUEZ, M.D. y SÁNCHEZ, M.A. (1989): Excavaciones en el Castro de Villasviejas del Tamuja (Botija, Cáceres), Mérida.

HERNÁNDEZ, F. y MIGUEL, F.J. de (1991-92): Informe sobre los restos de fauna recuperada en el yacimiento de «Montón de Tierra» (Griegos, Teruel), Kalathos 11-12, págs. 157-164.

HERNÁNDEZ VERA, J.A. (1982): Las ruinas de Inestrillas. Estudio Arqueológico. Aguilar del Río Alhama, La Rioja, Logroño.

— (1983): Difusión de elementos de la cultura de Cogotas hacia el Valle del Ebro, I Coloquio sobre Historia de La Rioja (Logroño 1982), (Cuadernos de Investigación. Historia IX-1), Logroño, págs. 65-79.

HERNÁNDEZ VERA, J.A. y MURILLO, J.J. (1985): Aproximación al estudio de la siderurgia celtibérica del Moncayo, Caesaraugusta 61-62, págs. 177-190.

— (1986): La metalurgia celtibérica: proyecto de investigación, Estudios en Homenaje al Dr. Antonio Beltrán Martínez, Zaragoza, págs. 453-461.

HERNÁNDEZ VERA, J.A. y NÚÑEZ, J. (1988): Las ruinas de Inestrillas: Contrebia Leukade, en Burillo, F., et alii (eds.), Celtíberos, Zaragoza, págs. 36-43.

HERNÁNDEZ VERA, J.A. y SOPEÑA, G. (1991): Acerca de una vasija celtibérica con decoración de cabezas humanas hallada en las excavaciones de Contrebia Leukade (Aguilar del Río Alhama, La Rioja). Noticia preliminar, Estrato. Revista Riojana de Arqueología, págs. 40-44.

HOGG, A.H.A. (1957): Four spanish Hill-Forts, Antiquity XXXI, págs. 25-32.

HOLDER, A. (1896-1910): Alt-Celtischer Sprachschatz, I-III, Leipzig.

HOZ, J. de (1963): Hidronimia antigua europea en la Península Ibérica, Emerita 31, 227-242.

— (1983): Las lenguas y la epigrafía prerromanas de la Península Ibérica. Unidad y pluralidad del mundo antiguo. Actas del VI Congreso Español de Estudios Clásicos, Madrid, págs. 351-396.

— (1985): El origen de la escritura del S.O., Actas del III Coloquio sobre lenguas y culturas paleohispánicas (Lisboa 1980), Salamanca, págs. 423-464.

— (1986a): La epigrafía celtibérica, Reunión sobre epigrafía hispánica de época romano-republicana, Zaragoza, págs. 43-102.

— (1986b): La religión de los pueblos prerromanos de Lusitania, Manifestaciones religiosas en Lusitania, Cáceres, págs. 31-49.

— (1986c): El nombre de Salamanca, en Cabo, A. y Ortega, A., Salamanca. Geografía. Historia. Arte. Cultura, Salamanca, págs. 11-18.

— (1988a): Hispano-Celtic and Celtiberian, en MacLennan, G.W. (ed.), Proceedings of the First North American Congress of Celtic Studies (Ottawa 1986), Ottawa, págs. 191-207.

— (1988b): La lengua y la escritura de los celtíberos, en Burillo, F., et alii (eds.), Celtíberos, Zaragoza, págs. 145-153.

— (1989a): Las fuentes escritas sobre Tartessos, en Aubet, M.E. (ed.), Tartessos, Barcelona, págs. 25-43.

— (1989b): El desarrollo de la escritura y las lenguas de la zona meridional, en Aubet, M.E. (ed.), Tartessos, Barcelona, págs. 523-587.

— (1991a): Epigrafía y Lingüística paleohispánicas, Boletín de la Asociación Española de Amigos de la Arqueología 30-31, págs. 181-193.

— (1991b): Las lenguas célticas peninsulares, en VV.AA, Los Celtas en la Península Ibérica, (Revista de Arqueología, extra 5), Madrid, 36-41.

— (1992a): The Celts of the Iberian Peninsula, Zeitschrift für Celtische Philologie 45, págs. 1-37.

— (1992b): Lepontic, Celt-Iberian, Gaulish and the archaeological evidence, Actes du IXe Congrès International d'études celtiques (Paris 1991), première partie: Les Celtes au IIIe siècle avant J.-C., Etudes Celtiques XXIX, Paris, 1992, págs. 223-240.

— (1993a): Testimonios lingüísticos relativos al problema céltico en la Península Ibérica, en Almagro-Gorbea, M. y Ruiz Zapatero, G. (eds.), Los Celtas: Hispania y Europa, Madrid, págs. 357-407.

— (1993b): La lengua y la escritura ibéricas, y las lenguas de los iberos, en Untermann, J. y Villar, F. (eds.), Lengua y Cultura en la Hispania Prerromana. Actas del V Coloquio sobre lenguas y culturas prerromanas de la Península Ibérica (Colonia 1989), Salamanca, págs. 635-666.

— (1993c): Las sociedades paleohispánicas del área no indoeuropea y la escritura, Archivo Español de Arqueología 66, págs. 3-29.

— (1993d): Áreas lingüísticas y lenguas vehiculares en el extremo Mediterráneo Occidental, L'Italia e il Mediterraneo antico, págs. 11-44.

— (1994): Castellum Aviliobris. Los Celtas del extremo occidente continental, en Bielmeier, R. y Stempel, R., Indogermanica et Caucasica. Festschrift für Karl Horst Schmidt zum 65. Geburtstag, Berlin-New York, págs. 348-362.

— (1995a): Las sociedades celtibérica y lusitana y la escritura, Archivo Español de Arqueología 68, págs. 3-30.

— (1995b): Tartesio, fenicio y céltico 25 años después, Tartessos 25 años después 1968-1993, Actas del Congreso Conmemorativo del V Symposium Internacional de Prehistoria Peninsular, Jerez de la Frontera, págs. 591-607.

— (1995c): Panorama provisional de la epigrafía rupestre paleohispánica, en Rodríguez Colmenero, A. y

Gasperini, L. (eds.), *Saxa Scripta (Inscripciones en roca). Actas del Simposio Internacional Ibero-Itálico sobre epigrafía rupestre*, (*Anejos de Larouco* 2), La Coruña, págs. 9-33.

— (1995d): Escrituras en contacto: ibérica y latina, en Beltrán Lloris, F. (ed.), *Roma y el nacimiento de la cultura epigráfica en Occidente,* Zaragoza, págs. 57-84.

Hoz, J. de, y Michelena, L. (1974): *La inscripción celtibérica de Botorrita*, Salamanca.

Hübner, E. (1893): *Monumenta Linguae Ibericae*, Berlin.

Humbolt, W. von (1821): *Prüfung der Untersuchungen über die Urbewohner Hispaniens vermittelst der Varkischen Sprache*, Berlin.

Ibáñez, J. y Polo, C. (1991): «Barranco de la Pasiega o Gascones (Calamocha)» y «Finca Bronchales (Calamocha)», en Burillo, F. (dir.), *Patrimonio Histórico de Aragón. Inventario Arqueológico. Calamocha*, Zaragoza, págs. 179 ss.

Iglesias, E.; Arenas, J. y Cuadrado, M.A. (1989): La ciudad fortificada de «La Cava», *Wad-Al-Hayara* 16, págs. 75-100.

Iriarte, A.; García, M.L.; Filloy, I.; Gil, E. y Sesma, J. (1996): El depósito de armas de la azucarera (Alfaro, La Rioja), *Cuadernos de Arqueología de la Universidad de Navarra* 4, págs. 173-194.

Jacobsthal, P. (1944): *Early Celtic Art*, Oxford.

Jiménez, F.; Mena, P.; Nogueras, E. y Sánchez, A. (1986): Elementos de diferenciación social en la necrópolis del Navazo (La Hinojosa, Cuenca), *Arqueología Espacial. Coloquio sobre el microespacio*, tomo 3, Teruel, págs. 155-168.

Jiménez, J.A. (1993): *Historiografía de la Pre y Protohistoria de la Península Ibérica en el siglo XIX*, Tesis Doctoral inédita.

Jiménez, P.J. (1988): Patrones de asentamiento en la comarca de Molina de Aragón (Guadalajara), durante la segunda Edad del Hierro, *Wad-Al-Hayara* 15, págs. 47-94.

Jimeno, A. (1985): Prehistoria, en Pérez Rioja, J.A. (dir.), *Historia de Soria*, vol. I, Soria, págs. 83-122.

— ed. (1992): *Las cerámicas de Numancia*, (*Arevacon* 17), Soria.

— (1994a): Numancia, en *Leyenda y arqueología de las ciudades prerromanas de la Península Ibérica*, vol. II, Madrid, págs. 119-134.

— (1994b): Investigación e Historia de Numancia, en Argente, J.L. (coord.), *El Museo Numantino, 75 años de la Historia de Soria*, Soria, págs. 25-61.

— (1996): Numancia: Relación necrópolis-poblado, *Archivo Español de Arqueología* 69, págs. 57-76.

Jimeno, A. y Arlegui, M. (1995): El poblamiento en el Alto Duero, en Burillo, F. (coord.), *Poblamiento Celtibérico. III Simposio sobre los Celtíberos (Daroca 1991)*, Zaragoza, págs. 93-126.

Jimeno, A. y Fernández, J.J. (1985): Los Quintanares de Escobosa de Calatañazor (Soria). Algunos aspectos sobre la transición de la Edad del Bronce a la del Hierro, *Revista de Investigación* IX, 3, págs. 49-66.

— (1992a): El poblamiento desde el Neolítico a la Edad del Bronce: Constantes y cambios, *II Simposium de Arqueología Soriana (Soria 1989)*, tomo I, Soria, págs. 69-101.

— (1992b): La metalurgia de la Edad del Bronce en la provincia de Soria: el contexto cultural, *II Simposium de Arqueología Soriana (Soria 1989)*, tomo I, Soria, págs. 231-246.

Jimeno, A., Fernández, J.J. y Revilla, M.L. (1990): *Numancia. Guia del yacimiento*, Soria.

Jimeno, A. y Martín, A. (1995): Estratigrafía y Numismática: Numancia y los campamentos, en García-Bellido, M.P. y Sobral Centeno, R.M. (eds.), *La Moneda Hispánica. Ciudad y Territorio*, (*Anejos de Archivo Español de Arqueología* XIV), Madrid, págs. 179-190.

Jimeno, A. y Morales, F. (1993): El poblamiento de la Edad del Hierro en el Alto Duero y la necrópolis de Numancia, *Complutum* 4, págs. 147-156.

— (1994): La localización de la necrópolis celtibérica de Numancia, *1.º Congresso de Arqueologia Peninsular (Porto 1993)*, vol. III, Porto, págs. 249-265. (= *Trabalhos de Antropologia e Etnologia* XXXIV, 1-2).

Jimeno, A. y Tabernero, C. (1996): Origen de Numancia y su evolución urbana, *Complutum Extra* 6 (I), págs. 415-432.

Jimeno, A.; Trancho, G.J.; Morales, F.; Robledo, B. y López-Bueis, I. (1996): Ritual y dieta alimenticia: la necrópolis celtibérica de Numancia, *Nvmantia* 6, págs. 31-44.

Jones, G. (1983): Informe sobre semillas carbonizadas, en Burillo, F., *El poblado de época ibérica y yacimiento medieval: «Los Castellares» (Herrera de los Navarros-Zaragoza) I*, Zaragoza, págs. 105-106.

Kalb, Ph. (1979): Die Kelten in Portugal, *Actas del II Coloquio sobre Lenguas y Culturas Prerromanas de la Península Ibérica (Tübingen, 1976)*, Salamanca, págs. 209-223.

— (1990): Zum Keltenbegriff in der Archäologie der Iberischen Halbinsel, *Madrider Mitteilungen* 31, págs. 338-347.

— (1993): Sobre el término «celta» en la investigación arqueológica de la Península Ibérica, en Untermann, J. y Villar, F. (eds.), *Lengua y Cultura en la Hispania Prerromana. Actas del V Coloquio sobre lenguas y culturas prerromanas de la Península Ibérica (Colonia, 1989)*, Salamanca, págs. 143-157.

Kimmig, W. (1940): *Die Urnenfelderkultur in Badem*, (*Römisch-germanischen Forschungen* 14), Berlin.

Knapp, R.C. (1978): The origins of provincial

prosopography in the West, *Ancient Society* 9, págs. 187-222.

KOCH, M. (1979): Die Keltiberer und ihr historischer Kontext, *Actas del II Coloquio sobre lenguas y culturas prerromanas de la Península Ibérica (Tübingen 1976)*, Salamanca, págs. 387-419.

KÖDDERITZSCH, R. (1985): Die grosse Felsinschrift von Peñalba de Villastar, *Sprachwissenschaftliche Forschungen. Festschrift für J. Knobloch*, Innsbruck, págs. 211-222.

KONRAD, C.F. (1994): Segovia and Segontia, *Historia* 43.4, págs. 441-453.

KRAHE, H. (1954): *Sprache und Vorzeit*, Heidelberg.

— (1964): *Unsere ältesten Flussnamen*, Wiesbaden.

KURTZ, W.S. (1982): Material relacionado con el fuego aparecido en las necrópolis de Las Cogotas y de La Osera, *Boletín de la Asociación Española de Amigos de la Arqueología* 16, págs. 52-53.

— (1985): La coraza metálica en la Europa protohistórica, *Boletín de la Asociación Española de Amigos de la Arqueología* 21, págs. 13-23.

— (1987): *La Necrópolis de Las Cogotas. Volumen I: Ajuares. Revisión de los materiales de la necrópolis de la Segunda Edad del Hierro en la Cuenca del Duero (España)*, (*BAR International Series* 344), Oxford.

— (1991): Elementos etrusco-itálicos en el armamento ibérico, en Remesal, J. y Musso, O. (coord.), *La presencia de material etrusco en la Península Ibérica (Barcelona 1990)*, Barcelona, págs. 187-195.

— (1994): Recensión de Stary, P.F., *Zur Eisenzeitlichen Bewaffnung und Kampfesweise auf der Iberischen Halbinsel*, (*Madrider Forschungen* 18), Berlin 1994, *Trabajos de Prehistoria* 5l, págs. 200-203.

LA-ROSA, R. de y GARCÍA-SOTO, E. (1989): El yacimiento de Cerro Ógmico (Monreal de Ariza, Zaragoza): Estudio preliminar, *XIX Congreso Nacional de Arqueología (Castellón 1987)*, Zaragoza, vol. I, págs. 659-666.

— (1995): Cerro Ógmico, un yacimiento de Campos de Urnas en el Alto Jalón, en Burillo, F. (coord.), *Poblamiento Celtibérico. III Simposio sobre los Celtíberos (Daroca 1991)*, Zaragoza, págs. 265-274.

LASSERRE, F. (1966): *Strabon. Géographie. Tome II (Livres III et IV)*, Paris.

LATORRE, F. (1979): Aproximación al estudio del armamento ibérico levantino, *Varia* I, págs. 153-182.

LAWRENCE, A.W. (1979): *Greek aims in fortifications*, Oxford.

LE ROUX, F. (1984): La religión de los Celtas, *Historia de las Religiones Siglo XXI. Las religiones antiguas. III*, Madrid, págs. 109-184, (4ª edición).

LE ROUX, F. y GUYONVARC'H, Ch.-J. (1986): *Les druides*, Rennes.

LEJEUNE, M. (1955): *Celtiberica*, (*Acta Salmanticensia* VII-4), Salamanca.

LENERZ-DE WILDE, M. (1981): Keltische funde aus Spanien, *Archäologisches Korrespondenblatt* 11, págs. 315-319.

— (1986): Art celtique et armes ibériques, *Revue Aquitania*, Supplément 1, págs. 273-280.

— (1986-87): Problemas de la datación de fíbulas en la Meseta hispánica, *Actas del Coloquio Internacional sobre la Edad del Hierro en la Meseta Norte (Salamanca, 1984)*, Zephyrus XXXIX-XL, págs. 199-213.

— (1991): *Iberia Celtica. Archäologische Zeugnisse keltischer Kultur auf der Pyrenäenhalbinsel*, Stuttgart.

— (1995): The Celts in Spain, en Green, M.J. (ed.), *The Celtic World*, London-New York, págs. 533-551.

LILLO, P. (1986): Armas y utillaje de los iberos, *Historia de Cartagena*, tomo III, Murcia, págs. 539-584.

LLANOS, A. (1974): Urbanismo y arquitectura en poblados alaveses de la Edad del Hierro, *Estudios de Arqueología Alavesa* 6, págs. 101-146.

— (1981): Urbanismo y arquitectura en el primer milenio antes de Cristo, en *El hábitat en la Historia de Euskadi*, Bilbao, págs. 49-73.

— (1990): Necrópolis del Alto Ebro, en Burillo, F. (coord.), *Necrópolis Celtibéricas. II Simposio sobre los Celtíberos (Daroca 1988)*, Zaragoza, págs. 137-147.

LOMAS, F.J. (1980): Las fuentes históricas más antiguas para el conocimiento de los celtas peninsulares, en VV.AA., *Historia de España Antigua I. Protohistoria*, cap. II, págs. 53-81.

LOPERRÁEZ, J. (1788): *Descripción Histórica del Obispado de Osma*, tomo II, Madrid.

LÓPEZ, P. (1981): Estudio del cereal procedente del yacimiento del Cerro «Plaza de los Moros», en Sierra, M., Fuente de la Mota (Barchín del Hoyo-Cuenca), *Noticiario Arqueológico Hispánico* 11, págs. 219-221.

— (1992): Estudio de los restos vegetales del yacimiento de La Coronilla, en Cerdeño, M.L. y García Huerta, R., *El Castro de La Coronilla. Chera, Guadalajara (1980-1986)*, (*Excavaciones Arqueológicas en España* 163), Madrid, págs. 141-144.

LÓPEZ, P. y LÓPEZ, J.A. (1991-92): El paisaje vegetal del yacimiento «Montón de Tierra», Griegos (Teruel), *Kalathos* 11-12, págs. 165-176.

LÓPEZ CUEVILLAS, F. (1951): Esculturas zoomorfas y antropomorfas de la cultura de los castros, *Cuadernos de Estudios Gallegos* VI, págs. 177-203.

— (1955): Armas de bronce ofrendadas al río Sil, *Zephyrus* IV, págs. 233-240.

LÓPEZ MONTEAGUDO, G. (1977): La diadema de San Martín de Oscos, *Homenaje a García Bellido*, *Revista de la Universidad Complutense* XXVI (109), tomo III, Madrid, págs. 99-108.

— (1987): Las «cabezas cortadas» en la Península Ibérica, *Gerion* 5, págs. 245-252.

LORENZ, H. (1985): Regional organization in the western Early La Tène province: The Marne-Mosel and Rhine-Danube groups, en Champion, T.C. y Megaw, J.V.S. (eds.), *Settlement and Society: aspects of West European prehistory in the first millennium B.C.*, Leicester, págs. 109-122.

LORRIO, A.J. (1988-89): Cerámica gris orientalizante de la necrópolis de Medellín (Badajoz), *Zephyrus* XLI-XLII, págs. 283-314.

— (1989): Las cerámicas «celtibéricas» de Segóbriga, en Almagro-Gorbea, M. y Lorrio, A.J., *La Muralla Norte y la Puerta Principal. Campañas 1986-1987*, Apéndice I, Cuenca, 1989, págs. 249-298.

— (1990): La Mercadera (Soria): Organización social y distribución de la riqueza en una necrópolis celtibérica, en Burillo, F. (coord.), *Necrópolis Celtibéricas. II Simposio sobre los Celtíberos (Daroca 1988)*, Zaragoza, págs. 39-50.

— (1992): Fortificados ¿para qué?: reflexiones en torno al Grupo Castreño soriano, *Arqrítica* 4, págs. 9-12.

— (1993a): El armamento de los Celtas hispanos, en Almagro-Gorbea, M. y Ruiz Zapatero, G. (eds.), *Los Celtas: Hispania y Europa*, Madrid, págs. 285-326.

— (1993b): La formación de la Cultura Celtibérica, *XXII Congreso Nacional de Arqueología (Vigo 1993)*, Vigo, págs. 219-224.

— (1994a): La evolución de la panoplia celtibérica, *Madrider Mitteilungen* 35, págs. 212-257.

— (1994b): L'armement des Celtibères: phases et groupes, *Actes du XVIe colloque de l'Association Française pour l'Etude de L'Age du Fer (Agen 1992)*, (*Revue Aquitania* 12), págs. 391-414.

— (1995a): Celtas y Celtíberos en la Península Ibérica, *Celtas y Túrdulos: La Beturia*, (*Cuadernos Emeritenses* 9), Mérida, págs. 77-126.

— (1995b): El armamento de los celtíberos a través de la iconografía monetal, *I Encuentro Peninsular de Numismática Antigua. La Moneda Hispánica: Ciudad y Territorio (Madrid 1994)*, Madrid, págs. 75-80.

— (1995c): *Los Celtíberos: Etnia y Cultura*, Tesis Doctoral inédita, Universidad Complutense, Madrid.

— (e.p.): Elementos para la delimitación de la Celtiberia meridional, *VII Coloquio sobre Lenguas y Culturas Paleohispánicas (Zaragoza 1997)*.

LOSADA, H. (1966): *La necrópolis de la Edad del Hierro de Buenache de Alarcón (Cuenca)*, (*Trabajos de Prehistoria* XX), Madrid.

LULL, V. y PICAZO, M. (1989): Arqueología de la muerte y estructura social, *Archivo Español de Arqueología* 62, págs. 5-20.

MAIA, M. (1985): Celtici e turduli nas fontes clássicas, *Actas del III Coloquio sobre lenguas y culturas paleohispánicas (Lisboa 1980)*, Salamanca, págs. 165-177.

MADERUELO, M. y PASTOR, M.J. (1981): Excavaciones en Reillo (Cuenca), *Noticiario Arqueológico Hispánico* 12, págs. 159-185.

MADROÑERO, A. (1981): Estudio de una pieza de la brida de un caballo y de un clavo encontrados en el yacimiento en curso de excavación, en Sierra, M., Fuente de la Mota (Barchín del Hoyo-Cuenca), *Noticiario Arqueológico Hispánico* 11, págs. 236-246.

— (1984): Aplicación de las técnicas arqueometalúrgicas en la identificación e interpretación de los restos de soliferrums, *Kalathos* 3-4, págs. 139-148.

MALUQUER DE MOTES, J. (1954): *Pueblos celtas*, en Menéndez Pidal, R. (dir.), *Historia de España*, I, 3, Madrid, págs. 5-194.

— (1958): *Excavaciones Arqueológicas en el Cerro del Berrueco (Salamanca)*, Salamanca.

MANGAS, J. (1971): *Esclavos y libertos en la España romana*, Salamanca.

MANGAS, J. y HERNANDO, M.R. (1990-91): La sal y las relaciones intercomunitarias en la Península Ibérica durante la Antigüedad, *Memorias de Historia Antigua* XI-XII, págs. 219-231.

MANRIQUE, M.A. (1980): *Instrumentos de hierro de Numancia*, Madrid.

MARCO, F. (1976): Nuevas estelas ibéricas de El Palao (Alcañiz, Teruel), *Pyrenae* 11, págs. 73-91.

— (1977): Esclavitud y servidumbre en la conquista de Hispania. I. 237-83 a.J.C., *Estudios del Seminario de Prehistoria, Arqueología e Historia Antigua de la Facultad de Filosofía y Letras de Zaragoza* III, págs. 87-103.

— (1978): *Las estelas decoradas de tradición indígena en los Conventos Caesaraugustano y Cluniense*, (*Caesaraugusta*, 43-44), Zaragoza.

— (1980): Sufijación céltica: -briga, -dunum, -acum, en Beltrán, A. (ed.), *Atlas de Prehistoria y Arqueología Aragonesas*, Zaragoza, págs. 62-63.

— (1986): El dios céltico Lug y el santuario de Peñalba de Villastar, *Estudios en Homenaje al Dr. Antonio Beltrán Martínez*, Zaragoza, 731-759.

— (1987): La religión de los Celtíberos, *I Simposium sobre los Celtíberos (Daroca 1986)*, Zaragoza, págs. 55-74.

— (1988): La religiosidad celtibérica, en Burillo, F., *et alii* (eds.), *Celtíberos*, Zaragoza, págs. 171-177.

— (1989): Lengua, instituciones y religión de los celtíberos, en VV.AA., *Los Celtas en el Valle Medio del Ebro*, Zaragoza, págs. 99-129.

— (1991): Mundo religioso y funerario, en VV.AA., *Los Celtas en la Península Ibérica*, (*Revista de Arqueología*, extra 5) págs. 92-101.

— (1993a): La religiosidad en la Céltica hispana, en

Almagro-Gorbea, M. y Ruiz Zapatero, G. (eds.), *Los Celtas: Hispania y Europa*, Madrid, págs. 477-512.

— (1993b): Iconografía y religión celtibérica. Reflexiones sobre un vaso de Arcóbriga, en *Homenatge a Miquel Tarradell*, Barcelona, págs. 47-77.

— (1993c): Reflexiones sobre el hecho religioso en el contexto social de la Celtiberia, en González, M.C. y Santos, J. (eds.), *Revisiones de Historia Antigua. 1. Las estructuras sociales indígenas del norte de la Península Ibérica*, Vitoria, págs. 35-50.

— (1993d): Nemedus Augustus, en Adiego, I.J., Siles, J. y Velaza, J. (eds.) *Studia palaeohispanica et indogermanica J. Untermann ab amicis hispanicis oblata*, (*Aurea saecula* 10), Barcelona, págs. 165-178.

— (1994a): Heroización y tránsito acuático: Sobre las diademas de Mones (Piloña, Asturias), en Mangas, J. y Alvar, J. (eds.), *Homenaje a J.M. Blázquez*, II, Madrid, págs. 319-348.

— (1994b): La religión indígena en la Hispania indoeuropea, en VV.AA., *Historia de las religiones de la Europa Antigua*, capítulo VIII, Madrid, págs. 313-400.

— (1996): Romanización y aculturación religiosa: Los santuarios rurales, en Reboreda, S. y López, P. (eds.), *A cidade e o mundo: romanización e cambio social*, Xinzo de Limia, págs. 81-100.

Marco, F. y Baldellou, V. (1976): El monumento ibérico de Binéfar (Huesca), *Pyrenae* 12, págs. 91-116.

Marcos Pous, A. (1996): *De situ Gracurris*: desde el siglo XVI hasta las excavaciones inéditas de 1969, *Cuadernos de Arqueología de la Universidad de Navarra* 4, págs. 107-171.

Mariana, Padre J. de (1852-53): *Historia General de España*, tomo I, Madrid.

Marinis, R.F. de (1991): I Celti golasecchiani, en Moscati, S. (coord.), *I Celti*, Milano, págs. 93-102.

Martín, A. (1983): Informe sobre escorias de fundición, en Burillo, F., *El poblado de época ibérica y yacimiento medieval: «Los Castellares» (Herrera de los Navarros-Zaragoza) I*, Zaragoza, págs. 108-112.

Martín, A., Madroñero, A. y López, V. (1991-92): Arqueometalurgia del poblado celtibérico de «Los Castellares», de Herrera de los Navarros (Zaragoza), *Kalathos* 11-12, págs. 233-266.

Martín Bueno, M.A. (1975a): *Bilbilis. Estudio Histórico-Arqueológico*, Zaragoza.

— (1975b): Bilbilis. Enterramientos indígenas en torres de muralla, *XII Congreso Nacional de Arqueología (Huelva, 1975)*, Zaragoza, págs. 701-706.

— (1982): Nuevos datos para los Enterramientos Rituales en la Muralla de Bilbilis (Calatayud, Zaragoza), *Bajo Aragón Prehistoria* IV, Caspe, Zaragoza, págs. 96-105.

Martín Montes, M.A. (1984a): La fíbula anular hispánica en la Meseta Peninsular. I. Origen y cronología, su estructura y clasificación tipológica, *Boletín de la Asociación Española de Amigos de la Arqueología* 20, págs. 36-46.

— (1984b): La fíbula anular hispánica en la Meseta Peninsular. II. Su distribución tipológica-geográfica. Algunas piezas de interés, *Boletín de la Asociación Española de Amigos de la Arqueología* 20, págs. 35-43.

Martín Valls, R. (1984): *Prehistoria Palentina*, en González, J. (dir.), *Historia Palentina*, vol. I, Madrid, págs. 15-53.

— (1985): Segunda Edad del Hierro. en Delibes, G., *et alii*, *Historia de Castilla y León. 1. La Prehistoria del Valle del Duero*, Valladolid, págs. 104-131.

— (1986-87): La Segunda Edad del Hierro: Consideraciones sobre su periodización, *Actas del Coloquio Internacional sobre la Edad del Hierro en la Meseta Norte (Salamanca, 1984)*, *Zephyrus* XXXIX-XL, págs. 59-86.

— (1990): Los «simpula» celtibéricos, *Boletín del Seminario de Arte y Arqueología* LVI, págs. 144-169.

Martín Valls, R. y Esparza, A. (1992): Génesis y evolución de la cultura celtibérica, en Almagro-Gorbea, M. y Ruiz Zapatero, G. (eds.), *Paleoetnología de la Península Ibérica*, (*Complutum* 2-3), Madrid, págs. 259-279.

Martínez García, J.M. (1986): Un brazalete de plata del poblado ibérico de Los Villares. Caudete de las Fuentes (Valencia), *Trabajos de Prehistoria* 43, págs. 257-265.

— (1990): Materiales de la Segunda Edad del Hierro en la Plana de Utiel, *Anales de la Academia de Cultura Valenciana (segunda época). Libro-homenaje a J. San Valero Aparisi*, Valencia, págs. 75-106.

Martínez Martín, A. y Hernández Urizar, E. (1992): Material de época romana hallado en las excavaciones de la necrópolis celtibérica de Carratiermes (Montejo de Tiermes, Soria), *II Symposium de Arqueología Soriana (Soria 1989)*, tomo II, Soria, págs. 797-813.

Martínez Martínez, C. (1992): El armamento de la necrópolis celtibérica de Carratiermes (Montejo de Tiermes, Soria): Espadas y puñales, *II Symposium de Arqueología Soriana (Soria 1989)*, tomo I, Soria, págs. 559-569.

Martínez Quirce, F.J. (1992): Una placa de cinturón de Numancia conservada en el Museo Numantino, *II Symposium de Arqueología Soriana (Soria 1989)*, tomo I, Soria, págs. 399-407.

— (1996): Imagen y articulaciones decorativas en la Meseta: Imagen y cultura arévaca en la Segunda Edad del Hierro, en Olmos, R. (ed.), *Al otro lado del espejo: Aproximación a la imagen ibérica*, Madrid, págs. 163-176.

MARTÍNEZ SANTA OLALLA, J. (1941): *Esquema Paletnológico de la Península Hispánica*, Madrid.

MARTÍNEZ SASTRE, V. (1992): El poblado de Campos de Urnas de Fuente Estaca (Embid, Guadalajara), en Valiente, J. (ed.), *La celtización del Tajo Superior*, (*Memorias del Seminario de Historia Antigua* III), Alcalá de Henares, págs. 67-78.

MARTÍNEZ SASTRE, V. y ARENAS, J. (1988): Un hábitat de Campos de Urnas en las parameras de Molina (Embid, Guadalajara), *I Congreso de Historia de Castilla-La Mancha (Ciudad Real, 1986)*, tomo III, Ciudad Real, págs. 269-278.

MAYA, J.L. y BARBERÀ, J. (1992): Etnogénesis y etnias prerromanas en Cataluña, en Almagro-Gorbea, M. y Ruiz Zapatero, G. (eds.), *Paleoetnología de la Península Ibérica*, (*Complutum* 2-3), Madrid, págs. 167-184.

MAYER, M. (1995): Aproximación sumaria a la epigrafía rupestre e hipogea de la *Hispania Citerior, Saxa Scripta (Inscripciones en roca). Actas del Simposio Internacional Ibero-Itálico sobre epigrafía rupestre*, (*Anejos de Larouco* 2), La Coruña, págs. 35-46.

MAYORAL, F. (1990-91): Elementos clasificatorios y segmentos sociales en las necrópolis del Horizonte Ibérico Antiguo de la zona Montsiá-Baix Maestrat, *Cuadernos de Prehistoria y Arqueología Castellonense* 15, págs. 189-205.

MEID, W. (1993): *Die erste Botorrita-Inschrift. Interpretation eines keltiberischen Sprachdenkmals*, Insbruck.

— (1993-95): La inscripción celtibérica de Peñalba de Villastar, *Kalathos* 13-14, págs. 347-353.

— (1994): *Celtiberian Inscriptions*, Budapest.

— (1996): *Kleinere keltiberische Sprachdenkmäler*, Innsbruck.

MEIJIDE, G. (1988): *Las espadas del Bronce Final en la Península Ibérica*, (*Arqueohistórica* 1), Santiago de Compostela.

— (1994): El concepto de las relaciones atlánticas en la Edad del Bronce del Noroeste, en Castro, L. y Reboreda, S. (coord.), *Edad del Bronce*, Xinzo de Limia, págs. 195-231.

MÉLIDA, J.R. (1905): El tesoro ibérico de Jávea, *Revista de Archivos, Bibliotecas y Museos* XIII, págs. 366-373.

— (1916): *Excavaciones de Numancia*, (*Junta Superior de Excavaciones y Antigüedades* 1), Madrid.

— (1917): Adquisiciones del Museo Arqueológico Nacional en 1916. Notas descriptivas, *Revista de Archivos, Bibliotecas y Museos* XXXVII, págs. 145-159.

—(1918a): *Excavaciones de Numancia*, (*Junta Superior de Excavaciones y Antigüedades* 19), Madrid.

— (1918b): Adquisiciones del Museo Arqueológico Nacional en 1917. Notas descriptivas, *Revista de Archivos, Bibliotecas y Museos* XXXIX, págs. 130-141.

— (1919): Adquisiciones del Museo Arqueológico Nacional en 1918. Notas descriptivas, *Revista de Archivos, Bibliotecas y Museos* XL, págs. 247-264.

— (1923): Adquisiciones del Museo Arqueológico Nacional en 1920. Notas descriptivas, *Revista de Archivos, Bibliotecas y Museos*, págs. 341-353.

— (1926): *Excavaciones en Ocilis (Medinaceli)*, (*Junta Superior de Excavaciones y Antigüedades* 82), Madrid.

MÉLIDA, J.R.; ÁLVAREZ, A.; GÓMEZ SANTA CRUZ, S. y TARACENA, B. (1924): *Ruinas de Numancia*, (*Junta Superior de Excavaciones y Antigüedades* 61), Madrid.

MÉLIDA, J.R. y TARACENA, B. (1920): *Excavaciones de Numancia*, (*Junta Superior de Excavaciones y Antigüedades* 31), Madrid.

— (1921): *Excavaciones de Numancia*, (*Junta Superior de Excavaciones y Antigüedades* 36), Madrid.

— (1923): *Excavaciones de Numancia*, (*Junta Superior de Excavaciones y Antigüedades* 49), Madrid.

MENA, P. (1984): *Catálogo de cerámicas de necrópolis de la Edad del Hierro del Museo de Cuenca*, (*Boletín del Museo Provincial de Cuenca* I), Cuenca.

— (1990): Necrópolis de la Edad del Hierro en Cuenca y norte de Albacete, en Burillo, F. (coord.), *Necrópolis Celtibéricas. II Simposio sobre los Celtíberos (Daroca 1988)*, Zaragoza, págs. 183-195.

MENA, P. y NOGUERAS, N. (1987): Primeros datos de la IIª campaña de excavación y prospección geofísicas realizadas en la necrópolis de «El Navazo» (La Hinojosa-Cuenca), *XIII Congreso Nacional de Arqueología (Islas Canarias 1985)*, Zaragoza, págs. 595-613.

MENA, P.; VELASCO, F. y GRAS, R. (1988): La ciudad de Fosos de Bayona (Huete, Cuenca): Datos de las dos últimas campañas de excavación, *I Congreso de Historia de Castilla-La Mancha (Ciudad Real 1985)*, tomo IV, Ciudad Real, págs. 183-190.

MENIEL, P. (1992): *Les sacrifices d'animaux chez les gaulois*, Paris.

MEZQUIRIZ, M.A. (1991-92): Pavimento de «Opus signinum» con inscripción ibérica en Andelos, *Trabajos de Arqueología Navarra* 10, págs. 365-367.

MILLÁN, J.M. (1988): El yacimiento de «El Cerro de la Virgen de la Cuesta», entre el mundo del Hierro II y el mundo romano, *I Congreso de Historia de Castilla-La Mancha (Ciudad Real, 1986)*, tomo III, Ciudad Real, págs. 403-412.

— (1990): Una necrópolis tumular en Cuenca: Alconchel, en Burillo, F. (coord.), *Necrópolis Celtibéricas. II Simposio sobre los Celtíberos (Daroca 1988)*, Zaragoza, págs. 197-202.

MOHEN, J.-P. (1980): *L'Age du Fer en Aquitaine*, (*Mémories de la Société Préhistorique Française* 14), Paris.

— (1992): *Metalurgia prehistórica. Introducción a la paleometalurgia*, Barcelona.

MOLERO, G. (1992): Estudio Final de la fauna de «La Coronilla» (Chera, Guadalajara) (excepto campaña 1986), en Cerdeño, M.L. y García Huerta, R., *El Castro de La Coronilla. Chera, Guadalajara (1980-1986)*, (*Excavaciones Arqueológicas en España* 163), Madrid, págs. 125-130.

MOLERO, G.; BREA, P. y BUSTOS, V. (1992): Estudio de la fauna del yacimiento de La Coronilla (Chera, Guadalajara). Campañas 1980-1985, en Cerdeño, M.L. y García Huerta, R., *El Castro de La Coronilla. Chera, Guadalajara (1980-1986)*, (*Excavaciones Arqueológicas en España* 163), Madrid, págs. 103-124.

MOLIST, N. y ROVIRA, J. (1991): La fortificació ibèrica del Turó del Montgròs (El Brull, Osona), *Simposi Internacional d'Arqueologia Ibèrica (Manresa 1990)*, Manresa, págs. 249-264.

MONTEAGUDO, L. (1953): Oestrymnides y Cassiterides en Galicia, *Emerita* 21, págs. 241-248.

MONTEVERDE, J.L. (1958): Los castros de Lara (Burgos), *Zephyrus*, IX (2), págs. 191-199.

MORALES, A. (1981): Primer informe sobre la fauna de Barchín, en Sierra, M., *Fuente de la Mota (Barchín del Hoyo-Cuenca)*, (*Noticiario Arqueológico Hispánico* 11), págs. 227-236.

— (1986): Los restos animales de Villar del Horno. Primer informe, en Gómez, A., *El Cerro de los Encaños (Villar del Horno, Cuenca)*, (*Noticiario Arqueológico Hispánico* 27), Madrid, págs. 343-350.

MORALES, A. y LIESAU, C. (1994): Estudio de la fauna recogida en torno al altar de Capote, en Berrocal-Rangel, L., *El Altar prerromano de Capote. Ensayo etno-arqueológico de un ritual céltico en el Suroeste peninsular*, (*Excavaciones Arqueológicas en Capote (Beturia Céltica)*, II), Madrid, págs. 289-297.

MORALES, F. (1984): Un pequeño busto femenino de barro en Estepa de Tera, *Celtiberia* 67, págs. 113-117.

— (1995): *Carta Arqueológica. Soria. La Altiplanicie Soriana*, Soria.

MORALES, F. y SANZ, A. (1994): Una copa de cerámica a mano procedente de «Castillejo», Garray (Soria), *Celtiberia* 87-88, págs. 253-264.

MORÁN, J.A. (1975): Sobre el carácter votivo y apotropaico de los broches de cinturón en la Edad del Hierro peninsular, *XIII Congreso Nacional de Arqueología (Huelva 1973)*, Zaragoza, págs. 597-604.

— (1977): La exponencia femenina y la signografía ofídica en broches de cinturón del hierro hispánico, *XIV Congreso Nacional de Arqueología (Vitoria 1975)*, vol. II, Zaragoza, págs. 611-614.

MOREDA, J. y NUÑO, J. (1990): Avance al estudio de la necrópolis de la Edad del Hierro de «El Pradillo». Pinilla Trasmonte (Burgos), en Burillo, F. (coord.), *Necrópolis Celtibéricas. II Simposio sobre los Celtíberos (Daroca 1988)*, Zaragoza, págs. 171-181.

MORENAS DE TEJADA, G. (1914): Las ruinas de Uxama, *Por esos mundos*, septiembre.

— (1916a): Hallazgos arqueológicos en España. La necrópolis ibérica de Gormaz, *Por esos mundos*, enero, págs. 169-175.

— (1916b): Divulgaciones arqueológicas. Las ruinas de Uxama, *Por esos mundos*, octubre, págs. 605-610.

MORÈRE, N. (1983): *Carta Arqueológica de la Región Seguntina*, Guadalajara.

— (1991): L'exploitation romaine du sel dans la region de Sigüenza, *Estudios en homenaje al Dr. Michel Ponsich*, (*Anejos de Gerion* III), Madrid, págs. 223-235.

MORET, P. (1991): Les fortifications de l'Age du Fer dans la Meseta espagnole: Origine et diffusion des techniques de construction, *Mélanges de la Casa de Velázquez* XXVII, 1, págs. 5-42.

MOSCATI, S., coord. (1991): *I Celti*, Milano.

MOTA, T. (1986): O crânio de Garvão (século III a.C.): análise antropológica, *Trabalhos de Arqueología do Sul* 1, págs. 75-78.

MOTYKOVÁ, K. (1994): Contribution à la question de l'origine du fer à cheval, *Etudes Celtiques* XXX, págs. 149-164.

MUNDO, P. (1918): *Veruela Prehistórica*, Lérida.

NAVARRO, J. y SANDOVAL, C. (1984): Cabeza Moya (Enguídanos, Cuenca). Primera y segunda campañas. Años 1980 y 1981, *Noticiario Arqueológico Hispánico* 19, págs. 199-269.

NEGUERUELA, I. (1990): *Los monumentos escultóricos ibéricos del Cerrillo Blanco de Porcuna, Jaén*, Madrid.

OCEJO, M.V. (1995): La situación geográfica de los pelendones, según Claudio Ptolomeo, en Burillo, F. (coord.), *Poblamiento Celtibérico. III Simposio sobre los Celtíberos (Daroca 1991)*, Zaragoza, págs. 477-493.

OLMOS, R. (1986): Notas conjeturales de iconografía celtibérica. Tres vasos de cerámica polícroma de Numancia, *Nvmantia* II, págs. 215-225.

OLMSTED, G.S. (1988): Gaulish and Celtiberian Poetic Inscriptions, *The Mankind Quarterly* 28, págs. 339-387.

— (1991): Gaulish, Celtiberian, and Indo-European Verse, *Journal of Indo-European Studies* 19, págs. 259-307.

D'ORS, A. (1980): Las fórmulas procesuales del «Bronce de *Contrebia*», *Revista de Estudios Jurídicos* 50, págs. 1-20.

ORTEGO, T. (1952): Celtas en tierras de Soria y Teruel. (Tres yacimientos inéditos), *II Congreso Nacional de Arqueología (Madrid 1951)*, Zaragoza, págs. 285-296.

— (1975): *Numancia. Guía breve histórico-arqueológica*, Madrid.

— (1983): La necrópolis arévaca de La Revilla (Soria), *XVI Congreso Nacional de Arqueología (Murcia-Cartagena, 1982)*, Zaragoza, págs. 573-583.

— (1984): Don Juan Cabré Aguiló. Misión Arqueológica en Soria y su Catálogo Monumental, *Juan Cabre Aguiló (1882-1982). Encuentro de Homenaje*, Zaragoza, págs. 103-114.

— (1985): Edad Antigua, en Pérez-Rioja, J.A. (dir.), *Historia de Soria*, tomo I, págs. 123-208.

ORTIZ DE URBINA, E. (1988): Aspectos de la evolución de la estructura social indígena del grupo de población autrigón en época prerromana y altoimperial, *II Congreso Mundial Vasco*, San Sebastián, págs. 183-194.

OSUNA, M. (1976): *Ercavica I. Aportación al estudio de la Romanización de la Meseta, (Arqueología Conquense* I), Cuenca.

OSUNA, M.; SUAY, F.; FERNÁNDEZ, J.J.; GARZÓN, J.L.; VALIENTE, S. y RODRÍGUEZ COLMENERO, A. (1978): *Valeria Romana I, (Arqueología Conquense* III), Cuenca.

PAIXÃO, A.C. (1983): Uma nova sepultura com escaravelho da necrópole proto-histórica do Senhor dos Mártires (Alcácer do Sal), *O Arqueólogo Português*, Serie IV, vol. 1, págs. 273-286.

PALLARÉS, R.; GRACIA, F. y MUNILLA, G. (1986): Cataluña. Sistemas ibero-griegos de defensa, *Revista de Arqueología* 65, págs. 42-54.

PALOL, P. de y VILELLA, J. (1987): *Clunia II. La epigrafía de Clunia, (Excavaciones Arqueológicas en España* 150), Madrid.

PALOL, P. de, *et alii* (1991): *Clunia O. Studia Varia Cluniensia*, Valladolid.

PALOMAR LAPESA, M. (1957): *La onomástica personal prelatina de la antigua Lusitania, (Acta Salmanticensia* 10), Salamanca.

PAMPLONA, J.J. (1957): Breve nota de un yacimiento inédito en Botorrita, *Caesaraugusta* 9-10, Zaragoza, págs. 147-150.

PARIS, P. (1904): *Essai sur lárt et l'industrie de l'Espagne primitive*, vol. II, Paris.

— (1936): *Le Musée Archéologique National de Madrid*, Paris.

PARZINGER, H. y SANZ, R. (1986): Zur Ostmediterranen Ursprung einer Gürtelhakenform der Iberischen Halbinsel, *Madrider Mitteilungen* 27, págs. 169-194.

PASCUAL, A.C. (1991): *Carta Arqueológica. Soria. Zona Centro*, Soria.

— (1992): Notas sobre el poblamiento celtibérico de la zona de Quintana Redonda, *II Symposium de Arqueología Soriana (Soria 1989)*, tomo I, Soria, págs. 515-526.

PASCUAL, P. y PASCUAL, H. (1984): *Carta Arqueológica de La Rioja. I. El Cidacos*, Logroño.

PASTOR, J.M. (1987): Las trompas de guerra celtibéricas, *Celtiberia* 73, págs. 7-19.

PASTOR, B. (1994): El trabajo de marfil durante el Bronce

Final y la Edad del Hierro en la mitad norte peninsular, *1º Congresso de Arqueologia Penisular (Porto 1993)*, vol. III, Porto, págs. 191-213. (*Trabalhos de Antropologia e Etnologia* 34, 1-2).

PAZ, M. de (1980): La necrópolis céltica de El Atance (Guadalajara), *Wad-Al-Hayara* 7, págs. 35-57.

PEINADO, M. y MARTÍNEZ, J.M., (1985): *El paisaje vegetal de Castilla-La Mancha*, Toledo.

PELLICER, M. (1957): Informe diario de una prospección por el río Huerva, *Caesaraugusta* 9-10, págs. 137-146.

— (1961): Un enterramiento post-hallstático en Granada, *VI Congreso Nacional de Arqueología (Oviedo 1959)*, Zaragoza, págs. 154-157.

— (1962): La cerámica ibérica del Valle del Ebro (Síntesis de una Tesis Doctoral), *Caesaraugusta* 19-20, Zaragoza, págs. 37-78.

PEÑA, J.L. (1991): *El relieve, (Colección: Geografía de España* 3), Madrid.

PERALTA, E. (1990): Cofradías guerreras indoeuropeas en la España antigua, *El Basilisco* 3, 49-66.

— (1991): Cofréries guerrières indo-européennes dans l'Espagne ancienne, *Etudes Indo-Européennes* 10, págs. 71-123.

— (1993): La tésera cántabra de Monte Cildá (Olleros de Pisuerga, Palencia), *Complutum* 4, págs. 223-226.

PEREIRA, G. (1982): Los castella y las comunidades de Gallaecia, *Actas del II Seminario de Arqueología del Noroeste (Santiago de Compostela, 1980)*, Madrid, págs. 167-192. (= (1983), *Zephyrus* 34-35, págs. 249-267).

— (1993): *Cognatio Magilancum*. Una forma de organización indígena de la Hispania indoeuropea, en Untermann, J. y Villar, F. (eds.), *Lengua y Cultura en la Hispania Prerromana. Actas del V Coloquio sobre lenguas y culturas prerromanas de la Península Ibérica (Colonia 1989)*, Salamanca, págs. 411-424.

PÉREZ BALLESTER, J.M. (1992): El abrigo de Reina (Alcalá del Júcar). Ensayo sobre un nuevo modelo de lugar de culto en época ibérica, *Homenaje a E. Pla Ballester*, Valencia, págs. 289-300.

PÉREZ CASAS, J.A. (1988a): Las necrópolis, en Burillo, F., *et alii* (eds.), *Celtíberos*, Zaragoza, págs. 73-80.

— (1988b): La necrópolis del Cabezo de Ballesteros, en Burillo, F., *et alii* (eds.), *Celtíberos*, Zaragoza, págs. 81-86.

— (1988c): El armamento, en Burillo, F., *et alii* (eds.), *Celtíberos*, Zaragoza, págs. 115-122.

— (1988d): La economía, en Burillo, F., *et alii* (eds.), *Celtíberos*, Zaragoza, págs. 139-144.

— (1990a): Las necrópolis de incineración en el Bajo Jalón, en Burillo, F. (coord.), *Necrópolis Celtibéricas. II Simposio sobre los Celtíberos (Daroca 1988)*, Zaragoza, págs. 111-121.

— (1990b): La evolución de los modelos de ocupación humana del Bajo Jalón a la luz de los vestigios detectados por medio de la prospección arqueológica, en Argente, J.L. (coord.), *El Jalón. Vía de comunicación*, Soria, págs. 73-107.

PÉREZ MACÍAS, A. (1981): Introducción al Bronce Final en el Noroeste de la provincia de Huelva, *Habis* 12, págs. 207-237.

PÉREZ VILATELA, L. (1989): Procedencia geográfica de los lusitanos de las guerras del siglo II a. de C. en los autores clásicos (154-139), *Actas del VII Congreso Español de Estudios Clásicos*, Madrid, págs. 257-262.

— (1989-90): Etnias y divisiones interprovinciales Hispano-romanas en Estrabón, *Kalathos* 9-10, págs. 205-214. (= *Klio* 73, 1991, págs. 459-467).

— (1990a): Estrabón y la división provincial de Hispania en el 27 a.C., *Polis* 2, págs. 99-125.

— (1990b): Identificación de Lusitania (155-100 a.C.), *Homenatge a José Esteve Forriol*, Valencia, págs. 133-140.

— (1991-92): El primer pleito de aguas en España: el Bronce latino de Contrebia, *Kalathos* 11-12, págs. 267-279.

— (1992): Antiguos corónimos revitalizados: caso de Iberia y Céltica, en Guzmán, A., Gómez Espelosín, F.J. y Gómez Pantoja, J. (eds.), *Aspectos modernos de la Antigüedad y su aprovechamiento didáctico*, Madrid, págs. 383-403.

— (1993): Los pueblos indígenas de Andalucia Occidental ante la Guerra Lusitana del siglo II a.C., en Rodríguez Neila, J.F. (coord.), *Actas del I Coloquio de Historia Antigua de Andalucia (Córdoba 1988)*, tomo I, Córdoba, págs. 421-432.

— (1994): Dos versiones contradictorias antiguas sobre la etnogénesis celtibérica, *II Congresso Peninsular de História Antiga*, Coimbra, págs. 363-373.

— (1996): Inscripciones celtibéricas inéditas de Peñalba, en Villar, F. y d'Encarnaçao, J. (eds.) *La Hispania Prerromana. Actas del VI Coloquio sobre Lenguas y Culturas Prerromanas de la Península Ibérica (Coimbra 1994)*, Salamanca, págs. 247-277.

PÉREZ DE YNESTROSA, J.L. (1994): ¿Continuidad o ruptura en las necrópolis de la Edad del Hierro en la Meseta?: El ejemplo de las necrópolis tumulares, *1.º Congresso de Arqueologia Peninsular (Porto 1993)*, vol. III, Porto, págs. 215-230. (= *Trabalhos de Antropologia e Etnologia* 34, 1-2).

PERICOT, L. (1950): *La España primitiva*, Barcelona.

— (1951): Los Celtíberos y sus problemas, *Celtiberia* 1, págs. 51-57.

— (1952): *Las raíces de España*, discurso pronunciado en la sesión de clausura del XII Pleno del C.S.I.C.

PIGGOT, S. (1968): *The Druids*, London.

PINGEL, V. (1975): Zur vorgeschichte von Niebla (prov. Huelva), *Madrider Mitteilungen* 16, págs. 111-136.

PINTA, J.L. de la, ROVIRA, J. y GÓMEZ, R. (1987-88): Ya-

cimientos arqueológicos de Camporrobles (Plana de Utiel, Valencia) y áreas cercanas: una zona de contacto entre la Meseta y las áreas costeras, *Cuadernos de Prehistoria y Arqueología Castellonense* 13, págs. 291-332.

POWELL, T.G.E. (1958): *The Celts*, London.

PRIETO, A.M. (1977): La organización social de los celtíberos, *Segovia. Symposium de Arqueología Romana*, Barcelona, págs. 329-343.

— (1978): La devotio ibérica como forma de dependencia en la Hispania prerromana, *Memorias de Historia Antigua* II, págs. 131-135.

PROSDOCIMI, A.L. (1989): L'iscrizione gallica del Larzac e la flessione dei temi in -a, -i, -ja. Con un 'excursus' sulla morfologia del lusitano: acc. *crougin*, dat. *crougeai*, *Indogermansche Forschungen* 94, págs. 190-206.

— (1991): Lingua e scrittura dei primi Celti, en Moscati, S. (coord.), *I Celti*, Milano, págs. 51-59.

PUJOL, A. (1989): *La población prerromana del extremo nordeste peninsular*, tomo I, Bellaterra.

QUESADA, F. (1989a): *Armamento, Guerra y Sociedad en la Necrópolis Ibérica de «El Cabecico del Tesoro» (Murcia, España)*, (*BAR*, IS, 502(I)), 2 vol., Oxford.

— (1989b): La utilización del arco y las flechas en la Cultura Ibérica, *Trabajos de Prehistoria* 46, págs. 161-201.

— (1991): *El armamento ibérico*, Tesis Doctoral inédita de la Universidad Autónoma de Madrid.

— (1993): *Soliferrea* de la Edad del Hierro en la Península Ibérica, *Trabajos de Prehistoria* 50, págs. 159-183.

QUINTERO ATAURI, P. (1913): *Uclés. Excavaciones efectuadas en distintas épocas y noticias de algunas antigüedades*, Cádiz.

RABAL, N. (1888): Una visita a las ruinas de Termancia, *Boletín de la Real Academia de la Historia*, XII, V, págs. 451-470.

— (1889): *España, sus Monumentos y Artes, su Naturaleza e Historia. Soria*, Barcelona.

RADDATZ, K. (1969): *Die Schatzfunde der Iberischen Halbinsel*, (*Madrider Forschungen* 5), Berlin.

RAFTERY, B. (1994): *Pagan Celtic Ireland. The Enigma of the Irish Iron Age*, London.

RALSTON, I. (1981): The use of timber in hill-fort defences in France, en Guilbert, G. (ed.), *Hill Fort Studies. Essays for A.H.A. Hogg*, Leicester, págs. 78-103.

RAMÍREZ, M.E. (1993): El poblado prerromano de Omeñaca (Soria), *XXII Congreso Nacional de Arqueología (Vigo 1993)*, Vigo, págs. 211-217.

RAMÓN, N.; ZAPATER, M.A. y TILO, M.A. (1991-92): Un alfar de época ibérica en Allueva (Teruel): Cerrá La Viña I, *Kalathos* 11-12, págs. 177-204.

RAMOS LOSCERTALES, J.M. (1924): La devotio ibérica, *Anuario de Historia del Derecho Español* I, págs. 7-26.

— (1942): Hospitio y clientela en la España céltica. Notas para su estudio, *Emerita* 10, págs. 308-337.

RANKIN, H.D. (1987): *Celts and the Classical World*, London-Sydney.

— (1995): The Celts through classical eyes, en Green, M.J. (ed.), *The Celtic World*, London-New York, págs. 21-33.

RAPIN, A. (1983-84): L'armement du guerrier celte au 2e Age du Fer, en VV.AA., *L'Art Celtique en Gaule*, Marseille-Paris-Bordeaux-Dijon, págs. 69-79.

— (1985): Le forreau d'épée a «lyre zoomorphe» de Jogasses à Chouilly (Marne), *Etudes Celtiques* XXII, págs. 9-25.

— (1993): Destructions et mutilations des armes dans les necrópoles et les sanctuaires au Second Age du Fer: Réflexions sur les rituels et leur description, *Les Celtes en Normandie. Les rituels funeraires en Gaule (III-I a. J.-C)*, *Rev. archéol. Ouest*, Supplément 6, págs. 291-298.

REITINGER, J. (1968): *Die ur- und frühgeschichtlichen Funde in Oberösterreich*, Wien.

RENFREW, C. (1990): *Arqueología y lenguaje. La cuestión de los orígenes indoeuropeos*, Barcelona.

REQUEJO, J. (1978): La necrópolis celtibérica de Carabias (Guadalajara), *Wad-Al-Hayara* 5, págs. 49-62.

— (1979): Una sepultura de Quintanas de Gormaz (Soria), *Celtiberia* 58, págs. 227-238.

REVERTE, J.M. (1986): *Informe antropológico de los restos cremados procedentes de la necrópolis ibérica de El Navazo (La Hinojosa-Cuenca)*, Laboratorio de Antropología Forense, Universidad Complutense, Madrid.

— (1993): Estudios de las cremaciones de la necrópolis de Sigüenza, en Cerdeño, M.L. y Pérez de Ynestrosa, J.L., *La necrópolis celtibérica de Sigüenza: Revisión del conjunto*, (*Monografías Arqueológicas del S.A.E.T.* 6), Teruel, Apéndice I, págs. 85-88.

REVILLA, M.L. (1985): *Carta Arqueológica. Soria. Tierra de Almazán*. Soria.

REVILLA, M.L. y JIMENO, A. (1986-87): La dualidad de la cultura castreña en la provincia de Soria, *Actas del Coloquio Internacional sobre la Edad del Hierro en la Meseta Norte (Salamanca 1984)*, *Zephyrus* XXXIX-XL, págs. 87-101.

RINCÓN, J.M. (1986): Caracterización arqueométrica de un fragmento de cerámica pintada procedente del Cerro de la Virgen de la Muela (Driebes, Guadalajara), en Abascal, J.M., *La cerámica pintada romana de tradición indígena en la Península Ibérica. Centros de producción, comercio y tipología*, Madrid, Apéndice II, págs. 305-312.

RIPOLLÉS, P.P. (1980): El tesoro de «La Plana de Utiel» (Valencia), *Acta Numismàtica* X, págs. 15-27.

— (1982): *La circulación monetaria de la Tarraconense*, (*Serie de Trabajos Varios del S.I.P.* 77), Valencia.

— (l984): Hallazgos Numismáticos. 1984, *Saguntum* 18, págs. 319-356.

RIPOLLÉS, P.P. y ABASCAL, J.M. (1995): Metales y aleaciones en las acuñaciones antiguas de la Península ibérica, *Saguntum* 29, págs. 131-155.

— (1996): *Las monedas de la ciudad romana de Segobriga (Saelices, Cuenca)*, Barcelona-Madrid.

RIPOLLÉS, P.P. y GÓMEZ, R. (1978): Hallazgos numismáticos en Camporrobles, *Archivo de Prehistoria Levantina* XV, págs. 209-215.

RIPOLLÉS, P.P. y VILLARONGA, L. (1981): La chronologie des monnaies à la croix de poids d'après les trésors de l'Espagne, *Acta Numismática* 11, págs. 29-40.

RIX, H. (1954): Zur Verbreitung und Chronologie einiger keltischer Ortsnamentypen, *Festschrift für Peter Goessler*, Stuttgart, págs. 99-107.

RODÁ, I. (1990): Bronces romanos de la Hispania Citerior, *Los bronces romanos en España*, Madrid, págs. 71-90.

— (1994): Pompey's Trophies, *XIV Congreso Internacional de Arqueología Clásica (Tarragona 1993)*, Tarragona, 93-96.

RODRÍGUEZ, A. y ENRÍQUEZ, J.J. (1991): Necrópolis protohistóricas en Extremadura, en Blánquez, J. y Antona, V. (coords.), *Congreso de Arqueología Ibérica: Las necrópolis*, (*Serie Varia* I), Madrid, págs. 531-562.

RODRÍGUEZ ADRADOS, F. (1946): La «fides» ibérica, *Emerita* 14, págs. 128-209.

— (1995): Propuestas para la interpretación de Botorrita I, *Emerita* LXIII (1), págs. 1-16.

RODRÍGUEZ BLANCO, J. (1977): Relación Campo-Ciudad y Organización Social en la Celtiberia Ulterior (s. II a.C.), *Memorias de Historia Antigua* I, págs. 167-178.

RODRÍGUEZ COLMENERO, A. (1979): *Augusto e Hispania. Conquista y Organización del Norte Peninsular*, (*Cuadernos de Arqueología de Deusto* 7), Bilbao.

ROMERO, F. (1976a): *Las cerámicas polícromas de Numancia*, Valladolid.

— (1976b): Notas de cronología cerámica numantina, *Boletín del Seminario de Arte y Arqueología* XLII, págs. 377-392.

— (1984a): La Edad del Hierro en la provincia de Soria. Estado de la cuestión, *Actas del I Symposium de Arqueología Soriana (Soria 1982)*, Soria, págs. 51-121.

— (1984b): Novedades arquitectónicas de la cultura castreña soriana: la casa circular del Castro del Zarranzano, *Actas del I Symposium de Arqueología Soriana (Soria 1982)*, Soria, págs. 187-210.

— (1984c): *La Edad del Hierro en la serranía soriana: los castros*, (*Studia Archaeologica*, 75), Valladolid.

— (1989): Algunas novedades sobre los castros sorianos, en Argente, J.L. (coord.), *Diez años de Arqueología soriana (1978-1988)*, Soria, págs. 49-58.

— (1991a): *Los castros de la Edad del Hierro en el Norte de la provincia de Soria*, Valladolid.

— (1991b): El artesanado y sus creaciones, en VV.AA., *Los Celtas en la Península Ibérica*, (*Revista de Arqueología*, extra 5), Madrid, págs. 82-91.

— (1992b): Los antecedentes protohistóricos. Arquitectura de piedra y barro durante la primera Edad del Hierro, en Báez, J.M. (coord.), *Arquitectura Popular de Castilla y León. Bases para un estudio*, Valladolid, págs. 175-211.

ROMERO, F. y ELORZA, J.C. (1990): Nueva tésera celtibérica de la provincia de Burgos, *Boletín del Seminario de Arte y Arqueología* LVI, págs. 189-204.

ROMERO, F. y JIMENO, A. (1993): El valle del Duero en la antesala de la Historia. Los grupos del Bronce Medio-Final y Primer Hierro, en Almagro-Gorbea, M. y Ruiz Zapatero, G. (eds.): *Los Celtas: Hispania y Europa*, Madrid, págs. 175-222.

ROMERO, F. y MISIEGO, J.C. (1992): Los orígenes del hábitat de la Edad del Hierro en la provincia de Soria. Las cabañas de *El Castillejo* de Fuensaúco, *II Symposium de Arqueología Soriana (Soria 1989)*, tomo I, Soria, págs. 307-324.

ROMERO, F. y MISIEGO, J.C. (1995a): La Celtiberia Ulterior. Análisis del substrato, en Burillo, F. (coord.), *Poblamiento Celtibérico. III Simposio sobre los Celtíberos (Daroca 1991)*, Zaragoza, págs. 59-81.

— (1995b): Desarrollo secuencial de la Edad del Hierro en el Alto Duero. El Castillejo (Fuensaúco, Soria), en Burillo, F. (coord.), *Poblamiento Celtibérico. III Simposio sobre los Celtíberos (Daroca 1991)*, Zaragoza, págs. 127-139.

ROMERO, F. y RUIZ ZAPATERO, G. (1992): La Edad del Hierro. Problemas, tendencias y perspectivas, *II Simposium de Arqueología Soriana (Soria 1989)*, tomo I, Soria, págs. 103-120.

ROMERO, F. y SANZ, C. (1992): Representaciones zoomorfas prerromanas en perspectiva cenital. Iconografía, cronología y dispersión geográfica, *II Symposium de Arqueología Soriana (Soria 1989)*, tomo I, Soria, págs. 453-471.

ROMERO, M.V. (1992): La romanización en la provincia de Soria: panorama y perspectivas, *II Symposium de Arqueología Soriana (Soria 1989)*, tomo II, Soria, págs. 699-744.

ROSS, A. (1967): *Pagan Celtic Britain*, London.

ROVIRA, S. y SANZ, M. (1986-87): Aproximación al estudio de la técnica de elaboración de los broches de cinturón del área cultural Miraveche-Monte Bernorio, *Actas del Coloquio Internacional sobre la Edad del Hierro en la Meseta Norte (Salamanca, 1984)*, *Zephyrus* XXXIX-XL, págs. 353-363.

ROYMANS, Y. (1990): *Tribal Societies in Northern Gaul. An Antropological perspective*, (*Cingula* 12), Amsterdam.

ROYO, J.I. (1990): Las necrópolis de los Campos de Ur-nas del Valle Medio del Ebro como precedente del mundo funerario celtibérico, en Burillo, F. (coord.), *Necrópolis Celtibéricas. II Simposio sobre los Celtíberos (Daroca 1988)*, Zaragoza, págs. 123-136.

RUBIO, J.M. (1988): *Biogeografía. Paisajes vegetales, vida animal*, (*Colección: Geografía de España* 5), Madrid.

RUBIO ALIJA, J. (1959): *Españoles por los caminos del Imperio Romano. Estudios epigráficos onomásticos en torno a Reburrus y Reburrinus*, Buenos Aires.

RUIZ, E.F., CARNICERO, J.M. y MORALES, F. (1985): La Torrecilla de Valdegeña (Soria). Un castro de la Primera Edad del Hierro, *Celtiberia* 70, págs. 394-356.

RUIZ-GÁLVEZ, M. (1982): Nueva espada dragada en el río Ulla. Armas arrojadas a las aguas, *El Museo de Pontevedra* 36, págs. 179-196.

— (1984): *La Península Ibérica y sus relaciones con el Círculo Cultural Atlántico*, Tesis Doctoral reprografiada, n°139/84, Universidad Complutense de Madrid, Madrid.

— (1985-86): El mundo celtibérico visto bajo la óptica de la «Arqueología Social». *Kalathos* 5-6, págs. 71-106.

— (1986): Navegación y comercio entre el Atlántico y el Mediterráneo a fines de la Edad del Bronce, *Trabajos de Prehistoria* 43, págs. 9-42.

— (1988): Los mercenarios celtíberos, en Burillo, F., *et alii* (eds.), *Celtíberos*, Zaragoza, págs. 189-191.

— (1990): Propuesta para el estudio e interpretación de las necrópolis sin armas, en Burillo, F. (coord.), *Necrópolis Celtibéricas. II Simposio sobre los Celtíberos (Daroca 1988)*, Zaragoza, págs. 343-347.

— (1991): La economía celtibérica, en VV.AA., *Los Celtas en la Península Ibérica*, (*Revista de Arqueología*, extra 5), Madrid.

RUIZ ZAPATERO, G. (1977): Fortificaciones del castro hallstáttico de Valdeavellano (Soria), *Celtiberia* 53, págs. 83-92.

— (1982): Cerámica de Cogotas I en la Serranía Turolense (La Muela de Galve), *Bajo Aragón Prehistoria* IV, Caspe, Zaragoza, págs. 80-83.

— (1984): Cogotas I y los primeros «Campos de Urnas» en el Alto Duero, *Actas del I Symposium de Arqueología Soriana (Soria 1982)*, Soria, págs. 171-185.

— (1985): *Los Campos de Urnas del NE. de la Península Ibérica*, (*Tesis Doctoral de la Universidad Complutense 83/85*), Madrid.

— (1989): 100 años de Arqueología Soriana, en Argente, J.L. (coord.), *Diez años de Arqueología Soriana (1978-1988)*, Soria, págs. 9-21.

— (1993): El concepto de Celtas en la Prehistoria europea y española, en Almagro-Gorbea, M. y Ruiz Zapatero, G. (eds.), *Los Celtas: Hispania y Europa*, Madrid, págs. 23-62.

— (1995): El substrato de la Celtiberia Citerior. El problema de las invasiones, en Burillo, F. (coord.), *Poblamiento Celtibérico. III Simposio sobre los Celtíberos (Daroca 1991)*, Zaragoza, págs. 25-40.

RUIZ ZAPATERO, G. y CHAPA, T. (1990): La Arqueología de la Muerte: Perspectivas teórico-metodológicas, en Burillo, F. (coord.), *Necrópolis Celtibéricas. II Simposio sobre los Celtíberos (Daroca 1988)*, Zaragoza, págs. 357-372.

RUIZ ZAPATERO, G. y LORRIO, A.J. (1988): Elementos e influjos de tradición de «Campos de Urnas» en la Meseta Sudoriental, *I Congreso de Historia de Castilla-La Mancha (Ciudad Real 1985)*, tomo III, Ciudad Real, págs. 257-267.

— (1995): La Muerte en el Norte Peninsular durante el Primer Milenio A.C., en Fábregas, R.; Pérez, F. y Fernández, C. (eds.), *Arqueoloxía da Morte. Arqueoloxía da Morte na Península Ibérica desde as Orixes ata o Medievo*, Xinzo de Limia, págs. 223-248.

RUIZ ZAPATERO, G. y NÚÑEZ, C. (1981): Un presunto ajuar celtibérico de Carratiermes (Soria), *Nvmantia* I, págs. 189-194.

— (1879): *Descripción de la via romana entre Uxama y Augustóbriga*, (*Memorias de la Real Academia de la Historia* IX), Madrid.

SACRISTÁN, J.D. (1986): *La Edad del Hierro en el Valle Medio del Duero. Rauda (Roa, Burgos)*, Valladolid.

— (1989): Vacíos vacceos, *Fronteras. Arqueología Espacial*, tomo 13, Teruel, págs. 77-88.

— (1994): Clunia, en *Leyenda y arqueología de las ciudades prerromanas de la Península Ibérica*, vol. II, Madrid, págs. 135-147.

SAIZ, P. (1992): Representaciones plásticas de la cabeza humana en la necrópolis celtibérica (Montejo de Tiermes, Soria), *II Symposium de Arqueología Soriana (Soria 1989)*, tomo I, Soria, págs. 603-612.

SALINAS, M. (1982): La religión indígena del Oeste de la Meseta: los Vettones, *Studia Zamorensia* 3, págs. 325-340.

— (1983a): La función del hospitium y la clientela en la conquista y romanización de Celtiberia, *Studia Historica* I, 1, págs. 21-41.

— (1983b): El culto al dios celta Lug y la práctica de sacrificios humanos en Celtiberia, *Studia Zamorensia* 4, págs. 303-311.

— (1984-85): La religión de los Celtíberos (I), *Studia Historica. Historia Antigua* II-III, 1, págs. 81-102.

— (1985): La religión indígena de la Hispania central y la conquista romana, *Studia Zamorensia* VI, págs. 307-331.

— (1986): *Conquista y romanización de Celtiberia*, Salamanca.

— (1988): Geografía de Celtiberia según las fuentes literarias griegas y latinas, *Studia Zamorensia* IX, págs. 107-115.

— (1989a): Los pueblos de la cuenca del Duero, en Montenegro, A. (coord.), *Historia de España 2. Colonizaciones y formación de los pueblos prerromanos (1200-218 a.C.)*, Madrid, págs. 429-477.

— (1989b): Sobre las formas de propiedad comunal de la cuenca del Duero en época prerromana, *Veleia* 6, págs. 103-110.

— (1990): El colectivismo agrario de los vacceos: Una revisión crítica, *Primer Congreso de Historia de Zamora*, tomo II, Zamora, págs. 429-435.

— (1991): Arévacos, en Solana J.M. (ed.), *Las entidades étnicas en la Meseta Norte de Hispania en época prerromana*, Valladolid, págs. 211-233.

— (1994): El toro, los peces y la serpiente: Algunas reflexiones sobre iconografía y la religión de los Celtíberos en su contexto histórico, en Mangas, J. y Alvar, J. (eds.), *Homenaje a J.M. Blázquez*, tomo II, Madrid, págs. 509-519.

SALVADOR, A. (1972): Tipología del armamento celtibérico, *Información Arqueológica* 7, págs. 3-12.

SAMITIER, Conde de (1907): Troballes del compte de Samitier a Calatayud, *Anuari de l'Institut d'Estudis Catalans* I, pág. 470.

SAN MIGUEL, M.A. (1987): Los Casares: Un yacimiento arqueológico en San Pedro Manrique, *Celtiberia* 73, págs. 115-126.

SAN VALERO, J. (1945): *El tesoro preimperial de plata de Drieves (Guadalajara)*, (*Informes y Memorias de la Comisaría General de Excavaciones Arqueológicas* 9), Madrid.

SÁNCHEZ, B. y CERDEÑO, E. (1992): La fauna del yacimiento de La Coronilla (Molina de Aragón, Guadalajara). Campaña de 1986, en Cerdeño, M.L. y García Huerta, R., *El Castro de La Coronilla. Chera, Guadalajara (1980-1986)*, (*Excavaciones Arqueológicas en España* 163), Madrid, págs. 131-136.

SÁNCHEZ ABAL, J.L. y GARCÍA JIMÉNEZ, S. (1988): La ceca de la Tanusia, *1er Congreso Peninsular de Historia Antigua* (Santiago de Compostela 1986), Santiago de Compostela, págs. 149-189.

SÁNCHEZ-CAPILLA, M.L. (1989): Cerámicas grafitadas en Moya, Cuenca y las cerámicas grafitadas en la Península Ibérica: Estado de la cuestión, *Cuenca* 33, págs. 71-100.

SÁNCHEZ-CAPILLA, M. L. y PASTOR, M. J. (1992-93): Cerámica de Campos de Urnas en Reillo (Cuenca), *Bajo Aragón Prehistoria* IX-X, págs. 289-296.

SÁNCHEZ-LAFUENTE, J. (1979): Aportaciones al estudio del campamento romano de «La Cerca» (Aguilar de Anguita-Guadalajara), *Wad-Al-Hayara* 6, págs. 77-82.

— (1995): Luzaga, ciudad de la Celtiberia, en Burillo, F. (coord.), *Poblamiento Celtibérico. III Simposio sobre los Celtíberos (Daroca 1991)*, Zaragoza, págs. 191-201.

SANCHO, M.C. (1990): El valle del Jalón, vía de comunicación, en Argente, J.L. (coord.), *El Jalón vía de comunicación*, Soria, págs. 15-37.

SANDARS, H. (1913): *The Weapons of the Iberians*, Oxford. (Versión española de C. Renfrey de Kidd).

SANGMEISTER, E. (1960): Die Kelten in Spanien, *Madrider Mitteilungen* 1, págs. 75-100.

SANMARTÍ, J. (1994): Eléments de type laténien au nord-est de la Péninsule Ibérique, *Actes du XVIe colloque de l'Association Française pour l'Etude de L'Age du Fer (Agen 1992)*, (*Revue Aquitania* 12, págs. 335-351.

SANMIGUEL, A.; PÉTRIZ, A.I. y ESTABLÉS, J.M. (1992): Una muralla ciclópea en Pardos, *Tercer Encuentro de Estudios Bilbilitanos. Actas I. Arqueología, Geografía, Arte*, Calatayud, págs. 73-79.

SANTOS, J.A. (1989): Análisis social de la necrópolis ibérica de El Cigarralejo y otros contextos funerarios de su entorno, *Archivo Español de Arqueología* 62, págs. 71-100.

SANTOS YANGUAS, J. (1978): Contribución al estudio de los restos de formas de dependencia en el área céltica peninsular en época romana, *Memorias de Historia Antigua* II, págs. 137-145.

— (1985): *Comunidades indígenas y administración romana en el Noroeste Hispánico*, Bilbao.

— (1991): Pelendones, en Solana J.M. (ed.), *Las entidades étnicas en la meseta Norte de Hispania en época prerromana*, Valladolid, págs. 125-153.

SANTOS YANGUAS, N. (1980): Los Celtíberos en el ejército romano de época republicana, *Celtiberia* 60, págs. 181-201.

— (1981): Los Celtíberos en los ejércitos cartagineses, *Celtiberia* 61, págs. 51-72.

SANTOS YANGUAS, N. y MONTERO, M.P. (1982): Los Celtíberos, mercenarios de otras poblaciones ibéricas, *Celtiberia* 63, págs. 5-16.

SANZ, C. (1986): Variantes del puñal de tipo Monte Bernorio en el Valle Medio del Duero, *Boletín del Seminario de Arte y Arqueología* LII, págs. 25-46.

— (1990a): Rituales funerarios en la necrópolis celtibérica de Las Ruedas, Padilla de Duero (Valladolid), en Burillo, F. (coord.), *Necrópolis Celtibéricas. II Simposio sobre los Celtíberos (Daroca 1988)*, Zaragoza, págs. 159-170.

— (1990b): Metalistería Prerromana en la cuenca del Duero. Una propuesta secuencial para los puñales de tipo Monte Bernorio, *Boletín del Seminario de Estudios de Arte y Arqueología* LVI, págs. 170-188.

— (1991): Broches tipo Bureba. Tipología, cronología y dispersión, *Boletín del Seminario de Estudios de Arte y Arqueología* LVII, págs. 93-130.

SANZ, C. y ESCUDERO, Z. (1994): Las estelas del cementerio vacceo de Las Ruedas, Padilla de Duero (Valladolid), en de la Casa, C. (ed.), *V Congreso Internacional de Estelas Funerarias (Soria 1993)*, Soria, págs. 165-177.

SANZ, M. y ROVIRA, S. (1988): Técnicas decorativas sobre metal en el mundo celta, en Burillo, F., *et alii* (eds.), *Celtíberos*, Zaragoza, págs. 193-195.

SAVORY, N.H. (1968): *Spain and Portugal*, London.

SCHEID, J. (1993): *Lucus, nemus*. Qu'est-ce qu'un bois sacré?, en *Les bois sacrés (Actes du colloque international de Naples. Collection du Centre Jean Bérard* 10), Naples, págs. 13-20.

SCHMIDT, K.H. (1985): A Contribution to the Identification of Lusitanian, *Actas del III Coloquio sobre lenguas y culturas paleohispánicas (Lisboa 1980)*, Salamanca, págs. 319-341.

SCHMOLL, U. (1959): *Die Sprachen der vorkeltischen Indogermanen Hispaniens und das Keltiberische*, Wiesbaden.

SCHUBART, H. (1962): Excavaciones en las fortificaciones de Montgó cerca de Denia (Alicante), *VII Congreso Nacional de Arqueología (Barcelona 1960)*, Zaragoza, págs. 346-357.

SCHÜLE, W. (1960): Probleme der Eisenzeit auf der Iberischen Halbinsel, *Jahrbuch des Zentralmuseums Mainz* 7, págs. 59-125.

— (1969): *Die Meseta-Kulturen der Iberischen Halbinsel*, (*Madrider Forschungen* 3), Berlin.

SCHULTEN, A. (1913): Monumentos e Historia de Termancia, *Boletín de la Real Academia de la Historia*, LXIII, Madrid, págs. 461-477 y 571-582.

— (1914-1927-1929-1931): *Numantia. Die Ergebnisse der Ausgrabungen 1905-1912*, 4 vols., München: I. *Die Keltiberer und ihre Kriege mit Rom* (1914); II. *Die Stadt Numantia* (1931); III. *Die Lager des Scipio* (1927); IV. *Die Lager bei Renieblas* (1929).

— (1920): *Hispania (Geografía, Etnología, Historia)*, Barcelona.

— (1925): *500 a. de J.C. hasta César*, (*Fontes Hispaniae Antiquae* II), Barcelona.

— (1933a): Segeda, *Homenagen a Martins Sarmento*, Guimarães, págs. 373-375.

— (1933b): *Geschichte von Numantia*, München.

— (1934): *Bilbilis la patria de Marcial*, Zaragoza.

— (1935): *Las guerras de 237-154 a. de J.C.*, (*Fontes Hispaniae Antiquae* III), Barcelona.

— (1937): *Las guerras de 154-72 a. de J.C.*, (*Fontes Hispaniae Antiquae* IV), Barcelona.

— (1945): *Historia de Numancia*, Barcelona.

— (1952): *Estrabón. Geografía de Iberia*, (*Fontes Hispaniae Antiquae* VI), Barcelona.

— (1955): *Avieno. Ora Maritima (Periplo Massaliota del siglo VI a. de J.C.)*, (*Fontes Hispaniae Antiquae* I), Barcelona. 2ª edición.

— (1959-1963): *Geografía y etnografía antiguas de la*

Península Ibérica. 1, 1959 y 2, 1963, Madrid. (=*Iberisches Landeskunde. Geographie des Antiken Spanien,* 1 (1955) y 2 (1957), Baden-Baden).

SCHWERTECK, H. (1979): Zur Deutung der Felsinschrift von Peñalba de Villastar, *Actas del II Coloquio sobre lenguas y culturas prerromanas de la Península Ibérica (Tübingen 1976),* Salamanca, págs. 185-195.

SENTENACH, N. (1911a): Las ruinas de Termes, *Revista de Archivos, Bibliotecas y Museos* XXIV, págs. 285-294 y 473-481.

— (1911b): Excursiones a Tiermes, *Boletín de la Sociedad Española de Excursiones* XIX, Madrid, págs. 176-190.

— (1914): Los Arévacos, *Revista de Archivos, Bibliotecas y Museos* XXX, págs. 1-22 y 181-200; XXXI (1914), págs. 291-312; XXXII (1916), págs. 71-96 y 467-487.

— (1918): *Excavaciones y exploraciones en Bilbilis. Cerro de Bámbola (Calatayud), (Junta Superior de Excavaciones y Antigüedades* 17), Madrid.

— (1920): *Excavaciones en Nertóbriga, (Junta Superior de Excavaciones y Antigüedades* 32), Madrid.

— (1921): *Memoria de los trabajos realizados en 1919-1920, (Junta Superior de Excavaciones y Antigüedades* 34), Madrid.

SEVILLA, M. (1977): Ambatus en la epigrafía hispánica, *Memorias de Historia Antigua* I, págs. 163-166.

SIERRA, M. (1978): Barchín del Hoyo (Cuenca) y sus fechas de C-14, en VV.AA., *C-14 y Prehistoria de la Península Ibérica,* Madrid, págs. 123-124.

— (1981): Fuente de la Mota (Barchín del Hoyo-Cuenca), *Noticiario Arqueológico Hispánico* 11, págs. 209-306.

SILES, J. (1985): Las páteras de Tiermes y un plato de Gruissan, en Melena, J.L. (ed.), *Simbolae Ludovico Mitxelena Septuagenario Oblatae,* I, Vitoria, págs. 455-462. (= *Veleia,* Anejo nº 1).

SILGO, L. (1993): Las inscripciones ibéricas de los mosaicos de Camínreal (Teruel) y Andelos (Navarra), en Adiago, I.J.; Siles, J. y Velaza, J. (eds.), *Studia palaeohispanica et indogermanica J. Untermann ab amicis hispanicis oblata, (Aurea saecula* 10), Barcelona, págs. 281-286.

SILVA, A.C.F. da (1983): As *tesserae hospitales* do Castro da Senhora da Saúde ou Monte Murado (Pedroso, V. N. Gaia). Contributo para o estudo das instituições e povoamento da Hispania antiga, *Gaia* I, págs. 9-26.

— (1985): Novos dados sobre a organização social castreja, *Actas del III Coloquio de lenguas y culturas paleohispánicas (Lisboa 1980),* Salamanca, págs. 201-224.

— (1986): *A Cultura Castreja no Noroeste de Portugal,* Paços de Ferreria.

SILVA, A.C.F. da y GOMES, M.V. (1992): *Proto-História de Portugal,* Lisboa.

SOARES, A.M.M. (1986): O povoado do Passo Alto: Excavações de 1984, *Arquivo de Beja,* Série II, vol. 3, págs. 89-99.

SOLANA, J.M. (1991): Las entidades étnicas de la submeseta septentrional en época prerromana: el marco territorial, en Solana, J.M. (ed.), *Las entidades étnicas de la Meseta Norte de Hispania en época prerromana,* Valladolid, págs. 11-38.

SOPEÑA, G. (1987): *Dioses, Etica y Ritos. Aproximaciones para una comprensión de la religiosidad entre los pueblos celtibéricos,* Zaragoza.

— (1995): *Ética y ritual. Aproximación al estudio de la religiosidad de los pueblos celtibéricos,* Zaragoza.

SOPEÑA, G. y RAMÓN V. (1994): El anonimato de un dios de los celtíberos: aportaciones críticas en torno a Estrabón III, 4, 16, *Studia Historica-Historia Antigua* XII, págs. 21-34.

STARY, P.F. (1982): Keltische Waffen auf der Iberischen Halbinsel, *Madrider Mitteilungen* 23, págs. 114-144.

— (1994): *Zur Eisenzeitlichen Bewaffnung und Kampfesweise auf der Iberischen Halbinsel, (Madrider Forschungen* 18), Berlin.

SUS, M.L. de (1986): Fusayolas del poblado celtibérico de Los Castellares (Herrera de los Navarros, Zaragoza). I. Tipología y función, *Boletín. Museo de Zaragoza* 5, págs. 183-208.

SZABÓ, M. y PETRES, E.F. (1992): *Decorated weapons of the La Tène Iron Age in the Carpathian Basin, (Inventaria Praehistorica Hungariae* V), Budapest.

TABOADA, J. (1965): *Escultura celto-romana, (Cuadernos de Arte Gallego* 3), Vigo.

Tabula Imperii Romani (1991-1993-1995-e.p.): *Hoja K-29: Porto* (1991); *Hoja K-30: Madrid* (1993); *Hoja J-29: Lisboa* (1995); *Hoja J-30* (e.p.), Madrid.

TARACENA, B. (1924): *La cerámica ibérica de Numancia,* Madrid.

— (1925): Los vasos y las figuras de barro de Numancia, *IPEK* I, págs. 74-93.

— (1926a): *Excavaciones en diversos lugares de la provincia de Soria, (Junta Superior de Excavaciones y Antigüedades* 75), Madrid.

— (1926b): Noticia de un despoblado junto a Cervera del Río Alhama, *Archivo Español de Arte y Arqueología* II, págs. 137-142.

— (1927): *Excavaciones en las provincias de Soria y Logroño, (Junta Superior de Excavaciones y Antigüedades* 86), Madrid.

— (1929): *Excavaciones en las provincias de Soria y Logroño, (Junta Superior de Excavaciones y Antigüedades* 103), Madrid.

— (1932): *Excavaciones en la provincia de Soria, (Junta Superior de Excavaciones y Antigüedades* 119), Madrid.

— (1933): Tribus celtibéricas: 'Pelendones', *Homenagem a Martins Sarmento*, Guimarães, págs. 393-401.

— (1933-34): *Diario de excavaciones inédito de la necrópolis de Almaluez (Soria)*.

— (1934): Arquitectura hispánica rupestre, *Investigación y Progreso* VIII, págs. 226-232.

— (1941): *Carta Arqueológica de España. Soria*, Madrid.

— (1942): Restos romanos en la Rioja, *Archivo Español de Arqueología* XV, Madrid, págs. 17-47.

— (1943): Cabezas-trofeo en la España céltica, *Archivo Español de Arqueología* XVI, págs. 157-171.

— (1945): Excavaciones arqueológicas en la Rioja, *Rioja Industrial*, Logroño.

— (1954): Los pueblos celtibéricos, en Menéndez Pidal, R. (dir.), *Historia de España*, I, 3, Madrid, págs. 195-299.

TERÁN, M. de y SOLÉ. L. (1979): *Geografía regional de España*, II, Barcelona.

TIERNEY, J.J. (1964): The Celts and the Classical Authors, en Raftery, J., *The Celts*, Dublin, págs. 23-33.

TIR, vid. Tabula Imperii Romani.

TORBRÜGGE, W. (1970-71): Vor- und frügeschichtliche Flussfunde, *Bericht der Rómisch-Germanischen Kommission* 51-52, pp 1-146.

TORRENT, A. (1981): Contribuciones jurídicas sobre el Bronce de Contrebia, *Cuadernos de Trabajos de la Escuela Española de Historia y Arqueología en Roma* 15, págs. 95-104.

TOVAR, A. (1946): Las inscripciones ibéricas y la lengua de los celtíberos, *Boletín de la Real Academia Española* XXV, págs. 7-42. (= *Estudios*, 1949, págs. 21-60).

— (1948): El bronce de Luzaga y las teseras de hospitalidad latinas y celtibéricas, *Emerita* XVI, págs. 75-91. (= *Estudios*, 1949, págs. 168-183).

— (1949): *Estudios sobre las primitivas lenguas hispánicas*, Buenos Aires.

— (1950): Sobre la complejidad de las invasiones indoeuropeas en nuestra Península, *Zephyrus* I, págs. 33-37.

— (1952): Obulco y los celtas en Andalucia, *Zephyrus* III, págs. 219-221.

— (1955-56): La inscripción grande de Peñalba de Villastar y la lengua celtibérica, *Ampurias*, XVII-XVIII, págs. 159-168.

— (1957): Las invasiones indoeuropeas, problema estratigráfico, *Zephyrus* 8, págs. 77-83.

— (1959): Las inscripciones celtibéricas de Peñalba de Villastar, *Emerita* 27, págs. 349-365.

— (1960): Lenguas prerromanas indoeuropeas: testimonios antiguos. *Enciclopedia Lingüística Hispana* 1, Madrid, págs. 101-126.

— (1961): *The Ancient Languages of Spain and Portugal*, New York.

— (1962): Les Celtes en Bétique, *Etudes Celtiques* 10, págs. 355-374.

— (1971): Consideraciones sobre Geografía e Historia de la España Antigua, en Tovar, A. y Caro Baroja, J., *Estudios sobre la España Antigua*, Madrid, págs. 9-50.

— (1973): Las inscripciones de Botorrita y de Peñalba de Villastar y los límites orientales de los celtíberos, *Hispania Antiqua* III, Vitoria, págs. 367-405.

— (1974-1976-1989): *Iberische Landeskunde. II. 1 Baetica (1974). 2 Lusitanien (1976). 3 Tarraconensis (1989)*, Baden-Baden.

— (1977): El nombre de Celtas en Hispania, *Homenaje a García Bellido*, (*Revista de la Universidad Complutense* XXVI (109)), tomo III, Madrid, págs. 163-178.

— (1981): El dios céltico Lugu en España, *La religión romana en Hispania*, Madrid, págs. 277-282.

— (1983): Una nueva pequeña tésera celtibérica, *Emerita* LI, págs. 1-3.

— (1985): La inscripción del Cabeço das Fráguas y la lengua de los lusitanos, *Actas del III Coloquio sobre lenguas y culturas paleohispánicas (Lisboa 1980)*, Salamanca, págs. 227-253.

— (1986): The Celts in the Iberian Peninsula: Archaeology, history, language, en Schmidt, K.H. (ed.), *Geschichte und Kultur der Kelten (Bonn, 1982)*, Heidelberg, págs. 68-101.

— (1987): Lenguas y pueblos de la antigua Hispania: lo que sabemos de nuestros antepasados protohistóricos, *Studia Palaeohispanica. Actas del IV Coloquio sobre lenguas y culturas paleohispánicas, (Vitoria 1985)*, Vitoria/Gasteiz, págs. 15-34. (= *Veleia* 2-3).

TRANOY, A. (1981): *La Galice romaine. Recherches sur le nord-ouest de la péninsule ibérique dans l'Antiquité*, Paris.

ULREICH, H.; NEGRETE, M.A. y PUCH, E. (1993): Verzierte Keramik von Hoyas del Castillo, Pajaroncillo (Cuenca), Schnitt 4, *Madrider Mitteilungen* 34, págs. 22-47.

— (1994): Cerámica decorada de Hoyas del Castillo (Pajaroncillo, Cuenca), Corte 4, *Boletín del Seminario de Estudios de Arte y Arqueología* LX, págs. 105-135.

UNTERMANN, J. (1961): *Sprachräume und Sprachbewebungen im vorrömischen Hispanien*, Wiesbaden (resumen en español en *Archivo de Prehistoria Levantina* 10 (1963), págs. 165-192).

— (1965): *Elementos de un atlas antroponímico de la Hispania Antigua (Bibliotheca Praehistorica Hispanica VII)*, Madrid.

— (1974): Die Münzprägungen der Keltiberer, en Grasmann, G., Jansen, W. y Brandt, M. (eds.), *Keltische Numismatik und Archaeologie*, (*BAR International Series* 200), Oxford, págs. 431-472.

— (1975-1980-1990a): *Monumenta Linguarum Hispanicarum. I. Die Münzlegenden (1975). II. Inschriften in iberischer Schrift aus Südfrankreich (1980). III. Die iberischen Inschriften aus Spanien (1990a).* Wiesbaden.

— (1977): En torno a las inscripciones rupestres de Peñalba de Villastar, *Teruel* 57-58, págs. 5-21.

— (1981): La varietà linguistica nell'Iberia preromana, *Aion* 3, págs. 15-35.

— (1983): Die Keltiberer und das Keltiberische, en Campanile, E. (ed.), *Problemi di lingua e di cultura nel campo indoeuropeo*, Pisa, págs. 109-127.

— (1984): Los Celtíberos y sus vecinos occidentales, *Lletres Asturianes* 13, págs. 6-26.

— (1985a): Lenguas y unidades políticas del Suroeste hispánico en época prerromana, en Wentzlatt-Eggebert, Chr. (ed.), *De Tartessos a Cervantes*, Köln-Wien, págs. 1-40.

— (1985b): Los teónimos de la región lusitano-gallega como fuente de las lenguas indígenas, *Actas del III Coloquio sobre lenguas y culturas paleohispánicas (Lisboa 1980)*, Salamanca, págs. 343-363.

— (1987): Lusitanisch, Keltiberisch, Keltisch, *Studia Palaeohispanica. Actas del IV Coloquio sobre lenguas y culturas paleohispánicas (Vitoria 1985)*, Vitoria/Gasteiz, págs. 57-76. (= *Veleia* 2-3).

— (1989): *arganto-* «silber» im Keltiberischen, mit einen beitrag von Walter Bayer, *Indogermanica Europaea, Festschirft für W. Meid, (Grazer Lingüistische Monographien* 4), Graz, págs. 431-450.

— (1990b): Comentarios sobre inscripciones celtibéricas 'menores', en Villar, F. (ed.), *Studia Indogermanica et Palaeohispanica in Honorem A. Tovar et L. Michelena*, Salamanca, págs. 351-374.

— (1992): Los etnónimos de la Hispania antigua y las lenguas prerromanas de la Península Ibérica, en Almagro-Gorbea, M. y Ruiz Zapatero, G. (eds.), *Paleoetnología de la Península Ibérica, (Complutum* 2-3), Madrid, págs. 19-33.

— (1993-94): Comentario a la inscripción musiva de Andelos, *Trabajos de Arqueología Navarra* 11, págs. 127-129.

— (1994): Die Völker im Nordwesten der Iberischen Halbinsel zu beginn der römischen Kaiserzeit, *Arheologia Moldovei* XVII, págs. 27-47.

— (1995a): Lengua y poblamiento prerromano en el territorio celtibérico, en Burillo, F. (coord.), *Poblamiento Celtibérico. III Simposio sobre los Celtíberos (Daroca 1991)*, Zaragoza, págs. 7-24.

— (1995b): Epigrafía indígena y romanización en la Celtiberia, en Beltrán Lloris, F. (ed.), *Roma y el nacimiento de la cultura epigráfica en Occidente,* Zaragoza, págs. 197-208.

— (1995c): Zum Stand der Deutung der 'tartessischen' Inschriften, en Eska, J.F.; Geraint, R. y Jabobs, N. (eds.), *Hispano-Gallo-Brittonica. Essays in honour of Professor D. Ellis Evans on the occasion of his sixty-fifth birthday,* Cardiff, págs. 244-259.

— (1996a): Onomástica, en Beltrán, F., de Hoz, J. y Untermann, J., *El tercer bronce de Botorrita (Contrebia Belaisca), (Coleccion Arqueología* 19), Zaragoza, págs. 109-180.

— (1996b): La frontera entre las lenguas ibérica y celtibérica en las provincias actuales de Zaragoza y Teruel, *Homenaje a Purificación Atrián*, Teruel, págs. 177-189.

URRUELA, J. (1981): Religión romana y religión indígena: el problema del sacerdocio en los pueblos del norte, *La religión romana en Hispania*, Madrid, págs. 255-262.

VALIENTE, J. (1982): Cerámicas grafitadas de la comarca Seguntina, *Wad-Al-Hayara* 9, págs. 117-135.

— (1992): El Cerro Padrastro de Santamera y la proto-historia del Valle del Henares, en Valiente, J. (ed.), *La celtización del Tajo Superior, (Memorias del Seminario de Historia Antigua* III), Alcalá de Henares, págs. 11-44.

VALIENTE, J. y VELASCO, M. (1986): El cerro Almudejo (Sotodosos, Guadalajara). Un asentamiento de transición del bronce al hierro, *Wad-Al-Hayara* 13, págs. 71-90.

— (1988): Yacimiento de tipo «Riosalido». Ermita de la Vega (Cubillejo de la Sierra, Guadalajara), *Wad-Al-Hayara* 15, págs. 95-122.

VALIENTE CÁNOVAS, S. (1981): Pico de la Muela (Valera de Abajo, Cuenca), *Noticiario Arqueológico Hispánico* 12, págs. 85-134.

VEGAS, J.I. (1983): Las «canas» como material arqueológico. Revisión y nueva interpretación, *Estudios de Arqueología Alavesa* 11, págs. 407-425.

VEIGA, S.P.M. Estacio da (1891): *Paleoethnologia. Antiguidades Monumentaes do Algarve. Tempos Prehistoricos*, vol. IV, Lisboa.

VENDRYES, J. (1948): *La religion des Celtes*, Paris.

VICENTE, J.D. (1988): La Caridad (Caminreal, Teruel), en Burillo, F., *et alii* (eds.), *Celtíberos*, Zaragoza, págs. 50-54.

VICENTE, J. y ESCRICHE, C. (1980): Restos de una necrópolis ibérica en Singra (Teruel), *Teruel* 63, págs. 89-114.

VICENTE, J.D.; HERCE, A.I. y ESCRICHE, C. (1983-84): Dos hornos de cerámica de época ibérica en Los Vicarios (Valdecebro, Teruel), *Kalathos* 3-4, págs. 311-372.

VICENTE, J.D., PUNTER, M.P., ESCRICHE, C. y HERCE, A.I. (1986): *La ciudad celtibérica de La Caridad (Caminreal, Teruel)*, Teruel.

— (1991): La Caridad (Caminreal, Teruel), *La Casa Urbana Hispanorromana*, Zaragoza, págs. 81-12

— (1993): Las inscripciones de la Casa de Likine (Caminreal, Teruel), en Untermann, J. y Villar, F. (eds.), *Lengua y Cultura en la Hispania Prerromana*, (*Actas del V Coloquio sobre lenguas y culturas prerromanas de la Península Ibérica (Colonia, 1989)*, Salamanca, págs. 747-772.

VIGIL, M. (1973): *Edad Antigua*, en Artola, M. (dir.), *Historia de España*, vol. I, Madrid.

VILLACAMPA, M.A. (1980): Los Berones según las fuentes escritas. Logroño.

VILLALBA, P. (1985): La «Qüestió Avienea», *Faventia* 7-2, págs. 61-67.

VILLAR, F. (1990): Indo-européens et pré-indo-européens dans la Péninsule Ibérique, en Marke, T.L. y Greppin, J.A.C. (eds.), *When Worlds Collide. The Indo-Europeans and the Pre-Indo-Europeans*, Michigan, págs. 363-394.

— (1991): *Los indoeuropeos y los orígenes de Europa*, Madrid.

— (1993-95): Un elemento de la religiosidad indoeuropea: Trebarune, Toudopalandaigae, Trebopala, Pales, Viśpálā, *Kalathos* 13-14, págs. 355-388.

— (1994): Los antropónimos en *Pent-*, *Pint-* y las lenguas indoeuropeas prerromanas de la Península Ibérica, en Bielmeier, R. y Stempel, R., *Indogermanica et Caucasica. Festschrift für Karl Horst Schmidt zum 65. Geburtstag*, Berlin-New York, págs. 234-264.

— (1994-95): *Marandigui*. Un nuevo epíteto de la divinidad lusitana *Reve*, en Bergmann, R.; Obst, U.; Tiefenbach, H. y Untermann, J. (eds.), *Beiträge zur Namenforschung*, Heidelberg, págs. 247-255.

— (1995a): *Estudios de Celtibérico y de toponimia prerromana*, (*Acta Salmanticensia*), Salamanca.

— (1995b): El hidrónimo prerromano *Tamusia*, moderno *Tamuja*, en Eska, J.F.; Geraint, R. y Jabobs, N. (eds.), *Hispano-Gallo-Brittonica. Essays in honour of Professor D. Ellis Evans on the occasion of his sixty-fifth birthday*, Cardiff, págs. 260-277.

— (1995c): Los nombres de Tartesos, *Habis* 26, págs. 243-270.

— (1995d): Nueva interpretación de las leyendas monetales celtibéricas, *La Moneda Hispánica. Ciudad y Territorio*, (*Anejos de Archivo Español de Arqueología* XIV), Madrid, págs. 337-345.

— (1996a): El Teónimo Lusitano *Reve* y sus Epítetos, en Meid, W. y Anreiter, P. (eds.), *Die Grösseren Altkeltischen Sprachdenkmäler. Akten des Kolloquiums Innsbruck 1993*, Innsbruck, págs. 160-211.

— (1996b): Fonética y morfología celtibéricas, en Villar, F. y d'Encarnaçao, J. (eds.) *La Hispania Prerromana. Actas del VI Coloquio sobre Lenguas y Culturas Prerromanas de la Península Ibérica (Coimbra 1994)*, Salamanca, págs. 339-378.

VILLARONGA, L. (1979): *Numismática Antigua de Hispania*, Barcelona.

— (1987): Ordenación y cronología de los denarios de la Celtiberia, *III^er Encuentro de Estudios Numismáticos. Numismática de la Celtiberia*, (*Gaceta Numismática* 86-87, III-IV), Barcelona, págs. 9-22.

— (1990): El hallazgo de monedas. El caso de Tanusia, *Gaceta Numismàtica* 97-98, págs. 79-85.

— (1993): *Tresors monetaris de la Península Ibèrica anteriors a August: repertori i anàlisi*, Barcelona.

— (1994): *Corpus Nummum Hispaniae Ante Augusti Aetaten*, Madrid.

VIVES, J.; MARÍN, T. y MARTÍNEZ, G. (1963): *Concilios visigóticos e hispanorromanos*, Barcelona-Madrid.

VV.AA. (1912) *Excavaciones de Numancia*. Memoria presentada al ministerio de Instrucción Pública y Bellas Artes por la Comisión ejecutiva, Madrid.

VV.AA. (1967): *Número conmemorativo del XXI Centenario de Numancia*, (*Celtiberia* 34), Soria.

VV.AA. (1972): *Cronica del Coloquio conmemorativo del XXI Centenario de la Epopeya Numantina*, (*Monografías Arqueológicas* 10), Zaragoza.

VV.AA. (1987a): *I Simposium sobre los Celtíberos (Daroca 1986)*, Zaragoza.

VV.AA. (1987b): *Geografía de Castilla y León 3. Los espacios naturales*, Salamanca.

VV.AA. (1989a): *Los Celtas en el Valle Medio del Ebro*, Zaragoza.

VV.AA. (1989b): Inhumaciones infantiles en el ámbito mediterráneo español (siglos VII a.E. al II d.E.), (*Cuadernos de Prehistoria y Arqueología Castellonense* 14), Castellón.

VV.AA. (1989c): *Territorio y sociedad en España. I. Geografía física*, Madrid.

VV.AA. (1991): *Los Celtas en la Península Ibérica*, (*Revista de Arqueología*, extra 5), Madrid.

VV.AA. (1993): Estudios sobre la fauna de la necrópolis de Sigüenza, en Cerdeño, M.L. y García Huerta, R., *El Castro de La Coronilla. Chera, Guadalajara (1980-1986)*, (*Excavaciones Arqueológicas en España* 163), Madrid, págs. 89-90.

WATTENBERG, F. (1960): Los problemas de la cultura celtibérica, *Primer Symposium de Prehistoria de la Península Ibérica*, Pamplona, págs. 151-177.

— (1963): *Las cerámicas indígenas de Numancia*, (*Bibliotheca Praehistorica Hispana* IV), Madrid.

— (1965): Informe sobre los trabajos realizados en las Excavaciones de Numancia, *Noticiario Arqueológico Hispánico* VII, págs. 132-142.

— (1983): *Excavaciones en Numancia. Campaña de 1963*, (*Monografías del Museo Arqueológico de Valladolid* 5), Valladolid.

WELLS, P.S. (1984): *Farms, Villages and Cities. Comerce and Urban Origins in Late prehistoric Europe*, London.

WIKANDER, S. (1966): Sur la langue des inscriptios sud-hispaniques, *Stud. Ling.* 20, págs. 1-8.

WOODWARD, A. (1992): *Shrines and Sacrifice*, London.

ZAMORA, A. (1987): Segovia en la Antigüedad, en VV.AA., *Historia de Segovia*, Segovia, págs. 21-55.

ZAMORA, F. (1967): La religión de los celtíberos numantinos, en VV.AA., *Número conmemorativo del XXI Centenario de Numancia*, (*Celtiberia* 34), Soria, págs. 209-219.

ZAPATERO, J.M. (1968): Un adelantado de la exploración arqueológica soriana. Ricardo Morenas de Tejada, *Celtiberia* 35, págs. 57-86.

ZOZAYA, J. (1970): Acerca del posible poblamiento medieval de Numancia, *Celtiberia* 40, págs. 209-218.

— (1971): Cerámicas medievales del Museo Provincial de Soria, *Celtiberia* 42, págs. 211-222.

LÁMINAS

2

LÁMINA I. *Fotografías aéreas de la Segeda celtibérica (1), localizada en el Poyo de Mara (Zaragoza), y de la ciudad de Numancia (2), con el trazado de la muralla conocida (puntos) y los posibles cercos defensivos (cuadrados) según Jimeno, a partir de Schulten. (Cortesía de F. Burillo (1) y A. Jimeno (2)).*

LÁMINA II. *1, foso y lienzo Sur de la muralla de* Contrebia Leukade. *2, ajuar de guerrero de la tumba 407 de Carratiermes (Soria). 3, ajuar broncíneo de la sepultura Carratiermes-565. (2-3, cortesía de J.L. Argente).*

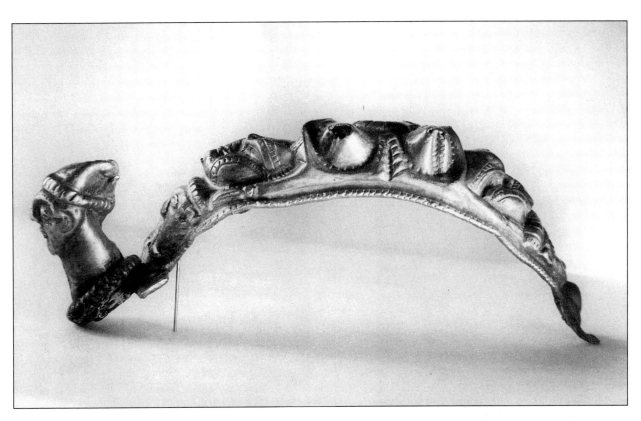

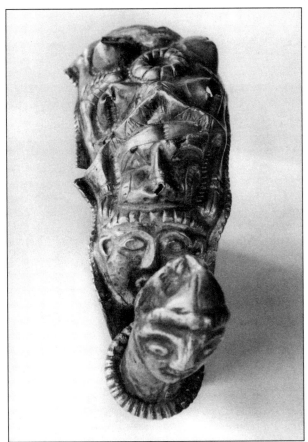

LÁMINA III. *Fíbula argentea del tesoro de Driebes (Guadalajara). (Archivo Instituto Arqueológico Alemán. Foto P. Witte).*

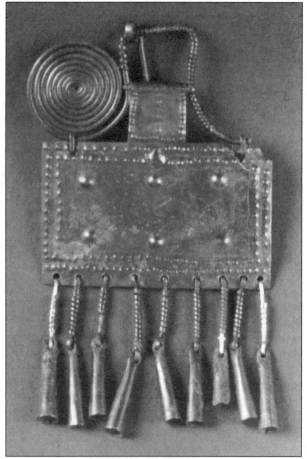
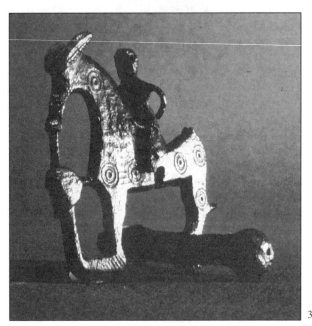

LÁMINA IV. *Detalle de la vaina lateniense decorada con la «lira zoomorfa» de la tumba Quintanas de Gormaz-D (1). Pectoral de bronce de Carratiermes (2). Fíbulas de caballo con jinete de la casa 2 de Herrera de los Navarros (3) y de la necrópolis de Numancia (4). (1, Archivo Museo Arqueológico Nacional; 2, Archivo Museo Numantino, foto A. Plaza; 3, cortesía de F. Burillo, foto J. Paricio; 4 cortesía de A. Jimeno, foto A. Plaza).*

LÁMINA V. *Numancia. 1, conjunto de cerámicas polícromas. 2, jarra de boca trilobulada con escena de tema hípico. 3, cabeza polícroma de toro vista de frente, quizás una máscara. (Archivo Museo Numantino, fotos A. Plaza).*

LÁMINA VI. *Numancia. Jarras del tipo «bock» con decoración polícroma geométrica (1) y monocroma de una figura humana con cabeza de caballo (2). Representación monocroma de un guerrero muerto devorado por un buitre (3). (1 y 3, Archivo Museo Numantino, fotos A. Plaza; 2, foto Palazzo Grassi).*

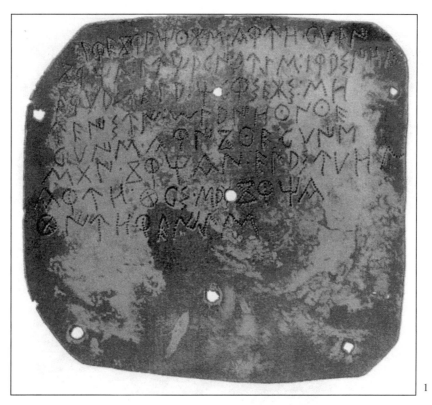

1

2

3

LÁMINA VII. *1, bronce de Luzaga. 2-3, téseras de hospitalidad de la Real Academia de la Historia: 2, posiblemente de Fosos de Bayona, identificada con* Contrebia Carbica, *3, sin procedencia conocida. (1, grabado conservado en la Biblioteca de la Real Academia de la Historia, legado Fita; 2-3, Archivo Instituto Arqueológico Alemán, foto P. Witte).*

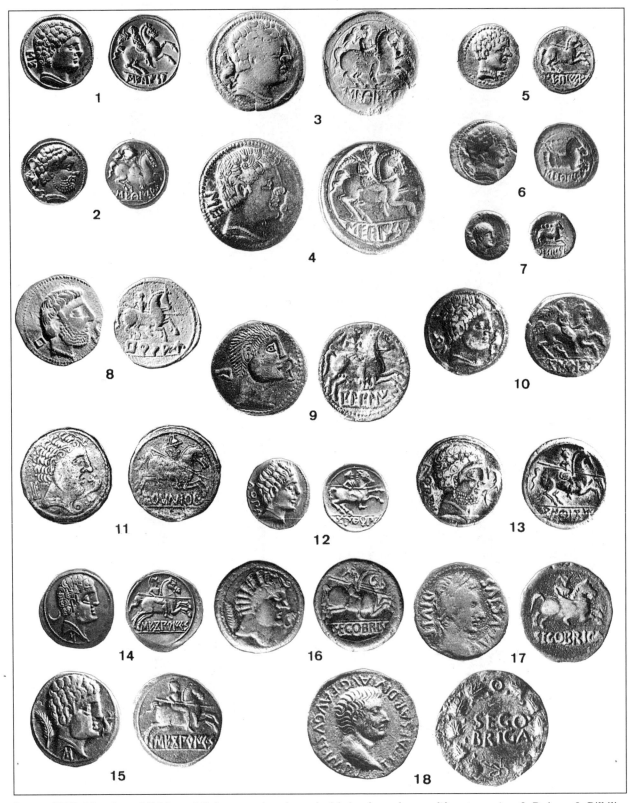

LÁMINA VIII. *Monedas celtibéricas. 1-7, la gama de valores de* śekaisa *formada con diferentes series; 8,* Buŕsau*; 9,* Bilbilis*; 10,* Contrebia Belaisca*; 11,* Clunia*; 12-13,* Contrebia Carbica*; 14-15, monedas de la ceca celtibérica de* śekobiŕikes*, localizada en la Meseta Norte; 16-18, monedas romanas de la* Segobriga *localizada en Cabeza del Griego (Saelices, Cuenca), con leyenda* SEGOBRIS *(16) y* SEGOBRIGA *(17-18), éstas ya de época de Augusto (17) y Tiberio (18). Colección Instituto Valencia de D. Juan (1-15 y 17-18) y Colección Collantes (16). (Cortesía de M.P. García-Bellido).*

ÍNDICE DE FIGURAS Y TABLAS

FIGURAS

TABLAS

ÍNDICE DE LÁMINAS